中国人口普查
CHINA POPULATION CENSUS

2020

湖南省人口普查年鉴

(上册)

HUNAN POPULATION CENSUS YEARBOOK 2020

(BOOK 1)

湖南省第七次全国人口普查领导小组办公室　编

Compiled by
Office of the Leading Group of Hunan Province for the Seventh National Population Census

中国统计出版社
China Statistics Press

图书在版编目（CIP）数据

湖南省人口普查年鉴. 2020. 上册 / 湖南省第七次全国人口普查领导小组办公室编. -- 北京 : 中国统计出版社, 2022.8
ISBN 978-7-5037-9871-9

Ⅰ. ①湖… Ⅱ. ①湖… Ⅲ. ①人口普查—统计资料—湖南—2020—年鉴 Ⅳ. ①C924.256.4-54

中国版本图书馆CIP数据核字(2022)第129323号

湖南省人口普查年鉴-2020（上册）
Hunan Population Census Yearbook 2020 (Book 1)

作　　者/湖南省第七次全国人口普查领导小组办公室
责任编辑/郭　栋　佘竞雄
封面设计/李雪燕
出版发行/中国统计出版社有限公司
通信地址/北京市丰台区西三环南路甲6号　邮政编码/100073
发行电话/邮购(010)63376909　书店(010)68783171
网　　址/http://www.zgtjcbs.com/
印　　刷/湖南宏远印务有限公司
经　　销/新华书店
开　　本/880mm×1230mm　1/16
字　　数/1004千字
印　　张/31.5
版　　别/2022年8月第1版
版　　次/2022年8月第1次印刷
定　　价/880.00元(全三册附光盘)

《湖南省人口普查年鉴—2020》编委会和编辑工作人员

编委会

主　　　任： 刘文杰

副 主 任： 高　勇

编委会成员： 魏巍峰　肖首雄　宋　超　杨畅文　欧阳普

编辑工作人员

总 编 辑： 魏巍峰

副总编辑： 宋　超　赵　宏

编辑人员： （以姓氏笔画为序）

王　丹　文玉树　邓海波　邓鸿鹄　甘杨辉

李　亮　张　驰　屈雄英　赵莉淇　郭开金

编 辑 说 明

在以习近平总书记为核心的党中央坚强领导下，按照国务院第七次全国人口普查领导小组和省委、省政府的统一部署，全省各市州各有关部门精心组织，全体普查人员艰辛努力，广大普查对象积极参与，我省第七次全国人口普查取得了圆满成功，获得了丰富详实的资料。为满足社会各界的需要，现将汇总的数据资料编辑出版。

为便于读者使用本资料，现将有关情况说明如下：

一、普查对象和标准时点

普查对象指普查标准时点在中华人民共和国境内的自然人以及在中华人民共和国境外但未定居的中国公民，不包括在中华人民共和国境内短期停留的境外人员。普查标准时点为2020年11月1日零时。

二、普查表式

普查采用长、短两种普查表。普查短表包括反映人口基本状况的项目，由全部住户（不包括港澳台居民和外籍人员）填报；普查长表包括所有短表项目和人口的经济活动、婚姻生育和住房等情况的项目，在全部住户中抽取10%的户（不包括港澳台居民和外籍人员）填报。

三、资料主要内容

本资料分为三部分。第一部分是全部人口数据，主要反映人口的基本状况，分为八卷，共196张表；第二部分是普查长表数据，主要反映人口的各种结构情况，分为九卷，共218张表；第三部分是附录，主要是普查的有关规定和技术文件等。

四、数据汇总口径及推算说明

1.本资料是普查实际登记直接汇总的数据，不包括漏登的人口及现役军人。

2.资料中各项指标的汇总结果未做任何误差校正，读者在使用时应考虑不同指标登记误差因素的影响。

3.由于普查长表是按户抽样并进行登记，因此人口总数以及各种人口结构数据的抽样比会存在略微差异，请读者使用本资料推算总体时，对采用的方法予以注意。

五、城乡划分规定

本次人口普查关于城乡的划分，按照国家统计局《统计上划分城乡的规定》执行。

六、其他

1.本资料中部分相对数由于单位取舍问题而产生的计算误差，均未做机械调整。本资料中空项表示无数字或数字很小。

2.本资料编辑中如有不足之处，恳请广大读者批评指正。

目　　录

上　册

第一部分　全部数据资料

第二卷 民族

第三卷 年龄

第四卷 教育

第五卷　家庭

第六卷　死亡

第七卷 户口登记状况

中　册

第二部分　长表数据资料

第一卷　概要

第二卷　民族

第三卷　教育

下　册

第二部分　长表数据资料(续)

第六卷　生育

第三部分 附录

第一部分　全部数据资料

第一卷　概要

1-1 各地区户数、人口数和性别比

单位：户、人

地区	户数			人口数			
				合计			
	合计	家庭户	集体户	合计	男	女	性别比（女=100）
全省	**23892020**	**22878336**	**1013684**	**66444864**	**33995673**	**32449191**	**104.77**
长沙市	3548571	3150280	398291	10047914	5085746	4962168	102.49
株洲市	1343510	1287712	55798	3902738	1978431	1924307	102.81
湘潭市	992815	934917	57898	2726181	1383396	1342785	103.02
衡阳市	2386369	2299417	86952	6645243	3427248	3217995	106.50
邵阳市	2338423	2288847	49576	6563520	3392314	3171206	106.97
岳阳市	1750704	1693071	57633	5051922	2586621	2465301	104.92
常德市	1969995	1911345	58650	5279102	2646410	2632692	100.52
张家界市	551644	535811	15833	1517027	771497	745530	103.48
益阳市	1474231	1435841	38390	3851564	1954023	1897541	102.98
郴州市	1693167	1635898	57269	4667134	2414249	2252885	107.16
永州市	1850635	1813417	37218	5289824	2753253	2536571	108.54
怀化市	1728938	1689140	39798	4587594	2361817	2225777	106.11
娄底市	1410113	1372199	37914	3826996	1960551	1866445	105.04
湘西州	852905	830441	22464	2488105	1280117	1207988	105.97

1-1 续表

单位：户、人

地区	人口数								平均家庭户规模（人/户）
	家庭户				集体户				
	小计	男	女	性别比（女=100）	小计	男	女	性别比（女=100）	
全省	**61121055**	**31103853**	**30017202**	**103.62**	**5323809**	**2891820**	**2431989**	**118.91**	**2.67**
长沙市	8266178	4105629	4160549	98.68	1781736	980117	801619	122.27	2.62
株洲市	3581756	1791892	1789864	100.11	320982	186539	134443	138.75	2.78
湘潭市	2409140	1209712	1199428	100.86	317041	173684	143357	121.15	2.58
衡阳市	6141625	3157906	2983719	105.84	503618	269342	234276	114.97	2.67
邵阳市	6256986	3229734	3027252	106.69	306534	162580	143954	112.94	2.73
岳阳市	4666924	2375457	2291467	103.67	384998	211164	173834	121.47	2.76
常德市	4971617	2485035	2486582	99.94	307485	161375	146110	110.45	2.60
张家界市	1422440	720369	702071	102.61	94587	51128	43459	117.65	2.65
益阳市	3642028	1845014	1797014	102.67	209536	109009	100527	108.44	2.54
郴州市	4333913	2234532	2099381	106.44	333221	179717	153504	117.08	2.65
永州市	5058526	2630824	2427702	108.37	231298	122429	108869	112.46	2.79
怀化市	4389911	2254400	2135511	105.57	197683	107417	90266	119.00	2.60
娄底市	3614851	1847348	1767503	104.52	212145	113203	98942	114.41	2.63
湘西州	2365160	1216001	1149159	105.82	122945	64116	58829	108.99	2.85

1-1a 各地区户数、人口数和性别比(城市)

单位:户、人

地区	户数			人口数			
				合计			
	合计	家庭户	集体户	合计	男	女	性别比(女=100)
全 省	**6765698**	**6185217**	**580481**	**18916669**	**9472504**	**9444165**	**100.30**
长沙市	2302496	2004290	298206	6350278	3173571	3176707	99.90
株洲市	587947	552482	35465	1663819	837758	826061	101.42
湘潭市	355186	328059	27127	991153	492476	498677	98.76
衡阳市	601272	554605	46667	1760742	893514	867228	103.03
邵阳市	427062	406212	20850	1208448	609001	599447	101.59
岳阳市	487211	461470	25741	1418502	722108	696394	103.69
常德市	374436	347989	26447	1006933	491465	515468	95.34
张家界市	116315	108838	7477	349673	173510	176163	98.49
益阳市	267336	252683	14653	691791	339826	351965	96.55
郴州市	345693	321017	24676	955106	479341	475765	100.75
永州市	211610	201540	10070	583216	293946	289270	101.62
怀化市	251970	234627	17343	707609	352435	355174	99.23
娄底市	326772	310018	16754	925789	462774	463015	99.95
湘西州	110392	101387	9005	303610	150779	152831	98.66

1-1a 续表

单位:户、人

地区	人口数								平均家庭户规模(人/户)
	家庭户				集体户				
	小计	男	女	性别比(女=100)	小计	男	女	性别比(女=100)	
全 省	**16098951**	**7964959**	**8133992**	**97.92**	**2817718**	**1507545**	**1310173**	**115.06**	**2.60**
长沙市	5066968	2482620	2584348	96.06	1283310	690951	592359	116.64	2.53
株洲市	1482074	734107	747967	98.15	181745	103651	78094	132.73	2.68
湘潭市	831569	406739	424830	95.74	159584	85737	73847	116.10	2.53
衡阳市	1496972	753431	743541	101.33	263770	140083	123687	113.26	2.70
邵阳市	1068037	535447	532590	100.54	140411	73554	66857	110.02	2.63
岳阳市	1262776	635026	627750	101.16	155726	87082	68644	126.86	2.74
常德市	882232	428662	453570	94.51	124701	62803	61898	101.46	2.54
张家界市	303467	148516	154951	95.85	46206	24994	21212	117.83	2.79
益阳市	606777	297969	308808	96.49	85014	41857	43157	96.99	2.40
郴州市	854797	424808	429989	98.80	100309	54533	45776	119.13	2.66
永州市	521064	263646	257418	102.42	62152	30300	31852	95.13	2.59
怀化市	625072	309210	315862	97.89	82537	43225	39312	109.95	2.66
娄底市	838629	417573	421056	99.17	87160	45201	41959	107.73	2.71
湘西州	258517	127205	131312	96.87	45093	23574	21519	109.55	2.55

1-1b 各地区户数、人口数和性别比(镇)

单位：户、人

地 区	户数			人口数			
				合计			
	合计	家庭户	集体户	合计	男	女	性别比（女=100）
全 省	**7001071**	**6630584**	**370487**	**20129507**	**10242115**	**9887392**	**103.59**
长沙市	638114	555427	82687	1949722	1013002	936720	108.14
株洲市	358753	340455	18298	1117253	566520	550733	102.87
湘潭市	265740	236991	28749	763816	392829	370987	105.89
衡阳市	665059	633281	31778	1845711	948195	897516	105.65
邵阳市	760606	735239	25367	2215212	1130113	1085099	104.15
岳阳市	564755	538967	25788	1645972	839302	806670	104.05
常德市	735374	707279	28095	1961134	972955	988179	98.46
张家界市	154123	147442	6681	433847	214440	219407	97.74
益阳市	485501	465063	20438	1250726	623583	627143	99.43
郴州市	584498	555568	28930	1760244	908706	851538	106.71
永州市	618736	594166	24570	1899834	978610	921224	106.23
怀化市	550089	531952	18137	1456652	729454	727198	100.31
娄底市	299341	280218	19123	870987	442853	428134	103.44
湘西州	320382	308536	11846	958397	481553	476844	100.99

1-1b 续表

单位：户、人

地 区	人口数								平均家庭户规模（人/户）
	家庭户				集体户				
	小计	男	女	性别比（女=100）	小计	男	女	性别比（女=100）	
全 省	**17998746**	**9072729**	**8926017**	**101.64**	**2130761**	**1169386**	**961375**	**121.64**	**2.71**
长沙市	1531411	771950	759461	101.64	418311	241052	177259	135.99	2.76
株洲市	989182	490917	498265	98.53	128071	75603	52468	144.09	2.91
湘潭市	620112	312418	307694	101.54	143704	80411	63293	127.05	2.62
衡阳市	1659241	845489	813752	103.90	186470	102706	83764	122.61	2.62
邵阳市	2069740	1053278	1016462	103.62	145472	76835	68637	111.94	2.82
岳阳市	1469008	742138	726870	102.10	176964	97164	79800	121.76	2.73
常德市	1804002	889756	914246	97.32	157132	83199	73933	112.53	2.55
张家界市	396375	194942	201433	96.78	37472	19498	17974	108.48	2.69
益阳市	1145207	567864	577343	98.36	105519	55719	49800	111.89	2.46
郴州市	1553236	798848	754388	105.89	207008	109858	97150	113.08	2.80
永州市	1747045	896095	850950	105.31	152789	82515	70274	117.42	2.94
怀化市	1368514	681666	686848	99.25	88138	47788	40350	118.43	2.57
娄底市	756623	381293	375330	101.59	114364	61560	52804	116.58	2.70
湘西州	889050	446075	442975	100.70	69347	35478	33869	104.75	2.88

1-1c　各地区户数、人口数和性别比(乡村)

单位：户、人

地　区	户数			人口数			
				合计			
	合计	家庭户	集体户	合计	男	女	性别比(女=100)
全　省	**10125251**	**10062535**	**62716**	**27398688**	**14281054**	**13117634**	**108.87**
长沙市	607961	590563	17398	1747914	899173	848741	105.94
株洲市	396810	394775	2035	1121666	574153	547513	104.87
湘潭市	371889	369867	2022	971212	498091	473121	105.28
衡阳市	1120038	1111531	8507	3038790	1585539	1453251	109.10
邵阳市	1150755	1147396	3359	3139860	1653200	1486660	111.20
岳阳市	698738	692634	6104	1987448	1025211	962237	106.54
常德市	860185	856077	4108	2311035	1181990	1129045	104.69
张家界市	281206	279531	1675	733507	383547	349960	109.60
益阳市	721394	718095	3299	1909047	990614	918433	107.86
郴州市	762976	759313	3663	1951784	1026202	925582	110.87
永州市	1020289	1017711	2578	2806774	1480697	1326077	111.66
怀化市	926879	922561	4318	2423333	1279928	1143405	111.94
娄底市	784000	781963	2037	2030220	1054924	975296	108.16
湘西州	422131	420518	1613	1226098	647785	578313	112.01

1-1c　续表

单位：户、人

地　区	人口数								平均家庭户规模(人/户)
	家庭户				集体户				
	小计	男	女	性别比(女=100)	小计	男	女	性别比(女=100)	
全　省	**27023358**	**14066165**	**12957193**	**108.56**	**375330**	**214889**	**160441**	**133.94**	**2.69**
长沙市	1667799	851059	816740	104.20	80115	48114	32001	150.35	2.82
株洲市	1110500	566868	543632	104.27	11166	7285	3881	187.71	2.81
湘潭市	957459	490555	466904	105.07	13753	7536	6217	121.22	2.59
衡阳市	2985412	1558986	1426426	109.29	53378	26553	26825	98.99	2.69
邵阳市	3119209	1641009	1478200	111.01	20651	12191	8460	144.10	2.72
岳阳市	1935140	998293	936847	106.56	52308	26918	25390	106.02	2.79
常德市	2285383	1166617	1118766	104.28	25652	15373	10279	149.56	2.67
张家界市	722598	376911	345687	109.03	10909	6636	4273	155.30	2.59
益阳市	1890044	979181	910863	107.50	19003	11433	7570	151.03	2.63
郴州市	1925880	1010876	915004	110.48	25904	15326	10578	144.89	2.54
永州市	2790417	1471083	1319334	111.50	16357	9614	6743	142.58	2.74
怀化市	2396325	1263524	1132801	111.54	27008	16404	10604	154.70	2.60
娄底市	2019599	1048482	971117	107.97	10621	6442	4179	154.15	2.58
湘西州	1217593	642721	574872	111.80	8505	5064	3441	147.17	2.90

1-2 各地区分性别、户口登记状况的人口

单位：人

地　区	人口数			居住本乡、镇、街道，户口在本乡、镇、街道		
	合计	男	女	小计	男	女
全　省	**66444864**	**33995673**	**32449191**	**48634947**	**25008720**	**23626227**
长沙市	10047914	5085746	4962168	5056726	2516317	2540409
株洲市	3902738	1978431	1924307	2657394	1340447	1316947
湘潭市	2726181	1383396	1342785	1819721	921958	897763
衡阳市	6645243	3427248	3217995	5034202	2609532	2424670
邵阳市	6563520	3392314	3171206	5439746	2834667	2605079
岳阳市	5051922	2586621	2465301	3986276	2048787	1937489
常德市	5279102	2646410	2632692	4252165	2153232	2098933
张家界市	1517027	771497	745530	1157759	594923	562836
益阳市	3851564	1954023	1897541	3167451	1622312	1545139
郴州市	4667134	2414249	2252885	3424397	1779132	1645265
永州市	5289824	2753253	2536571	4278692	2240304	2038388
怀化市	4587594	2361817	2225777	3515761	1833745	1682016
娄底市	3826996	1960551	1866445	2886720	1493946	1392774
湘西州	2488105	1280117	1207988	1957937	1019418	938519

1-2　续表

单位：人

地　区	居住本乡、镇、街道，户口在外乡、镇、街道，离开户口登记地半年以上			居住本乡、镇、街道，户口待定			原住本乡、镇、街道，现在港澳台或国外工作学习		
	小计	男	女	小计	男	女	小计	男	女
全　省	**17575847**	**8865460**	**8710387**	**184557**	**92920**	**91637**	**49513**	**28573**	**20940**
长沙市	4958296	2552992	2405304	23625	12025	11600	9267	4412	4855
株洲市	1234838	632814	602024	7175	3511	3664	3331	1659	1672
湘潭市	898852	457632	441220	4690	2107	2583	2918	1699	1219
衡阳市	1586705	805339	781366	20522	10285	10237	3814	2092	1722
邵阳市	1094272	541955	552317	20843	10310	10533	8659	5382	3277
岳阳市	1047082	528248	518834	16315	8337	7978	2249	1249	1000
常德市	1015494	486882	528612	7149	3573	3576	4294	2723	1571
张家界市	354748	174134	180614	3573	1868	1705	947	572	375
益阳市	668900	323811	345089	12168	5943	6225	3045	1957	1088
郴州市	1224682	625101	599581	16008	8759	7249	2047	1257	790
永州市	989501	501958	487543	19557	9720	9837	2074	1271	803
怀化市	1057621	520540	537081	11529	5821	5708	2683	1711	972
娄底市	923358	457796	465562	13834	6880	6954	3084	1929	1155
湘西州	521498	256258	265240	7569	3781	3788	1101	660	441

1-2a 各地区分性别、户口登记状况的人口(城市)

单位：人

地 区	人口数			居住本乡、镇、街道，户口在本乡、镇、街道		
	合计	男	女	小计	男	女
全 省	**18916669**	**9472504**	**9444165**	**8462242**	**4204243**	**4257999**
长沙市	6350278	3173571	3176707	2438961	1185331	1253630
株洲市	1663819	837758	826061	775659	384630	391029
湘潭市	991153	492476	498677	463892	229177	234715
衡阳市	1760742	893514	867228	830339	421007	409332
邵阳市	1208448	609001	599447	638150	322097	316053
岳阳市	1418502	722108	696394	781020	398097	382923
常德市	1006933	491465	515468	518254	255074	263180
张家界市	349673	173510	176163	153475	75902	77573
益阳市	691791	339826	351965	367639	183077	184562
郴州市	955106	479341	475765	395724	194574	201150
永州市	583216	293946	289270	300589	151615	148974
怀化市	707609	352435	355174	293699	147441	146258
娄底市	925789	462774	463015	389706	198403	191303
湘西州	303610	150779	152831	115135	57818	57317

1-2a 续表

单位：人

地 区	居住本乡、镇、街道，户口在外乡、镇、街道，离开户口登记地半年以上			居住本乡、镇、街道，户口待定			原住本乡、镇、街道，现在港澳台或国外工作学习		
	小计	男	女	小计	男	女	小计	男	女
全 省	**10384897**	**5232988**	**5151909**	**54215**	**28235**	**25980**	**15315**	**7038**	**8277**
长沙市	3885324	1975351	1909973	18919	9817	9102	7074	3072	4002
株洲市	883465	450911	432554	2854	1428	1426	1841	789	1052
湘潭市	524178	262044	262134	1935	748	1187	1148	507	641
衡阳市	925553	470135	455418	3835	1923	1912	1015	449	566
邵阳市	565049	284188	280861	3372	1691	1681	1877	1025	852
岳阳市	633306	321859	311447	3793	1968	1825	383	184	199
常德市	487108	235566	251542	995	541	454	576	284	292
张家界市	194747	96830	97917	1386	751	635	65	27	38
益阳市	320356	154906	165450	3529	1680	1849	267	163	104
郴州市	553995	281347	272648	4967	3206	1761	420	214	206
永州市	279592	140740	138852	2953	1547	1406	82	44	38
怀化市	411467	203723	207744	2334	1217	1117	109	54	55
娄底市	533179	262888	270291	2514	1285	1229	390	198	192
湘西州	187578	92500	95078	829	433	396	68	28	40

1-2b 各地区分性别、户口登记状况的人口(镇)

单位：人

地 区	人口数			居住本乡、镇、街道，户口在本乡、镇、街道		
	合计	男	女	小计	男	女
全 省	**20129507**	**10242115**	**9887392**	**14020698**	**7152110**	**6868588**
长沙市	1949722	1013002	936720	1049979	528327	521652
株洲市	1117253	566520	550733	806854	406497	400357
湘潭市	763816	392829	370987	429686	217891	211795
衡阳市	1845711	948195	897516	1289680	663855	625825
邵阳市	2215212	1130113	1085099	1755896	905652	850244
岳阳市	1645972	839302	806670	1318289	672204	646085
常德市	1961134	972955	988179	1511661	759956	751705
张家界市	433847	214440	219407	310584	155775	154809
益阳市	1250726	623583	627143	962903	484439	478464
郴州市	1760244	908706	851538	1142926	592686	550240
永州市	1899834	978610	921224	1270874	658218	612656
怀化市	1456652	729454	727198	944568	479848	464720
娄底市	870987	442853	428134	557037	286092	270945
湘西州	958397	481553	476844	669761	340670	329091

1-2b 续表

单位：人

地 区	居住本乡、镇、街道，户口在外乡、镇、街道，离开户口登记地半年以上			居住本乡、镇、街道，户口待定			原住本乡、镇、街道，现在港澳台或国外工作学习		
	小计	男	女	小计	男	女	小计	男	女
全 省	**6052634**	**3060712**	**2991922**	**46336**	**23423**	**22913**	**9839**	**5870**	**3969**
长沙市	896412	482972	413440	2524	1237	1287	807	466	341
株洲市	307798	158721	149077	1970	954	1016	631	348	283
湘潭市	332558	174117	158441	1185	597	588	387	224	163
衡阳市	550155	281244	268911	5228	2737	2491	648	359	289
邵阳市	451160	220083	231077	6044	3039	3005	2112	1339	773
岳阳市	321509	163913	157596	5484	2791	2693	690	394	296
常德市	445507	210867	234640	2571	1259	1312	1395	873	522
张家界市	122390	58197	64193	632	325	307	241	143	98
益阳市	283926	137115	146811	3206	1616	1590	691	413	278
郴州市	613119	313786	299333	3737	1956	1781	462	278	184
永州市	622992	317315	305677	5446	2769	2677	522	308	214
怀化市	508810	247945	260865	2659	1312	1347	615	349	266
娄底市	311273	155383	155890	2287	1142	1145	390	236	154
湘西州	285025	139054	145971	3363	1689	1674	248	140	108

1-2c　各地区分性别、户口登记状况的人口(乡村)

单位：人

地　区	人　口　数			居住本乡、镇、街道，户口在本乡、镇、街道		
	合计	男	女	小计	男	女
全　省	**27398688**	**14281054**	**13117634**	**26152007**	**13652367**	**12499640**
长沙市	1747914	899173	848741	1567786	802659	765127
株洲市	1121666	574153	547513	1074881	549320	525561
湘潭市	971212	498091	473121	926143	474890	451253
衡阳市	3038790	1585539	1453251	2914183	1524670	1389513
邵阳市	3139860	1653200	1486660	3045700	1606918	1438782
岳阳市	1987448	1025211	962237	1886967	978486	908481
常德市	2311035	1181990	1129045	2222250	1138202	1084048
张家界市	733507	383547	349960	693700	363246	330454
益阳市	1909047	990614	918433	1836909	954796	882113
郴州市	1951784	1026202	925582	1885747	991872	893875
永州市	2806774	1480697	1326077	2707229	1430471	1276758
怀化市	2423333	1279928	1143405	2277494	1206456	1071038
娄底市	2030220	1054924	975296	1939977	1009451	930526
湘西州	1226098	647785	578313	1173041	620930	552111

1-2c　续表

单位：人

地　区	居住本乡、镇、街道，户口在外乡、镇、街道，离开户口登记地半年以上			居住本乡、镇、街道，户口待定			原住本乡、镇、街道，现在港澳台或国外工作学习		
	小计	男	女	小计	男	女	小计	男	女
全　省	**1138316**	**571760**	**566556**	**84006**	**41262**	**42744**	**24359**	**15665**	**8694**
长沙市	176560	94669	81891	2182	971	1211	1386	874	512
株洲市	43575	23182	20393	2351	1129	1222	859	522	337
湘潭市	42116	21471	20645	1570	762	808	1383	968	415
衡阳市	110997	53960	57037	11459	5625	5834	2151	1284	867
邵阳市	78063	37684	40379	11427	5580	5847	4670	3018	1652
岳阳市	92267	42476	49791	7038	3578	3460	1176	671	505
常德市	82879	40449	42430	3583	1773	1810	2323	1566	757
张家界市	37611	19107	18504	1555	792	763	641	402	239
益阳市	64618	31790	32828	5433	2647	2786	2087	1381	706
郴州市	57568	29968	27600	7304	3597	3707	1165	765	400
永州市	86917	43903	43014	11158	5404	5754	1470	919	551
怀化市	137344	68872	68472	6536	3292	3244	1959	1308	651
娄底市	78906	39525	39381	9033	4453	4580	2304	1495	809
湘西州	48895	24704	24191	3377	1659	1718	785	492	293

1-3　各地区分性别的户口登记地在外乡镇街道的人口状况

单位：人

地　区	户口登记地					
	合　　计			本县(市、区)		
	合计	男	女	小计	男	女
全　省	**17575847**	**8865460**	**8710387**	**8710949**	**4304709**	**4406240**
长沙市	4958296	2552992	2405304	1169149	572889	596260
株洲市	1234838	632814	602024	486626	236290	250336
湘潭市	898852	457632	441220	442292	217742	224550
衡阳市	1586705	805339	781366	939403	475029	464374
邵阳市	1094272	541955	552317	773327	385357	387970
岳阳市	1047082	528248	518834	564051	280363	283688
常德市	1015494	486882	528612	589438	281460	307978
张家界市	354748	174134	180614	246413	118360	128053
益阳市	668900	323811	345089	437096	210052	227044
郴州市	1224682	625101	599581	821950	415266	406684
永州市	989501	501958	487543	750630	380086	370544
怀化市	1057621	520540	537081	595123	289714	305409
娄底市	923358	457796	465562	576463	286881	289582
湘西州	521498	256258	265240	318988	155220	163768

1-3　续表

单位：人

地　区	户口登记地					
	本省其他县(市、区)			省　　外		
	小计	男	女	小计	男	女
全　省	**7287335**	**3715317**	**3572018**	**1577563**	**845434**	**732129**
长沙市	3086381	1582558	1503823	702766	397545	305221
株洲市	607652	317796	289856	140560	78728	61832
湘潭市	372381	195058	177323	84179	44832	39347
衡阳市	550837	279350	271487	96465	50960	45505
邵阳市	264919	131060	133859	56026	25538	30488
岳阳市	380108	195179	184929	102923	52706	50217
常德市	350228	168731	181497	75828	36691	39137
张家界市	84144	42629	41515	24191	13145	11046
益阳市	191721	94354	97367	40083	19405	20678
郴州市	341310	177215	164095	61422	32620	28802
永州市	187649	96591	91058	51222	25281	25941
怀化市	386215	193688	192527	76283	37138	39145
娄底市	309073	153381	155692	37822	17534	20288
湘西州	174717	87727	86990	27793	13311	14482

1-3a 各地区分性别的户口登记地在外乡镇街道的人口状况(城市)

单位：人

地 区	户口登记地					
	合 计			本县(市、区)		
	合计	男	女	小计	男	女
全 省	**10384897**	**5232988**	**5151909**	**4146296**	**2053597**	**2092699**
长沙市	3885324	1975351	1909973	907946	445505	462441
株洲市	883465	450911	432554	273349	133897	139452
湘潭市	524178	262044	262134	259877	126163	133714
衡阳市	925553	470135	455418	524164	265605	258559
邵阳市	565049	284188	280861	381606	191787	189819
岳阳市	633306	321859	311447	297251	148893	148358
常德市	487108	235566	251542	224871	110021	114850
张家界市	194747	96830	97917	119908	58188	61720
益阳市	320356	154906	165450	231930	113064	118866
郴州市	553995	281347	272648	253526	126142	127384
永州市	279592	140740	138852	190831	97295	93536
怀化市	411467	203723	207744	138484	68050	70434
娄底市	533179	262888	270291	278322	137750	140572
湘西州	187578	92500	95078	64231	31237	32994

1-3a 续表

单位：人

地 区	户口登记地					
	本省其他县(市、区)			省 外		
	小计	男	女	小计	男	女
全 省	**5251827**	**2640027**	**2611800**	**986774**	**539364**	**447410**
长沙市	2441692	1230422	1211270	535686	299424	236262
株洲市	497152	253774	243378	112964	63240	49724
湘潭市	219949	112757	107192	44352	23124	21228
衡阳市	349606	176100	173506	51783	28430	23353
邵阳市	160736	80953	79783	22707	11448	11259
岳阳市	278490	142093	136397	57565	30873	26692
常德市	228835	108572	120263	33402	16973	16429
张家界市	61593	30944	30649	13246	7698	5548
益阳市	76901	36126	40775	11525	5716	5809
郴州市	271924	139985	131939	28545	15220	13325
永州市	76149	37372	38777	12612	6073	6539
怀化市	242194	120093	122101	30789	15580	15209
娄底市	234909	115420	119489	19948	9718	10230
湘西州	111697	55416	56281	11650	5847	5803

1-3b 各地区分性别的户口登记地在外乡镇街道的人口状况(镇)

单位：人

地 区	户口登记地					
	合 计			本县(市、区)		
	合计	男	女	小计	男	女
全 省	**6052634**	**3060712**	**2991922**	**4209083**	**2074550**	**2134533**
长沙市	896412	482972	413440	226202	111162	115040
株洲市	307798	158721	149077	198480	94780	103700
湘潭市	332558	174117	158441	168020	84323	83697
衡阳市	550155	281244	268911	380014	191059	188955
邵阳市	451160	220083	231077	363783	179319	184464
岳阳市	321509	163913	157596	239896	118920	120976
常德市	445507	210867	234640	334390	156420	177970
张家界市	122390	58197	64193	107438	50516	56922
益阳市	283926	137115	146811	189186	89733	99453
郴州市	613119	313786	299333	547601	278342	269259
永州市	622992	317315	305677	535971	270822	265149
怀化市	508810	247945	260865	410192	198839	211353
娄底市	311273	155383	155890	267302	133251	134051
湘西州	285025	139054	145971	240608	117064	123544

1-3b 续表

单位：人

地 区	户口登记地					
	本省其他县(市、区)			省 外		
	小计	男	女	小计	男	女
全 省	**1443756**	**770144**	**673612**	**399795**	**216018**	**183777**
长沙市	533123	291500	241623	137087	80310	56777
株洲市	90373	53023	37350	18945	10918	8027
湘潭市	130786	71069	59717	33752	18725	15027
衡阳市	143500	75672	67828	26641	14513	12128
邵阳市	69145	32466	36679	18232	8298	9934
岳阳市	56290	31905	24385	25323	13088	12235
常德市	82401	40583	41818	28716	13864	14852
张家界市	9641	4984	4657	5311	2697	2614
益阳市	77201	38824	38377	17539	8558	8981
郴州市	44998	24285	20713	20520	11159	9361
永州市	64876	34735	30141	22145	11758	10387
怀化市	71746	35941	35805	26872	13165	13707
娄底市	35428	17854	17574	8543	4278	4265
湘西州	34248	17303	16945	10169	4687	5482

1-3c　各地区分性别的户口登记地在外乡镇街道的人口状况(乡村)

单位：人

地　区	户口登记地					
	合　计			本县(市、区)		
	合计	男	女	小计	男	女
全　省	**1138316**	**571760**	**566556**	**355570**	**176562**	**179008**
长沙市	176560	94669	81891	35001	16222	18779
株洲市	43575	23182	20393	14797	7613	7184
湘潭市	42116	21471	20645	14395	7256	7139
衡阳市	110997	53960	57037	35225	18365	16860
邵阳市	78063	37684	40379	27938	14251	13687
岳阳市	92267	42476	49791	26904	12550	14354
常德市	82879	40449	42430	30177	15019	15158
张家界市	37611	19107	18504	19067	9656	9411
益阳市	64618	31790	32828	15980	7255	8725
郴州市	57568	29968	27600	20823	10782	10041
永州市	86917	43903	43014	23828	11969	11859
怀化市	137344	68872	68472	46447	22825	23622
娄底市	78906	39525	39381	30839	15880	14959
湘西州	48895	24704	24191	14149	6919	7230

1-3c　续表

单位：人

地　区	户口登记地					
	本省其他县(市、区)			省　外		
	小计	男	女	小计	男	女
全　省	**591752**	**305146**	**286606**	**190994**	**90052**	**100942**
长沙市	111566	60636	50930	29993	17811	12182
株洲市	20127	10999	9128	8651	4570	4081
湘潭市	21646	11232	10414	6075	2983	3092
衡阳市	57731	27578	30153	18041	8017	10024
邵阳市	35038	17641	17397	15087	5792	9295
岳阳市	45328	21181	24147	20035	8745	11290
常德市	38992	19576	19416	13710	5854	7856
张家界市	12910	6701	6209	5634	2750	2884
益阳市	37619	19404	18215	11019	5131	5888
郴州市	24388	12945	11443	12357	6241	6116
永州市	46624	24484	22140	16465	7450	9015
怀化市	72275	37654	34621	18622	8393	10229
娄底市	38736	20107	18629	9331	3538	5793
湘西州	28772	15008	13764	5974	2777	3197

1-4 各地区分性别、民族的人口

单位：人

地区	合计			汉族		
	合计	男	女	小计	男	女
全省	**66444864**	**33995673**	**32449191**	**59759648**	**30546249**	**29213399**
长沙市	10047914	5085746	4962168	9798213	4962239	4835974
株洲市	3902738	1978431	1924307	3866501	1959283	1907218
湘潭市	2726181	1383396	1342785	2699356	1370135	1329221
衡阳市	6645243	3427248	3217995	6614152	3412799	3201353
邵阳市	6563520	3392314	3171206	6143361	3174874	2968487
岳阳市	5051922	2586621	2465301	5032122	2577523	2454599
常德市	5279102	2646410	2632692	4885637	2445932	2439705
张家界市	1517027	771497	745530	377952	186995	190957
益阳市	3851564	1954023	1897541	3827408	1942497	1884911
郴州市	4667134	2414249	2252885	4579108	2368452	2210656
永州市	5289824	2753253	2536571	4728482	2459277	2269205
怀化市	4587594	2361817	2225777	2837177	1443894	1393283
娄底市	3826996	1960551	1866445	3809635	1953100	1856535
湘西州	2488105	1280117	1207988	560544	289249	271295

1-4 续表 1

单位：人

地区	蒙古族			回族			藏族		
	小计	男	女	小计	男	女	小计	男	女
全省	**5622**	**2899**	**2723**	**82786**	**44017**	**38769**	**6228**	**2799**	**3429**
长沙市	2697	1435	1262	11453	6097	5356	1863	913	950
株洲市	277	152	125	1238	649	589	281	153	128
湘潭市	282	136	146	779	354	425	152	66	86
衡阳市	283	162	121	902	454	448	174	74	100
邵阳市	190	84	106	23942	12585	11357	384	161	223
岳阳市	199	85	114	708	367	341	932	382	550
常德市	191	91	100	25190	13360	11830	105	41	64
张家界市	439	255	184	1270	724	546	75	36	39
益阳市	112	48	64	6480	3477	3003	326	169	157
郴州市	136	65	71	398	203	195	76	27	49
永州市	153	73	80	353	152	201	325	113	212
怀化市	320	164	156	3606	1989	1617	348	166	182
娄底市	120	55	65	373	184	189	796	335	461
湘西州	223	94	129	6094	3422	2672	391	163	228

1-4 续表 2

单位：人

地 区	维吾尔族			苗 族			彝 族		
	小计	男	女	小计	男	女	小计	男	女
全 省	**11076**	**5994**	**5082**	**2027034**	**1043884**	**983150**	**9797**	**4464**	**5333**
长沙市	4677	2508	2169	72877	35986	36891	2835	1514	1321
株洲市	312	176	136	9687	5026	4661	679	362	317
湘潭市	304	163	141	8211	4138	4073	426	199	227
衡阳市	341	178	163	8179	3966	4213	681	308	373
邵阳市	173	83	90	318657	166251	152406	676	240	436
岳阳市	219	100	119	5709	2702	3007	658	305	353
常德市	3921	2183	1738	9978	4294	5684	582	234	348
张家界市	174	92	82	23482	11896	11586	222	78	144
益阳市	117	58	59	5651	2707	2944	470	188	282
郴州市	94	50	44	5694	2852	2842	332	141	191
永州市	180	97	83	7525	3653	3872	586	246	340
怀化市	247	162	85	714534	370621	343913	900	362	538
娄底市	106	65	41	5902	2628	3274	394	134	260
湘西州	211	79	132	830948	427164	403784	356	153	203

1-4 续表 3

单位：人

地 区	壮 族			布 依 族			朝 鲜 族		
	小计	男	女	小计	男	女	小计	男	女
全 省	**45495**	**18373**	**27122**	**9578**	**3661**	**5917**	**2362**	**1268**	**1094**
长沙市	9023	4058	4965	2370	1168	1202	682	354	328
株洲市	1855	834	1021	571	252	319	66	34	32
湘潭市	1204	454	750	386	174	212	70	31	39
衡阳市	2237	809	1428	618	206	412	52	28	24
邵阳市	3333	963	2370	870	275	595	67	28	39
岳阳市	1253	333	920	578	204	374	46	23	23
常德市	1939	600	1339	684	244	440	50	29	21
张家界市	890	226	664	239	86	153	981	542	439
益阳市	925	233	692	462	161	301	25	9	16
郴州市	1778	618	1160	371	139	232	47	21	26
永州市	15812	7576	8236	582	185	397	82	65	17
怀化市	3464	1129	2335	1109	346	763	89	41	48
娄底市	829	216	613	341	86	255	20	16	4
湘西州	953	324	629	397	135	262	85	47	38

1-4 续表 4 单位：人

地 区	满 族			侗 族			瑶 族		
	小计	男	女	小计	男	女	小计	男	女
全 省	**9449**	**4858**	**4591**	**865518**	**453795**	**411723**	**749872**	**395470**	**354402**
长沙市	4673	2432	2241	20482	10429	10053	17030	8483	8547
株洲市	672	367	305	2894	1653	1241	4355	2400	1955
湘潭市	561	276	285	2262	1109	1153	1988	1091	897
衡阳市	342	183	159	2088	1037	1051	4455	2069	2386
邵阳市	352	144	208	24570	12830	11740	37481	19637	17844
岳阳市	230	121	109	1697	832	865	1129	477	652
常德市	311	163	148	2326	966	1360	1859	741	1118
张家界市	251	147	104	1348	578	770	696	294	402
益阳市	154	84	70	1867	924	943	1048	453	595
郴州市	274	141	133	1352	676	676	71152	37846	33306
永州市	356	181	175	1804	837	967	526597	277616	248981
怀化市	717	361	356	797833	419537	378296	78414	42557	35857
娄底市	188	88	100	1475	607	868	1129	458	671
湘西州	368	170	198	3520	1780	1740	2539	1348	1191

1-4 续表 5 单位：人

地 区	白 族			土 家 族			哈 尼 族		
	小计	男	女	小计	男	女	小计	男	女
全 省	**118638**	**60559**	**58079**	**2713005**	**1394700**	**1318305**	**1848**	**513**	**1335**
长沙市	4136	2009	2127	87541	42375	45166	452	189	263
株洲市	463	237	226	9884	5344	4540	213	51	162
湘潭市	410	182	228	8882	4493	4389	63	22	41
衡阳市	379	187	192	8220	4131	4089	304	37	267
邵阳市	464	228	236	6693	3039	3654	174	32	142
岳阳市	299	154	145	5311	2721	2590	85	35	50
常德市	992	424	568	343588	176376	167212	86	18	68
张家界市	95629	49017	46612	1011484	519620	491864	53	15	38
益阳市	239	118	121	5645	2672	2973	38	12	26
郴州市	215	94	121	4231	2016	2215	76	23	53
永州市	268	107	161	5357	2634	2723	109	32	77
怀化市	13045	6735	6310	133321	72664	60657	102	28	74
娄底市	213	94	119	4697	2216	2481	54	10	44
湘西州	1886	973	913	1078151	554399	523752	39	9	30

1-4　续表 6　　单位：人

地　区	哈萨克族			傣　族			黎　族		
	小计	男	女	小计	男	女	小计	男	女
全　省	**360**	**158**	**202**	**1542**	**460**	**1082**	**3169**	**1153**	**2016**
长沙市	245	111	134	401	160	241	704	252	452
株洲市	18	8	10	132	37	95	122	38	84
湘潭市	17	4	13	75	31	44	182	66	116
衡阳市	15	5	10	237	46	191	166	50	116
邵阳市	3	1	2	145	34	111	374	169	205
岳阳市	3	2	1	57	10	47	93	21	72
常德市	5	4	1	70	20	50	183	65	118
张家界市	15	7	8	34	12	22	90	34	56
益阳市	2		2	34	7	27	100	26	74
郴州市	7	2	5	42	12	30	160	63	97
永州市	3	2	1	137	33	104	310	121	189
怀化市	3	1	2	100	39	61	433	170	263
娄底市	3	2	1	62	15	47	105	31	74
湘西州	21	9	12	16	4	12	147	47	100

1-4　续表 7　　单位：人

地　区	傈僳族			佤　族			畲　族		
	小计	男	女	小计	男	女	小计	男	女
全　省	**509**	**170**	**339**	**845**	**255**	**590**	**3800**	**2150**	**1650**
长沙市	111	43	68	185	86	99	580	334	246
株洲市	42	31	11	37	15	22	1582	922	660
湘潭市	18	8	10	34	16	18	72	41	31
衡阳市	17	3	14	70	3	67	75	44	31
邵阳市	65	14	51	86	10	76	45	21	24
岳阳市	12	4	8	20	7	13	38	17	21
常德市	30	10	20	77	43	34	52	27	25
张家界市	14	1	13	39	17	22	23	13	10
益阳市	24	5	19	26	9	17	10	4	6
郴州市	52	13	39	33	11	22	1114	627	487
永州市	16	5	11	126	17	109	52	20	32
怀化市	49	14	35	66	13	53	102	53	49
娄底市	38	13	25	23	4	19	16	9	7
湘西州	21	6	15	23	4	19	39	18	21

1-4　续表 8

单位：人

地　区	高山族			拉祜族			水族		
	小计	男	女	小计	男	女	小计	男	女
全　省	**87**	**45**	**42**	**678**	**115**	**563**	**1318**	**567**	**751**
长沙市	10	3	7	149	39	110	359	211	148
株洲市	1	1		64	7	57	62	33	29
湘潭市				26	4	22	37	16	21
衡阳市				136	14	122	65	26	39
邵阳市	17	8	9	75	7	68	163	55	108
岳阳市	7	5	2	20	4	16	64	29	35
常德市	1		1	23	5	18	75	27	48
张家界市	20	13	7	12	2	10	26	10	16
益阳市	1		1	19	3	16	35	15	20
郴州市				17	6	11	50	21	29
永州市	5	2	3	56	11	45	69	20	49
怀化市	7	5	2	31	4	27	199	68	131
娄底市	2		2	44	6	38	52	12	40
湘西州	16	8	8	6	3	3	62	24	38

1-4　续表 9

单位：人

地　区	东乡族			纳西族			景颇族		
	小计	男	女	小计	男	女	小计	男	女
全　省	**1350**	**889**	**461**	**182**	**68**	**114**	**283**	**55**	**228**
长沙市	912	652	260	88	38	50	51	21	30
株洲市	71	34	37	11	4	7	15	6	9
湘潭市	34	20	14	12	6	6	7	1	6
衡阳市	37	22	15	17	4	13	73	6	67
邵阳市	11	4	7	9	1	8	18	4	14
岳阳市	21	9	12	1		1	17	6	11
常德市	92	45	47	7	1	6	3		3
张家界市	22	13	9	3	1	2	2		2
益阳市	25	16	9	5	1	4	20	2	18
郴州市	43	27	16	5	4	1	6	2	4
永州市	25	13	12	9	1	8	42	4	38
怀化市	25	14	11	10	5	5	18	3	15
娄底市	3	2	1	3	1	2	8		8
湘西州	29	18	11	2	1	1	3		3

1-4 续表 10 单位：人

地 区	柯尔克孜族			土 族			达斡尔族		
	小计	男	女	小计	男	女	小计	男	女
全 省	**51**	**19**	**32**	**4212**	**2131**	**2081**	**99**	**49**	**50**
长沙市	37	16	21	578	281	297	56	25	31
株洲市	3		3	63	30	33	7	5	2
湘潭市				51	29	22	8	4	4
衡阳市	1		1	50	27	23	7	5	2
邵阳市				37	15	22	7	4	3
岳阳市				37	15	22	2	2	
常德市	3	1	2	597	291	306			
张家界市	3	1	2	1325	680	645	1	1	
益阳市				29	11	18	5	2	3
郴州市	1		1	30	10	20			
永州市				36	18	18	2		2
怀化市	1		1	627	363	264	2		2
娄底市	1		1	30	15	15	1		1
湘西州	1	1		722	346	376	1	1	

1-4 续表 11 单位：人

地 区	仫 佬 族			羌 族			布 朗 族		
	小计	男	女	小计	男	女	小计	男	女
全 省	**1369**	**648**	**721**	**274**	**150**	**124**	**234**	**43**	**191**
长沙市	288	143	145	120	69	51	98	21	77
株洲市	41	14	27	23	10	13	13	1	12
湘潭市	33	12	21	7	4	3	2	1	1
衡阳市	48	25	23	10	6	4	43	5	38
邵阳市	520	290	230	7	1	6	22	3	19
岳阳市	47	16	31	12	7	5	2	1	1
常德市	64	19	45	14	7	7	2		2
张家界市	30	11	19	8	6	2	1		1
益阳市	35	13	22	16	7	9	15	3	12
郴州市	48	16	32	4	2	2	9	3	6
永州市	60	25	35	4	4		13	2	11
怀化市	90	36	54	22	10	12	9	2	7
娄底市	36	15	21	7	4	3	4		4
湘西州	29	13	16	20	13	7	1	1	

1-4 续表 12

单位：人

地 区	撒拉族			毛南族			仡佬族		
	小计	男	女	小计	男	女	小计	男	女
全 省	**205**	**125**	**80**	**349**	**134**	**215**	**2531**	**1257**	**1274**
长沙市	154	99	55	124	61	63	698	387	311
株洲市	7	4	3	20	10	10	211	128	83
湘潭市	3	1	2	8	5	3	101	56	45
衡阳市	3	2	1	23	7	16	170	90	80
邵阳市				23	8	15	203	86	117
岳阳市	5	3	2	19	6	13	115	48	67
常德市	4	1	3	24	6	18	225	102	123
张家界市	3	2	1	7	5	2	66	19	47
益阳市				3		3	88	48	40
郴州市				16	7	9	64	24	40
永州市	2		2	20	4	16	117	50	67
怀化市	3	3		42	13	29	264	116	148
娄底市	4	2	2	13	1	12	117	74	43
湘西州	17	8	9	7	1	6	92	29	63

1-4 续表 13

单位：人

地 区	锡伯族			阿昌族			普米族		
	小计	男	女	小计	男	女	小计	男	女
全 省	**171**	**86**	**85**	**63**	**24**	**39**	**18**	**9**	**9**
长沙市	90	47	43	16	9	7	5	3	2
株洲市	19	12	7	8	6	2	2	2	
湘潭市	8	4	4	1	1		4	1	3
衡阳市	3	2	1	9		9	4	2	2
邵阳市	8	3	5	4	1	3			
岳阳市	4	2	2	3	1	2			
常德市	8	1	7	1	1				
张家界市	1	1							
益阳市	4		4	1		1			
郴州市	3	1	2	4		4			
永州市	1		1	5	2	3			
怀化市	13	8	5	5	2	3	1		1
娄底市	2	1	1	3	1	2			
湘西州	7	4	3	3		3	2	1	1

1-4　续表 14　　　　单位：人

地　区	塔吉克族			怒　　族			乌孜别克族		
	小计	男	女	小计	男	女	小计	男	女
全　省	**7**	**5**	**2**	**25**	**5**	**20**	**7**	**3**	**4**
长沙市	5	4	1	6	2	4	1		1
株洲市									
湘潭市				1		1			
衡阳市									
邵阳市				7		7	1	1	
岳阳市				1		1			
常德市				1		1			
张家界市				1	1				
益阳市							1	1	
郴州市	1	1		3	1	2			
永州市				2		2			
怀化市				2		2			
娄底市							1	1	
湘西州	1		1	1	1		3		3

1-4　续表 15　　　　单位：人

地　区	俄罗斯族			鄂温克族			德　昂　族		
	小计	男	女	小计	男	女	小计	男	女
全　省	**27**	**12**	**15**	**28**	**11**	**17**	**30**	**10**	**20**
长沙市	14	9	5	13	3	10	8	3	5
株洲市	2	1	1						
湘潭市	3	1	2						
衡阳市	1		1	2	2		6		6
邵阳市				1		1	1		1
岳阳市	1		1	3	2	1	4	2	2
常德市				1	1				
张家界市				1	1				
益阳市				1	1		7	5	2
郴州市	5	1	4	2	1	1			
永州市				2		2	2		2
怀化市	1		1						
娄底市							1		1
湘西州				2		2	1		1

1-4 续表 16

单位：人

地区	保安族			裕固族			京族		
	小计	男	女	小计	男	女	小计	男	女
全省	**68**	**39**	**29**	**23**	**13**	**10**	**49**	**15**	**34**
长沙市	43	28	15	6	4	2	9	5	4
株洲市	3	2	1	1		1	4	1	3
湘潭市							1	1	
衡阳市	2	1	1	1	1		5	2	3
邵阳市	2	1	1				6	2	4
岳阳市	3	2	1	2	2		3		3
常德市	7	3	4	2	1	1	1		1
张家界市				1	1		2		2
益阳市				1	1		3		3
郴州市				2	1	1	5	2	3
永州市	1	1		1	1		3	1	2
怀化市	3		3	1		1	4	1	3
娄底市	3	1	2				3		3
湘西州	1		1	5	1	4			

1-4 续表 17

单位：人

地区	塔塔尔族			独龙族			鄂伦春族		
	小计	男	女	小计	男	女	小计	男	女
全省	**13**	**10**	**3**	**20**	**12**	**8**	**12**	**4**	**8**
长沙市	4	3	1	1	1		6	2	4
株洲市				1		1			
湘潭市				1		1			
衡阳市				1	1		1		1
邵阳市				1		1			
岳阳市				1		1			
常德市									
张家界市				13	10	3	2	1	1
益阳市									
郴州市	6	4	2	1		1			
永州市									
怀化市	3	3					2		2
娄底市									
湘西州							1	1	

1-4 续表 18 单位：人

地区	赫哲族			门巴族			珞巴族		
	小计	男	女	小计	男	女	小计	男	女
全省	**8**	**5**	**3**	**25**	**15**	**10**	**8**	**3**	**5**
长沙市	3	1	2	6	3	3	4	1	3
株洲市	1	1		2	2				
湘潭市	1	1		2	1	1			
衡阳市									
邵阳市				1	1				
岳阳市				3	1	2	2	1	1
常德市				1		1			
张家界市									
益阳市	1		1	2	1	1			
郴州市									
永州市				3	2	1	1	1	
怀化市									
娄底市				4	3	1	1		1
湘西州	2	2		1	1				

1-4 续表 19 单位：人

地区	基诺族			未定族称人口			入籍		
	小计	男	女	小计	男	女	小计	男	女
全省	**29**	**8**	**21**	**2523**	**1165**	**1358**	**307**	**75**	**232**
长沙市	5	4	1	662	355	307	55	18	37
株洲市	2		2	173	89	84	27	4	23
湘潭市	2	1	1	85	36	49	9	1	8
衡阳市	8	1	7	497	210	287	33	8	25
邵阳市	1		1	221	96	125	49	20	29
岳阳市				100	32	68	25		25
常德市	2		2	76	30	46	12	3	9
张家界市				71	31	40	6	2	4
益阳市				79	31	48	5	1	4
郴州市				58	22	36	9	1	8
永州市	3	1	2	95	39	56	30	9	21
怀化市	1		1	218	111	107	11	4	7
娄底市	1		1	103	45	58	30	1	29
湘西州	4	1	3	85	38	47	6	3	3

1-4a 各地区分性别、民族的人口(城市)

单位：人

地 区	合 计			汉 族		
	合计	男	女	小计	男	女
全 省	**18916669**	**9472504**	**9444165**	**18027234**	**9037596**	**8989638**
长沙市	6350278	3173571	3176707	6160580	3080691	3079889
株洲市	1663819	837758	826061	1643631	827125	816506
湘潭市	991153	492476	498677	977457	485664	491793
衡阳市	1760742	893514	867228	1747007	886656	860351
邵阳市	1208448	609001	599447	1188887	599532	589355
岳阳市	1418502	722108	696394	1411331	718324	693007
常德市	1006933	491465	515468	973666	475894	497772
张家界市	349673	173510	176163	84557	43571	40986
益阳市	691791	339826	351965	687465	337921	349544
郴州市	955106	479341	475765	945207	474547	470660
永州市	583216	293946	289270	574941	290168	284773
怀化市	707609	352435	355174	618121	309002	309119
娄底市	925789	462774	463015	916320	458468	457852
湘西州	303610	150779	152831	98064	50033	48031

1-4a 续表 1

单位：人

地 区	蒙 古 族			回 族			藏 族		
	小计	男	女	小计	男	女	小计	男	女
全 省	**3912**	**1989**	**1923**	**27295**	**13625**	**13670**	**3674**	**1668**	**2006**
长沙市	2351	1213	1138	7954	3925	4029	1400	667	733
株洲市	230	130	100	1042	534	508	109	64	45
湘潭市	153	70	83	456	215	241	63	34	29
衡阳市	205	121	84	630	333	297	98	53	45
邵阳市	92	41	51	6507	3286	3221	236	110	126
岳阳市	90	40	50	372	205	167	219	87	132
常德市	119	54	65	7338	3628	3710	58	22	36
张家界市	116	63	53	413	219	194	61	32	29
益阳市	31	13	18	177	77	100	12	5	7
郴州市	73	39	34	201	98	103	34	14	20
永州市	49	15	34	92	41	51	259	89	170
怀化市	145	77	68	859	423	436	126	59	67
娄底市	91	43	48	253	126	127	726	316	410
湘西州	167	70	97	1001	515	486	273	116	157

1-4a 续表 2 单位：人

地 区	维吾尔族			苗 族			彝 族		
	小计	男	女	小计	男	女	小计	男	女
全 省	**4743**	**2555**	**2188**	**215614**	**105108**	**110506**	**4076**	**2072**	**2004**
长沙市	2699	1494	1205	54259	26772	27487	1925	1021	904
株洲市	270	151	119	5465	2853	2612	339	197	142
湘潭市	175	102	73	4111	2078	2033	183	77	106
衡阳市	268	135	133	3725	1879	1846	222	125	97
邵阳市	107	54	53	6263	3064	3199	175	82	93
岳阳市	114	66	48	2168	1140	1028	147	82	65
常德市	546	283	263	4384	1969	2415	243	111	132
张家界市	117	56	61	5390	2487	2903	95	44	51
益阳市	42	23	19	1394	646	748	53	18	35
郴州市	42	22	20	2167	1079	1088	124	60	64
永州市	35	19	16	1845	843	1002	106	46	60
怀化市	90	53	37	31649	15219	16430	190	83	107
娄底市	67	42	25	2930	1358	1572	148	67	81
湘西州	171	55	116	89864	43721	46143	126	59	67

1-4a 续表 3 单位：人

地 区	壮 族			布 依 族			朝 鲜 族		
	小计	男	女	小计	男	女	小计	男	女
全 省	**13168**	**5845**	**7323**	**3672**	**1628**	**2044**	**1872**	**1021**	**851**
长沙市	6625	3067	3558	1534	728	806	588	306	282
株洲市	1172	591	581	345	159	186	45	19	26
湘潭市	570	245	325	145	70	75	33	17	16
衡阳市	927	437	490	213	94	119	33	21	12
邵阳市	513	197	316	149	59	90	29	14	15
岳阳市	348	139	209	142	57	85	28	13	15
常德市	479	174	305	264	103	161	18	11	7
张家界市	250	83	167	67	37	30	943	522	421
益阳市	165	61	104	126	65	61	11	4	7
郴州市	526	236	290	114	42	72	30	14	16
永州市	365	144	221	82	34	48	49	47	2
怀化市	685	261	424	272	100	172	35	13	22
娄底市	311	117	194	132	44	88	12	11	1
湘西州	232	93	139	87	36	51	18	9	9

1-4a 续表 4 单位：人

地 区	满族			侗族			瑶族		
	小计	男	女	小计	男	女	小计	男	女
全 省	**7025**	**3563**	**3462**	**56557**	**27738**	**28819**	**38736**	**19028**	**19708**
长沙市	4099	2107	1992	15782	7922	7860	13298	6549	6749
株洲市	590	313	277	1697	954	743	1476	785	691
湘潭市	331	159	172	1300	629	671	1023	565	458
衡阳市	241	133	108	1067	554	513	1372	627	745
邵阳市	150	57	93	1333	669	664	911	396	515
岳阳市	151	80	71	465	266	199	395	206	189
常德市	207	103	104	1154	487	667	871	311	560
张家界市	177	107	70	656	309	347	416	194	222
益阳市	47	21	26	384	162	222	273	111	162
郴州市	192	91	101	503	240	263	3345	1666	1679
永州市	93	48	45	547	251	296	2983	1384	1599
怀化市	350	167	183	29637	14325	15312	10988	5595	5393
娄底市	152	69	83	860	357	503	703	309	394
湘西州	245	108	137	1172	613	559	682	330	352

1-4a 续表 5 单位：人

地 区	白族			土家族			哈尼族		
	小计	男	女	小计	男	女	小计	男	女
全 省	**14653**	**7000**	**7653**	**484506**	**237367**	**247139**	**610**	**219**	**391**
长沙市	3179	1540	1639	69103	33155	35948	274	106	168
株洲市	286	138	148	6271	3356	2915	77	21	56
湘潭市	221	87	134	4484	2250	2234	22	9	13
衡阳市	190	99	91	4077	2035	2042	49	15	34
邵阳市	165	79	86	2509	1185	1324	36	8	28
岳阳市	101	58	43	2224	1251	973	8	4	4
常德市	502	209	293	16614	7907	8707	23	7	16
张家界市	7956	3826	4130	248011	121736	126275	20	10	10
益阳市	51	21	30	1454	635	819	5	3	2
郴州市	102	49	53	2166	1013	1153	24	12	12
永州市	73	31	42	1505	704	801	19	11	8
怀化市	805	370	435	13121	6432	6689	23	8	15
娄底市	113	53	60	2668	1254	1414	17	4	13
湘西州	909	440	469	110299	54454	55845	13	1	12

1-4a　续表 6

单位：人

地　区	哈萨克族			傣　族			黎　族		
	小计	男	女	小计	男	女	小计	男	女
全　省	**300**	**132**	**168**	**538**	**197**	**341**	**1290**	**486**	**804**
长沙市	233	106	127	246	94	152	529	192	337
株洲市	18	8	10	56	17	39	74	24	50
湘潭市	2		2	31	9	22	92	35	57
衡阳市	11	3	8	29	12	17	93	35	58
邵阳市				38	14	24	47	19	28
岳阳市				12		12	24	10	14
常德市	1	1		24	6	18	63	26	37
张家界市	12	5	7	11	2	9	27	10	17
益阳市				3	1	2	21	4	17
郴州市	3	1	2	12	5	7	67	29	38
永州市	1		1	17	9	8	39	14	25
怀化市	1	1		32	16	16	127	60	67
娄底市	1	1		21	9	12	58	19	39
湘西州	17	6	11	6	3	3	29	9	20

1-4a　续表 7

单位：人

地　区	傈　僳　族			佤　族			畲　族		
	小计	男	女	小计	男	女	小计	男	女
全　省	**175**	**75**	**100**	**226**	**102**	**124**	**818**	**443**	**375**
长沙市	69	23	46	111	58	53	472	263	209
株洲市	35	28	7	26	13	13	93	44	49
湘潭市	12	5	7	21	11	10	37	23	14
衡阳市	6	2	4	7		7	32	19	13
邵阳市	5		5	19	4	15	16	8	8
岳阳市	3	1	2	3	2	1	13	8	5
常德市	5	1	4	5	3	2	23	11	12
张家界市	3		3	8	5	3	17	9	8
益阳市	3	1	2	3	2	1	2		2
郴州市	3	1	2	4		4	41	23	18
永州市				4	2	2	12	6	6
怀化市	10	4	6	8	1	7	34	14	20
娄底市	15	8	7	7	1	6	10	6	4
湘西州	6	1	5				16	9	7

1-4a 续表 8 单位：人

地区	高山族			拉祜族			水族		
	小计	男	女	小计	男	女	小计	男	女
全省	**23**	**12**	**11**	**159**	**33**	**126**	**483**	**256**	**227**
长沙市	10	3	7	70	15	55	223	134	89
株洲市	1	1		25	4	21	31	19	12
湘潭市				6	2	4	18	8	10
衡阳市				11	1	10	23	9	14
邵阳市	3	3		15	3	12	26	13	13
岳阳市	4	3	1	1	1		19	8	11
常德市				6	1	5	44	18	26
张家界市				2		2	4	1	3
益阳市				2	1	1	5	3	2
郴州市				4	2	2	11	7	4
永州市				2		2	4	2	2
怀化市				6		6	40	18	22
娄底市	2		2	8	3	5	20	10	10
湘西州	3	2	1	1		1	15	6	9

1-4a 续表 9 单位：人

地区	东乡族			纳西族			景颇族		
	小计	男	女	小计	男	女	小计	男	女
全省	**533**	**323**	**210**	**126**	**53**	**73**	**73**	**26**	**47**
长沙市	283	184	99	73	35	38	32	13	19
株洲市	65	31	34	8	3	5	9	3	6
湘潭市	28	17	11	10	6	4	5	1	4
衡阳市	10	6	4	8	2	6	2		2
邵阳市	5	2	3	3		3	6	3	3
岳阳市	15	8	7				6	4	2
常德市	39	22	17	5		5	1		1
张家界市	18	12	6	3	1	2	1		1
益阳市	10	6	4	1	1		1		1
郴州市	21	14	7	3	3		1		1
永州市	12	5	7	4		4	4	1	3
怀化市	8	5	3	6	2	4	5	1	4
娄底市	3	2	1	1		1			
湘西州	16	9	7	1		1			

1-4a　续表 10　　　　单位：人

地　区	柯尔克孜族			土　族			达斡尔族		
	小计	男	女	小计	男	女	小计	男	女
全　省	**45**	**18**	**27**	**1102**	**559**	**543**	**76**	**38**	**38**
长沙市	37	16	21	467	229	238	47	18	29
株洲市	3		3	39	17	22	6	5	1
湘潭市				33	23	10	7	4	3
衡阳市	1		1	29	17	12	5	4	1
邵阳市				16	10	6	7	4	3
岳阳市				18	10	8	1	1	
常德市				64	34	30			
张家界市	3	1	2	244	127	117	1	1	
益阳市				12	4	8			
郴州市				11	5	6			
永州市				11	6	5	1		1
怀化市				72	34	38			
娄底市				23	13	10			
湘西州	1	1		63	30	33	1	1	

1-4a　续表 11　　　　单位：人

地　区	仫　佬　族			羌　族			布　朗　族		
	小计	男	女	小计	男	女	小计	男	女
全　省	**487**	**238**	**249**	**171**	**99**	**72**	**38**	**8**	**30**
长沙市	219	107	112	98	58	40	23	4	19
株洲市	33	13	20	18	6	12	3		3
湘潭市	10	6	4	4	3	1	1		1
衡阳市	18	13	5	8	4	4	1	1	
邵阳市	80	40	40	1	1		4	1	3
岳阳市	14	6	8	3		3			
常德市	17	6	11	5	3	2			
张家界市	11	5	6	7	6	1			
益阳市	2	1	1	3	2	1			
郴州市	19	9	10	1	1		1	1	
永州市	6	3	3	2	2		1		1
怀化市	23	11	12	7	5	2	3	1	2
娄底市	26	13	13				1		1
湘西州	9	5	4	14	8	6			

1-4a 续表 12

单位：人

地 区	撒拉族			毛南族			仡佬族		
	小计	男	女	小计	男	女	小计	男	女
全 省	**106**	**56**	**50**	**171**	**79**	**92**	**1145**	**621**	**524**
长沙市	76	41	35	96	48	48	521	294	227
株洲市	4	3	1	10	5	5	115	71	44
湘潭市	2	1	1	6	3	3	49	26	23
衡阳市	3	2	1	7	3	4	59	33	26
邵阳市				10	5	5	43	20	23
岳阳市				7	3	4	23	12	11
常德市	3	1	2	8	3	5	80	36	44
张家界市	2	1	1	1	1		21	9	12
益阳市							19	11	8
郴州市				2		2	23	7	16
永州市				8	1	7	27	11	16
怀化市				11	6	5	74	40	34
娄底市	2	1	1	4	1	3	54	35	19
湘西州	14	6	8	1		1	37	16	21

1-4a 续表 13

单位：人

地 区	锡伯族			阿昌族			普米族		
	小计	男	女	小计	男	女	小计	男	女
全 省	**139**	**69**	**70**	**25**	**11**	**14**	**13**	**7**	**6**
长沙市	84	42	42	10	5	5	5	3	2
株洲市	18	11	7	7	6	1	1	1	
湘潭市	1		1				4	1	3
衡阳市	3	2	1				2	1	1
邵阳市	6	2	4	1		1			
岳阳市	1	1		2		2			
常德市	8	1	7						
张家界市	1	1							
益阳市	1		1						
郴州市	1		1	1		1			
永州市									
怀化市	7	5	2	1		1			
娄底市	2	1	1						
湘西州	6	3	3	3		3	1	1	

1-4a 续表 14

单位：人

地 区	塔吉克族			怒 族			乌孜别克族		
	小计	男	女	小计	男	女	小计	男	女
全 省	**5**	**3**	**2**	**7**	**2**	**5**	**5**	**1**	**4**
长沙市	4	3	1	5	2	3	1		1
株洲市									
湘潭市									
衡阳市									
邵阳市				1		1			
岳阳市									
常德市									
张家界市									
益阳市									
郴州市									
永州市									
怀化市				1		1			
娄底市							1	1	
湘西州	1		1				3		3

1-4a 续表 15

单位：人

地 区	俄罗斯族			鄂温克族			德 昂 族		
	小计	男	女	小计	男	女	小计	男	女
全 省	**20**	**10**	**10**	**22**	**9**	**13**	**6**	**1**	**5**
长沙市	12	8	4	12	3	9	4	1	3
株洲市	1		1						
湘潭市	1	1							
衡阳市				2	2				
邵阳市									
岳阳市	1		1	3	2	1			
常德市				1	1				
张家界市				1	1				
益阳市							1		1
郴州市	4	1	3						
永州市				2		2			
怀化市	1		1						
娄底市							1		1
湘西州				1		1			

1-4a 续表 16 单位：人

地 区	保安族			裕固族			京族		
	小计	男	女	小计	男	女	小计	男	女
全 省	**28**	**12**	**16**	**18**	**9**	**9**	**17**	**10**	**7**
长沙市	13	6	7	6	4	2	6	5	1
株洲市	3	2	1	1		1	2	1	1
湘潭市							1	1	
衡阳市	1		1	1	1		3	1	2
邵阳市	1	1					4	1	3
岳阳市	2	1	1						
常德市	3	1	2						
张家界市				1	1				
益阳市									
郴州市				2	1	1			
永州市				1	1				
怀化市	1		1	1		1	1	1	
娄底市	3	1	2						
湘西州	1		1	5	1	4			

1-4a 续表 17 单位：人

地 区	塔塔尔族			独龙族			鄂伦春族		
	小计	男	女	小计	男	女	小计	男	女
全 省	**7**	**6**	**1**	**6**	**2**	**4**	**7**	**3**	**4**
长沙市	4	3	1				5	2	3
株洲市				1		1			
湘潭市									
衡阳市							1		1
邵阳市				1		1			
岳阳市									
常德市									
张家界市				4	2	2	1	1	
益阳市									
郴州市									
永州市									
怀化市	3	3							
娄底市									
湘西州									

1-4a　续表 18　　单位：人

地　区	赫　哲　族			门　巴　族			珞　巴　族		
	小计	男	女	小计	男	女	小计	男	女
全　省	**4**	**2**	**2**	**16**	**8**	**8**	**7**	**2**	**5**
长沙市	3	1	2	5	2	3	4	1	3
株洲市	1	1		1	1				
湘潭市				1		1			
衡阳市									
邵阳市									
岳阳市				3	1	2	1		1
常德市				1		1			
张家界市									
益阳市									
郴州市									
永州市							1	1	
怀化市									
娄底市				4	3	1	1		1
湘西州				1	1				

1-4a　续表 19　　单位：人

地　区	基　诺　族			未定族称人口			入　籍		
	小计	男	女	小计	男	女	小计	男	女
全　省	**9**	**4**	**5**	**834**	**440**	**394**	**42**	**17**	**25**
长沙市	4	3	1	494	274	220	12	5	7
株洲市	2		2	61	29	32	3	1	2
湘潭市	2	1	1	38	17	21	4	1	3
衡阳市				34	20	14	8	4	4
邵阳市				27	14	13	1		1
岳阳市				20	8	12			
常德市				36	15	21	5	2	3
张家界市				20	10	10	4	2	2
益阳市				12	3	9			
郴州市				19	8	11	2	1	1
永州市	1		1	11	7	4	2		2
怀化市				30	20	10			
娄底市				17	7	10	1	1	
湘西州				15	8	7			

1-4b 各地区分性别、民族的人口(镇)

单位：人

地区	合计			汉族		
	合计	男	女	小计	男	女
全省	**20129507**	**10242115**	**9887392**	**17872914**	**9109856**	**8763058**
长沙市	1949722	1013002	936720	1905295	989649	915646
株洲市	1117253	566520	550733	1106921	560853	546068
湘潭市	763816	392829	370987	753738	387661	366077
衡阳市	1845711	948195	897516	1838812	944818	893994
邵阳市	2215212	1130113	1085099	2064840	1055718	1009122
岳阳市	1645972	839302	806670	1640765	836792	803973
常德市	1961134	972955	988179	1818771	903137	915634
张家界市	433847	214440	219407	147921	71227	76694
益阳市	1250726	623583	627143	1244733	620745	623988
郴州市	1760244	908706	851538	1740556	898689	841867
永州市	1899834	978610	921224	1740603	897842	842761
怀化市	1456652	729454	727198	783109	391135	391974
娄底市	870987	442853	428134	868938	441949	426989
湘西州	958397	481553	476844	217912	109641	108271

1-4b 续表 1

单位：人

地区	蒙古族			回族			藏族		
	小计	男	女	小计	男	女	小计	男	女
全省	**1050**	**575**	**475**	**22855**	**12305**	**10550**	**1076**	**524**	**552**
长沙市	264	173	91	2863	1838	1025	427	230	197
株洲市	27	14	13	153	87	66	151	83	68
湘潭市	103	57	46	271	124	147	74	29	45
衡阳市	56	31	25	127	60	67	31	13	18
邵阳市	57	28	29	7752	3973	3779	61	22	39
岳阳市	54	30	24	190	107	83	42	21	21
常德市	37	21	16	5809	3024	2785	25	10	15
张家界市	124	62	62	475	260	215	4	1	3
益阳市	47	19	28	655	334	321	32	13	19
郴州市	42	20	22	109	56	53	22	8	14
永州市	62	35	27	151	64	87	32	10	22
怀化市	124	62	62	1731	989	742	102	56	46
娄底市	13	6	7	55	30	25	16	5	11
湘西州	40	17	23	2514	1359	1155	57	23	34

1-4b 续表 2 单位：人

地区	维吾尔族			苗族			彝族		
	小计	男	女	小计	男	女	小计	男	女
全省	**3430**	**1774**	**1656**	**725456**	**362694**	**362762**	**2878**	**1350**	**1528**
长沙市	1747	854	893	13070	6604	6466	718	413	305
株洲市	33	23	10	2969	1617	1352	227	125	102
湘潭市	113	52	61	2974	1566	1408	164	82	82
衡阳市	50	32	18	1981	1045	936	208	103	105
邵阳市	42	21	21	124819	62232	62587	227	74	153
岳阳市	36	19	17	1419	704	715	226	109	117
常德市	1017	536	481	3335	1400	1935	156	55	101
张家界市	32	22	10	8143	4086	4057	34	11	23
益阳市	51	23	28	1599	750	849	121	43	78
郴州市	44	22	22	1833	949	884	111	41	70
永州市	91	50	41	2213	1180	1033	174	69	105
怀化市	121	85	36	290567	144567	146000	343	155	188
娄底市	25	18	7	774	366	408	61	25	36
湘西州	28	17	11	269760	135628	134132	108	45	63

1-4b 续表 3 单位：人

地区	壮族			布依族			朝鲜族		
	小计	男	女	小计	男	女	小计	男	女
全省	**13560**	**5377**	**8183**	**2734**	**1077**	**1657**	**293**	**150**	**143**
长沙市	1690	726	964	586	325	261	77	42	35
株洲市	409	165	244	135	67	68	17	13	4
湘潭市	430	158	272	150	69	81	32	12	20
衡阳市	663	234	429	206	62	144	9	5	4
邵阳市	1165	352	813	277	98	179	17	6	11
岳阳市	376	99	277	171	58	113	7	2	5
常德市	740	244	496	181	59	122	20	11	9
张家界市	251	70	181	66	19	47	18	8	10
益阳市	337	95	242	133	47	86	5	3	2
郴州市	567	199	368	113	43	70	9	4	5
永州市	5066	2383	2683	201	70	131	19	8	11
怀化市	1386	500	886	353	110	243	36	20	16
娄底市	123	37	86	55	14	41			
湘西州	357	115	242	107	36	71	27	16	11

1-4b 续表 4 单位：人

地 区	满 族			侗 族			瑶 族		
	小计	男	女	小计	男	女	小计	男	女
全 省	**1719**	**937**	**782**	**331559**	**167934**	**163625**	**190835**	**97114**	**93721**
长沙市	472	277	195	3534	1914	1620	2731	1443	1288
株洲市	62	41	21	959	586	373	1490	813	677
湘潭市	211	107	104	799	416	383	787	449	338
衡阳市	52	28	24	477	261	216	598	282	316
邵阳市	150	66	84	7562	3736	3826	5753	2721	3032
岳阳市	53	27	26	503	265	238	262	108	154
常德市	76	42	34	700	304	396	583	259	324
张家界市	43	18	25	253	100	153	116	45	71
益阳市	61	34	27	471	228	243	354	158	196
郴州市	55	38	17	490	265	225	14626	7585	7041
永州市	144	76	68	571	302	269	148509	75580	72929
怀化市	244	133	111	313988	158985	155003	13864	7065	6799
娄底市	11	11		158	70	88	109	47	62
湘西州	85	39	46	1094	502	592	1053	559	494

1-4b 续表 5 单位：人

地 区	白 族			土 家 族			哈 尼 族		
	小计	男	女	小计	男	女	小计	男	女
全 省	**38330**	**18850**	**19480**	**911906**	**457539**	**454367**	**539**	**170**	**369**
长沙市	732	362	370	13676	7055	6621	117	66	51
株洲市	138	84	54	2704	1527	1177	57	13	44
湘潭市	154	82	72	3479	1817	1662	24	9	15
衡阳市	81	36	45	1802	1012	790	85	12	73
邵阳市	151	78	73	1757	779	978	46	10	36
岳阳市	97	49	48	1484	802	682	47	25	22
常德市	287	136	151	128511	63314	65197	32	7	25
张家界市	31464	15551	15913	244254	122659	121595	15	2	13
益阳市	86	52	34	1828	950	878	16	6	10
郴州市	53	18	35	933	452	481	20	6	14
永州市	93	40	53	1485	758	727	27	4	23
怀化市	4415	2086	2329	45446	23175	22271	26	4	22
娄底市	24	10	14	508	236	272	12	3	9
湘西州	555	266	289	464039	233003	231036	15	3	12

1-4b　续表 6　　单位：人

地　区	哈萨克族			傣　族			黎　族		
	小计	男	女	小计	男	女	小计	男	女
全　省	**30**	**13**	**17**	**496**	**167**	**329**	**917**	**335**	**582**
长沙市	9	5	4	120	55	65	136	52	84
株洲市				44	17	27	24	9	15
湘潭市	10	1	9	28	14	14	79	31	48
衡阳市	1		1	105	28	77	31	9	22
邵阳市	1	1		36	10	26	123	59	64
岳阳市	2	2		20	4	16	27	3	24
常德市	2	1	1	20	8	12	83	29	54
张家界市				3	2	1	23	8	15
益阳市	1		1	10	2	8	34	11	23
郴州市				14	2	12	40	12	28
永州市	1	1		49	11	38	68	21	47
怀化市	1		1	33	10	23	150	56	94
娄底市				10	3	7	14	3	11
湘西州	2	2		4	1	3	85	32	53

1-4b　续表 7　　单位：人

地　区	傈　僳　族			佤　族			畲　族		
	小计	男	女	小计	男	女	小计	男	女
全　省	**131**	**48**	**83**	**288**	**105**	**183**	**1274**	**673**	**601**
长沙市	24	14	10	57	25	32	79	49	30
株洲市	7	3	4	6	1	5	529	285	244
湘潭市	3	3		7	1	6	33	17	16
衡阳市	3		3	18	2	16	25	16	9
邵阳市	23	5	18	24	2	22	18	11	7
岳阳市	4	2	2	9	3	6	13	7	6
常德市	10	4	6	67	39	28	20	11	9
张家界市	9	1	8	8	3	5	1		1
益阳市	6	2	4	5	1	4	5	4	1
郴州市	16	7	9	20	11	9	464	234	230
永州市	9	2	7	27	6	21	29	12	17
怀化市	9	2	7	28	8	20	37	18	19
娄底市	6	1	5	7	3	4			
湘西州	2	2		5		5	21	9	12

1-4b 续表 8 单位：人

地 区	高山族			拉祜族			水 族		
	小计	男	女	小计	男	女	小计	男	女
全 省	**46**	**25**	**21**	**221**	**49**	**172**	**385**	**157**	**228**
长沙市				49	19	30	92	53	39
株洲市				14	2	12	16	7	9
湘潭市				14	2	12	14	5	9
衡阳市				55	11	44	21	11	10
邵阳市	14	5	9	22	1	21	45	16	29
岳阳市	2	2		8	2	6	19	9	10
常德市	1		1	8	2	6	18	8	10
张家界市	9	6	3	5	1	4	11	3	8
益阳市				8	1	7	8	4	4
郴州市				2	1	1	15	7	8
永州市	3	2	1	12	3	9	20	3	17
怀化市	7	5	2	12	1	11	78	23	55
娄底市				8	1	7	6		6
湘西州	10	5	5	4	2	2	22	8	14

1-4b 续表 9 单位：人

地 区	东乡族			纳西族			景颇族		
	小计	男	女	小计	男	女	小计	男	女
全 省	**683**	**491**	**192**	**28**	**11**	**17**	**82**	**17**	**65**
长沙市	576	432	144	9	2	7	17	8	9
株洲市				2		2	3	1	2
湘潭市	6	3	3	1		1			
衡阳市	26	15	11	5	2	3	28	4	24
邵阳市	3	1	2	1	1		2		2
岳阳市	2		2				9	1	8
常德市	30	14	16	1	1				
张家界市	3	1	2						
益阳市	7	6	1	3		3	5	1	4
郴州市	3	2	1	1	1		2	1	1
永州市	6	3	3	2	1	1	7		7
怀化市	9	6	3	2	2		4	1	3
娄底市							5		5
湘西州	12	8	4	1	1				

1-4b　续表 10　　　　单位：人

地　区	柯尔克孜族			土　族			达斡尔族		
	小计	男	女	小计	男	女	小计	男	女
全　省	**2**		**2**	**1739**	**844**	**895**	**19**	**9**	**10**
长沙市				93	45	48	7	6	1
株洲市				22	12	10	1		1
湘潭市				17	6	11	1		1
衡阳市				14	4	10	1		1
邵阳市				10	2	8			
岳阳市				9	2	7	1	1	
常德市	1		1	444	219	225			
张家界市				521	262	259			
益阳市				6	2	4	5	2	3
郴州市	1		1	13	4	9			
永州市				11	8	3	1		1
怀化市				183	94	89	2		2
娄底市				2	2				
湘西州				394	182	212			

1-4b　续表 11　　　　单位：人

地　区	仫佬族			羌　族			布朗族		
	小计	男	女	小计	男	女	小计	男	女
全　省	**291**	**118**	**173**	**58**	**29**	**29**	**66**	**19**	**47**
长沙市	46	24	22	16	7	9	28	12	16
株洲市	2	1	1	4	3	1	1		1
湘潭市	20	6	14	3	1	2	1	1	
衡阳市	15	6	9				19	3	16
邵阳市	55	22	33	1		1	4		4
岳阳市	11	3	8	5	4	1			
常德市	24	8	16	7	4	3	1		1
张家界市	7	2	5						
益阳市	13	8	5	10	4	6	3		3
郴州市	15	6	9	3	1	2	4	1	3
永州市	27	13	14	2	2		4	1	3
怀化市	38	13	25	3		3	1	1	
娄底市	6	2	4						
湘西州	12	4	8	4	3	1			

1-4b 续表 12 单位：人

地 区	撒拉族			毛南族			仡佬族		
	小计	男	女	小计	男	女	小计	男	女
全 省	**83**	**59**	**24**	**85**	**29**	**56**	**688**	**327**	**361**
长沙市	74	54	20	19	9	10	107	58	49
株洲市	1	1		7	3	4	36	21	15
湘潭市				1	1		37	25	12
衡阳市				9	2	7	54	30	24
邵阳市				3	2	1	71	32	39
岳阳市				5	2	3	50	27	23
常德市	1		1	5		5	76	34	42
张家界市	1	1					17	2	15
益阳市				2		2	33	18	15
郴州市				3	2	1	18	10	8
永州市	1		1	5	2	3	44	16	28
怀化市				19	6	13	100	40	60
娄底市	2	1	1	5		5	15	6	9
湘西州	3	2	1	2		2	30	8	22

1-4b 续表 13 单位：人

地 区	锡伯族			阿昌族			普米族		
	小计	男	女	小计	男	女	小计	男	女
全 省	**23**	**14**	**9**	**16**	**7**	**9**	**2**		**2**
长沙市	6	5	1	1	1				
株洲市	1	1		1		1			
湘潭市	6	4	2	1	1				
衡阳市				3		3	1		1
邵阳市				1		1			
岳阳市	1	1							
常德市				1	1				
张家界市									
益阳市	3		3						
郴州市				2		2			
永州市				4	2	2			
怀化市	5	2	3	2	2				
娄底市									
湘西州	1	1					1		1

1-4b 续表 14 单位：人

地区	塔吉克族			怒族			乌孜别克族		
	小计	男	女	小计	男	女	小计	男	女
全省				**6**	**1**	**5**	**2**	**2**	
长沙市				1		1			
株洲市									
湘潭市				1		1			
衡阳市									
邵阳市				3		3	1	1	
岳阳市									
常德市									
张家界市				1	1				
益阳市							1	1	
郴州市									
永州市									
怀化市									
娄底市									
湘西州									

1-4b 续表 15 单位：人

地区	俄罗斯族			鄂温克族			德昂族		
	小计	男	女	小计	男	女	小计	男	女
全省	**6**	**2**	**4**	**5**	**2**	**3**	**14**	**7**	**7**
长沙市	1	1		1		1	3	2	1
株洲市	1	1							
湘潭市	2		2						
衡阳市	1		1				2		2
邵阳市							1		1
岳阳市							2		2
常德市									
张家界市									
益阳市				1	1		5	5	
郴州市	1		1	2	1	1			
永州市									
怀化市									
娄底市									
湘西州				1		1	1		1

1-4b 续表 16

单位：人

地 区	保安族			裕固族			京 族		
	小计	男	女	小计	男	女	小计	男	女
全 省	**35**	**25**	**10**	**3**	**2**	**1**	**8**	**2**	**6**
长沙市	29	22	7						
株洲市							1		1
湘潭市									
衡阳市	1	1							
邵阳市									
岳阳市									
常德市	4	2	2	2	1	1			
张家界市									
益阳市				1	1				
郴州市							3	2	1
永州市							1		1
怀化市	1		1				3		3
娄底市									
湘西州									

1-4b 续表 17

单位：人

地 区	塔塔尔族			独龙族			鄂伦春族		
	小计	男	女	小计	男	女	小计	男	女
全 省	**1**	**1**		**3**	**3**		**3**		**3**
长沙市									
株洲市									
湘潭市									
衡阳市				1	1				
邵阳市									
岳阳市									
常德市									
张家界市				2	2		1		1
益阳市									
郴州市	1	1							
永州市									
怀化市							2		2
娄底市									
湘西州									

1-4b　续表 18　　　　单位：人

地　区	赫　哲　族			门　巴　族			珞　巴　族		
	小计	男	女	小计	男	女	小计	男	女
全　省	**2**	**1**	**1**	**6**	**5**	**1**	**1**	**1**	
长沙市									
株洲市				1	1				
湘潭市	1	1		1	1				
衡阳市									
邵阳市									
岳阳市							1	1	
常德市									
张家界市									
益阳市	1		1	1	1				
郴州市									
永州市				3	2	1			
怀化市									
娄底市									
湘西州									

1-4b　续表 19　　　　单位：人

地　区	基　诺　族			未定族称人口			入　　籍		
	小计	男	女	小计	男	女	小计	男	女
全　省	**10**	**3**	**7**	**549**	**262**	**287**	**66**	**24**	**42**
长沙市	1	1		109	62	47	13	8	5
株洲市				72	40	32	5		5
湘潭市				24	15	9	2		2
衡阳市	3	1	2	28	14	14	3	1	2
邵阳市	1		1	70	27	43	3	1	2
岳阳市				36	9	27	4		4
常德市	2		2	24	10	14	2		2
张家界市				12	4	8			
益阳市				19	7	12	1	1	
郴州市				15	5	10	3		3
永州市	2	1	1	38	18	20	17	9	8
怀化市				61	35	26	7	2	5
娄底市				15	4	11	4		4
湘西州	1		1	26	12	14	2	2	

1-4c 各地区分性别、民族的人口(乡村)

单位：人

地 区	合 计			汉 族		
	合计	男	女	小计	男	女
全 省	**27398688**	**14281054**	**13117634**	**23859500**	**12398797**	**11460703**
长沙市	1747914	899173	848741	1732338	891899	840439
株洲市	1121666	574153	547513	1115949	571305	544644
湘潭市	971212	498091	473121	968161	496810	471351
衡阳市	3038790	1585539	1453251	3028333	1581325	1447008
邵阳市	3139860	1653200	1486660	2889634	1519624	1370010
岳阳市	1987448	1025211	962237	1980026	1022407	957619
常德市	2311035	1181990	1129045	2093200	1066901	1026299
张家界市	733507	383547	349960	145474	72197	73277
益阳市	1909047	990614	918433	1895210	983831	911379
郴州市	1951784	1026202	925582	1893345	995216	898129
永州市	2806774	1480697	1326077	2412938	1271267	1141671
怀化市	2423333	1279928	1143405	1435947	743757	692190
娄底市	2030220	1054924	975296	2024377	1052683	971694
湘西州	1226098	647785	578313	244568	129575	114993

1-4c 续表 1

单位：人

地 区	蒙 古 族			回 族			藏 族		
	小计	男	女	小计	男	女	小计	男	女
全 省	**660**	**335**	**325**	**32636**	**18087**	**14549**	**1478**	**607**	**871**
长沙市	82	49	33	636	334	302	36	16	20
株洲市	20	8	12	43	28	15	21	6	15
湘潭市	26	9	17	52	15	37	15	3	12
衡阳市	22	10	12	145	61	84	45	8	37
邵阳市	41	15	26	9683	5326	4357	87	29	58
岳阳市	55	15	40	146	55	91	671	274	397
常德市	35	16	19	12043	6708	5335	22	9	13
张家界市	199	130	69	382	245	137	10	3	7
益阳市	34	16	18	5648	3066	2582	282	151	131
郴州市	21	6	15	88	49	39	20	5	15
永州市	42	23	19	110	47	63	34	14	20
怀化市	51	25	26	1016	577	439	120	51	69
娄底市	16	6	10	65	28	37	54	14	40
湘西州	16	7	9	2579	1548	1031	61	24	37

1-4c 续表 2

单位：人

地 区	维吾尔族			苗 族			彝 族		
	小计	男	女	小计	男	女	小计	男	女
全 省	**2903**	**1665**	**1238**	**1085964**	**576082**	**509882**	**2843**	**1042**	**1801**
长沙市	231	160	71	5548	2610	2938	192	80	112
株洲市	9	2	7	1253	556	697	113	40	73
湘潭市	16	9	7	1126	494	632	79	40	39
衡阳市	23	11	12	2473	1042	1431	251	80	171
邵阳市	24	8	16	187575	100955	86620	274	84	190
岳阳市	69	15	54	2122	858	1264	285	114	171
常德市	2358	1364	994	2259	925	1334	183	68	115
张家界市	25	14	11	9949	5323	4626	93	23	70
益阳市	24	12	12	2658	1311	1347	296	127	169
郴州市	8	6	2	1694	824	870	97	40	57
永州市	54	28	26	3467	1630	1837	306	131	175
怀化市	36	24	12	392318	210835	181483	367	124	243
娄底市	14	5	9	2198	904	1294	185	42	143
湘西州	12	7	5	471324	247815	223509	122	49	73

1-4c 续表 3

单位：人

地 区	壮 族			布 依 族			朝 鲜 族		
	小计	男	女	小计	男	女	小计	男	女
全 省	**18767**	**7151**	**11616**	**3172**	**956**	**2216**	**197**	**97**	**100**
长沙市	708	265	443	250	115	135	17	6	11
株洲市	274	78	196	91	26	65	4	2	2
湘潭市	204	51	153	91	35	56	5	2	3
衡阳市	647	138	509	199	50	149	10	2	8
邵阳市	1655	414	1241	444	118	326	21	8	13
岳阳市	529	95	434	265	89	176	11	8	3
常德市	720	182	538	239	82	157	12	7	5
张家界市	389	73	316	106	30	76	20	12	8
益阳市	423	77	346	203	49	154	9	2	7
郴州市	685	183	502	144	54	90	8	3	5
永州市	10381	5049	5332	299	81	218	14	10	4
怀化市	1393	368	1025	484	136	348	18	8	10
娄底市	395	62	333	154	28	126	8	5	3
湘西州	364	116	248	203	63	140	40	22	18

1-4c 续表 4

单位：人

地 区	满族			侗族			瑶族		
	小计	男	女	小计	男	女	小计	男	女
全 省	**705**	**358**	**347**	**477402**	**258123**	**219279**	**520301**	**279328**	**240973**
长沙市	102	48	54	1166	593	573	1001	491	510
株洲市	20	13	7	238	113	125	1389	802	587
湘潭市	19	10	9	163	64	99	178	77	101
衡阳市	49	22	27	544	222	322	2485	1160	1325
邵阳市	52	21	31	15675	8425	7250	30817	16520	14297
岳阳市	26	14	12	729	301	428	472	163	309
常德市	28	18	10	472	175	297	405	171	234
张家界市	31	22	9	439	169	270	164	55	109
益阳市	46	29	17	1012	534	478	421	184	237
郴州市	27	12	15	359	171	188	53181	28595	24586
永州市	119	57	62	686	284	402	375105	200652	174453
怀化市	123	61	62	454208	246227	207981	53562	29897	23665
娄底市	25	8	17	457	180	277	317	102	215
湘西州	38	23	15	1254	665	589	804	459	345

1-4c 续表 5

单位：人

地 区	白族			土家族			哈尼族		
	小计	男	女	小计	男	女	小计	男	女
全 省	**65655**	**34709**	**30946**	**1316593**	**699794**	**616799**	**699**	**124**	**575**
长沙市	225	107	118	4762	2165	2597	61	17	44
株洲市	39	15	24	909	461	448	79	17	62
湘潭市	35	13	22	919	426	493	17	4	13
衡阳市	108	52	56	2341	1084	1257	170	10	160
邵阳市	148	71	77	2427	1075	1352	92	14	78
岳阳市	101	47	54	1603	668	935	30	6	24
常德市	203	79	124	198463	105155	93308	31	4	27
张家界市	56209	29640	26569	519219	275225	243994	18	3	15
益阳市	102	45	57	2363	1087	1276	17	3	14
郴州市	60	27	33	1132	551	581	32	5	27
永州市	102	36	66	2367	1172	1195	63	17	46
怀化市	7825	4279	3546	74754	43057	31697	53	16	37
娄底市	76	31	45	1521	726	795	25	3	22
湘西州	422	267	155	503813	266942	236871	11	5	6

1-4c 续表 6 单位：人

地 区	哈萨克族			傣 族			黎 族		
	小计	男	女	小计	男	女	小计	男	女
全 省	**30**	**13**	**17**	**508**	**96**	**412**	**962**	**332**	**630**
长沙市	3		3	35	11	24	39	8	31
株洲市				32	3	29	24	5	19
湘潭市	5	3	2	16	8	8	11		11
衡阳市	3	2	1	103	6	97	42	6	36
邵阳市	2		2	71	10	61	204	91	113
岳阳市	1		1	25	6	19	42	8	34
常德市	2	2		26	6	20	37	10	27
张家界市	3	2	1	20	8	12	40	16	24
益阳市	1		1	21	4	17	45	11	34
郴州市	4	1	3	16	5	11	53	22	31
永州市	1	1		71	13	58	203	86	117
怀化市	1		1	35	13	22	156	54	102
娄底市	2	1	1	31	3	28	33	9	24
湘西州	2	1	1	6		6	33	6	27

1-4c 续表 7 单位：人

地 区	傈 僳 族			佤 族			畲 族		
	小计	男	女	小计	男	女	小计	男	女
全 省	**203**	**47**	**156**	**331**	**48**	**283**	**1708**	**1034**	**674**
长沙市	18	6	12	17	3	14	29	22	7
株洲市				5	1	4	960	593	367
湘潭市	3		3	6	4	2	2	1	1
衡阳市	8	1	7	45	1	44	18	9	9
邵阳市	37	9	28	43	4	39	11	2	9
岳阳市	5	1	4	8	2	6	12	2	10
常德市	15	5	10	5	1	4	9	5	4
张家界市	2		2	23	9	14	5	4	1
益阳市	15	2	13	18	6	12	3		3
郴州市	33	5	28	9		9	609	370	239
永州市	7	3	4	95	9	86	11	2	9
怀化市	30	8	22	30	4	26	31	21	10
娄底市	17	4	13	9		9	6	3	3
湘西州	13	3	10	18	4	14	2		2

1-4c 续表 8 单位：人

地 区	高山族			拉祜族			水 族		
	小计	男	女	小计	男	女	小计	男	女
全 省	**18**	**8**	**10**	**298**	**33**	**265**	**450**	**154**	**296**
长沙市				30	5	25	44	24	20
株洲市				25	1	24	15	7	8
湘潭市				6		6	5	3	2
衡阳市				70	2	68	21	6	15
邵阳市				38	3	35	92	26	66
岳阳市	1		1	11	1	10	26	12	14
常德市				9	2	7	13	1	12
张家界市	11	7	4	5	1	4	11	6	5
益阳市	1		1	9	1	8	22	8	14
郴州市				11	3	8	24	7	17
永州市	2		2	42	8	34	45	15	30
怀化市				13	3	10	81	27	54
娄底市				28	2	26	26	2	24
湘西州	3	1	2	1	1		25	10	15

1-4c 续表 9 单位：人

地 区	东乡族			纳西族			景颇族		
	小计	男	女	小计	男	女	小计	男	女
全 省	**134**	**75**	**59**	**28**	**4**	**24**	**128**	**12**	**116**
长沙市	53	36	17	6	1	5	2		2
株洲市	6	3	3	1	1		3	2	1
湘潭市				1		1	2		2
衡阳市	1	1		4		4	43	2	41
邵阳市	3	1	2	5		5	10	1	9
岳阳市	4	1	3	1		1	2	1	1
常德市	23	9	14	1		1	2		2
张家界市	1		1				1		1
益阳市	8	4	4	1		1	14	1	13
郴州市	19	11	8	1		1	3	1	2
永州市	7	5	2	3		3	31	3	28
怀化市	8	3	5	2	1	1	9	1	8
娄底市				2	1	1	3		3
湘西州	1	1					3		3

1-4c 续表 10

单位：人

地 区	柯尔克孜族			土 族			达斡尔族		
	小计	男	女	小计	男	女	小计	男	女
全 省	**4**	**1**	**3**	**1371**	**728**	**643**	**4**	**2**	**2**
长沙市				18	7	11	2	1	1
株洲市				2	1	1			
湘潭市				1		1			
衡阳市				7	6	1	1	1	
邵阳市				11	3	8			
岳阳市				10	3	7			
常德市	2	1	1	89	38	51			
张家界市				560	291	269			
益阳市				11	5	6			
郴州市				6	1	5			
永州市				14	4	10			
怀化市	1		1	372	235	137			
娄底市	1		1	5		5	1		1
湘西州				265	134	131			

1-4c 续表 11

单位：人

地 区	仫 佬 族			羌 族			布 朗 族		
	小计	男	女	小计	男	女	小计	男	女
全 省	**591**	**292**	**299**	**45**	**22**	**23**	**130**	**16**	**114**
长沙市	23	12	11	6	4	2	47	5	42
株洲市	6		6	1	1		9	1	8
湘潭市	3		3						
衡阳市	15	6	9	2	2		23	1	22
邵阳市	385	228	157	5		5	14	2	12
岳阳市	22	7	15	4	3	1	2	1	1
常德市	23	5	18	2		2	1		1
张家界市	12	4	8	1		1	1		1
益阳市	20	4	16	3	1	2	12	3	9
郴州市	14	1	13				4	1	3
永州市	27	9	18				8	1	7
怀化市	29	12	17	12	5	7	5		5
娄底市	4		4	7	4	3	3		3
湘西州	8	4	4	2	2		1	1	

1-4c 续表 12

单位：人

地 区	撒拉族			毛南族			仡佬族		
	小计	男	女	小计	男	女	小计	男	女
全 省	**16**	**10**	**6**	**93**	**26**	**67**	**698**	**309**	**389**
长沙市	4	4		9	4	5	70	35	35
株洲市	2		2	3	2	1	60	36	24
湘潭市	1		1	1	1		15	5	10
衡阳市				7	2	5	57	27	30
邵阳市				10	1	9	89	34	55
岳阳市	5	3	2	7	1	6	42	9	33
常德市				11	3	8	69	32	37
张家界市				6	4	2	28	8	20
益阳市				1		1	36	19	17
郴州市				11	5	6	23	7	16
永州市	1		1	7	1	6	46	23	23
怀化市	3	3		12	1	11	90	36	54
娄底市				4		4	48	33	15
湘西州				4	1	3	25	5	20

1-4c 续表 13

单位：人

地 区	锡伯族			阿昌族			普米族		
	小计	男	女	小计	男	女	小计	男	女
全 省	**9**	**3**	**6**	**22**	**6**	**16**	**3**	**2**	**1**
长沙市				5	3	2			
株洲市							1	1	
湘潭市	1		1						
衡阳市				6		6	1	1	
邵阳市	2	1	1	2	1	1			
岳阳市	2		2	1	1				
常德市									
张家界市									
益阳市				1		1			
郴州市	2	1	1	1		1			
永州市	1		1	1		1			
怀化市	1	1		2		2	1		1
娄底市				3	1	2			
湘西州									

1-4c　续表 14　　　　单位：人

地　区	塔吉克族			怒　族			乌孜别克族		
	小计	男	女	小计	男	女	小计	男	女
全　省	**2**	**2**		**12**	**2**	**10**			
长沙市	1	1							
株洲市									
湘潭市									
衡阳市									
邵阳市				3		3			
岳阳市				1		1			
常德市				1		1			
张家界市									
益阳市									
郴州市	1	1		3	1	2			
永州市				2		2			
怀化市				1		1			
娄底市									
湘西州				1	1				

1-4c　续表 15　　　　单位：人

地　区	俄罗斯族			鄂温克族			德　昂　族		
	小计	男	女	小计	男	女	小计	男	女
全　省	**1**		**1**	**1**		**1**	**10**	**2**	**8**
长沙市	1		1				1		1
株洲市									
湘潭市									
衡阳市							4		4
邵阳市				1		1			
岳阳市							2	2	
常德市									
张家界市									
益阳市							1		1
郴州市									
永州市							2		2
怀化市									
娄底市									
湘西州									

1-4c 续表 16

单位：人

地 区	保安族			裕固族			京族		
	小计	男	女	小计	男	女	小计	男	女
全 省	**5**	**2**	**3**	**2**	**2**		**24**	**3**	**21**
长沙市	1		1				3		3
株洲市							1		1
湘潭市									
衡阳市							2	1	1
邵阳市	1		1				2	1	1
岳阳市	1	1		2	2		3		3
常德市							1		1
张家界市							2		2
益阳市							3		3
郴州市							2		2
永州市	1	1					2	1	1
怀化市	1		1						
娄底市							3		3
湘西州									

1-4c 续表 17

单位：人

地 区	塔塔尔族			独龙族			鄂伦春族		
	小计	男	女	小计	男	女	小计	男	女
全 省	**5**	**3**	**2**	**11**	**7**	**4**	**2**	**1**	**1**
长沙市				1	1		1		1
株洲市									
湘潭市				1		1			
衡阳市									
邵阳市									
岳阳市				1		1			
常德市									
张家界市				7	6	1			
益阳市									
郴州市	5	3	2	1		1			
永州市									
怀化市									
娄底市									
湘西州							1	1	

1-4c　续表 18　　　　单位：人

地　区	赫哲族			门巴族			珞巴族		
	小计	男	女	小计	男	女	小计	男	女
全　省	**2**	**2**		**3**	**2**	**1**			
长沙市				1	1				
株洲市									
湘潭市									
衡阳市									
邵阳市				1	1				
岳阳市									
常德市									
张家界市									
益阳市				1		1			
郴州市									
永州市									
怀化市									
娄底市									
湘西州	2	2							

1-4c　续表 19　　　　单位：人

地　区	基诺族			未定族称人口			入籍		
	小计	男	女	小计	男	女	小计	男	女
全　省	**10**	**1**	**9**	**1140**	**463**	**677**	**199**	**34**	**165**
长沙市				59	19	40	30	5	25
株洲市				40	20	20	19	3	16
湘潭市				23	4	19	3		3
衡阳市	5		5	435	176	259	22	3	19
邵阳市				124	55	69	45	19	26
岳阳市				44	15	29	21		21
常德市				16	5	11	5	1	4
张家界市				39	17	22	2		2
益阳市				48	21	27	4		4
郴州市				24	9	15	4		4
永州市				46	14	32	11		11
怀化市	1		1	127	56	71	4	2	2
娄底市	1		1	71	34	37	25		25
湘西州	3	1	2	44	18	26	4	1	3

1-5　各地区分年龄、性别的人口

单位：人

地　区	合　计			0岁		
	合计	男	女	小计	男	女
全　省	**66444864**	**33995673**	**32449191**	**565517**	**301447**	**264070**
长沙市	10047914	5085746	4962168	82746	43530	39216
株洲市	3902738	1978431	1924307	30297	15807	14490
湘潭市	2726181	1383396	1342785	19344	10160	9184
衡阳市	6645243	3427248	3217995	55559	29683	25876
邵阳市	6563520	3392314	3171206	58810	31533	27277
岳阳市	5051922	2586621	2465301	47216	25637	21579
常德市	5279102	2646410	2632692	37050	19528	17522
张家界市	1517027	771497	745530	12524	6501	6023
益阳市	3851564	1954023	1897541	31481	16472	15009
郴州市	4667134	2414249	2252885	40643	22188	18455
永州市	5289824	2753253	2536571	47847	26118	21729
怀化市	4587594	2361817	2225777	40841	21632	19209
娄底市	3826996	1960551	1866445	36944	19768	17176
湘西州	2488105	1280117	1207988	24215	12890	11325

1-5　续表 1

单位：人

地　区	1-4岁			5-9岁			10-14岁		
	小计	男	女	小计	男	女	小计	男	女
全　省	**3135571**	**1664289**	**1471282**	**4648890**	**2483847**	**2165043**	**4619544**	**2474466**	**2145078**
长沙市	499983	262691	237292	610061	321125	288936	479412	251994	227418
株洲市	176222	91976	84246	268028	140280	127748	238799	125167	113632
湘潭市	113651	59727	53924	154437	81972	72465	136279	72017	64262
衡阳市	303101	161864	141237	494993	266395	228598	542118	292166	249952
邵阳市	318209	170473	147736	516445	279253	237192	585519	318785	266734
岳阳市	245806	130945	114861	327023	175003	152020	312337	167623	144714
常德市	203405	105654	97751	276312	143340	132972	268306	138732	129574
张家界市	66071	34625	31446	92863	48200	44663	100954	52606	48348
益阳市	172004	89763	82241	250023	130870	119153	228479	118899	109580
郴州市	224982	121739	103243	383082	208678	174404	431247	235024	196223
永州市	258520	140015	118505	425413	232455	192958	482398	264389	218009
怀化市	227904	121428	106476	335080	181101	153979	324921	175414	149507
娄底市	199255	106470	92785	322721	173713	149008	302423	163986	138437
湘西州	126458	66919	59539	192409	101462	90947	186352	97664	88688

1-5　续表 2　　　　　　　　　　　　　　　　　　　　　　　　单位：人

地　区	15-19岁			20-24岁			25-29岁		
	小计	男	女	小计	男	女	小计	男	女
全　省	**3842701**	**2085474**	**1757227**	**3078557**	**1616275**	**1462282**	**3221455**	**1664755**	**1556700**
长沙市	714277	365358	348919	737190	368033	369157	612604	308049	304555
株洲市	208349	115448	92901	163626	88513	75113	164193	82120	82073
湘潭市	175910	97769	78141	152803	82520	70283	120062	61987	58075
衡阳市	441494	245015	196479	324840	179511	145329	315107	167698	147409
邵阳市	411417	232951	178466	269813	147442	122371	280724	150866	129858
岳阳市	232823	128264	104559	200040	106270	93770	259531	134691	124840
常德市	203389	103366	100023	184084	91051	93033	243335	122566	120769
张家界市	78698	41793	36905	66030	33485	32545	73795	36929	36866
益阳市	165052	86054	78998	132317	67767	64550	163726	82794	80932
郴州市	305186	170363	134823	181935	98082	83853	197668	102424	95244
永州市	327958	184786	143172	205337	112963	92374	242534	130473	112061
怀化市	226946	122980	103966	176512	90418	86094	204374	104660	99714
娄底市	209796	116525	93271	159631	85553	74078	177724	93008	84716
湘西州	141406	74802	66604	124399	64667	59732	166078	86490	79588

1-5　续表 3　　　　　　　　　　　　　　　　　　　　　　　　单位：人

地　区	30-34岁			35-39岁			40-44岁		
	小计	男	女	小计	男	女	小计	男	女
全　省	**5448110**	**2752660**	**2695450**	**4301609**	**2177206**	**2124403**	**3897897**	**1981518**	**1916379**
长沙市	1090177	539375	550802	812495	412460	400035	638566	329526	309040
株洲市	349998	174478	175520	268084	135020	133064	240479	120877	119602
湘潭市	219502	110732	108770	175237	88803	86434	153449	77517	75932
衡阳市	491512	252051	239461	407940	206214	201726	346490	172663	173827
邵阳市	478873	247781	231092	390943	197927	193016	353539	177619	175920
岳阳市	394064	196871	197193	305264	151654	153610	309932	155432	154500
常德市	383179	191731	191448	267177	130474	136703	312970	156484	156486
张家界市	116841	58875	57966	89372	44497	44875	91462	46508	44954
益阳市	308169	156419	151750	218233	109017	109216	224386	112766	111620
郴州市	376322	189544	186778	324213	165615	158598	283942	146447	137495
永州市	384343	196461	187882	366348	189204	177144	304005	155954	148051
怀化市	360527	185183	175344	285484	147029	138455	262426	136018	126408
娄底市	299215	150763	148452	240501	120807	119694	232956	118202	114754
湘西州	195388	102396	92992	150318	78485	71833	143295	75505	67790

1-5 续表 4

单位：人

地区	45-49岁			50-54岁			55-59岁		
	小计	男	女	小计	男	女	小计	男	女
全省	**5240218**	**2690595**	**2549623**	**6108513**	**3054992**	**3053521**	**5125001**	**2564334**	**2560667**
长沙市	729043	379257	349786	810974	403804	407170	690537	342852	347685
株洲市	314680	159055	155625	386890	192900	193990	315751	159167	156584
湘潭市	203151	100713	102438	269445	131140	138305	235039	115316	119723
衡阳市	494036	250797	243239	586403	292242	294161	499777	249971	249806
邵阳市	481031	245554	235477	570060	282097	287963	486428	240879	245549
岳阳市	446581	228364	218217	528306	265493	262813	418959	212909	206050
常德市	491678	248929	242749	581319	291608	289711	505841	254713	251128
张家界市	127231	66220	61011	145881	74550	71331	125183	63535	61648
益阳市	330504	167817	162687	410563	206853	203710	344325	172626	171699
郴州市	361998	188266	173732	391690	197817	193873	336353	169602	166751
永州市	387458	199845	187613	442297	223170	219127	376757	188815	187942
怀化市	382731	200555	182176	435928	221022	214906	356662	179760	176902
娄底市	297607	152990	144617	342370	167530	174840	266897	130674	136223
湘西州	192489	102233	90256	206387	104766	101621	166492	83515	82977

1-5 续表 5

单位：人

地区	60-64岁			65-69岁			70-74岁		
	小计	男	女	小计	男	女	小计	男	女
全省	**3369214**	**1718897**	**1650317**	**3673078**	**1830422**	**1842656**	**2642339**	**1314119**	**1328220**
长沙市	423976	213035	210941	433759	215814	217945	301321	151418	149903
株洲市	210188	106288	103900	222945	109136	113809	151590	73913	77677
湘潭市	137454	69886	67568	167862	82787	85075	128126	62973	65153
衡阳市	362692	186614	176078	400329	198565	201764	260919	129039	131880
邵阳市	337673	173366	164307	372349	187192	185157	268022	133568	134454
岳阳市	266225	138048	128177	276956	139801	137155	212313	105593	106720
常德市	309354	159054	150300	361037	181252	179785	284068	140637	143431
张家界市	70919	36485	34434	93883	47084	46799	71568	36056	35512
益阳市	210711	108983	101728	224951	115031	109920	178362	90447	87915
郴州市	252670	126575	126095	231110	113080	118030	139017	68046	70971
永州市	277280	142098	135182	291795	144222	147573	190846	95293	95553
怀化市	238739	122407	116332	262542	131419	131123	196363	98088	98275
娄底市	173096	87017	86079	204097	100361	103736	154673	77004	77669
湘西州	98237	49041	49196	129463	64678	64785	105151	52044	53107

1-5 续表 6 单位：人

地区	75-79岁			80-84岁			85-89岁		
	小计	男	女	小计	男	女	小计	男	女
全 省	**1592623**	**776559**	**816064**	**1147496**	**526151**	**621345**	**565567**	**235241**	**330326**
长沙市	171994	84541	87453	123397	57271	66126	60896	25984	34912
株洲市	83667	40206	43461	66790	30494	36296	31174	13175	17999
湘潭市	75870	37218	38652	53213	25457	27756	25375	10891	14484
衡阳市	134119	66213	67906	107824	49707	58117	54808	22756	32052
邵阳市	170589	82295	88294	125872	57749	68123	62405	25753	36652
岳阳市	126761	62442	64319	84109	38691	45418	41963	17264	24699
常德市	171398	83262	88136	115805	52603	63202	57839	23742	34097
张家界市	46200	22599	23601	28947	13249	15698	13296	5747	7549
益阳市	117211	58356	58855	82578	38731	43847	41909	18010	23899
郴州市	88146	41441	46705	67090	29445	37645	35903	14516	21387
永州市	125202	61589	63613	90917	41036	49881	44335	17751	26584
怀化市	122096	58955	63141	88861	40262	48599	42580	17690	24890
娄底市	95147	46852	48295	67521	31570	35951	31198	12936	18262
湘西州	64223	30590	33633	44572	19886	24686	21886	9026	12860

1-5 续表 7 单位：人

地区	90-94岁			95-99岁			100岁及以上		
	小计	男	女	小计	男	女	小计	男	女
全 省	**182650**	**69995**	**112655**	**34956**	**11572**	**23384**	**3358**	**859**	**2499**
长沙市	20212	8167	12045	3932	1364	2568	362	98	264
株洲市	9303	3817	5486	1566	563	1003	119	31	88
湘潭市	8271	3234	5037	1571	543	1028	130	34	96
衡阳市	17936	6996	10940	2959	1011	1948	287	77	210
邵阳市	20517	7826	12691	3971	1326	2645	311	79	232
岳阳市	12863	4762	8101	2619	812	1807	231	52	179
常德市	17594	6450	11144	3627	1139	2488	335	95	240
张家界市	4428	1682	2746	805	249	556	76	22	54
益阳市	13598	5397	8201	2720	893	1827	262	58	204
郴州市	11662	4562	7100	2018	726	1292	257	69	188
永州市	14694	5507	9187	3181	1013	2168	359	96	263
怀化市	13419	4974	8445	2394	763	1631	264	59	205
娄底市	10872	4069	6803	2165	710	1455	187	43	144
湘西州	7281	2552	4729	1428	460	968	178	46	132

1-5a 各地区分年龄、性别的人口(城市)

单位：人

地　区	合　计			0岁		
	合计	男	女	小计	男	女
全　省	**18916669**	**9472504**	**9444165**	**140652**	**74709**	**65943**
长沙市	6350278	3173571	3176707	52512		24904
株洲市	1663819	837758	826061	11686	6132	5554
湘潭市	991153	492476	498677	5551	2989	2562
衡阳市	1760742	893514	867228	11043	5838	5205
邵阳市	1208448	609001	599447	8558	4619	3939
岳阳市	1418502	722108	696394	10683	5869	4814
常德市	1006933	491465	515468	6320	3333	2987
张家界市	349673	173510	176163	3044	1609	1435
益阳市	691791	339826	351965	4611	2389	2222
郴州市	955106	479341	475765	7140	3888	3252
永州市	583216	293946	289270	4195	2295	1900
怀化市	707609	352435	355174	5903	3106	2797
娄底市	925789	462774	463015	6741	3612	3129
湘西州	303610	150779	152831	2665	1422	1243

1-5a 续表 1

单位：人

地　区	1-4岁			5-9岁			10-14岁		
	小计	男	女	小计	男	女	小计	男	女
全　省	**898881**	**476459**	**422422**	**1200601**	**640137**	**560464**	**1060247**	**566320**	**493927**
长沙市	325632	171264	154368	380979	201124	179855	286114	151631	134483
株洲市	75963	39687	36276	103366	54407	48959	83432	44072	39360
湘潭市	37976	19917	18059	49545	26424	23121	44448	23508	20940
衡阳市	72850	39198	33652	118165	63799	54366	122405	65945	56460
邵阳市	55646	29974	25672	85332	45877	39455	92569	49948	42621
岳阳市	68587	36929	31658	92740	50016	42724	85941	46494	39447
常德市	38349	19849	18500	49472	25703	23769	42726	22153	20573
张家界市	17339	9123	8216	22219	11534	10685	22146	11572	10574
益阳市	29147	15251	13896	43108	22664	20444	36581	19176	17405
郴州市	47894	25846	22048	71818	38855	32963	70729	38218	32511
永州市	28353	15485	12868	38120	20853	17267	42028	22833	19195
怀化市	38584	20392	18192	51261	27756	23505	43999	23686	20313
娄底市	46953	25265	21688	74091	40443	33648	69203	37735	31468
湘西州	15608	8279	7329	20385	10682	9703	17926	9349	8577

1-5a　续表 2

单位：人

地　区	15-19 岁			20-24 岁			25-29 岁		
	小计	男	女	小计	男	女	小计	男	女
全　省	**1392009**	**717970**	**674039**	**1229607**	**610352**	**619255**	**1089751**	**538189**	**551562**
长沙市	488404	243545	244859	547399	262625	284774	442325	218946	223379
株洲市	91933	49911	42022	84670	45503	39167	86969	43170	43799
湘潭市	90590	48783	41807	68767	36318	32449	44685	22062	22623
衡阳市	137316	74073	63243	105463	57226	48237	90940	46105	44835
邵阳市	106282	58577	47705	63342	32526	30816	58447	29478	28969
岳阳市	77712	42385	35327	65205	34881	30324	80762	40692	40070
常德市	61667	27679	33988	55286	24899	30387	57533	27962	29571
张家界市	28189	15152	13037	24158	11791	12367	21128	9941	11187
益阳市	42227	19958	22269	25216	12015	13201	33748	15989	17759
郴州市	65820	34794	31026	42655	20710	21945	45057	21853	23204
永州市	51301	24960	26341	33030	16521	16509	27042	13726	13316
怀化市	50111	26108	24003	42358	19687	22671	37031	17407	19624
娄底市	76863	39957	36906	49928	25390	24538	43862	21100	22762
湘西州	23594	12088	11506	22130	10260	11870	20222	9758	10464

1-5a　续表 3

单位：人

地　区	30-34 岁			35-39 岁			40-44 岁		
	小计	男	女	小计	男	女	小计	男	女
全　省	**1858281**	**895615**	**962666**	**1486095**	**726236**	**759859**	**1283208**	**638106**	**645102**
长沙市	729495	355649	373846	548241	274543	273698	420006	214987	205019
株洲市	174085	84449	89636	135075	66849	68226	115872	57400	58472
湘潭市	78316	37174	41142	67710	32121	35589	65343	31754	33589
衡阳市	146925	71365	75560	130415	63336	67079	112997	55502	57495
邵阳市	100657	48326	52331	85208	40417	44791	78503	37730	40773
岳阳市	121150	58298	62852	101122	48905	52217	102454	50041	52413
常德市	95498	46295	49203	68019	32717	35302	68894	33536	35358
张家界市	34745	16423	18322	27003	12648	14355	25667	12531	13136
益阳市	64390	30566	33824	47590	22771	24819	47606	23421	24185
郴州市	87587	40942	46645	80065	38265	41800	68870	34043	34827
永州市	48571	23458	25113	46940	22770	24170	41719	20738	20981
怀化市	67034	31502	35532	54179	26046	28133	46641	23014	23627
娄底市	80394	36912	43482	71433	33660	37773	67693	33039	34654
湘西州	29434	14256	15178	23095	11188	11907	20943	10370	10573

1-5a 续表 4

单位：人

地 区	45-49岁			50-54岁			55-59岁		
	小计	男	女	小计	男	女	小计	男	女
全 省	**1532939**	**773466**	**759473**	**1583785**	**788058**	**795727**	**1320195**	**655815**	**664380**
长沙市	447724	232127	215597	455716	226519	229197	394291	191954	202337
株洲市	141179	70525	70654	156694	78456	78238	127375	64295	63080
湘潭市	79507	38843	40664	90562	44852	45710	79665	39468	40197
衡阳市	139397	69116	70281	147983	73064	74919	129498	64868	64630
邵阳市	100424	49584	50840	103595	50983	52612	82824	41045	41779
岳阳市	140267	70942	69325	142248	72526	69722	106710	54804	51906
常德市	94807	47183	47624	96612	48011	48601	86022	42512	43510
张家界市	30470	15271	15199	30459	15274	15185	22518	11220	11298
益阳市	62242	30891	31351	68047	33170	34877	57514	28088	29426
郴州市	79674	40291	39383	79513	39646	39867	68401	34572	33829
永州市	50153	25184	24969	50303	25075	25228	39570	20271	19299
怀化市	61432	30707	30725	61262	30538	30724	48854	24379	24475
娄底市	80998	40326	40672	77337	38282	39055	57326	28580	28746
湘西州	24665	12476	12189	23454	11662	11792	19627	9759	9868

1-5a 续表 5

单位：人

地 区	60-64岁			65-69岁			70-74岁		
	小计	男	女	小计	男	女	小计	男	女
全 省	**820912**	**406349**	**414563**	**802472**	**389141**	**413331**	**530285**	**258871**	**271414**
长沙市	250870	121977	128893	236112	115149	120963	150690	74513	76177
株洲市	77220	38194	39026	76420	36885	39535	51858	25081	26777
湘潭市	48887	23884	25003	51535	24306	27229	36921	17102	19819
衡阳市	90802	46079	44723	87161	42598	44563	53949	26201	27748
邵阳市	49912	24983	24929	53066	25639	27427	36456	17795	18661
岳阳市	62897	31857	31040	62402	30664	31738	43349	21071	22278
常德市	51054	25600	25454	53080	25908	27172	36603	17869	18734
张家界市	10945	5457	5488	12013	5705	6308	8112	3971	4141
益阳市	35773	17923	17850	34526	17263	17263	24704	12261	12443
郴州市	46009	22829	23180	38687	18618	20069	22948	11246	11702
永州市	23846	12171	11675	23556	11247	12309	13945	6672	7273
怀化市	28752	14261	14491	27967	13432	14535	18501	9274	9227
娄底市	33630	16117	17513	34712	16334	18378	24015	11678	12337
湘西州	10315	5017	5298	11235	5393	5842	8234	4137	4097

1-5a 续表 6

单位：人

地 区	75-79岁			80-84岁			85-89岁		
	小计	男	女	小计	男	女	小计	男	女
全 省	**307514**	**146895**	**160619**	**226842**	**103700**	**123142**	**109230**	**48135**	**61095**
长沙市	84263	40240	44023	64640	29514	35126	32075	14259	17816
株洲市	30969	14600	16369	24631	11496	13135	10754	4961	5793
湘潭市	22684	10227	12457	17649	7979	9670	7833	3514	4319
衡阳市	25992	12596	13396	21945	9916	12029	10951	4721	6230
邵阳市	21465	10201	11264	15314	6868	8446	7605	3178	4427
岳阳市	25517	12587	12930	16881	7927	8954	8609	3839	4770
常德市	21563	10281	11282	13667	6088	7579	6768	2813	3955
张家界市	4763	2222	2541	2940	1312	1628	1300	543	757
益阳市	16134	7870	8264	10566	4790	5776	5584	2391	3193
郴州市	14400	6785	7615	10828	4817	6011	5080	2283	2797
永州市	9340	4678	4662	6903	3255	3648	3096	1287	1809
怀化市	10852	5259	5593	7727	3583	4144	3797	1730	2067
娄底市	14887	7133	7754	9787	4582	5205	4264	1922	2342
湘西州	4685	2216	2469	3364	1573	1791	1514	694	820

1-5a 续表 7

单位：人

地 区	90-94岁			95-99岁			100岁及以上		
	小计	男	女	小计	男	女	小计	男	女
全 省	**35877**	**15393**	**20484**	**6679**	**2435**	**4244**	**607**	**153**	**454**
长沙市	10646	4615	6031	1967	737	1230	177	45	132
株洲市	3125	1478	1647	507	197	310	36	10	26
湘潭市	2507	1085	1422	433	152	281	39	14	25
衡阳市	3800	1685	2115	701	271	430	44	12	32
邵阳市	2697	1067	1630	506	174	332	40	12	28
岳阳市	2742	1198	1544	486	177	309	38	6	32
常德市	2331	861	1470	561	186	375	101	27	74
张家界市	431	182	249	79	27	52	5	2	3
益阳市	2021	826	1195	419	147	272	37	6	31
郴州市	1635	728	907	273	106	167	23	6	17
永州市	1002	407	595	194	58	136	9	2	7
怀化市	1123	484	639	218	81	137	23	3	20
娄底市	1391	605	786	255	95	160	26	7	19
湘西州	426	172	254	80	27	53	9	1	8

1-5b 各地区分年龄、性别的人口(镇)

单位：人

地 区	合 计			0岁		
	合计	男	女	小计	男	女
全 省	**20129507**	**10242115**	**9887392**	**161899**	**86401**	**75498**
长沙市	1949722	1013002	936720	14991	7902	7089
株洲市	1117253	566520	550733	8381	4339	4042
湘潭市	763816	392829	370987	5325	2733	2592
衡阳市	1845711	948195	897516	14570	7845	6725
邵阳市	2215212	1130113	1085099	19939	10615	9324
岳阳市	1645972	839302	806670	14926	8085	6841
常德市	1961134	972955	988179	13382	7023	6359
张家界市	433847	214440	219407	3306	1729	1577
益阳市	1250726	623583	627143	9851	5215	4636
郴州市	1760244	908706	851538	13625	7503	6122
永州市	1899834	978610	921224	15699	8648	7051
怀化市	1456652	729454	727198	12524	6610	5914
娄底市	870987	442853	428134	6803	3584	3219
湘西州	958397	481553	476844	8577	4570	4007

1-5b 续表 1

单位：人

地 区	1-4岁			5-9岁			10-14岁		
	小计	男	女	小计	男	女	小计	男	女
全 省	**966610**	**514193**	**452417**	**1464961**	**784304**	**680657**	**1476550**	**789507**	**687043**
长沙市	93813	49277	44536	123209	64762	58447	98926	51700	47226
株洲市	49366	25724	23642	81744	42571	39173	75880	39519	36361
湘潭市	32865	17259	15606	45958	24368	21590	38847	20486	18361
衡阳市	86283	46163	40120	138869	74981	63888	148485	79787	68698
邵阳市	114199	61290	52909	182765	99126	83639	203104	110564	92540
岳阳市	79723	42377	37346	106102	56489	49613	101278	53933	47345
常德市	77555	40187	37368	105212	54545	50667	102930	53073	49857
张家界市	19965	10449	9516	27857	14383	13474	29205	15096	14109
益阳市	58554	30620	27934	83924	43818	40106	76333	39318	37015
郴州市	84998	46298	38700	149711	82221	67490	172615	94847	77768
永州市	94905	51690	43215	153834	84370	69464	173278	95126	78152
怀化市	77841	41391	36450	112305	60696	51609	106637	56895	49742
娄底市	45524	24397	21127	75588	40796	34792	73162	39344	33818
湘西州	51019	27071	23948	77883	41178	36705	75870	39819	36051

1-5b 续表 2

单位：人

地 区	15-19岁			20-24岁			25-29岁		
	小计	男	女	小计	男	女	小计	男	女
全 省	**1350705**	**741982**	**608723**	**817820**	**436984**	**380836**	**958559**	**482281**	**476278**
长沙市	160053	87549	72504	120425	68473	51952	111669	59222	52447
株洲市	89967	50746	39221	45226	25274	19952	38834	18978	19856
湘潭市	61694	35477	26217	51264	28043	23221	37942	19404	18538
衡阳市	141447	79943	61504	79667	43323	36344	90508	46186	44322
邵阳市	152306	83944	68362	80868	42822	38046	92918	47401	45517
岳阳市	84523	46841	37682	59478	31394	28084	83886	42574	41312
常德市	89059	46808	42251	61999	31367	30632	89676	43907	45769
张家界市	25158	12772	12386	14821	7228	7593	20618	9809	10809
益阳市	61769	32113	29656	45879	23091	22788	53841	26028	27813
郴州市	136150	75476	60674	66185	35768	30417	76619	38599	38020
永州市	141168	79469	61699	69332	37712	31620	91664	47354	44310
怀化市	84497	44287	40210	48568	24052	24516	66588	31752	34836
娄底市	61040	34130	26910	32471	17129	15342	41493	20464	21029
湘西州	61874	32427	29447	41637	21308	20329	62303	30603	31700

1-5b 续表 3

单位：人

地 区	30-34岁			35-39岁			40-44岁		
	小计	男	女	小计	男	女	小计	男	女
全 省	**1681216**	**820969**	**860247**	**1371761**	**674902**	**696859**	**1274877**	**635432**	**639445**
长沙市	224228	112806	111422	163998	85124	78874	125274	65887	59387
株洲市	89938	44018	45920	70877	34928	35949	67307	33378	33929
湘潭市	72613	35788	36825	57208	29281	27927	45214	23380	21834
衡阳市	146485	72135	74350	122888	60389	62499	105358	51436	53922
邵阳市	167180	82053	85127	140911	68385	72526	128139	62733	65406
岳阳市	130956	64181	66775	101844	49874	51970	105819	52924	52895
常德市	142439	68602	73837	106115	49848	56267	130605	63002	67603
张家界市	33178	15715	17463	26109	12103	14006	29197	14137	15060
益阳市	103274	49695	53579	77361	37045	40316	79246	38466	40780
郴州市	148483	72252	76231	131563	65647	65916	118200	60165	58035
永州市	148265	72281	75984	146330	72845	73485	120701	60550	60151
怀化市	120228	56899	63329	102323	49288	53035	96592	47670	48922
娄底市	75562	36006	39556	61518	29395	32123	61830	30790	31040
湘西州	78387	38538	39849	62716	30750	31966	61395	30914	30481

1-5b 续表 4

单位：人

地区	45-49岁			50-54岁			55-59岁		
	小计	男	女	小计	男	女	小计	男	女
全　省	**1659067**	**840458**	**818609**	**1835475**	**915107**	**920368**	**1503495**	**749969**	**753526**
长沙市	141677	74200	67477	158634	79591	79043	129908	65055	64853
株洲市	88838	44891	43947	107734	53734	54000	87232	43794	43438
湘潭市	56302	28291	28011	70775	34740	36035	58087	28924	29163
衡阳市	147131	73952	73179	164338	82304	82034	134133	67208	66925
邵阳市	165707	83177	82530	188518	92676	95842	159833	79006	80827
岳阳市	147998	75915	72083	170905	85910	84995	135116	68617	66499
常德市	193188	95618	97570	215631	107097	108534	183859	91808	92051
张家界市	39412	19887	19525	42471	21146	21325	36213	18113	18100
益阳市	109063	54224	54839	129562	64643	64919	109509	54323	55186
郴州市	142305	73342	68963	142110	71983	70127	114937	57855	57082
永州市	146793	73952	72841	154728	77401	77327	127969	63568	64401
怀化市	129735	65710	64025	134886	67071	67815	108874	53843	55031
娄底市	72933	37346	35587	75230	37347	37883	55687	27646	28041
湘西州	77985	39953	38032	79953	39464	40489	62138	30209	31929

1-5b 续表 5

单位：人

地区	60-64岁			65-69岁			70-74岁		
	小计	男	女	小计	男	女	小计	男	女
全　省	**950968**	**481575**	**469393**	**1011485**	**501375**	**510110**	**714744**	**356612**	**358132**
长沙市	74883	38441	36442	80436	40590	39846	58100	29558	28542
株洲市	59846	30328	29518	63854	31235	32619	41882	20398	21484
湘潭市	31419	16039	15380	37110	18487	18623	27248	13673	13575
衡阳市	90056	46229	43827	98769	48954	49815	62913	31836	31077
邵阳市	107321	54375	52946	114564	57474	57090	80960	40652	40308
岳阳市	85089	43915	41174	86179	43429	42750	67094	33334	33760
常德市	109939	56187	53752	123871	61846	62025	96091	47463	48628
张家界市	19081	9517	9564	25402	12529	12873	18365	9082	9283
益阳市	64740	32873	31867	66469	33401	33068	50319	25530	24789
郴州市	82247	40874	41373	73420	35654	37766	43953	21638	22315
永州市	89776	45161	44615	88550	43504	45046	56873	28028	28845
怀化市	67660	33688	33972	70684	34687	35997	50224	25100	25124
娄底市	33406	16788	16618	37281	17763	19518	26931	13511	13420
湘西州	35505	17160	18345	44896	21822	23074	33791	16809	16982

1-5b　续表 6　　单位：人

地　区	75-79岁			80-84岁			85-89岁		
	小计	男	女	小计	男	女	小计	男	女
全　省	**423627**	**208082**	**215545**	**298804**	**137430**	**161374**	**147772**	**61771**	**86001**
长沙市	32550	16554	15996	21871	10318	11553	10720	4383	6337
株洲市	21642	10536	11106	17306	7726	9580	8333	3261	5072
湘潭市	15729	7974	7755	10842	5323	5519	5219	2289	2930
衡阳市	32063	16358	15705	24817	11870	12947	12196	5355	6841
邵阳市	51328	24923	26405	38080	17839	20241	18871	7959	10912
岳阳市	40391	19958	20433	26570	12284	14286	13056	5439	7617
常德市	56455	27348	29107	37348	16917	20431	18672	7695	10977
张家界市	11612	5550	6062	7132	3239	3893	3354	1409	1945
益阳市	32204	15904	16300	22559	10357	12202	11648	5067	6581
郴州市	26971	12927	14044	20396	9120	11276	11216	4645	6571
永州市	36790	18258	18532	25807	11680	14127	12290	5101	7189
怀化市	30363	14496	15867	21601	9581	12020	10328	4206	6122
娄底市	16007	7983	8024	10989	5264	5725	5174	2224	2950
湘西州	19522	9313	10209	13486	5912	7574	6695	2738	3957

1-5b　续表 7　　单位：人

地　区	90-94岁			95-99岁			100岁及以上		
	小计	男	女	小计	男	女	小计	男	女
全　省	**48740**	**19337**	**29403**	**9545**	**3246**	**6299**	**827**	**198**	**629**
长沙市	3561	1351	2210	726	238	488	70	21	49
株洲市	2552	974	1578	483	163	320	31	5	26
湘潭市	1769	734	1035	357	131	226	29	5	24
衡阳市	4037	1698	2339	642	231	411	56	12	44
邵阳市	6374	2623	3751	1236	455	781	91	21	70
岳阳市	4093	1545	2548	873	271	602	73	13	60
常德市	5799	2196	3603	1224	392	832	85	26	59
张家界市	1154	467	687	219	74	145	18	6	12
益阳市	3819	1602	2217	733	236	497	69	14	55
郴州市	3793	1615	2178	659	251	408	88	26	62
永州市	4117	1597	2520	881	293	588	84	22	62
怀化市	3512	1325	2187	624	198	426	58	9	49
娄底市	1900	786	1114	428	154	274	30	6	24
湘西州	2260	824	1436	460	159	301	45	12	33

1-5c 各地区分年龄、性别的人口(乡村)

单位：人

地 区	合 计			0岁		
	合计	男	女	小计	男	女
全 省	**27398688**	**14281054**	**13117634**	**262966**	**140337**	**122629**
长沙市	1747914	899173	848741	15243	8020	7223
株洲市	1121666	574153	547513	10230	5336	4894
湘潭市	971212	498091	473121	8468	4438	4030
衡阳市	3038790	1585539	1453251	29946	16000	13946
邵阳市	3139860	1653200	1486660	30313	16299	14014
岳阳市	1987448	1025211	962237	21607	11683	9924
常德市	2311035	1181990	1129045	17348	9172	8176
张家界市	733507	383547	349960	6174	3163	3011
益阳市	1909047	990614	918433	17019	8868	8151
郴州市	1951784	1026202	925582	19878	10797	9081
永州市	2806774	1480697	1326077	27953	15175	12778
怀化市	2423333	1279928	1143405	22414	11916	10498
娄底市	2030220	1054924	975296	23400	12572	10828
湘西州	1226098	647785	578313	12973	6898	6075

1-5c 续表 1

单位：人

地 区	1-4岁			5-9岁			10-14岁		
	小计	男	女	小计	男	女	小计	男	女
全 省	**1270080**	**673637**	**596443**	**1983328**	**1059406**	**923922**	**2082747**	**1118639**	**964108**
长沙市	80538	42150	38388	105873	55239	50634	94372	48663	45709
株洲市	50893	26565	24328	82918	43302	39616	79487	41576	37911
湘潭市	42810	22551	20259	58934	31180	27754	52984	28023	24961
衡阳市	143968	76503	67465	237959	127615	110344	271228	146434	124794
邵阳市	148364	79209	69155	248348	134250	114098	289846	158273	131573
岳阳市	97496	51639	45857	128181	68498	59683	125118	67196	57922
常德市	87501	45618	41883	121628	63092	58536	122650	63506	59144
张家界市	28767	15053	13714	42787	22283	20504	49603	25938	23665
益阳市	84303	43892	40411	122991	64388	58603	115565	60405	55160
郴州市	92090	49595	42495	161553	87602	73951	187903	101959	85944
永州市	135262	72840	62422	233459	127232	106227	267092	146430	120662
怀化市	111479	59645	51834	171514	92649	78865	174285	94833	79452
娄底市	106778	56808	49970	173042	92474	80568	160058	86907	73151
湘西州	59831	31569	28262	94141	49602	44539	92556	48496	44060

1-5c　续表 2　　单位：人

地　区	15-19岁			20-24岁			25-29岁		
	小计	男	女	小计	男	女	小计	男	女
全　省	**1099987**	**625522**	**474465**	**1031130**	**568939**	**462191**	**1173145**	**644285**	**528860**
长沙市	65820	34264	31556	69366	36935	32431	58610	29881	28729
株洲市	26449	14791	11658	33730	17736	15994	38390	19972	18418
湘潭市	23626	13509	10117	32772	18159	14613	37435	20521	16914
衡阳市	162731	90999	71732	139710	78962	60748	133659	75407	58252
邵阳市	152829	90430	62399	125603	72094	53509	129359	73987	55372
岳阳市	70588	39038	31550	75357	39995	35362	94883	51425	43458
常德市	52663	28879	23784	66799	34785	32014	96126	50697	45429
张家界市	25351	13869	11482	27051	14466	12585	32049	17179	14870
益阳市	61056	33983	27073	61222	32661	28561	76137	40777	35360
郴州市	103216	60093	43123	73095	41604	31491	75992	41972	34020
永州市	135489	80357	55132	102975	58730	44245	123828	69393	54435
怀化市	92338	52585	39753	85586	46679	38907	100755	55501	45254
娄底市	71893	42438	29455	77232	43034	34198	92369	51444	40925
湘西州	55938	30287	25651	60632	33099	27533	83553	46129	37424

1-5c　续表 3　　单位：人

地　区	30-34岁			35-39岁			40-44岁		
	小计	男	女	小计	男	女	小计	男	女
全　省	**1908613**	**1036076**	**872537**	**1443753**	**776068**	**667685**	**1339812**	**707980**	**631832**
长沙市	136454	70920	65534	100256	52793	47463	93286	48652	44634
株洲市	85975	46011	39964	62132	33243	28889	57300	30099	27201
湘潭市	68573	37770	30803	50319	27401	22918	42892	22383	20509
衡阳市	198102	108551	89551	154637	82489	72148	128135	65725	62410
邵阳市	211036	117402	93634	164824	89125	75699	146897	77156	69741
岳阳市	141958	74392	67566	102298	52875	49423	101659	52467	49192
常德市	145242	76834	68408	93043	47909	45134	113471	59946	53525
张家界市	48918	26737	22181	36260	19746	16514	36598	19840	16758
益阳市	140505	76158	64347	93282	49201	44081	97534	50879	46655
郴州市	140252	76350	63902	112585	61703	50882	96872	52239	44633
永州市	187507	100722	86785	173078	93589	79489	141585	74666	66919
怀化市	173265	96782	76483	128982	71695	57287	119193	65334	53859
娄底市	143259	77845	65414	107550	57752	49798	103433	54373	49060
湘西州	87567	49602	37965	64507	36547	27960	60957	34221	26736

1-5c 续表 4 单位：人

地 区	45-49岁			50-54岁			55-59岁		
	小计	男	女	小计	男	女	小计	男	女
全 省	**2048212**	**1076671**	**971541**	**2689253**	**1351827**	**1337426**	**2301311**	**1158550**	**1142761**
长沙市	139642	72930	66712	196624	97694	98930	166338	85843	80495
株洲市	84663	43639	41024	122462	60710	61752	101144	51078	50066
湘潭市	67342	33579	33763	108108	51548	56560	97287	46924	50363
衡阳市	207508	107729	99779	274082	136874	137208	236146	117895	118251
邵阳市	214900	112793	102107	277947	138438	139509	243771	120828	122943
岳阳市	158316	81507	76809	215153	107057	108096	177133	89488	87645
常德市	203683	106128	97555	269076	136500	132576	235960	120393	115567
张家界市	57349	31062	26287	72951	38130	34821	66452	34202	32250
益阳市	159199	82702	76497	212954	109040	103914	177302	90215	87087
郴州市	140019	74633	65386	170067	86188	83879	153015	77175	75840
永州市	190512	100709	89803	237266	120694	116572	209218	104976	104242
怀化市	191564	104138	87426	239780	123413	116367	198934	101538	97396
娄底市	143676	75318	68358	189803	91901	97902	153884	74448	79436
湘西州	89839	49804	40035	102980	53640	49340	84727	43547	41180

1-5c 续表 5 单位：人

地 区	60-64岁			65-69岁			70-74岁		
	小计	男	女	小计	男	女	小计	男	女
全 省	**1597334**	**830973**	**766361**	**1859121**	**939906**	**919215**	**1397310**	**698636**	**698674**
长沙市	98223	52617	45606	117211	60075	57136	92531	47347	45184
株洲市	73122	37766	35356	82671	41016	41655	57850	28434	29416
湘潭市	57148	29963	27185	79217	39994	39223	63957	32198	31759
衡阳市	181834	94306	87528	214399	107013	107386	144057	71002	73055
邵阳市	180440	94008	86432	204719	104079	100640	150606	75121	75485
岳阳市	118239	62276	55963	128375	65708	62667	101870	51188	50682
常德市	148361	77267	71094	184086	93498	90588	151374	75305	76069
张家界市	40893	21511	19382	56468	28850	27618	45091	23003	22088
益阳市	110198	58187	52011	123956	64367	59589	103339	52656	50683
郴州市	124414	62872	61542	119003	58808	60195	72116	35162	36954
永州市	163658	84766	78892	179689	89471	90218	120028	60593	59435
怀化市	142327	74458	67869	163891	83300	80591	127638	63714	63924
娄底市	106060	54112	51948	132104	66264	65840	103727	51815	51912
湘西州	52417	26864	25553	73332	37463	35869	63126	31098	32028

1-5c 续表 6

单位：人

地 区	75-79岁			80-84岁			85-89岁		
	小计	男	女	小计	男	女	小计	男	女
全 省	**861482**	**421582**	**439900**	**621850**	**285021**	**336829**	**308565**	**125335**	**183230**
长沙市	55181	27747	27434	36886	17439	19447	18101	7342	10759
株洲市	31056	15070	15986	24853	11272	13581	12087	4953	7134
湘潭市	37457	19017	18440	24722	12155	12567	12323	5088	7235
衡阳市	76064	37259	38805	61062	27921	33141	31661	12680	18981
邵阳市	97796	47171	50625	72478	33042	39436	35929	14616	21313
岳阳市	60853	29897	30956	40658	18480	22178	20298	7986	12312
常德市	93380	45633	47747	64790	29598	35192	32399	13234	19165
张家界市	29825	14827	14998	18875	8698	10177	8642	3795	4847
益阳市	68873	34582	34291	49453	23584	25869	24677	10552	14125
郴州市	46775	21729	25046	35866	15508	20358	19607	7588	12019
永州市	79072	38653	40419	58207	26101	32106	28949	11363	17586
怀化市	80881	39200	41681	59533	27098	32435	28455	11754	16701
娄底市	64253	31736	32517	46745	21724	25021	21760	8790	12970
湘西州	40016	19061	20955	27722	12401	15321	13677	5594	8083

1-5c 续表 7

单位：人

地 区	90-94岁			95-99岁			100岁及以上		
	小计	男	女	小计	男	女	小计	男	女
全 省	**98033**	**35265**	**62768**	**18732**	**5891**	**12841**	**1924**	**508**	**1416**
长沙市	6005	2201	3804	1239	389	850	115	32	83
株洲市	3626	1365	2261	576	203	373	52	16	36
湘潭市	3995	1415	2580	781	260	521	62	15	47
衡阳市	10099	3613	6486	1616	509	1107	187	53	134
邵阳市	11446	4136	7310	2229	697	1532	180	46	134
岳阳市	6028	2019	4009	1260	364	896	120	33	87
常德市	9464	3393	6071	1842	561	1281	149	42	107
张家界市	2843	1033	1810	507	148	359	53	14	39
益阳市	7758	2969	4789	1568	510	1058	156	38	118
郴州市	6234	2219	4015	1086	369	717	146	37	109
永州市	9575	3503	6072	2106	662	1444	266	72	194
怀化市	8784	3165	5619	1552	484	1068	183	47	136
娄底市	7581	2678	4903	1482	461	1021	131	30	101
湘西州	4595	1556	3039	888	274	614	124	33	91

1-6 各地区分性别、受教育程度的3岁及以上人口

单位：人

地　区	3岁及以上人口			未上过学		
	合计	男	女	小计	男	女
全　省	**64488195**	**32954892**	**31533303**	**1584362**	**519688**	**1064674**
长沙市	9742883	4925363	4817520	100356	40822	59534
株洲市	3795782	1922569	1873213	53617	17820	35797
湘潭市	2655613	1346335	1309278	31094	12323	18771
衡阳市	6456346	3326233	3130113	185796	60341	125455
邵阳市	6363650	3285006	3078644	199877	62321	137556
岳阳市	4893716	2501761	2391955	91048	31712	59336
常德市	5150439	2579274	2571165	109254	35494	73760
张家界市	1474032	749086	724946	47820	14413	33407
益阳市	3744312	1897847	1846465	92810	33246	59564
郴州市	4528515	2338955	2189560	118458	36043	82415
永州市	5128518	2665642	2462876	174500	55522	118978
怀化市	4445848	2286406	2159442	154454	46568	107886
娄底市	3702660	1893944	1808716	101751	34634	67117
湘西州	2405881	1236471	1169410	123527	38429	85098

1-6 续表 1

单位：人

地　区	学前教育			小　学		
	小计	男	女	小计	男	女
全　省	**2529385**	**1322377**	**1207008**	**16753085**	**7926050**	**8827035**
长沙市	392945	205727	187218	1809115	873229	935886
株洲市	148944	77054	71890	970039	449167	520872
湘潭市	88599	46196	42403	586456	274372	312084
衡阳市	246176	128652	117524	1765905	838633	927272
邵阳市	241263	126459	114804	1693836	786382	907454
岳阳市	198454	104549	93905	1134573	539727	594846
常德市	173819	87751	86068	1516891	711838	805053
张家界市	56641	29205	27436	450826	212244	238582
益阳市	139193	71558	67635	1136208	546208	590000
郴州市	185564	99062	86502	1205918	560225	645693
永州市	208736	111006	97730	1420593	676896	743697
怀化市	188657	99505	89152	1293167	612670	680497
娄底市	149979	78313	71666	1001179	470959	530220
湘西州	110415	57340	53075	768379	373500	394879

1-6　续表 2

单位：人

地　区	初　中			高　中			大学专科		
	小计	男	女	小计	男	女	小计	男	女
全　省	**23678161**	**12491345**	**11186816**	**11810957**	**6513011**	**5297946**	**4717827**	**2447913**	**2269914**
长沙市	2712448	1406866	1305582	1969553	1037101	932452	1396707	695027	701680
株洲市	1334356	687511	646845	701328	374757	326571	353847	192810	161037
湘潭市	959743	489079	470664	523988	279981	244007	247409	132499	114910
衡阳市	2590421	1374395	1216026	1075341	607351	467990	359026	193322	165704
邵阳市	2577051	1366827	1210224	1155426	676258	479168	325932	175999	149933
岳阳市	1684658	865111	819547	1295391	702033	593358	297903	155458	142445
常德市	1824665	944744	879921	969273	525205	444068	336163	166306	169857
张家界市	541227	292381	248846	223737	122885	100852	92230	47880	44350
益阳市	1410114	733691	676423	634880	345437	289443	207750	103839	103911
郴州市	1864176	999733	864443	745065	425133	319932	263917	142133	121784
永州市	2102636	1134410	968226	857716	491327	366389	243938	131320	112618
怀化市	1811713	983993	827720	631782	353529	278253	232759	122931	109828
娄底市	1378117	722373	655744	725542	405679	319863	221690	116108	105582
湘西州	886836	490231	396605	301935	166335	135600	138556	72281	66275

1-6　续表 3

单位：人

地　区	大学本科			硕士研究生			博士研究生		
	小计	男	女	小计	男	女	小计	男	女
全　省	**3141800**	**1594082**	**1547718**	**237867**	**118650**	**119217**	**34751**	**21776**	**12975**
长沙市	1204897	586456	618441	135305	66648	68657	21557	13487	8070
株洲市	214693	112790	101903	17449	9670	7779	1509	990	519
湘潭市	197614	101364	96250	17872	8619	9253	2838	1902	936
衡阳市	222787	117798	104989	9399	4757	4642	1495	984	511
邵阳市	163238	87031	76207	6139	3221	2918	888	508	380
岳阳市	182223	98231	83992	8490	4341	4149	976	599	377
常德市	210848	103358	107490	8582	4023	4559	944	555	389
张家界市	58457	28642	29815	2770	1256	1514	324	180	144
益阳市	116854	60748	56106	5759	2676	3083	744	444	300
郴州市	138114	72602	65512	6501	3536	2965	802	488	314
永州市	115611	62549	53062	4218	2225	1993	570	387	183
怀化市	127540	64200	63340	5127	2616	2511	649	394	255
娄底市	117453	62205	55248	6097	3165	2932	852	508	344
湘西州	71471	36108	35363	4159	1897	2262	603	350	253

1-6a 各地区分性别、受教育程度的3岁及以上人口（城市）

单位：人

地 区	3岁及以上人口			未上过学		
	合计	男	女	小计	男	女
全 省	**18382669**	**9189191**	**9193478**	**194037**	**79262**	**114775**
长沙市	6153167	3069974	3083193	50728	21537	29191
株洲市	1619301	814438	804863	11138	4705	6433
湘潭市	968895	480684	488211	7029	2934	4095
衡阳市	1719030	871187	847843	21977	8841	13136
邵阳市	1175884	591439	584445	17272	7142	10130
岳阳市	1377674	699989	677685	14691	6136	8555
常德市	983456	479166	504290	8518	3247	5271
张家界市	338576	167689	170887	4963	1630	3333
益阳市	674601	330852	343749	9658	3806	5852
郴州市	927209	464285	462924	11202	4308	6894
永州市	566708	284935	281773	8781	3835	4946
怀化市	684932	340426	344506	10995	4200	6795
娄底市	899493	448601	450892	11238	4926	6312
湘西州	293743	145526	148217	5847	2015	3832

1-6a 续表 1

单位：人

地 区	学前教育			小 学		
	小计	男	女	小计	男	女
全 省	**717574**	**378886**	**338688**	**2941164**	**1406595**	**1534569**
长沙市	252451	132843	119608	838903	406217	432686
株洲市	62386	32500	29886	262362	124197	138165
湘潭市	30489	16063	14426	132794	61686	71108
衡阳市	60553	32462	28091	326447	156344	170103
邵阳市	43833	23302	20531	209999	99872	110127
岳阳市	56024	29812	26212	230336	111554	118782
常德市	31358	15972	15386	150183	70114	80069
张家界市	14328	7516	6812	61519	28352	33167
益阳市	24363	12630	11733	130721	62257	68464
郴州市	38390	20716	17674	165869	77996	87873
永州市	20760	11240	9520	103575	49896	53679
怀化市	32379	17085	15294	126913	61052	65861
娄底市	37194	19853	17341	143977	70160	73817
湘西州	13066	6892	6174	57566	26898	30668

1-6a 续表 2

单位：人

地 区	初 中			高 中			大学专科		
	小计	男	女	小计	男	女	小计	男	女
全 省	**5191264**	**2574936**	**2616328**	**4549768**	**2347807**	**2201961**	**2493822**	**1253051**	**1240771**
长沙市	1379458	699128	680330	1346127	692575	653552	1091026	534542	556484
株洲市	491916	241740	250176	395700	201895	193805	210816	110977	99839
湘潭市	283637	136961	146676	242707	122131	120576	140388	72549	67839
衡阳市	611025	302589	308436	410550	217258	193292	163659	88130	75529
邵阳市	405458	198989	206469	322876	170693	152183	101474	53553	47921
岳阳市	379872	190444	189428	439686	227082	212604	143237	73761	69476
常德市	278867	136194	142673	268667	136822	131845	131355	62060	69295
张家界市	104322	52083	52239	78132	40910	37222	40177	20487	19690
益阳市	228666	111599	117067	171531	86915	84616	73258	34604	38654
郴州市	300681	148591	152090	225286	117755	107531	108812	55781	53031
永州市	174393	86600	87793	160013	83327	76686	61880	31056	30824
怀化市	217146	107216	109930	163267	83528	79739	72742	37567	35175
娄底市	250963	120080	130883	270727	138659	132068	113351	57158	56193
湘西州	84860	42722	42138	54499	28257	26242	41647	20826	20821

1-6a 续表 3

单位：人

地 区	大学本科			硕士研究生			博士研究生		
	小计	男	女	小计	男	女	小计	男	女
全 省	**2079840**	**1037821**	**1042019**	**187245**	**93210**	**94035**	**27955**	**17623**	**10332**
长沙市	1048625	508842	539783	125218	61380	63838	20631	12910	7721
株洲市	168540	89038	79502	15179	8550	6629	1264	836	428
湘潭市	118209	61490	56719	11979	5785	6194	1663	1085	578
衡阳市	119056	62537	56519	4880	2426	2454	883	600	283
邵阳市	72647	36641	36006	2049	1078	971	276	169	107
岳阳市	108048	58107	49941	5230	2739	2491	550	354	196
常德市	109487	52295	57192	4556	2182	2374	465	280	185
张家界市	33196	15766	17430	1731	824	907	208	121	87
益阳市	34463	18146	16317	1749	783	966	192	112	80
郴州市	72431	36706	35725	4111	2165	1946	427	267	160
永州市	35726	18151	17575	1371	683	688	209	147	62
怀化市	58226	28048	30178	2894	1489	1405	370	241	129
娄底市	68040	35622	32418	3540	1853	1687	463	290	173
湘西州	33146	16432	16714	2758	1273	1485	354	211	143

1-6b 各地区分性别、受教育程度的3岁及以上人口(镇)

单位：人

地 区	3岁及以上人口			未上过学		
	合计	男	女	小计	男	女
全 省	**19546496**	**9931151**	**9615345**	**382357**	**132820**	**249537**
长沙市	1893318	983224	910094	20716	8437	12279
株洲市	1087807	551209	536598	17641	5508	12133
湘潭市	743877	382451	361426	7732	3243	4489
衡阳市	1793981	920362	873619	39223	14085	25138
邵阳市	2145457	1092553	1052904	57446	18889	38557
岳阳市	1595438	812264	783174	28048	10024	18024
常德市	1913288	948083	965205	33707	11077	22630
张家界市	421605	208032	213573	8889	2897	5992
益阳市	1215453	605030	610423	22553	8552	14001
郴州市	1710679	881551	829128	31745	10437	21308
永州市	1843283	947640	895643	38968	13738	25230
怀化市	1410385	704876	705509	29723	9429	20294
娄底市	845009	428980	416029	15403	6424	8979
湘西州	926916	464896	462020	30563	10080	20483

1-6b 续表 1

单位：人

地 区	学前教育			小 学		
	小计	男	女	小计	男	女
全 省	**792210**	**417163**	**375047**	**4729842**	**2222499**	**2507343**
长沙市	75163	39225	35938	407204	195755	211449
株洲市	42813	22135	20678	299977	136878	163099
湘潭市	25970	13657	12313	148482	70591	77891
衡阳市	69714	36732	32982	434433	206987	227446
邵阳市	88229	46609	41620	526907	245749	281158
岳阳市	65247	34421	30826	358711	170805	187906
常德市	65779	33457	32322	511355	236403	274952
张家界市	18437	9513	8924	119883	54366	65517
益阳市	46778	24178	22600	315540	148683	166857
郴州市	71798	38763	33035	403604	189923	213681
永州市	77410	41788	35622	425579	203397	222182
怀化市	64571	34269	30302	330056	152351	177705
娄底市	35192	18709	16483	190043	89905	100138
湘西州	45109	23707	21402	258068	120706	137362

1-6b　续表 2　　　　单位：人

地　区	初　　中			高　　中			大学专科		
	小计	男	女	小计	男	女	小计	男	女
全　省	**7278076**	**3713328**	**3564748**	**4098843**	**2235923**	**1862920**	**1466949**	**789460**	**677489**
长沙市	638332	337336	300996	392153	214834	177319	233477	122871	110606
株洲市	394399	202342	192057	185436	100407	85029	112053	65465	46588
湘潭市	255449	130531	124918	154096	82880	71216	77662	44237	33425
衡阳市	690089	354876	335213	373109	206605	166504	118406	63822	54584
邵阳市	834731	425182	409549	440539	250331	190208	135868	71860	64008
岳阳市	551000	278375	272625	449536	241196	208340	90347	49282	41065
常德市	688018	345757	342261	405166	214676	190490	134606	68730	65876
张家界市	147429	74617	72812	78050	41241	36809	31304	16390	14914
益阳市	452199	226953	225246	234156	122730	111426	79312	40383	38929
郴州市	704889	363658	341231	337914	190417	147497	107733	59330	48403
永州市	705051	359392	345659	417712	230573	187139	119135	65648	53487
怀化市	560505	281043	279462	265874	143126	122748	107361	57196	50165
娄底市	315515	157478	158037	207914	113109	94805	52990	28444	24546
湘西州	340470	175788	164682	157188	83798	73390	66695	35802	30893

1-6b　续表 3　　　　单位：人

地　区	大学本科			硕士研究生			博士研究生		
	小计	男	女	小计	男	女	小计	男	女
全　省	**758754**	**399594**	**359160**	**34996**	**17594**	**17402**	**4469**	**2770**	**1699**
长沙市	117149	59777	57372	8428	4534	3894	696	455	241
株洲市	33824	17640	16184	1508	740	768	156	94	62
湘潭市	68174	34055	34119	5255	2506	2749	1057	751	306
衡阳市	65790	35591	30199	2827	1426	1401	390	238	152
邵阳市	59249	32655	26594	2151	1095	1056	337	183	154
岳阳市	50237	27034	23203	2065	986	1079	247	141	106
常德市	71800	36633	35167	2561	1180	1381	296	170	126
张家界市	16936	8738	8198	613	242	371	64	28	36
益阳市	61651	31942	29709	2913	1386	1527	351	223	128
郴州市	51190	28005	23185	1580	895	685	226	123	103
永州市	57463	31999	25464	1776	985	791	189	120	69
怀化市	50719	26673	24046	1418	709	709	158	80	78
娄底市	26782	14316	12466	1041	528	513	129	67	62
湘西州	27790	14536	13254	860	382	478	173	97	76

1-6c 各地区分性别、受教育程度的3岁及以上人口(乡村)

单位：人

地 区	3岁及以上人口			未上过学		
	合计	男	女	小计	男	女
全 省	**26559030**	**13834550**	**12724480**	**1007968**	**307606**	**700362**
长沙市	1696398	872165	824233	28912	10848	18064
株洲市	1088674	556922	531752	24838	7607	17231
湘潭市	942841	483200	459641	16333	6146	10187
衡阳市	2943335	1534684	1408651	124596	37415	87181
邵阳市	3042309	1601014	1441295	125159	36290	88869
岳阳市	1920604	989508	931096	48309	15552	32757
常德市	2253695	1152025	1101670	67029	21170	45859
张家界市	713851	373365	340486	33968	9886	24082
益阳市	1854258	961965	892293	60599	20888	39711
郴州市	1890627	993119	897508	75511	21298	54213
永州市	2718527	1433067	1285460	126751	37949	88802
怀化市	2350531	1241104	1109427	113736	32939	80797
娄底市	1958158	1016363	941795	75110	23284	51826
湘西州	1185222	626049	559173	87117	26334	60783

1-6c 续表 1

单位：人

地 区	学前教育			小 学		
	小计	男	女	小计	男	女
全 省	**1019601**	**526328**	**493273**	**9082079**	**4296956**	**4785123**
长沙市	65331	33659	31672	563008	271257	291751
株洲市	43745	22419	21326	407700	188092	219608
湘潭市	32140	16476	15664	305180	142095	163085
衡阳市	115909	59458	56451	1005025	475302	529723
邵阳市	109201	56548	52653	956930	440761	516169
岳阳市	77183	40316	36867	545526	257368	288158
常德市	76682	38322	38360	855353	405321	450032
张家界市	23876	12176	11700	269424	129526	139898
益阳市	68052	34750	33302	689947	335268	354679
郴州市	75376	39583	35793	636445	292306	344139
永州市	110566	57978	52588	891439	423603	467836
怀化市	91707	48151	43556	836198	399267	436931
娄底市	77593	39751	37842	667159	310894	356265
湘西州	52240	26741	25499	452745	225896	226849

1-6c 续表 2

单位：人

地区	初中			高中			大学专科		
	小计	男	女	小计	男	女	小计	男	女
全省	**11208821**	**6203081**	**5005740**	**3162346**	**1929281**	**1233065**	**757056**	**405402**	**351654**
长沙市	694658	370402	324256	231273	129692	101581	72204	37614	34590
株洲市	448041	243429	204612	120192	72455	47737	30978	16368	14610
湘潭市	420657	221587	199070	127185	74970	52215	29359	15713	13646
衡阳市	1289307	716930	572377	291682	183488	108194	76961	41370	35591
邵阳市	1336862	742656	594206	392011	255234	136777	88590	50586	38004
岳阳市	753786	396292	357494	406169	233755	172414	64319	32415	31904
常德市	857780	462793	394987	295440	173707	121733	70202	35516	34686
张家界市	289476	165681	123795	67555	40734	26821	20749	11003	9746
益阳市	729249	395139	334110	229193	135792	93401	55180	28852	26328
郴州市	858606	487484	371122	181865	116961	64904	47372	27022	20350
永州市	1223192	688418	534774	279991	177427	102564	62923	34616	28307
怀化市	1034062	595734	438328	202641	126875	75766	52656	28168	24488
娄底市	811639	444815	366824	246901	153911	92990	55349	30506	24843
湘西州	461506	271721	189785	90248	54280	35968	30214	15653	14561

1-6c 续表 3

单位：人

地区	大学本科			硕士研究生			博士研究生		
	小计	男	女	小计	男	女	小计	男	女
全省	**303206**	**156667**	**146539**	**15626**	**7846**	**7780**	**2327**	**1383**	**944**
长沙市	39123	17837	21286	1659	734	925	230	122	108
株洲市	12329	6112	6217	762	380	382	89	60	29
湘潭市	11231	5819	5412	638	328	310	118	66	52
衡阳市	37941	19670	18271	1692	905	787	222	146	76
邵阳市	31342	17735	13607	1939	1048	891	275	156	119
岳阳市	23938	13090	10848	1195	616	579	179	104	75
常德市	29561	14430	15131	1465	661	804	183	105	78
张家界市	8325	4138	4187	426	190	236	52	31	21
益阳市	20740	10660	10080	1097	507	590	201	109	92
郴州市	14493	7891	6602	810	476	334	149	98	51
永州市	22422	12399	10023	1071	557	514	172	120	52
怀化市	18595	9479	9116	815	418	397	121	73	48
娄底市	22631	12267	10364	1516	784	732	260	151	109
湘西州	10535	5140	5395	541	242	299	76	42	34

1-7　各地区分性别的15岁及以上文盲人口

单位：人、%

地　区	15岁及以上人口			文盲人口			文盲人口占15岁及以上人口比重		
	合计	男	女	合计	男	女	合计	男	女
全　省	**53475342**	**27071624**	**26403718**	**1134692**	**286274**	**848418**	**2.12**	**1.06**	**3.21**
长沙市	8375712	4206406	4169306	47512	13896	33616	0.57	0.33	0.81
株洲市	3189392	1605201	1584191	35640	8885	26755	1.12	0.55	1.69
湘潭市	2302470	1159520	1142950	14616	4098	10518	0.63	0.35	0.92
衡阳市	5249472	2677140	2572332	136311	34615	101696	2.60	1.29	3.95
邵阳市	5084537	2592270	2492267	135027	28494	106533	2.66	1.10	4.27
岳阳市	4119540	2087413	2032127	64074	17549	46525	1.56	0.84	2.29
常德市	4494029	2239156	2254873	84536	23476	61060	1.88	1.05	2.71
张家界市	1244615	629565	615050	40701	10842	29859	3.27	1.72	4.85
益阳市	3169577	1598019	1571558	66564	19751	46813	2.10	1.24	2.98
郴州市	3587180	1826620	1760560	88265	19334	68931	2.46	1.06	3.92
永州市	4075646	2090276	1985370	134447	32806	101641	3.30	1.57	5.12
怀化市	3658848	1862242	1796606	123311	31026	92285	3.37	1.67	5.14
娄底市	2965653	1496614	1469039	60146	13156	46990	2.03	0.88	3.20
湘西州	1958671	1001182	957489	103542	28346	75196	5.29	2.83	7.85

1-7a　各地区分性别的15岁及以上文盲人口(城市)

单位：人、%

地　区	15岁及以上人口			文盲人口			文盲人口占15岁及以上人口比重		
	合计	男	女	合计	男	女	合计	男	女
全　省	**15616288**	**7714879**	**7901409**	**86706**	**24133**	**62573**	**0.56**	**0.31**	**0.79**
长沙市	5305041	2621944	2683097	17766	4992	12774	0.33	0.19	0.48
株洲市	1389372	693460	695912	3777	1049	2728	0.27	0.15	0.39
湘潭市	853633	419638	433995	2529	757	1772	0.30	0.18	0.41
衡阳市	1436279	718734	717545	11355	3265	8090	0.79	0.45	1.13
邵阳市	966343	478583	487760	6828	1638	5190	0.71	0.34	1.06
岳阳市	1160551	582800	577751	8393	2588	5805	0.72	0.44	1.00
常德市	870066	420427	449639	4730	1370	3360	0.54	0.33	0.75
张家界市	284925	139672	145253	3698	999	2699	1.30	0.72	1.86
益阳市	578344	280346	297998	5252	1611	3641	0.91	0.57	1.22
郴州市	757525	372534	384991	5087	1179	3908	0.67	0.32	1.02
永州市	470520	232480	238040	4289	1245	3044	0.91	0.54	1.28
怀化市	567862	277495	290367	5675	1555	4120	1.00	0.56	1.42
娄底市	728801	355719	373082	3608	889	2719	0.50	0.25	0.73
湘西州	247026	121047	125979	3719	996	2723	1.51	0.82	2.16

1-7b 各地区分性别的15岁及以上文盲人口(镇)

单位：人、%

地区	15岁及以上人口			文盲人口			文盲人口占15岁及以上人口比重		
	合计	男	女	合计	男	女	合计	男	女
全省	**16059487**	**8067710**	**7991777**	**255519**	**66620**	**188899**	**1.59**	**0.83**	**2.36**
长沙市	1618783	839361	779422	10654	3197	7457	0.66	0.38	0.96
株洲市	901882	454367	447515	12622	3038	9584	1.40	0.67	2.14
湘潭市	640821	327983	312838	3431	1086	2345	0.54	0.33	0.75
衡阳市	1457504	739419	718085	25647	7070	18577	1.76	0.96	2.59
邵阳市	1695205	848518	846687	36473	7912	28561	2.15	0.93	3.37
岳阳市	1343943	678418	665525	18785	5423	13362	1.40	0.80	2.01
常德市	1662055	818127	843928	25459	7012	18447	1.53	0.86	2.19
张家界市	353514	172783	180731	6411	1705	4706	1.81	0.99	2.60
益阳市	1022064	504612	517452	14668	4461	10207	1.44	0.88	1.97
郴州市	1339295	677837	661458	21908	5020	16888	1.64	0.74	2.55
永州市	1462118	738776	723342	27793	7184	20609	1.90	0.97	2.85
怀化市	1147345	563862	583483	21127	5161	15966	1.84	0.92	2.74
娄底市	669910	334732	335178	6731	1742	4989	1.00	0.52	1.49
湘西州	745048	368915	376133	23810	6609	17201	3.20	1.79	4.57

1-7c 各地区分性别的15岁及以上文盲人口(乡村)

单位：人、%

地区	15岁及以上人口			文盲人口			文盲人口占15岁及以上人口比重		
	合计	男	女	合计	男	女	合计	男	女
全省	**21799567**	**11289035**	**10510532**	**792467**	**195521**	**596946**	**3.64**	**1.73**	**5.68**
长沙市	1451888	745101	706787	19092	5707	13385	1.31	0.77	1.89
株洲市	898138	457374	440764	19241	4798	14443	2.14	1.05	3.28
湘潭市	808016	411899	396117	8656	2255	6401	1.07	0.55	1.62
衡阳市	2355689	1218987	1136702	99309	24280	75029	4.22	1.99	6.60
邵阳市	2422989	1265169	1157820	91726	18944	72782	3.79	1.50	6.29
岳阳市	1615046	826195	788851	36896	9538	27358	2.28	1.15	3.47
常德市	1961908	1000602	961306	54347	15094	39253	2.77	1.51	4.08
张家界市	606176	317110	289066	30592	8138	22454	5.05	2.57	7.77
益阳市	1569169	813061	756108	46644	13679	32965	2.97	1.68	4.36
郴州市	1490360	776249	714111	61270	13135	48135	4.11	1.69	6.74
永州市	2143008	1119020	1023988	102365	24377	77988	4.78	2.18	7.62
怀化市	1943641	1020885	922756	96509	24310	72199	4.97	2.38	7.82
娄底市	1566942	806163	760779	49807	10525	39282	3.18	1.31	5.16
湘西州	966597	511220	455377	76013	20741	55272	7.86	4.06	12.14

1-8　各地区家庭户规模

单位：户、%

地　区	家庭户户　数	一人户		二人户		三人户	
		户数	比重	户数	比重	户数	比重
全　省	**22878336**	**5796689**	**25.34**	**6332392**	**27.68**	**4767652**	**20.84**
长沙市	3150280	829808	26.34	834436	26.49	698660	22.18
株洲市	1287712	283797	22.04	352496	27.37	288331	22.39
湘潭市	934917	237268	25.38	285895	30.58	201835	21.59
衡阳市	2299417	617370	26.85	615216	26.76	453668	19.73
邵阳市	2288847	555005	24.25	639003	27.92	457972	20.01
岳阳市	1693071	378898	22.38	479552	28.32	367988	21.73
常德市	1911345	488912	25.58	562591	29.43	406749	21.28
张家界市	535811	130068	24.27	151481	28.27	119238	22.25
益阳市	1435841	375334	26.14	441383	30.74	300179	20.91
郴州市	1635898	427614	26.14	452437	27.66	322128	19.69
永州市	1813417	454610	25.07	459497	25.34	362889	20.01
怀化市	1689140	446638	26.44	472179	27.95	352288	20.86
娄底市	1372199	362974	26.45	392230	28.58	264510	19.28
湘西州	830441	208393	25.09	193996	23.36	171217	20.62

1-8　续表 1

单位：户、%

地　区	四人户		五人户		六人户	
	户数	比重	户数	比重	户数	比重
全　省	**3308914**	**14.46**	**1570332**	**6.86**	**744743**	**3.26**
长沙市	449903	14.28	210443	6.68	96106	3.05
株洲市	194055	15.07	97593	7.58	51616	4.01
湘潭市	116268	12.44	56391	6.03	26299	2.81
衡阳市	329555	14.33	162439	7.06	79417	3.45
邵阳市	342602	14.97	167085	7.30	79625	3.48
岳阳市	257715	15.22	118495	7.00	61388	3.63
常德市	245659	12.85	129459	6.77	57419	3.00
张家界市	78202	14.60	34692	6.47	15405	2.88
益阳市	188721	13.14	79332	5.53	36190	2.52
郴州市	249150	15.23	113569	6.94	46841	2.86
永州市	282314	15.57	139253	7.68	70515	3.89
怀化市	246132	14.57	104391	6.18	48142	2.85
娄底市	198577	14.47	88848	6.47	40374	2.94
湘西州	130061	15.66	68342	8.23	35406	4.26

1-8　续表 2

单位：户、%

地　区	七人户		八人户		九人户		十人及以上户	
	户数	比重	户数	比重	户数	比重	户数	比重
全　省	**224425**	**0.98**	**72339**	**0.32**	**28622**	**0.13**	**32228**	**0.14**
长沙市	20291	0.64	5661	0.18	2160	0.07	2812	0.09
株洲市	12910	1.00	3917	0.30	1461	0.11	1536	0.12
湘潭市	6317	0.68	2115	0.23	890	0.10	1639	0.18
衡阳市	26690	1.16	8232	0.36	3214	0.14	3616	0.16
邵阳市	29835	1.30	10040	0.44	4143	0.18	3537	0.15
岳阳市	17351	1.02	5845	0.35	2489	0.15	3350	0.20
常德市	12946	0.68	4013	0.21	1546	0.08	2051	0.11
张家界市	4199	0.78	1333	0.25	559	0.10	634	0.12
益阳市	9565	0.67	2867	0.20	1106	0.08	1164	0.08
郴州市	15537	0.95	4677	0.29	1726	0.11	2219	0.14
永州市	26685	1.47	9532	0.53	3927	0.22	4195	0.23
怀化市	13444	0.80	3651	0.22	1212	0.07	1063	0.06
娄底市	14797	1.08	5333	0.39	2167	0.16	2389	0.17
湘西州	13858	1.67	5123	0.62	2022	0.24	2023	0.24

1-8a　各地区家庭户规模(城市)

单位：户、%

地　区	家庭户户　数	一人户		二人户		三人户	
		户数	比重	户数	比重	户数	比重
全　省	**6185217**	**1641080**	**26.53**	**1683988**	**27.23**	**1356710**	**21.93**
长沙市	2004290	565500	28.21	536891	26.79	450356	22.47
株洲市	552482	128560	23.27	154759	28.01	130869	23.69
湘潭市	328059	83776	25.54	101298	30.88	75442	23.00
衡阳市	554605	143654	25.90	145419	26.22	114978	20.73
邵阳市	406212	113650	27.98	107258	26.40	79213	19.50
岳阳市	461470	106510	23.08	126146	27.34	106425	23.06
常德市	347989	95176	27.35	101228	29.09	77720	22.33
张家界市	108838	25024	22.99	26707	24.54	25506	23.43
益阳市	252683	75887	30.03	76426	30.25	51902	20.54
郴州市	321017	80356	25.03	85805	26.73	67554	21.04
永州市	201540	57455	28.51	51118	25.36	42346	21.01
怀化市	234627	58077	24.75	62417	26.60	51271	21.85
娄底市	310018	76303	24.61	83313	26.87	62727	20.23
湘西州	101387	31152	30.73	25203	24.86	20401	20.12

1-8a 续表 1

单位：户、%

地　区	四人户		五人户		六人户	
	户数	比重	户数	比重	户数	比重
全　省	**888923**	**14.37**	**377003**	**6.10**	**166881**	**2.70**
长沙市	273772	13.66	115902	5.78	47772	2.38
株洲市	77975	14.11	35627	6.45	18140	3.28
湘潭市	38390	11.70	17678	5.39	7925	2.42
衡阳市	84378	15.21	38251	6.90	18373	3.31
邵阳市	61085	15.04	26061	6.42	11812	2.91
岳阳市	71495	15.49	28345	6.14	14487	3.14
常德市	40134	11.53	21195	6.09	8541	2.45
张家界市	18947	17.41	7515	6.90	3326	3.06
益阳市	30880	12.22	11185	4.43	4564	1.81
郴州市	54110	16.86	21263	6.62	8750	2.73
永州市	30772	15.27	12112	6.01	5378	2.67
怀化市	38891	16.58	15041	6.41	6531	2.78
娄底市	53750	17.34	20648	6.66	8684	2.80
湘西州	14344	14.15	6180	6.10	2598	2.56

1-8a 续表 2

单位：户、%

地　区	七人户		八人户		九人户		十人及以上户	
	户数	比重	户数	比重	户数	比重	户数	比重
全　省	**40877**	**0.66**	**13728**	**0.22**	**6294**	**0.10**	**9733**	**0.16**
长沙市	8637	0.43	2471	0.12	1085	0.05	1904	0.09
株洲市	3971	0.72	1303	0.24	571	0.10	707	0.13
湘潭市	1903	0.58	709	0.22	352	0.11	586	0.18
衡阳市	5569	1.00	1854	0.33	820	0.15	1309	0.24
邵阳市	4190	1.03	1469	0.36	674	0.17	800	0.20
岳阳市	3938	0.85	1593	0.35	848	0.18	1683	0.36
常德市	1966	0.56	839	0.24	432	0.12	758	0.22
张家界市	995	0.91	377	0.35	157	0.14	284	0.26
益阳市	1089	0.43	346	0.14	153	0.06	251	0.10
郴州市	2108	0.66	539	0.17	213	0.07	319	0.10
永州市	1434	0.71	502	0.25	215	0.11	208	0.10
怀化市	1624	0.69	415	0.18	179	0.08	181	0.08
娄底市	2607	0.84	951	0.31	439	0.14	596	0.19
湘西州	846	0.83	360	0.36	156	0.15	147	0.14

1-8b　各地区家庭户规模(镇)

单位：户、%

地　区	家庭户户　数	一人户		二人户		三人户	
		户数	比重	户数	比重	户数	比重
全　省	**6630584**	**1691967**	**25.52**	**1758765**	**26.53**	**1348302**	**20.33**
长沙市	555427	137182	24.70	139180	25.06	119005	21.43
株洲市	340455	70359	20.67	88948	26.13	72315	21.24
湘潭市	236991	62600	26.41	67519	28.49	50138	21.16
衡阳市	633281	187661	29.63	160082	25.28	119346	18.85
邵阳市	735239	167614	22.80	198324	26.97	148771	20.23
岳阳市	538967	124272	23.06	153825	28.54	114079	21.17
常德市	707279	195913	27.70	206322	29.17	144238	20.39
张家界市	147442	34089	23.12	41449	28.11	33690	22.85
益阳市	465063	129869	27.93	144498	31.07	94685	20.36
郴州市	555568	136211	24.52	139382	25.09	109237	19.66
永州市	594166	142633	24.01	136140	22.91	116405	19.59
怀化市	531952	149258	28.06	141021	26.51	110754	20.82
娄底市	280218	76342	27.24	72981	26.04	52727	18.82
湘西州	308536	77964	25.27	69094	22.39	62912	20.39

1-8b　续表 1

单位：户、%

地　区	四人户		五人户		六人户	
	户数	比重	户数	比重	户数	比重
全　省	**1001349**	**15.10**	**476281**	**7.18**	**233529**	**3.52**
长沙市	85430	15.38	44169	7.95	22476	4.05
株洲市	56191	16.50	29127	8.56	16608	4.88
湘潭市	31448	13.27	14746	6.22	7186	3.03
衡阳市	90931	14.36	42931	6.78	21395	3.38
邵阳市	118567	16.13	57123	7.77	27724	3.77
岳阳市	82777	15.36	36377	6.75	18891	3.51
常德市	86500	12.23	45385	6.42	21065	2.98
张家界市	21955	14.89	10145	6.88	4433	3.01
益阳市	59371	12.77	22640	4.87	10075	2.17
郴州市	95296	17.15	45349	8.16	19288	3.47
永州市	100033	16.84	51421	8.65	27754	4.67
怀化市	79403	14.93	31445	5.91	14354	2.70
娄底市	43011	15.35	19721	7.04	8989	3.21
湘西州	50436	16.35	25702	8.33	13291	4.31

1-8b 续表 2

单位：户、%

地 区	七人户		八人户		九人户		十人及以上户	
	户数	比重	户数	比重	户数	比重	户数	比重
全 省	**72988**	**1.10**	**24474**	**0.37**	**10004**	**0.15**	**12925**	**0.19**
长沙市	5393	0.97	1506	0.27	556	0.10	530	0.10
株洲市	4432	1.30	1384	0.41	529	0.16	562	0.17
湘潭市	1644	0.69	633	0.27	274	0.12	803	0.34
衡阳市	6882	1.09	2043	0.32	799	0.13	1211	0.19
邵阳市	10425	1.42	3663	0.50	1556	0.21	1472	0.20
岳阳市	5412	1.00	1895	0.35	692	0.13	747	0.14
常德市	4861	0.69	1507	0.21	613	0.09	875	0.12
张家界市	1064	0.72	320	0.22	145	0.10	152	0.10
益阳市	2498	0.54	773	0.17	270	0.06	384	0.08
郴州市	6786	1.22	1963	0.35	804	0.14	1252	0.23
永州市	11006	1.85	4291	0.72	1945	0.33	2538	0.43
怀化市	3860	0.73	1073	0.20	369	0.07	415	0.08
娄底市	3541	1.26	1448	0.52	611	0.22	847	0.30
湘西州	5184	1.68	1975	0.64	841	0.27	1137	0.37

1-8c 各地区家庭户规模(乡村)

单位：户、%

地 区	家庭户户 数	一人户		二人户		三人户	
		户数	比重	户数	比重	户数	比重
全 省	**10062535**	**2463642**	**24.48**	**2889639**	**28.72**	**2062640**	**20.50**
长沙市	590563	127126	21.53	158365	26.82	129299	21.89
株洲市	394775	84878	21.50	108789	27.56	85147	21.57
湘潭市	369867	90892	24.57	117078	31.65	76255	20.62
衡阳市	1111531	286055	25.74	309715	27.86	219344	19.73
邵阳市	1147396	273741	23.86	333421	29.06	229988	20.04
岳阳市	692634	148116	21.38	199581	28.81	147484	21.29
常德市	856077	197823	23.11	255041	29.79	184791	21.59
张家界市	279531	70955	25.38	83325	29.81	60042	21.48
益阳市	718095	169578	23.61	220459	30.70	153592	21.39
郴州市	759313	211047	27.79	227250	29.93	145337	19.14
永州市	1017711	254522	25.01	272239	26.75	204138	20.06
怀化市	922561	239303	25.94	268741	29.13	190263	20.62
娄底市	781963	210329	26.90	235936	30.17	149056	19.06
湘西州	420518	99277	23.61	99699	23.71	87904	20.90

1-8c 续表 1

单位：户、%

地 区	四人户		五人户		六人户	
	户数	比重	户数	比重	户数	比重
全 省	**1418642**	**14.10**	**717048**	**7.13**	**344333**	**3.42**
长沙市	90701	15.36	50372	8.53	25858	4.38
株洲市	59889	15.17	32839	8.32	16868	4.27
湘潭市	46430	12.55	23967	6.48	11188	3.02
衡阳市	154246	13.88	81257	7.31	39649	3.57
邵阳市	162950	14.20	83901	7.31	40089	3.49
岳阳市	103443	14.93	53773	7.76	28010	4.04
常德市	119025	13.90	62879	7.35	27813	3.25
张家界市	37300	13.34	17032	6.09	7646	2.74
益阳市	98470	13.71	45507	6.34	21551	3.00
郴州市	99744	13.14	46957	6.18	18803	2.48
永州市	151509	14.89	75720	7.44	37383	3.67
怀化市	127838	13.86	57905	6.28	27257	2.95
娄底市	101816	13.02	48479	6.20	22701	2.90
湘西州	65281	15.52	36460	8.67	19517	4.64

1-8c 续表 2

单位：户、%

地 区	七人户		八人户		九人户		十人及以上户	
	户数	比重	户数	比重	户数	比重	户数	比重
全 省	**110560**	**1.10**	**34137**	**0.34**	**12324**	**0.12**	**9570**	**0.10**
长沙市	6261	1.06	1684	0.29	519	0.09	378	0.06
株洲市	4507	1.14	1230	0.31	361	0.09	267	0.07
湘潭市	2770	0.75	773	0.21	264	0.07	250	0.07
衡阳市	14239	1.28	4335	0.39	1595	0.14	1096	0.10
邵阳市	15220	1.33	4908	0.43	1913	0.17	1265	0.11
岳阳市	8001	1.16	2357	0.34	949	0.14	920	0.13
常德市	6119	0.71	1667	0.19	501	0.06	418	0.05
张家界市	2140	0.77	636	0.23	257	0.09	198	0.07
益阳市	5978	0.83	1748	0.24	683	0.10	529	0.07
郴州市	6643	0.87	2175	0.29	709	0.09	648	0.09
永州市	14245	1.40	4739	0.47	1767	0.17	1449	0.14
怀化市	7960	0.86	2163	0.23	664	0.07	467	0.05
娄底市	8649	1.11	2934	0.38	1117	0.14	946	0.12
湘西州	7828	1.86	2788	0.66	1025	0.24	739	0.18

1-9 各地区家庭户类别

单位：户、%

地 区	家庭户户 数	一代户		二代户	
		户数	比重	户数	比重
全 省	**22878336**	**10404799**	**45.48**	**8752996**	**38.26**
长沙市	3150280	1475565	46.84	1160688	36.84
株洲市	1287712	541097	42.02	486859	37.81
湘潭市	934917	454225	48.58	329678	35.26
衡阳市	2299417	1051743	45.74	872287	37.94
邵阳市	2288847	1015971	44.39	911967	39.84
岳阳市	1693071	743358	43.91	658272	38.88
常德市	1911345	892766	46.71	645933	33.79
张家界市	535811	230327	42.99	214127	39.96
益阳市	1435841	696122	48.48	525506	36.60
郴州市	1635898	761837	46.57	685302	41.89
永州市	1813417	789429	43.53	723734	39.91
怀化市	1689140	761502	45.08	666241	39.44
娄底市	1372199	654398	47.69	534793	38.97
湘西州	830441	336459	40.52	337609	40.65

1-9 续表

单位：户、%

地 区	三代户		四代户		五代及以上户	
	户数	比重	户数	比重	户数	比重
全 省	**3563064**	**15.57**	**157377**	**0.69**	**100**	
长沙市	493812	15.68	20205	0.64	10	
株洲市	246346	19.13	13401	1.04	9	
湘潭市	144188	15.42	6826	0.73		
衡阳市	362440	15.76	12941	0.56	6	
邵阳市	347127	15.17	13778	0.60	4	
岳阳市	278111	16.43	13318	0.79	12	
常德市	350535	18.34	22083	1.16	28	
张家界市	87702	16.37	3652	0.68	3	
益阳市	203979	14.21	10228	0.71	6	
郴州市	184548	11.28	4208	0.26	3	
永州市	288604	15.91	11649	0.64	1	
怀化市	251378	14.88	10014	0.59	5	
娄底市	175643	12.80	7362	0.54	3	
湘西州	148651	17.90	7712	0.93	10	

1-9a 各地区家庭户类别(城市)

单位：户、%

地区	家庭户户数	一代户		二代户	
		户数	比重	户数	比重
全省	**6185217**	**2944039**	**47.60**	**2428713**	**39.27**
长沙市	2004290	986239	49.21	755965	37.72
株洲市	552482	248889	45.05	216568	39.20
湘潭市	328059	164809	50.24	120318	36.68
衡阳市	554605	253455	45.70	222806	40.17
邵阳市	406212	197077	48.52	161646	39.79
岳阳市	461470	207359	44.93	193130	41.85
常德市	347989	177377	50.97	119859	34.44
张家界市	108838	43836	40.28	48895	44.92
益阳市	252683	133105	52.68	92557	36.63
郴州市	321017	144868	45.13	137269	42.76
永州市	201540	97750	48.50	83156	41.26
怀化市	234627	102988	43.89	100392	42.79
娄底市	310018	139338	44.95	134528	43.39
湘西州	101387	46949	46.31	41624	41.05

1-9a 续表

单位：户、%

地区	三代户		四代户		五代及以上户	
	户数	比重	户数	比重	户数	比重
全省	**792034**	**12.81**	**20418**	**0.33**	**13**	
长沙市	256083	12.78	5997	0.30	6	
株洲市	84183	15.24	2839	0.51	3	
湘潭市	41798	12.74	1134	0.35		
衡阳市	76837	13.85	1505	0.27	2	
邵阳市	46481	11.44	1008	0.25		
岳阳市	59151	12.82	1829	0.40	1	
常德市	48603	13.97	2150	0.62		
张家界市	15658	14.39	448	0.41	1	
益阳市	26218	10.38	803	0.32		
郴州市	38391	11.96	489	0.15		
永州市	20220	10.03	414	0.21		
怀化市	30614	13.05	633	0.27		
娄底市	35320	11.39	832	0.27		
湘西州	12477	12.31	337	0.33		

1-9b 各地区家庭户类别(镇)

单位：户、%

地区	家庭户户数	一代户		二代户	
		户数	比重	户数	比重
全省	**6630584**	**2954722**	**44.56**	**2589779**	**39.06**
长沙市	555427	241328	43.45	202836	36.52
株洲市	340455	133242	39.14	128165	37.65
湘潭市	236991	113868	48.05	85202	35.95
衡阳市	633281	301040	47.54	236505	37.35
邵阳市	735239	307141	41.77	306965	41.75
岳阳市	538967	241016	44.72	209913	38.95
常德市	707279	344268	48.67	235353	33.28
张家界市	147442	61021	41.39	59861	40.60
益阳市	465063	233015	50.10	173204	37.24
郴州市	555568	238766	42.98	248604	44.75
永州市	594166	243126	40.92	246496	41.49
怀化市	531952	241049	45.31	215087	40.43
娄底市	280218	131545	46.94	113091	40.36
湘西州	308536	124297	40.29	128497	41.65

1-9b 续表

单位：户、%

地区	三代户		四代户		五代及以上户	
	户数	比重	户数	比重	户数	比重
全省	**1040621**	**15.69**	**45436**	**0.69**	**26**	
长沙市	105645	19.02	5617	1.01	1	
株洲市	74424	21.86	4622	1.36	2	
湘潭市	36301	15.32	1620	0.68		
衡阳市	92714	14.64	3021	0.48	1	
邵阳市	116356	15.83	4774	0.65	3	
岳阳市	84075	15.60	3959	0.73	4	
常德市	120432	17.03	7218	1.02	8	
张家界市	25488	17.29	1072	0.73		
益阳市	56412	12.13	2431	0.52	1	
郴州市	66856	12.03	1341	0.24	1	
永州市	100925	16.99	3619	0.61		
怀化市	73409	13.80	2405	0.45	2	
娄底市	34301	12.24	1281	0.46		
湘西州	53283	17.27	2456	0.80	3	

1-9c　各地区家庭户类别(乡村)

单位：户、%

地　区	家庭户户　数	一代户		二代户	
		户数	比重	户数	比重
全　省	**10062535**	**4506038**	**44.78**	**3734504**	**37.11**
长沙市	590563	247998	41.99	201887	34.19
株洲市	394775	158966	40.27	142126	36.00
湘潭市	369867	175548	47.46	124158	33.57
衡阳市	1111531	497248	44.74	412976	37.15
邵阳市	1147396	511753	44.60	443356	38.64
岳阳市	692634	294983	42.59	255229	36.85
常德市	856077	371121	43.35	290721	33.96
张家界市	279531	125470	44.89	105371	37.70
益阳市	718095	330002	45.96	259745	36.17
郴州市	759313	378203	49.81	299429	39.43
永州市	1017711	448553	44.07	394082	38.72
怀化市	922561	417465	45.25	350762	38.02
娄底市	781963	383515	49.05	287174	36.72
湘西州	420518	165213	39.29	167488	39.83

1-9c　续表

单位：户、%

地　区	三代户		四代户		五代及以上户	
	户数	比重	户数	比重	户数	比重
全　省	**1730409**	**17.20**	**91523**	**0.91**	**61**	
长沙市	132084	22.37	8591	1.45	3	
株洲市	87739	22.23	5940	1.50	4	
湘潭市	66089	17.87	4072	1.10		
衡阳市	192889	17.35	8415	0.76	3	
邵阳市	184290	16.06	7996	0.70	1	
岳阳市	134885	19.47	7530	1.09	7	
常德市	181500	21.20	12715	1.49	20	
张家界市	46556	16.66	2132	0.76	2	
益阳市	121349	16.90	6994	0.97	5	
郴州市	79301	10.44	2378	0.31	2	
永州市	167459	16.45	7616	0.75	1	
怀化市	147355	15.97	6976	0.76	3	
娄底市	106022	13.56	5249	0.67	3	
湘西州	82891	19.71	4919	1.17	7	

1-10 各地区分性别、月份的出生人口
（2019.11.1-2020.10.31）

单位：人

地 区	出生人口			2019年11月		
	合计	男	女	小计	男	女
全 省	**566431**	**301995**	**264436**	**58378**	**30819**	**27559**
长沙市	82863	43599	39264	8632	4553	4079
株洲市	30358	15844	14514	3077	1634	1443
湘潭市	19370	10174	9196	2014	1037	977
衡阳市	55631	29722	25909	6054	3194	2860
邵阳市	58927	31610	27317	6171	3287	2884
岳阳市	47273	25667	21606	4590	2455	2135
常德市	37103	19557	17546	3887	2048	1839
张家界市	12540	6514	6026	1250	639	611
益阳市	31533	16504	15029	3196	1669	1527
郴州市	40720	22233	18487	4086	2229	1857
永州市	47924	26163	21761	5084	2712	2372
怀化市	40927	21690	19237	4079	2147	1932
娄底市	37002	19800	17202	3725	1924	1801
湘西州	24260	12918	11342	2533	1291	1242

1-10 续表 1

单位：人

地 区	2019年12月			2020年1月		
	小计	男	女	小计	男	女
全 省	**54205**	**28883**	**25322**	**51271**	**27262**	**24009**
长沙市	8301	4374	3927	7684	4035	3649
株洲市	2904	1514	1390	2671	1413	1258
湘潭市	1852	983	869	1785	931	854
衡阳市	5549	2890	2659	5177	2760	2417
邵阳市	5737	3103	2634	5348	2802	2546
岳阳市	4374	2335	2039	4202	2232	1970
常德市	3570	1865	1705	3422	1810	1612
张家界市	1113	595	518	1126	601	525
益阳市	2843	1517	1326	2689	1362	1327
郴州市	3786	2040	1746	3637	1989	1648
永州市	4573	2510	2063	4216	2295	1921
怀化市	3797	2018	1779	3755	2048	1707
娄底市	3446	1858	1588	3155	1693	1462
湘西州	2360	1281	1079	2404	1291	1113

1-10 续表 2

单位：人

地 区	2020年2月			2020年3月			2020年4月		
	小计	男	女	小计	男	女	小计	男	女
全 省	**45914**	**24408**	**21506**	**47690**	**25455**	**22235**	**45112**	**24238**	**20874**
长沙市	6955	3655	3300	7084	3702	3382	6528	3419	3109
株洲市	2383	1246	1137	2560	1346	1214	2379	1277	1102
湘潭市	1542	782	760	1642	853	789	1546	823	723
衡阳市	4566	2467	2099	4669	2508	2161	4264	2277	1987
邵阳市	4643	2486	2157	5008	2674	2334	4716	2548	2168
岳阳市	3879	2086	1793	3868	2095	1773	3716	2024	1692
常德市	2978	1559	1419	3169	1720	1449	3032	1621	1411
张家界市	1015	513	502	1099	558	541	1025	536	489
益阳市	2518	1344	1174	2664	1387	1277	2616	1398	1218
郴州市	3244	1741	1503	3381	1818	1563	3258	1815	1443
永州市	3780	2061	1719	3873	2139	1734	3801	2087	1714
怀化市	3303	1731	1572	3483	1806	1677	3330	1766	1564
娄底市	3047	1639	1408	3102	1666	1436	2946	1612	1334
湘西州	2061	1098	963	2088	1183	905	1955	1035	920

1-10 续表 3

单位：人

地 区	2020年5月			2020年6月			2020年7月		
	小计	男	女	小计	男	女	小计	男	女
全 省	**43463**	**23287**	**20176**	**45175**	**24090**	**21085**	**45490**	**24237**	**21253**
长沙市	6472	3475	2997	6699	3537	3162	6790	3594	3196
株洲市	2349	1188	1161	2394	1262	1132	2435	1232	1203
湘潭市	1487	786	701	1510	816	694	1604	847	757
衡阳市	4297	2272	2025	4382	2348	2034	4467	2393	2074
邵阳市	4524	2445	2079	4626	2492	2134	4613	2483	2130
岳阳市	3623	2013	1610	3746	2042	1704	3778	2076	1702
常德市	2857	1524	1333	2939	1493	1446	3024	1590	1434
张家界市	936	499	437	1015	540	475	1027	524	503
益阳市	2460	1293	1167	2520	1306	1214	2648	1432	1216
郴州市	3034	1653	1381	3281	1803	1478	3220	1765	1455
永州市	3785	2065	1720	3881	2117	1764	3799	2022	1777
怀化市	3042	1603	1439	3258	1743	1515	3186	1635	1551
娄底市	2770	1478	1292	3011	1593	1418	2916	1585	1331
湘西州	1827	993	834	1913	998	915	1983	1059	924

1-10 续表 4

单位：人

地区	2020年8月			2020年9月			2020年10月		
	小计	男	女	小计	男	女	小计	男	女
全省	**47263**	**25102**	**22161**	**40899**	**21852**	**19047**	**41571**	**22362**	**19209**
长沙市	6973	3588	3385	5744	3006	2738	5001	2661	2340
株洲市	2576	1343	1233	2253	1159	1094	2377	1230	1147
湘潭市	1635	861	774	1388	718	670	1365	737	628
衡阳市	4373	2391	1982	3823	2049	1774	4010	2173	1837
邵阳市	4860	2591	2269	4282	2314	1968	4399	2385	2014
岳阳市	4066	2225	1841	3505	1877	1628	3926	2207	1719
常德市	3163	1625	1538	2660	1449	1211	2402	1253	1149
张家界市	1038	528	510	970	522	448	926	459	467
益阳市	2598	1316	1282	2328	1227	1101	2453	1253	1200
郴州市	3503	1893	1610	3177	1772	1405	3113	1715	1398
永州市	3965	2204	1761	3420	1883	1537	3747	2068	1679
怀化市	3380	1834	1546	3022	1609	1413	3292	1750	1542
娄底市	3104	1648	1456	2675	1401	1274	3105	1703	1402
湘西州	2029	1055	974	1652	866	786	1455	768	687

1-10a 各地区分性别、月份的出生人口 (2019.11.1-2020.10.31)(城市)

单位：人

地区	出生人口			2019年11月		
	合计	男	女	小计	男	女
全省	**140811**	**74802**	**66009**	**15118**	**7999**	**7119**
长沙市	52576	27647	24929	5654	2977	2677
株洲市	11701	6142	5559	1182	618	564
湘潭市	5555	2991	2564	597	318	279
衡阳市	11054	5843	5211	1272	669	603
邵阳市	8576	4630	3946	948	521	427
岳阳市	10691	5874	4817	1087	580	507
常德市	6329	3338	2991	728	378	350
张家界市	3048	1613	1435	317	162	155
益阳市	4615	2391	2224	493	263	230
郴州市	7145	3890	3255	756	420	336
永州市	4199	2298	1901	462	260	202
怀化市	5910	3108	2802	620	315	305
娄底市	6747	3615	3132	701	363	338
湘西州	2665	1422	1243	301	155	146

1-10a　续表 1　　　　单位：人

地　区	2019年12月			2020年1月		
	小计	男	女	小计	男	女
全　省	**14591**	**7747**	**6844**	**13357**	**7067**	**6290**
长沙市	5474	2872	2602	4965	2567	2398
株洲市	1190	626	564	1106	586	520
湘潭市	590	320	270	548	298	250
衡阳市	1164	612	552	1060	582	478
邵阳市	937	509	428	795	433	362
岳阳市	1117	609	508	1053	574	479
常德市	638	326	312	618	319	299
张家界市	276	137	139	280	153	127
益阳市	483	259	224	432	219	213
郴州市	701	369	332	672	349	323
永州市	433	240	193	367	191	176
怀化市	618	329	289	565	317	248
娄底市	679	365	314	613	327	286
湘西州	291	174	117	283	152	131

1-10a　续表 2　　　　单位：人

地　区	2020年2月			2020年3月			2020年4月		
	小计	男	女	小计	男	女	小计	男	女
全　省	**11729**	**6116**	**5613**	**12058**	**6486**	**5572**	**11036**	**5825**	**5211**
长沙市	4448	2346	2102	4458	2336	2122	4053	2103	1950
株洲市	927	477	450	983	539	444	896	498	398
湘潭市	445	209	236	461	246	215	425	249	176
衡阳市	965	488	477	933	512	421	866	432	434
邵阳市	722	366	356	749	412	337	744	407	337
岳阳市	912	510	402	894	508	386	838	452	386
常德市	526	277	249	548	304	244	516	271	245
张家界市	241	116	125	281	137	144	243	129	114
益阳市	388	190	198	382	197	185	368	187	181
郴州市	554	298	256	630	343	287	565	315	250
永州市	319	183	136	360	202	158	310	162	148
怀化市	489	243	246	535	292	243	464	230	234
娄底市	555	295	260	613	322	291	539	283	256
湘西州	238	118	120	231	136	95	209	107	102

1-10a 续表 3

单位：人

地 区	2020年5月			2020年6月			2020年7月		
	小计	男	女	小计	男	女	小计	男	女
全 省	**10881**	**5834**	**5047**	**11179**	**6002**	**5177**	**11380**	**6127**	**5253**
长沙市	4139	2217	1922	4234	2267	1967	4259	2260	1999
株洲市	893	455	438	888	496	392	959	488	471
湘潭市	435	236	199	423	246	177	449	241	208
衡阳市	859	457	402	855	462	393	917	510	407
邵阳市	643	339	304	653	353	300	665	363	302
岳阳市	822	477	345	832	446	386	849	450	399
常德市	465	256	209	507	243	264	482	248	234
张家界市	235	121	114	259	139	120	266	152	114
益阳市	368	204	164	366	178	188	373	208	165
郴州市	560	300	260	563	312	251	599	347	252
永州市	310	175	135	360	191	169	330	180	150
怀化市	445	229	216	491	268	223	469	251	218
娄底市	519	269	250	545	289	256	540	315	225
湘西州	188	99	89	203	112	91	223	114	109

1-10a 续表 4

单位：人

地 区	2020年8月			2020年9月			2020年10月		
	小计	男	女	小计	男	女	小计	男	女
全 省	**11728**	**6199**	**5529**	**9561**	**5019**	**4542**	**8193**	**4381**	**3812**
长沙市	4333	2228	2105	3508	1822	1686	3051	1652	1399
株洲市	1018	522	496	848	422	426	811	415	396
湘潭市	482	258	224	389	189	200	311	181	130
衡阳市	842	437	405	726	391	335	595	291	304
邵阳市	720	396	324	579	306	273	421	225	196
岳阳市	928	535	393	755	414	341	604	319	285
常德市	507	278	229	405	236	169	389	202	187
张家界市	275	151	124	229	135	94	146	81	65
益阳市	396	190	206	319	171	148	247	125	122
郴州市	625	347	278	503	273	230	417	217	200
永州市	352	188	164	271	142	129	325	184	141
怀化市	460	249	211	420	204	216	334	181	153
娄底市	562	308	254	442	230	212	439	249	190
湘西州	228	112	116	167	84	83	103	59	44

1-10b　各地区分性别、月份的出生人口
（2019.11.1-2020.10.31）（镇）

单位：人

地　区	出生人口			2019年11月		
	合计	男	女	小计	男	女
全　省	**162166**	**86558**	**75608**	**17151**	**9078**	**8073**
长沙市	15016	7917	7099	1571	850	721
株洲市	8402	4349	4053	866	458	408
湘潭市	5332	2738	2594	559	278	281
衡阳市	14585	7853	6732	1579	849	730
邵阳市	19980	10644	9336	2089	1103	986
岳阳市	14947	8097	6850	1513	787	726
常德市	13402	7032	6370	1459	759	700
张家界市	3307	1729	1578	352	186	166
益阳市	9868	5225	4643	1069	582	487
郴州市	13645	7515	6130	1399	739	660
永州市	15731	8666	7065	1717	923	794
怀化市	12548	6625	5923	1309	702	607
娄底市	6813	3588	3225	750	384	366
湘西州	8590	4580	4010	919	478	441

1-10b　续表 1

单位：人

地　区	2019年12月			2020年1月		
	小计	男	女	小计	男	女
全　省	**15862**	**8501**	**7361**	**14881**	**7907**	**6974**
长沙市	1487	798	689	1380	747	633
株洲市	809	417	392	710	378	332
湘潭市	513	283	230	490	254	236
衡阳市	1481	765	716	1344	702	642
邵阳市	1973	1063	910	1869	969	900
岳阳市	1412	753	659	1308	685	623
常德市	1351	702	649	1249	657	592
张家界市	303	175	128	307	159	148
益阳市	929	506	423	849	434	415
郴州市	1388	756	632	1259	726	533
永州市	1537	853	684	1442	770	672
怀化市	1168	614	554	1121	604	517
娄底市	639	351	288	626	323	303
湘西州	872	465	407	927	499	428

1-10b 续表 2

单位：人

地区	2020年2月			2020年3月			2020年4月		
	小计	男	女	小计	男	女	小计	男	女
全省	**13392**	**7067**	**6325**	**13731**	**7317**	**6414**	**13082**	**7043**	**6039**
长沙市	1330	681	649	1355	708	647	1240	672	568
株洲市	652	324	328	717	355	362	667	339	328
湘潭市	455	233	222	450	233	217	464	225	239
衡阳市	1189	646	543	1227	681	546	1110	593	517
邵阳市	1544	814	730	1688	895	793	1550	843	707
岳阳市	1238	668	570	1226	648	578	1155	637	518
常德市	1076	544	532	1144	609	535	1112	601	511
张家界市	280	143	137	270	132	138	287	149	138
益阳市	798	426	372	836	426	410	815	437	378
郴州市	1160	624	536	1139	620	519	1097	616	481
永州市	1334	728	606	1252	691	561	1256	715	541
怀化市	1005	516	489	1082	578	504	1023	529	494
娄底市	569	302	267	588	325	263	559	299	260
湘西州	762	418	344	757	416	341	747	388	359

1-10b 续表 3

单位：人

地区	2020年5月			2020年6月			2020年7月		
	小计	男	女	小计	男	女	小计	男	女
全省	**12488**	**6631**	**5857**	**12915**	**6900**	**6015**	**13068**	**6945**	**6123**
长沙市	1149	589	560	1190	604	586	1255	676	579
株洲市	654	318	336	649	347	302	673	363	310
湘潭市	404	202	202	398	202	196	440	219	221
衡阳市	1178	622	556	1153	624	529	1183	631	552
邵阳市	1517	814	703	1616	867	749	1594	852	742
岳阳市	1184	639	545	1187	662	525	1194	663	531
常德市	1048	574	474	1034	535	499	1082	593	489
张家界市	252	137	115	268	138	130	282	126	156
益阳市	772	410	362	770	401	369	854	465	389
郴州市	990	545	445	1096	597	499	1077	587	490
永州市	1240	683	557	1283	709	574	1212	637	575
怀化市	948	488	460	1062	569	493	998	499	499
娄底市	512	266	246	541	295	246	540	268	272
湘西州	640	344	296	668	350	318	684	366	318

1-10b　续表 4

单位：人

地　区	2020年8月			2020年9月			2020年10月		
	小计	男	女	小计	男	女	小计	男	女
全　省	**13343**	**7080**	**6263**	**11254**	**6077**	**5177**	**10999**	**6012**	**4987**
长沙市	1231	632	599	1023	547	476	805	413	392
株洲市	697	359	338	638	335	303	670	356	314
湘潭市	423	219	204	380	207	173	356	183	173
衡阳市	1154	653	501	962	516	446	1025	571	454
邵阳市	1631	841	790	1445	770	675	1464	813	651
岳阳市	1247	679	568	1012	519	493	1271	757	514
常德市	1151	585	566	937	485	452	759	388	371
张家界市	245	129	116	235	133	102	226	122	104
益阳市	799	397	402	703	387	316	674	354	320
郴州市	1153	628	525	1023	604	419	864	473	391
永州市	1307	734	573	1104	625	479	1047	598	449
怀化市	1075	584	491	862	460	402	895	482	413
娄底市	543	273	270	431	229	202	515	273	242
湘西州	687	367	320	499	260	239	428	229	199

1-10c　各地区分性别、月份的出生人口
(2019.11.1-2020.10.31)(乡村)

单位：人

地　区	出生人口			2019年11月		
	合计	男	女	小计	男	女
全　省	**263454**	**140635**	**122819**	**26109**	**13742**	**12367**
长沙市	15271	8035	7236	1407	726	681
株洲市	10255	5353	4902	1029	558	471
湘潭市	8483	4445	4038	858	441	417
衡阳市	29992	16026	13966	3203	1676	1527
邵阳市	30371	16336	14035	3134	1663	1471
岳阳市	21635	11696	9939	1990	1088	902
常德市	17372	9187	8185	1700	911	789
张家界市	6185	3172	3013	581	291	290
益阳市	17050	8888	8162	1634	824	810
郴州市	19930	10828	9102	1931	1070	861
永州市	27994	15199	12795	2905	1529	1376
怀化市	22469	11957	10512	2150	1130	1020
娄底市	23442	12597	10845	2274	1177	1097
湘西州	13005	6916	6089	1313	658	655

1-10c 续表 1

单位：人

地 区	2019年12月			2020年1月		
	小计	男	女	小计	男	女
全 省	**23752**	**12635**	**11117**	**23033**	**12288**	**10745**
长沙市	1340	704	636	1339	721	618
株洲市	905	471	434	855	449	406
湘潭市	749	380	369	747	379	368
衡阳市	2904	1513	1391	2773	1476	1297
邵阳市	2827	1531	1296	2684	1400	1284
岳阳市	1845	973	872	1841	973	868
常德市	1581	837	744	1555	834	721
张家界市	534	283	251	539	289	250
益阳市	1431	752	679	1408	709	699
郴州市	1697	915	782	1706	914	792
永州市	2603	1417	1186	2407	1334	1073
怀化市	2011	1075	936	2069	1127	942
娄底市	2128	1142	986	1916	1043	873
湘西州	1197	642	555	1194	640	554

1-10c 续表 2

单位：人

地 区	2020年2月			2020年3月			2020年4月		
	小计	男	女	小计	男	女	小计	男	女
全 省	**20793**	**11225**	**9568**	**21901**	**11652**	**10249**	**20994**	**11370**	**9624**
长沙市	1177	628	549	1271	658	613	1235	644	591
株洲市	804	445	359	860	452	408	816	440	376
湘潭市	642	340	302	731	374	357	657	349	308
衡阳市	2412	1333	1079	2509	1315	1194	2288	1252	1036
邵阳市	2377	1306	1071	2571	1367	1204	2422	1298	1124
岳阳市	1729	908	821	1748	939	809	1723	935	788
常德市	1376	738	638	1477	807	670	1404	749	655
张家界市	494	254	240	548	289	259	495	258	237
益阳市	1332	728	604	1446	764	682	1433	774	659
郴州市	1530	819	711	1612	855	757	1596	884	712
永州市	2127	1150	977	2261	1246	1015	2235	1210	1025
怀化市	1809	972	837	1866	936	930	1843	1007	836
娄底市	1923	1042	881	1901	1019	882	1848	1030	818
湘西州	1061	562	499	1100	631	469	999	540	459

1-10c　续表 3　　单位：人

地　区	2020年5月			2020年6月			2020年7月		
	小计	男	女	小计	男	女	小计	男	女
全　省	**20094**	**10822**	**9272**	**21081**	**11188**	**9893**	**21042**	**11165**	**9877**
长沙市	1184	669	515	1275	666	609	1276	658	618
株洲市	802	415	387	857	419	438	803	381	422
湘潭市	648	348	300	689	368	321	715	387	328
衡阳市	2260	1193	1067	2374	1262	1112	2367	1252	1115
邵阳市	2364	1292	1072	2357	1272	1085	2354	1268	1086
岳阳市	1617	897	720	1727	934	793	1735	963	772
常德市	1344	694	650	1398	715	683	1460	749	711
张家界市	449	241	208	488	263	225	479	246	233
益阳市	1320	679	641	1384	727	657	1421	759	662
郴州市	1484	808	676	1622	894	728	1544	831	713
永州市	2235	1207	1028	2238	1217	1021	2257	1205	1052
怀化市	1649	886	763	1705	906	799	1719	885	834
娄底市	1739	943	796	1925	1009	916	1836	1002	834
湘西州	999	550	449	1042	536	506	1076	579	497

1-10c　续表 4　　单位：人

地　区	2020年8月			2020年9月			2020年10月		
	小计	男	女	小计	男	女	小计	男	女
全　省	**22192**	**11823**	**10369**	**20084**	**10756**	**9328**	**22379**	**11969**	**10410**
长沙市	1409	728	681	1213	637	576	1145	596	549
株洲市	861	462	399	767	402	365	896	459	437
湘潭市	730	384	346	619	322	297	698	373	325
衡阳市	2377	1301	1076	2135	1142	993	2390	1311	1079
邵阳市	2509	1354	1155	2258	1238	1020	2514	1347	1167
岳阳市	1891	1011	880	1738	944	794	2051	1131	920
常德市	1505	762	743	1318	728	590	1254	663	591
张家界市	518	248	270	506	254	252	554	256	298
益阳市	1403	729	674	1306	669	637	1532	774	758
郴州市	1725	918	807	1651	895	756	1832	1025	807
永州市	2306	1282	1024	2045	1116	929	2375	1286	1089
怀化市	1845	1001	844	1740	945	795	2063	1087	976
娄底市	1999	1067	932	1802	942	860	2151	1181	970
湘西州	1114	576	538	986	522	464	924	480	444

1-11 各地区分性别、月份的死亡人口
（2019.11.1-2020.10.31）

单位：人

地 区	死亡人口			2019年11月		
	合计	男	女	小计	男	女
全 省	**493692**	**286574**	**207118**	**42201**	**24522**	**17679**
长沙市	58797	34963	23834	5537	3323	2214
株洲市	25543	15079	10464	2145	1282	863
湘潭市	23166	13630	9536	1928	1145	783
衡阳市	44663	26292	18371	3656	2150	1506
邵阳市	56612	32743	23869	5027	2888	2139
岳阳市	36394	21205	15189	3026	1755	1271
常德市	42207	23928	18279	3551	1990	1561
张家界市	11116	6351	4765	848	499	349
益阳市	34942	20244	14698	2936	1773	1163
郴州市	34825	20235	14590	3099	1815	1284
永州市	42032	24249	17783	3618	2058	1560
怀化市	34483	19622	14861	2767	1542	1225
娄底市	28148	16258	11890	2241	1285	956
湘西州	20764	11775	8989	1822	1017	805

1-11 续表 1

单位：人

地 区	2019年12月			2020年1月		
	小计	男	女	小计	男	女
全 省	**45978**	**26301**	**19677**	**40354**	**23396**	**16958**
长沙市	5721	3378	2343	5426	3228	2198
株洲市	2212	1310	902	2214	1304	910
湘潭市	2065	1230	835	1992	1185	807
衡阳市	3948	2252	1696	3074	1791	1283
邵阳市	6039	3438	2601	4521	2620	1901
岳阳市	3257	1889	1368	3111	1788	1323
常德市	3588	1977	1611	3283	1860	1423
张家界市	965	545	420	1027	597	430
益阳市	3025	1728	1297	2932	1677	1255
郴州市	3317	1878	1439	2882	1656	1226
永州市	4269	2431	1838	2967	1745	1222
怀化市	3161	1753	1408	3045	1725	1320
娄底市	2619	1480	1139	1940	1148	792
湘西州	1792	1012	780	1940	1072	868

1-11 续表 2

单位：人

地 区	2020年2月			2020年3月			2020年4月		
	小计	男	女	小计	男	女	小计	男	女
全 省	**41052**	**23290**	**17762**	**41873**	**23903**	**17970**	**37719**	**22082**	**15637**
长沙市	4588	2635	1953	4558	2677	1881	4459	2668	1791
株洲市	2317	1335	982	2264	1316	948	1989	1162	827
湘潭市	1915	1103	812	1945	1091	854	1842	1084	758
衡阳市	3860	2179	1681	4002	2349	1653	3582	2093	1489
邵阳市	4996	2827	2169	5060	2755	2305	4425	2594	1831
岳阳市	3074	1769	1305	3248	1829	1419	2765	1661	1104
常德市	3497	1885	1612	3459	1972	1487	3143	1796	1347
张家界市	880	457	423	887	497	390	836	472	364
益阳市	2866	1658	1208	2923	1666	1257	2638	1536	1102
郴州市	2788	1600	1188	2850	1622	1228	2680	1554	1126
永州市	3429	1997	1432	3638	2095	1543	3010	1768	1242
怀化市	2876	1608	1268	2828	1622	1206	2671	1529	1142
娄底市	2333	1311	1022	2443	1423	1020	2175	1262	913
湘西州	1633	926	707	1768	989	779	1504	903	601

1-11 续表 3

单位：人

地 区	2020年5月			2020年6月			2020年7月		
	小计	男	女	小计	男	女	小计	男	女
全 省	**42272**	**24407**	**17865**	**41587**	**24246**	**17341**	**35027**	**20729**	**14298**
长沙市	4618	2723	1895	6094	3605	2489	3869	2392	1477
株洲市	2030	1165	865	1970	1202	768	1844	1110	734
湘潭市	1947	1133	814	1964	1132	832	1582	976	606
衡阳市	4080	2468	1612	3889	2296	1593	3188	1946	1242
邵阳市	4713	2728	1985	4488	2632	1856	3699	2236	1463
岳阳市	3406	1931	1475	3087	1764	1323	2488	1477	1011
常德市	3798	2159	1639	3337	1892	1445	3297	1891	1406
张家界市	899	511	388	838	504	334	832	470	362
益阳市	2834	1581	1253	2584	1522	1062	2500	1432	1068
郴州市	3051	1802	1249	2765	1595	1170	2726	1564	1162
永州市	3672	2131	1541	4055	2322	1733	3112	1805	1307
怀化市	2822	1593	1229	2619	1503	1116	2406	1402	1004
娄底市	2409	1372	1037	2222	1303	919	2085	1228	857
湘西州	1993	1110	883	1675	974	701	1399	800	599

1-11 续表 4

单位：人

地 区	2020年8月			2020年9月			2020年10月		
	小计	男	女	小计	男	女	小计	男	女
全 省	**40033**	**23293**	**16740**	**39765**	**23548**	**16217**	**45831**	**26857**	**18974**
长沙市	4326	2583	1743	4356	2636	1720	5245	3115	2130
株洲市	1969	1170	799	2118	1285	833	2471	1438	1033
湘潭市	1833	1048	785	1905	1156	749	2248	1347	901
衡阳市	3678	2150	1528	3500	2098	1402	4206	2520	1686
邵阳市	4466	2631	1835	4225	2523	1702	4953	2871	2082
岳阳市	2821	1693	1128	2848	1750	1098	3263	1899	1364
常德市	3815	2188	1627	3417	1962	1455	4022	2356	1666
张家界市	896	524	372	1112	645	467	1096	630	466
益阳市	2963	1746	1217	3326	1919	1407	3415	2006	1409
郴州市	2834	1700	1134	2832	1685	1147	3001	1764	1237
永州市	3501	1989	1512	3147	1808	1339	3614	2100	1514
怀化市	2804	1567	1237	2870	1688	1182	3614	2090	1524
娄底市	2533	1433	1100	2374	1398	976	2774	1615	1159
湘西州	1594	871	723	1735	995	740	1909	1106	803

1-11a 各地区分性别、月份的死亡人口 (2019.11.1-2020.10.31)(城市)

单位：人

地 区	死亡人口			2019年11月		
	合计	男	女	小计	男	女
全 省	**90784**	**54635**	**36149**	**8100**	**4885**	**3215**
长沙市	27379	16470	10909	2723	1630	1093
株洲市	7606	4688	2918	717	461	256
湘潭市	6947	4145	2802	577	342	235
衡阳市	8230	4976	3254	675	404	271
邵阳市	8386	5087	3299	803	504	299
岳阳市	6040	3649	2391	464	273	191
常德市	5936	3462	2474	543	319	224
张家界市	1088	626	462	70	41	29
益阳市	4323	2527	1796	373	229	144
郴州市	4357	2623	1734	318	178	140
永州市	2196	1340	856	215	125	90
怀化市	3283	2004	1279	258	153	105
娄底市	3754	2276	1478	258	161	97
湘西州	1259	762	497	106	65	41

1-11a 续表 1

单位：人

地 区	2019年12月			2020年1月		
	小计	男	女	小计	男	女
全 省	**8807**	**5228**	**3579**	**7784**	**4687**	**3097**
长沙市	2913	1757	1156	2301	1365	936
株洲市	657	397	260	698	430	268
湘潭市	643	385	258	697	424	273
衡阳市	773	457	316	703	416	287
邵阳市	920	542	378	772	476	296
岳阳市	523	327	196	481	296	185
常德市	568	305	263	503	304	199
张家界市	93	53	40	83	46	37
益阳市	426	257	169	354	193	161
郴州市	424	245	179	376	228	148
永州市	205	113	92	165	110	55
怀化市	252	147	105	305	182	123
娄底市	299	184	115	259	159	100
湘西州	111	59	52	87	58	29

1-11a 续表 2

单位：人

地 区	2020年2月			2020年3月			2020年4月		
	小计	男	女	小计	男	女	小计	男	女
全 省	**6928**	**4121**	**2807**	**7199**	**4305**	**2894**	**6963**	**4248**	**2715**
长沙市	1910	1121	789	1925	1128	797	2010	1239	771
株洲市	623	371	252	686	405	281	546	326	220
湘潭市	521	301	220	517	305	212	534	313	221
衡阳市	663	394	269	727	443	284	718	445	273
邵阳市	723	453	270	680	379	301	652	412	240
岳阳市	522	311	211	529	302	227	455	286	169
常德市	449	266	183	512	306	206	458	273	185
张家界市	77	37	40	86	52	34	80	50	30
益阳市	324	193	131	335	203	132	319	184	135
郴州市	316	194	122	314	201	113	357	214	143
永州市	168	109	59	173	109	64	156	93	63
怀化市	257	154	103	279	187	92	257	151	106
娄底市	274	155	119	294	197	97	300	185	115
湘西州	101	62	39	142	88	54	121	77	44

1-11a 续表 3 单位：人

地 区	2020年5月			2020年6月			2020年7月		
	小计	男	女	小计	男	女	小计	男	女
全 省	**7438**	**4392**	**3046**	**8271**	**4999**	**3272**	**6263**	**3886**	**2377**
长沙市	2180	1296	884	3084	1865	1219	1730	1061	669
株洲市	572	354	218	621	400	221	557	350	207
湘潭市	517	301	216	553	314	239	471	304	167
衡阳市	738	461	277	694	418	276	612	369	243
邵阳市	679	389	290	662	406	256	560	359	201
岳阳市	521	302	219	572	345	227	444	267	177
常德市	548	319	229	442	259	183	444	261	183
张家界市	92	48	44	69	46	23	72	44	28
益阳市	363	199	164	273	160	113	274	173	101
郴州市	372	217	155	371	219	152	358	217	141
永州市	166	100	66	275	166	109	174	113	61
怀化市	321	188	133	299	179	120	205	136	69
娄底市	276	155	121	279	178	101	267	173	94
湘西州	93	63	30	77	44	33	95	59	36

1-11a 续表 4 单位：人

地 区	2020年8月			2020年9月			2020年10月		
	小计	男	女	小计	男	女	小计	男	女
全 省	**7349**	**4411**	**2938**	**7655**	**4671**	**2984**	**8027**	**4802**	**3225**
长沙市	1981	1204	777	2152	1296	856	2470	1508	962
株洲市	558	347	211	656	416	240	715	431	284
湘潭市	573	328	245	713	447	266	631	381	250
衡阳市	631	369	262	590	367	223	706	433	273
邵阳市	757	465	292	641	394	247	537	308	229
岳阳市	481	305	176	538	337	201	510	298	212
常德市	510	295	215	421	238	183	538	317	221
张家界市	111	63	48	129	77	52	126	69	57
益阳市	435	254	181	432	255	177	415	227	188
郴州市	370	236	134	400	254	146	381	220	161
永州市	132	85	47	170	107	63	197	110	87
怀化市	262	141	121	246	159	87	342	227	115
娄底市	438	254	184	450	263	187	360	212	148
湘西州	110	65	45	117	61	56	99	61	38

1-11b　各地区分性别、月份的死亡人口 (2019.11.1-2020.10.31)(镇)

单位：人

地　区	死亡人口			2019年11月		
	合计	男	女	小计	男	女
全　省	**137516**	**81067**	**56449**	**11600**	**6819**	**4781**
长沙市	12168	7299	4869	996	598	398
株洲市	7319	4316	3003	580	334	246
湘潭市	5068	3076	1992	461	297	164
衡阳市	9908	5978	3930	801	494	307
邵阳市	19278	11282	7996	1723	970	753
岳阳市	12508	7367	5141	1113	674	439
常德市	14242	8126	6116	1170	652	518
张家界市	2722	1557	1165	209	123	86
益阳市	10405	6198	4207	872	534	338
郴州市	10744	6398	4346	981	603	378
永州市	13045	7641	5404	992	576	416
怀化市	7782	4551	3231	625	342	283
娄底市	5090	3053	2037	413	245	168
湘西州	7237	4225	3012	664	377	287

1-11b　续表 1

单位：人

地　区	2019年12月			2020年1月		
	小计	男	女	小计	男	女
全　省	**13379**	**7800**	**5579**	**11580**	**6781**	**4799**
长沙市	1106	615	491	1233	771	462
株洲市	621	388	233	634	359	275
湘潭市	463	295	168	398	240	158
衡阳市	890	518	372	690	416	274
邵阳市	2108	1240	868	1658	953	705
岳阳市	1270	740	530	1027	589	438
常德市	1154	655	499	1147	651	496
张家界市	265	139	126	318	190	128
益阳市	856	501	355	838	474	364
郴州市	1101	643	458	912	521	391
永州市	1583	896	687	871	539	332
怀化市	746	431	315	670	390	280
娄底市	535	335	200	381	218	163
湘西州	681	404	277	803	470	333

1-11b 续表 2

单位：人

地区	2020年2月			2020年3月			2020年4月		
	小计	男	女	小计	男	女	小计	男	女
全省	**11240**	**6540**	**4700**	**11737**	**6828**	**4909**	**10429**	**6262**	**4167**
长沙市	1074	630	444	1071	652	419	1004	599	405
株洲市	658	386	272	652	392	260	593	353	240
湘潭市	410	237	173	409	225	184	435	271	164
衡阳市	828	477	351	900	536	364	788	492	296
邵阳市	1691	988	703	1668	934	734	1461	873	588
岳阳市	1027	598	429	1133	657	476	903	545	358
常德市	1187	643	544	1169	670	499	1037	603	434
张家界市	224	115	109	197	118	79	208	111	97
益阳市	815	495	320	797	455	342	756	456	300
郴州市	831	496	335	829	481	348	800	487	313
永州市	914	555	359	1165	678	487	895	548	347
怀化市	622	355	267	675	395	280	643	379	264
娄底市	392	230	162	473	294	179	390	236	154
湘西州	567	335	232	599	341	258	516	309	207

1-11b 续表 3

单位：人

地区	2020年5月			2020年6月			2020年7月		
	小计	男	女	小计	男	女	小计	男	女
全省	**11808**	**6948**	**4860**	**11253**	**6624**	**4629**	**10099**	**6044**	**4055**
长沙市	990	577	413	1095	644	451	830	534	296
株洲市	611	341	270	548	330	218	524	318	206
湘潭市	444	265	179	426	255	171	365	224	141
衡阳市	854	539	315	871	522	349	736	462	274
邵阳市	1711	1031	680	1460	838	622	1278	791	487
岳阳市	1236	704	532	1002	564	438	807	492	315
常德市	1256	724	532	1158	655	503	1097	628	469
张家界市	184	109	75	177	107	70	170	95	75
益阳市	809	454	355	786	481	305	753	437	316
郴州市	938	564	374	844	516	328	905	527	378
永州市	1109	672	437	1384	794	590	1020	582	438
怀化市	579	332	247	570	349	221	599	358	241
娄底市	394	248	146	367	230	137	536	308	228
湘西州	693	388	305	565	339	226	479	288	191

1-11b　续表 4

单位：人

地　区	2020年8月			2020年9月			2020年10月		
	小计	男	女	小计	男	女	小计	男	女
全　省	**11509**	**6753**	**4756**	**10888**	**6455**	**4433**	**11994**	**7213**	**4781**
长沙市	890	526	364	801	499	302	1078	654	424
株洲市	600	350	250	559	334	225	739	431	308
湘潭市	386	226	160	412	251	161	459	290	169
衡阳市	837	497	340	829	480	349	884	545	339
邵阳市	1513	923	590	1398	792	606	1609	949	660
岳阳市	945	554	391	978	611	367	1067	639	428
常德市	1337	763	574	1133	654	479	1397	828	569
张家界市	210	116	94	285	170	115	275	164	111
益阳市	958	596	362	1175	703	472	990	612	378
郴州市	913	554	359	858	494	364	832	512	320
永州市	1283	718	565	946	550	396	883	533	350
怀化市	650	381	269	578	344	234	825	495	330
娄底市	464	262	202	390	242	148	355	205	150
湘西州	523	287	236	546	331	215	601	356	245

1-11c　各地区分性别、月份的死亡人口（2019.11.1-2020.10.31）（乡村）

单位：人

地　区	死亡人口			2019年11月		
	合计	男	女	小计	男	女
全　省	**265392**	**150872**	**114520**	**22501**	**12818**	**9683**
长沙市	19250	11194	8056	1818	1095	723
株洲市	10618	6075	4543	848	487	361
湘潭市	11151	6409	4742	890	506	384
衡阳市	26525	15338	11187	2180	1252	928
邵阳市	28948	16374	12574	2501	1414	1087
岳阳市	17846	10189	7657	1449	808	641
常德市	22029	12340	9689	1838	1019	819
张家界市	7306	4168	3138	569	335	234
益阳市	20214	11519	8695	1691	1010	681
郴州市	19724	11214	8510	1800	1034	766
永州市	26791	15268	11523	2411	1357	1054
怀化市	23418	13067	10351	1884	1047	837
娄底市	19304	10929	8375	1570	879	691
湘西州	12268	6788	5480	1052	575	477

1-11c 续表 1 单位：人

地 区	2019年12月			2020年1月		
	小计	男	女	小计	男	女
全 省	**23792**	**13273**	**10519**	**20990**	**11928**	**9062**
长沙市	1702	1006	696	1892	1092	800
株洲市	934	525	409	882	515	367
湘潭市	959	550	409	897	521	376
衡阳市	2285	1277	1008	1681	959	722
邵阳市	3011	1656	1355	2091	1191	900
岳阳市	1464	822	642	1603	903	700
常德市	1866	1017	849	1633	905	728
张家界市	607	353	254	626	361	265
益阳市	1743	970	773	1740	1010	730
郴州市	1792	990	802	1594	907	687
永州市	2481	1422	1059	1931	1096	835
怀化市	2163	1175	988	2070	1153	917
娄底市	1785	961	824	1300	771	529
湘西州	1000	549	451	1050	544	506

1-11c 续表 2 单位：人

地 区	2020年2月			2020年3月			2020年4月		
	小计	男	女	小计	男	女	小计	男	女
全 省	**22884**	**12629**	**10255**	**22937**	**12770**	**10167**	**20327**	**11572**	**8755**
长沙市	1604	884	720	1562	897	665	1445	830	615
株洲市	1036	578	458	926	519	407	850	483	367
湘潭市	984	565	419	1019	561	458	873	500	373
衡阳市	2369	1308	1061	2375	1370	1005	2076	1156	920
邵阳市	2582	1386	1196	2712	1442	1270	2312	1309	1003
岳阳市	1525	860	665	1586	870	716	1407	830	577
常德市	1861	976	885	1778	996	782	1648	920	728
张家界市	579	305	274	604	327	277	548	311	237
益阳市	1727	970	757	1791	1008	783	1563	896	667
郴州市	1641	910	731	1707	940	767	1523	853	670
永州市	2347	1333	1014	2300	1308	992	1959	1127	832
怀化市	1997	1099	898	1874	1040	834	1771	999	772
娄底市	1667	926	741	1676	932	744	1485	841	644
湘西州	965	529	436	1027	560	467	867	517	350

1-11c　续表 3　　　单位：人

地　区	2020年5月			2020年6月			2020年7月		
	小计	男	女	小计	男	女	小计	男	女
全　省	**23026**	**13067**	**9959**	**22063**	**12623**	**9440**	**18665**	**10799**	**7866**
长沙市	1448	850	598	1915	1096	819	1309	797	512
株洲市	847	470	377	801	472	329	763	442	321
湘潭市	986	567	419	985	563	422	746	448	298
衡阳市	2488	1468	1020	2324	1356	968	1840	1115	725
邵阳市	2323	1308	1015	2366	1388	978	1861	1086	775
岳阳市	1649	925	724	1513	855	658	1237	718	519
常德市	1994	1116	878	1737	978	759	1756	1002	754
张家界市	623	354	269	592	351	241	590	331	259
益阳市	1662	928	734	1525	881	644	1473	822	651
郴州市	1741	1021	720	1550	860	690	1463	820	643
永州市	2397	1359	1038	2396	1362	1034	1918	1110	808
怀化市	1922	1073	849	1750	975	775	1602	908	694
娄底市	1739	969	770	1576	895	681	1282	747	535
湘西州	1207	659	548	1033	591	442	825	453	372

1-11c　续表 4　　　单位：人

地　区	2020年8月			2020年9月			2020年10月		
	小计	男	女	小计	男	女	小计	男	女
全　省	**21175**	**12129**	**9046**	**21222**	**12422**	**8800**	**25810**	**14842**	**10968**
长沙市	1455	853	602	1403	841	562	1697	953	744
株洲市	811	473	338	903	535	368	1017	576	441
湘潭市	874	494	380	780	458	322	1158	676	482
衡阳市	2210	1284	926	2081	1251	830	2616	1542	1074
邵阳市	2196	1243	953	2186	1337	849	2807	1614	1193
岳阳市	1395	834	561	1332	802	530	1686	962	724
常德市	1968	1130	838	1863	1070	793	2087	1211	876
张家界市	575	345	230	698	398	300	695	397	298
益阳市	1570	896	674	1719	961	758	2010	1167	843
郴州市	1551	910	641	1574	937	637	1788	1032	756
永州市	2086	1186	900	2031	1151	880	2534	1457	1077
怀化市	1892	1045	847	2046	1185	861	2447	1368	1079
娄底市	1631	917	714	1534	893	641	2059	1198	861
湘西州	961	519	442	1072	603	469	1209	689	520

1-12 各地区家庭户的住房间数和面积

地　区	家庭户 户　数 （户）	家庭户 人　数 （人）	平均每户住 房建筑面积 （平方米/户）	平均每户 住房间数 （间/户）	人均住房 建筑面积 （平方米/人）	人　　均 住房间数 （间/人）
全　省	**21561143**	**58609484**	**129.18**	**3.82**	**47.52**	**1.40**
长沙市	3002161	7964118	114.46	3.28	43.15	1.24
株洲市	1235472	3484114	153.60	4.34	54.47	1.54
湘潭市	893494	2322482	122.46	3.69	47.11	1.42
衡阳市	2145485	5864180	131.28	3.82	48.03	1.40
邵阳市	2195033	6073275	145.03	4.26	52.42	1.54
岳阳市	1619961	4511947	127.93	3.73	45.93	1.34
常德市	1795558	4776144	132.49	3.49	49.81	1.31
张家界市	505612	1367538	134.26	4.15	49.64	1.53
益阳市	1327912	3447411	120.67	3.52	46.48	1.35
郴州市	1551700	4172876	117.84	3.72	43.82	1.38
永州市	1700517	4821694	138.36	4.33	48.80	1.53
怀化市	1564964	4181254	118.26	3.66	44.26	1.37
娄底市	1276607	3425581	136.22	4.20	50.77	1.57
湘西州	746667	2196870	123.40	3.93	41.94	1.34

注：本表数据为居住在普通住宅的家庭户。

1-12a 各地区家庭户的住房间数和面积（城市）

地　区	家庭户 户　数 （户）	家庭户 人　数 （人）	平均每户住 房建筑面积 （平方米/户）	平均每户 住房间数 （间/户）	人均住房 建筑面积 （平方米/人）	人　　均 住房间数 （间/人）
全　省	**5876676**	**15497256**	**110.15**	**2.99**	**41.77**	**1.14**
长沙市	1922001	4905516	102.79	2.80	40.28	1.10
株洲市	533607	1445922	115.34	3.12	42.57	1.15
湘潭市	316575	809554	107.91	2.91	42.20	1.14
衡阳市	532571	1451700	111.38	3.05	40.86	1.12
邵阳市	389900	1033994	110.84	3.01	41.80	1.14
岳阳市	441667	1210941	124.02	3.37	45.23	1.23
常德市	332888	855505	123.27	3.18	47.97	1.24
张家界市	99272	285333	130.20	3.50	45.30	1.22
益阳市	230703	570483	111.64	2.85	45.15	1.15
郴州市	305626	824953	99.77	2.91	36.96	1.08
永州市	182199	481642	116.81	3.14	44.19	1.19
怀化市	215022	591510	111.18	2.98	40.41	1.08
娄底市	285097	791538	109.53	3.12	39.45	1.12
湘西州	89548	238665	112.61	3.11	42.25	1.17

注：本表数据为居住在普通住宅的家庭户。

1-12b　各地区家庭户的住房间数和面积(镇)

地　区	家庭户 户　数 (户)	家庭户 人　数 (人)	平均每户住 房建筑面积 (平方米/户)	平均每户 住房间数 (间/户)	人均住房 建筑面积 (平方米/人)	人　　均 住房间数 (间/人)
全　省	**6082107**	**16998717**	**132.44**	**3.77**	**47.39**	**1.35**
长沙市	523089	1470904	125.23	3.68	44.54	1.31
株洲市	322370	956624	179.78	4.87	60.58	1.64
湘潭市	219006	580730	124.23	3.59	46.85	1.35
衡阳市	557643	1533226	131.69	3.72	47.90	1.35
邵阳市	694611	1991646	148.14	4.17	51.67	1.45
岳阳市	512566	1417723	124.08	3.58	44.86	1.29
常德市	646428	1702233	135.48	3.40	51.45	1.29
张家界市	139917	383069	134.12	4.12	48.99	1.50
益阳市	414521	1060191	120.00	3.37	46.92	1.32
郴州市	516979	1476873	118.65	3.53	41.53	1.24
永州市	549327	1654366	142.78	4.17	47.41	1.38
怀化市	475201	1279144	114.90	3.38	42.69	1.25
娄底市	240955	678391	124.65	3.81	44.27	1.35
湘西州	269494	813597	127.76	3.89	42.32	1.29

注：本表数据为居住在普通住宅的家庭户。

1-12c　各地区家庭户的住房间数和面积(乡村)

地　区	家庭户 户　数 (户)	家庭户 人　数 (人)	平均每户住 房建筑面积 (平方米/户)	平均每户 住房间数 (间/户)	人均住房 建筑面积 (平方米/人)	人　　均 住房间数 (间/人)
全　省	**9602360**	**26113511**	**138.77**	**4.35**	**51.03**	**1.60**
长沙市	557071	1587698	144.57	4.55	50.72	1.59
株洲市	379495	1081568	185.16	5.61	64.97	1.97
湘潭市	357913	932198	134.25	4.45	51.54	1.71
衡阳市	1055271	2879254	141.10	4.26	51.71	1.56
邵阳市	1110522	3047635	155.09	4.75	56.51	1.73
岳阳市	665728	1883283	133.49	4.09	47.19	1.45
常德市	816242	2218406	133.89	3.68	49.26	1.36
张家界市	266423	699136	135.85	4.40	51.77	1.68
益阳市	682688	1816737	124.12	3.83	46.64	1.44
郴州市	729095	1871050	124.84	4.19	48.65	1.63
永州市	968991	2685686	139.91	4.65	50.48	1.68
怀化市	874741	2310600	121.83	3.97	46.12	1.50
娄底市	750555	1955652	150.08	4.74	57.60	1.82
湘西州	387625	1144608	122.86	4.14	41.61	1.40

注：本表数据为居住在普通住宅的家庭户。

第一部分　全部数据资料

第二卷　民族

2-1 全省各民族人口及比重

单位：人、%

民 族	人口数	男	女	各民族人口占总人口的比重
总 计	**66444864**	**33995673**	**32449191**	**100.00**
汉 族	59759648	30546249	29213399	89.94
蒙古族	5622	2899	2723	0.01
回 族	82786	44017	38769	0.12
藏 族	6228	2799	3429	0.01
维吾尔族	11076	5994	5082	0.02
苗 族	2027034	1043884	983150	3.05
彝 族	9797	4464	5333	0.01
壮 族	45495	18373	27122	0.07
布依族	9578	3661	5917	0.01
朝鲜族	2362	1268	1094	
满 族	9449	4858	4591	0.01
侗 族	865518	453795	411723	1.30
瑶 族	749872	395470	354402	1.13
白 族	118638	60559	58079	0.18
土家族	2713005	1394700	1318305	4.08
哈尼族	1848	513	1335	
哈萨克族	360	158	202	
傣 族	1542	460	1082	
黎 族	3169	1153	2016	
傈僳族	509	170	339	
佤 族	845	255	590	
畲 族	3800	2150	1650	0.01
高山族	87	45	42	
拉祜族	678	115	563	
水 族	1318	567	751	
东乡族	1350	889	461	
纳西族	182	68	114	
景颇族	283	55	228	
柯尔克孜族	51	19	32	
土 族	4212	2131	2081	0.01
达斡尔族	99	49	50	
仫佬族	1369	648	721	
羌 族	274	150	124	
布朗族	234	43	191	
撒拉族	205	125	80	
毛南族	349	134	215	
仡佬族	2531	1257	1274	
锡伯族	171	86	85	
阿昌族	63	24	39	
普米族	18	9	9	
塔吉克族	7	5	2	
怒 族	25	5	20	
乌孜别克族	7	3	4	
俄罗斯族	27	12	15	
鄂温克族	28	11	17	
德昂族	30	10	20	
保安族	68	39	29	
裕固族	23	13	10	
京 族	49	15	34	
塔塔尔族	13	10	3	
独龙族	20	12	8	
鄂伦春族	12	4	8	
赫哲族	8	5	3	
门巴族	25	15	10	
珞巴族	8	3	5	
基诺族	29	8	21	
未定族称人口	2523	1165	1358	
入 籍	307	75	232	

2-1a 全省各民族人口及比重(城市)

单位：人、%

民 族	人口数	男	女	各民族人口占总人口的比重
总 计	**18916669**	**9472504**	**9444165**	**100.00**
汉 族	18027234	9037596	8989638	95.30
蒙古族	3912	1989	1923	0.02
回 族	27295	13625	13670	0.14
藏 族	3674	1668	2006	0.02
维吾尔族	4743	2555	2188	0.03
苗 族	215614	105108	110506	1.14
彝 族	4076	2072	2004	0.02
壮 族	13168	5845	7323	0.07
布依族	3672	1628	2044	0.02
朝鲜族	1872	1021	851	0.01
满 族	7025	3563	3462	0.04
侗 族	56557	27738	28819	0.30
瑶 族	38736	19028	19708	0.20
白 族	14653	7000	7653	0.08
土家族	484506	237367	247139	2.56
哈尼族	610	219	391	
哈萨克族	300	132	168	
傣 族	538	197	341	
黎 族	1290	486	804	0.01
傈僳族	175	75	100	
佤 族	226	102	124	
畲 族	818	443	375	
高山族	23	12	11	
拉祜族	159	33	126	
水 族	483	256	227	
东乡族	533	323	210	
纳西族	126	53	73	
景颇族	73	26	47	
柯尔克孜族	45	18	27	
土 族	1102	559	543	0.01
达斡尔族	76	38	38	
仫佬族	487	238	249	
羌 族	171	99	72	
布朗族	38	8	30	
撒拉族	106	56	50	
毛南族	171	79	92	
仡佬族	1145	621	524	0.01
锡伯族	139	69	70	
阿昌族	25	11	14	
普米族	13	7	6	
塔吉克族	5	3	2	
怒 族	7	2	5	
乌孜别克族	5	1	4	
俄罗斯族	20	10	10	
鄂温克族	22	9	13	
德昂族	6	1	5	
保安族	28	12	16	
裕固族	18	9	9	
京 族	17	10	7	
塔塔尔族	7	6	1	
独龙族	6	2	4	
鄂伦春族	7	3	4	
赫哲族	4	2	2	
门巴族	16	8	8	
珞巴族	7	2	5	
基诺族	9	4	5	
未定族称人口	834	440	394	
入 籍	42	17	25	

2-1b　全省各民族人口及比重(镇)

单位：人、%

民　族	人口数	男	女	各民族人口占总人口的比重
总　计	**20129507**	**10242115**	**9887392**	**100.00**
汉　族	17872914	9109856	8763058	88.79
蒙古族	1050	575	475	0.01
回　族	22855	12305	10550	0.11
藏　族	1076	524	552	0.01
维吾尔族	3430	1774	1656	0.02
苗　族	725456	362694	362762	3.60
彝　族	2878	1350	1528	0.01
壮　族	13560	5377	8183	0.07
布依族	2734	1077	1657	0.01
朝鲜族	293	150	143	
满　族	1719	937	782	0.01
侗　族	331559	167934	163625	1.65
瑶　族	190835	97114	93721	0.95
白　族	38330	18850	19480	0.19
土家族	911906	457539	454367	4.53
哈尼族	539	170	369	
哈萨克族	30	13	17	
傣　族	496	167	329	
黎　族	917	335	582	
傈僳族	131	48	83	
佤　族	288	105	183	
畲　族	1274	673	601	0.01
高山族	46	25	21	
拉祜族	221	49	172	
水　族	385	157	228	
东乡族	683	491	192	
纳西族	28	11	17	
景颇族	82	17	65	
柯尔克孜族	2		2	
土　族	1739	844	895	0.01
达斡尔族	19	9	10	
仫佬族	291	118	173	
羌族	58	29	29	
布朗族	66	19	47	
撒拉族	83	59	24	
毛南族	85	29	56	
仡佬族	688	327	361	
锡伯族	23	14	9	
阿昌族	16	7	9	
普米族	2		2	
塔吉克族				
怒　族	6	1	5	
乌孜别克族	2	2		
俄罗斯族	6	2	4	
鄂温克族	5	2	3	
德昂族	14	7	7	
保安族	35	25	10	
裕固族	3	2	1	
京　族	8	2	6	
塔塔尔族	1	1		
独龙族	3	3		
鄂伦春族	3		3	
赫哲族	2	1	1	
门巴族	6	5	1	
珞巴族	1	1		
基诺族	10	3	7	
未定族称人口	549	262	287	
入　籍	66	24	42	

2-1c　全省各民族人口及比重(乡村)

单位：人、%

民　族	人口数	男	女	各民族人口占总人口的比重
总　计	**27398688**	**14281054**	**13117634**	**100.00**
汉　族	23859500	12398797	11460703	87.08
蒙古族	660	335	325	
回　族	32636	18087	14549	0.12
藏　族	1478	607	871	0.01
维吾尔族	2903	1665	1238	0.01
苗　族	1085964	576082	509882	3.96
彝　族	2843	1042	1801	0.01
壮　族	18767	7151	11616	0.07
布依族	3172	956	2216	0.01
朝鲜族	197	97	100	
满　族	705	358	347	
侗　族	477402	258123	219279	1.74
瑶　族	520301	279328	240973	1.90
白　族	65655	34709	30946	0.24
土家族	1316593	699794	616799	4.81
哈尼族	699	124	575	
哈萨克族	30	13	17	
傣　族	508	96	412	
黎　族	962	332	630	
傈僳族	203	47	156	
佤　族	331	48	283	
畲　族	1708	1034	674	0.01
高山族	18	8	10	
拉祜族	298	33	265	
水　族	450	154	296	
东乡族	134	75	59	
纳西族	28	4	24	
景颇族	128	12	116	
柯尔克孜族	4	1	3	
土　族	1371	728	643	0.01
达斡尔族	4	2	2	
仫佬族	591	292	299	
羌　族	45	22	23	
布朗族	130	16	114	
撒拉族	16	10	6	
毛南族	93	26	67	
仡佬族	698	309	389	
锡伯族	9	3	6	
阿昌族	22	6	16	
普米族	3	2	1	
塔吉克族	2	2		
怒　族	12	2	10	
乌孜别克族				
俄罗斯族	1		1	
鄂温克族	1		1	
德昂族	10	2	8	
保安族	5	2	3	
裕固族	2	2		
京　族	24	3	21	
塔塔尔族	5	3	2	
独龙族	11	7	4	
鄂伦春族	2	1	1	
赫哲族	2	2		
门巴族	3	2	1	
珞巴族				
基诺族	10	1	9	
未定族称人口	1140	463	677	
入　籍	199	34	165	

2-2　全省各民族分年龄、性别的人口

单位：人

年龄组	合　　计			汉　　族		
	合计	男	女	小计	男	女
总　计	**66444864**	**33995673**	**32449191**	**59759648**	**30546249**	**29213399**
0-4岁	3701088	1965736	1735352	3266905	1736149	1530756
5-9岁	4648890	2483847	2165043	4108732	2197077	1911655
10-14岁	4619544	2474466	2145078	4080165	2188150	1892015
15-19岁	3842701	2085474	1757227	3412228	1859130	1553098
20-24岁	3078557	1616275	1462282	2732863	1440631	1292232
25-29岁	3221455	1664755	1556700	2854425	1475941	1378484
30-34岁	5448110	2752660	2695450	4931956	2485557	2446399
35-39岁	4301609	2177206	2124403	3888436	1964057	1924379
40-44岁	3897897	1981518	1916379	3512929	1782015	1730914
45-49岁	5240218	2690595	2549623	4729175	2420892	2308283
50-54岁	6108513	3054992	3053521	5554973	2771326	2783647
55-59岁	5125001	2564334	2560667	4667633	2331442	2336191
60-64岁	3369214	1718897	1650317	3089025	1574913	1514112
65-69岁	3673078	1830422	1842656	3341177	1662224	1678953
70-74岁	2642339	1314119	1328220	2392467	1188048	1204419
75-79岁	1592623	776559	816064	1437995	701217	736778
80-84岁	1147496	526151	621345	1041485	477851	563634
85-89岁	565567	235241	330326	515368	214068	301300
90-94岁	182650	69995	112655	166639	64130	102509
95-99岁	34956	11572	23384	32048	10663	21385
100岁及以上	3358	859	2499	3024	768	2256

2-2　续表 1

单位：人

年龄组	蒙　古　族			回　　族			藏　　族		
	小计	男	女	小计	男	女	小计	男	女
总　计	**5622**	**2899**	**2723**	**82786**	**44017**	**38769**	**6228**	**2799**	**3429**
0-4岁	351	182	169	5608	2946	2662	108	52	56
5-9岁	365	201	164	6493	3336	3157	112	64	48
10-14岁	211	104	107	5787	3097	2690	106	53	53
15-19岁	649	327	322	5457	2894	2563	1976	888	1088
20-24岁	1257	611	646	6078	3275	2803	2735	1265	1470
25-29岁	479	266	213	5003	2748	2255	254	125	129
30-34岁	618	307	311	7024	3799	3225	223	63	160
35-39岁	491	251	240	4969	2736	2233	224	69	155
40-44岁	272	151	121	4464	2438	2026	137	53	84
45-49岁	232	136	96	5657	3082	2575	97	44	53
50-54岁	201	119	82	6315	3351	2964	94	49	45
55-59岁	169	88	81	5517	2950	2567	51	18	33
60-64岁	133	57	76	3622	1848	1774	27	12	15
65-69岁	84	49	35	4068	2111	1957	41	22	19
70-74岁	41	13	28	2898	1540	1358	21	10	11
75-79岁	37	16	21	1736	884	852	14	8	6
80-84岁	18	10	8	1271	629	642	6	3	3
85-89岁	7	4	3	606	256	350	1		1
90-94岁	6	6		186	85	101	1	1	
95-99岁	1	1		24	10	14			
100岁及以上				3	2	1			

2-2 续表 2

单位：人

年龄组	维吾尔族			苗族			彝族		
	小计	男	女	小计	男	女	小计	男	女
总 计	**11076**	**5994**	**5082**	**2027034**	**1043884**	**983150**	**9797**	**4464**	**5333**
0-4岁	591	306	285	135207	71275	63932	513	254	259
5-9岁	768	389	379	172033	91598	80435	507	264	243
10-14岁	399	193	206	169281	90220	79061	372	189	183
15-19岁	661	347	314	130150	68399	61751	916	453	463
20-24岁	3047	1422	1625	103896	52807	51089	2091	1030	1061
25-29岁	1160	656	504	117846	60667	57179	1200	517	683
30-34岁	1051	618	433	158451	82138	76313	1241	485	756
35-39岁	685	435	250	127933	66294	61639	989	350	639
40-44岁	469	289	180	116356	60317	56039	757	323	434
45-49岁	517	320	197	153563	81263	72300	533	240	293
50-54岁	456	275	181	162905	82271	80634	334	186	148
55-59岁	378	219	159	130234	65881	64353	147	72	75
60-64岁	215	126	89	80170	40849	39321	78	40	38
65-69岁	267	159	108	96462	48436	48026	38	18	20
70-74岁	185	108	77	73770	36846	36924	39	19	20
75-79岁	105	73	32	46169	22085	24084	21	11	10
80-84岁	77	41	36	31358	14133	17225	16	9	7
85-89岁	37	15	22	15171	6263	8908	3	3	
90-94岁	6	3	3	4998	1820	3178	1	1	
95-99岁	2		2	951	286	665	1		1
100岁及以上				130	36	94			

2-2 续表 3

单位：人

年龄组	壮族			布依族			朝鲜族		
	小计	男	女	小计	男	女	小计	男	女
总 计	**45495**	**18373**	**27122**	**9578**	**3661**	**5917**	**2362**	**1268**	**1094**
0-4岁	2983	1565	1418	589	288	301	185	109	76
5-9岁	4070	2081	1989	700	350	350	215	94	121
10-14岁	3490	1845	1645	506	275	231	177	98	79
15-19岁	3205	1446	1759	715	347	368	202	123	79
20-24岁	4715	1921	2794	1602	672	930	196	89	107
25-29岁	3783	1144	2639	1144	358	786	108	64	44
30-34岁	6056	1570	4486	1176	311	865	222	117	105
35-39岁	5714	1583	4131	1056	286	770	306	158	148
40-44岁	3406	1221	2185	841	264	577	222	131	91
45-49岁	2223	1070	1153	623	230	393	161	109	52
50-54岁	1647	874	773	353	153	200	92	52	40
55-59岁	1396	708	688	145	69	76	71	38	33
60-64岁	892	444	448	53	23	30	73	31	42
65-69岁	746	378	368	34	12	22	65	27	38
70-74岁	490	232	258	24	12	12	40	20	20
75-79岁	289	133	156	11	8	3	14	4	10
80-84岁	238	100	138	2		2	9	4	5
85-89岁	120	47	73	4	3	1	3		3
90-94岁	28	11	17				1		1
95-99岁	3		3						
100岁及以上	1		1						

2-2 续表 4

单位：人

年龄组	满族			侗族			瑶族		
	小计	男	女	小计	男	女	小计	男	女
总 计	**9449**	**4858**	**4591**	**865518**	**453795**	**411723**	**749872**	**395470**	**354402**
0-4岁	787	407	380	55619	29662	25957	53629	28713	24916
5-9岁	647	332	315	69259	37316	31943	74410	40314	34096
10-14岁	365	172	193	68087	36964	31123	77368	41650	35718
15-19岁	1038	485	553	54756	29862	24894	53201	28500	24701
20-24岁	1780	877	903	40382	21118	19264	31926	16850	15076
25-29岁	640	358	282	39684	21207	18477	36754	19751	17003
30-34岁	917	498	419	66232	35810	30422	54789	29055	25734
35-39岁	853	474	379	55038	29425	25613	49307	26629	22678
40-44岁	461	267	194	45456	24007	21449	41702	22501	19201
45-49岁	353	217	136	67399	35177	32222	51260	27603	23657
50-54岁	320	180	140	77800	39757	38043	56606	29803	26803
55-59岁	401	187	214	65602	33324	32278	47416	24201	23215
60-64岁	393	174	219	42078	22096	19982	35648	18349	17299
65-69岁	230	120	110	42825	22036	20789	33424	16779	16645
70-74岁	103	53	50	31825	16068	15757	21322	10808	10514
75-79岁	57	21	36	20275	9816	10459	14293	6861	7432
80-84岁	56	16	40	14584	6608	7976	10001	4454	5547
85-89岁	34	12	22	6562	2819	3743	4953	1988	2965
90-94岁	12	8	4	1751	619	1132	1537	571	966
95-99岁	2		2	279	93	186	289	80	209
100岁及以上				25	11	14	37	10	27

2-2 续表 5

单位：人

年龄组	白族			土家族			哈尼族		
	小计	男	女	小计	男	女	小计	男	女
总 计	**118638**	**60559**	**58079**	**2713005**	**1394700**	**1318305**	**1848**	**513**	**1335**
0-4岁	7053	3707	3346	168995	89082	79913	97	42	55
5-9岁	8398	4363	4035	200213	105103	95110	85	34	51
10-14岁	9145	4725	4420	202545	105945	96600	70	31	39
15-19岁	7444	3825	3619	167466	87233	80233	117	47	70
20-24岁	5621	2738	2883	136031	69003	67028	248	90	158
25-29岁	5127	2539	2588	151137	77324	73813	205	64	141
30-34岁	9307	4797	4510	205618	106342	99276	291	68	223
35-39岁	6795	3514	3281	156210	80075	76135	270	62	208
40-44岁	7974	4093	3881	160378	82696	77682	203	35	168
45-49岁	9399	5023	4376	217143	114330	102813	116	20	96
50-54岁	10161	5163	4998	234895	120783	114112	82	7	75
55-59岁	8608	4306	4302	196390	100399	95991	35	4	31
60-64岁	4632	2335	2297	111713	57354	54359	14	2	12
65-69岁	6659	3387	3272	146476	74415	72061	5	4	1
70-74岁	5190	2665	2525	113638	57521	56117	5		5
75-79岁	3233	1662	1571	68187	33649	34538	2	1	1
80-84岁	2266	1039	1227	45997	21192	24805	2	1	1
85-89岁	1113	493	620	21531	9240	12291	1	1	
90-94岁	424	157	267	7041	2573	4468			
95-99岁	83	26	57	1269	411	858			
100岁及以上	6	2	4	132	30	102			

2-2 续表 6 单位：人

年龄组	哈萨克族			傣族			黎族		
	小计	男	女	小计	男	女	小计	男	女
总计	**360**	**158**	**202**	**1542**	**460**	**1082**	**3169**	**1153**	**2016**
0-4岁	5	3	2	74	36	38	170	90	80
5-9岁	5	1	4	106	55	51	240	109	131
10-14岁	4	2	2	77	39	38	167	77	90
15-19岁	39	19	20	125	55	70	304	118	186
20-24岁	234	96	138	206	80	126	620	231	389
25-29岁	40	22	18	183	42	141	281	80	201
30-34岁	11	4	7	212	48	164	352	85	267
35-39岁	4	1	3	173	34	139	293	65	228
40-44岁	6	3	3	165	29	136	227	62	165
45-49岁	6	2	4	88	15	73	157	60	97
50-54岁	2	2		61	11	50	106	49	57
55-59岁	1	1		40	6	34	84	41	43
60-64岁				15	4	11	63	37	26
65-69岁				9	3	6	48	24	24
70-74岁	1	1		4	1	3	28	12	16
75-79岁				4	2	2	17	8	9
80-84岁	2	1	1				6	2	4
85-89岁							5	3	2
90-94岁							1		1
95-99岁									
100岁及以上									

2-2 续表 7 单位：人

年龄组	傈僳族			佤族			畲族		
	小计	男	女	小计	男	女	小计	男	女
总计	**509**	**170**	**339**	**845**	**255**	**590**	**3800**	**2150**	**1650**
0-4岁	37	17	20	28	15	13	298	163	135
5-9岁	28	12	16	40	18	22	375	181	194
10-14岁	22	13	9	26	8	18	337	176	161
15-19岁	81	35	46	38	15	23	330	163	167
20-24岁	91	29	62	106	36	70	273	134	139
25-29岁	42	12	30	122	30	92	191	95	96
30-34岁	66	13	53	123	42	81	360	195	165
35-39岁	56	14	42	117	24	93	252	132	120
40-44岁	25	5	20	71	20	51	244	145	99
45-49岁	31	11	20	55	10	45	309	205	104
50-54岁	10	3	7	51	12	39	264	180	84
55-59岁	9	2	7	27	6	21	182	130	52
60-64岁	3	1	2	9	2	7	129	95	34
65-69岁	3		3	13	8	5	106	57	49
70-74岁	3	2	1	9	5	4	54	34	20
75-79岁	2	1	1	7	3	4	43	32	11
80-84岁				3	1	2	31	18	13
85-89岁							17	10	7
90-94岁							4	4	
95-99岁							1	1	
100岁及以上									

2-2　续表 8　　单位：人

年龄组	高山族			拉祜族			水族		
	小计	男	女	小计	男	女	小计	男	女
总　计	**87**	**45**	**42**	**678**	**115**	**563**	**1318**	**567**	**751**
0-4岁	7	4	3	26	10	16	83	55	28
5-9岁	6	4	2	31	15	16	92	50	42
10-14岁	5	2	3	17	9	8	54	31	23
15-19岁	6	4	2	44	12	32	95	50	45
20-24岁	9	4	5	71	20	51	209	89	120
25-29岁	4	2	2	78	13	65	145	43	102
30-34岁	7	3	4	106	16	90	166	54	112
35-39岁	5	1	4	98	9	89	175	54	121
40-44岁	6	3	3	80	5	75	104	41	63
45-49岁	9	6	3	60	3	57	113	51	62
50-54岁	6	5	1	35	2	33	54	32	22
55-59岁	7	3	4	24		24	15	10	5
60-64岁	2	1	1	7	1	6	3	3	
65-69岁	3	2	1				4	2	2
70-74岁	2		2				4	1	3
75-79岁	1	1		1		1	2	1	1
80-84岁	1		1						
85-89岁									
90-94岁	1		1						
95-99岁									
100岁及以上									

2-2　续表 9　　单位：人

年龄组	东乡族			纳西族			景颇族		
	小计	男	女	小计	男	女	小计	男	女
总　计	**1350**	**889**	**461**	**182**	**68**	**114**	**283**	**55**	**228**
0-4岁	75	40	35	6	3	3	14	5	9
5-9岁	77	46	31	7	3	4	9	4	5
10-14岁	55	31	24	4	1	3	15	3	12
15-19岁	106	81	25	31	10	21	12	4	8
20-24岁	339	237	102	68	27	41	34	10	24
25-29岁	293	198	95	11	5	6	28	7	21
30-34岁	182	122	60	13	3	10	49	12	37
35-39岁	93	58	35	8	2	6	35	5	30
40-44岁	54	35	19	10	1	9	41	2	39
45-49岁	36	24	12	8	4	4	27	2	25
50-54岁	18	6	12	5	1	4	7		7
55-59岁	11	5	6	3	1	2	9		9
60-64岁	7	4	3	2	2		2		2
65-69岁	2	1	1	2	1	1			
70-74岁	1		1	2	2				
75-79岁	1	1		1	1				
80-84岁									
85-89岁				1	1				
90-94岁							1	1	
95-99岁									
100岁及以上									

2-2 续表 10

单位：人

年龄组	柯尔克孜族			土　族			达斡尔族		
	小计	男	女	小计	男	女	小计	男	女
总　计	**51**	**19**	**32**	**4212**	**2131**	**2081**	**99**	**49**	**50**
0-4岁	2	1	1	290	156	134	7	5	2
5-9岁	1	1		326	164	162	12	7	5
10-14岁				297	152	145	3	3	
15-19岁	4	2	2	335	174	161	13	5	8
20-24岁	30	10	20	346	184	162	20	9	11
25-29岁	9	3	6	238	111	127	11	3	8
30-34岁				367	177	190	10	5	5
35-39岁	2	1	1	267	130	137	4	3	1
40-44岁	1		1	261	125	136	2	2	
45-49岁				344	183	161	1	1	
50-54岁	1		1	312	154	158	5	2	3
55-59岁				226	116	110	1	1	
60-64岁				126	58	68	5		5
65-69岁	1	1		203	101	102	2	1	1
70-74岁				124	67	57	1	1	
75-79岁				77	44	33			
80-84岁				42	25	17	1	1	
85-89岁				21	7	14	1		1
90-94岁				8	3	5			
95-99岁				2		2			
100岁及以上									

2-2 续表 11

单位：人

年龄组	仫　佬　族			羌　族			布　朗　族		
	小计	男	女	小计	男	女	小计	男	女
总　计	**1369**	**648**	**721**	**274**	**150**	**124**	**234**	**43**	**191**
0-4岁	90	51	39	24	18	6	8	4	4
5-9岁	130	63	67	18	8	10	7	2	5
10-14岁	120	69	51	10	4	6	10	8	2
15-19岁	106	57	49	27	13	14	14	7	7
20-24岁	171	82	89	57	27	30	21	6	15
25-29岁	113	47	66	26	19	7	26	6	20
30-34岁	143	44	99	33	16	17	44	3	41
35-39岁	120	37	83	27	13	14	41	2	39
40-44岁	92	39	53	13	7	6	21	2	19
45-49岁	80	39	41	11	6	5	17	2	15
50-54岁	67	37	30	17	12	5	15		15
55-59岁	41	25	16	5	4	1	5		5
60-64岁	14	6	8	3	1	2	4		4
65-69岁	29	16	13						
70-74岁	22	15	7				1	1	
75-79岁	16	10	6	1		1			
80-84岁	9	6	3						
85-89岁	3	3		1	1				
90-94岁	3	2	1						
95-99岁				1	1				
100岁及以上									

2-2 续表 12

单位：人

年龄组	撒拉族			毛南族			仡佬族		
	小计	男	女	小计	男	女	小计	男	女
总 计	**205**	**125**	**80**	**349**	**134**	**215**	**2531**	**1257**	**1274**
0-4岁	12	4	8	26	14	12	133	73	60
5-9岁	13	9	4	15	6	9	171	79	92
10-14岁	6	2	4	11	5	6	111	52	59
15-19岁	21	13	8	17	7	10	188	87	101
20-24岁	47	30	17	45	16	29	453	215	238
25-29岁	31	23	8	33	12	21	265	116	149
30-34岁	36	24	12	45	11	34	272	126	146
35-39岁	13	8	5	50	16	34	234	97	137
40-44岁	10	5	5	30	9	21	231	110	121
45-49岁	7	2	5	37	18	19	224	130	94
50-54岁	5	2	3	23	12	11	136	95	41
55-59岁	2	1	1	6	4	2	68	47	21
60-64岁	2	2		7	3	4	18	13	5
65-69岁				1		1	17	10	7
70-74岁							7	5	2
75-79岁							1	1	
80-84岁				2		2	1		1
85-89岁				1	1		1	1	
90-94岁									
95-99岁									
100岁及以上									

2-2 续表 13

单位：人

年龄组	锡伯族			阿昌族			普米族		
	小计	男	女	小计	男	女	小计	男	女
总 计	**171**	**86**	**85**	**63**	**24**	**39**	**18**	**9**	**9**
0-4岁	9	8	1	5	1	4	3	1	2
5-9岁	13	8	5	5	2	3	1		1
10-14岁	11	6	5	2	1	1	2	2	
15-19岁	30	16	14	6	1	5	2	1	1
20-24岁	30	11	19	9	5	4	7	4	3
25-29岁	14	6	8	7	5	2	1		1
30-34岁	13	6	7	8		8	2	1	1
35-39岁	12	6	6	8	2	6			
40-44岁	11	4	7	4	3	1			
45-49岁	6	2	4	6	2	4			
50-54岁	5	2	3	1		1			
55-59岁	5	3	2	1	1				
60-64岁	4	2	2						
65-69岁	1	1							
70-74岁	3	2	1						
75-79岁									
80-84岁	3	2	1	1	1				
85-89岁	1	1							
90-94岁									
95-99岁									
100岁及以上									

2-2 续表 14

单位：人

年龄组	塔吉克族			怒 族			乌孜别克族		
	小计	男	女	小计	男	女	小计	男	女
总 计	**7**	**5**	**2**	**25**	**5**	**20**	**7**	**3**	**4**
0-4岁				1		1			
5-9岁				1	1				
10-14岁									
15-19岁				1	1				
20-24岁	5	3	2	5	1	4	3		3
25-29岁				3		3	1		1
30-34岁				4	1	3			
35-39岁	1	1		4	1	3			
40-44岁				1		1	2	2	
45-49岁				2		2			
50-54岁				1		1			
55-59岁									
60-64岁									
65-69岁							1	1	
70-74岁									
75-79岁	1	1		2		2			
80-84岁									
85-89岁									
90-94岁									
95-99岁									
100岁及以上									

2-2 续表 15

单位：人

年龄组	俄罗斯族			鄂温克族			德 昂 族		
	小计	男	女	小计	男	女	小计	男	女
总 计	**27**	**12**	**15**	**28**	**11**	**17**	**30**	**10**	**20**
0-4岁	1		1	2	1	1			
5-9岁	2	1	1	2	1	1	1		1
10-14岁	2	1	1	2	1	1			
15-19岁	1	1		3	2	1	3	2	1
20-24岁	6	3	3	10	2	8			
25-29岁	2	1	1	1		1	3	1	2
30-34岁	5	2	3	3	2	1	6	2	4
35-39岁	3	1	2	2	1	1	9	3	6
40-44岁							5	1	4
45-49岁	1	1		1		1			
50-54岁							2		2
55-59岁	1		1	1	1		1	1	
60-64岁	2	1	1						
65-69岁	1		1	1		1			
70-74岁									
75-79岁									
80-84岁									
85-89岁									
90-94岁									
95-99岁									
100岁及以上									

2-2 续表 16 单位：人

年龄组	保安族			裕固族			京族		
	小计	男	女	小计	男	女	小计	男	女
总 计	**68**	**39**	**29**	**23**	**13**	**10**	**49**	**15**	**34**
0-4岁	2		2	1	1		3	1	2
5-9岁	2	1	1	1		1	4	3	1
10-14岁	5	3	2				5	3	2
15-19岁	6	4	2	2	1	1	3	2	1
20-24岁	20	13	7	9	6	3	10	3	7
25-29岁	15	8	7	2	1	1	7	1	6
30-34岁	12	8	4	1		1	12	1	11
35-39岁	3	1	2				2		2
40-44岁				2	1	1	1		1
45-49岁	3	1	2				2	1	1
50-54岁									
55-59岁									
60-64岁									
65-69岁				1		1			
70-74岁				2	1	1			
75-79岁				1	1				
80-84岁				1	1				
85-89岁									
90-94岁									
95-99岁									
100岁及以上									

2-2 续表 17 单位：人

年龄组	塔塔尔族			独龙族			鄂伦春族		
	小计	男	女	小计	男	女	小计	男	女
总 计	**13**	**10**	**3**	**20**	**12**	**8**	**12**	**4**	**8**
0-4岁				2	2				
5-9岁							1		1
10-14岁									
15-19岁	3	2	1				1	1	
20-24岁				2		2	3	1	2
25-29岁	2	2		1	1		1	1	
30-34岁	1	1		3	1	2	1		1
35-39岁	2	1	1	1	1		2	1	1
40-44岁	1	1		1		1	1		1
45-49岁	1	1					1		1
50-54岁				2	2				
55-59岁									
60-64岁	2	1	1	1	1				
65-69岁	1	1		3	1	2			
70-74岁				3	3		1		1
75-79岁				1		1			
80-84岁									
85-89岁									
90-94岁									
95-99岁									
100岁及以上									

2-2 续表 18

单位：人

年龄组	赫哲族			门巴族			珞巴族		
	小计	男	女	小计	男	女	小计	男	女
总　计	**8**	**5**	**3**	**25**	**15**	**10**	**8**	**3**	**5**
0-4岁				1	1				
5-9岁									
10-14岁				1	1				
15-19岁	2		2	11	5	6	2	1	1
20-24岁				7	5	2	4	1	3
25-29岁	2	2		1	1		2	1	1
30-34岁	1	1		3	1	2			
35-39岁	1		1						
40-44岁									
45-49岁	1	1		1	1				
50-54岁									
55-59岁									
60-64岁									
65-69岁	1	1							
70-74岁									
75-79岁									
80-84岁									
85-89岁									
90-94岁									
95-99岁									
100岁及以上									

2-2 续表 19

单位：人

年龄组	基诺族			未定族称人口			入籍		
	小计	男	女	小计	男	女	小计	男	女
总　计	**29**	**8**	**21**	**2523**	**1165**	**1358**	**307**	**75**	**232**
0-4岁	3	1	2	391	198	193	29	15	14
5-9岁	2	1	1	130	73	57	9	3	6
10-14岁	1		1	72	38	34	16	12	4
15-19岁	2	1	1	492	192	300	14	4	10
20-24岁	1	1		456	239	217	52	6	46
25-29岁	5	3	2	225	101	124	41	2	39
30-34岁	5		5	217	88	129	44	7	37
35-39岁	2		2	177	76	101	37	7	30
40-44岁	2		2	131	53	78	14	2	12
45-49岁	2		2	103	51	52	17	4	13
50-54岁	3		3	60	22	38	5		5
55-59岁	1	1		23	14	9	9	4	5
60-64岁				9	3	6	9	3	6
65-69岁				18	9	9	6	4	2
70-74岁				5	2	3	4	1	3
75-79岁				5	2	3	1	1	
80-84岁				7	3	4			
85-89岁				1	1				
90-94岁				1		1			
95-99岁									
100岁及以上									

2-2a 全省各民族分年龄、性别的人口(城市)

单位:人

年龄组	合计			汉族		
	合计	男	女	小计	男	女
总　计	**18916669**	**9472504**	**9444165**	**18027234**	**9037596**	**8989638**
0-4岁	1039533	551168	488365	976565	518123	458442
5-9岁	1200601	640137	560464	1136035	606328	529707
10-14岁	1060247	566320	493927	1005177	537702	467475
15-19岁	1392009	717970	674039	1294080	670526	623554
20-24岁	1229607	610352	619255	1135836	567381	568455
25-29岁	1089751	538189	551562	1029400	509909	519491
30-34岁	1858281	895615	962666	1771215	854521	916694
35-39岁	1486095	726236	759859	1417854	693899	723955
40-44岁	1283208	638106	645102	1225753	609994	615759
45-49岁	1532939	773466	759473	1468961	741001	727960
50-54岁	1583785	788058	795727	1526505	759618	766887
55-59岁	1320195	655815	664380	1276701	634750	641951
60-64岁	820912	406349	414563	799172	395833	403339
65-69岁	802472	389141	413331	779554	378160	401394
70-74岁	530285	258871	271414	515225	251290	263935
75-79岁	307514	146895	160619	298947	142801	156146
80-84岁	226842	103700	123142	221449	101189	120260
85-89岁	109230	48135	61095	106709	47034	59675
90-94岁	35877	15393	20484	35006	15021	19985
95-99岁	6679	2435	4244	6503	2369	4134
100岁及以上	607	153	454	587	147	440

2-2a 续表 1

单位:人

年龄组	蒙古族			回族			藏族		
	小计	男	女	小计	男	女	小计	男	女
总　计	**3912**	**1989**	**1923**	**27295**	**13625**	**13670**	**3674**	**1668**	**2006**
0-4岁	240	122	118	1944	1048	896	41	16	25
5-9岁	243	136	107	2119	1084	1035	40	26	14
10-14岁	124	60	64	1631	836	795	42	21	21
15-19岁	515	250	265	2491	1224	1267	1254	506	748
20-24岁	1053	500	553	2986	1456	1530	1880	895	985
25-29岁	338	187	151	1621	804	817	106	60	46
30-34岁	388	195	193	2574	1314	1260	74	28	46
35-39岁	313	171	142	1962	994	968	72	32	40
40-44岁	161	96	65	1638	831	807	47	28	19
45-49岁	120	77	43	1727	888	839	32	15	17
50-54岁	110	58	52	1551	770	781	39	22	17
55-59岁	104	42	62	1478	720	758	15	5	10
60-64岁	96	39	57	1031	486	545	7	4	3
65-69岁	50	27	23	1069	490	579	15	6	9
70-74岁	22	9	13	687	334	353	5	3	2
75-79岁	18	7	11	370	164	206	3		3
80-84岁	9	5	4	258	120	138	2	1	1
85-89岁	1	1		106	37	69			
90-94岁	6	6		43	22	21			
95-99岁	1	1		8	2	6			
100岁及以上				1	1				

2-2a　续表 2　　　　　　　　　　　　　　　　　　　　　　　　　单位：人

年龄组	维吾尔族			苗　　族			彝　　族		
	小计	男	女	小计	男	女	小计	男	女
总　计	**4743**	**2555**	**2188**	**215614**	**105108**	**110506**	**4076**	**2072**	**2004**
0-4岁	209	116	93	15268	8010	7258	133	68	65
5-9岁	312	159	153	16194	8416	7778	131	64	67
10-14岁	115	61	54	13428	6941	6487	94	44	50
15-19岁	380	189	191	25242	12314	12928	498	222	276
20-24岁	1503	697	806	22737	10274	12463	1296	640	656
25-29岁	613	349	264	15480	7172	8308	468	267	201
30-34岁	517	320	197	20896	9861	11035	457	228	229
35-39岁	340	220	120	16728	7938	8790	338	152	186
40-44岁	175	106	69	13887	6787	7100	264	156	108
45-49岁	193	124	69	15183	7724	7459	184	104	80
50-54岁	116	70	46	13036	6412	6624	118	70	48
55-59岁	92	52	40	9517	4508	5009	36	21	15
60-64岁	66	30	36	4758	2251	2507	24	15	9
65-69岁	47	26	21	5234	2477	2757	12	7	5
70-74岁	20	10	10	3552	1853	1699	13	6	7
75-79岁	21	13	8	2217	1108	1109	3	2	1
80-84岁	19	11	8	1327	659	668	5	4	1
85-89岁	5	2	3	630	282	348	1	1	
90-94岁				237	99	138	1	1	
95-99岁				56	21	35			
100岁及以上				7	1	6			

2-2a　续表 3　　　　　　　　　　　　　　　　　　　　　　　　　单位：人

年龄组	壮　　族			布　依　族			朝　鲜　族		
	小计	男	女	小计	男	女	小计	男	女
总　计	**13168**	**5845**	**7323**	**3672**	**1628**	**2044**	**1872**	**1021**	**851**
0-4岁	729	370	359	168	73	95	136	80	56
5-9岁	770	390	380	157	75	82	160	77	83
10-14岁	526	280	246	127	75	52	140	79	61
15-19岁	1473	618	855	437	202	235	159	96	63
20-24岁	2888	1235	1653	1009	438	571	162	77	85
25-29岁	1201	470	731	445	176	269	84	53	31
30-34岁	1670	605	1065	339	147	192	181	98	83
35-39岁	1470	585	885	315	122	193	265	134	131
40-44岁	863	426	437	247	110	137	177	108	69
45-49岁	563	314	249	189	95	94	133	91	42
50-54岁	361	211	150	134	65	69	66	37	29
55-59岁	251	126	125	51	22	29	44	24	20
60-64岁	157	77	80	24	13	11	58	25	33
65-69岁	99	57	42	15	6	9	61	24	37
70-74岁	63	28	35	8	4	4	27	12	15
75-79岁	38	20	18	4	3	1	12	4	8
80-84岁	28	19	9				4	2	2
85-89岁	16	12	4	3	2	1	2		2
90-94岁	2	2					1		1
95-99岁									
100岁及以上									

2-2a　续表 4　　单位：人

年龄组	满族			侗族			瑶族		
	小计	男	女	小计	男	女	小计	男	女
总　计	**7025**	**3563**	**3462**	**56557**	**27738**	**28819**	**38736**	**19028**	**19708**
0-4岁	581	292	289	4553	2372	2181	3223	1697	1526
5-9岁	476	244	232	4317	2313	2004	3330	1787	1543
10-14岁	260	123	137	3206	1696	1510	2558	1341	1217
15-19岁	861	396	465	8088	3947	4141	7421	3243	4178
20-24岁	1502	729	773	7254	3288	3966	5090	2335	2755
25-29岁	447	251	196	3563	1678	1885	2012	903	1109
30-34岁	660	366	294	5473	2526	2947	3501	1698	1803
35-39岁	630	356	274	4623	2174	2449	3102	1551	1551
40-44岁	290	161	129	3378	1656	1722	1959	1032	927
45-49岁	221	132	89	3407	1757	1650	1681	927	754
50-54岁	177	107	70	3026	1497	1529	1477	761	716
55-59岁	279	120	159	2376	1141	1235	1209	585	624
60-64岁	293	128	165	1078	517	561	809	406	403
65-69岁	168	87	81	1040	531	509	644	344	300
70-74岁	64	28	36	564	324	240	350	208	142
75-79岁	36	12	24	296	168	128	199	116	83
80-84岁	43	14	29	193	88	105	102	64	38
85-89岁	25	9	16	91	49	42	48	21	27
90-94岁	11	8	3	24	12	12	17	7	10
95-99岁	1		1	5	3	2	3	2	1
100岁及以上				2	1	1	1		1

2-2a　续表 5　　单位：人

年龄组	白族			土家族			哈尼族		
	小计	男	女	小计	男	女	小计	男	女
总　计	**14653**	**7000**	**7653**	**484506**	**237367**	**247139**	**610**	**219**	**391**
0-4岁	1049	537	512	34111	17928	16183	33	14	19
5-9岁	964	498	466	34798	18251	16547	24	11	13
10-14岁	825	421	404	31620	16444	15176	13	8	5
15-19岁	1595	737	858	46328	22961	23367	54	22	32
20-24岁	1643	702	941	40245	18588	21657	135	52	83
25-29岁	896	393	503	32111	15031	17080	77	30	47
30-34岁	1574	737	837	47676	22471	25205	88	28	60
35-39岁	1130	534	596	36145	17021	19124	69	23	46
40-44岁	1149	513	636	32592	15834	16758	61	15	46
45-49岁	1031	534	497	38838	19435	19403	27	6	21
50-54岁	926	468	458	35800	17706	18094	15	5	10
55-59岁	726	358	368	27149	13255	13894	7	1	6
60-64岁	339	167	172	12921	6320	6601	4	2	2
65-69岁	359	172	187	14029	6693	7336	1	1	
70-74岁	224	120	104	9423	4625	4798	1		1
75-79岁	125	64	61	5204	2400	2804			
80-84岁	67	32	35	3326	1486	1840			
85-89岁	18	10	8	1567	668	899	1	1	
90-94岁	9	2	7	517	212	305			
95-99岁	4	1	3	97	35	62			
100岁及以上				9	3	6			

2-2a 续表 6

单位：人

年龄组	哈萨克族			傣族			黎族		
	小计	男	女	小计	男	女	小计	男	女
总 计	**300**	**132**	**168**	**538**	**197**	**341**	**1290**	**486**	**804**
0-4岁	4	2	2	19	10	9	52	25	27
5-9岁	4	1	3	41	23	18	60	31	29
10-14岁	2	1	1	21	12	9	42	22	20
15-19岁	32	15	17	65	27	38	195	66	129
20-24岁	217	91	126	110	47	63	461	168	293
25-29岁	31	19	12	58	17	41	99	42	57
30-34岁	6	2	4	69	21	48	116	40	76
35-39岁				53	10	43	92	29	63
40-44岁	2	1	1	51	14	37	69	20	49
45-49岁	2		2	21	5	16	39	17	22
50-54岁				11	4	7	32	11	21
55-59岁				9	2	7	17	7	10
60-64岁				2		2	5	3	2
65-69岁				4	2	2	4	1	3
70-74岁				2	1	1	4	2	2
75-79岁				2	2		1	1	
80-84岁									
85-89岁							1	1	
90-94岁							1		1
95-99岁									
100岁及以上									

2-2a 续表 7

单位：人

年龄组	傈僳族			佤族			畲族		
	小计	男	女	小计	男	女	小计	男	女
总 计	**175**	**75**	**100**	**226**	**102**	**124**	**818**	**443**	**375**
0-4岁	2	1	1	3	1	2	68	36	32
5-9岁	5	3	2	9	3	6	66	31	35
10-14岁	5	3	2	9	1	8	34	18	16
15-19岁	43	15	28	15	7	8	130	62	68
20-24岁	49	15	34	40	19	21	141	62	79
25-29岁	14	7	7	37	20	17	53	30	23
30-34岁	17	8	9	29	13	16	110	64	46
35-39岁	20	10	10	30	11	19	57	35	22
40-44岁	5	2	3	24	13	11	58	36	22
45-49岁	10	8	2	13	6	7	34	22	12
50-54岁	1	1		8	4	4	32	25	7
55-59岁	2	1	1	2	2		17	10	7
60-64岁	2	1	1	2		2	9	6	3
65-69岁				3	1	2	6	4	2
70-74岁				1		1			
75-79岁				1	1		1		1
80-84岁									
85-89岁							2	2	
90-94岁									
95-99岁									
100岁及以上									

2-2a 续表 8

单位：人

年龄组	高山族			拉祜族			水族		
	小计	男	女	小计	男	女	小计	男	女
总　计	**23**	**12**	**11**	**159**	**33**	**126**	**483**	**256**	**227**
0–4岁				7	1	6	26	16	10
5–9岁	1		1	8	3	5	25	11	14
10–14岁	1		1	4	3	1	13	7	6
15–19岁	4	3	1	15	1	14	52	30	22
20–24岁	6	2	4	21	8	13	125	63	62
25–29岁				17	5	12	52	21	31
30–34岁	1	1		29	5	24	58	34	24
35–39岁	1		1	20	2	18	40	19	21
40–44岁	1	1		19	3	16	28	17	11
45–49岁	3	3		13	1	12	36	19	17
50–54岁	2	1	1	5	1	4	19	13	6
55–59岁	1	1		1		1	4	3	1
60–64岁	1		1				2	2	
65–69岁									
70–74岁							1		1
75–79岁							2	1	1
80–84岁									
85–89岁									
90–94岁	1								
95–99岁									
100岁及以上									

2-2a 续表 9

单位：人

年龄组	东乡族			纳西族			景颇族		
	小计	男	女	小计	男	女	小计	男	女
总　计	**533**	**323**	**210**	**126**	**53**	**73**	**73**	**26**	**47**
0–4岁	51	31	20	3	1	2	3		3
5–9岁	46	28	18	3	1	2	3	3	
10–14岁	36	21	15	2		2	5	2	3
15–19岁	27	20	7	24	9	15	7	2	5
20–24岁	83	49	34	57	24	33	18	4	14
25–29岁	87	57	30	7	4	3	4	3	1
30–34岁	76	43	33	8	1	7	15	8	7
35–39岁	52	30	22	6	2	4	9	4	5
40–44岁	28	18	10	3		3	6		6
45–49岁	21	13	8	4	4		3		3
50–54岁	11	5	6	2	1	1			
55–59岁	6	3	3	1	1				
60–64岁	6	4	2	2	2				
65–69岁	1		1	1		1			
70–74岁	1		1	2	2				
75–79岁	1	1							
80–84岁									
85–89岁				1	1				
90–94岁									
95–99岁									
100岁及以上									

2-2a 续表 10

单位：人

年龄组	柯尔克孜族			土族			达斡尔族		
	小计	男	女	小计	男	女	小计	男	女
总　计	**45**	**18**	**27**	**1102**	**559**	**543**	**76**	**38**	**38**
0-4岁	1		1	88	52	36	6	4	2
5-9岁	1	1		78	41	37	8	4	4
10-14岁				63	33	30	3	3	
15-19岁	4	2	2	147	86	61	11	4	7
20-24岁	27	10	17	178	95	83	14	6	8
25-29岁	8	3	5	80	39	41	10	3	7
30-34岁				125	58	67	7	4	3
35-39岁	2	1	1	82	39	43	4	3	1
40-44岁				63	25	38	1	1	
45-49岁				51	25	26	1	1	
50-54岁	1		1	58	30	28	4	2	2
55-59岁				29	10	19	1	1	
60-64岁				16	7	9	3		3
65-69岁	1	1		23	8	15	2	1	1
70-74岁				9	3	6			
75-79岁				7	5	2			
80-84岁				3	2	1	1	1	
85-89岁				1		1			
90-94岁				1	1				
95-99岁									
100岁及以上									

2-2a 续表 11

单位：人

年龄组	仫佬族			羌族			布朗族		
	小计	男	女	小计	男	女	小计	男	女
总　计	**487**	**238**	**249**	**171**	**99**	**72**	**38**	**8**	**30**
0-4岁	31	20	11	17	14	3			
5-9岁	37	18	19	10	6	4			
10-14岁	34	20	14	3	2	1			
15-19岁	47	24	23	21	10	11	3	2	1
20-24岁	99	45	54	46	22	24	9	3	6
25-29岁	44	25	19	13	10	3	6	1	5
30-34岁	49	13	36	22	11	11	4		4
35-39岁	40	19	21	12	7	5	9	1	8
40-44岁	33	20	13	6	4	2	5		5
45-49岁	24	12	12	4	1	3			
50-54岁	20	9	11	7	5	2	1		1
55-59岁	11	6	5	5	4	1			
60-64岁	4	1	3	2	1	1			
65-69岁	4	2	2						
70-74岁	6	3	3				1	1	
75-79岁	1		1	1		1			
80-84岁	2		2						
85-89岁	1	1		1	1				
90-94岁									
95-99岁				1	1				
100岁及以上									

2-2a 续表 12

单位：人

年龄组	撒拉族			毛南族			仡佬族		
	小计	男	女	小计	男	女	小计	男	女
总 计	**106**	**56**	**50**	**171**	**79**	**92**	**1145**	**621**	**524**
0-4岁	11	4	7	12	6	6	50	27	23
5-9岁	9	6	3	5	3	2	57	29	28
10-14岁	5	1	4	3	2	1	35	15	20
15-19岁	12	8	4	11	6	5	118	54	64
20-24岁	23	11	12	36	11	25	291	138	153
25-29岁	9	6	3	16	10	6	122	61	61
30-34岁	14	10	4	19	7	12	106	69	37
35-39岁	6	3	3	15	7	8	92	52	40
40-44岁	6	3	3	11	5	6	80	41	39
45-49岁	5	2	3	19	9	10	83	56	27
50-54岁	4	1	3	19	10	9	61	48	13
55-59岁	1		1	2	2		34	23	11
60-64岁	1	1		3	1	2	7	4	3
65-69岁							6	3	3
70-74岁							3	1	2
75-79岁									
80-84岁									
85-89岁									
90-94岁									
95-99岁									
100岁及以上									

2-2a 续表 13

单位：人

年龄组	锡伯族			阿昌族			普米族		
	小计	男	女	小计	男	女	小计	男	女
总 计	**139**	**69**	**70**	**25**	**11**	**14**	**13**	**7**	**6**
0-4岁	7	6	1	3		3	2		2
5-9岁	12	8	4	1	1				
10-14岁	9	4	5				2	2	
15-19岁	25	14	11	4	1	3	1		1
20-24岁	25	8	17	6	4	2	6	4	2
25-29岁	12	5	7	2	2				
30-34岁	8	4	4	1		1	2	1	1
35-39岁	8	4	4	4	1	3			
40-44岁	11	4	7						
45-49岁	5	2	3	3	2	1			
50-54岁	3	1	2	1		1			
55-59岁	5	3	2						
60-64岁	4	2	2						
65-69岁	1	1							
70-74岁	3	2	1						
75-79岁									
80-84岁	1	1							
85-89岁									
90-94岁									
95-99岁									
100岁及以上									

2-2a 续表 14

单位：人

年龄组	塔吉克族			怒 族			乌孜别克族		
	小计	男	女	小计	男	女	小计	男	女
总 计	**5**	**3**	**2**	**7**	**2**	**5**	**5**	**1**	**4**
0-4岁									
5-9岁									
10-14岁									
15-19岁				1	1				
20-24岁	5	3	2	4	1	3	3		3
25-29岁				1		1	1		1
30-34岁									
35-39岁									
40-44岁							1	1	
45-49岁				1		1			
50-54岁									
55-59岁									
60-64岁									
65-69岁									
70-74岁									
75-79岁									
80-84岁									
85-89岁									
90-94岁									
95-99岁									
100岁及以上									

2-2a 续表 15

单位：人

年龄组	俄罗斯族			鄂温克族			德 昂 族		
	小计	男	女	小计	男	女	小计	男	女
总 计	**20**	**10**	**10**	**22**	**9**	**13**	**6**	**1**	**5**
0-4岁				2	1	1			
5-9岁	2	1	1	1	1		1		1
10-14岁	2	1	1	1		1			
15-19岁	1	1		3	2	1	1	1	
20-24岁	4	2	2	9	2	7			
25-29岁	1	1		1		1	1		1
30-34岁	3	1	2	2	2		1		1
35-39岁	3	1	2	2	1	1	1		1
40-44岁							1		1
45-49岁	1	1		1		1			
50-54岁									
55-59岁	1		1						
60-64岁	1	1							
65-69岁	1		1						
70-74岁									
75-79岁									
80-84岁									
85-89岁									
90-94岁									
95-99岁									
100岁及以上									

2-2a 续表 16 单位：人

年龄组	保安族			裕固族			京族		
	小计	男	女	小计	男	女	小计	男	女
总　计	**28**	**12**	**16**	**18**	**9**	**9**	**17**	**10**	**7**
0-4岁	1		1	1	1		2		2
5-9岁	2	1	1	1		1	2	2	
10-14岁	5	3	2				1	1	
15-19岁	4	2	2	2	1	1	2	2	
20-24岁	4	2	2	9	6	3	7	3	4
25-29岁	4	1	3	2	1	1	2	1	1
30-34岁	4	2	2	1		1	1	1	
35-39岁	2		2						
40-44岁				1		1			
45-49岁	2	1	1						
50-54岁									
55-59岁									
60-64岁									
65-69岁				1		1			
70-74岁									
75-79岁									
80-84岁									
85-89岁									
90-94岁									
95-99岁									
100岁及以上									

2-2a 续表 17 单位：人

年龄组	塔塔尔族			独龙族			鄂伦春族		
	小计	男	女	小计	男	女	小计	男	女
总　计	**7**	**6**	**1**	**6**	**2**	**4**	**7**	**3**	**4**
0-4岁									
5-9岁							1		1
10-14岁									
15-19岁	3	2	1						
20-24岁				2		2	3	1	2
25-29岁	2	2		1	1		1	1	
30-34岁				1		1			
35-39岁				1	1		1	1	
40-44岁	1	1					1		
45-49岁	1	1							
50-54岁									
55-59岁									
60-64岁									
65-69岁				1		1			
70-74岁									
75-79岁									
80-84岁									
85-89岁									
90-94岁									
95-99岁									
100岁及以上									

2-2a 续表 18

单位：人

年龄组	赫哲族			门巴族			珞巴族		
	小计	男	女	小计	男	女	小计	男	女
总 计	**4**	**2**	**2**	**16**	**8**	**8**	**7**	**2**	**5**
0-4岁									
5-9岁									
10-14岁									
15-19岁	2		2	10	4	6	2	1	1
20-24岁				4	3	1	4	1	3
25-29岁	2	2		1	1		1		1
30-34岁				1		1			
35-39岁									
40-44岁									
45-49岁									
50-54岁									
55-59岁									
60-64岁									
65-69岁									
70-74岁									
75-79岁									
80-84岁									
85-89岁									
90-94岁									
95-99岁									
100岁及以上									

2-2a 续表 19

单位：人

年龄组	基诺族			未定族称人口			入籍		
	小计	男	女	小计	男	女	小计	男	女
总 计	**9**	**4**	**5**	**834**	**440**	**394**	**42**	**17**	**25**
0-4岁				71	40	31	7	3	4
5-9岁	2	1	1	29	17	12	1		1
10-14岁				19	9	10	2	2	
15-19岁				85	31	54	4	1	3
20-24岁				231	129	102	11	3	8
25-29岁	3	3		83	52	31	1		1
30-34岁	1		1	88	46	42	4	3	1
35-39岁				71	36	35	4	1	3
40-44岁	2		2	48	22	26	2	1	1
45-49岁	1		1	46	30	16	2	1	1
50-54岁				25	9	16	1		1
55-59岁				10	5	5	1	1	
60-64岁				2		2	1		1
65-69岁				15	8	7	1	1	
70-74岁				4	2	2			
75-79岁				4	2	2			
80-84岁				3	2	1			
85-89岁									
90-94岁									
95-99岁									
100岁及以上									

2-2b 全省各民族分年龄、性别的人口(镇)

单位：人

年龄组	合计			汉族		
	合计	男	女	小计	男	女
总 计	**20129507**	**10242115**	**9887392**	**17872914**	**9109856**	**8763058**
0-4岁	1128509	600594	527915	971154	517395	453759
5-9岁	1464961	784304	680657	1268539	679620	588919
10-14岁	1476550	789507	687043	1285174	688239	596935
15-19岁	1350705	741982	608723	1176186	650938	525248
20-24岁	817820	436984	380836	717568	386411	331157
25-29岁	958559	482281	476278	833702	421885	411817
30-34岁	1681216	820969	860247	1498617	733429	765188
35-39岁	1371761	674902	696859	1218403	601285	617118
40-44岁	1274877	635432	639445	1126924	562816	564108
45-49岁	1659067	840458	818609	1476827	748343	728484
50-54岁	1835475	915107	920368	1655095	825936	829159
55-59岁	1503495	749969	753526	1359895	679375	680520
60-64岁	950968	481575	469393	869268	441473	427795
65-69岁	1011485	501375	510110	918857	456046	462811
70-74岁	714744	356612	358132	649281	324009	325272
75-79岁	423627	208082	215545	385221	189476	195745
80-84岁	298804	137430	161374	272751	125735	147016
85-89岁	147772	61771	86001	135264	56493	78771
90-94岁	48740	19337	29403	44657	17779	26878
95-99岁	9545	3246	6299	8778	2993	5785
100岁及以上	827	198	629	753	180	573

2-2b 续表 1

单位：人

年龄组	蒙古族			回族			藏族		
	小计	男	女	小计	男	女	小计	男	女
总 计	**1050**	**575**	**475**	**22855**	**12305**	**10550**	**1076**	**524**	**552**
0-4岁	68	40	28	1651	840	811	28	16	12
5-9岁	83	45	38	1929	1013	916	37	20	17
10-14岁	49	23	26	1751	950	801	31	14	17
15-19岁	102	60	42	1618	899	719	228	112	116
20-24岁	120	69	51	1631	1002	629	357	188	169
25-29岁	85	46	39	1671	944	727	99	54	45
30-34岁	150	84	66	2110	1119	991	74	27	47
35-39岁	110	51	59	1475	795	680	69	21	48
40-44岁	69	35	34	1414	749	665	50	18	32
45-49岁	64	34	30	1513	814	699	29	16	13
50-54岁	49	33	16	1603	849	754	29	16	13
55-59岁	41	28	13	1324	731	593	14	6	8
60-64岁	23	10	13	826	407	419	5	1	4
65-69岁	17	10	7	902	459	443	8	4	4
70-74岁	7	1	6	661	342	319	9	4	5
75-79岁	7	3	4	361	191	170	7	5	2
80-84岁	2		2	252	126	126	1	1	
85-89岁	4	3	1	120	56	64			
90-94岁				40	17	23	1	1	
95-99岁				3	2	1			
100岁及以上									

2-2b 续表 2

单位：人

年龄组	维吾尔族			苗族			彝族		
	小计	男	女	小计	男	女	小计	男	女
总 计	**3430**	**1774**	**1656**	**725456**	**362694**	**362762**	**2878**	**1350**	**1528**
0-4岁	155	79	76	52029	27353	24676	146	80	66
5-9岁	188	98	90	65563	35122	30441	164	85	79
10-14岁	105	49	56	63617	33881	29736	127	67	60
15-19岁	182	102	80	51934	27136	24798	289	172	117
20-24岁	1314	613	701	31543	15749	15794	479	270	209
25-29岁	333	187	146	40786	19713	21073	396	158	238
30-34岁	290	159	131	59080	28335	30745	393	152	241
35-39岁	185	112	73	50562	24190	26372	309	118	191
40-44岁	166	99	67	46699	22901	23798	220	90	130
45-49岁	146	82	64	57968	29340	28628	161	68	93
50-54岁	102	61	41	57581	27988	29593	87	44	43
55-59岁	88	48	40	44863	21812	23051	55	24	31
60-64岁	46	22	24	26485	12870	13615	29	16	13
65-69岁	53	27	26	29444	14262	15182	8	1	7
70-74岁	41	22	19	20829	10189	10640	8	3	5
75-79岁	15	6	9	12383	5853	6530	4	1	3
80-84岁	10	4	6	8262	3673	4589	1		1
85-89岁	7	2	5	4101	1702	2399	1	1	
90-94岁	3	2	1	1434	534	900			
95-99岁	1		1	256	81	175	1		1
100岁及以上				37	10	27			

2-2b 续表 3

单位：人

年龄组	壮族			布依族			朝鲜族		
	小计	男	女	小计	男	女	小计	男	女
总 计	**13560**	**5377**	**8183**	**2734**	**1077**	**1657**	**293**	**150**	**143**
0-4岁	907	489	418	159	72	87	34	23	11
5-9岁	1246	644	602	222	106	116	35	10	25
10-14岁	1069	605	464	153	86	67	19	10	9
15-19岁	1005	480	525	164	94	70	29	20	9
20-24岁	898	356	542	344	159	185	22	6	16
25-29岁	1182	355	827	355	116	239	10	4	6
30-34岁	1964	453	1511	389	106	283	30	15	15
35-39岁	1869	499	1370	312	94	218	22	12	10
40-44岁	1062	376	686	241	78	163	28	14	14
45-49岁	712	320	392	192	69	123	16	11	5
50-54岁	495	262	233	114	48	66	14	9	5
55-59岁	404	198	206	51	32	19	10	5	5
60-64岁	265	129	136	14	6	8	8	3	5
65-69岁	189	92	97	10	2	8	3	2	1
70-74岁	132	52	80	8	5	3	7	4	3
75-79岁	69	36	33	4	3	1	1		1
80-84岁	57	22	35	1		1	5	2	3
85-89岁	25	9	16	1	1				
90-94岁	8		8						
95-99岁	2		2						
100岁及以上									

2-2b 续表 4

单位：人

年龄组	满族			侗族			瑶族		
	小计	男	女	小计	男	女	小计	男	女
总　计	**1719**	**937**	**782**	**331559**	**167934**	**163625**	**190835**	**97114**	**93721**
0-4岁	158	84	74	23595	12592	11003	15120	8131	6989
5-9岁	127	62	65	29362	15809	13553	19658	10796	8862
10-14岁	69	36	33	27663	14754	12909	19403	10506	8897
15-19岁	151	77	74	25739	13804	11935	20180	10417	9763
20-24岁	203	114	89	13774	6972	6802	7367	3734	3633
25-29岁	136	74	62	15930	7786	8144	10102	5012	5090
30-34岁	182	102	80	27888	13581	14307	15553	7344	8209
35-39岁	166	90	76	24262	11855	12407	14274	7102	7172
40-44岁	111	72	39	20420	10206	10214	11955	5962	5993
45-49岁	81	57	24	27047	13468	13579	13032	6576	6456
50-54岁	87	40	47	27662	13672	13990	12570	6271	6299
55-59岁	91	46	45	22390	10947	11443	10152	4987	5165
60-64岁	67	32	35	13019	6491	6528	6994	3417	3577
65-69岁	38	25	13	12538	6255	6283	6007	2857	3150
70-74岁	22	17	5	8685	4389	4296	3621	1779	1842
75-79岁	13	6	7	5462	2645	2817	2206	1083	1123
80-84岁	12	2	10	3819	1738	2081	1573	691	882
85-89岁	4	1	3	1746	761	985	744	314	430
90-94岁	1		1	474	181	293	262	111	151
95-99岁				81	26	55	60	24	36
100岁及以上				3	2	1	2		2

2-2b 续表 5

单位：人

年龄组	白族			土家族			哈尼族		
	小计	男	女	小计	男	女	小计	男	女
总　计	**38330**	**18850**	**19480**	**911906**	**457539**	**454367**	**539**	**170**	**369**
0-4岁	2584	1345	1239	60109	31729	28380	24	8	16
5-9岁	3156	1670	1486	73982	38903	35079	27	8	19
10-14岁	3285	1686	1599	73525	38353	35172	27	9	18
15-19岁	3246	1632	1614	68925	35671	33254	45	20	25
20-24岁	1526	727	799	39635	20037	19598	64	30	34
25-29岁	1690	783	907	51131	24769	26362	63	21	42
30-34岁	3157	1483	1674	70230	34158	36072	104	31	73
35-39岁	2405	1105	1300	56523	27288	29235	67	22	45
40-44岁	3105	1523	1582	61759	30249	31510	49	11	38
45-49岁	3465	1721	1744	77184	39251	37933	31	5	26
50-54岁	3303	1595	1708	76266	38073	38193	22	2	20
55-59岁	2361	1126	1235	61492	30473	31019	12	2	10
60-64岁	1099	514	585	32670	16112	16558	1		1
65-69岁	1505	722	783	41740	20526	21214	2	1	1
70-74岁	1049	537	512	30298	15211	15087			
75-79岁	646	342	304	17186	8409	8777			
80-84岁	431	192	239	11583	5221	6362	1		1
85-89岁	197	87	110	5538	2331	3207			
90-94岁	99	51	48	1757	658	1099			
95-99岁	19	8	11	343	112	231			
100岁及以上	2	1	1	30	5	25			

2-2b 续表 6

单位：人

年龄组	哈萨克族			傣族			黎族		
	小计	男	女	小计	男	女	小计	男	女
总计	**30**	**13**	**17**	**496**	**167**	**329**	**917**	**335**	**582**
0-4岁				24	13	11	49	27	22
5-9岁	1		1	31	14	17	105	43	62
10-14岁	1		1	27	14	13	57	24	33
15-19岁	6	3	3	38	23	15	72	33	39
20-24岁	10	2	8	48	25	23	103	46	57
25-29岁	4	2	2	65	12	53	99	28	71
30-34岁	2	1	1	78	21	57	112	20	92
35-39岁	1	1		65	18	47	104	23	81
40-44岁	3	2	1	54	12	42	65	16	49
45-49岁	1	1		32	5	27	47	22	25
50-54岁				17	5	12	28	16	12
55-59岁				10	3	7	25	9	16
60-64岁				3	1	2	21	12	9
65-69岁				3	1	2	15	9	6
70-74岁	1	1					8	4	4
75-79岁				1		1	2	1	1
80-84岁							3	1	2
85-89岁							2	1	1
90-94岁									
95-99岁									
100岁及以上									

2-2b 续表 7

单位：人

年龄组	傈僳族			佤族			畲族		
	小计	男	女	小计	男	女	小计	男	女
总计	**131**	**48**	**83**	**288**	**105**	**183**	**1274**	**673**	**601**
0-4岁	7	4	3	10	7	3	110	59	51
5-9岁	2	1	1	12	7	5	142	67	75
10-14岁	10	5	5	6	5	1	128	65	63
15-19岁	21	13	8	17	6	11	133	63	70
20-24岁	21	10	11	39	15	24	62	30	32
25-29岁	13	4	9	37	7	30	61	27	34
30-34岁	22	3	19	51	22	29	116	61	55
35-39岁	17	4	13	36	9	27	94	41	53
40-44岁	5	1	4	18	5	13	99	52	47
45-49岁	8	1	7	15	3	12	113	66	47
50-54岁	2	1	1	15	5	10	76	51	25
55-59岁	1	1		8	2	6	49	35	14
60-64岁	1		1	5	2	3	29	20	9
65-69岁				7	4	3	23	12	11
70-74岁				6	4	2	11	5	6
75-79岁	1		1	3	1	2	10	7	3
80-84岁				3	1	2	12	8	4
85-89岁							4	2	2
90-94岁							2	2	
95-99岁									
100岁及以上									

2-2b　续表 8　　　　单位：人

年龄组	高山族			拉祜族			水族		
	小计	男	女	小计	男	女	小计	男	女
总　计	**46**	**25**	**21**	**221**	**49**	**172**	**385**	**157**	**228**
0-4岁	4	3	1	6	2	4	25	16	9
5-9岁	4	3	1	9	3	6	25	12	13
10-14岁	4	2	2	6	5	1	17	11	6
15-19岁	2	1	1	20	7	13	29	15	14
20-24岁	2	2		22	10	12	44	15	29
25-29岁	2	1	1	36	6	30	46	14	32
30-34岁	4	1	3	33	6	27	57	12	45
35-39岁	3	1	2	34	5	29	47	13	34
40-44岁	5	2	3	24	2	22	32	14	18
45-49岁	3	2	1	9	1	8	35	18	17
50-54岁	2	2		11	1	10	18	12	6
55-59岁	6	2	4	7		7	4	2	2
60-64岁	1	1		4	1	3	1	1	
65-69岁	3	2	1				3	1	2
70-74岁							2	1	1
75-79岁									
80-84岁	1		1						
85-89岁									
90-94岁									
95-99岁									
100岁及以上									

2-2b　续表 9　　　　单位：人

年龄组	东乡族			纳西族			景颇族		
	小计	男	女	小计	男	女	小计	男	女
总　计	**683**	**491**	**192**	**28**	**11**	**17**	**82**	**17**	**65**
0-4岁	16	6	10	2	2		2	2	
5-9岁	20	11	9	3	1	2	1	1	
10-14岁	8	4	4				4		4
15-19岁	67	51	16	4	1	3	5	2	3
20-24岁	232	174	58	7	2	5	7	5	2
25-29岁	186	129	57	1	1		7	2	5
30-34岁	87	68	19	3	1	2	14	2	12
35-39岁	30	23	7	2		2	13		13
40-44岁	18	13	5	2	1	1	13	1	12
45-49岁	10	8	2	1		1	10	2	8
50-54岁	4	1	3	1		1	3		3
55-59岁	3	2	1				3		3
60-64岁	1		1						
65-69岁	1	1		1	1				
70-74岁									
75-79岁				1	1				
80-84岁									
85-89岁									
90-94岁									
95-99岁									
100岁及以上									

2-2b 续表 10

单位：人

年龄组	柯尔克孜族			土族			达斡尔族		
	小计	男	女	小计	男	女	小计	男	女
总计	**2**		**2**	**1739**	**844**	**895**	**19**	**9**	**10**
0-4岁				131	72	59	1	1	
5-9岁				149	72	77	4	3	1
10-14岁				104	46	58			
15-19岁				128	52	76	1		1
20-24岁	1		1	105	59	46	6	3	3
25-29岁				94	40	54	1		1
30-34岁				144	71	73	2	1	1
35-39岁				113	53	60			
40-44岁	1		1	114	49	65			
45-49岁				163	91	72			
50-54岁				137	69	68	1		1
55-59岁				102	49	53			
60-64岁				63	24	39	1		1
65-69岁				92	43	49			
70-74岁				51	29	22	1	1	
75-79岁				21	12	9			
80-84岁				15	8	7			
85-89岁				10	4	6	1		1
90-94岁				2	1	1			
95-99岁				1		1			
100岁及以上									

2-2b 续表 11

单位：人

年龄组	仫佬族			羌族			布朗族		
	小计	男	女	小计	男	女	小计	男	女
总计	**291**	**118**	**173**	**58**	**29**	**29**	**66**	**19**	**47**
0-4岁	26	12	14	2	2		3	1	2
5-9岁	28	11	17	5	1	4	4	1	3
10-14岁	23	12	11	2		2	4	3	1
15-19岁	27	15	12	5	2	3	6	3	3
20-24岁	26	16	10	6	2	4	4	3	1
25-29岁	32	11	21	9	7	2	10	4	6
30-34岁	35	13	22	7	4	3	11	1	10
35-39岁	29	7	22	8	4	4	9	1	8
40-44岁	21	3	18	3	1	2	4	2	2
45-49岁	20	4	16	4	2	2	7		7
50-54岁	7	4	3	6	4	2	3		3
55-59岁	8	6	2				1		1
60-64岁	3		3	1		1			
65-69岁	3	2	1						
70-74岁	1	1							
75-79岁	1		1						
80-84岁	1	1							
85-89岁									
90-94岁									
95-99岁									
100岁及以上									

2-2b 续表 12 单位：人

年龄组	撒拉族			毛南族			仡佬族		
	小计	男	女	小计	男	女	小计	男	女
总 计	**83**	**59**	**24**	**85**	**29**	**56**	**688**	**327**	**361**
0-4岁	1		1	5	3	2	39	21	18
5-9岁	2	1	1	5	1	4	45	19	26
10-14岁				6	3	3	34	16	18
15-19岁	7	5	2	4	1	3	38	21	17
20-24岁	22	18	4	4	3	1	82	39	43
25-29岁	21	16	5	7		7	72	27	45
30-34岁	19	12	7	13	1	12	83	31	52
35-39岁	6	4	2	14	6	8	65	24	41
40-44岁	3	2	1	9	2	7	74	37	37
45-49岁	1		1	10	5	5	78	41	37
50-54岁				3	2	1	47	29	18
55-59岁	1	1		2	1	1	13	8	5
60-64岁				2	1	1	7	6	1
65-69岁							8	5	3
70-74岁							2	2	
75-79岁									
80-84岁				1		1			
85-89岁							1	1	
90-94岁									
95-99岁									
100岁及以上									

2-2b 续表 13 单位：人

年龄组	锡伯族			阿昌族			普米族		
	小计	男	女	小计	男	女	小计	男	女
总 计	**23**	**14**	**9**	**16**	**7**	**9**	**2**		**2**
0-4岁	2	2							
5-9岁	1		1	1	1		1		1
10-14岁	1	1		1	1				
15-19岁	4	2	2	1		1			
20-24岁	5	3	2	1	1		1		1
25-29岁	2	1	1	4	2	2			
30-34岁	3	1	2	4		4			
35-39岁	2	2							
40-44岁				1	1				
45-49岁	1		1	2		2			
50-54岁									
55-59岁									
60-64岁									
65-69岁									
70-74岁									
75-79岁									
80-84岁	1	1		1	1				
85-89岁	1	1							
90-94岁									
95-99岁									
100岁及以上									

2-2b 续表 14

单位：人

年龄组	塔吉克族			怒 族			乌孜别克族		
	小计	男	女	小计	男	女	小计	男	女
总 计				**6**	**1**	**5**	**2**	**2**	
0-4岁									
5-9岁									
10-14岁									
15-19岁									
20-24岁									
25-29岁									
30-34岁				1		1			
35-39岁				3	1	2			
40-44岁							1	1	
45-49岁				1		1			
50-54岁				1		1			
55-59岁									
60-64岁									
65-69岁							1	1	
70-74岁									
75-79岁									
80-84岁									
85-89岁									
90-94岁									
95-99岁									
100岁及以上									

2-2b 续表 15

单位：人

年龄组	俄罗斯族			鄂温克族			德 昂 族		
	小计	男	女	小计	男	女	小计	男	女
总 计	**6**	**2**	**4**	**5**	**2**	**3**	**14**	**7**	**7**
0-4岁	1		1						
5-9岁				1		1			
10-14岁				1	1				
15-19岁							1	1	
20-24岁	2	1	1	1		1			
25-29岁	1		1				2	1	1
30-34岁	2	1	1	1		1	4	1	3
35-39岁							4	2	2
40-44岁							1	1	
45-49岁									
50-54岁							1		1
55-59岁				1	1		1	1	
60-64岁									
65-69岁									
70-74岁									
75-79岁									
80-84岁									
85-89岁									
90-94岁									
95-99岁									
100岁及以上									

2-2b　续表 16　　　　单位：人

年龄组	保安族			裕固族			京族		
	小计	男	女	小计	男	女	小计	男	女
总　计	**35**	**25**	**10**	**3**	**2**	**1**	**8**	**2**	**6**
0-4岁	1		1						
5-9岁							1		1
10-14岁							2	1	1
15-19岁	2	2							
20-24岁	12	9	3						
25-29岁	10	7	3						
30-34岁	8	6	2				3		3
35-39岁	1	1							
40-44岁									
45-49岁	1		1				2	1	1
50-54岁									
55-59岁									
60-64岁									
65-69岁									
70-74岁				1		1			
75-79岁				1	1				
80-84岁				1	1				
85-89岁									
90-94岁									
95-99岁									
100岁及以上									

2-2b　续表 17　　　　单位：人

年龄组	塔塔尔族			独龙族			鄂伦春族		
	小计	男	女	小计	男	女	小计	男	女
总　计	**1**	**1**		**3**	**3**		**3**		**3**
0-4岁				2	2				
5-9岁									
10-14岁									
15-19岁									
20-24岁									
25-29岁									
30-34岁				1	1		1		1
35-39岁									
40-44岁									
45-49岁							1		1
50-54岁									
55-59岁									
60-64岁									
65-69岁	1	1							
70-74岁							1		1
75-79岁									
80-84岁									
85-89岁									
90-94岁									
95-99岁									
100岁及以上									

2-2b 续表 18 单位：人

年龄组	赫哲族			门巴族			珞巴族		
	小计	男	女	小计	男	女	小计	男	女
总 计	**2**	**1**	**1**	**6**	**5**	**1**	**1**	**1**	
0-4岁				1	1				
5-9岁									
10-14岁				1	1				
15-19岁				1	1				
20-24岁				2	2				
25-29岁							1	1	
30-34岁				1		1			
35-39岁	1		1						
40-44岁									
45-49岁	1	1							
50-54岁									
55-59岁									
60-64岁									
65-69岁									
70-74岁									
75-79岁									
80-84岁									
85-89岁									
90-94岁									
95-99岁									
100岁及以上									

2-2b 续表 19 单位：人

年龄组	基诺族			未定族称人口			入籍		
	小计	男	女	小计	男	女	小计	男	女
总 计	**10**	**3**	**7**	**549**	**262**	**287**	**66**	**24**	**42**
0-4岁	3	1	2	108	55	53	7	4	3
5-9岁				36	19	17	5	1	4
10-14岁				29	14	15	7	5	2
15-19岁	2	1	1	38	22	16	3	2	1
20-24岁	1	1		91	49	42	6	2	4
25-29岁	1		1	52	22	30	12	2	10
30-34岁	2		2	71	25	46	10	4	6
35-39岁				39	17	22	8	3	5
40-44岁				33	13	20	2		2
45-49岁	1		1	20	9	11	2		2
50-54岁				12	6	6	1		1
55-59岁				6	5	1	1	1	
60-64岁				5	3	2	1		1
65-69岁				2	1	1	1		1
70-74岁				1		1			
75-79岁				1		1			
80-84岁				4	1	3			
85-89岁				1	1				
90-94岁									
95-99岁									
100岁及以上									

2-2c 全省各民族分年龄、性别的人口(乡村)

单位:人

年龄组	合计			汉族		
	合计	男	女	小计	男	女
总 计	**27398688**	**14281054**	**13117634**	**23859500**	**12398797**	**11460703**
0-4岁	1533046	813974	719072	1319186	700631	618555
5-9岁	1983328	1059406	923922	1704158	911129	793029
10-14岁	2082747	1118639	964108	1789814	962209	827605
15-19岁	1099987	625522	474465	941962	537666	404296
20-24岁	1031130	568939	462191	879459	486839	392620
25-29岁	1173145	644285	528860	991323	544147	447176
30-34岁	1908613	1036076	872537	1662124	897607	764517
35-39岁	1443753	776068	667685	1252179	668873	583306
40-44岁	1339812	707980	631832	1160252	609205	551047
45-49岁	2048212	1076671	971541	1783387	931548	851839
50-54岁	2689253	1351827	1337426	2373373	1185772	1187601
55-59岁	2301311	1158550	1142761	2031037	1017317	1013720
60-64岁	1597334	830973	766361	1420585	737607	682978
65-69岁	1859121	939906	919215	1642766	828018	814748
70-74岁	1397310	698636	698674	1227961	612749	615212
75-79岁	861482	421582	439900	753827	368940	384887
80-84岁	621850	285021	336829	547285	250927	296358
85-89岁	308565	125335	183230	273395	110541	162854
90-94岁	98033	35265	62768	86976	31330	55646
95-99岁	18732	5891	12841	16767	5301	11466
100岁及以上	1924	508	1416	1684	441	1243

2-2c 续表 1

单位:人

年龄组	蒙古族			回族			藏族		
	小计	男	女	小计	男	女	小计	男	女
总 计	**660**	**335**	**325**	**32636**	**18087**	**14549**	**1478**	**607**	**871**
0-4岁	43	20	23	2013	1058	955	39	20	19
5-9岁	39	20	19	2445	1239	1206	35	18	17
10-14岁	38	21	17	2405	1311	1094	33	18	15
15-19岁	32	17	15	1348	771	577	494	270	224
20-24岁	84	42	42	1461	817	644	498	182	316
25-29岁	56	33	23	1711	1000	711	49	11	38
30-34岁	80	28	52	2340	1366	974	75	8	67
35-39岁	68	29	39	1532	947	585	83	16	67
40-44岁	42	20	22	1412	858	554	40	7	33
45-49岁	48	25	23	2417	1380	1037	36	13	23
50-54岁	42	28	14	3161	1732	1429	26	11	15
55-59岁	24	18	6	2715	1499	1216	22	7	15
60-64岁	14	8	6	1765	955	810	15	7	8
65-69岁	17	12	5	2097	1162	935	18	12	6
70-74岁	12	3	9	1550	864	686	7	3	4
75-79岁	12	6	6	1005	529	476	4	3	1
80-84岁	7	5	2	761	383	378	3	1	2
85-89岁	2		2	380	163	217	1		1
90-94岁				103	46	57			
95-99岁				13	6	7			
100岁及以上				2	1	1			

2-2c 续表 2

单位：人

年龄组	维吾尔族			苗 族			彝 族		
	小计	男	女	小计	男	女	小计	男	女
总 计	**2903**	**1665**	**1238**	**1085964**	**576082**	**509882**	**2843**	**1042**	**1801**
0-4岁	227	111	116	67910	35912	31998	234	106	128
5-9岁	268	132	136	90276	48060	42216	212	115	97
10-14岁	179	83	96	92236	49398	42838	151	78	73
15-19岁	99	56	43	52974	28949	24025	129	59	70
20-24岁	230	112	118	49616	26784	22832	316	120	196
25-29岁	214	120	94	61580	33782	27798	336	92	244
30-34岁	244	139	105	78475	43942	34533	391	105	286
35-39岁	160	103	57	60643	34166	26477	342	80	262
40-44岁	128	84	44	55770	30629	25141	273	77	196
45-49岁	178	114	64	80412	44199	36213	188	68	120
50-54岁	238	144	94	92288	47871	44417	129	72	57
55-59岁	198	119	79	75854	39561	36293	56	27	29
60-64岁	103	74	29	48927	25728	23199	25	9	16
65-69岁	167	106	61	61784	31697	30087	18	10	8
70-74岁	124	76	48	49389	24804	24585	18	10	8
75-79岁	69	54	15	31569	15124	16445	14	8	6
80-84岁	48	26	22	21769	9801	11968	10	5	5
85-89岁	25	11	14	10440	4279	6161	1	1	
90-94岁	3	1	2	3327	1187	2140			
95-99岁	1		1	639	184	455			
100岁及以上				86	25	61			

2-2c 续表 3

单位：人

年龄组	壮 族			布 依 族			朝 鲜 族		
	小计	男	女	小计	男	女	小计	男	女
总 计	**18767**	**7151**	**11616**	**3172**	**956**	**2216**	**197**	**97**	**100**
0-4岁	1347	706	641	262	143	119	15	6	9
5-9岁	2054	1047	1007	321	169	152	20	7	13
10-14岁	1895	960	935	226	114	112	18	9	9
15-19岁	727	348	379	114	51	63	14	7	7
20-24岁	929	330	599	249	75	174	12	6	6
25-29岁	1400	319	1081	344	66	278	14	7	7
30-34岁	2422	512	1910	448	58	390	11	4	7
35-39岁	2375	499	1876	429	70	359	19	12	7
40-44岁	1481	419	1062	353	76	277	17	9	8
45-49岁	948	436	512	242	66	176	12	7	5
50-54岁	791	401	390	105	40	65	12	6	6
55-59岁	741	384	357	43	15	28	17	9	8
60-64岁	470	238	232	15	4	11	7	3	4
65-69岁	458	229	229	9	4	5	1	1	
70-74岁	295	152	143	8	3	5	6	4	2
75-79岁	182	77	105	3	2	1	1		1
80-84岁	153	59	94	1		1			
85-89岁	79	26	53				1		1
90-94岁	18	9	9						
95-99岁	1		1						
100岁及以上	1		1						

2-2c　续表 4　　　　单位：人

年龄组	满　　族			侗　　族			瑶　　族		
	小计	男	女	小计	男	女	小计	男	女
总　计	**705**	**358**	**347**	**477402**	**258123**	**219279**	**520301**	**279328**	**240973**
0-4岁	48	31	17	27471	14698	12773	35286	18885	16401
5-9岁	44	26	18	35580	19194	16386	51422	27731	23691
10-14岁	36	13	23	37218	20514	16704	55407	29803	25604
15-19岁	26	12	14	20929	12111	8818	25600	14840	10760
20-24岁	75	34	41	19354	10858	8496	19469	10781	8688
25-29岁	57	33	24	20191	11743	8448	24640	13836	10804
30-34岁	75	30	45	32871	19703	13168	35735	20013	15722
35-39岁	57	28	29	26153	15396	10757	31931	17976	13955
40-44岁	60	34	26	21658	12145	9513	27788	15507	12281
45-49岁	51	28	23	36945	19952	16993	36547	20100	16447
50-54岁	56	33	23	47112	24588	22524	42559	22771	19788
55-59岁	31	21	10	40836	21236	19600	36055	18629	17426
60-64岁	33	14	19	27981	15088	12893	27845	14526	13319
65-69岁	24	8	16	29247	15250	13997	26773	13578	13195
70-74岁	17	8	9	22576	11355	11221	17351	8821	8530
75-79岁	8	3	5	14517	7003	7514	11888	5662	6226
80-84岁	1		1	10572	4782	5790	8326	3699	4627
85-89岁	5	2	3	4725	2009	2716	4161	1653	2508
90-94岁				1253	426	827	1258	453	805
95-99岁	1		1	193	64	129	226	54	172
100岁及以上				20	8	12	34	10	24

2-2c　续表 5　　　　单位：人

年龄组	白　　族			土　家　族			哈　尼　族		
	小计	男	女	小计	男	女	小计	男	女
总　计	**65655**	**34709**	**30946**	**1316593**	**699794**	**616799**	**699**	**124**	**575**
0-4岁	3420	1825	1595	74775	39425	35350	40	20	20
5-9岁	4278	2195	2083	91433	47949	43484	34	15	19
10-14岁	5035	2618	2417	97400	51148	46252	30	14	16
15-19岁	2603	1456	1147	52213	28601	23612	18	5	13
20-24岁	2452	1309	1143	56151	30378	25773	49	8	41
25-29岁	2541	1363	1178	67895	37524	30371	65	13	52
30-34岁	4576	2577	1999	87712	49713	37999	99	9	90
35-39岁	3260	1875	1385	63542	35766	27776	134	17	117
40-44岁	3720	2057	1663	66027	36613	29414	93	9	84
45-49岁	4903	2768	2135	101121	55644	45477	58	9	49
50-54岁	5932	3100	2832	122829	65004	57825	45		45
55-59岁	5521	2822	2699	107749	56671	51078	16	1	15
60-64岁	3194	1654	1540	66122	34922	31200	9		9
65-69岁	4795	2493	2302	90707	47196	43511	2	2	
70-74岁	3917	2008	1909	73917	37685	36232	4		4
75-79岁	2462	1256	1206	45797	22840	22957	2	1	1
80-84岁	1768	815	953	31088	14485	16603	1	1	
85-89岁	898	396	502	14426	6241	8185			
90-94岁	316	104	212	4767	1703	3064			
95-99岁	60	17	43	829	264	565			
100岁及以上	4	1	3	93	22	71			

2-2c　续表 6

单位：人

年龄组	哈萨克族			傣　族			黎　族		
	小计	男	女	小计	男	女	小计	男	女
总　计	**30**	**13**	**17**	**508**	**96**	**412**	**962**	**332**	**630**
0-4岁	1	1		31	13	18	69	38	31
5-9岁				34	18	16	75	35	40
10-14岁	1	1		29	13	16	68	31	37
15-19岁	1	1		22	5	17	37	19	18
20-24岁	7	3	4	48	8	40	56	17	39
25-29岁	5	1	4	60	13	47	83	10	73
30-34岁	3	1	2	65	6	59	124	25	99
35-39岁	3		3	55	6	49	97	13	84
40-44岁	1		1	60	3	57	93	26	67
45-49岁	3	1	2	35	5	30	71	21	50
50-54岁	2	2		33	2	31	46	22	24
55-59岁	1	1		21	1	20	42	25	17
60-64岁				10	3	7	37	22	15
65-69岁				2		2	29	14	15
70-74岁				2		2	16	6	10
75-79岁				1		1	14	6	8
80-84岁	2	1	1				3	1	2
85-89岁							2	1	1
90-94岁									
95-99岁									
100岁及以上									

2-2c　续表 7

单位：人

年龄组	傈　僳　族			佤　族			畲　族		
	小计	男	女	小计	男	女	小计	男	女
总　计	**203**	**47**	**156**	**331**	**48**	**283**	**1708**	**1034**	**674**
0-4岁	28	12	16	15	7	8	120	68	52
5-9岁	21	8	13	19	8	11	167	83	84
10-14岁	7	5	2	11	2	9	175	93	82
15-19岁	17	7	10	6	2	4	67	38	29
20-24岁	21	4	17	27	2	25	70	42	28
25-29岁	15	1	14	48	3	45	77	38	39
30-34岁	27	2	25	43	7	36	134	70	64
35-39岁	19		19	51	4	47	101	56	45
40-44岁	15	2	13	29	2	27	87	57	30
45-49岁	13	2	11	27	1	26	162	117	45
50-54岁	7	1	6	28	3	25	156	104	52
55-59岁	6		6	17	2	15	116	85	31
60-64岁				2		2	91	69	22
65-69岁	3		3	3	3		77	41	36
70-74岁	3	2	1	2	1	1	43	29	14
75-79岁	1	1		3	1	2	32	25	7
80-84岁							19	10	9
85-89岁							11	6	5
90-94岁							2	2	
95-99岁							1	1	
100岁及以上									

2-2c　续表 8　　　　单位：人

年龄组	高山族			拉祜族			水族		
	小计	男	女	小计	男	女	小计	男	女
总　计	**18**	**8**	**10**	**298**	**33**	**265**	**450**	**154**	**296**
0-4岁	3	1	2	13	7	6	32	23	9
5-9岁	1	1		14	9	5	42	27	15
10-14岁				7	1	6	24	13	11
15-19岁				9	4	5	14	5	9
20-24岁	1		1	28	2	26	40	11	29
25-29岁	2	1	1	25	2	23	47	8	39
30-34岁	2	1	1	44	5	39	51	8	43
35-39岁	1		1	44	2	42	88	22	66
40-44岁				37		37	44	10	34
45-49岁	3	1	2	38	1	37	42	14	28
50-54岁	2	2		19		19	17	7	10
55-59岁				16		16	7	5	2
60-64岁				3		3			
65-69岁							1	1	
70-74岁	2		2				1		1
75-79岁	1	1		1		1			
80-84岁									
85-89岁									
90-94岁									
95-99岁									
100岁及以上									

2-2c　续表 9　　　　单位：人

年龄组	东乡族			纳西族			景颇族		
	小计	男	女	小计	男	女	小计	男	女
总　计	**134**	**75**	**59**	**28**	**4**	**24**	**128**	**12**	**116**
0-4岁	8	3	5	1		1	9	3	6
5-9岁	11	7	4	1	1		5		5
10-14岁	11	6	5	2	1	1	6	1	5
15-19岁	12	10	2	3		3			
20-24岁	24	14	10	4	1	3	9	1	8
25-29岁	20	12	8	3		3	17	2	15
30-34岁	19	11	8	2	1	1	20	2	18
35-39岁	11	5	6				13	1	12
40-44岁	8	4	4	5		5	22	1	21
45-49岁	5	3	2	3		3	14		14
50-54岁	3		3	2		2	4		4
55-59岁	2		2	2		2	6		6
60-64岁							2		2
65-69岁									
70-74岁									
75-79岁									
80-84岁									
85-89岁									
90-94岁							1	1	
95-99岁									
100岁及以上									

2-2c 续表 10

单位：人

年龄组	柯尔克孜族			土族			达斡尔族		
	小计	男	女	小计	男	女	小计	男	女
总　计	**4**	**1**	**3**	**1371**	**728**	**643**	**4**	**2**	**2**
0-4岁	1	1		71	32	39			
5-9岁				99	51	48			
10-14岁				130	73	57			
15-19岁				60	36	24	1	1	
20-24岁	2		2	63	30	33			
25-29岁	1		1	64	32	32			
30-34岁				98	48	50	1		1
35-39岁				72	38	34			
40-44岁				84	51	33	1	1	
45-49岁				130	67	63			
50-54岁				117	55	62			
55-59岁				95	57	38			
60-64岁				47	27	20	1		1
65-69岁				88	50	38			
70-74岁				64	35	29			
75-79岁				49	27	22			
80-84岁				24	15	9			
85-89岁				10	3	7			
90-94岁				5	1	4			
95-99岁				1		1			
100岁及以上									

2-2c 续表 11

单位：人

年龄组	仫佬族			羌族			布朗族		
	小计	男	女	小计	男	女	小计	男	女
总　计	**591**	**292**	**299**	**45**	**22**	**23**	**130**	**16**	**114**
0-4岁	33	19	14	5	2	3	5	3	2
5-9岁	65	34	31	3	1	2	3	1	2
10-14岁	63	37	26	5	2	3	6	5	1
15-19岁	32	18	14	1	1		5	2	3
20-24岁	46	21	25	5	3	2	8		8
25-29岁	37	11	26	4	2	2	10	1	9
30-34岁	59	18	41	4	1	3	29	2	27
35-39岁	51	11	40	7	2	5	23		23
40-44岁	38	16	22	4	2	2	12		12
45-49岁	36	23	13	3	3		10	2	8
50-54岁	40	24	16	4	3	1	11		11
55-59岁	22	13	9				4		4
60-64岁	7	5	2				4		4
65-69岁	22	12	10						
70-74岁	15	11	4						
75-79岁	14	10	4						
80-84岁	6	5	1						
85-89岁	2	2							
90-94岁	3	2	1						
95-99岁									
100岁及以上									

2-2c 续表 12

单位：人

年龄组	撒拉族			毛南族			仡佬族		
	小计	男	女	小计	男	女	小计	男	女
总　计	**16**	**10**	**6**	**93**	**26**	**67**	**698**	**309**	**389**
0-4岁				9	5	4	44	25	19
5-9岁	2	2		5	2	3	69	31	38
10-14岁	1	1		2		2	42	21	21
15-19岁	2		2	2		2	32	12	20
20-24岁	2	1	1	5	2	3	80	38	42
25-29岁	1	1		10	2	8	71	28	43
30-34岁	3	2	1	13	3	10	83	26	57
35-39岁	1	1		21	3	18	77	21	56
40-44岁	1		1	10	2	8	77	32	45
45-49岁	1		1	8	4	4	63	33	30
50-54岁	1	1		1		1	28	18	10
55-59岁				2	1	1	21	16	5
60-64岁	1	1		2	1	1	4	3	1
65-69岁				1		1	3	2	1
70-74岁							2	2	
75-79岁							1	1	
80-84岁				1		1	1		1
85-89岁				1	1				
90-94岁									
95-99岁									
100岁及以上									

2-2c 续表 13

单位：人

年龄组	锡伯族			阿昌族			普米族		
	小计	男	女	小计	男	女	小计	男	女
总　计	**9**	**3**	**6**	**22**	**6**	**16**	**3**	**2**	**1**
0-4岁				2	1	1	1	1	
5-9岁				3		3			
10-14岁	1	1		1		1			
15-19岁	1		1	1		1	1	1	
20-24岁				2		2			
25-29岁				1	1		1		1
30-34岁	2	1	1	3		3			
35-39岁	2		2	4	1	3			
40-44岁				3	2	1			
45-49岁				1		1			
50-54岁	2	1	1						
55-59岁				1	1				
60-64岁									
65-69岁									
70-74岁									
75-79岁									
80-84岁	1		1						
85-89岁									
90-94岁									
95-99岁									
100岁及以上									

2-2c 续表 14

单位：人

年龄组	塔吉克族			怒族			乌孜别克族		
	小计	男	女	小计	男	女	小计	男	女
总计	**2**	**2**		**12**	**2**	**10**			
0-4岁				1		1			
5-9岁				1	1				
10-14岁									
15-19岁									
20-24岁				1		1			
25-29岁				2		2			
30-34岁				3	1	2			
35-39岁	1	1		1		1			
40-44岁				1		1			
45-49岁									
50-54岁									
55-59岁									
60-64岁									
65-69岁									
70-74岁									
75-79岁	1	1		2		2			
80-84岁									
85-89岁									
90-94岁									
95-99岁									
100岁及以上									

2-2c 续表 15

单位：人

年龄组	俄罗斯族			鄂温克族			德昂族		
	小计	男	女	小计	男	女	小计	男	女
总计	**1**		**1**	**1**		**1**	**10**	**2**	**8**
0-4岁									
5-9岁									
10-14岁									
15-19岁							1		1
20-24岁									
25-29岁									
30-34岁							1	1	
35-39岁							4	1	3
40-44岁							3		3
45-49岁									
50-54岁							1		1
55-59岁									
60-64岁	1		1						
65-69岁				1		1			
70-74岁									
75-79岁									
80-84岁									
85-89岁									
90-94岁									
95-99岁									
100岁及以上									

2-2c　续表 16

单位：人

年龄组	保安族			裕固族			京族		
	小计	男	女	小计	男	女	小计	男	女
总　计	**5**	**2**	**3**	**2**	**2**		**24**	**3**	**21**
0–4岁							1	1	
5–9岁							1	1	
10–14岁							2	1	1
15–19岁							1		1
20–24岁	4	2	2				3		3
25–29岁	1		1				5		5
30–34岁							8		8
35–39岁							2		2
40–44岁				1	1		1		1
45–49岁									
50–54岁									
55–59岁									
60–64岁									
65–69岁									
70–74岁				1	1				
75–79岁									
80–84岁									
85–89岁									
90–94岁									
95–99岁									
100岁及以上									

2-2c　续表 17

单位：人

年龄组	塔塔尔族			独龙族			鄂伦春族		
	小计	男	女	小计	男	女	小计	男	女
总　计	**5**	**3**	**2**	**11**	**7**	**4**	**2**	**1**	**1**
0–4岁									
5–9岁									
10–14岁									
15–19岁							1	1	
20–24岁									
25–29岁									
30–34岁	1	1		1		1			
35–39岁	2	1	1				1		1
40–44岁				1		1			
45–49岁									
50–54岁				2	2				
55–59岁									
60–64岁	2	1	1	1	1				
65–69岁				2	1	1			
70–74岁				3	3				
75–79岁				1		1			
80–84岁									
85–89岁									
90–94岁									
95–99岁									
100岁及以上									

2-2c　续表 18　　　　单位：人

年龄组	赫哲族			门巴族			珞巴族		
	小计	男	女	小计	男	女	小计	男	女
总　计	**2**	**2**		**3**	**2**	**1**			
0-4岁									
5-9岁									
10-14岁									
15-19岁									
20-24岁				1		1			
25-29岁									
30-34岁	1	1		1	1				
35-39岁									
40-44岁									
45-49岁				1	1				
50-54岁									
55-59岁									
60-64岁									
65-69岁	1	1							
70-74岁									
75-79岁									
80-84岁									
85-89岁									
90-94岁									
95-99岁									
100岁及以上									

2-2c　续表 19　　　　单位：人

年龄组	基诺族			未定族称人口			入籍		
	小计	男	女	小计	男	女	小计	男	女
总　计	**10**	**1**	**9**	**1140**	**463**	**677**	**199**	**34**	**165**
0-4岁				212	103	109	15	8	7
5-9岁				65	37	28	3	2	1
10-14岁	1		1	24	15	9	7	5	2
15-19岁				369	139	230	7	1	6
20-24岁				134	61	73	35	1	34
25-29岁	1		1	90	27	63	28		28
30-34岁	2		2	58	17	41	30		30
35-39岁	2		2	67	23	44	25	3	22
40-44岁				50	18	32	10	1	9
45-49岁				37	12	25	13	3	10
50-54岁	3		3	23	7	16	3		3
55-59岁	1	1		7	4	3	7	2	5
60-64岁				2		2	7	3	4
65-69岁				1		1	4	3	1
70-74岁							4	1	3
75-79岁							1	1	
80-84岁									
85-89岁									
90-94岁				1		1			
95-99岁									
100岁及以上									

2-3　全省各民族分性别、受教育程度的3岁及以上人口

单位：人

民　族	3岁及以上人口			未上过学		
	合计	男	女	小计	男	女
总　计	**64488195**	**32954892**	**31533303**	**1584362**	**519688**	**1064674**
汉　族	58037945	29629904	28408041	1330305	442576	887729
蒙古族	5432	2798	2634	36	15	21
回　族	79817	42479	37338	1560	626	934
藏　族	6162	2767	3395	36	10	26
维吾尔族	10808	5850	4958	182	104	78
苗　族	1953727	1005258	948469	89944	28200	61744
彝　族	9508	4317	5191	166	65	101
壮　族	43899	17559	26340	853	257	596
布依族	9253	3507	5746	194	54	140
朝鲜族	2266	1211	1055	13	6	7
满　族	9039	4645	4394	96	40	56
侗　族	835669	437819	397850	27472	8050	19422
瑶　族	721258	379990	341268	35369	9384	25985
白　族	114823	58570	56253	4856	1434	3422
土家族	2620959	1346114	1274845	92541	28685	63856
哈尼族	1795	487	1308	71	5	66
哈萨克族	357	157	200	3		3
傣　族	1502	441	1061	43	4	39
黎　族	3089	1114	1975	48	14	34
傈僳族	486	159	327	12	4	8
佤　族	831	249	582	34	4	30
畲　族	3645	2072	1573	68	30	38
高山族	84	43	41	1	1	
拉祜族	662	107	555	42	3	39
水　族	1273	540	733	26	4	22
东乡族	1311	865	446	44	14	30
纳西族	181	68	113	1	1	
景颇族	275	51	224	14	2	12
柯尔克孜族	49	18	31			
土　族	4073	2059	2014	87	35	52
达斡尔族	94	45	49	2	1	1
仫佬族	1329	624	705	19	5	14
羌　族	265	144	121	7	5	2
布朗族	228	39	189	21	1	20
撒拉族	199	124	75	11	1	10
毛南族	335	128	207	4	1	3
仡佬族	2458	1217	1241	21	8	13
锡伯族	167	82	85	2	2	
阿昌族	60	24	36	1		1
普米族	18	9	9			
塔吉克族	7	5	2			
怒　族	24	5	19	1		1
乌孜别克族	7	3	4			
俄罗斯族	26	12	14			
鄂温克族	27	11	16			
德昂族	30	10	20	2	1	1
保安族	67	39	28			
裕固族	23	13	10	1	1	
京　族	47	14	33	2		2
塔塔尔族	13	10	3			
独龙族	20	12	8			
鄂伦春族	12	4	8			
赫哲族	8	5	3			
门巴族	25	15	10			
珞巴族	8	3	5			
基诺族	28	8	20	1		1
未定族称人口	2206	1002	1204	110	29	81
入　籍	286	67	219	40	6	34

2-3 续表 1

单位：人

民 族	学前教育			小 学		
	小计	男	女	小计	男	女
总 计	**2529385**	**1322377**	**1207008**	**16753085**	**7926050**	**8827035**
汉 族	2225711	1164077	1061634	14808238	6988155	7820083
蒙古族	245	125	120	599	314	285
回 族	3821	2002	1819	18932	9463	9469
藏 族	59	27	32	351	158	193
维吾尔族	492	238	254	1872	1083	789
苗 族	93232	48729	44503	576159	278552	297607
彝 族	294	139	155	1862	848	1014
壮 族	2033	1070	963	9209	4169	5040
布依族	380	192	188	1917	755	1162
朝鲜族	145	79	66	353	158	195
满 族	487	242	245	996	492	504
侗 族	38237	19944	18293	256166	122502	133664
瑶 族	37423	19649	17774	237627	114545	123082
白 族	5307	2787	2520	34995	16559	18436
土家族	120342	62471	57871	797337	385656	411681
哈尼族	69	29	40	508	95	413
哈萨克族	4	2	2	14	5	9
傣 族	54	25	29	356	106	250
黎 族	143	73	70	547	220	327
傈僳族	24	11	13	115	31	84
佤 族	17	11	6	279	68	211
畲 族	203	110	93	909	476	433
高山族	5	3	2	16	7	9
拉祜族	21	3	18	261	42	219
水 族	53	37	16	287	121	166
东乡族	43	20	23	345	199	146
纳西族	6	2	4	18	5	13
景颇族	4	1	3	82	11	71
柯尔克孜族	1	1		3	1	2
土 族	205	107	98	1132	561	571
达斡尔族	6	4	2	12	7	5
仫佬族	72	37	35	276	142	134
羌 族	13	9	4	45	24	21
布朗族	5		5	92	13	79
撒拉族	9	6	3	47	26	21
毛南族	14	9	5	60	20	40
仡佬族	94	46	48	476	227	249
锡伯族	5	4	1	18	9	9
阿昌族	3	2	1	15	4	11
普米族	3	1	2	2	1	1
塔吉克族				1	1	
怒 族				14	3	11
乌孜别克族						
俄罗斯族	1		1	1	1	
鄂温克族	3	2	1			
德昂族				6	1	5
保安族	2		2	14	6	8
裕固族	1	1		4	2	2
京 族	1		1	14	6	8
塔塔尔族				2	1	1
独龙族	2	2		6	4	2
鄂伦春族				2		2
赫哲族				1	1	
门巴族	1	1		2	2	
珞巴族						
基诺族	4	2	2	5	1	4
未定族称人口	79	43	36	407	180	227
入 籍	7	2	5	78	11	67

2-3　续表 2　　　　单位：人

民　族	初　中			高　中			大学专科		
	小计	男	女	小计	男	女	小计	男	女
总　计	**23678161**	**12491345**	**11186816**	**11810957**	**6513011**	**5297946**	**4717827**	**2447913**	**2269914**
汉　族	21260563	11153381	10107182	10952095	6034326	4917769	4310918	2239810	2071108
蒙古族	928	495	433	818	436	382	876	500	376
回　族	27340	15404	11936	14369	8142	6227	6318	3280	3038
藏　族	624	257	367	942	408	534	3188	1482	1706
维吾尔族	3543	2141	1402	2327	1268	1059	739	323	416
苗　族	761961	417960	344001	247188	138304	108884	120775	62210	58565
彝　族	3573	1582	1991	1432	691	741	1000	461	539
壮　族	17690	6326	11364	6407	2474	3933	3364	1418	1946
布依族	3797	1286	2511	1202	472	730	837	352	485
朝鲜族	371	206	165	546	324	222	357	197	160
满　族	1339	713	626	1245	669	576	1370	779	591
侗　族	342776	194174	148602	98188	56283	41905	44798	23249	21549
瑶　族	270749	157980	112769	86564	50982	35582	32506	17060	15446
白　族	39764	22091	17673	16010	8821	7189	7932	4010	3922
土家族	933788	513223	420565	377700	207535	170165	180549	91712	88837
哈尼族	654	168	486	254	101	153	120	46	74
哈萨克族	27	18	9	33	12	21	33	20	13
傣　族	571	137	434	255	76	179	105	44	61
黎　族	1027	323	704	382	142	240	299	111	188
傈僳族	184	54	130	69	29	40	42	14	28
佤　族	344	106	238	99	41	58	22	6	16
畲　族	1268	805	463	517	304	213	313	168	145
高山族	24	12	12	14	9	5	15	7	8
拉祜族	213	38	175	84	16	68	17	2	15
水　族	497	194	303	182	82	100	124	50	74
东乡族	505	368	137	289	201	88	47	37	10
纳西族	29	7	22	19	8	11	39	14	25
景颇族	103	21	82	47	10	37	13	3	10
柯尔克孜族	4		4	4	1	3	6	3	3
土　族	1269	660	609	654	340	314	359	183	176
达斡尔族	12	5	7	11	3	8	18	10	8
仫佬族	473	203	270	220	106	114	117	60	57
羌　族	62	39	23	34	22	12	26	11	15
布朗族	69	13	56	22	8	14	10	1	9
撒拉族	71	50	21	32	23	9	9	7	2
毛南族	145	61	84	55	15	40	25	10	15
仡佬族	975	482	493	321	177	144	265	130	135
锡伯族	20	9	11	23	14	9	24	16	8
阿昌族	20	9	11	8	2	6	4	3	1
普米族	3	1	2				3	1	2
塔吉克族							3	2	1
怒　族	5		5				1	1	
乌孜别克族	1	1					1	1	
俄罗斯族	5	2	3	5	3	2	1	1	
鄂温克族	6	2	4	1	1		9	4	5
德昂族	14	7	7	8	1	7			
保安族	23	14	9	17	13	4	6	4	2
裕固族	2	1	1	2	1	1	2	1	1
京　族	17	2	15	4	2	2	2		2
塔塔尔族	5	4	1	1	1		1	1	
独龙族	8	5	3	1		1	1	1	
鄂伦春族	3	1	2	1		1	1		1
赫哲族	1	1		3	2	1			
门巴族	1		1	5	2	3	9	6	3
珞巴族	2	2		1		1	2	1	1
基诺族	8	2	6	7	1	6	1	1	
未定族称人口	577	267	310	216	104	112	190	84	106
入　籍	108	32	76	24	3	21	15	5	10

2-3 续表 3

单位：人

民族	大学本科			硕士研究生			博士研究生		
	小计	男	女	小计	男	女	小计	男	女
总　计	**3141800**	**1594082**	**1547718**	**237867**	**118650**	**119217**	**34751**	**21776**	**12975**
汉　族	2893884	1474715	1419169	223394	112179	111215	32837	20685	12152
蒙古族	1749	843	906	146	57	89	35	13	22
回　族	6787	3255	3532	600	258	342	90	49	41
藏　族	939	415	524	18	8	10	5	2	3
维吾尔族	1574	653	921	72	37	35	7	3	4
苗　族	60626	29499	31127	3388	1543	1845	454	261	193
彝　族	1111	505	606	61	21	40	9	5	4
壮　族	4067	1715	2352	233	107	126	43	23	20
布依族	872	375	497	47	17	30	7	4	3
朝鲜族	431	213	218	41	24	17	9	4	5
满　族	3129	1516	1613	305	149	156	72	45	27
侗　族	26749	13021	13728	1147	518	629	136	78	58
瑶　族	19890	9817	10073	1001	494	507	129	79	50
白　族	5584	2711	2873	334	137	197	41	20	21
土家族	110946	53324	57622	6900	3016	3884	856	492	364
哈尼族	112	41	71	7	2	5			
哈萨克族	239	97	142	3	2	1	1	1	
傣　族	112	48	64	4		4	2	1	1
黎　族	630	224	406	13	7	6			
傈僳族	40	16	24						
佤　族	34	12	22	2	1	1			
畲　族	331	154	177	31	22	9	5	3	2
高山族	8	3	5	1	1				
拉祜族	23	3	20	1		1			
水　族	99	51	48	5	1	4			
东乡族	38	26	12						
纳西族	65	28	37	3	2	1	1	1	
景颇族	12	3	9						
柯尔克孜族	30	11	19				1	1	
土　族	344	164	180	23	9	14			
达斡尔族	31	14	17	2	1	1			
仫佬族	138	66	72	12	5	7	2		2
羌　族	73	31	42	4	2	2	1	1	
布朗族	8	3	5	1		1			
撒拉族	19	10	9				1	1	
毛南族	29	10	19	3	2	1			
仡佬族	279	132	147	26	14	12	1	1	
锡伯族	68	26	42	6	2	4	1		1
阿昌族	9	4	5						
普米族	6	4	2	1	1				
塔吉克族	3	2	1						
怒　族	3	1	2						
乌孜别克族	5	1	4						
俄罗斯族	9	5	4	3		3	1		1
鄂温克族	8	2	6						
德昂族									
保安族	5	2	3						
裕固族	9	6	3	2		2			
京　族	7	4	3						
塔塔尔族	4	3	1						
独龙族	2		2						
鄂伦春族	5	3	2						
赫哲族	3	1	2						
门巴族	7	4	3						
珞巴族	3		3						
基诺族	2	1	1						
未定族称人口	596	281	315	27	11	16	4	3	1
入　籍	14	8	6						

2-3a　全省各民族分性别、受教育程度的3岁及以上人口(城市)

单位：人

民　族	3岁及以上人口			未上过学		
	合计	男	女	小计	男	女
总　计	**18382669**	**9189191**	**9193478**	**194037**	**79262**	**114775**
汉　族	17526968	8771972	8754996	180941	74495	106446
蒙古族	3780	1917	1863	18	8	10
回　族	26292	13098	13194	387	178	209
藏　族	3647	1658	1989	8	2	6
维吾尔族	4670	2516	2154	68	40	28
苗　族	207486	100831	106655	3836	1400	2436
彝　族	4005	2035	1970	49	24	25
壮　族	12766	5644	7122	96	43	53
布依族	3580	1588	1992	48	11	37
朝鲜族	1800	980	820	9	4	5
满　族	6736	3418	3318	56	24	32
侗　族	54122	26450	27672	598	254	344
瑶　族	37053	18131	18922	453	205	248
白　族	14088	6702	7386	164	59	105
土家族	466044	227710	238334	7147	2461	4686
哈尼族	597	212	385	11		11
哈萨克族	297	131	166	1		1
傣　族	526	193	333	6	2	4
黎　族	1274	478	796	3	1	2
傈僳族	173	74	99	2	1	1
佤　族	225	102	123	3		3
畲　族	786	426	360	11	4	7
高山族	23	12	11			
拉祜族	155	33	122	6	3	3
水　族	467	246	221	8	3	5
东乡族	508	306	202	31	10	21
纳西族	126	53	73	1	1	
景颇族	73	26	47	2		2
柯尔克孜族	44	18	26			
土　族	1060	539	521	17	8	9
达斡尔族	72	35	37			
仫佬族	473	227	246	4	1	3
羌　族	165	95	70	5	4	1
布朗族	38	8	30	2		2
撒拉族	101	55	46	8	1	7
毛南族	164	76	88	2	1	1
仡佬族	1114	602	512	8	3	5
锡伯族	137	67	70	2	2	
阿昌族	23	11	12			
普米族	13	7	6			
塔吉克族	5	3	2			
怒　族	7	2	5			
乌孜别克族	5	1	4			
俄罗斯族	20	10	10			
鄂温克族	21	9	12			
德昂族	6	1	5			
保安族	28	12	16			
裕固族	18	9	9			
京　族	16	10	6	1		1
塔塔尔族	7	6	1			
独龙族	6	2	4			
鄂伦春族	7	3	4			
赫哲族	4	2	2			
门巴族	16	8	8			
珞巴族	7	2	5			
基诺族	9	4	5			
未定族称人口	779	409	370	22	7	15
入　籍	37	16	21	3	2	1

2-3a 续表 1

单位：人

民族	学前教育			小学		
	小计	男	女	小计	男	女
总 计	**717574**	**378886**	**338688**	**2941164**	**1406595**	**1534569**
汉 族	674556	356336	318220	2792493	1335738	1456755
蒙古族	164	78	86	341	178	163
回 族	1278	664	614	4218	2061	2157
藏 族	19	9	10	114	57	57
维吾尔族	201	103	98	595	346	249
苗 族	10544	5495	5049	38485	18278	20207
彝 族	86	41	45	599	328	271
壮 族	473	238	235	1521	730	791
布依族	98	43	55	553	239	314
朝鲜族	107	63	44	234	103	131
满 族	366	183	183	633	307	326
侗 族	3032	1541	1491	8077	3982	4095
瑶 族	2162	1148	1014	5576	2807	2769
白 族	674	351	323	2038	941	1097
土家族	23429	12382	11047	84070	39723	44347
哈尼族	23	11	12	139	38	101
哈萨克族	2	1	1	4	1	3
傣 族	13	10	3	102	43	59
黎 族	50	24	26	112	46	66
傈僳族	8	6	2	25	14	11
佤 族	2	1	1	61	24	37
畲 族	49	28	21	129	75	54
高山族				2		2
拉祜族	6	1	5	61	14	47
水 族	15	9	6	79	37	42
东乡族	30	16	14	220	127	93
纳西族	3		3	7	1	6
景颇族	2	1	1	14	6	8
柯尔克孜族	1	1		3	1	2
土 族	55	36	19	157	86	71
达斡尔族	4	2	2	9	6	3
仫佬族	26	12	14	65	36	29
羌 族	10	8	2	26	16	10
布朗族				11	2	9
撒拉族	6	4	2	37	19	18
毛南族	6	3	3	36	15	21
仡佬族	35	15	20	178	98	80
锡伯族	5	4	1	12	6	6
阿昌族	2	1	1	3	1	2
普米族	2		2	1	1	
塔吉克族						
怒 族				1		1
乌孜别克族						
俄罗斯族	1		1	1	1	
鄂温克族	2	2				
德昂族				1		1
保安族	2		2	10	4	6
裕固族	1	1		1		1
京 族	1		1	3	3	
塔塔尔族						
独龙族						
鄂伦春族				1		1
赫哲族						
门巴族						
珞巴族						
基诺族	1	1		1		1
未定族称人口	22	13	9	104	56	48
入 籍				1		1

2-3a　续表 2　　　　单位：人

民　族	初　中			高　中			大学专科		
	小计	男	女	小计	男	女	小计	男	女
总　计	**5191264**	**2574936**	**2616328**	**4549768**	**2347807**	**2201961**	**2493822**	**1253051**	**1240771**
汉　族	4967033	2461870	2505163	4388915	2266524	2122391	2361163	1189611	1171552
蒙古族	413	234	179	525	282	243	635	355	280
回　族	6254	3224	3030	5364	2777	2587	3190	1586	1604
藏　族	170	92	78	614	263	351	1889	862	1027
维吾尔族	1318	862	456	677	399	278	431	198	233
苗　族	54517	27333	27184	37861	19289	18572	33614	15889	17725
彝　族	1051	590	461	566	298	268	677	319	358
壮　族	3467	1493	1974	2015	883	1132	1726	757	969
布依族	1088	514	574	481	212	269	549	238	311
朝鲜族	265	148	117	457	279	178	308	170	138
满　族	752	392	360	854	452	402	1047	605	442
侗　族	12938	6783	6155	9919	5006	4913	9229	4228	5001
瑶　族	7382	3800	3582	6237	3120	3117	6910	3245	3665
白　族	3220	1585	1635	2753	1315	1438	2388	1128	1260
土家族	129120	64879	64241	91200	46063	45137	68812	33278	35534
哈尼族	171	61	110	88	37	51	66	30	36
哈萨克族	8	5	3	30	11	19	26	17	9
傣　族	152	45	107	96	33	63	62	22	40
黎　族	260	90	170	150	52	98	183	74	109
傈僳族	53	23	30	27	13	14	25	5	20
佤　族	88	43	45	33	21	12	14	5	9
畲　族	145	93	52	107	63	44	100	53	47
高山族	2	1	1	5	4	1	6	3	3
拉祜族	41	9	32	13	3	10	8	1	7
水　族	139	82	57	68	36	32	76	36	40
东乡族	151	104	47	40	25	15	12	8	4
纳西族	11	3	8	11	6	5	28	11	17
景颇族	27	10	17	13	5	8	6	2	4
柯尔克孜族	3		3	3	1	2	4	3	1
土　族	191	91	100	215	110	105	164	77	87
达斡尔族	8	4	4	8	2	6	17	9	8
仫佬族	111	53	58	82	39	43	75	36	39
羌　族	23	18	5	18	11	7	17	9	8
布朗族	11		11	7	4	3	1		1
撒拉族	25	18	7	7	4	3	3	3	
毛南族	52	30	22	22	10	12	17	7	10
仡佬族	364	226	138	120	63	57	155	78	77
锡伯族	15	6	9	20	13	7	21	14	7
阿昌族	4	3	1	4	2	2	2	1	1
普米族	1	1					2		2
塔吉克族							3	2	1
怒　族	2		2				1	1	
乌孜别克族							1	1	
俄罗斯族	5	2	3	4	3	1			
鄂温克族	3	1	2				8	4	4
德昂族	3	1	2	2		2			
保安族	4	3	1	4	2	2	3	1	2
裕固族	1		1	2	1	1	2	1	1
京　族	2	1	1	2	2				
塔塔尔族	1	1		1	1		1	1	
独龙族	2	1	1	1		1	1	1	
鄂伦春族							1		1
赫哲族	1	1							
门巴族				5	2	3	6	4	2
珞巴族	2	2		1		1	1		1
基诺族	3	1	2	2		2	1	1	
未定族称人口	182	99	83	114	65	49	126	57	69
入　籍	9	5	4	5	1	4	9	4	5

2-3a 续表 3

单位：人

民族	大学本科			硕士研究生			博士研究生		
	小计	男	女	小计	男	女	小计	男	女
总　计	**2079840**	**1037821**	**1042019**	**187245**	**93210**	**94035**	**27955**	**17623**	**10332**
汉　族	1957876	981733	976143	177302	88771	88531	26689	16894	9795
蒙古族	1515	719	796	136	51	85	33	12	21
回　族	5023	2356	2667	501	209	292	77	43	34
藏　族	814	365	449	14	6	8	5	2	3
维吾尔族	1321	538	783	55	28	27	4	2	2
苗　族	26219	12045	14174	2151	949	1202	259	153	106
彝　族	915	411	504	54	20	34	8	4	4
壮　族	3213	1380	1833	214	98	116	41	22	19
布依族	718	315	403	39	13	26	6	3	3
朝鲜族	371	185	186	40	24	16	9	4	5
满　族	2682	1280	1402	278	134	144	68	41	27
侗　族	9591	4314	5277	664	299	365	74	43	31
瑶　族	7638	3447	4191	606	302	304	89	57	32
白　族	2583	1201	1382	237	104	133	31	18	13
土家族	56925	26483	30442	4798	2128	2670	543	313	230
哈尼族	92	33	59	7	2	5			
哈萨克族	222	93	129	3	2	1	1	1	
傣　族	89	37	52	4		4	2	1	1
黎　族	507	187	320	9	4	5			
傈僳族	33	12	21						
佤　族	23	8	15	1		1			
畲　族	217	91	126	24	17	7	4	2	2
高山族	7	3	4	1	1				
拉祜族	19	2	17	1		1			
水　族	79	42	37	3	1	2			
东乡族	24	16	8						
纳西族	61	28	33	3	2	1	1	1	
景颇族	9	2	7						
柯尔克孜族	29	11	18				1	1	
土　族	240	122	118	21	9	12			
达斡尔族	24	11	13	2	1	1			
仫佬族	100	46	54	9	4	5	1		1
羌　族	62	26	36	3	2	1	1	1	
布朗族	5	2	3	1		1			
撒拉族	14	5	9				1	1	
毛南族	26	8	18	3	2	1			
仡佬族	229	105	124	24	13	11	1	1	
锡伯族	55	20	35	6	2	4	1		1
阿昌族	8	3	5						
普米族	6	4	2	1	1				
塔吉克族	2	1	1						
怒　族	3	1	2						
乌孜别克族	4		4						
俄罗斯族	6	4	2	2		2	1		1
鄂温克族	8	2	6						
德昂族									
保安族	5	2	3						
裕固族	9	6	3	2		2			
京　族	7	4	3						
塔塔尔族	4	3	1						
独龙族	2		2						
鄂伦春族	5	3	2						
赫哲族	3	1	2						
门巴族	5	2	3						
珞巴族	3		3						
基诺族	1	1							
未定族称人口	179	98	81	26	11	15	4	3	1
入　籍	10	4	6						

2-3b　全省各民族分性别、受教育程度的3岁及以上人口(镇)

单位：人

民　族	3岁及以上人口			未上过学		
	合计	男	女	小计	男	女
总　计	**19546496**	**9931151**	**9615345**	**382357**	**132820**	**249537**
汉　族	17372141	8842429	8529712	329259	115157	214102
蒙古族	1012	556	456	8	2	6
回　族	21988	11867	10121	330	139	191
藏　族	1060	515	545	6	2	4
维吾尔族	3361	1734	1627	45	26	19
苗　族	698188	348438	349750	20672	7056	13616
彝　族	2792	1300	1492	41	15	26
壮　族	13076	5121	7955	182	63	119
布依族	2641	1036	1605	44	11	33
朝鲜族	277	138	139	2	1	1
满　族	1631	890	741	28	12	16
侗　族	319234	161344	157890	6564	2058	4506
瑶　族	183060	92875	90185	4163	1300	2863
白　族	37000	18169	18831	832	319	513
土家族	880458	440854	439604	20008	6607	13401
哈尼族	526	165	361	12	1	11
哈萨克族	30	13	17			
傣　族	487	162	325	8	2	6
黎　族	891	321	570	9	2	7
傈僳族	125	44	81	2		2
佤　族	284	102	182	10	1	9
畲　族	1222	650	572	24	12	12
高山族	44	23	21			
拉祜族	219	48	171	11		11
水　族	370	149	221	3	1	2
东乡族	673	486	187	5	1	4
纳西族	28	11	17			
景颇族	80	15	65	1		1
柯尔克孜族	2		2			
土　族	1678	808	870	38	15	23
达斡尔族	18	8	10	1		1
仫佬族	281	113	168	3	1	2
羌　族	57	28	29	1		1
布朗族	65	18	47	2		2
撒拉族	82	59	23	1		1
毛南族	82	27	55	1		1
仡佬族	668	319	349	6	1	5
锡伯族	21	12	9			
阿昌族	16	7	9			
普米族	2		2			
塔吉克族						
怒　族	6	1	5			
乌孜别克族	2	2				
俄罗斯族	5	2	3			
鄂温克族	5	2	3			
德昂族	14	7	7			
保安族	34	25	9			
裕固族	3	2	1			
京　族	8	2	6			
塔塔尔族	1	1				
独龙族	3	3				
鄂伦春族	3		3			
赫哲族	2	1	1			
门巴族	6	5	1			
珞巴族	1	1				
基诺族	9	3	6			
未定族称人口	463	218	245	31	14	17
入　籍	61	22	39	4	1	3

2-3b 续表 1

单位：人

民 族	学前教育			小 学		
	小计	男	女	小计	男	女
总 计	**792210**	**417163**	**375047**	**4729842**	**2222499**	**2507343**
汉 族	677656	356947	320709	4177363	1963443	2213920
蒙古族	49	31	18	139	74	65
回 族	1203	632	571	4540	2273	2267
藏 族	22	11	11	113	54	59
维吾尔族	116	51	65	410	227	183
苗 族	37120	19660	17460	174670	82208	92462
彝 族	81	41	40	495	211	284
壮 族	646	344	302	2522	1178	1344
布依族	124	59	65	522	219	303
朝鲜族	27	12	15	52	20	32
满 族	94	48	46	210	107	103
侗 族	16358	8614	7744	80314	37562	42752
瑶 族	10859	5800	5059	45105	21374	23731
白 族	2360	1231	1129	9922	4577	5345
土家族	45104	23480	21624	231550	108173	123377
哈尼族	19	6	13	120	26	94
哈萨克族	1		1	3	2	1
傣 族	21	10	11	103	29	74
黎 族	54	27	27	171	64	107
傈僳族	2	1	1	23	4	19
佤 族	9	6	3	79	29	50
畲 族	72	40	32	280	141	139
高山族	3	2	1	9	5	4
拉祜族	7	1	6	65	12	53
水 族	16	11	5	71	31	40
东乡族	8	2	6	75	44	31
纳西族	3	2	1	6	3	3
景颇族				15	1	14
柯尔克孜族						
土 族	102	52	50	482	235	247
达斡尔族	2	2		2	1	1
仫佬族	18	9	9	57	24	33
羌 族	1	1		12	5	7
布朗族	2		2	23	7	16
撒拉族	2	1	1	3	2	1
毛南族	2	1	1	13	3	10
仡佬族	20	13	7	139	63	76
锡伯族				3	2	1
阿昌族				4	2	2
普米族				1		1
塔吉克族						
怒 族					1	5
乌孜别克族						
俄罗斯族						
鄂温克族	1		1			
德昂族				2	1	1
保安族				2		2
裕固族				3	2	1
京 族				3	1	2
塔塔尔族						
独龙族	2	2				
鄂伦春族				1		1
赫哲族						
门巴族	1	1		1	1	
珞巴族						
基诺族	2	1	1	1		1
未定族称人口	19	10	9	118	53	65
入 籍	2	1	1	19	5	14

2-3b　续表 2

单位：人

民　族	初　中			高　中			大学专科		
	小计	男	女	小计	男	女	小计	男	女
总　计	**7278076**	**3713328**	**3564748**	**4098843**	**2235923**	**1862920**	**1466949**	**789460**	**677489**
汉　族	6500587	3318697	3181890	3695961	2021538	1674423	1287438	694493	592945
蒙古族	255	130	125	194	107	87	164	104	60
回　族	7754	4295	3459	4951	2796	2155	1949	1080	869
藏　族	216	102	114	238	113	125	368	194	174
维吾尔族	1143	610	533	1308	666	642	150	74	76
苗　族	259881	130659	129222	121856	64699	57157	57937	30820	27117
彝　族	1241	566	675	564	284	280	218	105	113
壮　族	5333	1792	3541	2629	1025	1604	1127	481	646
布依族	1184	425	759	471	191	280	180	79	101
朝鲜族	51	31	20	58	30	28	41	24	17
满　族	328	188	140	307	169	138	275	146	129
侗　族	121913	62580	59333	54775	29816	24959	25623	13733	11890
瑶　族	60528	31063	29465	39483	21164	18319	14543	7809	6734
白　族	10986	5328	5658	7206	3791	3415	3379	1758	1621
土家族	303477	155428	148049	167176	88727	78449	72844	38209	34635
哈尼族	204	61	143	120	53	67	37	11	26
哈萨克族	10	7	3	1		1	4	3	1
傣　族	195	58	137	109	34	75	30	19	11
黎　族	315	101	214	149	61	88	91	31	60
傈僳族	58	19	39	24	9	15	10	8	2
佤　族	126	48	78	44	12	32	4	1	3
畲　族	397	222	175	210	107	103	140	75	65
高山族	17	8	9	5	4	1	9	4	5
拉祜族	72	23	49	51	10	41	9	1	8
水　族	159	58	101	73	31	42	29	9	20
东乡族	309	236	73	228	165	63	34	28	6
纳西族	8	2	6	4	2	2	7	2	5
景颇族	31	8	23	23	4	19	7	1	6
柯尔克孜族							1		1
土　族	542	253	289	278	135	143	150	84	66
达斡尔族	4	1	3	2	1	1			
仫佬族	120	42	78	39	15	24	23	10	13
羌　族	17	9	8	12	9	3	6		6
布朗族	18	6	12	12	3	9	6	1	5
撒拉族	40	28	12	25	19	6	6	4	2
毛南族	40	17	23	20	5	15	5	1	4
仡佬族	273	111	162	135	82	53	59	31	28
锡伯族	2	1	1	1	1		2	2	
阿昌族	6	2	4	3		3	2	2	
普米族	1		1						
塔吉克族									
怒　族									
乌孜别克族	1	1							
俄罗斯族				1		1	1	1	
鄂温克族	2	1	1	1	1		1		1
德昂族	8	5	3	4	1	3			
保安族	17	11	6	12	11	1	3	3	
裕固族									
京　族	3	1	2	2		2			
塔塔尔族	1	1							
独龙族	1	1							
鄂伦春族	1		1	1		1			
赫哲族				2	1	1			
门巴族	1		1				2	2	
珞巴族							1	1	
基诺族	1	1		4	1	3			
未定族称人口	171	80	91	66	29	37	34	16	18
入　籍	28	11	17	5	1	4			

2-3b 续表 3

单位：人

民族	大学本科			硕士研究生			博士研究生		
	小计	男	女	小计	男	女	小计	男	女
总计	**758754**	**399594**	**359160**	**34996**	**17594**	**17402**	**4469**	**2770**	**1699**
汉族	667788	353323	314465	32029	16286	15743	4060	2545	1515
蒙古族	192	102	90	9	5	4	2	1	1
回族	1188	615	573	65	33	32	8	4	4
藏族	94	38	56	3	1	2			
维吾尔族	176	74	102	11	6	5	2		2
苗族	25133	12891	12242	792	375	417	127	70	57
彝族	146	76	70	5	1	4	1	1	
壮族	624	230	394	12	7	5	1	1	
布依族	108	47	61	7	4	3	1	1	
朝鲜族	45	20	25	1		1			
满族	359	201	158	26	15	11	4	4	
侗族	13309	6814	6495	338	147	191	40	20	20
瑶族	8125	4241	3884	235	116	119	19	8	11
白族	2250	1148	1102	60	17	43	5		5
土家族	38716	19543	19173	1385	573	812	198	114	84
哈尼族	14	7	7						
哈萨克族	11	1	10						
傣族	21	10	11						
黎族	99	33	66	3	2	1			
傈僳族	6	3	3						
佤族	11	4	7	1	1				
畲族	93	49	44	5	3	2	1	1	
高山族	1		1						
拉祜族	4	1	3						
水族	17	8	9	2		2			
东乡族	14	10	4						
纳西族									
景颇族	3	1	2						
柯尔克孜族	1		1						
土族	86	34	52						
达斡尔族	7	3	4						
仫佬族	19	11	8	2	1	1			
羌族	7	4	3	1		1			
布朗族	2	1	1						
撒拉族	5	5							
毛南族	1		1						
仡佬族	34	17	17	2	1	1			
锡伯族	13	6	7						
阿昌族	1	1							
普米族									
塔吉克族									
怒族									
乌孜别克族	1	1							
俄罗斯族	2	1	1	1		1			
鄂温克族									
德昂族									
保安族									
裕固族									
京族									
塔塔尔族									
独龙族									
鄂伦春族									
赫哲族									
门巴族	1	1							
珞巴族									
基诺族	1		1						
未定族称人口	23	16	7	1		1			
入籍	3	3							

2-3c　全省各民族分性别、受教育程度的3岁及以上人口(乡村)

单位：人

民　族	3岁及以上人口			未上过学		
	合计	男	女	小计	男	女
总　计	**26559030**	**13834550**	**12724480**	**1007968**	**307606**	**700362**
汉　族	23138836	12015503	11123333	820105	252924	567181
蒙古族	640	325	315	10	5	5
回　族	31537	17514	14023	843	309	534
藏　族	1455	594	861	22	6	16
维吾尔族	2777	1600	1177	69	38	31
苗　族	1048053	555989	492064	65436	19744	45692
彝　族	2711	982	1729	76	26	50
壮　族	18057	6794	11263	575	151	424
布依族	3032	883	2149	102	32	70
朝鲜族	189	93	96	2	1	1
满　族	672	337	335	12	4	8
侗　族	462313	250025	212288	20310	5738	14572
瑶　族	501145	268984	232161	30753	7879	22874
白　族	63735	33699	30036	3860	1056	2804
土家族	1274457	677550	596907	65386	19617	45769
哈尼族	672	110	562	48	4	44
哈萨克族	30	13	17	2		2
傣　族	489	86	403	29		29
黎　族	924	315	609	36	11	25
傈僳族	188	41	147	8	3	5
佤　族	322	45	277	21	3	18
畲　族	1637	996	641	33	14	19
高山族	17	8	9	1	1	
拉祜族	288	26	262	25		25
水　族	436	145	291	15		15
东乡族	130	73	57	8	3	5
纳西族	27	4	23			
景颇族	122	10	112	11	2	9
柯尔克孜族	3		3			
土　族	1335	712	623	32	12	20
达斡尔族	4	2	2	1	1	
仫佬族	575	284	291	12	3	9
羌　族	43	21	22	1	1	
布朗族	125	13	112	17	1	16
撒拉族	16	10	6	2		2
毛南族	89	25	64	1		1
仡佬族	676	296	380	7	4	3
锡伯族	9	3	6			
阿昌族	21	6	15	1		1
普米族	3	2	1			
塔吉克族	2	2				
怒　族	11	2	9	1		1
乌孜别克族						
俄罗斯族	1		1			
鄂温克族	1		1			
德昂族	10	2	8	2	1	1
保安族	5	2	3			
裕固族	2	2		1	1	
京　族	23	2	21	1		1
塔塔尔族	5	3	2			
独龙族	11	7	4			
鄂伦春族	2	1	1			
赫哲族	2	2				
门巴族	3	2	1			
珞巴族						
基诺族	10	1	9	1		1
未定族称人口	964	375	589	57	8	49
入　籍	188	29	159	33	3	30

2-3c 续表 1

单位：人

民族	学前教育			小学		
	小计	男	女	小计	男	女
总计	**1019601**	**526328**	**493273**	**9082079**	**4296956**	**4785123**
汉族	873499	450794	422705	7838382	3688974	4149408
蒙古族	32	16	16	119	62	57
回族	1340	706	634	10174	5129	5045
藏族	18	7	11	124	47	77
维吾尔族	175	84	91	867	510	357
苗族	45568	23574	21994	363004	178066	184938
彝族	127	57	70	768	309	459
壮族	914	488	426	5166	2261	2905
布依族	158	90	68	842	297	545
朝鲜族	11	4	7	67	35	32
满族	27	11	16	153	78	75
侗族	18847	9789	9058	167775	80958	86817
瑶族	24402	12701	11701	186946	90364	96582
白族	2273	1205	1068	23035	11041	11994
土家族	51809	26609	25200	481717	237760	243957
哈尼族	27	12	15	249	31	218
哈萨克族	1	1		7	2	5
傣族	20	5	15	151	34	117
黎族	39	22	17	264	110	154
傈僳族	14	4	10	67	13	54
佤族	6	4	2	139	15	124
畲族	82	42	40	500	260	240
高山族	2	1	1	5	2	3
拉祜族	8	1	7	135	16	119
水族	22	17	5	137	53	84
东乡族	5	2	3	50	28	22
纳西族				5	1	4
景颇族	2		2	53	4	49
柯尔克孜族						
土族	48	19	29	493	240	253
达斡尔族				1		1
仫佬族	28	16	12	154	82	72
羌族	2		2	7	3	4
布朗族	3		3	58	4	54
撒拉族	1	1		7	5	2
毛南族	6	5	1	11	2	9
仡佬族	39	18	21	159	66	93
锡伯族				3	1	2
阿昌族	1	1		8	1	7
普米族	1	1				
塔吉克族				1	1	
怒族				7	2	5
乌孜别克族						
俄罗斯族						
鄂温克族						
德昂族				3		3
保安族				2	2	
裕固族						
京族				8	2	6
塔塔尔族				2	1	1
独龙族				6	4	2
鄂伦春族						
赫哲族				1	1	
门巴族				1	1	
珞巴族						
基诺族	1		1	3	1	2
未定族称人口	38	20	18	185	71	114
入籍	5	1	4	58	6	52

2-3c　续表 2　　　　单位：人

民　族	初　中			高　中			大学专科		
	小计	男	女	小计	男	女	小计	男	女
总　计	**11208821**	**6203081**	**5005740**	**3162346**	**1929281**	**1233065**	**757056**	**405402**	**351654**
汉　族	9792943	5372814	4420129	2867219	1746264	1120955	662317	355706	306611
蒙古族	260	131	129	99	47	52	77	41	36
回　族	13332	7885	5447	4054	2569	1485	1179	614	565
藏　族	238	63	175	90	32	58	931	426	505
维吾尔族	1082	669	413	342	203	139	158	51	107
苗　族	447563	259968	187595	87471	54316	33155	29224	15501	13723
彝　族	1281	426	855	302	109	193	105	37	68
壮　族	8890	3041	5849	1763	566	1197	511	180	331
布依族	1525	347	1178	250	69	181	108	35	73
朝鲜族	55	27	28	31	15	16	8	3	5
满　族	259	133	126	84	48	36	48	28	20
侗　族	207925	124811	83114	33494	21461	12033	9946	5288	4658
瑶　族	202839	123117	79722	40844	26698	14146	11053	6006	5047
白　族	25558	15178	10380	6051	3715	2336	2165	1124	1041
土家族	501191	292916	208275	119324	72745	46579	38893	20225	18668
哈尼族	279	46	233	46	11	35	17	5	12
哈萨克族	9	6	3	2	1	1	3		3
傣　族	224	34	190	50	9	41	13	3	10
黎　族	452	132	320	83	29	54	25	6	19
傈僳族	73	12	61	18	7	11	7	1	6
佤　族	130	15	115	22	8	14	4		4
畲　族	726	490	236	200	134	66	73	40	33
高山族	5	3	2	4	1	3			
拉祜族	100	6	94	20	3	17			
水　族	199	54	145	41	15	26	19	5	14
东乡族	45	28	17	21	11	10	1	1	
纳西族	10	2	8	4		4	4	1	3
景颇族	45	3	42	11	1	10			
柯尔克孜族	1		1	1		1	1		1
土　族	536	316	220	161	95	66	45	22	23
达斡尔族				1		1	1	1	
仫佬族	242	108	134	99	52	47	19	14	5
羌　族	22	12	10	4	2	2	3	2	1
布朗族	40	7	33	3	1	2	3		3
撒拉族	6	4	2						
毛南族	53	14	39	13		13	3	2	1
仡佬族	338	145	193	66	32	34	51	21	30
锡伯族	3	2	1	2		2	1		1
阿昌族	10	4	6	1		1			
普米族	1		1				1	1	
塔吉克族									
怒　族	3		3						
乌孜别克族									
俄罗斯族									
鄂温克族	1		1						
德昂族	3	1	2	2		2			
保安族	2		2	1		1			
裕固族	1	1							
京　族	12		12				2		2
塔塔尔族	3	2	1						
独龙族	5	3	2						
鄂伦春族	2	1	1						
赫哲族				1	1				
门巴族							1		1
珞巴族									
基诺族	4		4	1		1			
未定族称人口	224	88	136	36	10	26	30	11	19
入　籍	71	16	55	14	1	13	6	1	5

2-3c 续表 3

单位：人

民 族	大学本科			硕士研究生			博士研究生		
	小计	男	女	小计	男	女	小计	男	女
总 计	**303206**	**156667**	**146539**	**15626**	**7846**	**7780**	**2327**	**1383**	**944**
汉 族	268220	139659	128561	14063	7122	6941	2088	1246	842
蒙古族	42	22	20	1	1				
回 族	576	284	292	34	16	18	5	2	3
藏 族	31	12	19	1	1				
维吾尔族	77	41	36	6	3	3	1	1	
苗 族	9274	4563	4711	445	219	226	68	38	30
彝 族	50	18	32	2		2			
壮 族	230	105	125	7	2	5	1		1
布依族	46	13	33	1		1			
朝鲜族	15	8	7						
满 族	88	35	53	1		1			
侗 族	3849	1893	1956	145	72	73	22	15	7
瑶 族	4127	2129	1998	160	76	84	21	14	7
白 族	751	362	389	37	16	21	5	2	3
土家族	15305	7298	8007	717	315	402	115	65	50
哈尼族	6	1	5						
哈萨克族	6	3	3						
傣 族	2	1	1						
黎 族	24	4	20	1	1				
傈僳族	1	1							
佤 族									
畲 族	21	14	7	2	2				
高山族									
拉祜族									
水 族	3	1	2						
东乡族									
纳西族	4		4						
景颇族									
柯尔克孜族									
土 族	18	8	10	2		2			
达斡尔族									
仫佬族	19	9	10	1		1	1		1
羌 族	4	1	3						
布朗族	1		1						
撒拉族									
毛南族	2	2							
仡佬族	16	10	6						
锡伯族									
阿昌族									
普米族									
塔吉克族	1	1							
怒 族									
乌孜别克族									
俄罗斯族	1		1						
鄂温克族									
德昂族									
保安族									
裕固族									
京 族									
塔塔尔族									
独龙族									
鄂伦春族									
赫哲族									
门巴族	1	1							
珞巴族									
基诺族									
未定族称人口	394	167	227						
入 籍	1	1							

2-4　全省各民族按户口登记地、性别分的户口登记地在外乡镇街道的人口

单位：人

民族	户口登记地					
	合计			省内		
	合计	男	女	小计	男	女
总　计	**17575847**	**8865460**	**8710387**	**15998284**	**8020026**	**7978258**
汉　族	16054242	8127676	7926566	14631492	7357882	7273610
蒙古族	4099	2139	1960	769	344	425
回　族	24635	12781	11854	15969	7855	8114
藏　族	5421	2506	2915	518	212	306
维吾尔族	7396	3946	3450	1200	581	619
苗　族	448684	217997	230687	416677	201982	214695
彝　族	7362	3649	3713	693	295	398
壮　族	23860	9479	14381	5937	2347	3590
布依族	6825	2876	3949	834	278	556
朝鲜族	1682	927	755	470	266	204
满　族	6316	3301	3015	1660	821	839
侗　族	171356	83375	87981	155071	75111	79960
瑶　族	116675	57272	59403	110452	54471	55981
白　族	31726	15204	16522	29973	14426	15547
土家族	648071	314459	333612	622663	301451	321212
哈尼族	1275	408	867	143	34	109
哈萨克族	299	136	163	21	11	10
傣　族	1081	361	720	120	45	75
黎　族	2144	733	1411	440	168	272
傈僳族	334	123	211	52	21	31
佤　族	548	190	358	68	25	43
畲　族	1395	752	643	586	280	306
高山族	29	13	16	20	8	12
拉祜族	487	85	402	39	8	31
水　族	924	447	477	121	50	71
东乡族	1326	874	452	10	7	3
纳西族	148	53	95	15	7	8
景颇族	184	45	139	7	1	6
柯尔克孜族	43	16	27	2		2
土　族	1440	718	722	1186	601	585
达斡尔族	70	32	38	11	5	6
仫佬族	675	312	363	200	91	109
羌　族	227	127	100	25	11	14
布朗族	133	27	106	23	4	19
撒拉族	202	123	79	1		1
毛南族	260	112	148	29	8	21
仡佬族	2051	1107	944	206	82	124
锡伯族	122	57	65	33	13	20
阿昌族	38	17	21	2	1	1
普米族	15	8	7	3	2	1
塔吉克族	6	4	2			
怒　族	19	4	15	4	1	3
乌孜别克族	5	2	3	2	2	
俄罗斯族	18	9	9	4	1	3
鄂温克族	16	3	13			
德昂族	25	10	15	1		1
保安族	65	37	28			
裕固族	16	9	7	4	2	2
京　族	18	11	7			
塔塔尔族	8	7	1	2	2	
独龙族	8	3	5	6	3	3
鄂伦春族	8	1	7	4	1	3
赫哲族	4	2	2			
门巴族	24	14	10	5	4	1
珞巴族	8	3	5			
基诺族	19	6	13	2		2
未定族称人口	1728	843	885	500	201	299
入　籍	52	29	23	9	4	5

2-4 续表 单位：人

民 族	户口登记地					
	省 内			省 外		
	其中市辖区内人户分离					
	小计	男	女	小计	男	女
总 计	**3403819**	**1674350**	**1729469**	**1577563**	**845434**	**732129**
汉 族	3245965	1598021	1647944	1422750	769794	652956
蒙古族	352	151	201	3330	1795	1535
回 族	5505	2677	2828	8666	4926	3740
藏 族	303	119	184	4903	2294	2609
维吾尔族	320	153	167	6196	3365	2831
苗 族	11983	5630	6353	32007	16015	15992
彝 族	184	88	96	6669	3354	3315
壮 族	877	389	488	17923	7132	10791
布依族	143	60	83	5991	2598	3393
朝鲜族	259	153	106	1212	661	551
满 族	856	426	430	4656	2480	2176
侗 族	6326	3084	3242	16285	8264	8021
瑶 族	4767	2338	2429	6223	2801	3422
白 族	3778	1822	1956	1753	778	975
土家族	121588	58967	62621	25408	13008	12400
哈尼族	26	11	15	1132	374	758
哈萨克族	7	2	5	278	125	153
傣 族	29	14	15	961	316	645
黎 族	83	31	52	1704	565	1139
傈僳族	4	2	2	282	102	180
佤 族	8	5	3	480	165	315
畲 族	49	24	25	809	472	337
高山族	8	4	4	9	5	4
拉祜族	3	1	2	448	77	371
水 族	21	9	12	803	397	406
东乡族	2	1	1	1316	867	449
纳西族	8	4	4	133	46	87
景颇族	2		2	177	44	133
柯尔克孜族				41	16	25
土 族	183	85	98	254	117	137
达斡尔族	5	1	4	59	27	32
仫佬族	33	16	17	475	221	254
羌 族	1		1	202	116	86
布朗族	4		4	110	23	87
撒拉族				201	123	78
毛南族	6	1	5	231	104	127
仡佬族	55	26	29	1845	1025	820
锡伯族	20	9	11	89	44	45
阿昌族				36	16	20
普米族	1	1		12	6	6
塔吉克族				6	4	2
怒 族	2		2	15	3	12
乌孜别克族	1	1		3		3
俄罗斯族	2	1	1	14	8	6
鄂温克族				16	3	13
德昂族				24	10	14
保安族				65	37	28
裕固族				12	7	5
京 族				18	11	7
塔塔尔族	1	1		6	5	1
独龙族	2	1	1	2		2
鄂伦春族	2	1	1	4		4
赫哲族				4	2	2
门巴族	1	1		19	10	9
珞巴族				8	3	5
基诺族				17	6	11
未定族称人口	44	19	25	1228	642	586
入 籍				43	25	18

2-4a 全省各民族按户口登记地、性别分的户口登记地在外乡镇街道的人口(城市)

单位：人

民族	户口登记地					
	合计			省内		
	合计	男	女	小计	男	女
总计	**10384897**	**5232988**	**5151909**	**9398123**	**4693624**	**4704499**
汉族	9796475	4947049	4849426	8882815	4445247	4437568
蒙古族	3069	1559	1510	541	239	302
回族	14658	7345	7313	9688	4721	4967
藏族	3478	1576	1902	386	156	230
维吾尔族	4193	2279	1914	699	335	364
苗族	159225	77414	81811	146554	70595	75959
彝族	3611	1855	1756	355	153	202
壮族	11255	4996	6259	2336	945	1391
布依族	3239	1438	1801	383	134	249
朝鲜族	1400	775	625	368	210	158
满族	4839	2455	2384	1307	638	669
侗族	43683	21357	22326	37855	18034	19821
瑶族	30528	14851	15677	28607	13938	14669
白族	10613	5041	5572	9667	4614	5053
土家族	286188	139033	147155	274761	132861	141900
哈尼族	527	187	340	67	20	47
哈萨克族	259	120	139	14	5	9
傣族	454	164	290	77	30	47
黎族	1172	432	740	221	92	129
傈僳族	163	71	92	26	11	15
佤族	207	97	110	28	8	20
畲族	668	348	320	176	76	100
高山族	16	7	9	12	5	7
拉祜族	146	25	121	19	1	18
水族	426	229	197	52	26	26
东乡族	523	316	207	4	3	1
纳西族	112	43	69	14	7	7
景颇族	65	22	43	5		5
柯尔克孜族	39	16	23	1		1
土族	816	416	400	650	331	319
达斡尔族	57	26	31	9	4	5
仫佬族	392	202	190	133	65	68
羌族	138	80	58	10	3	7
布朗族	36	6	30	9	1	8
撒拉族	104	54	50			
毛南族	152	72	80	15	4	11
仡佬族	1060	581	479	112	50	62
锡伯族	98	45	53	26	12	14
阿昌族	19	10	9	1	1	
普米族	13	7	6	3	2	1
塔吉克族	5	3	2			
怒族	6	2	4	4	1	3
乌孜别克族	4	1	3	1	1	
俄罗斯族	13	7	6	2	1	1
鄂温克族	14	3	11			
德昂族	5	1	4	1		1
保安族	25	10	15			
裕固族	14	8	6	2	1	1
京族	12	7	5			
塔塔尔族	7	6	1	1	1	
独龙族	5	2	3	4	2	2
鄂伦春族	5	1	4	2	1	1
赫哲族	3	1	2			
门巴族	15	7	8	2	1	1
珞巴族	7	2	5			
基诺族	8	3	5	1		1
未定族称人口	616	319	297	93	38	55
入籍	17	6	11	4		4

2-4a 续表 单位：人

民族	户口登记地					
	省内			省外		
	其中市辖区内人户分离					
	小计	男	女	小计	男	女
总计	**3258654**	**1601275**	**1657379**	**986774**	**539364**	**447410**
汉族	3112067	1530455	1581612	913660	501802	411858
蒙古族	346	150	196	2528	1320	1208
回族	5120	2478	2642	4970	2624	2346
藏族	302	118	184	3092	1420	1672
维吾尔族	306	147	159	3494	1944	1550
苗族	11411	5351	6060	12671	6819	5852
彝族	170	81	89	3256	1702	1554
壮族	845	378	467	8919	4051	4868
布依族	136	55	81	2856	1304	1552
朝鲜族	259	153	106	1032	565	467
满族	847	420	427	3532	1817	1715
侗族	6017	2928	3089	5828	3323	2505
瑶族	4529	2209	2320	1921	913	1008
白族	3656	1765	1891	946	427	519
土家族	112061	54326	57735	11427	6172	5255
哈尼族	24	10	14	460	167	293
哈萨克族	6	2	4	245	115	130
傣族	28	14	14	377	134	243
黎族	72	27	45	951	340	611
傈僳族	4	2	2	137	60	77
佤族	8	5	3	179	89	90
畲族	49	24	25	492	272	220
高山族	8	4	4	4	2	2
拉祜族	2		2	127	24	103
水族	19	9	10	374	203	171
东乡族	1	1		519	313	206
纳西族	8	4	4	98	36	62
景颇族	2		2	60	22	38
柯尔克孜族				38	16	22
土族	178	83	95	166	85	81
达斡尔族	5	1	4	48	22	26
仫佬族	33	16	17	259	137	122
羌族	1		1	128	77	51
布朗族	4		4	27	5	22
撒拉族				104	54	50
毛南族	6	1	5	137	68	69
仡佬族	49	23	26	948	531	417
锡伯族	20	9	11	72	33	39
阿昌族				18	9	9
普米族	1	1		10	5	5
塔吉克族				5	3	2
怒族	2		2	2	1	1
乌孜别克族	1	1		3		3
俄罗斯族	2	1	1	11	6	5
鄂温克族				14	3	11
德昂族				4	1	3
保安族				25	10	15
裕固族				12	7	5
京族				12	7	5
塔塔尔族	1	1		6	5	1
独龙族	1	1		1		1
鄂伦春族	2	1	1	3		3
赫哲族				3	1	2
门巴族	1	1		13	6	7
珞巴族				7	2	5
基诺族				7	3	4
未定族称人口	44	19	25	523	281	242
入籍				13	6	7

2-4b 全省各民族按户口登记地、性别分的户口登记地在外乡镇街道的人口(镇)

单位：人

民族	户口登记地					
	合计			省内		
	合计	男	女	小计	男	女
总计	**6052634**	**3060712**	**2991922**	**5652839**	**2844694**	**2808145**
汉族	5262622	2676940	2585682	4912062	2485299	2426763
蒙古族	755	439	316	196	90	106
回族	8619	4740	3879	5499	2745	2754
藏族	862	434	428	92	35	57
维吾尔族	2637	1354	1283	373	190	183
苗族	245783	119408	126375	234518	113825	120693
彝族	2253	1135	1118	285	113	172
壮族	8174	3150	5024	3130	1194	1936
布依族	2100	899	1201	381	116	265
朝鲜族	189	106	83	52	32	20
满族	1105	631	474	300	155	145
侗族	113626	55478	58148	107315	52379	54936
瑶族	72953	36148	36805	70739	35127	35612
白族	18190	8677	9513	17742	8473	9269
土家族	307138	148519	158619	298610	144251	154359
哈尼族	438	154	284	65	11	54
哈萨克族	28	12	16	5	5	
傣族	387	140	247	41	15	26
黎族	625	210	415	183	64	119
傈僳族	90	36	54	23	9	14
佤族	195	71	124	34	15	19
畲族	587	312	275	384	189	195
高山族	10	6	4	6	3	3
拉祜族	179	41	138	15	6	9
水族	288	130	158	60	22	38
东乡族	673	485	188	3	3	
纳西族	19	7	12	1		1
景颇族	66	15	51	1		1
柯尔克孜族	2		2	1		1
土族	544	263	281	490	243	247
达斡尔族	10	4	6			
仫佬族	181	77	104	58	22	36
羌族	51	27	24	13	6	7
布朗族	53	17	36	13	3	10
撒拉族	83	59	24	1		1
毛南族	62	23	39	11	2	9
仡佬族	545	285	260	80	27	53
锡伯族	17	9	8	5	1	4
阿昌族	10	3	7	1		1
普米族	1		1			
塔吉克族						
怒族	5	1	4			
乌孜别克族	1	1		1	1	
俄罗斯族	4	2	2	2		2
鄂温克族	1		1			
德昂族	12	7	5			
保安族	35	25	10			
裕固族	2	1	1	2	1	1
京族	2	2				
塔塔尔族	1	1		1	1	
独龙族	1	1		1	1	
鄂伦春族	2		2	1		1
赫哲族	1	1				
门巴族	6	5	1	1	1	
珞巴族	1	1				
基诺族	7	3	4	1		1
未定族称人口	374	198	176	37	15	22
入籍	29	19	10	4	4	

2-4b 续表

单位：人

民族	户口登记地					
	省内			省外		
	其中市辖区内人户分离					
	小计	男	女	小计	男	女
总　计	**53861**	**26899**	**26962**	**399795**	**216018**	**183777**
汉　族	52560	26226	26334	350560	191641	158919
蒙古族	3	1	2	559	349	210
回　族	193	102	91	3120	1995	1125
藏　族				770	399	371
维吾尔族	2	1	1	2264	1164	1100
苗　族	64	30	34	11265	5583	5682
彝　族	1	1		1968	1022	946
壮　族	8	4	4	5044	1956	3088
布依族	1	1		1719	783	936
朝鲜族				137	74	63
满　族	7	5	2	805	476	329
侗　族	13	4	9	6311	3099	3212
瑶　族	56	27	29	2214	1021	1193
白　族	16	9	7	448	204	244
土家族	933	486	447	8528	4268	4260
哈尼族				373	143	230
哈萨克族				23	7	16
傣　族	1		1	346	125	221
黎　族	1		1	442	146	296
傈僳族				67	27	40
佤　族				161	56	105
畲　族				203	123	80
高山族				4	3	1
拉祜族	1	1		164	35	129
水　族				228	108	120
东乡族				670	482	188
纳西族				18	7	11
景颇族				65	15	50
柯尔克孜族				1		1
土　族				54	20	34
达斡尔族				10	4	6
仫佬族				123	55	68
羌　族				38	21	17
布朗族				40	14	26
撒拉族				82	59	23
毛南族				51	21	30
仡佬族	1	1		465	258	207
锡伯族				12	8	4
阿昌族				9	3	6
普米族				1		1
塔吉克族						
怒　族				5	1	4
乌孜别克族						
俄罗斯族				2	2	
鄂温克族				1		1
德昂族				12	7	5
保安族				35	25	10
裕固族						
京　族				2	2	
塔塔尔族						
独龙族						
鄂伦春族				1		1
赫哲族				1	1	
门巴族				5	4	1
珞巴族				1	1	
基诺族				6	3	3
未定族称人口				337	183	154
入　籍				25	15	10

2-4c　全省各民族按户口登记地、性别分的户口登记地在外乡镇街道的人口（乡村）

单位：人

民族	户口登记地					
	合计			省内		
	合计	男	女	小计	男	女
总计	**1138316**	**571760**	**566556**	**947322**	**481708**	**465614**
汉族	995145	503687	491458	836615	427336	409279
蒙古族	275	141	134	32	15	17
回族	1358	696	662	782	389	393
藏族	1081	496	585	40	21	19
维吾尔族	566	313	253	128	56	72
苗族	43676	21175	22501	35605	17562	18043
彝族	1498	659	839	53	29	24
壮族	4431	1333	3098	471	208	263
布依族	1486	539	947	70	28	42
朝鲜族	93	46	47	50	24	26
满族	372	215	157	53	28	25
侗族	14047	6540	7507	9901	4698	5203
瑶族	13194	6273	6921	11106	5406	5700
白族	2923	1486	1437	2564	1339	1225
土家族	54745	26907	27838	49292	24339	24953
哈尼族	310	67	243	11	3	8
哈萨克族	12	4	8	2	1	1
傣族	240	57	183	2		2
黎族	347	91	256	36	12	24
傈僳族	81	16	65	3	1	2
佤族	146	22	124	6	2	4
畲族	140	92	48	26	15	11
高山族	3		3	2		2
拉祜族	162	19	143	5	1	4
水族	210	88	122	9	2	7
东乡族	130	73	57	3	1	2
纳西族	17	3	14			
景颇族	53	8	45	1	1	
柯尔克孜族	2		2			
土族	80	39	41	46	27	19
达斡尔族	3	2	1	2	1	1
仫佬族	102	33	69	9	4	5
羌族	38	20	18	2	2	
布朗族	44	4	40	1		1
撒拉族	15	10	5			
毛南族	46	17	29	3	2	1
仡佬族	446	241	205	14	5	9
锡伯族	7	3	4	2		2
阿昌族	9	4	5			
普米族	1	1				
塔吉克族	1	1				
怒族	8	1	7			
乌孜别克族						
俄罗斯族	1		1			
鄂温克族	1		1			
德昂族	8	2	6			
保安族	5	2	3			
裕固族						
京族	4	2	2			
塔塔尔族						
独龙族	2		2	1		1
鄂伦春族	1		1	1		1
赫哲族						
门巴族	3	2	1	2	2	
珞巴族						
基诺族	4		4			
未定族称人口	738	326	412	370	148	222
入籍	6	4	2	1		1

2-4c 续表

单位：人

民 族	户口登记地					
	省 内			省 外		
	其中市辖区内人户分离					
	小计	男	女	小计	男	女
总 计	**91304**	**46176**	**45128**	**190994**	**90052**	**100942**
汉 族	81338	41340	39998	158530	76351	82179
蒙古族	3		3	243	126	117
回 族	192	97	95	576	307	269
藏 族	1	1		1041	475	566
维吾尔族	12	5	7	438	257	181
苗 族	508	249	259	8071	3613	4458
彝 族	13	6	7	1445	630	815
壮 族	24	7	17	3960	1125	2835
布依族	6	4	2	1416	511	905
朝鲜族				43	22	21
满 族	2	1	1	319	187	132
侗 族	296	152	144	4146	1842	2304
瑶 族	182	102	80	2088	867	1221
白 族	106	48	58	359	147	212
土家族	8594	4155	4439	5453	2568	2885
哈尼族	2	1	1	299	64	235
哈萨克族	1		1	10	3	7
傣 族				238	57	181
黎 族	10	4	6	311	79	232
傈僳族				78	15	63
佤 族				140	20	120
畲 族				114	77	37
高山族				1		1
拉祜族				157	18	139
水 族	2		2	201	86	115
东乡族	1		1	127	72	55
纳西族				17	3	14
景颇族				52	7	45
柯尔克孜族				2		2
土 族	5	2	3	34	12	22
达斡尔族				1	1	
仫佬族				93	29	64
羌 族				36	18	18
布朗族				43	4	39
撒拉族				15	10	5
毛南族				43	15	28
仡佬族	5	2	3	432	236	196
锡伯族				5	3	2
阿昌族				9	4	5
普米族				1	1	
塔吉克族				1	1	
怒 族				8	1	7
乌孜别克族						
俄罗斯族				1		1
鄂温克族				1		1
德昂族				8	2	6
保安族				5	2	3
裕固族						
京 族				4	2	2
塔塔尔族						
独龙族	1		1	1		1
鄂伦春族						
赫哲族						
门巴族				1		1
珞巴族						
基诺族				4		4
未定族称人口				368	178	190
入 籍				5	4	1

第一部分　全部数据资料

第三卷　年龄

3-1 全省分年龄、性别的人口

单位：人、%

年龄	人口数			占总人口比重			性别比（女=100）
	合计	男	女	合计	男	女	
总计	**66444864**	**33995673**	**32449191**	**100.00**	**51.16**	**48.84**	**104.77**
0-4岁	**3701088**	**1965736**	**1735352**	**5.57**	**2.96**	**2.61**	**113.28**
0	565517	301447	264070	0.85	0.45	0.40	114.15
1	661208	351933	309275	1.00	0.53	0.47	113.79
2	729944	387401	342543	1.10	0.58	0.52	113.10
3	877424	464267	413157	1.32	0.70	0.62	112.37
4	866995	460688	406307	1.30	0.69	0.61	113.38
5-9岁	**4648890**	**2483847**	**2165043**	**7.00**	**3.74**	**3.26**	**114.73**
5	859207	456817	402390	1.29	0.69	0.61	113.53
6	903816	482728	421088	1.36	0.73	0.63	114.64
7	926336	494131	432205	1.39	0.74	0.65	114.33
8	1003406	537100	466306	1.51	0.81	0.70	115.18
9	956125	513071	443054	1.44	0.77	0.67	115.80
10-14岁	**4619544**	**2474466**	**2145078**	**6.95**	**3.72**	**3.23**	**115.36**
10	945875	507147	438728	1.42	0.76	0.66	115.59
11	975945	522634	453311	1.47	0.79	0.68	115.29
12	937661	501429	436232	1.41	0.75	0.66	114.95
13	881423	471666	409757	1.33	0.71	0.62	115.11
14	878640	471590	407050	1.32	0.71	0.61	115.86
15-19岁	**3842701**	**2085474**	**1757227**	**5.78**	**3.14**	**2.64**	**118.68**
15	814159	441032	373127	1.23	0.66	0.56	118.20
16	801191	436602	364589	1.21	0.66	0.55	119.75
17	731119	397866	333253	1.10	0.60	0.50	119.39
18	731734	398587	333147	1.10	0.60	0.50	119.64
19	764498	411387	353111	1.15	0.62	0.53	116.50
20-24岁	**3078557**	**1616275**	**1462282**	**4.63**	**2.43**	**2.20**	**110.53**
20	696409	369683	326726	1.05	0.56	0.49	113.15
21	624497	327351	297146	0.94	0.49	0.45	110.17
22	631422	329966	301456	0.95	0.50	0.45	109.46
23	571893	299673	272220	0.86	0.45	0.41	110.08
24	554336	289602	264734	0.83	0.44	0.40	109.39
25-29岁	**3221455**	**1664755**	**1556700**	**4.85**	**2.51**	**2.34**	**106.94**
25	570505	296265	274240	0.86	0.45	0.41	108.03
26	532852	275135	257717	0.80	0.41	0.39	106.76
27	591460	304540	286920	0.89	0.46	0.43	106.14
28	673492	347755	325737	1.01	0.52	0.49	106.76
29	853146	441060	412086	1.28	0.66	0.62	107.03

3-1　续表 1　　　　单位：人、%

年　龄	人口数			占总人口比重			性别比（女=100）
	合计	男	女	合计	男	女	
30-34岁	**5448110**	**2752660**	**2695450**	**8.20**	**4.14**	**4.06**	**102.12**
30	1183201	601579	581622	1.78	0.91	0.88	103.43
31	1147729	579935	567794	1.73	0.87	0.85	102.14
32	1054336	531718	522618	1.59	0.80	0.79	101.74
33	1116672	563189	553483	1.68	0.85	0.83	101.75
34	946172	476239	469933	1.42	0.72	0.71	101.34
35-39岁	**4301609**	**2177206**	**2124403**	**6.47**	**3.28**	**3.20**	**102.49**
35	832768	421660	411108	1.25	0.63	0.62	102.57
36	843028	426428	416600	1.27	0.64	0.63	102.36
37	838480	424456	414024	1.26	0.64	0.62	102.52
38	989303	502064	487239	1.49	0.76	0.73	103.04
39	798030	402598	395432	1.20	0.61	0.60	101.81
40-44岁	**3897897**	**1981518**	**1916379**	**5.87**	**2.98**	**2.88**	**103.40**
40	727627	366955	360672	1.10	0.55	0.54	101.74
41	809958	412601	397357	1.22	0.62	0.60	103.84
42	745206	377467	367739	1.12	0.57	0.55	102.65
43	742997	378913	364084	1.12	0.57	0.55	104.07
44	872109	445582	426527	1.31	0.67	0.64	104.47
45-49岁	**5240218**	**2690595**	**2549623**	**7.89**	**4.05**	**3.84**	**105.53**
45	946745	484933	461812	1.42	0.73	0.70	105.01
46	1069633	546855	522778	1.61	0.82	0.79	104.61
47	1068435	550835	517600	1.61	0.83	0.78	106.42
48	1075970	553237	522733	1.62	0.83	0.79	105.84
49	1079435	554735	524700	1.62	0.83	0.79	105.72
50-54岁	**6108513**	**3054992**	**3053521**	**9.19**	**4.60**	**4.60**	**100.05**
50	1245219	622414	622805	1.87	0.94	0.94	99.94
51	1212629	609367	603262	1.83	0.92	0.91	101.01
52	1403036	702847	700189	2.11	1.06	1.05	100.38
53	1045370	519183	526187	1.57	0.78	0.79	98.67
54	1202259	601181	601078	1.81	0.90	0.90	100.02
55-59岁	**5125001**	**2564334**	**2560667**	**7.71**	**3.86**	**3.85**	**100.14**
55	1204074	604184	599890	1.81	0.91	0.90	100.72
56	1180701	586783	593918	1.78	0.88	0.89	98.80
57	1394954	703449	691505	2.10	1.06	1.04	101.73
58	981287	491394	489893	1.48	0.74	0.74	100.31
59	363985	178524	185461	0.55	0.27	0.28	96.26
60-64岁	**3369214**	**1718897**	**1650317**	**5.07**	**2.59**	**2.48**	**104.16**
60	534554	269935	264619	0.80	0.41	0.40	102.01
61	510316	262509	247807	0.77	0.40	0.37	105.93
62	708948	363685	345263	1.07	0.55	0.52	105.34
63	858643	440655	417988	1.29	0.66	0.63	105.42
64	756753	382113	374640	1.14	0.58	0.56	101.99

3-1 续表 2

单位：人、%

年 龄	人口数			占总人口比重			性别比（女=100）
	合计	男	女	合计	男	女	
65-69岁	**3673078**	**1830422**	**1842656**	**5.53**	**2.75**	**2.77**	**99.34**
65	741308	372952	368356	1.12	0.56	0.55	101.25
66	798483	398327	400156	1.20	0.60	0.60	99.54
67	740211	367977	372234	1.11	0.55	0.56	98.86
68	769101	383137	385964	1.16	0.58	0.58	99.27
69	623975	308029	315946	0.94	0.46	0.48	97.49
70-74岁	**2642339**	**1314119**	**1328220**	**3.98**	**1.98**	**2.00**	**98.94**
70	606760	300240	306520	0.91	0.45	0.46	97.95
71	617946	310890	307056	0.93	0.47	0.46	101.25
72	527887	262101	265786	0.79	0.39	0.40	98.61
73	477808	238468	239340	0.72	0.36	0.36	99.64
74	411938	202420	209518	0.62	0.30	0.32	96.61
75-79岁	**1592623**	**776559**	**816064**	**2.40**	**1.17**	**1.23**	**95.16**
75	337286	163975	173311	0.51	0.25	0.26	94.61
76	367929	181792	186137	0.55	0.27	0.28	97.67
77	306583	148783	157800	0.46	0.22	0.24	94.29
78	283191	138358	144833	0.43	0.21	0.22	95.53
79	297634	143651	153983	0.45	0.22	0.23	93.29
80-84岁	**1147496**	**526151**	**621345**	**1.73**	**0.79**	**0.94**	**84.68**
80	260648	124623	136025	0.39	0.19	0.20	91.62
81	230857	107263	123594	0.35	0.16	0.19	86.79
82	251213	114773	136440	0.38	0.17	0.21	84.12
83	217254	97584	119670	0.33	0.15	0.18	81.54
84	187524	81908	105616	0.28	0.12	0.16	77.55
85-89岁	**565567**	**235241**	**330326**	**0.85**	**0.35**	**0.50**	**71.21**
85	145239	61712	83527	0.22	0.09	0.13	73.88
86	134738	56055	78683	0.20	0.08	0.12	71.24
87	122677	51115	71562	0.18	0.08	0.11	71.43
88	89782	36775	53007	0.14	0.06	0.08	69.38
89	73131	29584	43547	0.11	0.04	0.07	67.94
90-94岁	**182650**	**69995**	**112655**	**0.27**	**0.11**	**0.17**	**62.13**
90	63059	25253	37806	0.09	0.04	0.06	66.80
91	41034	15761	25273	0.06	0.02	0.04	62.36
92	36520	13634	22886	0.05	0.02	0.03	59.57
93	25429	9394	16035	0.04	0.01	0.02	58.58
94	16608	5953	10655	0.02	0.01	0.02	55.87
95-99岁	**34956**	**11572**	**23384**	**0.05**	**0.02**	**0.04**	**49.49**
95	12882	4515	8367	0.02	0.01	0.01	53.96
96	9768	3289	6479	0.01		0.01	50.76
97	5668	1706	3962	0.01		0.01	43.06
98	3664	1155	2509	0.01			46.03
99	2974	907	2067				43.88
100岁及以上	**3358**	**859**	**2499**	**0.01**			**34.37**

3-1a 全省分年龄、性别的人口(城市)

单位：人、%

年 龄	人口数			占总人口比重			性别比（女=100）
	合计	男	女	合计	男	女	
总 计	**18916669**	**9472504**	**9444165**	**100.00**	**50.07**	**49.93**	**100.30**
0-4岁	**1039533**	**551168**	**488365**	**5.50**	**2.91**	**2.58**	**112.86**
0	140652	74709	65943	0.74	0.39	0.35	113.29
1	185061	98203	86858	0.98	0.52	0.46	113.06
2	208287	110401	97886	1.10	0.58	0.52	112.79
3	257923	136308	121615	1.36	0.72	0.64	112.08
4	247610	131547	116063	1.31	0.70	0.61	113.34
5-9岁	**1200601**	**640137**	**560464**	**6.35**	**3.38**	**2.96**	**114.22**
5	233828	123901	109927	1.24	0.65	0.58	112.71
6	242613	129638	112975	1.28	0.69	0.60	114.75
7	241830	128794	113036	1.28	0.68	0.60	113.94
8	254163	135795	118368	1.34	0.72	0.63	114.72
9	228167	122009	106158	1.21	0.64	0.56	114.93
10-14岁	**1060247**	**566320**	**493927**	**5.60**	**2.99**	**2.61**	**114.66**
10	221531	118984	102547	1.17	0.63	0.54	116.03
11	217642	116325	101317	1.15	0.61	0.54	114.81
12	213275	113944	99331	1.13	0.60	0.53	114.71
13	203850	109015	94835	1.08	0.58	0.50	114.95
14	203949	108052	95897	1.08	0.57	0.51	112.68
15-19岁	**1392009**	**717970**	**674039**	**7.36**	**3.80**	**3.56**	**106.52**
15	242346	129824	112522	1.28	0.69	0.59	115.38
16	256557	136852	119705	1.36	0.72	0.63	114.32
17	244800	127987	116813	1.29	0.68	0.62	109.57
18	294604	149064	145540	1.56	0.79	0.77	102.42
19	353702	174243	179459	1.87	0.92	0.95	97.09
20-24岁	**1229607**	**610352**	**619255**	**6.50**	**3.23**	**3.27**	**98.56**
20	329687	162411	167276	1.74	0.86	0.88	97.09
21	268686	132595	136091	1.42	0.70	0.72	97.43
22	235042	116997	118045	1.24	0.62	0.62	99.11
23	202747	101460	101287	1.07	0.54	0.54	100.17
24	193445	96889	96556	1.02	0.51	0.51	100.34
25-29岁	**1089751**	**538189**	**551562**	**5.76**	**2.85**	**2.92**	**97.58**
25	195308	97237	98071	1.03	0.51	0.52	99.15
26	186837	93142	93695	0.99	0.49	0.50	99.41
27	202752	100168	102584	1.07	0.53	0.54	97.64
28	224695	110412	114283	1.19	0.58	0.60	96.61
29	280159	137230	142929	1.48	0.73	0.76	96.01

3-1a 续表 1

单位：人、%

年 龄	人口数			占总人口比重			性别比（女=100）
	合计	男	女	合计	男	女	
30-34岁	**1858281**	**895615**	**962666**	**9.82**	**4.73**	**5.09**	**93.03**
30	387107	186137	200970	2.05	0.98	1.06	92.62
31	387418	185674	201744	2.05	0.98	1.07	92.03
32	364606	175436	189170	1.93	0.93	1.00	92.74
33	386523	186646	199877	2.04	0.99	1.06	93.38
34	332627	161722	170905	1.76	0.85	0.90	94.63
35-39岁	**1486095**	**726236**	**759859**	**7.86**	**3.84**	**4.02**	**95.58**
35	289707	141334	148373	1.53	0.75	0.78	95.26
36	291567	142553	149014	1.54	0.75	0.79	95.66
37	291960	142380	149580	1.54	0.75	0.79	95.19
38	341122	166729	174393	1.80	0.88	0.92	95.61
39	271739	133240	138499	1.44	0.70	0.73	96.20
40-44岁	**1283208**	**638106**	**645102**	**6.78**	**3.37**	**3.41**	**98.92**
40	245013	120722	124291	1.30	0.64	0.66	97.13
41	269597	133937	135660	1.43	0.71	0.72	98.73
42	247817	123131	124686	1.31	0.65	0.66	98.75
43	245258	122720	122538	1.30	0.65	0.65	100.15
44	275523	137596	137927	1.46	0.73	0.73	99.76
45-49岁	**1532939**	**773466**	**759473**	**8.10**	**4.09**	**4.01**	**101.84**
45	292408	146688	145720	1.55	0.78	0.77	100.66
46	314892	157534	157358	1.66	0.83	0.83	100.11
47	312262	158090	154172	1.65	0.84	0.82	102.54
48	308492	156421	152071	1.63	0.83	0.80	102.86
49	304885	154733	150152	1.61	0.82	0.79	103.05
50-54岁	**1583785**	**788058**	**795727**	**8.37**	**4.17**	**4.21**	**99.04**
50	343973	171316	172657	1.82	0.91	0.91	99.22
51	325079	162814	162265	1.72	0.86	0.86	100.34
52	360092	179318	180774	1.90	0.95	0.96	99.19
53	259600	128296	131304	1.37	0.68	0.69	97.71
54	295041	146314	148727	1.56	0.77	0.79	98.38
55-59岁	**1320195**	**655815**	**664380**	**6.98**	**3.47**	**3.51**	**98.71**
55	301292	150394	150898	1.59	0.80	0.80	99.67
56	308640	153380	155260	1.63	0.81	0.82	98.79
57	361829	180418	181411	1.91	0.95	0.96	99.45
58	242072	120042	122030	1.28	0.63	0.65	98.37
59	106362	51581	54781	0.56	0.27	0.29	94.16
60-64岁	**820912**	**406349**	**414563**	**4.34**	**2.15**	**2.19**	**98.02**
60	146517	72326	74191	0.77	0.38	0.39	97.49
61	130739	65426	65313	0.69	0.35	0.35	100.17
62	172037	86149	85888	0.91	0.46	0.45	100.30
63	198617	98056	100561	1.05	0.52	0.53	97.51
64	173002	84392	88610	0.91	0.45	0.47	95.24

3-1a 续表 2

单位：人、%

年 龄	人口数			占总人口比重			性别比（女=100）
	合计	男	女	合计	男	女	
65-69岁	**802472**	**389141**	**413331**	**4.24**	**2.06**	**2.19**	**94.15**
65	168606	82223	86383	0.89	0.43	0.46	95.18
66	178487	86376	92111	0.94	0.46	0.49	93.77
67	160485	77488	82997	0.85	0.41	0.44	93.36
68	163014	79168	83846	0.86	0.42	0.44	94.42
69	131880	63886	67994	0.70	0.34	0.36	93.96
70-74岁	**530285**	**258871**	**271414**	**2.80**	**1.37**	**1.43**	**95.38**
70	128188	62302	65886	0.68	0.33	0.35	94.56
71	124474	60784	63690	0.66	0.32	0.34	95.44
72	104565	50363	54202	0.55	0.27	0.29	92.92
73	93358	46031	47327	0.49	0.24	0.25	97.26
74	79700	39391	40309	0.42	0.21	0.21	97.72
75-79岁	**307514**	**146895**	**160619**	**1.63**	**0.78**	**0.85**	**91.46**
75	63743	31220	32523	0.34	0.17	0.17	95.99
76	69350	33650	35700	0.37	0.18	0.19	94.26
77	58612	27508	31104	0.31	0.15	0.16	88.44
78	57230	27094	30136	0.30	0.14	0.16	89.91
79	58579	27423	31156	0.31	0.14	0.16	88.02
80-84岁	**226842**	**103700**	**123142**	**1.20**	**0.55**	**0.65**	**84.21**
80	53447	25060	28387	0.28	0.13	0.15	88.28
81	47384	21606	25778	0.25	0.11	0.14	83.82
82	48554	21894	26660	0.26	0.12	0.14	82.12
83	40800	18761	22039	0.22	0.10	0.12	85.13
84	36657	16379	20278	0.19	0.09	0.11	80.77
85-89岁	**109230**	**48135**	**61095**	**0.58**	**0.25**	**0.32**	**78.79**
85	28504	12432	16072	0.15	0.07	0.08	77.35
86	25832	11179	14653	0.14	0.06	0.08	76.29
87	23512	10458	13054	0.12	0.06	0.07	80.11
88	17078	7577	9501	0.09	0.04	0.05	79.75
89	14304	6489	7815	0.08	0.03	0.04	83.03
90-94岁	**35877**	**15393**	**20484**	**0.19**	**0.08**	**0.11**	**75.15**
90	12612	5696	6916	0.07	0.03	0.04	82.36
91	8000	3369	4631	0.04	0.02	0.02	72.75
92	6997	2930	4067	0.04	0.02	0.02	72.04
93	4879	2051	2828	0.03	0.01	0.01	72.52
94	3389	1347	2042	0.02	0.01	0.01	65.96
95-99岁	**6679**	**2435**	**4244**	**0.04**	**0.01**	**0.02**	**57.38**
95	2506	988	1518	0.01	0.01	0.01	65.09
96	1845	671	1174	0.01		0.01	57.16
97	1031	330	701	0.01			47.08
98	721	268	453				59.16
99	576	178	398				44.72
100岁及以上	**607**	**153**	**454**				**33.70**

3-1b　全省分年龄、性别的人口(镇)

单位：人、%

年　龄	人口数			占总人口比重			性别比（女=100）
	合计	男	女	合计	男	女	
总　计	**20129507**	**10242115**	**9887392**	**100.00**	**50.88**	**49.12**	**103.59**
0-4岁	**1128509**	**600594**	**527915**	**5.61**	**2.98**	**2.62**	**113.77**
0	161899	86401	75498	0.80	0.43	0.38	114.44
1	198220	105784	92436	0.98	0.53	0.46	114.44
2	222892	118779	104113	1.11	0.59	0.52	114.09
3	275584	145862	129722	1.37	0.72	0.64	112.44
4	269914	143768	126146	1.34	0.71	0.63	113.97
5-9岁	**1464961**	**784304**	**680657**	**7.28**	**3.90**	**3.38**	**115.23**
5	266918	142161	124757	1.33	0.71	0.62	113.95
6	284105	152041	132064	1.41	0.76	0.66	115.13
7	292656	156458	136198	1.45	0.78	0.68	114.88
8	317812	170399	147413	1.58	0.85	0.73	115.59
9	303470	163245	140225	1.51	0.81	0.70	116.42
10-14岁	**1476550**	**789507**	**687043**	**7.34**	**3.92**	**3.41**	**114.91**
10	301254	161941	139313	1.50	0.80	0.69	116.24
11	309124	165780	143344	1.54	0.82	0.71	115.65
12	297105	158878	138227	1.48	0.79	0.69	114.94
13	278611	148696	129915	1.38	0.74	0.65	114.46
14	290456	154212	136244	1.44	0.77	0.68	113.19
15-19岁	**1350705**	**741982**	**608723**	**6.71**	**3.69**	**3.02**	**121.89**
15	318676	170164	148512	1.58	0.85	0.74	114.58
16	338591	182536	156055	1.68	0.91	0.78	116.97
17	281980	153529	128451	1.40	0.76	0.64	119.52
18	218316	124455	93861	1.08	0.62	0.47	132.60
19	193142	111298	81844	0.96	0.55	0.41	135.99
20-24岁	**817820**	**436984**	**380836**	**4.06**	**2.17**	**1.89**	**114.74**
20	168296	94806	73490	0.84	0.47	0.37	129.01
21	156730	85007	71723	0.78	0.42	0.36	118.52
22	171627	90372	81255	0.85	0.45	0.40	111.22
23	161070	84159	76911	0.80	0.42	0.38	109.42
24	160097	82640	77457	0.80	0.41	0.38	106.69
25-29岁	**958559**	**482281**	**476278**	**4.76**	**2.40**	**2.37**	**101.26**
25	167051	85336	81715	0.83	0.42	0.41	104.43
26	157013	79317	77696	0.78	0.39	0.39	102.09
27	175600	88079	87521	0.87	0.44	0.43	100.64
28	200979	100923	100056	1.00	0.50	0.50	100.87
29	257916	128626	129290	1.28	0.64	0.64	99.49

3-1b 续表 1

单位：人、%

年 龄	人口数			占总人口比重			性别比（女=100）
	合计	男	女	合计	男	女	
30-34岁	**1681216**	**820969**	**860247**	**8.35**	**4.08**	**4.27**	**95.43**
30	360637	176108	184529	1.79	0.87	0.92	95.44
31	351170	171895	179275	1.74	0.85	0.89	95.88
32	325543	158975	166568	1.62	0.79	0.83	95.44
33	347462	169490	177972	1.73	0.84	0.88	95.23
34	296404	144501	151903	1.47	0.72	0.75	95.13
35-39岁	**1371761**	**674902**	**696859**	**6.81**	**3.35**	**3.46**	**96.85**
35	263565	130077	133488	1.31	0.65	0.66	97.44
36	266391	131131	135260	1.32	0.65	0.67	96.95
37	266215	130871	135344	1.32	0.65	0.67	96.70
38	317023	156083	160940	1.57	0.78	0.80	96.98
39	258567	126740	131827	1.28	0.63	0.65	96.14
40-44岁	**1274877**	**635432**	**639445**	**6.33**	**3.16**	**3.18**	**99.37**
40	236766	116661	120105	1.18	0.58	0.60	97.13
41	266868	132759	134109	1.33	0.66	0.67	98.99
42	244535	121442	123093	1.21	0.60	0.61	98.66
43	242287	121569	120718	1.20	0.60	0.60	100.70
44	284421	143001	141420	1.41	0.71	0.70	101.12
45-49岁	**1659067**	**840458**	**818609**	**8.24**	**4.18**	**4.07**	**102.67**
45	304179	153144	151035	1.51	0.76	0.75	101.40
46	342011	171803	170208	1.70	0.85	0.85	100.94
47	337489	171434	166055	1.68	0.85	0.82	103.24
48	338738	172291	166447	1.68	0.86	0.83	103.51
49	336650	171786	164864	1.67	0.85	0.82	104.20
50-54岁	**1835475**	**915107**	**920368**	**9.12**	**4.55**	**4.57**	**99.43**
50	380727	189872	190855	1.89	0.94	0.95	99.48
51	366110	182986	183124	1.82	0.91	0.91	99.92
52	421095	210739	210356	2.09	1.05	1.05	100.18
53	310651	153635	157016	1.54	0.76	0.78	97.85
54	356892	177875	179017	1.77	0.88	0.89	99.36
55-59岁	**1503495**	**749969**	**753526**	**7.47**	**3.73**	**3.74**	**99.53**
55	356546	178613	177933	1.77	0.89	0.88	100.38
56	346750	171781	174969	1.72	0.85	0.87	98.18
57	410968	206036	204932	2.04	1.02	1.02	100.54
58	287342	143576	143766	1.43	0.71	0.71	99.87
59	101889	49963	51926	0.51	0.25	0.26	96.22
60-64岁	**950968**	**481575**	**469393**	**4.72**	**2.39**	**2.33**	**102.60**
60	151244	76291	74953	0.75	0.38	0.37	101.79
61	146002	74464	71538	0.73	0.37	0.36	104.09
62	199722	101690	98032	0.99	0.51	0.49	103.73
63	241789	123031	118758	1.20	0.61	0.59	103.60
64	212211	106099	106112	1.05	0.53	0.53	99.99

3-1b 续表 2

单位：人、%

年 龄	人口数			占总人口比重			性别比（女=100）
	合计	男	女	合计	男	女	
65-69岁	**1011485**	**501375**	**510110**	**5.02**	**2.49**	**2.53**	**98.29**
65	204899	101989	102910	1.02	0.51	0.51	99.11
66	220802	109133	111669	1.10	0.54	0.55	97.73
67	203186	100732	102454	1.01	0.50	0.51	98.32
68	212147	105382	106765	1.05	0.52	0.53	98.70
69	170451	84139	86312	0.85	0.42	0.43	97.48
70-74岁	**714744**	**356612**	**358132**	**3.55**	**1.77**	**1.78**	**99.58**
70	165017	81680	83337	0.82	0.41	0.41	98.01
71	167770	84582	83188	0.83	0.42	0.41	101.68
72	142522	71167	71355	0.71	0.35	0.35	99.74
73	128623	64567	64056	0.64	0.32	0.32	100.80
74	110812	54616	56196	0.55	0.27	0.28	97.19
75-79岁	**423627**	**208082**	**215545**	**2.10**	**1.03**	**1.07**	**96.54**
75	90139	44211	45928	0.45	0.22	0.23	96.26
76	97883	48862	49021	0.49	0.24	0.24	99.68
77	81573	39979	41594	0.41	0.20	0.21	96.12
78	75606	37132	38474	0.38	0.18	0.19	96.51
79	78426	37898	40528	0.39	0.19	0.20	93.51
80-84岁	**298804**	**137430**	**161374**	**1.48**	**0.68**	**0.80**	**85.16**
80	68753	33046	35707	0.34	0.16	0.18	92.55
81	59733	27973	31760	0.30	0.14	0.16	88.08
82	65366	29886	35480	0.32	0.15	0.18	84.23
83	56279	25385	30894	0.28	0.13	0.15	82.17
84	48673	21140	27533	0.24	0.11	0.14	76.78
85-89岁	**147772**	**61771**	**86001**	**0.73**	**0.31**	**0.43**	**71.83**
85	37505	15957	21548	0.19	0.08	0.11	74.05
86	34986	14535	20451	0.17	0.07	0.10	71.07
87	32396	13545	18851	0.16	0.07	0.09	71.85
88	23568	9831	13737	0.12	0.05	0.07	71.57
89	19317	7903	11414	0.10	0.04	0.06	69.24
90-94岁	**48740**	**19337**	**29403**	**0.24**	**0.10**	**0.15**	**65.77**
90	16675	6882	9793	0.08	0.03	0.05	70.27
91	11025	4439	6586	0.05	0.02	0.03	67.40
92	9764	3731	6033	0.05	0.02	0.03	61.84
93	6912	2648	4264	0.03	0.01	0.02	62.10
94	4364	1637	2727	0.02	0.01	0.01	60.03
95-99岁	**9545**	**3246**	**6299**	**0.05**	**0.02**	**0.03**	**51.53**
95	3531	1252	2279	0.02	0.01	0.01	54.94
96	2750	963	1787	0.01		0.01	53.89
97	1470	469	1001	0.01			46.85
98	973	314	659				47.65
99	821	248	573				43.28
100岁及以上	**827**	**198**	**629**				**31.48**

3-1c 全省分年龄、性别的人口(乡村)

单位：人、%

年 龄	人口数			占总人口比重			性别比（女=100）
	合计	男	女	合计	男	女	
总 计	**27398688**	**14281054**	**13117634**	**100.00**	**52.12**	**47.88**	**108.87**
0-4岁	**1533046**	**813974**	**719072**	**5.60**	**2.97**	**2.62**	**113.20**
0	262966	140337	122629	0.96	0.51	0.45	114.44
1	277927	147946	129981	1.01	0.54	0.47	113.82
2	298765	158221	140544	1.09	0.58	0.51	112.58
3	343917	182097	161820	1.26	0.66	0.59	112.53
4	349471	185373	164098	1.28	0.68	0.60	112.96
5-9岁	**1983328**	**1059406**	**923922**	**7.24**	**3.87**	**3.37**	**114.66**
5	358461	190755	167706	1.31	0.70	0.61	113.74
6	377098	201049	176049	1.38	0.73	0.64	114.20
7	391850	208879	182971	1.43	0.76	0.67	114.16
8	431431	230906	200525	1.57	0.84	0.73	115.15
9	424488	227817	196671	1.55	0.83	0.72	115.84
10-14岁	**2082747**	**1118639**	**964108**	**7.60**	**4.08**	**3.52**	**116.03**
10	423090	226222	196868	1.54	0.83	0.72	114.91
11	449179	240529	208650	1.64	0.88	0.76	115.28
12	427281	228607	198674	1.56	0.83	0.73	115.07
13	398962	213955	185007	1.46	0.78	0.68	115.65
14	384235	209326	174909	1.40	0.76	0.64	119.68
15-19岁	**1099987**	**625522**	**474465**	**4.01**	**2.28**	**1.73**	**131.84**
15	253137	141044	112093	0.92	0.51	0.41	125.83
16	206043	117214	88829	0.75	0.43	0.32	131.95
17	204339	116350	87989	0.75	0.42	0.32	132.23
18	218814	125068	93746	0.80	0.46	0.34	133.41
19	217654	125846	91808	0.79	0.46	0.34	137.08
20-24岁	**1031130**	**568939**	**462191**	**3.76**	**2.08**	**1.69**	**123.10**
20	198426	112466	85960	0.72	0.41	0.31	130.84
21	199081	109749	89332	0.73	0.40	0.33	122.86
22	224753	122597	102156	0.82	0.45	0.37	120.01
23	208076	114054	94022	0.76	0.42	0.34	121.31
24	200794	110073	90721	0.73	0.40	0.33	121.33
25-29岁	**1173145**	**644285**	**528860**	**4.28**	**2.35**	**1.93**	**121.83**
25	208146	113692	94454	0.76	0.41	0.34	120.37
26	189002	102676	86326	0.69	0.37	0.32	118.94
27	213108	116293	96815	0.78	0.42	0.35	120.12
28	247818	136420	111398	0.90	0.50	0.41	122.46
29	315071	175204	139867	1.15	0.64	0.51	125.26

3-1c 续表 1

单位：人、%

年 龄	人口数			占总人口比重			性别比（女=100）
	合计	男	女	合计	男	女	
30-34岁	**1908613**	**1036076**	**872537**	**6.97**	**3.78**	**3.18**	**118.74**
30	435457	239334	196123	1.59	0.87	0.72	122.03
31	409141	222366	186775	1.49	0.81	0.68	119.06
32	364187	197307	166880	1.33	0.72	0.61	118.23
33	382687	207053	175634	1.40	0.76	0.64	117.89
34	317141	170016	147125	1.16	0.62	0.54	115.56
35-39岁	**1443753**	**776068**	**667685**	**5.27**	**2.83**	**2.44**	**116.23**
35	279496	150249	129247	1.02	0.55	0.47	116.25
36	285070	152744	132326	1.04	0.56	0.48	115.43
37	280305	151205	129100	1.02	0.55	0.47	117.12
38	331158	179252	151906	1.21	0.65	0.55	118.00
39	267724	142618	125106	0.98	0.52	0.46	114.00
40-44岁	**1339812**	**707980**	**631832**	**4.89**	**2.58**	**2.31**	**112.05**
40	245848	129572	116276	0.90	0.47	0.42	111.43
41	273493	145905	127588	1.00	0.53	0.47	114.36
42	252854	132894	119960	0.92	0.49	0.44	110.78
43	255452	134624	120828	0.93	0.49	0.44	111.42
44	312165	164985	147180	1.14	0.60	0.54	112.10
45-49岁	**2048212**	**1076671**	**971541**	**7.48**	**3.93**	**3.55**	**110.82**
45	350158	185101	165057	1.28	0.68	0.60	112.14
46	412730	217518	195212	1.51	0.79	0.71	111.43
47	418684	221311	197373	1.53	0.81	0.72	112.13
48	428740	224525	204215	1.56	0.82	0.75	109.95
49	437900	228216	209684	1.60	0.83	0.77	108.84
50-54岁	**2689253**	**1351827**	**1337426**	**9.82**	**4.93**	**4.88**	**101.08**
50	520519	261226	259293	1.90	0.95	0.95	100.75
51	521440	263567	257873	1.90	0.96	0.94	102.21
52	621849	312790	309059	2.27	1.14	1.13	101.21
53	475119	237252	237867	1.73	0.87	0.87	99.74
54	550326	276992	273334	2.01	1.01	1.00	101.34
55-59岁	**2301311**	**1158550**	**1142761**	**8.40**	**4.23**	**4.17**	**101.38**
55	546236	275177	271059	1.99	1.00	0.99	101.52
56	525311	261622	263689	1.92	0.95	0.96	99.22
57	622157	316995	305162	2.27	1.16	1.11	103.88
58	451873	227776	224097	1.65	0.83	0.82	101.64
59	155734	76980	78754	0.57	0.28	0.29	97.75
60-64岁	**1597334**	**830973**	**766361**	**5.83**	**3.03**	**2.80**	**108.43**
60	236793	121318	115475	0.86	0.44	0.42	105.06
61	233575	122619	110956	0.85	0.45	0.40	110.51
62	337189	175846	161343	1.23	0.64	0.59	108.99
63	418237	219568	198669	1.53	0.80	0.73	110.52
64	371540	191622	179918	1.36	0.70	0.66	106.51

3-1c 续表 2 单位：人、%

年 龄	人口数			占总人口比重			性别比（女=100）
	合计	男	女	合计	男	女	
65-69岁	**1859121**	**939906**	**919215**	**6.79**	**3.43**	**3.35**	**102.25**
65	367803	188740	179063	1.34	0.69	0.65	105.40
66	399194	202818	196376	1.46	0.74	0.72	103.28
67	376540	189757	186783	1.37	0.69	0.68	101.59
68	393940	198587	195353	1.44	0.72	0.71	101.66
69	321644	160004	161640	1.17	0.58	0.59	98.99
70-74岁	**1397310**	**698636**	**698674**	**5.10**	**2.55**	**2.55**	**99.99**
70	313555	156258	157297	1.14	0.57	0.57	99.34
71	325702	165524	160178	1.19	0.60	0.58	103.34
72	280800	140571	140229	1.02	0.51	0.51	100.24
73	255827	127870	127957	0.93	0.47	0.47	99.93
74	221426	108413	113013	0.81	0.40	0.41	95.93
75-79岁	**861482**	**421582**	**439900**	**3.14**	**1.54**	**1.61**	**95.84**
75	183404	88544	94860	0.67	0.32	0.35	93.34
76	200696	99280	101416	0.73	0.36	0.37	97.89
77	166398	81296	85102	0.61	0.30	0.31	95.53
78	150355	74132	76223	0.55	0.27	0.28	97.26
79	160629	78330	82299	0.59	0.29	0.30	95.18
80-84岁	**621850**	**285021**	**336829**	**2.27**	**1.04**	**1.23**	**84.62**
80	138448	66517	71931	0.51	0.24	0.26	92.47
81	123740	57684	66056	0.45	0.21	0.24	87.33
82	137293	62993	74300	0.50	0.23	0.27	84.78
83	120175	53438	66737	0.44	0.20	0.24	80.07
84	102194	44389	57805	0.37	0.16	0.21	76.79
85-89岁	**308565**	**125335**	**183230**	**1.13**	**0.46**	**0.67**	**68.40**
85	79230	33323	45907	0.29	0.12	0.17	72.59
86	73920	30341	43579	0.27	0.11	0.16	69.62
87	66769	27112	39657	0.24	0.10	0.14	68.37
88	49136	19367	29769	0.18	0.07	0.11	65.06
89	39510	15192	24318	0.14	0.06	0.09	62.47
90-94岁	**98033**	**35265**	**62768**	**0.36**	**0.13**	**0.23**	**56.18**
90	33772	12675	21097	0.12	0.05	0.08	60.08
91	22009	7953	14056	0.08	0.03	0.05	56.58
92	19759	6973	12786	0.07	0.03	0.05	54.54
93	13638	4695	8943	0.05	0.02	0.03	52.50
94	8855	2969	5886	0.03	0.01	0.02	50.44
95-99岁	**18732**	**5891**	**12841**	**0.07**	**0.02**	**0.05**	**45.88**
95	6845	2275	4570	0.02	0.01	0.02	49.78
96	5173	1655	3518	0.02	0.01	0.01	47.04
97	3167	907	2260	0.01		0.01	40.13
98	1970	573	1397	0.01		0.01	41.02
99	1577	481	1096	0.01			43.89
100岁及以上	**1924**	**508**	**1416**	**0.01**		**0.01**	**35.88**

3-2　各地区人口年龄构成(一)

单位：人、%

地　区	人口数				比重			
	合计	0-14岁	15-64岁	65岁及以上	合计	0-14岁	15-64岁	65岁及以上
全　省	**66444864**	**12969522**	**43633275**	**9842067**	**100.00**	**19.52**	**65.67**	**14.81**
长沙市	10047914	1672202	7259839	1115873	100.00	16.64	72.25	11.11
株洲市	3902738	713346	2622238	567154	100.00	18.28	67.19	14.53
湘潭市	2726181	423711	1842052	460418	100.00	15.54	67.57	16.89
衡阳市	6645243	1395771	4270291	979181	100.00	21.00	64.26	14.74
邵阳市	6563520	1478983	4060501	1024036	100.00	22.53	61.86	15.60
岳阳市	5051922	932382	3361725	757815	100.00	18.46	66.54	15.00
常德市	5279102	785073	3482326	1011703	100.00	14.87	65.96	19.16
张家界市	1517027	272412	985412	259203	100.00	17.96	64.96	17.09
益阳市	3851564	681987	2507986	661591	100.00	17.71	65.12	17.18
郴州市	4667134	1079954	3011977	575203	100.00	23.14	64.54	12.32
永州市	5289824	1214178	3314317	761329	100.00	22.95	62.65	14.39
怀化市	4587594	928746	2930329	728519	100.00	20.24	63.88	15.88
娄底市	3826996	861343	2399793	565860	100.00	22.51	62.71	14.79
湘西州	2488105	529434	1584489	374182	100.00	21.28	63.68	15.04

3-2a　各地区人口年龄构成(一)(城市)

单位：人、%

地　区	人口数				比重			
	合计	0-14岁	15-64岁	65岁及以上	合计	0-14岁	15-64岁	65岁及以上
全　省	**18916669**	**3300381**	**13596782**	**2019506**	**100.00**	**17.45**	**71.88**	**10.68**
长沙市	6350278	1045237	4724471	580570	100.00	16.46	74.40	9.14
株洲市	1663819	274447	1191072	198300	100.00	16.50	71.59	11.92
湘潭市	991153	137520	714032	139601	100.00	13.87	72.04	14.08
衡阳市	1760742	324463	1231736	204543	100.00	18.43	69.96	11.62
邵阳市	1208448	242105	829194	137149	100.00	20.03	68.62	11.35
岳阳市	1418502	257951	1000527	160024	100.00	18.18	70.53	11.28
常德市	1006933	136867	735392	134674	100.00	13.59	73.03	13.37
张家界市	349673	64748	255282	29643	100.00	18.52	73.01	8.48
益阳市	691791	113447	484353	93991	100.00	16.40	70.01	13.59
郴州市	955106	197581	663651	93874	100.00	20.69	69.48	9.83
永州市	583216	112696	412475	58045	100.00	19.32	70.72	9.95
怀化市	707609	139747	497654	70208	100.00	19.75	70.33	9.92
娄底市	925789	196988	639464	89337	100.00	21.28	69.07	9.65
湘西州	303610	56584	217479	29547	100.00	18.64	71.63	9.73

3-2b 各地区人口年龄构成(一)(镇)

单位：人、%

地 区	人口数				比重			
	合计	0-14岁	15-64岁	65岁及以上	合计	0-14岁	15-64岁	65岁及以上
全 省	**20129507**	**4070020**	**13403943**	**2655544**	**100.00**	**20.22**	**66.59**	**13.19**
长沙市	1949722	330939	1410749	208034	100.00	16.97	72.36	10.67
株洲市	1117253	215371	745799	156083	100.00	19.28	66.75	13.97
湘潭市	763816	122995	542518	98303	100.00	16.10	71.03	12.87
衡阳市	1845711	388207	1222011	235493	100.00	21.03	66.21	12.76
邵阳市	2215212	520007	1383701	311504	100.00	23.47	62.46	14.06
岳阳市	1645972	302029	1105614	238329	100.00	18.35	67.17	14.48
常德市	1961134	299079	1322510	339545	100.00	15.25	67.44	17.31
张家界市	433847	80333	286258	67256	100.00	18.52	65.98	15.50
益阳市	1250726	228662	834244	187820	100.00	18.28	66.70	15.02
郴州市	1760244	420949	1158799	180496	100.00	23.91	65.83	10.25
永州市	1899834	437716	1236726	225392	100.00	23.04	65.10	11.86
怀化市	1456652	309307	959951	187394	100.00	21.23	65.90	12.86
娄底市	870987	201077	571170	98740	100.00	23.09	65.58	11.34
湘西州	958397	213349	623893	121155	100.00	22.26	65.10	12.64

3-2c 各地区人口年龄构成(一)(乡村)

单位：人、%

地 区	人口数				比重			
	合计	0-14岁	15-64岁	65岁及以上	合计	0-14岁	15-64岁	65岁及以上
全 省	**27398688**	**5599121**	**16632550**	**5167017**	**100.00**	**20.44**	**60.71**	**18.86**
长沙市	1747914	296026	1124619	327269	100.00	16.94	64.34	18.72
株洲市	1121666	223528	685367	212771	100.00	19.93	61.10	18.97
湘潭市	971212	163196	585502	222514	100.00	16.80	60.29	22.91
衡阳市	3038790	683101	1816544	539145	100.00	22.48	59.78	17.74
邵阳市	3139860	716871	1847606	575383	100.00	22.83	58.84	18.33
岳阳市	1987448	372402	1255584	359462	100.00	18.74	63.18	18.09
常德市	2311035	349127	1424424	537484	100.00	15.11	61.64	23.26
张家界市	733507	127331	443872	162304	100.00	17.36	60.51	22.13
益阳市	1909047	339878	1189389	379780	100.00	17.80	62.30	19.89
郴州市	1951784	461424	1189527	300833	100.00	23.64	60.95	15.41
永州市	2806774	663766	1665116	477892	100.00	23.65	59.32	17.03
怀化市	2423333	479692	1472724	470917	100.00	19.79	60.77	19.43
娄底市	2030220	463278	1189159	377783	100.00	22.82	58.57	18.61
湘西州	1226098	259501	743117	223480	100.00	21.16	60.61	18.23

3-3　各地区人口年龄构成(二)

单位：人、%

地　区	人口数				比重			
	合计	0-15岁	16-59岁	60岁及以上	合计	0-15岁	16-59岁	60岁及以上
全　省	**66444864**	**13783681**	**39449902**	**13211281**	**100.00**	**20.74**	**59.37**	**19.88**
长沙市	10047914	1774907	6733158	1539849	100.00	17.66	67.01	15.33
株洲市	3902738	753843	2371553	777342	100.00	19.32	60.77	19.92
湘潭市	2726181	449433	1678876	597872	100.00	16.49	61.58	21.93
衡阳市	6645243	1491643	3811727	1341873	100.00	22.45	57.36	20.19
邵阳市	6563520	1578599	3623212	1361709	100.00	24.05	55.20	20.75
岳阳市	5051922	985771	3042111	1024040	100.00	19.51	60.22	20.27
常德市	5279102	831789	3126256	1321057	100.00	15.76	59.22	25.02
张家界市	1517027	289842	897063	330122	100.00	19.11	59.13	21.76
益阳市	3851564	721231	2258031	872302	100.00	18.73	58.63	22.65
郴州市	4667134	1154348	2684913	827873	100.00	24.73	57.53	17.74
永州市	5289824	1299029	2952186	1038609	100.00	24.56	55.81	19.63
怀化市	4587594	982619	2637717	967258	100.00	21.42	57.50	21.08
娄底市	3826996	911358	2176682	738956	100.00	23.81	56.88	19.31
湘西州	2488105	559269	1456417	472419	100.00	22.48	58.54	18.99

3-3a　各地区人口年龄构成(二)(城市)

单位：人、%

地　区	人口数				比重			
	合计	0-15岁	16-59岁	60岁及以上	合计	0-15岁	16-59岁	60岁及以上
全　省	**18916669**	**3542727**	**12533524**	**2840418**	**100.00**	**18.73**	**66.26**	**15.02**
长沙市	6350278	1108984	4409854	831440	100.00	17.46	69.44	13.09
株洲市	1663819	292251	1096048	275520	100.00	17.57	65.88	16.56
湘潭市	991153	150129	652536	188488	100.00	15.15	65.84	19.02
衡阳市	1760742	351804	1113593	295345	100.00	19.98	63.25	16.77
邵阳市	1208448	265758	755629	187061	100.00	21.99	62.53	15.48
岳阳市	1418502	275294	920287	222921	100.00	19.41	64.88	15.72
常德市	1006933	147139	674066	185728	100.00	14.61	66.94	18.44
张家界市	349673	69347	239738	40588	100.00	19.83	68.56	11.61
益阳市	691791	122925	439102	129764	100.00	17.77	63.47	18.76
郴州市	955106	212731	602492	139883	100.00	22.27	63.08	14.65
永州市	583216	122871	378454	81891	100.00	21.07	64.89	14.04
怀化市	707609	149981	458668	98960	100.00	21.20	64.82	13.99
娄底市	925789	213438	589384	122967	100.00	23.05	63.66	13.28
湘西州	303610	60075	203673	39862	100.00	19.79	67.08	13.13

3-3b 各地区人口年龄构成(二)(镇)

单位：人、%

地 区	人口数				比重			
	合计	0-15岁	16-59岁	60岁及以上	合计	0-15岁	16-59岁	60岁及以上
全 省	**20129507**	**4388696**	**12134299**	**3606512**	**100.00**	**21.80**	**60.28**	**17.92**
长沙市	1949722	356772	1310033	282917	100.00	18.30	67.19	14.51
株洲市	1117253	230974	670350	215929	100.00	20.67	60.00	19.33
湘潭市	763816	131222	502872	129722	100.00	17.18	65.84	16.98
衡阳市	1845711	425097	1095065	325549	100.00	23.03	59.33	17.64
邵阳市	2215212	559792	1236595	418825	100.00	25.27	55.82	18.91
岳阳市	1645972	323331	999223	323418	100.00	19.64	60.71	19.65
常德市	1961134	321878	1189772	449484	100.00	16.41	60.67	22.92
张家界市	433847	86967	260543	86337	100.00	20.05	60.05	19.90
益阳市	1250726	244055	754111	252560	100.00	19.51	60.29	20.19
郴州市	1760244	455137	1042364	262743	100.00	25.86	59.22	14.93
永州市	1899834	477087	1107579	315168	100.00	25.11	58.30	16.59
怀化市	1456652	330779	870819	255054	100.00	22.71	59.78	17.51
娄底市	870987	218271	520570	132146	100.00	25.06	59.77	15.17
湘西州	958397	227334	574403	156660	100.00	23.72	59.93	16.35

3-3c 各地区人口年龄构成(二)(乡村)

单位：人、%

地 区	人口数				比重			
	合计	0-15岁	16-59岁	60岁及以上	合计	0-15岁	16-59岁	60岁及以上
全 省	**27398688**	**5852258**	**14782079**	**6764351**	**100.00**	**21.36**	**53.95**	**24.69**
长沙市	1747914	309151	1013271	425492	100.00	17.69	57.97	24.34
株洲市	1121666	230618	605155	285893	100.00	20.56	53.95	25.49
湘潭市	971212	168082	523468	279662	100.00	17.31	53.90	28.80
衡阳市	3038790	714742	1603069	720979	100.00	23.52	52.75	23.73
邵阳市	3139860	753049	1630988	755823	100.00	23.98	51.94	24.07
岳阳市	1987448	387146	1122601	477701	100.00	19.48	56.48	24.04
常德市	2311035	362772	1262418	685845	100.00	15.70	54.63	29.68
张家界市	733507	133528	396782	203197	100.00	18.20	54.09	27.70
益阳市	1909047	354251	1064818	489978	100.00	18.56	55.78	25.67
郴州市	1951784	486480	1040057	425247	100.00	24.92	53.29	21.79
永州市	2806774	699071	1466153	641550	100.00	24.91	52.24	22.86
怀化市	2423333	501859	1308230	613244	100.00	20.71	53.98	25.31
娄底市	2030220	479649	1066728	483843	100.00	23.63	52.54	23.83
湘西州	1226098	271860	678341	275897	100.00	22.17	55.33	22.50

第一部分　全部数据资料

第四卷　教育

4-1　全省分年龄、性别、受教育程度的3岁及以上人口

单位：人

年　龄	3岁及以上人口			未上过学		
	合计	男	女	小计	男	女
总　计	**64488195**	**32954892**	**31533303**	**1584362**	**519688**	**1064674**
3	877424	464267	413157	260957	139196	121761
4	866995	460688	406307	73656	39422	34234
5-9岁	**4648890**	**2483847**	**2165043**	**42746**	**22989**	**19757**
5	859207	456817	402390	25373	13664	11709
6	903816	482728	421088	7638	4084	3554
7	926336	494131	432205	3751	2011	1740
8	1003406	537100	466306	3188	1712	1476
9	956125	513071	443054	2796	1518	1278
10-14岁	**4619544**	**2474466**	**2145078**	**15510**	**8527**	**6983**
10	945875	507147	438728	2964	1598	1366
11	975945	522634	453311	3424	1876	1548
12	937661	501429	436232	3586	1982	1604
13	881423	471666	409757	3117	1737	1380
14	878640	471590	407050	2419	1334	1085
15-19岁	**3842701**	**2085474**	**1757227**	**6669**	**3947**	**2722**
15	814159	441032	373127	1332	800	532
16	801191	436602	364589	1277	739	538
17	731119	397866	333253	1226	720	506
18	731734	398587	333147	1384	832	552
19	764498	411387	353111	1450	856	594
20-24岁	**3078557**	**1616275**	**1462282**	**7233**	**4061**	**3172**
20	696409	369683	326726	1572	944	628
21	624497	327351	297146	1424	829	595
22	631422	329966	301456	1464	781	683
23	571893	299673	272220	1413	761	652
24	554336	289602	264734	1360	746	614
25-29岁	**3221455**	**1664755**	**1556700**	**8080**	**4515**	**3565**
25	570505	296265	274240	1363	760	603
26	532852	275135	257717	1323	749	574
27	591460	304540	286920	1509	838	671
28	673492	347755	325737	1754	967	787
29	853146	441060	412086	2131	1201	930
30-34岁	**5448110**	**2752660**	**2695450**	**14520**	**7569**	**6951**
30	1183201	601579	581622	3027	1559	1468
31	1147729	579935	567794	3012	1585	1427
32	1054336	531718	522618	2757	1452	1305
33	1116672	563189	553483	3062	1597	1465
34	946172	476239	469933	2662	1376	1286
35-39岁	**4301609**	**2177206**	**2124403**	**13602**	**6778**	**6824**
35	832768	421660	411108	2424	1243	1181
36	843028	426428	416600	2558	1279	1279
37	838480	424456	414024	2679	1321	1358
38	989303	502064	487239	3189	1594	1595
39	798030	402598	395432	2752	1341	1411
40-44岁	**3897897**	**1981518**	**1916379**	**16137**	**7598**	**8539**
40	727627	366955	360672	2689	1275	1414
41	809958	412601	397357	3194	1599	1595
42	745206	377467	367739	3093	1442	1651
43	742997	378913	364084	3242	1504	1738
44	872109	445582	426527	3919	1778	2141

4-1 续表 1

单位：人

年 龄	3岁及以上人口			未上过学		
	合计	男	女	小计	男	女
45-49岁	**5240218**	**2690595**	**2549623**	**27818**	**12216**	**15602**
45	946745	484933	461812	4537	2114	2423
46	1069633	546855	522778	5442	2431	3011
47	1068435	550835	517600	5661	2505	3156
48	1075970	553237	522733	5875	2499	3376
49	1079435	554735	524700	6303	2667	3636
50-54岁	**6108513**	**3054992**	**3053521**	**44850**	**16082**	**28768**
50	1245219	622414	622805	7828	3057	4771
51	1212629	609367	603262	8380	3149	5231
52	1403036	702847	700189	10087	3575	6512
53	1045370	519183	526187	8391	2884	5507
54	1202259	601181	601078	10164	3417	6747
55-59岁	**5125001**	**2564334**	**2560667**	**51406**	**15069**	**36337**
55	1204074	604184	599890	10796	3391	7405
56	1180701	586783	593918	11293	3414	7879
57	1394954	703449	691505	13889	4187	9702
58	981287	491394	489893	10683	2881	7802
59	363985	178524	185461	4745	1196	3549
60-64岁	**3369214**	**1718897**	**1650317**	**89139**	**23263**	**65876**
60	534554	269935	264619	9006	2357	6649
61	510316	262509	247807	11827	3213	8614
62	708948	363685	345263	19715	5430	14285
63	858643	440655	417988	24488	6429	18059
64	756753	382113	374640	24103	5834	18269
65-69岁	**3673078**	**1830422**	**1842656**	**157529**	**36273**	**121256**
65	741308	372952	368356	26346	6250	20096
66	798483	398327	400156	31077	7213	23864
67	740211	367977	372234	32502	7456	25046
68	769101	383137	385964	36048	8249	27799
69	623975	308029	315946	31556	7105	24451
70-74岁	**2642339**	**1314119**	**1328220**	**181396**	**43060**	**138336**
70	606760	300240	306520	34267	7964	26303
71	617946	310890	307056	40844	10159	30685
72	527887	262101	265786	37226	8935	28291
73	477808	238468	239340	35244	8360	26884
74	411938	202420	209518	33815	7642	26173
75-79岁	**1592623**	**776559**	**816064**	**168700**	**38685**	**130015**
75	337286	163975	173311	30229	6678	23551
76	367929	181792	186137	36278	8401	27877
77	306583	148783	157800	32606	7310	25296
78	283191	138358	144833	31961	7492	24469
79	297634	143651	153983	37626	8804	28822
80-84岁	**1147496**	**526151**	**621345**	**200910**	**47378**	**153532**
80	260648	124623	136025	36641	8832	27809
81	230857	107263	123594	38152	9236	28916
82	251213	114773	136440	45524	10851	34673
83	217254	97584	119670	42500	9848	32652
84	187524	81908	105616	38093	8611	29482
85岁及以上	**786531**	**317667**	**468864**	**203504**	**43060**	**160444**

4-1 续表 2

单位：人

年龄	学前教育			小学		
	小计	男	女	小计	男	女
总计	**2529385**	**1322377**	**1207008**	**16753085**	**7926050**	**8827035**
3	616467	325071	291396			
4	793339	421266	372073			
5-9岁	**942426**	**503192**	**439234**	**3571481**	**1907057**	**1664424**
5	685772	364782	320990	148062	78371	69691
6	190778	103619	87159	689319	366188	323131
7	31860	16981	14879	871600	464716	406884
8	20005	10482	9523	954066	510590	443476
9	14011	7328	6683	908434	487192	421242
10-14岁	**45909**	**24449**	**21460**	**2134664**	**1150161**	**984503**
10	11282	5908	5374	879515	471452	408063
11	9380	5063	4317	792958	427496	365462
12	7665	4060	3605	325890	177915	147975
13	8219	4402	3817	96389	51804	44585
14	9363	5016	4347	39912	21494	18418
15-19岁	**11100**	**5941**	**5159**	**72339**	**40159**	**32180**
15	5293	2780	2513	15824	8672	7152
16	2383	1299	1084	13932	7605	6327
17	1398	747	651	13724	7513	6211
18	1198	667	531	14234	7999	6235
19	828	448	380	14625	8370	6255
20-24岁	**2371**	**1272**	**1099**	**48803**	**26954**	**21849**
20	663	351	312	11349	6447	4902
21	448	246	202	8877	4956	3921
22	423	232	191	9345	5146	4199
23	416	215	201	9358	5107	4251
24	421	228	193	9874	5298	4576
25-29岁	**1792**	**895**	**897**	**70656**	**36965**	**33691**
25	431	235	196	10786	5730	5056
26	322	162	160	10745	5724	5021
27	287	129	158	12820	6652	6168
28	335	158	177	15688	8119	7569
29	417	211	206	20617	10740	9877
30-34岁	**2508**	**1221**	**1287**	**157134**	**78136**	**78998**
30	588	283	305	30615	15652	14963
31	508	240	268	31557	15874	15683
32	491	237	254	30418	15281	15137
33	491	236	255	34310	16761	17549
34	430	225	205	30234	14568	15666
35-39岁	**1856**	**964**	**892**	**168824**	**77689**	**91135**
35	361	190	171	28244	13230	15014
36	358	183	175	30342	14199	16143
37	392	211	181	32211	14998	17213
38	392	206	186	41027	18780	22247
39	353	174	179	37000	16482	20518
40-44岁	**1885**	**889**	**996**	**279713**	**124895**	**154818**
40	317	153	164	38315	16888	21427
41	389	185	204	51746	23263	28483
42	350	164	186	52444	23188	29256
43	372	172	200	58697	26314	32383
44	457	215	242	78511	35242	43269

4-1 续表 3

单位：人

年 龄	学前教育			小 学		
	小计	男	女	小计	男	女
45-49岁	**3318**	**1501**	**1817**	**640272**	**282060**	**358212**
45	569	268	301	94103	42310	51793
46	673	328	345	118744	53128	65616
47	621	254	367	129151	57558	71593
48	699	326	373	141791	61847	79944
49	756	325	431	156483	67217	89266
50-54岁	**6331**	**2421**	**3910**	**1293694**	**538643**	**755051**
50	1010	389	621	205614	84861	120753
51	1185	483	702	244018	103699	140319
52	1455	552	903	303955	127005	176950
53	1221	437	784	243734	100337	143397
54	1460	560	900	296373	122741	173632
55-59岁	**7657**	**2555**	**5102**	**1333231**	**526076**	**807155**
55	1592	554	1038	300925	122960	177965
56	1676	584	1092	298859	118256	180603
57	2027	649	1378	360959	143019	217940
58	1699	565	1134	269805	103084	166721
59	663	203	460	102683	38757	63926
60-64岁	**10505**	**3547**	**6958**	**1343870**	**573876**	**769994**
60	1176	401	775	169193	68144	101049
61	1406	480	926	186642	79694	106948
62	2233	766	1467	285572	123152	162420
63	2835	969	1866	364024	157895	206129
64	2855	931	1924	338439	144991	193448
65-69岁	**17707**	**5655**	**12052**	**1918012**	**844411**	**1073601**
65	2923	970	1953	354058	153748	200310
66	3572	1162	2410	403509	176917	226592
67	3679	1163	2516	389969	171753	218216
68	4006	1273	2733	420076	186766	233310
69	3527	1087	2440	350400	155227	195173
70-74岁	**20187**	**6867**	**13320**	**1599857**	**739263**	**860594**
70	3897	1289	2608	351261	157768	193493
71	4719	1636	3083	375651	176328	199323
72	4192	1419	2773	325043	151091	173952
73	3873	1325	2548	295074	137971	157103
74	3506	1198	2308	252828	116105	136723
75-79岁	**16009**	**5317**	**10692**	**973487**	**458361**	**515126**
75	3118	992	2126	206121	94160	111961
76	3589	1181	2408	226231	107095	119136
77	3093	1046	2047	188067	88334	99733
78	2878	958	1920	171528	81818	89710
79	3331	1140	2191	181540	86954	94586
80-84岁	**15520**	**5373**	**10147**	**697539**	**326613**	**370926**
80	3154	1135	2019	157829	75300	82529
81	3080	1091	1989	140781	66430	74351
82	3525	1266	2259	153538	72093	81445
83	3103	1046	2057	132006	61377	70629
84	2658	835	1823	113385	51413	61972
85岁及以上	**12498**	**3981**	**8517**	**449509**	**194731**	**254778**

4-1 续表 4

单位：人

年龄	初中			高中			大学专科		
	小计	男	女	小计	男	女	小计	男	女
总 计	**23678161**	**12491345**	**11186816**	**11810957**	**6513011**	**5297946**	**4717827**	**2447913**	**2269914**
3									
4									
5-9岁	**92066**	**50520**	**41546**	**171**	**89**	**82**			
5									
6	16081	8837	7244						
7	19125	10423	8702						
8	26066	14274	11792	81	42	39			
9	30794	16986	13808	90	47	43			
10-14岁	**2263053**	**1213176**	**1049877**	**159341**	**77652**	**81689**	**890**	**421**	**469**
10	51957	28103	23854	116	64	52	32	15	17
11	169958	88080	81878	162	86	76	46	24	22
12	600130	317289	282841	324	153	171	41	19	22
13	749400	401166	348234	24209	12509	11700	76	42	34
14	691608	378538	313070	134530	64840	69690	695	321	374
15-19岁	**740816**	**439481**	**301335**	**2055910**	**1132632**	**923278**	**579002**	**291079**	**287923**
15	281936	160967	120969	492407	259016	233391	15369	7878	7491
16	143619	84565	59054	604606	324954	279652	30258	15466	14792
17	101983	61404	40579	495637	273745	221892	78238	37605	40633
18	101813	63018	38795	275494	161702	113792	200531	100322	100209
19	111465	69527	41938	187766	113215	74551	254606	129808	124798
20-24岁	**647340**	**375234**	**272106**	**795021**	**461349**	**333672**	**802252**	**394758**	**407494**
20	109579	66959	42620	159026	95189	63837	214093	109102	104991
21	117081	69270	47811	152897	89332	63565	162766	80379	82387
22	138394	80006	58388	169033	97185	71848	158679	75918	82761
23	137988	78567	59421	158559	91047	67512	138653	67145	71508
24	144298	80432	63866	155506	88596	66910	128061	62214	65847
25-29岁	**1026574**	**548577**	**477997**	**948581**	**516963**	**431618**	**628691**	**308713**	**319978**
25	160147	87526	72621	161217	90483	70734	124913	60890	64023
26	155939	83578	72361	150923	83263	67660	112062	55292	56770
27	185107	98289	86818	171376	93256	78120	116985	57616	59369
28	224049	118985	105064	202862	109509	93353	124587	61252	63335
29	301332	160199	141133	262203	140452	121751	150144	73663	76481
30-34岁	**2160290**	**1097828**	**1062462**	**1656549**	**858477**	**798072**	**847289**	**411753**	**435536**
30	439600	228775	210825	367940	192669	175271	197909	95198	102711
31	443272	227338	215934	355113	184342	170771	182899	87912	94987
32	416999	211622	205377	321408	165673	155735	163743	79311	84432
33	460096	231496	228600	334341	172274	162067	166517	82023	84494
34	400323	198597	201726	277747	143519	134228	136221	67309	68912
35-39岁	**1996496**	**991233**	**1005263**	**1200912**	**623698**	**577214**	**537236**	**272259**	**264977**
35	366860	182289	184571	239011	124214	114797	112898	56937	55961
36	386935	191483	195452	237198	123006	114192	107332	54350	52982
37	391438	195058	196380	232264	120453	111811	103881	52256	51625
38	468686	233962	234724	273085	141692	131393	119882	61016	58866
39	382577	188441	194136	219354	114333	105021	93243	47700	45543
40-44岁	**2003056**	**993088**	**1009968**	**996257**	**528530**	**467727**	**371629**	**197346**	**174283**
40	353674	173865	179809	198755	104003	94752	81095	41933	39162
41	409222	203781	205441	213349	113007	100342	81057	42501	38556
42	381074	188176	192898	192558	101583	90975	72032	38283	33749
43	389063	193401	195662	184851	98826	86025	66721	35854	30867
44	470023	233865	236158	206744	111111	95633	70724	38775	31949

4-1 续表 5

单位：人

年龄	初中			高中			大学专科		
	小计	男	女	小计	男	女	小计	男	女
45-49岁	**2961126**	**1495594**	**1465532**	**1095819**	**603680**	**492139**	**327060**	**183164**	**143896**
45	521967	261117	260850	215128	116504	98624	69849	38556	31293
46	604212	302955	301257	230279	124701	105578	70244	39117	31127
47	607662	307920	299742	223240	123383	99857	65276	36636	28640
48	612295	310839	301456	217976	121285	96691	62719	35162	27557
49	614990	312763	302227	209196	117807	91389	58972	33693	25279
50-54岁	**3487783**	**1757940**	**1729843**	**916857**	**520023**	**396834**	**225322**	**132845**	**92477**
50	714260	354286	359974	224199	125263	98936	59203	33859	25344
51	694205	348758	345447	188495	106888	81607	47879	27987	19892
52	804278	406645	397633	203732	116002	87730	49557	29530	20027
53	596681	301210	295471	142179	80936	61243	32936	19848	13088
54	678359	347041	331318	158252	90934	67318	35747	21621	14126
55-59岁	**2626230**	**1361421**	**1264809**	**852859**	**493494**	**359365**	**163632**	**101709**	**61923**
55	662745	341653	321092	167864	96883	70981	37332	22861	14471
56	623757	319219	304538	183104	105010	78094	39240	24167	15073
57	705144	368395	336749	242219	140624	101595	46137	28867	17270
58	473184	248304	224880	182800	107767	75033	28752	18283	10469
59	161400	83850	77550	76872	43210	33662	12171	7531	4640
60-64岁	**1299768**	**738039**	**561729**	**516731**	**308090**	**208641**	**79798**	**51332**	**28466**
60	226800	123175	103625	107196	62012	45184	15213	9664	5549
61	203407	114930	88477	89602	52722	36880	12740	8133	4607
62	271055	155318	115737	107879	64116	43763	16456	10638	5818
63	323663	186771	136892	117670	71343	46327	19047	12320	6727
64	274843	157845	116998	94384	57897	36487	16342	10577	5765
65-69岁	**1177051**	**690863**	**486188**	**311196**	**193511**	**117685**	**68364**	**43938**	**24426**
65	256024	147918	108106	81030	50353	30677	15541	10004	5537
66	265306	153518	111788	74374	46201	28173	15329	9721	5608
67	236856	139312	97544	59214	36671	22543	13422	8537	4885
68	235979	140766	95213	55025	34319	20706	13478	8735	4743
69	182886	109349	73537	41553	25967	15586	10594	6941	3653
70-74岁	**636452**	**391653**	**244799**	**148982**	**95307**	**53675**	**41014**	**27743**	**13271**
70	166166	100125	66041	37559	23887	13672	10196	6798	3398
71	149123	91857	57266	34606	21998	12608	9772	6598	3174
72	121482	74814	46668	29060	18518	10542	8172	5428	2744
73	108068	67416	40652	26099	16817	9282	7142	4928	2214
74	91613	57441	34172	21658	14087	7571	5732	3991	1741
75-79岁	**314968**	**196395**	**118573**	**84839**	**54223**	**30616**	**22772**	**15221**	**7551**
75	73123	45825	27298	17477	11325	6152	4656	3196	1460
76	75576	47740	27836	18925	12322	6603	4719	3180	1539
77	59570	37105	22465	16639	10534	6105	4450	2917	1533
78	53794	33242	20552	16233	10271	5962	4580	3022	1558
79	52905	32483	20422	15565	9771	5794	4367	2906	1461
80-84岁	**160646**	**99172**	**61474**	**46329**	**29100**	**17229**	**15680**	**10590**	**5090**
80	43412	26807	16605	13131	8174	4957	4016	2663	1353
81	33187	20516	12671	9886	6008	3878	3321	2211	1110
82	33604	20662	12942	9297	5886	3411	3320	2241	1079
83	27293	17012	10281	7632	4895	2737	2772	1932	840
84	23150	14175	8975	6383	4137	2246	2251	1543	708
85岁及以上	**84446**	**51131**	**33315**	**24603**	**16193**	**8410**	**7196**	**5042**	**2154**

4-1　续表 6　　　　　　　　　　　　　　　　　　　　　　　　　　　　单位：人

年　龄	大学本科			硕士研究生			博士研究生		
	小计	男	女	小计	男	女	小计	男	女
总　计	**3141800**	**1594082**	**1547718**	**237867**	**118650**	**119217**	**34751**	**21776**	**12975**
3									
4									
5-9岁									
5									
6									
7									
8									
9									
10-14岁	**167**	**76**	**91**	**9**	**3**	**6**	**1**	**1**	
10	9	7	2						
11	17	9	8						
12	22	11	11	3		3			
13	11	5	6	2	1	1			
14	108	44	64	4	2	2	1	1	
15-19岁	**376419**	**171995**	**204424**	**386**	**195**	**191**	**60**	**45**	**15**
15	1991	914	1077	4	2	2	3	3	
16	5110	1970	3140	1	1		5	3	2
17	38838	16093	22745	69	33	36	6	6	
18	136952	63970	72982	125	74	51	3	3	
19	193528	89048	104480	187	85	102	43	30	13
20-24岁	**725049**	**331966**	**393083**	**48397**	**19654**	**28743**	**2091**	**1027**	**1064**
20	199561	90460	109101	492	198	294	74	33	41
21	177195	80948	96247	3653	1329	2324	156	62	94
22	141966	65827	76139	11728	4668	7060	390	203	187
23	108738	49946	58792	16179	6591	9588	589	294	295
24	97589	44785	52804	16345	6868	9477	882	435	447
25-29岁	**477746**	**221396**	**256350**	**52396**	**22999**	**29397**	**6939**	**3732**	**3207**
25	96332	43799	52533	14036	6176	7860	1280	666	614
26	89572	41004	48568	10572	4663	5909	1394	700	694
27	92536	42970	49566	9392	4013	5379	1448	777	671
28	94024	44092	49932	8812	3907	4905	1381	766	615
29	105282	49531	55751	9584	4240	5344	1436	823	613
30-34岁	**549273**	**268113**	**281160**	**52793**	**24849**	**27944**	**7754**	**4714**	**3040**
30	129866	61054	68812	11855	5328	6527	1801	1061	740
31	118219	56452	61767	11466	5209	6257	1683	983	700
32	106488	52258	54230	10534	4954	5580	1498	930	568
33	106156	52905	53251	10217	4968	5249	1482	929	553
34	88544	45444	43100	8721	4390	4331	1290	811	479
35-39岁	**341230**	**181825**	**159405**	**35765**	**19188**	**16577**	**5688**	**3572**	**2116**
35	74261	38896	35365	7575	3962	3613	1134	699	435
36	69922	37377	32545	7314	3867	3447	1069	684	385
37	67327	35609	31718	7193	3858	3335	1095	692	403
38	73827	39694	34133	7876	4281	3595	1339	839	500
39	55893	30249	25644	5807	3220	2587	1051	658	393
40-44岁	**206446**	**115522**	**90924**	**18550**	**10884**	**7666**	**4224**	**2766**	**1458**
40	47088	25604	21484	4684	2597	2087	1010	637	373
41	45566	25054	20512	4465	2593	1872	970	618	352
42	39377	22013	17364	3461	2067	1394	817	551	266
43	36422	20641	15781	2945	1754	1191	684	447	237
44	37993	22210	15783	2995	1873	1122	743	513	230

4-1 续表 7

单位：人

年 龄	大学本科			硕士研究生			博士研究生		
	小计	男	女	小计	男	女	小计	男	女
45-49岁	**169239**	**102069**	**67170**	**12377**	**8123**	**4254**	**3189**	**2188**	**1001**
45	37125	21799	15326	2784	1799	985	683	466	217
46	36589	21973	14616	2746	1737	1009	704	485	219
47	33647	20451	13196	2488	1656	832	689	472	217
48	31762	19335	12427	2258	1540	718	595	404	191
49	30116	18511	11605	2101	1391	710	518	361	157
50-54岁	**123369**	**79676**	**43693**	**8115**	**5711**	**2404**	**2192**	**1651**	**541**
50	30626	19001	11625	1972	1327	645	507	371	136
51	26250	16812	9438	1719	1216	503	498	375	123
52	27613	17855	9758	1847	1295	552	512	388	124
53	18756	12462	6294	1172	850	322	300	219	81
54	20124	13546	6578	1405	1023	382	375	298	77
55-59岁	**82631**	**58168**	**24463**	**5660**	**4444**	**1216**	**1695**	**1398**	**297**
55	20870	14384	6486	1520	1154	366	430	344	86
56	20786	14563	6223	1539	1204	335	447	366	81
57	22568	16061	6507	1530	1231	299	481	416	65
58	13323	9657	3666	786	643	143	255	210	45
59	5084	3503	1581	285	212	73	82	62	20
60-64岁	**27428**	**19185**	**8243**	**1517**	**1197**	**320**	**458**	**368**	**90**
60	5568	3861	1707	308	241	67	94	80	14
61	4338	3057	1281	282	225	57	72	55	17
62	5623	3940	1683	324	253	71	91	72	19
63	6461	4561	1900	344	273	71	111	94	17
64	5438	3766	1672	259	205	54	90	67	23
65-69岁	**22141**	**14975**	**7166**	**868**	**649**	**219**	**210**	**147**	**63**
65	5080	3473	1607	236	183	53	70	53	17
66	5059	3409	1650	208	155	53	49	31	18
67	4348	2920	1428	186	143	43	35	22	13
68	4312	2906	1406	143	100	43	34	23	11
69	3342	2267	1075	95	68	27	22	18	4
70-74岁	**13951**	**9856**	**4095**	**406**	**301**	**105**	**94**	**69**	**25**
70	3283	2308	975	116	90	26	15	11	4
71	3131	2248	883	82	60	22	18	6	12
72	2616	1824	792	77	53	24	19	19	
73	2220	1588	632	66	46	20	22	17	5
74	2701	1888	813	65	52	13	20	16	4
75-79岁	**11537**	**8142**	**3395**	**243**	**175**	**68**	**68**	**40**	**28**
75	2486	1740	746	58	45	13	18	14	4
76	2538	1819	719	56	41	15	17	13	4
77	2103	1498	605	44	34	10	11	5	6
78	2166	1523	643	37	27	10	14	5	9
79	2244	1562	682	48	28	20	8	3	5
80-84岁	**10588**	**7716**	**2872**	**224**	**166**	**58**	**60**	**43**	**17**
80	2403	1664	739	48	38	10	14	10	4
81	2402	1731	671	33	30	3	15	10	5
82	2337	1729	608	55	35	20	13	10	3
83	1893	1432	461	47	35	12	8	7	1
84	1553	1160	393	41	28	13	10	6	4
85岁及以上	**4586**	**3402**	**1184**	**161**	**112**	**49**	**28**	**15**	**13**

4-1a　全省分年龄、性别、受教育程度的3岁及以上人口(城市)

单位：人

年　龄	3岁及以上人口			未上过学		
	合计	男	女	小计	男	女
总　计	**18382669**	**9189191**	**9193478**	**194037**	**79262**	**114775**
3	257923	136308	121615	55079	29444	25635
4	247610	131547	116063	16126	8627	7499
5-9岁	**1200601**	**640137**	**560464**	**11563**	**6299**	**5264**
5	233828	123901	109927	6698	3645	3053
6	242613	129638	112975	2139	1178	961
7	241830	128794	113036	1077	587	490
8	254163	135795	118368	902	487	415
9	228167	122009	106158	747	402	345
10-14岁	**1060247**	**566320**	**493927**	**3880**	**2126**	**1754**
10	221531	118984	102547	837	460	377
11	217642	116325	101317	850	452	398
12	213275	113944	99331	912	497	415
13	203850	109015	94835	706	406	300
14	203949	108052	95897	575	311	264
15-19岁	**1392009**	**717970**	**674039**	**1516**	**854**	**662**
15	242346	129824	112522	316	188	128
16	256557	136852	119705	287	161	126
17	244800	127987	116813	268	140	128
18	294604	149064	145540	330	193	137
19	353702	174243	179459	315	172	143
20-24岁	**1229607**	**610352**	**619255**	**1611**	**860**	**751**
20	329687	162411	167276	373	203	170
21	268686	132595	136091	334	184	150
22	235042	116997	118045	315	168	147
23	202747	101460	101287	317	170	147
24	193445	96889	96556	272	135	137
25-29岁	**1089751**	**538189**	**551562**	**1578**	**845**	**733**
25	195308	97237	98071	261	150	111
26	186837	93142	93695	270	147	123
27	202752	100168	102584	314	165	149
28	224695	110412	114283	344	171	173
29	280159	137230	142929	389	212	177
30-34岁	**1858281**	**895615**	**962666**	**2670**	**1347**	**1323**
30	387107	186137	200970	530	250	280
31	387418	185674	201744	585	307	278
32	364606	175436	189170	504	252	252
33	386523	186646	199877	544	279	265
34	332627	161722	170905	507	259	248
35-39岁	**1486095**	**726236**	**759859**	**2447**	**1225**	**1222**
35	289707	141334	148373	489	245	244
36	291567	142553	149014	462	234	228
37	291960	142380	149580	500	246	254
38	341122	166729	174393	548	278	270
39	271739	133240	138499	448	222	226
40-44岁	**1283208**	**638106**	**645102**	**2484**	**1236**	**1248**
40	245013	120722	124291	436	215	221
41	269597	133937	135660	513	258	255
42	247817	123131	124686	508	263	245
43	245258	122720	122538	488	244	244
44	275523	137596	137927	539	256	283

4-1a 续表 1　　　　单位：人

年　龄	3岁及以上人口			未上过学		
	合计	男	女	小计	男	女
45-49岁	**1532939**	**773466**	**759473**	**3667**	**1753**	**1914**
45	292408	146688	145720	686	352	334
46	314892	157534	157358	737	340	397
47	312262	158090	154172	757	378	379
48	308492	156421	152071	696	310	386
49	304885	154733	150152	791	373	418
50-54岁	**1583785**	**788058**	**795727**	**5342**	**2144**	**3198**
50	343973	171316	172657	962	412	550
51	325079	162814	162265	1092	467	625
52	360092	179318	180774	1192	481	711
53	259600	128296	131304	964	365	599
54	295041	146314	148727	1132	419	713
55-59岁	**1320195**	**655815**	**664380**	**5724**	**1996**	**3728**
55	301292	150394	150898	1187	432	755
56	308640	153380	155260	1337	490	847
57	361829	180418	181411	1510	530	980
58	242072	120042	122030	1155	377	778
59	106362	51581	54781	535	167	368
60-64岁	**820912**	**406349**	**414563**	**7870**	**2208**	**5662**
60	146517	72326	74191	914	290	624
61	130739	65426	65313	1118	340	778
62	172037	86149	85888	1719	485	1234
63	198617	98056	100561	2078	546	1532
64	173002	84392	88610	2041	547	1494
65-69岁	**802472**	**389141**	**413331**	**11786**	**3078**	**8708**
65	168606	82223	86383	2231	603	1628
66	178487	86376	92111	2451	652	1799
67	160485	77488	82997	2356	630	1726
68	163014	79168	83846	2610	650	1960
69	131880	63886	67994	2138	543	1595
70-74岁	**530285**	**258871**	**271414**	**12284**	**3550**	**8734**
70	128188	62302	65886	2340	667	1673
71	124474	60784	63690	2896	842	2054
72	104565	50363	54202	2607	739	1868
73	93358	46031	47327	2316	666	1650
74	79700	39391	40309	2125	636	1489
75-79岁	**307514**	**146895**	**160619**	**11250**	**2893**	**8357**
75	63743	31220	32523	1947	526	1421
76	69350	33650	35700	2413	640	1773
77	58612	27508	31104	2112	535	1577
78	57230	27094	30136	2142	546	1596
79	58579	27423	31156	2636	646	1990
80-84岁	**226842**	**103700**	**123142**	**16672**	**4209**	**12463**
80	53447	25060	28387	2768	714	2054
81	47384	21606	25778	3276	859	2417
82	48554	21894	26660	3816	974	2842
83	40800	18761	22039	3478	857	2621
84	36657	16379	20278	3334	805	2529
85岁及以上	**152393**	**66116**	**86277**	**20488**	**4568**	**15920**

4-1a 续表 2

单位：人

年 龄	学前教育			小 学		
	小计	男	女	小计	男	女
总 计	**717574**	**378886**	**338688**	**2941164**	**1406595**	**1534569**
3	202844	106864	95980			
4	231484	122920	108564			
5-9岁	**253092**	**134917**	**118175**	**909769**	**484748**	**425021**
5	191907	101641	90266	35223	18615	16608
6	44676	24607	20069	191126	101324	89802
7	7565	4027	3538	227562	121141	106421
8	5295	2770	2525	240274	128428	111846
9	3649	1872	1777	215584	115240	100344
10-14岁	**11551**	**6273**	**5278**	**467678**	**252061**	**215617**
10	2882	1545	1337	205160	110145	95015
11	2361	1322	1039	175919	94983	80936
12	1949	1040	909	62572	34182	28390
13	2061	1098	963	16677	8846	7831
14	2298	1268	1030	7350	3905	3445
15-19岁	**3244**	**1731**	**1513**	**17899**	**9812**	**8087**
15	1461	776	685	3373	1834	1539
16	660	345	315	3551	1882	1669
17	428	234	194	3518	1894	1624
18	396	207	189	3733	2078	1655
19	299	169	130	3724	2124	1600
20-24岁	**955**	**522**	**433**	**10921**	**6217**	**4704**
20	265	140	125	2797	1585	1212
21	181	102	79	2006	1157	849
22	174	97	77	2016	1144	872
23	174	90	84	1985	1150	835
24	161	93	68	2117	1181	936
25-29岁	**602**	**271**	**331**	**15007**	**8276**	**6731**
25	162	83	79	2278	1242	1036
26	100	50	50	2304	1266	1038
27	90	41	49	2765	1532	1233
28	112	43	69	3364	1867	1497
29	138	54	84	4296	2369	1927
30-34岁	**854**	**374**	**480**	**32174**	**16651**	**15523**
30	200	85	115	6400	3411	2989
31	178	68	110	6525	3392	3133
32	169	75	94	6444	3356	3088
33	159	75	84	6860	3499	3361
34	148	71	77	5945	2993	2952
35-39岁	**601**	**305**	**296**	**28294**	**13898**	**14396**
35	137	65	72	5278	2643	2635
36	115	61	54	5435	2696	2739
37	124	62	62	5329	2674	2655
38	119	64	55	6541	3167	3374
39	106	53	53	5711	2718	2993
40-44岁	**485**	**248**	**237**	**41461**	**19552**	**21909**
40	78	40	38	5747	2698	3049
41	114	54	60	7864	3673	4191
42	98	52	46	7936	3759	4177
43	93	48	45	8832	4229	4603
44	102	54	48	11082	5193	5889

4-1a 续表 3

单位：人

年龄	学前教育			小学		
	小计	男	女	小计	男	女
45-49岁	**603**	**312**	**291**	**86455**	**39361**	**47094**
45	130	77	53	13108	6059	7049
46	120	65	55	16152	7550	8602
47	107	40	67	17434	8050	9384
48	130	68	62	18935	8518	10417
49	116	62	54	20826	9184	11642
50-54岁	**969**	**397**	**572**	**183020**	**78869**	**104151**
50	156	70	86	28229	12053	16176
51	193	89	104	35803	15716	20087
52	236	93	143	43393	18730	24663
53	185	71	114	34074	14544	19530
54	199	74	125	41521	17826	23695
55-59岁	**1066**	**406**	**660**	**180460**	**75001**	**105459**
55	220	85	135	41096	17717	23379
56	253	94	159	41143	17155	23988
57	288	108	180	48774	20258	28516
58	208	82	126	34691	13999	20692
59	97	37	60	14756	5872	8884
60-64岁	**1174**	**476**	**698**	**176650**	**74419**	**102231**
60	154	58	96	23314	9735	13579
61	172	81	91	25715	11128	14587
62	258	104	154	37616	16276	21340
63	287	118	169	46323	19289	27034
64	303	115	188	43682	17991	25691
65-69岁	**1715**	**656**	**1059**	**248915**	**103160**	**145755**
65	309	114	195	46344	19210	27134
66	345	144	201	52893	21946	30947
67	360	134	226	50195	20852	29343
68	403	158	245	53965	22430	31535
69	298	106	192	45518	18722	26796
70-74岁	**1797**	**667**	**1130**	**218077**	**92676**	**125401**
70	301	100	201	47237	19588	27649
71	442	167	275	51723	22240	29483
72	386	147	239	44727	18887	25840
73	333	118	215	40155	17298	22857
74	335	135	200	34235	14663	19572
75-79岁	**1457**	**516**	**941**	**134942**	**56350**	**78592**
75	335	111	224	27086	11475	15611
76	311	115	196	30736	13109	17627
77	254	92	162	26037	10683	15354
78	282	93	189	24839	10243	14596
79	275	105	170	26244	10840	15404
80-84岁	**1593**	**546**	**1047**	**110882**	**44739**	**66143**
80	296	108	188	24364	10095	14269
81	293	89	204	22950	9283	13667
82	388	161	227	24313	9695	14618
83	304	96	208	20592	8353	12239
84	312	92	220	18663	7313	11350
85岁及以上	**1488**	**485**	**1003**	**78560**	**30805**	**47755**

4-1a　续表 4

单位：人

年　龄	初　中			高　中			大学专科		
	小计	男	女	小计	男	女	小计	男	女
总　计	**5191264**	**2574936**	**2616328**	**4549768**	**2347807**	**2201961**	**2493822**	**1253051**	**1240771**
3									
4									
5-9 岁	**26124**	**14143**	**11981**	**53**	**30**	**23**			
5									
6	4672	2529	2143						
7	5626	3039	2587						
8	7669	4096	3573	23	14	9			
9	8157	4479	3678	30	16	14			
10-14 岁	**526108**	**281428**	**244680**	**50599**	**24263**	**26336**	**326**	**130**	**196**
10	12601	6802	5799	33	22	11	13	7	6
11	38434	19531	18903	51	24	27	20	11	9
12	147721	78171	69550	94	40	54	15	9	6
13	176544	94565	81979	7821	4076	3745	34	20	14
14	150808	82359	68449	42600	20101	22499	244	83	161
15-19 岁	**138945**	**80391**	**58554**	**667764**	**365308**	**302456**	**291930**	**138285**	**153645**
15	58105	32788	25317	170501	89997	80504	7614	3743	3871
16	30407	17318	13089	203840	108811	95029	15156	7255	7901
17	18943	11108	7835	159849	88187	71662	37243	16435	20808
18	15644	9469	6175	79854	46778	33076	99666	46667	52999
19	15846	9708	6138	53720	31535	22185	132251	64185	68066
20-24 岁	**98741**	**56859**	**41882**	**230114**	**129673**	**100441**	**366278**	**180600**	**185678**
20	16038	9720	6318	46909	27344	19565	107986	54228	53758
21	17507	10301	7206	44265	25098	19167	73461	36479	36982
22	21013	12045	8968	47913	26766	21147	67998	32791	35207
23	21470	12218	9252	45570	25347	20223	60200	29306	30894
24	22713	12575	10138	45457	25118	20339	56633	27796	28837
25-29 岁	**165096**	**85909**	**79187**	**291783**	**152564**	**139219**	**298398**	**145357**	**153041**
25	25241	13590	11651	47177	25685	21492	56754	27788	28966
26	25307	13537	11770	46420	24921	21499	52898	26146	26752
27	30001	15556	14445	52938	27766	25172	55772	27369	28403
28	35820	18364	17456	62807	32303	30504	59723	28902	30821
29	48727	24862	23865	82441	41889	40552	73251	35152	38099
30-34 岁	**391796**	**190422**	**201374**	**578489**	**283251**	**295238**	**450665**	**211848**	**238817**
30	73202	36279	36923	117977	58333	59644	99027	46452	52575
31	77745	37981	39764	121411	59463	61948	95852	44791	51061
32	76285	37027	39258	114120	55763	58357	88099	41155	46944
33	86919	41993	44926	121120	58799	62321	91221	43172	48049
34	77645	37142	40503	103861	50893	52968	76466	36278	40188
35-39 岁	**397760**	**188288**	**209472**	**475520**	**231271**	**244249**	**310079**	**149937**	**160142**
35	71637	33943	37694	90419	44097	46322	63865	30798	33067
36	76417	36232	40185	92072	44675	47397	61551	29752	31799
37	78530	37531	40999	92335	44657	47678	60796	29182	31614
38	93620	44158	49462	110753	53842	56911	70074	33933	36141
39	77556	36424	41132	89941	44000	45941	53793	26272	27521
40-44 岁	**431414**	**205057**	**226357**	**437788**	**218035**	**219753**	**212809**	**107861**	**104948**
40	72541	34345	38196	82917	40549	42368	46632	23220	23412
41	87767	41809	45958	92289	45941	46348	46055	23213	22842
42	82554	39173	43381	85383	42511	42872	41456	20972	20484
43	86145	41333	44812	84124	42260	41864	38375	19569	18806
44	102407	48397	54010	93075	46774	46301	40291	20887	19404

4-1a 续表 5

单位：人

年 龄	初中			高中			大学专科		
	小计	男	女	小计	男	女	小计	男	女
45-49岁	**629177**	**300806**	**328371**	**498492**	**256550**	**241942**	**189251**	**100992**	**88259**
45	112657	53620	59037	98068	49790	48278	40509	21229	19280
46	127025	60086	66939	103903	52657	51246	40153	21170	18983
47	128899	61787	67112	101912	52565	49347	37953	20359	17594
48	129718	62294	67424	99049	51581	47468	36384	19584	16800
49	130878	63019	67859	95560	49957	45603	34252	18650	15602
50-54岁	**754415**	**358240**	**396175**	**418159**	**217925**	**200234**	**129831**	**72281**	**57550**
50	153782	72281	81501	103631	53918	49713	34542	18870	15672
51	153056	72886	80170	87573	45965	41608	27748	15344	12404
52	173316	82661	90655	92902	48408	44494	28377	15848	12529
53	127490	60416	67074	64147	33226	30921	18860	10647	8213
54	146771	69996	76775	69906	36408	33498	20304	11572	8732
55-59岁	**597990**	**287955**	**310035**	**374615**	**190486**	**184129**	**95713**	**55402**	**40311**
55	146537	70204	76333	74927	38837	36090	21210	12206	9004
56	143364	68620	74744	82997	42430	40567	23043	13291	9752
57	160678	77795	82883	105954	53793	52161	27024	15649	11375
58	104424	50646	53778	74709	37897	36812	16587	9735	6852
59	42987	20690	22297	36028	17529	18499	7849	4521	3328
60-64岁	**333114**	**166797**	**166317**	**230103**	**117473**	**112630**	**49672**	**29718**	**19954**
60	59337	29117	30220	48511	24235	24276	9708	5775	3933
61	52585	26675	25910	39682	20045	19637	7944	4717	3227
62	69198	35132	34066	48367	24831	23536	10317	6225	4092
63	81035	40769	40266	51907	26678	25229	11722	7002	4720
64	70959	35104	35855	41636	21684	19952	9981	5999	3982
65-69岁	**336330**	**168889**	**167441**	**142938**	**76078**	**66860**	**42838**	**25452**	**17386**
65	70068	34920	35148	35843	18826	17017	9633	5757	3876
66	75412	37376	38036	33745	17983	15762	9538	5585	3953
67	67946	34047	33899	27565	14518	13047	8510	4966	3544
68	68323	34731	33592	25824	13885	11939	8412	5044	3368
69	54581	27815	26766	19961	10866	9095	6745	4100	2645
70-74岁	**187080**	**97136**	**89944**	**73614**	**40632**	**32982**	**26208**	**16501**	**9707**
70	50588	25772	24816	18521	10248	8273	6573	4120	2453
71	43616	22604	21012	17025	9259	7766	6265	3920	2345
72	34938	17951	16987	14644	8035	6609	5186	3194	1992
73	31248	16590	14658	12960	7203	5757	4590	2952	1638
74	26690	14219	12471	10464	5887	4577	3594	2315	1279
75-79岁	**94144**	**48953**	**45191**	**41582**	**22656**	**18926**	**14516**	**8908**	**5608**
75	20909	11139	9770	8457	4672	3785	2934	1878	1056
76	21810	11514	10296	8971	4946	4025	2979	1832	1147
77	17490	8929	8561	8143	4350	3793	2830	1694	1136
78	17086	8757	8329	8130	4442	3688	2956	1786	1170
79	16849	8614	8235	7881	4246	3635	2817	1718	1099
80-84岁	**53497**	**27644**	**25853**	**24693**	**13541**	**11152**	**10429**	**6523**	**3906**
80	14573	7604	6969	6798	3587	3211	2621	1585	1036
81	11306	5794	5512	5291	2782	2509	2225	1360	865
82	10952	5507	5445	4874	2721	2153	2192	1367	825
83	8792	4652	4140	4141	2362	1779	1848	1212	636
84	7874	4087	3787	3589	2089	1500	1543	999	544
85岁及以上	**29533**	**16019**	**13514**	**13462**	**8071**	**5391**	**4879**	**3256**	**1623**

4-1a　续表 6

单位：人

年　龄	大学本科			硕士研究生			博士研究生		
	小计	男	女	小计	男	女	小计	男	女
总　计	**2079840**	**1037821**	**1042019**	**187245**	**93210**	**94035**	**27955**	**17623**	**10332**
3									
4									
5-9岁									
5									
6									
7									
8									
9									
10-14岁	**102**	**37**	**65**	**3**	**2**	**1**			
10	5	3	2						
11	7	2	5						
12	12	5	7						
13	7	4	3						
14	71	23	48	3	2	1			
15-19岁	**270462**	**121465**	**148997**	**228**	**110**	**118**	**21**	**14**	**7**
15	975	498	477	1		1			
16	2656	1080	1576						
17	24507	9968	14539	42	19	23	2	2	
18	94913	43633	51280	66	37	29	2	2	
19	147411	66286	81125	119	54	65	17	10	7
20-24岁	**484247**	**220905**	**263342**	**35438**	**14081**	**21357**	**1302**	**635**	**667**
20	154988	69058	85930	290	114	176	41	19	22
21	128592	58475	70117	2263	767	1496	77	32	45
22	87326	40758	46568	8073	3117	4956	214	111	103
23	60414	28149	32265	12256	4858	7398	361	172	189
24	52927	24465	28462	12556	5225	7331	609	301	308
25-29岁	**274169**	**125714**	**148455**	**37964**	**16451**	**21513**	**5154**	**2802**	**2352**
25	52242	23748	28494	10279	4473	5806	914	478	436
26	50914	23195	27719	7564	3348	4216	1060	532	528
27	53132	24341	28791	6677	2827	3850	1063	571	492
28	55076	25393	29683	6397	2781	3616	1052	588	464
29	62805	29037	33768	7047	3022	4025	1065	633	432
30-34岁	**353889**	**168664**	**185225**	**41679**	**19410**	**22269**	**6065**	**3648**	**2417**
30	79490	36553	42937	8920	3980	4940	1361	794	567
31	74869	34910	39959	8977	4030	4947	1276	732	544
32	69433	33218	36215	8376	3860	4516	1176	730	446
33	70245	34099	36146	8258	3998	4260	1197	732	465
34	59852	29884	29968	7148	3542	3606	1055	660	395
35-39岁	**236175**	**122285**	**113890**	**30352**	**16001**	**14351**	**4867**	**3026**	**1841**
35	50624	25703	24921	6314	3265	3049	944	575	369
36	48472	25121	23351	6148	3215	2933	895	567	328
37	47248	24203	23045	6153	3232	2921	945	593	352
38	51552	26997	24555	6756	3568	3188	1159	722	437
39	38279	20261	18018	4981	2721	2260	924	569	355
40-44岁	**137010**	**74442**	**62568**	**16086**	**9289**	**6797**	**3671**	**2386**	**1285**
40	31741	16886	14855	4030	2210	1820	891	559	332
41	30267	16247	14020	3880	2202	1678	848	540	308
42	26189	14169	12020	2992	1767	1225	701	465	236
43	24048	13148	10900	2566	1504	1062	587	385	202
44	24765	13992	10773	2618	1606	1012	644	437	207

4-1a 续表 7

单位：人

年 龄	大学本科			硕士研究生			博士研究生		
	小计	男	女	小计	男	女	小计	男	女
45-49岁	**111800**	**64857**	**46943**	**10748**	**6959**	**3789**	**2746**	**1876**	**870**
45	24279	13658	10621	2386	1506	880	585	397	188
46	23820	13762	10058	2388	1495	893	594	409	185
47	22430	13074	9356	2174	1432	742	596	405	191
48	21098	12395	8703	1967	1323	644	515	348	167
49	20173	11968	8205	1833	1203	630	456	317	139
50-54岁	**83231**	**51951**	**31280**	**6916**	**4816**	**2100**	**1902**	**1435**	**467**
50	20568	12289	8279	1664	1100	564	439	323	116
51	17707	10993	6714	1475	1028	447	432	326	106
52	18667	11670	6997	1570	1091	479	439	336	103
53	12630	8125	4505	996	717	279	254	185	69
54	13659	8874	4785	1211	880	331	338	265	73
55-59岁	**58166**	**39441**	**18725**	**4990**	**3908**	**1082**	**1471**	**1220**	**251**
55	14414	9617	4797	1329	998	331	372	298	74
56	14740	9915	4825	1378	1069	309	385	316	69
57	15841	10840	5001	1336	1079	257	424	366	58
58	9391	6559	2832	688	562	126	219	185	34
59	3780	2510	1270	259	200	59	71	55	16
60-64岁	**20636**	**13906**	**6730**	**1292**	**1023**	**269**	**401**	**329**	**72**
60	4246	2852	1394	257	198	59	76	66	10
61	3229	2204	1025	233	188	45	61	48	13
62	4207	2817	1390	274	213	61	81	66	15
63	4859	3326	1533	303	241	62	103	87	16
64	4095	2707	1388	225	183	42	80	62	18
65-69岁	**17024**	**11140**	**5884**	**745**	**557**	**188**	**181**	**131**	**50**
65	3913	2588	1325	205	160	45	60	45	15
66	3883	2532	1351	177	129	48	43	29	14
67	3355	2192	1163	168	129	39	30	20	10
68	3329	2165	1164	117	83	34	31	22	9
69	2544	1663	881	78	56	22	17	15	2
70-74岁	**10845**	**7419**	**3426**	**314**	**239**	**75**	**66**	**51**	**15**
70	2526	1724	802	93	75	18	9	8	1
71	2426	1699	727	67	48	19	14	5	9
72	2005	1353	652	58	43	15	14	14	
73	1696	1163	533	45	30	15	15	11	4
74	2192	1480	712	51	43	8	14	13	1
75-79岁	**9391**	**6455**	**2936**	**193**	**141**	**52**	**39**	**23**	**16**
75	2019	1377	642	46	35	11	10	7	3
76	2070	1449	621	47	35	12	13	10	3
77	1709	1196	513	32	27	5	5	2	3
78	1763	1204	559	26	21	5	6	2	4
79	1830	1229	601	42	23	19	5	2	3
80-84岁	**8866**	**6335**	**2531**	**162**	**126**	**36**	**48**	**37**	**11**
80	1981	1331	650	35	28	7	11	8	3
81	2005	1407	598	24	22	2	14	10	4
82	1974	1438	536	35	23	12	10	8	2
83	1602	1194	408	36	29	7	7	6	1
84	1304	965	339	32	24	8	6	5	1
85岁及以上	**3827**	**2805**	**1022**	**135**	**97**	**38**	**21**	**10**	**11**

4-1b 全省分年龄、性别、受教育程度的3岁及以上人口(镇)

单位：人

年 龄	3岁及以上人口			未上过学		
	合计	男	女	小计	男	女
总 计	**19546496**	**9931151**	**9615345**	**382357**	**132820**	**249537**
3	275584	145862	129722	75595	40138	35457
4	269914	143768	126146	19679	10567	9112
5-9岁	**1464961**	**784304**	**680657**	**12039**	**6525**	**5514**
5	266918	142161	124757	7081	3842	3239
6	284105	152041	132064	2122	1138	984
7	292656	156458	136198	1063	576	487
8	317812	170399	147413	953	513	440
9	303470	163245	140225	820	456	364
10-14岁	**1476550**	**789507**	**687043**	**4754**	**2611**	**2143**
10	301254	161941	139313	848	464	384
11	309124	165780	143344	1055	589	466
12	297105	158878	138227	1092	599	493
13	278611	148696	129915	986	545	441
14	290456	154212	136244	773	414	359
15-19岁	**1350705**	**741982**	**608723**	**1821**	**1098**	**723**
15	318676	170164	148512	373	214	159
16	338591	182536	156055	344	203	141
17	281980	153529	128451	393	239	154
18	218316	124455	93861	359	230	129
19	193142	111298	81844	352	212	140
20-24岁	**817820**	**436984**	**380836**	**1913**	**1061**	**852**
20	168296	94806	73490	428	249	179
21	156730	85007	71723	373	208	165
22	171627	90372	81255	395	206	189
23	161070	84159	76911	352	188	164
24	160097	82640	77457	365	210	155
25-29岁	**958559**	**482281**	**476278**	**1993**	**1090**	**903**
25	167051	85336	81715	336	170	166
26	157013	79317	77696	316	181	135
27	175600	88079	87521	364	191	173
28	200979	100923	100056	435	249	186
29	257916	128626	129290	542	299	243
30-34岁	**1681216**	**820969**	**860247**	**3384**	**1810**	**1574**
30	360637	176108	184529	705	366	339
31	351170	171895	179275	697	391	306
32	325543	158975	166568	654	353	301
33	347462	169490	177972	733	391	342
34	296404	144501	151903	595	309	286
35-39岁	**1371761**	**674902**	**696859**	**3178**	**1621**	**1557**
35	263565	130077	133488	537	288	249
36	266391	131131	135260	600	305	295
37	266215	130871	135344	606	297	309
38	317023	156083	160940	780	405	375
39	258567	126740	131827	655	326	329
40-44岁	**1274877**	**635432**	**639445**	**3665**	**1816**	**1849**
40	236766	116661	120105	609	304	305
41	266868	132759	134109	735	385	350
42	244535	121442	123093	713	346	367
43	242287	121569	120718	724	368	356
44	284421	143001	141420	884	413	471

4-1b 续表 1 单位：人

年 龄	3岁及以上人口			未上过学		
	合计	男	女	小计	男	女
45-49岁	**1659067**	**840458**	**818609**	**5995**	**2778**	**3217**
45	304179	153144	151035	1026	494	532
46	342011	171803	170208	1187	555	632
47	337489	171434	166055	1228	542	686
48	338738	172291	166447	1211	571	640
49	336650	171786	164864	1343	616	727
50-54岁	**1835475**	**915107**	**920368**	**9720**	**3662**	**6058**
50	380727	189872	190855	1708	696	1012
51	366110	182986	183124	1834	720	1114
52	421095	210739	210356	2209	833	1376
53	310651	153635	157016	1728	589	1139
54	356892	177875	179017	2241	824	1417
55-59岁	**1503495**	**749969**	**753526**	**10966**	**3345**	**7621**
55	356546	178613	177933	2341	795	1546
56	346750	171781	174969	2407	762	1645
57	410968	206036	204932	2972	903	2069
58	287342	143576	143766	2285	646	1639
59	101889	49963	51926	961	239	722
60-64岁	**950968**	**481575**	**469393**	**19158**	**4991**	**14167**
60	151244	76291	74953	1919	480	1439
61	146002	74464	71538	2521	663	1858
62	199722	101690	98032	4116	1160	2956
63	241789	123031	118758	5310	1386	3924
64	212211	106099	106112	5292	1302	3990
65-69岁	**1011485**	**501375**	**510110**	**33850**	**7898**	**25952**
65	204899	101989	102910	5696	1352	4344
66	220802	109133	111669	6706	1566	5140
67	203186	100732	102454	6951	1591	5360
68	212147	105382	106765	7751	1806	5945
69	170451	84139	86312	6746	1583	5163
70-74岁	**714744**	**356612**	**358132**	**40425**	**10181**	**30244**
70	165017	81680	83337	7426	1800	5626
71	167770	84582	83188	9291	2440	6851
72	142522	71167	71355	8396	2182	6214
73	128623	64567	64056	7843	2005	5838
74	110812	54616	56196	7469	1754	5715
75-79岁	**423627**	**208082**	**215545**	**37800**	**9055**	**28745**
75	90139	44211	45928	6637	1609	5028
76	97883	48862	49021	8192	1954	6238
77	81573	39979	41594	7275	1729	5546
78	75606	37132	38474	7129	1696	5433
79	78426	37898	40528	8567	2067	6500
80-84岁	**298804**	**137430**	**161374**	**47076**	**11637**	**35439**
80	68753	33046	35707	8302	2102	6200
81	59733	27973	31760	9023	2340	6683
82	65366	29886	35480	10769	2673	8096
83	56279	25385	30894	9971	2434	7537
84	48673	21140	27533	9011	2088	6923
85岁及以上	**206884**	**84552**	**122332**	**49346**	**10936**	**38410**

4-1b　续表 2

单位：人

年　龄	学前教育			小　学		
	小计	男	女	小计	男	女
总　计	**792210**	**417163**	**375047**	**4729842**	**2222499**	**2507343**
3	199989	105724	94265			
4	250235	133201	117034			
5-9岁	**293830**	**157178**	**136652**	**1127918**	**603345**	**524573**
5	214302	114190	100112	45535	24129	21406
6	58334	31730	26604	218101	116082	102019
7	9839	5268	4571	275193	147028	128165
8	6611	3481	3130	301581	161608	139973
9	4744	2509	2235	287508	154498	133010
10-14岁	**16106**	**8552**	**7554**	**666297**	**359474**	**306823**
10	3987	2120	1867	279126	150008	129118
11	3340	1768	1572	249138	134587	114551
12	2714	1450	1264	97241	53067	44174
13	2847	1495	1352	28404	15215	13189
14	3218	1719	1499	12388	6597	5791
15-19岁	**3966**	**2118**	**1848**	**23141**	**12887**	**10254**
15	1872	978	894	5104	2812	2292
16	868	477	391	4607	2534	2073
17	521	266	255	4535	2455	2080
18	432	250	182	4505	2565	1940
19	273	147	126	4390	2521	1869
20-24岁	**684**	**372**	**312**	**14773**	**8049**	**6724**
20	188	99	89	3416	1953	1463
21	149	79	70	2674	1462	1212
22	107	61	46	2814	1532	1282
23	120	69	51	2810	1509	1301
24	120	64	56	3059	1593	1466
25-29岁	**559**	**283**	**276**	**21688**	**11103**	**10585**
25	136	81	55	3365	1761	1604
26	103	54	49	3364	1802	1562
27	92	37	55	3924	1984	1940
28	105	47	58	4670	2309	2361
29	123	64	59	6365	3247	3118
30-34岁	**682**	**341**	**341**	**46684**	**22289**	**24395**
30	157	77	80	9298	4511	4787
31	138	75	63	9505	4649	4856
32	148	69	79	9152	4447	4705
33	137	62	75	10049	4658	5391
34	102	58	44	8680	4024	4656
35-39岁	**459**	**248**	**211**	**46645**	**20869**	**25776**
35	91	52	39	8088	3723	4365
36	88	44	44	8354	3841	4513
37	93	51	42	8810	3910	4900
38	95	53	42	11171	4963	6208
39	92	48	44	10222	4432	5790
40-44岁	**441**	**203**	**238**	**75745**	**32990**	**42755**
40	66	38	28	10207	4398	5809
41	103	49	54	14300	6220	8080
42	83	33	50	14269	6113	8156
43	72	30	42	15947	7017	8930
44	117	53	64	21022	9242	11780

4-1b 续表 3

单位：人

年 龄	学前教育			小 学		
	小计	男	女	小计	男	女
45-49岁	**784**	**344**	**440**	**166194**	**71435**	**94759**
45	120	49	71	24941	10939	14002
46	145	67	78	31019	13411	17608
47	165	74	91	33373	14483	18890
48	165	75	90	36556	15509	21047
49	189	79	110	40305	17093	23212
50-54岁	**1418**	**583**	**835**	**339811**	**139600**	**200211**
50	219	90	129	52979	21615	31364
51	269	110	159	64414	27036	37378
52	354	148	206	80535	33354	47181
53	254	105	149	63840	25775	38065
54	322	130	192	78043	31820	46223
55-59岁	**1640**	**577**	**1063**	**352143**	**135708**	**216435**
55	337	116	221	79400	31868	47532
56	353	134	219	78917	30549	48368
57	463	154	309	96581	37199	59382
58	351	123	228	71021	26407	44614
59	136	50	86	26224	9685	16539
60-64岁	**2323**	**793**	**1530**	**358700**	**147997**	**210703**
60	256	89	167	44577	17444	27133
61	306	111	195	50165	20670	29495
62	499	169	330	76103	31785	44318
63	650	208	442	97407	40709	56698
64	612	216	396	90448	37389	53059
65-69岁	**3997**	**1354**	**2643**	**510500**	**217300**	**293200**
65	659	236	423	94229	39316	54913
66	862	292	570	107813	45613	62200
67	789	266	523	103624	44229	59395
68	872	291	581	111932	48163	63769
69	815	269	546	92902	39979	52923
70-74岁	**4658**	**1673**	**2985**	**422614**	**190019**	**232595**
70	973	350	623	92880	40350	52530
71	1096	383	713	99853	45744	54109
72	948	348	600	85934	39060	46874
73	861	322	539	77452	35236	42216
74	780	270	510	66495	29629	36866
75-79岁	**3582**	**1218**	**2364**	**254683**	**116505**	**138178**
75	668	213	455	53834	23910	29924
76	827	284	543	58827	27264	31563
77	714	241	473	49073	22397	26676
78	635	232	403	45413	21023	24390
79	738	248	490	47536	21911	25625
80-84岁	**3747**	**1352**	**2395**	**182279**	**82397**	**99882**
80	778	297	481	41536	19126	22410
81	745	293	452	36534	16745	19789
82	816	287	529	40126	18188	21938
83	757	279	478	34266	15370	18896
84	651	196	455	29817	12968	16849
85岁及以上	**3110**	**1049**	**2061**	**120027**	**50532**	**69495**

4-1b 续表 4

单位：人

年 龄	初中			高中			大学专科		
	小计	男	女	小计	男	女	小计	男	女
总 计	**7278076**	**3713328**	**3564748**	**4098843**	**2235923**	**1862920**	**1466949**	**789460**	**677489**
3									
4									
5-9岁	**31110**	**17226**	**13884**	**64**	**30**	**34**			
5									
6	5548	3091	2457						
7	6561	3586	2975						
8	8637	4783	3854	30	14	16			
9	10364	5766	4598	34	16	18			
10-14岁	**721496**	**386420**	**335076**	**67387**	**32175**	**35212**	**462**	**246**	**216**
10	17230	9312	7918	47	28	19	12	5	7
11	55515	28797	26718	54	29	25	16	6	10
12	195912	103693	92219	126	62	64	16	5	11
13	237643	127012	110631	8701	4411	4290	27	17	10
14	215196	117606	97590	58459	27645	30814	391	213	178
15-19岁	**213971**	**127439**	**86532**	**863250**	**466928**	**396322**	**177543**	**98940**	**78603**
15	84728	48338	36390	220828	114725	106103	5057	2827	2230
16	42539	25357	17182	278641	147778	130863	9927	5649	4278
17	29371	17754	11617	213166	115699	97467	25256	13449	11807
18	27989	17546	10443	96405	56132	40273	62558	34806	27752
19	29344	18444	10900	54210	32594	21616	74745	42209	32536
20-24岁	**177526**	**101224**	**76302**	**234855**	**135565**	**99290**	**231812**	**118159**	**113653**
20	28980	17740	11240	44658	26702	17956	61242	33464	27778
21	31800	18797	13003	44066	25719	18347	46225	23763	22462
22	38028	21644	16384	50192	28734	21458	45680	22484	23196
23	38181	21222	16959	47923	27432	20491	40432	19804	20628
24	40537	21821	18716	48016	26978	21038	38233	18644	19589
25-29岁	**298273**	**151340**	**146933**	**305527**	**161818**	**143709**	**190052**	**92589**	**97463**
25	45529	24031	21498	50719	27768	22951	37299	18231	19068
26	44591	22735	21856	48145	25850	22295	33848	16673	17175
27	53716	27224	26492	54977	28956	26021	35389	17297	18092
28	65402	32957	32445	65765	34684	31081	37639	18213	19426
29	89035	44393	44642	85921	44560	41361	45877	22175	23702
30-34岁	**664891**	**317210**	**347681**	**559843**	**282027**	**277816**	**256323**	**124215**	**132108**
30	131507	64026	67481	122110	61636	60474	60317	28548	31769
31	134928	64973	69955	118482	60007	58475	55154	26389	28765
32	128861	61582	67279	108410	54207	54203	49504	24105	25399
33	143329	67822	75507	114660	57596	57064	50257	24797	25460
34	126266	58807	67459	96181	48581	47600	41091	20376	20715
35-39岁	**639082**	**299579**	**339503**	**424607**	**216561**	**208046**	**166998**	**86039**	**80959**
35	116928	54979	61949	83505	42660	40845	34704	17713	16991
36	123340	57585	65755	82977	42325	40652	32825	16949	15876
37	125344	58794	66550	82211	41980	40231	31765	16250	15515
38	150762	71179	79583	97044	49125	47919	37524	19479	18045
39	122708	57042	65666	78870	40471	38399	30180	15648	14532
40-44岁	**649975**	**307913**	**342062**	**354820**	**186838**	**167982**	**126673**	**68753**	**57920**
40	113636	53249	60387	71341	36925	34416	26968	14037	12931
41	133420	63420	70000	76715	40196	36519	27589	14590	12999
42	124147	58520	65627	68660	35951	32709	24572	13422	11150
43	126477	60149	66328	64719	34473	30246	22986	12765	10221
44	152295	72575	79720	73385	39293	34092	24558	13939	10619

4-1b 续表 5

单位：人

年龄	初中			高中			大学专科		
	小计	男	女	小计	男	女	小计	男	女
45-49岁	**937063**	**456030**	**481033**	**382496**	**210342**	**172154**	**113365**	**65312**	**48053**
45	166971	79883	87088	75364	40646	34718	23862	13650	10212
46	192272	92431	99841	81051	43659	37392	24541	14164	10377
47	192302	93777	98525	77563	42836	34727	22523	12943	9580
48	192896	94988	97908	76116	42294	33822	21875	12438	9437
49	192622	94951	97671	72402	40907	31495	20564	12117	8447
50-54岁	**1063502**	**522608**	**540894**	**304151**	**173965**	**130186**	**79214**	**48721**	**30493**
50	220171	106567	113604	75711	42572	33139	20537	12087	8450
51	212548	104158	108390	62254	35302	26952	16772	10200	6572
52	244716	120662	124054	67340	38999	28341	17530	10948	6582
53	180925	88988	91937	46561	26759	19802	11597	7364	4233
54	205142	102233	102909	52285	30333	21952	12778	8122	4656
55-59岁	**792776**	**398651**	**394125**	**266564**	**156422**	**110142**	**56607**	**37780**	**18827**
55	200531	100993	99538	54471	31713	22758	13412	8656	4756
56	188262	93534	94728	57600	33545	24055	13527	8867	4660
57	213489	107787	105702	75206	44308	30898	15996	10818	5178
58	143108	72593	70515	56901	33982	22919	10062	6963	3099
59	47386	23744	23642	22386	12874	9512	3610	2476	1134
60-64岁	**387677**	**213078**	**174599**	**152597**	**92757**	**59840**	**24438**	**17233**	**7205**
60	67249	35540	31709	31440	18598	12842	4581	3192	1389
61	61140	33361	27779	26849	16058	10791	4005	2813	1192
62	80806	44751	36055	31934	19293	12641	5008	3540	1468
63	96689	54113	42576	34488	21365	13123	5828	4155	1673
64	81793	45313	36480	27886	17443	10443	5016	3533	1483
65-69岁	**346040**	**198321**	**147719**	**92561**	**59132**	**33429**	**20113**	**14103**	**6010**
65	74879	41933	32946	23828	15205	8623	4595	3191	1404
66	77972	43961	34011	21914	13839	8075	4515	3114	1401
67	69371	39980	29391	17700	11294	6406	3896	2749	1147
68	70006	40864	29142	16690	10775	5915	4044	2856	1188
69	53812	31583	22229	12429	8019	4410	3063	2193	870
70-74岁	**188193**	**114015**	**74178**	**44773**	**30252**	**14521**	**11474**	**8460**	**3014**
70	49050	29255	19795	11219	7424	3795	2838	2029	809
71	43912	26630	17282	10334	6934	3400	2699	1999	700
72	35769	21677	14092	8646	5835	2811	2325	1682	643
73	32133	19674	12459	7898	5462	2436	1991	1509	482
74	27329	16779	10550	6676	4597	2079	1621	1241	380
75-79岁	**94075**	**57887**	**36188**	**25440**	**17395**	**8045**	**6212**	**4600**	**1612**
75	22035	13543	8492	5267	3670	1597	1284	948	336
76	22542	14044	8498	5781	4013	1768	1324	998	326
77	18007	11067	6940	4953	3402	1551	1214	891	323
78	15942	9739	6203	4902	3267	1635	1247	913	334
79	15549	9494	6055	4537	3043	1494	1143	850	293
80-84岁	**47097**	**28935**	**18162**	**13104**	**8885**	**4219**	**3997**	**3025**	**972**
80	12889	7828	5061	3832	2621	1211	1057	791	266
81	9493	5884	3609	2770	1808	962	824	623	201
82	9830	6061	3769	2621	1754	867	885	669	216
83	8135	5052	3083	2186	1497	689	701	542	159
84	6750	4110	2640	1695	1205	490	530	400	130
85岁及以上	**25329**	**15452**	**9877**	**6804**	**4831**	**1973**	**1666**	**1285**	**381**

4-1b 续表 6 单位：人

年 龄	大学本科			硕士研究生			博士研究生		
	小计	男	女	小计	男	女	小计	男	女
总 计	**758754**	**399594**	**359160**	**34996**	**17594**	**17402**	**4469**	**2770**	**1699**
3									
4									
5-9岁									
5									
6									
7									
8									
9									
10-14岁	**45**	**27**	**18**	**2**	**1**	**1**	**1**	**1**	
10	4	4							
11	6	4	2						
12	4	2	2						
13	2		2	1	1				
14	29	17	12	1		1	1	1	
15-19岁	**66901**	**32505**	**34396**	**93**	**51**	**42**	**19**	**16**	**3**
15	708	265	443	3	2	1	3	3	
16	1661	536	1125	1	1		3	1	2
17	8719	3658	5061	18	8	10	1	1	
18	26036	12904	13132	31	21	10	1	1	
19	29777	15142	14635	40	19	21	11	10	1
20-24岁	**148108**	**69173**	**78935**	**7718**	**3174**	**4544**	**431**	**207**	**224**
20	29258	14548	14710	108	42	66	18	9	9
21	30654	14688	15966	750	280	470	39	11	28
22	32234	14813	17421	2076	853	1223	101	45	56
23	28745	12863	15882	2384	1002	1382	123	70	53
24	27217	12261	14956	2400	997	1403	150	72	78
25-29岁	**130609**	**59607**	**71002**	**8907**	**3958**	**4949**	**951**	**493**	**458**
25	27225	12174	15051	2242	1011	1231	200	109	91
26	24632	11132	13500	1847	805	1042	167	85	82
27	25254	11561	13693	1666	714	952	218	115	103
28	25270	11690	13580	1525	682	843	168	92	76
29	28228	13050	15178	1627	746	881	198	92	106
30-34岁	**140311**	**68700**	**71611**	**8073**	**3751**	**4322**	**1025**	**626**	**399**
30	34387	15969	18418	1932	842	1090	224	133	91
31	30299	14516	15783	1744	772	972	223	123	100
32	27026	13337	13689	1583	748	835	205	127	78
33	26570	13326	13244	1534	711	823	193	127	66
34	22029	11552	10477	1280	678	602	180	116	64
35-39岁	**85562**	**46903**	**38659**	**4588**	**2654**	**1934**	**642**	**428**	**214**
35	18538	10012	8526	1036	560	476	138	90	48
36	17089	9447	7642	985	542	443	133	93	40
37	16392	8991	7401	876	520	356	118	78	40
38	18534	10187	8347	958	594	364	155	98	57
39	15009	8266	6743	733	438	295	98	69	29
40-44岁	**60951**	**35223**	**25728**	**2143**	**1384**	**759**	**464**	**312**	**152**
40	13273	7313	5960	572	337	235	94	60	34
41	13419	7513	5906	489	325	164	98	61	37
42	11570	6715	4855	416	267	149	105	75	30
43	10953	6499	4454	328	216	112	81	52	29
44	11736	7183	4553	338	239	99	86	64	22

4-1b 续表 7 单位：人

年 龄	大学本科			硕士研究生			博士研究生		
	小计	男	女	小计	男	女	小计	男	女
45-49岁	**51338**	**32892**	**18446**	**1444**	**1051**	**393**	**388**	**274**	**114**
45	11452	7160	4292	356	262	94	87	61	26
46	11376	7229	4147	322	221	101	98	66	32
47	9973	6510	3463	278	207	71	84	62	22
48	9593	6172	3421	259	197	62	67	47	20
49	8944	5821	3123	229	164	65	52	38	14
50-54岁	**36364**	**24983**	**11381**	**1052**	**801**	**251**	**243**	**184**	**59**
50	9073	6000	3073	274	206	68	55	39	16
51	7744	5245	2499	225	175	50	50	40	10
52	8108	5570	2538	235	177	58	68	48	20
53	5556	3912	1644	150	113	37	40	30	10
54	5883	4256	1627	168	130	38	30	27	3
55-59岁	**22035**	**16865**	**5170**	**572**	**464**	**108**	**192**	**157**	**35**
55	5838	4294	1544	165	137	28	51	41	10
56	5485	4224	1261	145	122	23	54	44	10
57	6052	4696	1356	160	128	32	49	43	6
58	3505	2771	734	80	68	12	29	23	6
59	1155	880	275	22	9	13	9	6	3
60-64岁	**5851**	**4550**	**1301**	**179**	**142**	**37**	**45**	**34**	**11**
60	1166	901	265	41	35	6	15	12	3
61	965	749	216	42	34	8	9	5	4
62	1214	956	258	36	31	5	6	5	1
63	1374	1061	313	35	27	8	8	7	1
64	1132	883	249	25	15	10	7	5	2
65-69岁	**4319**	**3191**	**1128**	**85**	**64**	**21**	**20**	**12**	**8**
65	982	732	250	23	17	6	8	7	1
66	994	726	268	22	20	2	4	2	2
67	840	612	228	12	10	2	3	1	2
68	835	618	217	15	8	7	2	1	1
69	668	503	165	13	9	4	3	1	2
70-74岁	**2535**	**1963**	**572**	**54**	**41**	**13**	**18**	**8**	**10**
70	612	461	151	15	10	5	4	1	3
71	575	446	129	7	6	1	3		3
72	490	373	117	11	7	4	3	3	
73	426	343	83	14	12	2	5	4	1
74	432	340	92	7	6	1	3		3
75-79岁	**1787**	**1392**	**395**	**28**	**20**	**8**	**20**	**10**	**10**
75	401	305	96	7	7		6	6	
76	381	299	82	5	3	2	4	3	1
77	326	247	79	8	5	3	3		3
78	327	258	69	5	3	2	6	1	5
79	352	283	69	3	2	1	1		1
80-84岁	**1456**	**1165**	**291**	**40**	**28**	**12**	**8**	**6**	**2**
80	348	272	76	9	7	2	2	2	
81	336	273	63	8	7	1			
82	307	246	61	9	6	3	3	2	1
83	253	205	48	9	5	4	1	1	
84	212	169	43	5	3	2	2	1	1
85岁及以上	**582**	**455**	**127**	**18**	**10**	**8**	**2**	**2**	

4-1c　全省分年龄、性别、受教育程度的3岁及以上人口（乡村）

单位：人

年　龄	3岁及以上人口			未上过学		
	合计	男	女	小计	男	女
总　计	**26559030**	**13834550**	**12724480**	**1007968**	**307606**	**700362**
3	343917	182097	161820	130283	69614	60669
4	349471	185373	164098	37851	20228	17623
5-9岁	**1983328**	**1059406**	**923922**	**19144**	**10165**	**8979**
5	358461	190755	167706	11594	6177	5417
6	377098	201049	176049	3377	1768	1609
7	391850	208879	182971	1611	848	763
8	431431	230906	200525	1333	712	621
9	424488	227817	196671	1229	660	569
10-14岁	**2082747**	**1118639**	**964108**	**6876**	**3790**	**3086**
10	423090	226222	196868	1279	674	605
11	449179	240529	208650	1519	835	684
12	427281	228607	198674	1582	886	696
13	398962	213955	185007	1425	786	639
14	384235	209326	174909	1071	609	462
15-19岁	**1099987**	**625522**	**474465**	**3332**	**1995**	**1337**
15	253137	141044	112093	643	398	245
16	206043	117214	88829	646	375	271
17	204339	116350	87989	565	341	224
18	218814	125068	93746	695	409	286
19	217654	125846	91808	783	472	311
20-24岁	**1031130**	**568939**	**462191**	**3709**	**2140**	**1569**
20	198426	112466	85960	771	492	279
21	199081	109749	89332	717	437	280
22	224753	122597	102156	754	407	347
23	208076	114054	94022	744	403	341
24	200794	110073	90721	723	401	322
25-29岁	**1173145**	**644285**	**528860**	**4509**	**2580**	**1929**
25	208146	113692	94454	766	440	326
26	189002	102676	86326	737	421	316
27	213108	116293	96815	831	482	349
28	247818	136420	111398	975	547	428
29	315071	175204	139867	1200	690	510
30-34岁	**1908613**	**1036076**	**872537**	**8466**	**4412**	**4054**
30	435457	239334	196123	1792	943	849
31	409141	222366	186775	1730	887	843
32	364187	197307	166880	1599	847	752
33	382687	207053	175634	1785	927	858
34	317141	170016	147125	1560	808	752
35-39岁	**1443753**	**776068**	**667685**	**7977**	**3932**	**4045**
35	279496	150249	129247	1398	710	688
36	285070	152744	132326	1496	740	756
37	280305	151205	129100	1573	778	795
38	331158	179252	151906	1861	911	950
39	267724	142618	125106	1649	793	856
40-44岁	**1339812**	**707980**	**631832**	**9988**	**4546**	**5442**
40	245848	129572	116276	1644	756	888
41	273493	145905	127588	1946	956	990
42	252854	132894	119960	1872	833	1039
43	255452	134624	120828	2030	892	1138
44	312165	164985	147180	2496	1109	1387

4-1c　续表 1

单位：人

年　龄	3岁及以上人口			未上过学		
	合计	男	女	小计	男	女
45-49岁	**2048212**	**1076671**	**971541**	**18156**	**7685**	**10471**
45	350158	185101	165057	2825	1268	1557
46	412730	217518	195212	3518	1536	1982
47	418684	221311	197373	3676	1585	2091
48	428740	224525	204215	3968	1618	2350
49	437900	228216	209684	4169	1678	2491
50-54岁	**2689253**	**1351827**	**1337426**	**29788**	**10276**	**19512**
50	520519	261226	259293	5158	1949	3209
51	521440	263567	257873	5454	1962	3492
52	621849	312790	309059	6686	2261	4425
53	475119	237252	237867	5699	1930	3769
54	550326	276992	273334	6791	2174	4617
55-59岁	**2301311**	**1158550**	**1142761**	**34716**	**9728**	**24988**
55	546236	275177	271059	7268	2164	5104
56	525311	261622	263689	7549	2162	5387
57	622157	316995	305162	9407	2754	6653
58	451873	227776	224097	7243	1858	5385
59	155734	76980	78754	3249	790	2459
60-64岁	**1597334**	**830973**	**766361**	**62111**	**16064**	**46047**
60	236793	121318	115475	6173	1587	4586
61	233575	122619	110956	8188	2210	5978
62	337189	175846	161343	13880	3785	10095
63	418237	219568	198669	17100	4497	12603
64	371540	191622	179918	16770	3985	12785
65-69岁	**1859121**	**939906**	**919215**	**111893**	**25297**	**86596**
65	367803	188740	179063	18419	4295	14124
66	399194	202818	196376	21920	4995	16925
67	376540	189757	186783	23195	5235	17960
68	393940	198587	195353	25687	5793	19894
69	321644	160004	161640	22672	4979	17693
70-74岁	**1397310**	**698636**	**698674**	**128687**	**29329**	**99358**
70	313555	156258	157297	24501	5497	19004
71	325702	165524	160178	28657	6877	21780
72	280800	140571	140229	26223	6014	20209
73	255827	127870	127957	25085	5689	19396
74	221426	108413	113013	24221	5252	18969
75-79岁	**861482**	**421582**	**439900**	**119650**	**26737**	**92913**
75	183404	88544	94860	21645	4543	17102
76	200696	99280	101416	25673	5807	19866
77	166398	81296	85102	23219	5046	18173
78	150355	74132	76223	22690	5250	17440
79	160629	78330	82299	26423	6091	20332
80-84岁	**621850**	**285021**	**336829**	**137162**	**31532**	**105630**
80	138448	66517	71931	25571	6016	19555
81	123740	57684	66056	25853	6037	19816
82	137293	62993	74300	30939	7204	23735
83	120175	53438	66737	29051	6557	22494
84	102194	44389	57805	25748	5718	20030
85岁及以上	**427254**	**166999**	**260255**	**133670**	**27556**	**106114**

4-1c 续表 2

单位：人

年 龄	学前教育			小 学		
	小计	男	女	小计	男	女
总 计	**1019601**	**526328**	**493273**	**9082079**	**4296956**	**4785123**
3	213634	112483	101151			
4	311620	165145	146475			
5-9岁	**395504**	**211097**	**184407**	**1533794**	**818964**	**714830**
5	279563	148951	130612	67304	35627	31677
6	87768	47282	40486	280092	148782	131310
7	14456	7686	6770	368845	196547	172298
8	8099	4231	3868	412211	220554	191657
9	5618	2947	2671	405342	217454	187888
10-14岁	**18252**	**9624**	**8628**	**1000689**	**538626**	**462063**
10	4413	2243	2170	395229	211299	183930
11	3679	1973	1706	367901	197926	169975
12	3002	1570	1432	166077	90666	75411
13	3311	1809	1502	51308	27743	23565
14	3847	2029	1818	20174	10992	9182
15-19岁	**3890**	**2092**	**1798**	**31299**	**17460**	**13839**
15	1960	1026	934	7347	4026	3321
16	855	477	378	5774	3189	2585
17	449	247	202	5671	3164	2507
18	370	210	160	5996	3356	2640
19	256	132	124	6511	3725	2786
20-24岁	**732**	**378**	**354**	**23109**	**12688**	**10421**
20	210	112	98	5136	2909	2227
21	118	65	53	4197	2337	1860
22	142	74	68	4515	2470	2045
23	122	56	66	4563	2448	2115
24	140	71	69	4698	2524	2174
25-29岁	**631**	**341**	**290**	**33961**	**17586**	**16375**
25	133	71	62	5143	2727	2416
26	119	58	61	5077	2656	2421
27	105	51	54	6131	3136	2995
28	118	68	50	7654	3943	3711
29	156	93	63	9956	5124	4832
30-34岁	**972**	**506**	**466**	**78276**	**39196**	**39080**
30	231	121	110	14917	7730	7187
31	192	97	95	15527	7833	7694
32	174	93	81	14822	7478	7344
33	195	99	96	17401	8604	8797
34	180	96	84	15609	7551	8058
35-39岁	**796**	**411**	**385**	**93885**	**42922**	**50963**
35	133	73	60	14878	6864	8014
36	155	78	77	16553	7662	8891
37	175	98	77	18072	8414	9658
38	178	89	89	23315	10650	12665
39	155	73	82	21067	9332	11735
40-44岁	**959**	**438**	**521**	**162507**	**72353**	**90154**
40	173	75	98	22361	9792	12569
41	172	82	90	29582	13370	16212
42	169	79	90	30239	13316	16923
43	207	94	113	33918	15068	18850
44	238	108	130	46407	20807	25600

4-1c 续表 3

单位：人

年龄	学前教育			小学		
	小计	男	女	小计	男	女
45-49岁	**1931**	**845**	**1086**	**387623**	**171264**	**216359**
45	319	142	177	56054	25312	30742
46	408	196	212	71573	32167	39406
47	349	140	209	78344	35025	43319
48	404	183	221	86300	37820	48480
49	451	184	267	95352	40940	54412
50-54岁	**3944**	**1441**	**2503**	**770863**	**320174**	**450689**
50	635	229	406	124406	51193	73213
51	723	284	439	143801	60947	82854
52	865	311	554	180027	74921	105106
53	782	261	521	145820	60018	85802
54	939	356	583	176809	73095	103714
55-59岁	**4951**	**1572**	**3379**	**800628**	**315367**	**485261**
55	1035	353	682	180429	73375	107054
56	1070	356	714	178799	70552	108247
57	1276	387	889	215604	85562	130042
58	1140	360	780	164093	62678	101415
59	430	116	314	61703	23200	38503
60-64岁	**7008**	**2278**	**4730**	**808520**	**351460**	**457060**
60	766	254	512	101302	40965	60337
61	928	288	640	110762	47896	62866
62	1476	493	983	171853	75091	96762
63	1898	643	1255	220294	97897	122397
64	1940	600	1340	204309	89611	114698
65-69岁	**11995**	**3645**	**8350**	**1158597**	**523951**	**634646**
65	1955	620	1335	213485	95222	118263
66	2365	726	1639	242803	109358	133445
67	2530	763	1767	236150	106672	129478
68	2731	824	1907	254179	116173	138006
69	2414	712	1702	211980	96526	115454
70-74岁	**13732**	**4527**	**9205**	**959166**	**456568**	**502598**
70	2623	839	1784	211144	97830	113314
71	3181	1086	2095	224075	108344	115731
72	2858	924	1934	194382	93144	101238
73	2679	885	1794	177467	85437	92030
74	2391	793	1598	152098	71813	80285
75-79岁	**10970**	**3583**	**7387**	**583862**	**285506**	**298356**
75	2115	668	1447	125201	58775	66426
76	2451	782	1669	136668	66722	69946
77	2125	713	1412	112957	55254	57703
78	1961	633	1328	101276	50552	50724
79	2318	787	1531	107760	54203	53557
80-84岁	**10180**	**3475**	**6705**	**404378**	**199477**	**204901**
80	2080	730	1350	91929	46079	45850
81	2042	709	1333	81297	40402	40895
82	2321	818	1503	89099	44210	44889
83	2042	671	1371	77148	37654	39494
84	1695	547	1148	64905	31132	33773
85岁及以上	**7900**	**2447**	**5453**	**250922**	**113394**	**137528**

4-1c 续表 4

单位：人

年 龄	初 中			高 中			大学专科		
	小计	男	女	小计	男	女	小计	男	女
总 计	**11208821**	**6203081**	**5005740**	**3162346**	**1929281**	**1233065**	**757056**	**405402**	**351654**
3									
4									
5-9岁	**34832**	**19151**	**15681**	**54**	**29**	**25**			
5									
6	5861	3217	2644						
7	6938	3798	3140						
8	9760	5395	4365	28	14	14			
9	12273	6741	5532	26	15	11			
10-14岁	**1015449**	**545328**	**470121**	**41355**	**21214**	**20141**	**102**	**45**	**57**
10	22126	11989	10137	36	14	22	7	3	4
11	76009	39752	36257	57	33	24	10	7	3
12	256497	135425	121072	104	51	53	10	5	5
13	335213	179589	155624	7687	4022	3665	15	5	10
14	325604	178573	147031	33471	17094	16377	60	25	35
15-19岁	**387900**	**231651**	**156249**	**524896**	**300396**	**224500**	**109529**	**53854**	**55675**
15	139103	79841	59262	101078	54294	46784	2698	1308	1390
16	70673	41890	28783	122125	68365	53760	5175	2562	2613
17	53669	32542	21127	122622	69859	52763	15739	7721	8018
18	58180	36003	22177	99235	58792	40443	38307	18849	19458
19	66275	41375	24900	79836	49086	30750	47610	23414	24196
20-24岁	**371073**	**217151**	**153922**	**330052**	**196111**	**133941**	**204162**	**95999**	**108163**
20	64561	39499	25062	67459	41143	26316	44865	21410	23455
21	67774	40172	27602	64566	38515	26051	43080	20137	22943
22	79353	46317	33036	70928	41685	29243	45001	20643	24358
23	78337	45127	33210	65066	38268	26798	38021	18035	19986
24	81048	46036	35012	62033	36500	25533	33195	15774	17421
25-29岁	**563205**	**311328**	**251877**	**351271**	**202581**	**148690**	**140241**	**70767**	**69474**
25	89377	49905	39472	63321	37030	26291	30860	14871	15989
26	86041	47306	38735	56358	32492	23866	25316	12473	12843
27	101390	55509	45881	63461	36534	26927	25824	12950	12874
28	122827	67664	55163	74290	42522	31768	27225	14137	13088
29	163570	90944	72626	93841	54003	39838	31016	16336	14680
30-34岁	**1103603**	**590196**	**513407**	**518217**	**293199**	**225018**	**140301**	**75690**	**64611**
30	234891	128470	106421	127853	72700	55153	38565	20198	18367
31	230599	124384	106215	115220	64872	50348	31893	16732	15161
32	211853	113013	98840	98878	55703	43175	26140	14051	12089
33	229848	121681	108167	98561	55879	42682	25039	14054	10985
34	196412	102648	93764	77705	44045	33660	18664	10655	8009
35-39岁	**959654**	**503366**	**456288**	**300785**	**175866**	**124919**	**60159**	**36283**	**23876**
35	178295	93367	84928	65087	37457	27630	14329	8426	5903
36	187178	97666	89512	62149	36006	26143	12956	7649	5307
37	187564	98733	88831	57718	33816	23902	11320	6824	4496
38	224304	118625	105679	65288	38725	26563	12284	7604	4680
39	182313	94975	87338	50543	29862	20681	9270	5780	3490
40-44岁	**921667**	**480118**	**441549**	**203649**	**123657**	**79992**	**32147**	**20732**	**11415**
40	167497	86271	81226	44497	26529	17968	7495	4676	2819
41	188035	98552	89483	44345	26870	17475	7413	4698	2715
42	174373	90483	83890	38515	23121	15394	6004	3889	2115
43	176441	91919	84522	36008	22093	13915	5360	3520	1840
44	215321	112893	102428	40284	25044	15240	5875	3949	1926

4-1c 续表 5 单位：人

年 龄	初 中			高 中			大学专科		
	小计	男	女	小计	男	女	小计	男	女
45-49岁	**1394886**	**738758**	**656128**	**214831**	**136788**	**78043**	**24444**	**16860**	**7584**
45	242339	127614	114725	41696	26068	15628	5478	3677	1801
46	284915	150438	134477	45325	28385	16940	5550	3783	1767
47	286461	152356	134105	43765	27982	15783	4800	3334	1466
48	289681	153557	136124	42811	27410	15401	4460	3140	1320
49	291490	154793	136697	41234	26943	14291	4156	2926	1230
50-54岁	**1669866**	**877092**	**792774**	**194547**	**128133**	**66414**	**16277**	**11843**	**4434**
50	340307	175438	164869	44857	28773	16084	4124	2902	1222
51	328601	171714	156887	38668	25621	13047	3359	2443	916
52	386246	203322	182924	43490	28595	14895	3650	2734	916
53	288266	151806	136460	31471	20951	10520	2479	1837	642
54	326446	174812	151634	36061	24193	11868	2665	1927	738
55-59岁	**1235464**	**674815**	**560649**	**211680**	**146586**	**65094**	**11312**	**8527**	**2785**
55	315677	170456	145221	38466	26333	12133	2710	1999	711
56	292131	157065	135066	42507	29035	13472	2670	2009	661
57	330977	182813	148164	61059	42523	18536	3117	2400	717
58	225652	125065	100587	51190	35888	15302	2103	1585	518
59	71027	39416	31611	18458	12807	5651	712	534	178
60-64岁	**578977**	**358164**	**220813**	**134031**	**97860**	**36171**	**5688**	**4381**	**1307**
60	100214	58518	41696	27245	19179	8066	924	697	227
61	89682	54894	34788	23071	16619	6452	791	603	188
62	121051	75435	45616	27578	19992	7586	1131	873	258
63	145939	91889	54050	31275	23300	7975	1497	1163	334
64	122091	77428	44663	24862	18770	6092	1345	1045	300
65-69岁	**494681**	**323653**	**171028**	**75697**	**58301**	**17396**	**5413**	**4383**	**1030**
65	111077	71065	40012	21359	16322	5037	1313	1056	257
66	111922	72181	39741	18715	14379	4336	1276	1022	254
67	99539	65285	34254	13949	10859	3090	1016	822	194
68	97650	65171	32479	12511	9659	2852	1022	835	187
69	74493	49951	24542	9163	7082	2081	786	648	138
70-74岁	**261179**	**180502**	**80677**	**30595**	**24423**	**6172**	**3332**	**2782**	**550**
70	66528	45098	21430	7819	6215	1604	785	649	136
71	61595	42623	18972	7247	5805	1442	808	679	129
72	50775	35186	15589	5770	4648	1122	661	552	109
73	44687	31152	13535	5241	4152	1089	561	467	94
74	37594	26443	11151	4518	3603	915	517	435	82
75-79岁	**126749**	**89555**	**37194**	**17817**	**14172**	**3645**	**2044**	**1713**	**331**
75	30179	21143	9036	3753	2983	770	438	370	68
76	31224	22182	9042	4173	3363	810	416	350	66
77	24073	17109	6964	3543	2782	761	406	332	74
78	20766	14746	6020	3201	2562	639	377	323	54
79	20507	14375	6132	3147	2482	665	407	338	69
80-84岁	**60052**	**42593**	**17459**	**8532**	**6674**	**1858**	**1254**	**1042**	**212**
80	15950	11375	4575	2501	1966	535	338	287	51
81	12388	8838	3550	1825	1418	407	272	228	44
82	12822	9094	3728	1802	1411	391	243	205	38
83	10366	7308	3058	1305	1036	269	223	178	45
84	8526	5978	2548	1099	843	256	178	144	34
85岁及以上	**29584**	**19660**	**9924**	**4337**	**3291**	**1046**	**651**	**501**	**150**

4-1c　续表 6　　　　单位：人

年　龄	大学本科			硕士研究生			博士研究生		
	小计	男	女	小计	男	女	小计	男	女
总　计	**303206**	**156667**	**146539**	**15626**	**7846**	**7780**	**2327**	**1383**	**944**
3									
4									
5-9岁									
5									
6									
7									
8									
9									
10-14岁	**20**	**12**	**8**	**4**		**4**			
10									
11	4	3	1						
12	6	4	2	3		3			
13	2	1	1	1		1			
14	8	4	4						
15-19岁	**39056**	**18025**	**21031**	**65**	**34**	**31**	**20**	**15**	**5**
15	308	151	157						
16	793	354	439				2	2	
17	5612	2467	3145	9	6	3	3	3	
18	16003	7433	8570	28	16	12			
19	16340	7620	8720	28	12	16	15	10	5
20-24岁	**92694**	**41888**	**50806**	**5241**	**2399**	**2842**	**358**	**185**	**173**
20	15315	6854	8461	94	42	52	15	5	10
21	17949	7785	10164	640	282	358	40	19	21
22	22406	10256	12150	1579	698	881	75	47	28
23	19579	8934	10645	1539	731	808	105	52	53
24	17445	8059	9386	1389	646	743	123	62	61
25-29岁	**72968**	**36075**	**36893**	**5525**	**2590**	**2935**	**834**	**437**	**397**
25	16865	7877	8988	1515	692	823	166	79	87
26	14026	6677	7349	1161	510	651	167	83	84
27	14150	7068	7082	1049	472	577	167	91	76
28	13678	7009	6669	890	444	446	161	86	75
29	14249	7444	6805	910	472	438	173	98	75
30-34岁	**55073**	**30749**	**24324**	**3041**	**1688**	**1353**	**664**	**440**	**224**
30	15989	8532	7457	1003	506	497	216	134	82
31	13051	7026	6025	745	407	338	184	128	56
32	10029	5703	4326	575	346	229	117	73	44
33	9341	5480	3861	425	259	166	92	70	22
34	6663	4008	2655	293	170	123	55	35	20
35-39岁	**19493**	**12637**	**6856**	**825**	**533**	**292**	**179**	**118**	**61**
35	5099	3181	1918	225	137	88	52	34	18
36	4361	2809	1552	181	110	71	41	24	17
37	3687	2415	1272	164	106	58	32	21	11
38	3741	2510	1231	162	119	43	25	19	6
39	2605	1722	883	93	61	32	29	20	9
40-44岁	**8485**	**5857**	**2628**	**321**	**211**	**110**	**89**	**68**	**21**
40	2074	1405	669	82	50	32	25	18	7
41	1880	1294	586	96	66	30	24	17	7
42	1618	1129	489	53	33	20	11	11	
43	1421	994	427	51	34	17	16	10	6
44	1492	1035	457	39	28	11	13	12	1

4-1c 续表 7

单位：人

年 龄	大学本科			硕士研究生			博士研究生		
	小计	男	女	小计	男	女	小计	男	女
45-49岁	**6101**	**4320**	**1781**	**185**	**113**	**72**	**55**	**38**	**17**
45	1394	981	413	42	31	11	11	8	3
46	1393	982	411	36	21	15	12	10	2
47	1244	867	377	36	17	19	9	5	4
48	1071	768	303	32	20	12	13	9	4
49	999	722	277	39	24	15	10	6	4
50-54岁	**3774**	**2742**	**1032**	**147**	**94**	**53**	**47**	**32**	**15**
50	985	712	273	34	21	13	13	9	4
51	799	574	225	19	13	6	16	9	7
52	838	615	223	42	27	15	5	4	1
53	570	425	145	26	20	6	6	4	2
54	582	416	166	26	13	13	7	6	1
55-59岁	**2430**	**1862**	**568**	**98**	**72**	**26**	**32**	**21**	**11**
55	618	473	145	26	19	7	7	5	2
56	561	424	137	16	13	3	8	6	2
57	675	525	150	34	24	10	8	7	1
58	427	327	100	18	13	5	7	2	5
59	149	113	36	4	3	1	2	1	1
60-64岁	**941**	**729**	**212**	**46**	**32**	**14**	**12**	**5**	**7**
60	156	108	48	10	8	2	3	2	1
61	144	104	40	7	3	4	2	2	
62	202	167	35	14	9	5	4	1	3
63	228	174	54	6	5	1			
64	211	176	35	9	7	2	3		3
65-69岁	**798**	**644**	**154**	**38**	**28**	**10**	**9**	**4**	**5**
65	185	153	32	8	6	2	2	1	1
66	182	151	31	9	6	3	2		2
67	153	116	37	6	4	2	2	1	1
68	148	123	25	11	9	2	1		1
69	130	101	29	4	3	1	2	2	
70-74岁	**571**	**474**	**97**	**38**	**21**	**17**	**10**	**10**	
70	145	123	22	8	5	3	2	2	
71	130	103	27	8	6	2	1	1	
72	121	98	23	8	3	5	2	2	
73	98	82	16	7	4	3	2	2	
74	77	68	9	7	3	4	3	3	
75-79岁	**359**	**295**	**64**	**22**	**14**	**8**	**9**	**7**	**2**
75	66	58	8	5	3	2	2	1	1
76	87	71	16	4	3	1			
77	68	55	13	4	2	2	3	3	
78	76	61	15	6	3	3	2	2	
79	62	50	12	3	3		2	1	1
80-84岁	**266**	**216**	**50**	**22**	**12**	**10**	**4**		**4**
80	74	61	13	4	3	1	1		1
81	61	51	10	1	1		1		1
82	56	45	11	11	6	5			
83	38	33	5	2	1	1			
84	37	26	11	4	1	3	2		2
85岁及以上	**177**	**142**	**35**	**8**	**5**	**3**	**5**	**3**	**2**

4-2　各地区分性别、受教育程度的15岁及以上人口

单位：人

地　区	15岁及以上人口			未上过学		
	合计	男	女	小计	男	女
全　省	**53475342**	**27071624**	**26403718**	**1191493**	**309554**	**881939**
长沙市	8375712	4206406	4169306	58515	18644	39871
株洲市	3189392	1605201	1584191	38970	10075	28895
湘潭市	2302470	1159520	1142950	18304	5579	12725
衡阳市	5249472	2677140	2572332	143005	37315	105690
邵阳市	5084537	2592270	2492267	139233	29899	109334
岳阳市	4119540	2087413	2032127	68484	19669	48815
常德市	4494029	2239156	2254873	92367	26552	65815
张家界市	1244615	629565	615050	41691	11160	30531
益阳市	3169577	1598019	1571558	68420	20552	47868
郴州市	3587180	1826620	1760560	88518	19810	68708
永州市	4075646	2090276	1985370	134329	33556	100773
怀化市	3658848	1862242	1796606	127216	31963	95253
娄底市	2965653	1496614	1469039	64084	14404	49680
湘西州	1958671	1001182	957489	108357	30376	77981

4-2　续表 1

单位：人

地　区	学前教育			小　学		
	小计	男	女	小计	男	女
全　省	**131244**	**48399**	**82845**	**11046940**	**4868832**	**6178108**
长沙市	11435	4793	6642	1130664	515555	615109
株洲市	4416	1615	2801	650392	281239	369153
湘潭市	3161	1197	1964	405618	178308	227310
衡阳市	18408	6981	11427	1137619	500377	637242
邵阳市	13573	4484	9089	1029906	425809	604097
岳阳市	9725	3859	5866	741295	328967	412328
常德市	15697	5731	9966	1180710	537147	643563
张家界市	2926	1067	1859	334447	151574	182873
益阳市	9636	3767	5869	838116	390110	448006
郴州市	7757	2712	5045	709439	289319	420120
永州市	11377	4168	7209	869242	374798	494444
怀化市	7589	2709	4880	882260	389561	492699
娄底市	8435	2685	5750	608263	258484	349779
湘西州	7109	2631	4478	528969	247584	281385

4-2 续表 2

单位：人

地区	初中			高中			大学专科		
	小计	男	女	小计	男	女	小计	男	女
全省	**21323042**	**11227649**	**10095393**	**11651445**	**6435270**	**5216175**	**4716937**	**2447492**	**2269445**
长沙市	2465736	1277133	1188603	1951103	1028752	922351	1396546	694954	701592
株洲市	1213654	624417	589237	694684	371745	322939	353646	192673	160973
湘潭市	891999	453119	438880	517685	276955	240730	247380	132477	114903
衡阳市	2307800	1220831	1086969	1049983	594806	455177	358984	193295	165689
邵阳市	2273765	1201050	1072715	1131924	664293	467631	325877	175977	149900
岳阳市	1525921	779660	746261	1284568	696651	587917	297872	155443	142429
常德市	1688947	874600	814347	959850	520908	438942	336124	166293	169831
张家界市	490708	266149	224559	221072	121663	99409	92221	47875	44346
益阳市	1294872	673887	620985	627482	342003	285479	207698	103833	103865
郴州市	1638457	876634	761823	733855	419470	314385	263755	142063	121692
永州市	1853911	997744	856167	842474	483538	358936	243917	131312	112605
怀化市	1650409	897525	752884	625317	350349	274968	232745	122926	109819
娄底市	1225882	639557	586325	712942	399505	313437	221647	116103	105544
湘西州	800981	445343	355638	298506	164632	133874	138525	72268	66257

4-2 续表 3

单位：人

地区	大学本科			硕士研究生			博士研究生		
	小计	男	女	小计	男	女	小计	男	女
全省	**3141633**	**1594006**	**1547627**	**237858**	**118647**	**119211**	**34750**	**21775**	**12975**
长沙市	1204853	586440	618413	135303	66648	68655	21557	13487	8070
株洲市	214672	112777	101895	17449	9670	7779	1509	990	519
湘潭市	197613	101364	96249	17872	8619	9253	2838	1902	936
衡阳市	222781	117796	104985	9398	4756	4642	1494	983	511
邵阳市	163232	87029	76203	6139	3221	2918	888	508	380
岳阳市	182209	98224	83985	8490	4341	4149	976	599	377
常德市	210808	103347	107461	8582	4023	4559	944	555	389
张家界市	58456	28641	29815	2770	1256	1514	324	180	144
益阳市	116852	60747	56105	5757	2676	3081	744	444	300
郴州市	138098	72589	65509	6499	3535	2964	802	488	314
永州市	115609	62548	53061	4217	2225	1992	570	387	183
怀化市	127536	64199	63337	5127	2616	2511	649	394	255
娄底市	117451	62203	55248	6097	3165	2932	852	508	344
湘西州	71463	36102	35361	4158	1896	2262	603	350	253

4-2a　各地区分性别、受教育程度的15岁及以上人口（城市）

单位：人

地　区	15岁及以上人口			未上过学		
	合计	男	女	小计	男	女
全　省	**15616288**	**7714879**	**7901409**	**107389**	**32766**	**74623**
长沙市	5305041	2621944	2683097	24520	7653	16867
株洲市	1389372	693460	695912	5352	1621	3731
湘潭市	853633	419638	433995	3515	1111	2404
衡阳市	1436279	718734	717545	13841	4427	9414
邵阳市	966343	478583	487760	8532	2408	6124
岳阳市	1160551	582800	577751	9422	3257	6165
常德市	870066	420427	449639	5715	1757	3958
张家界市	284925	139672	145253	3686	961	2725
益阳市	578344	280346	297998	6029	1868	4161
郴州市	757525	372534	384991	6140	1540	4600
永州市	470520	232480	238040	4778	1650	3128
怀化市	567862	277495	290367	7231	2143	5088
娄底市	728801	355719	373082	4240	1108	3132
湘西州	247026	121047	125979	4388	1262	3126

4-2a　续表 1

单位：人

地　区	学前教育			小　学		
	小计	男	女	小计	男	女
全　省	**18603**	**7912**	**10691**	**1563717**	**669786**	**893931**
长沙市	4658	1942	2716	425126	187208	237918
株洲市	842	387	455	145777	62439	83338
湘潭市	577	247	330	76190	31496	44694
衡阳市	2470	1153	1317	182066	78445	103621
邵阳市	1504	602	902	105993	43793	62200
岳阳市	2006	849	1157	121472	52697	68775
常德市	1142	480	662	93722	40631	53091
张家界市	480	205	275	35034	14608	20426
益阳市	1133	499	634	82507	36757	45750
郴州市	886	350	536	79980	31477	48503
永州市	619	252	367	56287	24013	32274
怀化市	999	430	569	68521	29288	39233
娄底市	885	347	538	56813	22293	34520
湘西州	402	169	233	34229	14641	19588

4-2a 续表 2

单位：人

地 区	初 中			高 中			大学专科		
	小计	男	女	小计	男	女	小计	男	女
全 省	**4639032**	**2279365**	**2359667**	**4499116**	**2323514**	**2175602**	**2493496**	**1252921**	**1240575**
长沙市	1231044	620406	610638	1334300	687107	647193	1090960	534510	556450
株洲市	448879	219081	229798	392730	200533	192197	210811	110975	99836
湘潭市	261318	125192	136126	239795	120683	119112	140387	72549	67838
衡阳市	545633	267031	278602	403801	213989	189812	163654	88128	75526
邵阳市	357035	172681	184354	316837	167660	149177	101471	53552	47919
岳阳市	334980	165944	169036	435617	225097	210520	143230	73757	69473
常德市	257126	124940	132186	266541	135813	130728	131344	62055	69289
张家界市	93050	46136	46914	77369	40569	36800	40171	20482	19689
益阳市	209554	101590	107964	169462	85989	83473	73256	34603	38653
郴州市	262346	127878	134468	222559	116450	106109	108660	55714	52946
永州市	151996	74358	77638	157662	82173	75489	61873	31053	30820
怀化市	195080	95492	99588	161803	82798	79005	72739	37566	35173
娄底市	214886	100401	114485	266622	136649	129973	113312	57156	56156
湘西州	76105	38235	37870	54018	28004	26014	41628	20821	20807

4-2a 续表 3

单位：人

地 区	大学本科			硕士研究生			博士研究生		
	小计	男	女	小计	男	女	小计	男	女
全 省	**2079738**	**1037784**	**1041954**	**187242**	**93208**	**94034**	**27955**	**17623**	**10332**
长沙市	1048585	508828	539757	125217	61380	63837	20631	12910	7721
株洲市	168538	89038	79500	15179	8550	6629	1264	836	428
湘潭市	118209	61490	56719	11979	5785	6194	1663	1085	578
衡阳市	119052	62536	56516	4879	2425	2454	883	600	283
邵阳市	72646	36640	36006	2049	1078	971	276	169	107
岳阳市	108044	58106	49938	5230	2739	2491	550	354	196
常德市	109455	52289	57166	4556	2182	2374	465	280	185
张家界市	33196	15766	17430	1731	824	907	208	121	87
益阳市	34462	18145	16317	1749	783	966	192	112	80
郴州市	72417	36694	35723	4110	2164	1946	427	267	160
永州市	35725	18151	17574	1371	683	688	209	147	62
怀化市	58225	28048	30177	2894	1489	1405	370	241	129
娄底市	68040	35622	32418	3540	1853	1687	463	290	173
湘西州	33144	16431	16713	2758	1273	1485	354	211	143

4-2b 各地区分性别、受教育程度的15岁及以上人口(镇)

单位：人

地 区	15岁及以上人口			未上过学		
	合计	男	女	小计	男	女
全 省	**16059487**	**8067710**	**7991777**	**270290**	**72979**	**197311**
长沙市	1618783	839361	779422	12689	4169	8520
株洲市	901882	454367	447515	13579	3345	10234
湘潭市	640821	327983	312838	4393	1511	2882
衡阳市	1457504	739419	718085	27989	8000	19989
邵阳市	1695205	848518	846687	37621	8288	29333
岳阳市	1343943	678418	665525	20664	6142	14522
常德市	1662055	818127	843928	27860	8007	19853
张家界市	353514	172783	180731	7155	1967	5188
益阳市	1022064	504612	517452	14855	4570	10285
郴州市	1339295	677837	661458	21932	5126	16806
永州市	1462118	738776	723342	26989	7197	19792
怀化市	1147345	563862	583483	21846	5283	16563
娄底市	669910	334732	335178	7366	2067	5299
湘西州	745048	368915	376133	25352	7307	18045

4-2b 续表 1

单位：人

地 区	学前教育			小 学		
	小计	男	女	小计	男	女
全 省	**32050**	**12508**	**19542**	**2935627**	**1259680**	**1675947**
长沙市	1965	832	1133	267835	122438	145397
株洲市	1396	531	865	200261	84848	115413
湘潭市	692	277	415	95429	42429	53000
衡阳市	4086	1606	2480	263498	114718	148780
邵阳市	3768	1318	2450	295794	119831	175963
岳阳市	2944	1247	1697	231822	103088	128734
常德市	4739	1790	2949	384628	170663	213965
张家界市	646	251	395	86479	37002	49477
益阳市	2005	773	1232	216408	96918	119490
郴州市	2343	936	1407	208283	82327	125956
永州市	2771	1151	1620	228795	95346	133449
怀化市	1365	545	820	195036	79102	115934
娄底市	1028	381	647	98809	40605	58204
湘西州	2302	870	1432	162550	70365	92185

4-2b 续表 2

单位：人

地 区	初 中			高 中			大学专科		
	小计	男	女	小计	男	女	小计	男	女
全 省	**6525470**	**3309682**	**3215788**	**4031392**	**2203718**	**1827674**	**1466487**	**789214**	**677273**
长沙市	588894	311406	277488	387743	212921	174822	233387	122831	110556
株洲市	356320	182470	173850	182993	99379	83614	111864	65333	46531
湘潭市	236206	120317	115889	151982	81922	70060	77634	44215	33419
衡阳市	613376	313262	300114	361160	200770	160390	118390	63809	54581
邵阳市	730477	368175	362302	429981	245126	184855	135830	71848	63982
岳阳市	500053	251252	248801	445581	239253	206328	90334	49277	41057
常德市	635077	318324	316753	400509	212636	187873	134589	68726	65863
张家界市	133356	67419	65937	76964	40747	36217	31302	16390	14912
益阳市	413399	207028	206371	231214	121393	109821	79269	40379	38890
郴州市	613622	313423	300199	332392	187675	144717	107728	59327	48401
永州市	615398	309817	305581	409608	226516	183092	119129	65645	53484
怀化市	506309	252432	253877	263141	141844	121297	107355	57195	50160
娄底市	278950	137666	141284	202818	110661	92157	52987	28441	24546
湘西州	304033	156691	147342	155306	82875	72431	66689	35798	30891

4-2b 续表 3

单位：人

地 区	大学本科			硕士研究生			博士研究生		
	小计	男	女	小计	男	女	小计	男	女
全 省	**758709**	**399567**	**359142**	**34994**	**17593**	**17401**	**4468**	**2769**	**1699**
长沙市	117146	59775	57371	8428	4534	3894	696	455	241
株洲市	33805	17627	16178	1508	740	768	156	94	62
湘潭市	68173	34055	34118	5255	2506	2749	1057	751	306
衡阳市	65789	35591	30198	2827	1426	1401	389	237	152
邵阳市	59246	32654	26592	2151	1095	1056	337	183	154
岳阳市	50233	27032	23201	2065	986	1079	247	141	106
常德市	71796	36631	35165	2561	1180	1381	296	170	126
张家界市	16935	8737	8198	613	242	371	64	28	36
益阳市	61651	31942	29709	2912	1386	1526	351	223	128
郴州市	51189	28005	23184	1580	895	685	226	123	103
永州市	57463	31999	25464	1776	985	791	189	120	69
怀化市	50717	26672	24045	1418	709	709	158	80	78
娄底市	26782	14316	12466	1041	528	513	129	67	62
湘西州	27784	14531	13253	859	381	478	173	97	76

4-2c 各地区分性别、受教育程度的15岁及以上人口(乡村)

单位：人

地 区	15岁及以上人口			未上过学		
	合计	男	女	小计	男	女
全 省	**21799567**	**11289035**	**10510532**	**813814**	**203809**	**610005**
长沙市	1451888	745101	706787	21306	6822	14484
株洲市	898138	457374	440764	20039	5109	14930
湘潭市	808016	411899	396117	10396	2957	7439
衡阳市	2355689	1218987	1136702	101175	24888	76287
邵阳市	2422989	1265169	1157820	93080	19203	73877
岳阳市	1615046	826195	788851	38398	10270	28128
常德市	1961908	1000602	961306	58792	16788	42004
张家界市	606176	317110	289066	30850	8232	22618
益阳市	1569169	813061	756108	47536	14114	33422
郴州市	1490360	776249	714111	60446	13144	47302
永州市	2143008	1119020	1023988	102562	24709	77853
怀化市	1943641	1020885	922756	98139	24537	73602
娄底市	1566942	806163	760779	52478	11229	41249
湘西州	966597	511220	455377	78617	21807	56810

4-2c 续表 1

单位：人

地 区	学前教育			小 学		
	小计	男	女	小计	男	女
全 省	**80591**	**27979**	**52612**	**6547596**	**2939366**	**3608230**
长沙市	4812	2019	2793	437703	205909	231794
株洲市	2178	697	1481	304354	133952	170402
湘潭市	1892	673	1219	233999	104383	129616
衡阳市	11852	4222	7630	692055	307214	384841
邵阳市	8301	2564	5737	628119	262185	365934
岳阳市	4775	1763	3012	388001	173182	214819
常德市	9816	3461	6355	702360	325853	376507
张家界市	1800	611	1189	212934	99964	112970
益阳市	6498	2495	4003	539201	256435	282766
郴州市	4528	1426	3102	421176	175515	245661
永州市	7987	2765	5222	584160	255439	328721
怀化市	5225	1734	3491	618703	281171	337532
娄底市	6522	1957	4565	452641	195586	257055
湘西州	4405	1592	2813	332190	162578	169612

4-2c 续表 2

单位：人

地 区	初 中			高 中			大学专科		
	小计	男	女	小计	男	女	小计	男	女
全 省	**10158540**	**5638602**	**4519938**	**3120937**	**1908038**	**1212899**	**756954**	**405357**	**351597**
长沙市	645798	345321	300477	229060	128724	100336	72199	37613	34586
株洲市	408455	222866	185589	118961	71833	47128	30971	16365	14606
湘潭市	394475	207610	186865	125908	74350	51558	29359	15713	13646
衡阳市	1148791	640538	508253	285022	180047	104975	76940	41358	35582
邵阳市	1186253	660194	526059	385106	251507	133599	88576	50577	37999
岳阳市	690888	362464	328424	403370	232301	171069	64308	32409	31899
常德市	796744	431336	365408	292800	172459	120341	70191	35512	34679
张家界市	264302	152594	111708	66739	40347	26392	20748	11003	9745
益阳市	671919	365269	306650	226806	134621	92185	55173	28851	26322
郴州市	762489	435333	327156	178904	115345	63559	47367	27022	20345
永州市	1086517	613569	472948	275204	174849	100355	62915	34614	28301
怀化市	949020	549601	399419	200373	125707	74666	52651	28165	24486
娄底市	732046	401490	330556	243502	152195	91307	55348	30506	24842
湘西州	420843	250417	170426	89182	53753	35429	30208	15649	14559

4-2c 续表 3

单位：人

地 区	大学本科			硕士研究生			博士研究生		
	小计	男	女	小计	男	女	小计	男	女
全 省	**303186**	**156655**	**146531**	**15622**	**7846**	**7776**	**2327**	**1383**	**944**
长沙市	39122	17837	21285	1658	734	924	230	122	108
株洲市	12329	6112	6217	762	380	382	89	60	29
湘潭市	11231	5819	5412	638	328	310	118	66	52
衡阳市	37940	19669	18271	1692	905	787	222	146	76
邵阳市	31340	17735	13605	1939	1048	891	275	156	119
岳阳市	23932	13086	10846	1195	616	579	179	104	75
常德市	29557	14427	15130	1465	661	804	183	105	78
张家界市	8325	4138	4187	426	190	236	52	31	21
益阳市	20739	10660	10079	1096	507	589	201	109	92
郴州市	14492	7890	6602	809	476	333	149	98	51
永州市	22421	12398	10023	1070	557	513	172	120	52
怀化市	18594	9479	9115	815	418	397	121	73	48
娄底市	22629	12265	10364	1516	784	732	260	151	109
湘西州	10535	5140	5395	541	242	299	76	42	34

4-3　各地区分性别、受教育程度的16-59岁人口

单位：人

地　区	16-59周岁人口			未上过学		
	合计	男	女	小计	男	女
全　省	**39449902**	**20146777**	**19303125**	**188983**	**77035**	**111948**
长沙市	6733158	3394572	3338586	14455	6359	8096
株洲市	2371553	1206301	1165252	6980	2975	4005
湘潭市	1678876	852402	826474	4007	1853	2154
衡阳市	3811727	1963489	1848238	20687	8399	12288
邵阳市	3623212	1867743	1755469	18159	7301	10858
岳阳市	3042111	1550964	1491147	9267	4510	4757
常德市	3126256	1566493	1559763	11416	5537	5879
张家界市	897063	457264	439799	6676	2758	3918
益阳市	2258031	1141644	1116387	10676	5011	5665
郴州市	2684913	1387331	1297582	14344	5313	9031
永州市	2952186	1534315	1417871	21844	7657	14187
怀化市	2637717	1358579	1279138	18968	6952	12016
娄底市	2176682	1108524	1068158	10171	4204	5967
湘西州	1456417	757156	699261	21333	8206	13127

4-3　续表 1

单位：人

地　区	学前教育			小　　学		
	小计	男	女	小计	男	女
全　省	**33525**	**14879**	**18646**	**4048842**	**1722905**	**2325937**
长沙市	4048	1912	2136	430664	197742	232922
株洲市	1302	584	718	234174	99185	134989
湘潭市	847	419	428	98744	42374	56370
衡阳市	4454	1938	2516	414617	169750	244867
邵阳市	2889	1226	1663	333394	126133	207261
岳阳市	2519	1237	1282	215031	93471	121560
常德市	2538	1146	1392	392404	176635	215769
张家界市	1005	443	562	139700	61968	77732
益阳市	1920	891	1029	324931	149294	175637
郴州市	2465	1049	1416	293596	113942	179654
永州市	2992	1321	1671	329816	133889	195927
怀化市	2102	898	1204	353701	148278	205423
娄底市	1856	756	1100	215070	86132	128938
湘西州	2588	1059	1529	273000	124112	148888

4-3 续表 2 单位：人

地 区	初 中			高 中			大学专科		
	小计	男	女	小计	男	女	小计	男	女
全 省	**17367775**	**8899429**	**8468346**	**10026358**	**5479830**	**4546528**	**4466744**	**2285748**	**2180996**
长沙市	1978806	1016198	962608	1664766	881561	783205	1322088	652640	669448
株洲市	984996	495436	489560	585008	310747	274261	332926	179279	153647
湘潭市	682859	338135	344724	444612	236633	207979	234433	124544	109889
衡阳市	1897199	973885	923314	904962	508236	396726	341708	181771	159937
邵阳市	1822065	921428	900637	971077	560225	410852	309312	163686	145626
岳阳市	1203810	594653	609157	1141084	611574	529510	283753	146010	137743
常德市	1351880	677290	674590	833206	446544	386662	319689	155209	164480
张家界市	412548	216820	195728	189221	101644	87577	87647	44546	43101
益阳市	1062775	536756	526019	543149	293091	250058	195011	95472	99539
郴州市	1364391	713048	651343	621842	350002	271840	247260	130697	116563
永州市	1522208	795859	726349	723824	408387	315437	233673	123990	109683
怀化市	1385718	734090	651628	528318	290601	237717	218860	113028	105832
娄底市	1001789	505132	496657	617012	340973	276039	210053	108255	101798
湘西州	696731	380699	316032	258277	139612	118665	130331	66621	63710

4-3 续表 3 单位：人

地 区	大学本科			硕士研究生			博士研究生		
	小计	男	女	小计	男	女	小计	男	女
全 省	**3049411**	**1529816**	**1519595**	**234435**	**116045**	**118390**	**33829**	**21090**	**12739**
长沙市	1164005	559974	604031	133311	65131	68180	21015	13055	7960
株洲市	207414	107609	99805	17273	9520	7753	1480	966	514
湘潭市	192850	98071	94779	17728	8506	9222	2796	1867	929
衡阳市	217444	113939	103505	9226	4633	4593	1430	938	492
邵阳市	159463	84137	75326	6005	3125	2880	848	482	366
岳阳市	177320	94668	82652	8378	4256	4122	949	585	364
常德市	205751	99667	106084	8454	3930	4524	918	535	383
张家界市	57234	27691	29543	2717	1221	1496	315	173	142
益阳市	113175	58084	55091	5678	2619	3059	716	426	290
郴州市	133872	69377	64495	6368	3430	2938	775	473	302
永州市	113124	60658	52466	4151	2175	1976	554	379	175
怀化市	124387	61798	62589	5041	2554	2487	622	380	242
娄底市	113897	59491	54406	5999	3084	2915	835	497	338
湘西州	69475	34652	34823	4106	1861	2245	576	334	242

4-3a　各地区分性别、受教育程度的16-59岁人口(城市)

单位：人

地　区	16-59周岁人口			未上过学		
	合计	男	女	小计	男	女
全　省	**12533524**	**6213983**	**6319541**	**26723**	**12072**	**14651**
长沙市	4409854	2187075	2222779	7705	3202	4503
株洲市	1096048	551060	544988	1647	753	894
湘潭市	652536	324656	327880	896	452	444
衡阳市	1113593	559915	553678	3118	1467	1651
邵阳市	755629	375590	380039	1703	828	875
岳阳市	920287	464224	456063	1949	1074	875
常德市	674066	325398	348668	1016	545	471
张家界市	239738	117755	121983	762	286	476
益阳市	439102	211888	227214	1027	470	557
郴州市	602492	296840	305652	1452	600	852
永州市	378454	187412	191042	1249	618	631
怀化市	458668	223888	234780	2041	852	1189
娄底市	589384	288389	300995	959	484	475
湘西州	203673	99893	103780	1199	441	758

4-3a　续表 1

单位：人

地　区	学前教育			小　学		
	小计	男	女	小计	男	女
全　省	**7918**	**3790**	**4128**	**592318**	**265803**	**326515**
长沙市	2185	986	1199	175008	80608	94400
株洲市	397	195	202	51327	23245	28082
湘潭市	265	145	120	17334	8191	9143
衡阳市	1086	569	517	70503	31305	39198
邵阳市	532	259	273	36507	15717	20790
岳阳市	771	376	395	38757	17812	20945
常德市	275	128	147	27271	12862	14409
张家界市	286	142	144	17606	7459	10147
益阳市	332	162	170	30448	13712	16736
郴州市	405	187	218	33200	13695	19505
永州市	199	97	102	21815	9697	12118
怀化市	500	242	258	33232	14579	18653
娄底市	478	211	267	20106	8538	11568
湘西州	207	91	116	19204	8383	10821

4-3a 续表 2

单位：人

地区	初中			高中			大学专科		
	小计	男	女	小计	男	女	小计	男	女
全省	**3547229**	**1721139**	**1826090**	**3802223**	**1955066**	**1847157**	**2337340**	**1158820**	**1178520**
长沙市	936992	473588	463404	1111457	576188	535269	1023331	496476	526855
株洲市	346517	167535	178982	321707	163568	158139	195902	101850	94052
湘潭市	178166	84632	93534	196692	98460	98232	131104	67014	64090
衡阳市	418832	200412	218420	344244	180856	163388	154311	82105	72206
邵阳市	275151	129807	145344	272803	142680	130123	95897	49753	46144
岳阳市	250989	122055	128934	381950	195272	186678	135451	68861	66590
常德市	184195	87851	96344	226591	114547	112044	123469	56984	66485
张家界市	80127	39133	40994	68533	35565	32968	38078	19060	19018
益阳市	162240	76913	85327	142353	71541	70812	67973	31265	36708
郴州市	208445	99679	108766	185058	95634	89424	99830	50038	49792
永州市	118715	56517	62198	140354	72387	67967	59614	29695	29919
怀化市	158737	76287	82450	136860	69353	67507	67618	34118	33500
娄底市	163691	74870	88821	228283	115669	112614	106452	52840	53612
湘西州	64432	31860	32572	45338	23346	21992	38310	18761	19549

4-3a 续表 3

单位：人

地区	大学本科			硕士研究生			博士研究生		
	小计	男	女	小计	男	女	小计	男	女
全省	**2008174**	**989226**	**1018948**	**184400**	**91025**	**93375**	**27199**	**17042**	**10157**
长沙市	1009783	483631	526152	123289	59907	63382	20104	12489	7615
株洲市	162288	84682	77606	15026	8419	6607	1237	813	424
湘潭市	114569	58992	55577	11870	5704	6166	1640	1066	574
衡阳市	115890	60286	55604	4768	2344	2424	841	571	270
邵阳市	70813	35365	35448	1966	1022	944	257	159	98
岳阳市	104740	55758	48982	5149	2674	2475	531	342	189
常德市	106326	50091	56235	4471	2120	2351	452	270	182
张家界市	32437	15190	17247	1708	805	903	201	115	86
益阳市	32818	16951	15867	1737	773	964	174	101	73
郴州市	69661	34651	35010	4033	2099	1934	408	257	151
永州市	34952	17588	17364	1355	670	685	201	143	58
怀化市	56490	26777	29713	2834	1448	1386	356	232	124
娄底市	65501	33709	31792	3464	1788	1676	450	280	170
湘西州	31906	15555	16351	2730	1252	1478	347	204	143

4-3b 各地区分性别、受教育程度的16-59岁人口(镇)

单位：人

地 区	16-59周岁人口			未上过学		
	合计	男	女	小计	男	女
全 省	**12134299**	**6127920**	**6006379**	**42262**	**18067**	**24195**
长沙市	1310033	684136	625897	2867	1362	1505
株洲市	670350	341869	328481	2159	917	1242
湘潭市	502872	258738	244134	1054	508	546
衡阳市	1095065	556829	538236	4125	1726	2399
邵阳市	1236595	620520	616075	4659	1983	2676
岳阳市	999223	506762	492461	2630	1246	1384
常德市	1189772	586384	603388	3422	1673	1749
张家界市	260543	127659	132884	1136	487	649
益阳市	754111	371889	382222	2566	1248	1318
郴州市	1042364	532468	509896	3359	1319	2040
永州市	1107579	563579	544000	4304	1691	2613
怀化市	870819	429215	441604	3333	1217	2116
娄底市	520570	260931	259639	1276	571	705
湘西州	574403	286941	287462	5372	2119	3253

4-3b 续表 1

单位：人

地 区	学前教育			小 学		
	小计	男	女	小计	男	女
全 省	**8761**	**4091**	**4670**	**1081720**	**452118**	**629602**
长沙市	645	325	320	100946	45543	55403
株洲市	441	204	237	73913	30572	43341
湘潭市	199	102	97	26932	11661	15271
衡阳市	1012	454	558	96751	39686	57065
邵阳市	870	363	507	94795	35599	59196
岳阳市	764	400	364	68893	30588	38305
常德市	795	339	456	127532	55814	71718
张家界市	260	113	147	36109	15325	20784
益阳市	410	185	225	81998	36792	45206
郴州市	886	422	464	87658	33589	54069
永州市	894	465	429	87981	35808	52173
怀化市	451	202	249	79467	31269	48198
娄底市	262	139	123	36542	15043	21499
湘西州	872	378	494	82203	34829	47374

4-3b 续表 2

单位：人

地 区	初 中			高 中			大学专科		
	小计	男	女	小计	男	女	小计	男	女
全 省	**5352331**	**2633656**	**2718675**	**3475285**	**1875741**	**1599544**	**1393530**	**737681**	**655849**
长沙市	504323	262415	241908	348544	191090	157454	228175	119674	108501
株洲市	295658	146614	149044	156639	84047	72592	106947	61761	45186
湘潭市	191786	95337	96449	134510	72054	62456	74919	42482	32437
衡阳市	505627	249789	255838	308151	169714	138437	112283	59615	52668
邵阳市	584210	280646	303564	364288	203679	160609	127647	65651	61996
岳阳市	396127	192462	203665	394257	209168	185089	85367	45770	39597
常德市	511575	246977	264598	345929	181044	164885	127562	63856	63706
张家界市	111363	54255	57108	64818	33617	31201	29602	15140	14462
益阳市	334697	162180	172517	198193	102964	95229	73171	36296	36875
郴州市	513222	256302	256920	284141	158182	125959	101471	54718	46753
永州市	498323	244317	254006	345350	188378	156972	112782	60966	51816
怀化市	415634	201207	214427	220198	116438	103760	100644	52378	48266
娄底市	229737	109770	119967	175192	94511	80681	50276	26496	23780
湘西州	260049	131385	128664	135075	70855	64220	62684	32878	29806

4-3b 续表 3

单位：人

地 区	大学本科			硕士研究生			博士研究生		
	小计	男	女	小计	男	女	小计	男	女
全 省	**741471**	**386586**	**354885**	**34587**	**17286**	**17301**	**4352**	**2694**	**1658**
长沙市	115469	58782	56687	8376	4496	3880	688	449	239
株洲市	32947	16936	16011	1491	725	766	155	93	62
湘潭市	67204	33377	33827	5228	2481	2747	1040	736	304
衡阳市	63956	34226	29730	2788	1395	1393	372	224	148
邵阳市	57686	31359	26327	2117	1068	1049	323	172	151
岳阳市	48899	26016	22883	2045	973	1072	241	139	102
常德市	70137	35357	34780	2533	1160	1373	287	164	123
张家界市	16587	8456	8131	605	238	367	63	28	35
益阳市	59869	30654	29215	2861	1351	1510	346	219	127
郴州市	49868	26951	22917	1536	863	673	223	122	101
永州市	56027	30884	25143	1733	952	781	185	118	67
怀化市	49546	25736	23810	1400	693	707	146	75	71
娄底市	26128	13815	12313	1031	520	511	126	66	60
湘西州	27148	14037	13111	843	371	472	157	89	68

4-3c　各地区分性别、受教育程度的16-59岁人口(乡村)

单位：人

地　区	16-59周岁人口			未上过学		
	合计	男	女	小计	男	女
全　省	**14782079**	**7804874**	**6977205**	**119998**	**46896**	**73102**
长沙市	1013271	523361	489910	3883	1795	2088
株洲市	605155	313372	291783	3174	1305	1869
湘潭市	523468	269008	254460	2057	893	1164
衡阳市	1603069	846745	756324	13444	5206	8238
邵阳市	1630988	871633	759355	11797	4490	7307
岳阳市	1122601	579978	542623	4688	2190	2498
常德市	1262418	654711	607707	6978	3319	3659
张家界市	396782	211850	184932	4778	1985	2793
益阳市	1064818	557867	506951	7083	3293	3790
郴州市	1040057	558023	482034	9533	3394	6139
永州市	1466153	783324	682829	16291	5348	10943
怀化市	1308230	705476	602754	13594	4883	8711
娄底市	1066728	559204	507524	7936	3149	4787
湘西州	678341	370322	308019	14762	5646	9116

4-3c　续表 1

单位：人

地　区	学前教育			小　学		
	小计	男	女	小计	男	女
全　省	**16846**	**6998**	**9848**	**2374804**	**1004984**	**1369820**
长沙市	1218	601	617	154710	71591	83119
株洲市	464	185	279	108934	45368	63566
湘潭市	383	172	211	54478	22522	31956
衡阳市	2356	915	1441	247363	98759	148604
邵阳市	1487	604	883	202092	74817	127275
岳阳市	984	461	523	107381	45071	62310
常德市	1468	679	789	237601	107959	129642
张家界市	459	188	271	85985	39184	46801
益阳市	1178	544	634	212485	98790	113695
郴州市	1174	440	734	172738	66658	106080
永州市	1899	759	1140	220020	88384	131636
怀化市	1151	454	697	241002	102430	138572
娄底市	1116	406	710	158422	62551	95871
湘西州	1509	590	919	171593	80900	90693

4-3c 续表 2

单位：人

地 区	初 中			高 中			大学专科		
	小计	男	女	小计	男	女	小计	男	女
全 省	**8468215**	**4544634**	**3923581**	**2748850**	**1649023**	**1099827**	**735874**	**389247**	**346627**
长沙市	537491	280195	257296	204765	114283	90482	70582	36490	34092
株洲市	342821	181287	161534	106662	63132	43530	30077	15668	14409
湘潭市	312907	158166	154741	113410	66119	47291	28410	15048	13362
衡阳市	972740	523684	449056	252567	157666	94901	75114	40051	35063
邵阳市	962704	510975	451729	333986	213866	120120	85768	48282	37486
岳阳市	556694	280136	276558	364877	207134	157743	62935	31379	31556
常德市	656110	342462	313648	260686	150953	109733	68658	34369	34289
张家界市	221058	123432	97626	55870	32462	23408	19967	10346	9621
益阳市	565838	297663	268175	202603	118586	84017	53867	27911	25956
郴州市	642724	357067	285657	152643	96186	56457	45959	25941	20018
永州市	905170	495025	410145	238120	147622	90498	61277	33329	27948
怀化市	811347	456596	354751	171260	104810	66450	50598	26532	24066
娄底市	608361	320492	287869	213537	130793	82744	53325	28919	24406
湘西州	372250	217454	154796	77864	45411	32453	29337	14982	14355

4-3c 续表 3

单位：人

地 区	大学本科			硕士研究生			博士研究生		
	小计	男	女	小计	男	女	小计	男	女
全 省	**299766**	**154004**	**145762**	**15448**	**7734**	**7714**	**2278**	**1354**	**924**
长沙市	38753	17561	21192	1646	728	918	223	117	106
株洲市	12179	5991	6188	756	376	380	88	60	28
湘潭市	11077	5702	5375	630	321	309	116	65	51
衡阳市	37598	19427	18171	1670	894	776	217	143	74
邵阳市	30964	17413	13551	1922	1035	887	268	151	117
岳阳市	23681	12894	10787	1184	609	575	177	104	73
常德市	29288	14219	15069	1450	650	800	179	101	78
张家界市	8210	4045	4165	404	178	226	51	30	21
益阳市	20488	10479	10009	1080	495	585	196	106	90
郴州市	14343	7775	6568	799	468	331	144	94	50
永州市	22145	12186	9959	1063	553	510	168	118	50
怀化市	18351	9285	9066	807	413	394	120	73	47
娄底市	22268	11967	10301	1504	776	728	259	151	108
湘西州	10421	5060	5361	533	238	295	72	41	31

4-4　各地区分性别、受教育程度的25岁及以上人口

单位：人

地　区	25岁及以上人口			未上过学		
	合计	男	女	小计	男	女
全　省	**46554084**	**23369875**	**23184209**	**1177591**	**301546**	**876045**
长沙市	6924245	3473015	3451230	56951	17822	39129
株洲市	2817417	1401240	1416177	38420	9767	28653
湘潭市	1973757	979231	994526	17922	5351	12571
衡阳市	4483138	2252614	2230524	141245	36290	104955
邵阳市	4403307	2211877	2191430	137680	28950	108730
岳阳市	3686677	1852879	1833798	67602	19140	48462
常德市	4106556	2044739	2061817	91549	26070	65479
张家界市	1099887	554287	545600	41297	10935	30362
益阳市	2872208	1444198	1428010	67657	20134	47523
郴州市	3100059	1558175	1541884	87545	19242	68303
永州市	3542351	1792527	1749824	133028	32740	100288
怀化市	3255390	1648844	1606546	126287	31464	94823
娄底市	2596226	1294536	1301690	63309	13954	49355
湘西州	1692866	861713	831153	107099	29687	77412

4-4　续表 1

单位：人

地　区	学前教育			小　学		
	小计	男	女	小计	男	女
全　省	**117773**	**41186**	**76587**	**10925798**	**4801719**	**6124079**
长沙市	9969	4019	5950	1119347	509315	610032
株洲市	3851	1295	2556	645899	278770	367129
湘潭市	2748	964	1784	403026	176855	226171
衡阳市	16723	6079	10644	1122902	492178	630724
邵阳市	12278	3759	8519	1017395	418838	598557
岳阳市	8429	3180	5249	732555	323971	408584
常德市	14948	5371	9577	1173312	533093	640219
张家界市	2427	815	1612	330649	149483	181166
益阳市	9024	3424	5600	832239	386906	445333
郴州市	6731	2144	4587	700193	284210	415983
永州市	10069	3453	6616	856233	367337	488896
怀化市	6572	2162	4410	873490	384720	488770
娄底市	7640	2254	5386	601976	255112	346864
湘西州	6364	2267	4097	516582	240931	275651

4-4 续表 2

单位：人

地 区	初 中			高 中			大学专科		
	小计	男	女	小计	男	女	小计	男	女
全 省	**19934886**	**10412934**	**9521952**	**8800514**	**4841289**	**3959225**	**3335683**	**1761655**	**1574028**
长沙市	2340204	1198365	1141839	1515867	786826	729041	952819	475211	477608
株洲市	1169401	598843	570558	553480	296300	257180	241048	126842	114206
湘潭市	861182	435031	426151	417050	219110	197940	166398	86031	80367
衡阳市	2108900	1105914	1002986	722997	406934	316063	242932	134061	108871
邵阳市	2108699	1103966	1004733	793659	468662	324997	226589	127096	99493
岳阳市	1446575	733830	712745	1075735	579571	496164	222495	119587	102908
常德市	1634227	843266	790961	785832	426741	359091	257455	132167	125288
张家界市	456171	246167	210004	158280	87500	70780	70405	37654	32751
益阳市	1237312	641230	596082	486707	265962	220745	152400	80175	72225
郴州市	1484702	786372	698330	517212	297886	219326	198309	109655	88654
永州市	1697566	904416	793150	594099	342899	251200	170863	95646	75217
怀化市	1532314	828392	703922	442821	251830	190991	179658	99168	80490
娄底市	1148412	594151	554261	535935	297745	238190	154671	84322	70349
湘西州	709221	392991	316230	200840	113323	87517	99641	54040	45601

4-4 续表 3

单位：人

地 区	大学本科			硕士研究生			博士研究生		
	小计	男	女	小计	男	女	小计	男	女
全 省	**2040165**	**1090045**	**950120**	**189075**	**98798**	**90277**	**32599**	**20703**	**11896**
长沙市	796829	410667	386162	111692	57773	53919	20567	13017	7550
株洲市	149317	80104	69213	14581	8374	6207	1420	945	475
湘潭市	92869	49044	43825	9854	5000	4854	2708	1845	863
衡阳市	118948	66503	52445	7147	3762	3385	1344	893	451
邵阳市	101748	57698	44050	4475	2457	2018	784	451	333
岳阳市	125906	69588	56318	6514	3478	3036	866	534	332
常德市	141586	74155	67431	6810	3371	3439	837	505	332
张家界市	38080	20479	17601	2291	1086	1205	287	168	119
益阳市	81510	43705	37805	4685	2251	2434	674	411	263
郴州市	99251	55190	44061	5411	3033	2378	705	443	262
永州市	76592	43848	32744	3386	1838	1548	515	350	165
怀化市	89402	48485	40917	4262	2258	2004	584	365	219
娄底市	78859	44036	34823	4681	2514	2167	743	448	295
湘西州	49268	26543	22725	3286	1603	1683	565	328	237

4-4a　各地区分性别、受教育程度的25岁及以上人口(城市)

单位：人

地　区	25岁及以上人口			未上过学		
	合计	男	女	小计	男	女
全　省	**12994672**	**6386557**	**6608115**	**104262**	**31052**	**73210**
长沙市	4269238	2115774	2153464	23628	7211	16417
株洲市	1212769	598046	614723	5149	1506	3643
湘潭市	694276	334537	359739	3395	1043	2352
衡阳市	1193500	587435	606065	13418	4172	9246
邵阳市	796719	387480	409239	8277	2252	6025
岳阳市	1017634	505534	512100	9216	3131	6085
常德市	753113	367849	385264	5578	1690	3888
张家界市	232578	112729	119849	3609	919	2690
益阳市	510901	248373	262528	5941	1824	4117
郴州市	649050	317030	332020	5979	1461	4518
永州市	386189	190999	195190	4633	1555	3078
怀化市	475393	231700	243693	7044	2050	4994
娄底市	602010	290372	311638	4104	1032	3072
湘西州	201302	98699	102603	4291	1206	3085

4-4a　续表 1

单位：人

地　区	学前教育			小　学		
	小计	男	女	小计	男	女
全　省	**14404**	**5659**	**8745**	**1534897**	**653757**	**881140**
长沙市	3689	1437	2252	418413	183465	234948
株洲市	632	266	366	144043	61490	82553
湘潭市	369	128	241	75192	30937	44255
衡阳市	1891	827	1064	178016	76115	101901
邵阳市	1198	436	762	103542	42420	61122
岳阳市	1640	659	981	119132	51351	67781
常德市	1005	416	589	92511	39945	52566
张家界市	269	101	168	34143	14128	20015
益阳市	972	412	560	81528	36216	45312
郴州市	688	232	456	78465	30665	47800
永州市	457	173	284	54633	23075	31558
怀化市	721	265	456	66983	28441	38542
娄底市	529	168	361	55260	21489	33771
湘西州	344	139	205	33036	14020	19016

4-4a 续表 2

单位：人

地 区	初 中			高 中			大学专科		
	小计	男	女	小计	男	女	小计	男	女
全 省	**4401346**	**2142115**	**2259231**	**3601238**	**1828533**	**1772705**	**1835288**	**934036**	**901252**
长沙市	1168699	582585	586114	1062533	536223	526310	773929	382110	391819
株洲市	433841	210442	223399	328195	165400	162795	170418	88388	82030
湘潭市	251539	119786	131753	198660	97574	101086	98740	50068	48672
衡阳市	510094	247126	262968	314355	163812	150543	117030	62989	54041
邵阳市	335462	160296	175166	231938	120101	111837	76354	40212	36142
岳阳市	319896	157247	162649	372213	189953	182260	118142	61053	57089
常德市	249508	120674	128834	228933	115594	113339	101975	51344	50631
张家界市	85605	41936	43669	55656	27990	27666	31765	16241	15524
益阳市	200502	96660	103842	137783	69510	68273	54372	27889	26483
郴州市	246382	118752	127630	175734	90697	85037	86339	45313	41026
永州市	144169	69790	74379	123166	64212	58954	39009	20967	18042
怀化市	181577	87691	93886	118857	60411	58446	60287	31674	28613
娄底市	203723	94075	109648	212022	106004	106018	78197	40950	37247
湘西州	70349	35055	35294	41193	21052	20141	28731	14838	13893

4-4a 续表 3

单位：人

地 区	大学本科			硕士研究生			博士研究生		
	小计	男	女	小计	男	女	小计	男	女
全 省	**1325029**	**695414**	**629615**	**151576**	**79017**	**72559**	**26632**	**16974**	**9658**
长沙市	695850	357308	338542	102773	52954	49819	19724	12481	7243
株洲市	116338	62228	54110	12943	7516	5427	1210	810	400
湘潭市	58537	30768	27769	6249	3178	3071	1595	1055	540
衡阳市	53832	29715	24117	4029	2109	1920	835	570	265
邵阳市	38030	20693	17337	1671	921	750	247	149	98
岳阳市	72697	39544	33153	4184	2263	1921	514	333	181
常德市	69139	35921	33218	4034	2004	2030	430	261	169
张家界市	19815	10551	9264	1525	748	777	191	115	76
益阳市	28164	15086	13078	1466	672	794	173	104	69
郴州市	51398	27685	23713	3669	1975	1694	396	250	146
永州市	18650	10446	8204	1266	636	630	206	145	61
怀化市	36999	19584	17415	2577	1355	1222	348	229	119
娄底市	44767	24782	19985	2985	1602	1383	423	270	153
湘西州	20813	11103	9710	2205	1084	1121	340	202	138

4-4b 各地区分性别、受教育程度的25岁及以上人口(镇)

单位：人

地 区	25岁及以上人口			未上过学		
	合计	男	女	小计	男	女
全 省	**13890962**	**6888744**	**7002218**	**266556**	**70820**	**195736**
长沙市	1338305	683339	654966	12321	3952	8369
株洲市	766689	378347	388342	13416	3253	10163
湘潭市	527863	264463	263400	4277	1441	2836
衡阳市	1236390	616153	620237	27556	7770	19786
邵阳市	1462031	721752	740279	37186	8012	29174
岳阳市	1199942	600183	599759	20395	5981	14414
常德市	1510997	739952	771045	27582	7838	19744
张家界市	313535	152783	160752	7064	1922	5142
益阳市	914416	449408	465008	14623	4441	10182
郴州市	1136960	566593	570367	21642	4952	16690
永州市	1251618	621595	630023	26631	6982	19649
怀化市	1014280	495523	518757	21624	5166	16458
娄底市	576399	283473	292926	7255	2003	5252
湘西州	641537	315180	326357	24984	7107	17877

4-4b 续表 1

单位：人

地 区	学前教育			小 学		
	小计	男	女	小计	男	女
全 省	**27400**	**10018**	**17382**	**2897713**	**1238744**	**1658969**
长沙市	1653	658	995	265598	121230	144368
株洲市	1176	412	764	198936	84113	114823
湘潭市	559	198	361	94751	42066	52685
衡阳市	3609	1362	2247	259735	112580	147155
邵阳市	3270	1041	2229	291760	117620	174140
岳阳市	2449	980	1469	228617	101288	127329
常德市	4422	1645	2777	381902	169171	212731
张家界市	492	164	328	85195	36321	48874
益阳市	1811	659	1152	214549	95905	118644
郴州市	1905	690	1215	204589	80268	124321
永州市	2279	883	1396	224344	92729	131615
怀化市	1045	390	655	192261	77620	114641
娄底市	837	269	568	97297	39772	57525
湘西州	1893	667	1226	158179	68061	90118

4-4b 续表 2

单位：人

地区	初中			高中			大学专科		
	小计	男	女	小计	男	女	小计	男	女
全省	**6133973**	**3081019**	**3052954**	**2933287**	**1601225**	**1332062**	**1057132**	**572115**	**485017**
长沙市	551697	286059	265638	282225	153750	128475	136193	70611	65582
株洲市	343784	175176	168608	132086	73710	58376	50422	27086	23336
湘潭市	228120	115315	112805	119565	63091	56474	48809	25447	23362
衡阳市	566924	286388	280536	236682	130265	106417	89245	48720	40525
邵阳市	684645	341505	343140	297496	170413	127083	100224	56123	44101
岳阳市	473780	236396	237384	365115	194814	170301	69747	38535	31212
常德市	615895	307341	308554	318441	169089	149352	106587	55128	51459
张家界市	125516	63241	62275	55745	29890	25855	25704	13860	11844
益阳市	397679	198299	199380	177148	92986	84162	65245	34086	31159
郴州市	558978	281666	277312	224228	128099	96129	84764	47554	37210
永州市	570300	283455	286845	286707	157927	128780	95004	53032	41972
怀化市	477630	236440	241190	190318	103425	86893	88671	49021	39650
娄底市	263594	128896	134698	143565	77434	66131	42311	23151	19160
湘西州	275431	140842	134589	103966	56332	47634	54206	29761	24445

4-4b 续表 3

单位：人

地区	大学本科			硕士研究生			博士研究生		
	小计	男	女	小计	男	女	小计	男	女
全省	**543700**	**297889**	**245811**	**27183**	**14368**	**12815**	**4018**	**2546**	**1472**
长沙市	80240	42384	37856	7728	4266	3462	650	429	221
株洲市	25596	13916	11680	1142	600	542	131	81	50
湘潭市	27569	14564	13005	3194	1607	1587	1019	734	285
衡阳市	50224	27763	22461	2081	1096	985	334	209	125
邵阳市	45583	26026	19557	1569	847	722	298	165	133
岳阳市	38096	21295	16801	1537	777	760	206	117	89
常德市	54107	28698	25409	1812	892	920	249	150	99
张家界市	13308	7165	6143	462	196	266	49	24	25
益阳市	40519	21581	18938	2513	1239	1274	329	212	117
郴州市	39474	22550	16924	1200	712	488	180	102	78
永州市	44774	25662	19112	1414	821	593	165	104	61
怀化市	41466	22780	18686	1128	607	521	137	74	63
娄底市	20695	11501	9194	734	392	342	111	55	56
湘西州	22049	12004	10045	669	316	353	160	90	70

4-4c　各地区分性别、受教育程度的25岁及以上人口（乡村）

单位：人

地　区	25岁及以上人口			未上过学		
	合计	男	女	小计	男	女
全　省	**19668450**	**10094574**	**9573876**	**806773**	**199674**	**607099**
长沙市	1316702	673902	642800	21002	6659	14343
株洲市	837959	424847	413112	19855	5008	14847
湘潭市	751618	380231	371387	10250	2867	7383
衡阳市	2053248	1049026	1004222	100271	24348	75923
邵阳市	2144557	1102645	1041912	92217	18686	73531
岳阳市	1469101	747162	721939	37991	10028	27963
常德市	1842446	936938	905508	58389	16542	41847
张家界市	553774	288775	264999	30624	8094	22530
益阳市	1446891	746417	700474	47093	13869	33224
郴州市	1314049	674552	639497	59924	12829	47095
永州市	1904544	979933	924611	101764	24203	77561
怀化市	1765717	921621	844096	97619	24248	73371
娄底市	1417817	720691	697126	51950	10919	41031
湘西州	850027	447834	402193	77824	21374	56450

4-4c　续表 1

单位：人

地　区	学前教育			小　学		
	小计	男	女	小计	男	女
全　省	**75969**	**25509**	**50460**	**6493188**	**2909218**	**3583970**
长沙市	4627	1924	2703	435336	204620	230716
株洲市	2043	617	1426	302920	133167	169753
湘潭市	1820	638	1182	233083	103852	129231
衡阳市	11223	3890	7333	685151	303483	381668
邵阳市	7810	2282	5528	622093	258798	363295
岳阳市	4340	1541	2799	384806	171332	213474
常德市	9521	3310	6211	698899	323977	374922
张家界市	1666	550	1116	211311	99034	112277
益阳市	6241	2353	3888	536162	254785	281377
郴州市	4138	1222	2916	417139	173277	243862
永州市	7333	2397	4936	577256	251533	325723
怀化市	4806	1507	3299	614246	278659	335587
娄底市	6274	1817	4457	449419	193851	255568
湘西州	4127	1461	2666	325367	158850	166517

4-4c 续表 2

单位：人

地　区	初　中			高　中			大学专科		
	小计	男	女	小计	男	女	小计	男	女
全　省	**9399567**	**5189800**	**4209767**	**2265989**	**1411531**	**854458**	**443263**	**255504**	**187759**
长沙市	619808	329721	290087	171109	96853	74256	42697	22490	20207
株洲市	391776	213225	178551	93199	57190	36009	20208	11368	8840
湘潭市	381523	199930	181593	98825	58445	40380	18849	10516	8333
衡阳市	1031882	572400	459482	171960	112857	59103	36657	22352	14305
邵阳市	1088592	602165	486427	264225	178148	86077	50011	30761	19250
岳阳市	652899	340187	312712	338407	194804	143603	34606	19999	14607
常德市	768824	415251	353573	238458	142058	96400	48893	25695	23198
张家界市	245050	140990	104060	46879	29620	17259	12936	7553	5383
益阳市	639131	346271	292860	171776	103466	68310	32783	18200	14583
郴州市	679342	385954	293388	117250	79090	38160	27206	16788	10418
永州市	983097	551171	431926	184226	120760	63466	36850	21647	15203
怀化市	873107	504261	368846	133646	87994	45652	30700	18473	12227
娄底市	681095	371180	309915	180348	114307	66041	34163	20221	13942
湘西州	363441	217094	146347	55681	35939	19742	16704	9441	7263

4-4c　续表 3

单位：人

地　区	大学本科			硕士研究生			博士研究生		
	小计	男	女	小计	男	女	小计	男	女
全　省	**171436**	**96742**	**74694**	**10316**	**5413**	**4903**	**1949**	**1183**	**766**
长沙市	20739	10975	9764	1191	553	638	193	107	86
株洲市	7383	3960	3423	496	258	238	79	54	25
湘潭市	6763	3712	3051	411	215	196	94	56	38
衡阳市	14892	9025	5867	1037	557	480	175	114	61
邵阳市	18135	10979	7156	1235	689	546	239	137	102
岳阳市	15113	8749	6364	793	438	355	146	84	62
常德市	18340	9536	8804	964	475	489	158	94	64
张家界市	4957	2763	2194	304	142	162	47	29	18
益阳市	12827	7038	5789	706	340	366	172	95	77
郴州市	8379	4955	3424	542	346	196	129	91	38
永州市	13168	7740	5428	706	381	325	144	101	43
怀化市	10937	6121	4816	557	296	261	99	62	37
娄底市	13397	7753	5644	962	520	442	209	123	86
湘西州	6406	3436	2970	412	203	209	65	36	29

4-5　全省分年龄、性别的15岁及以上文盲人口

单位：人、%

年　龄	15岁及以上人口			文盲人口			文盲人口占15岁及以上人口比重		
	合计	男	女	合计	男	女	合计	男	女
总　计	**53475342**	**27071624**	**26403718**	**1134692**	**286274**	**848418**	**2.12**	**1.06**	**3.21**
15-19岁	**3842701**	**2085474**	**1757227**	**6110**	**3595**	**2515**	**0.16**	**0.17**	**0.14**
15	814159	441032	373127	1603	919	684	0.20	0.21	0.18
16	801191	436602	364589	1182	687	495	0.15	0.16	0.14
17	731119	397866	333253	989	601	388	0.14	0.15	0.12
18	731734	398587	333147	1157	678	479	0.16	0.17	0.14
19	764498	411387	353111	1179	710	469	0.15	0.17	0.13
20-24岁	**3078557**	**1616275**	**1462282**	**5501**	**3106**	**2395**	**0.18**	**0.19**	**0.16**
20	696409	369683	326726	1208	712	496	0.17	0.19	0.15
21	624497	327351	297146	1051	619	432	0.17	0.19	0.15
22	631422	329966	301456	1110	603	507	0.18	0.18	0.17
23	571893	299673	272220	1089	611	478	0.19	0.20	0.18
24	554336	289602	264734	1043	561	482	0.19	0.19	0.18
25-29岁	**3221455**	**1664755**	**1556700**	**6083**	**3480**	**2603**	**0.19**	**0.21**	**0.17**
25	570505	296265	274240	1046	598	448	0.18	0.20	0.16
26	532852	275135	257717	997	577	420	0.19	0.21	0.16
27	591460	304540	286920	1101	629	472	0.19	0.21	0.16
28	673492	347755	325737	1310	744	566	0.19	0.21	0.17
29	853146	441060	412086	1629	932	697	0.19	0.21	0.17
30-34岁	**5448110**	**2752660**	**2695450**	**11267**	**5963**	**5304**	**0.21**	**0.22**	**0.20**
30	1183201	601579	581622	2359	1250	1109	0.20	0.21	0.19
31	1147729	579935	567794	2289	1211	1078	0.20	0.21	0.19
32	1054336	531718	522618	2136	1140	996	0.20	0.21	0.19
33	1116672	563189	553483	2408	1260	1148	0.22	0.22	0.21
34	946172	476239	469933	2075	1102	973	0.22	0.23	0.21
35-39岁	**4301609**	**2177206**	**2124403**	**10967**	**5430**	**5537**	**0.25**	**0.25**	**0.26**
35	832768	421660	411108	1892	990	902	0.23	0.23	0.22
36	843028	426428	416600	2071	1035	1036	0.25	0.24	0.25
37	838480	424456	414024	2160	1067	1093	0.26	0.25	0.26
38	989303	502064	487239	2590	1250	1340	0.26	0.25	0.28
39	798030	402598	395432	2254	1088	1166	0.28	0.27	0.29
40-44岁	**3897897**	**1981518**	**1916379**	**13899**	**6277**	**7622**	**0.36**	**0.32**	**0.40**
40	727627	366955	360672	2235	1026	1209	0.31	0.28	0.34
41	809958	412601	397357	2715	1301	1414	0.34	0.32	0.36
42	745206	377467	367739	2618	1174	1444	0.35	0.31	0.39
43	742997	378913	364084	2810	1258	1552	0.38	0.33	0.43
44	872109	445582	426527	3521	1518	2003	0.40	0.34	0.47

4-5 续表

单位：人、%

年 龄	15岁及以上人口			文盲人口			文盲人口占15岁及以上人口比重		
	合计	男	女	合计	男	女	合计	男	女
45-49岁	**5240218**	**2690595**	**2549623**	**25582**	**10694**	**14888**	**0.49**	**0.40**	**0.58**
45	946745	484933	461812	4094	1843	2251	0.43	0.38	0.49
46	1069633	546855	522778	4872	2081	2791	0.46	0.38	0.53
47	1068435	550835	517600	5092	2157	2935	0.48	0.39	0.57
48	1075970	553237	522733	5573	2236	3337	0.52	0.40	0.64
49	1079435	554735	524700	5951	2377	3574	0.55	0.43	0.68
50-54岁	**6108513**	**3054992**	**3053521**	**44024**	**14784**	**29240**	**0.72**	**0.48**	**0.96**
50	1245219	622414	622805	7437	2744	4693	0.60	0.44	0.75
51	1212629	609367	603262	8138	2875	5263	0.67	0.47	0.87
52	1403036	702847	700189	10026	3332	6694	0.71	0.47	0.96
53	1045370	519183	526187	8323	2659	5664	0.80	0.51	1.08
54	1202259	601181	601078	10100	3174	6926	0.84	0.53	1.15
55-59岁	**5125001**	**2564334**	**2560667**	**51981**	**13990**	**37991**	**1.01**	**0.55**	**1.48**
55	1204074	604184	599890	10911	3148	7763	0.91	0.52	1.29
56	1180701	586783	593918	11394	3141	8253	0.97	0.54	1.39
57	1394954	703449	691505	13935	3833	10102	1.00	0.54	1.46
58	981287	491394	489893	10851	2728	8123	1.11	0.56	1.66
59	363985	178524	185461	4890	1140	3750	1.34	0.64	2.02
60-64岁	**3369214**	**1718897**	**1650317**	**90010**	**22808**	**67202**	**2.67**	**1.33**	**4.07**
60	534554	269935	264619	9132	2309	6823	1.71	0.86	2.58
61	510316	262509	247807	11987	3147	8840	2.35	1.20	3.57
62	708948	363685	345263	19862	5250	14612	2.80	1.44	4.23
63	858643	440655	417988	24657	6288	18369	2.87	1.43	4.39
64	756753	382113	374640	24372	5814	18558	3.22	1.52	4.95
65-69岁	**3673078**	**1830422**	**1842656**	**157523**	**35679**	**121844**	**4.29**	**1.95**	**6.61**
65	741308	372952	368356	26533	6149	20384	3.58	1.65	5.53
66	798483	398327	400156	31131	7121	24010	3.90	1.79	6
67	740211	367977	372234	32505	7256	25249	4.39	1.97	6.78
68	769101	383137	385964	35919	8124	27795	4.67	2.12	7.20
69	623975	308029	315946	31435	7029	24406	5.04	2.28	7.72
70-74岁	**2642339**	**1314119**	**1328220**	**176545**	**41112**	**135433**	**6.68**	**3.13**	**10.20**
70	606760	300240	306520	33774	7688	26086	5.57	2.56	8.51
71	617946	310890	307056	39702	9610	30092	6.42	3.09	9.80
72	527887	262101	265786	36135	8460	27675	6.85	3.23	10.41
73	477808	238468	239340	34264	7993	26271	7.17	3.35	10.98
74	411938	202420	209518	32670	7361	25309	7.93	3.64	12.08
75-79岁	**1592623**	**776559**	**816064**	**160406**	**36288**	**124118**	**10.07**	**4.67**	**15.21**
75	337286	163975	173311	29026	6284	22742	8.61	3.83	13.12
76	367929	181792	186137	34471	7740	26731	9.37	4.26	14.36
77	306583	148783	157800	30889	6882	24007	10.08	4.63	15.21
78	283191	138358	144833	30352	7106	23246	10.72	5.14	16.05
79	297634	143651	153983	35668	8276	27392	11.98	5.76	17.79
80-84岁	**1147496**	**526151**	**621345**	**187502**	**43846**	**143656**	**16.34**	**8.33**	**23.12**
80	260648	124623	136025	34476	8238	26238	13.23	6.61	19.29
81	230857	107263	123594	35661	8600	27061	15.45	8.02	21.90
82	251213	114773	136440	42489	10048	32441	16.91	8.75	23.78
83	217254	97584	119670	39487	9104	30383	18.18	9.33	25.39
84	187524	81908	105616	35389	7856	27533	18.87	9.59	26.07
85岁及以上	**786531**	**317667**	**468864**	**187292**	**39222**	**148070**	**23.81**	**12.35**	**31.58**

4-5a　全省分年龄、性别的15岁及以上文盲人口(城市)

单位：人、%

年　龄	15岁及以上人口			文盲人口			文盲人口占15岁及以上人口比重		
	合计	男	女	合计	男	女	合计	男	女
总　计	**15616288**	**7714879**	**7901409**	**86706**	**24133**	**62573**	**0.56**	**0.31**	**0.79**
15-19岁	**1392009**	**717970**	**674039**	**1063**	**611**	**452**	**0.08**	**0.09**	**0.07**
15	242346	129824	112522	316	187	129	0.13	0.14	0.11
16	256557	136852	119705	213	120	93	0.08	0.09	0.08
17	244800	127987	116813	160	91	69	0.07	0.07	0.06
18	294604	149064	145540	200	114	86	0.07	0.08	0.06
19	353702	174243	179459	174	99	75	0.05	0.06	0.04
20-24岁	**1229607**	**610352**	**619255**	**883**	**497**	**386**	**0.07**	**0.08**	**0.06**
20	329687	162411	167276	225	118	107	0.07	0.07	0.06
21	268686	132595	136091	190	106	84	0.07	0.08	0.06
22	235042	116997	118045	158	93	65	0.07	0.08	0.06
23	202747	101460	101287	167	99	68	0.08	0.10	0.07
24	193445	96889	96556	143	81	62	0.07	0.08	0.06
25-29岁	**1089751**	**538189**	**551562**	**733**	**433**	**300**	**0.07**	**0.08**	**0.05**
25	195308	97237	98071	142	86	56	0.07	0.09	0.06
26	186837	93142	93695	119	73	46	0.06	0.08	0.05
27	202752	100168	102584	155	89	66	0.08	0.09	0.06
28	224695	110412	114283	154	88	66	0.07	0.08	0.06
29	280159	137230	142929	163	97	66	0.06	0.07	0.05
30-34岁	**1858281**	**895615**	**962666**	**1186**	**641**	**545**	**0.06**	**0.07**	**0.06**
30	387107	186137	200970	254	130	124	0.07	0.07	0.06
31	387418	185674	201744	240	123	117	0.06	0.07	0.06
32	364606	175436	189170	211	113	98	0.06	0.06	0.05
33	386523	186646	199877	261	151	110	0.07	0.08	0.06
34	332627	161722	170905	220	124	96	0.07	0.08	0.06
35-39岁	**1486095**	**726236**	**759859**	**1033**	**514**	**519**	**0.07**	**0.07**	**0.07**
35	289707	141334	148373	209	111	98	0.07	0.08	0.07
36	291567	142553	149014	204	99	105	0.07	0.07	0.07
37	291960	142380	149580	202	97	105	0.07	0.07	0.07
38	341122	166729	174393	215	104	111	0.06	0.06	0.06
39	271739	133240	138499	203	103	100	0.07	0.08	0.07
40-44岁	**1283208**	**638106**	**645102**	**1245**	**592**	**653**	**0.10**	**0.09**	**0.10**
40	245013	120722	124291	192	94	98	0.08	0.08	0.08
41	269597	133937	135660	257	124	133	0.10	0.09	0.10
42	247817	123131	124686	250	124	126	0.10	0.10	0.10
43	245258	122720	122538	255	121	134	0.10	0.10	0.11
44	275523	137596	137927	291	129	162	0.11	0.09	0.12

4-5a 续表

单位：人、%

年　龄	15岁及以上人口			文盲人口			文盲人口占15岁及以上人口比重		
	合计	男	女	合计	男	女	合计	男	女
45-49岁	**1532939**	**773466**	**759473**	**2159**	**960**	**1199**	**0.14**	**0.12**	**0.16**
45	292408	146688	145720	405	200	205	0.14	0.14	0.14
46	314892	157534	157358	410	178	232	0.13	0.11	0.15
47	312262	158090	154172	412	182	230	0.13	0.12	0.15
48	308492	156421	152071	441	177	264	0.14	0.11	0.17
49	304885	154733	150152	491	223	268	0.16	0.14	0.18
50-54岁	**1583785**	**788058**	**795727**	**3832**	**1367**	**2465**	**0.24**	**0.17**	**0.31**
50	343973	171316	172657	638	230	408	0.19	0.13	0.24
51	325079	162814	162265	748	296	452	0.23	0.18	0.28
52	360092	179318	180774	872	312	560	0.24	0.17	0.31
53	259600	128296	131304	738	241	497	0.28	0.19	0.38
54	295041	146314	148727	836	288	548	0.28	0.20	0.37
55-59岁	**1320195**	**655815**	**664380**	**4358**	**1298**	**3060**	**0.33**	**0.20**	**0.46**
55	301292	150394	150898	874	263	611	0.29	0.17	0.40
56	308640	153380	155260	997	302	695	0.32	0.20	0.45
57	361829	180418	181411	1162	360	802	0.32	0.20	0.44
58	242072	120042	122030	878	251	627	0.36	0.21	0.51
59	106362	51581	54781	447	122	325	0.42	0.24	0.59
60-64岁	**820912**	**406349**	**414563**	**6751**	**1776**	**4975**	**0.82**	**0.44**	**1.20**
60	146517	72326	74191	704	205	499	0.48	0.28	0.67
61	130739	65426	65313	959	272	687	0.73	0.42	1.05
62	172037	86149	85888	1455	385	1070	0.85	0.45	1.25
63	198617	98056	100561	1807	436	1371	0.91	0.44	1.36
64	173002	84392	88610	1826	478	1348	1.06	0.57	1.52
65-69岁	**802472**	**389141**	**413331**	**10618**	**2587**	**8031**	**1.32**	**0.66**	**1.94**
65	168606	82223	86383	1971	482	1489	1.17	0.59	1.72
66	178487	86376	92111	2201	540	1661	1.23	0.63	1.80
67	160485	77488	82997	2125	512	1613	1.32	0.66	1.94
68	163014	79168	83846	2357	562	1795	1.45	0.71	2.14
69	131880	63886	67994	1964	491	1473	1.49	0.77	2.17
70-74岁	**530285**	**258871**	**271414**	**11115**	**3056**	**8059**	**2.10**	**1.18**	**2.97**
70	128188	62302	65886	2077	548	1529	1.62	0.88	2.32
71	124474	60784	63690	2603	746	1857	2.09	1.23	2.92
72	104565	50363	54202	2377	627	1750	2.27	1.24	3.23
73	93358	46031	47327	2134	576	1558	2.29	1.25	3.29
74	79700	39391	40309	1924	559	1365	2.41	1.42	3.39
75-79岁	**307514**	**146895**	**160619**	**10003**	**2508**	**7495**	**3.25**	**1.71**	**4.67**
75	63743	31220	32523	1740	461	1279	2.73	1.48	3.93
76	69350	33650	35700	2129	529	1600	3.07	1.57	4.48
77	58612	27508	31104	1888	468	1420	3.22	1.70	4.57
78	57230	27094	30136	1924	511	1413	3.36	1.89	4.69
79	58579	27423	31156	2322	539	1783	3.96	1.97	5.72
80-84岁	**226842**	**103700**	**123142**	**14376**	**3551**	**10825**	**6.34**	**3.42**	**8.79**
80	53447	25060	28387	2416	603	1813	4.52	2.41	6.39
81	47384	21606	25778	2831	765	2066	5.97	3.54	8.01
82	48554	21894	26660	3279	808	2471	6.75	3.69	9.27
83	40800	18761	22039	3016	703	2313	7.39	3.75	10.50
84	36657	16379	20278	2834	672	2162	7.73	4.10	10.66
85岁及以上	**152393**	**66116**	**86277**	**17351**	**3742**	**13609**	**11.39**	**5.66**	**15.77**

4-5b 全省分年龄、性别的15岁及以上文盲人口(镇)

单位：人、%

年 龄	15岁及以上人口			文盲人口			文盲人口占15岁及以上人口比重		
	合计	男	女	合计	男	女	合计	男	女
总 计	**16059487**	**8067710**	**7991777**	**255519**	**66620**	**188899**	**1.59**	**0.83**	**2.36**
15-19岁	**1350705**	**741982**	**608723**	**1620**	**975**	**645**	**0.12**	**0.13**	**0.11**
15	318676	170164	148512	466	259	207	0.15	0.15	0.14
16	338591	182536	156055	297	181	116	0.09	0.10	0.07
17	281980	153529	128451	280	176	104	0.10	0.11	0.08
18	218316	124455	93861	300	188	112	0.14	0.15	0.12
19	193142	111298	81844	277	171	106	0.14	0.15	0.13
20-24岁	**817820**	**436984**	**380836**	**1395**	**771**	**624**	**0.17**	**0.18**	**0.16**
20	168296	94806	73490	330	188	142	0.20	0.20	0.19
21	156730	85007	71723	276	157	119	0.18	0.18	0.17
22	171627	90372	81255	289	151	138	0.17	0.17	0.17
23	161070	84159	76911	256	146	110	0.16	0.17	0.14
24	160097	82640	77457	244	129	115	0.15	0.16	0.15
25-29岁	**958559**	**482281**	**476278**	**1441**	**813**	**628**	**0.15**	**0.17**	**0.13**
25	167051	85336	81715	247	130	117	0.15	0.15	0.14
26	157013	79317	77696	229	132	97	0.15	0.17	0.12
27	175600	88079	87521	248	140	108	0.14	0.16	0.12
28	200979	100923	100056	317	181	136	0.16	0.18	0.14
29	257916	128626	129290	400	230	170	0.16	0.18	0.13
30-34岁	**1681216**	**820969**	**860247**	**2484**	**1368**	**1116**	**0.15**	**0.17**	**0.13**
30	360637	176108	184529	496	274	222	0.14	0.16	0.12
31	351170	171895	179275	503	296	207	0.14	0.17	0.12
32	325543	158975	166568	494	280	214	0.15	0.18	0.13
33	347462	169490	177972	541	278	263	0.16	0.16	0.15
34	296404	144501	151903	450	240	210	0.15	0.17	0.14
35-39岁	**1371761**	**674902**	**696859**	**2420**	**1246**	**1174**	**0.18**	**0.18**	**0.17**
35	263565	130077	133488	394	214	180	0.15	0.16	0.13
36	266391	131131	135260	434	217	217	0.16	0.17	0.16
37	266215	130871	135344	478	251	227	0.18	0.19	0.17
38	317023	156083	160940	606	304	302	0.19	0.19	0.19
39	258567	126740	131827	508	260	248	0.20	0.21	0.19
40-44岁	**1274877**	**635432**	**639445**	**2898**	**1416**	**1482**	**0.23**	**0.22**	**0.23**
40	236766	116661	120105	456	228	228	0.19	0.20	0.19
41	266868	132759	134109	580	306	274	0.22	0.23	0.20
42	244535	121442	123093	559	266	293	0.23	0.22	0.24
43	242287	121569	120718	565	282	283	0.23	0.23	0.23
44	284421	143001	141420	738	334	404	0.26	0.23	0.29

4-5b 续表 单位：人、%

年 龄	15岁及以上人口			文盲人口			文盲人口占15岁及以上人口比重		
	合计	男	女	合计	男	女	合计	男	女
45-49岁	**1659067**	**840458**	**818609**	**5219**	**2368**	**2851**	**0.31**	**0.28**	**0.35**
45	304179	153144	151035	843	406	437	0.28	0.27	0.29
46	342011	171803	170208	1005	458	547	0.29	0.27	0.32
47	337489	171434	166055	1043	461	582	0.31	0.27	0.35
48	338738	172291	166447	1108	500	608	0.33	0.29	0.37
49	336650	171786	164864	1220	543	677	0.36	0.32	0.41
50-54岁	**1835475**	**915107**	**920368**	**9108**	**3202**	**5906**	**0.50**	**0.35**	**0.64**
50	380727	189872	190855	1515	605	910	0.40	0.32	0.48
51	366110	182986	183124	1698	629	1069	0.46	0.34	0.58
52	421095	210739	210356	2093	745	1348	0.50	0.35	0.64
53	310651	153635	157016	1706	542	1164	0.55	0.35	0.74
54	356892	177875	179017	2096	681	1415	0.59	0.38	0.79
55-59岁	**1503495**	**749969**	**753526**	**10937**	**3008**	**7929**	**0.73**	**0.40**	**1.05**
55	356546	178613	177933	2299	714	1585	0.64	0.40	0.89
56	346750	171781	174969	2396	674	1722	0.69	0.39	0.98
57	410968	206036	204932	2962	802	2160	0.72	0.39	1.05
58	287342	143576	143766	2298	600	1698	0.80	0.42	1.18
59	101889	49963	51926	982	218	764	0.96	0.44	1.47
60-64岁	**950968**	**481575**	**469393**	**19322**	**4793**	**14529**	**2.03**	**1.00**	**3.10**
60	151244	76291	74953	1954	465	1489	1.29	0.61	1.99
61	146002	74464	71538	2480	627	1853	1.70	0.84	2.59
62	199722	101690	98032	4173	1093	3080	2.09	1.07	3.14
63	241789	123031	118758	5373	1334	4039	2.22	1.08	3.40
64	212211	106099	106112	5342	1274	4068	2.52	1.20	3.83
65-69岁	**1011485**	**501375**	**510110**	**33963**	**7772**	**26191**	**3.36**	**1.55**	**5.13**
65	204899	101989	102910	5764	1364	4400	2.81	1.34	4.28
66	220802	109133	111669	6708	1533	5175	3.04	1.40	4.63
67	203186	100732	102454	6918	1538	5380	3.40	1.53	5.25
68	212147	105382	106765	7793	1794	5999	3.67	1.70	5.62
69	170451	84139	86312	6780	1543	5237	3.98	1.83	6.07
70-74岁	**714744**	**356612**	**358132**	**39467**	**9755**	**29712**	**5.52**	**2.74**	**8.30**
70	165017	81680	83337	7362	1756	5606	4.46	2.15	6.73
71	167770	84582	83188	9115	2311	6804	5.43	2.73	8.18
72	142522	71167	71355	8161	2087	6074	5.73	2.93	8.51
73	128623	64567	64056	7554	1903	5651	5.87	2.95	8.82
74	110812	54616	56196	7275	1698	5577	6.57	3.11	9.92
75-79岁	**423627**	**208082**	**215545**	**35964**	**8444**	**27520**	**8.49**	**4.06**	**12.77**
75	90139	44211	45928	6450	1509	4941	7.16	3.41	10.76
76	97883	48862	49021	7838	1798	6040	8.01	3.68	12.32
77	81573	39979	41594	6826	1589	5237	8.37	3.97	12.59
78	75606	37132	38474	6798	1636	5162	8.99	4.41	13.42
79	78426	37898	40528	8052	1912	6140	10.27	5.05	15.15
80-84岁	**298804**	**137430**	**161374**	**43858**	**10684**	**33174**	**14.68**	**7.77**	**20.56**
80	68753	33046	35707	7843	1955	5888	11.41	5.92	16.49
81	59733	27973	31760	8417	2186	6231	14.09	7.81	19.62
82	65366	29886	35480	10045	2465	7580	15.37	8.25	21.36
83	56279	25385	30894	9193	2191	7002	16.33	8.63	22.66
84	48673	21140	27533	8360	1887	6473	17.18	8.93	23.51
85岁及以上	**206884**	**84552**	**122332**	**45423**	**10005**	**35418**	**21.96**	**11.83**	**28.95**

4-5c　全省分年龄、性别的15岁及以上文盲人口(乡村)

单位：人、%

年　龄	15岁及以上人口			文盲人口			文盲人口占15岁及以上人口比重		
	合计	男	女	合计	男	女	合计	男	女
总　计	**21799567**	**11289035**	**10510532**	**792467**	**195521**	**596946**	**3.64**	**1.73**	**5.68**
15-19岁	**1099987**	**625522**	**474465**	**3427**	**2009**	**1418**	**0.31**	**0.32**	**0.30**
15	253137	141044	112093	821	473	348	0.32	0.34	0.31
16	206043	117214	88829	672	386	286	0.33	0.33	0.32
17	204339	116350	87989	549	334	215	0.27	0.29	0.24
18	218814	125068	93746	657	376	281	0.30	0.30	0.30
19	217654	125846	91808	728	440	288	0.33	0.35	0.31
20-24岁	**1031130**	**568939**	**462191**	**3223**	**1838**	**1385**	**0.31**	**0.32**	**0.30**
20	198426	112466	85960	653	406	247	0.33	0.36	0.29
21	199081	109749	89332	585	356	229	0.29	0.32	0.26
22	224753	122597	102156	663	359	304	0.29	0.29	0.30
23	208076	114054	94022	666	366	300	0.32	0.32	0.32
24	200794	110073	90721	656	351	305	0.33	0.32	0.34
25-29岁	**1173145**	**644285**	**528860**	**3909**	**2234**	**1675**	**0.33**	**0.35**	**0.32**
25	208146	113692	94454	657	382	275	0.32	0.34	0.29
26	189002	102676	86326	649	372	277	0.34	0.36	0.32
27	213108	116293	96815	698	400	298	0.33	0.34	0.31
28	247818	136420	111398	839	475	364	0.34	0.35	0.33
29	315071	175204	139867	1066	605	461	0.34	0.35	0.33
30-34岁	**1908613**	**1036076**	**872537**	**7597**	**3954**	**3643**	**0.40**	**0.38**	**0.42**
30	435457	239334	196123	1609	846	763	0.37	0.35	0.39
31	409141	222366	186775	1546	792	754	0.38	0.36	0.40
32	364187	197307	166880	1431	747	684	0.39	0.38	0.41
33	382687	207053	175634	1606	831	775	0.42	0.40	0.44
34	317141	170016	147125	1405	738	667	0.44	0.43	0.45
35-39岁	**1443753**	**776068**	**667685**	**7514**	**3670**	**3844**	**0.52**	**0.47**	**0.58**
35	279496	150249	129247	1289	665	624	0.46	0.44	0.48
36	285070	152744	132326	1433	719	714	0.50	0.47	0.54
37	280305	151205	129100	1480	719	761	0.53	0.48	0.59
38	331158	179252	151906	1769	842	927	0.53	0.47	0.61
39	267724	142618	125106	1543	725	818	0.58	0.51	0.65
40-44岁	**1339812**	**707980**	**631832**	**9756**	**4269**	**5487**	**0.73**	**0.60**	**0.87**
40	245848	129572	116276	1587	704	883	0.65	0.54	0.76
41	273493	145905	127588	1878	871	1007	0.69	0.60	0.79
42	252854	132894	119960	1809	784	1025	0.72	0.59	0.85
43	255452	134624	120828	1990	855	1135	0.78	0.64	0.94
44	312165	164985	147180	2492	1055	1437	0.80	0.64	0.98

4-5c 续表

单位：人、%

年 龄	15岁及以上人口			文盲人口			文盲人口占15岁及以上人口比重		
	合计	男	女	合计	男	女	合计	男	女
45-49岁	**2048212**	**1076671**	**971541**	**18204**	**7366**	**10838**	**0.89**	**0.68**	**1.12**
45	350158	185101	165057	2846	1237	1609	0.81	0.67	0.97
46	412730	217518	195212	3457	1445	2012	0.84	0.66	1.03
47	418684	221311	197373	3637	1514	2123	0.87	0.68	1.08
48	428740	224525	204215	4024	1559	2465	0.94	0.69	1.21
49	437900	228216	209684	4240	1611	2629	0.97	0.71	1.25
50-54岁	**2689253**	**1351827**	**1337426**	**31084**	**10215**	**20869**	**1.16**	**0.76**	**1.56**
50	520519	261226	259293	5284	1909	3375	1.02	0.73	1.30
51	521440	263567	257873	5692	1950	3742	1.09	0.74	1.45
52	621849	312790	309059	7061	2275	4786	1.14	0.73	1.55
53	475119	237252	237867	5879	1876	4003	1.24	0.79	1.68
54	550326	276992	273334	7168	2205	4963	1.30	0.80	1.82
55-59岁	**2301311**	**1158550**	**1142761**	**36686**	**9684**	**27002**	**1.59**	**0.84**	**2.36**
55	546236	275177	271059	7738	2171	5567	1.42	0.79	2.05
56	525311	261622	263689	8001	2165	5836	1.52	0.83	2.21
57	622157	316995	305162	9811	2671	7140	1.58	0.84	2.34
58	451873	227776	224097	7675	1877	5798	1.70	0.82	2.59
59	155734	76980	78754	3461	800	2661	2.22	1.04	3.38
60-64岁	**1597334**	**830973**	**766361**	**63937**	**16239**	**47698**	**4.00**	**1.95**	**6.22**
60	236793	121318	115475	6474	1639	4835	2.73	1.35	4.19
61	233575	122619	110956	8548	2248	6300	3.66	1.83	5.68
62	337189	175846	161343	14234	3772	10462	4.22	2.15	6.48
63	418237	219568	198669	17477	4518	12959	4.18	2.06	6.52
64	371540	191622	179918	17204	4062	13142	4.63	2.12	7.30
65-69岁	**1859121**	**939906**	**919215**	**112942**	**25320**	**87622**	**6.08**	**2.69**	**9.53**
65	367803	188740	179063	18798	4303	14495	5.11	2.28	8.09
66	399194	202818	196376	22222	5048	17174	5.57	2.49	8.75
67	376540	189757	186783	23462	5206	18256	6.23	2.74	9.77
68	393940	198587	195353	25769	5768	20001	6.54	2.90	10.24
69	321644	160004	161640	22691	4995	17696	7.05	3.12	10.95
70-74岁	**1397310**	**698636**	**698674**	**125963**	**28301**	**97662**	**9.01**	**4.05**	**13.98**
70	313555	156258	157297	24335	5384	18951	7.76	3.45	12.05
71	325702	165524	160178	27984	6553	21431	8.59	3.96	13.38
72	280800	140571	140229	25597	5746	19851	9.12	4.09	14.16
73	255827	127870	127957	24576	5514	19062	9.61	4.31	14.90
74	221426	108413	113013	23471	5104	18367	10.60	4.71	16.25
75-79岁	**861482**	**421582**	**439900**	**114439**	**25336**	**89103**	**13.28**	**6.01**	**20.26**
75	183404	88544	94860	20836	4314	16522	11.36	4.87	17.42
76	200696	99280	101416	24504	5413	19091	12.21	5.45	18.82
77	166398	81296	85102	22175	4825	17350	13.33	5.94	20.39
78	150355	74132	76223	21630	4959	16671	14.39	6.69	21.87
79	160629	78330	82299	25294	5825	19469	15.75	7.44	23.66
80-84岁	**621850**	**285021**	**336829**	**129268**	**29611**	**99657**	**20.79**	**10.39**	**29.59**
80	138448	66517	71931	24217	5680	18537	17.49	8.54	25.77
81	123740	57684	66056	24413	5649	18764	19.73	9.79	28.41
82	137293	62993	74300	29165	6775	22390	21.24	10.76	30.13
83	120175	53438	66737	27278	6210	21068	22.70	11.62	31.57
84	102194	44389	57805	24195	5297	18898	23.68	11.93	32.69
85岁及以上	**427254**	**166999**	**260255**	**124518**	**25475**	**99043**	**29.14**	**15.25**	**38.06**

第一部分　全部数据资料

第五卷　家庭

5-1　全省不同规模的家庭户类别

单位：户

家庭户规模	家庭户户　数	一代户	二代户	三代户	四代户	五代及以上户
总　计	**22878336**	**10404799**	**8752996**	**3563064**	**157377**	**100**
一人户	5796689	5796689				
二人户	6332392	4235335	2097057			
三人户	4767652	212327	4185571	369754		
四人户	3308914	77029	2065666	1155894	10325	
五人户	1570332	36185	331938	1160285	41915	9
六人户	744743	15378	52312	626834	50196	23
七人户	224425	8247	12249	168042	35852	35
八人户	72339	6046	4162	49233	12881	17
九人户	28622	3586	1675	19522	3829	10
十人及以上户	32228	13977	2366	13500	2379	6

5-1a　全省不同规模的家庭户类别(城市)

单位：户

家庭户规模	家庭户户　数	一代户	二代户	三代户	四代户	五代及以上户
总　计	**6185217**	**2944039**	**2428713**	**792034**	**20418**	**13**
一人户	1641080	1641080				
二人户	1683988	1160786	523202			
三人户	1356710	70799	1213742	72169		
四人户	888923	31334	600657	255950	982	
五人户	377003	18346	74030	279795	4831	1
六人户	166881	7716	11470	140816	6877	2
七人户	40877	3846	3111	28785	5130	5
八人户	13728	2588	1174	8295	1670	1
九人户	6294	1592	547	3630	523	2
十人及以上户	9733	5952	780	2594	405	2

5-1b 全省不同规模的家庭户类别(镇)

单位：户

家庭户规模	家庭户户数	一代户	二代户	三代户	四代户	五代及以上户
总　计	**6630584**	**2954722**	**2589779**	**1040621**	**45436**	**26**
一人户	1691967	1691967				
二人户	1758765	1168202	590563			
三人户	1348302	45256	1203849	99197		
四人户	1001349	18250	660346	320181	2572	
五人户	476281	12144	110364	342502	11270	1
六人户	233529	5658	17162	196399	14304	6
七人户	72988	3243	4261	54422	11053	9
八人户	24474	2578	1589	16201	4100	6
九人户	10004	1472	648	6634	1247	3
十人及以上户	12925	5952	997	5085	890	1

5-1c 全省不同规模的家庭户类别(乡村)

单位：户

家庭户规模	家庭户户数	一代户	二代户	三代户	四代户	五代及以上户
总　计	**10062535**	**4506038**	**3734504**	**1730409**	**91523**	**61**
一人户	2463642	2463642				
二人户	2889639	1906347	983292			
三人户	2062640	96272	1767980	198388		
四人户	1418642	27445	804663	579763	6771	
五人户	717048	5695	147544	537988	25814	7
六人户	344333	2004	23680	289619	29015	15
七人户	110560	1158	4877	84835	19669	21
八人户	34137	880	1399	24737	7111	10
九人户	12324	522	480	9258	2059	5
十人及以上户	9570	2073	589	5821	1084	3

5-2　各地区分年龄、性别的一人户

单位：户

地　区	合　计			14岁以下		
	合计	男	女	小计	男	女
全　省	**5796689**	**3047532**	**2749157**	**400873**	**224480**	**176393**
长沙市	829808	433467	396341	34816	18871	15945
株洲市	283797	148260	135537	16807	9125	7682
湘潭市	237268	120539	116729	11711	6569	5142
衡阳市	617370	325606	291764	56861	32017	24844
邵阳市	555005	290384	264621	45942	26338	19604
岳阳市	378898	198936	179962	26400	14916	11484
常德市	488912	252443	236469	22815	12099	10716
张家界市	130068	69248	60820	8688	4732	3956
益阳市	375334	199284	176050	25453	13931	11522
郴州市	427614	219965	207649	33323	19043	14280
永州市	454610	247341	207269	40407	23116	17291
怀化市	446638	241262	205376	31151	17479	13672
娄底市	362974	186291	176683	30354	17212	13142
湘西州	208393	114506	93887	16145	9032	7113

5-2　续表 1

单位：户

地　区	15-19岁			20-24岁		
	小计	男	女	小计	男	女
全　省	**145462**	**86499**	**58963**	**260498**	**144002**	**116496**
长沙市	15494	8430	7064	64375	31828	32547
株洲市	4866	2726	2140	11049	6064	4985
湘潭市	3560	2095	1465	8922	5141	3781
衡阳市	20706	12498	8208	28135	16725	11410
邵阳市	19604	12403	7201	24221	14513	9708
岳阳市	8326	4960	3366	12393	7180	5213
常德市	6545	3638	2907	15288	8137	7151
张家界市	2994	1626	1368	4800	2509	2291
益阳市	7527	4235	3292	12526	7067	5459
郴州市	13453	8080	5373	17701	9975	7726
永州市	14100	8924	5176	16777	9953	6824
怀化市	11884	7093	4791	18484	10216	8268
娄底市	10145	6107	4038	15434	8991	6443
湘西州	6258	3684	2574	10393	5703	4690

5-2 续表 2

单位：户

地区	25-29岁			30-34岁			35-39岁		
	小计	男	女	小计	男	女	小计	男	女
全省	**330229**	**186702**	**143527**	**444992**	**253524**	**191468**	**327601**	**180796**	**146805**
长沙市	89017	47901	41116	109384	60676	48708	67283	37048	30235
株洲市	14741	8561	6180	23711	14174	9537	16396	9154	7242
湘潭市	10770	6387	4383	16456	9690	6766	12721	7002	5719
衡阳市	30294	17655	12639	40583	23088	17495	32853	17443	15410
邵阳市	25092	15036	10056	34939	20714	14225	27420	15650	11770
岳阳市	18292	10615	7677	23698	13110	10588	17934	9441	8493
常德市	22662	12172	10490	28820	15218	13602	20924	10362	10562
张家界市	6693	3625	3068	9119	4970	4149	6900	3665	3235
益阳市	16565	9491	7074	25013	14598	10415	16676	9174	7502
郴州市	19733	11558	8175	31308	18549	12759	24871	14478	10393
永州市	21284	12570	8714	29308	16895	12413	27021	15280	11741
怀化市	22945	12767	10178	32310	18555	13755	24695	14100	10595
娄底市	17502	10463	7039	23443	13974	9469	18497	10572	7925
湘西州	14639	7901	6738	16900	9313	7587	13410	7427	5983

5-2 续表 3

单位：户

地区	40-44岁			45-49岁			50-54岁		
	小计	男	女	小计	男	女	小计	男	女
全省	**333085**	**180273**	**152812**	**494656**	**279167**	**215489**	**571486**	**326407**	**245079**
长沙市	55172	29067	26105	66501	36061	30440	69490	39114	30376
株洲市	16645	8867	7778	24586	13411	11175	30281	17125	13156
湘潭市	13068	6666	6402	18397	9711	8686	25268	13451	11817
衡阳市	32121	16818	15303	50419	28723	21696	57699	33624	24075
邵阳市	27707	15747	11960	41494	24289	17205	50425	29121	21304
岳阳市	21158	11073	10085	34298	18813	15485	40938	22850	18088
常德市	29308	14646	14662	50171	26884	23287	59284	33229	26055
张家界市	7928	4307	3621	12295	7137	5158	13961	8296	5665
益阳市	19679	10647	9032	33091	18466	14625	42774	24478	18296
郴州市	24184	13919	10265	34712	20288	14424	39232	22277	16955
永州市	26054	14573	11481	37314	21886	15428	41229	24361	16868
怀化市	25506	14599	10907	42399	24921	17478	47554	28005	19549
娄底市	20302	11456	8846	28579	16450	12129	33489	18722	14767
湘西州	14253	7888	6365	20400	12127	8273	19862	11754	8108

5-2　续表 4　　　　单位：户

地　区	55-59岁			60-64岁			65岁及以上		
	小计	男	女	小计	男	女	小计	男	女
全　省	**496208**	**281981**	**214227**	**370990**	**211962**	**159028**	**1620609**	**691739**	**928870**
长沙市	61116	33701	27415	42606	23373	19233	154554	67397	87157
株洲市	25955	14762	11193	19690	11066	8624	79070	33225	45845
湘潭市	23620	12483	11137	16157	8890	7267	76618	32454	44164
衡阳市	50575	29045	21530	42371	24382	17989	174753	73588	101165
邵阳市	44841	25473	19368	35373	20531	14842	177947	70569	107378
岳阳市	34716	19791	14925	26378	15033	11345	114367	51154	63213
常德市	52362	30190	22172	33945	19738	14207	146788	66130	80658
张家界市	11730	7015	4715	7226	4535	2691	37734	16831	20903
益阳市	37473	21224	16249	26245	15381	10864	112312	50592	61720
郴州市	35855	19951	15904	30704	16079	14625	122538	45768	76770
永州市	35490	21062	14428	30034	18110	11924	135592	60611	74981
怀化市	38685	22806	15879	28145	17055	11090	122880	53666	69214
娄底市	28006	15128	12878	21954	11766	10188	115269	45450	69819
湘西州	15784	9350	6434	10162	6023	4139	50187	24304	25883

5-2a　各地区分年龄、性别的一人户(城市)

单位：户

地　区	合　　计			14岁以下		
	合计	男	女	小计	男	女
全　省	**1641080**	**806568**	**834512**	**72833**	**39584**	**33249**
长沙市	565500	283196	282304	21121	11277	9844
株洲市	128560	64763	63797	4185	2275	1910
湘潭市	83776	38402	45374	2530	1337	1193
衡阳市	143654	70935	72719	9020	4908	4112
邵阳市	113650	54787	58863	7816	4398	3418
岳阳市	106510	52902	53608	5286	2938	2348
常德市	95176	45035	50141	3278	1728	1550
张家界市	25024	12153	12871	1500	799	701
益阳市	75887	36217	39670	3037	1669	1368
郴州市	80356	38967	41389	3063	1658	1405
永州市	57455	29373	28082	3772	2152	1620
怀化市	58077	28229	29848	2482	1342	1140
娄底市	76303	36512	39791	4100	2232	1868
湘西州	31152	15097	16055	1643	871	772

5-2a　续表 1　　　　单位：户

地　区	15-19岁			20-24岁		
	小计	男	女	小计	男	女
全　省	**32229**	**17550**	**14679**	**100552**	**50395**	**50157**
长沙市	10910	5788	5122	52825	25233	27592
株洲市	1829	936	893	6103	3276	2827
湘潭市	1214	665	549	3515	1879	1636
衡阳市	3086	1791	1295	5852	3363	2489
邵阳市	3263	1880	1383	5084	2679	2405
岳阳市	1847	1081	766	3969	2152	1817
常德市	1203	616	587	3942	1905	2037
张家界市	597	307	290	1504	690	814
益阳市	1404	696	708	2639	1402	1237
郴州市	1801	931	870	4312	2152	2160
永州市	1171	703	468	1745	981	764
怀化市	1310	711	599	3175	1585	1590
娄底市	2048	1137	911	4170	2280	1890
湘西州	546	308	238	1717	818	899

5-2a　续表 2　　　　单位：户

地　区	25-29岁			30-34岁			35-39岁		
	小计	男	女	小计	男	女	小计	男	女
全　省	**145624**	**77972**	**67652**	**189168**	**102508**	**86660**	**129959**	**67255**	**62704**
长沙市	74495	39278	35217	85742	46744	38998	50943	27514	23429
株洲市	9624	5597	4027	14525	8724	5801	9658	5369	4289
湘潭市	4515	2522	1993	6572	3645	2927	5199	2676	2523
衡阳市	8078	4529	3549	12254	6643	5611	10286	5027	5259
邵阳市	6941	3698	3243	10596	5491	5105	8537	4090	4447
岳阳市	7151	4076	3075	9240	5101	4139	7217	3604	3613
常德市	7137	3598	3539	9289	4805	4484	6408	3066	3342
张家界市	2390	1187	1203	3311	1605	1706	2264	1038	1226
益阳市	4081	2134	1947	6617	3458	3159	4669	2347	2322
郴州市	5814	3236	2578	8733	4722	4011	6731	3474	3257
永州市	3064	1718	1346	5067	2791	2276	4950	2629	2321
怀化市	4402	2250	2152	6174	3216	2958	4456	2255	2201
娄底市	5023	2732	2291	7150	3685	3465	5869	2833	3036
湘西州	2909	1417	1492	3898	1878	2020	2772	1333	1439

5-2a　续表 3　　单位：户

地　区	40-44岁			45-49岁			50-54岁		
	小计	男	女	小计	男	女	小计	男	女
全　省	**119423**	**58976**	**60447**	**157178**	**78185**	**78993**	**160902**	**82025**	**78877**
长沙市	40305	20583	19722	46002	23608	22394	43672	22781	20891
株洲市	8930	4486	4444	12528	6305	6223	14115	7354	6761
湘潭市	5737	2612	3125	7747	3593	4154	9477	4529	4948
衡阳市	9850	4893	4957	13287	6612	6675	14744	7578	7166
邵阳市	8200	4020	4180	11083	5579	5504	11192	5711	5481
岳阳市	7976	3802	4174	12340	6103	6237	12770	6615	6155
常德市	7375	3406	3969	10724	5078	5646	10723	5287	5436
张家界市	2145	1020	1125	2644	1318	1326	2510	1258	1252
益阳市	5244	2488	2756	7716	3705	4011	9012	4396	4616
郴州市	5848	2958	2890	7860	3935	3925	8302	4134	4168
永州市	4929	2446	2483	6960	3499	3461	6701	3521	3180
怀化市	4047	1972	2075	6459	3079	3380	6517	3216	3301
娄底市	6102	2969	3133	8425	4063	4362	8174	4101	4073
湘西州	2735	1321	1414	3403	1708	1695	2993	1544	1449

5-2a　续表 4　　单位：户

地　区	55-59岁			60-64岁			65岁及以上		
	小计	男	女	小计	男	女	小计	男	女
全　省	**138689**	**71266**	**67423**	**89609**	**44875**	**44734**	**304914**	**115977**	**188937**
长沙市	37934	19249	18685	24928	12160	12768	76623	28981	47642
株洲市	11942	6311	5631	7461	3806	3655	27660	10324	17336
湘潭市	9043	4374	4669	5840	2799	3041	22387	7771	14616
衡阳市	13966	7350	6616	10614	5532	5082	32617	12709	19908
邵阳市	9552	4883	4669	6167	3135	3032	25219	9223	15996
岳阳市	10081	5316	4765	6285	3226	3059	22348	8888	13460
常德市	9618	4937	4681	5814	2969	2845	19665	7640	12025
张家界市	1904	995	909	918	500	418	3337	1436	1901
益阳市	8031	3999	4032	5408	2739	2669	18029	7184	10845
郴州市	7375	3818	3557	4943	2429	2514	15574	5520	10054
永州市	5200	2849	2351	3141	1668	1473	10755	4416	6339
怀化市	5280	2700	2580	3139	1568	1571	10636	4335	6301
娄底市	6260	3229	3031	3628	1705	1923	15354	5546	9808
湘西州	2503	1256	1247	1323	639	684	4710	2004	2706

5-2b 各地区分年龄、性别的一人户(镇)

单位：户

地　区	合　计			14岁以下		
	合计	男	女	小计	男	女
全　省	**1691967**	**878603**	**813364**	**108919**	**60713**	**48206**
长沙市	137182	77333	59849	5916	3313	2603
株洲市	70359	36532	33827	4851	2619	2232
湘潭市	62600	33056	29544	3122	1781	1341
衡阳市	187661	99529	88132	15973	8987	6986
邵阳市	167614	86213	81401	12607	7182	5425
岳阳市	124272	64298	59974	7992	4532	3460
常德市	195913	98601	97312	9022	4768	4254
张家界市	34089	16828	17261	2100	1121	979
益阳市	129869	65811	64058	7996	4300	3696
郴州市	136211	69230	66981	9513	5439	4074
永州市	142633	74929	67704	9962	5672	4290
怀化市	149258	76716	72542	8560	4685	3875
娄底市	76342	38885	37457	5665	3206	2459
湘西州	77964	40642	37322	5640	3108	2532

5-2b 续表 1

单位：户

地　区	15-19岁			20-24岁		
	小计	男	女	小计	男	女
全　省	**40382**	**23805**	**16577**	**68516**	**37670**	**30846**
长沙市	2528	1437	1091	8240	4624	3616
株洲市	1312	750	562	2325	1208	1117
湘潭市	1062	633	429	2744	1592	1152
衡阳市	6089	3569	2520	8825	4991	3834
邵阳市	5256	3327	1929	6916	4105	2811
岳阳市	3104	1776	1328	3796	2134	1662
常德市	2762	1547	1215	6607	3422	3185
张家界市	887	464	423	1074	540	534
益阳市	2311	1286	1025	4588	2441	2147
郴州市	3872	2303	1569	5398	2931	2467
永州市	3529	2226	1303	5089	2884	2205
怀化市	3365	1932	1433	5994	3128	2866
娄底市	2184	1292	892	3380	1804	1576
湘西州	2121	1263	858	3540	1866	1674

5-2b　续表 2　　单位：户

地　区	25-29岁			30-34岁			35-39岁		
	小计	男	女	小计	男	女	小计	男	女
全　省	**89430**	**49636**	**39794**	**128149**	**70662**	**57487**	**103493**	**54193**	**49300**
长沙市	11630	6941	4689	17890	10545	7345	12124	6960	5164
株洲市	2542	1386	1156	4571	2615	1956	3616	1868	1748
湘潭市	3758	2241	1517	6072	3498	2574	4777	2576	2201
衡阳市	9838	5511	4327	13560	7486	6074	11735	6029	5706
邵阳市	7258	4266	2992	10528	5942	4586	8686	4673	4013
岳阳市	5682	3178	2504	7672	4092	3580	5914	3033	2881
常德市	9206	4776	4430	12014	6061	5953	9422	4431	4991
张家界市	1702	862	840	2140	1117	1023	1756	832	924
益阳市	6232	3428	2804	9157	4998	4159	6413	3282	3131
郴州市	6193	3446	2747	9925	5613	4312	8708	4798	3910
永州市	7588	4289	3299	10675	5861	4814	10340	5341	4999
怀化市	8289	4359	3930	11842	6395	5447	9742	5116	4626
娄底市	4063	2175	1888	5759	3120	2639	4784	2490	2294
湘西州	5449	2778	2671	6344	3319	3025	5476	2764	2712

5-2b　续表 3　　单位：户

地　区	40-44岁			45-49岁			50-54岁		
	小计	男	女	小计	男	女	小计	男	女
全　省	**113832**	**57717**	**56115**	**162625**	**86533**	**76092**	**176038**	**96600**	**79438**
长沙市	9770	5403	4367	11289	6462	4827	12000	7199	4801
株洲市	4375	2231	2144	6250	3360	2890	7396	4225	3171
湘潭市	4453	2276	2177	5536	3003	2533	6539	3520	3019
衡阳市	12322	6147	6175	18168	9794	8374	18098	10222	7876
邵阳市	9324	4904	4420	13384	7328	6056	15779	8681	7098
岳阳市	7324	3748	3576	11563	6237	5326	13425	7312	6113
常德市	14038	6516	7522	22087	11037	11050	24088	12765	11323
张家界市	2282	1068	1214	3642	1851	1791	3940	2086	1854
益阳市	7813	3834	3979	12349	6253	6096	15444	8237	7207
郴州市	9249	4987	4262	12503	6933	5570	12877	7188	5689
永州市	10278	5246	5032	13788	7365	6423	13728	7478	6250
怀化市	10545	5299	5246	16480	8564	7916	17125	9238	7887
娄底市	5834	2981	2853	7099	3847	3252	7584	4187	3397
湘西州	6225	3077	3148	8487	4499	3988	8015	4262	3753

5-2b 续表 4

单位：户

地 区	55-59岁			60-64岁			65岁及以上		
	小计	男	女	小计	男	女	小计	男	女
全 省	**148369**	**83151**	**65218**	**105800**	**59383**	**46417**	**446414**	**198540**	**247874**
长沙市	10025	6030	3995	7040	4253	2787	28730	14166	14564
株洲市	6433	3771	2662	5314	3059	2255	21374	9440	11934
湘潭市	5643	3033	2610	3413	1909	1504	15481	6994	8487
衡阳市	14660	8365	6295	11603	6672	4931	46790	21756	25034
邵阳市	13992	7891	6101	10745	6119	4626	53139	21795	31344
岳阳市	11615	6503	5112	8700	4826	3874	37485	16927	20558
常德市	20890	11581	9309	13253	7489	5764	52524	24208	28316
张家界市	3302	1828	1474	1787	1019	768	9477	4040	5437
益阳市	13477	7294	6183	8769	4866	3903	35320	15592	19728
郴州市	11126	6113	5013	9316	4831	4485	37531	14648	22883
永州市	11516	6488	5028	8981	5128	3853	37159	16951	20208
怀化市	13648	7590	6058	9009	4999	4010	34659	15411	19248
娄底市	6083	3345	2738	4191	2183	2008	19716	8255	11461
湘西州	5959	3319	2640	3679	2030	1649	17029	8357	8672

5-2c 各地区分年龄、性别的一人户（乡村）

单位：户

地 区	合 计			14岁以下		
	合计	男	女	小计	男	女
全 省	**2463642**	**1362361**	**1101281**	**219121**	**124183**	**94938**
长沙市	127126	72938	54188	7779	4281	3498
株洲市	84878	46965	37913	7771	4231	3540
湘潭市	90892	49081	41811	6059	3451	2608
衡阳市	286055	155142	130913	31868	18122	13746
邵阳市	273741	149384	124357	25519	14758	10761
岳阳市	148116	81736	66380	13122	7446	5676
常德市	197823	108807	89016	10515	5603	4912
张家界市	70955	40267	30688	5088	2812	2276
益阳市	169578	97256	72322	14420	7962	6458
郴州市	211047	111768	99279	20747	11946	8801
永州市	254522	143039	111483	26673	15292	11381
怀化市	239303	136317	102986	20109	11452	8657
娄底市	210329	110894	99435	20589	11774	8815
湘西州	99277	58767	40510	8862	5053	3809

5-2c 续表 1

单位：户

地 区	15-19岁			20-24岁		
	小计	男	女	小计	男	女
全 省	**72851**	**45144**	**27707**	**91430**	**55937**	**35493**
长沙市	2056	1205	851	3310	1971	1339
株洲市	1725	1040	685	2621	1580	1041
湘潭市	1284	797	487	2663	1670	993
衡阳市	11531	7138	4393	13458	8371	5087
邵阳市	11085	7196	3889	12221	7729	4492
岳阳市	3375	2103	1272	4628	2894	1734
常德市	2580	1475	1105	4739	2810	1929
张家界市	1510	855	655	2222	1279	943
益阳市	3812	2253	1559	5299	3224	2075
郴州市	7780	4846	2934	7991	4892	3099
永州市	9400	5995	3405	9943	6088	3855
怀化市	7209	4450	2759	9315	5503	3812
娄底市	5913	3678	2235	7884	4907	2977
湘西州	3591	2113	1478	5136	3019	2117

5-2c 续表 2

单位：户

地 区	25-29岁			30-34岁			35-39岁		
	小计	男	女	小计	男	女	小计	男	女
全 省	**95175**	**59094**	**36081**	**127675**	**80354**	**47321**	**94149**	**59348**	**34801**
长沙市	2892	1682	1210	5752	3387	2365	4216	2574	1642
株洲市	2575	1578	997	4615	2835	1780	3122	1917	1205
湘潭市	2497	1624	873	3812	2547	1265	2745	1750	995
衡阳市	12378	7615	4763	14769	8959	5810	10832	6387	4445
邵阳市	10893	7072	3821	13815	9281	4534	10197	6887	3310
岳阳市	5459	3361	2098	6786	3917	2869	4803	2804	1999
常德市	6319	3798	2521	7517	4352	3165	5094	2865	2229
张家界市	2601	1576	1025	3668	2248	1420	2880	1795	1085
益阳市	6252	3929	2323	9239	6142	3097	5594	3545	2049
郴州市	7726	4876	2850	12650	8214	4436	9432	6206	3226
永州市	10632	6563	4069	13566	8243	5323	11731	7310	4421
怀化市	10254	6158	4096	14294	8944	5350	10497	6729	3768
娄底市	8416	5556	2860	10534	7169	3365	7844	5249	2595
湘西州	6281	3706	2575	6658	4116	2542	5162	3330	1832

5-2c 续表 3

单位：户

地 区	40-44岁			45-49岁			50-54岁		
	小计	男	女	小计	男	女	小计	男	女
全 省	**99830**	**63580**	**36250**	**174853**	**114449**	**60404**	**234546**	**147782**	**86764**
长沙市	5097	3081	2016	9210	5991	3219	13818	9134	4684
株洲市	3340	2150	1190	5808	3746	2062	8770	5546	3224
湘潭市	2878	1778	1100	5114	3115	1999	9252	5402	3850
衡阳市	9949	5778	4171	18964	12317	6647	24857	15824	9033
邵阳市	10183	6823	3360	17027	11382	5645	23454	14729	8725
岳阳市	5858	3523	2335	10395	6473	3922	14743	8923	5820
常德市	7895	4724	3171	17360	10769	6591	24473	15177	9296
张家界市	3501	2219	1282	6009	3968	2041	7511	4952	2559
益阳市	6622	4325	2297	13026	8508	4518	18318	11845	6473
郴州市	9087	5974	3113	14349	9420	4929	18053	10955	7098
永州市	10847	6881	3966	16566	11022	5544	20800	13362	7438
怀化市	10914	7328	3586	19460	13278	6182	23912	15551	8361
娄底市	8366	5506	2860	13055	8540	4515	17731	10434	7297
湘西州	5293	3490	1803	8510	5920	2590	8854	5948	2906

5-2c 续表 4

单位：户

地 区	55-59岁			60-64岁			65岁及以上		
	小计	男	女	小计	男	女	小计	男	女
全 省	**209150**	**127564**	**81586**	**175581**	**107704**	**67877**	**869281**	**377222**	**492059**
长沙市	13157	8422	4735	10638	6960	3678	49201	24250	24951
株洲市	7580	4680	2900	6915	4201	2714	30036	13461	16575
湘潭市	8934	5076	3858	6904	4182	2722	38750	17689	21061
衡阳市	21949	13330	8619	20154	12178	7976	95346	39123	56223
邵阳市	21297	12699	8598	18461	11277	7184	99589	39551	60038
岳阳市	13020	7972	5048	11393	6981	4412	54534	25339	29195
常德市	21854	13672	8182	14878	9280	5598	74599	34282	40317
张家界市	6524	4192	2332	4521	3016	1505	24920	11355	13565
益阳市	15965	9931	6034	12068	7776	4292	58963	27816	31147
郴州市	17354	10020	7334	16445	8819	7626	69433	25600	43833
永州市	18774	11725	7049	17912	11314	6598	87678	39244	48434
怀化市	19757	12516	7241	15997	10488	5509	77585	33920	43665
娄底市	15663	8554	7109	14135	7878	6257	80199	31649	48550
湘西州	7322	4775	2547	5160	3354	1806	28448	13943	14505

5-3　各地区家庭户中民族混合户户数

单位：户、%

地　区	家庭户户　数	单一民族户		二个民族户		三个民族户		四个及以上民族户	
		户数	占家庭户比重	户数	占家庭户比重	户数	占家庭户比重	户数	占家庭户比重
全　省	**22878336**	**22137332**	**96.76**	**718822**	**3.14**	**21808**	**0.10**	**374**	
长沙市	3150280	3104466	98.55	44552	1.41	1230	0.04	32	
株洲市	1287712	1280043	99.40	7546	0.59	111	0.01	12	
湘潭市	934917	930629	99.54	4208	0.45	76	0.01	4	
衡阳市	2299417	2292681	99.71	6560	0.29	156	0.01	20	
邵阳市	2288847	2224404	97.18	63070	2.76	1355	0.06	18	
岳阳市	1693071	1687307	99.66	5634	0.33	122	0.01	8	
常德市	1911345	1859340	97.28	51410	2.69	563	0.03	32	
张家界市	535811	434763	81.14	98857	18.45	2143	0.40	48	0.01
益阳市	1435841	1428921	99.52	6681	0.47	231	0.02	8	
郴州市	1635898	1621925	99.15	13871	0.85	101	0.01	1	
永州市	1813417	1758891	96.99	53442	2.95	1061	0.06	23	
怀化市	1689140	1478323	87.52	204593	12.11	6129	0.36	95	0.01
娄底市	1372199	1366580	99.59	5431	0.40	184	0.01	4	
湘西州	830441	669059	80.57	152967	18.42	8346	1.01	69	0.01

5-3a　各地区家庭户中民族混合户户数(城市)

单位：户、%

地　区	家庭户户　数	单一民族户		二个民族户		三个民族户		四个及以上民族户	
		户数	占家庭户比重	户数	占家庭户比重	户数	占家庭户比重	户数	占家庭户比重
全　省	**6185217**	**6053102**	**97.86**	**128548**	**2.08**	**3463**	**0.06**	**104**	
长沙市	2004290	1970846	98.33	32809	1.64	613	0.03	22	
株洲市	552482	548961	99.36	3474	0.63	43	0.01	4	
湘潭市	328059	326801	99.62	1241	0.38	17	0.01		
衡阳市	554605	553417	99.79	1158	0.21	28	0.01	2	
邵阳市	406212	403291	99.28	2879	0.71	39	0.01	3	
岳阳市	461470	460235	99.73	1202	0.26	29	0.01	4	
常德市	347989	339896	97.67	7887	2.27	191	0.05	15	
张家界市	108838	85169	78.25	23146	21.27	510	0.47	13	0.01
益阳市	252683	252041	99.75	634	0.25	7		1	
郴州市	321017	319224	99.44	1782	0.56	11			
永州市	201540	200762	99.61	769	0.38	7		2	
怀化市	234627	209219	89.17	24718	10.54	668	0.28	22	0.01
娄底市	310018	309021	99.68	990	0.32	7			
湘西州	101387	74219	73.20	25859	25.51	1293	1.28	16	0.02

5-3b 各地区家庭户中民族混合户户数(镇)

单位：户、%

地 区	家庭户户 数	单一民族户		二个民族户		三个民族户		四个及以上民族户	
		户数	占家庭户比重	户数	占家庭户比重	户数	占家庭户比重	户数	占家庭户比重
全 省	**6630584**	**6351014**	**95.78**	**270394**	**4.08**	**9027**	**0.14**	**149**	
长沙市	555427	550335	99.08	5013	0.90	78	0.01	1	
株洲市	340455	339139	99.61	1303	0.38	7		6	
湘潭市	236991	236096	99.62	884	0.37	8		3	
衡阳市	633281	632208	99.83	1032	0.16	24		17	
邵阳市	735239	711259	96.74	23528	3.20	450	0.06	2	
岳阳市	538967	537699	99.76	1251	0.23	15		2	
常德市	707279	682795	96.54	24310	3.44	162	0.02	12	
张家界市	147442	110225	74.76	36295	24.62	903	0.61	19	0.01
益阳市	465063	463793	99.73	1265	0.27	5			
郴州市	555568	551409	99.25	4133	0.74	25		1	
永州市	594166	572293	96.32	21557	3.63	310	0.05	6	
怀化市	531952	443818	83.43	85065	15.99	3022	0.57	47	0.01
娄底市	280218	279747	99.83	460	0.16	9		2	
湘西州	308536	240198	77.85	64298	20.84	4009	1.30	31	0.01

5-3c 各地区家庭户中民族混合户户数(乡村)

单位：户、%

地 区	家庭户户 数	单一民族户		二个民族户		三个民族户		四个及以上民族户	
		户数	占家庭户比重	户数	占家庭户比重	户数	占家庭户比重	户数	占家庭户比重
全 省	**10062535**	**9733216**	**96.73**	**319880**	**3.18**	**9318**	**0.09**	**121**	
长沙市	590563	583285	98.77	6730	1.14	539	0.09	9	
株洲市	394775	391943	99.28	2769	0.70	61	0.02	2	
湘潭市	369867	367732	99.42	2083	0.56	51	0.01	1	
衡阳市	1111531	1107056	99.60	4370	0.39	104	0.01	1	
邵阳市	1147396	1109854	96.73	36663	3.20	866	0.08	13	
岳阳市	692634	689373	99.53	3181	0.46	78	0.01	2	
常德市	856077	836649	97.73	19213	2.24	210	0.02	5	
张家界市	279531	239369	85.63	39416	14.10	730	0.26	16	0.01
益阳市	718095	713087	99.30	4782	0.67	219	0.03	7	
郴州市	759313	751292	98.94	7956	1.05	65	0.01		
永州市	1017711	985836	96.87	31116	3.06	744	0.07	15	
怀化市	922561	825286	89.46	94810	10.28	2439	0.26	26	
娄底市	781963	777812	99.47	3981	0.51	168	0.02	2	
湘西州	420518	354642	84.33	62810	14.94	3044	0.72	22	0.01

5-4 各地区有60岁及以上人口的家庭户户数

单位：户

地区	合计	有一个60岁及以上人口的户				有二个60岁及以上人口的户				有三个60岁及以上人口的户
		小计	独自居住	只与未成年人口共同居住	其他	小计	只有一对60岁及以上夫妇居住	只有一对60岁及以上夫妇与未成年人口共同居住	其他	
全省	**9008175**	**5338218**	**1991599**	**155022**	**3191597**	**3580679**	**1684536**	**182650**	**1713493**	**89278**
长沙市	1020293	610033	197160	10247	402626	399496	176417	12365	210714	10764
株洲市	527757	305524	98760	8146	198618	216507	92966	10637	112904	5726
湘潭市	407875	243718	92775	5057	145886	159742	81196	6808	71738	4415
衡阳市	933161	572129	217124	22817	332188	353490	158109	24959	170422	7542
邵阳市	937866	551240	213320	19600	318320	378357	187791	23046	167520	8269
岳阳市	670623	381764	140745	8136	232883	280341	141422	11264	127655	8518
常德市	884936	497502	180733	12585	304184	374765	156423	18464	199878	12669
张家界市	223889	128061	44960	4057	79044	93869	41411	4641	47817	1959
益阳市	594976	349342	138557	7528	203257	239864	125674	9735	104455	5770
郴州市	566085	341948	153242	10944	177762	220597	126727	10399	83471	3540
永州市	721725	435157	165626	15695	253836	278681	120154	17622	140905	7887
怀化市	671714	398817	151025	13604	234188	267566	125853	15866	125847	5331
娄底市	518022	319149	137223	8869	173057	195157	112410	9241	73506	3716
湘西州	329253	203834	60349	7737	135748	122247	37983	7603	76661	3172

5-4a 各地区有60岁及以上人口的家庭户户数(城市)

单位：户

地区	合计	有一个60岁及以上人口的户				有二个60岁及以上人口的户				有三个60岁及以上人口的户
		小计	独自居住	只与未成年人口共同居住	其他	小计	只有一对60岁及以上夫妇居住	只有一对60岁及以上夫妇与未成年人口共同居住	其他	
全省	**1844183**	**1067104**	**394523**	**19287**	**653294**	**756124**	**371479**	**23102**	**361543**	**20955**
长沙市	526810	302558	101551	4389	196618	218470	102775	5500	110195	5782
株洲市	181531	101769	35121	1387	65261	77795	37479	2032	38284	1967
湘潭市	124172	70314	28227	907	41180	52338	27771	1461	23106	1520
衡阳市	193963	115288	43231	3070	68987	76503	34182	3445	38876	2172
邵阳市	126282	75626	31386	2044	42196	49182	24640	1966	22576	1474
岳阳市	137683	75393	28633	1100	45660	60185	31909	1651	26625	2105
常德市	120522	67830	25479	1000	41351	50602	23827	1255	25520	2090
张家界市	26741	15758	4255	328	11175	10723	4388	274	6061	260
益阳市	84201	49625	23437	680	25508	33816	19922	950	12944	760
郴州市	92946	55263	20517	1135	33611	36976	19251	1514	16211	707
永州市	56129	34795	13896	999	19900	20546	9325	694	10527	788
怀化市	64770	38155	13775	813	23567	26076	13327	915	11834	539
娄底市	81952	47683	18982	1086	27615	33616	18677	1207	13732	653
湘西州	26481	17047	6033	349	10665	9296	4006	238	5052	138

5-4b 各地区有60岁及以上人口的家庭户户数(镇)

单位：户

地 区	合计	有一个60岁及以上人口的户				有二个60岁及以上人口的户				有三个60岁及以上人口的户
		小计	独自居住	只与未成年人口共同居住	其他	小计	只有一对60岁及以上夫妇居住	只有一对60岁及以上夫妇与未成年人口共同居住	其他	
全 省	**2419840**	**1451596**	**552214**	**43424**	**855958**	**942608**	**433423**	**46928**	**462257**	**25636**
长沙市	190905	118849	35770	2223	80856	70052	27945	2454	39653	2004
株洲市	146162	85542	26688	2608	56246	58939	23444	3385	32110	1681
湘潭市	85092	51447	18894	978	31575	32708	16263	1237	15208	937
衡阳市	224659	140282	58393	5082	76807	82579	37674	5192	39713	1798
邵阳市	282665	165499	63884	6005	95610	114521	55408	6894	52219	2645
岳阳市	205721	118400	46185	2251	69964	84815	44746	3027	37042	2506
常德市	297858	170290	65777	4109	100404	123249	52353	5895	65001	4319
张家界市	57295	32866	11264	1182	20420	23890	10166	1189	12535	539
益阳市	169557	100759	44089	2274	54396	67195	37959	2540	26696	1603
郴州市	172470	104799	46847	3047	54905	66464	35967	3149	27348	1207
永州市	212687	127407	46140	4190	77077	82354	32264	4242	45848	2926
怀化市	179764	112506	43668	4750	64088	65858	30202	4007	31649	1400
娄底市	87939	55168	23907	1516	29745	32001	17400	1408	13193	770
湘西州	107066	67782	20708	3209	43865	37983	11632	2309	24042	1301

5-4c 各地区有60岁及以上人口的家庭户户数(乡村)

单位：户

地 区	合计	有一个60岁及以上人口的户				有二个60岁及以上人口的户				有三个60岁及以上人口的户
		小计	独自居住	只与未成年人口共同居住	其他	小计	只有一对60岁及以上夫妇居住	只有一对60岁及以上夫妇与未成年人口共同居住	其他	
全 省	**4744152**	**2819518**	**1044862**	**92311**	**1682345**	**1881947**	**879634**	**112620**	**889693**	**42687**
长沙市	302578	188626	59839	3635	125152	110974	45697	4411	60866	2978
株洲市	200064	118213	36951	4151	77111	79773	32043	5220	42510	2078
湘潭市	198611	121957	45654	3172	73131	74696	37162	4110	33424	1958
衡阳市	514539	316559	115500	14665	186394	194408	86253	16322	91833	3572
邵阳市	528919	310115	118050	11551	180514	214654	107743	14186	92725	4150
岳阳市	327219	187971	65927	4785	117259	135341	64767	6586	63988	3907
常德市	466556	259382	89477	7476	162429	200914	80243	11314	109357	6260
张家界市	139853	79437	29441	2547	47449	59256	26857	3178	29221	1160
益阳市	341218	198958	71031	4574	123353	138853	67793	6245	64815	3407
郴州市	300669	181886	85878	6762	89246	117157	71509	5736	39912	1626
永州市	452909	272955	105590	10506	156859	175781	78565	12686	84530	4173
怀化市	427180	248156	93582	8041	146533	175632	82324	10944	82364	3392
娄底市	348131	216298	94334	6267	115697	129540	76333	6626	46581	2293
湘西州	195706	119005	33608	4179	81218	74968	22345	5056	47567	1733

5-5　各地区有65岁及以上老年人口的家庭户户数

单位：户

地　区	合计	有一个65岁及以上人口的户				有二个65岁及以上人口的户				有三个65岁及以上人口的户
		小计	独自居住	只与未成年人口共同居住	其他	小计	只有一对65岁及以上夫妇居住	只有一对65岁及以上夫妇与未成年人口共同居住	其他	
全　省	**7045763**	**4615934**	**1620609**	**104724**	**2890601**	**2391403**	**1193278**	**92900**	**1105225**	**38426**
长沙市	776548	512014	154554	6650	350810	260351	122741	6322	131288	4183
株洲市	406391	263797	79070	5243	179484	140406	64457	4947	71002	2188
湘潭市	328053	214296	76618	3564	134114	111682	59024	3672	48986	2075
衡阳市	715183	483404	174753	15193	293458	228557	110350	12344	105863	3222
邵阳市	740240	481956	177947	13294	290715	254909	135812	11772	107325	3375
岳阳市	520809	330164	114367	5401	210396	186680	99244	5474	81962	3965
常德市	709428	439917	146788	8532	284597	263594	113401	9423	140770	5917
张家界市	183535	115078	37734	2851	74493	67561	31488	2676	33397	896
益阳市	472574	305592	112312	5120	188160	164476	89119	4889	70468	2506
郴州市	415865	282258	122538	6967	152753	132219	82262	4605	45352	1388
永州市	558993	376529	135592	10563	230374	178951	84160	8834	85957	3513
怀化市	530747	347837	122880	9520	215437	180766	90978	8384	81404	2144
娄底市	415113	279804	115269	6162	158373	133724	81491	4889	47344	1585
湘西州	272284	183288	50187	5664	127437	87527	28751	4669	54107	1469

5-5a　各地区有65岁及以上老年人口的家庭户户数(城市)

单位：户

地　区	合计	有一个65岁及以上人口的户				有二个65岁及以上人口的户				有三个65岁及以上人口的户
		小计	独自居住	只与未成年人口共同居住	其他	小计	只有一对65岁及以上夫妇居住	只有一对65岁及以上夫妇与未成年人口共同居住	其他	
全　省	**1370198**	**873786**	**304914**	**12036**	**556836**	**487214**	**255201**	**11689**	**220324**	**9198**
长沙市	384136	242758	76623	2725	163410	139146	70476	2935	65735	2232
株洲市	136964	85600	27660	863	57077	50567	26157	995	23415	797
湘潭市	96002	59942	22387	626	36929	35413	19521	819	15073	647
衡阳市	140740	92227	32617	1870	57740	47542	22917	1725	22900	971
邵阳市	96822	63365	25219	1331	36815	32772	17366	953	14453	685
岳阳市	103010	62876	22348	667	39861	38998	21808	815	16375	1136
常德市	91264	56499	19665	609	36225	33737	16589	602	16546	1028
张家界市	20383	13087	3337	209	9541	7167	3132	159	3876	129
益阳市	63518	41102	18029	441	22632	22055	13446	431	8178	361
郴州市	65366	43194	15574	660	26960	21885	12258	727	8900	287
永州市	41680	28207	10755	651	16801	13073	6400	350	6323	400
怀化市	47767	30833	10636	499	19698	16724	9201	424	7099	210
娄底市	62217	39967	15354	657	23956	21983	13121	619	8243	267
湘西州	20329	14129	4710	228	9191	6152	2809	135	3208	48

5-5b 各地区有65岁及以上老年人口的家庭户户数(镇)

单位：户

地 区	合计	有一个65岁及以上人口的户				有二个65岁及以上人口的户				有三个65岁及以上人口的户
		小计	独自居住	只与未成年人口共同居住	其他	小计	只有一对65岁及以上夫妇居住	只有一对65岁及以上夫妇与未成年人口共同居住	其他	
全 省	**1870180**	**1240474**	**446414**	**28105**	**765955**	**618444**	**302249**	**23061**	**293134**	**11262**
长沙市	147714	101505	28730	1436	71339	45461	19370	1221	24870	748
株洲市	112021	74080	21374	1641	51065	37305	15893	1492	19920	636
湘潭市	67412	44610	15481	670	28459	22357	11574	646	10137	445
衡阳市	170092	116507	46790	3259	66458	52792	26016	2550	24226	793
邵阳市	220720	143916	53139	3921	86856	75717	39551	3421	32745	1087
岳阳市	158948	101639	37485	1443	62711	56146	31278	1423	23445	1163
常德市	235239	147709	52524	2649	92536	85520	37381	2938	45201	2010
张家界市	46620	29454	9477	797	19180	16905	7637	634	8634	261
益阳市	131948	86159	35320	1418	49421	45143	26388	1240	17515	646
郴州市	125040	85373	37531	1847	45995	39153	23244	1371	14538	514
永州市	160830	108064	37159	2660	68245	51380	22031	1995	27354	1386
怀化市	138457	94899	34659	3134	57106	43000	20996	2107	19897	558
娄底市	68679	47049	19716	1005	26328	21242	12340	730	8172	388
湘西州	86460	59510	17029	2225	40256	26323	8550	1293	16480	627

5-5c 各地区有65岁及以上老年人口的家庭户户数(乡村)

单位：户

地 区	合计	有一个65岁及以上人口的户				有二个65岁及以上人口的户				有三个65岁及以上人口的户
		小计	独自居住	只与未成年人口共同居住	其他	小计	只有一对65岁及以上夫妇居住	只有一对65岁及以上夫妇与未成年人口共同居住	其他	
全 省	**3805385**	**2501674**	**869281**	**64583**	**1567810**	**1285745**	**635828**	**58150**	**591767**	**17966**
长沙市	244698	167751	49201	2489	116061	75744	32895	2166	40683	1203
株洲市	157406	104117	30036	2739	71342	52534	22407	2460	27667	755
湘潭市	164639	109744	38750	2268	68726	53912	27929	2207	23776	983
衡阳市	404351	274670	95346	10064	169260	128223	61417	8069	58737	1458
邵阳市	422698	274675	99589	8042	167044	146420	78895	7398	60127	1603
岳阳市	258851	165649	54534	3291	107824	91536	46158	3236	42142	1666
常德市	382925	235709	74599	5274	155836	144337	59431	5883	79023	2879
张家界市	116532	72537	24920	1845	45772	43489	20719	1883	20887	506
益阳市	277108	178331	58963	3261	116107	97278	49285	3218	44775	1499
郴州市	225459	153691	69433	4460	79798	71181	46760	2507	21914	587
永州市	356483	240258	87678	7252	145328	114498	55729	6489	52280	1727
怀化市	344523	222105	77585	5887	138633	121042	60781	5853	54408	1376
娄底市	284217	192788	80199	4500	108089	90499	56030	3540	30929	930
湘西州	165495	109649	28448	3211	77990	55052	17392	3241	34419	794

5-6　各地区有80岁及以上老年人口的家庭户户数

单位：户

地　区	合计	有一个80岁及以上人口的户				有二个80岁及以上人口的户				有三个80岁及以上人口的户
		小计	独自居住	只与未成年人口共同居住	其他	小计	只有一对80岁及以上夫妇居住	只有一对80岁及以上夫妇与未成年人口共同居住	其他	
全　省	**1667782**	**1490359**	**466795**	**14140**	**1009424**	**175738**	**93627**	**1874**	**80237**	**1685**
长沙市	171636	153567	39276	752	113539	17988	9160	94	8734	81
株洲市	94630	84611	21796	659	62156	9955	4926	87	4942	64
湘潭市	75789	68010	20233	411	47366	7601	4152	56	3393	178
衡阳市	161380	146233	49659	2231	94343	15008	8112	236	6660	139
邵阳市	186948	167098	56451	1876	108771	19747	11432	272	8043	103
岳阳市	116909	103964	30767	784	72413	12707	6759	100	5848	238
常德市	166759	146066	40684	1171	104211	20361	8935	203	11223	332
张家界市	41210	36274	10585	312	25377	4922	2444	49	2429	14
益阳市	121269	107209	32815	773	73621	13942	7312	119	6511	118
郴州市	100192	90179	39680	952	49547	9908	6901	70	2937	105
永州市	135474	121655	40882	1506	79267	13654	7368	208	6078	165
怀化市	130062	115746	37149	1183	77414	14265	7895	169	6201	51
娄底市	99697	90725	33734	869	56122	8931	5817	94	3020	41
湘西州	65827	59022	13084	661	45277	6749	2414	117	4218	56

5-6a　各地区有80岁及以上老年人口的家庭户户数(城市)

单位：户

地　区	合计	有一个80岁及以上人口的户				有二个80岁及以上人口的户				有三个80岁及以上人口的户
		小计	独自居住	只与未成年人口共同居住	其他	小计	只有一对80岁及以上夫妇居住	只有一对80岁及以上夫妇与未成年人口共同居住	其他	
全　省	**303168**	**265462**	**86072**	**1252**	**178138**	**37226**	**22113**	**172**	**14941**	**480**
长沙市	83552	72159	21094	252	50813	11331	6516	46	4769	62
株洲市	32322	28082	8286	98	19698	4199	2554	9	1636	41
湘潭市	23333	20362	6762	79	13521	2930	1826	12	1092	41
衡阳市	30603	27116	9288	206	17622	3441	1972	18	1451	46
邵阳市	22238	19817	7445	167	12205	2402	1436	36	930	19
岳阳市	21638	18851	5932	72	12847	2694	1579	13	1102	93
常德市	19073	16712	5095	64	11553	2276	1191	4	1081	85
张家界市	3976	3460	776	18	2666	513	270	1	242	3
益阳市	14712	13005	5215	46	7744	1682	1061	6	615	25
郴州市	14536	12912	4764	56	8092	1605	1097	9	499	19
永州市	9707	8608	3124	84	5400	1067	604	9	454	32
怀化市	10244	9001	2994	24	5983	1235	772	1	462	8
娄底市	13109	11709	4141	61	7507	1394	977	8	409	6
湘西州	4125	3668	1156	25	2487	457	258		199	

5-6b 各地区有80岁及以上老年人口的家庭户户数(镇)

单位：户

地区	合计	有一个80岁及以上人口的户				有二个80岁及以上人口的户				有三个80岁及以上人口的户
		小计	独自居住	只与未成年人口共同居住	其他	小计	只有一对80岁及以上夫妇居住	只有一对80岁及以上夫妇与未成年人口共同居住	其他	
全省	**424403**	**381197**	**124384**	**2948**	**253865**	**42670**	**22393**	**393**	**19884**	**536**
长沙市	31440	29003	6734	165	22104	2429	990	20	1419	8
株洲市	24999	22720	5572	143	17005	2264	987	18	1259	15
湘潭市	14670	13212	3877	58	9277	1423	758	8	657	35
衡阳市	35846	32766	12532	350	19884	3040	1686	49	1305	40
邵阳市	54918	49143	16871	466	31806	5728	3304	58	2366	47
岳阳市	35210	31388	10038	185	21165	3755	2094	22	1639	67
常德市	52650	46343	14012	268	32063	6223	2791	56	3376	84
张家界市	9878	8704	2503	64	6137	1169	559	13	597	5
益阳市	32411	28694	10090	155	18449	3679	2096	24	1559	38
郴州市	29092	26187	12037	212	13938	2853	1959	13	881	52
永州市	36628	32828	10702	321	21805	3729	1895	43	1791	71
怀化市	31752	28544	9747	266	18531	3184	1763	35	1386	24
娄底市	15445	14142	5440	121	8581	1284	813	7	464	19
湘西州	19464	17523	4229	174	13120	1910	698	27	1185	31

5-6c 各地区有80岁及以上老年人口的家庭户户数(乡村)

单位：户

地区	合计	有一个80岁及以上人口的户				有二个80岁及以上人口的户				有三个80岁及以上人口的户
		小计	独自居住	只与未成年人口共同居住	其他	小计	只有一对80岁及以上夫妇居住	只有一对80岁及以上夫妇与未成年人口共同居住	其他	
全省	**940211**	**843700**	**256339**	**9940**	**577421**	**95842**	**49121**	**1309**	**45412**	**669**
长沙市	56644	52405	11448	335	40622	4228	1654	28	2546	11
株洲市	37309	33809	7938	418	25453	3492	1385	60	2047	8
湘潭市	37786	34436	9594	274	24568	3248	1568	36	1644	102
衡阳市	94931	86351	27839	1675	56837	8527	4454	169	3904	53
邵阳市	109792	98138	32135	1243	64760	11617	6692	178	4747	37
岳阳市	60061	53725	14797	527	38401	6258	3086	65	3107	78
常德市	95036	83011	21577	839	60595	11862	4953	143	6766	163
张家界市	27356	24110	7306	230	16574	3240	1615	35	1590	6
益阳市	74146	65510	17510	572	47428	8581	4155	89	4337	55
郴州市	56564	51080	22879	684	27517	5450	3845	48	1557	34
永州市	89139	80219	27056	1101	52062	8858	4869	156	3833	62
怀化市	88066	78201	24408	893	52900	9846	5360	133	4353	19
娄底市	71143	64874	24153	687	40034	6253	4027	79	2147	16
湘西州	42238	37831	7699	462	29670	4382	1458	90	2834	25

第一部分　全部数据资料

第六卷　死亡

6-1　各地区分年龄、性别的死亡人口
(2019.11.1-2020.10.31)

单位：人

地　区	死亡人口			0岁		
	合计	男	女	小计	男	女
全　省	**493692**	**286574**	**207118**	**1196**	**696**	**500**
长沙市	58797	34963	23834	150	85	65
株洲市	25543	15079	10464	72	42	30
湘潭市	23166	13630	9536	32	18	14
衡阳市	44663	26292	18371	97	53	44
邵阳市	56612	32743	23869	153	96	57
岳阳市	36394	21205	15189	79	42	37
常德市	42207	23928	18279	68	36	32
张家界市	11116	6351	4765	20	15	5
益阳市	34942	20244	14698	61	37	24
郴州市	34825	20235	14590	103	59	44
永州市	42032	24249	17783	105	59	46
怀化市	34483	19622	14861	115	76	39
娄底市	28148	16258	11890	67	36	31
湘西州	20764	11775	8989	74	42	32

6-1　续表 1

单位：人

地　区	1-4岁			5-9岁			10-14岁		
	小计	男	女	小计	男	女	小计	男	女
全　省	**1259**	**764**	**495**	**833**	**503**	**330**	**1058**	**663**	**395**
长沙市	147	96	51	73	45	28	85	52	33
株洲市	53	36	17	42	30	12	35	22	13
湘潭市	44	26	18	26	17	9	21	15	6
衡阳市	119	71	48	98	58	40	140	85	55
邵阳市	195	119	76	131	81	50	178	112	66
岳阳市	70	40	30	40	22	18	47	31	16
常德市	76	45	31	40	24	16	39	20	19
张家界市	13	8	5	18	12	6	15	11	4
益阳市	59	39	20	51	30	21	43	28	15
郴州市	118	65	53	73	41	32	124	81	43
永州市	126	81	45	77	47	30	130	73	57
怀化市	65	38	27	59	38	21	87	59	28
娄底市	96	55	41	50	27	23	59	38	21
湘西州	78	45	33	55	31	24	55	36	19

6-1 续表 2

单位：人

地 区	15-19岁			20-24岁			25-29岁		
	小计	男	女	小计	男	女	小计	男	女
全 省	**1444**	**987**	**457**	**1275**	**906**	**369**	**1869**	**1329**	**540**
长沙市	138	95	43	149	105	44	174	120	54
株洲市	59	44	15	38	29	9	84	59	25
湘潭市	33	24	9	44	35	9	77	56	21
衡阳市	198	126	72	168	122	46	193	141	52
邵阳市	216	155	61	195	147	48	200	147	53
岳阳市	85	50	35	82	60	22	136	86	50
常德市	59	41	18	62	43	19	110	73	37
张家界市	31	22	9	31	18	13	53	38	15
益阳市	72	50	22	52	41	11	113	82	31
郴州市	166	113	53	93	69	24	155	114	41
永州市	148	104	44	114	76	38	186	130	56
怀化市	84	59	25	96	55	41	135	97	38
娄底市	80	51	29	67	51	16	117	87	30
湘西州	75	53	22	84	55	29	136	99	37

6-1 续表 3

单位：人

地 区	30-34岁			35-39岁			40-44岁		
	小计	男	女	小计	男	女	小计	男	女
全 省	**3456**	**2369**	**1087**	**3941**	**2810**	**1131**	**6122**	**4325**	**1797**
长沙市	412	258	154	478	307	171	725	489	236
株洲市	175	112	63	181	137	44	318	222	96
湘潭市	138	99	39	155	119	36	242	168	74
衡阳市	355	238	117	363	260	103	508	353	155
邵阳市	368	275	93	442	312	130	635	459	176
岳阳市	213	143	70	243	159	84	410	278	132
常德市	202	131	71	194	149	45	421	309	112
张家界市	79	49	30	87	61	26	152	109	43
益阳市	189	113	76	204	137	67	407	287	120
郴州市	302	204	98	395	304	91	536	375	161
永州市	352	253	99	438	321	117	587	409	178
怀化市	253	195	58	314	219	95	457	328	129
娄底市	213	150	63	237	165	72	360	265	95
湘西州	205	149	56	210	160	50	364	274	90

6-1　续表 4

单位：人

地　区	45-49岁			50-54岁			55-59岁		
	小计	男	女	小计	男	女	小计	男	女
全　省	**12741**	**8941**	**3800**	**21569**	**14614**	**6955**	**25229**	**17466**	**7763**
长沙市	1409	956	453	2497	1707	790	3289	2347	942
株洲市	689	495	194	1198	801	397	1353	955	398
湘潭市	507	344	163	1024	683	341	1262	891	371
衡阳市	1280	913	367	2146	1466	680	2489	1702	787
邵阳市	1387	981	406	2304	1551	753	2652	1813	839
岳阳市	839	558	281	1566	1042	524	1852	1236	616
常德市	985	675	310	1735	1124	611	2012	1335	677
张家界市	298	219	79	455	300	155	585	423	162
益阳市	880	586	294	1496	1038	458	1765	1195	570
郴州市	1103	820	283	1698	1212	486	2086	1516	570
永州市	1095	807	288	1853	1272	581	2053	1410	643
怀化市	947	671	276	1463	957	506	1613	1102	511
娄底市	695	474	221	1183	790	393	1327	906	421
湘西州	627	442	185	951	671	280	891	635	256

6-1　续表 5

单位：人

地　区	60-64岁			65-69岁			70-74岁		
	小计	男	女	小计	男	女	小计	男	女
全　省	**31763**	**22037**	**9726**	**51123**	**33802**	**17321**	**60531**	**38188**	**22343**
长沙市	3866	2800	1066	6259	4368	1891	7464	4786	2678
株洲市	1807	1280	527	2863	1923	940	3029	1931	1098
湘潭市	1430	1032	398	2563	1715	848	3146	1945	1201
衡阳市	3391	2392	999	5323	3445	1878	5546	3487	2059
邵阳市	3621	2505	1116	5464	3657	1807	6587	4156	2431
岳阳市	2332	1577	755	3779	2483	1296	5001	3170	1831
常德市	2263	1563	700	4253	2777	1476	5573	3487	2086
张家界市	592	409	183	1096	698	398	1302	812	490
益阳市	2019	1423	596	3411	2270	1141	4235	2654	1581
郴州市	2652	1827	825	3681	2439	1242	3714	2336	1378
永州市	3017	2048	969	4428	2917	1511	4827	3086	1741
怀化市	2095	1381	714	3316	2118	1198	4109	2566	1543
娄底市	1703	1155	548	2825	1835	990	3504	2245	1259
湘西州	975	645	330	1862	1157	705	2494	1527	967

6-1 续表 6 单位：人

地 区	75-79岁			80-84岁			85-89岁		
	小计	男	女	小计	男	女	小计	男	女
全 省	**67870**	**40302**	**27568**	**86229**	**45894**	**40335**	**70792**	**33329**	**37463**
长沙市	7880	4877	3003	9925	5409	4516	8317	4008	4309
株洲市	3405	2050	1355	4682	2560	2122	3475	1584	1891
湘潭市	3295	2034	1261	3995	2168	1827	3130	1469	1661
衡阳市	5175	3137	2038	7330	3881	3449	6155	2943	3212
邵阳市	7531	4438	3093	9992	5354	4638	8701	4163	4538
岳阳市	5455	3276	2179	6308	3420	2888	4956	2422	2534
常德市	6378	3698	2680	7822	4162	3660	6325	2939	3386
张家界市	1677	972	705	1863	979	884	1712	791	921
益阳市	4957	2963	1994	6278	3312	2966	5257	2581	2676
郴州市	4428	2521	1907	5761	2866	2895	4821	2142	2679
永州市	5933	3476	2457	7421	3879	3542	5668	2564	3104
怀化市	4857	2810	2047	6294	3327	2967	5139	2398	2741
娄底市	4007	2402	1605	4918	2642	2276	3943	1880	2063
湘西州	2892	1648	1244	3640	1935	1705	3193	1445	1748

6-1 续表 7 单位：人

地 区	90-94岁			95-99岁			100岁及以上		
	小计	男	女	小计	男	女	小计	男	女
全 省	**33900**	**13567**	**20333**	**8354**	**2776**	**5578**	**1138**	**306**	**832**
长沙市	4084	1635	2449	1131	377	754	145	41	104
株洲市	1605	640	965	335	110	225	45	17	28
湘潭市	1583	646	937	376	115	261	43	11	32
衡阳市	2872	1180	1692	638	216	422	79	23	56
邵阳市	4362	1797	2565	1138	387	751	160	38	122
岳阳市	2296	928	1368	539	167	372	66	15	51
常德市	2780	1060	1720	728	217	511	82	20	62
张家界市	807	329	478	208	68	140	22	8	14
益阳市	2556	1085	1471	740	271	469	97	22	75
郴州市	2251	932	1319	484	176	308	81	23	58
永州市	2724	1011	1713	626	197	429	124	29	95
怀化市	2395	934	1461	519	171	348	71	23	48
娄底市	2111	805	1306	522	182	340	64	17	47
湘西州	1474	585	889	370	122	248	59	19	40

6-1a 各地区分年龄、性别的死亡人口 (2019.11.1-2020.10.31)(城市)

单位：人

地 区	死亡人口			0岁		
	合计	男	女	小计	男	女
全 省	**90784**	**54635**	**36149**	**208**	**116**	**92**
长沙市	27379	16470	10909	86	51	35
株洲市	7606	4688	2918	16	10	6
湘潭市	6947	4145	2802	5	2	3
衡阳市	8230	4976	3254	12	5	7
邵阳市	8386	5087	3299	26	13	13
岳阳市	6040	3649	2391	14	10	4
常德市	5936	3462	2474	11	6	5
张家界市	1088	626	462	4	4	
益阳市	4323	2527	1796	4	2	2
郴州市	4357	2623	1734	7	2	5
永州市	2196	1340	856	6	4	2
怀化市	3283	2004	1279	9	4	5
娄底市	3754	2276	1478	7	3	4
湘西州	1259	762	497	1		1

6-1a 续表 1

单位：人

地 区	1-4岁			5-9岁			10-14岁		
	小计	男	女	小计	男	女	小计	男	女
全 省	**200**	**113**	**87**	**116**	**70**	**46**	**132**	**83**	**49**
长沙市	70	43	27	38	22	16	34	23	11
株洲市	15	9	6	11	8	3	5	2	3
湘潭市	10	4	6	5	3	2	6	5	1
衡阳市	17	8	9	18	12	6	13	7	6
邵阳市	27	15	12	13	7	6	22	16	6
岳阳市	6	5	1	5	3	2	8	7	1
常德市	9	6	3	5	3	2	5	3	2
张家界市	5	3	2						
益阳市	5	4	1	4	3	1	6	3	3
郴州市	13	8	5	2		2	9	5	4
永州市	9	3	6	4	1	3	6	3	3
怀化市	3	1	2	4	3	1	5	4	1
娄底市	9	3	6	3	3		9	3	6
湘西州	2	1	1	4	2	2	4	2	2

6-1a 续表 2

单位：人

地 区	15-19岁			20-24岁			25-29岁		
	小计	男	女	小计	男	女	小计	男	女
全 省	**235**	**164**	**71**	**231**	**166**	**65**	**321**	**219**	**102**
长沙市	70	51	19	77	55	22	89	56	33
株洲市	12	9	3	10	9	1	14	10	4
湘潭市	9	8	1	13	10	3	26	19	7
衡阳市	28	16	12	28	21	7	45	34	11
邵阳市	35	29	6	24	15	9	32	25	7
岳阳市	19	7	12	20	16	4	28	16	12
常德市	11	8	3	11	6	5	20	12	8
张家界市	3	2	1	3	2	1	4	2	2
益阳市	11	9	2	5	4	1	11	7	4
郴州市	13	7	6	9	5	4	7	5	2
永州市	4	4		4	4		8	6	2
怀化市	7	3	4	11	6	5	14	11	3
娄底市	11	9	2	10	9	1	15	11	4
湘西州	2	2		6	4	2	8	5	3

6-1a 续表 3

单位：人

地 区	30-34岁			35-39岁			40-44岁		
	小计	男	女	小计	男	女	小计	男	女
全 省	**607**	**387**	**220**	**757**	**515**	**242**	**1304**	**901**	**403**
长沙市	198	118	80	248	163	85	363	250	113
株洲市	50	30	20	54	41	13	103	74	29
湘潭市	33	23	10	48	36	12	76	47	29
衡阳市	64	36	28	79	52	27	144	95	49
邵阳市	48	37	11	71	47	24	115	84	31
岳阳市	40	23	17	46	28	18	89	60	29
常德市	31	19	12	27	20	7	63	47	16
张家界市	8	3	5	13	5	8	27	17	10
益阳市	18	8	10	27	19	8	47	32	15
郴州市	26	20	6	38	29	9	68	43	25
永州市	25	21	4	26	19	7	40	25	15
怀化市	26	21	5	33	18	15	71	54	17
娄底市	28	19	9	34	27	7	67	48	19
湘西州	12	9	3	13	11	2	31	25	6

6-1a 续表 4

单位：人

地 区	45-49岁			50-54岁			55-59岁		
	小计	男	女	小计	男	女	小计	男	女
全 省	**2519**	**1777**	**742**	**4015**	**2771**	**1244**	**5278**	**3811**	**1467**
长沙市	686	477	209	1085	757	328	1571	1132	439
株洲市	219	155	64	319	206	113	427	313	114
湘潭市	152	105	47	321	212	109	400	291	109
衡阳市	238	184	54	429	303	126	548	408	140
邵阳市	238	170	68	395	283	112	420	288	132
岳阳市	163	107	56	313	209	104	348	246	102
常德市	171	107	64	242	157	85	333	241	92
张家界市	38	28	10	50	34	16	65	44	21
益阳市	114	78	36	182	129	53	260	184	76
郴州市	133	98	35	203	152	51	302	222	80
永州市	83	62	21	94	64	30	126	89	37
怀化市	108	79	29	145	96	49	182	127	55
娄底市	120	85	35	165	118	47	235	177	58
湘西州	56	42	14	72	51	21	61	49	12

6-1a 续表 5

单位：人

地 区	60-64岁			65-69岁			70-74岁		
	小计	男	女	小计	男	女	小计	男	女
全 省	**6240**	**4443**	**1797**	**9536**	**6501**	**3035**	**10985**	**7129**	**3856**
长沙市	1966	1432	534	2904	2065	839	3239	2103	1136
株洲市	499	343	156	825	576	249	869	559	310
湘潭市	468	353	115	762	525	237	922	561	361
衡阳市	648	470	178	962	644	318	1002	652	350
邵阳市	508	363	145	854	575	279	1040	708	332
岳阳市	415	284	131	631	410	221	756	470	286
常德市	380	252	128	636	419	217	799	518	281
张家界市	54	37	17	110	66	44	135	85	50
益阳市	285	201	84	434	297	137	493	323	170
郴州市	336	247	89	449	293	156	465	310	155
永州市	159	109	50	215	135	80	249	179	70
怀化市	211	141	70	309	211	98	396	254	142
娄底市	242	160	82	314	195	119	464	303	161
湘西州	69	51	18	131	90	41	156	104	52

6-1a 续表 6

单位：人

地 区	75-79岁			80-84岁			85-89岁		
	小计	男	女	小计	男	女	小计	男	女
全 省	**12021**	**7414**	**4607**	**15366**	**8347**	**7019**	**12826**	**6412**	**6414**
长沙市	3448	2113	1335	4565	2452	2113	4000	2011	1989
株洲市	1024	623	401	1499	898	601	1075	564	511
湘潭市	948	576	372	1283	670	613	924	465	459
衡阳市	993	605	388	1271	637	634	1049	532	517
邵阳市	1103	681	422	1394	792	602	1244	615	629
岳阳市	851	542	309	962	549	413	837	457	380
常德市	886	537	349	965	505	460	799	386	413
张家界市	132	82	50	174	86	88	158	80	78
益阳市	613	367	246	739	376	363	636	300	336
郴州市	602	374	228	758	392	366	606	266	340
永州市	310	202	108	358	209	149	302	141	161
怀化市	401	253	148	584	332	252	509	261	248
娄底市	547	368	179	623	339	284	502	259	243
湘西州	163	91	72	191	110	81	185	75	110

6-1a 续表 7

单位：人

地 区	90-94岁			95-99岁			100岁及以上		
	小计	男	女	小计	男	女	小计	男	女
全 省	**6180**	**2675**	**3505**	**1477**	**561**	**916**	**230**	**60**	**170**
长沙市	2029	868	1161	535	205	330	78	23	55
株洲市	458	209	249	84	32	52	18	8	10
湘潭市	430	197	233	100	32	68	6	1	5
衡阳市	504	212	292	122	40	82	16	3	13
邵阳市	591	261	330	162	58	104	24	5	19
岳阳市	392	168	224	86	32	54	11		11
常德市	412	167	245	104	38	66	16	5	11
张家界市	83	33	50	18	11	7	4	2	2
益阳市	340	150	190	76	28	48	13	3	10
郴州市	252	120	132	47	22	25	12	3	9
永州市	133	45	88	25	12	13	10	3	7
怀化市	208	105	103	40	18	22	7	2	5
娄底市	269	106	163	67	29	38	13	2	11
湘西州	79	34	45	11	4	7	2		2

6-1b　各地区分年龄、性别的死亡人口 (2019.11.1-2020.10.31)(镇)

单位：人

地　区	死亡人口			0岁		
	合计	男	女	小计	男	女
全　省	**137516**	**81067**	**56449**	**351**	**194**	**157**
长沙市	12168	7299	4869	28	16	12
株洲市	7319	4316	3003	26	11	15
湘潭市	5068	3076	1992	9	7	2
衡阳市	9908	5978	3930	23	12	11
邵阳市	19278	11282	7996	54	36	18
岳阳市	12508	7367	5141	29	14	15
常德市	14242	8126	6116	29	13	16
张家界市	2722	1557	1165	2		2
益阳市	10405	6198	4207	19	11	8
郴州市	10744	6398	4346	30	18	12
永州市	13045	7641	5404	40	22	18
怀化市	7782	4551	3231	30	17	13
娄底市	5090	3053	2037	11	4	7
湘西州	7237	4225	3012	21	13	8

6-1b　续表 1

单位：人

地　区	1-4岁			5-9岁			10-14岁		
	小计	男	女	小计	男	女	小计	男	女
全　省	**353**	**217**	**136**	**263**	**150**	**113**	**322**	**196**	**126**
长沙市	33	22	11	12	9	3	18	14	4
株洲市	19	14	5	15	10	5	9	6	3
湘潭市	7	5	2	7	5	2	4	4	
衡阳市	33	19	14	19	14	5	44	24	20
邵阳市	75	46	29	53	30	23	65	36	29
岳阳市	24	12	12	14	7	7	20	10	10
常德市	31	20	11	21	8	13	20	11	9
张家界市	3	2	1	5	4	1	3	3	
益阳市	13	8	5	20	9	11	9	5	4
郴州市	33	19	14	32	15	17	35	23	12
永州市	33	24	9	25	18	7	37	21	16
怀化市	18	11	7	14	7	7	29	21	8
娄底市	9	3	6	8	4	4	11	8	3
湘西州	22	12	10	18	10	8	18	10	8

6-1b 续表 2

单位：人

地区	15-19岁			20-24岁			25-29岁		
	小计	男	女	小计	男	女	小计	男	女
全省	**437**	**285**	**152**	**357**	**252**	**105**	**510**	**366**	**144**
长沙市	34	19	15	36	22	14	35	29	6
株洲市	24	17	7	11	6	5	31	20	11
湘潭市	9	3	6	12	10	2	18	14	4
衡阳市	57	40	17	45	32	13	50	37	13
邵阳市	66	42	24	62	47	15	68	52	16
岳阳市	33	20	13	28	20	8	41	25	16
常德市	16	9	7	22	16	6	35	20	15
张家界市	6	2	4	7	5	2	12	9	3
益阳市	27	19	8	17	14	3	40	27	13
郴州市	55	36	19	27	21	6	45	33	12
永州市	53	40	13	37	28	9	51	36	15
怀化市	18	11	7	19	9	10	31	23	8
娄底市	13	5	8	12	9	3	21	15	6
湘西州	26	22	4	22	13	9	32	26	6

6-1b 续表 3

单位：人

地区	30-34岁			35-39岁			40-44岁		
	小计	男	女	小计	男	女	小计	男	女
全省	**990**	**695**	**295**	**1151**	**847**	**304**	**1723**	**1245**	**478**
长沙市	93	68	25	110	73	37	156	107	49
株洲市	58	35	23	50	41	9	96	65	31
湘潭市	38	27	11	39	32	7	71	54	17
衡阳市	82	58	24	95	75	20	122	87	35
邵阳市	148	111	37	144	108	36	218	168	50
岳阳市	76	53	23	100	59	41	136	89	47
常德市	72	51	21	69	52	17	150	109	41
张家界市	21	12	9	19	15	4	29	22	7
益阳市	43	28	15	59	40	19	116	88	28
郴州市	87	59	28	123	96	27	163	110	53
永州市	106	71	35	134	100	34	173	133	40
怀化市	53	39	14	90	67	23	109	77	32
娄底市	40	27	13	42	29	13	74	55	19
湘西州	73	56	17	77	60	17	110	81	29

6-1b　续表 4　　单位：人

地　区	45-49岁			50-54岁			55-59岁		
	小计	男	女	小计	男	女	小计	男	女
全　省	**3651**	**2599**	**1052**	**6071**	**4102**	**1969**	**7032**	**4878**	**2154**
长沙市	302	208	94	562	381	181	664	477	187
株洲市	218	158	60	338	228	110	378	274	104
湘潭市	105	78	27	233	161	72	284	209	75
衡阳市	301	212	89	487	325	162	593	398	195
邵阳市	456	322	134	754	496	258	906	622	284
岳阳市	295	198	97	533	366	167	651	436	215
常德市	352	248	104	622	411	211	667	457	210
张家界市	64	48	16	103	71	32	133	99	34
益阳市	277	190	87	464	325	139	535	360	175
郴州市	371	290	81	537	366	171	635	454	181
永州市	341	245	96	601	423	178	607	410	197
怀化市	234	181	53	318	197	121	389	266	123
娄底市	128	80	48	194	125	69	255	182	73
湘西州	207	141	66	325	227	98	335	234	101

6-1b　续表 5　　单位：人

地　区	60-64岁			65-69岁			70-74岁		
	小计	男	女	小计	男	女	小计	男	女
全　省	**8809**	**6077**	**2732**	**14536**	**9675**	**4861**	**17251**	**11115**	**6136**
长沙市	757	542	215	1313	890	423	1579	1019	560
株洲市	542	389	153	860	576	284	876	564	312
湘潭市	293	191	102	611	437	174	683	416	267
衡阳市	694	476	218	1199	799	400	1239	808	431
邵阳市	1270	869	401	1853	1246	607	2231	1427	804
岳阳市	812	542	270	1271	841	430	1817	1205	612
常德市	767	543	224	1496	971	525	1893	1189	704
张家界市	147	98	49	278	187	91	359	217	142
益阳市	636	459	177	1096	730	366	1286	837	449
郴州市	797	550	247	1153	770	383	1176	772	404
永州市	933	622	311	1362	905	457	1547	993	554
怀化市	512	357	155	813	536	277	983	654	329
娄底市	269	190	79	575	368	207	660	424	236
湘西州	380	249	131	656	419	237	922	590	332

6-1b 续表 6

单位：人

地 区	75-79岁			80-84岁			85-89岁		
	小计	男	女	小计	男	女	小计	男	女
全 省	**18951**	**11408**	**7543**	**23452**	**12820**	**10632**	**19190**	**9224**	**9966**
长沙市	1691	1054	637	2051	1163	888	1664	812	852
株洲市	1008	599	409	1228	688	540	942	394	548
湘潭市	700	439	261	825	485	340	655	309	346
衡阳市	1122	695	427	1575	857	718	1361	693	668
邵阳市	2495	1475	1020	3477	1939	1538	2905	1423	1482
岳阳市	1874	1137	737	2112	1136	976	1648	824	824
常德市	2134	1238	896	2582	1370	1212	2053	960	1093
张家界市	401	231	170	405	225	180	407	180	227
益阳市	1394	855	539	1833	997	836	1536	778	758
郴州市	1388	811	577	1726	899	827	1418	677	741
永州市	1858	1130	728	2236	1183	1053	1780	829	951
怀化市	1100	642	458	1332	707	625	1071	492	579
娄底市	751	489	262	829	481	348	700	357	343
湘西州	1035	613	422	1241	690	551	1050	496	554

6-1b 续表 7

单位：人

地 区	90-94岁			95-99岁			100岁及以上		
	小计	男	女	小计	男	女	小计	男	女
全 省	**9511**	**3885**	**5626**	**2297**	**759**	**1538**	**308**	**78**	**230**
长沙市	784	299	485	227	73	154	19	2	17
株洲市	477	186	291	102	32	70	11	3	8
湘潭市	368	153	215	85	32	53	12	5	7
衡阳市	609	250	359	144	58	86	14	9	5
邵阳市	1545	649	896	378	122	256	55	16	39
岳阳市	802	318	484	172	50	122	20	5	15
常德市	933	358	575	251	65	186	27	7	20
张家界市	257	103	154	54	22	32	7	2	5
益阳市	755	337	418	202	78	124	28	3	25
郴州市	737	319	418	146	54	92	30	6	24
永州市	861	339	522	195	64	131	35	5	30
怀化市	491	191	300	114	40	74	14	6	8
娄底市	381	168	213	94	27	67	13	3	10
湘西州	511	215	296	133	42	91	23	6	17

6-1c　各地区分年龄、性别的死亡人口 (2019.11.1-2020.10.31)(乡村)

单位：人

地　区	死亡人口			0岁		
	合计	男	女	小计	男	女
全　省	**265392**	**150872**	**114520**	**637**	**386**	**251**
长沙市	19250	11194	8056	36	18	18
株洲市	10618	6075	4543	30	21	9
湘潭市	11151	6409	4742	18	9	9
衡阳市	26525	15338	11187	62	36	26
邵阳市	28948	16374	12574	73	47	26
岳阳市	17846	10189	7657	36	18	18
常德市	22029	12340	9689	28	17	11
张家界市	7306	4168	3138	14	11	3
益阳市	20214	11519	8695	38	24	14
郴州市	19724	11214	8510	66	39	27
永州市	26791	15268	11523	59	33	26
怀化市	23418	13067	10351	76	55	21
娄底市	19304	10929	8375	49	29	20
湘西州	12268	6788	5480	52	29	23

6-1c　续表 1

单位：人

地　区	1-4岁			5-9岁			10-14岁		
	小计	男	女	小计	男	女	小计	男	女
全　省	**706**	**434**	**272**	**454**	**283**	**171**	**604**	**384**	**220**
长沙市	44	31	13	23	14	9	33	15	18
株洲市	19	13	6	16	12	4	21	14	7
湘潭市	27	17	10	14	9	5	11	6	5
衡阳市	69	44	25	61	32	29	83	54	29
邵阳市	93	58	35	65	44	21	91	60	31
岳阳市	40	23	17	21	12	9	19	14	5
常德市	36	19	17	14	13	1	14	6	8
张家界市	5	3	2	13	8	5	12	8	4
益阳市	41	27	14	27	18	9	28	20	8
郴州市	72	38	34	39	26	13	80	53	27
永州市	84	54	30	48	28	20	87	49	38
怀化市	44	26	18	41	28	13	53	34	19
娄底市	78	49	29	39	20	19	39	27	12
湘西州	54	32	22	33	19	14	33	24	9

6-1c 续表 2　　　　单位：人

地　区	15-19岁			20-24岁			25-29岁		
	小计	男	女	小计	男	女	小计	男	女
全　省	**772**	**538**	**234**	**687**	**488**	**199**	**1038**	**744**	**294**
长沙市	34	25	9	36	28	8	50	35	15
株洲市	23	18	5	17	14	3	39	29	10
湘潭市	15	13	2	19	15	4	33	23	10
衡阳市	113	70	43	95	69	26	98	70	28
邵阳市	115	84	31	109	85	24	100	70	30
岳阳市	33	23	10	34	24	10	67	45	22
常德市	32	24	8	29	21	8	55	41	14
张家界市	22	18	4	21	11	10	37	27	10
益阳市	34	22	12	30	23	7	62	48	14
郴州市	98	70	28	57	43	14	103	76	27
永州市	91	60	31	73	44	29	127	88	39
怀化市	59	45	14	66	40	26	90	63	27
娄底市	56	37	19	45	33	12	81	61	20
湘西州	47	29	18	56	38	18	96	68	28

6-1c 续表 3　　　　单位：人

地　区	30-34岁			35-39岁			40-44岁		
	小计	男	女	小计	男	女	小计	男	女
全　省	**1859**	**1287**	**572**	**2033**	**1448**	**585**	**3095**	**2179**	**916**
长沙市	121	72	49	120	71	49	206	132	74
株洲市	67	47	20	77	55	22	119	83	36
湘潭市	67	49	18	68	51	17	95	67	28
衡阳市	209	144	65	189	133	56	242	171	71
邵阳市	172	127	45	227	157	70	302	207	95
岳阳市	97	67	30	97	72	25	185	129	56
常德市	99	61	38	98	77	21	208	153	55
张家界市	50	34	16	55	41	14	96	70	26
益阳市	128	77	51	118	78	40	244	167	77
郴州市	189	125	64	234	179	55	305	222	83
永州市	221	161	60	278	202	76	374	251	123
怀化市	174	135	39	191	134	57	277	197	80
娄底市	145	104	41	161	109	52	219	162	57
湘西州	120	84	36	120	89	31	223	168	55

6-1c　续表 4

单位：人

地　区	45-49岁			50-54岁			55-59岁		
	小计	男	女	小计	男	女	小计	男	女
全　省	**6571**	**4565**	**2006**	**11483**	**7741**	**3742**	**12919**	**8777**	**4142**
长沙市	421	271	150	850	569	281	1054	738	316
株洲市	252	182	70	541	367	174	548	368	180
湘潭市	250	161	89	470	310	160	578	391	187
衡阳市	741	517	224	1230	838	392	1348	896	452
邵阳市	693	489	204	1155	772	383	1326	903	423
岳阳市	381	253	128	720	467	253	853	554	299
常德市	462	320	142	871	556	315	1012	637	375
张家界市	196	143	53	302	195	107	387	280	107
益阳市	489	318	171	850	584	266	970	651	319
郴州市	599	432	167	958	694	264	1149	840	309
永州市	671	500	171	1158	785	373	1320	911	409
怀化市	605	411	194	1000	664	336	1042	709	333
娄底市	447	309	138	824	547	277	837	547	290
湘西州	364	259	105	554	393	161	495	352	143

6-1c　续表 5

单位：人

地　区	60-64岁			65-69岁			70-74岁		
	小计	男	女	小计	男	女	小计	男	女
全　省	**16714**	**11517**	**5197**	**27051**	**17626**	**9425**	**32295**	**19944**	**12351**
长沙市	1143	826	317	2042	1413	629	2646	1664	982
株洲市	766	548	218	1178	771	407	1284	808	476
湘潭市	669	488	181	1190	753	437	1541	968	573
衡阳市	2049	1446	603	3162	2002	1160	3305	2027	1278
邵阳市	1843	1273	570	2757	1836	921	3316	2021	1295
岳阳市	1105	751	354	1877	1232	645	2428	1495	933
常德市	1116	768	348	2121	1387	734	2881	1780	1101
张家界市	391	274	117	708	445	263	808	510	298
益阳市	1098	763	335	1881	1243	638	2456	1494	962
郴州市	1519	1030	489	2079	1376	703	2073	1254	819
永州市	1925	1317	608	2851	1877	974	3031	1914	1117
怀化市	1372	883	489	2194	1371	823	2730	1658	1072
娄底市	1192	805	387	1936	1272	664	2380	1518	862
湘西州	526	345	181	1075	648	427	1416	833	583

6-1c 续表 6

单位：人

地区	75-79岁			80-84岁			85-89岁		
	小计	男	女	小计	男	女	小计	男	女
全省	**36898**	**21480**	**15418**	**47411**	**24727**	**22684**	**38776**	**17693**	**21083**
长沙市	2741	1710	1031	3309	1794	1515	2653	1185	1468
株洲市	1373	828	545	1955	974	981	1458	626	832
湘潭市	1647	1019	628	1887	1013	874	1551	695	856
衡阳市	3060	1837	1223	4484	2387	2097	3745	1718	2027
邵阳市	3933	2282	1651	5121	2623	2498	4552	2125	2427
岳阳市	2730	1597	1133	3234	1735	1499	2471	1141	1330
常德市	3358	1923	1435	4275	2287	1988	3473	1593	1880
张家界市	1144	659	485	1284	668	616	1147	531	616
益阳市	2950	1741	1209	3706	1939	1767	3085	1503	1582
郴州市	2438	1336	1102	3277	1575	1702	2797	1199	1598
永州市	3765	2144	1621	4827	2487	2340	3586	1594	1992
怀化市	3356	1915	1441	4378	2288	2090	3559	1645	1914
娄底市	2709	1545	1164	3466	1822	1644	2741	1264	1477
湘西州	1694	944	750	2208	1135	1073	1958	874	1084

6-1c 续表 7

单位：人

地区	90-94岁			95-99岁			100岁及以上		
	小计	男	女	小计	男	女	小计	男	女
全省	**18209**	**7007**	**11202**	**4580**	**1456**	**3124**	**600**	**168**	**432**
长沙市	1271	468	803	369	99	270	48	16	32
株洲市	670	245	425	149	46	103	16	6	10
湘潭市	785	296	489	191	51	140	25	5	20
衡阳市	1759	718	1041	372	118	254	49	11	38
邵阳市	2226	887	1339	598	207	391	81	17	64
岳阳市	1102	442	660	281	85	196	35	10	25
常德市	1435	535	900	373	114	259	39	8	31
张家界市	467	193	274	136	35	101	11	4	7
益阳市	1461	598	863	462	165	297	56	16	40
郴州市	1262	493	769	291	100	191	39	14	25
永州市	1730	627	1103	406	121	285	79	21	58
怀化市	1696	638	1058	365	113	252	50	15	35
娄底市	1461	531	930	361	126	235	38	12	26
湘西州	884	336	548	226	76	150	34	13	21

6-2　各地区分性别、受教育程度的3岁及以上死亡人口 (2019.11.1-2020.10.31)

单位：人

地　区	3岁及以上死亡人口			未上过学		
	合计	男	女	小计	男	女
全　省	**491741**	**285433**	**206308**	**75076**	**26759**	**48317**
长沙市	58553	34812	23741	4352	1693	2659
株洲市	25444	15022	10422	2183	655	1528
湘潭市	23111	13597	9514	1341	485	856
衡阳市	44504	26205	18299	7760	2783	4977
邵阳市	56345	32577	23768	11739	4197	7542
岳阳市	36273	21139	15134	4897	1982	2915
常德市	42095	23868	18227	5060	1736	3324
张家界市	11090	6333	4757	2171	724	1447
益阳市	34850	20188	14662	5026	1925	3101
郴州市	34637	20131	14506	5709	1885	3824
永州市	41858	24147	17711	8602	3125	5477
怀化市	34323	19522	14801	6558	2167	4391
娄底市	28018	16185	11833	4135	1210	2925
湘西州	20640	11707	8933	5543	2192	3351

6-2　续表 1

单位：人

地　区	学前教育			小　学		
	小计	男	女	小计	男	女
全　省	**5751**	**2753**	**2998**	**279605**	**159608**	**119997**
长沙市	680	362	318	33213	18657	14556
株洲市	142	79	63	15062	8339	6723
湘潭市	179	78	101	14307	7862	6445
衡阳市	727	352	375	24374	14423	9951
邵阳市	683	330	353	29321	16988	12333
岳阳市	382	178	204	21306	12151	9155
常德市	765	356	409	27204	15187	12017
张家界市	91	50	41	6418	3718	2700
益阳市	462	209	253	22405	12931	9474
郴州市	318	157	161	18230	10179	8051
永州市	462	218	244	21985	12734	9251
怀化市	233	91	142	19233	10990	8243
娄底市	345	156	189	15996	9158	6838
湘西州	282	137	145	10551	6291	4260

6-2 续表 2

单位：人

地 区	初 中			高 中			大学专科		
	小计	男	女	小计	男	女	小计	男	女
全 省	**105331**	**76446**	**28885**	**20591**	**15778**	**4813**	**3844**	**2908**	**936**
长沙市	13743	9453	4290	4598	3216	1382	1289	916	373
株洲市	6049	4364	1685	1543	1205	338	330	271	59
湘潭市	5921	4153	1768	1045	774	271	212	163	49
衡阳市	9829	7242	2587	1515	1184	331	226	166	60
邵阳市	12211	9113	3098	2009	1651	358	297	235	62
岳阳市	7752	5415	2337	1697	1233	464	170	123	47
常德市	7456	5354	2102	1358	1050	308	175	127	48
张家界市	1995	1508	487	341	273	68	52	42	10
益阳市	5836	4270	1566	906	696	210	164	120	44
郴州市	8647	6494	2153	1418	1152	266	244	204	40
永州市	9231	6764	2467	1354	1128	226	185	147	38
怀化市	6953	5209	1744	1088	870	218	211	166	45
娄底市	6199	4590	1609	1147	913	234	148	121	27
湘西州	3509	2517	992	572	433	139	141	107	34

6-2 续表 3

单位：人

地 区	大学本科			硕士研究生			博士研究生		
	小计	男	女	小计	男	女	小计	男	女
全 省	**1474**	**1133**	**341**	**61**	**41**	**20**	**8**	**7**	**1**
长沙市	648	495	153	28	19	9	2	1	1
株洲市	126	102	24	8	6	2	1	1	
湘潭市	102	78	24	2	2		2	2	
衡阳市	69	52	17	4	3	1			
邵阳市	84	63	21	1		1			
岳阳市	63	53	10	5	3	2	1	1	
常德市	72	55	17	5	3	2			
张家界市	22	18	4						
益阳市	51	37	14						
郴州市	68	57	11	3	3				
永州市	38	30	8	1	1				
怀化市	45	29	16	2		2			
娄底市	48	37	11						
湘西州	38	27	11	2	1	1	2	2	

6-2a　各地区分性别、受教育程度的3岁及以上死亡人口 (2019.11.1-2020.10.31)(城市)

单位：人

地　区	3岁及以上死亡人口			未上过学		
	合计	男	女	小计	男	女
全　省	**90457**	**54456**	**36001**	**7627**	**3102**	**4525**
长沙市	27250	16390	10860	1497	629	868
株洲市	7583	4675	2908	195	54	141
湘潭市	6937	4140	2797	236	94	142
衡阳市	8211	4970	3241	628	238	390
邵阳市	8342	5065	3277	1587	697	890
岳阳市	6023	3636	2387	996	488	508
常德市	5920	3454	2466	438	141	297
张家界市	1081	621	460	269	106	163
益阳市	4317	2524	1793	406	156	250
郴州市	4340	2615	1725	370	134	236
永州市	2184	1333	851	226	86	140
怀化市	3272	1999	1273	319	135	184
娄底市	3740	2272	1468	247	64	183
湘西州	1257	762	495	213	80	133

6-2a　续表 1

单位：人

地　区	学前教育			小　学		
	小计	男	女	小计	男	女
全　省	**755**	**400**	**355**	**42048**	**22945**	**19103**
长沙市	219	121	98	12271	6628	5643
株洲市	18	14	4	3596	1889	1707
湘潭市	19	9	10	3351	1724	1627
衡阳市	73	40	33	3909	2159	1750
邵阳市	153	87	66	3645	2167	1478
岳阳市	73	39	34	2600	1469	1131
常德市	52	22	30	3023	1620	1403
张家界市	6	5	1	445	262	183
益阳市	63	21	42	2495	1387	1108
郴州市	23	10	13	1975	1029	946
永州市	10	5	5	1126	624	502
怀化市	9	5	4	1483	826	657
娄底市	20	10	10	1604	851	753
湘西州	17	12	5	525	310	215

6-2a 续表 2

单位：人

地 区	初 中			高 中			大学专科		
	小计	男	女	小计	男	女	小计	男	女
全 省	**27557**	**18858**	**8699**	**9224**	**6711**	**2513**	**2205**	**1627**	**578**
长沙市	7943	5253	2690	3594	2493	1101	1117	794	323
株洲市	2455	1706	749	993	749	244	224	179	45
湘潭市	2478	1695	783	626	443	183	150	114	36
衡阳市	2723	1867	856	715	551	164	125	88	37
邵阳市	2368	1640	728	489	397	92	64	51	13
岳阳市	1697	1169	528	543	378	165	82	64	18
常德市	1773	1201	572	515	382	133	83	59	24
张家界市	253	169	84	78	55	23	22	17	5
益阳市	1036	739	297	255	177	78	51	35	16
郴州市	1451	1029	422	406	319	87	82	68	14
永州市	643	466	177	145	124	21	31	26	5
怀化市	1092	761	331	277	207	70	74	55	19
娄底市	1285	904	381	489	367	122	72	58	14
湘西州	360	259	101	99	69	30	28	19	9

6-2a 续表 3

单位：人

地 区	大学本科			硕士研究生			博士研究生		
	小计	男	女	小计	男	女	小计	男	女
全 省	**997**	**781**	**216**	**42**	**30**	**12**	**2**	**2**	
长沙市	582	453	129	26	18	8	1	1	
株洲市	95	78	17	7	6	1			
湘潭市	77	61	16						
衡阳市	37	27	10	1		1			
邵阳市	36	26	10						
岳阳市	28	26	2	4	3	1			
常德市	34	28	6	2	1	1			
张家界市	8	7	1						
益阳市	11	9	2						
郴州市	31	24	7	2	2				
永州市	3	2	1						
怀化市	18	10	8						
娄底市	23	18	5						
湘西州	14	12	2				1	1	

6-2b 各地区分性别、受教育程度的3岁及以上死亡人口(2019.11.1-2020.10.31)(镇)

单位：人

地 区	3岁及以上死亡人口			未上过学		
	合计	男	女	小计	男	女
全 省	**136949**	**80744**	**56205**	**19152**	**7406**	**11746**
长沙市	12119	7268	4851	997	380	617
株洲市	7284	4299	2985	765	239	526
湘潭市	5056	3066	1990	328	142	186
衡阳市	9866	5956	3910	1521	565	956
邵阳市	19178	11219	7959	3710	1399	2311
岳阳市	12463	7344	5119	1474	627	847
常德市	14198	8104	6094	1651	607	1044
张家界市	2720	1557	1163	347	117	230
益阳市	10376	6180	4196	1598	745	853
郴州市	10688	6366	4322	1542	578	964
永州市	12983	7604	5379	2143	844	1299
怀化市	7742	4529	3213	1099	382	717
娄底市	5073	3046	2027	512	176	336
湘西州	7203	4206	2997	1465	605	860

6-2b 续表 1

单位：人

地 区	学前教育			小 学		
	小计	男	女	小计	男	女
全 省	**1451**	**715**	**736**	**77548**	**44153**	**33395**
长沙市	175	89	86	7942	4600	3342
株洲市	40	23	17	4411	2499	1912
湘潭市	39	12	27	3144	1790	1354
衡阳市	171	98	73	5387	3219	2168
邵阳市	161	77	84	9977	5726	4251
岳阳市	98	49	49	7422	4247	3175
常德市	253	120	133	9097	5054	4043
张家界市	17	11	6	1716	940	776
益阳市	71	31	40	6226	3568	2658
郴州市	120	67	53	5258	2913	2345
永州市	147	77	70	6256	3508	2748
怀化市	29	13	16	4083	2205	1878
娄底市	47	13	34	2834	1629	1205
湘西州	83	35	48	3795	2255	1540

6-2b 续表 2

单位：人

地 区	初 中			高 中			大学专科		
	小计	男	女	小计	男	女	小计	男	女
全 省	**31390**	**22640**	**8750**	**6023**	**4740**	**1283**	**1076**	**851**	**225**
长沙市	2475	1811	664	418	311	107	90	62	28
株洲市	1613	1160	453	353	293	60	77	65	12
湘潭市	1264	903	361	223	174	49	32	25	7
衡阳市	2322	1714	608	380	293	87	64	50	14
邵阳市	4263	3167	1096	868	696	172	170	134	36
岳阳市	2746	1890	856	632	465	167	61	43	18
常德市	2630	1888	742	477	370	107	63	46	17
张家界市	509	381	128	106	87	19	20	16	4
益阳市	2038	1483	555	352	279	73	65	54	11
郴州市	3025	2200	825	602	487	115	118	101	17
永州市	3633	2524	1109	687	557	130	94	73	21
怀化市	1993	1502	491	420	331	89	98	81	17
娄底市	1411	1012	399	228	182	46	29	24	5
湘西州	1468	1005	463	277	215	62	95	77	18

6-2b 续表 3

单位：人

地 区	大学本科			硕士研究生			博士研究生		
	小计	男	女	小计	男	女	小计	男	女
全 省	**293**	**230**	**63**	**13**	**7**	**6**	**3**	**2**	**1**
长沙市	20	15	5	1		1	1		1
株洲市	24	20	4	1		1			
湘潭市	22	16	6	2	2		2	2	
衡阳市	19	15	4	2	2				
邵阳市	29	20	9						
岳阳市	29	23	6	1		1			
常德市	25	18	7	2	1	1			
张家界市	5	5							
益阳市	26	20	6						
郴州市	22	19	3	1	1				
永州市	22	20	2	1	1				
怀化市	19	15	4	1		1			
娄底市	12	10	2						
湘西州	19	14	5	1		1			

6-2c 各地区分性别、受教育程度的3岁及以上死亡人口 (2019.11.1-2020.10.31)(乡村)

单位：人

地 区	3岁及以上死亡人口			未上过学		
	合计	男	女	小计	男	女
全 省	**264335**	**150233**	**114102**	**48297**	**16251**	**32046**
长沙市	19184	11154	8030	1858	684	1174
株洲市	10577	6048	4529	1223	362	861
湘潭市	11118	6391	4727	777	249	528
衡阳市	26427	15279	11148	5611	1980	3631
邵阳市	28825	16293	12532	6442	2101	4341
岳阳市	17787	10159	7628	2427	867	1560
常德市	21977	12310	9667	2971	988	1983
张家界市	7289	4155	3134	1555	501	1054
益阳市	20157	11484	8673	3022	1024	1998
郴州市	19609	11150	8459	3797	1173	2624
永州市	26691	15210	11481	6233	2195	4038
怀化市	23309	12994	10315	5140	1650	3490
娄底市	19205	10867	8338	3376	970	2406
湘西州	12180	6739	5441	3865	1507	2358

6-2c 续表 1

单位：人

地 区	学前教育			小 学		
	小计	男	女	小计	男	女
全 省	**3545**	**1638**	**1907**	**160009**	**92510**	**67499**
长沙市	286	152	134	13000	7429	5571
株洲市	84	42	42	7055	3951	3104
湘潭市	121	57	64	7812	4348	3464
衡阳市	483	214	269	15078	9045	6033
邵阳市	369	166	203	15699	9095	6604
岳阳市	211	90	121	11284	6435	4849
常德市	460	214	246	15084	8513	6571
张家界市	68	34	34	4257	2516	1741
益阳市	328	157	171	13684	7976	5708
郴州市	175	80	95	10997	6237	4760
永州市	305	136	169	14603	8602	6001
怀化市	195	73	122	13667	7959	5708
娄底市	278	133	145	11558	6678	4880
湘西州	182	90	92	6231	3726	2505

6-2c 续表 2

单位：人

地 区	初 中			高 中			大学专科		
	小计	男	女	小计	男	女	小计	男	女
全 省	**46384**	**34948**	**11436**	**5344**	**4327**	**1017**	**563**	**430**	**133**
长沙市	3325	2389	936	586	412	174	82	60	22
株洲市	1981	1498	483	197	163	34	29	27	2
湘潭市	2179	1555	624	196	157	39	30	24	6
衡阳市	4784	3661	1123	420	340	80	37	28	9
邵阳市	5580	4306	1274	652	558	94	63	50	13
岳阳市	3309	2356	953	522	390	132	27	16	11
常德市	3053	2265	788	366	298	68	29	22	7
张家界市	1233	958	275	157	131	26	10	9	1
益阳市	2762	2048	714	299	240	59	48	31	17
郴州市	4171	3265	906	410	346	64	44	35	9
永州市	4955	3774	1181	522	447	75	60	48	12
怀化市	3868	2946	922	391	332	59	39	30	9
娄底市	3503	2674	829	430	364	66	47	39	8
湘西州	1681	1253	428	196	149	47	18	11	7

6-2c 续表 3

单位：人

地 区	大学本科			硕士研究生			博士研究生		
	小计	男	女	小计	男	女	小计	男	女
全 省	**184**	**122**	**62**	**6**	**4**	**2**	**3**	**3**	
长沙市	46	27	19	1	1				
株洲市	7	4	3				1	1	
湘潭市	3	1	2						
衡阳市	13	10	3	1	1				
邵阳市	19	17	2	1		1			
岳阳市	6	4	2				1	1	
常德市	13	9	4	1	1				
张家界市	9	6	3						
益阳市	14	8	6						
郴州市	15	14	1						
永州市	13	8	5						
怀化市	8	4	4	1		1			
娄底市	13	9	4						
湘西州	5	1	4	1	1		1	1	

6-3 各地区分性别、婚姻状况的15岁及以上死亡人口 (2019.11.1-2020.10.31)

单位：人

地 区	15岁及以上死亡人口			未 婚		
	合计	男	女	小计	男	女
全 省	**489346**	**283948**	**205398**	**19355**	**16745**	**2610**
长沙市	58342	34685	23657	2238	1898	340
株洲市	25341	14949	10392	845	760	85
湘潭市	23043	13554	9489	968	838	130
衡阳市	44209	26025	18184	1877	1603	274
邵阳市	55955	32335	23620	2003	1721	282
岳阳市	36158	21070	15088	1251	1086	165
常德市	41984	23803	18181	1236	1064	172
张家界市	11050	6305	4745	405	359	46
益阳市	34728	20110	14618	1298	1173	125
郴州市	34407	19989	14418	1659	1408	251
永州市	41594	23989	17605	2163	1901	262
怀化市	34157	19411	14746	1225	1092	133
娄底市	27876	16102	11774	1119	992	127
湘西州	20502	11621	8881	1068	850	218

6-3 续表

单位：人

地 区	有配偶			离 婚			丧 偶		
	小计	男	女	小计	男	女	小计	男	女
全 省	**247571**	**169878**	**77693**	**8741**	**6831**	**1910**	**213679**	**90494**	**123185**
长沙市	30013	20868	9145	1124	830	294	24967	11089	13878
株洲市	13911	9883	4028	407	325	82	10178	3981	6197
湘潭市	11672	8234	3438	493	395	98	9910	4087	5823
衡阳市	23213	16137	7076	669	546	123	18450	7739	10711
邵阳市	27876	19285	8591	701	575	126	25375	10754	14621
岳阳市	18019	12058	5961	564	438	126	16324	7488	8836
常德市	21633	14555	7078	830	640	190	18285	7544	10741
张家界市	5541	3706	1835	206	166	40	4898	2074	2824
益阳市	16851	11399	5452	762	570	192	15817	6968	8849
郴州市	17159	12043	5116	716	561	155	14873	5977	8896
永州市	20031	13379	6652	556	456	100	18844	8253	10591
怀化市	17839	12010	5829	801	616	185	14292	5693	8599
娄底市	14728	10372	4356	432	354	78	11597	4384	7213
湘西州	9085	5949	3136	480	359	121	9869	4463	5406

6-3a 各地区分性别、婚姻状况的15岁及以上死亡人口(2019.11.1-2020.10.31)(城市)

单位：人

地 区	15岁及以上死亡人口			未 婚		
	合计	男	女	小计	男	女
全 省	**90128**	**54253**	**35875**	**2423**	**1870**	**553**
长沙市	27151	16331	10820	785	598	187
株洲市	7559	4659	2900	200	173	27
湘潭市	6921	4131	2790	208	162	46
衡阳市	8170	4944	3226	254	188	66
邵阳市	8298	5036	3262	155	129	26
岳阳市	6007	3624	2383	144	104	40
常德市	5906	3444	2462	115	84	31
张家界市	1079	619	460	26	20	6
益阳市	4304	2515	1789	88	74	14
郴州市	4326	2608	1718	157	111	46
永州市	2171	1329	842	55	46	9
怀化市	3262	1992	1270	68	51	17
娄底市	3726	2264	1462	86	66	20
湘西州	1248	757	491	82	64	18

6-3a 续表

单位：人

地 区	有配偶			离 婚			丧 偶		
	小计	男	女	小计	男	女	小计	男	女
全 省	**47963**	**33739**	**14224**	**2872**	**2083**	**789**	**36870**	**16561**	**20309**
长沙市	14660	10267	4393	745	525	220	10961	4941	6020
株洲市	4277	3117	1160	198	147	51	2884	1222	1662
湘潭市	3563	2532	1031	264	209	55	2886	1228	1658
衡阳市	4488	3188	1300	264	208	56	3164	1360	1804
邵阳市	4230	2985	1245	142	104	38	3771	1818	1953
岳阳市	3130	2156	974	132	97	35	2601	1267	1334
常德市	3355	2291	1064	174	127	47	2262	942	1320
张家界市	550	369	181	20	15	5	483	215	268
益阳市	1835	1246	589	307	206	101	2074	989	1085
郴州市	2240	1637	603	195	144	51	1734	716	1018
永州市	1034	754	280	64	39	25	1018	490	528
怀化市	1871	1272	599	149	95	54	1174	574	600
娄底市	2223	1565	658	102	83	19	1315	550	765
湘西州	507	360	147	116	84	32	543	249	294

6-3b　各地区分性别、婚姻状况的15岁及以上死亡人口 (2019.11.1-2020.10.31)(镇)

单位：人

地　区	15岁及以上死亡人口			未　婚		
	合计	男	女	小计	男	女
全　省	**136227**	**80310**	**55917**	**4620**	**3854**	**766**
长沙市	12077	7238	4839	480	423	57
株洲市	7250	4275	2975	229	202	27
湘潭市	5041	3055	1986	239	188	51
衡阳市	9789	5909	3880	353	295	58
邵阳市	19031	11134	7897	590	494	96
岳阳市	12421	7324	5097	408	346	62
常德市	14141	8074	6067	354	305	49
张家界市	2709	1548	1161	69	59	10
益阳市	10344	6165	4179	328	287	41
郴州市	10614	6323	4291	438	353	85
永州市	12910	7556	5354	482	392	90
怀化市	7691	4495	3196	245	204	41
娄底市	5051	3034	2017	101	82	19
湘西州	7158	4180	2978	304	224	80

6-3b　续表

单位：人

地　区	有配偶			离　婚			丧　偶		
	小计	男	女	小计	男	女	小计	男	女
全　省	**67832**	**46971**	**20861**	**2265**	**1751**	**514**	**61510**	**27734**	**33776**
长沙市	6188	4289	1899	123	97	26	5286	2429	2857
株洲市	3986	2840	1146	95	76	19	2940	1157	1783
湘潭市	2485	1797	688	97	79	18	2220	991	1229
衡阳市	5204	3662	1542	118	95	23	4114	1857	2257
邵阳市	9408	6549	2859	237	198	39	8796	3893	4903
岳阳市	6071	4066	2005	219	156	63	5723	2756	2967
常德市	7079	4830	2249	307	233	74	6401	2706	3695
张家界市	1417	947	470	35	30	5	1188	512	676
益阳市	4996	3446	1550	196	154	42	4824	2278	2546
郴州市	5336	3745	1591	209	160	49	4631	2065	2566
永州市	6179	4185	1994	156	118	38	6093	2861	3232
怀化市	4057	2846	1211	249	193	56	3140	1252	1888
娄底市	2569	1854	715	62	49	13	2319	1049	1270
湘西州	2857	1915	942	162	113	49	3835	1928	1907

6-3c 各地区分性别、婚姻状况的15岁及以上死亡人口 (2019.11.1-2020.10.31)(乡村)

单位：人

地区	15岁及以上死亡人口			未婚		
	合计	男	女	小计	男	女
全省	**262991**	**149385**	**113606**	**12312**	**11021**	**1291**
长沙市	19114	11116	7998	973	877	96
株洲市	10532	6015	4517	416	385	31
湘潭市	11081	6368	4713	521	488	33
衡阳市	26250	15172	11078	1270	1120	150
邵阳市	28626	16165	12461	1258	1098	160
岳阳市	17730	10122	7608	699	636	63
常德市	21937	12285	9652	767	675	92
张家界市	7262	4138	3124	310	280	30
益阳市	20080	11430	8650	882	812	70
郴州市	19467	11058	8409	1064	944	120
永州市	26513	15104	11409	1626	1463	163
怀化市	23204	12924	10280	912	837	75
娄底市	19099	10804	8295	932	844	88
湘西州	12096	6684	5412	682	562	120

6-3c 续表

单位：人

地区	有配偶			离婚			丧偶		
	小计	男	女	小计	男	女	小计	男	女
全省	**131776**	**89168**	**42608**	**3604**	**2997**	**607**	**115299**	**46199**	**69100**
长沙市	9165	6312	2853	256	208	48	8720	3719	5001
株洲市	5648	3926	1722	114	102	12	4354	1602	2752
湘潭市	5624	3905	1719	132	107	25	4804	1868	2936
衡阳市	13521	9287	4234	287	243	44	11172	4522	6650
邵阳市	14238	9751	4487	322	273	49	12808	5043	7765
岳阳市	8818	5836	2982	213	185	28	8000	3465	4535
常德市	11199	7434	3765	349	280	69	9622	3896	5726
张家界市	3574	2390	1184	151	121	30	3227	1347	1880
益阳市	10020	6707	3313	259	210	49	8919	3701	5218
郴州市	9583	6661	2922	312	257	55	8508	3196	5312
永州市	12818	8440	4378	336	299	37	11733	4902	6831
怀化市	11911	7892	4019	403	328	75	9978	3867	6111
娄底市	9936	6953	2983	268	222	46	7963	2785	5178
湘西州	5721	3674	2047	202	162	40	5491	2286	3205

6-4 全省分年龄、性别的死亡人口状况
(2019.11.1-2020.10.31)

单位：人、‰

年龄	平均人口			死亡人口			死亡率		
	合计	男	女	合计	男	女	合计	男	女
总计	**66425518**	**33997823**	**32427695**	**493692**	**286574**	**207118**	**7.43**	**8.43**	**6.39**
0-4岁	**3856832**	**2048230**	**1808602**	**2455**	**1460**	**995**	**0.64**	**0.71**	**0.55**
0	623814	332564	291250	1196	696	500	1.92	2.09	1.72
1	690800	366884	323916	404	243	161	0.58	0.66	0.50
2	801298	425301	375997	351	202	149	0.44	0.47	0.40
3	902286	477944	424342	289	186	103	0.32	0.39	0.24
4	838634	445537	393097	215	133	82	0.26	0.30	0.21
5-9岁	**4703890**	**2515370**	**2188520**	**833**	**503**	**330**	**0.18**	**0.20**	**0.15**
5	896600	478411	418189	195	124	71	0.22	0.26	0.17
6	899664	479844	419820	181	118	63	0.20	0.25	0.15
7	991569	529814	461755	160	93	67	0.16	0.18	0.15
8	962272	515816	446456	147	77	70	0.15	0.15	0.16
9	953785	511485	442300	150	91	59	0.16	0.18	0.13
10-14岁	**4572850**	**2451249**	**2121601**	**1058**	**663**	**395**	**0.23**	**0.27**	**0.19**
10	969656	519791	449865	173	110	63	0.18	0.21	0.14
11	958601	513040	445561	207	124	83	0.22	0.24	0.19
12	914275	488792	425483	194	122	72	0.21	0.25	0.17
13	885802	474695	411107	235	149	86	0.27	0.31	0.21
14	844516	454931	389585	249	158	91	0.29	0.35	0.23
15-19岁	**3781954**	**2050558**	**1731396**	**1444**	**987**	**457**	**0.38**	**0.48**	**0.26**
15	803710	437403	366307	269	178	91	0.33	0.41	0.25
16	761721	414894	346827	301	211	90	0.40	0.51	0.26
17	733910	399646	334264	290	198	92	0.40	0.50	0.28
18	740657	401429	339228	318	219	99	0.43	0.55	0.29
19	741956	397186	344770	266	181	85	0.36	0.46	0.25
20-24岁	**3029988**	**1585720**	**1444268**	**1275**	**906**	**369**	**0.42**	**0.57**	**0.26**
20	661907	347888	314019	243	169	74	0.37	0.49	0.24
21	636522	332573	303949	245	176	69	0.38	0.53	0.23
22	586804	307587	279217	267	195	72	0.46	0.63	0.26
23	566984	296635	270349	252	185	67	0.44	0.62	0.25
24	577771	301037	276734	268	181	87	0.46	0.60	0.31
25-29岁	**3506562**	**1807898**	**1698664**	**1869**	**1329**	**540**	**0.53**	**0.74**	**0.32**
25	540406	279556	260850	261	187	74	0.48	0.67	0.28
26	542556	280033	262523	263	190	73	0.48	0.68	0.28
27	620206	319590	300616	359	259	100	0.58	0.81	0.33
28	767663	397125	370538	429	301	128	0.56	0.76	0.35
29	1035731	531594	504137	557	392	165	0.54	0.74	0.33

6-4 续表 1

单位：人、‰

年　龄	平均人口			死亡人口			死亡率		
	合计	男	女	合计	男	女	合计	男	女
30-34岁	**5296469**	**2673557**	**2622912**	**3456**	**2369**	**1087**	**0.65**	**0.89**	**0.41**
30	1193818	604603	589215	695	463	232	0.58	0.77	0.39
31	1107595	558977	548618	696	472	224	0.63	0.84	0.41
32	1105041	556707	548334	678	477	201	0.61	0.86	0.37
33	1000338	503668	496670	717	479	238	0.72	0.95	0.48
34	889677	449602	440075	670	478	192	0.75	1.06	0.44
35-39岁	**4228200**	**2139032**	**2089168**	**3941**	**2810**	**1131**	**0.93**	**1.31**	**0.54**
35	835770	423587	412183	652	452	200	0.78	1.07	0.49
36	826271	417468	408803	696	491	205	0.84	1.18	0.50
37	919183	467266	451917	813	596	217	0.88	1.28	0.48
38	919903	465043	454860	940	668	272	1.02	1.44	0.60
39	727073	365668	361405	840	603	237	1.16	1.65	0.66
40-44岁	**4007300**	**2042342**	**1964958**	**6122**	**4325**	**1797**	**1.53**	**2.12**	**0.91**
40	808078	411396	396682	1004	696	308	1.24	1.69	0.78
41	748548	379327	369221	1067	746	321	1.43	1.97	0.87
42	734662	373601	361061	1078	773	305	1.47	2.07	0.84
43	814533	416093	398440	1371	967	404	1.68	2.32	1.01
44	901479	461925	439554	1602	1143	459	1.78	2.47	1.04
45-49岁	**5392452**	**2761622**	**2630830**	**12741**	**8941**	**3800**	**2.36**	**3.24**	**1.44**
45	990820	505840	484980	1999	1413	586	2.02	2.79	1.21
46	1086833	558483	528350	2295	1605	690	2.11	2.87	1.31
47	1113084	574079	539005	2555	1829	726	2.30	3.19	1.35
48	1056680	544737	511943	2674	1894	780	2.53	3.48	1.52
49	1145035	578483	566552	3218	2200	1018	2.81	3.80	1.80
50-54岁	**6077389**	**3040249**	**3037140**	**21569**	**14614**	**6955**	**3.55**	**4.81**	**2.29**
50	1226982	614365	612617	3696	2556	1140	3.01	4.16	1.86
51	1395467	700808	694659	4502	3058	1444	3.23	4.36	2.08
52	1151102	574098	577004	4180	2773	1407	3.63	4.83	2.44
53	1105475	550299	555176	4278	2909	1369	3.87	5.29	2.47
54	1198363	600679	597684	4913	3318	1595	4.10	5.52	2.67
55-59岁	**4789603**	**2399032**	**2390571**	**25229**	**17466**	**7763**	**5.27**	**7.28**	**3.25**
55	1221491	611891	609600	5555	3826	1729	4.55	6.25	2.84
56	1262767	631789	630978	6341	4422	1919	5.02	7.00	3.04
57	1331223	673042	658181	6966	4786	2180	5.23	7.11	3.31
58	565935	280471	285464	3576	2466	1110	6.32	8.79	3.89
59	408187	201839	206348	2791	1966	825	6.84	9.74	4.00
60-64岁	**3506046**	**1791123**	**1714923**	**31763**	**22037**	**9726**	**9.06**	**12.30**	**5.67**
60	559033	286458	272575	4178	2977	1201	7.47	10.39	4.41
61	596712	307050	289662	4957	3457	1500	8.31	11.26	5.18
62	829641	427296	402345	7197	4992	2205	8.67	11.68	5.48
63	814951	416031	398920	8021	5514	2507	9.84	13.25	6.28
64	705709	354288	351421	7410	5097	2313	10.50	14.39	6.58

6-4　续表 2　　单位：人、‰

年　龄	平均人口			死亡人口			死亡率		
	合计	男	女	合计	男	女	合计	男	女
65-69岁	**3663451**	**1826997**	**1836454**	**51123**	**33802**	**17321**	**13.95**	**18.50**	**9.43**
65	805960	405253	400707	9132	6213	2919	11.33	15.33	7.28
66	779262	389190	390072	9839	6651	3188	12.63	17.09	8.17
67	785859	393054	392805	10882	7137	3745	13.85	18.16	9.53
68	681685	338067	343618	10815	7014	3801	15.87	20.75	11.06
69	610685	301433	309252	10455	6787	3668	17.12	22.52	11.86
70-74岁	**2527106**	**1260936**	**1266170**	**60531**	**38188**	**22343**	**23.95**	**30.29**	**17.65**
70	637945	321378	316567	12307	7911	4396	19.29	24.62	13.89
71	552047	275483	276564	12191	7797	4394	22.08	28.30	15.89
72	515826	258498	257328	12420	7853	4567	24.08	30.38	17.75
73	449878	223898	225980	12409	7851	4558	27.58	35.07	20.17
74	371410	181679	189731	11204	6776	4428	30.17	37.30	23.34
75-79岁	**1590228**	**778777**	**811451**	**67870**	**40302**	**27568**	**42.68**	**51.75**	**33.97**
75	352011	173627	178384	12357	7518	4839	35.10	43.30	27.13
76	356716	175403	181313	13133	7859	5274	36.82	44.81	29.09
77	300553	147676	152877	12736	7597	5139	42.38	51.44	33.62
78	298659	145377	153282	14339	8411	5928	48.01	57.86	38.67
79	282289	136694	145595	15305	8917	6388	54.22	65.23	43.88
80-84岁	**1132054**	**516612**	**615442**	**86229**	**45894**	**40335**	**76.17**	**88.84**	**65.54**
80	250081	118299	131782	15143	8427	6716	60.55	71.23	50.96
81	255142	118562	136580	17598	9610	7988	68.97	81.05	58.49
82	240598	109635	130963	18685	9984	8701	77.66	91.07	66.44
83	213945	95308	118637	18441	9634	8807	86.20	101.08	74.23
84	172288	74808	97480	16362	8239	8123	94.97	110.14	83.33
85-89岁	**557413**	**232493**	**324920**	**70792**	**33329**	**37463**	**127.00**	**143.35**	**115.30**
85	145716	61756	83960	15509	7667	7842	106.43	124.15	93.40
86	140351	59302	81049	16305	7950	8355	116.17	134.06	103.09
87	108499	44953	63546	14794	6780	8014	136.35	150.82	126.11
88	89185	36496	52689	12596	5715	6881	141.23	156.59	130.60
89	73662	29986	43676	11588	5217	6371	157.31	173.98	145.87
90-94岁	**169826**	**64508**	**105318**	**33900**	**13567**	**20333**	**199.62**	**210.31**	**193.06**
90	53974	21359	32615	9739	4079	5660	180.44	190.97	173.54
91	42452	15981	26471	8188	3267	4921	192.88	204.43	185.90
92	35337	13320	22017	7261	2941	4320	205.48	220.80	196.21
93	22416	8329	14087	4915	1892	3023	219.26	227.16	214.60
94	15647	5519	10128	3797	1388	2409	242.67	251.49	237.86
95-99岁	**32884**	**10768**	**22116**	**8354**	**2776**	**5578**	**254.04**	**257.80**	**252.22**
95	12971	4506	8465	3232	1109	2123	249.17	246.12	250.80
96	8776	2875	5901	2229	790	1439	253.99	274.78	243.86
97	4989	1519	3470	1279	388	891	256.36	255.43	256.77
98	3516	1088	2428	968	278	690	275.31	255.51	284.18
99	2632	780	1852	646	211	435	245.44	270.51	234.88
100岁及以上	**3021**	**750**	**2271**	**1138**	**306**	**832**	**376.70**	**408.00**	**366.36**

6-4a 全省分年龄、性别的死亡人口状况 (2019.11.1-2020.10.31)(城市)

单位：人、‰

年龄	平均人口			死亡人口			死亡率		
	合计	男	女	合计	男	女	合计	男	女
总　计	**18898750**	**9466103**	**9432647**	**90784**	**54635**	**36149**	**4.80**	**5.77**	**3.83**
0-4岁	**1092368**	**578981**	**513387**	**408**	**229**	**179**	**0.37**	**0.40**	**0.35**
0	169141	89932	79209	208	116	92	1.23	1.29	1.16
1	194206	102849	91357	66	36	30	0.34	0.35	0.33
2	231352	122458	108894	53	27	26	0.23	0.22	0.24
3	267090	141602	125488	59	34	25	0.22	0.24	0.20
4	230579	122140	108439	22	16	6	0.10	0.13	0.06
5-9岁	**1199380**	**640385**	**558995**	**116**	**70**	**46**	**0.10**	**0.11**	**0.08**
5	242535	129395	113140	35	23	12	0.14	0.18	0.11
6	238365	126974	111391	18	12	6	0.08	0.09	0.05
7	256471	136844	119627	24	16	8	0.09	0.12	0.07
8	234750	125346	109404	25	12	13	0.11	0.10	0.12
9	227259	121826	105433	14	7	7	0.06	0.06	0.07
10-14岁	**1068194**	**570324**	**497870**	**132**	**83**	**49**	**0.12**	**0.15**	**0.10**
10	218171	116893	101278	23	10	13	0.11	0.09	0.13
11	216865	115860	101005	24	16	8	0.11	0.14	0.08
12	210952	112736	98216	38	27	11	0.18	0.24	0.11
13	197873	105594	92279	27	16	11	0.14	0.15	0.12
14	224333	119241	105092	20	14	6	0.09	0.12	0.06
15-19岁	**1444607**	**738916**	**705691**	**235**	**164**	**71**	**0.16**	**0.22**	**0.10**
15	254565	136197	118368	41	25	16	0.16	0.18	0.14
16	243692	129332	114360	54	41	13	0.22	0.32	0.11
17	269561	138599	130962	40	31	9	0.15	0.22	0.07
18	325052	161622	163430	55	35	20	0.17	0.22	0.12
19	351737	173166	178571	45	32	13	0.13	0.18	0.07
20-24岁	**1161529**	**577107**	**584422**	**231**	**166**	**65**	**0.20**	**0.29**	**0.11**
20	301317	148114	153203	47	34	13	0.16	0.23	0.08
21	252100	124995	127105	50	35	15	0.20	0.28	0.12
22	211400	105674	105726	49	42	7	0.23	0.40	0.07
23	198683	99580	99103	35	27	8	0.18	0.27	0.08
24	198029	98744	99285	50	28	22	0.25	0.28	0.22
25-29岁	**1179238**	**579739**	**599499**	**321**	**219**	**102**	**0.27**	**0.38**	**0.17**
25	188504	93926	94578	48	34	14	0.25	0.36	0.15
26	189329	94288	95041	47	33	14	0.25	0.35	0.15
27	210383	103514	106869	64	47	17	0.30	0.45	0.16
28	252667	124052	128615	67	43	24	0.27	0.35	0.19
29	338355	163959	174396	95	62	33	0.28	0.38	0.19

6-4a 续表 1

单位：人、‰

年 龄	平均人口			死亡人口			死亡率		
	合计	男	女	合计	男	女	合计	男	女
30-34岁	**1818670**	**877487**	**941183**	**607**	**387**	**220**	**0.33**	**0.44**	**0.23**
30	395564	189963	205601	116	70	46	0.29	0.37	0.22
31	379030	181972	197058	107	66	41	0.28	0.36	0.21
32	382220	184039	198181	117	77	40	0.31	0.42	0.20
33	350759	170131	180628	142	93	49	0.40	0.55	0.27
34	311097	151382	159715	125	81	44	0.40	0.54	0.28
35-39岁	**1454267**	**711165**	**743102**	**757**	**515**	**242**	**0.52**	**0.72**	**0.33**
35	288779	141248	147531	129	78	51	0.45	0.55	0.35
36	286707	139670	147037	115	78	37	0.40	0.56	0.25
37	319227	156430	162797	148	103	45	0.46	0.66	0.28
38	315945	154542	161403	197	138	59	0.62	0.89	0.37
39	243609	119275	124334	168	118	50	0.69	0.99	0.40
40-44岁	**1310037**	**653356**	**656681**	**1304**	**901**	**403**	**1.00**	**1.38**	**0.61**
40	271023	134506	136517	214	140	74	0.79	1.04	0.54
41	248853	123565	125288	243	169	74	0.98	1.37	0.59
42	244841	122357	122484	232	171	61	0.95	1.40	0.50
43	261694	130986	130708	307	203	104	1.17	1.55	0.80
44	283626	141942	141684	308	218	90	1.09	1.54	0.64
45-49岁	**1555688**	**784651**	**771037**	**2519**	**1777**	**742**	**1.62**	**2.26**	**0.96**
45	298229	149088	149141	401	290	111	1.34	1.95	0.74
46	317585	159970	157615	441	317	124	1.39	1.98	0.79
47	320312	162411	157901	507	354	153	1.58	2.18	0.97
48	300679	153062	147617	541	371	170	1.80	2.42	1.15
49	318883	160120	158763	629	445	184	1.97	2.78	1.16
50-54岁	**1558639**	**775379**	**783260**	**4015**	**2771**	**1244**	**2.58**	**3.57**	**1.59**
50	333925	166384	167541	718	523	195	2.15	3.14	1.16
51	366805	183492	183313	888	622	266	2.42	3.39	1.45
52	291996	144751	147245	745	505	240	2.55	3.49	1.63
53	270699	133599	137100	757	518	239	2.80	3.88	1.74
54	295214	147153	148061	907	603	304	3.07	4.10	2.05
55-59岁	**1244669**	**618194**	**626475**	**5278**	**3811**	**1467**	**4.24**	**6.16**	**2.34**
55	309915	155062	154853	1094	792	302	3.53	5.11	1.95
56	335984	167311	168673	1317	971	346	3.92	5.80	2.05
57	331097	165007	166090	1422	1000	422	4.29	6.06	2.54
58	146744	71827	74917	723	534	189	4.93	7.43	2.52
59	120929	58987	61942	722	514	208	5.97	8.71	3.36
60-64岁	**838051**	**415244**	**422807**	**6240**	**4443**	**1797**	**7.45**	**10.70**	**4.25**
60	149025	74588	74437	875	637	238	5.87	8.54	3.20
61	145013	72523	72490	996	715	281	6.87	9.86	3.88
62	196303	98032	98271	1456	1050	406	7.42	10.71	4.13
63	184352	90721	93631	1533	1083	450	8.32	11.94	4.81
64	163358	79380	83978	1380	958	422	8.45	12.07	5.03

6-4a 续表 2

单位：人、‰

年 龄	平均人口			死亡人口			死亡率		
	合计	男	女	合计	男	女	合计	男	女
65-69岁	**793858**	**385690**	**408168**	**9536**	**6501**	**3035**	**12.01**	**16.86**	**7.44**
65	180557	87961	92596	1679	1170	509	9.30	13.30	5.50
66	172677	83649	89028	1879	1323	556	10.88	15.82	6.25
67	166893	81200	85693	2028	1362	666	12.15	16.77	7.77
68	144547	70146	74401	2001	1355	646	13.84	19.32	8.68
69	129184	62734	66450	1949	1291	658	15.09	20.58	9.90
70-74岁	**501649**	**246283**	**255366**	**10985**	**7129**	**3856**	**21.90**	**28.95**	**15.10**
70	131872	64859	67013	2339	1543	796	17.74	23.79	11.88
71	110308	53295	57013	2171	1395	776	19.68	26.18	13.61
72	100791	49433	51358	2233	1445	788	22.15	29.23	15.34
73	87895	43582	44313	2251	1485	766	25.61	34.07	17.29
74	70783	35114	35669	1991	1261	730	28.13	35.91	20.47
75-79岁	**308808**	**147727**	**161081**	**12021**	**7414**	**4607**	**38.93**	**50.19**	**28.60**
75	66622	32597	34025	2230	1448	782	33.47	44.42	22.98
76	66493	31827	34666	2205	1362	843	33.16	42.79	24.32
77	59563	28326	31237	2276	1403	873	38.21	49.53	27.95
78	58727	27756	30971	2485	1502	983	42.31	54.11	31.74
79	57403	27221	30182	2825	1699	1126	49.21	62.42	37.31
80-84岁	**221787**	**101228**	**120559**	**15366**	**8347**	**7019**	**69.28**	**82.46**	**58.22**
80	51352	23847	27505	2835	1622	1213	55.21	68.02	44.10
81	50300	22818	27482	3146	1712	1434	62.54	75.03	52.18
82	45479	20867	24612	3242	1782	1460	71.29	85.40	59.32
83	41011	18693	22318	3223	1727	1496	78.59	92.39	67.03
84	33645	15003	18642	2920	1504	1416	86.79	100.25	75.96
85-89岁	**107438**	**47871**	**59567**	**12826**	**6412**	**6414**	**119.38**	**133.94**	**107.68**
85	28307	12376	15931	2791	1433	1358	98.60	115.79	85.24
86	26642	11838	14804	2930	1500	1430	109.98	126.71	96.60
87	20713	9216	11497	2655	1296	1359	128.18	140.63	118.20
88	17206	7765	9441	2382	1157	1225	138.44	149.00	129.75
89	14570	6676	7894	2068	1026	1042	141.94	153.68	132
90-94岁	**33108**	**14014**	**19094**	**6180**	**2675**	**3505**	**186.66**	**190.88**	**183.57**
90	10759	4728	6031	1777	834	943	165.16	176.40	156.36
91	8008	3313	4695	1504	635	869	187.81	191.67	185.09
92	6723	2847	3876	1274	567	707	189.50	199.16	182.40
93	4495	1880	2615	924	365	559	205.56	194.15	213.77
94	3123	1246	1877	701	274	427	224.46	219.90	227.49
95-99岁	**6229**	**2223**	**4006**	**1477**	**561**	**916**	**237.12**	**252.36**	**228.66**
95	2445	924	1521	573	228	345	234.36	246.75	226.82
96	1626	587	1039	391	149	242	240.47	253.83	232.92
97	964	330	634	233	87	146	241.70	263.64	230.28
98	663	235	428	173	60	113	260.94	255.32	264.02
99	531	147	384	107	37	70	201.51	251.70	182.29
100岁及以上	**536**	**139**	**397**	**230**	**60**	**170**	**429.10**	**431.65**	**428.21**

6-4b　全省分年龄、性别的死亡人口状况（2019.11.1-2020.10.31）（镇）

单位：人、‰

年　龄	平均人口			死亡人口			死亡率		
	合计	男	女	合计	男	女	合计	男	女
总　计	**20122991**	**10242507**	**9880484**	**137516**	**81067**	**56449**	**6.83**	**7.91**	**5.71**
0-4岁	**1185153**	**630576**	**554577**	**704**	**411**	**293**	**0.59**	**0.65**	**0.53**
0	183938	98272	85666	351	194	157	1.91	1.97	1.83
1	209107	111137	97970	110	66	44	0.53	0.59	0.45
2	248080	132282	115798	106	63	43	0.43	0.48	0.37
3	283213	150011	133202	80	56	24	0.28	0.37	0.18
4	260815	138874	121941	57	32	25	0.22	0.23	0.21
5-9岁	**1485154**	**795882**	**689272**	**263**	**150**	**113**	**0.18**	**0.19**	**0.16**
5	279312	149462	129850	59	33	26	0.21	0.22	0.20
6	283921	151620	132301	63	38	25	0.22	0.25	0.19
7	313973	168084	145889	47	28	19	0.15	0.17	0.13
8	305119	163989	141130	45	20	25	0.15	0.12	0.18
9	302829	162727	140102	49	31	18	0.16	0.19	0.13
10-14岁	**1488369**	**794990**	**693379**	**322**	**196**	**126**	**0.22**	**0.25**	**0.18**
10	308610	165876	142734	48	32	16	0.16	0.19	0.11
11	303112	162379	140733	58	33	25	0.19	0.20	0.18
12	288996	154183	134813	53	30	23	0.18	0.19	0.17
13	282374	150638	131736	84	52	32	0.30	0.35	0.24
14	305277	161914	143363	79	49	30	0.26	0.30	0.21
15-19岁	**1276871**	**706064**	**570807**	**437**	**285**	**152**	**0.34**	**0.40**	**0.27**
15	331739	178528	153211	84	52	32	0.25	0.29	0.21
16	315959	170331	145628	84	55	29	0.27	0.32	0.20
17	248247	138357	109890	92	55	37	0.37	0.40	0.34
18	199708	115116	84592	97	73	24	0.49	0.63	0.28
19	181218	103732	77486	80	50	30	0.44	0.48	0.39
20-24岁	**822292**	**434248**	**388044**	**357**	**252**	**105**	**0.43**	**0.58**	**0.27**
20	161370	88922	72448	75	49	26	0.46	0.55	0.36
21	167334	89062	78272	58	46	12	0.35	0.52	0.15
22	163273	85696	77577	80	56	24	0.49	0.65	0.31
23	162164	84175	77989	79	56	23	0.49	0.67	0.29
24	168151	86393	81758	65	45	20	0.39	0.52	0.24
25-29岁	**1049386**	**525136**	**524250**	**510**	**366**	**144**	**0.49**	**0.70**	**0.27**
25	158958	80679	78279	65	49	16	0.41	0.61	0.20
26	160601	80790	79811	59	43	16	0.37	0.53	0.20
27	184137	92390	91747	106	76	30	0.58	0.82	0.33
28	231037	115549	115488	131	93	38	0.57	0.80	0.33
29	314653	155728	158925	149	105	44	0.47	0.67	0.28

6-4b 续表 1

单位：人、‰

年 龄	平均人口			死亡人口			死亡率		
	合计	男	女	合计	男	女	合计	男	女
30-34岁	**1640132**	**801210**	**838922**	**990**	**695**	**295**	**0.60**	**0.87**	**0.35**
30	364461	177941	186520	198	138	60	0.54	0.78	0.32
31	340151	166361	173790	204	140	64	0.60	0.84	0.37
32	342499	166713	175786	185	130	55	0.54	0.78	0.31
33	312334	152107	160227	208	135	73	0.67	0.89	0.46
34	280687	138088	142599	195	152	43	0.69	1.10	0.30
35-39岁	**1352182**	**664734**	**687448**	**1151**	**847**	**304**	**0.85**	**1.27**	**0.44**
35	264200	130242	133958	190	132	58	0.72	1.01	0.43
36	261739	128795	132944	194	146	48	0.74	1.13	0.36
37	292710	144041	148669	238	180	58	0.81	1.25	0.39
38	296722	145829	150893	270	196	74	0.91	1.34	0.49
39	236811	115827	120984	259	193	66	1.09	1.67	0.55
40-44岁	**1308019**	**654451**	**653568**	**1723**	**1245**	**478**	**1.32**	**1.90**	**0.73**
40	263862	131502	132360	267	185	82	1.01	1.41	0.62
41	246979	122399	124580	272	193	79	1.10	1.58	0.63
42	239926	119666	120260	299	230	69	1.25	1.92	0.57
43	266432	134217	132215	400	289	111	1.50	2.15	0.84
44	290820	146667	144153	485	348	137	1.67	2.37	0.95
45-49岁	**1699005**	**859714**	**839291**	**3651**	**2599**	**1052**	**2.15**	**3.02**	**1.25**
45	318225	159414	158811	581	430	151	1.83	2.70	0.95
46	345685	174734	170951	667	456	211	1.93	2.61	1.23
47	350573	178436	172137	712	521	191	2.03	2.92	1.11
48	331443	169326	162117	725	523	202	2.19	3.09	1.25
49	353079	177804	175275	966	669	297	2.74	3.76	1.69
50-54岁	**1819939**	**907521**	**912418**	**6071**	**4102**	**1969**	**3.34**	**4.52**	**2.16**
50	372778	185979	186799	1045	722	323	2.80	3.88	1.73
51	419780	210296	209484	1216	825	391	2.90	3.92	1.87
52	343774	170918	172856	1175	797	378	3.42	4.66	2.19
53	327506	162525	164981	1257	825	432	3.84	5.08	2.62
54	356101	177803	178298	1378	933	445	3.87	5.25	2.50
55-59岁	**1399830**	**699154**	**700676**	**7032**	**4878**	**2154**	**5.02**	**6.98**	**3.07**
55	360998	180285	180713	1542	1074	468	4.27	5.96	2.59
56	369241	183977	185264	1744	1220	524	4.72	6.63	2.83
57	392996	197701	195295	1983	1371	612	5.05	6.93	3.13
58	162078	80509	81569	997	680	317	6.15	8.45	3.89
59	114517	56682	57835	766	533	233	6.69	9.40	4.03
60-64岁	**987415**	**500193**	**487222**	**8809**	**6077**	**2732**	**8.92**	**12.15**	**5.61**
60	159171	81006	78165	1200	861	339	7.54	10.63	4.34
61	169476	86520	82956	1396	951	445	8.24	10.99	5.36
62	233765	119401	114364	2003	1399	604	8.57	11.72	5.28
63	228717	115632	113085	2162	1486	676	9.45	12.85	5.98
64	196286	97634	98652	2048	1380	668	10.43	14.13	6.77

6-4b　续表 2　　　　　　　　　　　　　　　　　　　　　　　　　　　　单位：人、‰

年　龄	平均人口			死亡人口			死亡率		
	合计	男	女	合计	男	女	合计	男	女
65-69岁	**1007346**	**500301**	**507045**	**14536**	**9675**	**4861**	**14.43**	**19.34**	**9.59**
65	223452	110996	112456	2583	1790	793	11.56	16.13	7.05
66	214091	106523	107568	2800	1907	893	13.08	17.90	8.30
67	216253	107962	108291	3125	2049	1076	14.45	18.98	9.94
68	186531	92349	94182	3079	1998	1081	16.51	21.64	11.48
69	167019	82471	84548	2949	1931	1018	17.66	23.41	12.04
70-74岁	**682640**	**341944**	**340696**	**17251**	**11115**	**6136**	**25.27**	**32.51**	**18.01**
70	173205	87356	85849	3484	2250	1234	20.11	25.76	14.37
71	149526	74898	74628	3411	2268	1143	22.81	30.28	15.32
72	139220	70158	69062	3588	2294	1294	25.77	32.70	18.74
73	120747	60576	60171	3600	2327	1273	29.81	38.41	21.16
74	99942	48956	50986	3168	1976	1192	31.70	40.36	23.38
75-79岁	**423094**	**208798**	**214296**	**18951**	**11408**	**7543**	**44.79**	**54.64**	**35.20**
75	93832	46818	47014	3443	2139	1304	36.69	45.69	27.74
76	95056	47283	47773	3743	2278	1465	39.38	48.18	30.67
77	80472	39863	40609	3607	2166	1441	44.82	54.34	35.48
78	79197	38524	40673	3967	2358	1609	50.09	61.21	39.56
79	74537	36310	38227	4191	2467	1724	56.23	67.94	45.10
80-84岁	**294352**	**134789**	**159563**	**23452**	**12820**	**10632**	**79.67**	**95.11**	**66.63**
80	65090	31062	34028	4120	2344	1776	63.30	75.46	52.19
81	66603	31054	35549	4800	2682	2118	72.07	86.37	59.58
82	62346	28553	33793	5077	2808	2269	81.43	98.34	67.14
83	55651	24948	30703	4998	2693	2305	89.81	107.94	75.07
84	44662	19172	25490	4457	2293	2164	99.79	119.60	84.90
85-89岁	**146353**	**61590**	**84763**	**19190**	**9224**	**9966**	**131.12**	**149.76**	**117.57**
85	37818	16105	21713	4169	2056	2113	110.24	127.66	97.31
86	36949	15602	21347	4404	2222	2182	119.19	142.42	102.22
87	28589	12085	16504	3984	1817	2167	139.35	150.35	131.30
88	23362	9656	13706	3398	1625	1773	145.45	168.29	129.36
89	19635	8142	11493	3235	1504	1731	164.76	184.72	150.61
90-94岁	**45700**	**18013**	**27687**	**9511**	**3885**	**5626**	**208.12**	**215.68**	**203.20**
90	14475	5974	8501	2753	1133	1620	190.19	189.66	190.57
91	11354	4444	6910	2248	948	1300	197.99	213.32	188.13
92	9669	3723	5946	2086	855	1231	215.74	229.65	207.03
93	6037	2377	3660	1391	561	830	230.41	236.01	226.78
94	4165	1495	2670	1033	388	645	248.02	259.53	241.57
95-99岁	**9015**	**3034**	**5981**	**2297**	**759**	**1538**	**254.80**	**250.16**	**257.15**
95	3669	1309	2360	877	304	573	239.03	232.24	242.80
96	2378	804	1574	610	208	402	256.52	258.71	255.40
97	1291	412	879	353	116	237	273.43	281.55	269.62
98	944	286	658	270	69	201	286.02	241.26	305.47
99	733	223	510	187	62	125	255.12	278.03	245.10
100岁及以上	**744**	**165**	**579**	**308**	**78**	**230**	**413.98**	**472.73**	**397.24**

6-4c 全省分年龄、性别的死亡人口状况 (2019.11.1-2020.10.31)(乡村)

单位：人、‰

年龄	平均人口			死亡人口			死亡率		
	合计	男	女	合计	男	女	合计	男	女
总　计	**27403777**	**14289213**	**13114564**	**265392**	**150872**	**114520**	**9.68**	**10.56**	**8.73**
0-4岁	**1579311**	**838673**	**740638**	**1343**	**820**	**523**	**0.85**	**0.98**	**0.71**
0	270735	144360	126375	637	386	251	2.35	2.67	1.99
1	287487	152898	134589	228	141	87	0.79	0.92	0.65
2	321866	170561	151305	192	112	80	0.60	0.66	0.53
3	351983	186331	165652	150	96	54	0.43	0.52	0.33
4	347240	184523	162717	136	85	51	0.39	0.46	0.31
5-9岁	**2019356**	**1079103**	**940253**	**454**	**283**	**171**	**0.22**	**0.26**	**0.18**
5	374753	199554	175199	101	68	33	0.27	0.34	0.19
6	377378	201250	176128	100	68	32	0.26	0.34	0.18
7	421125	224886	196239	89	49	40	0.21	0.22	0.20
8	422403	226481	195922	77	45	32	0.18	0.20	0.16
9	423697	226932	196765	87	53	34	0.21	0.23	0.17
10-14岁	**2016287**	**1085935**	**930352**	**604**	**384**	**220**	**0.30**	**0.35**	**0.24**
10	442875	237022	205853	102	68	34	0.23	0.29	0.17
11	438624	234801	203823	125	75	50	0.28	0.32	0.25
12	414327	221873	192454	103	65	38	0.25	0.29	0.20
13	405555	218463	187092	124	81	43	0.31	0.37	0.23
14	314906	173776	141130	150	95	55	0.48	0.55	0.39
15-19岁	**1060476**	**605578**	**454898**	**772**	**538**	**234**	**0.73**	**0.89**	**0.51**
15	217406	122678	94728	144	101	43	0.66	0.82	0.45
16	202070	115231	86839	163	115	48	0.81	1.00	0.55
17	216102	122690	93412	158	112	46	0.73	0.91	0.49
18	215897	124691	91206	166	111	55	0.77	0.89	0.60
19	209001	120288	88713	141	99	42	0.67	0.82	0.47
20-24岁	**1046167**	**574365**	**471802**	**687**	**488**	**199**	**0.66**	**0.85**	**0.42**
20	199220	110852	88368	121	86	35	0.61	0.78	0.40
21	217088	118516	98572	137	95	42	0.63	0.80	0.43
22	212131	116217	95914	138	97	41	0.65	0.83	0.43
23	206137	112880	93257	138	102	36	0.67	0.90	0.39
24	211591	115900	95691	153	108	45	0.72	0.93	0.47
25-29岁	**1277938**	**703023**	**574915**	**1038**	**744**	**294**	**0.81**	**1.06**	**0.51**
25	192944	104951	87993	148	104	44	0.77	0.99	0.50
26	192626	104955	87671	157	114	43	0.82	1.09	0.49
27	225686	123686	102000	189	136	53	0.84	1.10	0.52
28	283959	157524	126435	231	165	66	0.81	1.05	0.52
29	382723	211907	170816	313	225	88	0.82	1.06	0.52

6-4c　续表 1

单位：人、‰

年　龄	平均人口			死亡人口			死亡率		
	合计	男	女	合计	男	女	合计	男	女
30-34 岁	**1837667**	**994860**	**842807**	**1859**	**1287**	**572**	**1.01**	**1.29**	**0.68**
30	433793	236699	197094	381	255	126	0.88	1.08	0.64
31	388414	210644	177770	385	266	119	0.99	1.26	0.67
32	380322	205955	174367	376	270	106	0.99	1.31	0.61
33	337245	181430	155815	367	251	116	1.09	1.38	0.74
34	297893	160132	137761	350	245	105	1.17	1.53	0.76
35-39 岁	**1421751**	**763133**	**658618**	**2033**	**1448**	**585**	**1.43**	**1.90**	**0.89**
35	282791	152097	130694	333	242	91	1.18	1.59	0.70
36	277825	149003	128822	387	267	120	1.39	1.79	0.93
37	307246	166795	140451	427	313	114	1.39	1.88	0.81
38	307236	164672	142564	473	334	139	1.54	2.03	0.98
39	246653	130566	116087	413	292	121	1.67	2.24	1.04
40-44 岁	**1389244**	**734535**	**654709**	**3095**	**2179**	**916**	**2.23**	**2.97**	**1.40**
40	273193	145388	127805	523	371	152	1.91	2.55	1.19
41	252716	133363	119353	552	384	168	2.18	2.88	1.41
42	249895	131578	118317	547	372	175	2.19	2.83	1.48
43	286407	150890	135517	664	475	189	2.32	3.15	1.39
44	327033	173316	153717	809	577	232	2.47	3.33	1.51
45-49 岁	**2137759**	**1117257**	**1020502**	**6571**	**4565**	**2006**	**3.07**	**4.09**	**1.97**
45	374366	197338	177028	1017	693	324	2.72	3.51	1.83
46	423563	223779	199784	1187	832	355	2.80	3.72	1.78
47	442199	233232	208967	1336	954	382	3.02	4.09	1.83
48	424558	222349	202209	1408	1000	408	3.32	4.50	2.02
49	473073	240559	232514	1623	1086	537	3.43	4.51	2.31
50-54 岁	**2698811**	**1357349**	**1341462**	**11483**	**7741**	**3742**	**4.25**	**5.70**	**2.79**
50	520279	262002	258277	1933	1311	622	3.72	5.00	2.41
51	608882	307020	301862	2398	1611	787	3.94	5.25	2.61
52	515332	258429	256903	2260	1471	789	4.39	5.69	3.07
53	507270	254175	253095	2264	1566	698	4.46	6.16	2.76
54	547048	275723	271325	2628	1782	846	4.80	6.46	3.12
55-59 岁	**2145104**	**1081684**	**1063420**	**12919**	**8777**	**4142**	**6.02**	**8.11**	**3.89**
55	550578	276544	274034	2919	1960	959	5.30	7.09	3.50
56	557542	280501	277041	3280	2231	1049	5.88	7.95	3.79
57	607130	310334	296796	3561	2415	1146	5.87	7.78	3.86
58	257113	128135	128978	1856	1252	604	7.22	9.77	4.68
59	172741	86170	86571	1303	919	384	7.54	10.66	4.44
60-64 岁	**1680580**	**875686**	**804894**	**16714**	**11517**	**5197**	**9.95**	**13.15**	**6.46**
60	250837	130864	119973	2103	1479	624	8.38	11.30	5.20
61	282223	148007	134216	2565	1791	774	9.09	12.10	5.77
62	399573	209863	189710	3738	2543	1195	9.35	12.12	6.30
63	401882	209678	192204	4326	2945	1381	10.76	14.05	7.19
64	346065	177274	168791	3982	2759	1223	11.51	15.56	7.25

6-4c 续表 2

单位：人、‰

年 龄	平均人口			死亡人口			死亡率		
	合计	男	女	合计	男	女	合计	男	女
65-69岁	**1862247**	**941006**	**921241**	**27051**	**17626**	**9425**	**14.53**	**18.73**	**10.23**
65	401951	206296	195655	4870	3253	1617	12.12	15.77	8.26
66	392494	199018	193476	5160	3421	1739	13.15	17.19	8.99
67	402713	203892	198821	5729	3726	2003	14.23	18.27	10.07
68	350607	175572	175035	5735	3661	2074	16.36	20.85	11.85
69	314482	156228	158254	5557	3565	1992	17.67	22.82	12.59
70-74岁	**1342817**	**672709**	**670108**	**32295**	**19944**	**12351**	**24.05**	**29.65**	**18.43**
70	332868	169163	163705	6484	4118	2366	19.48	24.34	14.45
71	292213	147290	144923	6609	4134	2475	22.62	28.07	17.08
72	275815	138907	136908	6599	4114	2485	23.93	29.62	18.15
73	241236	119740	121496	6558	4039	2519	27.18	33.73	20.73
74	200685	97609	103076	6045	3539	2506	30.12	36.26	24.31
75-79岁	**858326**	**422252**	**436074**	**36898**	**21480**	**15418**	**42.99**	**50.87**	**35.36**
75	191557	94212	97345	6684	3931	2753	34.89	41.73	28.28
76	195167	96293	98874	7185	4219	2966	36.81	43.81	30
77	160518	79487	81031	6853	4028	2825	42.69	50.67	34.86
78	160735	79097	81638	7887	4551	3336	49.07	57.54	40.86
79	150349	73163	77186	8289	4751	3538	55.13	64.94	45.84
80-84岁	**615915**	**280595**	**335320**	**47411**	**24727**	**22684**	**76.98**	**88.12**	**67.65**
80	133639	63390	70249	8188	4461	3727	61.27	70.37	53.05
81	138239	64690	73549	9652	5216	4436	69.82	80.63	60.31
82	132773	60215	72558	10366	5394	4972	78.07	89.58	68.52
83	117283	51667	65616	10220	5214	5006	87.14	100.92	76.29
84	93981	40633	53348	8985	4442	4543	95.60	109.32	85.16
85-89岁	**303622**	**123032**	**180590**	**38776**	**17693**	**21083**	**127.71**	**143.81**	**116.75**
85	79591	33275	46316	8549	4178	4371	107.41	125.56	94.37
86	76760	31862	44898	8971	4228	4743	116.87	132.70	105.64
87	59197	23652	35545	8155	3667	4488	137.76	155.04	126.26
88	48617	19075	29542	6816	2933	3883	140.20	153.76	131.44
89	39457	15168	24289	6285	2687	3598	159.29	177.15	148.13
90-94岁	**91018**	**32481**	**58537**	**18209**	**7007**	**11202**	**200.06**	**215.73**	**191.37**
90	28740	10657	18083	5209	2112	3097	181.25	198.18	171.27
91	23090	8224	14866	4436	1684	2752	192.12	204.77	185.12
92	18945	6750	12195	3901	1519	2382	205.91	225.04	195.33
93	11884	4072	7812	2600	966	1634	218.78	237.23	209.17
94	8359	2778	5581	2063	726	1337	246.80	261.34	239.56
95-99岁	**17640**	**5511**	**12129**	**4580**	**1456**	**3124**	**259.64**	**264.20**	**257.56**
95	6857	2273	4584	1782	577	1205	259.88	253.85	262.87
96	4772	1484	3288	1228	433	795	257.33	291.78	241.79
97	2734	777	1957	693	185	508	253.47	238.10	259.58
98	1909	567	1342	525	149	376	275.01	262.79	280.18
99	1368	410	958	352	112	240	257.31	273.17	250.52
100岁及以上	**1741**	**446**	**1295**	**600**	**168**	**432**	**344.63**	**376.68**	**333.59**

第一部分　全部数据资料

第七卷　户口登记状况

7-1 全省按现住地、户口登记地、性别分的户口登记地在外乡镇街道的人口

单位：人

现住地	户口登记地					
	合计			省内		
	合计	男	女	小计	男	女
全省	**17575847**	**8865460**	**8710387**	**15998284**	**8020026**	**7978258**
长沙市	4958296	2552992	2405304	4255530	2155447	2100083
株洲市	1234838	632814	602024	1094278	554086	540192
湘潭市	898852	457632	441220	814673	412800	401873
衡阳市	1586705	805339	781366	1490240	754379	735861
邵阳市	1094272	541955	552317	1038246	516417	521829
岳阳市	1047082	528248	518834	944159	475542	468617
常德市	1015494	486882	528612	939666	450191	489475
张家界市	354748	174134	180614	330557	160989	169568
益阳市	668900	323811	345089	628817	304406	324411
郴州市	1224682	625101	599581	1163260	592481	570779
永州市	989501	501958	487543	938279	476677	461602
怀化市	1057621	520540	537081	981338	483402	497936
娄底市	923358	457796	465562	885536	440262	445274
湘西州	521498	256258	265240	493705	242947	250758

7-1 续表

单位：人

现住地	户口登记地								
	省内						省外		
	市辖区内人户分离			省内流动人口					
	小计	男	女	小计	男	女	小计	男	女
全省	**3403819**	**1674350**	**1729469**	**12594465**	**6345676**	**6248789**	**1577563**	**845434**	**732129**
长沙市	942830	459161	483669	3312700	1696286	1616414	702766	397545	305221
株洲市	326115	161650	164465	768163	392436	375727	140560	78728	61832
湘潭市	168910	81432	87478	645763	331368	314395	84179	44832	39347
衡阳市	186003	91245	94758	1304237	663134	641103	96465	50960	45505
邵阳市	180191	90042	90149	858055	426375	431680	56026	25538	30488
岳阳市	293906	146515	147391	650253	329027	321226	102923	52706	50217
常德市	263960	127790	136170	675706	322401	353305	75828	36691	39137
张家界市	135490	65979	69511	195067	95010	100057	24191	13145	11046
益阳市	192180	92889	99291	436637	211517	225120	40083	19405	20678
郴州市	233210	116959	116251	930050	475522	454528	61422	32620	28802
永州市	210494	107181	103313	727785	369496	358289	51222	25281	25941
怀化市	119414	59276	60138	861924	424126	437798	76283	37138	39145
娄底市	151116	74231	76885	734420	366031	368389	37822	17534	20288
湘西州				493705	242947	250758	27793	13311	14482

7-1a　全省按现住地、户口登记地、性别分的户口登记地在外乡镇街道的人口(城市)

单位：人

现住地	户口登记地					
	合计			省内		
	合计	男	女	小计	男	女
全　省	**10384897**	**5232988**	**5151909**	**9398123**	**4693624**	**4704499**
长沙市	3885324	1975351	1909973	3349638	1675927	1673711
株洲市	883465	450911	432554	770501	387671	382830
湘潭市	524178	262044	262134	479826	238920	240906
衡阳市	925553	470135	455418	873770	441705	432065
邵阳市	565049	284188	280861	542342	272740	269602
岳阳市	633306	321859	311447	575741	290986	284755
常德市	487108	235566	251542	453706	218593	235113
张家界市	194747	96830	97917	181501	89132	92369
益阳市	320356	154906	165450	308831	149190	159641
郴州市	553995	281347	272648	525450	266127	259323
永州市	279592	140740	138852	266980	134667	132313
怀化市	411467	203723	207744	380678	188143	192535
娄底市	533179	262888	270291	513231	253170	260061
湘西州	187578	92500	95078	175928	86653	89275

7-1a　续表

单位：人

现住地	户口登记地								
	省内						省外		
	市辖区内人户分离			省内流动人口					
	小计	男	女	小计	男	女	小计	男	女
全　省	**3258654**	**1601275**	**1657379**	**6139469**	**3092349**	**3047120**	**986774**	**539364**	**447410**
长沙市	926317	451098	475219	2423321	1224829	1198492	535686	299424	236262
株洲市	317963	157178	160785	452538	230493	222045	112964	63240	49724
湘潭市	166237	80226	86011	313589	158694	154895	44352	23124	21228
衡阳市	179491	88063	91428	694279	353642	340637	51783	28430	23353
邵阳市	164364	82142	82222	377978	190598	187380	22707	11448	11259
岳阳市	275304	137027	138277	300437	153959	146478	57565	30873	26692
常德市	250869	121253	129616	202837	97340	105497	33402	16973	16429
张家界市	124848	60724	64124	56653	28408	28245	13246	7698	5548
益阳市	178450	86446	92004	130381	62744	67637	11525	5716	5809
郴州市	226039	113127	112912	299411	153000	146411	28545	15220	13325
永州市	199849	101720	98129	67131	32947	34184	12612	6073	6539
怀化市	105280	51925	53355	275398	136218	139180	30789	15580	15209
娄底市	143643	70346	73297	369588	182824	186764	19948	9718	10230
湘西州				175928	86653	89275	11650	5847	5803

7-1b 全省按现住地、户口登记地、性别分的户口登记地在外乡镇街道的人口(镇)

单位：人

现住地	户口登记地					
	合计			省内		
	合计	男	女	小计	男	女
全省	**6052634**	**3060712**	**2991922**	**5652839**	**2844694**	**2808145**
长沙市	896412	482972	413440	759325	402662	356663
株洲市	307798	158721	149077	288853	147803	141050
湘潭市	332558	174117	158441	298806	155392	143414
衡阳市	550155	281244	268911	523514	266731	256783
邵阳市	451160	220083	231077	432928	211785	221143
岳阳市	321509	163913	157596	296186	150825	145361
常德市	445507	210867	234640	416791	197003	219788
张家界市	122390	58197	64193	117079	55500	61579
益阳市	283926	137115	146811	266387	128557	137830
郴州市	613119	313786	299333	592599	302627	289972
永州市	622992	317315	305677	600847	305557	295290
怀化市	508810	247945	260865	481938	234780	247158
娄底市	311273	155383	155890	302730	151105	151625
湘西州	285025	139054	145971	274856	134367	140489

7-1b 续表

单位：人

现住地	户口登记地								
	省内						省外		
	市辖区内人户分离			省内流动人口					
	小计	男	女	小计	男	女	小计	男	女
全省	**53861**	**26899**	**26962**	**5598978**	**2817795**	**2781183**	**399795**	**216018**	**183777**
长沙市	3991	1965	2026	755334	400697	354637	137087	80310	56777
株洲市	4089	2197	1892	284764	145606	139158	18945	10918	8027
湘潭市	1036	470	566	297770	154922	142848	33752	18725	15027
衡阳市	1042	505	537	522472	266226	256246	26641	14513	12128
邵阳市	13551	6719	6832	419377	205066	214311	18232	8298	9934
岳阳市	7376	3678	3698	288810	147147	141663	25323	13088	12235
常德市	4622	2233	2389	412169	194770	217399	28716	13864	14852
张家界市	978	513	465	116101	54987	61114	5311	2697	2614
益阳市	6432	3051	3381	259955	125506	134449	17539	8558	8981
郴州市	4647	2456	2191	587952	300171	287781	20520	11159	9361
永州市	2199	1117	1082	598648	304440	294208	22145	11758	10387
怀化市	283	159	124	481655	234621	247034	26872	13165	13707
娄底市	3615	1836	1779	299115	149269	149846	8543	4278	4265
湘西州				274856	134367	140489	10169	4687	5482

7-1c 全省按现住地、户口登记地、性别分的户口登记地在外乡镇街道的人口(乡村)

单位：人

现住地	户口登记地					
	合计			省内		
	合计	男	女	小计	男	女
全省	**1138316**	**571760**	**566556**	**947322**	**481708**	**465614**
长沙市	176560	94669	81891	146567	76858	69709
株洲市	43575	23182	20393	34924	18612	16312
湘潭市	42116	21471	20645	36041	18488	17553
衡阳市	110997	53960	57037	92956	45943	47013
邵阳市	78063	37684	40379	62976	31892	31084
岳阳市	92267	42476	49791	72232	33731	38501
常德市	82879	40449	42430	69169	34595	34574
张家界市	37611	19107	18504	31977	16357	15620
益阳市	64618	31790	32828	53599	26659	26940
郴州市	57568	29968	27600	45211	23727	21484
永州市	86917	43903	43014	70452	36453	33999
怀化市	137344	68872	68472	118722	60479	58243
娄底市	78906	39525	39381	69575	35987	33588
湘西州	48895	24704	24191	42921	21927	20994

7-1c 续表

单位：人

现住地	户口登记地								
	省内						省外		
	市辖区内人户分离			省内流动人口					
	小计	男	女	小计	男	女	小计	男	女
全省	**91304**	**46176**	**45128**	**856018**	**435532**	**420486**	**190994**	**90052**	**100942**
长沙市	12522	6098	6424	134045	70760	63285	29993	17811	12182
株洲市	4063	2275	1788	30861	16337	14524	8651	4570	4081
湘潭市	1637	736	901	34404	17752	16652	6075	2983	3092
衡阳市	5470	2677	2793	87486	43266	44220	18041	8017	10024
邵阳市	2276	1181	1095	60700	30711	29989	15087	5792	9295
岳阳市	11226	5810	5416	61006	27921	33085	20035	8745	11290
常德市	8469	4304	4165	60700	30291	30409	13710	5854	7856
张家界市	9664	4742	4922	22313	11615	10698	5634	2750	2884
益阳市	7298	3392	3906	46301	23267	23034	11019	5131	5888
郴州市	2524	1376	1148	42687	22351	20336	12357	6241	6116
永州市	8446	4344	4102	62006	32109	29897	16465	7450	9015
怀化市	13851	7192	6659	104871	53287	51584	18622	8393	10229
娄底市	3858	2049	1809	65717	33938	31779	9331	3538	5793
湘西州				42921	21927	20994	5974	2777	3197

7-2 全省按户口登记地、年龄、性别分的

年龄	户口					
	合计			省内		
	合计	男	女	小计	男	女
总计	**17575847**	**8865460**	**8710387**	**15998284**	**8020026**	**7978258**
0-4岁	**796403**	**424469**	**371934**	**746955**	**398104**	**348851**
0	77500	41411	36089	73391	39181	34210
1	138949	74197	64752	130113	69486	60627
2	162378	86470	75908	152079	81077	71002
3	208107	110336	97771	195131	103422	91709
4	209469	112055	97414	196241	104938	91303
5-9岁	**1108259**	**594890**	**513369**	**1042463**	**559932**	**482531**
5	204399	108785	95614	191717	102124	89593
6	221644	119112	102532	208207	111960	96247
7	224600	120770	103830	211306	113644	97662
8	238153	128361	109792	224096	120855	103241
9	219463	117862	101601	207137	111349	95788
10-14岁	**1062703**	**567401**	**495302**	**1008686**	**538590**	**470096**
10	214499	115580	98919	202595	109215	93380
11	215228	116173	99055	203505	109955	93550
12	207632	111257	96375	196641	105401	91240
13	197275	105839	91436	187123	100439	86684
14	228069	118552	109517	218822	113580	105242
15-19岁	**1990642**	**1034862**	**955780**	**1850928**	**963563**	**887365**
15	368481	193872	174609	358889	188505	170384
16	432394	229879	202515	421448	223761	197687
17	375197	197520	177677	361242	190169	171073
18	378602	195356	183246	339995	175726	164269
19	435968	218235	217733	369354	185402	183952
20-24岁	**1324668**	**650163**	**674505**	**1057472**	**514321**	**543151**
20	383855	190507	193348	307227	152905	154322
21	290900	143001	147899	225110	110300	114810
22	242873	118784	124089	192562	92786	99776
23	207550	101366	106184	168846	80802	88044
24	199490	96505	102985	163727	77528	86199
25-29岁	**1143033**	**544261**	**598772**	**969703**	**453945**	**515758**
25	204660	98360	106300	169219	79380	89839
26	192765	92060	100705	160588	74980	85608
27	211738	100453	111285	177335	82605	94730
28	237739	112767	124972	202986	94981	108005
29	296131	140621	155510	259575	121999	137576

户口登记地在外乡镇街道的人口

单位：人

其中市辖区内人户分离 小计	男	女	省外 小计	男	女
3403819	**1674350**	**1729469**	**1577563**	**845434**	**732129**
170703	**89881**	**80822**	**49448**	**26365**	**23083**
17322	9093	8229	4109	2230	1879
29912	15780	14132	8836	4711	4125
34946	18372	16574	10299	5393	4906
44979	23687	21292	12976	6914	6062
43544	22949	20595	13228	7117	6111
205688	**109756**	**95932**	**65796**	**34958**	**30838**
40597	21491	19106	12682	6661	6021
41438	22161	19277	13437	7152	6285
41148	21967	19181	13294	7126	6168
43567	23406	20161	14057	7506	6551
38938	20731	18207	12326	6513	5813
189555	**100526**	**89029**	**54017**	**28811**	**25206**
38318	20488	17830	11904	6365	5539
37523	20053	17470	11723	6218	5505
37313	20026	17287	10991	5856	5135
36610	19495	17115	10152	5400	4752
39791	20464	19327	9247	4972	4275
265615	**141249**	**124366**	**139714**	**71299**	**68415**
63285	33233	30052	9592	5367	4225
68595	36669	31926	10946	6118	4828
53562	29036	24526	13955	7351	6604
40704	21838	18866	38607	19630	18977
39469	20473	18996	66614	32833	33781
155780	**76407**	**79373**	**267196**	**135842**	**131354**
35836	18346	17490	76628	37602	39026
31248	15477	15771	65790	32701	33089
30702	15031	15671	50311	25998	24313
28867	13769	15098	38704	20564	18140
29127	13784	15343	35763	18977	16786
188649	**86288**	**102361**	**173330**	**90316**	**83014**
30823	14209	16614	35441	18980	16461
31776	14668	17108	32177	17080	15097
35547	16038	19509	34403	17848	16555
39557	17997	21560	34753	17786	16967
50946	23376	27570	36556	18622	17934

7-2 续表 1

年龄	户口					
	合计			省内		
	合计	男	女	小计	男	女
30-34岁	**1906802**	**897003**	**1009799**	**1695079**	**790103**	**904976**
30	408075	189847	218228	362754	167064	195690
31	399903	186939	212964	356723	165315	191408
32	370308	174108	196200	329772	153585	176187
33	394249	186730	207519	349833	164251	185582
34	334267	159379	174888	295997	139888	156109
35-39岁	**1466488**	**711179**	**755309**	**1312997**	**630023**	**682974**
35	291060	140415	150645	258039	123418	134621
36	291412	140950	150462	259418	124415	135003
37	286249	139087	147162	256768	123376	133392
38	331803	161222	170581	299876	144105	155771
39	265964	129505	136459	238896	114709	124187
40-44岁	**1230304**	**617064**	**613240**	**1113774**	**550899**	**562875**
40	238950	117786	121164	215113	104677	110436
41	262056	131021	131035	236671	116602	120069
42	236892	118302	118590	214160	105497	108663
43	230596	116787	113809	209225	104422	104803
44	261810	133168	128642	238605	119701	118904
45-49岁	**1396682**	**724272**	**672410**	**1283043**	**655419**	**627624**
45	273183	140099	133084	250290	126475	123815
46	295385	151545	143840	271046	137188	133858
47	284518	148354	136164	261185	134119	127066
48	276286	143971	132315	254278	130503	123775
49	267310	140303	127007	246244	127134	119110
50-54岁	**1339419**	**686023**	**653396**	**1247630**	**629343**	**618287**
50	295857	151579	144278	274569	138483	136086
51	275921	142055	133866	256685	129995	126690
52	305367	156653	148714	285334	144337	140997
53	218087	110906	107181	203044	101635	101409
54	244187	124830	119357	227998	114893	113105
55-59岁	**1014431**	**516046**	**498385**	**953403**	**480436**	**472967**
55	241475	123281	118194	226367	114284	112083
56	238169	120880	117289	224340	112710	111630
57	275778	140951	134827	260282	131966	128316
58	185285	94202	91083	174218	87747	86471
59	73724	36732	36992	68196	33729	34467
60-64岁	**570114**	**287365**	**282749**	**537167**	**269523**	**267644**
60	100230	50391	49839	94224	47094	47130
61	91279	46599	44680	85489	43428	42061
62	120041	61050	58991	112832	57022	55810
63	139029	70130	68899	131599	66183	65416
64	119535	59195	60340	113023	55796	57227

单位：人

登记地					
其中市辖区内人户分离			省外		
小计	男	女	小计	男	女
349603	**157140**	**192463**	**211723**	**106900**	**104823**
71076	31784	39292	45321	22783	22538
72585	32318	40267	43180	21624	21556
68725	30571	38154	40536	20523	20013
73476	33266	40210	44416	22479	21937
63741	29201	34540	38270	19491	18779
294842	**135201**	**159641**	**153491**	**81156**	**72335**
56660	25924	30736	33021	16997	16024
57372	26357	31015	31994	16535	15459
58395	26807	31588	29481	15711	13770
68048	31151	36897	31927	17117	14810
54367	24962	29405	27068	14796	12272
262820	**124337**	**138483**	**116530**	**66165**	**50365**
48910	22883	26027	23837	13109	10728
54854	25872	28982	25385	14419	10966
51132	24160	26972	22732	12805	9927
51063	24250	26813	21371	12365	9006
56861	27172	29689	23205	13467	9738
307710	**150922**	**156788**	**113639**	**68853**	**44786**
60724	29276	31448	22893	13624	9269
63561	30658	32903	24339	14357	9982
62095	30520	31575	23333	14235	9098
60711	29975	30736	22008	13468	8540
60619	30493	30126	21066	13169	7897
301452	**149470**	**151982**	**91789**	**56680**	**35109**
67515	33207	34308	21288	13096	8192
63331	31625	31706	19236	12060	7176
68385	33856	34529	20033	12316	7717
48126	23818	24308	15043	9271	5772
54095	26964	27131	16189	9937	6252
246429	**124301**	**122128**	**61028**	**35610**	**25418**
55344	27824	27520	15108	8997	6111
58151	29372	28779	13829	8170	5659
67761	34337	33424	15496	8985	6511
44599	22559	22040	11067	6455	4612
20574	10209	10365	5528	3003	2525
147231	**74373**	**72858**	**32947**	**17842**	**15105**
27825	14011	13814	6006	3297	2709
23734	12027	11707	5790	3171	2619
30818	15790	15028	7209	4028	3181
34998	17748	17250	7430	3947	3483
29856	14797	15059	6512	3399	3113

7-2 续表 2

年龄	户口					
	合计			省内		
	合计	男	女	小计	男	女
65-69岁	**520934**	**258527**	**262407**	**496765**	**245745**	**251020**
65	113290	56139	57151	107200	52881	54319
66	117209	57667	59542	111421	54599	56822
67	104756	51797	52959	100013	49240	50773
68	103829	51844	51985	99549	49611	49938
69	81850	41080	40770	78582	39414	39168
70-74岁	**321351**	**166017**	**155334**	**310014**	**160025**	**149989**
70	78421	39928	38493	75573	38436	37137
71	75885	39081	36804	73171	37638	35533
72	63350	32451	30899	61214	31318	29896
73	55868	29360	26508	53930	28346	25584
74	47827	25197	22630	46126	24287	21839
75-79岁	**177473**	**90877**	**86596**	**171673**	**87904**	**83769**
75	38796	20397	18399	37467	19685	17782
76	40715	21502	19213	39428	20834	18594
77	33908	17143	16765	32735	16556	16179
78	31931	16097	15834	30915	15575	15340
79	32123	15738	16385	31128	15254	15874
80-84岁	**120629**	**57191**	**63438**	**117050**	**55287**	**61763**
80	28851	14426	14425	27971	13943	14028
81	24885	11858	13027	24111	11461	12650
82	26007	12217	13790	25293	11819	13474
83	21624	10052	11572	20959	9699	11260
84	19262	8638	10624	18716	8365	10351
85-89岁	**59591**	**26756**	**32835**	**58076**	**25997**	**32079**
85	14890	6642	8248	14445	6410	8035
86	13955	6184	7771	13597	6011	7586
87	12999	5861	7138	12665	5693	6972
88	9605	4299	5306	9390	4197	5193
89	8142	3770	4372	7979	3686	4293
90-94岁	**21127**	**9226**	**11901**	**20724**	**9046**	**11678**
90	7099	3217	3882	6961	3152	3809
91	4728	2079	2649	4639	2044	2595
92	4233	1811	2422	4153	1774	2379
93	3029	1261	1768	2968	1234	1734
94	2038	858	1180	2003	842	1161
95-99岁	**4374**	**1739**	**2635**	**4271**	**1695**	**2576**
95	1588	664	924	1549	649	900
96	1231	512	719	1217	506	711
97	689	239	450	670	230	440
98	457	179	278	446	174	272
99	409	145	264	389	136	253
100岁及以上	**420**	**129**	**291**	**411**	**126**	**285**

单位：人

登记地

其中市辖区内人户分离			省外		
小计	男	女	小计	男	女
135587	**66839**	**68748**	**24169**	**12782**	**11387**
29176	14396	14780	6090	3258	2832
30595	15003	15592	5788	3068	2720
27026	13154	13872	4743	2557	2186
27179	13399	13780	4280	2233	2047
21611	10887	10724	3268	1666	1602
83351	**41792**	**41559**	**11337**	**5992**	**5345**
20668	10399	10269	2848	1492	1356
19832	9981	9851	2714	1443	1271
16265	8066	8199	2136	1133	1003
14397	7301	7096	1938	1014	924
12189	6045	6144	1701	910	791
45179	**22052**	**23127**	**5800**	**2973**	**2827**
9584	4847	4737	1329	712	617
10072	5054	5018	1287	668	619
8571	4113	4458	1173	587	586
8483	4049	4434	1016	522	494
8469	3989	4480	995	484	511
32026	**14620**	**17406**	**3579**	**1904**	**1675**
7660	3594	4066	880	483	397
6749	3055	3694	774	397	377
6838	3066	3772	714	398	316
5622	2587	3035	665	353	312
5157	2318	2839	546	273	273
15559	**6754**	**8805**	**1515**	**759**	**756**
4076	1735	2341	445	232	213
3698	1586	2112	358	173	185
3287	1437	1850	334	168	166
2407	1054	1353	215	102	113
2091	942	1149	163	84	79
4994	**2078**	**2916**	**403**	**180**	**223**
1787	782	1005	138	65	73
1120	458	662	89	35	54
975	403	572	80	37	43
660	259	401	61	27	34
452	176	276	35	16	19
956	**343**	**613**	**103**	**44**	**59**
356	141	215	39	15	24
267	93	174	14	6	8
164	50	114	19	9	10
97	34	63	11	5	6
72	25	47	20	9	11
90	**21**	**69**	**9**	**3**	**6**

7-2a 全省按户口登记地、年龄、性别分的

年龄	户口					
	合计			省内		
	合计	男	女	小计	男	女
总计	**10384897**	**5232988**	**5151909**	**9398123**	**4693624**	**4704499**
0-4岁	**466515**	**248287**	**218228**	**437633**	**232824**	**204809**
0	45863	24487	21376	43483	23184	20299
1	81526	43388	38138	76503	40740	35763
2	95270	50640	44630	89370	47538	41832
3	121913	64637	57276	114178	60493	53685
4	121943	65135	56808	114099	60869	53230
5-9岁	**612010**	**328831**	**283179**	**574305**	**308358**	**265947**
5	117135	62415	54720	109841	58497	51344
6	124399	67118	57281	116617	62886	53731
7	124013	66670	57343	116343	62461	53882
8	129677	69946	59731	121623	65535	56088
9	116786	62682	54104	109881	58979	50902
10-14岁	**554574**	**297546**	**257028**	**524137**	**280944**	**243193**
10	113653	61364	52289	106940	57707	49233
11	112634	60767	51867	106114	57234	48880
12	109323	58819	50504	103066	55449	47617
13	104651	56453	48198	98918	53318	45600
14	114313	60143	54170	109099	57236	51863
15-19岁	**1101344**	**560480**	**540864**	**999633**	**509923**	**489710**
15	172642	92143	80499	167090	88983	78107
16	195796	104205	91591	189323	100618	88705
17	187029	96928	90101	177929	92220	85709
18	240085	119197	120888	211420	105072	106348
19	305792	148007	157785	253871	123030	130841
20-24岁	**928471**	**451044**	**477427**	**728200**	**349630**	**378570**
20	279885	135131	144754	219396	105985	113411
21	212207	102490	109717	160603	77102	83501
22	168151	81953	86198	131086	62796	68290
23	138355	67717	70638	111338	53225	58113
24	129873	63753	66120	105777	50522	55255
25-29岁	**709668**	**347425**	**362243**	**604982**	**288660**	**316322**
25	130022	63740	66282	107397	51101	56296
26	121137	59329	61808	101460	48099	53361
27	131465	64268	67197	110897	52696	58201
28	146041	71442	74599	125544	59973	65571
29	181003	88646	92357	159684	76791	82893

户口登记地在外乡镇街道的人口(城市)

单位：人

登记地					
其中市辖区内人户分离			省　外		
小计	男	女	小计	男	女
3258654	**1601275**	**1657379**	**986774**	**539364**	**447410**
164270	**86538**	**77732**	**28882**	**15463**	**13419**
16652	8745	7907	2380	1303	1077
28776	15195	13581	5023	2648	2375
33604	17671	15933	5900	3102	2798
43293	22808	20485	7735	4144	3591
41945	22119	19826	7844	4266	3578
197824	**105586**	**92238**	**37705**	**20473**	**17232**
39050	20674	18376	7294	3918	3376
39866	21370	18496	7782	4232	3550
39593	21108	18485	7670	4209	3461
41985	22569	19416	8054	4411	3643
37330	19865	17465	6905	3703	3202
181696	**96477**	**85219**	**30437**	**16602**	**13835**
36830	19726	17104	6713	3657	3056
35999	19239	16760	6520	3533	2987
35829	19256	16573	6257	3370	2887
35171	18741	16430	5733	3135	2598
37867	19515	18352	5214	2907	2307
250001	**132765**	**117236**	**101711**	**50557**	**51154**
59340	31211	28129	5552	3160	2392
63627	33926	29701	6473	3587	2886
50176	27082	23094	9100	4708	4392
39055	20952	18103	28665	14125	14540
37803	19594	18209	51921	24977	26944
149015	**73336**	**75679**	**200271**	**101414**	**98857**
34478	17642	16836	60489	29146	31343
30028	14916	15112	51604	25388	26216
29315	14370	14945	37065	19157	17908
27520	13201	14319	27017	14492	12525
27674	13207	14467	24096	13231	10865
179611	**82767**	**96844**	**104686**	**58765**	**45921**
29342	13628	15714	22625	12639	9986
30319	14060	16259	19677	11230	8447
33780	15380	18400	20568	11572	8996
37635	17261	20374	20497	11469	9028
48535	22438	26097	21319	11855	9464

7-2a 续表 1

年龄	户口					
	合计			省内		
	合计	男	女	小计	男	女
30-34岁	**1160916**	**562079**	**598837**	**1039186**	**495176**	**544010**
30	248763	119647	129116	222540	105287	117253
31	244405	117306	127099	219654	103756	115898
32	226389	109272	117117	203047	96415	106632
33	238795	116415	122380	213364	102491	110873
34	202564	99439	103125	180581	87227	93354
35-39岁	**870187**	**431224**	**438963**	**782604**	**381528**	**401076**
35	174349	86045	88304	155446	75576	79870
36	173473	85939	87534	155212	75745	79467
37	169868	84262	85606	153061	74673	78388
38	196244	97297	98947	178056	86887	91169
39	156253	77681	78572	140829	68647	72182
40-44岁	**715497**	**362342**	**353155**	**649702**	**323134**	**326568**
40	139652	69947	69705	125949	61949	64000
41	152485	77232	75253	138007	68623	69384
42	137862	69693	68169	125106	62161	62945
43	134731	68544	66187	122795	61316	61479
44	150767	76926	73841	137845	69085	68760
45-49岁	**812504**	**420864**	**391640**	**748859**	**381470**	**367389**
45	158307	81319	76988	145732	73525	72207
46	170154	87252	82902	156934	79234	77700
47	166061	86545	79516	152965	78402	74563
48	161127	83776	77351	148491	75957	72534
49	156855	81972	74883	144737	74352	70385
50-54岁	**794562**	**402829**	**391733**	**740233**	**369779**	**370454**
50	175714	89445	86269	163339	81839	81500
51	164475	84102	80373	153076	77077	75999
52	180560	91520	89040	168657	84285	84372
53	128980	64792	64188	120093	59422	60671
54	144833	72970	71863	135068	67156	67912
55-59岁	**614901**	**308011**	**306890**	**576548**	**286610**	**289938**
55	144463	72722	71741	135210	67399	67811
56	144857	72542	72315	136228	67634	68594
57	167412	84125	83287	157596	78718	78878
58	111562	55711	55851	104569	51846	52723
59	46607	22911	23696	42945	21013	21932
60-64岁	**348033**	**173347**	**174686**	**326018**	**162078**	**163940**
60	62822	31241	31581	58834	29165	29669
61	55639	28012	27627	51832	26035	25797
62	73058	36824	36234	68276	34330	33946
63	84415	42069	42346	79399	39539	39860
64	72099	35201	36898	67677	33009	34668

单位：人

登记地					
其中市辖区内人户分离			省外		
小计	男	女	小计	男	女
334929	**151308**	**183621**	**121730**	**66903**	**54827**
67710	30509	37201	26223	14360	11863
69382	31096	38286	24751	13550	11201
65875	29456	36419	23342	12857	10485
70569	32028	38541	25431	13924	11507
61393	28219	33174	21983	12212	9771
284363	**130506**	**153857**	**87583**	**49696**	**37887**
54605	25047	29558	18903	10469	8434
55346	25437	29909	18261	10194	8067
56353	25891	30462	16807	9589	7218
65567	30048	35519	18188	10410	7778
52492	24083	28409	15424	9034	6390
253248	**119746**	**133502**	**65795**	**39208**	**26587**
47207	22090	25117	13703	7998	5705
52867	24935	27932	14478	8609	5869
49309	23267	26042	12756	7532	5224
49172	23355	25817	11936	7228	4708
54693	26099	28594	12922	7841	5081
295199	**144506**	**150693**	**63645**	**39394**	**24251**
58312	28023	30289	12575	7794	4781
61064	29424	31640	13220	8018	5202
59540	29196	30344	13096	8143	4953
58211	28691	29520	12636	7819	4817
58072	29172	28900	12118	7620	4498
288933	**142853**	**146080**	**54329**	**33050**	**21279**
64734	31783	32951	12375	7606	4769
60758	30290	30468	11399	7025	4374
65548	32350	33198	11903	7235	4668
46087	22709	23378	8887	5370	3517
51806	25721	26085	9765	5814	3951
237127	**119143**	**117984**	**38353**	**21401**	**16952**
53123	26634	26489	9253	5323	3930
55970	28171	27799	8629	4908	3721
65260	32921	32339	9816	5407	4409
42888	21597	21291	6993	3865	3128
19886	9820	10066	3662	1898	1764
141840	**71285**	**70555**	**22015**	**11269**	**10746**
26853	13450	13403	3988	2076	1912
22870	11528	11342	3807	1977	1830
29684	15130	14554	4782	2494	2288
33713	17006	16707	5016	2530	2486
28720	14171	14549	4422	2192	2230

7-2a 续表 2

年 龄	户口					
	合 计			省 内		
	合计	男	女	小计	男	女
65-69岁	**308686**	**151731**	**156955**	**292474**	**143390**	**149084**
65	68315	33605	34710	64122	31425	32697
66	70358	34329	36029	66421	32350	34071
67	61993	30313	31680	58814	28648	30166
68	60383	29777	30606	57610	28347	29263
69	47637	23707	23930	45507	22620	22887
70-74岁	**179755**	**90200**	**89555**	**172771**	**86599**	**86172**
70	45116	22583	22533	43295	21626	21669
71	42715	21469	21246	41052	20618	20434
72	35554	17702	17852	34223	17013	17210
73	30621	15507	15114	29469	14930	14539
74	25749	12939	12810	24732	12412	12320
75-79岁	**95924**	**47138**	**48786**	**92682**	**45508**	**47174**
75	20589	10477	10112	19827	10065	9762
76	21834	10993	10841	21141	10653	10488
77	18324	8833	9491	17677	8505	9172
78	17558	8521	9037	16985	8235	8750
79	17619	8314	9305	17052	8050	9002
80-84岁	**65775**	**30133**	**35642**	**63723**	**29080**	**34643**
80	15774	7499	8275	15262	7231	8031
81	13807	6395	7412	13373	6179	7194
82	14073	6367	7706	13682	6152	7530
83	11546	5226	6320	11155	5032	6123
84	10575	4646	5929	10251	4486	5765
85-89岁	**32108**	**13913**	**18195**	**31247**	**13494**	**17753**
85	8215	3541	4674	7939	3410	4529
86	7581	3209	4372	7379	3114	4265
87	6928	3006	3922	6752	2918	3834
88	5058	2211	2847	4945	2154	2791
89	4326	1946	2380	4232	1898	2334
90-94岁	**11021**	**4661**	**6360**	**10796**	**4563**	**6233**
90	3754	1653	2101	3679	1621	2058
91	2477	1023	1454	2425	1005	1420
92	2178	907	1271	2129	884	1245
93	1540	653	887	1511	637	874
94	1072	425	647	1052	416	636
95-99岁	**2245**	**851**	**1394**	**2194**	**826**	**1368**
95	806	333	473	785	322	463
96	625	241	384	618	238	380
97	373	115	258	368	112	256
98	240	94	146	235	93	142
99	201	68	133	188	61	127
100岁及以上	**201**	**52**	**149**	**196**	**50**	**146**

单位：人

登记地					
其中市辖区内人户分离			省　　外		
小计	男	女	小计	男	女
129393	**63301**	**66092**	**16212**	**8341**	**7871**
27913	13702	14211	4193	2180	2013
29316	14295	15021	3937	1979	1958
25835	12459	13376	3179	1665	1514
25813	12603	13210	2773	1430	1343
20516	10242	10274	2130	1087	1043
78445	**38802**	**39643**	**6984**	**3601**	**3383**
19525	9718	9807	1821	957	864
18692	9289	9403	1663	851	812
15333	7505	7828	1331	689	642
13515	6751	6764	1152	577	575
11380	5539	5841	1017	527	490
42249	**20236**	**22013**	**3242**	**1630**	**1612**
8891	4408	4483	762	412	350
9399	4627	4772	693	340	353
8033	3778	4255	647	328	319
7971	3739	4232	573	286	287
7955	3684	4271	567	264	303
30182	**13579**	**16603**	**2052**	**1053**	**999**
7205	3331	3874	512	268	244
6369	2836	3533	434	216	218
6451	2850	3601	391	215	176
5286	2398	2888	391	194	197
4871	2164	2707	324	160	164
14662	**6288**	**8374**	**861**	**419**	**442**
3855	1614	2241	276	131	145
3489	1474	2015	202	95	107
3108	1346	1762	176	88	88
2264	984	1280	113	57	56
1946	870	1076	94	48	46
4698	**1920**	**2778**	**225**	**98**	**127**
1683	724	959	75	32	43
1051	416	635	52	18	34
917	375	542	49	23	26
622	241	381	29	16	13
425	164	261	20	9	11
885	**313**	**572**	**51**	**25**	**26**
328	127	201	21	11	10
248	84	164	7	3	4
151	45	106	5	3	2
91	32	59	5	1	4
67	25	42	13	7	6
84	**20**	**64**	**5**	**2**	**3**

7-2b 全省按户口登记地、年龄、性别分的

年龄	户口					
	合计			省内		
	合计	男	女	小计	男	女
总计	**6052634**	**3060712**	**2991922**	**5652839**	**2844694**	**2808145**
0-4岁	**285042**	**152720**	**132322**	**271756**	**145633**	**126123**
0	26959	14476	12483	25857	13878	11979
1	48973	26423	22550	46549	25094	21455
2	57505	30777	26728	54727	29331	25396
3	75030	39894	35136	71590	38071	33519
4	76575	41150	35425	73033	39259	33774
5-9岁	**439872**	**236885**	**202987**	**421258**	**227141**	**194117**
5	76268	40705	35563	72765	38914	33851
6	86083	46189	39894	82315	44208	38107
7	89519	48392	41127	85787	46442	39345
8	96661	52236	44425	92620	50103	42517
9	91341	49363	41978	87771	47474	40297
10-14岁	**454776**	**242476**	**212300**	**439012**	**234237**	**204775**
10	89931	48628	41303	86487	46811	39676
11	91801	49800	42001	88340	47998	40342
12	88128	47218	40910	84994	45555	39439
13	82850	44297	38553	79879	42747	37132
14	102066	52533	49533	99312	51126	48186
15-19岁	**785777**	**424185**	**361592**	**756670**	**407728**	**348942**
15	175718	91699	84019	172667	90030	82637
16	214631	114331	100300	211147	112332	98815
17	169214	90847	78367	165534	88814	76720
18	119426	67121	52305	111657	62636	49021
19	106788	60187	46601	95665	53916	41749
20-24岁	**315959**	**165181**	**150778**	**269670**	**139409**	**130261**
20	83412	46442	36970	71469	39799	31670
21	62578	33571	29007	52525	28031	24494
22	59614	30423	29191	50686	25414	25272
23	54965	27638	27327	47277	23284	23993
24	55390	27107	28283	47713	22881	24832
25-29岁	**348857**	**164258**	**184599**	**303316**	**141130**	**162186**
25	59188	28533	30655	50577	23849	26728
26	56911	27072	29839	48635	22785	25850
27	64254	30157	34097	54998	25467	29531
28	74027	34565	39462	64663	29983	34680
29	94477	43931	50546	84443	39046	45397

户口登记地在外乡镇街道的人口(镇)

单位：人

登记地					
其中市辖区内人户分离			省外		
小计	男	女	小计	男	女
53861	**26899**	**26962**	**399795**	**216018**	**183777**
2605	**1374**	**1231**	**13286**	**7087**	**6199**
246	136	110	1102	598	504
445	242	203	2424	1329	1095
532	282	250	2778	1446	1332
698	358	340	3440	1823	1617
684	356	328	3542	1891	1651
3348	**1769**	**1579**	**18614**	**9744**	**8870**
646	345	301	3503	1791	1712
674	332	342	3768	1981	1787
685	376	309	3732	1950	1782
659	341	318	4041	2133	1908
684	375	309	3570	1889	1681
3367	**1793**	**1574**	**15764**	**8239**	**7525**
622	323	299	3444	1817	1627
656	355	301	3461	1802	1659
648	352	296	3134	1663	1471
632	347	285	2971	1550	1421
809	416	393	2754	1407	1347
5460	**3005**	**2455**	**29107**	**16457**	**12650**
1426	749	677	3051	1669	1382
1903	1068	835	3484	1999	1485
1174	680	494	3680	2033	1647
521	279	242	7769	4485	3284
436	229	207	11123	6271	4852
2102	**911**	**1191**	**46289**	**25772**	**20517**
379	196	183	11943	6643	5300
372	165	207	10053	5540	4513
403	170	233	8928	5009	3919
438	177	261	7688	4354	3334
510	203	307	7677	4226	3451
2915	**1231**	**1684**	**45541**	**23128**	**22413**
495	218	277	8611	4684	3927
465	223	242	8276	4287	3989
571	231	340	9256	4690	4566
609	252	357	9364	4582	4782
775	307	468	10034	4885	5149

7-2b 续表 1

年龄	户口					
	合计			省内		
	合计	男	女	小计	男	女
30-34岁	**628103**	**288142**	**339961**	**566930**	**258696**	**308234**
30	132067	59762	72305	119416	53637	65779
31	130076	59679	70397	117560	53719	63841
32	121767	56048	65719	109881	50340	59541
33	132335	60944	71391	119274	54596	64678
34	111858	51709	60149	100799	46404	54395
35-39岁	**511866**	**242441**	**269425**	**466784**	**219632**	**247152**
35	99696	47095	52601	90145	42379	47766
36	101029	47721	53308	91696	43079	48617
37	99950	47411	52539	91291	43027	48264
38	116491	55251	61240	107064	50414	56650
39	94700	44963	49737	86588	40733	45855
40-44岁	**440050**	**217676**	**222374**	**405115**	**198301**	**206814**
40	85481	41329	44152	78505	37610	40895
41	94141	46214	47927	86520	41957	44563
42	84706	41525	43181	77768	37717	40051
43	81699	41066	40633	75207	37363	37844
44	94023	47542	46481	87115	43654	43461
45-49岁	**488963**	**251605**	**237358**	**455659**	**231739**	**223920**
45	96543	49025	47518	89672	45083	44589
46	105007	53535	51472	97547	49244	48303
47	99332	51449	47883	92416	47273	45143
48	96060	49663	46397	89840	45864	43976
49	92021	47933	44088	86184	44275	41909
50-54岁	**452281**	**230662**	**221619**	**428235**	**215523**	**212712**
50	99947	50997	48950	94097	47382	46715
51	92737	47337	45400	87683	44087	43596
52	103650	53138	50512	98451	49911	48540
53	73589	37167	36422	69730	34731	34999
54	82358	42023	40335	78274	39412	38862
55-59岁	**331291**	**167374**	**163917**	**316553**	**158375**	**158178**
55	80983	41109	39874	77218	38770	38448
56	77583	38900	38683	74152	36800	37352
57	89872	45723	44149	86165	43473	42692
58	60920	30829	30091	58311	29217	29094
59	21933	10813	11120	20707	10115	10592
60-64岁	**181839**	**90226**	**91613**	**174502**	**85984**	**88518**
60	30519	15135	15384	29171	14354	14817
61	29304	14849	14455	27930	14045	13885
62	38380	19112	19268	36778	18142	18636
63	45030	22315	22715	43377	21386	21991
64	38606	18815	19791	37246	18057	19189

单位：人

登记地					
其中市辖区内人户分离			省外		
小计	男	女	小计	男	女
4953	**2072**	**2881**	**61173**	**29446**	**31727**
1099	438	661	12651	6125	6526
1053	421	632	12516	5960	6556
974	417	557	11886	5708	6178
1005	447	558	13061	6348	6713
822	349	473	11059	5305	5754
4079	**1858**	**2221**	**45082**	**22809**	**22273**
776	330	446	9551	4716	4835
768	364	404	9333	4642	4691
782	360	422	8659	4384	4275
970	434	536	9427	4837	4590
783	370	413	8112	4230	3882
3859	**1831**	**2028**	**34935**	**19375**	**15560**
682	305	377	6976	3719	3257
786	374	412	7621	4257	3364
775	373	402	6938	3808	3130
742	348	394	6492	3703	2789
874	431	443	6908	3888	3020
4936	**2482**	**2454**	**33304**	**19866**	**13438**
972	509	463	6871	3942	2929
972	451	521	7460	4291	3169
976	510	466	6916	4176	2740
969	467	502	6220	3799	2421
1047	545	502	5837	3658	2179
4947	**2532**	**2415**	**24046**	**15139**	**8907**
1100	532	568	5850	3615	2235
1027	515	512	5054	3250	1804
1084	573	511	5199	3227	1972
847	440	407	3859	2436	1423
889	472	417	4084	2611	1473
3713	**1971**	**1742**	**14738**	**8999**	**5739**
900	463	437	3765	2339	1426
860	442	418	3431	2100	1331
1005	552	453	3707	2250	1457
662	359	303	2609	1612	997
286	155	131	1226	698	528
2017	**1111**	**906**	**7337**	**4242**	**3095**
405	229	176	1348	781	567
335	187	148	1374	804	570
431	231	200	1602	970	632
461	258	203	1653	929	724
385	206	179	1360	758	602

7-2b 续表 2

年龄	户口					
	合计			省内		
	合计	男	女	小计	男	女
65-69岁	**168486**	**81082**	**87404**	**163204**	**78171**	**85033**
65	36404	17562	18842	35127	16852	18275
66	37659	17983	19676	36396	17251	19145
67	34014	16296	17718	32982	15718	17264
68	33965	16445	17520	32969	15918	17051
69	26444	12796	13648	25730	12432	13298
70-74岁	**102979**	**51206**	**51773**	**100372**	**49818**	**50554**
70	25149	12366	12783	24497	12032	12465
71	24498	12184	12314	23869	11823	12046
72	20172	9998	10174	19726	9758	9968
73	17834	8948	8886	17366	8700	8666
74	15326	7710	7616	14914	7505	7409
75-79岁	**55928**	**27537**	**28391**	**54470**	**26779**	**27691**
75	12424	6170	6254	12097	5992	6105
76	12738	6438	6300	12426	6271	6155
77	10852	5312	5540	10532	5155	5377
78	9887	4817	5070	9634	4688	4946
79	10027	4800	5227	9781	4673	5108
80-84岁	**36558**	**16788**	**19770**	**35744**	**16343**	**19401**
80	8839	4348	4491	8632	4232	4400
81	7354	3382	3972	7174	3289	3885
82	7966	3666	4300	7811	3582	4229
83	6741	2967	3774	6593	2879	3714
84	5658	2425	3233	5534	2361	3173
85-89岁	**17093**	**7457**	**9636**	**16764**	**7284**	**9480**
85	4226	1832	2394	4132	1773	2359
86	4008	1755	2253	3928	1713	2215
87	3830	1687	2143	3760	1654	2106
88	2750	1185	1565	2700	1163	1537
89	2279	998	1281	2244	981	1263
90-94岁	**5727**	**2367**	**3360**	**5655**	**2335**	**3320**
90	1937	831	1106	1913	816	1097
91	1293	569	724	1278	562	716
92	1139	455	684	1126	451	675
93	836	308	528	822	304	518
94	522	204	318	516	202	314
95-99岁	**1082**	**416**	**666**	**1065**	**408**	**657**
95	380	158	222	374	157	217
96	308	126	182	306	125	181
97	162	57	105	158	54	104
98	119	41	78	117	39	78
99	113	34	79	110	33	77
100岁及以上	**105**	**28**	**77**	**105**	**28**	**77**

单位：人

登记地					
其中市辖区内人户分离			省外		
小计	男	女	小计	男	女
2145	**1127**	**1018**	**5282**	**2911**	**2371**
441	216	225	1277	710	567
435	218	217	1263	732	531
419	235	184	1032	578	454
461	255	206	996	527	469
389	203	186	714	364	350
1540	**847**	**693**	**2607**	**1388**	**1219**
360	192	168	652	334	318
335	203	132	629	361	268
292	144	148	446	240	206
294	169	125	468	248	220
259	139	120	412	205	207
884	**488**	**396**	**1458**	**758**	**700**
207	119	88	327	178	149
180	102	78	312	167	145
167	90	77	320	157	163
164	84	80	253	129	124
166	93	73	246	127	119
596	**304**	**292**	**814**	**445**	**369**
144	69	75	207	116	91
119	63	56	180	93	87
134	68	66	155	84	71
114	58	56	148	88	60
85	46	39	124	64	60
292	**139**	**153**	**329**	**173**	**156**
71	33	38	94	59	35
75	40	35	80	42	38
61	28	33	70	33	37
40	18	22	50	22	28
45	20	25	35	17	18
85	**44**	**41**	**72**	**32**	**40**
36	20	16	24	15	9
18	11	7	15	7	8
18	7	11	13	4	9
6	3	3	14	4	10
7	3	4	6	2	4
16	**9**	**7**	**17**	**8**	**9**
6	5	1	6	1	5
8	3	5	2	1	1
1	1		4	3	1
			2	2	
1		1	3	1	2
2	**1**	**1**			

7-2c 全省按户口登记地、年龄、性别分的

年龄	户口					
	合计			省内		
	合计	男	女	小计	男	女
总计	**1138316**	**571760**	**566556**	**947322**	**481708**	**465614**
0-4岁	**44846**	**23462**	**21384**	**37566**	**19647**	**17919**
0	4678	2448	2230	4051	2119	1932
1	8450	4386	4064	7061	3652	3409
2	9603	5053	4550	7982	4208	3774
3	11164	5805	5359	9363	4858	4505
4	10951	5770	5181	9109	4810	4299
5-9岁	**56377**	**29174**	**27203**	**46900**	**24433**	**22467**
5	10996	5665	5331	9111	4713	4398
6	11162	5805	5357	9275	4866	4409
7	11068	5708	5360	9176	4741	4435
8	11815	6179	5636	9853	5217	4636
9	11336	5817	5519	9485	4896	4589
10-14岁	**53353**	**27379**	**25974**	**45537**	**23409**	**22128**
10	10915	5588	5327	9168	4697	4471
11	10793	5606	5187	9051	4723	4328
12	10181	5220	4961	8581	4397	4184
13	9774	5089	4685	8326	4374	3952
14	11690	5876	5814	10411	5218	5193
15-19岁	**103521**	**50197**	**53324**	**94625**	**45912**	**48713**
15	20121	10030	10091	19132	9492	9640
16	21967	11343	10624	20978	10811	10167
17	18954	9745	9209	17779	9135	8644
18	19091	9038	10053	16918	8018	8900
19	23388	10041	13347	19818	8456	11362
20-24岁	**80238**	**33938**	**46300**	**59602**	**25282**	**34320**
20	20558	8934	11624	16362	7121	9241
21	16115	6940	9175	11982	5167	6815
22	15108	6408	8700	10790	4576	6214
23	14230	6011	8219	10231	4293	5938
24	14227	5645	8582	10237	4125	6112
25-29岁	**84508**	**32578**	**51930**	**61405**	**24155**	**37250**
25	15450	6087	9363	11245	4430	6815
26	14717	5659	9058	10493	4096	6397
27	16019	6028	9991	11440	4442	6998
28	17671	6760	10911	12779	5025	7754
29	20651	8044	12607	15448	6162	9286

户口登记地在外乡镇街道的人口(乡村)

单位：人

登记地					
其中市辖区内人户分离			省外		
小计	男	女	小计	男	女
91304	**46176**	**45128**	**190994**	**90052**	**100942**
3828	**1969**	**1859**	**7280**	**3815**	**3465**
424	212	212	627	329	298
691	343	348	1389	734	655
810	419	391	1621	845	776
988	521	467	1801	947	854
915	474	441	1842	960	882
4516	**2401**	**2115**	**9477**	**4741**	**4736**
901	472	429	1885	952	933
898	459	439	1887	939	948
870	483	387	1892	967	925
923	496	427	1962	962	1000
924	491	433	1851	921	930
4492	**2256**	**2236**	**7816**	**3970**	**3846**
866	439	427	1747	891	856
868	459	409	1742	883	859
836	418	418	1600	823	777
807	407	400	1448	715	733
1115	533	582	1279	658	621
10154	**5479**	**4675**	**8896**	**4285**	**4611**
2519	1273	1246	989	538	451
3065	1675	1390	989	532	457
2212	1274	938	1175	610	565
1128	607	521	2173	1020	1153
1230	650	580	3570	1585	1985
4663	**2160**	**2503**	**20636**	**8656**	**11980**
979	508	471	4196	1813	2383
848	396	452	4133	1773	2360
984	491	493	4318	1832	2486
909	391	518	3999	1718	2281
943	374	569	3990	1520	2470
6123	**2290**	**3833**	**23103**	**8423**	**14680**
986	363	623	4205	1657	2548
992	385	607	4224	1563	2661
1196	427	769	4579	1586	2993
1313	484	829	4892	1735	3157
1636	631	1005	5203	1882	3321

7-2c 续表 1

年龄	户口					
	合计			省内		
	合计	男	女	小计	男	女
30-34岁	**117783**	**46782**	**71001**	**88963**	**36231**	**52732**
30	27245	10438	16807	20798	8140	12658
31	25422	9954	15468	19509	7840	11669
32	22152	8788	13364	16844	6830	10014
33	23119	9371	13748	17195	7164	10031
34	19845	8231	11614	14617	6257	8360
35-39岁	**84435**	**37514**	**46921**	**63609**	**28863**	**34746**
35	17015	7275	9740	12448	5463	6985
36	16910	7290	9620	12510	5591	6919
37	16431	7414	9017	12416	5676	6740
38	19068	8674	10394	14756	6804	7952
39	15011	6861	8150	11479	5329	6150
40-44岁	**74757**	**37046**	**37711**	**58957**	**29464**	**29493**
40	13817	6510	7307	10659	5118	5541
41	15430	7575	7855	12144	6022	6122
42	14324	7084	7240	11286	5619	5667
43	14166	7177	6989	11223	5743	5480
44	17020	8700	8320	13645	6962	6683
45-49岁	**95215**	**51803**	**43412**	**78525**	**42210**	**36315**
45	18333	9755	8578	14886	7867	7019
46	20224	10758	9466	16565	8710	7855
47	19125	10360	8765	15804	8444	7360
48	19099	10532	8567	15947	8682	7265
49	18434	10398	8036	15323	8507	6816
50-54岁	**92576**	**52532**	**40044**	**79162**	**44041**	**35121**
50	20196	11137	9059	17133	9262	7871
51	18709	10616	8093	15926	8831	7095
52	21157	11995	9162	18226	10141	8085
53	15518	8947	6571	13221	7482	5739
54	16996	9837	7159	14656	8325	6331
55-59岁	**68239**	**40661**	**27578**	**60302**	**35451**	**24851**
55	16029	9450	6579	13939	8115	5824
56	15729	9438	6291	13960	8276	5684
57	18494	11103	7391	16521	9775	6746
58	12803	7662	5141	11338	6684	4654
59	5184	3008	2176	4544	2601	1943
60-64岁	**40242**	**23792**	**16450**	**36647**	**21461**	**15186**
60	6889	4015	2874	6219	3575	2644
61	6336	3738	2598	5727	3348	2379
62	8603	5114	3489	7778	4550	3228
63	9584	5746	3838	8823	5258	3565
64	8830	5179	3651	8100	4730	3370

单位：人

登记地					
其中市辖区内人户分离			省　　外		
小计	男	女	小计	男	女
9721	**3760**	**5961**	**28820**	**10551**	**18269**
2267	837	1430	6447	2298	4149
2150	801	1349	5913	2114	3799
1876	698	1178	5308	1958	3350
1902	791	1111	5924	2207	3717
1526	633	893	5228	1974	3254
6400	**2837**	**3563**	**20826**	**8651**	**12175**
1279	547	732	4567	1812	2755
1258	556	702	4400	1699	2701
1260	556	704	4015	1738	2277
1511	669	842	4312	1870	2442
1092	509	583	3532	1532	2000
5713	**2760**	**2953**	**15800**	**7582**	**8218**
1021	488	533	3158	1392	1766
1201	563	638	3286	1553	1733
1048	520	528	3038	1465	1573
1149	547	602	2943	1434	1509
1294	642	652	3375	1738	1637
7575	**3934**	**3641**	**16690**	**9593**	**7097**
1440	744	696	3447	1888	1559
1525	783	742	3659	2048	1611
1579	814	765	3321	1916	1405
1531	817	714	3152	1850	1302
1500	776	724	3111	1891	1220
7572	**4085**	**3487**	**13414**	**8491**	**4923**
1681	892	789	3063	1875	1188
1546	820	726	2783	1785	998
1753	933	820	2931	1854	1077
1192	669	523	2297	1465	832
1400	771	629	2340	1512	828
5589	**3187**	**2402**	**7937**	**5210**	**2727**
1321	727	594	2090	1335	755
1321	759	562	1769	1162	607
1496	864	632	1973	1328	645
1049	603	446	1465	978	487
402	234	168	640	407	233
3374	**1977**	**1397**	**3595**	**2331**	**1264**
567	332	235	670	440	230
529	312	217	609	390	219
703	429	274	825	564	261
824	484	340	761	488	273
751	420	331	730	449	281

7-2c 续表 2

年龄	户口					
	合计			省内		
	合计	男	女	小计	男	女
65-69岁	**43762**	**25714**	**18048**	**41087**	**24184**	**16903**
65	8571	4972	3599	7951	4604	3347
66	9192	5355	3837	8604	4998	3606
67	8749	5188	3561	8217	4874	3343
68	9481	5622	3859	8970	5346	3624
69	7769	4577	3192	7345	4362	2983
70-74岁	**38617**	**24611**	**14006**	**36871**	**23608**	**13263**
70	8156	4979	3177	7781	4778	3003
71	8672	5428	3244	8250	5197	3053
72	7624	4751	2873	7265	4547	2718
73	7413	4905	2508	7095	4716	2379
74	6752	4548	2204	6480	4370	2110
75-79岁	**25621**	**16202**	**9419**	**24521**	**15617**	**8904**
75	5783	3750	2033	5543	3628	1915
76	6143	4071	2072	5861	3910	1951
77	4732	2998	1734	4526	2896	1630
78	4486	2759	1727	4296	2652	1644
79	4477	2624	1853	4295	2531	1764
80-84岁	**18296**	**10270**	**8026**	**17583**	**9864**	**7719**
80	4238	2579	1659	4077	2480	1597
81	3724	2081	1643	3564	1993	1571
82	3968	2184	1784	3800	2085	1715
83	3337	1859	1478	3211	1788	1423
84	3029	1567	1462	2931	1518	1413
85-89岁	**10390**	**5386**	**5004**	**10065**	**5219**	**4846**
85	2449	1269	1180	2374	1227	1147
86	2366	1220	1146	2290	1184	1106
87	2241	1168	1073	2153	1121	1032
88	1797	903	894	1745	880	865
89	1537	826	711	1503	807	696
90-94岁	**4379**	**2198**	**2181**	**4273**	**2148**	**2125**
90	1408	733	675	1369	715	654
91	958	487	471	936	477	459
92	916	449	467	898	439	459
93	653	300	353	635	293	342
94	444	229	215	435	224	211
95-99岁	**1047**	**472**	**575**	**1012**	**461**	**551**
95	402	173	229	390	170	220
96	298	145	153	293	143	150
97	154	67	87	144	64	80
98	98	44	54	94	42	52
99	95	43	52	91	42	49
100岁及以上	**114**	**49**	**65**	**110**	**48**	**62**

单位：人

登记地					
其中市辖区内人户分离			省外		
小计	男	女	小计	男	女
4049	**2411**	**1638**	**2675**	**1530**	**1145**
822	478	344	620	368	252
844	490	354	588	357	231
772	460	312	532	314	218
905	541	364	511	276	235
706	442	264	424	215	209
3366	**2143**	**1223**	**1746**	**1003**	**743**
783	489	294	375	201	174
805	489	316	422	231	191
640	417	223	359	204	155
588	381	207	318	189	129
550	367	183	272	178	94
2046	**1328**	**718**	**1100**	**585**	**515**
486	320	166	240	122	118
493	325	168	282	161	121
371	245	126	206	102	104
348	226	122	190	107	83
348	212	136	182	93	89
1248	**737**	**511**	**713**	**406**	**307**
311	194	117	161	99	62
261	156	105	160	88	72
253	148	105	168	99	69
222	131	91	126	71	55
201	108	93	98	49	49
605	**327**	**278**	**325**	**167**	**158**
150	88	62	75	42	33
134	72	62	76	36	40
118	63	55	88	47	41
103	52	51	52	23	29
100	52	48	34	19	15
211	**114**	**97**	**106**	**50**	**56**
68	38	30	39	18	21
51	31	20	22	10	12
40	21	19	18	10	8
32	15	17	18	7	11
20	9	11	9	5	4
55	**21**	**34**	**35**	**11**	**24**
22	9	13	12	3	9
11	6	5	5	2	3
12	4	8	10	3	7
6	2	4	4	2	2
4		4	4	1	3
4		**4**	**4**	**1**	**3**

7-3 全省按现住地、性别分的户口登记地在外省的人口

单位：人

现住地	户口登记地					
	合计			北京		
	合计	男	女	小计	男	女
全省	**1577563**	**845434**	**732129**	**9755**	**5689**	**4066**
长沙市	702766	397545	305221	5066	3023	2043
株洲市	140560	78728	61832	647	366	281
湘潭市	84179	44832	39347	544	323	221
衡阳市	96465	50960	45505	453	253	200
邵阳市	56026	25538	30488	419	245	174
岳阳市	102923	52706	50217	516	312	204
常德市	75828	36691	39137	582	321	261
张家界市	24191	13145	11046	111	67	44
益阳市	40083	19405	20678	221	125	96
郴州市	61422	32620	28802	225	126	99
永州市	51222	25281	25941	176	105	71
怀化市	76283	37138	39145	238	143	95
娄底市	37822	17534	20288	217	112	105
湘西州	27793	13311	14482	340	168	172

7-3 续表 1

单位：人

现住地	户口登记地								
	天津			河北			山西		
	小计	男	女	小计	男	女	小计	男	女
全省	**6564**	**3657**	**2907**	**44316**	**24359**	**19957**	**21485**	**11653**	**9832**
长沙市	3698	2024	1674	23471	13054	10417	11612	6371	5241
株洲市	324	187	137	3695	2128	1567	1276	739	537
湘潭市	536	291	245	3486	1759	1727	1609	786	823
衡阳市	360	215	145	1976	1152	824	961	572	389
邵阳市	166	87	79	1256	655	601	496	230	266
岳阳市	334	193	141	1619	891	728	692	376	316
常德市	319	182	137	1701	953	748	987	511	476
张家界市	84	60	24	740	419	321	368	240	128
益阳市	97	60	37	698	365	333	465	226	239
郴州市	157	89	68	1277	672	605	673	392	281
永州市	152	82	70	1114	563	551	579	303	276
怀化市	123	64	59	1999	1089	910	691	357	334
娄底市	126	72	54	704	376	328	696	328	368
湘西州	88	51	37	580	283	297	380	222	158

7-3　续表 2　　　　单位：人

现住地	户口登记地								
	内蒙古			辽宁			吉林		
	小计	男	女	小计	男	女	小计	男	女
全　省	**12555**	**6882**	**5673**	**16943**	**9534**	**7409**	**16302**	**8986**	**7316**
长沙市	7030	3868	3162	9333	5125	4208	8749	4807	3942
株洲市	757	453	304	1320	820	500	1052	630	422
湘潭市	874	465	409	1299	704	595	1198	559	639
衡阳市	1014	585	429	961	553	408	898	517	381
邵阳市	247	132	115	301	140	161	343	178	165
岳阳市	448	237	211	715	403	312	589	344	245
常德市	360	184	176	581	337	244	537	322	215
张家界市	246	141	105	350	233	117	732	436	296
益阳市	197	104	93	288	170	118	354	195	159
郴州市	220	136	84	400	228	172	415	219	196
永州市	297	148	149	382	258	124	367	204	163
怀化市	358	186	172	499	293	206	518	294	224
娄底市	221	113	108	331	170	161	311	162	149
湘西州	286	130	156	183	100	83	239	119	120

7-3　续表 3　　　　单位：人

现住地	户口登记地								
	黑龙江			上海			江苏		
	小计	男	女	小计	男	女	小计	男	女
全　省	**18118**	**9672**	**8446**	**5957**	**3756**	**2201**	**44418**	**26641**	**17777**
长沙市	10387	5444	4943	2661	1711	950	20750	12656	8094
株洲市	1516	824	692	490	296	194	3782	2433	1349
湘潭市	1268	613	655	491	289	202	2684	1590	1094
衡阳市	900	520	380	373	225	148	2711	1664	1047
邵阳市	425	240	185	147	91	56	1432	789	643
岳阳市	721	387	334	538	362	176	2248	1312	936
常德市	558	319	239	423	234	189	2009	1212	797
张家界市	382	230	152	57	37	20	737	462	275
益阳市	320	177	143	157	109	48	1291	764	527
郴州市	422	232	190	151	98	53	1458	850	608
永州市	242	149	93	139	90	49	1206	708	498
怀化市	467	243	224	170	116	54	2085	1101	984
娄底市	338	190	148	113	76	37	1294	685	609
湘西州	172	104	68	47	22	25	731	415	316

7-3 续表 4

单位：人

现住地	户口登记地								
	浙江			安徽			福建		
	小计	男	女	小计	男	女	小计	男	女
全省	**58750**	**33669**	**25081**	**55819**	**32481**	**23338**	**66624**	**39438**	**27186**
长沙市	24004	13954	10050	28015	16558	11457	30076	17620	12456
株洲市	8505	4974	3531	4826	2958	1868	5816	3499	2317
湘潭市	3121	1802	1319	3899	2240	1659	3581	2035	1546
衡阳市	3322	1925	1397	3736	2307	1429	4200	2492	1708
邵阳市	2033	1113	920	1278	697	581	2140	1283	857
岳阳市	2506	1457	1049	2723	1462	1261	2836	1769	1067
常德市	2622	1463	1159	2942	1624	1318	3042	1790	1252
张家界市	940	552	388	893	539	354	1014	600	414
益阳市	1366	728	638	1164	610	554	1347	803	544
郴州市	2293	1325	968	1541	874	667	3263	2002	1261
永州市	1536	844	692	1217	735	482	2370	1425	945
怀化市	3990	2158	1832	2041	1074	967	4428	2637	1791
娄底市	1128	619	509	962	513	449	1428	834	594
湘西州	1384	755	629	582	290	292	1083	649	434

7-3 续表 5

单位：人

现住地	户口登记地								
	江西			山东			河南		
	小计	男	女	小计	男	女	小计	男	女
全省	**123848**	**69644**	**54204**	**37859**	**22223**	**15636**	**133659**	**77320**	**56339**
长沙市	67662	39099	28563	20830	12268	8562	75754	44671	31083
株洲市	15976	8944	7032	2388	1438	950	9238	5593	3645
湘潭市	6415	3925	2490	3248	1834	1414	6764	3780	2984
衡阳市	6351	3598	2753	2072	1282	790	6253	3587	2666
邵阳市	3034	1442	1592	677	365	312	3423	1804	1619
岳阳市	4362	2277	2085	1554	914	640	6297	3543	2754
常德市	3947	2000	1947	1382	795	587	5307	2937	2370
张家界市	1151	645	506	578	398	180	1974	1173	801
益阳市	2049	1020	1029	816	470	346	2964	1642	1322
郴州市	4229	2315	1914	1047	588	459	3923	2271	1652
永州市	1727	850	877	677	450	227	2873	1561	1312
怀化市	3522	1789	1733	1301	747	554	4869	2635	2234
娄底市	2451	1255	1196	865	435	430	2440	1272	1168
湘西州	972	485	487	424	239	185	1580	851	729

7-3　续表 6　　　　单位：人

现住地	户口登记地								
	湖北			湖南			广东		
	小计	男	女	小计	男	女	小计	男	女
全　省	**220718**	**119971**	**100747**				**149406**	**74093**	**75313**
长沙市	98165	56185	41980				51522	28346	23176
株洲市	31811	17269	14542				10423	5407	5016
湘潭市	7241	3971	3270				7202	3676	3526
衡阳市	6986	3813	3173				15637	7676	7961
邵阳市	2996	1315	1681				7342	3103	4239
岳阳市	34380	17877	16503				8526	3675	4851
常德市	14276	6923	7353				8425	3598	4827
张家界市	3316	1709	1607				1635	727	908
益阳市	4171	2164	2007				4831	2013	2818
郴州市	4260	2376	1884				14945	7449	7496
永州市	2097	1130	967				7572	3514	4058
怀化市	4823	2403	2420				5801	2541	3260
娄底市	2576	1218	1358				4403	1892	2511
湘西州	3620	1618	2002				1142	476	666

7-3　续表 7　　　　单位：人

现住地	户口登记地								
	广西			海南			重庆		
	小计	男	女	小计	男	女	小计	男	女
全　省	**90191**	**38389**	**51802**	**17323**	**7843**	**9480**	**56679**	**30793**	**25886**
长沙市	29756	14550	15206	7024	3481	3543	20533	11677	8856
株洲市	6089	3029	3060	1017	462	555	3973	2223	1750
湘潭市	4036	1747	2289	1930	867	1063	3045	1613	1432
衡阳市	7753	3105	4648	1832	816	1016	3831	2180	1651
邵阳市	6519	2251	4268	561	228	333	2243	1098	1145
岳阳市	3960	1400	2560	660	258	402	3696	1970	1726
常德市	3734	1157	2577	776	290	486	3310	1656	1654
张家界市	1151	413	738	154	66	88	1275	685	590
益阳市	2052	590	1462	498	215	283	1756	833	923
郴州市	4870	2153	2717	546	215	331	1910	1038	872
永州市	11419	4897	6522	868	378	490	1675	917	758
怀化市	5071	1843	3228	752	297	455	4043	2248	1795
娄底市	2831	900	1931	561	227	334	1385	680	705
湘西州	950	354	596	144	43	101	4004	1975	2029

7-3 续表 8

单位：人

现住地	户口登记地								
	四川			贵州			云南		
	小计	男	女	小计	男	女	小计	男	女
全　省	**94672**	**49356**	**45316**	**134473**	**67428**	**67045**	**43975**	**19995**	**23980**
长沙市	37169	20380	16789	43199	24550	18649	16091	8341	7750
株洲市	6841	3732	3109	8203	4550	3653	3884	2008	1876
湘潭市	4839	2529	2310	5496	2887	2609	2543	1185	1358
衡阳市	6492	3388	3104	8042	4065	3977	3605	1298	2307
邵阳市	4077	1901	2176	9331	4045	5286	2216	689	1527
岳阳市	6745	3384	3361	8852	4324	4528	2807	1314	1493
常德市	5422	2489	2933	6842	2824	4018	1878	682	1196
张家界市	2042	1061	981	2028	954	1074	677	302	375
益阳市	3114	1394	1720	4118	1822	2296	3170	1542	1628
郴州市	4066	2173	1893	5433	2949	2484	1396	643	753
永州市	3261	1710	1551	5054	2469	2585	1797	629	1168
怀化市	6196	3092	3104	17311	7495	9816	1851	666	1185
娄底市	2489	1131	1358	5786	2466	3320	1437	478	959
湘西州	1919	992	927	4778	2028	2750	623	218	405

7-3 续表 9

单位：人

现住地	户口登记地								
	西藏			陕西			甘肃		
	小计	男	女	小计	男	女	小计	男	女
全　省	**5459**	**2600**	**2859**	**33213**	**18037**	**15176**	**27380**	**15373**	**12007**
长沙市	1752	858	894	15768	9044	6724	14331	8369	5962
株洲市	267	147	120	2444	1351	1093	2228	1295	933
湘潭市	185	94	91	3246	1533	1713	1457	827	630
衡阳市	110	59	51	1993	1128	865	1583	912	671
邵阳市	129	78	51	1113	537	576	745	331	414
岳阳市	988	413	575	1497	730	767	1130	642	488
常德市	99	59	40	1517	759	758	1199	572	627
张家界市	57	30	27	514	320	194	550	384	166
益阳市	299	176	123	823	440	383	736	331	405
郴州市	43	26	17	1037	561	476	846	416	430
永州市	280	98	182	764	359	405	638	335	303
怀化市	180	96	84	1362	693	669	952	480	472
娄底市	822	359	463	712	362	350	604	286	318
湘西州	248	107	141	423	220	203	381	193	188

7-3 续表 10

单位：人

现住地	户口登记地								
	青海			宁夏			新疆		
	小计	男	女	小计	男	女	小计	男	女
全省	**7296**	**3796**	**3500**	**5756**	**3090**	**2666**	**18050**	**9066**	**8984**
长沙市	4529	2391	2138	3673	2075	1598	10156	5045	5111
株洲市	384	229	155	409	205	204	979	539	440
湘潭市	415	175	240	335	161	174	1192	572	620
衡阳市	519	276	243	391	187	204	1150	610	540
邵阳市	218	110	108	110	42	68	609	319	290
岳阳市	172	87	85	153	93	60	659	300	359
常德市	164	70	94	107	39	68	780	389	391
张家界市	79	44	35	66	50	16	290	168	122
益阳市	115	51	64	178	77	101	428	189	239
郴州市	94	46	48	52	21	31	230	137	93
永州市	99	45	54	45	22	23	599	303	296
怀化市	196	103	93	74	42	32	372	213	159
娄底市	207	119	88	83	39	44	301	165	136
湘西州	105	50	55	80	37	43	305	117	188

7-3a 全省按现住地、性别分的户口登记地在外省的人口(城市)

单位：人

现住地	户口登记地					
	合计			北京		
	合计	男	女	小计	男	女
全省	**986774**	**539364**	**447410**	**7358**	**4295**	**3063**
长沙市	535686	299424	236262	4631	2752	1879
株洲市	112964	63240	49724	567	311	256
湘潭市	44352	23124	21228	353	209	144
衡阳市	51783	28430	23353	272	150	122
邵阳市	22707	11448	11259	261	151	110
岳阳市	57565	30873	26692	334	211	123
常德市	33402	16973	16429	290	154	136
张家界市	13246	7698	5548	61	37	24
益阳市	11525	5716	5809	75	41	34
郴州市	28545	15220	13325	149	82	67
永州市	12612	6073	6539	63	36	27
怀化市	30789	15580	15209	118	73	45
娄底市	19948	9718	10230	140	71	69
湘西州	11650	5847	5803	44	17	27

7-3a 续表 1

单位：人

现住地	户口登记地								
	天津			河北			山西		
	小计	男	女	小计	男	女	小计	男	女
全省	**5245**	**2886**	**2359**	**32834**	**17623**	**15211**	**15693**	**8304**	**7389**
长沙市	3431	1867	1564	18981	10246	8735	9196	4913	4283
株洲市	286	166	120	3272	1857	1415	1099	620	479
湘潭市	245	139	106	1958	942	1016	990	501	489
衡阳市	266	155	111	1265	775	490	586	354	232
邵阳市	100	55	45	874	437	437	382	173	209
岳阳市	250	146	104	1147	641	506	499	289	210
常德市	173	88	85	900	482	418	588	296	292
张家界市	55	36	19	503	280	223	233	149	84
益阳市	31	22	9	227	126	101	142	71	71
郴州市	113	58	55	979	497	482	473	248	225
永州市	79	34	45	590	229	361	337	142	195
怀化市	77	38	39	1375	725	650	421	203	218
娄底市	93	56	37	442	231	211	566	252	314
湘西州	46	26	20	321	155	166	181	93	88

7-3a 续表 2

单位：人

现住地	户口登记地								
	内蒙古			辽宁			吉林		
	小计	男	女	小计	男	女	小计	男	女
全省	**9742**	**5219**	**4523**	**12655**	**6913**	**5742**	**12271**	**6625**	**5646**
长沙市	6056	3235	2821	7838	4223	3615	7253	3900	3353
株洲市	657	390	267	1135	694	441	921	536	385
湘潭市	444	241	203	721	391	330	672	311	361
衡阳市	796	480	316	643	370	273	616	368	248
邵阳市	123	63	60	201	83	118	190	90	100
岳阳市	286	152	134	418	221	197	392	227	165
常德市	214	97	117	332	177	155	289	166	123
张家界市	178	102	76	250	160	90	647	387	260
益阳市	66	33	33	88	41	47	124	60	64
郴州市	155	95	60	256	147	109	289	145	144
永州市	140	51	89	136	72	64	162	70	92
怀化市	260	132	128	276	157	119	298	155	143
娄底市	158	68	90	243	118	125	230	120	110
湘西州	209	80	129	118	59	59	188	90	98

7-3a　续表 3　　　　单位：人

现住地	户口登记地								
	黑龙江			上海			江苏		
	小计	男	女	小计	男	女	小计	男	女
全省	**13646**	**7182**	**6464**	**4393**	**2789**	**1604**	**30999**	**18463**	**12536**
长沙市	8520	4377	4143	2358	1498	860	17237	10313	6924
株洲市	1374	742	632	417	259	158	3211	2047	1164
湘潭市	631	304	327	254	143	111	1444	837	607
衡阳市	559	347	212	236	154	82	1647	1007	640
邵阳市	270	155	115	87	55	32	611	340	271
岳阳市	509	272	237	389	278	111	1452	865	587
常德市	325	176	149	241	128	113	1044	655	389
张家界市	317	191	126	30	21	9	375	229	146
益阳市	134	78	56	65	48	17	386	220	166
郴州市	298	158	140	106	71	35	856	453	403
永州市	77	40	37	73	44	29	571	324	247
怀化市	260	126	134	55	39	16	996	529	467
娄底市	250	141	109	62	44	18	838	433	405
湘西州	122	75	47	20	7	13	331	211	120

7-3a　续表 4　　　　单位：人

现住地	户口登记地								
	浙江			安徽			福建		
	小计	男	女	小计	男	女	小计	男	女
全省	**40780**	**23048**	**17732**	**38180**	**22429**	**15751**	**45498**	**26425**	**19073**
长沙市	20210	11542	8668	22354	13159	9195	24761	14367	10394
株洲市	7129	4041	3088	3973	2428	1545	4762	2841	1921
湘潭市	1868	1090	778	2419	1369	1050	1921	1090	831
衡阳市	2066	1177	889	2307	1469	838	2666	1566	1100
邵阳市	1126	606	520	700	421	279	954	563	391
岳阳市	1388	810	578	1405	789	616	1648	1013	635
常德市	1383	786	597	1359	754	605	1722	985	737
张家界市	513	306	207	467	305	162	584	340	244
益阳市	446	228	218	344	165	179	423	248	175
郴州市	1314	713	601	879	493	386	1826	1054	772
永州市	487	223	264	356	176	180	632	361	271
怀化市	1790	930	860	833	467	366	2323	1278	1045
娄底市	598	334	264	487	261	226	751	403	348
湘西州	462	262	200	297	173	124	525	316	209

7-3a 续表 5

单位：人

现 住 地	户口登记地								
	江 西			山 东			河 南		
	小计	男	女	小计	男	女	小计	男	女
全 省	**75733**	**42656**	**33077**	**27566**	**16014**	**11552**	**84697**	**49742**	**34955**
长沙市	44782	25606	19176	16768	9829	6939	53418	31794	21624
株洲市	11444	6393	5051	2020	1202	818	7503	4488	3015
湘潭市	2846	1575	1271	2008	1090	918	3809	2039	1770
衡阳市	3603	2027	1576	1328	858	470	3471	2043	1428
邵阳市	1477	793	684	316	170	146	1525	904	621
岳阳市	2193	1184	1009	1008	602	406	3393	1907	1486
常德市	1803	983	820	711	389	322	2263	1367	896
张家界市	708	436	272	382	273	109	1172	741	431
益阳市	705	372	333	277	166	111	925	495	430
郴州市	2094	1160	934	775	408	367	2098	1237	861
永州市	461	240	221	241	135	106	735	345	390
怀化市	1665	890	775	777	402	375	2265	1215	1050
娄底市	1408	724	684	683	342	341	1359	755	604
湘西州	544	273	271	272	148	124	761	412	349

7-3a 续表 6

单位：人

现 住 地	户口登记地								
	湖 北			湖 南			广 东		
	小计	男	女	小计	男	女	小计	男	女
全 省	**153337**	**84335**	**69002**				**83819**	**44248**	**39571**
长沙市	74529	42158	32371				43127	23820	19307
株洲市	29315	15911	13404				7391	3923	3468
湘潭市	3795	2076	1719				3491	1790	1701
衡阳市	3785	2031	1754				7725	3998	3727
邵阳市	1410	733	677				2337	1086	1251
岳阳市	24558	13015	11543				3473	1694	1779
常德市	5343	2830	2513				3258	1531	1727
张家界市	1719	901	818				649	328	321
益阳市	1464	754	710				1506	665	841
郴州市	2306	1288	1018				5369	2777	2592
永州市	534	277	257				1095	539	556
怀化市	2068	1094	974				2018	1004	1014
娄底市	1386	701	685				1921	885	1036
湘西州	1125	566	559				459	208	251

7-3a 续表 7

单位：人

现住地	户口登记地								
	广西			海南			重庆		
	小计	男	女	小计	男	女	小计	男	女
全省	**44195**	**20560**	**23635**	**11586**	**5420**	**6166**	**31673**	**17385**	**14288**
长沙市	22581	11015	11566	5971	2937	3034	15642	8720	6922
株洲市	4315	2216	2099	828	377	451	2945	1639	1306
湘潭市	1982	866	1116	991	432	559	1402	712	690
衡阳市	3395	1529	1866	1165	520	645	1704	948	756
邵阳市	1722	729	993	172	70	102	770	405	365
岳阳市	1405	579	826	364	168	196	1884	1054	830
常德市	1267	460	807	378	154	224	1312	707	605
张家界市	485	222	263	92	43	49	552	305	247
益阳市	488	181	307	139	64	75	580	291	289
郴州市	1729	799	930	337	142	195	882	478	404
永州市	1752	760	992	269	135	134	367	189	178
怀化市	1471	576	895	441	190	251	1642	880	762
娄底市	1186	454	732	351	160	191	662	343	319
湘西州	417	174	243	88	28	60	1329	714	615

7-3a 续表 8

单位：人

现住地	户口登记地								
	四川			贵州			云南		
	小计	男	女	小计	男	女	小计	男	女
全省	**56440**	**30160**	**26280**	**63083**	**33082**	**30001**	**20463**	**9593**	**10870**
长沙市	28786	15636	13150	30239	16926	13313	10291	5086	5205
株洲市	5112	2826	2286	5339	2954	2385	2479	1341	1138
湘潭市	2483	1251	1232	2388	1251	1137	1278	578	700
衡阳市	3471	1858	1613	3178	1645	1533	1234	499	735
邵阳市	1465	744	721	3299	1557	1742	828	297	531
岳阳市	3575	1913	1662	2613	1346	1267	663	323	340
常德市	2201	1039	1162	3196	1354	1842	698	236	462
张家界市	1063	602	461	813	436	377	303	139	164
益阳市	918	405	513	1053	498	555	198	79	119
郴州市	1914	1035	879	1521	803	718	573	278	295
永州市	815	479	336	1144	556	588	400	147	253
怀化市	2586	1322	1264	4391	2028	2363	660	243	417
娄底市	1167	577	590	2352	1007	1345	594	247	347
湘西州	884	473	411	1557	721	836	264	100	164

7-3a　续表 9　　单位：人

现住地	户口登记地								
	西藏			陕西			甘肃		
	小计	男	女	小计	男	女	小计	男	女
全　省	**3520**	**1652**	**1868**	**21654**	**11749**	**9905**	**18617**	**10134**	**8483**
长沙市	1429	703	726	11929	6708	5221	10082	5591	4491
株洲市	108	63	45	2014	1111	903	1855	1069	786
湘潭市	106	56	50	2134	953	1181	803	439	364
衡阳市	61	33	28	1088	625	463	1053	611	442
邵阳市	71	42	29	573	326	247	420	191	229
岳阳市	209	88	121	764	386	378	709	383	326
常德市	67	37	30	686	351	335	771	319	452
张家界市	50	27	23	250	159	91	440	326	114
益阳市	22	8	14	257	138	119	287	139	148
郴州市	21	14	7	495	244	251	547	252	295
永州市	247	82	165	198	81	117	316	156	160
怀化市	142	74	68	647	351	296	621	308	313
娄底市	762	334	428	414	216	198	444	222	222
湘西州	225	91	134	205	100	105	269	128	141

7-3a　续表 10　　单位：人

现住地	户口登记地								
	青海			宁夏			新疆		
	小计	男	女	小计	男	女	小计	男	女
全　省	**4971**	**2469**	**2502**	**3919**	**1933**	**1986**	**12207**	**6031**	**6176**
长沙市	3277	1595	1682	2523	1258	1265	7486	3650	3836
株洲市	254	144	110	390	194	196	849	457	392
湘潭市	157	82	75	122	58	64	637	309	328
衡阳市	435	241	194	334	154	180	828	438	390
邵阳市	108	55	53	78	24	54	257	130	127
岳阳市	108	55	53	117	71	46	412	191	221
常德市	95	36	59	65	22	43	428	214	214
张家界市	64	38	26	57	44	13	234	135	99
益阳市	28	14	14	16	11	5	111	55	56
郴州市	56	23	33	31	11	20	104	57	47
永州市	41	17	24	27	10	17	267	123	144
怀化市	94	38	56	50	27	23	169	86	83
娄底市	170	96	74	55	25	30	176	98	78
湘西州	84	35	49	54	24	30	249	88	161

7-3b　全省按现住地、性别分的户口登记地在外省的人口（镇）

单位：人

现住地	户口登记地					
	合计			北京		
	合计	男	女	小计	男	女
全省	**399795**	**216018**	**183777**	**1791**	**1025**	**766**
长沙市	137087	80310	56777	360	228	132
株洲市	18945	10918	8027	54	38	16
湘潭市	33752	18725	15027	155	94	61
衡阳市	26641	14513	12128	128	70	58
邵阳市	18232	8298	9934	96	56	40
岳阳市	25323	13088	12235	128	67	61
常德市	28716	13864	14852	229	126	103
张家界市	5311	2697	2614	29	16	13
益阳市	17539	8558	8981	100	56	44
郴州市	20520	11159	9361	44	22	22
永州市	22145	11758	10387	41	24	17
怀化市	26872	13165	13707	93	54	39
娄底市	8543	4278	4265	50	28	22
湘西州	10169	4687	5482	284	146	138

7-3b　续表 1

单位：人

现住地	户口登记地								
	天津			河北			山西		
	小计	男	女	小计	男	女	小计	男	女
全省	**987**	**580**	**407**	**8603**	**5067**	**3536**	**4136**	**2411**	**1725**
长沙市	211	123	88	3776	2323	1453	1851	1127	724
株洲市	26	15	11	324	208	116	133	99	34
湘潭市	277	144	133	1437	772	665	565	261	304
衡阳市	48	39	9	297	187	110	213	152	61
邵阳市	41	18	23	224	136	88	71	34	37
岳阳市	56	35	21	306	157	149	126	59	67
常德市	112	73	39	501	280	221	288	157	131
张家界市	11	8	3	101	59	42	46	28	18
益阳市	52	30	22	374	183	191	257	116	141
郴州市	32	22	10	189	119	70	113	78	35
永州市	43	31	12	338	239	99	131	94	37
怀化市	27	16	11	421	240	181	161	105	56
娄底市	19	8	11	149	85	64	55	32	23
湘西州	32	18	14	166	79	87	126	69	57

7-3b 续表 2 单位：人

现住地	户口登记地								
	内蒙古			辽宁			吉林		
	小计	男	女	小计	男	女	小计	男	女
全 省	**2048**	**1222**	**826**	**3246**	**1992**	**1254**	**3049**	**1799**	**1250**
长沙市	766	506	260	1159	696	463	1225	743	482
株洲市	66	42	24	133	92	41	108	79	29
湘潭市	408	213	195	549	298	251	493	231	262
衡阳市	115	61	54	212	128	84	155	95	60
邵阳市	83	42	41	61	35	26	96	57	39
岳阳市	93	56	37	206	131	75	137	79	58
常德市	100	62	38	190	127	63	177	114	63
张家界市	33	17	16	57	40	17	33	17	16
益阳市	103	55	48	147	92	55	180	103	77
郴州市	41	23	18	94	53	41	81	50	31
永州市	106	68	38	186	150	36	133	90	43
怀化市	64	32	32	148	87	61	156	99	57
娄底市	31	22	9	57	35	22	47	27	20
湘西州	39	23	16	47	28	19	28	15	13

7-3b 续表 3 单位：人

现住地	户口登记地								
	黑龙江			上海			江苏		
	小计	男	女	小计	男	女	小计	男	女
全 省	**3719**	**2110**	**1609**	**1135**	**727**	**408**	**9497**	**5862**	**3635**
长沙市	1597	931	666	263	190	73	2808	1880	928
株洲市	108	61	47	55	31	24	383	253	130
湘潭市	617	301	316	216	133	83	1039	626	413
衡阳市	229	129	100	79	46	33	650	413	237
邵阳市	131	75	56	30	16	14	478	264	214
岳阳市	163	92	71	103	59	44	499	284	215
常德市	178	110	68	133	82	51	732	446	286
张家界市	43	27	16	14	9	5	207	139	68
益阳市	158	89	69	63	46	17	730	461	269
郴州市	109	64	45	29	18	11	327	183	144
永州市	127	83	44	37	26	11	402	239	163
怀化市	164	94	70	67	43	24	706	379	327
娄底市	56	32	24	27	17	10	280	163	117
湘西州	39	22	17	19	11	8	256	132	124

7-3b 续表 4

单位：人

现住地	户口登记地								
	浙江			安徽			福建		
	小计	男	女	小计	男	女	小计	男	女
全省	**11715**	**7007**	**4708**	**13493**	**7891**	**5602**	**14217**	**8684**	**5533**
长沙市	2870	1822	1048	4702	2799	1903	3963	2434	1529
株洲市	959	665	294	645	411	234	708	444	264
湘潭市	1054	591	463	1366	813	553	1357	758	599
衡阳市	666	407	259	913	559	354	926	581	345
邵阳市	531	298	233	400	201	199	762	465	297
岳阳市	691	416	275	876	471	405	749	449	300
常德市	901	513	388	1136	640	496	949	580	369
张家界市	217	126	91	227	129	98	236	134	102
益阳市	661	367	294	586	329	257	591	341	250
郴州市	596	368	228	555	320	235	979	655	324
永州市	543	318	225	766	515	251	1049	634	415
怀化市	1274	699	575	796	418	378	1241	773	468
娄底市	261	147	114	323	189	134	378	242	136
湘西州	491	270	221	202	97	105	329	194	135

7-3b 续表 5

单位：人

现住地	户口登记地								
	江西			山东			河南		
	小计	男	女	小计	男	女	小计	男	女
全省	**38556**	**22391**	**16165**	**7668**	**4716**	**2952**	**36923**	**20848**	**16075**
长沙市	20023	11819	8204	3248	1981	1267	19391	10857	8534
株洲市	3319	1922	1397	305	199	106	1232	794	438
湘潭市	3208	2171	1037	1145	687	458	2577	1536	1041
衡阳市	1919	1165	754	372	250	122	1776	1075	701
邵阳市	1054	488	566	247	136	111	1108	560	548
岳阳市	1390	731	659	402	240	162	1856	1100	756
常德市	1536	819	717	455	274	181	2042	1019	1023
张家界市	267	138	129	101	64	37	348	181	167
益阳市	1067	538	529	403	219	184	1291	684	607
郴州市	1497	867	630	174	118	56	1185	694	491
永州市	1008	510	498	329	248	81	1474	893	581
怀化市	1252	661	591	295	189	106	1549	860	689
娄底市	669	382	287	104	59	45	531	294	237
湘西州	347	180	167	88	52	36	563	301	262

7-3b 续表 6

单位：人

现住地	户口登记地								
	湖北			湖南			广东		
	小计	男	女	小计	男	女	小计	男	女
全　省	**52347**	**28422**	**23925**				**38449**	**18281**	**20168**
长沙市	20756	12272	8484				6371	3463	2908
株洲市	1945	1064	881				2032	1060	972
湘潭市	3016	1668	1348				2712	1399	1313
衡阳市	2392	1401	991				4157	2020	2137
邵阳市	1041	460	581				2578	1091	1487
岳阳市	6379	3333	3046				2631	1124	1507
常德市	6685	3107	3578				3300	1410	1890
张家界市	1033	542	491				439	187	252
益阳市	1905	988	917				2028	838	1190
郴州市	1475	866	609				5488	2673	2815
永州市	1241	711	530				3211	1496	1715
怀化市	1768	859	909				1947	815	1132
娄底市	707	370	337				1183	559	624
湘西州	2004	781	1223				372	146	226

7-3b 续表 7

单位：人

现住地	户口登记地								
	广西			海南			重庆		
	小计	男	女	小计	男	女	小计	男	女
全　省	**26261**	**11166**	**15095**	**3913**	**1766**	**2147**	**15785**	**8706**	**7079**
长沙市	5246	2618	2628	827	444	383	3703	2227	1476
株洲市	1159	553	606	125	62	63	571	323	248
湘潭市	1556	731	825	856	404	452	1340	745	595
衡阳市	2440	1000	1440	376	164	212	1239	725	514
邵阳市	2358	823	1535	240	101	139	820	404	416
岳阳市	1316	501	815	175	63	112	1079	600	479
常德市	1422	455	967	275	100	175	1340	664	676
张家界市	299	93	206	35	17	18	348	188	160
益阳市	886	283	603	245	117	128	690	313	377
郴州市	1793	836	957	128	40	88	652	378	274
永州市	4816	2163	2653	323	137	186	800	479	321
怀化市	2034	786	1248	182	78	104	1424	815	609
娄底市	634	214	420	92	32	60	287	143	144
湘西州	302	110	192	34	7	27	1492	702	790

7-3b　续表 8

单位：人

现住地	户口登记地								
	四川			贵州			云南		
	小计	男	女	小计	男	女	小计	男	女
全　省	**24420**	**12716**	**11704**	**41473**	**21082**	**20391**	**12829**	**6070**	**6759**
长沙市	6507	3590	2917	9594	5677	3917	4488	2603	1885
株洲市	1185	626	559	1576	874	702	815	398	417
湘潭市	1914	1055	859	2363	1313	1050	919	438	481
衡阳市	1829	996	833	2922	1577	1345	1305	494	811
邵阳市	1384	641	743	2975	1332	1643	601	167	434
岳阳市	1714	884	830	2550	1277	1273	778	365	413
常德市	1956	900	1056	2249	933	1316	657	256	401
张家界市	428	193	235	442	193	249	126	53	73
益阳市	1238	590	648	1512	661	851	1029	492	537
郴州市	1405	779	626	2454	1371	1083	438	197	241
永州市	1508	824	684	2092	1128	964	612	217	395
怀化市	2102	1048	1054	7568	3336	4232	577	208	369
娄底市	625	291	334	1334	613	721	304	110	194
湘西州	625	299	326	1842	797	1045	180	72	108

7-3b　续表 9

单位：人

现住地	户口登记地								
	西藏			陕西			甘肃		
	小计	男	女	小计	男	女	小计	男	女
全　省	**819**	**435**	**384**	**8128**	**4532**	**3596**	**6641**	**4109**	**2532**
长沙市	309	149	160	3204	1924	1280	3523	2333	1190
株洲市	155	83	72	294	176	118	298	193	105
湘潭市	62	29	33	994	526	468	609	368	241
衡阳市	30	19	11	631	394	237	342	219	123
邵阳市	38	26	12	292	120	172	184	85	99
岳阳市	42	30	12	430	208	222	263	170	93
常德市	29	20	9	492	236	256	298	178	120
张家界市	2		2	107	53	54	37	19	18
益阳市	44	28	16	364	192	172	341	145	196
郴州市	18	9	9	316	179	137	186	104	82
永州市	24	9	15	356	187	169	199	104	95
怀化市	22	12	10	398	199	199	210	120	90
娄底市	34	14	20	139	82	57	76	31	45
湘西州	10	7	3	111	56	55	75	40	35

7-3b 续表 10

单位：人

现住地	户口登记地								
	青海			宁夏			新疆		
	小计	男	女	小计	男	女	小计	男	女
全省	**1911**	**1098**	**813**	**1589**	**1022**	**567**	**4447**	**2281**	**2166**
长沙市	1054	672	382	1044	749	295	2248	1130	1118
株洲市	122	81	41	13	9	4	97	63	34
湘潭市	255	93	162	203	97	106	490	230	260
衡阳市	57	28	29	25	18	7	198	101	97
邵阳市	81	42	39	20	13	7	207	112	95
岳阳市	37	22	15	24	14	10	124	71	53
常德市	54	30	24	27	14	13	273	139	134
张家界市	4	1	3	7	4	3	34	22	12
益阳市	71	29	42	154	62	92	269	111	158
郴州市	26	15	11	15	7	8	81	51	30
永州市	47	24	23	9	8	1	194	109	85
怀化市	68	38	30	19	12	7	139	90	49
娄底市	20	13	7	12	7	5	59	37	22
湘西州	15	10	5	17	8	9	34	15	19

7-3c 全省按现住地、性别分的户口登记地在外省的人口(乡村)

单位：人

现住地	户口登记地					
	合计			北京		
	合计	男	女	小计	男	女
全省	**190994**	**90052**	**100942**	**606**	**369**	**237**
长沙市	29993	17811	12182	75	43	32
株洲市	8651	4570	4081	26	17	9
湘潭市	6075	2983	3092	36	20	16
衡阳市	18041	8017	10024	53	33	20
邵阳市	15087	5792	9295	62	38	24
岳阳市	20035	8745	11290	54	34	20
常德市	13710	5854	7856	63	41	22
张家界市	5634	2750	2884	21	14	7
益阳市	11019	5131	5888	46	28	18
郴州市	12357	6241	6116	32	22	10
永州市	16465	7450	9015	72	45	27
怀化市	18622	8393	10229	27	16	11
娄底市	9331	3538	5793	27	13	14
湘西州	5974	2777	3197	12	5	7

7-3c　续表 1　　单位：人

现住地	户口登记地								
	天津			河北			山西		
	小计	男	女	小计	男	女	小计	男	女
全　省	**332**	**191**	**141**	**2879**	**1669**	**1210**	**1656**	**938**	**718**
长沙市	56	34	22	714	485	229	565	331	234
株洲市	12	6	6	99	63	36	44	20	24
湘潭市	14	8	6	91	45	46	54	24	30
衡阳市	46	21	25	414	190	224	162	66	96
邵阳市	25	14	11	158	82	76	43	23	20
岳阳市	28	12	16	166	93	73	67	28	39
常德市	34	21	13	300	191	109	111	58	53
张家界市	18	16	2	136	80	56	89	63	26
益阳市	14	8	6	97	56	41	66	39	27
郴州市	12	9	3	109	56	53	87	66	21
永州市	30	17	13	186	95	91	111	67	44
怀化市	19	10	9	203	124	79	109	49	60
娄底市	14	8	6	113	60	53	75	44	31
湘西州	10	7	3	93	49	44	73	60	13

7-3c　续表 2　　单位：人

现住地	户口登记地								
	内蒙古			辽宁			吉林		
	小计	男	女	小计	男	女	小计	男	女
全　省	**765**	**441**	**324**	**1042**	**629**	**413**	**982**	**562**	**420**
长沙市	208	127	81	336	206	130	271	164	107
株洲市	34	21	13	52	34	18	23	15	8
湘潭市	22	11	11	29	15	14	33	17	16
衡阳市	103	44	59	106	55	51	127	54	73
邵阳市	41	27	14	39	22	17	57	31	26
岳阳市	69	29	40	91	51	40	60	38	22
常德市	46	25	21	59	33	26	71	42	29
张家界市	35	22	13	43	33	10	52	32	20
益阳市	28	16	12	53	37	16	50	32	18
郴州市	24	18	6	50	28	22	45	24	21
永州市	51	29	22	60	36	24	72	44	28
怀化市	34	22	12	75	49	26	64	40	24
娄底市	32	23	9	31	17	14	34	15	19
湘西州	38	27	11	18	13	5	23	14	9

7-3c 续表 3 单位：人

现住地	户口登记地								
	黑龙江			上海			江苏		
	小计	男	女	小计	男	女	小计	男	女
全　省	**753**	**380**	**373**	**429**	**240**	**189**	**3922**	**2316**	**1606**
长沙市	270	136	134	40	23	17	705	463	242
株洲市	34	21	13	18	6	12	188	133	55
湘潭市	20	8	12	21	13	8	201	127	74
衡阳市	112	44	68	58	25	33	414	244	170
邵阳市	24	10	14	30	20	10	343	185	158
岳阳市	49	23	26	46	25	21	297	163	134
常德市	55	33	22	49	24	25	233	111	122
张家界市	22	12	10	13	7	6	155	94	61
益阳市	28	10	18	29	15	14	175	83	92
郴州市	15	10	5	16	9	7	275	214	61
永州市	38	26	12	29	20	9	233	145	88
怀化市	43	23	20	48	34	14	383	193	190
娄底市	32	17	15	24	15	9	176	89	87
湘西州	11	7	4	8	4	4	144	72	72

7-3c 续表 4 单位：人

现住地	户口登记地								
	浙江			安徽			福建		
	小计	男	女	小计	男	女	小计	男	女
全　省	**6255**	**3614**	**2641**	**4146**	**2161**	**1985**	**6909**	**4329**	**2580**
长沙市	924	590	334	959	600	359	1352	819	533
株洲市	417	268	149	208	119	89	346	214	132
湘潭市	199	121	78	114	58	56	303	187	116
衡阳市	590	341	249	516	279	237	608	345	263
邵阳市	376	209	167	178	75	103	424	255	169
岳阳市	427	231	196	442	202	240	439	307	132
常德市	338	164	174	447	230	217	371	225	146
张家界市	210	120	90	199	105	94	194	126	68
益阳市	259	133	126	234	116	118	333	214	119
郴州市	383	244	139	107	61	46	458	293	165
永州市	506	303	203	95	44	51	689	430	259
怀化市	926	529	397	412	189	223	864	586	278
娄底市	269	138	131	152	63	89	299	189	110
湘西州	431	223	208	83	20	63	229	139	90

7-3c　续表 5

单位：人

现住地	户口登记地								
	江西			山东			河南		
	小计	男	女	小计	男	女	小计	男	女
全　省	**9559**	**4597**	**4962**	**2625**	**1493**	**1132**	**12039**	**6730**	**5309**
长沙市	2857	1674	1183	814	458	356	2945	2020	925
株洲市	1213	629	584	63	37	26	503	311	192
湘潭市	361	179	182	95	57	38	378	205	173
衡阳市	829	406	423	372	174	198	1006	469	537
邵阳市	503	161	342	114	59	55	790	340	450
岳阳市	779	362	417	144	72	72	1048	536	512
常德市	608	198	410	216	132	84	1002	551	451
张家界市	176	71	105	95	61	34	454	251	203
益阳市	277	110	167	136	85	51	748	463	285
郴州市	638	288	350	98	62	36	640	340	300
永州市	258	100	158	107	67	40	664	323	341
怀化市	605	238	367	229	156	73	1055	560	495
娄底市	374	149	225	78	34	44	550	223	327
湘西州	81	32	49	64	39	25	256	138	118

7-3c　续表 6

单位：人

现住地	户口登记地								
	湖北			湖南			广东		
	小计	男	女	小计	男	女	小计	男	女
全　省	**15034**	**7214**	**7820**				**27138**	**11564**	**15574**
长沙市	2880	1755	1125				2024	1063	961
株洲市	551	294	257				1000	424	576
湘潭市	430	227	203				999	487	512
衡阳市	809	381	428				3755	1658	2097
邵阳市	545	122	423				2427	926	1501
岳阳市	3443	1529	1914				2422	857	1565
常德市	2248	986	1262				1867	657	1210
张家界市	564	266	298				547	212	335
益阳市	802	422	380				1297	510	787
郴州市	479	222	257				4088	1999	2089
永州市	322	142	180				3266	1479	1787
怀化市	987	450	537				1836	722	1114
娄底市	483	147	336				1299	448	851
湘西州	491	271	220				311	122	189

7-3c　续表 7　　　　单位：人

现住地	户口登记地								
	广西			海南			重庆		
	小计	男	女	小计	男	女	小计	男	女
全　省	**19735**	**6663**	**13072**	**1824**	**657**	**1167**	**9221**	**4702**	**4519**
长沙市	1929	917	1012	226	100	126	1188	730	458
株洲市	615	260	355	64	23	41	457	261	196
湘潭市	498	150	348	83	31	52	303	156	147
衡阳市	1918	576	1342	291	132	159	888	507	381
邵阳市	2439	699	1740	149	57	92	653	289	364
岳阳市	1239	320	919	121	27	94	733	316	417
常德市	1045	242	803	123	36	87	658	285	373
张家界市	367	98	269	27	6	21	375	192	183
益阳市	678	126	552	114	34	80	486	229	257
郴州市	1348	518	830	81	33	48	376	182	194
永州市	4851	1974	2877	276	106	170	508	249	259
怀化市	1566	481	1085	129	29	100	977	553	424
娄底市	1011	232	779	118	35	83	436	194	242
湘西州	231	70	161	22	8	14	1183	559	624

7-3c　续表 8　　　　单位：人

现住地	户口登记地								
	四川			贵州			云南		
	小计	男	女	小计	男	女	小计	男	女
全　省	**13812**	**6480**	**7332**	**29917**	**13264**	**16653**	**10683**	**4332**	**6351**
长沙市	1876	1154	722	3366	1947	1419	1312	652	660
株洲市	544	280	264	1288	722	566	590	269	321
湘潭市	442	223	219	745	323	422	346	169	177
衡阳市	1192	534	658	1942	843	1099	1066	305	761
邵阳市	1228	516	712	3057	1156	1901	787	225	562
岳阳市	1456	587	869	3689	1701	1988	1366	626	740
常德市	1265	550	715	1397	537	860	523	190	333
张家界市	551	266	285	773	325	448	248	110	138
益阳市	958	399	559	1553	663	890	1943	971	972
郴州市	747	359	388	1458	775	683	385	168	217
永州市	938	407	531	1818	785	1033	785	265	520
怀化市	1508	722	786	5352	2131	3221	614	215	399
娄底市	697	263	434	2100	846	1254	539	121	418
湘西州	410	220	190	1379	510	869	179	46	133

7-3c　续表 9

单位：人

现住地	户口登记地								
	西藏			陕西			甘肃		
	小计	男	女	小计	男	女	小计	男	女
全　省	**1120**	**513**	**607**	**3431**	**1756**	**1675**	**2122**	**1130**	**992**
长沙市	14	6	8	635	412	223	726	445	281
株洲市	4	1	3	136	64	72	75	33	42
湘潭市	17	9	8	118	54	64	45	20	25
衡阳市	19	7	12	274	109	165	188	82	106
邵阳市	20	10	10	248	91	157	141	55	86
岳阳市	737	295	442	303	136	167	158	89	69
常德市	3	2	1	339	172	167	130	75	55
张家界市	5	3	2	157	108	49	73	39	34
益阳市	233	140	93	202	110	92	108	47	61
郴州市	4	3	1	226	138	88	113	60	53
永州市	9	7	2	210	91	119	123	75	48
怀化市	16	10	6	317	143	174	121	52	69
娄底市	26	11	15	159	64	95	84	33	51
湘西州	13	9	4	107	64	43	37	25	12

7-3c　续表 10

单位：人

现住地	户口登记地								
	青海			宁夏			新疆		
	小计	男	女	小计	男	女	小计	男	女
全　省	**414**	**229**	**185**	**248**	**135**	**113**	**1396**	**754**	**642**
长沙市	198	124	74	106	68	38	422	265	157
株洲市	8	4	4	6	2	4	33	19	14
湘潭市	3		3	10	6	4	65	33	32
衡阳市	27	7	20	32	15	17	124	71	53
邵阳市	29	13	16	12	5	7	145	77	68
岳阳市	27	10	17	12	8	4	123	38	85
常德市	15	4	11	15	3	12	79	36	43
张家界市	11	5	6	2	2		22	11	11
益阳市	16	8	8	8	4	4	48	23	25
郴州市	12	8	4	6	3	3	45	29	16
永州市	11	4	7	9	4	5	138	71	67
怀化市	34	27	7	5	3	2	64	37	27
娄底市	17	10	7	16	7	9	66	30	36
湘西州	6	5	1	9	5	4	22	14	8

7-4 全省按现住地、离开户口登记地时间分的户口登记地在外乡镇街道的人口

单位：人

现住地	离开户口登记地时间 合计 合计	半年以上，不满一年	一年以上，不满二年	二年以上，不满三年	三年以上，不满四年	四年以上，不满五年	五年以上，不满十年	十年以上
全　省	**17575847**	**3377190**	**2804448**	**2564579**	**1925028**	**1315947**	**2753725**	**2834930**
长沙市	4958296	970015	859351	751750	538829	363483	741860	733008
株洲市	1234838	194342	181704	188634	142873	92208	218675	216402
湘潭市	898852	198618	147577	138852	98908	62882	133163	118852
衡阳市	1586705	323380	261665	248276	194001	132818	230147	196418
邵阳市	1094272	264043	187595	151671	113593	72888	152215	152267
岳阳市	1047082	164204	132793	142953	105543	79950	177555	244084
常德市	1015494	202740	163749	139804	105845	73417	150105	179834
张家界市	354748	63077	52478	48483	43665	27249	58676	61120
益阳市	668900	127887	103188	95693	69764	49058	103224	120086
郴州市	1224682	214684	183520	167719	138891	95850	212092	211926
永州市	989501	216067	165402	160321	100417	78365	149604	119325
怀化市	1057621	151813	147048	132573	121723	86051	189836	228577
娄底市	923358	173891	144648	125167	99049	63726	154468	162409
湘西州	521498	112429	73730	72683	51927	38002	82105	90622

7-4 续表 1

单位：人

现住地	离开户口登记地时间 省内 小计	半年以上，不满一年	一年以上，不满二年	二年以上，不满三年	三年以上，不满四年	四年以上，不满五年	五年以上，不满十年	十年以上
全　省	**15998284**	**3022257**	**2520910**	**2319873**	**1744068**	**1215294**	**2545214**	**2630668**
长沙市	4255530	822037	725526	630100	455550	317391	651761	653165
株洲市	1094278	167503	159106	168741	126608	83401	196821	192098
湘潭市	814673	176762	130632	124108	86938	58866	124894	112473
衡阳市	1490240	297461	243114	233132	182141	127128	219875	187389
邵阳市	1038246	248920	178567	144928	107851	69259	144353	144368
岳阳市	944159	143758	117602	128486	94382	73069	161556	225306
常德市	939666	181685	150484	130305	98253	68168	140470	170301
张家界市	330557	57182	48198	45303	41026	25759	55231	57858
益阳市	628817	118389	96924	89950	65341	46408	97398	114407
郴州市	1163260	200592	172752	159270	132764	92302	203767	201813
永州市	938279	202325	155879	153154	95475	75445	143116	112885
怀化市	981338	135169	134886	123324	113777	80111	178567	215504
娄底市	885536	164405	137939	120012	94880	61703	149325	157272
湘西州	493705	106069	69301	69060	49082	36284	78080	85829

7-4　续表 2

单位：人

现住地	离开户口登记地时间							
	省外							
	小计	半年以上，不满一年	一年以上，不满二年	二年以上，不满三年	三年以上，不满四年	四年以上，不满五年	五年以上，不满十年	十年以上
全　省	**1577563**	**354933**	**283538**	**244706**	**180960**	**100653**	**208511**	**204262**
长沙市	702766	147978	133825	121650	83279	46092	90099	79843
株洲市	140560	26839	22598	19893	16265	8807	21854	24304
湘潭市	84179	21856	16945	14744	11970	4016	8269	6379
衡阳市	96465	25919	18551	15144	11860	5690	10272	9029
邵阳市	56026	15123	9028	6743	5742	3629	7862	7899
岳阳市	102923	20446	15191	14467	11161	6881	15999	18778
常德市	75828	21055	13265	9499	7592	5249	9635	9533
张家界市	24191	5895	4280	3180	2639	1490	3445	3262
益阳市	40083	9498	6264	5743	4423	2650	5826	5679
郴州市	61422	14092	10768	8449	6127	3548	8325	10113
永州市	51222	13742	9523	7167	4942	2920	6488	6440
怀化市	76283	16644	12162	9249	7946	5940	11269	13073
娄底市	37822	9486	6709	5155	4169	2023	5143	5137
湘西州	27793	6360	4429	3623	2845	1718	4025	4793

7-4a　全省按现住地、离开户口登记地时间分的户口登记地在外乡镇街道的人口（城市）

单位：人

现住地	离开户口登记地时间							
	合计							
	合计	半年以上，不满一年	一年以上，不满二年	二年以上，不满三年	三年以上，不满四年	四年以上，不满五年	五年以上，不满十年	十年以上
全　省	**10384897**	**1756219**	**1624929**	**1524976**	**1190038**	**823679**	**1721048**	**1744008**
长沙市	3885324	750589	655850	569368	423947	293594	598634	593342
株洲市	883465	111989	116384	131341	112294	71224	171514	168719
湘潭市	524178	104489	79626	80547	56207	38621	87276	77412
衡阳市	925553	153302	153900	154618	122059	87558	146167	107949
邵阳市	565049	137723	98227	81663	61744	37518	77398	70776
岳阳市	633306	72353	73396	81838	68913	52611	120320	163875
常德市	487108	84575	82593	74446	59159	39387	71242	75706
张家界市	194747	25291	30265	27457	26860	17477	33839	33558
益阳市	320356	47210	48798	50426	35671	25094	54465	58692
郴州市	553995	80064	79477	75648	67379	45109	100166	106152
永州市	279592	43699	40918	48455	32364	27980	54368	31808
怀化市	411467	47223	53363	48433	44099	32112	73807	112430
娄底市	533179	68809	84970	75218	59991	40276	100808	103107
湘西州	187578	28903	27162	25518	19351	15118	31044	40482

7-4a 续表 1

单位：人

现住地	离开户口登记地时间							
	省内							
	小计	半年以上，不满一年	一年以上，不满二年	二年以上，不满三年	三年以上，不满四年	四年以上，不满五年	五年以上，不满十年	十年以上
全　省	**9398123**	**1563771**	**1441698**	**1369461**	**1066779**	**756516**	**1586571**	**1613327**
长沙市	3349638	640317	552771	483775	359121	257084	527380	529190
株洲市	770501	93541	99397	115501	97939	63754	152774	147595
湘潭市	479826	92917	71164	72688	49876	36470	82761	73950
衡阳市	873770	143864	142545	144769	114289	84137	140506	103660
邵阳市	542342	132628	93858	78144	58813	35863	74549	68487
岳阳市	575741	64408	64403	74255	62030	48414	110339	151892
常德市	453706	76506	75977	69514	55166	36570	67612	72361
张家界市	181501	22948	27327	25378	25178	16610	32132	31928
益阳市	308831	45132	46889	48416	34371	24191	52731	57101
郴州市	525450	75153	74321	71099	64157	43297	95883	101540
永州市	266980	41725	38064	45763	30372	27293	52978	30785
怀化市	380678	42343	49018	44587	40438	29214	69281	105797
娄底市	513231	65571	80964	71880	57175	39184	98028	100429
湘西州	175928	26718	25000	23692	17854	14435	29617	38612

7-4a 续表 2

单位：人

现住地	离开户口登记地时间							
	省外							
	小计	半年以上，不满一年	一年以上，不满二年	二年以上，不满三年	三年以上，不满四年	四年以上，不满五年	五年以上，不满十年	十年以上
全　省	**986774**	**192448**	**183231**	**155515**	**123259**	**67163**	**134477**	**130681**
长沙市	535686	110272	103079	85593	64826	36510	71254	64152
株洲市	112964	18448	16987	15840	14355	7470	18740	21124
湘潭市	44352	11572	8462	7859	6331	2151	4515	3462
衡阳市	51783	9438	11355	9849	7770	3421	5661	4289
邵阳市	22707	5095	4369	3519	2931	1655	2849	2289
岳阳市	57565	7945	8993	7583	6883	4197	9981	11983
常德市	33402	8069	6616	4932	3993	2817	3630	3345
张家界市	13246	2343	2938	2079	1682	867	1707	1630
益阳市	11525	2078	1909	2010	1300	903	1734	1591
郴州市	28545	4911	5156	4549	3222	1812	4283	4612
永州市	12612	1974	2854	2692	1992	687	1390	1023
怀化市	30789	4880	4345	3846	3661	2898	4526	6633
娄底市	19948	3238	4006	3338	2816	1092	2780	2678
湘西州	11650	2185	2162	1826	1497	683	1427	1870

7-4b 全省按现住地、离开户口登记地时间分的户口登记地在外乡镇街道的人口(镇)

单位：人

现住地	离开户口登记地时间							
	合计							
	合计	半年以上，不满一年	一年以上，不满二年	二年以上，不满三年	三年以上，不满四年	四年以上，不满五年	五年以上，不满十年	十年以上
全 省	**6052634**	**1270144**	**1011685**	**912913**	**649649**	**434864**	**897778**	**875601**
长沙市	896412	166706	170318	157893	98918	60769	126046	115762
株洲市	307798	69423	59241	52943	27542	18507	41303	38839
湘潭市	332558	82003	62138	54075	39994	22102	40420	31826
衡阳市	550155	131411	84681	81912	64085	41148	74336	72582
邵阳市	451160	100908	79015	62340	46645	31806	65618	64828
岳阳市	321509	61449	47044	45399	31007	23309	47504	65797
常德市	445507	87348	71254	58928	41874	30382	68733	86988
张家界市	122390	27367	16972	17160	14055	7774	19640	19422
益阳市	283926	60914	45463	38017	29776	20695	40722	48339
郴州市	613119	116888	95069	85596	66746	47866	105556	95398
永州市	622992	140018	114040	103936	60745	46119	85906	72228
怀化市	508810	75162	74734	71723	65885	44684	92866	83756
娄底市	311273	82368	50424	42278	33843	19469	43726	39165
湘西州	285025	68179	41292	40713	28534	20234	45402	40671

7-4b 续表 1

单位：人

现住地	离开户口登记地时间							
	省内							
	小计	半年以上，不满一年	一年以上，不满二年	二年以上，不满三年	三年以上，不满四年	四年以上，不满五年	五年以上，不满十年	十年以上
全 省	**5652839**	**1171273**	**940956**	**844881**	**606687**	**411111**	**848184**	**829747**
长沙市	759325	138300	145732	126076	83338	52825	110131	102923
株洲市	288853	63851	55104	49718	26200	17654	39354	36972
湘潭市	298806	73535	54554	47755	34832	20555	37552	30023
衡阳市	523514	121424	81179	78782	61673	39576	71143	69737
邵阳市	432928	96056	76294	60497	44891	30623	62699	61868
岳阳市	296186	55143	43648	41724	28100	21631	44175	61765
常德市	416791	79282	66449	55433	39172	28624	64754	83077
张家界市	117079	25715	16366	16609	13574	7456	18744	18615
益阳市	266387	56941	42385	35370	27387	19606	38558	46140
郴州市	592599	112060	91448	82794	64670	46647	102880	92100
永州市	600847	134212	109431	101220	58956	44735	82937	69356
怀化市	481938	69682	69668	68043	63063	42610	88807	80065
娄底市	302730	78995	49000	41336	33215	19054	42822	38308
湘西州	274856	66077	39698	39524	27616	19515	43628	38798

7-4b 续表 2

单位：人

现住地	离开户口登记地时间							
	省外							
	小计	半年以上，不满一年	一年以上，不满二年	二年以上，不满三年	三年以上，不满四年	四年以上，不满五年	五年以上，不满十年	十年以上
全　省	**399795**	**98871**	**70729**	**68032**	**42962**	**23753**	**49594**	**45854**
长沙市	137087	28406	24586	31817	15580	7944	15915	12839
株洲市	18945	5572	4137	3225	1342	853	1949	1867
湘潭市	33752	8468	7584	6320	5162	1547	2868	1803
衡阳市	26641	9987	3502	3130	2412	1572	3193	2845
邵阳市	18232	4852	2721	1843	1754	1183	2919	2960
岳阳市	25323	6306	3396	3675	2907	1678	3329	4032
常德市	28716	8066	4805	3495	2702	1758	3979	3911
张家界市	5311	1652	606	551	481	318	896	807
益阳市	17539	3973	3078	2647	2389	1089	2164	2199
郴州市	20520	4828	3621	2802	2076	1219	2676	3298
永州市	22145	5806	4609	2716	1789	1384	2969	2872
怀化市	26872	5480	5066	3680	2822	2074	4059	3691
娄底市	8543	3373	1424	942	628	415	904	857
湘西州	10169	2102	1594	1189	918	719	1774	1873

7-4c 全省按现住地、离开户口登记地时间分的户口登记地在外乡镇街道的人口(乡村)

单位：人

现住地	离开户口登记地时间							
	合计							
	合计	半年以上，不满一年	一年以上，不满二年	二年以上，不满三年	三年以上，不满四年	四年以上，不满五年	五年以上，不满十年	十年以上
全　省	**1138316**	**350827**	**167834**	**126690**	**85341**	**57404**	**134899**	**215321**
长沙市	176560	52720	33183	24489	15964	9120	17180	23904
株洲市	43575	12930	6079	4350	3037	2477	5858	8844
湘潭市	42116	12126	5813	4230	2707	2159	5467	9614
衡阳市	110997	38667	23084	11746	7857	4112	9644	15887
邵阳市	78063	25412	10353	7668	5204	3564	9199	16663
岳阳市	92267	30402	12353	15716	5623	4030	9731	14412
常德市	82879	30817	9902	6430	4812	3648	10130	17140
张家界市	37611	10419	5241	3866	2750	1998	5197	8140
益阳市	64618	19763	8927	7250	4317	3269	8037	13055
郴州市	57568	17732	8974	6475	4766	2875	6370	10376
永州市	86917	32350	10444	7930	7308	4266	9330	15289
怀化市	137344	29428	18951	12417	11739	9255	23163	32391
娄底市	78906	22714	9254	7671	5215	3981	9934	20137
湘西州	48895	15347	5276	6452	4042	2650	5659	9469

7-4c　续表 1

单位：人

现住地	离开户口登记地时间							
	省内							
	小计	半年以上，不满一年	一年以上，不满二年	二年以上，不满三年	三年以上，不满四年	四年以上，不满五年	五年以上，不满十年	十年以上
全　省	**947322**	**287213**	**138256**	**105531**	**70602**	**47667**	**110459**	**187594**
长沙市	146567	43420	27023	20249	13091	7482	14250	21052
株洲市	34924	10111	4605	3522	2469	1993	4693	7531
湘潭市	36041	10310	4914	3665	2230	1841	4581	8500
衡阳市	92956	32173	19390	9581	6179	3415	8226	13992
邵阳市	62976	20236	8415	6287	4147	2773	7105	14013
岳阳市	72232	24207	9551	12507	4252	3024	7042	11649
常德市	69169	25897	8058	5358	3915	2974	8104	14863
张家界市	31977	8519	4505	3316	2274	1693	4355	7315
益阳市	53599	16316	7650	6164	3583	2611	6109	11166
郴州市	45211	13379	6983	5377	3937	2358	5004	8173
永州市	70452	26388	8384	6171	6147	3417	7201	12744
怀化市	118722	23144	16200	10694	10276	8287	20479	29642
娄底市	69575	19839	7975	6796	4490	3465	8475	18535
湘西州	42921	13274	4603	5844	3612	2334	4835	8419

7-4c　续表 2

单位：人

现住地	离开户口登记地时间							
	省外							
	小计	半年以上，不满一年	一年以上，不满二年	二年以上，不满三年	三年以上，不满四年	四年以上，不满五年	五年以上，不满十年	十年以上
全　省	**190994**	**63614**	**29578**	**21159**	**14739**	**9737**	**24440**	**27727**
长沙市	29993	9300	6160	4240	2873	1638	2930	2852
株洲市	8651	2819	1474	828	568	484	1165	1313
湘潭市	6075	1816	899	565	477	318	886	1114
衡阳市	18041	6494	3694	2165	1678	697	1418	1895
邵阳市	15087	5176	1938	1381	1057	791	2094	2650
岳阳市	20035	6195	2802	3209	1371	1006	2689	2763
常德市	13710	4920	1844	1072	897	674	2026	2277
张家界市	5634	1900	736	550	476	305	842	825
益阳市	11019	3447	1277	1086	734	658	1928	1889
郴州市	12357	4353	1991	1098	829	517	1366	2203
永州市	16465	5962	2060	1759	1161	849	2129	2545
怀化市	18622	6284	2751	1723	1463	968	2684	2749
娄底市	9331	2875	1279	875	725	516	1459	1602
湘西州	5974	2073	673	608	430	316	824	1050

7-5 全省按户口登记地、性别、受教育程度分的户口登记地在外乡镇街道的人口

单位：人

受教育程度	合计			省内		
	合计	男	女	小计	男	女
总　计	**17197020**	**8663382**	**8533638**	**15642701**	**7830282**	**7812419**
未上过学	160917	64399	96518	148447	59735	88712
学前教育	603843	320801	283042	566413	300980	265433
小　学	2578560	1242244	1336316	2396378	1150462	1245916
初　中	4992576	2487980	2504596	4520394	2231571	2288823
高　中	4550628	2386987	2163641	4233371	2209351	2024020
大学专科	2338749	1189356	1149393	2137645	1077449	1060196
大学本科	1823180	896376	926804	1527248	744686	782562
硕士研究生	131931	64925	67006	100395	48428	51967
博士研究生	16636	10314	6322	12410	7620	4790

7-5 续表

单位：人

受教育程度	省内			省外		
	其中市辖区内人户分离					
	小计	男	女	小计	男	女
总　计	**3321639**	**1631105**	**1690534**	**1554319**	**833100**	**721219**
未上过学	27271	11678	15593	12470	4664	7806
学前教育	124384	65635	58749	37430	19821	17609
小　学	431272	207685	223587	182182	91782	90400
初　中	837988	401450	436538	472182	256409	215773
高　中	941778	467688	474090	317257	177636	139621
大学专科	494528	243869	250659	201104	111907	89197
大学本科	414677	207369	207308	295932	151690	144242
硕士研究生	42913	21452	21461	31536	16497	15039
博士研究生	6828	4279	2549	4226	2694	1532

7-5a　全省按户口登记地、性别、受教育程度分的户口登记地在外乡镇街道的人口（城市）

单位：人

受教育程度	合计			省内		
	合计	男	女	小计	男	女
总　计	**10162238**	**5114473**	**5047765**	**9188767**	**4582162**	**4606605**
未上过学	82768	34291	48477	75855	31733	44122
学前教育	349705	185955	163750	327561	174056	153505
小　学	1353277	657183	696094	1254116	606076	648040
初　中	2685698	1350035	1335663	2443939	1210681	1233258
高　中	2622215	1371581	1250634	2434696	1263191	1171505
大学专科	1558985	777685	781300	1419747	699893	719854
大学本科	1383644	674274	709370	1138317	549687	588630
硕士研究生	111469	54520	56949	83897	40330	43567
博士研究生	14477	8949	5528	10639	6515	4124

7-5a　续表

单位：人

受教育程度	省内			省外		
	其中市辖区内人户分离					
	小计	男	女	小计	男	女
总　计	**3179622**	**1559664**	**1619958**	**973471**	**532311**	**441160**
未上过学	25363	10897	14466	6913	2558	4355
学前教育	119670	63183	56487	22144	11899	10245
小　学	407393	195859	211534	99161	51107	48054
初　中	789306	377345	411961	241759	139354	102405
高　中	899955	445868	454087	187519	108390	79129
大学专科	481169	237342	243827	139238	77792	61446
大学本科	407377	203624	203753	245327	124587	120740
硕士研究生	42598	21290	21308	27572	14190	13382
博士研究生	6791	4256	2535	3838	2434	1404

7-5b 全省按户口登记地、性别、受教育程度分的户口登记地在外乡镇街道的人口（镇）

单位：人

受教育程度	合计			省内		
	合计	男	女	小计	男	女
总 计	**5919197**	**2989036**	**2930161**	**5525706**	**2776391**	**2749315**
未上过学	61025	23565	37460	58046	22368	35678
学前教育	222710	118598	104112	212593	113317	99276
小 学	1016545	480777	535768	967235	456182	511053
初 中	1881454	923854	957600	1738964	847175	891789
高 中	1672257	880994	791263	1574817	827303	747514
大学专科	670935	358971	311964	623363	331968	291395
大学本科	374144	191800	182344	334340	169849	164491
硕士研究生	18259	9296	8963	14792	7262	7530
博士研究生	1868	1181	687	1556	967	589

7-5b 续表

单位：人

受教育程度	省内			省外		
	其中市辖区内人户分离					
	小计	男	女	小计	男	女
总 计	**52638**	**26239**	**26399**	**393491**	**212645**	**180846**
未上过学	662	282	380	2979	1197	1782
学前教育	1972	1017	955	10117	5281	4836
小 学	8349	4037	4312	49310	24595	24715
初 中	16725	8168	8557	142490	76679	65811
高 中	15868	8265	7603	97440	53691	43749
大学专科	5458	2671	2787	47572	27003	20569
大学本科	3418	1697	1721	39804	21951	17853
硕士研究生	162	90	72	3467	2034	1433
博士研究生	24	12	12	312	214	98

7-5c　全省按户口登记地、性别、受教育程度分的户口登记地在外乡镇街道的人口(乡村)

单位：人

受教育程度	合　计			省　内		
	合计	男	女	小计	男	女
总　计	**1115585**	**559873**	**555712**	**928228**	**471729**	**456499**
未上过学	17124	6543	10581	14546	5634	8912
学前教育	31428	16248	15180	26259	13607	12652
小　学	208738	104284	104454	175027	88204	86823
初　中	425424	214091	211333	337491	173715	163776
高　中	256156	134412	121744	223858	118857	105001
大学专科	108829	52700	56129	94535	45588	48947
大学本科	65392	30302	35090	54591	25150	29441
硕士研究生	2203	1109	1094	1706	836	870
博士研究生	291	184	107	215	138	77

7-5c　续表

单位：人

受教育程度	省　内			省　外		
	其中市辖区内人户分离					
	小计	男	女	小计	男	女
总　计	**89379**	**45202**	**44177**	**187357**	**88144**	**99213**
未上过学	1246	499	747	2578	909	1669
学前教育	2742	1435	1307	5169	2641	2528
小　学	15530	7789	7741	33711	16080	17631
初　中	31957	15937	16020	87933	40376	47557
高　中	25955	13555	12400	32298	15555	16743
大学专科	7901	3856	4045	14294	7112	7182
大学本科	3882	2048	1834	10801	5152	5649
硕士研究生	153	72	81	497	273	224
博士研究生	13	11	2	76	46	30

7-6 全省按现住地、受教育程度、性别分的户口登记地在本省其他乡镇街道的人口

单位：人

现住地	合计			未上过学		
	合计	男	女	小计	男	女
全 省	**15642701**	**7830282**	**7812419**	**148447**	**59735**	**88712**
长沙市	4158763	2104317	2054446	28616	12465	16151
株洲市	1069672	541201	528471	7601	3056	4545
湘潭市	798125	404049	394076	5219	2336	2883
衡阳市	1464428	740370	724058	14568	5936	8632
邵阳市	1015674	504072	511602	11431	4888	6543
岳阳市	923095	464385	458710	7272	2922	4350
常德市	921683	440750	480933	6746	2568	4178
张家界市	322755	156879	165876	4126	1355	2771
益阳市	615208	297341	317867	6469	2655	3814
郴州市	1135624	577349	558275	11679	4508	7171
永州市	918264	465552	452712	10148	4111	6037
怀化市	954458	469106	485352	14665	4958	9707
娄底市	863576	428493	435083	10265	4710	5555
湘西州	481376	236418	244958	9642	3267	6375

7-6 续表 1

单位：人

现住地	学前教育			小学		
	小计	男	女	小计	男	女
全 省	**566413**	**300980**	**265433**	**2396378**	**1150462**	**1245916**
长沙市	143449	75658	67791	476484	233904	242580
株洲市	39753	20736	19017	162764	76862	85902
湘潭市	24912	13264	11648	94260	45804	48456
衡阳市	45637	24474	21163	252282	121676	130606
邵阳市	36558	19767	16791	163290	78606	84684
岳阳市	33890	18092	15798	130036	63590	66446
常德市	28054	14404	13650	135612	62147	73465
张家界市	13224	6854	6370	57339	25936	31403
益阳市	21736	11257	10479	99316	47593	51723
郴州市	45557	24838	20719	210983	101155	109828
永州市	33094	18026	15068	166638	80890	85748
怀化市	44227	23545	20682	190237	88954	101283
娄底市	35272	18913	16359	143997	70806	73191
湘西州	21050	11152	9898	113140	52539	60601

7-6 续表 2

单位：人

现住地	初中			高中			大学专科		
	小计	男	女	小计	男	女	小计	男	女
全 省	**4520394**	**2231571**	**2288823**	**4233371**	**2209351**	**2024020**	**2137645**	**1077449**	**1060196**
长沙市	934318	486513	447805	1025576	543748	481828	838595	416455	422140
株洲市	308828	151099	157729	270063	137878	132185	177835	98211	79624
湘潭市	214116	104975	109141	209245	106970	102275	132431	71031	61400
衡阳市	492260	244021	248239	398222	211655	186567	147341	75655	71686
邵阳市	320497	151186	169311	320685	168873	151812	94067	46326	47741
岳阳市	237799	117627	120172	321192	164823	156369	111738	54819	56919
常德市	267131	126683	140448	272677	137330	135347	117230	54141	63089
张家界市	100280	48771	51509	81390	41766	39624	35376	17883	17493
益阳市	188400	89222	99178	171841	84837	87004	73274	33927	39347
郴州市	400530	198650	201880	291504	157665	133839	106304	55356	50948
永州市	304143	148900	155243	280131	148301	131830	78220	41572	36648
怀化市	338524	164688	173836	224684	116796	107888	83124	41794	41330
娄底市	254463	120635	133828	266697	137147	129550	95227	46726	48501
湘西州	159105	78601	80504	99464	51562	47902	46883	23553	23330

7-6 续表 3

单位：人

现住地	大学本科			硕士研究生			博士研究生		
	小计	男	女	小计	男	女	小计	男	女
全 省	**1527248**	**744686**	**782562**	**100395**	**48428**	**51967**	**12410**	**7620**	**4790**
长沙市	644915	302863	342052	58815	27814	31001	7995	4897	3098
株洲市	95267	49140	46127	7042	3856	3186	519	363	156
湘潭市	108698	55172	53526	8312	3917	4395	932	580	352
衡阳市	109874	54828	55046	3686	1784	1902	558	341	217
邵阳市	67394	33487	33907	1522	803	719	230	136	94
岳阳市	77302	40568	36734	3564	1755	1809	302	189	113
常德市	90816	41874	48942	3156	1447	1709	261	156	105
张家界市	29607	13663	15944	1285	583	702	128	68	60
益阳市	51419	26556	24863	2481	1121	1360	272	173	99
郴州市	65857	33452	32405	2897	1528	1369	313	197	116
永州市	44363	22968	21395	1364	683	681	163	101	62
怀化市	56664	27153	29511	2084	1069	1015	249	149	100
娄底市	54874	28104	26770	2508	1293	1215	273	159	114
湘西州	30198	14858	15340	1679	775	904	215	111	104

7-6a 全省按现住地、受教育程度、性别分的户口登记地在本省其他乡镇街道的人口(城市)

单位：人

现住地	合计			未上过学		
	合计	男	女	小计	男	女
全省	**9188767**	**4582162**	**4606605**	**75855**	**31733**	**44122**
长沙市	3272077	1634938	1637139	22520	9682	12838
株洲市	751961	377923	374038	4738	2129	2609
湘潭市	470693	234048	236645	2877	1280	1597
衡阳市	859031	433722	425309	8014	3350	4664
邵阳市	531584	266856	264728	5215	2355	2860
岳阳市	562655	284043	278612	3921	1642	2279
常德市	445160	214091	231069	2776	1140	1636
张家界市	177177	86843	90334	1840	570	1270
益阳市	302476	145887	156589	2889	1245	1644
郴州市	512102	258836	253266	5368	2089	3279
永州市	261980	131939	130041	2653	1151	1502
怀化市	370036	182527	187509	5034	1774	3260
娄底市	500516	246343	254173	5340	2461	2879
湘西州	171319	84166	87153	2670	865	1805

7-6a 续表 1

单位：人

现住地	学前教育			小学		
	小计	男	女	小计	男	女
全省	**327561**	**174056**	**153505**	**1254116**	**606076**	**648040**
长沙市	114698	60678	54020	368395	179948	188447
株洲市	29419	15380	14039	106275	50917	55358
湘潭市	14238	7579	6659	51970	24847	27123
衡阳市	26702	14388	12314	147705	71635	76070
邵阳市	17553	9486	8067	76811	37095	39716
岳阳市	21544	11547	9997	76513	37414	39099
常德市	12982	6659	6323	52472	24809	27663
张家界市	6261	3280	2981	27215	12395	14820
益阳市	10317	5328	4989	45364	22062	23302
郴州市	20500	11164	9336	86869	41296	45573
永州市	8033	4360	3673	41465	20062	21403
怀化市	17603	9343	8260	65164	31094	34070
娄底市	20914	11266	9648	75464	37329	38135
湘西州	6797	3598	3199	32434	15173	17261

7-6a 续表 2 单位：人

现住地	初中			高中			大学专科		
	小计	男	女	小计	男	女	小计	男	女
全省	**2443939**	**1210681**	**1233258**	**2434696**	**1263191**	**1171505**	**1419747**	**699893**	**719854**
长沙市	696338	356815	339523	783272	412154	371118	664675	323464	341211
株洲市	220298	107795	112503	194856	99829	95027	109580	56709	52871
湘潭市	122260	58400	63860	123326	61825	61501	82446	42032	40414
衡阳市	299670	148180	151490	218023	114629	103394	86738	45536	41202
邵阳市	166909	80258	86651	168019	88608	79411	49725	25894	23831
岳阳市	134654	66715	67939	191051	97389	93662	71863	35949	35914
常德市	111435	54017	57418	130859	66889	63970	69118	30993	38125
张家界市	53061	26402	26659	44294	23008	21286	22287	11195	11092
益阳市	97293	46422	50871	88817	44238	44579	39067	17070	21997
郴州市	166598	83492	83106	128776	68554	60222	60509	30543	29966
永州市	79883	39521	40362	80525	41747	38778	30137	15527	14610
怀化市	116278	57481	58797	91964	47255	44709	38915	19228	19687
娄底市	130527	60902	69625	157772	79845	77927	68563	33052	35511
湘西州	48735	24281	24454	33142	17221	15921	26124	12701	13423

7-6a 续表 3 单位：人

现住地	大学本科			硕士研究生			博士研究生		
	小计	男	女	小计	男	女	小计	男	女
全省	**1138317**	**549687**	**588630**	**83897**	**40330**	**43567**	**10639**	**6515**	**4124**
长沙市	560584	262204	298380	53985	25352	28633	7610	4641	2969
株洲市	79947	41310	38637	6375	3525	2850	473	329	144
湘潭市	67296	35006	32290	5674	2719	2955	606	360	246
衡阳市	69451	34622	34829	2325	1129	1196	403	253	150
邵阳市	46346	22620	23726	895	467	428	111	73	38
岳阳市	59972	31742	28230	2893	1487	1406	244	158	86
常德市	63070	28431	34639	2261	1042	1219	187	111	76
张家界市	21101	9460	11641	1014	474	540	104	59	45
益阳市	17742	9088	8654	900	386	514	87	48	39
郴州市	41039	20407	20632	2216	1146	1070	227	145	82
永州市	18638	9278	9360	573	248	325	73	45	28
怀化市	33444	15516	17928	1457	729	728	177	107	70
娄底市	39770	20363	19407	1960	1005	955	206	120	86
湘西州	19917	9640	10277	1369	621	748	131	66	65

7-6b 全省按现住地、受教育程度、性别分的户口登记地在本省其他乡镇街道的人口(镇)

单位：人

现住地	合计			未上过学		
	合计	男	女	小计	男	女
全省	**5525706**	**2776391**	**2749315**	**58046**	**22368**	**35678**
长沙市	742279	393667	348612	4649	2198	2451
株洲市	283572	145044	138528	2481	739	1742
湘潭市	292061	151860	140201	1936	895	1041
衡阳市	513864	261470	252394	5410	2142	3268
邵阳市	422624	206101	216523	5083	2137	2946
岳阳市	289588	147318	142270	2608	1017	1591
常德市	408875	192875	216000	3040	1077	1963
张家界市	114340	54063	60277	1590	511	1079
益阳市	260162	125329	134833	2696	1069	1627
郴州市	579252	295283	283969	5450	2054	3396
永州市	587530	298081	289449	6144	2420	3724
怀化市	468575	227605	240970	7429	2372	5057
娄底市	295124	147004	148120	3729	1790	1939
湘西州	267860	130691	137169	5801	1947	3854

7-6b 续表 1

单位：人

现住地	学前教育			小学		
	小计	男	女	小计	男	女
全省	**212593**	**113317**	**99276**	**967235**	**456182**	**511053**
长沙市	25406	13257	12149	85636	42033	43603
株洲市	9300	4845	4455	49194	22068	27126
湘潭市	9820	5241	4579	35981	17525	18456
衡阳市	16855	9009	7846	90644	43037	47607
邵阳市	17290	9390	7900	74731	35772	38959
岳阳市	10713	5718	4995	44746	21885	22861
常德市	13182	6798	6384	69268	30436	38832
张家界市	5995	3094	2901	23974	10417	13557
益阳市	9995	5192	4803	43508	20410	23098
郴州市	23665	12939	10726	115044	55336	59708
永州市	22903	12543	10360	110413	53455	56958
怀化市	22102	11796	10306	99640	45449	54191
娄底市	12595	6720	5875	53466	25847	27619
湘西州	12772	6775	5997	70990	32512	38478

7-6b　续表 2

单位：人

现住地	初中			高中			大学专科		
	小计	男	女	小计	男	女	小计	男	女
全　省	**1738964**	**847175**	**891789**	**1574817**	**827303**	**747514**	**623363**	**331968**	**291395**
长沙市	188764	101926	86838	203918	111685	92233	156257	83550	72707
株洲市	74380	35687	38693	68335	34323	34012	65602	40078	25524
湘潭市	78760	39660	39100	74941	39651	35290	47735	27981	19754
衡阳市	164251	81137	83114	159021	85348	73673	47720	25193	22527
邵阳市	130421	59665	70756	136458	71335	65123	39733	18022	21711
岳阳市	83022	41212	41810	109046	56789	52257	24299	13026	11273
常德市	132168	60922	71246	122532	60424	62108	43124	20793	22331
张家界市	35457	16481	18976	30242	15070	15172	10371	5191	5180
益阳市	73461	34296	39165	70349	34141	36208	27370	13200	14170
郴州市	215661	105863	109798	154164	84061	70103	42059	22803	19256
永州市	197430	95663	101767	185202	98706	86496	42577	23033	19544
怀化市	172939	82054	90885	109809	57393	52416	37127	18766	18361
娄底市	96934	45832	51102	93331	48744	44587	22181	11407	10774
湘西州	95316	46777	48539	57469	29633	27836	17208	8925	8283

7-6b　续表 3

单位：人

现住地	大学本科			硕士研究生			博士研究生		
	小计	男	女	小计	男	女	小计	男	女
全　省	**334340**	**169849**	**164491**	**14792**	**7262**	**7530**	**1556**	**967**	**589**
长沙市	72797	36458	36339	4503	2325	2178	349	235	114
株洲市	13656	6991	6665	584	285	299	40	28	12
湘潭市	39994	19518	20476	2580	1175	1405	314	214	100
衡阳市	28673	14968	13705	1157	561	596	133	75	58
邵阳市	18275	9447	8828	531	280	251	102	53	49
岳阳市	14539	7429	7110	567	216	351	48	26	22
常德市	24737	12047	12690	760	341	419	64	37	27
张家界市	6481	3209	3272	207	81	126	23	9	14
益阳市	31131	16216	14915	1485	692	793	167	113	54
郴州市	22526	11847	10679	608	336	272	75	44	31
永州市	22147	11857	10290	648	364	284	66	40	26
怀化市	18982	9481	9501	492	264	228	55	30	25
娄底市	12400	6408	5992	440	232	208	48	24	24
湘西州	8002	3973	4029	230	110	120	72	39	33

7-6c 全省按现住地、受教育程度、性别分的户口登记地在本省其他乡镇街道的人口(乡村)

单位：人

现住地	合计			未上过学		
	合计	男	女	小计	男	女
全省	**928228**	**471729**	**456499**	**14546**	**5634**	**8912**
长沙市	144407	75712	68695	1447	585	862
株洲市	34139	18234	15905	382	188	194
湘潭市	35371	18141	17230	406	161	245
衡阳市	91533	45178	46355	1144	444	700
邵阳市	61466	31115	30351	1133	396	737
岳阳市	70852	33024	37828	743	263	480
常德市	67648	33784	33864	930	351	579
张家界市	31238	15973	15265	696	274	422
益阳市	52570	26125	26445	884	341	543
郴州市	44270	23230	21040	861	365	496
永州市	68754	35532	33222	1351	540	811
怀化市	115847	58974	56873	2202	812	1390
娄底市	67936	35146	32790	1196	459	737
湘西州	42197	21561	20636	1171	455	716

7-6c 续表 1

单位：人

现住地	学前教育			小学		
	小计	男	女	小计	男	女
全省	**26259**	**13607**	**12652**	**175027**	**88204**	**86823**
长沙市	3345	1723	1622	22453	11923	10530
株洲市	1034	511	523	7295	3877	3418
湘潭市	854	444	410	6309	3432	2877
衡阳市	2080	1077	1003	13933	7004	6929
邵阳市	1715	891	824	11748	5739	6009
岳阳市	1633	827	806	8777	4291	4486
常德市	1890	947	943	13872	6902	6970
张家界市	968	480	488	6150	3124	3026
益阳市	1424	737	687	10444	5121	5323
郴州市	1392	735	657	9070	4523	4547
永州市	2158	1123	1035	14760	7373	7387
怀化市	4522	2406	2116	25433	12411	13022
娄底市	1763	927	836	15067	7630	7437
湘西州	1481	779	702	9716	4854	4862

7-6c　续表 2

单位：人

现住地	初中			高中			大学专科		
	小计	男	女	小计	男	女	小计	男	女
全　省	**337491**	**173715**	**163776**	**223858**	**118857**	**105001**	**94535**	**45588**	**48947**
长沙市	49216	27772	21444	38386	19909	18477	17663	9441	8222
株洲市	14150	7617	6533	6872	3726	3146	2653	1424	1229
湘潭市	13096	6915	6181	10978	5494	5484	2250	1018	1232
衡阳市	28339	14704	13635	21178	11678	9500	12883	4926	7957
邵阳市	23167	11263	11904	16208	8930	7278	4609	2410	2199
岳阳市	20123	9700	10423	21095	10645	10450	15576	5844	9732
常德市	23528	11744	11784	19286	10017	9269	4988	2355	2633
张家界市	11762	5888	5874	6854	3688	3166	2718	1497	1221
益阳市	17646	8504	9142	12675	6458	6217	6837	3657	3180
郴州市	18271	9295	8976	8564	5050	3514	3736	2010	1726
永州市	26830	13716	13114	14404	7848	6556	5506	3012	2494
怀化市	49307	25153	24154	22911	12148	10763	7082	3800	3282
娄底市	27002	13901	13101	15594	8558	7036	4483	2267	2216
湘西州	15054	7543	7511	8853	4708	4145	3551	1927	1624

7-6c　续表 3

单位：人

现住地	大学本科			硕士研究生			博士研究生		
	小计	男	女	小计	男	女	小计	男	女
全　省	**54591**	**25150**	**29441**	**1706**	**836**	**870**	**215**	**138**	**77**
长沙市	11534	4201	7333	327	137	190	36	21	15
株洲市	1664	839	825	83	46	37	6	6	
湘潭市	1408	648	760	58	23	35	12	6	6
衡阳市	11750	5238	6512	204	94	110	22	13	9
邵阳市	2773	1420	1353	96	56	40	17	10	7
岳阳市	2791	1397	1394	104	52	52	10	5	5
常德市	3009	1396	1613	135	64	71	10	8	2
张家界市	2025	994	1031	64	28	36	1		1
益阳市	2546	1252	1294	96	43	53	18	12	6
郴州市	2292	1198	1094	73	46	27	11	8	3
永州市	3578	1833	1745	143	71	72	24	16	8
怀化市	4238	2156	2082	135	76	59	17	12	5
娄底市	2704	1333	1371	108	56	52	19	15	4
湘西州	2279	1245	1034	80	44	36	12	6	6

7-7 全省按现住地、受教育程度、性别分的户口登记地在外省的人口

单位：人

现住地	合计			未上过学		
	合计	男	女	小计	男	女
全　省	**1554319**	**833100**	**721219**	**12470**	**4664**	**7806**
长沙市	693713	392705	301008	4884	1707	3177
株洲市	138484	77592	60892	965	363	602
湘潭市	83350	44355	38995	390	186	204
衡阳市	95287	50354	44933	696	286	410
邵阳市	54938	24967	29971	663	249	414
岳阳市	101199	51811	49388	1073	387	686
常德市	74542	36036	38506	418	162	256
张家界市	23808	12953	10855	204	92	112
益阳市	39382	19019	20363	521	210	311
郴州市	60231	31960	28271	568	250	318
永州市	50342	24806	25536	502	190	312
怀化市	74656	36300	38356	852	316	536
娄底市	37059	17154	19905	398	148	250
湘西州	27328	13088	14240	336	118	218

7-7　续表 1

单位：人

现住地	学前教育			小学		
	小计	男	女	小计	男	女
全　省	**37430**	**19821**	**17609**	**182182**	**91782**	**90400**
长沙市	14585	7846	6739	68646	35938	32708
株洲市	3589	1913	1676	17007	8727	8280
湘潭市	1280	670	610	6410	3262	3148
衡阳市	1980	1039	941	10286	5228	5058
邵阳市	1709	898	811	8295	3745	4550
岳阳市	2855	1499	1356	14290	7115	7175
常德市	1995	1057	938	9468	4551	4917
张家界市	641	326	315	3237	1623	1614
益阳市	1080	549	531	6313	3132	3181
郴州市	1917	991	926	8520	4384	4136
永州市	1380	723	657	7496	3541	3955
怀化市	2562	1324	1238	11916	5786	6130
娄底市	1057	544	513	5132	2382	2750
湘西州	800	442	358	5166	2368	2798

7-7 续表 2

单位：人

现住地	初中			高中			大学专科		
	小计	男	女	小计	男	女	小计	男	女
全　省	**472182**	**256409**	**215773**	**317257**	**177636**	**139621**	**201104**	**111907**	**89197**
长沙市	179633	109588	70045	137222	83066	54156	107118	61143	45975
株洲市	44886	24645	20241	25539	14367	11172	18939	12043	6896
湘潭市	17237	9755	7482	11727	6518	5209	7969	4799	3170
衡阳市	30083	15421	14662	18745	10068	8677	10623	5813	4810
邵阳市	23167	10155	13012	12461	5946	6515	4350	2107	2243
岳阳市	33628	17342	16286	28182	14400	13782	10725	5227	5498
常德市	23644	11488	12156	18583	9295	9288	11055	4950	6105
张家界市	8562	4391	4171	6156	3828	2328	2211	1297	914
益阳市	13272	6319	6953	7714	3755	3959	5031	2335	2696
郴州市	24051	13038	11013	12280	6731	5549	5539	2993	2546
永州市	20581	9718	10863	9834	5314	4520	4678	2540	2138
怀化市	30378	14288	16090	16667	8336	8331	6320	3352	2968
娄底市	12599	5482	7117	7653	3646	4007	4346	2111	2235
湘西州	10461	4779	5682	4494	2366	2128	2200	1197	1003

7-7 续表 3

单位：人

现住地	大学本科			硕士研究生			博士研究生		
	小计	男	女	小计	男	女	小计	男	女
全　省	**295932**	**151690**	**144242**	**31536**	**16497**	**15039**	**4226**	**2694**	**1532**
长沙市	157420	80559	76861	20962	10845	10117	3243	2013	1230
株洲市	25185	14005	11180	2255	1432	823	119	97	22
湘潭市	33002	16479	16523	4984	2447	2537	351	239	112
衡阳市	22138	12120	10018	650	318	332	86	61	25
邵阳市	4116	1766	2350	150	90	60	27	11	16
岳阳市	9796	5456	4340	585	338	247	65	47	18
常德市	8914	4258	4656	403	229	174	62	46	16
张家界市	2667	1322	1345	111	61	50	19	13	6
益阳市	5222	2590	2632	201	112	89	28	17	11
郴州市	6999	3369	3630	303	169	134	54	35	19
永州市	5683	2673	3010	147	74	73	41	33	8
怀化市	5702	2765	2937	224	108	116	35	25	10
娄底市	5677	2720	2957	153	92	61	44	29	15
湘西州	3411	1608	1803	408	182	226	52	28	24

7-7a 全省按现住地、受教育程度、性别分的户口登记地在外省的人口(城市)

单位：人

现住地	合计			未上过学		
	合计	男	女	小计	男	女
全省	**973471**	**532311**	**441160**	**6913**	**2558**	**4355**
长沙市	528798	295732	233066	3754	1286	2468
株洲市	111352	62352	49000	769	281	488
湘潭市	43956	22893	21063	185	86	99
衡阳市	51201	28145	23056	272	115	157
邵阳市	22360	11266	11094	200	93	107
岳阳市	56638	30410	26228	528	198	330
常德市	32916	16728	16188	130	53	77
张家界市	13077	7613	5464	108	44	64
益阳市	11330	5613	5717	76	44	32
郴州市	28029	14930	13099	275	122	153
永州市	12489	6014	6475	67	24	43
怀化市	30210	15296	14914	324	119	205
娄底市	19651	9563	10088	138	61	77
湘西州	11464	5756	5708	87	32	55

7-7a 续表 1

单位：人

现住地	学前教育			小学		
	小计	男	女	小计	男	女
全省	**22144**	**11899**	**10245**	**99161**	**51107**	**48054**
长沙市	11260	6066	5194	50153	26288	23865
株洲市	2872	1556	1316	12966	6526	6440
湘潭市	606	322	284	2998	1506	1492
衡阳市	1037	550	487	4685	2414	2271
邵阳市	588	328	260	2394	1202	1192
岳阳市	1563	827	736	7711	3839	3872
常德市	777	438	339	3197	1658	1539
张家界市	267	150	117	1334	667	667
益阳市	292	143	149	1345	648	697
郴州市	906	487	419	3523	1855	1668
永州市	213	111	102	1158	575	583
怀化市	953	480	473	4053	2113	1940
娄底市	515	273	242	2053	1018	1035
湘西州	295	168	127	1591	798	793

7-7a　续表 2　　单位：人

现 住 地	初　中			高　中			大学专科		
	小计	男	女	小计	男	女	小计	男	女
全　省	**241759**	**139354**	**102405**	**187519**	**108390**	**79129**	**139238**	**77792**	**61446**
长沙市	117922	71895	46027	93979	56990	36989	84317	48129	36188
株洲市	34590	19181	15409	20947	11897	9050	13003	8170	4833
湘潭市	7874	4438	3436	5874	3368	2506	4247	2375	1872
衡阳市	12482	6620	5862	9061	4819	4242	6646	3819	2827
邵阳市	8187	4299	3888	6056	3177	2879	2028	1069	959
岳阳市	17220	9435	7785	15414	8385	7029	5723	2979	2744
常德市	7625	4269	3356	7480	4283	3197	6743	2878	3865
张家界市	3526	2015	1511	4143	2794	1349	1386	826	560
益阳市	3672	1906	1766	2773	1396	1377	2367	1029	1338
郴州市	8600	4893	3707	5757	3145	2612	3201	1741	1460
永州市	2947	1544	1403	2071	1115	956	1846	849	997
怀化市	9123	4824	4299	8375	4179	4196	3209	1699	1510
娄底市	4741	2310	2431	3932	1946	1986	3250	1566	1684
湘西州	3250	1725	1525	1657	896	761	1272	663	609

7-7a　续表 3　　单位：人

现 住 地	大学本科			硕士研究生			博士研究生		
	小计	男	女	小计	男	女	小计	男	女
全　省	**245327**	**124587**	**120740**	**27572**	**14190**	**13382**	**3838**	**2434**	**1404**
长沙市	144660	73208	71452	19632	9943	9689	3121	1927	1194
株洲市	23962	13297	10665	2133	1354	779	110	90	20
湘潭市	18333	8891	9442	3576	1725	1851	263	182	81
衡阳市	16526	9561	6965	436	205	231	56	42	14
邵阳市	2837	1056	1781	59	39	20	11	3	8
岳阳市	7991	4452	3539	442	261	181	46	34	12
常德市	6702	3003	3699	229	125	104	33	21	12
张家界市	2218	1057	1161	79	49	30	16	11	5
益阳市	733	405	328	62	35	27	10	7	3
郴州市	5510	2542	2968	216	118	98	41	27	14
永州市	4083	1731	2352	74	39	35	30	26	4
怀化市	4002	1794	2208	151	72	79	20	16	4
娄底市	4882	2302	2580	103	63	40	37	24	13
湘西州	2888	1288	1600	380	162	218	44	24	20

7-7b 全省按现住地、受教育程度、性别分的户口登记地在外省的人口(镇)

单位：人

现住地	合计			未上过学		
	合计	男	女	小计	男	女
全　省	**393491**	**212645**	**180846**	**2979**	**1197**	**1782**
长沙市	135333	79383	55950	879	322	557
株洲市	18648	10761	7887	111	50	61
湘潭市	33447	18556	14891	130	64	66
衡阳市	26263	14304	11959	240	108	132
邵阳市	17822	8069	9753	194	69	125
岳阳市	24844	12838	12006	208	77	131
常德市	28214	13602	14612	147	56	91
张家界市	5200	2644	2556	41	24	17
益阳市	17247	8398	8849	219	90	129
郴州市	20130	10944	9186	130	61	69
永州市	21735	11534	10201	173	74	99
怀化市	26279	12843	13436	273	107	166
娄底市	8345	4173	4172	97	48	49
湘西州	9984	4596	5388	137	47	90

7-7b　续表 1

单位：人

现住地	学前教育			小学		
	小计	男	女	小计	男	女
全　省	**10117**	**5281**	**4836**	**49310**	**24595**	**24715**
长沙市	2714	1458	1256	14073	7244	6829
株洲市	468	235	233	2358	1305	1053
湘潭市	504	252	252	2216	1171	1045
衡阳市	614	334	280	3300	1732	1568
邵阳市	666	336	330	2866	1285	1581
岳阳市	784	403	381	3515	1738	1777
常德市	813	408	405	3958	1833	2125
张家界市	203	97	106	990	522	468
益阳市	514	266	248	2305	1130	1175
郴州市	628	302	326	2866	1465	1401
永州市	611	334	277	3170	1570	1600
怀化市	991	535	456	4365	2073	2292
娄底市	269	135	134	1151	578	573
湘西州	338	186	152	2177	949	1228

7-7b　续表 2　　单位：人

现住地	初中			高中			大学专科		
	小计	男	女	小计	男	女	小计	男	女
全　省	**142490**	**76679**	**65811**	**97440**	**53691**	**43749**	**47572**	**27003**	**20569**
长沙市	48513	29450	19063	38010	22722	15288	19863	11154	8709
株洲市	6170	3328	2842	3091	1663	1428	5449	3613	1836
湘潭市	6524	3964	2560	4746	2602	2144	3395	2271	1124
衡阳市	10182	5491	4691	7214	4040	3174	2646	1438	1208
邵阳市	7663	3338	4325	3985	1844	2141	1536	682	854
岳阳市	9088	4715	4373	7841	3977	3864	2120	1185	935
常德市	10118	4797	5321	7955	3783	4172	3350	1655	1695
张家界市	2053	977	1076	1179	617	562	470	259	211
益阳市	5055	2446	2609	3246	1588	1658	1576	780	796
郴州市	9110	5003	4107	4578	2582	1996	1631	889	742
永州市	9031	4484	4547	5487	3078	2409	2041	1264	777
怀化市	11447	5334	6113	5717	2931	2786	2199	1127	1072
娄底市	3320	1575	1745	2285	1189	1096	671	350	321
湘西州	4216	1777	2439	2106	1075	1031	625	336	289

7-7b　续表 3　　单位：人

现住地	大学本科			硕士研究生			博士研究生		
	小计	男	女	小计	男	女	小计	男	女
全　省	**39804**	**21951**	**17853**	**3467**	**2034**	**1433**	**312**	**214**	**98**
长沙市	9982	6129	3853	1194	827	367	105	77	28
株洲市	913	513	400	81	49	32	7	5	2
湘潭市	14462	7470	6992	1390	711	679	80	51	29
衡阳市	1900	1067	833	142	78	64	25	16	9
邵阳市	841	476	365	58	33	25	13	6	7
岳阳市	1171	675	496	104	59	45	13	9	4
常德市	1721	976	745	134	78	56	18	16	2
张家界市	249	142	107	14	5	9	1	1	
益阳市	4192	2018	2174	125	70	55	15	10	5
郴州市	1116	601	515	62	35	27	9	6	3
永州市	1167	701	466	50	26	24	5	3	2
怀化市	1220	700	520	59	30	29	8	6	2
娄底市	511	275	236	35	19	16	6	4	2
湘西州	359	208	151	19	14	5	7	4	3

7-7c 全省按现住地、受教育程度、性别分的户口登记地在外省的人口(乡村)

单位：人

现住地	合计			未上过学		
	合计	男	女	小计	男	女
全省	**187357**	**88144**	**99213**	**2578**	**909**	**1669**
长沙市	29582	17590	11992	251	99	152
株洲市	8484	4479	4005	85	32	53
湘潭市	5947	2906	3041	75	36	39
衡阳市	17823	7905	9918	184	63	121
邵阳市	14756	5632	9124	269	87	182
岳阳市	19717	8563	11154	337	112	225
常德市	13412	5706	7706	141	53	88
张家界市	5531	2696	2835	55	24	31
益阳市	10805	5008	5797	226	76	150
郴州市	12072	6086	5986	163	67	96
永州市	16118	7258	8860	262	92	170
怀化市	18167	8161	10006	255	90	165
娄底市	9063	3418	5645	163	39	124
湘西州	5880	2736	3144	112	39	73

7-7c 续表 1

单位：人

现住地	学前教育			小学		
	小计	男	女	小计	男	女
全省	**5169**	**2641**	**2528**	**33711**	**16080**	**17631**
长沙市	611	322	289	4420	2406	2014
株洲市	249	122	127	1683	896	787
湘潭市	170	96	74	1196	585	611
衡阳市	329	155	174	2301	1082	1219
邵阳市	455	234	221	3035	1258	1777
岳阳市	508	269	239	3064	1538	1526
常德市	405	211	194	2313	1060	1253
张家界市	171	79	92	913	434	479
益阳市	274	140	134	2663	1354	1309
郴州市	383	202	181	2131	1064	1067
永州市	556	278	278	3168	1396	1772
怀化市	618	309	309	3498	1600	1898
娄底市	273	136	137	1928	786	1142
湘西州	167	88	79	1398	621	777

7-7c　续表 2

单位：人

现住地	初中			高中			大学专科		
	小计	男	女	小计	男	女	小计	男	女
全　省	**87933**	**40376**	**47557**	**32298**	**15555**	**16743**	**14294**	**7112**	**7182**
长沙市	13198	8243	4955	5233	3354	1879	2938	1860	1078
株洲市	4126	2136	1990	1501	807	694	487	260	227
湘潭市	2839	1353	1486	1107	548	559	327	153	174
衡阳市	7419	3310	4109	2470	1209	1261	1331	556	775
邵阳市	7317	2518	4799	2420	925	1495	786	356	430
岳阳市	7320	3192	4128	4927	2038	2889	2882	1063	1819
常德市	5901	2422	3479	3148	1229	1919	962	417	545
张家界市	2983	1399	1584	834	417	417	355	212	143
益阳市	4545	1967	2578	1695	771	924	1088	526	562
郴州市	6341	3142	3199	1945	1004	941	707	363	344
永州市	8603	3690	4913	2276	1121	1155	791	427	364
怀化市	9808	4130	5678	2575	1226	1349	912	526	386
娄底市	4538	1597	2941	1436	511	925	425	195	230
湘西州	2995	1277	1718	731	395	336	303	198	105

7-7c　续表 3

单位：人

现住地	大学本科			硕士研究生			博士研究生		
	小计	男	女	小计	男	女	小计	男	女
全　省	**10801**	**5152**	**5649**	**497**	**273**	**224**	**76**	**46**	**30**
长沙市	2778	1222	1556	136	75	61	17	9	8
株洲市	310	195	115	41	29	12	2	2	
湘潭市	207	118	89	18	11	7	8	6	2
衡阳市	3712	1492	2220	72	35	37	5	3	2
邵阳市	438	234	204	33	18	15	3	2	1
岳阳市	634	329	305	39	18	21	6	4	2
常德市	491	279	212	40	26	14	11	9	2
张家界市	200	123	77	18	7	11	2	1	1
益阳市	297	167	130	14	7	7	3		3
郴州市	373	226	147	25	16	9	4	2	2
永州市	433	241	192	23	9	14	6	4	2
怀化市	480	271	209	14	6	8	7	3	4
娄底市	284	143	141	15	10	5	1	1	
湘西州	164	112	52	9	6	3	1		1

7-8 全省分年龄、性别、迁移原因的户口登记地在外乡镇街道的人口

单位：人

年 龄	合 计			工作就业		
	合计	男	女	小计	男	女
总 计	**17575847**	**8865460**	**8710387**	**5198618**	**2894695**	**2303923**
0-4岁	**796403**	**424469**	**371934**			
0	77500	41411	36089			
1	138949	74197	64752			
2	162378	86470	75908			
3	208107	110336	97771			
4	209469	112055	97414			
5-9岁	**1108259**	**594890**	**513369**			
5	204399	108785	95614			
6	221644	119112	102532			
7	224600	120770	103830			
8	238153	128361	109792			
9	219463	117862	101601			
10-14岁	**1062703**	**567401**	**495302**	**1004**	**594**	**410**
10	214499	115580	98919	124	66	58
11	215228	116173	99055	153	79	74
12	207632	111257	96375	159	90	69
13	197275	105839	91436	183	109	74
14	228069	118552	109517	385	250	135
15-19岁	**1990642**	**1034862**	**955780**	**123066**	**68626**	**54440**
15	368481	193872	174609	7666	4409	3257
16	432394	229879	202515	13095	7589	5506
17	375197	197520	177677	20683	11837	8846
18	378602	195356	183246	33088	18529	14559
19	435968	218235	217733	48534	26262	22272
20-24岁	**1324668**	**650163**	**674505**	**450496**	**230519**	**219977**
20	383855	190507	193348	61035	32135	28900
21	290900	143001	147899	77767	39584	38183
22	242873	118784	124089	102235	51251	50984
23	207550	101366	106184	104250	53177	51073
24	199490	96505	102985	105209	54372	50837
25-29岁	**1143033**	**544261**	**598772**	**608771**	**324008**	**284763**
25	204660	98360	106300	110479	57766	52713
26	192765	92060	100705	103751	54692	49059
27	211738	100453	111285	113386	60500	52886
28	237739	112767	124972	125788	67341	58447
29	296131	140621	155510	155367	83709	71658

7-8　续表 1

单位：人

年　龄	合　计			工作就业		
	合计	男	女	小计	男	女
30-34岁	**1906802**	**897003**	**1009799**	**972557**	**520532**	**452025**
30	408075	189847	218228	211205	112342	98863
31	399903	186939	212964	205534	109005	96529
32	370308	174108	196200	188850	101155	87695
33	394249	186730	207519	199763	107470	92293
34	334267	159379	174888	167205	90560	76645
35-39岁	**1466488**	**711179**	**755309**	**709060**	**387323**	**321737**
35	291060	140415	150645	144308	78586	65722
36	291412	140950	150462	142452	77642	64810
37	286249	139087	147162	138128	75412	62716
38	331803	161222	170581	158261	86477	71784
39	265964	129505	136459	125911	69206	56705
40-44岁	**1230304**	**617064**	**613240**	**574110**	**317856**	**256254**
40	238950	117786	121164	112725	61990	50735
41	262056	131021	131035	122639	68079	54560
42	236892	118302	118590	110584	61018	49566
43	230596	116787	113809	107134	59559	47575
44	261810	133168	128642	121028	67210	53818
45-49岁	**1396682**	**724272**	**672410**	**645745**	**364946**	**280799**
45	273183	140099	133084	127324	70846	56478
46	295385	151545	143840	137364	76795	60569
47	284518	148354	136164	132201	74873	57328
48	276286	143971	132315	127788	72681	55107
49	267310	140303	127007	121068	69751	51317
50-54岁	**1339419**	**686023**	**653396**	**546844**	**322961**	**223883**
50	295857	151579	144278	130916	74804	56112
51	275921	142055	133866	115626	67576	48050
52	305367	156653	148714	123944	73317	50627
53	218087	110906	107181	85657	51443	34214
54	244187	124830	119357	90701	55821	34880
55-59岁	**1014431**	**516046**	**498385**	**321603**	**204246**	**117357**
55	241475	123281	118194	84150	52699	31451
56	238169	120880	117289	77615	48836	28779
57	275778	140951	134827	85403	54771	30632
58	185285	94202	91083	54685	35365	19320
59	73724	36732	36992	19750	12575	7175
60-64岁	**570114**	**287365**	**282749**	**114125**	**72967**	**41158**
60	100230	50391	49839	23393	14873	8520
61	91279	46599	44680	19457	12636	6821
62	120041	61050	58991	24269	15647	8622
63	139029	70130	68899	26402	16876	9526
64	119535	59195	60340	20604	12935	7669
65岁及以上	**1225899**	**610462**	**615437**	**131237**	**80117**	**51120**

7-8 续表 2

单位：人

年龄	学习培训			随同离开/投亲靠友			拆迁/搬家		
	小计	男	女	小计	男	女	小计	男	女
总计	**2683287**	**1368587**	**1314700**	**2301799**	**1125035**	**1176764**	**4326779**	**2212329**	**2114450**
0-4岁	**6048**	**3223**	**2825**	**476311**	**253379**	**222932**	**161966**	**86560**	**75406**
0	145	73	72	46516	24908	21608	16074	8508	7566
1	318	160	158	84399	44976	39423	26587	14307	12280
2	645	378	267	97237	51469	45768	32505	17476	15029
3	2053	1057	996	123705	65475	58230	43150	22962	20188
4	2887	1555	1332	124454	66551	57903	43650	23307	20343
5-9岁	**232965**	**126273**	**106692**	**501848**	**267485**	**234363**	**232781**	**125792**	**106989**
5	3297	1739	1558	120106	63844	56262	43330	23113	20217
6	49060	26702	22358	100262	53458	46804	45760	24749	21011
7	57721	31384	26337	94706	50432	44274	46780	25355	21425
8	62964	34074	28890	98422	52660	45762	50211	27313	22898
9	59923	32374	27549	88352	47091	41261	46700	25262	21438
10-14岁	**349095**	**184007**	**165088**	**371928**	**199304**	**172624**	**224914**	**121205**	**103709**
10	59442	32143	27299	84311	45345	38966	46610	25093	21517
11	61715	33750	27965	81593	43785	37808	47255	25508	21747
12	62180	33584	28596	75584	40316	35268	46336	24811	21525
13	61632	32915	28717	68568	36722	31846	44172	23754	20418
14	104126	51615	52511	61872	33136	28736	40541	22039	18502
15-19岁	**1489726**	**760338**	**729388**	**166402**	**90968**	**75434**	**133166**	**73458**	**59708**
15	269653	139753	129900	43234	23428	19806	30734	16699	14035
16	335853	176680	159173	37931	20706	17225	28267	15549	12718
17	279848	144976	134872	32869	17969	14900	26372	14556	11816
18	279459	140673	138786	28020	15444	12576	24442	13638	10804
19	324913	158256	166657	24348	13421	10927	23351	13016	10335
20-24岁	**530395**	**257972**	**272423**	**98561**	**50720**	**47841**	**135543**	**70297**	**65246**
20	262198	127095	135103	21859	11678	10181	22795	12416	10379
21	150219	72601	77618	19929	10266	9663	24581	12907	11674
22	67663	33431	34232	20815	10547	10268	29098	14944	14154
23	30806	15194	15612	18640	9528	9112	29117	14924	14193
24	19509	9651	9858	17318	8701	8617	29952	15106	14846
25-29岁	**33751**	**17393**	**16358**	**83734**	**40506**	**43228**	**218771**	**106621**	**112150**
25	12345	6238	6107	17061	8576	8485	33189	16364	16825
26	7112	3716	3396	15455	7552	7903	34030	16617	17413
27	5395	2787	2608	15544	7530	8014	39746	19128	20618
28	4625	2423	2202	16511	7931	8580	47773	23270	24503
29	4274	2229	2045	19163	8917	10246	64033	31242	32791

7-8 续表 3

单位：人

年龄	学习培训			随同离开/投亲靠友			拆迁/搬家		
	小计	男	女	小计	男	女	小计	男	女
30-34岁	**15568**	**7596**	**7972**	**99924**	**41937**	**57987**	**474635**	**227848**	**246787**
30	4696	2360	2336	24436	10953	13483	93638	44281	49357
31	3439	1677	1762	21806	9219	12587	97192	46670	50522
32	2767	1347	1420	19130	7889	11241	92853	44459	48394
33	2633	1273	1360	19038	7755	11283	102040	49303	52737
34	2033	939	1094	15514	6121	9393	88912	43135	45777
35-39岁	**7234**	**3503**	**3731**	**64187**	**24336**	**39851**	**419904**	**206854**	**213050**
35	1600	786	814	13455	5302	8153	79158	39049	40109
36	1443	730	713	12796	4863	7933	82194	40442	41752
37	1358	672	686	12491	4789	7702	82295	40717	41578
38	1621	757	864	14216	5304	8912	97123	47809	49314
39	1212	558	654	11229	4078	7151	79134	38837	40297
40-44岁	**4403**	**1995**	**2408**	**49971**	**17572**	**32399**	**383699**	**194358**	**189341**
40	992	469	523	10003	3557	6446	72378	36159	36219
41	958	459	499	10643	3784	6859	80706	40807	39899
42	891	388	503	9508	3337	6171	73944	37146	36798
43	787	338	449	9395	3283	6112	73006	37324	35682
44	775	341	434	10422	3611	6811	83665	42922	40743
45-49岁	**3985**	**1831**	**2154**	**57889**	**19393**	**38496**	**458411**	**237133**	**221278**
45	865	381	484	10772	3691	7081	88035	45488	42547
46	829	391	438	11855	3939	7916	95719	49128	46591
47	823	390	433	11795	4043	7752	93048	48329	44719
48	774	347	427	11718	3860	7858	91465	47309	44156
49	694	322	372	11749	3860	7889	90144	46879	43265
50-54岁	**3104**	**1391**	**1713**	**71330**	**21941**	**49389**	**463452**	**236901**	**226551**
50	759	357	402	13599	4194	9405	100409	51218	49191
51	609	276	333	13937	4362	9575	95720	48978	46742
52	731	319	412	16534	5151	11383	106019	54471	51548
53	459	209	250	12405	3737	8668	75552	38303	37249
54	546	230	316	14855	4497	10358	85752	43931	41821
55-59岁	**2317**	**1016**	**1301**	**67804**	**22301**	**45503**	**366854**	**189267**	**177587**
55	574	246	328	15110	4790	10320	85921	44109	41812
56	545	251	294	15501	5019	10482	86603	44522	42081
57	618	262	356	18731	6297	12434	100166	52088	48078
58	415	183	232	13105	4374	8731	66765	34624	32141
59	165	74	91	5357	1821	3536	27399	13924	13475
60-64岁	**1331**	**609**	**722**	**48802**	**18210**	**30592**	**210738**	**110423**	**100315**
60	243	105	138	7615	2645	4970	37984	19728	18256
61	208	93	115	7588	2855	4733	34036	18032	16004
62	271	145	126	10277	3951	6326	44136	23294	20842
63	303	127	176	12410	4679	7731	50511	26584	23927
64	306	139	167	10912	4080	6832	44071	22785	21286
65岁及以上	**3365**	**1440**	**1925**	**143108**	**56983**	**86125**	**441945**	**225612**	**216333**

7-8　续表 4　　　　　　　　　　　　　　　　　　　　　　　　　　　　　　　单位：人

年龄	寄挂户口			婚姻嫁娶			照料孙子女		
	小计	男	女	小计	男	女	小计	男	女
总计	**211103**	**113682**	**97421**	**578840**	**94344**	**484496**	**379081**	**124531**	**254550**
0-4岁	**10271**	**5424**	**4847**						
0	824	467	357						
1	2076	1105	971						
2	2327	1255	1072						
3	2664	1346	1318						
4	2380	1251	1129						
5-9岁	**10861**	**5682**	**5179**						
5	2232	1145	1087						
6	2009	1036	973						
7	2095	1088	1007						
8	2303	1245	1058						
9	2222	1168	1054						
10-14岁	**11421**	**6089**	**5332**	**18**	**5**	**13**			
10	2209	1141	1068	3		3			
11	2353	1246	1107	4	3	1			
12	2378	1272	1106	4	1	3			
13	2412	1318	1094	2	1	1			
14	2069	1112	957	5		5			
15-19岁	**6607**	**3476**	**3131**	**3502**	**274**	**3228**	**13**	**7**	**6**
15	1531	765	766	108	40	68	2	2	
16	1572	797	775	240	57	183	4	3	1
17	1269	680	589	442	43	399	1		1
18	1126	618	508	895	63	832	2	2	
19	1109	616	493	1817	71	1746	4		4
20-24岁	**10426**	**5245**	**5181**	**32268**	**849**	**31419**	**17**	**4**	**13**
20	1308	714	594	2921	75	2846	1		1
21	1613	835	778	4079	101	3978	2	1	1
22	2130	1083	1047	6457	166	6291	6	1	5
23	2462	1210	1252	8300	212	8088	1	1	
24	2913	1403	1510	10511	295	10216	7	1	6
25-29岁	**18224**	**8790**	**9434**	**91273**	**5182**	**86091**	**57**	**19**	**38**
25	3628	1684	1944	12987	430	12557	10	4	6
26	3727	1785	1942	14205	650	13555	6	2	4
27	3750	1836	1914	17660	951	16709	12	6	6
28	3431	1669	1762	20658	1292	19366	9	3	6
29	3688	1816	1872	25763	1859	23904	20	4	16

7-8 续表 5

单位：人

年龄	寄挂户口			婚姻嫁娶			照料孙子女		
	小计	男	女	小计	男	女	小计	男	女
30-34岁	**19535**	**9551**	**9984**	**155090**	**15773**	**139317**	**2396**	**693**	**1703**
30	4545	2176	2369	35410	2899	32511	413	107	306
31	4143	2055	2088	33364	3134	30230	474	141	333
32	3740	1783	1957	30146	3165	26981	461	130	331
33	3791	1873	1918	30789	3464	27325	544	160	384
34	3316	1664	1652	25381	3111	22270	504	155	349
35-39岁	**15322**	**7710**	**7612**	**95622**	**13671**	**81951**	**2367**	**764**	**1603**
35	2911	1473	1438	20818	2683	18135	440	152	288
36	2986	1518	1468	19889	2692	17197	438	136	302
37	2985	1492	1493	18578	2648	15930	452	154	298
38	3569	1806	1763	20427	3135	17292	580	190	390
39	2871	1421	1450	15910	2513	13397	457	132	325
40-44岁	**14599**	**7317**	**7282**	**58948**	**11992**	**46956**	**2931**	**995**	**1936**
40	2579	1264	1315	13100	2275	10825	423	144	279
41	2999	1504	1495	13333	2557	10776	565	200	365
42	2887	1438	1449	11148	2251	8897	591	197	394
43	2765	1405	1360	10420	2344	8076	561	197	364
44	3369	1706	1663	10947	2565	8382	791	257	534
45-49岁	**18662**	**9865**	**8797**	**48697**	**13250**	**35447**	**8977**	**1903**	**7074**
45	3515	1868	1647	10807	2688	8119	907	264	643
46	3951	2045	1906	10951	2823	8128	1201	319	882
47	3768	1970	1798	9884	2757	7127	1559	341	1218
48	3800	2002	1798	8843	2531	6312	2165	435	1730
49	3628	1980	1648	8212	2451	5761	3145	544	2601
50-54岁	**17026**	**9320**	**7706**	**35432**	**10743**	**24689**	**55683**	**11301**	**44382**
50	3830	2023	1807	8819	2560	6259	5644	898	4746
51	3587	1945	1642	7432	2295	5137	8643	1661	6982
52	3830	2136	1694	7931	2415	5516	12994	2621	10373
53	2776	1555	1221	5452	1678	3774	11948	2381	9567
54	3003	1661	1342	5798	1795	4003	16454	3740	12714
55-59岁	**13658**	**7691**	**5967**	**22421**	**7317**	**15104**	**97232**	**25002**	**72230**
55	3115	1688	1427	5552	1783	3769	19381	4603	14778
56	3196	1827	1369	5331	1702	3629	21155	5109	16046
57	3757	2139	1618	5994	1949	4045	27628	7232	20396
58	2539	1454	1085	3887	1293	2594	20702	5677	15025
59	1051	583	468	1657	590	1067	8366	2381	5985
60-64岁	**9164**	**5395**	**3769**	**12103**	**4729**	**7374**	**83091**	**29532**	**53559**
60	1478	846	632	2223	839	1384	12832	4185	8647
61	1382	798	584	1892	745	1147	12703	4358	8345
62	1972	1191	781	2666	1050	1616	17469	6147	11322
63	2236	1337	899	2933	1147	1786	21276	7810	13466
64	2096	1223	873	2389	948	1441	18811	7032	11779
65岁及以上	**35327**	**22127**	**13200**	**23466**	**10559**	**12907**	**126317**	**54311**	**72006**

7-8 续表 6

单位：人

年 龄	为子女就学			养老/康养			其他		
	小计	男	女	小计	男	女	小计	男	女
总 计	**232409**	**84579**	**147830**	**228524**	**106601**	**121923**	**1435407**	**741077**	**694330**
0-4岁							**141807**	**75883**	**65924**
0							13941	7455	6486
1							25569	13649	11920
2							29664	15892	13772
3							36535	19496	17039
4							36098	19391	16707
5-9岁							**129804**	**69658**	**60146**
5							35434	18944	16490
6							24553	13167	11386
7							23298	12511	10787
8							24253	13069	11184
9							22266	11967	10299
10-14岁				**15**	**7**	**8**	**104308**	**56190**	**48118**
10				3	2	1	21797	11790	10007
11				2	1	1	22153	11801	10352
12				6	3	3	20985	11180	9805
13				4	1	3	20302	11019	9283
14							19071	10400	8671
15-19岁	**228**	**130**	**98**	**25**	**15**	**10**	**67907**	**37570**	**30337**
15	34	22	12	6	5	1	15513	8749	6764
16	64	37	27	4	1	3	15364	8460	6904
17	66	46	20	6	3	3	13641	7410	6231
18	32	16	16	7	4	3	11531	6369	5162
19	32	9	23	2	2		11858	6582	5276
20-24岁	**1562**	**405**	**1157**	**68**	**37**	**31**	**65332**	**34115**	**31217**
20	136	61	75	15	8	7	11587	6325	5262
21	190	66	124	11	7	4	12509	6633	5876
22	311	77	234	15	10	5	14143	7274	6869
23	394	94	300	11	7	4	13569	7019	6550
24	531	107	424	16	5	11	13524	6864	6660
25-29岁	**10300**	**2360**	**7940**	**79**	**43**	**36**	**78073**	**39339**	**38734**
25	806	149	657	12	4	8	14143	7145	6998
26	980	202	778	15	8	7	13484	6836	6648
27	1646	357	1289	14	8	6	14585	7350	7235
28	2677	614	2063	16	9	7	16251	8215	8036
29	4191	1038	3153	22	14	8	19610	9793	9817

7-8　续表 7

单位：人

年　龄	为子女就学			养老/康养			其他		
	小计	男	女	小计	男	女	小计	男	女
30-34岁	**43302**	**12305**	**30997**	**119**	**70**	**49**	**123676**	**60698**	**62978**
30	7012	1712	5300	22	13	9	26698	13004	13694
31	8179	2301	5878	25	14	11	25747	12723	13024
32	8595	2454	6141	24	15	9	23742	11711	12031
33	10139	2958	7181	25	15	10	25487	12459	13028
34	9377	2880	6497	23	13	10	22002	10801	11201
35-39岁	**51602**	**17321**	**34281**	**138**	**84**	**54**	**101052**	**49613**	**51439**
35	8903	2820	6083	35	22	13	19432	9542	9890
36	9721	3276	6445	34	19	15	19459	9632	9827
37	10110	3450	6660	19	12	7	19833	9741	10092
38	12503	4230	8273	24	13	11	23479	11501	11978
39	10365	3545	6820	26	18	8	18849	9197	9652
40-44岁	**47982**	**17985**	**29997**	**142**	**75**	**67**	**93519**	**46919**	**46600**
40	9378	3318	6060	23	14	9	17349	8596	8753
41	10595	3831	6764	33	15	18	19585	9785	9800
42	9422	3552	5870	25	15	10	17892	8960	8932
43	8785	3365	5420	20	9	11	17723	8963	8760
44	9802	3919	5883	41	22	19	20970	10615	10355
45-49岁	**39120**	**17055**	**22065**	**310**	**176**	**134**	**114886**	**58720**	**56166**
45	9387	3896	5491	39	24	15	21532	10953	10579
46	9446	4006	5440	59	30	29	24010	12069	11941
47	7952	3622	4330	62	32	30	23426	11997	11429
48	6722	2946	3776	70	44	26	22941	11816	11125
49	5613	2585	3028	80	46	34	22977	11885	11092
50-54岁	**17869**	**8157**	**9712**	**11268**	**4158**	**7110**	**117411**	**59150**	**58261**
50	5295	2436	2859	1189	395	794	25397	12694	12703
51	4051	1889	2162	1986	709	1277	24330	12364	11966
52	3957	1800	2157	2582	952	1630	26845	13471	13374
53	2320	1050	1270	2340	893	1447	19178	9657	9521
54	2246	982	1264	3171	1209	1962	21661	10964	10697
55-59岁	**8148**	**3413**	**4735**	**21398**	**8572**	**12826**	**92996**	**47221**	**45775**
55	2055	899	1156	3868	1562	2306	21749	10902	10847
56	1915	810	1105	4608	1833	2775	21700	10971	10729
57	2215	914	1301	6046	2372	3674	25220	12927	12293
58	1438	593	845	4644	1920	2724	17105	8719	8386
59	525	197	328	2232	885	1347	7222	3702	3520
60-64岁	**4470**	**1928**	**2542**	**29513**	**14052**	**15461**	**56777**	**29520**	**27257**
60	759	355	404	4011	1803	2208	9692	5012	4680
61	713	276	437	4353	2063	2290	8947	4743	4204
62	932	441	491	6020	2894	3126	12029	6290	5739
63	1124	478	646	7792	3777	4015	14042	7315	6727
64	942	378	564	7337	3515	3822	12067	6160	5907
65岁及以上	**7826**	**3520**	**4306**	**165449**	**79312**	**86137**	**147859**	**76481**	**71378**

7-8a 全省分年龄、性别、迁移原因的户口登记地在外乡镇街道的人口(城市)

单位：人

年龄	合计			工作就业		
	合计	男	女	小计	男	女
总计	**10384897**	**5232988**	**5151909**	**3276031**	**1799970**	**1476061**
0-4岁	**466515**	**248287**	**218228**			
0	45863	24487	21376			
1	81526	43388	38138			
2	95270	50640	44630			
3	121913	64637	57276			
4	121943	65135	56808			
5-9岁	**612010**	**328831**	**283179**			
5	117135	62415	54720			
6	124399	67118	57281			
7	124013	66670	57343			
8	129677	69946	59731			
9	116786	62682	54104			
10-14岁	**554574**	**297546**	**257028**	**675**	**435**	**240**
10	113653	61364	52289	82	45	37
11	112634	60767	51867	102	53	49
12	109323	58819	50504	105	64	41
13	104651	56453	48198	143	83	60
14	114313	60143	54170	243	190	53
15-19岁	**1101344**	**560480**	**540864**	**79329**	**42534**	**36795**
15	172642	92143	80499	4555	2705	1850
16	195796	104205	91591	8177	4761	3416
17	187029	96928	90101	13539	7578	5961
18	240085	119197	120888	21182	11258	9924
19	305792	148007	157785	31876	16232	15644
20-24岁	**928471**	**451044**	**477427**	**306648**	**151463**	**155185**
20	279885	135131	144754	41173	20437	20736
21	212207	102490	109717	53147	25852	27295
22	168151	81953	86198	70115	34077	36038
23	138355	67717	70638	70872	35019	35853
24	129873	63753	66120	71341	36078	35263
25-29岁	**709668**	**347425**	**362243**	**403915**	**212947**	**190968**
25	130022	63740	66282	74482	38404	36078
26	121137	59329	61808	69712	36291	33421
27	131465	64268	67197	75250	39741	35509
28	146041	71442	74599	82882	44035	38847
29	181003	88646	92357	101589	54476	47113

7-8a　续表 1

单位：人

年　龄	合　计			工作就业		
	合计	男	女	小计	男	女
30-34岁	**1160916**	**562079**	**598837**	**627657**	**335584**	**292073**
30	248763	119647	129116	137528	73066	64462
31	244405	117306	127099	133262	70227	63035
32	226389	109272	117117	122165	65247	56918
33	238795	116415	122380	127847	68904	58943
34	202564	99439	103125	106855	58140	48715
35-39岁	**870187**	**431224**	**438963**	**440111**	**240763**	**199348**
35	174349	86045	88304	90746	49497	41249
36	173473	85939	87534	89070	48575	40495
37	169868	84262	85606	85622	46827	38795
38	196244	97297	98947	97816	53485	44331
39	156253	77681	78572	76857	42379	34478
40-44岁	**715497**	**362342**	**353155**	**344594**	**190407**	**154187**
40	139652	69947	69705	68224	37598	30626
41	152485	77232	75253	73911	41091	32820
42	137862	69693	68169	66416	36598	29818
43	134731	68544	66187	64351	35602	28749
44	150767	76926	73841	71692	39518	32174
45-49岁	**812504**	**420864**	**391640**	**387976**	**216933**	**171043**
45	158307	81319	76988	75853	41863	33990
46	170154	87252	82902	81839	45349	36490
47	166061	86545	79516	79714	44662	35052
48	161127	83776	77351	77179	43378	33801
49	156855	81972	74883	73391	41681	31710
50-54岁	**794562**	**402829**	**391733**	**335013**	**193720**	**141293**
50	175714	89445	86269	80241	45014	35227
51	164475	84102	80373	71131	40751	30380
52	180560	91520	89040	75720	43855	31865
53	128980	64792	64188	52463	30806	21657
54	144833	72970	71863	55458	33294	22164
55-59岁	**614901**	**308011**	**306890**	**198785**	**122829**	**75956**
55	144463	72722	71741	51825	31592	20233
56	144857	72542	72315	48023	29474	18549
57	167412	84125	83287	52860	32903	19957
58	111562	55711	55851	33566	21132	12434
59	46607	22911	23696	12511	7728	4783
60-64岁	**348033**	**173347**	**174686**	**71331**	**44684**	**26647**
60	62822	31241	31581	14935	9346	5589
61	55639	28012	27627	12119	7719	4400
62	73058	36824	36234	15172	9597	5575
63	84415	42069	42346	16427	10277	6150
64	72099	35201	36898	12678	7745	4933
65岁及以上	**695715**	**338679**	**357036**	**79997**	**47671**	**32326**

7-8a 续表 2

单位：人

年 龄	学习培训			随同离开/投亲靠友			拆迁/搬家		
	小计	男	女	小计	男	女	小计	男	女
总 计	**1544977**	**767939**	**777038**	**1400123**	**683556**	**716567**	**2558257**	**1302430**	**1255827**
0-4岁	**3995**	**2111**	**1884**	**287875**	**153128**	**134747**	**91117**	**48456**	**42661**
0	101	53	48	28461	15212	13249	8776	4656	4120
1	215	107	108	51045	27112	23933	14827	7957	6870
2	434	267	167	58938	31203	27735	18387	9825	8562
3	1407	713	694	74592	39554	35038	24504	12967	11537
4	1838	971	867	74839	40047	34792	24623	13051	11572
5-9岁	**110718**	**60123**	**50595**	**300889**	**161041**	**139848**	**125191**	**67223**	**57968**
5	2014	1082	932	71183	37969	33214	23965	12667	11298
6	24114	13213	10901	60938	32737	28201	24914	13424	11490
7	27594	14993	12601	57478	30792	26686	25139	13450	11689
8	29532	15987	13545	59225	31812	27413	26779	14526	12253
9	27464	14848	12616	52065	27731	24334	24394	13156	11238
10-14岁	**157248**	**83331**	**73917**	**218509**	**117822**	**100687**	**117866**	**63495**	**54371**
10	27143	14704	12439	49556	26718	22838	24387	13144	11243
11	27665	15127	12538	47561	25682	21879	24455	13138	11317
12	28316	15299	13017	44427	23873	20554	24254	13025	11229
13	28677	15430	13247	40576	21840	18736	23439	12657	10782
14	45447	22771	22676	36389	19709	16680	21331	11531	9800
15-19岁	**797682**	**395563**	**402119**	**106471**	**58182**	**48289**	**77372**	**42337**	**35035**
15	115905	60864	55041	26321	14406	11915	16954	9210	7744
16	139090	73022	66068	23796	12999	10797	15911	8639	7272
17	129777	65396	64381	20783	11361	9422	15072	8303	6769
18	178132	85720	92412	18772	10209	8563	14786	8151	6635
19	234778	110561	124217	16799	9207	7592	14649	8034	6615
20-24岁	**419860**	**199744**	**220116**	**66000**	**33947**	**32053**	**82278**	**42606**	**39672**
20	200757	94653	106104	15196	8016	7180	14378	7813	6565
21	120915	57282	63633	13487	6931	6556	15080	7854	7226
22	55723	27140	28583	13680	6954	6726	17395	8917	8478
23	25938	12593	13345	12278	6316	5962	17460	8950	8510
24	16527	8076	8451	11359	5730	5629	17965	9072	8893
25-29岁	**26612**	**13562**	**13050**	**53658**	**25829**	**27829**	**133090**	**64357**	**68733**
25	10173	5047	5126	11049	5475	5574	19657	9610	10047
26	5685	2944	2741	10104	4925	5179	20549	9900	10649
27	4145	2125	2020	10028	4906	5122	24383	11602	12781
28	3506	1832	1674	10468	5035	5433	29172	14100	15072
29	3103	1614	1489	12009	5488	6521	39329	19145	20184

7-8a　续表 3

单位：人

年龄	学习培训			随同离开/投亲靠友			拆迁/搬家		
	小计	男	女	小计	男	女	小计	男	女
30-34岁	**11377**	**5533**	**5844**	**61971**	**25863**	**36108**	**293071**	**140794**	**152277**
30	3414	1692	1722	15329	6794	8535	57452	27125	30327
31	2542	1243	1299	13569	5733	7836	60346	28970	31376
32	2061	985	1076	11870	4877	6993	57625	27545	30080
33	1906	942	964	11599	4690	6909	62887	30499	32388
34	1454	671	783	9604	3769	5835	54761	26655	28106
35-39岁	**5110**	**2477**	**2633**	**38894**	**14804**	**24090**	**253682**	**125103**	**128579**
35	1169	575	594	8199	3229	4970	48125	23710	24415
36	1008	514	494	7758	2968	4790	49747	24531	25216
37	943	461	482	7621	2957	4664	49678	24522	25156
38	1134	529	605	8644	3235	5409	58415	28836	29579
39	856	398	458	6672	2415	4257	47717	23504	24213
40-44岁	**3030**	**1354**	**1676**	**29794**	**10453**	**19341**	**227648**	**114794**	**112854**
40	678	319	359	5970	2128	3842	43099	21484	21615
41	647	317	330	6302	2236	4066	47977	24129	23848
42	623	263	360	5650	1988	3662	43939	22088	21851
43	547	226	321	5717	1961	3756	43537	22124	21413
44	535	229	306	6155	2140	4015	49096	24969	24127
45-49岁	**2639**	**1195**	**1444**	**34570**	**11337**	**23233**	**270548**	**138951**	**131597**
45	601	261	340	6447	2111	4336	51847	26653	25194
46	524	234	290	7047	2327	4720	56046	28410	27636
47	533	252	281	6988	2326	4662	55257	28524	26733
48	510	235	275	6999	2297	4702	53885	27645	26240
49	471	213	258	7089	2276	4813	53513	27719	25794
50-54岁	**2065**	**922**	**1143**	**43767**	**13361**	**30406**	**276036**	**140310**	**135726**
50	499	223	276	8214	2567	5647	60229	30451	29778
51	400	174	226	8462	2626	5836	57498	29315	28183
52	477	215	262	10168	3108	7060	62999	32138	30861
53	332	160	172	7719	2306	5413	44637	22564	22073
54	357	150	207	9204	2754	6450	50673	25842	24831
55-59岁	**1571**	**696**	**875**	**43245**	**14172**	**29073**	**223202**	**114822**	**108380**
55	401	175	226	9506	2979	6527	51390	26286	25104
56	378	173	205	9944	3224	6720	52970	27194	25776
57	409	170	239	12062	4038	8024	60898	31600	29298
58	270	126	144	8228	2716	5512	40199	20740	19459
59	113	52	61	3505	1215	2290	17745	9002	8743
60-64岁	**898**	**411**	**487**	**30831**	**11421**	**19410**	**129493**	**67560**	**61933**
60	165	75	90	4929	1695	3234	23895	12354	11541
61	149	66	83	4773	1790	2983	20852	10979	9873
62	181	92	89	6424	2487	3937	27133	14312	12821
63	199	84	115	7822	2918	4904	30846	16130	14716
64	204	94	110	6883	2531	4352	26767	13785	12982
65岁及以上	**2172**	**917**	**1255**	**83649**	**32196**	**51453**	**257663**	**131622**	**126041**

7-8a 续表 4

单位：人

年 龄	寄挂户口			婚姻嫁娶			照料孙子女		
	小计	男	女	小计	男	女	小计	男	女
总 计	**98883**	**52645**	**46238**	**249685**	**49747**	**199938**	**239175**	**79907**	**159268**
0-4岁	**4961**	**2624**	**2337**						
0	426	240	186						
1	1044	569	475						
2	1154	623	531						
3	1295	643	652						
4	1042	549	493						
5-9岁	**4884**	**2590**	**2294**						
5	1027	539	488						
6	914	468	446						
7	930	494	436						
8	1023	557	466						
9	990	532	458						
10-14岁	**5596**	**2988**	**2608**	**8**	**2**	**6**			
10	1018	510	508	1		1			
11	1149	605	544	2	1	1			
12	1162	628	534	2		2			
13	1214	689	525	2	1	1			
14	1053	556	497	1		1			
15-19岁	**3350**	**1639**	**1711**	**717**	**149**	**568**	**4**	**2**	**2**
15	795	353	442	45	24	21	1	1	
16	812	376	436	75	34	41	1	1	
17	618	314	304	92	23	69			
18	540	289	251	176	27	149			
19	585	307	278	329	41	288	2		2
20-24岁	**5330**	**2722**	**2608**	**9373**	**458**	**8915**	**12**	**3**	**9**
20	635	366	269	691	40	651			
21	840	447	393	1074	59	1015	2	1	1
22	1069	546	523	1799	93	1706	4	1	3
23	1293	641	652	2484	112	2372			
24	1493	722	771	3325	154	3171	6	1	5
25-29岁	**9403**	**4546**	**4857**	**34918**	**2974**	**31944**	**43**	**13**	**30**
25	1840	859	981	4478	233	4245	8	4	4
26	1980	930	1050	5152	368	4784	6	2	4
27	1986	991	995	6711	569	6142	6	2	4
28	1716	829	887	8113	732	7381	7	2	5
29	1881	937	944	10464	1072	9392	16	3	13

7-8a　续表 5

单位：人

年　龄	寄挂户口			婚姻嫁娶			照料孙子女		
	小计	男	女	小计	男	女	小计	男	女
30-34岁	**9514**	**4648**	**4866**	**66984**	**9025**	**57959**	**1391**	**445**	**946**
30	2218	1070	1148	14625	1672	12953	243	71	172
31	2060	1022	1038	14310	1826	12484	290	103	187
32	1830	866	964	13176	1818	11358	280	89	191
33	1855	909	946	13514	1901	11613	304	94	210
34	1551	781	770	11359	1808	9551	274	88	186
35-39岁	**7377**	**3731**	**3646**	**43875**	**7866**	**36009**	**1328**	**468**	**860**
35	1394	715	679	9374	1555	7819	254	97	157
36	1497	760	737	8946	1534	7412	239	86	153
37	1438	744	694	8708	1576	7132	255	93	162
38	1690	860	830	9463	1777	7686	330	120	210
39	1358	652	706	7384	1424	5960	250	72	178
40-44岁	**6986**	**3531**	**3455**	**27123**	**6496**	**20627**	**1563**	**564**	**999**
40	1290	638	652	6166	1329	4837	241	92	149
41	1435	708	727	6087	1366	4721	295	106	189
42	1338	679	659	5045	1200	3845	297	109	188
43	1294	684	610	4858	1265	3593	305	115	190
44	1629	822	807	4967	1336	3631	425	142	283
45-49岁	**8676**	**4519**	**4157**	**22139**	**6771**	**15368**	**4877**	**1009**	**3868**
45	1620	838	782	4896	1396	3500	436	141	295
46	1782	916	866	4934	1431	3503	624	163	461
47	1776	923	853	4459	1394	3065	826	187	639
48	1710	887	823	4089	1299	2790	1166	218	948
49	1788	955	833	3761	1251	2510	1825	300	1525
50-54岁	**7915**	**4260**	**3655**	**16542**	**5449**	**11093**	**33940**	**6700**	**27240**
50	1847	947	900	4120	1344	2776	3406	516	2890
51	1791	957	834	3504	1191	2313	5131	952	4179
52	1708	952	756	3696	1197	2499	7877	1566	6311
53	1216	670	546	2497	822	1675	7327	1408	5919
54	1353	734	619	2725	895	1830	10199	2258	7941
55-59岁	**6203**	**3413**	**2790**	**11145**	**3827**	**7318**	**61969**	**15814**	**46155**
55	1493	788	705	2659	917	1742	12020	2818	9202
56	1453	822	631	2651	892	1759	13522	3234	10288
57	1641	918	723	3060	1052	2008	17722	4586	13136
58	1125	618	507	1911	638	1273	13161	3575	9586
59	491	267	224	864	328	536	5544	1601	3943
60-64岁	**4188**	**2463**	**1725**	**6204**	**2438**	**3766**	**54058**	**19522**	**34536**
60	684	392	292	1205	473	732	8605	2840	5765
61	607	337	270	967	385	582	8278	2870	5408
62	915	563	352	1338	536	802	11258	4015	7243
63	1006	611	395	1486	581	905	13820	5190	8630
64	976	560	416	1208	463	745	12097	4607	7490
65岁及以上	**14500**	**8971**	**5529**	**10657**	**4292**	**6365**	**79990**	**35367**	**44623**

7-8a 续表 6

单位：人

年龄	为子女就学			养老/康养			其他		
	小计	男	女	小计	男	女	小计	男	女
总计	**104631**	**40086**	**64545**	**123267**	**52479**	**70788**	**789868**	**404229**	**385639**
0-4岁							**78567**	**41968**	**36599**
0							8099	4326	3773
1							14395	7643	6752
2							16357	8722	7635
3							20115	10760	9355
4							19601	10517	9084
5-9岁							**70328**	**37854**	**32474**
5							18946	10158	8788
6							13519	7276	6243
7							12872	6941	5931
8							13118	7064	6054
9							11873	6415	5458
10-14岁				**10**	**5**	**5**	**54662**	**29468**	**25194**
10				3	2	1	11463	6241	5222
11				2	1	1	11698	6160	5538
12				3	2	1	11054	5928	5126
13				2		2	10598	5753	4845
14							9849	5386	4463
15-19岁	**194**	**114**	**80**	**15**	**9**	**6**	**36210**	**19951**	**16259**
15	31	19	12	3	3		8032	4558	3474
16	53	33	20	2		2	7879	4340	3539
17	54	40	14	5	3	2	7089	3910	3179
18	30	14	16	4	2	2	6463	3527	2936
19	26	8	18	1	1		6747	3616	3131
20-24岁	**639**	**183**	**456**	**52**	**28**	**24**	**38279**	**19890**	**18389**
20	88	40	48	14	8	6	6953	3758	3195
21	87	35	52	7	4	3	7568	4025	3543
22	121	34	87	9	6	3	8236	4185	4051
23	156	38	118	9	7	2	7865	4041	3824
24	187	36	151	13	3	10	7657	3881	3776
25-29岁	**3946**	**919**	**3027**	**57**	**26**	**31**	**44026**	**22252**	**21774**
25	306	55	251	10	2	8	8019	4051	3968
26	356	75	281	12	7	5	7581	3887	3694
27	635	140	495	9	3	6	8312	4189	4123
28	1014	226	788	13	8	5	9150	4643	4507
29	1635	423	1212	13	6	7	10964	5482	5482

7-8a　续表 7　　　　单位：人

年　龄	为子女就学			养老/康养			其　他		
	小计	男	女	小计	男	女	小计	男	女
30-34岁	**18502**	**5558**	**12944**	**63**	**38**	**25**	**70386**	**34591**	**35795**
30	2801	716	2085	13	8	5	15140	7433	7707
31	3402	980	2422	9	5	4	14615	7197	7418
32	3714	1108	2606	11	6	5	13657	6731	6926
33	4376	1401	2975	17	10	7	14490	7065	7425
34	4209	1353	2856	13	9	4	12484	6165	6319
35-39岁	**23038**	**8142**	**14896**	**86**	**49**	**37**	**56686**	**27821**	**28865**
35	4060	1337	2723	21	13	8	11007	5317	5690
36	4331	1562	2769	20	9	11	10857	5400	5457
37	4415	1596	2819	10	6	4	11178	5480	5698
38	5565	1962	3603	16	9	7	13171	6484	6687
39	4667	1685	2982	19	12	7	10473	5140	5333
40-44岁	**23247**	**8882**	**14365**	**90**	**46**	**44**	**51422**	**25815**	**25607**
40	4307	1532	2775	16	10	6	9661	4817	4844
41	5057	1869	3188	20	10	10	10754	5400	5354
42	4702	1800	2902	12	6	6	9840	4962	4878
43	4398	1696	2702	16	8	8	9708	4863	4845
44	4783	1985	2798	26	12	14	11459	5773	5686
45-49岁	**18234**	**8510**	**9724**	**167**	**93**	**74**	**62678**	**31546**	**31132**
45	4681	2051	2630	22	11	11	11904	5994	5910
46	4412	2007	2405	34	20	14	12912	6395	6517
47	3703	1792	1911	30	11	19	12775	6474	6301
48	2975	1434	1541	36	22	14	12578	6361	6217
49	2463	1226	1237	45	29	16	12509	6322	6187
50-54岁	**7567**	**3662**	**3905**	**6625**	**2324**	**4301**	**65092**	**32121**	**32971**
50	2284	1152	1132	701	228	473	14173	7003	7170
51	1741	862	879	1155	397	758	13662	6877	6785
52	1638	785	853	1504	504	1000	14773	7200	7573
53	976	456	520	1409	515	894	10404	5085	5319
54	928	407	521	1856	680	1176	12080	5956	6124
55-59岁	**3453**	**1477**	**1976**	**12691**	**4877**	**7814**	**52637**	**26084**	**26553**
55	838	389	449	2276	880	1396	12055	5898	6157
56	810	339	471	2737	1068	1669	12369	6122	6247
57	953	400	553	3603	1346	2257	14204	7112	7092
58	611	257	354	2726	1059	1667	9765	4850	4915
59	241	92	149	1349	524	825	4244	2102	2142
60-64岁	**2012**	**891**	**1121**	**16663**	**7422**	**9241**	**32355**	**16535**	**15820**
60	350	173	177	2356	990	1366	5698	2903	2795
61	318	118	200	2490	1105	1385	5086	2643	2443
62	424	209	215	3377	1516	1861	6836	3497	3339
63	489	210	279	4421	2005	2416	7899	4063	3836
64	431	181	250	4019	1806	2213	6836	3429	3407
65岁及以上	**3799**	**1748**	**2051**	**86748**	**37562**	**49186**	**76540**	**38333**	**38207**

7-8b 全省分年龄、性别、迁移原因的户口登记地在外乡镇街道的人口（镇）

单位：人

年 龄	合 计			工作就业		
	合计	男	女	小计	男	女
总 计	**6052634**	**3060712**	**2991922**	**1636584**	**911047**	**725537**
0-4岁	**285042**	**152720**	**132322**			
0	26959	14476	12483			
1	48973	26423	22550			
2	57505	30777	26728			
3	75030	39894	35136			
4	76575	41150	35425			
5-9岁	**439872**	**236885**	**202987**			
5	76268	40705	35563			
6	86083	46189	39894			
7	89519	48392	41127			
8	96661	52236	44425			
9	91341	49363	41978			
10-14岁	**454776**	**242476**	**212300**	**303**	**142**	**161**
10	89931	48628	41303	36	16	20
11	91801	49800	42001	47	24	23
12	88128	47218	40910	46	22	24
13	82850	44297	38553	37	24	13
14	102066	52533	49533	137	56	81
15-19岁	**785777**	**424185**	**361592**	**37553**	**22243**	**15310**
15	175718	91699	84019	2721	1480	1241
16	214631	114331	100300	4125	2332	1793
17	169214	90847	78367	6175	3634	2541
18	119426	67121	52305	10319	6281	4038
19	106788	60187	46601	14213	8516	5697
20-24岁	**315959**	**165181**	**150778**	**120803**	**65971**	**54832**
20	83412	46442	36970	16903	9918	6985
21	62578	33571	29007	20730	11500	9230
22	59614	30423	29191	26939	14313	12626
23	54965	27638	27327	27829	15004	12825
24	55390	27107	28283	28402	15236	13166
25-29岁	**348857**	**164258**	**184599**	**173882**	**92900**	**80982**
25	59188	28533	30655	30170	16073	14097
26	56911	27072	29839	28640	15313	13327
27	64254	30157	34097	32308	17371	14937
28	74027	34565	39462	36576	19539	17037
29	94477	43931	50546	46188	24604	21584

7-8b 续表 1

单位：人

年 龄	合计			工作就业		
	合计	男	女	小计	男	女
30-34岁	**628103**	**288142**	**339961**	**301691**	**158497**	**143194**
30	132067	59762	72305	63846	33306	30540
31	130076	59679	70397	63114	33203	29911
32	121767	56048	65719	58609	30989	27620
33	132335	60944	71391	63290	33221	30069
34	111858	51709	60149	52832	27778	25054
35-39岁	**511866**	**242441**	**269425**	**236629**	**126315**	**110314**
35	99696	47095	52601	47146	25123	22023
36	101029	47721	53308	47088	25103	21985
37	99950	47411	52539	46245	24589	21656
38	116491	55251	61240	53032	28379	24653
39	94700	44963	49737	43118	23121	19997
40-44岁	**440050**	**217676**	**222374**	**198929**	**108145**	**90784**
40	85481	41329	44152	38802	20834	17968
41	94141	46214	47927	42569	23073	19496
42	84706	41525	43181	38277	20693	17584
43	81699	41066	40633	36926	20268	16658
44	94023	47542	46481	42355	23277	19078
45-49岁	**488963**	**251605**	**237358**	**217590**	**121649**	**95941**
45	96543	49025	47518	43923	24084	19839
46	105007	53535	51472	47096	25963	21133
47	99332	51449	47883	44399	24892	19507
48	96060	49663	46397	42399	23941	18458
49	92021	47933	44088	39773	22769	17004
50-54岁	**452281**	**230662**	**221619**	**173758**	**103235**	**70523**
50	99947	50997	48950	42238	24225	18013
51	92737	47337	45400	36575	21464	15111
52	103650	53138	50512	39512	23518	15994
53	73589	37167	36422	26862	16202	10660
54	82358	42023	40335	28571	17826	10745
55-59岁	**331291**	**167374**	**163917**	**99757**	**64381**	**35376**
55	80983	41109	39874	26335	16824	9511
56	77583	38900	38683	24121	15305	8816
57	89872	45723	44149	26390	17251	9139
58	60920	30829	30091	17061	11205	5856
59	21933	10813	11120	5850	3796	2054
60-64岁	**181839**	**90226**	**91613**	**34890**	**22454**	**12436**
60	30519	15135	15384	6850	4352	2498
61	29304	14849	14455	5988	3917	2071
62	38380	19112	19268	7377	4796	2581
63	45030	22315	22715	8211	5271	2940
64	38606	18815	19791	6464	4118	2346
65岁及以上	**387958**	**186881**	**201077**	**40799**	**25115**	**15684**

7-8b 续表 2

单位：人

年龄	学习培训			随同离开/投亲靠友			拆迁/搬家		
	小计	男	女	小计	男	女	小计	男	女
总计	**1011396**	**541333**	**470063**	**789309**	**384453**	**404856**	**1548998**	**794224**	**754774**
0-4岁	**1841**	**998**	**843**	**164459**	**87814**	**76645**	**61850**	**33334**	**28516**
0	37	18	19	15496	8378	7118	6137	3237	2900
1	84	43	41	28779	15515	13264	10124	5503	4621
2	190	99	91	33146	17599	15547	12310	6682	5628
3	582	310	272	43088	22801	20287	16493	8831	7662
4	948	528	420	43950	23521	20429	16786	9081	7705
5-9岁	**114180**	**61952**	**52228**	**177348**	**94433**	**82915**	**95456**	**52131**	**43325**
5	1157	591	566	43235	22971	20264	16948	9160	7788
6	23243	12586	10657	34613	18324	16289	18489	10070	8419
7	28164	15365	12799	32863	17443	15420	19263	10640	8623
8	31261	16938	14323	34649	18545	16104	20876	11428	9448
9	30355	16472	13883	31988	17150	14838	19880	10833	9047
10-14岁	**178067**	**93737**	**84330**	**136056**	**72691**	**63365**	**95832**	**51795**	**44037**
10	30150	16318	13832	30764	16639	14125	19793	10669	9124
11	31867	17472	14395	30039	16072	13967	20444	11126	9318
12	31678	17131	14547	27648	14658	12990	19847	10635	9212
13	30732	16301	14431	24856	13310	11546	18560	9943	8617
14	53640	26515	27125	22749	12012	10737	17188	9422	7766
15-19岁	**613241**	**327716**	**285525**	**54718**	**30022**	**24696**	**50136**	**27918**	**22218**
15	138039	71222	66817	15410	8236	7174	12526	6814	5712
16	179152	94719	84433	13064	7149	5915	11262	6269	4993
17	135594	72238	63356	11091	6074	5017	10200	5654	4546
18	87290	48619	38671	8375	4767	3608	8563	4845	3718
19	73166	40918	32248	6778	3796	2982	7585	4336	3249
20-24岁	**86436**	**48273**	**38163**	**29213**	**15038**	**14175**	**45293**	**23358**	**21935**
20	48354	27047	21307	5950	3274	2676	7249	3963	3286
21	22485	12588	9897	5790	2986	2804	8029	4229	3800
22	9189	5119	4070	6412	3240	3172	9913	5086	4827
23	3870	2148	1722	5698	2860	2838	9858	5004	4854
24	2538	1371	1167	5363	2678	2685	10244	5076	5168
25-29岁	**6348**	**3425**	**2923**	**26879**	**13074**	**13805**	**75668**	**36895**	**38773**
25	1896	1060	836	5346	2758	2588	11684	5767	5917
26	1268	687	581	4810	2351	2459	11685	5750	5935
27	1126	595	531	4937	2334	2603	13543	6555	6988
28	1000	533	467	5382	2577	2805	16550	8028	8522
29	1058	550	508	6404	3054	3350	22206	10795	11411

7-8b　续表 3　　　　　　　　　　　　　　　　单位：人

年　龄	学习培训			随同离开/投亲靠友			拆迁/搬家		
	小计	男	女	小计	男	女	小计	男	女
30-34岁	**3803**	**1858**	**1945**	**33939**	**14257**	**19682**	**166215**	**79189**	**87026**
30	1166	601	565	8159	3706	4453	32841	15461	17380
31	810	381	429	7354	3092	4262	33564	16010	17554
32	630	325	305	6503	2697	3806	32332	15404	16928
33	672	309	363	6628	2685	3943	36095	17242	18853
34	525	242	283	5295	2077	3218	31383	15072	16311
35-39岁	**1938**	**919**	**1019**	**22482**	**8353**	**14129**	**152423**	**74798**	**77625**
35	397	194	203	4672	1838	2834	28478	14028	14450
36	391	189	202	4482	1671	2811	29756	14551	15205
37	380	192	188	4329	1615	2714	29863	14787	15076
38	441	196	245	4957	1803	3154	35442	17316	18126
39	329	148	181	4042	1426	2616	28884	14116	14768
40-44岁	**1262**	**581**	**681**	**17636**	**5905**	**11731**	**141622**	**72002**	**69620**
40	283	139	144	3565	1232	2333	26813	13364	13449
41	283	126	157	3817	1291	2526	29834	15136	14698
42	245	108	137	3382	1123	2259	27320	13684	13636
43	228	104	124	3181	1067	2114	26638	13706	12932
44	223	104	119	3691	1192	2499	31017	16112	14905
45-49岁	**1223**	**569**	**654**	**19833**	**6381**	**13452**	**166630**	**87204**	**79426**
45	242	110	132	3675	1244	2431	32126	16734	15392
46	285	145	140	4102	1290	2812	35188	18407	16781
47	260	123	137	4065	1367	2698	33645	17729	15916
48	236	96	140	4023	1239	2784	33260	17427	15833
49	200	95	105	3968	1241	2727	32411	16907	15504
50-54岁	**950**	**423**	**527**	**24048**	**7084**	**16964**	**164412**	**84626**	**79786**
50	239	119	120	4642	1300	3342	35401	18277	17124
51	188	92	96	4789	1420	3369	33704	17308	16396
52	232	93	139	5586	1737	3849	37727	19592	18135
53	115	44	71	4087	1191	2896	27021	13712	13309
54	176	75	101	4944	1436	3508	30559	15737	14822
55-59岁	**677**	**287**	**390**	**21358**	**6729**	**14629**	**123988**	**63793**	**60195**
55	155	61	94	4903	1532	3371	30171	15445	14726
56	151	69	82	4838	1478	3360	29126	14849	14277
57	196	87	109	5833	1889	3944	33899	17583	16316
58	130	50	80	4210	1359	2851	22761	11837	10924
59	45	20	25	1574	471	1103	8031	4079	3952
60-64岁	**397**	**176**	**221**	**15333**	**5441**	**9892**	**68357**	**35831**	**32526**
60	72	27	45	2322	777	1545	11809	6150	5659
61	55	25	30	2435	888	1547	11102	5929	5173
62	79	44	35	3270	1159	2111	14352	7510	6842
63	95	37	58	3895	1404	2491	16621	8769	7852
64	96	43	53	3411	1213	2198	14473	7473	7000
65岁及以上	**1033**	**419**	**614**	**46007**	**17231**	**28776**	**141116**	**71350**	**69766**

7-8b 续表 4

单位：人

年 龄	寄挂户口			婚姻嫁娶			照料孙子女		
	小计	男	女	小计	男	女	小计	男	女
总 计	**49706**	**26406**	**23300**	**184042**	**26607**	**157435**	**133975**	**42485**	**91490**
0-4岁	**2721**	**1448**	**1273**						
0	238	130	108						
1	536	284	252						
2	597	318	279						
3	685	363	322						
4	665	353	312						
5-9岁	**2807**	**1438**	**1369**						
5	576	291	285						
6	507	259	248						
7	555	278	277						
8	600	316	284						
9	569	294	275						
10-14岁	**3013**	**1640**	**1373**	**4**	**1**	**3**			
10	598	315	283	1		1			
11	653	360	293	1	1				
12	630	342	288						
13	619	338	281						
14	513	285	228	2		2			
15-19岁	**1725**	**958**	**767**	**1087**	**110**	**977**	**9**	**5**	**4**
15	403	231	172	36	14	22	1	1	
16	413	214	199	82	21	61	3	2	1
17	347	186	161	139	18	121	1		1
18	310	178	132	275	33	242	2	2	
19	252	149	103	555	24	531	2		2
20-24岁	**2243**	**1117**	**1126**	**10094**	**247**	**9847**	**3**	**1**	**2**
20	314	157	157	892	22	870	1		1
21	346	172	174	1211	31	1180			
22	456	224	232	1992	45	1947	1		1
23	511	256	255	2610	62	2548	1	1	
24	616	308	308	3389	87	3302			
25-29岁	**3985**	**1888**	**2097**	**29447**	**1467**	**27980**	**12**	**6**	**6**
25	774	366	408	4203	118	4085	2		2
26	780	365	415	4553	202	4351			
27	788	374	414	5728	283	5445	6	4	2
28	784	388	396	6551	345	6206	2	1	1
29	859	395	464	8412	519	7893	2	1	1

7-8b　续表 5　　　　单位：人

年　龄	寄挂户口			婚姻嫁娶			照料孙子女		
	小计	男	女	小计	男	女	小计	男	女
30-34岁	**5096**	**2403**	**2693**	**49607**	**4345**	**45262**	**926**	**232**	**694**
30	1108	497	611	11476	795	10681	153	32	121
31	1066	509	557	10546	830	9716	169	36	133
32	1001	464	537	9665	863	8802	168	37	131
33	1042	503	539	9848	1001	8847	223	62	161
34	879	430	449	8072	856	7216	213	65	148
35-39岁	**3810**	**1888**	**1922**	**30676**	**3868**	**26808**	**960**	**276**	**684**
35	745	377	368	6650	711	5939	174	54	120
36	685	350	335	6416	798	5618	183	45	138
37	723	343	380	5876	718	5158	183	56	127
38	897	448	449	6583	916	5667	226	65	161
39	760	370	390	5151	725	4426	194	56	138
40-44岁	**3658**	**1792**	**1866**	**18737**	**3664**	**15073**	**1303**	**412**	**891**
40	674	326	348	4111	644	3467	172	50	122
41	740	377	363	4282	796	3486	258	89	169
42	773	374	399	3629	719	2910	283	85	198
43	671	321	350	3287	721	2566	243	77	166
44	800	394	406	3428	784	2644	347	111	236
45-49岁	**4594**	**2407**	**2187**	**15585**	**4031**	**11554**	**3911**	**850**	**3061**
45	846	457	389	3480	815	2665	445	116	329
46	979	511	468	3563	874	2689	545	146	399
47	937	471	466	3106	815	2291	696	145	551
48	949	484	465	2835	774	2061	964	211	753
49	883	484	399	2601	753	1848	1261	232	1029
50-54岁	**4064**	**2239**	**1825**	**11104**	**3097**	**8007**	**21035**	**4466**	**16569**
50	870	462	408	2727	732	1995	2143	366	1777
51	812	443	369	2335	667	1668	3381	684	2697
52	937	521	416	2505	715	1790	4972	1026	3946
53	698	393	305	1742	500	1242	4474	950	3524
54	747	420	327	1795	483	1312	6065	1440	4625
55-59岁	**3139**	**1751**	**1388**	**6987**	**1933**	**5054**	**34075**	**8861**	**25214**
55	699	368	331	1759	480	1279	7109	1736	5373
56	769	445	324	1678	435	1243	7380	1800	5580
57	865	488	377	1865	500	1365	9575	2556	7019
58	598	340	258	1213	372	841	7288	2015	5273
59	208	110	98	472	146	326	2723	754	1969
60-64岁	**1934**	**1141**	**793**	**3595**	**1179**	**2416**	**27902**	**9622**	**18280**
60	325	182	143	618	198	420	4058	1289	2769
61	294	184	110	597	204	393	4249	1434	2815
62	409	252	157	788	253	535	5947	2034	3913
63	486	275	211	872	276	596	7201	2528	4673
64	420	248	172	720	248	472	6447	2337	4110
65岁及以上	**6917**	**4296**	**2621**	**7119**	**2665**	**4454**	**43839**	**17754**	**26085**

7-8b 续表 6

单位：人

年 龄	为子女就学			养老/康养			其 他		
	小计	男	女	小计	男	女	小计	男	女
总 计	**124656**	**43547**	**81109**	**75028**	**33754**	**41274**	**498940**	**256856**	**242084**
0-4岁							**54171**	**29126**	**25045**
0							5051	2713	2338
1							9450	5078	4372
2							11262	6079	5183
3							14182	7589	6593
4							14226	7667	6559
5-9岁							**50081**	**26931**	**23150**
5							14352	7692	6660
6							9231	4950	4281
7							8674	4666	4008
8							9275	5009	4266
9							8549	4614	3935
10-14岁				**4**	**2**	**2**	**41497**	**22468**	**19029**
10							8589	4671	3918
11							8750	4745	4005
12				2	1	1	8277	4429	3848
13				2	1	1	8044	4380	3664
14							7837	4243	3594
15-19岁	**32**	**15**	**17**	**7**	**4**	**3**	**27269**	**15194**	**12075**
15	2	2		3	2	1	6577	3697	2880
16	10	4	6	1		1	6519	3621	2898
17	12	6	6	1		1	5654	3037	2617
18	2	2		1	1		4289	2393	1896
19	6	1	5	1	1		4230	2446	1784
20-24岁	**877**	**214**	**663**	**7**	**3**	**4**	**20990**	**10959**	**10031**
20	44	19	25	1		1	3704	2042	1662
21	97	31	66	1	1		3889	2033	1856
22	184	42	142	3	2	1	4525	2352	2173
23	226	53	173	1		1	4361	2250	2111
24	326	69	257	1		1	4511	2282	2229
25-29岁	**6179**	**1415**	**4764**	**6**	**6**		**26451**	**13182**	**13269**
25	482	91	391	2	2		4629	2298	2331
26	608	126	482				4567	2278	2289
27	973	212	761	1	1		4844	2428	2416
28	1617	381	1236	1	1		5564	2772	2792
29	2499	605	1894	2	2		6847	3406	3441

7-8b　续表 7

单位：人

年　龄	为子女就学			养老/康养			其　他		
	小计	男	女	小计	男	女	小计	男	女
30-34岁	**24176**	**6638**	**17538**	**24**	**10**	**14**	**42626**	**20713**	**21913**
30	4100	982	3118	3	2	1	9215	4380	4835
31	4640	1295	3345	5	2	3	8808	4321	4487
32	4765	1327	3438	8	5	3	8086	3937	4149
33	5622	1528	4094	4	1	3	8911	4392	4519
34	5049	1506	3543	4		4	7606	3683	3923
35-39岁	**28009**	**9037**	**18972**	**23**	**16**	**7**	**34916**	**16971**	**17945**
35	4751	1462	3289	3	3		6680	3305	3375
36	5283	1689	3594	9	7	2	6736	3318	3418
37	5594	1826	3768	5	3	2	6752	3282	3470
38	6796	2233	4563	2		2	8115	3895	4220
39	5585	1827	3758	4	3	1	6633	3171	3462
40-44岁	**24210**	**8956**	**15254**	**26**	**13**	**13**	**32667**	**16206**	**16461**
40	4975	1759	3216	4	2	2	6082	2979	3103
41	5438	1934	3504	9	3	6	6911	3389	3522
42	4603	1719	2884	3	2	1	6191	3018	3173
43	4302	1647	2655	3	1	2	6220	3154	3066
44	4892	1897	2995	7	5	2	7263	3666	3597
45-49岁	**20377**	**8345**	**12032**	**80**	**39**	**41**	**39140**	**20130**	**19010**
45	4599	1812	2787	7	5	2	7200	3648	3552
46	4917	1952	2965	15	5	10	8317	4242	4075
47	4131	1785	2346	19	12	7	8074	4110	3964
48	3662	1469	2193	20	10	10	7712	4012	3700
49	3068	1327	1741	19	7	12	7837	4118	3719
50-54岁	**10049**	**4399**	**5650**	**3910**	**1415**	**2495**	**38951**	**19678**	**19273**
50	2939	1257	1682	403	126	277	8345	4133	4212
51	2247	1001	1246	709	242	467	7997	4016	3981
52	2256	993	1263	900	349	551	9023	4594	4429
53	1320	585	735	774	288	486	6496	3302	3194
54	1287	563	724	1124	410	714	7090	3633	3457
55-59岁	**4570**	**1891**	**2679**	**7186**	**2835**	**4351**	**29554**	**14913**	**14641**
55	1195	502	693	1353	539	814	7304	3622	3682
56	1073	460	613	1586	614	972	6861	3445	3416
57	1224	498	726	2005	793	1212	8020	4078	3942
58	805	330	475	1530	626	904	5324	2695	2629
59	273	101	172	712	263	449	2045	1073	972
60-64岁	**2380**	**1003**	**1377**	**9835**	**4610**	**5225**	**17216**	**8769**	**8447**
60	398	175	223	1293	585	708	2774	1400	1374
61	383	156	227	1455	684	771	2746	1428	1318
62	489	222	267	2007	942	1065	3662	1900	1762
63	615	257	358	2592	1231	1361	4442	2267	2175
64	495	193	302	2488	1168	1320	3592	1774	1818
65岁及以上	**3797**	**1634**	**2163**	**53920**	**24801**	**29119**	**43411**	**21616**	**21795**

7-8c 全省分年龄、性别、迁移原因的户口登记地在外乡镇街道的人口(乡村)

单位:人

年龄	合计			工作就业		
	合计	男	女	小计	男	女
总计	**1138316**	**571760**	**566556**	**286003**	**183678**	**102325**
0-4岁	**44846**	**23462**	**21384**			
0	4678	2448	2230			
1	8450	4386	4064			
2	9603	5053	4550			
3	11164	5805	5359			
4	10951	5770	5181			
5-9岁	**56377**	**29174**	**27203**			
5	10996	5665	5331			
6	11162	5805	5357			
7	11068	5708	5360			
8	11815	6179	5636			
9	11336	5817	5519			
10-14岁	**53353**	**27379**	**25974**	**26**	**17**	**9**
10	10915	5588	5327	6	5	1
11	10793	5606	5187	4	2	2
12	10181	5220	4961	8	4	4
13	9774	5089	4685	3	2	1
14	11690	5876	5814	5	4	1
15-19岁	**103521**	**50197**	**53324**	**6184**	**3849**	**2335**
15	20121	10030	10091	390	224	166
16	21967	11343	10624	793	496	297
17	18954	9745	9209	969	625	344
18	19091	9038	10053	1587	990	597
19	23388	10041	13347	2445	1514	931
20-24岁	**80238**	**33938**	**46300**	**23045**	**13085**	**9960**
20	20558	8934	11624	2959	1780	1179
21	16115	6940	9175	3890	2232	1658
22	15108	6408	8700	5181	2861	2320
23	14230	6011	8219	5549	3154	2395
24	14227	5645	8582	5466	3058	2408
25-29岁	**84508**	**32578**	**51930**	**30974**	**18161**	**12813**
25	15450	6087	9363	5827	3289	2538
26	14717	5659	9058	5399	3088	2311
27	16019	6028	9991	5828	3388	2440
28	17671	6760	10911	6330	3767	2563
29	20651	8044	12607	7590	4629	2961

7-8c　续表 1

单位：人

年　龄	合　计			工作就业		
	合计	男	女	小计	男	女
30-34岁	**117783**	**46782**	**71001**	**43209**	**26451**	**16758**
30	27245	10438	16807	9831	5970	3861
31	25422	9954	15468	9158	5575	3583
32	22152	8788	13364	8076	4919	3157
33	23119	9371	13748	8626	5345	3281
34	19845	8231	11614	7518	4642	2876
35-39岁	**84435**	**37514**	**46921**	**32320**	**20245**	**12075**
35	17015	7275	9740	6416	3966	2450
36	16910	7290	9620	6294	3964	2330
37	16431	7414	9017	6261	3996	2265
38	19068	8674	10394	7413	4613	2800
39	15011	6861	8150	5936	3706	2230
40-44岁	**74757**	**37046**	**37711**	**30587**	**19304**	**11283**
40	13817	6510	7307	5699	3558	2141
41	15430	7575	7855	6159	3915	2244
42	14324	7084	7240	5891	3727	2164
43	14166	7177	6989	5857	3689	2168
44	17020	8700	8320	6981	4415	2566
45-49岁	**95215**	**51803**	**43412**	**40179**	**26364**	**13815**
45	18333	9755	8578	7548	4899	2649
46	20224	10758	9466	8429	5483	2946
47	19125	10360	8765	8088	5319	2769
48	19099	10532	8567	8210	5362	2848
49	18434	10398	8036	7904	5301	2603
50-54岁	**92576**	**52532**	**40044**	**38073**	**26006**	**12067**
50	20196	11137	9059	8437	5565	2872
51	18709	10616	8093	7920	5361	2559
52	21157	11995	9162	8712	5944	2768
53	15518	8947	6571	6332	4435	1897
54	16996	9837	7159	6672	4701	1971
55-59岁	**68239**	**40661**	**27578**	**23061**	**17036**	**6025**
55	16029	9450	6579	5990	4283	1707
56	15729	9438	6291	5471	4057	1414
57	18494	11103	7391	6153	4617	1536
58	12803	7662	5141	4058	3028	1030
59	5184	3008	2176	1389	1051	338
60-64岁	**40242**	**23792**	**16450**	**7904**	**5829**	**2075**
60	6889	4015	2874	1608	1175	433
61	6336	3738	2598	1350	1000	350
62	8603	5114	3489	1720	1254	466
63	9584	5746	3838	1764	1328	436
64	8830	5179	3651	1462	1072	390
65岁及以上	**142226**	**84902**	**57324**	**10441**	**7331**	**3110**

7-8c 续表 2

单位：人

年 龄	学习培训			随同离开/投亲靠友			拆迁/搬家		
	小计	男	女	小计	男	女	小计	男	女
总 计	**126914**	**59315**	**67599**	**112367**	**57026**	**55341**	**219524**	**115675**	**103849**
0-4岁	**212**	**114**	**98**	**23977**	**12437**	**11540**	**8999**	**4770**	**4229**
0	7	2	5	2559	1318	1241	1161	615	546
1	19	10	9	4575	2349	2226	1636	847	789
2	21	12	9	5153	2667	2486	1808	969	839
3	64	34	30	6025	3120	2905	2153	1164	989
4	101	56	45	5665	2983	2682	2241	1175	1066
5-9岁	**8067**	**4198**	**3869**	**23611**	**12011**	**11600**	**12134**	**6438**	**5696**
5	126	66	60	5688	2904	2784	2417	1286	1131
6	1703	903	800	4711	2397	2314	2357	1255	1102
7	1963	1026	937	4365	2197	2168	2378	1265	1113
8	2171	1149	1022	4548	2303	2245	2556	1359	1197
9	2104	1054	1050	4299	2210	2089	2426	1273	1153
10-14岁	**13780**	**6939**	**6841**	**17363**	**8791**	**8572**	**11216**	**5915**	**5301**
10	2149	1121	1028	3991	1988	2003	2430	1280	1150
11	2183	1151	1032	3993	2031	1962	2356	1244	1112
12	2186	1154	1032	3509	1785	1724	2235	1151	1084
13	2223	1184	1039	3136	1572	1564	2173	1154	1019
14	5039	2329	2710	2734	1415	1319	2022	1086	936
15-19岁	**78803**	**37059**	**41744**	**5213**	**2764**	**2449**	**5658**	**3203**	**2455**
15	15709	7667	8042	1503	786	717	1254	675	579
16	17611	8939	8672	1071	558	513	1094	641	453
17	14477	7342	7135	995	534	461	1100	599	501
18	14037	6334	7703	873	468	405	1093	642	451
19	16969	6777	10192	771	418	353	1117	646	471
20-24岁	**24099**	**9955**	**14144**	**3348**	**1735**	**1613**	**7972**	**4333**	**3639**
20	13087	5395	7692	713	388	325	1168	640	528
21	6819	2731	4088	652	349	303	1472	824	648
22	2751	1172	1579	723	353	370	1790	941	849
23	998	453	545	664	352	312	1799	970	829
24	444	204	240	596	293	303	1743	958	785
25-29岁	**791**	**406**	**385**	**3197**	**1603**	**1594**	**10013**	**5369**	**4644**
25	276	131	145	666	343	323	1848	987	861
26	159	85	74	541	276	265	1796	967	829
27	124	67	57	579	290	289	1820	971	849
28	119	58	61	661	319	342	2051	1142	909
29	113	65	48	750	375	375	2498	1302	1196

7-8c　续表 3　　　　单位：人

年　龄	学习培训			随同离开/投亲靠友			拆迁/搬家		
	小计	男	女	小计	男	女	小计	男	女
30-34岁	**388**	**205**	**183**	**4014**	**1817**	**2197**	**15349**	**7865**	**7484**
30	116	67	49	948	453	495	3345	1695	1650
31	87	53	34	883	394	489	3282	1690	1592
32	76	37	39	757	315	442	2896	1510	1386
33	55	22	33	811	380	431	3058	1562	1496
34	54	26	28	615	275	340	2768	1408	1360
35-39岁	**186**	**107**	**79**	**2811**	**1179**	**1632**	**13799**	**6953**	**6846**
35	34	17	17	584	235	349	2555	1311	1244
36	44	27	17	556	224	332	2691	1360	1331
37	35	19	16	541	217	324	2754	1408	1346
38	46	32	14	615	266	349	3266	1657	1609
39	27	12	15	515	237	278	2533	1217	1316
40-44岁	**111**	**60**	**51**	**2541**	**1214**	**1327**	**14429**	**7562**	**6867**
40	31	11	20	468	197	271	2466	1311	1155
41	28	16	12	524	257	267	2895	1542	1353
42	23	17	6	476	226	250	2685	1374	1311
43	12	8	4	497	255	242	2831	1494	1337
44	17	8	9	576	279	297	3552	1841	1711
45-49岁	**123**	**67**	**56**	**3486**	**1675**	**1811**	**21233**	**10978**	**10255**
45	22	10	12	650	336	314	4062	2101	1961
46	20	12	8	706	322	384	4485	2311	2174
47	30	15	15	742	350	392	4146	2076	2070
48	28	16	12	696	324	372	4320	2237	2083
49	23	14	9	692	343	349	4220	2253	1967
50-54岁	**89**	**46**	**43**	**3515**	**1496**	**2019**	**23004**	**11965**	**11039**
50	21	15	6	743	327	416	4779	2490	2289
51	21	10	11	686	316	370	4518	2355	2163
52	22	11	11	780	306	474	5293	2741	2552
53	12	5	7	599	240	359	3894	2027	1867
54	13	5	8	707	307	400	4520	2352	2168
55-59岁	**69**	**33**	**36**	**3201**	**1400**	**1801**	**19664**	**10652**	**9012**
55	18	10	8	701	279	422	4360	2378	1982
56	16	9	7	719	317	402	4507	2479	2028
57	13	5	8	836	370	466	5369	2905	2464
58	15	7	8	667	299	368	3805	2047	1758
59	7	2	5	278	135	143	1623	843	780
60-64岁	**36**	**22**	**14**	**2638**	**1348**	**1290**	**12888**	**7032**	**5856**
60	6	3	3	364	173	191	2280	1224	1056
61	4	2	2	380	177	203	2082	1124	958
62	11	9	2	583	305	278	2651	1472	1179
63	9	6	3	693	357	336	3044	1685	1359
64	6	2	4	618	336	282	2831	1527	1304
65岁及以上	**160**	**104**	**56**	**13452**	**7556**	**5896**	**43166**	**22640**	**20526**

7-8c 续表 4

单位：人

年 龄	寄挂户口			婚姻嫁娶			照料孙子女		
	小计	男	女	小计	男	女	小计	男	女
总 计	**62514**	**34631**	**27883**	**145113**	**17990**	**127123**	**5931**	**2139**	**3792**
0-4岁	**2589**	**1352**	**1237**						
0	160	97	63						
1	496	252	244						
2	576	314	262						
3	684	340	344						
4	673	349	324						
5-9岁	**3170**	**1654**	**1516**						
5	629	315	314						
6	588	309	279						
7	610	316	294						
8	680	372	308						
9	663	342	321						
10-14岁	**2812**	**1461**	**1351**	**6**	**2**	**4**			
10	593	316	277	1		1			
11	551	281	270	1	1				
12	586	302	284	2	1	1			
13	579	291	288						
14	503	271	232	2		2			
15-19岁	**1532**	**879**	**653**	**1698**	**15**	**1683**			
15	333	181	152	27	2	25			
16	347	207	140	83	2	81			
17	304	180	124	211	2	209			
18	276	151	125	444	3	441			
19	272	160	112	933	6	927			
20-24岁	**2853**	**1406**	**1447**	**12801**	**144**	**12657**	**2**		**2**
20	359	191	168	1338	13	1325			
21	427	216	211	1794	11	1783			
22	605	313	292	2666	28	2638	1		1
23	658	313	345	3206	38	3168			
24	804	373	431	3797	54	3743	1		1
25-29岁	**4836**	**2356**	**2480**	**26908**	**741**	**26167**	**2**		**2**
25	1014	459	555	4306	79	4227			
26	967	490	477	4500	80	4420			
27	976	471	505	5221	99	5122			
28	931	452	479	5994	215	5779			
29	948	484	464	6887	268	6619	2		2

7-8c　续表 5　　　　单位：人

年　龄	寄挂户口			婚姻嫁娶			照料孙子女		
	小计	男	女	小计	男	女	小计	男	女
30-34 岁	**4925**	**2500**	**2425**	**38499**	**2403**	**36096**	**79**	**16**	**63**
30	1219	609	610	9309	432	8877	17	4	13
31	1017	524	493	8508	478	8030	15	2	13
32	909	453	456	7305	484	6821	13	4	9
33	894	461	433	7427	562	6865	17	4	13
34	886	453	433	5950	447	5503	17	2	15
35-39 岁	**4135**	**2091**	**2044**	**21071**	**1937**	**19134**	**79**	**20**	**59**
35	772	381	391	4794	417	4377	12	1	11
36	804	408	396	4527	360	4167	16	5	11
37	824	405	419	3994	354	3640	14	5	9
38	982	498	484	4381	442	3939	24	5	19
39	753	399	354	3375	364	3011	13	4	9
40-44 岁	**3955**	**1994**	**1961**	**13088**	**1832**	**11256**	**65**	**19**	**46**
40	615	300	315	2823	302	2521	10	2	8
41	824	419	405	2964	395	2569	12	5	7
42	776	385	391	2474	332	2142	11	3	8
43	800	400	400	2275	358	1917	13	5	8
44	940	490	450	2552	445	2107	19	4	15
45-49 岁	**5392**	**2939**	**2453**	**10973**	**2448**	**8525**	**189**	**44**	**145**
45	1049	573	476	2431	477	1954	26	7	19
46	1190	618	572	2454	518	1936	32	10	22
47	1055	576	479	2319	548	1771	37	9	28
48	1141	631	510	1919	458	1461	35	6	29
49	957	541	416	1850	447	1403	59	12	47
50-54 岁	**5047**	**2821**	**2226**	**7786**	**2197**	**5589**	**708**	**135**	**573**
50	1113	614	499	1972	484	1488	95	16	79
51	984	545	439	1593	437	1156	131	25	106
52	1185	663	522	1730	503	1227	145	29	116
53	862	492	370	1213	356	857	147	23	124
54	903	507	396	1278	417	861	190	42	148
55-59 岁	**4316**	**2527**	**1789**	**4289**	**1557**	**2732**	**1188**	**327**	**861**
55	923	532	391	1134	386	748	252	49	203
56	974	560	414	1002	375	627	253	75	178
57	1251	733	518	1069	397	672	331	90	241
58	816	496	320	763	283	480	253	87	166
59	352	206	146	321	116	205	99	26	73
60-64 岁	**3042**	**1791**	**1251**	**2304**	**1112**	**1192**	**1131**	**388**	**743**
60	469	272	197	400	168	232	169	56	113
61	481	277	204	328	156	172	176	54	122
62	648	376	272	540	261	279	264	98	166
63	744	451	293	575	290	285	255	92	163
64	700	415	285	461	237	224	267	88	179
65 岁及以上	**13910**	**8860**	**5050**	**5690**	**3602**	**2088**	**2488**	**1190**	**1298**

7-8c 续表 6

单位：人

年 龄	为子女就学			养老/康养			其 他		
	小计	男	女	小计	男	女	小计	男	女
总 计	**3122**	**946**	**2176**	**30229**	**20368**	**9861**	**146599**	**79992**	**66607**
0-4岁							**9069**	**4789**	**4280**
0							791	416	375
1							1724	928	796
2							2045	1091	954
3							2238	1147	1091
4							2271	1207	1064
5-9岁							**9395**	**4873**	**4522**
5							2136	1094	1042
6							1803	941	862
7							1752	904	848
8							1860	996	864
9							1844	938	906
10-14岁				**1**		**1**	**8149**	**4254**	**3895**
10							1745	878	867
11							1705	896	809
12				1		1	1654	823	831
13							1660	886	774
14							1385	771	614
15-19岁	**2**	**1**	**1**	**3**	**2**	**1**	**4428**	**2425**	**2003**
15	1	1					904	494	410
16	1		1	1	1		966	499	467
17							898	463	435
18				2	1	1	779	449	330
19							881	520	361
20-24岁	**46**	**8**	**38**	**9**	**6**	**3**	**6063**	**3266**	**2797**
20	4	2	2				930	525	405
21	6		6	3	2	1	1052	575	477
22	6	1	5	3	2	1	1382	737	645
23	12	3	9	1		1	1343	728	615
24	18	2	16	2	2		1356	701	655
25-29岁	**175**	**26**	**149**	**16**	**11**	**5**	**7596**	**3905**	**3691**
25	18	3	15				1495	796	699
26	16	1	15	3	1	2	1336	671	665
27	38	5	33	4	4		1429	733	696
28	46	7	39	2		2	1537	800	737
29	57	10	47	7	6	1	1799	905	894

7-8c 续表 7

单位：人

年 龄	为子女就学			养老/康养			其 他		
	小计	男	女	小计	男	女	小计	男	女
30-34岁	**624**	**109**	**515**	**32**	**22**	**10**	**10664**	**5394**	**5270**
30	111	14	97	6	3	3	2343	1191	1152
31	137	26	111	11	7	4	2324	1205	1119
32	116	19	97	5	4	1	1999	1043	956
33	141	29	112	4	4		2086	1002	1084
34	119	21	98	6	4	2	1912	953	959
35-39岁	**555**	**142**	**413**	**29**	**19**	**10**	**9450**	**4821**	**4629**
35	92	21	71	11	6	5	1745	920	825
36	107	25	82	5	3	2	1866	914	952
37	101	28	73	4	3	1	1903	979	924
38	142	35	107	6	4	2	2193	1122	1071
39	113	33	80	3	3		1743	886	857
40-44岁	**525**	**147**	**378**	**26**	**16**	**10**	**9430**	**4898**	**4532**
40	96	27	69	3	2	1	1606	800	806
41	100	28	72	4	2	2	1920	996	924
42	117	33	84	10	7	3	1861	980	881
43	85	22	63	1		1	1795	946	849
44	127	37	90	8	5	3	2248	1176	1072
45-49岁	**509**	**200**	**309**	**63**	**44**	**19**	**13068**	**7044**	**6024**
45	107	33	74	10	8	2	2428	1311	1117
46	117	47	70	10	5	5	2781	1432	1349
47	118	45	73	13	9	4	2577	1413	1164
48	85	43	42	14	12	2	2651	1443	1208
49	82	32	50	16	10	6	2631	1445	1186
50-54岁	**253**	**96**	**157**	**733**	**419**	**314**	**13368**	**7351**	**6017**
50	72	27	45	85	41	44	2879	1558	1321
51	63	26	37	122	70	52	2671	1471	1200
52	63	22	41	178	99	79	3049	1677	1372
53	24	9	15	157	90	67	2278	1270	1008
54	31	12	19	191	119	72	2491	1375	1116
55-59岁	**125**	**45**	**80**	**1521**	**860**	**661**	**10805**	**6224**	**4581**
55	22	8	14	239	143	96	2390	1382	1008
56	32	11	21	285	151	134	2470	1404	1066
57	38	16	22	438	233	205	2996	1737	1259
58	22	6	16	388	235	153	2016	1174	842
59	11	4	7	171	98	73	933	527	406
60-64岁	**78**	**34**	**44**	**3015**	**2020**	**995**	**7206**	**4216**	**2990**
60	11	7	4	362	228	134	1220	709	511
61	12	2	10	408	274	134	1115	672	443
62	19	10	9	636	436	200	1531	893	638
63	20	11	9	779	541	238	1701	985	716
64	16	4	12	830	541	289	1639	957	682
65岁及以上	**230**	**138**	**92**	**24781**	**16949**	**7832**	**27908**	**16532**	**11376**

7-9 全省按现住地、性别、迁移原因分的户口登记地在本省其他乡镇街道的人口

单位：人

现住地	合计			工作就业		
	合计	男	女	小计	男	女
全　省	**15998284**	**8020026**	**7978258**	**4457630**	**2421358**	**2036272**
长沙市	4255530	2155447	2100083	1679052	923518	755534
株洲市	1094278	554086	540192	293961	158368	135593
湘潭市	814673	412800	401873	190880	102128	88752
衡阳市	1490240	754379	735861	299443	161587	137856
邵阳市	1038246	516417	521829	256253	133359	122894
岳阳市	944159	475542	468617	211821	121545	90276
常德市	939666	450191	489475	248523	130594	117929
张家界市	330557	160989	169568	88491	46700	41791
益阳市	628817	304406	324411	153794	80527	73267
郴州市	1163260	592481	570779	302285	167440	134845
永州市	938279	476677	461602	154850	84950	69900
怀化市	981338	483402	497936	266473	144869	121604
娄底市	885536	440262	445274	212593	111708	100885
湘西州	493705	242947	250758	99211	54065	45146

7-9　续表 1

单位：人

现住地	学习培训			随同离开/投亲靠友			拆迁/搬家		
	小计	男	女	小计	男	女	小计	男	女
全　省	**2373209**	**1216122**	**1157087**	**2144444**	**1047204**	**1097240**	**4215554**	**2153501**	**2062053**
长沙市	698638	345593	353045	477381	234019	243362	771634	386634	385000
株洲市	150295	84850	65445	162757	79154	83603	342007	172663	169344
湘潭市	153285	85238	68047	90944	43904	47040	253360	128066	125294
衡阳市	227728	117547	110181	189509	93349	96160	513917	269433	244484
邵阳市	201860	106045	95815	141279	71077	70202	254653	130241	124412
岳阳市	88636	45852	42784	176377	84302	92075	313958	163545	150413
常德市	118541	54553	63988	120002	56487	63515	275841	136027	139814
张家界市	48700	24614	24086	40946	19840	21106	71774	36386	35388
益阳市	84130	41370	42760	76184	36790	39394	189575	94477	95098
郴州市	148001	77470	70531	174848	86439	88409	335700	174570	161130
永州市	134317	69325	64992	119127	59045	60082	316423	166686	149737
怀化市	121325	61973	59352	162830	78541	84289	240563	122723	117840
娄底市	132726	69455	63271	132217	66125	66092	214323	108632	105691
湘西州	65027	32237	32790	80043	38132	41911	121826	63418	58408

7-9 续表 2

单位：人

现住地	寄挂户口			婚姻嫁娶			照料孙子女		
	小计	男	女	小计	男	女	小计	男	女
全 省	**202131**	**109209**	**92922**	**461101**	**78491**	**382610**	**350423**	**115007**	**235416**
长沙市	62461	33773	28688	83653	17662	65991	124697	40400	84297
株洲市	9861	5459	4402	30828	5992	24836	25458	8468	16990
湘潭市	8687	4811	3876	26612	4983	21629	11106	3630	7476
衡阳市	16509	8643	7866	34360	4415	29945	28209	9917	18292
邵阳市	11754	6455	5299	33956	5271	28685	20579	6684	13895
岳阳市	9664	4992	4672	39958	4716	35242	9696	3312	6384
常德市	11044	6008	5036	40939	10047	30892	18406	6046	12360
张家界市	3356	1876	1480	18319	4680	13639	7386	2211	5175
益阳市	9651	5238	4413	22558	2979	19579	8906	2844	6062
郴州市	10870	5843	5027	29027	4121	24906	29819	10128	19691
永州市	16752	9219	7533	23209	2356	20853	16475	5774	10701
怀化市	8200	4364	3836	33698	4572	29126	23459	7084	16375
娄底市	11586	6450	5136	26869	3948	22921	14128	4535	9593
湘西州	11736	6078	5658	17115	2749	14366	12099	3974	8125

7-9 续表 3

单位：人

现住地	为子女就学			养老/康养			其 他		
	小计	男	女	小计	男	女	小计	男	女
全 省	**225276**	**82374**	**142902**	**218478**	**101668**	**116810**	**1350038**	**695092**	**654946**
长沙市	43235	16665	26570	47554	21026	26528	267225	136157	131068
株洲市	8477	3185	5292	13108	6042	7066	57526	29905	27621
湘潭市	3578	1384	2194	12433	5898	6535	63788	32758	31030
衡阳市	12660	4400	8260	20953	9712	11241	146952	75376	71576
邵阳市	22640	7454	15186	16231	8332	7899	79041	41499	37542
岳阳市	8961	3434	5527	11377	5151	6226	73711	38693	35018
常德市	14429	5018	9411	16327	7334	8993	75614	38077	37537
张家界市	8608	3024	5584	4775	2352	2423	38202	19306	18896
益阳市	8435	2668	5767	13119	6220	6899	62465	31293	31172
郴州市	22537	8639	13898	16081	7384	8697	94092	50447	43645
永州市	15911	6236	9675	8641	3988	4653	132574	69098	63476
怀化市	22201	7859	14342	15863	7134	8729	86726	44283	42443
娄底市	20837	7309	13528	16732	8672	8060	103525	53428	50097
湘西州	12767	5099	7668	5284	2423	2861	68597	34772	33825

7-9a 全省按现住地、性别、迁移原因分的户口登记地在本省其他乡镇街道的人口(城市)

单位：人

现住地	合计			工作就业		
	合计	男	女	小计	男	女
全省	**9398123**	**4693624**	**4704499**	**2821615**	**1512603**	**1309012**
长沙市	3349638	1675927	1673711	1286928	696796	590132
株洲市	770501	387671	382830	235294	126206	109088
湘潭市	479826	238920	240906	94437	48941	45496
衡阳市	873770	441705	432065	155723	82315	73408
邵阳市	542342	272740	269602	155059	79799	75260
岳阳市	575741	290986	284755	125919	70074	55845
常德市	453706	218593	235113	139178	73798	65380
张家界市	181501	89132	92369	55956	29052	26904
益阳市	308831	149190	159641	81708	42321	39387
郴州市	525450	266127	259323	140725	77035	63690
永州市	266980	134667	132313	45318	25033	20285
怀化市	380678	188143	192535	130017	68367	61650
娄底市	513231	253170	260061	125321	65815	59506
湘西州	175928	86653	89275	50032	27051	22981

7-9a 续表 1

单位：人

现住地	学习培训			随同离开/投亲靠友			拆迁/搬家		
	小计	男	女	小计	男	女	小计	男	女
全省	**1297043**	**647439**	**649604**	**1303942**	**635700**	**668242**	**2488390**	**1265157**	**1223233**
长沙市	522945	252850	270095	387292	189578	197714	654944	326874	328070
株洲市	69005	38455	30550	122721	59673	63048	246620	124423	122197
湘潭市	90226	49632	40594	54369	25945	28424	170775	85683	85092
衡阳市	108778	55737	53041	124975	61549	63426	339271	178339	160932
邵阳市	97369	51836	45533	80311	40290	40021	131811	67760	64051
岳阳市	40447	21820	18627	119904	57783	62121	207201	107709	99492
常德市	58476	23845	34631	58389	27583	30806	130035	64009	66026
张家界市	24694	12622	12072	23547	11310	12237	39333	20007	19326
益阳市	35226	15919	19307	37615	18365	19250	93309	46470	46839
郴州市	53477	26947	26530	82592	40545	42047	163091	83660	79431
永州市	42033	19935	22098	29337	14596	14741	83082	43631	39451
怀化市	49788	25609	24179	69992	33589	36403	64386	32897	31489
娄底市	80153	40829	39324	79890	39430	40460	129173	65322	63851
湘西州	24426	11403	13023	33008	15464	17544	35359	18373	16986

7-9a　续表 2　　单位：人

现住地	寄挂户口			婚姻嫁娶			照料孙子女		
	小计	男	女	小计	男	女	小计	男	女
全　省	**94757**	**50510**	**44247**	**214290**	**42519**	**171771**	**216254**	**72165**	**144089**
长沙市	44902	24152	20750	60760	14423	46337	106135	34748	71387
株洲市	5636	3056	2580	19054	3593	15461	18921	6399	12522
湘潭市	4377	2323	2054	15381	3199	12182	6540	2157	4383
衡阳市	7856	3901	3955	18549	2641	15908	13648	5028	8620
邵阳市	3431	1801	1630	12054	2375	9679	9145	3152	5993
岳阳市	4292	2323	1969	19413	2982	16431	6472	2271	4201
常德市	3037	1629	1408	12303	3400	8903	8444	2990	5454
张家界市	1208	663	545	6957	1786	5171	3394	1036	2358
益阳市	2302	1226	1076	7793	1154	6639	4074	1407	2667
郴州市	5039	2627	2412	12223	2722	9501	14169	4823	9346
永州市	2848	1564	1284	5454	600	4854	3558	1329	2229
怀化市	2760	1428	1332	7530	998	6532	9398	2941	6457
娄底市	4012	2139	1873	11603	1716	9887	9244	2882	6362
湘西州	3057	1678	1379	5216	930	4286	3112	1002	2110

7-9a　续表 3　　单位：人

现住地	为子女就学			养老/康养			其　他		
	小计	男	女	小计	男	女	小计	男	女
全　省	**100179**	**38516**	**61663**	**117379**	**49805**	**67574**	**744274**	**379210**	**365064**
长沙市	40383	15671	24712	38819	16661	22158	206530	104174	102356
株洲市	4084	1675	2409	8924	3737	5187	40242	20454	19788
湘潭市	1980	729	1251	6982	2845	4137	34759	17466	17293
衡阳市	5140	1921	3219	9038	3927	5111	90792	46347	44445
邵阳市	6832	2479	4353	7116	3060	4056	39214	20188	19026
岳阳市	4493	1859	2634	5890	2511	3379	41710	21654	20056
常德市	2512	993	1519	7279	3088	4191	34053	17258	16795
张家界市	2981	1223	1758	1973	784	1189	21458	10649	10809
益阳市	3407	1293	2114	6129	2665	3464	37268	18370	18898
郴州市	7406	2927	4479	7175	3031	4144	39553	21810	17743
永州市	3166	1369	1797	2128	949	1179	50056	25661	24395
怀化市	4266	1591	2675	6655	2714	3941	35886	18009	17877
娄底市	11502	3987	7515	7378	3024	4354	54955	28026	26929
湘西州	2027	799	1228	1893	809	1084	17798	9144	8654

7-9b 全省按现住地、性别、迁移原因分的户口登记地在本省其他乡镇街道的人口(镇)

单位：人

现住地	合计			工作就业		
	合计	男	女	小计	男	女
全省	**5652839**	**2844694**	**2808145**	**1428453**	**779322**	**649131**
长沙市	759325	402662	356663	346213	196316	149897
株洲市	288853	147803	141050	50388	26679	23709
湘潭市	298806	155392	143414	90437	49486	40951
衡阳市	523514	266731	256783	126989	69090	57899
邵阳市	432928	211785	221143	91590	47910	43680
岳阳市	296186	150825	145361	66904	39199	27705
常德市	416791	197003	219788	96824	49147	47677
张家界市	117079	55500	61579	25501	13174	12327
益阳市	266387	128557	137830	65032	33800	31232
郴州市	592599	302627	289972	149785	83040	66745
永州市	600847	305557	295290	99466	53886	45580
怀化市	481938	234780	247158	96450	53105	43345
娄底市	302730	151105	151625	78199	40326	37873
湘西州	274856	134367	140489	44675	24164	20511

7-9b 续表 1

单位：人

现住地	学习培训			随同离开/投亲靠友			拆迁/搬家		
	小计	男	女	小计	男	女	小计	男	女
全省	**964627**	**516332**	**448295**	**749647**	**364899**	**384748**	**1517888**	**778302**	**739586**
长沙市	149444	81094	68350	79388	39076	40312	92418	47023	45395
株洲市	80856	46170	34686	36157	17397	18760	85189	42882	42307
湘潭市	58192	33066	25126	32826	15868	16958	75567	38647	36920
衡阳市	94030	51306	42724	58233	28593	29640	153680	80220	73460
邵阳市	99204	51152	48052	54219	27207	27012	108620	55011	53609
岳阳市	35744	19772	15972	49437	23122	26315	95247	49607	45640
常德市	53059	26754	26305	53749	24895	28854	131730	64537	67193
张家界市	21677	10852	10825	13520	6509	7011	26544	13165	13379
益阳市	42283	21501	20782	34609	16465	18144	82244	40695	41549
郴州市	93201	49801	43400	87909	43727	44182	160491	84632	75859
永州市	90064	48142	41922	85639	42384	43255	209899	110860	99039
怀化市	60405	30938	29467	75556	36258	39298	157679	80011	77668
娄底市	48661	26357	22304	43761	21975	21786	68516	34560	33956
湘西州	37807	19427	18380	44644	21423	23221	70064	36452	33612

7-9b　续表 2　　　　单位：人

现住地	寄挂户口			婚姻嫁娶			照料孙子女		
	小计	男	女	小计	男	女	小计	男	女
全　省	**47708**	**25433**	**22275**	**148480**	**21516**	**126964**	**129146**	**40953**	**88193**
长沙市	9343	5110	4233	11262	1704	9558	18116	5489	12627
株洲市	2085	1169	916	7385	1484	5901	6409	2017	4392
湘潭市	1886	1018	868	6074	992	5082	4420	1399	3021
衡阳市	3683	1955	1728	10874	1270	9604	13936	4666	9270
邵阳市	3420	1841	1579	13284	1837	11447	11093	3381	7712
岳阳市	2400	1107	1293	11368	1103	10265	2934	929	2005
常德市	3831	2040	1791	17117	4032	13085	9557	2890	6667
张家界市	595	341	254	5172	1264	3908	3769	1098	2671
益阳市	2735	1468	1267	7662	1079	6583	4673	1375	3298
郴州市	2614	1408	1206	13155	998	12157	15434	5217	10217
永州市	6600	3598	3002	13728	1296	12432	12578	4308	8270
怀化市	2009	1032	977	15970	1936	14034	12917	3792	9125
娄底市	2370	1314	1056	6653	1091	5562	4479	1480	2999
湘西州	4137	2032	2105	8776	1430	7346	8831	2912	5919

7-9b　续表 3　　　　单位：人

现住地	为子女就学			养老/康养			其　他		
	小计	男	女	小计	男	女	小计	男	女
全　省	**122305**	**42982**	**79323**	**72547**	**32474**	**40073**	**472038**	**242481**	**229557**
长沙市	2718	949	1769	5733	2568	3165	44690	23333	21357
株洲市	4338	1493	2845	3013	1443	1570	13033	7069	5964
湘潭市	1566	645	921	3551	1640	1911	24287	12631	11656
衡阳市	7248	2406	4842	9606	4294	5312	45235	22931	22304
邵阳市	15661	4924	10737	5856	2846	3010	29981	15676	14305
岳阳市	4359	1534	2825	3819	1706	2113	23974	12746	11228
常德市	11799	3989	7810	7263	3192	4071	31862	15527	16335
张家界市	5459	1766	3693	1633	693	940	13209	6638	6571
益阳市	4962	1359	3603	5311	2416	2895	16876	8399	8477
郴州市	14941	5636	9305	7438	3305	4133	47631	24863	22768
永州市	12618	4831	7787	5438	2362	3076	64817	33890	30927
怀化市	16922	5939	10983	6869	2834	4035	37161	18935	18226
娄底市	9071	3252	5819	4273	2012	2261	36747	18738	18009
湘西州	10643	4259	6384	2744	1163	1581	42535	21105	21430

7-9c 全省按现住地、性别、迁移原因分的户口登记地在本省其他乡镇街道的人口（乡村）

单位：人

现 住 地	合 计			工作就业		
	合计	男	女	小计	男	女
全 省	**947322**	**481708**	**465614**	**207562**	**129433**	**78129**
长沙市	146567	76858	69709	45911	30406	15505
株洲市	34924	18612	16312	8279	5483	2796
湘潭市	36041	18488	17553	6006	3701	2305
衡阳市	92956	45943	47013	16731	10182	6549
邵阳市	62976	31892	31084	9604	5650	3954
岳阳市	72232	33731	38501	18998	12272	6726
常德市	69169	34595	34574	12521	7649	4872
张家界市	31977	16357	15620	7034	4474	2560
益阳市	53599	26659	26940	7054	4406	2648
郴州市	45211	23727	21484	11775	7365	4410
永州市	70452	36453	33999	10066	6031	4035
怀化市	118722	60479	58243	40006	23397	16609
娄底市	69575	35987	33588	9073	5567	3506
湘西州	42921	21927	20994	4504	2850	1654

7-9c 续表 1

单位：人

现 住 地	学习培训			随同离开/投亲靠友			拆迁/搬家		
	小计	男	女	小计	男	女	小计	男	女
全 省	**111539**	**52351**	**59188**	**90855**	**46605**	**44250**	**209276**	**110042**	**99234**
长沙市	26249	11649	14600	10701	5365	5336	24272	12737	11535
株洲市	434	225	209	3879	2084	1795	10198	5358	4840
湘潭市	4867	2540	2327	3749	2091	1658	7018	3736	3282
衡阳市	24920	10504	14416	6301	3207	3094	20966	10874	10092
邵阳市	5287	3057	2230	6749	3580	3169	14222	7470	6752
岳阳市	12445	4260	8185	7036	3397	3639	11510	6229	5281
常德市	7006	3954	3052	7864	4009	3855	14076	7481	6595
张家界市	2329	1140	1189	3879	2021	1858	5897	3214	2683
益阳市	6621	3950	2671	3960	1960	2000	14022	7312	6710
郴州市	1323	722	601	4347	2167	2180	12118	6278	5840
永州市	2220	1248	972	4151	2065	2086	23442	12195	11247
怀化市	11132	5426	5706	17282	8694	8588	18498	9815	8683
娄底市	3912	2269	1643	8566	4720	3846	16634	8750	7884
湘西州	2794	1407	1387	2391	1245	1146	16403	8593	7810

7-9c　续表 2　　　　单位：人

现住地	寄挂户口			婚姻嫁娶			照料孙子女		
	小计	男	女	小计	男	女	小计	男	女
全　省	**59666**	**33266**	**26400**	**98331**	**14456**	**83875**	**5023**	**1889**	**3134**
长沙市	8216	4511	3705	11631	1535	10096	446	163	283
株洲市	2140	1234	906	4389	915	3474	128	52	76
湘潭市	2424	1470	954	5157	792	4365	146	74	72
衡阳市	4970	2787	2183	4937	504	4433	625	223	402
邵阳市	4903	2813	2090	8618	1059	7559	341	151	190
岳阳市	2972	1562	1410	9177	631	8546	290	112	178
常德市	4176	2339	1837	11519	2615	8904	405	166	239
张家界市	1553	872	681	6190	1630	4560	223	77	146
益阳市	4614	2544	2070	7103	746	6357	159	62	97
郴州市	3217	1808	1409	3649	401	3248	216	88	128
永州市	7304	4057	3247	4027	460	3567	339	137	202
怀化市	3431	1904	1527	10198	1638	8560	1144	351	793
娄底市	5204	2997	2207	8613	1141	7472	405	173	232
湘西州	4542	2368	2174	3123	389	2734	156	60	96

7-9c　续表 3　　　　单位：人

现住地	为子女就学			养老/康养			其他		
	小计	男	女	小计	男	女	小计	男	女
全　省	**2792**	**876**	**1916**	**28552**	**19389**	**9163**	**133726**	**73401**	**60325**
长沙市	134	45	89	3002	1797	1205	16005	8650	7355
株洲市	55	17	38	1171	862	309	4251	2382	1869
湘潭市	32	10	22	1900	1413	487	4742	2661	2081
衡阳市	272	73	199	2309	1491	818	10925	6098	4827
邵阳市	147	51	96	3259	2426	833	9846	5635	4211
岳阳市	109	41	68	1668	934	734	8027	4293	3734
常德市	118	36	82	1785	1054	731	9699	5292	4407
张家界市	168	35	133	1169	875	294	3535	2019	1516
益阳市	66	16	50	1679	1139	540	8321	4524	3797
郴州市	190	76	114	1468	1048	420	6908	3774	3134
永州市	127	36	91	1075	677	398	17701	9547	8154
怀化市	1013	329	684	2339	1586	753	13679	7339	6340
娄底市	264	70	194	5081	3636	1445	11823	6664	5159
湘西州	97	41	56	647	451	196	8264	4523	3741

7-10 全省按现住地、性别、迁移原因分的户口登记地在外省的人口

单位：人

现住地	合计			工作就业		
	合计	男	女	小计	男	女
全省	**1577563**	**845434**	**732129**	**740988**	**473337**	**267651**
长沙市	702766	397545	305221	387492	248947	138545
株洲市	140560	78728	61832	67711	42268	25443
湘潭市	84179	44832	39347	25021	16196	8825
衡阳市	96465	50960	45505	34535	22247	12288
邵阳市	56026	25538	30488	23970	14534	9436
岳阳市	102923	52706	50217	40478	25673	14805
常德市	75828	36691	39137	31458	19368	12090
张家界市	24191	13145	11046	10007	6543	3464
益阳市	40083	19405	20678	14494	9240	5254
郴州市	61422	32620	28802	27350	17952	9398
永州市	51222	25281	25941	21839	14535	7304
怀化市	76283	37138	39145	32628	20618	12010
娄底市	37822	17534	20288	13117	8247	4870
湘西州	27793	13311	14482	10888	6969	3919

7-10 续表 1

单位：人

现住地	学习培训			随同离开/投亲靠友			拆迁/搬家		
	小计	男	女	小计	男	女	小计	男	女
全省	**310078**	**152465**	**157613**	**157355**	**77831**	**79524**	**111225**	**58828**	**52397**
长沙市	155189	74945	80244	57076	28585	28491	30361	16593	13768
株洲市	27124	15653	11471	17442	8931	8511	11470	6163	5307
湘潭市	38510	19615	18895	5358	2685	2673	5472	2897	2575
衡阳市	22801	12467	10334	8019	3962	4057	10871	5682	5189
邵阳市	4440	1886	2554	6978	3424	3554	3828	1946	1882
岳阳市	9657	4769	4888	15551	7474	8077	15990	8550	7440
常德市	9180	3271	5909	8893	4351	4542	6933	3508	3425
张家界市	3918	2447	1471	2479	1223	1256	1203	665	538
益阳市	6025	2754	3271	4336	2139	2197	5138	2571	2567
郴州市	6615	2920	3695	7804	3905	3899	6756	3677	3079
永州市	6878	3034	3844	5296	2577	2719	3561	1810	1751
怀化市	8665	3944	4721	10157	4826	5331	5041	2444	2597
娄底市	6764	2930	3834	4381	2053	2328	2615	1260	1355
湘西州	4312	1830	2482	3585	1696	1889	1986	1062	924

7-10　续表 2

单位：人

现住地	寄挂户口			婚姻嫁娶			照料孙子女		
	小计	男	女	小计	男	女	小计	男	女
全　省	**8972**	**4473**	**4499**	**117739**	**15853**	**101886**	**28658**	**9524**	**19134**
长沙市	2875	1551	1324	18932	3646	15286	18601	6257	12344
株洲市	516	243	273	7535	1447	6088	2929	945	1984
湘潭市	414	224	190	4171	656	3515	856	293	563
衡阳市	853	434	419	9322	988	8334	760	260	500
邵阳市	688	330	358	10740	870	9870	409	125	284
岳阳市	588	247	341	11221	1330	9891	968	328	640
常德市	581	258	323	10917	1996	8921	690	223	467
张家界市	133	79	54	3875	896	2979	314	96	218
益阳市	279	143	136	5788	576	5212	427	158	269
郴州市	482	253	229	6466	772	5694	808	265	543
永州市	527	263	264	8404	707	7697	342	98	244
怀化市	435	185	250	10297	989	9308	859	255	604
娄底市	328	159	169	5851	432	5419	394	129	265
湘西州	273	104	169	4220	548	3672	301	92	209

7-10　续表 3

单位：人

现住地	为子女就学			养老/康养			其　他		
	小计	男	女	小计	男	女	小计	男	女
全　省	**7133**	**2205**	**4928**	**10046**	**4933**	**5113**	**85369**	**45985**	**39384**
长沙市	3129	1161	1968	3608	1609	1999	25503	14251	11252
株洲市	293	103	190	820	394	426	4720	2581	2139
湘潭市	131	50	81	653	357	296	3593	1859	1734
衡阳市	256	67	189	664	329	335	8384	4524	3860
邵阳市	453	93	360	508	270	238	4012	2060	1952
岳阳市	375	128	247	726	362	364	7369	3845	3524
常德市	486	135	351	579	309	270	6111	3272	2839
张家界市	176	40	136	172	82	90	1914	1074	840
益阳市	201	51	150	412	233	179	2983	1540	1443
郴州市	391	119	272	559	298	261	4191	2459	1732
永州市	221	52	169	245	129	116	3909	2076	1833
怀化市	511	107	404	547	256	291	7143	3514	3629
娄底市	307	56	251	422	242	180	3643	2026	1617
湘西州	203	43	160	131	63	68	1894	904	990

7-10a 全省按现住地、性别、迁移原因分的户口登记地在外省的人口(城市)

单位：人

现住地	合计			工作就业		
	合计	男	女	小计	男	女
全 省	**986774**	**539364**	**447410**	**454416**	**287367**	**167049**
长沙市	535686	299424	236262	271700	174516	97184
株洲市	112964	63240	49724	55633	34226	21407
湘潭市	44352	23124	21228	12057	7656	4401
衡阳市	51783	28430	23353	14966	9162	5804
邵阳市	22707	11448	11259	11751	6810	4941
岳阳市	57565	30873	26692	22594	14149	8445
常德市	33402	16973	16429	14317	8955	5362
张家界市	13246	7698	5548	5820	3585	2235
益阳市	11525	5716	5809	4811	2831	1980
郴州市	28545	15220	13325	11999	7631	4368
永州市	12612	6073	6539	3717	2406	1311
怀化市	30789	15580	15209	13622	8275	5347
娄底市	19948	9718	10230	6892	4294	2598
湘西州	11650	5847	5803	4537	2871	1666

7-10a 续表 1

单位：人

现住地	学习培训			随同离开/投亲靠友			拆迁/搬家		
	小计	男	女	小计	男	女	小计	男	女
全 省	**247934**	**120500**	**127434**	**96181**	**47856**	**48325**	**69867**	**37273**	**32594**
长沙市	139898	67353	72545	43782	21943	21839	24836	13533	11303
株洲市	21828	12106	9722	14609	7520	7089	9782	5301	4481
湘潭市	21836	10602	11234	2837	1419	1418	3345	1767	1578
衡阳市	17312	10175	7137	4586	2268	2318	5483	2872	2611
邵阳市	2595	927	1668	2560	1289	1271	2045	1035	1010
岳阳市	6311	3358	2953	9779	4636	5143	10183	5495	4688
常德市	7342	2338	5004	3583	1782	1801	3596	1850	1746
张家界市	3456	2200	1256	1118	554	564	760	427	333
益阳市	1498	634	864	1248	600	648	1521	729	792
郴州市	5143	2127	3016	3588	1774	1814	3356	1762	1594
永州市	5054	2053	3001	965	498	467	847	434	413
怀化市	6340	2773	3567	4126	1973	2153	1762	893	869
娄底市	5850	2442	3408	2043	967	1076	1700	809	891
湘西州	3471	1412	2059	1357	633	724	651	366	285

7-10a　续表 2　　　　单位：人

现 住 地	寄挂户口			婚姻嫁娶			照料孙子女		
	小计	男	女	小计	男	女	小计	男	女
全　省	**4126**	**2135**	**1991**	**35395**	**7228**	**28167**	**22921**	**7742**	**15179**
长沙市	2333	1259	1074	12763	2773	9990	15847	5395	10452
株洲市	341	160	181	3570	713	2857	2736	895	1841
湘潭市	171	88	83	1593	369	1224	477	165	312
衡阳市	356	178	178	2894	470	2424	502	172	330
邵阳市	136	68	68	1463	243	1220	224	71	153
岳阳市	148	75	73	3626	739	2887	734	255	479
常德市	100	42	58	1675	509	1166	364	121	243
张家界市	44	29	15	801	267	534	243	80	163
益阳市	58	24	34	987	184	803	132	46	86
郴州市	136	76	60	1531	346	1185	572	188	384
永州市	55	28	27	836	103	733	84	18	66
怀化市	105	45	60	1563	205	1358	547	175	372
娄底市	80	36	44	1386	176	1210	302	105	197
湘西州	63	27	36	707	131	576	157	56	101

7-10a　续表 3　　　　单位：人

现 住 地	为子女就学			养老/康养			其　他		
	小计	男	女	小计	男	女	小计	男	女
全　省	**4452**	**1570**	**2882**	**5888**	**2674**	**3214**	**45594**	**25019**	**20575**
长沙市	2830	1071	1759	2888	1242	1646	18809	10339	8470
株洲市	215	84	131	630	284	346	3620	1951	1669
湘潭市	75	32	43	318	162	156	1643	864	779
衡阳市	105	28	77	282	126	156	5297	2979	2318
邵阳市	120	29	91	145	76	69	1668	900	768
岳阳市	228	86	142	423	204	219	3539	1876	1663
常德市	95	30	65	213	107	106	2117	1239	878
张家界市	72	24	48	88	44	44	844	488	356
益阳市	65	19	46	108	61	47	1097	588	509
郴州市	221	73	148	228	104	124	1771	1139	632
永州市	47	13	34	42	21	21	965	499	466
怀化市	148	40	108	272	119	153	2304	1082	1222
娄底市	183	34	149	203	100	103	1309	755	554
湘西州	48	7	41	48	24	24	611	320	291

7-10b 全省按现住地、性别、迁移原因分的户口登记地在外省的人口(镇)

单位：人

现 住 地	合 计			工作就业		
	合计	男	女	小计	男	女
全　省	**399795**	**216018**	**183777**	**208131**	**131725**	**76406**
长沙市	137087	80310	56777	97897	61754	36143
株洲市	18945	10918	8027	7762	4966	2796
湘潭市	33752	18725	15027	10600	6852	3748
衡阳市	26641	14513	12128	13161	8745	4416
邵阳市	18232	8298	9934	7269	4486	2783
岳阳市	25323	13088	12235	10905	7057	3848
常德市	28716	13864	14852	12855	7357	5498
张家界市	5311	2697	2614	1957	1272	685
益阳市	17539	8558	8981	6217	3852	2365
郴州市	20520	11159	9361	10271	6796	3475
永州市	22145	11758	10387	10624	7216	3408
怀化市	26872	13165	13707	11277	6992	4285
娄底市	8543	4278	4265	3436	2063	1373
湘西州	10169	4687	5482	3900	2317	1583

7-10b 续表 1

单位：人

现 住 地	学习培训			随同离开/投亲靠友			拆迁/搬家		
	小计	男	女	小计	男	女	小计	男	女
全　省	**46769**	**25001**	**21768**	**39662**	**19554**	**20108**	**31110**	**15922**	**15188**
长沙市	11408	5659	5749	10645	5307	5338	4799	2638	2161
株洲市	5098	3437	1661	1834	927	907	1262	633	629
湘潭市	16399	8860	7539	1707	839	868	1810	951	859
衡阳市	1312	691	621	2142	1083	1059	4689	2420	2269
邵阳市	1215	617	598	2459	1225	1234	1343	672	671
岳阳市	1225	708	517	3559	1723	1836	3260	1666	1594
常德市	1408	694	714	3530	1700	1830	2722	1332	1390
张家界市	279	148	131	668	334	334	335	182	153
益阳市	3624	1648	1976	1846	927	919	2125	1043	1082
郴州市	1031	561	470	2572	1292	1280	2300	1250	1050
永州市	1121	610	511	2524	1204	1320	2166	1088	1078
怀化市	1556	795	761	3584	1732	1852	2738	1264	1474
娄底市	501	275	226	1002	480	522	677	332	345
湘西州	592	298	294	1590	781	809	884	451	433

7-10b　续表 2

单位：人

现 住 地	寄挂户口			婚姻嫁娶			照料孙子女		
	小计	男	女	小计	男	女	小计	男	女
全　省	**1998**	**973**	**1025**	**35562**	**5091**	**30471**	**4829**	**1532**	**3297**
长沙市	293	177	116	3341	503	2838	2568	813	1755
株洲市	82	45	37	1924	416	1508	151	43	108
湘潭市	93	52	41	1061	154	907	337	116	221
衡阳市	154	75	79	2747	339	2408	187	63	124
邵阳市	194	88	106	3872	385	3487	134	43	91
岳阳市	195	68	127	3107	331	2776	181	57	124
常德市	253	119	134	4021	803	3218	267	84	183
张家界市	29	13	16	1156	314	842	48	6	42
益阳市	75	44	31	2006	251	1755	263	103	160
郴州市	146	71	75	2349	264	2085	171	59	112
永州市	196	96	100	3317	394	2923	127	41	86
怀化市	116	50	66	3723	510	3213	237	63	174
娄底市	64	32	32	1020	108	912	43	12	31
湘西州	108	43	65	1918	319	1599	115	29	86

7-10b　续表 3

单位：人

现 住 地	为子女就学			养老/康养			其　他		
	小计	男	女	小计	男	女	小计	男	女
全　省	**2351**	**565**	**1786**	**2481**	**1280**	**1201**	**26902**	**14375**	**12527**
长沙市	272	80	192	542	264	278	5322	3115	2207
株洲市	69	18	51	96	54	42	667	379	288
湘潭市	49	17	32	171	98	73	1525	786	739
衡阳市	123	35	88	240	126	114	1886	936	950
邵阳市	297	53	244	187	101	86	1262	628	634
岳阳市	128	35	93	197	102	95	2566	1341	1225
常德市	370	100	270	233	121	112	3057	1554	1503
张家界市	85	14	71	45	18	27	709	396	313
益阳市	116	28	88	203	107	96	1064	555	509
郴州市	146	42	104	168	95	73	1366	729	637
永州市	142	32	110	106	53	53	1822	1024	798
怀化市	312	59	253	182	84	98	3147	1616	1531
娄底市	104	19	85	51	30	21	1645	927	718
湘西州	138	33	105	60	27	33	864	389	475

7-10c 全省按现住地、性别、迁移原因分的户口登记地在外省的人口(乡村)

单位：人

现住地	合计			工作就业		
	合计	男	女	小计	男	女
全　省	**190994**	**90052**	**100942**	**78441**	**54245**	**24196**
长沙市	29993	17811	12182	17895	12677	5218
株洲市	8651	4570	4081	4316	3076	1240
湘潭市	6075	2983	3092	2364	1688	676
衡阳市	18041	8017	10024	6408	4340	2068
邵阳市	15087	5792	9295	4950	3238	1712
岳阳市	20035	8745	11290	6979	4467	2512
常德市	13710	5854	7856	4286	3056	1230
张家界市	5634	2750	2884	2230	1686	544
益阳市	11019	5131	5888	3466	2557	909
郴州市	12357	6241	6116	5080	3525	1555
永州市	16465	7450	9015	7498	4913	2585
怀化市	18622	8393	10229	7729	5351	2378
娄底市	9331	3538	5793	2789	1890	899
湘西州	5974	2777	3197	2451	1781	670

7-10c　续表 1

单位：人

现住地	学习培训			随同离开/投亲靠友			拆迁/搬家		
	小计	男	女	小计	男	女	小计	男	女
全　省	**15375**	**6964**	**8411**	**21512**	**10421**	**11091**	**10248**	**5633**	**4615**
长沙市	3883	1933	1950	2649	1335	1314	726	422	304
株洲市	198	110	88	999	484	515	426	229	197
湘潭市	275	153	122	814	427	387	317	179	138
衡阳市	4177	1601	2576	1291	611	680	699	390	309
邵阳市	630	342	288	1959	910	1049	440	239	201
岳阳市	2121	703	1418	2213	1115	1098	2547	1389	1158
常德市	430	239	191	1780	869	911	615	326	289
张家界市	183	99	84	693	335	358	108	56	52
益阳市	903	472	431	1242	612	630	1492	799	693
郴州市	441	232	209	1644	839	805	1100	665	435
永州市	703	371	332	1807	875	932	548	288	260
怀化市	769	376	393	2447	1121	1326	541	287	254
娄底市	413	213	200	1336	606	730	238	119	119
湘西州	249	120	129	638	282	356	451	245	206

7-10c 续表 2

单位：人

现住地	寄挂户口			婚姻嫁娶			照料孙子女		
	小计	男	女	小计	男	女	小计	男	女
全 省	**2848**	**1365**	**1483**	**46782**	**3534**	**43248**	**908**	**250**	**658**
长沙市	249	115	134	2828	370	2458	186	49	137
株洲市	93	38	55	2041	318	1723	42	7	35
湘潭市	150	84	66	1517	133	1384	42	12	30
衡阳市	343	181	162	3681	179	3502	71	25	46
邵阳市	358	174	184	5405	242	5163	51	11	40
岳阳市	245	104	141	4488	260	4228	53	16	37
常德市	228	97	131	5221	684	4537	59	18	41
张家界市	60	37	23	1918	315	1603	23	10	13
益阳市	146	75	71	2795	141	2654	32	9	23
郴州市	200	106	94	2586	162	2424	65	18	47
永州市	276	139	137	4251	210	4041	131	39	92
怀化市	214	90	124	5011	274	4737	75	17	58
娄底市	184	91	93	3445	148	3297	49	12	37
湘西州	102	34	68	1595	98	1497	29	7	22

7-10c 续表 3

单位：人

现住地	为子女就学			养老/康养			其 他		
	小计	男	女	小计	男	女	小计	男	女
全 省	**330**	**70**	**260**	**1677**	**979**	**698**	**12873**	**6591**	**6282**
长沙市	27	10	17	178	103	75	1372	797	575
株洲市	9	1	8	94	56	38	433	251	182
湘潭市	7	1	6	164	97	67	425	209	216
衡阳市	28	4	24	142	77	65	1201	609	592
邵阳市	36	11	25	176	93	83	1082	532	550
岳阳市	19	7	12	106	56	50	1264	628	636
常德市	21	5	16	133	81	52	937	479	458
张家界市	19	2	17	39	20	19	361	190	171
益阳市	20	4	16	101	65	36	822	397	425
郴州市	24	4	20	163	99	64	1054	591	463
永州市	32	7	25	97	55	42	1122	553	569
怀化市	51	8	43	93	53	40	1692	816	876
娄底市	20	3	17	168	112	56	689	344	345
湘西州	17	3	14	23	12	11	419	195	224

第一部分　全部数据资料

第八卷　住房

8-1 各地区按住房间数分的家庭户户数

单位：户

地　区	家庭户户　数	住房间数				
		一间	二间	三间	四间	五间
全　省	**21561143**	**974469**	**3867906**	**7279849**	**4138622**	**1768224**
长沙市	3002161	249659	727077	1063806	499280	190562
株洲市	1235472	38847	209033	327213	226985	124027
湘潭市	893494	34477	185414	283358	178497	80631
衡阳市	2145485	96133	387111	732067	407927	168550
邵阳市	2195033	91984	356869	625747	417520	169312
岳阳市	1619961	50999	253621	597192	342559	162351
常德市	1795558	62375	331218	692538	391607	149120
张家界市	505612	19842	72871	160670	99559	47555
益阳市	1327912	63410	275174	481421	257389	93107
郴州市	1551700	81193	273566	562850	293233	110963
永州市	1700517	44308	196024	531028	331359	177175
怀化市	1564964	63859	278159	591677	292357	127827
娄底市	1276607	51907	216287	334363	274036	109690
湘西州	746667	25476	105482	295919	126314	57354

注：本表数据为居住在普通住宅的家庭户。

8-1 续表

单位：户

地　区	住房间数				
	六间	七间	八间	九间	十间及以上
全　省	**1820964**	**353266**	**696633**	**174564**	**486646**
长沙市	142648	35944	49356	11329	32500
株洲市	137988	29770	70707	15759	55143
湘潭市	75767	16160	23107	4875	11208
衡阳市	180699	29292	76199	14605	52902
邵阳市	248785	40551	114618	33759	95888
岳阳市	122911	27698	34942	8140	19548
常德市	113567	18473	21196	5416	10048
张家界市	51780	8710	19892	6464	18269
益阳市	92942	17131	27592	4838	14908
郴州市	117107	19237	47493	14394	31664
永州市	201505	55219	85042	26932	51925
怀化市	118422	23392	39063	8622	21586
娄底市	143823	19257	63802	11515	51927
湘西州	73020	12432	23624	7916	19130

8-1a 各地区按住房间数分的家庭户户数(城市)

单位：户

地 区	家庭户户 数	住房间数				
		一间	二间	三间	四间	五间
全 省	**5876676**	**400082**	**1605332**	**2637031**	**764808**	**207492**
长沙市	1922001	199151	586299	782808	245414	53292
株洲市	533607	28396	159086	219314	64765	24431
湘潭市	316575	17924	109606	130154	35699	10346
衡阳市	532571	23014	141724	251170	75474	19592
邵阳市	389900	25793	108570	163018	64352	10951
岳阳市	441667	14218	82923	222073	59401	24941
常德市	332888	18677	92268	134082	45285	17509
张家界市	99272	6507	20935	41479	14480	4461
益阳市	230703	12765	68886	115398	21123	5887
郴州市	305626	18453	77936	156680	36411	9857
永州市	182199	3257	21402	126705	20303	5074
怀化市	215022	11681	44741	123372	23798	4721
娄底市	285097	12335	71722	129589	46823	11964
湘西州	89548	7911	19234	41189	11480	4466

注：本表数据为居住在普通住宅的家庭户。

8-1a 续表

单位：户

地 区	住房间数				
	六间	七间	八间	九间	十间及以上
全 省	**139438**	**28594**	**43492**	**13804**	**36603**
长沙市	28724	6821	9003	2721	7768
株洲市	20063	3887	6912	1242	5511
湘潭市	6580	1183	2477	508	2098
衡阳市	11184	2437	3796	1101	3079
邵阳市	8900	1678	3003	1117	2518
岳阳市	20944	4880	5832	2376	4079
常德市	13754	2933	3820	1435	3125
张家界市	4831	1061	1897	1167	2454
益阳市	4692	443	806	220	483
郴州市	3614	670	724	287	994
永州市	3138	434	911	390	585
怀化市	3391	729	1310	303	976
娄底市	6803	1039	2219	500	2103
湘西州	2820	399	782	437	830

8-1b　各地区按住房间数分的家庭户户数(镇)

单位：户

地　区	家庭户户　数	住房间数				
		一间	二间	三间	四间	五间
全　省	**6082107**	**245379**	**988065**	**2293148**	**1179664**	**479642**
长沙市	523089	37332	91001	167203	103870	50205
株洲市	322370	5978	29030	63047	79793	41321
湘潭市	219006	7221	41116	83504	43594	18404
衡阳市	557643	21617	76464	226437	119769	41838
邵阳市	694611	29452	109744	211382	134798	52782
岳阳市	512566	17882	90168	196438	108937	44517
常德市	646428	24069	124074	265962	130249	49388
张家界市	139917	5147	21581	48093	26038	13373
益阳市	414521	20388	83915	174198	73873	24593
郴州市	516979	23655	82031	232326	95597	27946
永州市	549327	14088	61643	204810	101941	50223
怀化市	475201	19027	94792	223051	66474	28271
娄底市	240955	11941	41665	84993	47015	18030
湘西州	269494	7582	40841	111704	47716	18751

注：本表数据为居住在普通住宅的家庭户。

8-1b　续表

单位：户

地　区	住房间数				
	六间	七间	八间	九间	十间及以上
全　省	**458250**	**91712**	**170742**	**48637**	**126868**
长沙市	39493	9413	13128	2990	8454
株洲市	47627	10215	23322	5246	16791
湘潭市	14176	3164	4562	1004	2261
衡阳市	37189	6049	14921	3294	10065
邵阳市	74353	12078	32929	9846	27247
岳阳市	31925	7029	8621	1900	5149
常德市	35576	5207	6838	1840	3225
张家界市	11727	1813	4303	1464	6378
益阳市	21794	4578	6100	1556	3526
郴州市	28138	4786	10578	4265	7657
永州市	53870	16109	22514	8417	15712
怀化市	23767	4763	7909	2220	4927
娄底市	18458	2691	7524	1463	7175
湘西州	20157	3817	7493	3132	8301

8-1c 各地区按住房间数分的家庭户户数(乡村)

单位：户

地区	家庭户户数	住房间数				
		一间	二间	三间	四间	五间
全省	**9602360**	**329008**	**1274509**	**2349670**	**2194150**	**1081090**
长沙市	557071	13176	49777	113795	149996	87065
株洲市	379495	4473	20917	44852	82427	58275
湘潭市	357913	9332	34692	69700	99204	51881
衡阳市	1055271	51502	168923	254460	212684	107120
邵阳市	1110522	36739	138555	251347	218370	105579
岳阳市	665728	18899	80530	178681	174221	92893
常德市	816242	19629	114876	292494	216073	82223
张家界市	266423	8188	30355	71098	59041	29721
益阳市	682688	30257	122373	191825	162393	62627
郴州市	729095	39085	113599	173844	161225	73160
永州市	968991	26963	112979	199513	209115	121878
怀化市	874741	33151	138626	245254	202085	94835
娄底市	750555	27631	102900	119781	180198	79696
湘西州	387625	9983	45407	143026	67118	34137

注：本表数据为居住在普通住宅的家庭户。

8-1c 续表

单位：户

地区	住房间数				
	六间	七间	八间	九间	十间及以上
全省	**1223276**	**232960**	**482399**	**112123**	**323175**
长沙市	74431	19710	27225	5618	16278
株洲市	70298	15668	40473	9271	32841
湘潭市	55011	11813	16068	3363	6849
衡阳市	132326	20806	57482	10210	39758
邵阳市	165532	26795	78686	22796	66123
岳阳市	70042	15789	20489	3864	10320
常德市	64237	10333	10538	2141	3698
张家界市	35222	5836	13692	3833	9437
益阳市	66456	12110	20686	3062	10899
郴州市	85355	13781	36191	9842	23013
永州市	144497	38676	61617	18125	35628
怀化市	91264	17900	29844	6099	15683
娄底市	118562	15527	54059	9552	42649
湘西州	50043	8216	15349	4347	9999

8-2 各地区按人均住房建筑面积分的家庭户户数

单位：户

地 区	家庭户户 数	人均住房建筑面积(平方米)				
		8及以下	9-12	13-16	17-19	20-29
全 省	**21561143**	**56860**	**198260**	**492189**	**337884**	**3115823**
长沙市	3002161	13449	41190	87893	73240	536822
株洲市	1235472	2398	8694	21430	18648	149680
湘潭市	893494	1421	5652	16815	13906	122998
衡阳市	2145485	5950	19762	48927	32456	302219
邵阳市	2195033	6168	20171	47621	26563	275520
岳阳市	1619961	2059	8680	27736	22471	230441
常德市	1795558	2035	7363	21946	18266	200276
张家界市	505612	1245	4214	10306	5329	65037
益阳市	1327912	1918	8125	25820	13019	173316
郴州市	1551700	5060	19880	48214	32617	264820
永州市	1700517	2836	10803	31600	24505	235397
怀化市	1564964	5458	17370	41636	22615	249274
娄底市	1276607	3472	13427	31922	17429	173217
湘西州	746667	3391	12929	30323	16820	136806

注：本表数据为居住在普通住宅的家庭户。

8-2 续表

单位：户

地 区	人均住房建筑面积(平方米)				
	30-39	40-49	50-59	60-69	70及以上
全 省	**3554842**	**3311787**	**1978064**	**2476833**	**6038601**
长沙市	521509	496026	241275	273665	717092
株洲市	177465	175833	111419	145981	423924
湘潭市	147675	140942	90982	110208	242895
衡阳市	347472	317602	187578	257163	626356
邵阳市	330734	304731	195733	265334	722458
岳阳市	288804	260587	164179	190721	424283
常德市	284641	303932	177308	240709	539082
张家界市	81220	76632	48902	64888	147839
益阳市	225541	222349	133313	174009	350502
郴州市	271918	236912	131498	164826	375955
永州市	280423	251868	166789	192023	504273
怀化市	276153	244799	147562	183823	376274
娄底市	197201	175824	120189	139825	404101
湘西州	124086	103750	61337	73658	183567

8-2a　各地区按人均住房建筑面积分的家庭户户数(城市)

单位：户

地　区	家庭户户　数	人均住房建筑面积(平方米)				
		8及以下	9-12	13-16	17-19	20-29
全　省	**5876676**	**25452**	**86664**	**190659**	**152202**	**1066520**
长沙市	1922001	10451	33089	68949	58732	384375
株洲市	533607	1856	6902	16439	14471	97632
湘潭市	316575	1007	3744	10353	8392	56335
衡阳市	532571	2189	7594	16947	14096	97150
邵阳市	389900	2776	8430	15220	8552	66076
岳阳市	441667	707	3032	8621	7379	67873
常德市	332888	805	2913	7320	5816	44309
张家界市	99272	587	1787	3472	1833	17835
益阳市	230703	483	2086	5685	3106	32056
郴州市	305626	1275	6092	13523	11032	64985
永州市	182199	307	1062	2948	3435	26669
怀化市	215022	1139	3065	6744	4990	41116
娄底市	285097	999	4795	10645	8391	54476
湘西州	89548	871	2073	3793	1977	15633

注：本表数据为居住在普通住宅的家庭户。

8-1a　续表

单位：户

地　区	人均住房建筑面积(平方米)				
	30-39	40-49	50-59	60-69	70及以上
全　省	**1071930**	**946002**	**484973**	**566732**	**1285542**
长沙市	346179	323446	138934	154521	403325
株洲市	100008	83859	46919	55353	110168
湘潭市	56869	50028	32386	34077	63384
衡阳市	96935	81777	44159	59735	111989
邵阳市	68952	55780	30945	37287	95882
岳阳市	83431	72684	40838	46982	110120
常德市	55864	56570	30076	37389	91826
张家界市	17519	14782	8744	8904	23809
益阳市	40302	39396	22421	28769	56399
郴州市	61425	47068	25224	25194	49808
永州市	33416	29635	14531	22528	47668
怀化市	41630	34979	17256	21186	42917
娄底市	55046	42975	24530	26353	56887
湘西州	14354	13023	8010	8454	21360

8-2b 各地区按人均住房建筑面积分的家庭户户数(镇)

单位：户

地 区	家庭户户 数	人均住房建筑面积(平方米)				
		8及以下	9-12	13-16	17-19	20-29
全 省	**6082107**	**17073**	**59106**	**138657**	**92458**	**886524**
长沙市	523089	2619	6321	13344	10933	93293
株洲市	322370	408	1409	3457	2644	28814
湘潭市	219006	247	1019	3163	3145	30708
衡阳市	557643	1246	4337	10514	7252	75110
邵阳市	694611	2121	7130	17149	9226	93973
岳阳市	512566	672	3279	9816	8054	73973
常德市	646428	769	2986	7928	6252	69017
张家界市	139917	336	1475	3646	1557	19348
益阳市	414521	689	2687	7442	3890	52275
郴州市	516979	1931	7001	15542	11541	94201
永州市	549327	1217	4682	11875	9214	82279
怀化市	475201	2548	7740	15444	8246	80172
娄底市	240955	928	3776	8469	4454	42265
湘西州	269494	1342	5264	10868	6050	51096

注：本表数据为居住在普通住宅的家庭户。

8-2b 续表

单位：户

地 区	人均住房建筑面积(平方米)				
	30-39	40-49	50-59	60-69	70及以上
全 省	**1007805**	**927019**	**547330**	**711360**	**1694775**
长沙市	86845	83351	43346	48117	134920
株洲市	38896	42878	29761	39359	134744
湘潭市	38037	36137	21559	25415	59576
衡阳市	93264	83999	47093	70110	164718
邵阳市	107698	95449	60817	81476	219572
岳阳市	93002	83012	50983	62560	127215
常德市	95571	105869	64156	88551	205329
张家界市	22800	21045	12517	18326	38867
益阳市	69554	70340	41061	56200	110383
郴州市	96420	79775	41405	55538	113625
永州市	92487	82052	48072	61209	156240
怀化市	85771	72865	42213	54514	105688
娄底市	42354	33672	22056	23876	59105
湘西州	45106	36575	22291	26109	64793

8-2c 各地区按人均住房建筑面积分的家庭户户数(乡村)

单位：户

地　区	家庭户户　数	人均住房建筑面积(平方米)				
		8及以下	9-12	13-16	17-19	20-29
全　省	**9602360**	**14335**	**52490**	**162873**	**93224**	**1162779**
长沙市	557071	379	1780	5600	3575	59154
株洲市	379495	134	383	1534	1533	23234
湘潭市	357913	167	889	3299	2369	35955
衡阳市	1055271	2515	7831	21466	11108	129959
邵阳市	1110522	1271	4611	15252	8785	115471
岳阳市	665728	680	2369	9299	7038	88595
常德市	816242	461	1464	6698	6198	86950
张家界市	266423	322	952	3188	1939	27854
益阳市	682688	746	3352	12693	6023	88985
郴州市	729095	1854	6787	19149	10044	105634
永州市	968991	1312	5059	16777	11856	126449
怀化市	874741	1771	6565	19448	9379	127986
娄底市	750555	1545	4856	12808	4584	76476
湘西州	387625	1178	5592	15662	8793	70077

注：本表数据为居住在普通住宅的家庭户。

8-2c　续表

单位：户

地　区	人均住房建筑面积(平方米)				
	30-39	40-49	50-59	60-69	70及以上
全　省	**1475107**	**1438766**	**945761**	**1198741**	**3058284**
长沙市	88485	89229	58995	71027	178847
株洲市	38561	49096	34739	51269	179012
湘潭市	52769	54777	37037	50716	119935
衡阳市	157273	151826	96326	127318	349649
邵阳市	154084	153502	103971	146571	407004
岳阳市	112371	104891	72358	81179	186948
常德市	133206	141493	83076	114769	241927
张家界市	40901	40805	27641	37658	85163
益阳市	115685	112613	69831	89040	183720
郴州市	114073	110069	64869	84094	212522
永州市	154520	140181	104186	108286	300365
怀化市	148752	136955	88093	108123	227669
娄底市	99801	99177	73603	89596	288109
湘西州	64626	54152	31036	39095	97414

8-3　各地区按家庭户类别和住房间数分的家庭户户数

单位：户

地　区	家庭户户　数	一代户				
		一间	二间	三间	四间	五间及以上
全　省	**21561143**	**820719**	**2342612**	**3054514**	**1506641**	**1666370**
长沙市	3002161	220226	410740	422486	167014	142340
株洲市	1235472	32813	122615	129463	80762	134543
湘潭市	893494	30292	117136	126887	70187	75963
衡阳市	2145485	74931	231272	304726	149658	170144
邵阳市	2195033	74277	216947	273131	159515	222532
岳阳市	1619961	44939	159082	252786	117780	111758
常德市	1795558	53719	209970	309974	135207	90222
张家界市	505612	16615	42084	64587	34939	48661
益阳市	1327912	52779	171025	212609	96048	80869
郴州市	1551700	65172	169634	228966	113845	120028
永州市	1700517	38118	131637	237376	123924	173255
怀化市	1564964	52973	167375	238350	105810	100966
娄底市	1276607	44344	138275	143338	112785	143154
湘西州	746667	19521	54820	109835	39167	51935

注：本表数据为居住在普通住宅的家庭户。

8-3　续表 1

单位：户

地　区	二代户				
	一间	二间	三间	四间	五间及以上
全　省	**137961**	**1272462**	**3167952**	**1763264**	**2155779**
长沙市	26945	258820	471037	209802	165229
株洲市	5527	72019	144919	92764	162586
湘潭市	3745	57726	116630	69095	76103
衡阳市	18120	125064	314787	174521	211973
邵阳市	15880	118509	269953	182446	304836
岳阳市	5496	80557	264244	146248	148525
常德市	7589	96345	263284	148712	111988
张家界市	3007	26652	73605	43137	61926
益阳市	9641	87700	202212	106046	98320
郴州市	14324	89793	266765	138298	158275
永州市	5493	55320	228904	148335	262418
怀化市	9984	93831	266296	127898	143950
娄底市	6973	68451	152074	119507	167421
湘西州	5237	41675	133242	56455	82229

8-3 续表 2

单位：户

地 区	三代户				
	一间	二间	三间	四间	五间及以上
全 省	**15544**	**248499**	**1030339**	**833054**	**1389256**
长沙市	2465	56891	167024	117506	143662
株洲市	502	14223	51606	51011	126793
湘潭市	436	10433	38890	37443	55727
衡阳市	3023	30179	109950	81141	133161
邵阳市	1796	21029	80659	73104	166717
岳阳市	554	13687	77952	75091	108018
常德市	1040	24171	114286	101222	105886
张家界市	219	4070	21949	20695	39839
益阳市	974	16028	64403	52627	66474
郴州市	1677	13970	66232	40194	60350
永州市	685	8908	63318	57128	154147
怀化市	891	16679	84902	56356	88771
娄底市	584	9449	38149	40333	84464
湘西州	698	8782	51019	29203	55247

8-3 续表 3

单位：户

地 区	四代户				
	一间	二间	三间	四间	五间及以上
全 省	**244**	**4327**	**27029**	**35636**	**88843**
长沙市	23	625	3257	4956	11104
株洲市	5	176	1224	2444	9468
湘潭市	4	119	951	1772	3955
衡阳市	58	596	2604	2604	6968
邵阳市	31	384	2004	2453	8826
岳阳市	10	294	2208	3439	7281
常德市	27	728	4989	6459	9712
张家界市	1	65	529	788	2241
益阳市	16	421	2195	2667	4852
郴州市	20	169	887	896	2202
永州市	12	159	1430	1971	7978
怀化市	11	274	2129	2291	5222
娄底市	6	112	802	1411	4972
湘西州	20	205	1820	1485	4062

8-3　续表 4　　　　单位：户

地　区	五代及以上户				
	一间	二间	三间	四间	五间及以上
全　省	**1**	**6**	**15**	**27**	**49**
长沙市		1	2	2	4
株洲市			1	4	4
湘潭市					
衡阳市	1			3	1
邵阳市				2	2
岳阳市		1	2	1	8
常德市		4	5	7	12
张家界市					3
益阳市			2	1	3
郴州市					3
永州市				1	
怀化市				2	3
娄底市					3
湘西州			3	4	3

8-3a　各地区按家庭户类别和住房间数分的家庭户户数(城市)

单位：户

地　区	家庭户户　数	一代户				
		一间	二间	三间	四间	五间及以上
全　省	**5876676**	**338756**	**919320**	**1051067**	**260485**	**141457**
长沙市	1922001	174175	326691	308461	81956	33865
株洲市	533607	23887	90509	82470	20827	16376
湘潭市	316575	15028	66035	55174	12766	6908
衡阳市	532571	17391	84670	97378	25152	12421
邵阳市	389900	20105	63770	70859	21439	9019
岳阳市	441667	12126	48494	90812	20778	18679
常德市	332888	16013	58119	60306	17317	13232
张家界市	99272	5449	9703	13663	4328	4034
益阳市	230703	10538	42710	51065	7522	4056
郴州市	305626	15603	43076	56898	11938	5527
永州市	182199	2666	13194	56904	8160	3297
怀化市	215022	9562	24230	42986	8050	3368
娄底市	285097	9804	38667	48116	16489	7879
湘西州	89548	6409	9452	15975	3763	2796

注：本表数据为居住在普通住宅的家庭户。

8-3a　续表 1　　单位：户

地　区	二代户				
	一间	二间	三间	四间	五间及以上
全　省	**55738**	**569500**	**1205924**	**347188**	**185150**
长沙市	22890	212097	352051	110710	40288
株洲市	4139	56835	101083	28915	22242
湘潭市	2578	36386	56478	14616	8151
衡阳市	4833	46288	114591	34456	18037
邵阳市	5099	37511	72282	30806	12107
岳阳市	1932	29835	105733	27213	25513
常德市	2366	28288	54610	17696	14633
张家界市	994	9657	21651	7128	6935
益阳市	2019	22031	50379	9055	4864
郴州市	2671	29420	76503	17984	7483
永州市	534	7088	56400	9224	4832
怀化市	1959	17255	60549	11141	5117
娄底市	2324	28589	64303	22776	10664
湘西州	1400	8220	19311	5468	4284

8-3a　续表 2　　单位：户

地　区	三代户				
	一间	二间	三间	四间	五间及以上
全　省	**5544**	**115350**	**373803**	**152632**	**134555**
长沙市	2075	47074	120471	51250	32042
株洲市	368	11618	35113	14520	21876
湘潭市	316	7114	18181	8026	7691
衡阳市	781	10671	38556	15508	10346
邵阳市	584	7212	19542	11846	6718
岳阳市	158	4546	25129	11046	17853
常德市	293	5800	18741	9801	13544
张家界市	64	1557	6063	2948	4659
益阳市	207	4054	13640	4368	3400
郴州市	179	5398	22990	6414	3059
永州市	55	1111	13194	2839	2294
怀化市	158	3225	19504	4491	2800
娄底市	204	4421	16893	7391	5754
湘西州	102	1549	5786	2184	2519

8-3a　续表 3

单位：户

地　区	四代户				
	一间	二间	三间	四间	五间及以上
全　省	**44**	**1161**	**6235**	**4500**	**8255**
长沙市	11	436	1824	1497	2131
株洲市	2	124	647	502	1551
湘潭市	2	71	321	291	442
衡阳市	9	95	645	357	385
邵阳市	5	77	335	261	323
岳阳市	2	48	399	364	1006
常德市	5	61	425	471	1167
张家界市		18	102	76	242
益阳市	1	91	314	178	211
郴州市		42	289	75	77
永州市	2	9	207	80	109
怀化市	2	31	333	116	145
娄底市	3	45	277	167	331
湘西州		13	117	65	135

8-3a　续表 4

单位：户

地　区	五代及以上户				
	一间	二间	三间	四间	五间及以上
全　省		**1**	**2**	**3**	**6**
长沙市		1	1	1	3
株洲市			1	1	1
湘潭市					
衡阳市				1	
邵阳市					
岳阳市					1
常德市					
张家界市					1
益阳市					
郴州市					
永州市					
怀化市					
娄底市					
湘西州					

8-3b 各地区按家庭户类别和住房间数分的家庭户户数(镇)

单位：户

地 区	家庭户户 数	一代户				
		一间	二间	三间	四间	五间及以上
全 省	**6082107**	**201718**	**585143**	**927211**	**408309**	**417070**
长沙市	523089	33791	50153	63771	33358	36055
株洲市	322370	4763	17608	25644	27923	43550
湘潭市	219006	6420	25799	36182	16064	14812
衡阳市	557643	17206	46068	95674	43522	37848
邵阳市	694611	23111	61106	83690	47585	63191
岳阳市	512566	15487	56632	83225	36436	29896
常德市	646428	20087	77647	121020	46513	30215
张家界市	139917	3980	11375	18057	8877	12696
益阳市	414521	16584	52349	76651	28331	21139
郴州市	516979	18310	48907	84418	32070	26979
永州市	549327	11805	38687	81488	34279	44187
怀化市	475201	14592	52985	85223	22561	21627
娄底市	240955	9823	25145	32116	16673	18696
湘西州	269494	5759	20682	40052	14117	16179

注：本表数据为居住在普通住宅的家庭户。

8-3b 续表 1

单位：户

地 区	二代户				
	一间	二间	三间	四间	五间及以上
全 省	**39406**	**338783**	**1026748**	**513735**	**558533**
长沙市	3242	33179	74391	42156	43439
株洲市	1110	9618	26826	32613	54486
湘潭市	735	12994	34910	17565	16081
衡阳市	3812	25242	97483	51633	45421
邵阳市	5740	41561	98068	60877	90536
岳阳市	2140	28457	86321	47929	39523
常德市	3530	36706	101246	48618	35281
张家界市	1097	8770	22763	11054	14942
益阳市	3493	27225	75463	31166	25007
郴州市	4753	28728	117700	48208	39942
永州市	2060	19639	93524	47468	73810
怀化市	4053	35107	103769	30155	30925
娄底市	1986	14615	41688	22236	23551
湘西州	1655	16942	52596	22057	25589

8-3b 续表 2

单位：户

地 区	三代户				
	一间	二间	三间	四间	五间及以上
全 省	**4183**	**62893**	**330710**	**247181**	**375542**
长沙市	290	7541	28363	27039	40776
株洲市	103	1775	10266	18345	43148
湘潭市	65	2290	12076	9561	11839
衡阳市	584	5048	32592	23931	28595
邵阳市	588	6939	28913	25441	52527
岳阳市	249	4971	26153	23508	27727
常德市	442	9405	41961	33060	33552
张家界市	70	1412	7106	5864	10787
益阳市	305	4253	21451	13696	15011
郴州市	587	4347	29865	14977	15866
永州市	222	3265	29201	19601	46521
怀化市	378	6602	33294	13250	18301
娄底市	132	1894	10966	7835	12335
湘西州	168	3151	18503	11073	18557

8-3b 续表 3

单位：户

地 区	四代户				
	一间	二间	三间	四间	五间及以上
全 省	**72**	**1244**	**8475**	**10431**	**24694**
长沙市	9	128	678	1316	3413
株洲市	2	29	311	910	3338
湘潭市	1	33	336	404	839
衡阳市	15	106	688	682	1492
邵阳市	13	138	711	894	2979
岳阳市	6	108	737	1064	1993
常德市	10	314	1734	2056	3023
张家界市		24	167	243	633
益阳市	6	88	633	680	989
郴州市	5	49	343	342	582
永州市	1	52	597	593	2327
怀化市	4	98	765	508	1002
娄底市		11	223	271	759
湘西州		66	552	468	1325

8-3b 续表 4

单位：户

地 区	五代及以上户				
	一间	二间	三间	四间	五间及以上
全 省		**2**	**4**	**8**	**12**
长沙市				1	
株洲市				2	
湘潭市					
衡阳市				1	
邵阳市				1	2
岳阳市			2		2
常德市		2	1	2	3
张家界市					
益阳市					1
郴州市					1
永州市					
怀化市					2
娄底市					
湘西州			1	1	1

8-3c 各地区按家庭户类别和住房间数分的家庭户户数(乡村)

单位：户

地 区	家庭户户 数	一代户				
		一间	二间	三间	四间	五间及以上
全 省	**9602360**	**280245**	**838149**	**1076236**	**837847**	**1107843**
长沙市	557071	12260	33896	50254	51700	72420
株洲市	379495	4163	14498	21349	32012	74617
湘潭市	357913	8844	25302	35531	41357	54243
衡阳市	1055271	40334	100534	111674	80984	119875
邵阳市	1110522	31061	92071	118582	90491	150322
岳阳市	665728	17326	53956	78749	60566	63183
常德市	816242	17619	74204	128648	71377	46775
张家界市	266423	7186	21006	32867	21734	31931
益阳市	682688	25657	75966	84893	60195	55674
郴州市	729095	31259	77651	87650	69837	87522
永州市	968991	23647	79756	98984	81485	125771
怀化市	874741	28819	90160	110141	75199	75971
娄底市	750555	24717	74463	63106	79623	116579
湘西州	387625	7353	24686	53808	21287	32960

注：本表数据为居住在普通住宅的家庭户。

8-3c　续表 1

单位：户

地　区	二代户				
	一间	二间	三间	四间	五间及以上
全　省	**42817**	**364179**	**935280**	**902341**	**1412096**
长沙市	813	13544	44595	56936	81502
株洲市	278	5566	17010	31236	85858
湘潭市	432	8346	25242	36914	51871
衡阳市	9475	53534	102713	88432	148515
邵阳市	5041	39437	99603	90763	202193
岳阳市	1424	22265	72190	71106	83489
常德市	1693	31351	107428	82398	62074
张家界市	916	8225	29191	24955	40049
益阳市	4129	38444	76370	65825	68449
郴州市	6900	31645	72562	72106	110850
永州市	2899	28593	78980	91643	183776
怀化市	3972	41469	101978	86602	107908
娄底市	2663	25247	46083	74495	133206
湘西州	2182	16513	61335	28930	52356

8-3c　续表 2

单位：户

地　区	三代户				
	一间	二间	三间	四间	五间及以上
全　省	**5817**	**70256**	**325826**	**433241**	**879159**
长沙市	100	2276	18190	39217	70844
株洲市	31	830	6227	18146	61769
湘潭市	55	1029	8633	19856	36197
衡阳市	1658	14460	38802	41702	94220
邵阳市	624	6878	32204	35817	107472
岳阳市	147	4170	26670	40537	62438
常德市	305	8966	53584	58361	58790
张家界市	85	1101	8780	11883	24393
益阳市	462	7721	29312	34563	48063
郴州市	911	4225	13377	18803	41425
永州市	408	4532	20923	34688	105332
怀化市	355	6852	32104	38615	67670
娄底市	248	3134	10290	25107	66375
湘西州	428	4082	26730	15946	34171

8-3c 续表 3

单位：户

地　区	四代户				
	一间	二间	三间	四间	五间及以上
全　省	**128**	**1922**	**12319**	**20705**	**55894**
长沙市	3	61	755	2143	5560
株洲市	1	23	266	1032	4579
湘潭市	1	15	294	1077	2674
衡阳市	34	395	1271	1565	5091
邵阳市	13	169	958	1298	5524
岳阳市	2	138	1072	2011	4282
常德市	12	353	2830	3932	5522
张家界市	1	23	260	469	1366
益阳市	9	242	1248	1809	3652
郴州市	15	78	255	479	1543
永州市	9	98	626	1298	5542
怀化市	5	145	1031	1667	4075
娄底市	3	56	302	973	3882
湘西州	20	126	1151	952	2602

8-3c 续表 4

单位：户

地　区	五代及以上户				
	一间	二间	三间	四间	五间及以上
全　省	**1**	**3**	**9**	**16**	**31**
长沙市			1		1
株洲市				1	3
湘潭市					
衡阳市	1			1	1
邵阳市				1	
岳阳市		1		1	5
常德市		2	4	5	9
张家界市					2
益阳市			2	1	2
郴州市					2
永州市				1	
怀化市				2	1
娄底市					3
湘西州			2	3	2

8-4 全省按户主的受教育程度分的家庭户住房状况

受教育程度	户数（户）	人数（人）	平均每户住房间数（间/户）	人均住房建筑面积（平方米/人）	人均住房间数（间/人）
总计	**18760175**	**53228891**	**3.75**	**44.97**	**1.32**
未上过学	351364	718104	3.20	50.09	1.57
学前教育	45992	105351	3.47	49.65	1.51
小学	4523825	12256535	3.86	46.82	1.43
初中	8161078	24528343	4.01	44.68	1.33
高中	3437997	9724302	3.49	43.49	1.24
大学专科	1307152	3429411	3.08	43.82	1.17
大学本科	841994	2215864	3.04	44.45	1.16
硕士研究生	77336	213436	3.07	43.42	1.11
博士研究生	13437	37545	3.21	44.39	1.15

注：本表数据为居住在普通住宅的家庭户。

8-4a 全省按户主的受教育程度分的家庭户住房状况(城市)

受教育程度	户数（户）	人数（人）	平均每户住房间数（间/户）	人均住房建筑面积（平方米/人）	人均住房间数（间/人）
总计	**5426449**	**14669598**	**2.98**	**40.61**	**1.10**
未上过学	33425	72903	2.83	45.54	1.30
学前教育	7453	15984	2.93	49.04	1.37
小学	582837	1540354	3.13	42.26	1.18
初中	1757863	4975597	3.07	39.16	1.08
高中	1514287	4067578	2.91	39.76	1.08
大学专科	830191	2145299	2.85	41.77	1.10
大学本科	621048	1631153	2.95	43.42	1.12
硕士研究生	67584	187639	3.04	42.98	1.10
博士研究生	11761	33091	3.16	43.68	1.12

注：本表数据为居住在普通住宅的家庭户。

8-4b 全省按户主的受教育程度分的家庭户住房状况(镇)

受教育程度	户 数（户）	人 数（人）	平均每户住房间数（间/户）	人均住房建筑面积（平方米/人）	人均住房间数（间/人）
总 计	**5422644**	**15702102**	**3.73**	**45.30**	**1.29**
未上过学	79399	167286	3.19	50.46	1.51
学前教育	10859	24893	3.37	50.21	1.47
小 学	1153638	3173065	3.77	46.94	1.37
初 中	2459145	7470484	3.91	44.65	1.29
高 中	1120134	3247111	3.56	44.46	1.23
大学专科	390412	1056901	3.30	45.99	1.22
大学本科	198809	534540	3.24	46.42	1.20
硕士研究生	8780	23824	3.17	45.37	1.17
博士研究生	1468	3998	3.44	48.17	1.26

注：本表数据为居住在普通住宅的家庭户。

8-4c 全省按户主的受教育程度分的家庭户住房状况(乡村)

受教育程度	户 数（户）	人 数（人）	平均每户住房间数（间/户）	人均住房建筑面积（平方米/人）	人均住房间数（间/人）
总 计	**7911082**	**22857191**	**4.30**	**47.54**	**1.49**
未上过学	238540	477915	3.26	50.66	1.63
学前教育	27680	64474	3.65	49.58	1.57
小 学	2787350	7543116	4.05	47.69	1.50
初 中	3944070	12082262	4.49	46.97	1.47
高 中	803576	2409613	4.51	48.50	1.50
大学专科	86549	227211	4.29	53.13	1.63
大学本科	22137	50171	3.91	56.83	1.72
硕士研究生	972	1973	3.73	61.34	1.84
博士研究生	208	456	4.18	62.65	1.91

注：本表数据为居住在普通住宅的家庭户。

8-5 全省按户主受教育程度、人均住房建筑面积分的家庭户户数

单位：户

受教育程度	户 数	人均住房建筑面积(平方米)			
		8及以下	9-12	13-16	17-19
总 计	**18760175**	**54468**	**191341**	**473385**	**327370**
未上过学	351364	898	3051	7145	3735
学前教育	45992	126	335	867	549
小 学	4523825	11065	39412	102646	63679
初 中	8161078	27147	91586	222210	141108
高 中	3437997	11188	40394	96554	71144
大学专科	1307152	2893	11512	28705	27768
大学本科	841994	1053	4670	13837	17307
硕士研究生	77336	74	304	1170	1797
博士研究生	13437	24	77	251	283

注：本表数据为居住在普通住宅的家庭户。

8-5 续表

单位：户

受教育程度	人均住房建筑面积(平方米)				
	20-29	30-39	40-49	50-59	60及以上
总 计	**2976581**	**3331935**	**3017682**	**1758605**	**6628808**
未上过学	40360	53659	50328	36987	155201
学前教育	5392	6703	6594	4684	20742
小 学	632940	727359	694737	466712	1785275
初 中	1333077	1473408	1305566	768807	2798169
高 中	593022	649401	553777	297023	1125494
大学专科	220275	245798	230482	106415	433304
大学本科	135828	157886	158969	70185	282259
硕士研究生	13561	15109	14663	6607	24051
博士研究生	2126	2612	2566	1185	4313

8-5a 全省按户主受教育程度、人均住房建筑面积分的家庭户户数(城市)

单位：户

受教育程度	户 数	人均住房建筑面积(平方米)			
		8及以下	9-12	13-16	17-19
总 计	**5426449**	**24628**	**84453**	**185470**	**148082**
未上过学	33425	199	673	1196	701
学前教育	7453	38	86	186	144
小 学	582837	3599	11632	22763	15307
初 中	1757863	11407	37281	76172	52343
高 中	1514287	6580	23085	52955	42665
大学专科	830191	1946	7964	20348	20815
大学本科	621048	776	3421	10610	14206
硕士研究生	67584	61	240	1006	1633
博士研究生	11761	22	71	234	268

注：本表数据为居住在普通住宅的家庭户。

8-5a 续表

单位：户

受教育程度	人均住房建筑面积(平方米)				
	20-29	30-39	40-49	50-59	60及以上
总 计	**1033576**	**1027891**	**890559**	**445683**	**1586107**
未上过学	4829	4653	4479	3442	13253
学前教育	954	918	946	661	3520
小 学	100602	92118	83721	54938	198157
初 中	357645	334557	270191	144218	474049
高 中	298320	300874	247405	119821	422582
大学专科	151630	160954	149818	64944	251772
大学本科	105642	118050	118758	50873	198712
硕士研究生	12037	13439	12961	5778	20429
博士研究生	1917	2328	2280	1008	3633

8-5b　全省按户主受教育程度、人均住房建筑面积分的家庭户户数(镇)

单位：户

受教育程度	户　数	人均住房建筑面积(平方米)			
		8及以下	9-12	13-16	17-19
总　计	**5422644**	**16533**	**57497**	**134443**	**90073**
未上过学	79399	281	864	1825	966
学前教育	10859	37	101	225	117
小　学	1153638	3425	11566	27456	16964
初　中	2459145	8430	28564	66673	42284
高　中	1120134	3307	12305	28401	20300
大学专科	390412	793	2957	6846	6286
大学本科	198809	246	1088	2851	2981
硕士研究生	8780	12	46	150	160
博士研究生	1468	2	6	16	15

注：本表数据为居住在普通住宅的家庭户。

8-5b　续表

单位：户

受教育程度	人均住房建筑面积(平方米)				
	20-29	30-39	40-49	50-59	60及以上
总　计	**854142**	**955302**	**855862**	**496104**	**1962688**
未上过学	9422	11212	10509	7935	36385
学前教育	1226	1451	1437	1081	5184
小　学	165486	178855	170170	115695	464021
初　中	405549	444289	387772	223739	851845
高　中	184341	209877	178745	96163	386695
大学专科	58502	71132	68134	33432	142330
大学本科	27991	36663	37237	17172	72580
硕士研究生	1440	1557	1594	732	3089
博士研究生	185	266	264	155	559

8-5c 全省按户主受教育程度、人均住房建筑面积分的家庭户户数(乡村)

单位：户

受教育程度	户 数	人均住房建筑面积(平方米)			
		8及以下	9-12	13-16	17-19
总 计	**7911082**	**13307**	**49391**	**153472**	**89215**
未上过学	238540	418	1514	4124	2068
学前教育	27680	51	148	456	288
小 学	2787350	4041	16214	52427	31408
初 中	3944070	7310	25741	79365	46481
高 中	803576	1301	5004	15198	8179
大学专科	86549	154	591	1511	667
大学本科	22137	31	161	376	120
硕士研究生	972	1	18	14	4
博士研究生	208			1	

注：本表数据为居住在普通住宅的家庭户。

8-5c 续表

单位：户

受教育程度	人均住房建筑面积(平方米)				
	20-29	30-39	40-49	50-59	60及以上
总 计	**1088863**	**1348742**	**1271261**	**816818**	**3080013**
未上过学	26109	37794	35340	25610	105563
学前教育	3212	4334	4211	2942	12038
小 学	366852	456386	440846	296079	1123097
初 中	569883	694562	647603	400850	1472275
高 中	110361	138650	127627	81039	316217
大学专科	10143	13712	12530	8039	39202
大学本科	2195	3173	2974	2140	10967
硕士研究生	84	113	108	97	533
博士研究生	24	18	22	22	121

中国人口普查
CHINA POPULATION CENSUS

2020

湖南省人口普查年鉴

(中册)

HUNAN POPULATION CENSUS YEARBOOK 2020

(BOOK 2)

湖南省第七次全国人口普查领导小组办公室 编

Compiled by
Office of the Leading Group of Hunan Province for the
Seventh National Population Census

中国统计出版社
China Statistics Press

图书在版编目（CIP）数据

湖南省人口普查年鉴. 2020. 中册 / 湖南省第七次全国人口普查领导小组办公室编. -- 北京 : 中国统计出版社, 2022.8
ISBN 978-7-5037-9871-9

Ⅰ. ①湖… Ⅱ. ①湖… Ⅲ. ①人口普查—统计资料—湖南—2020—年鉴 Ⅳ. ①C924.256.4-54

中国版本图书馆CIP数据核字(2022)第130311号

湖南省人口普查年鉴-2020(中册)
Hunan Population Census Yearbook 2020 (Book 2)

作　　者/湖南省第七次全国人口普查领导小组办公室
责任编辑/郭　栋　佘竞雄
封面设计/李雪燕
出版发行/中国统计出版社有限公司
通信地址/北京市丰台区西三环南路甲6号　邮政编码/100073
发行电话/邮购(010)63376909　书店(010)68783171
网　　址/http://www.zgtjcbs.com/
印　　刷/湖南宏远印务有限公司
经　　销/新华书店
开　　本/880mm×1230mm　1/16
字　　数/1084千字
印　　张/34
版　　别/2022年8月第1版
版　　次/2022年8月第1次印刷
定　　价/880.00元(全三册附光盘)

目　　录

中　册

第二部分　长表数据资料

第一卷　概要

第二卷　民族

第三卷　教育

第四卷　就业

第五卷 婚姻

第二部分 长表数据资料

第一卷 概要

C-1-1 各地区户数、人口数和性别比

单位：户、人

地区	户数			人口数			
				合计			
	合计	家庭户	集体户	合计	男	女	性别比（女=100）
全 省	**2287642**	**2232065**	**55577**	**6978116**	**3564315**	**3413801**	**104.41**
长沙市	330627	304669	25958	993561	501826	491735	102.05
株洲市	131844	128517	3327	426985	215814	211171	102.20
湘潭市	97238	93212	4026	288849	145925	142924	102.10
衡阳市	223269	219157	4112	684693	352586	332107	106.17
邵阳市	227507	225395	2112	729075	377726	351349	107.51
岳阳市	179650	177093	2557	573246	293890	279356	105.20
常德市	198631	195490	3141	603526	301872	301654	100.07
张家界市	55444	54637	807	171945	87561	84384	103.76
益阳市	137170	135800	1370	386031	195476	190555	102.58
郴州市	164444	162025	2419	498237	257447	240790	106.92
永州市	169454	168081	1373	515673	266502	249171	106.96
怀化市	169077	167034	2043	506003	261127	244876	106.64
娄底市	131617	129920	1697	385662	197134	188528	104.56
湘西州	71670	71035	635	214630	109429	105201	104.02

C-1-1 续表

单位：户、人

地区	人口数								平均家庭户规模（人/户）
	家庭户				集体户				
	小计	男	女	性别比（女=100）	小计	男	女	性别比（女=100）	
全 省	**6587110**	**3348931**	**3238179**	**103.42**	**391006**	**215384**	**175622**	**122.64**	**2.95**
长沙市	849511	421225	428286	98.35	144050	80601	63449	127.03	2.79
株洲市	398621	199383	199238	100.07	28364	16431	11933	137.69	3.10
湘潭市	259794	129808	129986	99.86	29055	16117	12938	124.57	2.79
衡阳市	656643	337136	319507	105.52	28050	15450	12600	122.62	3.00
邵阳市	706469	365923	340546	107.45	22606	11803	10803	109.26	3.13
岳阳市	543627	277360	266267	104.17	29619	16530	13089	126.29	3.07
常德市	578674	289015	289659	99.78	24852	12857	11995	107.19	2.96
张家界市	164137	83226	80911	102.86	7808	4335	3473	124.82	3.00
益阳市	375607	189765	185842	102.11	10424	5711	4713	121.18	2.77
郴州市	477841	246063	231778	106.16	20396	11384	9012	126.32	2.95
永州市	502175	259589	242586	107.01	13498	6913	6585	104.98	2.99
怀化市	490637	252791	237846	106.28	15366	8336	7030	118.58	2.94
娄底市	373585	190694	182891	104.27	12077	6440	5637	114.25	2.88
湘西州	209789	106953	102836	104.00	4841	2476	2365	104.69	2.95

C-1-1a 各地区户数、人口数和性别比（城市）

单位：户、人

地区	户数			人口数			
				合计			
	合计	家庭户	集体户	合计	男	女	性别比（女=100）
全省	**638215**	**605873**	**32342**	**1874406**	**936596**	**937810**	**99.87**
长沙市	213067	194504	18563	616622	307837	308785	99.69
株洲市	56692	54535	2157	171283	86018	85265	100.88
湘潭市	34521	32806	1715	101327	50245	51082	98.36
衡阳市	57796	55631	2165	173306	87921	85385	102.97
邵阳市	39991	38938	1053	121414	60790	60624	100.27
岳阳市	50054	49147	907	151136	76833	74303	103.40
常德市	37406	35836	1570	107408	52161	55247	94.41
张家界市	10733	10342	391	35296	17450	17846	97.78
益阳市	23786	23334	452	63781	31388	32393	96.90
郴州市	32443	31335	1108	95194	47666	47528	100.29
永州市	20063	19767	296	56287	28490	27797	102.49
怀化市	22842	21906	936	67259	33208	34051	97.52
娄底市	29148	28445	703	86243	42879	43364	98.88
湘西州	9673	9347	326	27850	13710	14140	96.96

C-1-1a 续表

单位：户、人

地区	人口数								平均家庭户规模（人/户）
	家庭户				集体户				
	小计	男	女	性别比（女=100）	小计	男	女	性别比（女=100）	
全省	**1676218**	**829761**	**846457**	**98.03**	**198188**	**106835**	**91353**	**116.95**	**2.77**
长沙市	519365	254669	264696	96.21	97257	53168	44089	120.59	2.67
株洲市	156382	77476	78906	98.19	14901	8542	6359	134.33	2.87
湘潭市	87950	42931	45019	95.36	13377	7314	6063	120.63	2.68
衡阳市	160696	81200	79496	102.14	12610	6721	5889	114.13	2.89
邵阳市	110449	55246	55203	100.08	10965	5544	5421	102.27	2.84
岳阳市	143261	72235	71026	101.70	7875	4598	3277	140.31	2.91
常德市	97177	47247	49930	94.63	10231	4914	5317	92.42	2.71
张家界市	31367	15283	16084	95.02	3929	2167	1762	122.99	3.03
益阳市	60041	29354	30687	95.66	3740	2034	1706	119.23	2.57
郴州市	87818	43545	44273	98.36	7376	4121	3255	126.61	2.80
永州市	53762	27488	26274	104.62	2525	1002	1523	65.79	2.72
怀化市	61327	30201	31126	97.03	5932	3007	2925	102.80	2.80
娄底市	81301	40376	40925	98.66	4942	2503	2439	102.62	2.86
湘西州	25322	12510	12812	97.64	2528	1200	1328	90.36	2.71

C-1-1b 各地区户数、人口数和性别比（镇）

单位：户、人

地区	户数			人口数			
				合计			
	合计	家庭户	集体户	合计	男	女	性别比（女=100）
全省	**673339**	**654192**	**19147**	**2119605**	**1076027**	**1043578**	**103.11**
长沙市	60741	54731	6010	200121	103891	96230	107.96
株洲市	34991	33981	1010	122230	61501	60729	101.27
湘潭市	27012	24864	2148	86068	44311	41757	106.12
衡阳市	61776	60191	1585	192489	98708	93781	105.25
邵阳市	73092	72228	864	238140	121588	116552	104.32
岳阳市	58757	57416	1341	190640	97350	93290	104.35
常德市	73377	72113	1264	217888	107548	110340	97.47
张家界市	15375	15100	275	47606	23558	24048	97.96
益阳市	45429	44736	693	125261	62127	63134	98.40
郴州市	58318	57187	1131	187591	96898	90693	106.84
永州市	59400	58443	957	195139	100255	94884	105.66
怀化市	51635	50884	751	150457	75013	75444	99.43
娄底市	26145	25260	885	80981	40789	40192	101.49
湘西州	27291	27058	233	84994	42490	42504	99.97

C-1-1b 续表

单位：户、人

地区	人口数								平均家庭户规模（人/户）
	家庭户				集体户				
	小计	男	女	性别比（女=100）	小计	男	女	性别比（女=100）	
全省	**1958161**	**986448**	**971713**	**101.52**	**161444**	**89579**	**71865**	**124.65**	**2.99**
长沙市	161180	81142	80038	101.38	38941	22749	16192	140.50	2.94
株洲市	110033	54506	55527	98.16	12197	6995	5202	134.47	3.24
湘潭市	72115	36421	35694	102.04	13953	7890	6063	130.13	2.90
衡阳市	179681	91479	88202	103.72	12808	7229	5579	129.58	2.99
邵阳市	228359	116490	111869	104.13	9781	5098	4683	108.86	3.16
岳阳市	172654	87406	85248	102.53	17986	9944	8042	123.65	3.01
常德市	205694	101156	104538	96.76	12194	6392	5802	110.17	2.85
张家界市	45037	22236	22801	97.52	2569	1322	1247	106.01	2.98
益阳市	120183	59442	60741	97.86	5078	2685	2393	112.20	2.69
郴州市	176166	90704	85462	106.13	11425	6194	5231	118.41	3.08
永州市	185129	94953	90176	105.30	10010	5302	4708	112.62	3.17
怀化市	144039	71572	72467	98.76	6418	3441	2977	115.59	2.83
娄底市	74688	37366	37322	100.12	6293	3423	2870	119.27	2.96
湘西州	83203	41575	41628	99.87	1791	915	876	104.45	3.07

C-1-1c 各地区户数、人口数和性别比（乡村）

单位：户、人

地　区	户数			人口数			
				合计			
	合计	家庭户	集体户	合计	男	女	性别比（女=100）
全　省	**976088**	**972000**	**4088**	**2984105**	**1551692**	**1432413**	**108.33**
长沙市	56819	55434	1385	176818	90098	86720	103.90
株洲市	40161	40001	160	133472	68295	65177	104.78
湘潭市	35705	35542	163	101454	51369	50085	102.56
衡阳市	103697	103335	362	318898	165957	152941	108.51
邵阳市	114424	114229	195	369521	195348	174173	112.16
岳阳市	70839	70530	309	231470	119707	111763	107.11
常德市	87848	87541	307	278230	142163	136067	104.48
张家界市	29336	29195	141	89043	46553	42490	109.56
益阳市	67955	67730	225	196989	101961	95028	107.30
郴州市	73683	73503	180	215452	112883	102569	110.06
永州市	89991	89871	120	264247	137757	126490	108.91
怀化市	94600	94244	356	288287	152906	135381	112.94
娄底市	76324	76215	109	218438	113466	104972	108.09
湘西州	34706	34630	76	101786	53229	48557	109.62

C-1-1c 续表

单位：户、人

地　区	人口数								平均家庭户规模（人/户）
	家庭户				集体户				
	小计	男	女	性别比（女=100）	小计	男	女	性别比（女=100）	
全　省	**2952731**	**1532722**	**1420009**	**107.94**	**31374**	**18970**	**12404**	**152.93**	**3.04**
长沙市	168966	85414	83552	102.23	7852	4684	3168	147.85	3.05
株洲市	132206	67401	64805	104.01	1266	894	372	240.32	3.31
湘潭市	99729	50456	49273	102.40	1725	913	812	112.44	2.81
衡阳市	316266	164457	151809	108.33	2632	1500	1132	132.51	3.06
邵阳市	367661	194187	173474	111.94	1860	1161	699	166.09	3.22
岳阳市	227712	117719	109993	107.02	3758	1988	1770	112.32	3.23
常德市	275803	140612	135191	104.01	2427	1551	876	177.05	3.15
张家界市	87733	45707	42026	108.76	1310	846	464	182.33	3.01
益阳市	195383	100969	94414	106.94	1606	992	614	161.56	2.88
郴州市	213857	111814	102043	109.58	1595	1069	526	203.23	2.91
永州市	263284	137148	126136	108.73	963	609	354	172.03	2.93
怀化市	285271	151018	134253	112.49	3016	1888	1128	167.38	3.03
娄底市	217596	112952	104644	107.94	842	514	328	156.71	2.86
湘西州	101264	52868	48396	109.24	522	361	161	224.22	2.92

C-1-2 各地区分性别、户口登记状况的人口

单位：人

地　　区	人　口　数			居住本乡、镇、街道，户口在本乡、镇、街道		
	合计	男	女	小计	男	女
全　省	**6978116**	**3564315**	**3413801**	**5328041**	**2733221**	**2594820**
长沙市	993561	501826	491735	529629	262858	266771
株洲市	426985	215814	211171	304208	153164	151044
湘潭市	288849	145925	142924	200843	101179	99664
衡阳市	684693	352586	332107	538776	278354	260422
邵阳市	729075	377726	351349	627568	327914	299654
岳阳市	573246	293890	279356	467142	240611	226531
常德市	603526	301872	301654	503886	254220	249666
张家界市	171945	87561	84384	137140	70499	66641
益阳市	386031	195476	190555	328242	167572	160670
郴州市	498237	257447	240790	380573	197328	183245
永州市	515673	266502	249171	428423	222492	205931
怀化市	506003	261127	244876	404493	211274	193219
娄底市	385662	197134	188528	304217	156788	147429
湘西州	214630	109429	105201	172901	88968	83933

C-1-2 续表

单位：人

地　　区	居住本乡、镇、街道，户口在外乡、镇、街道，离开户口登记地半年以上			居住本乡、镇、街道，户口待定			原住本乡、镇、街道，现在港澳台或国外工作学习		
	小计	男	女	小计	男	女	小计	男	女
全　省	**1631242**	**821258**	**809984**	**14446**	**7185**	**7261**	**4387**	**2651**	**1736**
长沙市	461604	237791	223813	1640	830	810	688	347	341
株洲市	121933	62218	59715	556	260	296	288	172	116
湘潭市	87410	44429	42981	341	174	167	255	143	112
衡阳市	143785	73143	70642	1784	886	898	348	203	145
邵阳市	99061	48519	50542	1759	851	908	687	442	245
岳阳市	104628	52515	52113	1249	634	615	227	130	97
常德市	98619	47086	51533	557	274	283	464	292	172
张家界市	34399	16852	17547	298	145	153	108	65	43
益阳市	56573	27272	29301	921	445	476	295	187	108
郴州市	116113	59205	56908	1345	778	567	206	136	70
永州市	85601	43218	42383	1470	681	789	179	111	68
怀化市	100370	49236	51134	859	426	433	281	191	90
娄底市	80046	39629	40417	1135	549	586	264	168	96
湘西州	41100	20145	20955	532	252	280	97	64	33

C-1-2a 各地区分性别、户口登记状况的人口（城市）

单位：人

地 区	人 口 数			居住本乡、镇、街道，户口在本乡、镇、街道		
	合计	男	女	小计	男	女
全 省	**1874406**	**936596**	**937810**	**900607**	**446467**	**454140**
长沙市	616622	307837	308785	255482	124365	131117
株洲市	171283	86018	85265	84017	41775	42242
湘潭市	101327	50245	51082	51201	25150	26051
衡阳市	173306	87921	85385	88499	44860	43639
邵阳市	121414	60790	60624	69368	34863	34505
岳阳市	151136	76833	74303	86037	43853	42184
常德市	107408	52161	55247	60220	29373	30847
张家界市	35296	17450	17846	16276	7982	8294
益阳市	63781	31388	32393	36482	18092	18390
郴州市	95194	47666	47528	41497	20409	21088
永州市	56287	28490	27797	32579	16457	16122
怀化市	67259	33208	34051	28940	14290	14650
娄底市	86243	42879	43364	38606	19361	19245
湘西州	27850	13710	14140	11403	5637	5766

C-1-2a 续表

单位：人

地 区	居住本乡、镇、街道，户口在外乡、镇、街道，离开户口登记地半年以上			居住本乡、镇、街道，户口待定			原住本乡、镇、街道，现在港澳台或国外工作学习		
	小计	男	女	小计	男	女	小计	男	女
全 省	**969072**	**487607**	**481465**	**3564**	**1946**	**1618**	**1163**	**576**	**587**
长沙市	359366	182548	176818	1275	685	590	499	239	260
株洲市	86912	44069	42843	205	93	112	149	81	68
湘潭市	49888	24979	24909	123	67	56	115	49	66
衡阳市	84434	42871	41563	286	145	141	87	45	42
邵阳市	51743	25775	25968	199	99	100	104	53	51
岳阳市	64861	32856	32005	203	101	102	35	23	12
常德市	47091	22736	24355	38	25	13	59	27	32
张家界市	18920	9422	9498	97	46	51	3		3
益阳市	27141	13213	13928	135	70	65	23	13	10
郴州市	53202	26897	26305	463	342	121	32	18	14
永州市	23494	11929	11565	211	103	108	3	1	2
怀化市	38197	18852	19345	108	58	50	14	8	6
娄底市	47430	23412	24018	173	92	81	34	14	20
湘西州	16393	8048	8345	48	20	28	6	5	1

C-1-2b 各地区分性别、户口登记状况的人口（镇）

单位：人

地　区	人　口　数			居住本乡、镇、街道，户口在本乡、镇、街道		
	合计	男	女	小计	男	女
全　省	**2119605**	**1076027**	**1043578**	**1532455**	**778770**	**753685**
长沙市	200121	103891	96230	111063	55601	55462
株洲市	122230	61501	60729	90511	45134	45377
湘潭市	86068	44311	41757	51610	26270	25340
衡阳市	192489	98708	93781	138761	71166	67595
邵阳市	238140	121588	116552	195086	100643	94443
岳阳市	190640	97350	93290	158125	80753	77372
常德市	217888	107548	110340	173254	86449	86805
张家界市	47606	23558	24048	35354	17710	17644
益阳市	125261	62127	63134	99449	49750	49699
郴州市	187591	96898	90693	128112	66365	61747
永州市	195139	100255	94884	135962	70341	65621
怀化市	150457	75013	75444	100249	50596	49653
娄底市	80981	40789	40192	53040	26834	26206
湘西州	84994	42490	42504	61879	31158	30721

C-1-2b 续表

单位：人

地　区	居住本乡、镇、街道，户口在外乡、镇、街道，离开户口登记地半年以上			居住本乡、镇、街道，户口待定			原住本乡、镇、街道，现在港澳台或国外工作学习		
	小计	男	女	小计	男	女	小计	男	女
全　省	**582848**	**295054**	**287794**	**3385**	**1645**	**1740**	**917**	**558**	**359**
长沙市	88835	48188	40647	161	73	88	62	29	33
株洲市	31496	16252	15244	163	80	83	60	35	25
湘潭市	34340	17984	16356	87	41	46	31	16	15
衡阳市	53235	27288	25947	414	203	211	79	51	28
邵阳市	42427	20591	21836	435	219	216	192	135	57
岳阳市	31960	16301	15659	487	254	233	68	42	26
常德市	44339	20950	23389	158	70	88	137	79	58
张家界市	12182	5810	6372	45	21	24	25	17	8
益阳市	25469	12210	13259	281	134	147	62	33	29
郴州市	59172	30374	28798	262	131	131	45	28	17
永州市	58778	29727	29051	358	166	192	41	21	20
怀化市	49983	24299	25684	169	81	88	56	37	19
娄底市	27777	13882	13895	137	59	78	27	14	13
湘西州	22855	11198	11657	228	113	115	32	21	11

C-1-2c 各地区分性别、户口登记状况的人口（乡村）

单位：人

地区	人口数			居住本乡、镇、街道，户口在本乡、镇、街道		
	合计	男	女	小计	男	女
全省	**2984105**	**1551692**	**1432413**	**2894979**	**1507984**	**1386995**
长沙市	176818	90098	86720	163084	82892	80192
株洲市	133472	68295	65177	129680	66255	63425
湘潭市	101454	51369	50085	98032	49759	48273
衡阳市	318898	165957	152941	311516	162328	149188
邵阳市	369521	195348	174173	363114	192408	170706
岳阳市	231470	119707	111763	222980	116005	106975
常德市	278230	142163	136067	270412	138398	132014
张家界市	89043	46553	42490	85510	44807	40703
益阳市	196989	101961	95028	192311	99730	92581
郴州市	215452	112883	102569	210964	110554	100410
永州市	264247	137757	126490	259882	135694	124188
怀化市	288287	152906	135381	275304	146388	128916
娄底市	218438	113466	104972	212571	110593	101978
湘西州	101786	53229	48557	99619	52173	47446

C-1-2c 续表

单位：人

地区	居住本乡、镇、街道，户口在外乡、镇、街道，离开户口登记地半年以上			居住本乡、镇、街道，户口待定			原住本乡、镇、街道，现在港澳台或国外工作学习		
	小计	男	女	小计	男	女	小计	男	女
全省	**79322**	**38597**	**40725**	**7497**	**3594**	**3903**	**2307**	**1517**	**790**
长沙市	13403	7055	6348	204	72	132	127	79	48
株洲市	3525	1897	1628	188	87	101	79	56	23
湘潭市	3182	1466	1716	131	66	65	109	78	31
衡阳市	6116	2984	3132	1084	538	546	182	107	75
邵阳市	4891	2153	2738	1125	533	592	391	254	137
岳阳市	7807	3358	4449	559	279	280	124	65	59
常德市	7189	3400	3789	361	179	182	268	186	82
张家界市	3297	1620	1677	156	78	78	80	48	32
益阳市	3963	1849	2114	505	241	264	210	141	69
郴州市	3739	1934	1805	620	305	315	129	90	39
永州市	3329	1562	1767	901	412	489	135	89	46
怀化市	12190	6085	6105	582	287	295	211	146	65
娄底市	4839	2335	2504	825	398	427	203	140	63
湘西州	1852	899	953	256	119	137	59	38	21

C-1-3 各地区分年龄、性别的人口

单位：人

地　区	合计			0岁		
	合计	男	女	小计	男	女
全　省	**6978116**	**3564315**	**3413801**	**49748**	**26522**	**23226**
长沙市	993561	501826	491735	6824	3598	3226
株洲市	426985	215814	211171	2742	1472	1270
湘潭市	288849	145925	142924	1786	936	850
衡阳市	684693	352586	332107	4559	2482	2077
邵阳市	729075	377726	351349	5523	2920	2603
岳阳市	573246	293890	279356	4287	2333	1954
常德市	603526	301872	301654	3620	1882	1738
张家界市	171945	87561	84384	1153	607	546
益阳市	386031	195476	190555	2754	1429	1325
郴州市	498237	257447	240790	3529	1903	1626
永州市	515673	266502	249171	3914	2142	1772
怀化市	506003	261127	244876	3837	2001	1836
娄底市	385662	197134	188528	3344	1806	1538
湘西州	214630	109429	105201	1876	1011	865

C-1-3 续表 1

单位：人

地　区	1-4岁			5-9岁			10-14岁		
	小计	男	女	小计	男	女	小计	男	女
全　省	**309575**	**164636**	**144939**	**476139**	**254851**	**221288**	**468501**	**250524**	**217977**
长沙市	46718	24661	22057	59139	31200	27939	45919	24193	21726
株洲市	18319	9589	8730	28985	15279	13706	25699	13418	12281
湘潭市	11361	5993	5368	15912	8503	7409	14081	7368	6713
衡阳市	28466	15217	13249	49489	26845	22644	53544	28884	24660
邵阳市	33156	17704	15452	55607	30080	25527	61937	33511	28426
岳阳市	26046	13821	12225	36220	19374	16846	34278	18495	15783
常德市	22009	11442	10567	30787	15943	14844	29442	15103	14339
张家界市	7258	3814	3444	10218	5372	4846	10993	5726	5267
益阳市	16675	8736	7939	24624	12923	11701	22158	11463	10695
郴州市	22543	12234	10309	39552	21570	17982	44289	24229	20060
永州市	23361	12750	10611	40462	22032	18430	45549	24854	20695
怀化市	23861	12704	11157	36211	19465	16746	34679	18725	15954
娄底市	19074	10324	8750	31975	17233	14742	29772	16144	13628
湘西州	10728	5647	5081	16958	9032	7926	16161	8411	7750

C-1-3 续表 2

单位：人

地 区	15-19岁			20-24岁			25-29岁		
	小计	男	女	小计	男	女	小计	男	女
全 省	**475822**	**256381**	**219441**	**333945**	**172253**	**161692**	**341283**	**172843**	**168440**
长沙市	78892	40368	38524	73254	36409	36845	59143	29496	29647
株洲市	27947	15168	12779	19010	10089	8921	18556	9085	9471
湘潭市	22221	12232	9989	16422	8728	7694	12964	6457	6507
衡阳市	53590	29703	23887	34224	18752	15472	32485	16880	15605
邵阳市	55261	30768	24493	33216	17771	15445	32689	17507	15182
岳阳市	32612	17911	14701	25369	13129	12240	31352	15858	15494
常德市	29467	14974	14493	23271	11033	12238	30226	14674	15552
张家界市	11213	5824	5389	8322	4117	4205	9050	4426	4624
益阳市	18787	9801	8986	13016	6512	6504	16399	8032	8367
郴州市	38400	21091	17309	20465	10781	9684	21677	10916	10761
永州市	37586	20878	16708	19895	10578	9317	22949	12059	10890
怀化市	30503	16216	14287	21183	10706	10477	23351	12019	11332
娄底市	25829	14304	11525	16280	8598	7682	17750	9062	8688
湘西州	13514	7143	6371	10018	5050	4968	12692	6372	6320

C-1-3 续表 3

单位：人

地 区	30-34岁			35-39岁			40-44岁		
	小计	男	女	小计	男	女	小计	男	女
全 省	**599012**	**298666**	**300346**	**474574**	**240340**	**234234**	**421595**	**215371**	**206224**
长沙市	110630	53851	56779	83357	42264	41093	64619	33363	31256
株洲市	40382	19726	20656	31434	15682	15752	27244	13803	13441
湘潭市	24115	11938	12177	19238	9711	9527	16507	8311	8196
衡阳市	52105	26264	25841	43852	22232	21620	36641	18144	18497
邵阳市	58230	30418	27812	46990	24105	22885	41133	21063	20070
岳阳市	48562	23916	24646	37696	18910	18786	36826	18645	18181
常德市	49218	24014	25204	33627	16462	17165	37708	19127	18581
张家界市	14299	7193	7106	10829	5396	5433	10681	5497	5184
益阳市	32427	16207	16220	23097	11485	11612	23265	11832	11433
郴州市	42117	20984	21133	36568	18701	17867	31222	16210	15012
永州市	37786	18903	18883	36641	18728	17913	29680	15166	14514
怀化市	42771	22070	20701	33642	17692	15950	30079	15767	14312
娄底市	30565	15234	15331	24718	12366	12352	23898	12092	11806
湘西州	15805	7948	7857	12885	6606	6279	12092	6351	5741

C-1-3 续表 4

单位：人

地区	45-49 岁			50-54 岁			55-59 岁		
	小计	男	女	小计	男	女	小计	男	女
全 省	**555834**	**286782**	**269052**	**636531**	**319393**	**317138**	**529640**	**265222**	**264418**
长沙市	72177	37612	34565	79091	39547	39544	67777	33726	34051
株洲市	34356	17509	16847	41437	20697	20740	32896	16606	16290
湘潭市	21536	10697	10839	27917	13573	14344	24593	11980	12613
衡阳市	51419	26151	25268	60067	29878	30189	51093	25488	25605
邵阳市	54266	27876	26390	62647	31184	31463	51753	25752	26001
岳阳市	51189	26475	24714	57964	29399	28565	45261	23088	22173
常德市	56906	29070	27836	65590	33213	32377	56230	28363	27867
张家界市	14598	7724	6874	16474	8519	7955	13496	6952	6544
益阳市	33435	17053	16382	41126	20729	20397	34254	17194	17060
郴州市	38919	20242	18677	41404	20997	20407	35075	17816	17259
永州市	37574	19347	18227	42880	21536	21344	37090	18331	18759
怀化市	43205	22891	20314	47867	24411	23456	38366	19430	18936
娄底市	29792	15311	14481	34336	16748	17588	26671	12996	13675
湘西州	16462	8824	7638	17731	8962	8769	15085	7500	7585

C-1-3 续表 5

单位：人

地区	60-64 岁			65-69 岁			70-74 岁		
	小计	男	女	小计	男	女	小计	男	女
全 省	**342962**	**174756**	**168206**	**368046**	**182636**	**185410**	**260234**	**129465**	**130769**
长沙市	41286	20739	20547	41819	20733	21086	28364	14174	14190
株洲市	21752	10989	10763	22787	11026	11761	14962	7325	7637
湘潭市	14267	7227	7040	17091	8424	8667	12891	6372	6519
衡阳市	36908	18891	18017	40279	19952	20327	25914	12853	13061
邵阳市	35104	18028	17076	37875	18972	18903	26729	13270	13459
岳阳市	28467	14759	13708	29161	14725	14436	21711	10848	10863
常德市	32980	16976	16004	37490	18665	18825	29049	14501	14548
张家界市	7435	3843	3592	9659	4696	4963	7264	3688	3576
益阳市	20844	10761	10083	21872	11201	10671	17123	8680	8443
郴州市	25809	12819	12990	23445	11461	11984	13912	6879	7033
永州市	27447	14105	13342	28213	13883	14330	18474	9242	9232
怀化市	24617	12560	12057	26632	13255	13377	19311	9517	9794
娄底市	17146	8617	8529	19892	9738	10154	14995	7405	7590
湘西州	8900	4442	4458	11831	5905	5926	9535	4711	4824

C-1-3 续表 6

单位：人

地 区	75-79岁			80-84岁			85-89岁		
	小计	男	女	小计	男	女	小计	男	女
全 省	**153660**	**74781**	**78879**	**109289**	**50107**	**59182**	**52174**	**21655**	**30519**
长沙市	15988	7802	8186	11226	5145	6081	5390	2222	3168
株洲市	8158	3850	4308	6435	2869	3566	2898	1240	1658
湘潭市	7463	3608	3855	5212	2478	2734	2387	1039	1348
衡阳市	12942	6445	6497	10114	4686	5428	5066	2107	2959
邵阳市	16726	8092	8634	12112	5499	6613	5854	2411	3443
岳阳市	12689	6256	6433	8219	3870	4349	3925	1588	2337
常德市	17072	8275	8797	11476	5226	6250	5414	2254	3160
张家界市	4505	2209	2296	2746	1223	1523	1252	556	696
益阳市	11114	5576	5538	7730	3626	4104	3870	1675	2195
郴州市	8366	3912	4454	6333	2883	3450	3300	1326	1974
永州市	12073	5951	6122	8522	3897	4625	3970	1549	2421
怀化市	11794	5604	6190	8645	3931	4714	4024	1657	2367
娄底市	9073	4462	4611	6566	3057	3509	2839	1223	1616
湘西州	5697	2739	2958	3953	1717	2236	1985	808	1177

C-1-3 续表 7

单位：人

地 区	90-94岁			95-99岁			100岁及以上		
	小计	男	女	小计	男	女	小计	男	女
全 省	**16249**	**6119**	**10130**	**3023**	**935**	**2088**	**280**	**77**	**203**
长沙市	1624	617	1007	306	104	202	18	2	16
株洲市	829	347	482	149	45	104	8		8
湘潭市	735	297	438	139	49	90	11	4	7
衡阳市	1635	620	1015	272	102	170	29	10	19
邵阳市	1873	682	1191	368	105	263	26	8	18
岳阳市	1169	412	757	226	71	155	17	7	10
常德市	1617	598	1019	302	70	232	25	7	18
张家界市	428	161	267	66	14	52	6	4	2
益阳市	1226	492	734	207	63	144	28	6	22
郴州市	1089	419	670	200	65	135	23	9	14
永州市	1281	474	807	283	88	195	43	9	34
怀化市	1193	441	752	210	59	151	22	6	16
娄底市	944	344	600	189	67	122	14	3	11
湘西州	606	215	391	106	33	73	10	2	8

C-1-3a 各地区分年龄、性别的人口（城市）

单位：人

地 区	合 计			0岁		
	合计	男	女	小计	男	女
全 省	**1874406**	**936596**	**937810**	**10597**	**5612**	**4985**
长沙市	616622	307837	308785	3960	2055	1905
株洲市	171283	86018	85265	910	492	418
湘潭市	101327	50245	51082	472	262	210
衡阳市	173306	87921	85385	786	414	372
邵阳市	121414	60790	60624	691	350	341
岳阳市	151136	76833	74303	745	427	318
常德市	107408	52161	55247	595	301	294
张家界市	35296	17450	17846	240	137	103
益阳市	63781	31388	32393	356	174	182
郴州市	95194	47666	47528	489	269	220
永州市	56287	28490	27797	281	147	134
怀化市	67259	33208	34051	408	219	189
娄底市	86243	42879	43364	478	256	222
湘西州	27850	13710	14140	186	109	77

C-1-3a 续表 1

单位：人

地 区	1-4岁			5-9岁			10-14岁		
	小计	男	女	小计	男	女	小计	男	女
全 省	**82109**	**43689**	**38420**	**115759**	**61808**	**53951**	**102138**	**54580**	**47558**
长沙市	29428	15582	13846	36210	19038	17172	27098	14476	12622
株洲市	7400	3883	3517	10402	5513	4889	8386	4396	3990
湘潭市	3644	1893	1751	4836	2578	2258	4354	2310	2044
衡阳市	6253	3365	2888	11248	6159	5089	11645	6375	5270
邵阳市	5202	2769	2433	8282	4480	3802	8975	4778	4197
岳阳市	6461	3445	3016	9604	5232	4372	8935	4845	4090
常德市	3748	1969	1779	5027	2589	2438	4366	2239	2127
张家界市	1679	890	789	2192	1162	1030	2197	1096	1101
益阳市	2510	1333	1177	3974	2079	1895	3345	1718	1627
郴州市	4588	2460	2128	7017	3817	3200	6987	3768	3219
永州市	2325	1314	1011	3572	1996	1576	3952	2136	1816
怀化市	3310	1781	1529	4560	2398	2162	3976	2149	1827
娄底市	4214	2290	1924	6911	3741	3170	6323	3472	2851
湘西州	1347	715	632	1924	1026	898	1599	822	777

C-1-3a 续表 2

单位：人

地　区	15-19 岁			20-24 岁			25-29 岁		
	小计	男	女	小计	男	女	小计	男	女
全　省	**146578**	**76351**	**70227**	**123282**	**60973**	**62309**	**107310**	**52232**	**55078**
长沙市	49854	25027	24827	53471	25590	27881	42194	20735	21459
株洲市	10731	5825	4906	9127	4856	4271	9119	4449	4670
湘潭市	10022	5429	4593	7205	3816	3389	4701	2277	2424
衡阳市	14739	7951	6788	10648	5797	4851	8775	4308	4467
邵阳市	11903	6563	5340	6788	3441	3347	5705	2802	2903
岳阳市	9529	5237	4292	7405	3956	3449	8796	4304	4492
常德市	7058	3231	3827	5957	2572	3385	6129	2932	3197
张家界市	3073	1636	1437	2490	1202	1288	2231	1064	1167
益阳市	3267	1708	1559	2171	994	1177	3059	1443	1616
郴州市	6913	3639	3274	4258	2068	2190	4524	2147	2377
永州市	4481	2250	2231	2863	1436	1427	2679	1362	1317
怀化市	5329	2743	2586	4270	2002	2268	3474	1629	1845
娄底市	7308	3881	3427	4533	2296	2237	4128	1923	2205
湘西州	2371	1231	1140	2096	947	1149	1796	857	939

C-1-3a 续表 3

单位：人

地　区	30-34 岁			35-39 岁			40-44 岁		
	小计	男	女	小计	男	女	小计	男	女
全　省	**187398**	**89138**	**98260**	**151691**	**74057**	**77634**	**130045**	**64405**	**65640**
长沙市	72641	35028	37613	55402	27827	27575	41953	21488	20465
株洲市	18389	8814	9575	14358	6982	7376	12181	6091	6090
湘潭市	8008	3768	4240	7052	3316	3736	6603	3224	3379
衡阳市	14355	6901	7454	12956	6338	6618	11348	5486	5862
邵阳市	10144	4786	5358	8594	4036	4558	7991	3795	4196
岳阳市	13597	6411	7186	11223	5408	5815	11290	5487	5803
常德市	10287	4946	5341	7504	3583	3921	7519	3641	3878
张家界市	3517	1606	1911	2803	1297	1506	2613	1293	1320
益阳市	6065	2857	3208	4554	2195	2359	4588	2234	2354
郴州市	8765	4040	4725	8259	4004	4255	6948	3434	3514
永州市	4875	2306	2569	4876	2358	2518	4362	2143	2219
怀化市	6378	2939	3439	5231	2498	2733	4397	2157	2240
娄底市	7607	3438	4169	6703	3151	3552	6369	3036	3333
湘西州	2770	1298	1472	2176	1064	1112	1883	896	987

C-1-3a 续表 4

单位：人

地　区	45-49岁			50-54岁			55-59岁		
	小计	男	女	小计	男	女	小计	男	女
全　省	**153284**	**77257**	**76027**	**157190**	**77948**	**79242**	**131803**	**65542**	**66261**
长沙市	43655	22705	20950	43866	21786	22080	38807	18961	19846
株洲市	14347	7159	7188	16142	8078	8064	12793	6452	6341
湘潭市	8066	3917	4149	9193	4543	4650	8217	4023	4194
衡阳市	13897	6906	6991	14517	7082	7435	12966	6520	6446
邵阳市	10165	4968	5197	10486	5096	5390	8137	4080	4057
岳阳市	14952	7555	7397	14851	7636	7215	11204	5769	5435
常德市	10136	4998	5138	10214	5046	5168	9285	4566	4719
张家界市	3113	1582	1531	3036	1515	1521	2232	1136	1096
益阳市	5926	2948	2978	6448	3162	3286	5505	2685	2820
郴州市	8156	4106	4050	8038	3997	4041	6719	3392	3327
永州市	5242	2692	2550	4972	2479	2493	3818	1949	1869
怀化市	5799	2825	2974	5923	2920	3003	4759	2376	2383
娄底市	7526	3740	3786	7404	3603	3801	5540	2732	2808
湘西州	2304	1156	1148	2100	1005	1095	1821	901	920

C-1-3a 续表 5

单位：人

地　区	60-64岁			65-69岁			70-74岁		
	小计	男	女	小计	男	女	小计	男	女
全　省	**82031**	**40822**	**41209**	**78986**	**38253**	**40733**	**50945**	**24860**	**26085**
长沙市	24319	11863	12456	22703	11012	11691	13974	6887	7087
株洲市	7722	3814	3908	7589	3644	3945	4963	2444	2519
湘潭市	5120	2550	2570	5240	2478	2762	3638	1664	1974
衡阳市	9232	4682	4550	8780	4326	4454	5276	2596	2680
邵阳市	5031	2532	2499	5218	2503	2715	3518	1728	1790
岳阳市	6598	3379	3219	6523	3232	3291	4283	2054	2229
常德市	5589	2838	2751	5709	2768	2941	3891	1935	1956
张家界市	1060	518	542	1149	532	617	798	394	404
益阳市	3433	1718	1715	3236	1607	1629	2312	1122	1190
郴州市	4597	2287	2310	3664	1767	1897	2254	1112	1142
永州市	2430	1251	1179	2261	1086	1175	1384	648	736
怀化市	2841	1407	1434	2734	1320	1414	1732	867	865
娄底市	3102	1517	1585	3176	1483	1693	2237	1058	1179
湘西州	957	466	491	1004	495	509	685	351	334

C-1-3a 续表 6

单位：人

地 区	75-79 岁			80-84 岁			85-89 岁		
	小计	男	女	小计	男	女	小计	男	女
全 省	**28952**	**13678**	**15274**	**21002**	**9634**	**11368**	**9815**	**4336**	**5479**
长沙市	7670	3627	4043	5691	2560	3131	2746	1191	1555
株洲市	3028	1390	1638	2384	1108	1276	1002	482	520
湘潭市	2218	977	1241	1724	784	940	761	342	419
衡阳市	2450	1196	1254	2032	931	1101	1008	423	585
邵阳市	2121	996	1125	1471	672	799	707	301	406
岳阳市	2527	1235	1292	1595	777	818	756	330	426
常德市	2131	1022	1109	1367	613	754	657	287	370
张家界市	434	200	234	270	117	153	127	58	69
益阳市	1446	705	741	952	439	513	470	203	267
郴州市	1354	609	745	1002	457	545	480	214	266
永州市	857	429	428	680	340	340	276	131	145
怀化市	1008	474	534	685	308	377	336	147	189
娄底市	1293	627	666	884	411	473	369	172	197
湘西州	415	191	224	265	117	148	120	55	65

C-1-3a 续表 7

单位：人

地 区	90-94 岁			95-99 岁			100 岁及以上		
	小计	男	女	小计	男	女	小计	男	女
全 省	**2955**	**1241**	**1714**	**499**	**174**	**325**	**37**	**6**	**31**
长沙市	842	354	488	131	44	87	7	1	6
株洲市	263	129	134	45	17	28	2		2
湘潭市	219	87	132	31	6	25	3	1	2
衡阳市	334	142	192	57	22	35	4	1	3
邵阳市	235	98	137	47	15	32	3	1	2
岳阳市	223	98	125	38	16	22	1		1
常德市	207	75	132	29	10	19	3		3
张家界市	34	13	21	7	1	6	1	1	
益阳市	134	54	80	27	10	17	3		3
郴州市	155	68	87	26	10	16	1	1	
永州市	72	27	45	26	10	16	3		3
怀化市	97	46	51	10	3	7	2		2
娄底市	114	44	70	21	8	13	3		3
湘西州	26	6	20	4	2	2	1		1

C-1-3b 各地区分年龄、性别的人口（镇）

单位：人

地　区	合计			0岁		
	合计	男	女	小计	男	女
全　省	**2119605**	**1076027**	**1043578**	**13705**	**7303**	**6402**
长沙市	200121	103891	96230	1284	697	587
株洲市	122230	61501	60729	769	397	372
湘潭市	86068	44311	41757	458	227	231
衡阳市	192489	98708	93781	1120	599	521
邵阳市	238140	121588	116552	1812	960	852
岳阳市	190640	97350	93290	1392	750	642
常德市	217888	107548	110340	1211	632	579
张家界市	47606	23558	24048	274	142	132
益阳市	125261	62127	63134	824	432	392
郴州市	187591	96898	90693	1132	615	517
永州市	195139	100255	94884	1203	660	543
怀化市	150457	75013	75444	1033	540	493
娄底市	80981	40789	40192	566	302	264
湘西州	84994	42490	42504	627	350	277

C-1-3b 续表 1

单位：人

地　区	1-4岁			5-9岁			10-14岁		
	小计	男	女	小计	男	女	小计	男	女
全　省	**94355**	**50259**	**44096**	**148019**	**79266**	**68753**	**147826**	**78661**	**69165**
长沙市	9103	4818	4285	12289	6582	5707	9595	4984	4611
株洲市	5043	2642	2401	8748	4541	4207	8060	4191	3869
湘潭市	3328	1765	1563	4933	2645	2288	4120	2165	1955
衡阳市	8235	4396	3839	13829	7506	6323	14610	7875	6735
邵阳市	11413	6112	5301	19106	10331	8775	20948	11250	9698
岳阳市	8700	4638	4062	11742	6240	5502	11105	5833	5272
常德市	8127	4183	3944	11153	5793	5360	10871	5511	5360
张家界市	2089	1074	1015	2858	1482	1376	3048	1593	1455
益阳市	5628	2972	2656	8228	4235	3993	7455	3823	3632
郴州市	8239	4529	3710	15162	8386	6776	17363	9561	7802
永州市	8758	4805	3953	15038	8170	6868	16877	9244	7633
怀化市	7519	3932	3587	11228	6034	5194	10682	5670	5012
娄底市	3913	2141	1772	6814	3706	3108	6498	3519	2979
湘西州	4260	2252	2008	6891	3615	3276	6594	3442	3152

C-1-3b 续表 2

单位：人

地　区	15-19 岁			20-24 岁			25-29 岁		
	小计	男	女	小计	男	女	小计	男	女
全　省	**165285**	**89933**	**75352**	**92885**	**48653**	**44232**	**103267**	**50992**	**52275**
长沙市	19834	10768	9066	12808	7208	5600	11206	5970	5236
株洲市	11566	6350	5216	5389	2947	2442	4424	2080	2344
湘潭市	8037	4563	3474	5983	3218	2765	4418	2226	2192
衡阳市	16950	9579	7371	8906	4874	4032	9606	4803	4803
邵阳市	18841	10304	8537	9843	5087	4756	10495	5376	5119
岳阳市	11643	6472	5171	7979	4108	3871	10336	5081	5255
常德市	12041	6211	5830	7820	3826	3994	10635	4996	5639
张家界市	3287	1661	1626	1989	925	1064	2558	1160	1398
益阳市	6703	3480	3223	4259	2076	2183	5439	2563	2876
郴州市	16525	8996	7529	7745	4062	3683	8408	4161	4247
永州市	16821	9386	7435	7872	4217	3655	9509	4884	4625
怀化市	10147	5153	4994	5438	2620	2818	7104	3374	3730
娄底市	7167	3956	3211	3102	1595	1507	3807	1781	2026
湘西州	5723	3054	2669	3752	1890	1862	5322	2537	2785

C-1-3b 续表 3

单位：人

地　区	30-34 岁			35-39 岁			40-44 岁		
	小计	男	女	小计	男	女	小计	男	女
全　省	**185342**	**89525**	**95817**	**151682**	**74782**	**76900**	**137888**	**69321**	**68567**
长沙市	23785	11767	12018	17288	8989	8299	13117	6901	6216
株洲市	10427	4903	5524	8406	4090	4316	7515	3752	3763
湘潭市	8681	4278	4403	6721	3465	3256	5289	2733	2556
衡阳市	16059	7754	8305	13686	6782	6904	11352	5522	5830
邵阳市	19298	9626	9672	16194	7950	8244	14340	7178	7162
岳阳市	16113	7778	8335	12634	6351	6283	12766	6443	6323
常德市	17340	8134	9206	12660	5973	6687	15071	7438	7633
张家界市	3938	1927	2011	3010	1405	1605	3226	1576	1650
益阳市	10903	5170	5733	8234	3892	4342	8139	4009	4130
郴州市	16466	7985	8481	14752	7291	7461	13100	6791	6309
永州市	15654	7607	8047	15659	7726	7933	12637	6383	6254
怀化市	12897	6104	6793	10904	5333	5571	10094	5018	5076
娄底市	6840	3177	3663	5662	2645	3017	5761	2815	2946
湘西州	6941	3315	3626	5872	2890	2982	5481	2762	2719

C-1-3b 续表 4

单位：人

地 区	45-49岁			50-54岁			55-59岁		
	小计	男	女	小计	男	女	小计	男	女
全 省	**176852**	**89933**	**86919**	**191709**	**96184**	**95525**	**155582**	**77883**	**77699**
长沙市	14488	7542	6946	15850	8058	7792	12761	6442	6319
株洲市	9729	4900	4829	11541	5771	5770	9140	4609	4531
湘潭市	6492	3293	3199	7845	3880	3965	6498	3254	3244
衡阳市	15537	7842	7695	16992	8593	8399	13840	6912	6928
邵阳市	18055	9215	8840	20069	9928	10141	16452	8144	8308
岳阳市	17309	8926	8383	19257	9807	9450	14924	7616	7308
常德市	21514	10668	10846	23704	11821	11883	20080	10058	10022
张家界市	4384	2252	2132	4721	2409	2312	3769	1931	1838
益阳市	11117	5493	5624	13087	6531	6556	10880	5413	5467
郴州市	15410	8046	7364	15075	7678	7397	12084	6180	5904
永州市	15209	7642	7567	15713	7840	7873	13168	6546	6622
怀化市	13831	7032	6799	13809	6925	6884	11189	5539	5650
娄底市	6834	3461	3373	6992	3438	3554	5116	2520	2596
湘西州	6943	3621	3322	7054	3505	3549	5681	2719	2962

C-1-3b 续表 5

单位：人

地 区	60-64岁			65-69岁			70-74岁		
	小计	男	女	小计	男	女	小计	男	女
全 省	**96735**	**48839**	**47896**	**101448**	**50013**	**51435**	**69908**	**34655**	**35253**
长沙市	7355	3792	3563	7504	3756	3748	5485	2720	2765
株洲市	6152	3121	3031	6474	3129	3345	4058	1959	2099
湘潭市	3371	1694	1677	3875	1939	1936	2738	1387	1351
衡阳市	9176	4706	4470	9770	4837	4933	6130	3007	3123
邵阳市	10932	5476	5456	11559	5780	5779	7963	3929	4034
岳阳市	9511	4883	4628	9384	4742	4642	7107	3587	3520
常德市	11493	5861	5632	12839	6391	6448	9687	4772	4915
张家界市	1899	953	946	2600	1215	1385	1805	899	906
益阳市	6355	3221	3134	6540	3268	3272	4879	2503	2376
郴州市	8473	4171	4302	7542	3657	3885	4301	2149	2152
永州市	9081	4544	4537	8886	4380	4506	5620	2774	2846
怀化市	6623	3306	3317	7018	3379	3639	4735	2316	2419
娄底市	3086	1554	1532	3341	1594	1747	2425	1164	1261
湘西州	3228	1557	1671	4116	1946	2170	2975	1489	1486

C-1-3b 续表 6 单位：人

地 区	75–79 岁			80–84 岁			85–89 岁		
	小计	男	女	小计	男	女	小计	男	女
全 省	**40605**	**19824**	**20781**	**28213**	**12737**	**15476**	**13302**	**5458**	**7844**
长沙市	3042	1490	1552	2055	940	1115	945	360	585
株洲市	2106	1019	1087	1625	710	915	784	298	486
湘潭市	1578	801	777	1063	508	555	454	199	255
衡阳市	2955	1503	1452	2259	1038	1221	1072	448	624
邵阳市	4903	2407	2496	3555	1600	1955	1705	698	1007
岳阳市	4228	2086	2142	2726	1292	1434	1303	546	757
常德市	5577	2688	2889	3766	1682	2084	1700	701	999
张家界市	1096	512	584	654	287	367	287	119	168
益阳市	3005	1454	1551	2087	949	1138	1092	479	613
郴州市	2543	1235	1308	1895	859	1036	968	388	580
永州市	3546	1791	1755	2356	1034	1322	1116	455	661
怀化市	2873	1325	1548	2066	922	1144	911	359	552
娄底市	1490	712	778	1004	476	528	407	176	231
湘西州	1663	801	862	1102	440	662	558	232	326

C-1-3b 续表 7 单位：人

地 区	90–94 岁			95–99 岁			100 岁及以上		
	小计	男	女	小计	男	女	小计	男	女
全 省	**4147**	**1558**	**2589**	**770**	**226**	**544**	**80**	**22**	**58**
长沙市	256	83	173	66	24	42	5		5
株洲市	232	85	147	42	7	35			
湘潭市	157	66	91	26	5	21	3		3
衡阳市	346	116	230	51	15	36	8	1	7
邵阳市	540	207	333	105	26	79	12	4	8
岳阳市	399	142	257	72	25	47	10	4	6
常德市	483	183	300	108	23	85	8	3	5
张家界市	95	33	62	18	2	16	1	1	
益阳市	346	146	200	56	18	38	5		5
郴州市	342	136	206	60	19	41	6	3	3
永州市	339	137	202	66	27	39	11	3	8
怀化市	305	115	190	48	16	32	3	1	2
娄底市	124	45	79	28	11	17	4	1	3
湘西州	183	64	119	24	8	16	4	1	3

C-1-3c 各地区分年龄、性别的人口（乡村）

单位：人

地区	合计			0岁		
	合计	男	女	小计	男	女
全省	**2984105**	**1551692**	**1432413**	**25446**	**13607**	**11839**
长沙市	176818	90098	86720	1580	846	734
株洲市	133472	68295	65177	1063	583	480
湘潭市	101454	51369	50085	856	447	409
衡阳市	318898	165957	152941	2653	1469	1184
邵阳市	369521	195348	174173	3020	1610	1410
岳阳市	231470	119707	111763	2150	1156	994
常德市	278230	142163	136067	1814	949	865
张家界市	89043	46553	42490	639	328	311
益阳市	196989	101961	95028	1574	823	751
郴州市	215452	112883	102569	1908	1019	889
永州市	264247	137757	126490	2430	1335	1095
怀化市	288287	152906	135381	2396	1242	1154
娄底市	218438	113466	104972	2300	1248	1052
湘西州	101786	53229	48557	1063	552	511

C-1-3c 续表 1

单位：人

地区	1-4岁			5-9岁			10-14岁		
	小计	男	女	小计	男	女	小计	男	女
全省	**133111**	**70688**	**62423**	**212361**	**113777**	**98584**	**218537**	**117283**	**101254**
长沙市	8187	4261	3926	10640	5580	5060	9226	4733	4493
株洲市	5876	3064	2812	9835	5225	4610	9253	4831	4422
湘潭市	4389	2335	2054	6143	3280	2863	5607	2893	2714
衡阳市	13978	7456	6522	24412	13180	11232	27289	14634	12655
邵阳市	16541	8823	7718	28219	15269	12950	32014	17483	14531
岳阳市	10885	5738	5147	14874	7902	6972	14238	7817	6421
常德市	10134	5290	4844	14607	7561	7046	14205	7353	6852
张家界市	3490	1850	1640	5168	2728	2440	5748	3037	2711
益阳市	8537	4431	4106	12422	6609	5813	11358	5922	5436
郴州市	9716	5245	4471	17373	9367	8006	19939	10900	9039
永州市	12278	6631	5647	21852	11866	9986	24720	13474	11246
怀化市	13032	6991	6041	20423	11033	9390	20021	10906	9115
娄底市	10947	5893	5054	18250	9786	8464	16951	9153	7798
湘西州	5121	2680	2441	8143	4391	3752	7968	4147	3821

C-1-3c 续表 2

单位：人

地 区	15-19 岁			20-24 岁			25-29 岁		
	小计	男	女	小计	男	女	小计	男	女
全 省	**163959**	**90097**	**73862**	**117778**	**62627**	**55151**	**130706**	**69619**	**61087**
长沙市	9204	4573	4631	6975	3611	3364	5743	2791	2952
株洲市	5650	2993	2657	4494	2286	2208	5013	2556	2457
湘潭市	4162	2240	1922	3234	1694	1540	3845	1954	1891
衡阳市	21901	12173	9728	14670	8081	6589	14104	7769	6335
邵阳市	24517	13901	10616	16585	9243	7342	16489	9329	7160
岳阳市	11440	6202	5238	9985	5065	4920	12220	6473	5747
常德市	10368	5532	4836	9494	4635	4859	13462	6746	6716
张家界市	4853	2527	2326	3843	1990	1853	4261	2202	2059
益阳市	8817	4613	4204	6586	3442	3144	7901	4026	3875
郴州市	14962	8456	6506	8462	4651	3811	8745	4608	4137
永州市	16284	9242	7042	9160	4925	4235	10761	5813	4948
怀化市	15027	8320	6707	11475	6084	5391	12773	7016	5757
娄底市	11354	6467	4887	8645	4707	3938	9815	5358	4457
湘西州	5420	2858	2562	4170	2213	1957	5574	2978	2596

C-1-3c 续表 3

单位：人

地 区	30-34 岁			35-39 岁			40-44 岁		
	小计	男	女	小计	男	女	小计	男	女
全 省	**226272**	**120003**	**106269**	**171201**	**91501**	**79700**	**153662**	**81645**	**72017**
长沙市	14204	7056	7148	10667	5448	5219	9549	4974	4575
株洲市	11566	6009	5557	8670	4610	4060	7548	3960	3588
湘潭市	7426	3892	3534	5465	2930	2535	4615	2354	2261
衡阳市	21691	11609	10082	17210	9112	8098	13941	7136	6805
邵阳市	28788	16006	12782	22202	12119	10083	18802	10090	8712
岳阳市	18852	9727	9125	13839	7151	6688	12770	6715	6055
常德市	21591	10934	10657	13463	6906	6557	15118	8048	7070
张家界市	6844	3660	3184	5016	2694	2322	4842	2628	2214
益阳市	15459	8180	7279	10309	5398	4911	10538	5589	4949
郴州市	16886	8959	7927	13557	7406	6151	11174	5985	5189
永州市	17257	8990	8267	16106	8644	7462	12681	6640	6041
怀化市	23496	13027	10469	17507	9861	7646	15588	8592	6996
娄底市	16118	8619	7499	12353	6570	5783	11768	6241	5527
湘西州	6094	3335	2759	4837	2652	2185	4728	2693	2035

C-1-3c 续表 4

单位：人

地区	45-49岁			50-54岁			55-59岁		
	小计	男	女	小计	男	女	小计	男	女
全省	**225698**	**119592**	**106106**	**287632**	**145261**	**142371**	**242255**	**121797**	**120458**
长沙市	14034	7365	6669	19375	9703	9672	16209	8323	7886
株洲市	10280	5450	4830	13754	6848	6906	10963	5545	5418
湘潭市	6978	3487	3491	10879	5150	5729	9878	4703	5175
衡阳市	21985	11403	10582	28558	14203	14355	24287	12056	12231
邵阳市	26046	13693	12353	32092	16160	15932	27164	13528	13636
岳阳市	18928	9994	8934	23856	11956	11900	19133	9703	9430
常德市	25256	13404	11852	31672	16346	15326	26865	13739	13126
张家界市	7101	3890	3211	8717	4595	4122	7495	3885	3610
益阳市	16392	8612	7780	21591	11036	10555	17869	9096	8773
郴州市	15353	8090	7263	18291	9322	8969	16272	8244	8028
永州市	17123	9013	8110	22195	11217	10978	20104	9836	10268
怀化市	23575	13034	10541	28135	14566	13569	22418	11515	10903
娄底市	15432	8110	7322	19940	9707	10233	16015	7744	8271
湘西州	7215	4047	3168	8577	4452	4125	7583	3880	3703

C-1-3c 续表 5

单位：人

地区	60-64岁			65-69岁			70-74岁		
	小计	男	女	小计	男	女	小计	男	女
全省	**164196**	**85095**	**79101**	**187612**	**94370**	**93242**	**139381**	**69950**	**69431**
长沙市	9612	5084	4528	11612	5965	5647	8905	4567	4338
株洲市	7878	4054	3824	8724	4253	4471	5941	2922	3019
湘潭市	5776	2983	2793	7976	4007	3969	6515	3321	3194
衡阳市	18500	9503	8997	21729	10789	10940	14508	7250	7258
邵阳市	19141	10020	9121	21098	10689	10409	15248	7613	7635
岳阳市	12358	6497	5861	13254	6751	6503	10321	5207	5114
常德市	15898	8277	7621	18942	9506	9436	15471	7794	7677
张家界市	4476	2372	2104	5910	2949	2961	4661	2395	2266
益阳市	11056	5822	5234	12096	6326	5770	9932	5055	4877
郴州市	12739	6361	6378	12239	6037	6202	7357	3618	3739
永州市	15936	8310	7626	17066	8417	8649	11470	5820	5650
怀化市	15153	7847	7306	16880	8556	8324	12844	6334	6510
娄底市	10958	5546	5412	13375	6661	6714	10333	5183	5150
湘西州	4715	2419	2296	6711	3464	3247	5875	2871	3004

C-1-3c 续表 6

单位：人

地 区	75-79 岁			80-84 岁			85-89 岁		
	小计	男	女	小计	男	女	小计	男	女
全 省	**84103**	**41279**	**42824**	**60074**	**27736**	**32338**	**29057**	**11861**	**17196**
长沙市	5276	2685	2591	3480	1645	1835	1699	671	1028
株洲市	3024	1441	1583	2426	1051	1375	1112	460	652
湘潭市	3667	1830	1837	2425	1186	1239	1172	498	674
衡阳市	7537	3746	3791	5823	2717	3106	2986	1236	1750
邵阳市	9702	4689	5013	7086	3227	3859	3442	1412	2030
岳阳市	5934	2935	2999	3898	1801	2097	1866	712	1154
常德市	9364	4565	4799	6343	2931	3412	3057	1266	1791
张家界市	2975	1497	1478	1822	819	1003	838	379	459
益阳市	6663	3417	3246	4691	2238	2453	2308	993	1315
郴州市	4469	2068	2401	3436	1567	1869	1852	724	1128
永州市	7670	3731	3939	5486	2523	2963	2578	963	1615
怀化市	7913	3805	4108	5894	2701	3193	2777	1151	1626
娄底市	6290	3123	3167	4678	2170	2508	2063	875	1188
湘西州	3619	1747	1872	2586	1160	1426	1307	521	786

C-1-3c 续表 7

单位：人

地 区	90-94 岁			95-99 岁			100 岁及以上		
	小计	男	女	小计	男	女	小计	男	女
全 省	**9147**	**3320**	**5827**	**1754**	**535**	**1219**	**163**	**49**	**114**
长沙市	526	180	346	109	36	73	6	1	5
株洲市	334	133	201	62	21	41	6		6
湘潭市	359	144	215	82	38	44	5	3	2
衡阳市	955	362	593	164	65	99	17	8	9
邵阳市	1098	377	721	216	64	152	11	3	8
岳阳市	547	172	375	116	30	86	6	3	3
常德市	927	340	587	165	37	128	14	4	10
张家界市	299	115	184	41	11	30	4	2	2
益阳市	746	292	454	124	35	89	20	6	14
郴州市	592	215	377	114	36	78	16	5	11
永州市	870	310	560	191	51	140	29	6	23
怀化市	791	280	511	152	40	112	17	5	12
娄底市	706	255	451	140	48	92	7	2	5
湘西州	397	145	252	78	23	55	5	1	4

C-1-4　全省分年龄、性别的人口

单位：人、%

年　龄	人　口　数			占总人口比重			性别比
	合计	男	女	合计	男	女	（女 =100）
总　计	**6978116**	**3564315**	**3413801**	**100.00**	**51.08**	**48.92**	**104.41**
0-4 岁	**359323**	**191158**	**168165**	**5.15**	**2.74**	**2.41**	**113.67**
0	49748	26522	23226	0.71	0.38	0.33	114.19
1	63302	33991	29311	0.91	0.49	0.42	115.97
2	70811	37607	33204	1.01	0.54	0.48	113.26
3	87751	46604	41147	1.26	0.67	0.59	113.26
4	87711	46434	41277	1.26	0.67	0.59	112.49
5-9 岁	**476139**	**254851**	**221288**	**6.82**	**3.65**	**3.17**	**115.17**
5	87447	46684	40763	1.25	0.67	0.58	114.53
6	93035	49710	43325	1.33	0.71	0.62	114.74
7	94863	50914	43949	1.36	0.73	0.63	115.85
8	103119	55130	47989	1.48	0.79	0.69	114.88
9	97675	52413	45262	1.40	0.75	0.65	115.80
10-14 岁	**468501**	**250524**	**217977**	**6.71**	**3.59**	**3.12**	**114.93**
10	96001	51521	44480	1.38	0.74	0.64	115.83
11	99279	53081	46198	1.42	0.76	0.66	114.90
12	94616	50653	43963	1.36	0.73	0.63	115.22
13	87994	47150	40844	1.26	0.68	0.59	115.44
14	90611	48119	42492	1.30	0.69	0.61	113.24
15-19 岁	**475822**	**256381**	**219441**	**6.82**	**3.67**	**3.14**	**116.83**
15	99362	53489	45873	1.42	0.77	0.66	116.60
16	104528	56552	47976	1.50	0.81	0.69	117.88
17	90888	49172	41716	1.30	0.70	0.60	117.87
18	87586	47432	40154	1.26	0.68	0.58	118.13
19	93458	49736	43722	1.34	0.71	0.63	113.76
20-24 岁	**333945**	**172253**	**161692**	**4.79**	**2.47**	**2.32**	**106.53**
20	82638	43073	39565	1.18	0.62	0.57	108.87
21	68964	35609	33355	0.99	0.51	0.48	106.76
22	65487	33670	31817	0.94	0.48	0.46	105.82
23	59248	30536	28712	0.85	0.44	0.41	106.35
24	57608	29365	28243	0.83	0.42	0.40	103.97
25-29 岁	**341283**	**172843**	**168440**	**4.89**	**2.48**	**2.41**	**102.61**
25	59273	30022	29251	0.85	0.43	0.42	102.64
26	55406	28022	27384	0.79	0.40	0.39	102.33
27	62591	31541	31050	0.90	0.45	0.44	101.58
28	71718	36300	35418	1.03	0.52	0.51	102.49
29	92295	46958	45337	1.32	0.67	0.65	103.58

C-1-4 续表 1

单位：人、%

年 龄	人 口 数			占总人口比重			性别比
	合计	男	女	合计	男	女	（女 =100）
30–34 岁	**599012**	**298666**	**300346**	**8.58**	**4.28**	**4.30**	**99.44**
30	129261	64346	64915	1.85	0.92	0.93	99.12
31	125327	62419	62908	1.80	0.89	0.90	99.22
32	116244	57712	58532	1.67	0.83	0.84	98.60
33	123569	61790	61779	1.77	0.89	0.89	100.02
34	104611	52399	52212	1.50	0.75	0.75	100.36
35–39 岁	**474574**	**240340**	**234234**	**6.80**	**3.44**	**3.36**	**102.61**
35	92533	46691	45842	1.33	0.67	0.66	101.85
36	92729	46812	45917	1.33	0.67	0.66	101.95
37	92881	47248	45633	1.33	0.68	0.65	103.54
38	108406	55067	53339	1.55	0.79	0.76	103.24
39	88025	44522	43503	1.26	0.64	0.62	102.34
40–44 岁	**421595**	**215371**	**206224**	**6.04**	**3.09**	**2.96**	**104.44**
40	79347	39988	39359	1.14	0.57	0.56	101.60
41	88257	45241	43016	1.26	0.65	0.62	105.17
42	80649	41112	39537	1.16	0.59	0.57	103.98
43	79919	41018	38901	1.15	0.59	0.56	105.44
44	93423	48012	45411	1.34	0.69	0.65	105.73
45–49 岁	**555834**	**286782**	**269052**	**7.97**	**4.11**	**3.86**	**106.59**
45	101354	52286	49068	1.45	0.75	0.70	106.56
46	114042	58469	55573	1.63	0.84	0.80	105.21
47	113131	58721	54410	1.62	0.84	0.78	107.92
48	113982	58749	55233	1.63	0.84	0.79	106.37
49	113325	58557	54768	1.62	0.84	0.78	106.92
50–54 岁	**636531**	**319393**	**317138**	**9.12**	**4.58**	**4.54**	**100.71**
50	130676	65541	65135	1.87	0.94	0.93	100.62
51	126263	63891	62372	1.81	0.92	0.89	102.44
52	146465	73521	72944	2.10	1.05	1.05	100.79
53	108643	54222	54421	1.56	0.78	0.78	99.63
54	124484	62218	62266	1.78	0.89	0.89	99.92
55–59 岁	**529640**	**265222**	**264418**	**7.59**	**3.80**	**3.79**	**100.30**
55	124563	62468	62095	1.79	0.90	0.89	100.60
56	122473	61040	61433	1.76	0.87	0.88	99.36
57	143992	72465	71527	2.06	1.04	1.03	101.31
58	100987	50798	50189	1.45	0.73	0.72	101.21
59	37625	18451	19174	0.54	0.26	0.27	96.23
60–64 岁	**342962**	**174756**	**168206**	**4.91**	**2.50**	**2.41**	**103.89**
60	54659	27525	27134	0.78	0.39	0.39	101.44
61	52301	26825	25476	0.75	0.38	0.37	105.30
62	72257	37108	35149	1.04	0.53	0.50	105.57
63	87121	44750	42371	1.25	0.64	0.61	105.61
64	76624	38548	38076	1.10	0.55	0.55	101.24

C-1-4 续表 2 单位：人、%

年 龄	人 口 数			占总人口比重			性别比
	合计	男	女	合计	男	女	（女 =100）
65-69 岁	**368046**	**182636**	**185410**	**5.27**	**2.62**	**2.66**	**98.50**
65	74911	37443	37468	1.07	0.54	0.54	99.93
66	80215	39697	40518	1.15	0.57	0.58	97.97
67	74414	36865	37549	1.07	0.53	0.54	98.18
68	76480	37988	38492	1.10	0.54	0.55	98.69
69	62026	30643	31383	0.89	0.44	0.45	97.64
70-74 岁	**260234**	**129465**	**130769**	**3.73**	**1.86**	**1.87**	**99.00**
70	60477	29975	30502	0.87	0.43	0.44	98.27
71	61174	30894	30280	0.88	0.44	0.43	102.03
72	51811	25783	26028	0.74	0.37	0.37	99.06
73	46305	23010	23295	0.66	0.33	0.33	98.78
74	40467	19803	20664	0.58	0.28	0.30	95.83
75-79 岁	**153660**	**74781**	**78879**	**2.20**	**1.07**	**1.13**	**94.80**
75	32938	15900	17038	0.47	0.23	0.24	93.32
76	35275	17403	17872	0.51	0.25	0.26	97.38
77	29623	14330	15293	0.42	0.21	0.22	93.70
78	27164	13270	13894	0.39	0.19	0.20	95.51
79	28660	13878	14782	0.41	0.20	0.21	93.88
80-84 岁	**109289**	**50107**	**59182**	**1.57**	**0.72**	**0.85**	**84.67**
80	25136	11988	13148	0.36	0.17	0.19	91.18
81	22225	10272	11953	0.32	0.15	0.17	85.94
82	23544	10770	12774	0.34	0.15	0.18	84.31
83	20559	9261	11298	0.29	0.13	0.16	81.97
84	17825	7816	10009	0.26	0.11	0.14	78.09
85-89 岁	**52174**	**21655**	**30519**	**0.75**	**0.31**	**0.44**	**70.96**
85	13611	5774	7837	0.20	0.08	0.11	73.68
86	12612	5325	7287	0.18	0.08	0.10	73.08
87	11158	4584	6574	0.16	0.07	0.09	69.73
88	8137	3320	4817	0.12	0.05	0.07	68.92
89	6656	2652	4004	0.10	0.04	0.06	66.23
90-94 岁	**16249**	**6119**	**10130**	**0.23**	**0.09**	**0.15**	**60.40**
90	5827	2311	3516	0.08	0.03	0.05	65.73
91	3542	1353	2189	0.05	0.02	0.03	61.81
92	3214	1173	2041	0.05	0.02	0.03	57.47
93	2200	786	1414	0.03	0.01	0.02	55.59
94	1466	496	970	0.02	0.01	0.01	51.13
95-99 岁	**3023**	**935**	**2088**	**0.04**	**0.01**	**0.03**	**44.78**
95	1143	370	773	0.02	0.01	0.01	47.87
96	835	268	567	0.01		0.01	47.27
97	497	139	358	0.01		0.01	38.83
98	302	88	214				41.12
99	246	70	176				39.77
100 岁及以上	**280**	**77**	**203**				**37.93**

C-1-4a 全省分年龄、性别的人口（城市）

单位：人、%

年 龄	人口数			占总人口比重			性别比
	合计	男	女	合计	男	女	（女 =100）
总 计	**1874406**	**936596**	**937810**	**100.00**	**49.97**	**50.03**	**99.87**
0–4 岁	**92706**	**49301**	**43405**	**4.95**	**2.63**	**2.32**	**113.58**
0	10597	5612	4985	0.57	0.30	0.27	112.58
1	16395	8815	7580	0.87	0.47	0.40	116.29
2	18692	9866	8826	1.00	0.53	0.47	111.78
3	23869	12674	11195	1.27	0.68	0.60	113.21
4	23153	12334	10819	1.24	0.66	0.58	114.00
5–9 岁	**115759**	**61808**	**53951**	**6.18**	**3.30**	**2.88**	**114.56**
5	22204	11827	10377	1.18	0.63	0.55	113.97
6	23629	12667	10962	1.26	0.68	0.58	115.55
7	23435	12493	10942	1.25	0.67	0.58	114.17
8	24508	13097	11411	1.31	0.70	0.61	114.78
9	21983	11724	10259	1.17	0.63	0.55	114.28
10–14 岁	**102138**	**54580**	**47558**	**5.45**	**2.91**	**2.54**	**114.77**
10	21375	11516	9859	1.14	0.61	0.53	116.81
11	20937	11264	9673	1.12	0.60	0.52	116.45
12	20560	10934	9626	1.10	0.58	0.51	113.59
13	19518	10515	9003	1.04	0.56	0.48	116.79
14	19748	10351	9397	1.05	0.55	0.50	110.15
15–19 岁	**146578**	**76351**	**70227**	**7.82**	**4.07**	**3.75**	**108.72**
15	25949	14064	11885	1.38	0.75	0.63	118.33
16	28138	15028	13110	1.50	0.80	0.70	114.63
17	25729	13531	12198	1.37	0.72	0.65	110.93
18	29779	15358	14421	1.59	0.82	0.77	106.50
19	36983	18370	18613	1.97	0.98	0.99	98.69
20–24 岁	**123282**	**60973**	**62309**	**6.58**	**3.25**	**3.32**	**97.86**
20	34857	17171	17686	1.86	0.92	0.94	97.09
21	27245	13541	13704	1.45	0.72	0.73	98.81
22	22874	11257	11617	1.22	0.60	0.62	96.90
23	19466	9781	9685	1.04	0.52	0.52	100.99
24	18840	9223	9617	1.01	0.49	0.51	95.90
25–29 岁	**107310**	**52232**	**55078**	**5.73**	**2.79**	**2.94**	**94.83**
25	18982	9341	9641	1.01	0.50	0.51	96.89
26	18189	8914	9275	0.97	0.48	0.49	96.11
27	20093	9830	10263	1.07	0.52	0.55	95.78
28	21995	10617	11378	1.17	0.57	0.61	93.31
29	28051	13530	14521	1.50	0.72	0.77	93.18

C-1-4a 续表 1　　单位：人、%

年龄	人口数			占总人口比重			性别比
	合计	男	女	合计	男	女	（女=100）
30–34 岁	**187398**	**89138**	**98260**	**10.00**	**4.76**	**5.24**	**90.72**
30	38750	18374	20376	2.07	0.98	1.09	90.17
31	38946	18348	20598	2.08	0.98	1.10	89.08
32	36728	17436	19292	1.96	0.93	1.03	90.38
33	39379	18793	20586	2.10	1.00	1.10	91.29
34	33595	16187	17408	1.79	0.86	0.93	92.99
35–39 岁	**151691**	**74057**	**77634**	**8.09**	**3.95**	**4.14**	**95.39**
35	29648	14541	15107	1.58	0.78	0.81	96.25
36	29722	14445	15277	1.59	0.77	0.82	94.55
37	29938	14615	15323	1.60	0.78	0.82	95.38
38	34422	16766	17656	1.84	0.89	0.94	94.96
39	27961	13690	14271	1.49	0.73	0.76	95.93
40–44 岁	**130045**	**64405**	**65640**	**6.94**	**3.44**	**3.50**	**98.12**
40	24949	12178	12771	1.33	0.65	0.68	95.36
41	27420	13647	13773	1.46	0.73	0.73	99.09
42	25249	12552	12697	1.35	0.67	0.68	98.86
43	24848	12343	12505	1.33	0.66	0.67	98.70
44	27579	13685	13894	1.47	0.73	0.74	98.50
45–49 岁	**153284**	**77257**	**76027**	**8.18**	**4.12**	**4.06**	**101.62**
45	29383	14774	14609	1.57	0.79	0.78	101.13
46	31491	15652	15839	1.68	0.84	0.85	98.82
47	31141	15718	15423	1.66	0.84	0.82	101.91
48	30976	15792	15184	1.65	0.84	0.81	104.00
49	30293	15321	14972	1.62	0.82	0.80	102.33
50–54 岁	**157190**	**77948**	**79242**	**8.39**	**4.16**	**4.23**	**98.37**
50	34340	16972	17368	1.83	0.91	0.93	97.72
51	32089	16164	15925	1.71	0.86	0.85	101.50
52	35655	17585	18070	1.90	0.94	0.96	97.32
53	25906	12842	13064	1.38	0.69	0.70	98.30
54	29200	14385	14815	1.56	0.77	0.79	97.10
55–59 岁	**131803**	**65542**	**66261**	**7.03**	**3.50**	**3.54**	**98.91**
55	30024	15132	14892	1.60	0.81	0.79	101.61
56	30779	15175	15604	1.64	0.81	0.83	97.25
57	36280	18068	18212	1.94	0.96	0.97	99.21
58	23864	11906	11958	1.27	0.64	0.64	99.57
59	10856	5261	5595	0.58	0.28	0.30	94.03
60–64 岁	**82031**	**40822**	**41209**	**4.38**	**2.18**	**2.20**	**99.06**
60	14537	7136	7401	0.78	0.38	0.39	96.42
61	13245	6663	6582	0.71	0.36	0.35	101.23
62	17229	8760	8469	0.92	0.47	0.45	103.44
63	19701	9864	9837	1.05	0.53	0.52	100.27
64	17319	8399	8920	0.92	0.45	0.48	94.16

C-1-4a 续表 2

单位：人、%

年 龄	人口数			占总人口比重			性别比
	合计	男	女	合计	男	女	（女 =100）
65-69 岁	**78986**	**38253**	**40733**	**4.21**	**2.04**	**2.17**	**93.91**
65	16823	8158	8665	0.90	0.44	0.46	94.15
66	17553	8446	9107	0.94	0.45	0.49	92.74
67	15889	7733	8156	0.85	0.41	0.44	94.81
68	15861	7667	8194	0.85	0.41	0.44	93.57
69	12860	6249	6611	0.69	0.33	0.35	94.52
70-74 岁	**50945**	**24860**	**26085**	**2.72**	**1.33**	**1.39**	**95.30**
70	12483	6081	6402	0.67	0.32	0.34	94.99
71	12089	5891	6198	0.64	0.31	0.33	95.05
72	9991	4832	5159	0.53	0.26	0.28	93.66
73	8888	4382	4506	0.47	0.23	0.24	97.25
74	7494	3674	3820	0.40	0.20	0.20	96.18
75-79 岁	**28952**	**13678**	**15274**	**1.54**	**0.73**	**0.81**	**89.55**
75	6097	2932	3165	0.33	0.16	0.17	92.64
76	6468	3066	3402	0.35	0.16	0.18	90.12
77	5445	2498	2947	0.29	0.13	0.16	84.76
78	5369	2547	2822	0.29	0.14	0.15	90.26
79	5573	2635	2938	0.30	0.14	0.16	89.69
80-84 岁	**21002**	**9634**	**11368**	**1.12**	**0.51**	**0.61**	**84.75**
80	5049	2320	2729	0.27	0.12	0.15	85.01
81	4429	1998	2431	0.24	0.11	0.13	82.19
82	4459	2015	2444	0.24	0.11	0.13	82.45
83	3756	1785	1971	0.20	0.10	0.11	90.56
84	3309	1516	1793	0.18	0.08	0.10	84.55
85-89 岁	**9815**	**4336**	**5479**	**0.52**	**0.23**	**0.29**	**79.14**
85	2602	1098	1504	0.14	0.06	0.08	73.01
86	2361	1024	1337	0.13	0.05	0.07	76.59
87	2148	955	1193	0.11	0.05	0.06	80.05
88	1479	694	785	0.08	0.04	0.04	88.41
89	1225	565	660	0.07	0.03	0.04	85.61
90-94 岁	**2955**	**1241**	**1714**	**0.16**	**0.07**	**0.09**	**72.40**
90	1078	493	585	0.06	0.03	0.03	84.27
91	651	254	397	0.03	0.01	0.02	63.98
92	571	233	338	0.03	0.01	0.02	68.93
93	381	158	223	0.02	0.01	0.01	70.85
94	274	103	171	0.01	0.01	0.01	60.23
95-99 岁	**499**	**174**	**325**	**0.03**	**0.01**	**0.02**	**53.54**
95	181	74	107	0.01		0.01	69.16
96	135	45	90	0.01			50.00
97	89	28	61				45.90
98	59	18	41				43.90
99	35	9	26				34.62
100 岁及以上	**37**	**6**	**31**				**19.35**

C-1-4b　全省分年龄、性别的人口（镇）

单位：人、%

年　龄	人　口　数			占总人口比重			性别比
	合计	男	女	合计	男	女	（女 =100）
总　计	**2119605**	**1076027**	**1043578**	**100.00**	**50.77**	**49.23**	**103.11**
0–4 岁	**108060**	**57562**	**50498**	**5.10**	**2.72**	**2.38**	**113.99**
0	13705	7303	6402	0.65	0.34	0.30	114.07
1	18830	10074	8756	0.89	0.48	0.41	115.05
2	21407	11411	9996	1.01	0.54	0.47	114.16
3	27294	14462	12832	1.29	0.68	0.61	112.70
4	26824	14312	12512	1.27	0.68	0.59	114.39
5–9 岁	**148019**	**79266**	**68753**	**6.98**	**3.74**	**3.24**	**115.29**
5	27045	14510	12535	1.28	0.68	0.59	115.76
6	28744	15409	13335	1.36	0.73	0.63	115.55
7	29259	15684	13575	1.38	0.74	0.64	115.54
8	32290	17247	15043	1.52	0.81	0.71	114.65
9	30681	16416	14265	1.45	0.77	0.67	115.08
10–14 岁	**147826**	**78661**	**69165**	**6.97**	**3.71**	**3.26**	**113.73**
10	29827	16007	13820	1.41	0.76	0.65	115.82
11	31120	16596	14524	1.47	0.78	0.69	114.27
12	29594	15829	13765	1.40	0.75	0.65	114.99
13	27647	14648	12999	1.30	0.69	0.61	112.69
14	29638	15581	14057	1.40	0.74	0.66	110.84
15–19 岁	**165285**	**89933**	**75352**	**7.80**	**4.24**	**3.56**	**119.35**
15	36543	19421	17122	1.72	0.92	0.81	113.43
16	40976	22146	18830	1.93	1.04	0.89	117.61
17	33725	18303	15422	1.59	0.86	0.73	118.68
18	27765	15406	12359	1.31	0.73	0.58	124.65
19	26276	14657	11619	1.24	0.69	0.55	126.15
20–24 岁	**92885**	**48653**	**44232**	**4.38**	**2.30**	**2.09**	**110.00**
20	21506	11674	9832	1.01	0.55	0.46	118.73
21	18316	9791	8525	0.86	0.46	0.40	114.85
22	18583	9643	8940	0.88	0.45	0.42	107.86
23	17430	8898	8532	0.82	0.42	0.40	104.29
24	17050	8647	8403	0.80	0.41	0.40	102.90
25–29 岁	**103267**	**50992**	**52275**	**4.87**	**2.41**	**2.47**	**97.55**
25	17636	8732	8904	0.83	0.41	0.42	98.07
26	16825	8352	8473	0.79	0.39	0.40	98.57
27	18779	9244	9535	0.89	0.44	0.45	96.95
28	21851	10775	11076	1.03	0.51	0.52	97.28
29	28176	13889	14287	1.33	0.66	0.67	97.21

C-1-4b 续表 1

单位：人、%

年 龄	人口数			占总人口比重			性别比
	合计	男	女	合计	男	女	（女=100）
30–34 岁	**185342**	**89525**	**95817**	**8.74**	**4.22**	**4.52**	**93.43**
30	39700	19012	20688	1.87	0.90	0.98	91.90
31	38471	18625	19846	1.82	0.88	0.94	93.85
32	36051	17398	18653	1.70	0.82	0.88	93.27
33	38301	18587	19714	1.81	0.88	0.93	94.28
34	32819	15903	16916	1.55	0.75	0.80	94.01
35–39 岁	**151682**	**74782**	**76900**	**7.16**	**3.53**	**3.63**	**97.25**
35	29329	14372	14957	1.38	0.68	0.71	96.09
36	29430	14435	14995	1.39	0.68	0.71	96.27
37	29532	14680	14852	1.39	0.69	0.70	98.84
38	34902	17297	17605	1.65	0.82	0.83	98.25
39	28489	13998	14491	1.34	0.66	0.68	96.60
40–44 岁	**137888**	**69321**	**68567**	**6.51**	**3.27**	**3.23**	**101.10**
40	25864	12840	13024	1.22	0.61	0.61	98.59
41	29223	14767	14456	1.38	0.70	0.68	102.15
42	26415	13183	13232	1.25	0.62	0.62	99.63
43	25890	13034	12856	1.22	0.61	0.61	101.38
44	30496	15497	14999	1.44	0.73	0.71	103.32
45–49 岁	**176852**	**89933**	**86919**	**8.34**	**4.24**	**4.10**	**103.47**
45	32745	16607	16138	1.54	0.78	0.76	102.91
46	36566	18499	18067	1.73	0.87	0.85	102.39
47	35985	18386	17599	1.70	0.87	0.83	104.47
48	36000	18186	17814	1.70	0.86	0.84	102.09
49	35556	18255	17301	1.68	0.86	0.82	105.51
50–54 岁	**191709**	**96184**	**95525**	**9.04**	**4.54**	**4.51**	**100.69**
50	40201	20248	19953	1.90	0.96	0.94	101.48
51	38021	19090	18931	1.79	0.90	0.89	100.84
52	44197	22239	21958	2.09	1.05	1.04	101.28
53	32071	16032	16039	1.51	0.76	0.76	99.96
54	37219	18575	18644	1.76	0.88	0.88	99.63
55–59 岁	**155582**	**77883**	**77699**	**7.34**	**3.67**	**3.67**	**100.24**
55	36972	18338	18634	1.74	0.87	0.88	98.41
56	36185	18152	18033	1.71	0.86	0.85	100.66
57	42117	21130	20987	1.99	1.00	0.99	100.68
58	29681	15060	14621	1.40	0.71	0.69	103.00
59	10627	5203	5424	0.50	0.25	0.26	95.93
60–64 岁	**96735**	**48839**	**47896**	**4.56**	**2.30**	**2.26**	**101.97**
60	15558	7764	7794	0.73	0.37	0.37	99.62
61	14880	7531	7349	0.70	0.36	0.35	102.48
62	20556	10514	10042	0.97	0.50	0.47	104.70
63	24542	12462	12080	1.16	0.59	0.57	103.16
64	21199	10568	10631	1.00	0.50	0.50	99.41

C-1-4b 续表 2

单位：人、%

年 龄	人 口 数			占总人口比重			性别比
	合计	男	女	合计	男	女	（女 =100）
65-69 岁	**101448**	**50013**	**51435**	**4.79**	**2.36**	**2.43**	**97.24**
65	20807	10197	10610	0.98	0.48	0.50	96.11
66	22303	11046	11257	1.05	0.52	0.53	98.13
67	20424	9974	10450	0.96	0.47	0.49	95.44
68	21173	10499	10674	1.00	0.50	0.50	98.36
69	16741	8297	8444	0.79	0.39	0.40	98.26
70-74 岁	**69908**	**34655**	**35253**	**3.30**	**1.63**	**1.66**	**98.30**
70	16268	7999	8269	0.77	0.38	0.39	96.73
71	16589	8405	8184	0.78	0.40	0.39	102.70
72	13892	6873	7019	0.66	0.32	0.33	97.92
73	12248	6070	6178	0.58	0.29	0.29	98.25
74	10911	5308	5603	0.51	0.25	0.26	94.73
75-79 岁	**40605**	**19824**	**20781**	**1.92**	**0.94**	**0.98**	**95.39**
75	8644	4160	4484	0.41	0.20	0.21	92.77
76	9371	4620	4751	0.44	0.22	0.22	97.24
77	7947	3924	4023	0.37	0.19	0.19	97.54
78	7179	3518	3661	0.34	0.17	0.17	96.09
79	7464	3602	3862	0.35	0.17	0.18	93.27
80-84 岁	**28213**	**12737**	**15476**	**1.33**	**0.60**	**0.73**	**82.30**
80	6546	3109	3437	0.31	0.15	0.16	90.46
81	5687	2595	3092	0.27	0.12	0.15	83.93
82	6085	2709	3376	0.29	0.13	0.16	80.24
83	5287	2363	2924	0.25	0.11	0.14	80.81
84	4608	1961	2647	0.22	0.09	0.12	74.08
85-89 岁	**13302**	**5458**	**7844**	**0.63**	**0.26**	**0.37**	**69.58**
85	3443	1442	2001	0.16	0.07	0.09	72.06
86	3234	1336	1898	0.15	0.06	0.09	70.39
87	2881	1190	1691	0.14	0.06	0.08	70.37
88	2076	828	1248	0.10	0.04	0.06	66.35
89	1668	662	1006	0.08	0.03	0.05	65.81
90-94 岁	**4147**	**1558**	**2589**	**0.20**	**0.07**	**0.12**	**60.18**
90	1443	544	899	0.07	0.03	0.04	60.51
91	918	366	552	0.04	0.02	0.03	66.30
92	815	287	528	0.04	0.01	0.02	54.36
93	623	228	395	0.03	0.01	0.02	57.72
94	348	133	215	0.02	0.01	0.01	61.86
95-99 岁	**770**	**226**	**544**	**0.04**	**0.01**	**0.03**	**41.54**
95	314	102	212	0.01		0.01	48.11
96	218	63	155	0.01		0.01	40.65
97	106	29	77	0.01			37.66
98	70	15	55				27.27
99	62	17	45				37.78
100 岁及以上	**80**	**22**	**58**				**37.93**

C-1-4c　全省分年龄、性别的人口（乡村）

单位：人、%

年　龄	人　口　数			占总人口比重			性别比
	合计	男	女	合计	男	女	（女 =100）
总　计	**2984105**	**1551692**	**1432413**	**100.00**	**52.00**	**48.00**	**108.33**
0–4 岁	**158557**	**84295**	**74262**	**5.31**	**2.82**	**2.49**	**113.51**
0	25446	13607	11839	0.85	0.46	0.40	114.93
1	28077	15102	12975	0.94	0.51	0.43	116.39
2	30712	16330	14382	1.03	0.55	0.48	113.54
3	36588	19468	17120	1.23	0.65	0.57	113.71
4	37734	19788	17946	1.26	0.66	0.60	110.26
5–9 岁	**212361**	**113777**	**98584**	**7.12**	**3.81**	**3.30**	**115.41**
5	38198	20347	17851	1.28	0.68	0.60	113.98
6	40662	21634	19028	1.36	0.72	0.64	113.70
7	42169	22737	19432	1.41	0.76	0.65	117.01
8	46321	24786	21535	1.55	0.83	0.72	115.10
9	45011	24273	20738	1.51	0.81	0.69	117.05
10–14 岁	**218537**	**117283**	**101254**	**7.32**	**3.93**	**3.39**	**115.83**
10	44799	23998	20801	1.50	0.80	0.70	115.37
11	47222	25221	22001	1.58	0.85	0.74	114.64
12	44462	23890	20572	1.49	0.80	0.69	116.13
13	40829	21987	18842	1.37	0.74	0.63	116.69
14	41225	22187	19038	1.38	0.74	0.64	116.54
15–19 岁	**163959**	**90097**	**73862**	**5.49**	**3.02**	**2.48**	**121.98**
15	36870	20004	16866	1.24	0.67	0.57	118.61
16	35414	19378	16036	1.19	0.65	0.54	120.84
17	31434	17338	14096	1.05	0.58	0.47	123.00
18	30042	16668	13374	1.01	0.56	0.45	124.63
19	30199	16709	13490	1.01	0.56	0.45	123.86
20–24 岁	**117778**	**62627**	**55151**	**3.95**	**2.10**	**1.85**	**113.56**
20	26275	14228	12047	0.88	0.48	0.40	118.10
21	23403	12277	11126	0.78	0.41	0.37	110.35
22	24030	12770	11260	0.81	0.43	0.38	113.41
23	22352	11857	10495	0.75	0.40	0.35	112.98
24	21718	11495	10223	0.73	0.39	0.34	112.44
25–29 岁	**130706**	**69619**	**61087**	**4.38**	**2.33**	**2.05**	**113.97**
25	22655	11949	10706	0.76	0.40	0.36	111.61
26	20392	10756	9636	0.68	0.36	0.32	111.62
27	23719	12467	11252	0.79	0.42	0.38	110.80
28	27872	14908	12964	0.93	0.50	0.43	115.00
29	36068	19539	16529	1.21	0.65	0.55	118.21

C-1-4c 续表 1 单位：人、%

年 龄	人 口 数			占总人口比重			性别比
	合计	男	女	合计	男	女	（女 =100）
30-34 岁	**226272**	**120003**	**106269**	**7.58**	**4.02**	**3.56**	**112.92**
30	50811	26960	23851	1.70	0.90	0.80	113.04
31	47910	25446	22464	1.61	0.85	0.75	113.27
32	43465	22878	20587	1.46	0.77	0.69	111.13
33	45889	24410	21479	1.54	0.82	0.72	113.65
34	38197	20309	17888	1.28	0.68	0.60	113.53
35-39 岁	**171201**	**91501**	**79700**	**5.74**	**3.07**	**2.67**	**114.81**
35	33556	17778	15778	1.12	0.60	0.53	112.68
36	33577	17932	15645	1.13	0.60	0.52	114.62
37	33411	17953	15458	1.12	0.60	0.52	116.14
38	39082	21004	18078	1.31	0.70	0.61	116.19
39	31575	16834	14741	1.06	0.56	0.49	114.20
40-44 岁	**153662**	**81645**	**72017**	**5.15**	**2.74**	**2.41**	**113.37**
40	28534	14970	13564	0.96	0.50	0.45	110.37
41	31614	16827	14787	1.06	0.56	0.50	113.80
42	28985	15377	13608	0.97	0.52	0.46	113.00
43	29181	15641	13540	0.98	0.52	0.45	115.52
44	35348	18830	16518	1.18	0.63	0.55	114.00
45-49 岁	**225698**	**119592**	**106106**	**7.56**	**4.01**	**3.56**	**112.71**
45	39226	20905	18321	1.31	0.70	0.61	114.10
46	45985	24318	21667	1.54	0.81	0.73	112.24
47	46005	24617	21388	1.54	0.82	0.72	115.10
48	47006	24771	22235	1.58	0.83	0.75	111.41
49	47476	24981	22495	1.59	0.84	0.75	111.05
50-54 岁	**287632**	**145261**	**142371**	**9.64**	**4.87**	**4.77**	**102.03**
50	56135	28321	27814	1.88	0.95	0.93	101.82
51	56153	28637	27516	1.88	0.96	0.92	104.07
52	66613	33697	32916	2.23	1.13	1.10	102.37
53	50666	25348	25318	1.70	0.85	0.85	100.12
54	58065	29258	28807	1.95	0.98	0.97	101.57
55-59 岁	**242255**	**121797**	**120458**	**8.12**	**4.08**	**4.04**	**101.11**
55	57567	28998	28569	1.93	0.97	0.96	101.50
56	55509	27713	27796	1.86	0.93	0.93	99.70
57	65595	33267	32328	2.20	1.11	1.08	102.90
58	47442	23832	23610	1.59	0.80	0.79	100.94
59	16142	7987	8155	0.54	0.27	0.27	97.94
60-64 岁	**164196**	**85095**	**79101**	**5.50**	**2.85**	**2.65**	**107.58**
60	24564	12625	11939	0.82	0.42	0.40	105.75
61	24176	12631	11545	0.81	0.42	0.39	109.41
62	34472	17834	16638	1.16	0.60	0.56	107.19
63	42878	22424	20454	1.44	0.75	0.69	109.63
64	38106	19581	18525	1.28	0.66	0.62	105.70

C-1-4c 续表 2

单位：人、%

年 龄	人 口 数			占总人口比重			性别比
	合计	男	女	合计	男	女	（女=100）
65-69 岁	**187612**	**94370**	**93242**	**6.29**	**3.16**	**3.12**	**101.21**
65	37281	19088	18193	1.25	0.64	0.61	104.92
66	40359	20205	20154	1.35	0.68	0.68	100.25
67	38101	19158	18943	1.28	0.64	0.63	101.13
68	39446	19822	19624	1.32	0.66	0.66	101.01
69	32425	16097	16328	1.09	0.54	0.55	98.59
70-74 岁	**139381**	**69950**	**69431**	**4.67**	**2.34**	**2.33**	**100.75**
70	31726	15895	15831	1.06	0.53	0.53	100.40
71	32496	16598	15898	1.09	0.56	0.53	104.40
72	27928	14078	13850	0.94	0.47	0.46	101.65
73	25169	12558	12611	0.84	0.42	0.42	99.58
74	22062	10821	11241	0.74	0.36	0.38	96.26
75-79 岁	**84103**	**41279**	**42824**	**2.82**	**1.38**	**1.44**	**96.39**
75	18197	8808	9389	0.61	0.30	0.31	93.81
76	19436	9717	9719	0.65	0.33	0.33	99.98
77	16231	7908	8323	0.54	0.27	0.28	95.01
78	14616	7205	7411	0.49	0.24	0.25	97.22
79	15623	7641	7982	0.52	0.26	0.27	95.73
80-84 岁	**60074**	**27736**	**32338**	**2.01**	**0.93**	**1.08**	**85.77**
80	13541	6559	6982	0.45	0.22	0.23	93.94
81	12109	5679	6430	0.41	0.19	0.22	88.32
82	13000	6046	6954	0.44	0.20	0.23	86.94
83	11516	5113	6403	0.39	0.17	0.21	79.85
84	9908	4339	5569	0.33	0.15	0.19	77.91
85-89 岁	**29057**	**11861**	**17196**	**0.97**	**0.40**	**0.58**	**68.98**
85	7566	3234	4332	0.25	0.11	0.15	74.65
86	7017	2965	4052	0.24	0.10	0.14	73.17
87	6129	2439	3690	0.21	0.08	0.12	66.10
88	4582	1798	2784	0.15	0.06	0.09	64.58
89	3763	1425	2338	0.13	0.05	0.08	60.95
90-94 岁	**9147**	**3320**	**5827**	**0.31**	**0.11**	**0.20**	**56.98**
90	3306	1274	2032	0.11	0.04	0.07	62.70
91	1973	733	1240	0.07	0.02	0.04	59.11
92	1828	653	1175	0.06	0.02	0.04	55.57
93	1196	400	796	0.04	0.01	0.03	50.25
94	844	260	584	0.03	0.01	0.02	44.52
95-99 岁	**1754**	**535**	**1219**	**0.06**	**0.02**	**0.04**	**43.89**
95	648	194	454	0.02	0.01	0.02	42.73
96	482	160	322	0.02	0.01	0.01	49.69
97	302	82	220	0.01		0.01	37.27
98	173	55	118	0.01			46.61
99	149	44	105				41.90
100 岁及以上	**163**	**49**	**114**	**0.01**			**42.98**

第二部分 长表数据资料

第二卷 民族

C-2-1 全省各民族分性别、行业的人口

单位：人

民 族	人口数			农、林、牧、渔业			采矿业		
	合计	男	女	小计	男	女	小计	男	女
总 计	**3043648**	**1832911**	**1210737**	**680778**	**379552**	**301226**	**11604**	**9961**	**1643**
汉 族	2744140	1654883	1089257	594544	332262	262282	10808	9259	1549
蒙古族	213	130	83	6	6		1	1	
回 族	3937	2512	1425	781	473	308	4	3	1
藏 族	89	36	53	14	6	8	2	1	1
维吾尔族	502	270	232	100	64	36			
苗 族	89386	52910	36476	25891	14058	11833	323	288	35
彝 族	391	204	187	48	13	35	8	6	2
壮 族	1631	646	985	283	78	205	14	12	2
布依族	280	104	176	54	18	36	1		1
朝鲜族	57	36	21	4	1	3			
满 族	320	202	118	9	4	5			
侗 族	43441	26110	17331	12751	7060	5691	84	75	9
瑶 族	31178	18743	12435	11625	6555	5070	112	102	10
白 族	6304	3760	2544	1162	582	580	20	13	7
土家族	120766	71835	48931	33323	18291	15032	221	196	25
哈尼族	77	25	52	10		10	2	1	1
哈萨克族									
傣 族	48	17	31	6	1	5	1	1	
黎 族	103	50	53	18	8	10	2	2	
傈僳族	35	20	15	2		2			
佤 族	21	11	10	4	1	3			
畲 族	164	112	52	48	39	9			
高山族	4	3	1	1		1			
拉祜族	13	1	12	3		3			
水 族	36	15	21	3		3			
东乡族	90	72	18						
纳西族	5	1	4	2		2			
景颇族	4		4	1		1			
柯尔克孜族	2		2						
土 族	161	98	63	46	26	20			
达斡尔族	3	2	1						
仫佬族	43	23	20	7	2	5			
羌 族	3	2	1						
布朗族	16	1	15	5		5			
撒拉族	13	6	7						
毛南族	12	4	8	2		2	1	1	
仡佬族	92	42	50	10	1	9			
锡伯族	3	2	1						
阿昌族	1		1						
普米族	1		1	1		1			
塔吉克族									
怒 族									
乌孜别克族	1		1						
俄罗斯族	1	1							
鄂温克族	1		1						
德昂族	1		1						
保安族	5	2	3						
裕固族									
京 族									
塔塔尔族									
独龙族	1		1	1		1			
鄂伦春族									
赫哲族	1		1						
门巴族									
珞巴族									
基诺族									
未定族称人口	43	18	25	9	3	6			
入 籍	9	2	7	4		4			

C-2-1 续表 1

单位：人

民族	制造业			电力、热力、燃气及水生产和供应业			建筑业		
	小计	男	女	小计	男	女	小计	男	女
总 计	**429731**	**259727**	**170004**	**19203**	**13883**	**5320**	**442095**	**378887**	**63208**
汉 族	386917	233596	153321	17298	12544	4754	396783	341017	55766
蒙古族	23	17	6	5	5		21	19	2
回 族	747	515	232	35	18	17	442	389	53
藏 族	17	8	9				11	6	5
维吾尔族	161	59	102	3	3		36	34	2
苗 族	14417	8692	5725	541	371	170	13023	10841	2182
彝 族	125	70	55	1	1		87	69	18
壮 族	450	195	255	13	6	7	188	124	64
布依族	79	37	42				25	14	11
朝鲜族	4	2	2	1	1		3	2	1
满 族	48	38	10	6	3	3	30	20	10
侗 族	7205	4489	2716	300	231	69	7110	6006	1104
瑶 族	5158	3035	2123	162	113	49	4404	3564	840
白 族	1041	669	372	65	40	25	1117	959	158
土家族	13036	8132	4904	766	542	224	18691	15733	2958
哈尼族	32	15	17				14	7	7
哈萨克族									
傣 族	15	4	11	1		1	5	3	2
黎 族	16	2	14				10	5	5
傈僳族	14	8	6				11	9	2
佤 族	6	4	2				8	6	2
畲 族	26	21	5	2	2		11	9	2
高山族									
拉祜族	4	1	3						
水 族	16	7	9				4	2	2
东乡族	73	62	11						
纳西族	1		1						
景颇族									
柯尔克孜族									
土 族	21	12	9				30	25	5
达斡尔族									
仫佬族	9	4	5	1	1		7	4	3
羌 族	1	1							
布朗族	1		1				1		1
撒拉族	7	3	4						
毛南族	3	1	2						
仡佬族	30	15	15	3	2	1	17	16	1
锡伯族							1	1	
阿昌族									
普米族									
塔吉克族									
怒 族									
乌孜别克族									
俄罗斯族									
鄂温克族									
德昂族									
保安族	4	2	2						
裕固族									
京 族									
塔塔尔族									
独龙族									
鄂伦春族									
赫哲族									
门巴族									
珞巴族									
基诺族									
未定族称人口	21	9	12				5	3	2
入 籍	3	2	1						

C-2-1 续表 2

单位：人

民 族	批发和零售业			交通运输、仓储和邮政业			住宿和餐饮业		
	小计	男	女	小计	男	女	小计	男	女
总 计	**463198**	**228850**	**234348**	**137190**	**116974**	**20216**	**160356**	**77363**	**82993**
汉 族	431483	214538	216945	125191	106737	18454	146579	71279	75300
蒙古族	40	24	16	6	5	1	20	10	10
回 族	572	305	267	149	134	15	285	155	130
藏 族	12	3	9				9	4	5
维吾尔族	46	21	25	6	6		90	58	32
苗 族	9463	4181	5282	3507	2979	528	3680	1605	2075
彝 族	32	9	23	3	1	2	24	2	22
壮 族	243	70	173	46	31	15	73	26	47
布依族	41	9	32	10	4	6	14	3	11
朝鲜族	11	6	5				1		1
满 族	47	30	17	14	12	2	17	11	6
侗 族	4407	1882	2525	1798	1530	268	1764	754	1010
瑶 族	2606	1307	1299	971	838	133	982	442	540
白 族	804	362	442	259	224	35	290	109	181
土家族	13287	6065	7222	5203	4454	749	6457	2874	3583
哈尼族	7		7	1		1	2		2
哈萨克族									
傣 族	7	3	4	1		1			
黎 族	26	15	11	4	3	1	7	4	3
傈僳族	2		2	1	1		1		1
佤 族							1		1
畲 族	19	6	13	9	6	3	12	8	4
高山族	2	2							
拉祜族	3		3	1		1	1		1
水 族	5	2	3				1	1	
东乡族							16	9	7
纳西族									
景颇族	1		1						
柯尔克孜族							2		2
土 族	12	6	6	5	5		8	4	4
达斡尔族									
仫佬族	5	1	4	2	2		1	1	
羌 族	1	1							
布朗族	3		3				2		2
撒拉族	1		1				5	3	2
毛南族	3	1	2				1		1
仡佬族	4	1	3	2	1	1	6	1	5
锡伯族									
阿昌族							1		1
普米族									
塔吉克族									
怒 族									
乌孜别克族	1		1						
俄罗斯族									
鄂温克族									
德昂族							1		1
保安族							1		1
裕固族									
京 族									
塔塔尔族									
独龙族									
鄂伦春族									
赫哲族							1		1
门巴族									
珞巴族									
基诺族									
未定族称人口	1		1	1	1		1		1
入 籍	1		1						

C-2-1 续表 3 单位：人

民 族	信息传输、软件和信息技术服务业			金 融 业			房地产业		
	小计	男	女	小计	男	女	小计	男	女
总 计	**40351**	**25302**	**15049**	**35870**	**17145**	**18725**	**48208**	**29716**	**18492**
汉 族	37557	23523	14034	33462	16002	17460	45445	28094	17351
蒙古族	4	4		7	4	3	5	4	1
回 族	59	40	19	54	27	27	55	40	15
藏 族	2	1	1	1		1			
维吾尔族	5	3	2	2	2		1		1
苗 族	722	481	241	617	297	320	745	423	322
彝 族	4	3	1	1		1	20	17	3
壮 族	22	7	15	11	5	6	20	9	11
布依族	4	2	2				5	2	3
朝鲜族	1		1	1		1			
满 族	20	14	6	9	4	5	4	1	3
侗 族	443	311	132	313	149	164	281	172	109
瑶 族	222	133	89	163	89	74	210	110	100
白 族	60	36	24	55	23	32	54	34	20
土家族	1216	736	480	1171	542	629	1353	805	548
哈尼族				1		1			
哈萨克族									
傣 族	1	1					1		1
黎 族	2	1	1	1		1	1	1	
傈僳族									
佤 族							1		1
畲 族	2	2							
高山族									
拉祜族									
水 族	1	1							
东乡族							1	1	
纳西族									
景颇族	1		1						
柯尔克孜族									
土 族	2	2					1	1	
达斡尔族									
仫佬族							2	2	
羌 族									
布朗族									
撒拉族									
毛南族									
仡佬族	1	1					2		2
锡伯族							1		1
阿昌族									
普米族									
塔吉克族									
怒 族									
乌孜别克族									
俄罗斯族									
鄂温克族									
德昂族									
保安族									
裕固族									
京 族									
塔塔尔族									
独龙族									
鄂伦春族									
赫哲族									
门巴族									
珞巴族									
基诺族									
未定族称人口				1	1				
入 籍									

C-2-1 续表 4 单位：人

民族	租赁和商务服务业			科学研究和技术服务业			水利、环境和公共设施管理业		
	小计	男	女	小计	男	女	小计	男	女
总 计	**87441**	**53903**	**33538**	**30361**	**20579**	**9782**	**17866**	**11222**	**6644**
汉 族	79081	48792	30289	28530	19359	9171	15842	10038	5804
蒙古族	8	4	4	7	2	5	2	1	1
回 族	118	75	43	37	31	6	23	18	5
藏 族	1		1	1	1		1	1	
维吾尔族	5	3	2	2	2				
苗 族	2155	1333	822	449	308	141	491	273	218
彝 族	4	3	1	2	2		2		2
壮 族	43	21	22	19	11	8	11	3	8
布依族	8	2	6	3	1	2			
朝鲜族	18	13	5	1	1		1	1	
满 族	18	11	7	16	9	7	3	3	
侗 族	627	414	213	163	114	49	230	128	102
瑶 族	613	396	217	236	138	98	322	202	120
白 族	244	151	93	44	26	18	41	24	17
土家族	4468	2666	1802	839	565	274	889	526	363
哈尼族	1	1		1	1				
哈萨克族									
傣 族	1		1				1	1	
黎 族	3	2	1	2	1	1	1	1	
傈僳族				1	1				
佤 族									
畲 族	5	4	1	3	2	1	1	1	
高山族	1	1							
拉祜族							1		1
水 族	1		1	2	2		1		1
东乡族									
纳西族				1	1				
景颇族									
柯尔克孜族									
土 族	8	5	3						
达斡尔族	2	2							
仫佬族	4	3	1				1	1	
羌 族									
布朗族	1	1							
撒拉族									
毛南族				1	1				
仡佬族	3		3	1		1			
锡伯族									
阿昌族									
普米族									
塔吉克族									
怒 族									
乌孜别克族									
俄罗斯族									
鄂温克族							1		1
德昂族									
保安族									
裕固族									
京 族									
塔塔尔族									
独龙族									
鄂伦春族									
赫哲族									
门巴族									
珞巴族									
基诺族									
未定族称人口									
入 籍							1		1

C-2-1 续表 5

单位：人

民 族	居民服务、修理和其他服务业			教 育			卫生和社会工作		
	小计	男	女	小计	男	女	小计	男	女
总 计	**119973**	**55526**	**64447**	**122797**	**46241**	**76556**	**59993**	**20609**	**39384**
汉 族	109268	50510	58758	110200	41338	68862	54157	18708	35449
蒙古族	11	2	9	22	9	13	10	4	6
回 族	108	56	52	181	65	116	78	28	50
藏 族	1	1		9		9	3	2	1
维吾尔族	12	3	9	13	4	9	8	4	4
苗 族	3770	1786	1984	3524	1452	2072	1629	550	1079
彝 族	10		10	8	3	5	2	1	1
壮 族	54	11	43	68	15	53	26	4	22
布依族	16	3	13	10	4	6	4		4
朝鲜族	2	2		4	2	2			
满 族	8	4	4	28	14	14	11	7	4
侗 族	1450	643	807	1641	610	1031	875	263	612
瑶 族	701	352	349	1107	438	669	425	133	292
白 族	264	118	146	280	106	174	159	54	105
土家族	4275	2027	2248	5662	2170	3492	2582	841	1741
哈尼族	3		3	1		1	1		1
哈萨克族									
傣 族	1		1	2		2	3	3	
黎 族	2	1	1	4	1	3	1	1	
傈僳族	2	1	1						
佤 族	1		1						
畲 族	4	2	2	8	4	4	7	2	5
高山族									
拉祜族									
水 族				1		1	1		1
东乡族									
纳西族							1		1
景颇族									
柯尔克孜族									
土 族	7	3	4	11	4	7	3	1	2
达斡尔族				1		1			
仫佬族				1		1	1		1
羌 族							1		1
布朗族				3		3			
撒拉族									
毛南族							1		1
仡佬族	3	1	2	4		4	4	3	1
锡伯族				1	1				
阿昌族									
普米族									
塔吉克族									
怒 族									
乌孜别克族									
俄罗斯族				1	1				
鄂温克族									
德昂族									
保安族									
裕固族									
京 族									
塔塔尔族									
独龙族									
鄂伦春族									
赫哲族									
门巴族									
珞巴族									
基诺族									
未定族称人口				2		2			
入 籍									

C-2-1 续表 6

单位：人

民 族	文化、体育和娱乐业			公共管理、社会保障和社会组织			国际组织		
	小计	男	女	小计	男	女	小计	男	女
总 计	**22691**	**11493**	**11198**	**113934**	**75975**	**37959**	**8**	**3**	**5**
汉 族	20988	10593	10395	100000	66691	33309	7	3	4
蒙古族	4	3	1	11	6	5			
回 族	34	17	17	175	123	52			
藏 族				5	2	3			
维吾尔族	4	2	2	8	2	6			
苗 族	434	246	188	4005	2746	1259			
彝 族	7	2	5	3	2	1			
壮 族	9	1	8	38	17	21			
布依族	1	1		5	4	1			
朝鲜族	3	3		2	2				
满 族	11	8	3	21	9	12			
侗 族	209	111	98	1790	1168	622			
瑶 族	104	59	45	1054	737	317	1		1
白 族	44	27	17	301	203	98			
土家族	831	416	415	6496	4254	2242			
哈尼族	1		1						
哈萨克族									
傣 族	1		1	1		1			
黎 族	1	1		2	1	1			
傈僳族				1		1			
佤 族									
畲 族	1	1		6	3	3			
高山族									
拉祜族									
水 族									
东乡族									
纳西族									
景颇族				1		1			
柯尔克孜族									
土 族	1	1		6	3	3			
达斡尔族									
仫佬族	1	1		1	1				
羌 族									
布朗族									
撒拉族									
毛南族									
仡佬族	1		1	1		1			
锡伯族									
阿昌族									
普米族									
塔吉克族									
怒 族									
乌孜别克族									
俄罗斯族									
鄂温克族									
德昂族									
保安族									
裕固族									
京 族									
塔塔尔族									
独龙族									
鄂伦春族									
赫哲族									
门巴族									
珞巴族									
基诺族									
未定族称人口	1		1	1	1				
入 籍									

C-2-2 全省各民族分性别、职业的人口

单位：人

民 族	人口数			党的机关、国家机关、群众团体和社会组织、企事业单位负责人		
	合计	男	女	小计	男	女
总 计	**3043648**	**1832911**	**1210737**	**64310**	**45409**	**18901**
汉 族	2744140	1654883	1089257	59661	42201	17460
蒙古族	213	130	83	13	8	5
回 族	3937	2512	1425	135	90	45
藏 族	89	36	53	1		1
维吾尔族	502	270	232	8	6	2
苗 族	89386	52910	36476	1118	807	311
彝 族	391	204	187	2	1	1
壮 族	1631	646	985	29	15	14
布依族	280	104	176			
朝鲜族	57	36	21	3	3	
满 族	320	202	118	13	10	3
侗 族	43441	26110	17331	666	453	213
瑶 族	31178	18743	12435	389	288	101
白 族	6304	3760	2544	124	88	36
土家族	120766	71835	48931	2134	1429	705
哈尼族	77	25	52	1		1
哈萨克族						
傣 族	48	17	31			
黎 族	103	50	53	1	1	
傈僳族	35	20	15			
佤 族	21	11	10			
畲 族	164	112	52	1	1	
高山族	4	3	1			
拉祜族	13	1	12			
水 族	36	15	21			
东乡族	90	72	18	1	1	
纳西族	5	1	4			
景颇族	4		4			
柯尔克孜族	2		2			
土族	161	98	63	6	4	2
达斡尔族	3	2	1	1	1	
仫佬族	43	23	20	1	1	
羌 族	3	2	1			
布朗族	16	1	15			
撒拉族	13	6	7			
毛南族	12	4	8			
仡佬族	92	42	50	1	1	
锡伯族	3	2	1			
阿昌族	1		1			
普米族	1		1			
塔吉克族						
怒 族						
乌孜别克族	1		1			
俄罗斯族	1	1				
鄂温克族	1		1			
德昂族	1		1			
保安族	5	2	3			
裕固族						
京 族						
塔塔尔族						
独龙族	1		1			
鄂伦春族						
赫哲族	1		1			
门巴族						
珞巴族						
基诺族						
未定族称人口	43	18	25	1		1
入 籍	9	2	7			

C-2-2 续表 1　　　　单位：人

民 族	专业技术人员			办事人员和有关人员			社会生产服务和生活服务人员		
	小计	男	女	小计	男	女	小计	男	女
总 计	**267771**	**120216**	**147555**	**181199**	**113852**	**67347**	**1029752**	**565215**	**464537**
汉 族	244681	110354	134327	164849	103168	61681	948265	522221	426044
蒙古族	49	24	25	29	17	12	80	43	37
回 族	362	152	210	276	176	100	1271	750	521
藏 族	13	2	11	10	3	7	25	11	14
维吾尔族	28	13	15	16	6	10	159	95	64
苗 族	6307	2746	3561	4507	3015	1492	24363	12845	11518
彝 族	24	12	12	8	4	4	78	19	59
壮 族	136	41	95	86	35	51	490	171	319
布依族	25	11	14	13	9	4	88	21	67
朝鲜族	8	4	4	4	4		32	21	11
满 族	86	51	35	46	25	21	116	69	47
侗 族	3184	1340	1844	1983	1287	696	11230	5914	5316
瑶 族	1966	859	1107	1331	892	439	6181	3475	2706
白 族	484	195	289	399	261	138	1875	969	906
土家族	10334	4380	5954	7602	4929	2673	35222	18472	16750
哈尼族	4	2	2				15	2	13
哈萨克族									
傣 族	3		3	1	1		13	5	8
黎 族	9	2	7	6	5	1	33	17	16
傈僳族							7	3	4
佤 族				1		1	3	1	2
畲 族	20	9	11	9	6	3	54	32	22
高山族				1	1		1	1	
拉祜族							7		7
水 族	3	1	2	1		1	14	7	7
东乡族							17	9	8
纳西族	3	1	2						
景颇族				1		1	2		2
柯尔克孜族				2		2			
土族	18	8	10	10	6	4	32	15	17
达斡尔族	1		1				1	1	
仫佬族	4	1	3	1	1		11	5	6
羌 族	1		1				1	1	
布朗族							8		8
撒拉族							6	3	3
毛南族				1	1		3		3
仡佬族	11	5	6	4		4	28	10	18
锡伯族	1	1		1		1			
阿昌族							1		1
普米族									
塔吉克族									
怒 族									
乌孜别克族							1		1
俄罗斯族	1	1							
鄂温克族	1		1						
德昂族							1		1
保安族							1		1
裕固族									
京 族									
塔塔尔族									
独龙族									
鄂伦春族									
赫哲族							1		1
门巴族									
珞巴族									
基诺族									
未定族称人口	4	1	3	1		1	13	7	6
入 籍							3		3

C-2-2 续表 2

单位：人

民 族	农、林、牧、渔业生产及辅助人员			生产制造及有关人员			不便分类的其他从业人员		
	小计	男	女	小计	男	女	小计	男	女
总 计	**676881**	**376818**	**300063**	**804640**	**599761**	**204879**	**19095**	**11640**	**7455**
汉 族	590267	329301	260966	718903	536941	181962	17514	10697	6817
蒙古族	4	4		38	34	4			
回 族	766	461	305	1096	859	237	31	24	7
藏 族	13	5	8	27	15	12			
维吾尔族	100	64	36	191	86	105			
苗 族	26092	14204	11888	26617	19062	7555	382	231	151
彝 族	49	14	35	229	153	76	1	1	
壮 族	282	82	200	598	299	299	10	3	7
布依族	56	20	36	96	42	54	2	1	1
朝鲜族	4	1	3	6	3	3			
满 族	10	5	5	46	40	6	3	2	1
侗 族	12761	7077	5684	13499	9963	3536	118	76	42
瑶 族	11832	6671	5161	9327	6454	2873	152	104	48
白 族	1273	634	639	2095	1583	512	54	30	24
土家族	33190	18194	14996	31460	23963	7497	824	468	356
哈尼族	10		10	47	21	26			
哈萨克族									
傣 族	6	1	5	23	9	14	2	1	1
黎 族	18	8	10	36	17	19			
傈僳族	3		3	25	17	8			
佤 族	4	1	3	13	9	4			
畲 族	49	40	9	31	24	7			
高山族	1		1	1	1				
拉祜族	3		3	3	1	2			
水 族	3		3	15	7	8			
东乡族				71	61	10	1	1	
纳西族	2		2						
景颇族	1		1						
柯尔克孜族									
土族	45	25	20	49	39	10	1	1	
达斡尔族									
仫佬族	7	2	5	19	13	6			
羌 族				1	1				
布朗族	5		5	3	1	2			
撒拉族				7	3	4			
毛南族	1		1	7	3	4			
仡佬族	10	1	9	38	25	13			
锡伯族				1	1				
阿昌族									
普米族	1		1						
塔吉克族									
怒 族									
乌孜别克族									
俄罗斯族									
鄂温克族									
德昂族									
保安族				4	2	2			
裕固族									
京 族									
塔塔尔族									
独龙族	1		1						
鄂伦春族									
赫哲族									
门巴族									
珞巴族									
基诺族									
未定族称人口	9	3	6	15	7	8			
入 籍	3		3	3	2	1			

C-2-3 全省各民族分性别、主要生活来源的15岁及以上人口

单位：人

民 族	15岁及以上人口			劳动收入		
	合计	男	女	小计	男	女
总 计	**5674153**	**2867782**	**2806371**	**3077442**	**1861602**	**1215840**
汉 族	5139158	2593998	2545160	2772421	1679460	1092961
蒙古族	467	245	222	213	132	81
回 族	7244	3892	3352	3999	2565	1434
藏 族	578	218	360	83	33	50
维吾尔族	802	394	408	501	273	228
苗 族	158365	81190	77175	91869	54649	37220
彝 族	702	305	397	395	206	189
壮 族	2959	1020	1939	1628	644	984
布依族	504	158	346	281	104	177
朝鲜族	129	69	60	57	36	21
满 族	748	381	367	317	200	117
侗 族	74137	38547	35590	44046	26601	17445
瑶 族	54480	28303	26177	31546	19031	12515
白 族	11179	5667	5512	6319	3796	2523
土家族	220819	112594	108225	122743	73335	49408
哈尼族	131	27	104	77	25	52
哈萨克族	27	11	16			
傣 族	90	23	67	49	17	32
黎 族	229	76	153	104	52	52
傈僳族	60	29	31	34	19	15
佤 族	41	13	28	22	10	12
畲 族	277	173	104	167	114	53
高山族	9	5	4	5	3	2
拉祜族	25	2	23	10		10
水 族	69	23	46	36	15	21
东乡族	93	73	20	90	72	18
纳西族	16	5	11	5	1	4
景颇族	13		13	4		4
柯尔克孜族	7	4	3	2		2
土 族	331	177	154	167	103	64
达斡尔族	6	2	4	3	2	1
仫佬族	94	36	58	44	23	21
羌 族	10	5	5	3	2	1
布朗族	20	1	19	17	1	16
撒拉族	15	7	8	13	6	7
毛南族	21	4	17	12	4	8
仡佬族	143	60	83	93	43	50
锡伯族	12	5	7	3	2	1
阿昌族	2	1	1	1		1
普米族	1		1	1		1
塔吉克族						
怒 族	1		1			
乌孜别克族	2	1	1	1		1
俄罗斯族	2	1	1	1	1	
鄂温克族	1		1			
德昂族	1		1	1		1
保安族	6	2	4	5	2	3
裕固族						
京 族	6	1	5			
塔塔尔族						
独龙族	2		2	1		1
鄂伦春族	1		1			
赫哲族	1		1	1		1
门巴族	1	1				
珞巴族						
基诺族						
未定族称人口	90	30	60	44	18	26
入 籍	26	3	23	8	2	6

C-2-3 续表 1　　　　单位：人

民族	离退休金 / 养老金			最低生活保障金			失业保险金		
	小计	男	女	小计	男	女	小计	男	女
总　计	**422180**	**193384**	**228796**	**84390**	**50743**	**33647**	**1411**	**813**	**598**
汉　族	402191	183348	218843	75260	45307	29953	1334	775	559
蒙古族	18	11	7						
回　族	582	264	318	93	57	36	2	2	
藏　族	5	3	2	1		1			
维吾尔族	29	9	20	4	2	2			
苗　族	5494	2765	2729	2789	1601	1188	17	9	8
彝　族	5	4	1	2	2				
壮　族	70	34	36	28	15	13			
布依族	4	1	3	1		1			
朝鲜族	8	3	5						
满　族	81	38	43	4	3	1			
侗　族	2335	1200	1135	1139	699	440	5	1	4
瑶　族	1595	794	801	949	606	343	7	3	4
白　族	409	219	190	179	105	74			
土家族	9310	4667	4643	3933	2344	1589	44	22	22
哈尼族				2		2			
哈萨克族									
傣　族	1		1						
黎　族	3	2	1						
傈僳族	1	1							
佤　族									
畲　族	8	6	2	1		1	1	1	
高山族	1		1						
拉祜族									
水　族	1	1							
东乡族									
纳西族									
景颇族									
柯尔克孜族									
土　族	19	10	9	3	2	1			
达斡尔族									
仫佬族	1	1							
羌　族									
布朗族				1		1			
撒拉族									
毛南族									
仡佬族	1		1						
锡伯族	1	1							
阿昌族									
普米族									
塔吉克族									
怒　族									
乌孜别克族									
俄罗斯族									
鄂温克族									
德昂族									
保安族									
裕固族									
京　族									
塔塔尔族									
独龙族									
鄂伦春族									
赫哲族									
门巴族									
珞巴族									
基诺族									
未定族称人口	6	2	4	1		1	1		1
入　籍	1		1						

C-2-3 续表 2

单位：人

民族	财产性收入			家庭其他成员供养			其他		
	小计	男	女	小计	男	女	小计	男	女
总 计	**41039**	**21500**	**19539**	**1633159**	**545976**	**1087183**	**414532**	**193764**	**220768**
汉 族	37977	19866	18111	1476664	491444	985220	373311	173798	199513
蒙古族	3	2	1	212	91	121	21	9	12
回 族	32	20	12	2062	735	1327	474	249	225
藏 族	1	1		465	177	288	23	4	19
维吾尔族	1	1		240	98	142	27	11	16
苗 族	870	484	386	44929	15629	29300	12397	6053	6344
彝 族	2		2	266	83	183	32	10	22
壮 族	10	1	9	1046	280	766	177	46	131
布依族				192	48	144	26	5	21
朝鲜族	3	2	1	46	17	29	15	11	4
满 族	4	3	1	303	121	182	39	16	23
侗 族	277	154	123	21083	7360	13723	5252	2532	2720
瑶 族	224	121	103	16380	5841	10539	3779	1907	1872
白 族	92	44	48	3346	1108	2238	834	395	439
土家族	1539	800	739	65230	22733	42497	18020	8693	9327
哈尼族				40	2	38	12		12
哈萨克族				27	11	16			
傣 族				34	6	28	6		6
黎 族	1		1	107	19	88	14	3	11
傈僳族	1		1	22	8	14	2	1	1
佤 族				13	1	12	6	2	4
畲 族				93	48	45	7	4	3
高山族				2	1	1	1	1	
拉祜族				12	1	11	3	1	2
水 族				26	6	20	6	1	5
东乡族				2		2	1	1	
纳西族				11	4	7			
景颇族				7		7	2		2
柯尔克孜族				4	3	1	1	1	
土 族	1		1	120	53	67	21	9	12
达斡尔族				3		3			
仫佬族				42	12	30	7		7
羌 族				6	3	3	1		1
布朗族				2		2			
撒拉族				2	1	1			
毛南族				5		5	4		4
仡佬族				43	16	27	6	1	5
锡伯族				7	2	5	1		1
阿昌族				1	1				
普米族									
塔吉克族									
怒 族				1		1			
乌孜别克族	1	1							
俄罗斯族				1		1			
鄂温克族				1		1			
德昂族									
保安族				1		1			
裕固族									
京 族				6	1	5			
塔塔尔族									
独龙族				1		1			
鄂伦春族				1		1			
赫哲族									
门巴族				1	1				
珞巴族									
基诺族									
未定族称人口				37	10	27	1		1
入 籍				14	1	13	3		3

C-2-4　全省各民族分性别、婚姻状况的15岁及以上人口

单位：人

民　族	15岁及以上人口			未　婚		
	合计	男	女	小计	男	女
总　计	**5674153**	**2867782**	**2806371**	**1156295**	**696057**	**460238**
汉　族	5139158	2593998	2545160	1031053	620356	410697
蒙古族	467	245	222	238	124	114
回　族	7244	3892	3352	1827	1083	744
藏　族	578	218	360	490	189	301
维吾尔族	802	394	408	370	168	202
苗　族	158365	81190	77175	38244	23442	14802
彝　族	702	305	397	313	167	146
壮　族	2959	1020	1939	790	400	390
布依族	504	158	346	168	93	75
朝鲜族	129	69	60	43	23	20
满　族	748	381	367	322	161	161
侗　族	74137	38547	35590	17028	10838	6190
瑶　族	54480	28303	26177	13029	8103	4926
白　族	11179	5667	5512	2585	1509	1076
土家族	220819	112594	108225	49163	29063	20100
哈尼族	131	27	104	32	11	21
哈萨克族	27	11	16	25	10	15
傣　族	90	23	67	24	14	10
黎　族	229	76	153	97	39	58
傈僳族	60	29	31	20	14	6
佤　族	41	13	28	7	5	2
畲　族	277	173	104	92	60	32
高山族	9	5	4	2	1	1
拉祜族	25	2	23	5	1	4
水　族	69	23	46	26	14	12
东乡族	93	73	20	48	42	6
纳西族	16	5	11	10	4	6
景颇族	13		13	4		4
柯尔克孜族	7	4	3	4	3	1
土　族	331	177	154	90	50	40
达斡尔族	6	2	4	3		3
仫佬族	94	36	58	30	12	18
羌　族	10	5	5	5	3	2
布朗族	20	1	19	1	1	
撒拉族	15	7	8	6	4	2
毛南族	21	4	17	3		3
仡佬族	143	60	83	46	24	22
锡伯族	12	5	7	6	2	4
阿昌族	2	1	1	1	1	
普米族	1		1			
塔吉克族						
怒　族	1		1			
乌孜别克族	2	1	1			
俄罗斯族	2	1	1	2	1	1
鄂温克族	1		1			
德昂族	1		1			
保安族	6	2	4	4	2	2
裕固族						
京　族	6	1	5	2	1	1
塔塔尔族						
独龙族	2		2	1		1
鄂伦春族	1		1	1		1
赫哲族	1		1			
门巴族	1	1		1	1	
珞巴族						
基诺族						
未定族称人口	90	30	60	32	17	15
入　籍	26	3	23	2	1	1

C-2-4 续表 单位：人

民 族	有配偶			离婚			丧偶		
	小计	男	女	小计	男	女	小计	男	女
总 计	**4016261**	**1996828**	**2019433**	**136288**	**76933**	**59355**	**365309**	**97964**	**267345**
汉 族	3654730	1817241	1837489	122449	68506	53943	330926	87895	243031
蒙古族	208	111	97	14	7	7	7	3	4
回 族	4832	2583	2249	190	102	88	395	124	271
藏 族	86	27	59	1	1		1	1	
维吾尔族	390	214	176	12	5	7	30	7	23
苗 族	106294	52564	53730	3851	2362	1489	9976	2822	7154
彝 族	377	133	244	8	4	4	4	1	3
壮 族	2067	590	1477	34	18	16	68	12	56
布依族	325	63	262	7	2	5	4		4
朝鲜族	76	41	35	5	3	2	5	2	3
满 族	392	210	182	20	7	13	14	3	11
侗 族	50043	25034	25009	2046	1248	798	5020	1427	3593
瑶 族	36589	18473	18116	1126	695	431	3736	1032	2704
白 族	7540	3735	3805	312	189	123	742	234	508
土家族	151130	75368	75762	6192	3774	2418	14334	4389	9945
哈尼族	98	16	82				1		1
哈萨克族	2	1	1						
傣 族	65	9	56	1		1			
黎 族	126	35	91	4	2	2	2		2
傈僳族	40	15	25						
佤 族	31	7	24	1		1	2	1	1
畲 族	171	108	63	4	3	1	10	2	8
高山族	7	4	3						
拉祜族	19	1	18	1		1			
水 族	43	9	34						
东乡族	45	31	14						
纳西族	6	1	5						
景颇族	9		9						
柯尔克孜族	3	1	2						
土 族	211	117	94	5	4	1	25	6	19
达斡尔族	3	2	1						
仫佬族	63	24	39	1		1			
羌 族	4	1	3	1	1				
布朗族	18		18				1		1
撒拉族	8	3	5	1		1			
毛南族	18	4	14						
仡佬族	92	33	59	1		1	4	3	1
锡伯族	6	3	3						
阿昌族	1		1						
普米族	1		1						
塔吉克族									
怒 族	1		1						
乌孜别克族	2	1	1						
俄罗斯族									
鄂温克族	1		1						
德昂族	1		1						
保安族	2		2						
裕固族									
京 族	4		4						
塔塔尔族									
独龙族	1		1						
鄂伦春族									
赫哲族	1		1						
门巴族									
珞巴族									
基诺族									
未定族称人口	56	13	43	1		1	1		1
入 籍	23	2	21				1		1

C-2-5 全省各民族分性别、初婚年龄的人口

单位：人

民族	合计			15岁以下		
	合计	男	女	小计	男	女
总计	**4517858**	**2171725**	**2346133**	**7391**	**1079**	**6312**
汉族	4108105	1973642	2134463	6583	953	5630
蒙古族	229	121	108			
回族	5417	2809	2608	9	1	8
藏族	88	29	59	1	1	
维吾尔族	432	226	206	1		1
苗族	120121	57748	62373	281	38	243
彝族	389	138	251	3		3
壮族	2169	620	1549	3		3
布依族	336	65	271	1		1
朝鲜族	86	46	40			
满族	426	220	206			
侗族	57109	27709	29400	75	11	64
瑶族	41451	20200	21251	73	11	62
白族	8594	4158	4436	15	4	11
土家族	171656	83531	88125	340	60	280
哈尼族	99	16	83			
哈萨克族	2	1	1			
傣族	66	9	57	2		2
黎族	132	37	95	1		1
傈僳族	40	15	25	1		1
佤族	34	8	26			
畲族	185	113	72			
高山族	7	4	3			
拉祜族	20	1	19			
水族	43	9	34			
东乡族	45	31	14	1		1
纳西族	6	1	5			
景颇族	9		9			
柯尔克孜族	3	1	2			
土族	241	127	114			
达斡尔族	3	2	1			
仫佬族	64	24	40			
羌族	5	2	3			
布朗族	19		19			
撒拉族	9	3	6			
毛南族	18	4	14			
仡佬族	97	36	61	1		1
锡伯族	6	3	3			
阿昌族	1		1			
普米族	1		1			
塔吉克族						
怒族	1		1			
乌孜别克族	2	1	1			
俄罗斯族						
鄂温克族	1		1			
德昂族	1		1			
保安族	2		2			
裕固族						
京族	4		4			
塔塔尔族						
独龙族	1		1			
鄂伦春族						
赫哲族	1		1			
门巴族						
珞巴族						
基诺族						
未定族称人口	58	13	45			
入籍	24	2	22			

C-2-5　续表 1　　　　　　　　　　　　　　　　　　　　　　　　　　　　单位：人

民　族	15 岁			16 岁		
	小计	男	女	小计	男	女
总　计	**29894**	**5121**	**24773**	**51431**	**7995**	**43436**
汉　族	27031	4515	22516	46568	7008	39560
蒙古族						
回　族	36	7	29	47	8	39
藏　族				2		2
维吾尔族	2		2	8	4	4
苗　族	999	209	790	1618	352	1266
彝　族	7	1	6	7		7
壮　族	12	1	11	28	1	27
布依族	10		10	7		7
朝鲜族						
满　族	1	1		3	2	1
侗　族	324	57	267	624	130	494
瑶　族	351	76	275	592	129	463
白　族	59	5	54	104	18	86
土家族	1050	247	803	1806	342	1464
哈尼族	1		1	1		1
哈萨克族						
傣　族				1		1
黎　族	1	1		1		1
傈僳族	2		2	1		1
佤　族	1		1	1		1
畲　族	1		1	2		2
高山族						
拉祜族	1		1	1		1
水　族	1		1			
东乡族				1		1
纳西族						
景颇族						
柯尔克孜族						
土　族	1	1		4	1	3
达斡尔族						
仫佬族						
羌　族						
布朗族	1		1	1		1
撒拉族						
毛南族						
仡佬族						
锡伯族						
阿昌族						
普米族						
塔吉克族						
怒　族						
乌孜别克族						
俄罗斯族						
鄂温克族						
德昂族						
保安族						
裕固族						
京　族						
塔塔尔族						
独龙族						
鄂伦春族						
赫哲族						
门巴族						
珞巴族						
基诺族						
未定族称人口	1		1	2		2
入　籍	1		1	1		1

C–2–5 续表 2

单位：人

民 族	17岁			18岁			19岁		
	小计	男	女	小计	男	女	小计	男	女
总 计	**92846**	**14896**	**77950**	**158076**	**29147**	**128929**	**294673**	**67235**	**227438**
汉 族	84287	13082	71205	143807	25834	117973	268368	60548	207820
蒙古族	2	1	1	11	4	7	7	2	5
回 族	102	19	83	166	43	123	360	90	270
藏 族	3	1	2	3		3	6	1	5
维吾尔族	8	2	6	10	3	7	26	12	14
苗 族	2711	594	2117	4331	1004	3327	7656	2005	5651
彝 族	9		9	16	3	13	27	7	20
壮 族	43	5	38	76	10	66	122	15	107
布依族	7	1	6	10	1	9	22	2	20
朝鲜族	1		1				1		1
满 族	7	1	6	4		4	10	2	8
侗 族	1188	219	969	2035	436	1599	3856	882	2974
瑶 族	1069	260	809	1695	462	1233	3087	837	2250
白 族	169	31	138	267	71	196	484	115	369
土家族	3212	673	2539	5597	1266	4331	10545	2688	7857
哈尼族	3		3	9	1	8	9	1	8
哈萨克族									
傣 族	2	1	1	5	1	4	6		6
黎 族	2		2	5		5	10	1	9
傈僳族	1	1		2	1	1	5	2	3
佤 族	2		2				5	1	4
畲 族	1		1	4	1	3	12	6	6
高山族									
拉祜族				1		1	2		2
水 族	2		2				5		5
东乡族	3	1	2	1		1	10	8	2
纳西族									
景颇族							1		1
柯尔克孜族							1		1
土 族	5	2	3	9	5	4	6	3	3
达斡尔族									
仫佬族	1	1		2	1	1	7	3	4
羌 族	1		1						
布朗族	2		2	2		2	2		2
撒拉族	1		1	1		1	2	2	
毛南族									
仡佬族	1		1	1		1	7	1	6
锡伯族									
阿昌族									
普米族									
塔吉克族									
怒 族									
乌孜别克族									
俄罗斯族									
鄂温克族									
德昂族									
保安族									
裕固族									
京 族									
塔塔尔族									
独龙族									
鄂伦春族									
赫哲族									
门巴族									
珞巴族									
基诺族									
未定族称人口	1	1		4		4	5	1	4
入 籍				2		2	1		1

C-2-5 续表 3

单位：人

民 族	20 岁			21 岁			22 岁		
	小计	男	女	小计	男	女	小计	男	女
总 计	**445303**	**123422**	**321881**	**512928**	**202061**	**310867**	**564590**	**274622**	**289968**
汉 族	405547	111923	293624	467874	184164	283710	515245	250897	264348
蒙古族	5	3	2	18	7	11	17	5	12
回 族	497	155	342	548	235	313	669	353	316
藏 族	8		8	9	3	6	3		3
维吾尔族	37	16	21	50	19	31	53	24	29
苗 族	11494	3323	8171	12937	5138	7799	14259	6801	7458
彝 族	46	10	36	41	14	27	47	22	25
壮 族	235	38	197	245	46	199	252	75	177
布依族	33	3	30	38	2	36	49	5	44
朝鲜族	2		2	6	2	4	6	5	1
满 族	23	6	17	20	11	9	32	17	15
侗 族	5924	1549	4375	6598	2608	3990	7055	3539	3516
瑶 族	4541	1438	3103	4848	2109	2739	5214	2696	2518
白 族	737	197	540	930	352	578	991	459	532
土家族	16040	4737	11303	18648	7311	11337	20573	9682	10891
哈尼族	12	1	11	10	3	7	6	1	5
哈萨克族	1		1						
傣 族	7		7	7		7	8	1	7
黎 族	12	1	11	14	3	11	13	3	10
傈僳族	5	2	3	1	1		4	1	3
佤 族	4		4	2		2	3	1	2
畲 族	17	6	11	14	9	5	19	14	5
高山族	1		1						
拉祜族	4		4	1		1			
水 族	7	1	6	1		1	4	1	3
东乡族	5	2	3	7	7		4	3	1
纳西族	1		1						
景颇族	1		1	2		2	1		1
柯尔克孜族							1		1
土 族	20	6	14	19	6	13	27	12	15
达斡尔族									
仫佬族	7	2	5	10	3	7	11	3	8
羌 族				1		1			
布朗族	3		3	1		1	3		3
撒拉族	1		1	1		1	2		2
毛南族	3		3	2		2	2	1	1
仡佬族	16	3	13	16	6	10	8	1	7
锡伯族									
阿昌族	1		1						
普米族	1		1						
塔吉克族									
怒 族				1		1			
乌孜别克族				1	1				
俄罗斯族									
鄂温克族									
德昂族									
保安族							1		1
裕固族									
京 族									
塔塔尔族									
独龙族	1		1						
鄂伦春族									
赫哲族							1		1
门巴族									
珞巴族									
基诺族									
未定族称人口	2		2	5		5	5		5
入 籍	2		2	2	1	1	2		2

C-2-5 续表 4 单位：人

民 族	23 岁			24 岁			25 岁		
	小计	男	女	小计	男	女	小计	男	女
总 计	**507603**	**264433**	**243170**	**435496**	**247055**	**188441**	**353059**	**215258**	**137801**
汉 族	462940	241412	221528	396920	225776	171144	321226	196415	124811
蒙古族	16	9	7	22	14	8	26	11	15
回 族	607	340	267	548	317	231	454	306	148
藏 族	9	3	6	8	2	6	9	3	6
维吾尔族	50	27	23	37	21	16	38	24	14
苗 族	12769	6542	6227	11056	6088	4968	9009	5221	3788
彝 族	31	15	16	43	20	23	29	11	18
壮 族	230	64	166	196	67	129	173	61	112
布依族	29	4	25	30	7	23	18	5	13
朝鲜族	7	3	4	7	3	4	14	6	8
满 族	40	19	21	55	22	33	50	25	25
侗 族	6236	3332	2904	5157	2922	2235	4289	2652	1637
瑶 族	4516	2442	2074	3638	2098	1540	2982	1809	1173
白 族	939	472	467	842	472	370	715	430	285
土家族	19065	9694	9371	16812	9169	7643	13928	8231	5697
哈尼族	8	2	6	12	4	8	3	1	2
哈萨克族				1	1				
傣 族	4	1	3	5	1	4	2	1	1
黎 族	10	1	9	13	6	7	13	6	7
傈僳族	3	2	1	3		3	3	2	1
佤 族	2		2	5	2	3	4	3	1
畲 族	18	9	9	19	12	7	18	10	8
高山族							1		1
拉祜族	1		1				3		3
水 族	3	1	2	5	1	4	3	1	2
东乡族	5	5		4	2	2	2	1	1
纳西族				2		2			
景颇族				1		1			
柯尔克孜族									
土 族	37	20	17	36	21	15	18	11	7
达斡尔族	2	1	1						
仫佬族	7	4	3	3	1	2	4	3	1
羌 族									
布朗族	1		1						
撒拉族	1	1							
毛南族				1		1	3	1	2
仡佬族	11	4	7	10	5	5	10	7	3
锡伯族	1	1		1		1	2		2
阿昌族									
普米族									
塔吉克族									
怒 族									
乌孜别克族									
俄罗斯族									
鄂温克族									
德昂族									
保安族									
裕固族									
京 族							1		1
塔塔尔族									
独龙族									
鄂伦春族									
赫哲族									
门巴族									
珞巴族									
基诺族									
未定族称人口	4	2	2	3	1	2	8	1	7
入 籍	1	1		1		1	1		1

C-2-5 续表 5 单位：人

民 族	26 岁			27 岁			28 岁		
	小计	男	女	小计	男	女	小计	男	女
总 计	**270486**	**174366**	**96120**	**202448**	**136176**	**66272**	**147698**	**102565**	**45133**
汉 族	245572	158851	86721	183451	123772	59679	133390	92895	40495
蒙古族	30	17	13	21	12	9	14	9	5
回 族	337	218	119	265	177	88	191	142	49
藏 族	9	4	5	6	4	2	3	2	1
维吾尔族	29	22	7	19	13	6	17	10	7
苗 族	7241	4467	2774	5523	3634	1889	4323	2887	1436
彝 族	26	8	18	17	10	7	4	2	2
壮 族	136	57	79	103	39	64	74	34	40
布依族	14	3	11	16	10	6	14	5	9
朝鲜族	4	1	3	6	3	3	5	3	2
满 族	31	19	12	31	20	11	29	14	15
侗 族	3229	2055	1174	2552	1703	849	1862	1299	563
瑶 族	2210	1355	855	1612	1065	547	1182	792	390
白 族	572	329	243	439	288	151	303	202	101
土家族	10967	6926	4041	8327	5391	2936	6252	4251	2001
哈尼族	7	1	6	3		3	2		2
哈萨克族									
傣 族	3	1	2	3		3			
黎 族	10	4	6	5	3	2	3	1	2
傈僳族	1		1						
佤 族	3	1	2						
畲 族	17	12	5	16	14	2	7	4	3
高山族				2	2		1	1	
拉祜族	1		1						
水 族	2	1	1	2		2	3	1	2
东乡族									
纳西族	2	1	1						
景颇族							1		1
柯尔克孜族									
土 族	14	9	5	18	10	8	5	4	1
达斡尔族				1	1				
仫佬族	4		4	2	1	1	2	1	1
羌 族	1		1				1	1	
布朗族	1		1	2		2			
撒拉族									
毛南族	1		1	1	1		2	1	1
仡佬族	5	3	2	2	1	1	2	1	1
锡伯族				1	1		1	1	
阿昌族									
普米族									
塔吉克族									
怒 族									
乌孜别克族	1		1						
俄罗斯族									
鄂温克族									
德昂族	1		1						
保安族	1		1						
裕固族									
京 族	1		1						
塔塔尔族									
独龙族									
鄂伦春族									
赫哲族									
门巴族									
珞巴族									
基诺族									
未定族称人口	2	1	1	2	1	1	3	2	1
入 籍	1		1				2		2

C-2-5 续表 6 单位：人

民 族	29岁			30岁			31岁		
	小计	男	女	小计	男	女	小计	男	女
总 计	**107463**	**75377**	**32086**	**79384**	**55592**	**23792**	**56542**	**39314**	**17228**
汉 族	96898	68065	28833	71527	50193	21334	50740	35295	15445
蒙古族	10	6	4	9	7	2	5	3	2
回 族	148	99	49	117	77	40	68	49	19
藏 族	2	1	1						
维吾尔族	11	6	5	10	8	2	6	5	1
苗 族	3231	2228	1003	2446	1662	784	1800	1227	573
彝 族	7	1	6	7	5	2	5	2	3
壮 族	63	26	37	40	16	24	32	15	17
布依族	7	3	4	7	1	6	8	5	3
朝鲜族	3	2	1	2	2		2	1	1
满 族	26	17	9	15	10	5	13	9	4
侗 族	1481	1074	407	1141	811	330	834	576	258
瑶 族	918	627	291	632	435	197	483	328	155
白 族	259	175	84	209	147	62	128	86	42
土家族	4367	3035	1332	3194	2204	990	2393	1703	690
哈尼族	4	1	3	1		1	1		1
哈萨克族									
傣 族	2	1	1	2		2	3		3
黎 族	2		2	6	3	3	3	1	2
傈僳族				5	2	3			
佤 族									
畲 族	5	4	1	1	1		4	3	1
高山族				1	1				
拉祜族	2	1	1						
水 族	1	1					3	1	2
东乡族				2	2				
纳西族				1		1			
景颇族	1		1						
柯尔克孜族	1	1							
土 族	3	2	1	4	4		5	2	3
达斡尔族									
仫佬族	2		2	1		1	1	1	
羌 族									
布朗族									
撒拉族									
毛南族							1		1
仡佬族	3	1	2				2	1	1
锡伯族									
阿昌族									
普米族									
塔吉克族									
怒 族									
乌孜别克族									
俄罗斯族									
鄂温克族				1		1			
德昂族									
保安族									
裕固族									
京 族	1		1						
塔塔尔族									
独龙族									
鄂伦春族									
赫哲族									
门巴族									
珞巴族									
基诺族									
未定族称人口	3		3	3	1	2	2	1	1
入 籍	2		2						

C-2-5 续表 7 单位：人

民 族	32 岁			33 岁			34 岁		
	小计	男	女	小计	男	女	小计	男	女
总 计	**42563**	**29546**	**13017**	**31866**	**21996**	**9870**	**24740**	**17103**	**7637**
汉 族	38225	26522	11703	28579	19733	8846	22154	15284	6870
蒙古族				4	2	2	3	2	1
回 族	68	50	18	28	22	6	31	24	7
藏 族	1	1		2	1	1	2	1	1
维吾尔族	4	3	1	2	1	1	5	3	2
苗 族	1359	940	419	1023	685	338	811	553	258
彝 族	2	1	1	4	2	2	1		1
壮 族	25	11	14	21	9	12	13	5	8
布依族	5	2	3	1	1		3	2	1
朝鲜族	2	1	1	1		1	3	2	1
满 族	7	2	5	12	9	3	6	6	
侗 族	574	418	156	442	310	132	330	238	92
瑶 族	398	287	111	291	192	99	225	159	66
白 族	83	54	29	82	58	24	59	45	14
土家族	1798	1249	549	1365	967	398	1087	777	310
哈尼族	2		2				1		1
哈萨克族									
傣 族				1		1			
黎 族				2	1	1	1	1	
傈僳族	1	1					1		1
佤 族	1		1						
畲 族	2	2		3	3				
高山族	1		1						
拉祜族	1		1	1		1	1		1
水 族	1		1						
东乡族									
纳西族									
景颇族				1		1			
柯尔克孜族									
土 族							1	1	
达斡尔族									
仫佬族									
羌 族									
布朗族									
撒拉族									
毛南族							1		1
仡佬族	2	2							
锡伯族									
阿昌族									
普米族									
塔吉克族									
怒 族									
乌孜别克族									
俄罗斯族									
鄂温克族									
德昂族									
保安族									
裕固族									
京 族									
塔塔尔族									
独龙族									
鄂伦春族									
赫哲族									
门巴族									
珞巴族									
基诺族									
未定族称人口									
入 籍	1		1	1		1	1		1

C-2-5 续表 8　　　　　　　　　　　　　　　　　　单位：人

民　族	35 岁			36 岁			37 岁		
	小计	男	女	小计	男	女	小计	男	女
总　计	**19040**	**13102**	**5938**	**14289**	**9826**	**4463**	**11163**	**7788**	**3375**
汉　族	17053	11729	5324	12762	8759	4003	9994	6978	3016
蒙古族				3	3				
回　族	29	16	13	21	15	6	8	5	3
藏　族									
维吾尔族	1		1	1		1	2		2
苗　族	634	422	212	497	337	160	359	249	110
彝　族	3	3		2		2	3	1	2
壮　族	12	2	10	10	8	2	4	3	1
布依族	1	1		2		2	1		1
朝鲜族	6	5	1	1	1		1	1	
满　族	3	2	1	1	1		3	2	1
侗　族	276	212	64	183	135	48	135	86	49
瑶　族	156	103	53	123	82	41	102	71	31
白　族	42	36	6	28	19	9	28	23	5
土家族	817	568	249	648	463	185	516	367	149
哈尼族							2		2
哈萨克族									
傣　族									
黎　族	1		1	1		1	1		1
傈僳族									
佤　族									
畲　族	1		1	1	1		3	2	1
高山族									
拉祜族									
水　族									
东乡族									
纳西族									
景颇族									
柯尔克孜族									
土　族	3	2	1	2	2		1		1
达斡尔族									
仫佬族									
羌　族									
布朗族									
撒拉族									
毛南族				1		1			
仡佬族									
锡伯族									
阿昌族									
普米族									
塔吉克族									
怒　族									
乌孜别克族									
俄罗斯族									
鄂温克族									
德昂族									
保安族									
裕固族									
京　族									
塔塔尔族									
独龙族									
鄂伦春族									
赫哲族									
门巴族									
珞巴族									
基诺族									
未定族称人口	2	1	1						
入　籍				2		2			

C-2-5 续表 9

单位：人

民 族	38 岁			39 岁			40 岁及以上		
	小计	男	女	小计	男	女	小计	男	女
总 计	**9029**	**6217**	**2812**	**7414**	**4994**	**2420**	**40443**	**25439**	**15004**
汉 族	8081	5544	2537	6676	4499	2177	36607	22996	13611
蒙古族	2	1	1				4	3	1
回 族	11	9	2	13	6	7	39	26	13
藏 族							2	1	1
维吾尔族							5	3	2
苗 族	317	232	85	226	153	73	1211	757	454
彝 族							2		2
壮 族	4	2	2				17	10	7
布依族	1	1		1	1		1		1
朝鲜族	1	1					5	4	1
满 族	3	2	1				1	1	
侗 族	113	81	32	95	63	32	501	311	190
瑶 族	87	62	25	66	50	16	360	225	135
白 族	25	17	8	17	14	3	68	39	29
土家族	381	265	116	319	208	111	1609	1057	552
哈尼族	2		2						
哈萨克族									
傣 族							3	1	2
黎 族							2	1	1
傈僳族	1		1						
佤 族							1		1
畲 族									
高山族									
拉祜族									
水 族									
东乡族									
纳西族									
景颇族									
柯尔克孜族									
土 族							3	3	
达斡尔族									
仫佬族									
羌 族							1	1	
布朗族									
撒拉族									
毛南族									
仡佬族									
锡伯族									
阿昌族									
普米族									
塔吉克族									
怒 族									
乌孜别克族									
俄罗斯族									
鄂温克族									
德昂族									
保安族									
裕固族									
京 族							1		1
塔塔尔族									
独龙族									
鄂伦春族									
赫哲族									
门巴族									
珞巴族									
基诺族									
未定族称人口				1		1			
入 籍									

C-2-6 全省按民族、生育孩次分的育龄妇女人数
(2019.11.1-2020.10.31)

单位：人

民族	合计	生男孩的妇女人数	生女孩的妇女人数	一孩			二孩		
				小计	男	女	小计	男	女
总计	**57103**	**30777**	**26326**	**24614**	**13480**	**11134**	**26339**	**13701**	**12638**
汉族	50956	27464	23492	21959	12057	9902	23522	12199	11323
蒙古族	5	4	1	2	2		2	2	
回族	60	30	30	26	10	16	29	17	12
藏族	7	4	3	6	4	2	1		1
维吾尔族	8	5	3	3	2	1	4	2	2
苗族	1856	986	870	784	425	359	855	442	413
彝族	26	12	14	11	7	4	11	3	8
壮族	90	48	42	29	12	17	47	26	21
布依族	27	9	18	12	4	8	13	3	10
朝鲜族									
满族	7	5	2	4	3	1	3	2	1
侗族	745	404	341	303	168	135	373	194	179
瑶族	671	371	300	245	139	106	292	151	141
白族	117	63	54	52	32	20	52	26	26
土家族	2475	1337	1138	1153	599	554	1112	619	493
哈尼族	5	4	1	2	2		3	2	1
哈萨克族									
傣族	4	3	1	2	1	1	2	2	
黎族	7	3	4	5	1	4	2	2	
傈僳族	2	1	1				1		1
佤族	2	1	1	1		1	1	1	
畲族	2	2		1	1		1	1	
高山族									
拉祜族	4	2	2	2	1	1	1	1	
水族	5	4	1	1	1		3	2	1
东乡族									
纳西族									
景颇族	1	1		1	1				
柯尔克孜族									
土族	2		2				2		2
达斡尔族									
仫佬族	4	4		2	2		1	1	
羌族									
布朗族									
撒拉族	1	1							
毛南族	1		1	1		1			
仡佬族	1		1				1		1
锡伯族									
阿昌族									
普米族									
塔吉克族									
怒族	1	1					1	1	
乌孜别克族									
俄罗斯族									
鄂温克族									
德昂族									
保安族									
裕固族									
京族	1	1		1	1				
塔塔尔族									
独龙族									
鄂伦春族									
赫哲族	1	1					1	1	
门巴族									
珞巴族									
基诺族									
未定族称人口	6	4	2	3	3		3	1	2
入籍	3	2	1	3	2	1			

C-2-6 续表　　　　单位：人

民　族	三　孩			四　孩			五孩及以上		
	小计	男	女	小计	男	女	小计	男	女
总　计	**5200**	**3040**	**2160**	**787**	**471**	**316**	**163**	**85**	**78**
汉　族	4631	2717	1914	701	417	284	143	74	69
蒙古族	1		1						
回　族	4	3	1				1		1
藏　族									
维吾尔族	1	1							
苗　族	177	94	83	31	20	11	9	5	4
彝　族	3	2	1	1		1			
壮　族	14	10	4						
布依族	2	2							
朝鲜族									
满　族									
侗　族	64	40	24	5	2	3			
瑶　族	110	62	48	18	15	3	6	4	2
白　族	11	5	6	2		2			
土家族	178	101	77	28	16	12	4	2	2
哈尼族									
哈萨克族									
傣　族									
黎　族									
傈僳族				1	1				
佤　族									
畲　族									
高山族									
拉祜族	1		1						
水　族	1	1							
东乡族									
纳西族									
景颇族									
柯尔克孜族									
土　族									
达斡尔族									
仫佬族	1	1							
羌　族									
布朗族									
撒拉族	1	1							
毛南族									
仡佬族									
锡伯族									
阿昌族									
普米族									
塔吉克族									
怒　族									
乌孜别克族									
俄罗斯族									
鄂温克族									
德昂族									
保安族									
裕固族									
京　族									
塔塔尔族									
独龙族									
鄂伦春族									
赫哲族									
门巴族									
珞巴族									
基诺族									
未定族称人口									
入　籍									

C-2-7 全省各民族15-64岁妇女平均活产子女数和平均存活子女数

单位：人、%

民族	15-64岁妇女人数	活产子女总数			存活子女总数			存活子女数占活产子女数的百分比	妇女平均活产子女数	妇女平均存活子女数
		小计	男	女	小计	男	女			
总计	**2309191**	**3085162**	**1688955**	**1396207**	**3020453**	**1648866**	**1371587**	**97.90**	**1.34**	**1.31**
汉族	2093117	2794334	1531649	1262685	2736762	1495996	1240766	97.94	1.34	1.31
蒙古族	215	143	66	77	142	65	77	99.30	0.67	0.66
回族	2809	3220	1732	1488	3143	1687	1456	97.61	1.15	1.12
藏族	359	95	45	50	95	45	50	100.00	0.26	0.26
维吾尔族	373	244	134	110	241	133	108	98.77	0.65	0.65
苗族	63955	90350	48810	41540	88204	47490	40714	97.62	1.41	1.38
彝族	394	434	248	186	425	240	185	97.93	1.10	1.08
壮族	1844	2542	1375	1167	2497	1341	1156	98.23	1.38	1.35
布依族	344	479	259	220	470	254	216	98.12	1.39	1.37
朝鲜族	54	44	25	19	44	25	19	100.00	0.81	0.81
满族	345	238	118	120	233	115	118	97.90	0.69	0.68
侗族	29618	40387	22282	18105	39384	21626	17758	97.52	1.36	1.33
瑶族	21859	33229	18084	15145	32394	17553	14841	97.49	1.52	1.48
白族	4519	5922	3115	2807	5762	3027	2735	97.30	1.31	1.28
土家族	88360	112269	60352	51917	109462	58629	50833	97.50	1.27	1.24
哈尼族	104	147	71	76	141	69	72	95.92	1.41	1.36
哈萨克族	16	2	1	1	2	1	1	100.00	0.13	0.13
傣族	67	92	59	33	90	58	32	97.83	1.37	1.34
黎族	150	158	79	79	152	79	73	96.20	1.05	1.01
傈僳族	31	44	23	21	44	23	21	100.00	1.42	1.42
佤族	27	47	29	18	47	29	18	100.00	1.74	1.74
畲族	93	94	52	42	91	50	41	96.81	1.01	0.98
高山族	2	2	1	1	2	1	1	100.00	1.00	1.00
拉祜族	23	29	16	13	28	15	13	96.55	1.26	1.22
水族	46	59	30	29	59	30	29	100.00	1.28	1.28
东乡族	20	19	11	8	19	11	8	100.00	0.95	0.95
纳西族	11	10	6	4	10	6	4	100.00	0.91	0.91
景颇族	13	17	10	7	17	10	7	100.00	1.31	1.31
柯尔克孜族	3	2	2		2	2		100.00	0.67	0.67
土族	122	148	69	79	136	58	78	91.89	1.21	1.11
达斡尔族	4	2	1	1	2	1	1	100.00	0.50	0.50
仫佬族	57	65	40	25	65	40	25	100.00	1.14	1.14
羌族	5	2	1	1	2	1	1	100.00	0.40	0.40
布朗族	19	35	19	16	33	18	15	94.29	1.84	1.74
撒拉族	8	8	6	2	8	6	2	100.00	1.00	1.00
毛南族	17	24	12	12	24	12	12	100.00	1.41	1.41
仡佬族	82	105	50	55	101	48	53	96.19	1.28	1.23
锡伯族	7	3	1	2	3	1	2	100.00	0.43	0.43
阿昌族	1	2	1	1	2	1	1	100.00	2.00	2.00
普米族	1	2	2		2	2		100.00	2.00	2.00
塔吉克族										
怒族	1	2	2		2	2		100.00	2.00	2.00
乌孜别克族	1	1	1		1	1		100.00	1.00	1.00
俄罗斯族	1									
鄂温克族	1	1		1	1		1	100.00	1.00	1.00
德昂族	1	2	2		2	2		100.00	2.00	2.00
保安族	4	4	2	2	4	2	2	100.00	1.00	1.00
裕固族										
京族	5	3	2	1	3	2	1	100.00	0.60	0.60
塔塔尔族										
独龙族	2	2	1	1	2	1	1	100.00	1.00	1.00
鄂伦春族	1									
赫哲族	1	2	2		2	2		100.00	2.00	2.00
门巴族										
珞巴族										
基诺族										
未定族称人口	57	70	43	27	69	42	27	98.57	1.23	1.21
入籍	22	27	14	13	27	14	13	100.00	1.23	1.23

第二部分 长表数据资料

第三卷 教育

C-3-1　全省分学业完成情况、性别、受教育程度的3岁及以上人口

单位：人

学业完成情况	合计			小学		
	合计	男	女	小计	男	女
总　计	**6393163**	**3286903**	**3106260**	**1682393**	**790267**	**892126**
在　校	1341478	710296	631182	566890	303681	263209
毕　业	4558012	2333767	2224245	917326	403509	513817
肄　业	83664	39532	44132	42179	16461	25718
辍　学	61592	28667	32925	36334	14579	21755
其　他	348417	174641	173776	119664	52037	67627

C-3-1　续表 1　　单位：人

学业完成情况	初中			高中			大学专科		
	小计	男	女	小计	男	女	小计	男	女
总　计	**2494835**	**1310316**	**1184519**	**1287268**	**708506**	**578762**	**539506**	**280264**	**259242**
在　校	283977	153130	130847	265871	142619	123252	114566	59170	55396
毕　业	2012603	1051804	960799	950498	525475	425023	406985	211547	195438
肄　业	28964	15712	13252	9880	5906	3974	1878	1047	831
辍　学	19310	10490	8820	5448	3324	2124	408	229	179
其　他	149981	79180	70801	55571	31182	24389	15669	8271	7398

C-3-1　续表 2　　单位：人

学业完成情况	大学本科			硕士研究生			博士研究生		
	小计	男	女	小计	男	女	小计	男	女
总　计	**356988**	**180755**	**176233**	**28074**	**14166**	**13908**	**4099**	**2629**	**1470**
在　校	100978	47381	53597	8012	3622	4390	1184	693	491
毕　业	248159	129235	118924	19597	10309	9288	2844	1888	956
肄　业	717	379	338	42	25	17	4	2	2
辍　学	89	45	44	2		2	1		1
其　他	7045	3715	3330	421	210	211	66	46	20

C-3-1a 全省分学业完成情况、性别、受教育程度的3岁及以上人口（城市）

单位：人

学业完成情况	合计			小学		
	合计	男	女	小计	男	女
总　计	**1745405**	**870410**	**874995**	**274606**	**130054**	**144552**
在　校	385103	200379	184724	129292	69172	60120
毕　业	1280002	631497	648505	125949	53185	72764
肄　业	13203	6242	6961	4288	1547	2741
辍　学	8454	3909	4545	3798	1415	2383
其　他	58643	28383	30260	11279	4735	6544

C-3-1a 续表 1

单位：人

学业完成情况	初中			高中			大学专科		
	小计	男	女	小计	男	女	小计	男	女
总　计	**499871**	**245466**	**254405**	**456494**	**235381**	**221113**	**263351**	**133433**	**129918**
在　校	60290	32479	27811	76068	41335	34733	46074	23539	22535
毕　业	410108	198540	211568	360291	183504	176787	210121	106189	103932
肄　业	4849	2426	2423	2840	1607	1233	836	454	382
辍　学	3049	1543	1506	1439	850	589	129	78	51
其　他	21575	10478	11097	15856	8085	7771	6191	3173	3018

C-3-1a 续表 2

单位：人

学业完成情况	大学本科			硕士研究生			博士研究生		
	小计	男	女	小计	男	女	小计	男	女
总　计	**226058**	**112966**	**113092**	**21702**	**10974**	**10728**	**3323**	**2136**	**1187**
在　校	66868	30794	36074	5622	2539	3083	889	521	368
毕　业	155383	80224	75159	15767	8274	7493	2383	1581	802
肄　业	358	191	167	29	16	13	3	1	2
辍　学	38	23	15				1		1
其　他	3411	1734	1677	284	145	139	47	33	14

C-3-1b 全省分学业完成情况、性别、受教育程度的3岁及以上人口（镇）

单位：人

学业完成情况	合计			小学		
	合计	男	女	小计	男	女
总 计	**1951847**	**994237**	**957610**	**470105**	**218373**	**251732**
在 校	430615	229667	200948	175572	93882	81690
毕 业	1380821	696795	684026	246796	105236	141560
肄 业	20620	9392	11228	9634	3545	6089
辍 学	16561	7522	9039	8935	3428	5507
其 他	103230	50861	52369	29168	12282	16886

C-3-1b 续表 1

单位：人

学业完成情况	初中			高中			大学专科		
	小计	男	女	小计	男	女	小计	男	女
总 计	**764560**	**388888**	**375672**	**445258**	**242815**	**202443**	**174913**	**93535**	**81378**
在 校	89095	48044	41051	106032	56248	49784	38169	20794	17375
毕 业	617221	311261	305960	314362	172773	141589	130151	69193	60958
肄 业	7185	3724	3461	3017	1707	1310	530	289	241
辍 学	5723	3006	2717	1703	993	710	165	81	84
其 他	45336	22853	22483	20144	11094	9050	5898	3178	2720

C-3-1b 续表 2

单位：人

学业完成情况	大学本科			硕士研究生			博士研究生		
	小计	男	女	小计	男	女	小计	男	女
总 计	**91920**	**48029**	**43891**	**4569**	**2257**	**2312**	**522**	**340**	**182**
在 校	20083	9943	10140	1504	665	839	160	91	69
毕 业	68976	36546	32430	2968	1548	1420	347	238	109
肄 业	243	120	123	10	6	4	1	1	
辍 学	34	14	20	1		1			
其 他	2584	1406	1178	86	38	48	14	10	4

C-3-1c 全省分学业完成情况、性别、受教育程度的3岁及以上人口（乡村）

单位：人

学业完成情况	合计			小学		
	合计	男	女	小计	男	女
总 计	**2695911**	**1422256**	**1273655**	**937682**	**441840**	**495842**
在 校	525760	280250	245510	262026	140627	121399
毕 业	1897189	1005475	891714	544581	245088	299493
肄 业	49841	23898	25943	28257	11369	16888
辍 学	36577	17236	19341	23601	9736	13865
其 他	186544	95397	91147	79217	35020	44197

C-3-1c 续表 1

单位：人

学业完成情况	初中			高中			大学专科		
	小计	男	女	小计	男	女	小计	男	女
总 计	**1230404**	**675962**	**554442**	**385516**	**230310**	**155206**	**101242**	**53296**	**47946**
在 校	134592	72607	61985	83771	45036	38735	30323	14837	15486
毕 业	985274	542003	443271	275845	169198	106647	66713	36165	30548
肄 业	16930	9562	7368	4023	2592	1431	512	304	208
辍 学	10538	5941	4597	2306	1481	825	114	70	44
其 他	83070	45849	37221	19571	12003	7568	3580	1920	1660

C-3-1c 续表 2

单位：人

学业完成情况	大学本科			硕士研究生			博士研究生		
	小计	男	女	小计	男	女	小计	男	女
总 计	**39010**	**19760**	**19250**	**1803**	**935**	**868**	**254**	**153**	**101**
在 校	14027	6644	7383	886	418	468	135	81	54
毕 业	23800	12465	11335	862	487	375	114	69	45
肄 业	116	68	48	3	3				
辍 学	17	8	9	1		1			
其 他	1050	575	475	51	27	24	5	3	2

C-3-2 全省分年龄、性别、学业完成情况的3岁及以上各种受教育程度人口

单位：人

年龄	合计								
	合计			在校			毕业		
	合计	男	女	小计	男	女	小计	男	女
总计	**6393163**	**3286903**	**3106260**	**1341478**	**710296**	**631182**	**4558012**	**2333767**	**2224245**
3									
4									
5-9岁	**375944**	**201206**	**174738**	**364154**	**194658**	**169496**	**8521**	**4715**	**3806**
5	13290	7114	6176	12778	6819	5959	324	197	127
6	72995	38825	34170	70812	37670	33142	1563	813	750
7	91869	49311	42558	89045	47735	41310	2043	1145	898
8	101368	54180	47188	98109	52364	45745	2382	1323	1059
9	96422	51776	44646	93410	50070	43340	2209	1237	972
10-14岁	**464444**	**248348**	**216096**	**443742**	**236882**	**206860**	**16023**	**8850**	**7173**
10	94961	50973	43988	91701	49179	42522	2366	1311	1055
11	98426	52612	45814	94680	50548	44132	2770	1538	1232
12	93933	50287	43646	89785	47985	41800	3273	1799	1474
13	87274	46773	40501	82844	44289	38555	3572	1990	1582
14	89850	47703	42147	84732	44881	39851	4042	2212	1830
15-19岁	**474941**	**255893**	**219048**	**412007**	**218098**	**193909**	**55711**	**33425**	**22286**
15	99142	53367	45775	95754	51336	44418	2612	1567	1045
16	104369	56450	47919	98326	52845	45481	4909	2969	1940
17	90744	49099	41645	80426	42854	37572	8917	5380	3537
18	87417	47343	40074	69853	36709	33144	15878	9582	6296
19	93269	49634	43635	67648	34354	33294	23395	13927	9468
20-24岁	**333151**	**171803**	**161348**	**111194**	**55343**	**55851**	**207398**	**108399**	**98999**
20	82473	42973	39500	51784	25589	26195	28235	15939	12296
21	68801	35509	33292	30687	15283	15404	35499	18729	16770
22	65331	33586	31745	15994	8083	7911	46124	23725	22399
23	59079	30442	28637	7985	4017	3968	48032	24789	23243
24	57467	29293	28174	4744	2371	2373	49508	25217	24291
25-29岁	**340362**	**172337**	**168025**	**6343**	**3228**	**3115**	**313163**	**158232**	**154931**
25	59097	29918	29179	2617	1274	1343	53003	26825	26178
26	55239	27933	27306	1401	692	709	50601	25568	25033
27	62429	31454	30975	961	513	448	57636	28928	28708
28	71525	36203	35322	738	415	323	66326	33464	32862
29	92072	46829	45243	626	334	292	85597	43447	42150
30-34岁	**597471**	**297888**	**299583**	**1727**	**858**	**869**	**557842**	**277504**	**280338**
30	128912	64162	64750	636	328	308	120164	59683	60481
31	125007	62267	62740	359	164	195	116778	58009	58769
32	115961	57554	58407	287	144	143	108199	53600	54599
33	123248	61644	61604	272	143	129	115163	57437	57726
34	104343	52261	52082	173	79	94	97538	48775	48763
35-39岁	**473152**	**239633**	**233519**	**632**	**311**	**321**	**440748**	**222857**	**217891**
35	92270	46550	45720	136	82	54	86101	43343	42758
36	92472	46685	45787	135	60	75	86202	43431	42771
37	92617	47126	45491	113	54	59	86237	43802	42435
38	108077	54904	53173	130	59	71	100679	51142	49537
39	87716	44368	43348	118	56	62	81529	41139	40390
40-44岁	**419946**	**214636**	**205310**	**403**	**217**	**186**	**388569**	**198468**	**190101**
40	79088	39872	39216	86	46	40	73343	36952	36391
41	87936	45097	42839	81	39	42	81644	41883	39761
42	80341	40978	39363	79	45	34	74379	37951	36428
43	79569	40856	38713	79	52	27	73447	37644	35803
44	93012	47833	45179	78	35	43	85756	44038	41718
45-49岁	**552938**	**285540**	**267398**	**373**	**226**	**147**	**506842**	**261902**	**244940**
45	100911	52074	48837	77	49	28	92771	47919	44852
46	113523	58252	55271	83	48	35	104319	53480	50839
47	112511	58457	54054	79	53	26	103299	53713	49586
48	113328	58476	54852	62	31	31	103575	53538	50037
49	112665	58281	54384	72	45	27	102878	53252	49626
50岁及以上	**2360814**	**1199619**	**1161195**	**903**	**475**	**428**	**2063195**	**1059415**	**1003780**

C-3-2 续表 1

单位：人

年龄	合计								
	肄业			辍学			其他		
	小计	男	女	小计	男	女	小计	男	女
总计	**83664**	**39532**	**44132**	**61592**	**28667**	**32925**	**348417**	**174641**	**173776**
3									
4									
5–9 岁	**471**	**273**	**198**	**80**	**44**	**36**	**2718**	**1516**	**1202**
5	19	9	10	4	2	2	165	87	78
6	66	38	28	11	6	5	543	298	245
7	111	66	45	23	11	12	647	354	293
8	141	74	67	19	9	10	717	410	307
9	134	86	48	23	16	7	646	367	279
10–14 岁	**655**	**369**	**286**	**239**	**141**	**98**	**3785**	**2106**	**1679**
10	124	63	61	20	15	5	750	405	345
11	127	64	63	30	18	12	819	444	375
12	102	57	45	39	20	19	734	426	308
13	129	82	47	54	28	26	675	384	291
14	173	103	70	96	60	36	807	447	360
15–19 岁	**1018**	**635**	**383**	**1102**	**722**	**380**	**5103**	**3013**	**2090**
15	97	51	46	145	105	40	534	308	226
16	164	97	67	231	140	91	739	399	340
17	208	134	74	262	176	86	931	555	376
18	239	156	83	236	148	88	1211	748	463
19	310	197	113	228	153	75	1688	1003	685
20–24 岁	**1765**	**1044**	**721**	**1083**	**671**	**412**	**11711**	**6346**	**5365**
20	333	196	137	232	151	81	1889	1098	791
21	325	191	134	230	157	73	2060	1149	911
22	367	232	135	247	146	101	2599	1400	1199
23	336	202	134	189	103	86	2537	1331	1206
24	404	223	181	185	114	71	2626	1368	1258
25–29 岁	**2243**	**1284**	**959**	**1314**	**764**	**550**	**17299**	**8829**	**8470**
25	417	241	176	229	137	92	2831	1441	1390
26	333	186	147	213	128	85	2691	1359	1332
27	402	234	168	216	128	88	3214	1651	1563
28	460	268	192	289	171	118	3712	1885	1827
29	631	355	276	367	200	167	4851	2493	2358
30–34 岁	**4293**	**2428**	**1865**	**2442**	**1474**	**968**	**31167**	**15624**	**15543**
30	923	533	390	488	298	190	6701	3320	3381
31	875	501	374	495	297	198	6500	3296	3204
32	849	460	389	492	289	203	6134	3061	3073
33	905	529	376	512	320	192	6396	3215	3181
34	741	405	336	455	270	185	5436	2732	2704
35–39 岁	**3796**	**2067**	**1729**	**2331**	**1283**	**1048**	**25645**	**13115**	**12530**
35	727	406	321	437	239	198	4869	2480	2389
36	725	418	307	442	248	194	4968	2528	2440
37	741	401	340	449	269	180	5077	2600	2477
38	896	464	432	516	269	247	5856	2970	2886
39	707	378	329	487	258	229	4875	2537	2338
40–44 岁	**3957**	**2100**	**1857**	**2747**	**1456**	**1291**	**24270**	**12395**	**11875**
40	704	388	316	474	250	224	4481	2236	2245
41	773	409	364	511	273	238	4927	2493	2434
42	790	380	410	529	298	231	4564	2304	2260
43	776	430	346	557	286	271	4710	2444	2266
44	914	493	421	676	349	327	5588	2918	2670
45–49 岁	**6650**	**3432**	**3218**	**4813**	**2446**	**2367**	**34260**	**17534**	**16726**
45	1110	576	534	820	443	377	6133	3087	3046
46	1290	660	630	941	505	436	6890	3559	3331
47	1323	680	643	970	491	479	6840	3520	3320
48	1428	728	700	1023	488	535	7240	3691	3549
49	1499	788	711	1059	519	540	7157	3677	3480
50 岁及以上	**58816**	**25900**	**32916**	**45441**	**19666**	**25775**	**192459**	**94163**	**98296**

C-3-2 续表 2 单位：人

年 龄	小学								
	合计			在校			毕业		
	合计	男	女	小计	男	女	小计	男	女
总 计	**1682393**	**790267**	**892126**	**566890**	**303681**	**263209**	**917326**	**403509**	**513817**
3									
4									
5-9 岁	**369769**	**197770**	**171999**	**358780**	**191682**	**167098**	**7893**	**4358**	**3535**
5	13290	7114	6176	12778	6819	5959	324	197	127
6	72036	38283	33753	69991	37205	32786	1460	758	702
7	90624	48635	41989	87982	47155	40827	1896	1065	831
8	99626	53213	46413	96574	51513	45061	2216	1231	985
9	94193	50525	43668	91455	48990	42465	1997	1107	890
10-14 岁	**215194**	**115897**	**99297**	**207175**	**111501**	**95674**	**5845**	**3178**	**2667**
10	90932	48771	42161	88078	47211	40867	2047	1117	930
11	82398	44386	38012	79577	42834	36743	2049	1130	919
12	30935	16951	13984	29550	16166	13384	1071	593	478
13	7875	4250	3625	7253	3919	3334	460	237	223
14	3054	1539	1515	2717	1371	1346	218	101	117
15-19 岁	**2467**	**1451**	**1016**	**515**	**307**	**208**	**1399**	**818**	**581**
15	337	206	131	135	86	49	117	69	48
16	402	240	162	128	85	43	173	96	77
17	404	244	160	94	57	37	226	138	88
18	594	328	266	83	36	47	369	210	159
19	730	433	297	75	43	32	514	305	209
20-24 岁	**3358**	**1825**	**1533**	**87**	**48**	**39**	**2651**	**1434**	**1217**
20	629	355	274	54	26	28	440	251	189
21	621	362	259	17	11	6	508	288	220
22	651	356	295	5	4	1	513	288	225
23	662	343	319	6	5	1	540	281	259
24	795	409	386	5	2	3	650	326	324
25-29 岁	**5858**	**2946**	**2912**	**19**	**12**	**7**	**4912**	**2458**	**2454**
25	835	440	395	3	2	1	687	363	324
26	828	421	407	6	5	1	684	348	336
27	1013	508	505	6	2	4	845	428	417
28	1349	681	668	1		1	1147	569	578
29	1833	896	937	3	3		1549	750	799
30-34 岁	**14537**	**7022**	**7515**	**12**	**6**	**6**	**12393**	**5908**	**6485**
30	2711	1332	1379	4	4		2318	1129	1189
31	2866	1428	1438	3	1	2	2425	1186	1239
32	2762	1308	1454	4	1	3	2358	1095	1263
33	3331	1582	1749	1		1	2836	1326	1510
34	2867	1372	1495				2456	1172	1284
35-39 岁	**16376**	**7336**	**9040**	**7**	**1**	**6**	**13881**	**6136**	**7745**
35	2714	1191	1523				2304	977	1327
36	2938	1376	1562	4		4	2483	1147	1336
37	3197	1433	1764				2715	1204	1511
38	3961	1766	2195	1	1		3369	1488	1881
39	3566	1570	1996	2		2	3010	1320	1690
40-44 岁	**27638**	**12076**	**15562**	**9**	**2**	**7**	**23673**	**10236**	**13437**
40	3741	1578	2163	1		1	3204	1328	1876
41	5172	2248	2924				4440	1921	2519
42	5159	2238	2921	2		2	4427	1888	2539
43	5771	2590	3181	4	2	2	4934	2201	2733
44	7795	3422	4373	2		2	6668	2898	3770
45-49 岁	**65714**	**28341**	**37373**	**24**	**14**	**10**	**56353**	**24197**	**32156**
45	9526	4200	5326	7	4	3	8136	3574	4562
46	12232	5334	6898	3	1	2	10536	4565	5971
47	13161	5752	7409	5	4	1	11347	4942	6405
48	14494	6124	8370	7	3	4	12356	5200	7156
49	16301	6931	9370	2	2		13978	5916	8062
50 岁及以上	**961482**	**415603**	**545879**	**262**	**108**	**154**	**788326**	**344786**	**443540**

C-3-2 续表 3　　　　单位：人

年 龄	小学								
	肄业			辍学			其他		
	小计	男	女	小计	男	女	小计	男	女
总 计	**42179**	**16461**	**25718**	**36334**	**14579**	**21755**	**119664**	**52037**	**67627**
3									
4									
5-9 岁	**464**	**268**	**196**	**77**	**42**	**35**	**2555**	**1420**	**1135**
5	19	9	10	4	2	2	165	87	78
6	64	37	27	11	6	5	510	277	233
7	110	65	45	21	10	11	615	340	275
8	141	74	67	19	9	10	676	386	290
9	130	83	47	22	15	7	589	330	259
10-14 岁	**290**	**150**	**140**	**113**	**70**	**43**	**1771**	**998**	**773**
10	122	62	60	19	14	5	666	367	299
11	106	56	50	23	15	8	643	351	292
12	38	18	20	24	12	12	252	162	90
13	13	9	4	23	17	6	126	68	58
14	11	5	6	24	12	12	84	50	34
15-19 岁	**61**	**30**	**31**	**128**	**85**	**43**	**364**	**211**	**153**
15	7	1	6	19	14	5	59	36	23
16	9	3	6	31	19	12	61	37	24
17	7	4	3	23	16	7	54	29	25
18	18	10	8	28	16	12	96	56	40
19	20	12	8	27	20	7	94	53	41
20-24 岁	**85**	**52**	**33**	**113**	**69**	**44**	**422**	**222**	**200**
20	16	10	6	26	18	8	93	50	43
21	17	11	6	21	19	2	58	33	25
22	18	11	7	23	11	12	92	42	50
23	15	10	5	21	11	10	80	36	44
24	19	10	9	22	10	12	99	61	38
25-29 岁	**130**	**75**	**55**	**184**	**103**	**81**	**613**	**298**	**315**
25	22	14	8	30	20	10	93	41	52
26	23	15	8	34	18	16	81	35	46
27	22	12	10	27	16	11	113	50	63
28	26	14	12	44	25	19	131	73	58
29	37	20	17	49	24	25	195	99	96
30-34 岁	**330**	**184**	**146**	**375**	**208**	**167**	**1427**	**716**	**711**
30	56	33	23	71	41	30	262	125	137
31	68	42	26	74	42	32	296	157	139
32	64	39	25	68	35	33	268	138	130
33	77	39	38	84	50	34	333	167	166
34	65	31	34	78	40	38	268	129	139
35-39 岁	**426**	**201**	**225**	**475**	**252**	**223**	**1587**	**746**	**841**
35	80	40	40	84	46	38	246	128	118
36	65	27	38	97	50	47	289	152	137
37	74	32	42	76	42	34	332	155	177
38	118	57	61	111	59	52	362	161	201
39	89	45	44	107	55	52	358	150	208
40-44 岁	**619**	**274**	**345**	**715**	**347**	**368**	**2622**	**1217**	**1405**
40	67	36	31	114	58	56	355	156	199
41	105	49	56	112	52	60	515	226	289
42	136	58	78	129	72	57	465	220	245
43	140	57	83	153	68	85	540	262	278
44	171	74	97	207	97	110	747	353	394
45-49 岁	**1594**	**707**	**887**	**1695**	**748**	**947**	**6048**	**2675**	**3373**
45	230	104	126	241	102	139	912	416	496
46	306	136	170	300	144	156	1087	488	599
47	302	130	172	343	157	186	1164	519	645
48	352	163	189	383	160	223	1396	598	798
49	404	174	230	428	185	243	1489	654	835
50 岁及以上	**38180**	**14520**	**23660**	**32459**	**12655**	**19804**	**102255**	**43534**	**58721**

C-3-2 续表 4

单位：人

年龄	初中								
	合计			在校			毕业		
	合计	男	女	小计	男	女	小计	男	女
总计	**2494835**	**1310316**	**1184519**	**283977**	**153130**	**130847**	**2012603**	**1051804**	**960799**
3									
4									
5–9 岁	**6166**	**3430**	**2736**	**5369**	**2973**	**2396**	**624**	**354**	**270**
5									
6	959	542	417	821	465	356	103	55	48
7	1245	676	569	1063	580	483	147	80	67
8	1737	964	773	1532	849	683	164	91	73
9	2225	1248	977	1953	1079	874	210	128	82
10–14 岁	**232648**	**124478**	**108170**	**220761**	**117829**	**102932**	**9544**	**5337**	**4207**
10	4019	2196	1823	3619	1966	1653	314	191	123
11	16019	8223	7796	15096	7711	7385	720	408	312
12	62964	33321	29643	60208	31808	28400	2196	1203	993
13	77451	41534	35917	73825	39480	34345	2961	1669	1292
14	72195	39204	32991	68013	36864	31149	3353	1866	1487
15–19 岁	**84173**	**48791**	**35382**	**56874**	**31810**	**25064**	**24490**	**15243**	**9247**
15	34802	19496	15306	32493	18079	14414	1854	1139	715
16	17377	10023	7354	13758	7784	5974	3156	1972	1184
17	10516	6227	4289	5470	3085	2385	4527	2809	1718
18	9993	6088	3905	3018	1718	1300	6395	4002	2393
19	11485	6957	4528	2135	1144	991	8558	5321	3237
20–24 岁	**63221**	**35957**	**27264**	**304**	**167**	**137**	**57767**	**32820**	**24947**
20	10496	6351	4145	110	57	53	9515	5759	3756
21	11040	6432	4608	78	43	35	10022	5821	4201
22	13372	7600	5772	49	31	18	12207	6943	5264
23	13694	7655	6039	35	20	15	12585	7005	5580
24	14619	7919	6700	32	16	16	13438	7292	6146
25–29 岁	**109000**	**56901**	**52099**	**101**	**56**	**45**	**100402**	**52326**	**48076**
25	16308	8638	7670	34	16	18	14993	7945	7048
26	16154	8493	7661	20	14	6	14844	7783	7061
27	19566	10104	9462	13	9	4	18022	9261	8761
28	23955	12458	11497	15	8	7	22075	11479	10596
29	33017	17208	15809	19	9	10	30468	15858	14610
30–34 岁	**241539**	**120527**	**121012**	**92**	**55**	**37**	**223151**	**111068**	**112083**
30	48736	24782	23954	21	13	8	44967	22806	22161
31	48902	24456	24446	18	14	4	45197	22523	22674
32	46845	23205	23640	26	13	13	43217	21377	21840
33	51698	25586	26112	20	12	8	47866	23644	24222
34	45358	22498	22860	7	3	4	41904	20718	21186
35–39 岁	**224428**	**110904**	**113524**	**65**	**34**	**31**	**207101**	**102069**	**105032**
35	41426	20424	21002	14	10	4	38263	18802	19461
36	43304	21297	22007	13	9	4	40008	19593	20415
37	44218	21870	22348	7	4	3	40771	20102	20669
38	52482	26185	26297	17	5	12	48478	24194	24284
39	42998	21128	21870	14	6	8	39581	19378	20203
40–44 岁	**218872**	**108862**	**110010**	**54**	**30**	**24**	**201059**	**99755**	**101304**
40	39146	19195	19951	9	5	4	35932	17589	18343
41	45069	22538	22531	12	7	5	41552	20743	20809
42	41714	20634	21080	11	6	5	38346	18954	19392
43	42220	21196	21024	11	7	4	38701	19359	19342
44	50723	25299	25424	11	5	6	46528	23110	23418
45–49 岁	**316904**	**160624**	**156280**	**84**	**40**	**44**	**289881**	**146740**	**143141**
45	56357	28282	28075	15	9	6	51534	25850	25684
46	65029	32655	32374	18	8	10	59607	29844	29763
47	64950	33099	31851	18	8	10	59466	30288	29178
48	65693	33428	32265	13	5	8	60041	30527	29514
49	64875	33160	31715	20	10	10	59233	30231	29002
50 岁及以上	**997884**	**539842**	**458042**	**273**	**136**	**137**	**898584**	**486092**	**412492**

C-3-2 续表 5

单位：人

年龄	初中								
	肄业			辍学			其他		
	小计	男	女	小计	男	女	小计	男	女
总计	**28964**	**15712**	**13252**	**19310**	**10490**	**8820**	**149981**	**79180**	**70801**
3									
4									
5-9岁	**7**	**5**	**2**	**3**	**2**	**1**	**163**	**96**	**67**
5									
6	2	1	1				33	21	12
7	1	1		2	1	1	32	14	18
8							41	24	17
9	4	3	1	1	1		57	37	20
10-14岁	**350**	**212**	**138**	**118**	**65**	**53**	**1875**	**1035**	**840**
10	2	1	1	1	1		83	37	46
11	21	8	13	7	3	4	175	93	82
12	64	39	25	15	8	7	481	263	218
13	116	73	43	30	11	19	519	301	218
14	147	91	56	65	42	23	617	341	276
15-19岁	**339**	**217**	**122**	**433**	**286**	**147**	**2037**	**1235**	**802**
15	62	35	27	89	63	26	304	180	124
16	58	39	19	97	63	34	308	165	143
17	61	42	19	83	51	32	375	240	135
18	68	43	25	78	48	30	434	277	157
19	90	58	32	86	61	25	616	373	243
20-24岁	**528**	**320**	**208**	**413**	**251**	**162**	**4209**	**2399**	**1810**
20	95	54	41	77	52	25	699	429	270
21	111	67	44	87	58	29	742	443	299
22	102	63	39	95	52	43	919	511	408
23	107	73	34	75	41	34	892	516	376
24	113	63	50	79	48	31	957	500	457
25-29岁	**818**	**477**	**341**	**567**	**321**	**246**	**7112**	**3721**	**3391**
25	138	78	60	89	47	42	1054	552	502
26	120	71	49	75	44	31	1095	581	514
27	145	91	54	97	59	38	1289	684	605
28	166	100	66	133	74	59	1566	797	769
29	249	137	112	173	97	76	2108	1107	1001
30-34岁	**1899**	**1087**	**812**	**1215**	**753**	**462**	**15182**	**7564**	**7618**
30	394	235	159	233	148	85	3121	1580	1541
31	371	210	161	231	143	88	3085	1566	1519
32	384	204	180	259	153	106	2959	1458	1501
33	373	217	156	254	161	93	3185	1552	1633
34	377	221	156	238	148	90	2832	1408	1424
35-39岁	**1951**	**1061**	**890**	**1294**	**712**	**582**	**14017**	**7028**	**6989**
35	344	198	146	244	136	108	2561	1278	1283
36	368	223	145	238	134	104	2677	1338	1339
37	387	211	176	267	165	102	2786	1388	1398
38	457	226	231	288	142	146	3242	1618	1624
39	395	203	192	257	135	122	2751	1406	1345
40-44岁	**2227**	**1207**	**1020**	**1521**	**823**	**698**	**14011**	**7047**	**6964**
40	396	219	177	254	141	113	2555	1241	1314
41	443	237	206	280	155	125	2782	1396	1386
42	418	200	218	313	175	138	2626	1299	1327
43	438	250	188	311	162	149	2759	1418	1341
44	532	301	231	363	190	173	3289	1693	1596
45-49岁	**3809**	**1984**	**1825**	**2555**	**1370**	**1185**	**20575**	**10490**	**10085**
45	630	327	303	460	266	194	3718	1830	1888
46	729	383	346	518	287	231	4157	2133	2024
47	795	409	386	521	273	248	4150	2121	2029
48	818	413	405	526	264	262	4295	2219	2076
49	837	452	385	530	280	250	4255	2187	2068
50岁及以上	**17036**	**9142**	**7894**	**11191**	**5907**	**5284**	**70800**	**38565**	**32235**

C-3-2 续表 6

单位：人

年 龄	高中								
	合 计			在 校			毕 业		
	合计	男	女	小计	男	女	小计	男	女
总 计	**1287268**	**708506**	**578762**	**265871**	**142619**	**123252**	**950498**	**525475**	**425023**
3									
4									
5–9 岁	**9**	**6**	**3**	**5**	**3**	**2**	**4**	**3**	**1**
5									
6									
7									
8	5	3	2	3	2	1	2	1	1
9	4	3	1	2	1	1	2	2	
10–14 岁	**16519**	**7930**	**8589**	**15731**	**7512**	**8219**	**629**	**333**	**296**
10	6	4	2	4	2	2	1	1	
11	6	3	3	5	3	2	1		1
12	30	13	17	24	10	14	6	3	3
13	1939	984	955	1757	885	872	151	84	67
14	14538	6926	7612	13941	6612	7329	470	245	225
15–19 岁	**265919**	**145446**	**120473**	**239412**	**129293**	**110119**	**23403**	**14238**	**9165**
15	61906	32588	29318	61082	32123	28959	594	333	261
16	82153	43967	38186	80172	42843	37329	1440	827	613
17	65522	35980	29542	61197	33366	27831	3602	2162	1440
18	34236	19832	14404	26184	14844	11340	7295	4501	2794
19	22102	13079	9023	10777	6117	4660	10472	6415	4057
20–24 岁	**81238**	**46153**	**35085**	**10306**	**5589**	**4717**	**65864**	**37623**	**28241**
20	17135	9934	7201	5086	2756	2330	11191	6648	4543
21	15493	8863	6630	2461	1358	1103	12063	6937	5126
22	16608	9390	7218	1418	761	657	14070	7961	6109
23	16100	9076	7024	815	426	389	14244	8081	6163
24	15902	8890	7012	526	288	238	14296	7996	6300
25–29 岁	**100243**	**53901**	**46342**	**180**	**97**	**83**	**93155**	**50081**	**43074**
25	16705	9307	7398	57	30	27	15433	8618	6815
26	15591	8541	7050	25	13	12	14550	7978	6572
27	18138	9741	8397	42	22	20	16865	9067	7798
28	21581	11411	10170	26	17	9	20038	10581	9457
29	28228	14901	13327	30	15	15	26269	13837	12432
30–34 岁	**180337**	**92461**	**87876**	**74**	**42**	**32**	**168582**	**86283**	**82299**
30	40152	20547	19605	26	16	10	37505	19177	18328
31	38513	19830	18683	6	4	2	36016	18540	17476
32	34930	17818	17112	15	8	7	32644	16619	16025
33	36758	19022	17736	23	12	11	34312	17678	16634
34	29984	15244	14740	4	2	2	28105	14269	13836
35–39 岁	**129802**	**67983**	**61819**	**46**	**19**	**27**	**121278**	**63363**	**57915**
35	26358	13653	12705	11	8	3	24627	12722	11905
36	25517	13275	12242	6		6	23833	12373	11460
37	25067	13278	11789	10	4	6	23428	12383	11045
38	29413	15395	14018	10	3	7	27464	14352	13112
39	23447	12382	11065	9	4	5	21926	11533	10393
40–44 岁	**105019**	**56438**	**48581**	**34**	**14**	**20**	**98022**	**52623**	**45399**
40	21145	11119	10026	5	2	3	19756	10377	9379
41	22736	12222	10514	10	4	6	21237	11405	9832
42	20306	10884	9422	9	4	5	18948	10174	8774
43	19361	10428	8933	3	1	2	18065	9707	8358
44	21471	11785	9686	7	3	4	20016	10960	9056
45–49 岁	**112120**	**62616**	**49504**	**25**	**12**	**13**	**104625**	**58320**	**46305**
45	22229	12207	10022	5	1	4	20790	11414	9376
46	23790	13012	10778	5	3	2	22189	12111	10078
47	22749	12823	9926	7	5	2	21254	11949	9305
48	22203	12530	9673	3	1	2	20661	11658	9003
49	21149	12044	9105	5	2	3	19731	11188	8543
50 岁及以上	**296062**	**175572**	**120490**	**58**	**38**	**20**	**274936**	**162608**	**112328**

C-3-2 续表 7

单位：人

年 龄	高中 肄业 小计	高中 肄业 男	高中 肄业 女	高中 辍学 小计	高中 辍学 男	高中 辍学 女	高中 其他 小计	高中 其他 男	高中 其他 女
总 计	**9880**	**5906**	**3974**	**5448**	**3324**	**2124**	**55571**	**31182**	**24389**
3									
4									
5-9 岁									
5									
6									
7									
8									
9									
10-14 岁	**15**	**7**	**8**	**8**	**6**	**2**	**136**	**72**	**64**
10							1	1	
11									
12									
13				1		1	30	15	15
14	15	7	8	7	6	1	105	56	49
15-19 岁	**513**	**333**	**180**	**505**	**334**	**171**	**2086**	**1248**	**838**
15	27	14	13	36	28	8	167	90	77
16	92	52	40	103	58	45	346	187	159
17	125	82	43	150	106	44	448	264	184
18	127	88	39	118	79	39	512	320	192
19	142	97	45	98	63	35	613	387	226
20-24 岁	**698**	**452**	**246**	**441**	**285**	**156**	**3929**	**2204**	**1725**
20	125	82	43	97	62	35	636	386	250
21	131	80	51	101	67	34	737	421	316
22	159	112	47	98	65	33	863	491	372
23	119	75	44	77	45	32	845	449	396
24	164	103	61	68	46	22	848	457	391
25-29 岁	**844**	**493**	**351**	**483**	**294**	**189**	**5581**	**2936**	**2645**
25	162	94	68	89	58	31	964	507	457
26	112	62	50	91	61	30	813	427	386
27	151	89	62	75	43	32	1005	520	485
28	181	107	74	102	65	37	1234	641	593
29	238	141	97	126	67	59	1565	841	724
30-34 岁	**1464**	**827**	**637**	**759**	**470**	**289**	**9458**	**4839**	**4619**
30	336	198	138	161	98	63	2124	1058	1066
31	303	170	133	166	98	68	2022	1018	1004
32	285	156	129	149	92	57	1837	943	894
33	328	196	132	159	103	56	1936	1033	903
34	212	107	105	124	79	45	1539	787	752
35-39 岁	**1066**	**614**	**452**	**508**	**291**	**217**	**6904**	**3696**	**3208**
35	223	127	96	99	52	47	1398	744	654
36	215	128	87	95	58	37	1368	716	652
37	205	118	87	95	55	40	1329	718	611
38	252	141	111	104	61	43	1583	838	745
39	171	100	71	115	65	50	1226	680	546
40-44 岁	**890**	**496**	**394**	**473**	**262**	**211**	**5600**	**3043**	**2557**
40	186	100	86	95	46	49	1103	594	509
41	175	100	75	115	63	52	1199	650	549
42	200	102	98	82	47	35	1067	557	510
43	157	97	60	87	53	34	1049	570	479
44	172	97	75	94	53	41	1182	672	510
45-49 岁	**1083**	**653**	**430**	**536**	**312**	**224**	**5851**	**3319**	**2532**
45	212	123	89	112	70	42	1110	599	511
46	220	125	95	119	71	48	1257	702	555
47	195	124	71	100	56	44	1193	689	504
48	236	139	97	107	61	46	1196	671	525
49	220	142	78	98	54	44	1095	658	437
50 岁及以上	**3307**	**2031**	**1276**	**1735**	**1070**	**665**	**16026**	**9825**	**6201**

C-3-2　续表　8　　　　单位：人

年　龄	大学专科								
	合　计			在　校			毕　业		
	合计	男	女	小计	男	女	小计	男	女
总　计	**539506**	**280264**	**259242**	**114566**	**59170**	**55396**	**406985**	**211547**	**195438**
3									
4									
5–9 岁									
5									
6									
7									
8									
9									
10–14 岁	**70**	**36**	**34**	**66**	**34**	**32**	**2**	**1**	**1**
10	2	1	1				2	1	1
11	1		1	1		1			
12	3	2	1	2	1	1			
13	8	4	4	8	4	4			
14	56	29	27	55	29	26			
15–19 岁	**76907**	**39389**	**37518**	**70854**	**36445**	**34409**	**5455**	**2637**	**2818**
15	1880	991	889	1834	966	868	41	22	19
16	3879	2012	1867	3728	1935	1793	127	67	60
17	9979	4879	5100	9415	4621	4794	501	234	267
18	26473	13601	12872	24767	12771	11996	1540	736	804
19	34696	17906	16790	31110	16152	14958	3246	1578	1668
20–24 岁	**95827**	**46891**	**48936**	**40666**	**21184**	**19482**	**52626**	**24454**	**28172**
20	29328	14971	14357	23000	11989	11011	5852	2730	3122
21	20271	9884	10387	10154	5299	4855	9671	4366	5305
22	17465	8293	9172	4555	2381	2174	12366	5636	6730
23	14900	7175	7725	1965	1026	939	12408	5905	6503
24	13863	6568	7295	992	489	503	12329	5817	6512
25–29 岁	**67527**	**32458**	**35069**	**1613**	**810**	**803**	**63044**	**30250**	**32794**
25	13367	6320	7047	617	304	313	12228	5750	6478
26	11851	5689	6162	331	159	172	11016	5293	5723
27	12700	6094	6606	243	130	113	11892	5674	6218
28	13432	6510	6922	200	109	91	12676	6135	6541
29	16177	7845	8332	222	108	114	15232	7398	7834
30–34 岁	**93041**	**45048**	**47993**	**624**	**289**	**335**	**88595**	**42847**	**45748**
30	21584	10233	11351	234	115	119	20457	9691	10766
31	20098	9671	10427	125	51	74	19153	9206	9947
32	18010	8735	9275	86	39	47	17144	8310	8834
33	18248	8943	9305	110	52	58	17417	8515	8902
34	15101	7466	7635	69	32	37	14424	7125	7299
35–39 岁	**58862**	**29976**	**28886**	**250**	**116**	**134**	**56203**	**28615**	**27588**
35	12467	6351	6116	52	27	25	11911	6074	5837
36	11720	5880	5840	65	29	36	11159	5606	5553
37	11414	5844	5570	51	23	28	10899	5570	5329
38	12889	6586	6303	35	16	19	12331	6298	6033
39	10372	5315	5057	47	21	26	9903	5067	4836
40–44 岁	**41634**	**22285**	**19349**	**185**	**97**	**88**	**39866**	**21336**	**18530**
40	8966	4662	4304	46	22	24	8551	4445	4106
41	9014	4833	4181	38	16	22	8640	4640	4000
42	8146	4372	3774	29	15	14	7805	4181	3624
43	7486	4009	3477	36	27	9	7181	3837	3344
44	8022	4409	3613	36	17	19	7689	4233	3456
45–49 岁	**36487**	**20618**	**15869**	**129**	**89**	**40**	**34949**	**19733**	**15216**
45	7958	4448	3510	27	19	8	7629	4252	3377
46	7719	4398	3321	31	21	10	7373	4194	3179
47	7259	4088	3171	24	17	7	6987	3932	3055
48	7021	3931	3090	22	14	8	6724	3763	2961
49	6530	3753	2777	25	18	7	6236	3592	2644
50 岁及以上	**69151**	**43563**	**25588**	**179**	**106**	**73**	**66245**	**41674**	**24571**

C-3-2 续表 9 单位：人

年 龄	大学专科								
	肄 业			辍 学			其 他		
	小计	男	女	小计	男	女	小计	男	女
总 计	**1878**	**1047**	**831**	**408**	**229**	**179**	**15669**	**8271**	**7398**
3									
4									
5-9 岁									
5									
6									
7									
8									
9									
10-14 岁							**2**	**1**	**1**
10									
11									
12							1	1	
13									
14							1		1
15-19 岁	**92**	**52**	**40**	**33**	**15**	**18**	**473**	**240**	**233**
15	1	1		1		1	3	2	1
16	5	3	2				19	7	12
17	14	5	9	5	3	2	44	16	28
18	24	15	9	11	4	7	131	75	56
19	48	28	20	16	8	8	276	140	136
20-24 岁	**311**	**161**	**150**	**96**	**59**	**37**	**2128**	**1033**	**1095**
20	76	42	34	28	17	11	372	193	179
21	52	27	25	17	12	5	377	180	197
22	52	31	21	27	16	11	465	229	236
23	61	31	30	11	5	6	455	208	247
24	70	30	40	13	9	4	459	223	236
25-29 岁	**298**	**167**	**131**	**62**	**37**	**25**	**2510**	**1194**	**1316**
25	68	40	28	17	10	7	437	216	221
26	53	27	26	10	5	5	441	205	236
27	54	31	23	15	10	5	496	249	247
28	58	32	26	8	5	3	490	229	261
29	65	37	28	12	7	5	646	295	351
30-34 岁	**404**	**227**	**177**	**74**	**34**	**40**	**3344**	**1651**	**1693**
30	98	50	48	16	8	8	779	369	410
31	81	48	33	20	11	9	719	355	364
32	82	43	39	13	8	5	685	335	350
33	84	54	30	12	5	7	625	317	308
34	59	32	27	13	2	11	536	275	261
35-39 岁	**270**	**146**	**124**	**43**	**23**	**20**	**2096**	**1076**	**1020**
35	60	31	29	8	4	4	436	215	221
36	57	27	30	12	6	6	427	212	215
37	53	33	20	9	6	3	402	212	190
38	55	30	25	9	5	4	459	237	222
39	45	25	20	5	2	3	372	200	172
40-44 岁	**165**	**85**	**80**	**33**	**19**	**14**	**1385**	**748**	**637**
40	43	25	18	8	2	6	318	168	150
41	37	17	20	4	3	1	295	157	138
42	25	12	13	4	3	1	283	161	122
43	31	18	13	6	3	3	232	124	108
44	29	13	16	11	8	3	257	138	119
45-49 岁	**128**	**67**	**61**	**22**	**13**	**9**	**1259**	**716**	**543**
45	32	17	15	6	5	1	264	155	109
46	29	15	14	3	2	1	283	166	117
47	19	10	9	5	4	1	224	125	99
48	19	11	8	5	2	3	251	141	110
49	29	14	15	3		3	237	129	108
50 岁及以上	**210**	**142**	**68**	**45**	**29**	**16**	**2472**	**1612**	**860**

C-3-2 续表 10　　　　单位：人

年 龄	大学本科								
	合 计			在 校			毕 业		
	合计	男	女	小计	男	女	小计	男	女
总 计	**356988**	**180755**	**176233**	**100978**	**47381**	**53597**	**248159**	**129235**	**118924**
3									
4									
5-9 岁									
5									
6									
7									
8									
9									
10-14 岁	**12**	**7**	**5**	**8**	**6**	**2**	**3**	**1**	**2**
10	2	1	1				2	1	1
11	2		2	1		1			
12									
13	1	1		1	1				
14	7	5	2	6	5	1	1		1
15-19 岁	**45368**	**20746**	**24622**	**44253**	**20180**	**24073**	**957**	**482**	**475**
15	217	86	131	210	82	128	6	4	2
16	558	208	350	540	198	342	13	7	6
17	4304	1755	2549	4234	1713	2521	59	35	24
18	16088	7471	8617	15769	7318	8451	278	132	146
19	24201	11226	12975	23500	10869	12631	601	304	297
20-24 岁	**83208**	**38267**	**44941**	**54140**	**25864**	**28276**	**27921**	**11866**	**16055**
20	24774	11311	13463	23426	10712	12714	1234	549	685
21	20899	9788	11111	17520	8403	9117	3216	1307	1909
22	15728	7288	8440	8553	4284	4269	6883	2862	4021
23	11639	5322	6317	3236	1719	1517	8110	3469	4641
24	10168	4558	5610	1405	746	659	8478	3679	4799
25-29 岁	**50781**	**22976**	**27805**	**1680**	**860**	**820**	**47554**	**21397**	**26157**
25	10030	4401	5629	720	369	351	9016	3896	5120
26	9431	4157	5274	370	183	187	8784	3857	4927
27	9784	4448	5336	244	134	110	9222	4163	5059
28	10010	4583	5427	188	99	89	9515	4329	5186
29	11526	5387	6139	158	75	83	11017	5152	5865
30-34 岁	**61031**	**29433**	**31598**	**441**	**201**	**240**	**58777**	**28350**	**30427**
30	14170	6556	7614	156	73	83	13593	6295	7298
31	13065	6155	6910	94	40	54	12572	5897	6675
32	12061	5828	6233	81	43	38	11583	5594	5989
33	11878	5827	6051	53	27	26	11496	5649	5847
34	9857	5067	4790	57	18	39	9533	4915	4618
35-39 岁	**38866**	**20750**	**18116**	**167**	**84**	**83**	**37672**	**20103**	**17569**
35	8285	4361	3924	35	24	11	8021	4221	3800
36	8032	4302	3730	27	9	18	7796	4181	3615
37	7784	4177	3607	34	17	17	7529	4042	3487
38	8255	4407	3848	40	17	23	8005	4268	3737
39	6510	3503	3007	31	17	14	6321	3391	2930
40-44 岁	**24156**	**13382**	**10774**	**88**	**57**	**31**	**23395**	**12964**	**10431**
40	5411	2946	2465	14	11	3	5245	2853	2392
41	5313	2863	2450	18	11	7	5156	2786	2370
42	4538	2562	1976	20	17	3	4389	2473	1916
43	4305	2365	1940	17	10	7	4156	2283	1873
44	4589	2646	1943	19	8	11	4449	2569	1880
45-49 岁	**19849**	**12087**	**7762**	**89**	**57**	**32**	**19222**	**11693**	**7529**
45	4430	2673	1757	17	12	5	4282	2573	1709
46	4326	2564	1762	17	9	8	4199	2486	1713
47	3985	2419	1566	23	18	5	3850	2332	1518
48	3587	2236	1351	17	8	9	3470	2168	1302
49	3521	2195	1326	15	10	5	3421	2134	1287
50 岁及以上	**33717**	**23107**	**10610**	**112**	**72**	**40**	**32658**	**22379**	**10279**

C-3-2 续表 11　　　　单位：人

年 龄	大学本科								
	肄 业			辍 学			其 他		
	小计	男	女	小计	男	女	小计	男	女
总 计	**717**	**379**	**338**	**89**	**45**	**44**	**7045**	**3715**	**3330**
3									
4									
5-9 岁									
5									
6									
7									
8									
9									
10-14 岁							**1**		**1**
10									
11							1		1
12									
13									
14									
15-19 岁	**13**	**3**	**10**	**2**	**2**		**143**	**79**	**64**
15							1		1
16							5	3	2
17	1	1					10	6	4
18	2		2	1	1		38	20	18
19	10	2	8	1	1		89	50	39
20-24 岁	**138**	**58**	**80**	**20**	**7**	**13**	**989**	**472**	**517**
20	21	8	13	4	2	2	89	40	49
21	14	6	8	4	1	3	145	71	74
22	36	15	21	4	2	2	252	125	127
23	32	13	19	5	1	4	256	120	136
24	35	16	19	3	1	2	247	116	131
25-29 岁	**145**	**68**	**77**	**18**	**9**	**9**	**1384**	**642**	**742**
25	27	15	12	4	2	2	263	119	144
26	25	11	14	3		3	249	106	143
27	27	9	18	2		2	289	142	147
28	27	14	13	2	2		278	139	139
29	39	19	20	7	5	2	305	136	169
30-34 岁	**182**	**95**	**87**	**19**	**9**	**10**	**1612**	**778**	**834**
30	35	14	21	7	3	4	379	171	208
31	48	29	19	4	3	1	347	186	161
32	33	17	16	3	1	2	361	173	188
33	41	22	19	3	1	2	285	128	157
34	25	13	12	2	1	1	240	120	120
35-39 岁	**76**	**42**	**34**	**11**	**5**	**6**	**940**	**516**	**424**
35	17	9	8	2	1	1	210	106	104
36	20	13	7				189	99	90
37	20	7	13	2	1	1	199	110	89
38	13	9	4	4	2	2	193	111	82
39	6	4	2	3	1	2	149	90	59
40-44 岁	**51**	**34**	**17**	**5**	**5**		**617**	**322**	**295**
40	12	8	4	3	3		137	71	66
41	12	6	6				127	60	67
42	9	6	3	1	1		119	65	54
43	9	7	2				123	65	58
44	9	7	2	1	1		111	61	50
45-49 岁	**35**	**20**	**15**	**4**	**3**	**1**	**499**	**314**	**185**
45	6	5	1				125	83	42
46	6	1	5	1	1		103	67	36
47	11	6	5	1	1		100	62	38
48	3	2	1	2	1	1	95	57	38
49	9	6	3				76	45	31
50 岁及以上	**77**	**59**	**18**	**10**	**5**	**5**	**860**	**592**	**268**

C-3-2 续表 12

单位：人

年 龄	硕士研究生								
	合 计			在 校			毕 业		
	合计	男	女	小计	男	女	小计	男	女
总 计	**28074**	**14166**	**13908**	**8012**	**3622**	**4390**	**19597**	**10309**	**9288**
3									
4									
5–9 岁									
5									
6									
7									
8									
9									
10–14 岁	**1**		**1**	**1**		**1**			
10									
11									
12	1		1	1		1			
13									
14									
15–19 岁	**102**	**68**	**34**	**94**	**61**	**33**	**7**	**7**	
15									
16									
17	19	14	5	16	12	4	2	2	
18	33	23	10	32	22	10	1	1	
19	50	31	19	46	27	19	4	4	
20–24 岁	**6032**	**2565**	**3467**	**5452**	**2360**	**3092**	**544**	**188**	**356**
20	100	46	54	98	45	53	2	1	1
21	466	175	291	448	166	282	17	8	9
22	1465	635	830	1377	599	778	81	34	47
23	2004	834	1170	1852	786	1066	142	46	96
24	1997	875	1122	1677	764	913	302	99	203
25–29 岁	**6138**	**2688**	**3450**	**2136**	**1034**	**1102**	**3901**	**1615**	**2286**
25	1701	733	968	1059	488	571	623	240	383
26	1226	553	673	515	249	266	701	300	401
27	1053	455	598	271	126	145	759	321	438
28	1006	446	560	170	99	71	821	340	481
29	1152	501	651	121	72	49	997	414	583
30–34 岁	**6100**	**2849**	**3251**	**239**	**112**	**127**	**5725**	**2671**	**3054**
30	1347	575	772	94	43	51	1218	515	703
31	1371	623	748	54	22	32	1287	588	699
32	1187	562	625	39	18	21	1126	532	594
33	1166	572	594	36	20	16	1101	538	563
34	1029	517	512	16	9	7	993	498	495
35–39 岁	**4136**	**2263**	**1873**	**48**	**29**	**19**	**3995**	**2186**	**1809**
35	888	489	399	12	7	5	859	473	386
36	840	469	371	8	4	4	816	455	361
37	810	450	360	7	4	3	775	431	344
38	927	478	449	15	11	4	897	462	435
39	671	377	294	6	3	3	648	365	283
40–44 岁	**2113**	**1258**	**855**	**15**	**8**	**7**	**2065**	**1233**	**832**
40	551	292	259	5	3	2	535	285	250
41	515	310	205	1		1	507	307	200
42	375	226	149	4	1	3	365	221	144
43	341	215	126	4	4		331	207	124
44	331	215	116	1		1	327	213	114
45–49 岁	**1483**	**989**	**494**	**14**	**8**	**6**	**1446**	**964**	**482**
45	336	214	122	3	1	2	329	209	120
46	341	225	116	7	5	2	332	218	114
47	318	214	104	1	1		307	208	99
48	254	173	81				249	169	80
49	234	163	71	3	1	2	229	160	69
50 岁及以上	**1969**	**1486**	**483**	**13**	**10**	**3**	**1914**	**1445**	**469**

C-3-2 续表 13　　　　单位：人

年 龄	硕士研究生								
	肄 业			辍 学			其 他		
	小计	男	女	小计	男	女	小计	男	女
总 计	**42**	**25**	**17**	**2**		**2**	**421**	**210**	**211**
3									
4									
5-9 岁									
5									
6									
7									
8									
9									
10-14 岁									
10									
11									
12									
13									
14									
15-19 岁				**1**		**1**			
15									
16									
17				1		1			
18									
19									
20-24 岁	**4**	**1**	**3**				**32**	**16**	**16**
20									
21							1	1	
22							7	2	5
23	2		2				8	2	6
24	2	1	1				16	11	5
25-29 岁	**8**	**4**	**4**				**93**	**35**	**58**
25							19	5	14
26							10	4	6
27	3	2	1				20	6	14
28	2	1	1				13	6	7
29	3	1	2				31	14	17
30-34 岁	**13**	**7**	**6**				**123**	**59**	**64**
30	4	3	1				31	14	17
31	4	2	2				26	11	15
32	1	1					21	11	10
33	1		1				28	14	14
34	3	1	2				17	9	8
35-39 岁	**6**	**2**	**4**				**87**	**46**	**41**
35	3	1	2				14	8	6
36							16	10	6
37	2		2				26	15	11
38	1	1					14	4	10
39							17	9	8
40-44 岁	**4**	**4**					**29**	**13**	**16**
40							11	4	7
41							7	3	4
42	2	2					4	2	2
43	1	1					5	3	2
44	1	1					2	1	1
45-49 岁	**1**	**1**					**22**	**16**	**6**
45							4	4	
46							2	2	
47	1	1					9	4	5
48							5	4	1
49							2	2	
50 岁及以上	**6**	**6**		**1**		**1**	**35**	**25**	**10**

C-3-2 续表 14

单位：人

年　龄	博士研究生								
	合　计			在　校			毕　业		
	合计	男	女	小计	男	女	小计	男	女
总　计	**4099**	**2629**	**1470**	**1184**	**693**	**491**	**2844**	**1888**	**956**
3									
4									
5-9 岁									
5									
6									
7									
8									
9									
10-14 岁									
10									
11									
12									
13									
14									
15-19 岁	**5**	**2**	**3**	**5**	**2**	**3**			
15									
16									
17									
18									
19	5	2	3	5	2	3			
20-24 岁	**267**	**145**	**122**	**239**	**131**	**108**	**25**	**14**	**11**
20	11	5	6	10	4	6	1	1	
21	11	5	6	9	3	6	2	2	
22	42	24	18	37	23	14	4	1	3
23	80	37	43	76	35	41	3	2	1
24	123	74	49	107	66	41	15	8	7
25-29 岁	**815**	**467**	**348**	**614**	**359**	**255**	**195**	**105**	**90**
25	151	79	72	127	65	62	23	13	10
26	158	79	79	134	69	65	22	9	13
27	175	104	71	142	90	52	31	14	17
28	192	114	78	138	83	55	54	31	23
29	139	91	48	73	52	21	65	38	27
30-34 岁	**886**	**548**	**338**	**245**	**153**	**92**	**619**	**377**	**242**
30	212	137	75	101	64	37	106	70	36
31	192	104	88	59	32	27	128	69	59
32	166	98	68	36	22	14	127	73	54
33	169	112	57	29	20	9	135	87	48
34	147	97	50	20	15	5	123	78	45
35-39 岁	**682**	**421**	**261**	**49**	**28**	**21**	**618**	**385**	**233**
35	132	81	51	12	6	6	116	74	42
36	121	86	35	12	9	3	107	76	31
37	127	74	53	4	2	2	120	70	50
38	150	87	63	12	6	6	135	80	55
39	152	93	59	9	5	4	140	85	55
40-44 岁	**514**	**335**	**179**	**18**	**9**	**9**	**489**	**321**	**168**
40	128	80	48	6	3	3	120	75	45
41	117	83	34	2	1	1	112	81	31
42	103	62	41	4	2	2	99	60	39
43	85	53	32	4	1	3	79	50	29
44	81	57	24	2	2		79	55	24
45-49 岁	**381**	**265**	**116**	**8**	**6**	**2**	**366**	**255**	**111**
45	75	50	25	3	3		71	47	24
46	86	64	22	2	1	1	83	62	21
47	89	62	27	1		1	88	62	26
48	76	54	22				74	53	21
49	55	35	20	2	2		50	31	19
50 岁及以上	**549**	**446**	**103**	**6**	**5**	**1**	**532**	**431**	**101**

C-3-2 续表 15　　　　单位：人

年 龄	博士研究生								
	肄 业			辍 学			其 他		
	小计	男	女	小计	男	女	小计	男	女
总 计	**4**	**2**	**2**	**1**		**1**	**66**	**46**	**20**
3									
4									
5–9 岁									
5									
6									
7									
8									
9									
10–14 岁									
10									
11									
12									
13									
14									
15–19 岁									
15									
16									
17									
18									
19									
20–24 岁	**1**		**1**				**2**		**2**
20									
21									
22							1		1
23							1		1
24	1		1						
25–29 岁							**6**	**3**	**3**
25							1	1	
26							2	1	1
27							2		2
28									
29							1	1	
30–34 岁	**1**	**1**					**21**	**17**	**4**
30							5	3	2
31							5	3	2
32							3	3	
33	1	1					4	4	
34							4	4	
35–39 岁	**1**	**1**					**14**	**7**	**7**
35							4	1	3
36							2	1	1
37							3	2	1
38							3	1	2
39	1	1					2	2	
40–44 岁	**1**		**1**				**6**	**5**	**1**
40							2	2	
41	1		1				2	1	1
42									
43							2	2	
44									
45–49 岁				**1**		**1**	**6**	**4**	**2**
45				1		1			
46							1	1	
47									
48							2	1	1
49							3	2	1
50 岁及以上							**11**	**10**	**1**

C-3-2a 全省分年龄、性别、学业完成情况的3岁及以上各种受教育程度人口（城市）

单位：人

年龄	合计								
	合计			在校			毕业		
	合计	男	女	小计	男	女	小计	男	女
总计	**1745405**	**870410**	**874995**	**385103**	**200379**	**184724**	**1280002**	**631497**	**648505**
3									
4									
5-9岁	**90536**	**48266**	**42270**	**87555**	**46602**	**40953**	**2318**	**1277**	**1041**
5	2759	1483	1276	2633	1413	1220	77	43	34
6	19204	10171	9033	18581	9832	8749	490	262	228
7	22794	12153	10641	22050	11736	10314	585	333	252
8	24088	12869	11219	23276	12411	10865	636	347	289
9	21691	11590	10101	21015	11210	9805	530	292	238
10-14岁	**101268**	**54116**	**47152**	**96527**	**51540**	**44987**	**3847**	**2082**	**1765**
10	21153	11395	9758	20398	10962	9436	588	343	245
11	20750	11165	9585	19866	10686	9180	675	367	308
12	20412	10851	9561	19426	10335	9091	834	427	407
13	19363	10444	8919	18322	9873	8449	871	480	391
14	19590	10261	9329	18515	9684	8831	879	465	414
15-19岁	**146411**	**76249**	**70162**	**135245**	**69858**	**65387**	**9939**	**5664**	**4275**
15	25901	14034	11867	25393	13742	11651	374	217	157
16	28109	15007	13102	27231	14501	12730	728	418	310
17	25703	13517	12186	24058	12558	11500	1397	806	591
18	29743	15335	14408	26601	13516	13085	2846	1634	1212
19	36955	18356	18599	31962	15541	16421	4594	2589	2005
20-24岁	**123145**	**60897**	**62248**	**60312**	**29593**	**30719**	**59916**	**29706**	**30210**
20	34830	17158	17672	27856	13436	14420	6517	3451	3066
21	27215	13522	13693	17157	8463	8694	9549	4772	4777
22	22846	11239	11607	8538	4273	4265	13660	6617	7043
23	19442	9767	9675	4197	2117	2080	14621	7312	7309
24	18812	9211	9601	2564	1304	1260	15569	7554	8015
25-29岁	**107145**	**52155**	**54990**	**3487**	**1763**	**1724**	**99339**	**48185**	**51154**
25	18947	9323	9624	1493	719	774	16712	8224	8488
26	18166	8905	9261	769	367	402	16708	8192	8516
27	20061	9815	10246	536	289	247	18693	9092	9601
28	21960	10599	11361	389	223	166	20659	9902	10757
29	28011	13513	14498	300	165	135	26567	12775	13792
30-34岁	**187142**	**89008**	**98134**	**927**	**448**	**479**	**178547**	**84837**	**93710**
30	38704	18355	20349	320	165	155	36815	17418	19397
31	38881	18309	20572	202	91	111	37202	17510	19692
32	36680	17409	19271	158	76	82	34973	16623	18350
33	39326	18769	20557	143	70	73	37529	17875	19654
34	33551	16166	17385	104	46	58	32028	15411	16617
35-39岁	**151467**	**73942**	**77525**	**360**	**180**	**180**	**144575**	**70492**	**74083**
35	29608	14520	15088	86	53	33	28291	13845	14446
36	29687	14428	15259	68	32	36	28308	13743	14565
37	29894	14594	15300	68	33	35	28508	13897	14611
38	34371	16736	17635	80	37	43	32854	15995	16859
39	27907	13664	14243	58	25	33	26614	13012	13602
40-44岁	**129801**	**64291**	**65510**	**218**	**125**	**93**	**123481**	**61122**	**62359**
40	24910	12159	12751	46	26	20	23708	11552	12156
41	27371	13626	13745	39	18	21	26122	13005	13117
42	25202	12531	12671	42	26	16	23961	11912	12049
43	24793	12320	12473	44	32	12	23579	11705	11874
44	27525	13655	13870	47	23	24	26111	12948	13163
45-49岁	**152936**	**77097**	**75839**	**173**	**110**	**63**	**144667**	**72898**	**71769**
45	29327	14744	14583	36	21	15	27793	13941	13852
46	31426	15627	15799	37	24	13	29745	14783	14962
47	31066	15688	15378	41	30	11	29390	14815	14575
48	30896	15749	15147	23	10	13	29186	14897	14289
49	30221	15289	14932	36	25	11	28553	14462	14091
50岁及以上	**555554**	**274389**	**281165**	**299**	**160**	**139**	**513373**	**255234**	**258139**

C-3-2a 续表 1　　　　单位：人

年 龄	合 计								
	肄 业			辍 学			其 他		
	小计	男	女	小计	男	女	小计	男	女
总 计	**13203**	**6242**	**6961**	**8454**	**3909**	**4545**	**58643**	**28383**	**30260**
3									
4									
5–9 岁	**62**	**43**	**19**	**12**	**8**	**4**	**589**	**336**	**253**
5	2	2		2	2		45	23	22
6	5	4	1				128	73	55
7	15	8	7	6	3	3	138	73	65
8	18	11	7	1		1	157	100	57
9	22	18	4	3	3		121	67	54
10–14 岁	**126**	**71**	**55**	**33**	**19**	**14**	**735**	**404**	**331**
10	18	11	7	3	2	1	146	77	69
11	26	12	14	5	4	1	178	96	82
12	24	12	12	7	3	4	121	74	47
13	25	15	10	6	2	4	139	74	65
14	33	21	12	12	8	4	151	83	68
15–19 岁	**191**	**119**	**72**	**217**	**141**	**76**	**819**	**467**	**352**
15	11	4	7	29	19	10	94	52	42
16	25	18	7	40	28	12	85	42	43
17	40	29	11	51	31	20	157	93	64
18	45	30	15	46	30	16	205	125	80
19	70	38	32	51	33	18	278	155	123
20–24 岁	**431**	**267**	**164**	**209**	**143**	**66**	**2277**	**1188**	**1089**
20	70	45	25	48	34	14	339	192	147
21	82	55	27	30	22	8	397	210	187
22	105	71	34	60	39	21	483	239	244
23	71	39	32	33	21	12	520	278	242
24	103	57	46	38	27	11	538	269	269
25–29 岁	**564**	**303**	**261**	**267**	**162**	**105**	**3488**	**1742**	**1746**
25	99	46	53	49	31	18	594	303	291
26	78	36	42	40	25	15	571	285	286
27	113	64	49	50	28	22	669	342	327
28	111	66	45	61	40	21	740	368	372
29	163	91	72	67	38	29	914	444	470
30–34 岁	**978**	**542**	**436**	**438**	**265**	**173**	**6252**	**2916**	**3336**
30	207	116	91	90	53	37	1272	603	669
31	173	102	71	90	59	31	1214	547	667
32	193	94	99	86	49	37	1270	567	703
33	236	135	101	97	63	34	1321	626	695
34	169	95	74	75	41	34	1175	573	602
35–39 岁	**858**	**455**	**403**	**411**	**237**	**174**	**5263**	**2578**	**2685**
35	155	71	84	86	57	29	990	494	496
36	185	107	78	71	43	28	1055	503	552
37	187	90	97	75	44	31	1056	530	526
38	183	106	77	92	46	46	1162	552	610
39	148	81	67	87	47	40	1000	499	501
40–44 岁	**848**	**446**	**402**	**445**	**246**	**199**	**4809**	**2352**	**2457**
40	148	87	61	88	48	40	920	446	474
41	164	87	77	85	44	41	961	472	489
42	178	81	97	78	44	34	943	468	475
43	178	100	78	82	51	31	910	432	478
44	180	91	89	112	59	53	1075	534	541
45–49 岁	**1261**	**631**	**630**	**655**	**331**	**324**	**6180**	**3127**	**3053**
45	225	112	113	139	85	54	1134	585	549
46	257	127	130	129	62	67	1258	631	627
47	234	121	113	119	65	54	1282	657	625
48	264	127	137	145	61	84	1278	654	624
49	281	144	137	123	58	65	1228	600	628
50 岁及以上	**7884**	**3365**	**4519**	**5767**	**2357**	**3410**	**28231**	**13273**	**14958**

C-3-2a 续表 2

单位：人

年 龄	小 学								
	合 计			在 校			毕 业		
	合计	男	女	小计	男	女	小计	男	女
总 计	**274606**	**130054**	**144552**	**129292**	**69172**	**60120**	**125949**	**53185**	**72764**
3									
4									
5–9 岁	**88957**	**47395**	**41562**	**86196**	**45856**	**40340**	**2149**	**1184**	**965**
5	2759	1483	1276	2633	1413	1220	77	43	34
6	18963	10037	8926	18377	9720	8657	462	246	216
7	22449	11970	10479	21760	11578	10182	538	311	227
8	23621	12595	11026	22869	12170	10699	592	321	271
9	21165	11310	9855	20557	10975	9582	480	263	217
10–14 岁	**44690**	**24189**	**20501**	**42953**	**23233**	**19720**	**1352**	**748**	**604**
10	20254	10886	9368	19601	10513	9088	513	298	215
11	17530	9579	7951	16866	9214	7652	506	278	228
12	5245	2837	2408	5001	2711	2290	199	101	98
13	1174	652	522	1060	592	468	92	49	43
14	487	235	252	425	203	222	42	22	20
15–19 岁	**363**	**219**	**144**	**87**	**55**	**32**	**183**	**110**	**73**
15	48	27	21	14	11	3	18	6	12
16	60	34	26	25	15	10	24	12	12
17	72	48	24	19	15	4	35	21	14
18	78	44	34	19	9	10	36	24	12
19	105	66	39	10	5	5	70	47	23
20–24 岁	**523**	**289**	**234**	**19**	**14**	**5**	**417**	**223**	**194**
20	94	50	44	14	9	5	63	32	31
21	89	52	37	1	1		74	41	33
22	109	59	50	1	1		85	45	40
23	88	53	35	3	3		73	43	30
24	143	75	68				122	62	60
25–29 岁	**864**	**452**	**412**	**2**	**2**		**745**	**380**	**365**
25	119	66	53	1	1		96	50	46
26	114	58	56				102	52	50
27	160	87	73	1	1		134	73	61
28	203	112	91				174	94	80
29	268	129	139				239	111	128
30–34 岁	**2230**	**1105**	**1125**	**1**		**1**	**1992**	**976**	**1016**
30	430	212	218				391	187	204
31	429	218	211				382	195	187
32	437	210	227				395	189	206
33	503	251	252	1		1	443	217	226
34	431	214	217				381	188	193
35–39 岁	**2196**	**1036**	**1160**				**1918**	**889**	**1029**
35	408	194	214				366	170	196
36	429	204	225				374	171	203
37	418	208	210				359	179	180
38	524	236	288				467	207	260
39	417	194	223				352	162	190
40–44 岁	**3427**	**1547**	**1880**	**2**	**1**	**1**	**3072**	**1364**	**1708**
40	437	182	255				396	160	236
41	646	293	353				575	255	320
42	652	296	356				591	265	326
43	713	344	369	1	1		641	304	337
44	979	432	547	1		1	869	380	489
45–49 岁	**7783**	**3346**	**4437**				**6963**	**2987**	**3976**
45	1106	509	597				987	451	536
46	1474	652	822				1315	587	728
47	1552	668	884				1397	599	798
48	1729	726	1003				1557	649	908
49	1922	791	1131				1707	701	1006
50 岁及以上	**123573**	**50476**	**73097**	**32**	**11**	**21**	**107158**	**44324**	**62834**

C-3-2a 续表 3

单位：人

年龄	小学								
	肄业			辍学			其他		
	小计	男	女	小计	男	女	小计	男	女
总计	**4288**	**1547**	**2741**	**3798**	**1415**	**2383**	**11279**	**4735**	**6544**
3									
4									
5-9 岁	**60**	**41**	**19**	**12**	**8**	**4**	**540**	**306**	**234**
5	2	2		2	2		45	23	22
6	4	3	1				120	68	52
7	15	8	7	6	3	3	130	70	60
8	18	11	7	1		1	141	93	48
9	21	17	4	3	3		104	52	52
10-14 岁	**52**	**24**	**28**	**13**	**8**	**5**	**320**	**176**	**144**
10	18	11	7	3	2	1	119	62	57
11	22	9	13	5	4	1	131	74	57
12	9	2	7	4	1	3	32	22	10
13	2	1	1				20	10	10
14	1	1		1	1		18	8	10
15-19 岁	**10**	**4**	**6**	**18**	**14**	**4**	**65**	**36**	**29**
15	1		1				15	10	5
16	2	1	1	3	2	1	6	4	2
17	1	1		5	5		12	6	6
18	1		1	5	2	3	17	9	8
19	5	2	3	5	5		15	7	8
20-24 岁	**11**	**6**	**5**	**17**	**14**	**3**	**59**	**32**	**27**
20	2	1	1	6	5	1	9	3	6
21	2	1	1	1	1		11	8	3
22	3	1	2	5	4	1	15	8	7
23	1	1		2	1	1	9	5	4
24	3	2	1	3	3		15	8	7
25-29 岁	**16**	**9**	**7**	**22**	**15**	**7**	**79**	**46**	**33**
25				8	7	1	14	8	6
26				1		1	11	6	5
27	5	2	3	5	2	3	15	9	6
28	4	3	1	7	5	2	18	10	8
29	7	4	3	1	1		21	13	8
30-34 岁	**31**	**16**	**15**	**35**	**16**	**19**	**171**	**97**	**74**
30	1		1	3	1	2	35	24	11
31	10	6	4	6	2	4	31	15	16
32	5	3	2	11	7	4	26	11	15
33	13	6	7	6	4	2	40	24	16
34	2	1	1	9	2	7	39	23	16
35-39 岁	**42**	**16**	**26**	**57**	**36**	**21**	**179**	**95**	**84**
35	8	3	5	12	6	6	22	15	7
36	8	1	7	12	9	3	35	23	12
37	7	2	5	9	7	2	43	20	23
38	10	4	6	12	8	4	35	17	18
39	9	6	3	12	6	6	44	20	24
40-44 岁	**53**	**21**	**32**	**65**	**38**	**27**	**235**	**123**	**112**
40	6	4	2	10	7	3	25	11	14
41	13	6	7	11	4	7	47	28	19
42	8	2	6	11	7	4	42	22	20
43	7	4	3	10	5	5	54	30	24
44	19	5	14	23	15	8	67	32	35
45-49 岁	**162**	**64**	**98**	**160**	**63**	**97**	**498**	**232**	**266**
45	21	7	14	27	12	15	71	39	32
46	28	12	16	30	13	17	101	40	61
47	34	9	25	25	13	12	96	47	49
48	29	9	20	43	16	27	100	52	48
49	50	27	23	35	9	26	130	54	76
50 岁及以上	**3851**	**1346**	**2505**	**3399**	**1203**	**2196**	**9133**	**3592**	**5541**

C-3-2a 续表 4

单位：人

年 龄	初中								
	合计			在校			毕业		
	合计	男	女	小计	男	女	小计	男	女
总 计	**499871**	**245466**	**254405**	**60290**	**32479**	**27811**	**410108**	**198540**	**211568**
3									
4									
5–9 岁	**1577**	**869**	**708**	**1358**	**745**	**613**	**168**	**92**	**76**
5									
6	241	134	107	204	112	92	28	16	12
7	345	183	162	290	158	132	47	22	25
8	466	273	193	406	240	166	44	26	18
9	525	279	246	458	235	223	49	28	21
10–14 岁	**51856**	**27722**	**24134**	**49086**	**26220**	**22866**	**2307**	**1237**	**1070**
10	894	506	388	795	447	348	72	44	28
11	3216	1584	1632	2996	1470	1526	169	89	80
12	15159	8011	7148	14420	7622	6798	632	325	307
13	17616	9512	8104	16759	9039	7720	724	399	325
14	14971	8109	6862	14116	7642	6474	710	380	330
15–19 岁	**12541**	**7196**	**5345**	**9688**	**5435**	**4253**	**2541**	**1576**	**965**
15	5797	3271	2526	5537	3114	2423	200	124	76
16	2651	1517	1134	2250	1274	976	352	214	138
17	1538	884	654	1040	573	467	441	277	164
18	1228	734	494	519	294	225	656	403	253
19	1327	790	537	342	180	162	892	558	334
20–24 岁	**7769**	**4384**	**3385**	**43**	**26**	**17**	**7202**	**4057**	**3145**
20	1205	715	490	14	10	4	1112	656	456
21	1313	777	536	13	7	6	1207	708	499
22	1651	950	701	8	4	4	1536	891	645
23	1694	955	739	3	3		1575	884	691
24	1906	987	919	5	2	3	1772	918	854
25–29 岁	**14952**	**7598**	**7354**	**14**	**8**	**6**	**14086**	**7129**	**6957**
25	2119	1128	991	4	3	1	1976	1050	926
26	2215	1161	1054	1		1	2081	1093	988
27	2689	1349	1340	5	3	2	2528	1259	1269
28	3255	1621	1634	1		1	3074	1526	1548
29	4674	2339	2335	3	2	1	4427	2201	2226
30–34 岁	**37532**	**17904**	**19628**	**10**	**4**	**6**	**35434**	**16875**	**18559**
30	6977	3390	3587	1	1		6587	3192	3395
31	7234	3434	3800	1		1	6881	3269	3612
32	7293	3459	3834	4		4	6854	3273	3581
33	8429	4007	4422	4	3	1	7963	3767	4196
34	7599	3614	3985				7149	3374	3775
35–39 岁	**39093**	**18305**	**20788**	**16**	**7**	**9**	**36888**	**17243**	**19645**
35	6996	3315	3681	4	4		6601	3115	3486
36	7490	3498	3992	3	1	2	7059	3279	3780
37	7748	3630	4118				7330	3432	3898
38	9114	4258	4856	5	2	3	8607	4026	4581
39	7745	3604	4141	4		4	7291	3391	3900
40–44 岁	**41821**	**19665**	**22156**	**7**	**5**	**2**	**39312**	**18422**	**20890**
40	7147	3275	3872	1		1	6717	3058	3659
41	8518	4043	4475	1	1		8013	3805	4208
42	8164	3864	4300	2	1	1	7678	3625	4053
43	8323	3946	4377	2	2		7830	3700	4130
44	9669	4537	5132	1	1		9074	4234	4840
45–49 岁	**61380**	**29003**	**32377**	**11**	**5**	**6**	**57554**	**27134**	**30420**
45	10917	5175	5742				10232	4823	5409
46	12329	5756	6573	3	1	2	11567	5396	6171
47	12567	5912	6655	1	1		11774	5514	6260
48	12908	6159	6749	3	1	2	12090	5760	6330
49	12659	6001	6658	4	2	2	11891	5641	6250
50 岁及以上	**231350**	**112820**	**118530**	**57**	**24**	**33**	**214616**	**104775**	**109841**

C-3-2a 续表 5 单位：人

年龄	初中								
	肄业			辍学			其他		
	小计	男	女	小计	男	女	小计	男	女
总计	**4849**	**2426**	**2423**	**3049**	**1543**	**1506**	**21575**	**10478**	**11097**
3									
4									
5-9岁	**2**	**2**					**49**	**30**	**19**
5									
6	1	1					8	5	3
7							8	3	5
8							16	7	9
9	1	1					17	15	2
10-14岁	**71**	**45**	**26**	**18**	**10**	**8**	**374**	**210**	**164**
10							27	15	12
11	4	3	1				47	22	25
12	15	10	5	3	2	1	89	52	37
13	23	14	9	6	2	4	104	58	46
14	29	18	11	9	6	3	107	63	44
15-19岁	**46**	**25**	**21**	**73**	**47**	**26**	**193**	**113**	**80**
15	7	1	6	15	10	5	38	22	16
16	10	8	2	15	11	4	24	10	14
17	7	4	3	11	4	7	39	26	13
18	7	3	4	13	10	3	33	24	9
19	15	9	6	19	12	7	59	31	28
20-24岁	**79**	**48**	**31**	**49**	**32**	**17**	**396**	**221**	**175**
20	10	6	4	8	6	2	61	37	24
21	19	12	7	5	5		69	45	24
22	16	11	5	16	8	8	75	36	39
23	17	9	8	6	4	2	93	55	38
24	17	10	7	14	9	5	98	48	50
25-29岁	**117**	**66**	**51**	**96**	**57**	**39**	**639**	**338**	**301**
25	18	7	11	18	11	7	103	57	46
26	16	6	10	14	7	7	103	55	48
27	25	18	7	14	9	5	117	60	57
28	23	14	9	23	14	9	134	67	67
29	35	21	14	27	16	11	182	99	83
30-34岁	**274**	**161**	**113**	**166**	**108**	**58**	**1648**	**756**	**892**
30	55	33	22	32	22	10	302	142	160
31	33	18	15	32	24	8	287	123	164
32	53	24	29	35	17	18	347	145	202
33	68	44	24	34	25	9	360	168	192
34	65	42	23	33	20	13	352	178	174
35-39岁	**303**	**159**	**144**	**208**	**118**	**90**	**1678**	**778**	**900**
35	51	21	30	48	35	13	292	140	152
36	63	36	27	35	22	13	330	160	170
37	66	35	31	37	20	17	315	143	172
38	70	39	31	42	16	26	390	175	215
39	53	28	25	46	25	21	351	160	191
40-44岁	**393**	**199**	**194**	**237**	**126**	**111**	**1872**	**913**	**959**
40	52	29	23	45	25	20	332	163	169
41	82	42	40	45	22	23	377	173	204
42	79	35	44	46	24	22	359	179	180
43	85	42	43	44	29	15	362	173	189
44	95	51	44	57	26	31	442	225	217
45-49岁	**630**	**311**	**319**	**334**	**175**	**159**	**2851**	**1378**	**1473**
45	120	61	59	73	48	25	492	243	249
46	135	64	71	61	28	33	563	267	296
47	116	64	52	68	38	30	608	295	313
48	136	66	70	70	27	43	609	305	304
49	123	56	67	62	34	28	579	268	311
50岁及以上	**2934**	**1410**	**1524**	**1868**	**870**	**998**	**11875**	**5741**	**6134**

C-3-2a 续表 6

单位：人

年龄	高中								
	合计			在校			毕业		
	合计	男	女	小计	男	女	小计	男	女
总计	**456494**	**235381**	**221113**	**76068**	**41335**	**34733**	**360291**	**183504**	**176787**
3									
4									
5-9岁	**2**	**2**		**1**	**1**		**1**	**1**	
5									
6									
7									
8	1	1		1	1				
9	1	1					1	1	
10-14岁	**4706**	**2199**	**2507**	**4476**	**2082**	**2394**	**184**	**96**	**88**
10	2	2		2	2				
11	4	2	2	4	2	2			
12	8	3	5	5	2	3	3	1	2
13	571	279	292	501	241	260	55	32	23
14	4121	1913	2208	3964	1835	2129	126	63	63
15-19岁	**74118**	**40783**	**33335**	**68625**	**37487**	**31138**	**4898**	**2921**	**1977**
15	19200	10291	8909	19005	10182	8823	138	77	61
16	23623	12613	11010	23232	12389	10843	303	172	131
17	18024	9998	8026	17139	9485	7654	731	417	314
18	8302	4883	3419	6615	3855	2760	1536	929	607
19	4969	2998	1971	2634	1576	1058	2190	1326	864
20-24岁	**20025**	**11335**	**8690**	**2866**	**1707**	**1159**	**16130**	**9027**	**7103**
20	4064	2387	1677	1413	841	572	2489	1447	1042
21	3689	2132	1557	718	430	288	2775	1585	1190
22	4053	2235	1818	377	217	160	3447	1884	1563
23	3991	2266	1725	205	125	80	3581	2021	1560
24	4228	2315	1913	153	94	59	3838	2090	1748
25-29岁	**28161**	**14613**	**13548**	**29**	**20**	**9**	**26587**	**13771**	**12816**
25	4463	2475	1988	11	9	2	4191	2330	1861
26	4392	2362	2030	4	2	2	4159	2238	1921
27	5158	2696	2462	5	4	1	4866	2545	2321
28	6012	3026	2986	3	2	1	5654	2818	2836
29	8136	4054	4082	6	3	3	7717	3840	3877
30-34岁	**56836**	**27443**	**29393**	**16**	**13**	**3**	**53963**	**26036**	**27927**
30	11647	5715	5932	4	3	1	11030	5407	5623
31	11878	5762	6116	3	3		11300	5487	5813
32	11106	5333	5773	2	2		10569	5076	5493
33	12057	5759	6298	4	3	1	11420	5438	5982
34	10148	4874	5274	3	2	1	9644	4628	5016
35-39岁	**47191**	**22960**	**24231**	**12**	**3**	**9**	**44816**	**21758**	**23058**
35	9172	4498	4674	1		1	8722	4266	4456
36	8961	4298	4663	3		3	8486	4072	4414
37	9241	4482	4759	5	1	4	8742	4230	4512
38	10961	5356	5605	2	2		10425	5081	5344
39	8856	4326	4530	1		1	8441	4109	4332
40-44岁	**43451**	**21475**	**21976**	**15**	**6**	**9**	**41223**	**20375**	**20848**
40	8256	4030	4226	2	1	1	7818	3817	4001
41	9270	4589	4681	7	2	5	8847	4375	4472
42	8432	4160	4272	3	1	2	7978	3946	4032
43	8348	4140	4208	2	1	1	7906	3920	3986
44	9145	4556	4589	1	1		8674	4317	4357
45-49岁	**48767**	**25234**	**23533**	**8**	**3**	**5**	**46245**	**23883**	**22362**
45	9584	4845	4739	4	1	3	9095	4597	4498
46	10258	5165	5093				9732	4878	4854
47	9900	5168	4732	3	2	1	9398	4892	4506
48	9734	5175	4559				9203	4895	4308
49	9291	4881	4410	1		1	8817	4621	4196
50岁及以上	**133237**	**69337**	**63900**	**20**	**13**	**7**	**126244**	**65636**	**60608**

C-3-2a 续表 7

单位：人

年龄	高中								
	肄业			辍学			其他		
	小计	男	女	小计	男	女	小计	男	女
总计	**2840**	**1607**	**1233**	**1439**	**850**	**589**	**15856**	**8085**	**7771**
3									
4									
5-9岁									
5									
6									
7									
8									
9									
10-14岁	**3**	**2**	**1**	**2**	**1**	**1**	**41**	**18**	**23**
10									
11									
12									
13							15	6	9
14	3	2	1	2	1	1	26	12	14
15-19岁	**98**	**73**	**25**	**119**	**78**	**41**	**378**	**224**	**154**
15	3	3		13	9	4	41	20	21
16	13	9	4	22	15	7	53	28	25
17	29	23	6	33	21	12	92	52	40
18	25	18	7	27	18	9	99	63	36
19	28	20	8	24	15	9	93	61	32
20-24岁	**160**	**118**	**42**	**108**	**73**	**35**	**761**	**410**	**351**
20	20	15	5	24	15	9	118	69	49
21	33	26	7	18	12	6	145	79	66
22	45	35	10	31	22	9	153	77	76
23	21	14	7	18	12	6	166	94	72
24	41	28	13	17	12	5	179	91	88
25-29岁	**221**	**126**	**95**	**122**	**72**	**50**	**1202**	**624**	**578**
25	40	20	20	15	9	6	206	107	99
26	28	14	14	21	16	5	180	92	88
27	44	24	20	28	14	14	215	109	106
28	49	32	17	24	16	8	282	158	124
29	60	36	24	34	17	17	319	158	161
30-34岁	**392**	**212**	**180**	**201**	**123**	**78**	**2264**	**1059**	**1205**
30	87	48	39	45	25	20	481	232	249
31	76	45	31	44	30	14	455	197	258
32	76	40	36	32	20	12	427	195	232
33	89	47	42	49	29	20	495	242	253
34	64	32	32	31	19	12	406	193	213
35-39岁	**331**	**182**	**149**	**128**	**73**	**55**	**1904**	**944**	**960**
35	61	30	31	24	14	10	364	188	176
36	73	49	24	17	9	8	382	168	214
37	75	36	39	26	15	11	393	200	193
38	63	37	26	34	20	14	437	216	221
39	59	30	29	27	15	12	328	172	156
40-44岁	**301**	**173**	**128**	**131**	**74**	**57**	**1781**	**847**	**934**
40	59	34	25	29	14	15	348	164	184
41	53	30	23	27	16	11	336	166	170
42	76	38	38	21	13	8	354	162	192
43	66	42	24	27	17	10	347	160	187
44	47	29	18	27	14	13	396	195	201
45-49岁	**383**	**212**	**171**	**151**	**86**	**65**	**1980**	**1050**	**930**
45	67	34	33	36	23	13	382	190	192
46	79	46	33	36	20	16	411	221	190
47	62	36	26	24	12	12	413	226	187
48	86	45	41	30	16	14	415	219	196
49	89	51	38	25	15	10	359	194	165
50岁及以上	**951**	**509**	**442**	**477**	**270**	**207**	**5545**	**2909**	**2636**

C-3-2a 续表 8 单位：人

年 龄	大学专科								
	合 计			在 校			毕 业		
	合计	男	女	小计	男	女	小计	男	女
总 计	**263351**	**133433**	**129918**	**46074**	**23539**	**22535**	**210121**	**106189**	**103932**
3									
4									
5-9 岁									
5									
6									
7									
8									
9									
10-14 岁	**12**	**4**	**8**	**11**	**4**	**7**	**1**		**1**
10	1		1				1		1
11									
12									
13	2	1	1	2	1	1			
14	9	3	6	9	3	6			
15-19 岁	**30929**	**15333**	**15596**	**28836**	**14395**	**14441**	**1926**	**852**	**1074**
15	779	412	367	763	403	360	15	9	6
16	1535	748	787	1490	731	759	44	17	27
17	3730	1690	2040	3553	1610	1943	161	71	90
18	10468	5241	5227	9894	4978	4916	519	230	289
19	14417	7242	7175	13136	6673	6463	1187	525	662
20-24 岁	**38682**	**19204**	**19478**	**15999**	**8511**	**7488**	**21857**	**10259**	**11598**
20	12216	6310	5906	9738	5138	4600	2321	1079	1242
21	7865	3910	3955	3761	2044	1717	3959	1798	2161
22	6868	3250	3618	1554	827	727	5134	2331	2803
23	5991	2978	3013	651	350	301	5159	2530	2629
24	5742	2756	2986	295	152	143	5284	2521	2763
25-29 岁	**29984**	**14567**	**15417**	**549**	**277**	**272**	**28382**	**13777**	**14605**
25	5639	2761	2878	198	102	96	5249	2564	2685
26	5261	2556	2705	108	45	63	4966	2422	2544
27	5723	2810	2913	88	49	39	5425	2639	2786
28	5966	2902	3064	70	39	31	5700	2776	2924
29	7395	3538	3857	85	42	43	7042	3376	3666
30-34 岁	**46645**	**21837**	**24808**	**262**	**118**	**144**	**44893**	**21010**	**23883**
30	10049	4714	5335	86	41	45	9660	4521	5139
31	9954	4593	5361	54	24	30	9601	4423	5178
32	9120	4271	4849	43	18	25	8751	4111	4640
33	9515	4487	5028	46	22	24	9175	4318	4857
34	8007	3772	4235	33	13	20	7706	3637	4069
35-39 岁	**32439**	**15690**	**16749**	**135**	**69**	**66**	**31224**	**15077**	**16147**
35	6652	3216	3436	33	19	14	6412	3091	3321
36	6454	3096	3358	29	16	13	6191	2968	3223
37	6356	3056	3300	29	12	17	6122	2931	3191
38	7195	3492	3703	22	12	10	6941	3367	3574
39	5782	2830	2952	22	10	12	5558	2720	2838
40-44 岁	**23020**	**11728**	**11292**	**101**	**55**	**46**	**22262**	**11333**	**10929**
40	4846	2418	2428	24	13	11	4665	2326	2339
41	4943	2545	2398	17	7	10	4788	2460	2328
42	4559	2325	2234	14	7	7	4409	2240	2169
43	4255	2183	2072	20	16	4	4135	2119	2016
44	4417	2257	2160	26	12	14	4265	2188	2077
45-49 岁	**20444**	**10919**	**9525**	**80**	**55**	**25**	**19735**	**10533**	**9202**
45	4499	2348	2151	19	12	7	4346	2258	2088
46	4214	2256	1958	18	13	5	4061	2174	1887
47	4093	2183	1910	19	13	6	3955	2107	1848
48	3904	2124	1780	10	6	4	3782	2062	1720
49	3734	2008	1726	14	11	3	3591	1932	1659
50 岁及以上	**41196**	**24151**	**17045**	**101**	**55**	**46**	**39841**	**23348**	**16493**

C-3-2a 续表 9　　　　单位：人

年 龄	大学专科								
	肄 业			辍 学			其 他		
	小计	男	女	小计	男	女	小计	男	女
总 计	**836**	**454**	**382**	**129**	**78**	**51**	**6191**	**3173**	**3018**
3									
4									
5-9 岁									
5									
6									
7									
8									
9									
10-14 岁									
10									
11									
12									
13									
14									
15-19 岁	**31**	**17**	**14**	**7**	**2**	**5**	**129**	**67**	**62**
15				1		1			
16							1		1
17	3	1	2	2	1	1	11	7	4
18	12	9	3	1		1	42	24	18
19	16	7	9	3	1	2	75	36	39
20-24 岁	**125**	**75**	**50**	**29**	**21**	**8**	**672**	**338**	**334**
20	30	19	11	10	8	2	117	66	51
21	23	14	9	5	3	2	117	51	66
22	27	18	9	6	4	2	147	70	77
23	22	13	9	4	3	1	155	82	73
24	23	11	12	4	3	1	136	69	67
25-29 岁	**126**	**63**	**63**	**19**	**13**	**6**	**908**	**437**	**471**
25	26	11	15	7	4	3	159	80	79
26	21	8	13	3	2	1	163	79	84
27	22	13	9	3	3		185	106	79
28	24	13	11	5	3	2	167	71	96
29	33	18	15	1	1		234	101	133
30-34 岁	**180**	**97**	**83**	**24**	**12**	**12**	**1286**	**600**	**686**
30	42	23	19	6	3	3	255	126	129
31	30	17	13	5	1	4	264	128	136
32	39	17	22	5	4	1	282	121	161
33	42	25	17	6	4	2	246	118	128
34	27	15	12	2		2	239	107	132
35-39 岁	**134**	**73**	**61**	**16**	**8**	**8**	**930**	**463**	**467**
35	23	12	11	1	1		183	93	90
36	29	14	15	7	3	4	198	95	103
37	26	13	13	3	2	1	176	98	78
38	32	20	12	4	2	2	196	91	105
39	24	14	10	1		1	177	86	91
40-44 岁	**76**	**36**	**40**	**9**	**5**	**4**	**572**	**299**	**273**
40	25	15	10	2		2	130	64	66
41	10	6	4	2	2		126	70	56
42	11	4	7				125	74	51
43	14	7	7	1		1	85	41	44
44	16	4	12	4	3	1	106	50	56
45-49 岁	**61**	**30**	**31**	**9**	**7**	**2**	**559**	**294**	**265**
45	12	6	6	2	2		120	70	50
46	12	5	7	2	1	1	121	63	58
47	14	7	7	2	2		103	54	49
48	10	5	5	2	2		100	49	51
49	13	7	6	1		1	115	58	57
50 岁及以上	**103**	**63**	**40**	**16**	**10**	**6**	**1135**	**675**	**460**

C-3-2a 续表 10 单位：人

年 龄	大学本科								
	合 计			在 校			毕 业		
	合计	男	女	小计	男	女	小计	男	女
总 计	**226058**	**112966**	**113092**	**66868**	**30794**	**36074**	**155383**	**80224**	**75159**
3									
4									
5–9 岁									
5									
6									
7									
8									
9									
10–14 岁	**4**	**2**	**2**	**1**	**1**		**3**	**1**	**2**
10	2	1	1				2	1	1
11									
12									
13									
14	2	1	1	1	1		1		1
15–19 岁	**28389**	**12667**	**15722**	**27941**	**12438**	**15503**	**388**	**202**	**186**
15	77	33	44	74	32	42	3	1	2
16	240	95	145	234	92	142	5	3	2
17	2330	890	1440	2299	869	1430	28	19	9
18	9644	4412	5232	9531	4359	5172	99	48	51
19	16098	7237	8861	15803	7086	8717	253	131	122
20–24 岁	**51860**	**23833**	**28027**	**37485**	**17624**	**19861**	**13940**	**6007**	**7933**
20	17180	7660	9520	16608	7403	9205	530	236	294
21	13993	6559	7434	12412	5898	6514	1521	632	889
22	9224	4346	4878	5708	2848	2860	3408	1443	1965
23	6208	2887	3321	1959	1039	920	4143	1804	2339
24	5255	2381	2874	798	436	362	4338	1892	2446
25–29 岁	**28159**	**12674**	**15485**	**870**	**441**	**429**	**26592**	**11912**	**14680**
25	5270	2314	2956	389	198	191	4762	2062	2700
26	5212	2332	2880	195	98	97	4892	2174	2718
27	5424	2458	2966	116	64	52	5168	2332	2836
28	5645	2534	3111	93	51	42	5406	2417	2989
29	6608	3036	3572	77	30	47	6364	2927	3437
30–34 岁	**38404**	**18073**	**20331**	**266**	**114**	**152**	**37254**	**17551**	**19703**
30	8418	3796	4622	78	39	39	8142	3677	4465
31	8176	3736	4440	58	24	34	7935	3619	4316
32	7647	3620	4027	49	24	25	7407	3502	3905
33	7726	3712	4014	41	16	25	7507	3623	3884
34	6437	3209	3228	40	11	29	6263	3130	3133
35–39 岁	**26485**	**13756**	**12729**	**114**	**54**	**60**	**25839**	**13423**	**12416**
35	5547	2841	2706	25	17	8	5398	2769	2629
36	5535	2867	2668	16	4	12	5411	2807	2604
37	5339	2797	2542	25	14	11	5199	2724	2475
38	5656	2927	2729	29	9	20	5531	2864	2667
39	4408	2324	2084	19	10	9	4300	2259	2041
40–44 岁	**15800**	**8518**	**7282**	**64**	**43**	**21**	**15393**	**8303**	**7090**
40	3632	1935	1697	9	7	2	3541	1883	1658
41	3462	1831	1631	11	7	4	3378	1788	1590
42	2975	1639	1336	17	15	2	2895	1593	1302
43	2774	1470	1304	11	7	4	2703	1436	1267
44	2957	1643	1314	16	7	9	2876	1603	1273
45–49 岁	**12945**	**7518**	**5427**	**55**	**36**	**19**	**12592**	**7308**	**5284**
45	2878	1649	1229	9	6	3	2797	1598	1199
46	2773	1547	1226	7	4	3	2703	1505	1198
47	2602	1517	1085	17	14	3	2522	1466	1056
48	2332	1370	962	10	3	7	2271	1340	931
49	2360	1435	925	12	9	3	2299	1399	900
50 岁及以上	**24012**	**15925**	**8087**	**72**	**43**	**29**	**23382**	**15517**	**7865**

C-3-2a 续表 11 单位：人

年 龄	大学本科								
	肄 业			辍 学			其 他		
	小计	男	女	小计	男	女	小计	男	女
总 计	**358**	**191**	**167**	**38**	**23**	**15**	**3411**	**1734**	**1677**
3									
4									
5-9 岁									
5									
6									
7									
8									
9									
10-14 岁									
10									
11									
12									
13									
14									
15-19 岁	**6**		**6**				**54**	**27**	**27**
15									
16							1		1
17							3	2	1
18							14	5	9
19	6		6				36	20	16
20-24 岁	**54**	**20**	**34**	**6**	**3**	**3**	**375**	**179**	**196**
20	8	4	4				34	17	17
21	5	2	3	1	1		54	26	28
22	14	6	8	2	1	1	92	48	44
23	9	2	7	3	1	2	94	41	53
24	18	6	12				101	47	54
25-29 岁	**80**	**38**	**42**	**8**	**5**	**3**	**609**	**278**	**331**
25	15	8	7	1		1	103	46	57
26	13	8	5	1		1	111	52	59
27	15	6	9				125	56	69
28	11	4	7	2	2		133	60	73
29	26	12	14	4	3	1	137	64	73
30-34 岁	**91**	**51**	**40**	**12**	**6**	**6**	**781**	**351**	**430**
30	19	10	9	4	2	2	175	68	107
31	22	15	7	3	2	1	158	76	82
32	19	9	10	3	1	2	169	84	85
33	23	13	10	2	1	1	153	59	94
34	8	4	4				126	64	62
35-39 岁	**41**	**22**	**19**	**2**	**2**		**489**	**255**	**234**
35	9	4	5	1	1		114	50	64
36	12	7	5				96	49	47
37	11	4	7				104	55	49
38	7	5	2				89	49	40
39	2	2		1	1		86	52	34
40-44 岁	**21**	**14**	**7**	**3**	**3**		**319**	**155**	**164**
40	6	5	1	2	2		74	38	36
41	5	3	2				68	33	35
42	3	1	2				60	30	30
43	5	4	1				55	23	32
44	2	1	1	1	1		62	31	31
45-49 岁	**24**	**13**	**11**				**274**	**161**	**113**
45	5	4	1				67	41	26
46	3		3				60	38	22
47	7	4	3				56	33	23
48	3	2	1				48	25	23
49	6	3	3				43	24	19
50 岁及以上	**41**	**33**	**8**	**7**	**4**	**3**	**510**	**328**	**182**

C-3-2a　续表　12　　　　　　　　　　　　　　　　单位：人

年　龄	硕士研究生								
	合　计			在　校			毕　业		
	合计	男	女	小计	男	女	小计	男	女
总　计	**21702**	**10974**	**10728**	**5622**	**2539**	**3083**	**15767**	**8274**	**7493**
3									
4									
5–9 岁									
5									
6									
7									
8									
9									
10–14 岁									
10									
11									
12									
13									
14									
15–19 岁	**67**	**50**	**17**	**64**	**47**	**17**	**3**	**3**	
15									
16									
17	9	7	2	8	6	2	1	1	
18	23	21	2	23	21	2			
19	35	22	13	33	20	13	2	2	
20–24 岁	**4127**	**1766**	**2361**	**3758**	**1634**	**2124**	**354**	**124**	**230**
20	63	31	32	62	31	31	1		1
21	261	89	172	249	82	167	11	6	5
22	919	387	532	871	365	506	47	22	25
23	1421	604	817	1329	574	755	88	29	59
24	1463	655	808	1247	582	665	207	67	140
25–29 岁	**4428**	**1908**	**2520**	**1551**	**735**	**816**	**2824**	**1153**	**1671**
25	1224	519	705	787	353	434	428	161	267
26	854	376	478	361	169	192	490	206	284
27	776	337	439	207	95	112	557	239	318
28	742	322	420	119	68	51	617	252	365
29	832	354	478	77	50	27	732	295	437
30–34 岁	**4784**	**2201**	**2583**	**175**	**78**	**97**	**4512**	**2077**	**2435**
30	1019	421	598	67	28	39	929	383	546
31	1057	481	576	42	16	26	997	457	540
32	946	437	509	29	14	15	898	412	486
33	957	463	494	25	12	13	908	440	468
34	805	399	406	12	8	4	780	385	395
35–39 岁	**3475**	**1844**	**1631**	**38**	**23**	**15**	**3361**	**1782**	**1579**
35	726	393	333	11	7	4	701	378	323
36	710	390	320	6	3	3	692	380	312
37	688	366	322	5	4	1	658	349	309
38	790	391	399	11	7	4	766	380	386
39	561	304	257	5	2	3	544	295	249
40–44 岁	**1828**	**1062**	**766**	**12**	**6**	**6**	**1788**	**1042**	**746**
40	475	246	229	4	2	2	462	240	222
41	435	255	180	1		1	428	253	175
42	329	194	135	3		3	322	192	130
43	307	191	116	4	4		297	183	114
44	282	176	106				279	174	105
45–49 岁	**1293**	**855**	**438**	**13**	**7**	**6**	**1264**	**837**	**427**
45	280	175	105	3	1	2	275	172	103
46	305	198	107	7	5	2	296	191	105
47	274	188	86				267	185	82
48	227	152	75				223	149	74
49	207	142	65	3	1	2	203	140	63
50 岁及以上	**1700**	**1288**	**412**	**11**	**9**	**2**	**1661**	**1256**	**405**

C-3-2a 续表 13　　单位：人

年 龄	硕士研究生								
	肄 业			辍 学			其 他		
	小计	男	女	小计	男	女	小计	男	女
总 计	**29**	**16**	**13**				**284**	**145**	**139**
3									
4									
5-9 岁									
5									
6									
7									
8									
9									
10-14 岁									
10									
11									
12									
13									
14									
15-19 岁									
15									
16									
17									
18									
19									
20-24 岁	**1**		**1**				**14**	**8**	**6**
20									
21							1	1	
22							1		1
23	1		1				3	1	2
24							9	6	3
25-29 岁	**4**	**1**	**3**				**49**	**19**	**30**
25							9	5	4
26							3	1	2
27	2	1	1				10	2	8
28							6	2	4
29	2		2				21	9	12
30-34 岁	**10**	**5**	**5**				**87**	**41**	**46**
30	3	2	1				20	8	12
31	2	1	1				16	7	9
32	1	1					18	10	8
33	1		1				23	11	12
34	3	1	2				10	5	5
35-39 岁	**6**	**2**	**4**				**70**	**37**	**33**
35	3	1	2				11	7	4
36							12	7	5
37	2		2				23	13	10
38	1	1					12	3	9
39							12	7	5
40-44 岁	**3**	**3**					**25**	**11**	**14**
40							9	4	5
41							6	2	4
42	1	1					3	1	2
43	1	1					5	3	2
44	1	1					2	1	1
45-49 岁	**1**	**1**					**15**	**10**	**5**
45							2	2	
46							2	2	
47	1	1					6	2	4
48							4	3	1
49							1	1	
50 岁及以上	**4**	**4**					**24**	**19**	**5**

C-3-2a 续表 14

单位：人

年 龄	博士研究生								
	合 计			在 校			毕 业		
	合计	男	女	小计	男	女	小计	男	女
总 计	**3323**	**2136**	**1187**	**889**	**521**	**368**	**2383**	**1581**	**802**
3									
4									
5-9 岁									
5									
6									
7									
8									
9									
10-14 岁									
10									
11									
12									
13									
14									
15-19 岁	**4**	**1**	**3**	**4**	**1**	**3**			
15									
16									
17									
18									
19	4	1	3	4	1	3			
20-24 岁	**159**	**86**	**73**	**142**	**77**	**65**	**16**	**9**	**7**
20	8	5	3	7	4	3	1	1	
21	5	3	2	3	1	2	2	2	
22	22	12	10	19	11	8	3	1	2
23	49	24	25	47	23	24	2	1	1
24	75	42	33	66	38	28	8	4	4
25-29 岁	**597**	**343**	**254**	**472**	**280**	**192**	**123**	**63**	**60**
25	113	60	53	103	53	50	10	7	3
26	118	60	58	100	53	47	18	7	11
27	131	78	53	114	73	41	15	5	10
28	137	82	55	103	63	40	34	19	15
29	98	63	35	52	38	14	46	25	21
30-34 岁	**711**	**445**	**266**	**197**	**121**	**76**	**499**	**312**	**187**
30	164	107	57	84	53	31	76	51	25
31	153	85	68	44	24	20	106	60	46
32	131	79	52	31	18	13	99	60	39
33	139	90	49	22	14	8	113	72	41
34	124	84	40	16	12	4	105	69	36
35-39 岁	**588**	**351**	**237**	**45**	**24**	**21**	**529**	**320**	**209**
35	107	63	44	12	6	6	91	56	35
36	108	75	33	11	8	3	95	66	29
37	104	55	49	4	2	2	98	52	46
38	131	76	55	11	5	6	117	70	47
39	138	82	56	7	3	4	128	76	52
40-44 岁	**454**	**296**	**158**	**17**	**9**	**8**	**431**	**283**	**148**
40	117	73	44	6	3	3	109	68	41
41	97	70	27	2	1	1	93	69	24
42	91	53	38	3	2	1	88	51	37
43	73	46	27	4	1	3	67	43	24
44	76	54	22	2	2		74	52	22
45-49 岁	**324**	**222**	**102**	**6**	**4**	**2**	**314**	**216**	**98**
45	63	43	20	1	1		61	42	19
46	73	53	20	2	1	1	71	52	19
47	78	52	26	1		1	77	52	25
48	62	43	19				60	42	18
49	48	31	17	2	2		45	28	17
50 岁及以上	**486**	**392**	**94**	**6**	**5**	**1**	**471**	**378**	**93**

C-3-2a 续表 15 单位：人

年 龄	博士研究生								
	肄 业			辍 学			其 他		
	小计	男	女	小计	男	女	小计	男	女
总 计	**3**	**1**	**2**	**1**		**1**	**47**	**33**	**14**
3									
4									
5-9 岁									
5									
6									
7									
8									
9									
10-14 岁									
10									
11									
12									
13									
14									
15-19 岁									
15									
16									
17									
18									
19									
20-24 岁	**1**		**1**						
20									
21									
22									
23									
24	1		1						
25-29 岁							**2**		**2**
25									
26									
27							2		2
28									
29									
30-34 岁							**15**	**12**	**3**
30							4	3	1
31							3	1	2
32							1	1	
33							4	4	
34							3	3	
35-39 岁	**1**	**1**					**13**	**6**	**7**
35							4	1	3
36							2	1	1
37							2	1	1
38							3	1	2
39	1	1					2	2	
40-44 岁	**1**		**1**				**5**	**4**	**1**
40							2	2	
41	1		1				1		1
42									
43							2	2	
44									
45-49 岁				**1**		**1**	**3**	**2**	**1**
45				1		1			
46									
47									
48							2	1	1
49							1	1	
50 岁及以上							**9**	**9**	

C-3-2b 全省分年龄、性别、学业完成情况的3岁及以上各种受教育程度人口（镇）

单位：人

年 龄	合 计								
	合 计			在 校			毕 业		
	合计	男	女	小计	男	女	小计	男	女
总 计	**1951847**	**994237**	**957610**	**430615**	**229667**	**200948**	**1380821**	**696795**	**684026**
3									
4									
5-9 岁	**117145**	**62686**	**54459**	**113380**	**60606**	**52774**	**2700**	**1476**	**1224**
5	4017	2173	1844	3870	2090	1780	92	55	37
6	22779	12164	10615	22088	11806	10282	486	245	241
7	28372	15215	13157	27492	14748	12744	621	322	299
8	31688	16934	14754	30641	16346	14295	773	435	338
9	30289	16200	14089	29289	15616	13673	728	419	309
10-14 岁	**146436**	**77909**	**68527**	**140002**	**74321**	**65681**	**5026**	**2787**	**2239**
10	29471	15815	13656	28448	15261	13187	745	396	349
11	30814	16422	14392	29661	15772	13889	884	504	380
12	29375	15712	13663	28043	14934	13109	1046	611	435
13	27398	14514	12884	26025	13761	12264	1136	617	519
14	29378	15446	13932	27825	14593	13232	1215	659	556
15-19 岁	**165046**	**89803**	**75243**	**147288**	**79096**	**68192**	**15668**	**9459**	**6209**
15	36483	19388	17095	35491	18791	16700	750	442	308
16	40929	22115	18814	39270	21095	18175	1305	829	476
17	33688	18284	15404	30826	16571	14255	2442	1458	984
18	27719	15385	12334	22760	12389	10371	4502	2712	1790
19	26227	14631	11596	18941	10250	8691	6669	4018	2651
20-24 岁	**92671**	**48530**	**44141**	**27167**	**14212**	**12955**	**61343**	**32002**	**29341**
20	21461	11643	9818	12815	6750	6065	7963	4506	3457
21	18268	9761	8507	7272	3822	3450	10272	5505	4767
22	18541	9621	8920	3897	2037	1860	13710	7053	6657
23	17381	8873	8508	2012	1021	991	14475	7380	7095
24	17020	8632	8388	1171	582	589	14923	7558	7365
25-29 岁	**103031**	**50865**	**52166**	**1587**	**825**	**762**	**95013**	**46791**	**48222**
25	17584	8703	8881	607	311	296	15914	7857	8057
26	16772	8321	8451	368	189	179	15433	7640	7793
27	18742	9227	9515	221	111	110	17369	8528	8841
28	21805	10757	11048	194	109	85	20205	9944	10261
29	28128	13857	14271	197	105	92	26092	12822	13270
30-34 岁	**184959**	**89331**	**95628**	**452**	**217**	**235**	**172527**	**83190**	**89337**
30	39593	18957	20636	174	82	92	36863	17644	19219
31	38399	18591	19808	88	38	50	35807	17306	18501
32	35980	17360	18620	79	39	40	33580	16188	17392
33	38229	18554	19675	70	38	32	35669	17241	18428
34	32758	15869	16889	41	20	21	30608	14811	15797
35-39 岁	**151352**	**74601**	**76751**	**173**	**83**	**90**	**141079**	**69452**	**71627**
35	29257	14334	14923	33	18	15	27288	13358	13930
36	29373	14400	14973	42	19	23	27400	13413	13987
37	29478	14653	14825	26	11	15	27471	13638	13833
38	34824	17256	17568	32	13	19	32462	16099	16363
39	28420	13958	14462	40	22	18	26458	12944	13514
40-44 岁	**137537**	**69166**	**68371**	**118**	**59**	**59**	**127563**	**64158**	**63405**
40	25810	12814	12996	26	11	15	23952	11899	12053
41	29152	14735	14417	29	16	13	27052	13668	13384
42	26349	13151	13198	23	12	11	24472	12228	12244
43	25824	13004	12820	22	13	9	23926	12044	11882
44	30402	15462	14940	18	7	11	28161	14319	13842
45-49 岁	**176231**	**89683**	**86548**	**126**	**76**	**50**	**162253**	**82681**	**79572**
45	32633	16561	16072	25	20	5	30127	15338	14789
46	36462	18460	18002	29	17	12	33626	17002	16624
47	35842	18329	17513	26	15	11	33053	16935	16118
48	35868	18132	17736	21	12	9	32910	16662	16248
49	35426	18201	17225	25	12	13	32537	16744	15793
50 岁及以上	**677439**	**341663**	**335776**	**322**	**172**	**150**	**597649**	**304799**	**292850**

C-3-2b 续表 1　　　　单位：人

年 龄	合 计								
	肄 业			辍 学			其 他		
	小计	男	女	小计	男	女	小计	男	女
总 计	**20620**	**9392**	**11228**	**16561**	**7522**	**9039**	**103230**	**50861**	**52369**
3									
4									
5-9 岁	**120**	**66**	**54**	**28**	**16**	**12**	**917**	**522**	**395**
5	2	1	1	1		1	52	27	25
6	17	12	5	7	4	3	181	97	84
7	30	17	13	8	3	5	221	125	96
8	28	13	15	5	3	2	241	137	104
9	43	23	20	7	6	1	222	136	86
10-14 岁	**147**	**81**	**66**	**60**	**39**	**21**	**1201**	**681**	**520**
10	28	18	10	5	3	2	245	137	108
11	24	9	15	9	6	3	236	131	105
12	20	10	10	10	7	3	256	150	106
13	31	19	12	8	4	4	198	113	85
14	44	25	19	28	19	9	266	150	116
15-19 岁	**241**	**156**	**85**	**296**	**187**	**109**	**1553**	**905**	**648**
15	28	17	11	36	28	8	178	110	68
16	48	29	19	54	29	25	252	133	119
17	46	27	19	82	49	33	292	179	113
18	57	39	18	69	45	24	331	200	131
19	62	44	18	55	36	19	500	283	217
20-24 岁	**394**	**236**	**158**	**306**	**188**	**118**	**3461**	**1892**	**1569**
20	68	42	26	75	44	31	540	301	239
21	72	45	27	65	48	17	587	341	246
22	81	50	31	60	39	21	793	442	351
23	77	47	30	57	30	27	760	395	365
24	96	52	44	49	27	22	781	413	368
25-29 岁	**559**	**312**	**247**	**419**	**228**	**191**	**5453**	**2709**	**2744**
25	93	56	37	76	45	31	894	434	460
26	98	58	40	68	35	33	805	399	406
27	86	44	42	71	43	28	995	501	494
28	127	75	52	81	37	44	1198	592	606
29	155	79	76	123	68	55	1561	783	778
30-34 岁	**1139**	**596**	**543**	**703**	**408**	**295**	**10138**	**4920**	**5218**
30	247	135	112	152	102	50	2157	994	1163
31	255	131	124	143	72	71	2106	1044	1062
32	196	102	94	145	87	58	1980	944	1036
33	238	129	109	140	77	63	2112	1069	1043
34	203	99	104	123	70	53	1783	869	914
35-39 岁	**1014**	**555**	**459**	**717**	**381**	**336**	**8369**	**4130**	**4239**
35	214	122	92	138	66	72	1584	770	814
36	190	112	78	135	72	63	1606	784	822
37	205	118	87	146	81	65	1630	805	825
38	222	105	117	156	83	73	1952	956	996
39	183	98	85	142	79	63	1597	815	782
40-44 岁	**1054**	**539**	**515**	**753**	**402**	**351**	**8049**	**4008**	**4041**
40	195	105	90	126	68	58	1511	731	780
41	226	114	112	144	86	58	1701	851	850
42	192	89	103	156	88	68	1506	734	772
43	196	107	89	140	65	75	1540	775	765
44	245	124	121	187	95	92	1791	917	874
45-49 岁	**1622**	**820**	**802**	**1363**	**657**	**706**	**10867**	**5449**	**5418**
45	286	143	143	218	116	102	1977	944	1033
46	313	159	154	273	154	119	2221	1128	1093
47	323	164	159	268	119	149	2172	1096	1076
48	344	167	177	296	126	170	2297	1165	1132
49	356	187	169	308	142	166	2200	1116	1084
50 岁及以上	**14330**	**6031**	**8299**	**11916**	**5016**	**6900**	**53222**	**25645**	**27577**

C-3-2b 续表 2　　　　单位：人

年龄	小学								
	合计			在校			毕业		
	合计	男	女	小计	男	女	小计	男	女
总计	**470105**	**218373**	**251732**	**175572**	**93882**	**81690**	**246796**	**105236**	**141560**
3									
4									
5-9岁	**115078**	**61518**	**53560**	**111562**	**59583**	**51979**	**2501**	**1361**	**1140**
5	4017	2173	1844	3870	2090	1780	92	55	37
6	22442	11964	10478	21793	11627	10166	457	232	225
7	27969	15004	12965	27145	14566	12579	578	300	278
8	31121	16626	14495	30135	16072	14063	720	407	313
9	29529	15751	13778	28619	15228	13391	654	367	287
10-14岁	**66129**	**35480**	**30649**	**63692**	**34136**	**29556**	**1811**	**985**	**826**
10	28197	15138	13059	27305	14655	12650	639	332	307
11	25596	13686	11910	24745	13212	11533	647	362	285
12	9127	4994	4133	8701	4735	3966	331	197	134
13	2259	1181	1078	2077	1097	980	136	63	73
14	950	481	469	864	437	427	58	31	27
15-19岁	**740**	**435**	**305**	**183**	**105**	**78**	**420**	**252**	**168**
15	103	63	40	52	34	18	36	23	13
16	128	75	53	39	22	17	57	34	23
17	117	74	43	33	16	17	67	48	19
18	180	106	74	31	15	16	110	63	47
19	212	117	95	28	18	10	150	84	66
20-24岁	**1021**	**541**	**480**	**31**	**17**	**14**	**805**	**429**	**376**
20	176	94	82	22	11	11	114	67	47
21	195	111	84	4	3	1	163	90	73
22	186	109	77	1	1		151	89	62
23	225	106	119	2	1	1	183	86	97
24	239	121	118	2	1	1	194	97	97
25-29岁	**1856**	**919**	**937**	**6**	**5**	**1**	**1586**	**776**	**810**
25	272	149	123	1	1		223	126	97
26	268	143	125	2	2		227	120	107
27	296	147	149	1	1		267	130	137
28	429	202	227	1		1	376	171	205
29	591	278	313	1	1		493	229	264
30-34岁	**4386**	**2040**	**2346**	**4**	**2**	**2**	**3839**	**1774**	**2065**
30	807	390	417	2	2		693	330	363
31	907	435	472	1		1	812	385	427
32	804	380	424	1		1	705	333	372
33	1028	456	572				894	395	499
34	840	379	461				735	331	404
35-39岁	**4519**	**1984**	**2535**	**1**		**1**	**3979**	**1720**	**2259**
35	792	347	445				691	291	400
36	798	378	420				711	327	384
37	852	378	474				748	327	421
38	1099	486	613				965	423	542
39	978	395	583	1		1	864	352	512
40-44岁	**7398**	**3187**	**4211**	**1**		**1**	**6530**	**2766**	**3764**
40	1005	438	567	1		1	881	369	512
41	1420	624	796				1233	531	702
42	1445	593	852				1282	507	775
43	1503	644	859				1345	576	769
44	2025	888	1137				1789	783	1006
45-49岁	**16974**	**7132**	**9842**	**7**	**4**	**3**	**14916**	**6232**	**8684**
45	2511	1085	1426	1	1		2186	948	1238
46	3129	1284	1845	1		1	2735	1100	1635
47	3390	1474	1916	2	2		3022	1298	1724
48	3755	1539	2216	3	1	2	3283	1350	1933
49	4189	1750	2439				3690	1536	2154
50岁及以上	**252004**	**105137**	**146867**	**85**	**30**	**55**	**210409**	**88941**	**121468**

C-3-2b 续表 3 单位：人

年 龄	小 学								
	肄 业			辍 学			其 他		
	小计	男	女	小计	男	女	小计	男	女
总 计	**9634**	**3545**	**6089**	**8935**	**3428**	**5507**	**29168**	**12282**	**16886**
3									
4									
5-9 岁	**118**	**66**	**52**	**26**	**15**	**11**	**871**	**493**	**378**
5	2	1	1	1		1	52	27	25
6	16	12	4	7	4	3	169	89	80
7	30	17	13	7	3	4	209	118	91
8	28	13	15	5	3	2	233	131	102
9	42	23	19	6	5	1	208	128	80
10-14 岁	**54**	**28**	**26**	**27**	**16**	**11**	**545**	**315**	**230**
10	27	17	10	5	3	2	221	131	90
11	18	7	11	5	3	2	181	102	79
12	7	3	4	4	3	1	84	56	28
13	1	1		5	3	2	40	17	23
14	1		1	8	4	4	19	9	10
15-19 岁	**13**	**6**	**7**	**27**	**20**	**7**	**97**	**52**	**45**
15	2	1	1	2	1	1	11	4	7
16	3	1	2	6	4	2	23	14	9
17	1		1	4	2	2	12	8	4
18	4	2	2	7	6	1	28	20	8
19	3	2	1	8	7	1	23	6	17
20-24 岁	**16**	**11**	**5**	**30**	**20**	**10**	**139**	**64**	**75**
20	4	3	1	6	2	4	30	11	19
21	4	2	2	4	4		20	12	8
22	2	2		4	3	1	28	14	14
23	2	1	1	8	6	2	30	12	18
24	4	3	1	8	5	3	31	15	16
25-29 岁	**33**	**15**	**18**	**53**	**30**	**23**	**178**	**93**	**85**
25	4	1	3	9	6	3	35	15	20
26	4	2	2	12	7	5	23	12	11
27	3	1	2	7	4	3	18	11	7
28	6	4	2	7	3	4	39	24	15
29	16	7	9	18	10	8	63	31	32
30-34 岁	**54**	**28**	**26**	**95**	**46**	**49**	**394**	**190**	**204**
30	12	8	4	19	15	4	81	35	46
31	8	4	4	13	4	9	73	42	31
32	10	6	4	19	6	13	69	35	34
33	15	7	8	22	11	11	97	43	54
34	9	3	6	22	10	12	74	35	39
35-39 岁	**85**	**50**	**35**	**106**	**60**	**46**	**348**	**154**	**194**
35	17	10	7	26	16	10	58	30	28
36	9	7	2	20	11	9	58	33	25
37	16	10	6	16	9	7	72	32	40
38	20	11	9	26	14	12	88	38	50
39	23	12	11	18	10	8	72	21	51
40-44 岁	**133**	**60**	**73**	**146**	**82**	**64**	**588**	**279**	**309**
40	21	14	7	22	13	9	80	42	38
41	32	13	19	28	17	11	127	63	64
42	23	11	12	26	19	7	114	56	58
43	21	7	14	28	12	16	109	49	60
44	36	15	21	42	21	21	158	69	89
45-49 岁	**323**	**148**	**175**	**384**	**156**	**228**	**1344**	**592**	**752**
45	52	26	26	55	20	35	217	90	127
46	65	31	34	72	38	34	256	115	141
47	51	27	24	70	29	41	245	118	127
48	69	28	41	94	31	63	306	129	177
49	86	36	50	93	38	55	320	140	180
50 岁及以上	**8805**	**3133**	**5672**	**8041**	**2983**	**5058**	**24664**	**10050**	**14614**

C-3-2b 续表 4 单位：人

年 龄	初中								
	合计			在校			毕业		
	合计	男	女	小计	男	女	小计	男	女
总 计	**764560**	**388888**	**375672**	**89095**	**48044**	**41051**	**617221**	**311261**	**305960**
3									
4									
5–9 岁	**2064**	**1166**	**898**	**1817**	**1022**	**795**	**197**	**114**	**83**
5									
6	337	200	137	295	179	116	29	13	16
7	403	211	192	347	182	165	43	22	21
8	565	307	258	505	273	232	52	28	24
9	759	448	311	670	388	282	73	51	22
10–14 岁	**73363**	**39120**	**34243**	**69657**	**37033**	**32624**	**2983**	**1681**	**1302**
10	1270	675	595	1141	606	535	104	62	42
11	5216	2736	2480	4915	2560	2355	237	142	95
12	20229	10712	9517	19326	10195	9131	713	413	300
13	24404	12958	11446	23269	12322	10947	952	527	425
14	22244	12039	10205	21006	11350	9656	977	537	440
15–19 岁	**24400**	**14270**	**10130**	**17236**	**9784**	**7452**	**6419**	**4027**	**2392**
15	10235	5735	4500	9584	5332	4252	509	308	201
16	5073	2996	2077	4180	2415	1765	768	514	254
17	2979	1771	1208	1686	978	708	1151	701	450
18	2878	1793	1085	1055	634	421	1684	1074	610
19	3235	1975	1260	731	425	306	2307	1430	877
20–24 岁	**17546**	**9949**	**7597**	**117**	**67**	**50**	**16125**	**9116**	**7009**
20	2776	1696	1080	46	20	26	2511	1533	978
21	3014	1814	1200	30	23	7	2753	1649	1104
22	3726	2095	1631	19	12	7	3419	1913	1506
23	3921	2169	1752	12	6	6	3634	2004	1630
24	4109	2175	1934	10	6	4	3808	2017	1791
25–29 岁	**31931**	**15965**	**15966**	**40**	**20**	**20**	**29500**	**14740**	**14760**
25	4685	2380	2305	12	7	5	4326	2209	2117
26	4723	2358	2365	9	5	4	4355	2169	2186
27	5756	2881	2875	1	1		5311	2638	2673
28	7033	3509	3524	8	4	4	6487	3239	3248
29	9734	4837	4897	10	3	7	9021	4485	4536
30–34 岁	**73889**	**34893**	**38996**	**36**	**22**	**14**	**68458**	**32228**	**36230**
30	14614	7016	7598	10	5	5	13516	6471	7045
31	14869	7001	7868	6	5	1	13756	6450	7306
32	14308	6731	7577	12	8	4	13268	6233	7035
33	15944	7480	8464	4	2	2	14797	6908	7889
34	14154	6665	7489	4	2	2	13121	6166	6955
35–39 岁	**71423**	**33508**	**37915**	**19**	**11**	**8**	**66269**	**30980**	**35289**
35	13123	6156	6967	7	5	2	12140	5673	6467
36	13801	6422	7379	3	3		12823	5960	6863
37	13995	6592	7403	2	1	1	12985	6084	6901
38	16822	7970	8852	5	1	4	15664	7417	8247
39	13682	6368	7314	2	1	1	12657	5846	6811
40–44 岁	**70216**	**33441**	**36775**	**20**	**11**	**9**	**64881**	**30885**	**33996**
40	12433	5822	6611	3	1	2	11455	5378	6077
41	14593	7051	7542	6	4	2	13535	6517	7018
42	13402	6325	7077	5	4	1	12399	5856	6543
43	13557	6525	7032	3	1	2	12503	6013	6490
44	16231	7718	8513	3	1	2	14989	7121	7868
45–49 岁	**99890**	**48659**	**51231**	**40**	**18**	**22**	**91730**	**44664**	**47066**
45	17940	8545	9395	8	6	2	16501	7871	8630
46	20589	9962	10627	7	4	3	18964	9149	9815
47	20601	10074	10527	10	3	7	18906	9261	9645
48	20433	9967	10466	5	1	4	18715	9120	9595
49	20327	10111	10216	10	4	6	18644	9263	9381
50 岁及以上	**299838**	**157917**	**141921**	**113**	**56**	**57**	**270659**	**142826**	**127833**

C-3-2b 续表 5

单位：人

年 龄	初中								
	肄业			辍学			其他		
	小计	男	女	小计	男	女	小计	男	女
总 计	**7185**	**3724**	**3461**	**5723**	**3006**	**2717**	**45336**	**22853**	**22483**
3									
4									
5-9 岁	**2**		**2**	**2**	**1**	**1**	**46**	**29**	**17**
5									
6	1		1				12	8	4
7				1		1	12	7	5
8							8	6	2
9	1		1	1	1		14	8	6
10-14 岁	**89**	**53**	**36**	**29**	**19**	**10**	**605**	**334**	**271**
10	1	1					24	6	18
11	6	2	4	4	3	1	54	29	25
12	13	7	6	6	4	2	171	93	78
13	30	18	12	3	1	2	150	90	60
14	39	25	14	16	11	5	206	116	90
15-19 岁	**85**	**56**	**29**	**127**	**81**	**46**	**533**	**322**	**211**
15	17	10	7	27	21	6	98	64	34
16	15	10	5	27	14	13	83	43	40
17	14	11	3	32	18	14	96	63	33
18	22	14	8	18	13	5	99	58	41
19	17	11	6	23	15	8	157	94	63
20-24 岁	**104**	**70**	**34**	**126**	**75**	**51**	**1074**	**621**	**453**
20	17	11	6	25	16	9	177	116	61
21	24	17	7	29	19	10	178	106	72
22	20	13	7	25	17	8	243	140	103
23	19	17	2	28	13	15	228	129	99
24	24	12	12	19	10	9	248	130	118
25-29 岁	**179**	**101**	**78**	**160**	**85**	**75**	**2052**	**1019**	**1033**
25	28	15	13	24	13	11	295	136	159
26	31	18	13	22	11	11	306	155	151
27	28	16	12	30	20	10	386	206	180
28	42	25	17	35	14	21	461	227	234
29	50	27	23	49	27	22	604	295	309
30-34 岁	**446**	**240**	**206**	**359**	**216**	**143**	**4590**	**2187**	**2403**
30	89	51	38	84	58	26	915	431	484
31	101	51	50	73	42	31	933	453	480
32	82	43	39	71	43	28	875	404	471
33	83	44	39	73	38	35	987	488	499
34	91	51	40	58	35	23	880	411	469
35-39 岁	**469**	**257**	**212**	**420**	**222**	**198**	**4246**	**2038**	**2208**
35	92	53	39	75	35	40	809	390	419
36	93	62	31	80	39	41	802	358	444
37	98	52	46	91	50	41	819	405	414
38	91	41	50	93	49	44	969	462	507
39	95	49	46	81	49	32	847	423	424
40-44 岁	**536**	**284**	**252**	**433**	**228**	**205**	**4346**	**2033**	**2313**
40	96	48	48	71	39	32	808	356	452
41	97	54	43	71	46	25	884	430	454
42	102	50	52	99	52	47	797	363	434
43	116	67	49	86	40	46	849	404	445
44	125	65	60	106	51	55	1008	480	528
45-49 岁	**907**	**448**	**459**	**783**	**395**	**388**	**6430**	**3134**	**3296**
45	155	73	82	124	72	52	1152	523	629
46	165	85	80	160	90	70	1293	634	659
47	202	91	111	160	70	90	1323	649	674
48	193	93	100	166	76	90	1354	677	677
49	192	106	86	173	87	86	1308	651	657
50 岁及以上	**4368**	**2215**	**2153**	**3284**	**1684**	**1600**	**21414**	**11136**	**10278**

C-3-2b　续表　6　　　　　　　　　　　　　　　　单位：人

年　龄	高中								
	合　计			在　校			毕　业		
	合计	男	女	小计	男	女	小计	男	女
总　计	**445258**	**242815**	**202443**	**106032**	**56248**	**49784**	**314362**	**172773**	**141589**
3									
4									
5-9 岁	**3**	**2**	**1**	**1**	**1**		**2**	**1**	**1**
5									
6									
7									
8	2	1	1	1	1		1		1
9	1	1					1	1	
10-14 岁	**6886**	**3277**	**3609**	**6599**	**3122**	**3477**	**231**	**120**	**111**
10	3	1	2	2		2	1	1	
11									
12	15	4	11	13	3	10	2	1	1
13	731	373	358	675	340	335	48	27	21
14	6137	2899	3238	5909	2779	3130	180	91	89
15-19 岁	**103950**	**56152**	**47798**	**96109**	**51349**	**44760**	**6884**	**4223**	**2661**
15	25410	13205	12205	25140	13051	12089	189	102	87
16	34189	18217	15972	33561	17862	15699	439	256	183
17	25930	14082	11848	24671	13330	11341	1027	609	418
18	11656	6653	5003	9313	5204	4109	2132	1317	815
19	6765	3995	2770	3424	1902	1522	3097	1939	1158
20-24 岁	**24856**	**14059**	**10797**	**3133**	**1680**	**1453**	**20252**	**11519**	**8733**
20	5070	2891	2179	1496	790	706	3332	1956	1376
21	4666	2694	1972	741	410	331	3645	2108	1537
22	5103	2895	2208	427	239	188	4346	2458	1888
23	5009	2776	2233	296	152	144	4402	2458	1944
24	5008	2803	2205	173	89	84	4527	2539	1988
25-29 岁	**32397**	**17015**	**15382**	**83**	**44**	**39**	**30025**	**15760**	**14265**
25	5310	2882	2428	23	12	11	4899	2668	2231
26	5068	2716	2352	11	5	6	4752	2544	2208
27	5708	2995	2713	19	10	9	5299	2781	2518
28	7069	3681	3388	12	8	4	6539	3404	3135
29	9242	4741	4501	18	9	9	8536	4363	4173
30-34 岁	**60916**	**30418**	**30498**	**37**	**14**	**23**	**56840**	**28352**	**28488**
30	13329	6535	6794	11	4	7	12443	6106	6337
31	12910	6474	6436	1		1	12049	6047	6002
32	11855	5905	5950	11	4	7	11055	5499	5556
33	12488	6382	6106	13	6	7	11624	5920	5704
34	10334	5122	5212	1		1	9669	4780	4889
35-39 岁	**45752**	**23543**	**22209**	**19**	**9**	**10**	**42599**	**21918**	**20681**
35	9108	4596	4512	6	5	1	8490	4289	4201
36	9018	4606	4412	1		1	8405	4278	4127
37	8865	4611	4254	2	1	1	8252	4292	3960
38	10408	5377	5031	4		4	9671	5017	4654
39	8353	4353	4000	6	3	3	7781	4042	3739
40-44 岁	**37568**	**20174**	**17394**	**15**	**5**	**10**	**34863**	**18720**	**16143**
40	7546	3977	3569	3	1	2	7031	3698	3333
41	8228	4418	3810	1	1		7617	4098	3519
42	7261	3871	3390	4	1	3	6747	3614	3133
43	6794	3645	3149	1		1	6315	3385	2930
44	7739	4263	3476	6	2	4	7153	3925	3228
45-49 岁	**39649**	**21946**	**17703**	**10**	**6**	**4**	**36792**	**20384**	**16408**
45	7904	4338	3566	1		1	7356	4046	3310
46	8435	4603	3832	3	2	1	7814	4261	3553
47	7936	4424	3512	3	2	1	7370	4114	3256
48	7897	4368	3529	1	1		7320	4054	3266
49	7477	4213	3264	2	1	1	6932	3909	3023
50 岁及以上	**93281**	**56229**	**37052**	**26**	**18**	**8**	**85874**	**51776**	**34098**

C-3-2b 续表 7　　单位：人

年龄	高中								
	肄业			辍学			其他		
	小计	男	女	小计	男	女	小计	男	女
总计	**3017**	**1707**	**1310**	**1703**	**993**	**710**	**20144**	**11094**	**9050**
3									
4									
5-9 岁									
5									
6									
7									
8									
9									
10-14 岁	**4**		**4**	**4**	**4**		**48**	**31**	**17**
10									
11									
12									
13							8	6	2
14	4		4	4	4		40	25	15
15-19 岁	**122**	**80**	**42**	**130**	**80**	**50**	**705**	**420**	**285**
15	8	5	3	7	6	1	66	41	25
16	29	17	12	21	11	10	139	71	68
17	27	15	12	45	29	16	160	99	61
18	27	20	7	38	23	15	146	89	57
19	31	23	8	19	11	8	194	120	74
20-24 岁	**163**	**107**	**56**	**116**	**77**	**39**	**1192**	**676**	**516**
20	26	19	7	36	23	13	180	103	77
21	32	18	14	26	20	6	222	138	84
22	39	28	11	21	13	8	270	157	113
23	31	21	10	17	11	6	263	134	129
24	35	21	14	16	10	6	257	144	113
25-29 岁	**225**	**135**	**90**	**173**	**98**	**75**	**1891**	**978**	**913**
25	38	26	12	36	23	13	314	153	161
26	30	20	10	28	16	12	247	131	116
27	38	24	14	27	16	11	325	164	161
28	52	30	22	36	18	18	430	221	209
29	67	35	32	46	25	21	575	309	266
30-34 岁	**454**	**236**	**218**	**216**	**133**	**83**	**3369**	**1683**	**1686**
30	102	60	42	46	29	17	727	336	391
31	105	54	51	45	19	26	710	354	356
32	77	34	43	51	35	16	661	333	328
33	102	57	45	42	28	14	707	371	336
34	68	31	37	32	22	10	564	289	275
35-39 岁	**351**	**189**	**162**	**167**	**89**	**78**	**2616**	**1338**	**1278**
35	76	42	34	34	15	19	502	245	257
36	69	35	34	31	19	12	512	274	238
37	66	40	26	33	19	14	512	259	253
38	94	44	50	31	18	13	608	298	310
39	46	28	18	38	18	20	482	262	220
40-44 岁	**302**	**150**	**152**	**156**	**82**	**74**	**2232**	**1217**	**1015**
40	64	36	28	29	15	14	419	227	192
41	70	37	33	44	22	22	496	260	236
42	53	20	33	28	15	13	429	221	208
43	44	22	22	22	11	11	412	227	185
44	71	35	36	33	19	14	476	282	194
45-49 岁	**336**	**197**	**139**	**180**	**98**	**82**	**2331**	**1261**	**1070**
45	66	39	27	36	22	14	445	231	214
46	69	38	31	39	24	15	510	278	232
47	63	41	22	34	17	17	466	250	216
48	75	42	33	31	18	13	470	253	217
49	63	37	26	40	17	23	440	249	191
50 岁及以上	**1060**	**613**	**447**	**561**	**332**	**229**	**5760**	**3490**	**2270**

C-3-2b 续表 8

单位：人

年 龄	大学专科								
	合 计			在 校			毕 业		
	合计	男	女	小计	男	女	小计	男	女
总 计	**174913**	**93535**	**81378**	**38169**	**20794**	**17375**	**130151**	**69193**	**60958**
3									
4									
5–9 岁									
5									
6									
7									
8									
9									
10–14 岁	**52**	**30**	**22**	**49**	**28**	**21**	**1**	**1**	
10	1	1					1	1	
11									
12	3	2	1	2	1	1			
13	4	2	2	4	2	2			
14	44	25	19	43	25	18			
15–19 岁	**25982**	**14128**	**11854**	**24162**	**13225**	**10937**	**1631**	**805**	**826**
15	638	350	288	621	341	280	14	7	7
16	1341	758	583	1299	731	568	35	22	13
17	3549	1875	1674	3346	1781	1565	180	88	92
18	9195	4984	4211	8673	4741	3932	472	215	257
19	11259	6161	5098	10223	5631	4592	930	473	457
20–24 岁	**29303**	**14804**	**14499**	**12976**	**7049**	**5927**	**15561**	**7369**	**8192**
20	8969	4793	4176	7213	3947	3266	1614	778	836
21	6129	3104	3025	3303	1782	1521	2701	1253	1448
22	5361	2651	2710	1471	795	676	3723	1764	1959
23	4539	2215	2324	632	345	287	3754	1796	1958
24	4305	2041	2264	357	180	177	3769	1778	1991
25–29 岁	**20932**	**9838**	**11094**	**548**	**276**	**272**	**19473**	**9128**	**10345**
25	4070	1867	2203	212	104	108	3700	1672	2028
26	3730	1794	1936	128	65	63	3442	1656	1786
27	3904	1808	2096	70	33	37	3663	1701	1962
28	4213	1985	2228	70	40	30	3952	1858	2094
29	5015	2384	2631	68	34	34	4716	2241	2475
30–34 岁	**28669**	**13742**	**14927**	**195**	**87**	**108**	**27120**	**12997**	**14123**
30	6690	3090	3600	73	34	39	6296	2918	3378
31	6120	2982	3138	43	16	27	5772	2816	2956
32	5627	2719	2908	27	12	15	5331	2572	2759
33	5571	2687	2884	35	16	19	5278	2531	2747
34	4661	2264	2397	17	9	8	4443	2160	2283
35–39 岁	**18899**	**9661**	**9238**	**80**	**31**	**49**	**17921**	**9181**	**8740**
35	3984	2032	1952	13	4	9	3794	1945	1849
36	3644	1804	1840	25	9	16	3440	1712	1728
37	3606	1877	1729	13	7	6	3420	1785	1635
38	4194	2160	2034	12	3	9	3974	2048	1926
39	3471	1788	1683	17	8	9	3293	1691	1602
40–44 岁	**14649**	**7972**	**6677**	**59**	**30**	**29**	**13883**	**7557**	**6326**
40	3181	1659	1522	14	4	10	3005	1569	1436
41	3187	1712	1475	17	8	9	3009	1622	1387
42	2805	1527	1278	10	5	5	2665	1451	1214
43	2568	1388	1180	12	9	3	2425	1306	1119
44	2908	1686	1222	6	4	2	2779	1609	1170
45–49 岁	**13223**	**7689**	**5534**	**38**	**27**	**11**	**12577**	**7318**	**5259**
45	2802	1626	1176	6	5	1	2672	1554	1118
46	2861	1677	1184	9	6	3	2716	1592	1124
47	2622	1524	1098	5	4	1	2513	1461	1052
48	2605	1450	1155	8	6	2	2466	1365	1101
49	2333	1412	921	10	6	4	2210	1346	864
50 岁及以上	**23204**	**15671**	**7533**	**62**	**41**	**21**	**21984**	**14837**	**7147**

C-3-2b 续表 9

单位：人

年 龄	大学专科								
	肄 业			辍 学			其 他		
	小计	男	女	小计	男	女	小计	男	女
总 计	**530**	**289**	**241**	**165**	**81**	**84**	**5898**	**3178**	**2720**
3									
4									
5-9 岁									
5									
6									
7									
8									
9									
10-14 岁							**2**	**1**	**1**
10									
11									
12							1	1	
13									
14							1		1
15-19 岁	**17**	**12**	**5**	**12**	**6**	**6**	**160**	**80**	**80**
15	1	1					2	1	1
16	1	1					6	4	2
17	3		3	1		1	19	6	13
18	3	3		6	3	3	41	22	19
19	9	7	2	5	3	2	92	47	45
20-24 岁	**67**	**31**	**36**	**25**	**13**	**12**	**674**	**342**	**332**
20	18	9	9	6	2	4	118	57	61
21	8	6	2	5	5		112	58	54
22	10	5	5	8	5	3	149	82	67
23	10	4	6	3		3	140	70	70
24	21	7	14	3	1	2	155	75	80
25-29 岁	**73**	**39**	**34**	**27**	**12**	**15**	**811**	**383**	**428**
25	13	9	4	5	2	3	140	80	60
26	23	15	8	5	1	4	132	57	75
27	9	2	7	6	3	3	156	69	87
28	14	8	6	3	2	1	174	77	97
29	14	5	9	8	4	4	209	100	109
30-34 岁	**120**	**65**	**55**	**28**	**11**	**17**	**1206**	**582**	**624**
30	31	13	18	2		2	288	125	163
31	24	15	9	11	6	5	270	129	141
32	20	14	6	4	3	1	245	118	127
33	25	16	9	2		2	231	124	107
34	20	7	13	9	2	7	172	86	86
35-39 岁	**82**	**44**	**38**	**17**	**8**	**9**	**799**	**397**	**402**
35	24	13	11	2		2	151	70	81
36	14	5	9	4	3	1	161	75	86
37	17	13	4	4	2	2	152	70	82
38	11	5	6	3	1	2	194	103	91
39	16	8	8	4	2	2	141	79	62
40-44 岁	**58**	**29**	**29**	**18**	**10**	**8**	**631**	**346**	**285**
40	9	5	4	4	1	3	149	80	69
41	20	7	13	1	1		140	74	66
42	9	4	5	3	2	1	118	65	53
43	12	8	4	4	2	2	115	63	52
44	8	5	3	6	4	2	109	64	45
45-49 岁	**47**	**21**	**26**	**12**	**5**	**7**	**549**	**318**	**231**
45	13	5	8	3	2	1	108	60	48
46	11	4	7	1	1		124	74	50
47	4	3	1	3	2	1	97	54	43
48	7	4	3	3		3	121	75	46
49	12	5	7	2		2	99	55	44
50 岁及以上	**66**	**48**	**18**	**26**	**16**	**10**	**1066**	**729**	**337**

C-3-2b 续表 10

单位：人

年 龄	大学本科								
	合 计			在 校			毕 业		
	合计	男	女	小计	男	女	小计	男	女
总 计	**91920**	**48029**	**43891**	**20083**	**9943**	**10140**	**68976**	**36546**	**32430**
3									
4									
5–9 岁									
5									
6									
7									
8									
9									
10–14 岁	**5**	**2**	**3**	**4**	**2**	**2**			
10									
11	2		2	1		1			
12									
13									
14	3	2	1	3	2	1			
15–19 岁	**9953**	**4805**	**5148**	**9580**	**4623**	**4957**	**311**	**149**	**162**
15	97	35	62	94	33	61	2	2	
16	198	69	129	191	65	126	6	3	3
17	1107	477	630	1085	462	623	16	11	5
18	3804	1847	1957	3683	1794	1889	103	42	61
19	4747	2377	2370	4527	2269	2258	184	91	93
20–24 岁	**18659**	**8664**	**9995**	**9778**	**4931**	**4847**	**8459**	**3526**	**4933**
20	4442	2160	2282	4011	1974	2037	391	171	220
21	4138	1985	2153	3072	1552	1520	1006	404	602
22	3795	1709	2086	1639	837	802	2046	821	1225
23	3290	1461	1829	717	384	333	2463	1023	1440
24	2994	1349	1645	339	184	155	2553	1107	1446
25–29 岁	**14689**	**6569**	**8120**	**483**	**254**	**229**	**13663**	**6066**	**7597**
25	2938	1283	1655	197	101	96	2626	1127	1499
26	2731	1192	1539	105	56	49	2522	1091	1431
27	2869	1302	1567	71	34	37	2687	1219	1468
28	2857	1285	1572	56	30	26	2701	1207	1494
29	3294	1507	1787	54	33	21	3127	1422	1705
30–34 岁	**16009**	**7731**	**8278**	**117**	**56**	**61**	**15272**	**7385**	**7887**
30	3885	1811	2074	53	22	31	3678	1722	1956
31	3349	1596	1753	24	11	13	3196	1516	1680
32	3176	1518	1658	19	11	8	3022	1449	1573
33	3029	1467	1562	7	6	1	2923	1416	1507
34	2570	1339	1231	14	6	8	2453	1282	1171
35–39 岁	**10112**	**5487**	**4625**	**40**	**22**	**18**	**9694**	**5254**	**4440**
35	2103	1112	991	6	4	2	2029	1070	959
36	1990	1114	876	10	5	5	1906	1065	841
37	2034	1109	925	7	2	5	1945	1066	879
38	2163	1176	987	6	4	2	2057	1113	944
39	1822	976	846	11	7	4	1757	940	817
40–44 岁	**7399**	**4184**	**3215**	**19**	**11**	**8**	**7108**	**4028**	**3080**
40	1568	870	698	4	4		1505	838	667
41	1631	867	764	5	3	2	1567	839	728
42	1388	800	588	2	1	1	1335	768	567
43	1361	776	585	6	3	3	1297	738	559
44	1451	871	580	2		2	1404	845	559
45–49 岁	**6270**	**4095**	**2175**	**28**	**18**	**10**	**6025**	**3931**	**2094**
45	1410	923	487	7	6	1	1349	878	471
46	1408	903	505	9	5	4	1358	870	488
47	1244	800	444	5	3	2	1197	771	426
48	1141	778	363	4	3	1	1090	744	346
49	1067	691	376	3	1	2	1031	668	363
50 岁及以上	**8824**	**6492**	**2332**	**34**	**26**	**8**	**8444**	**6207**	**2237**

C-3-2b 续表 11　　　　单位：人

年 龄	大学本科								
	肄 业			辍 学			其 他		
	小计	男	女	小计	男	女	小计	男	女
总 计	**243**	**120**	**123**	**34**	**14**	**20**	**2584**	**1406**	**1178**
3									
4									
5-9 岁									
5									
6									
7									
8									
9									
10-14 岁							**1**		**1**
10									
11							1		1
12									
13									
14									
15-19 岁	**4**	**2**	**2**				**58**	**31**	**27**
15							1		1
16							1	1	
17	1	1					5	3	2
18	1		1				17	11	6
19	2	1	1				34	16	18
20-24 岁	**42**	**17**	**25**	**9**	**3**	**6**	**371**	**187**	**184**
20	3		3	2	1	1	35	14	21
21	4	2	2	1		1	55	27	28
22	10	2	8	2	1	1	98	48	50
23	14	4	10	1		1	95	50	45
24	11	9	2	3	1	2	88	48	40
25-29 岁	**45**	**19**	**26**	**6**	**3**	**3**	**492**	**227**	**265**
25	10	5	5	2	1	1	103	49	54
26	10	3	7	1		1	93	42	51
27	7		7	1		1	103	49	54
28	11	7	4				89	41	48
29	7	4	3	2	2		104	46	58
30-34 岁	**61**	**24**	**37**	**5**	**2**	**3**	**554**	**264**	**290**
30	12	2	10	1		1	141	65	76
31	15	6	9	1	1		113	62	51
32	7	5	2				128	53	75
33	12	4	8	1		1	86	41	45
34	15	7	8	2	1	1	86	43	43
35-39 岁	**27**	**15**	**12**	**7**	**2**	**5**	**344**	**194**	**150**
35	5	4	1	1		1	62	34	28
36	5	3	2				69	41	28
37	8	3	5	2	1	1	72	37	35
38	6	4	2	3	1	2	91	54	37
39	3	1	2	1		1	50	28	22
40-44 岁	**24**	**15**	**9**				**248**	**130**	**118**
40	5	2	3				54	26	28
41	7	3	4				52	22	30
42	4	3	1				47	28	19
43	3	3					55	32	23
44	5	4	1				40	22	18
45-49 岁	**9**	**6**	**3**	**4**	**3**	**1**	**204**	**137**	**67**
45							54	39	15
46	3	1	2	1	1		37	26	11
47	3	2	1	1	1		38	23	15
48				2	1	1	45	30	15
49	3	3					30	19	11
50 岁及以上	**31**	**22**	**9**	**3**	**1**	**2**	**312**	**236**	**76**

C-3-2b 续表 12

单位：人

年龄	硕士研究生								
	合计			在校			毕业		
	合计	男	女	小计	男	女	小计	男	女
总计	**4569**	**2257**	**2312**	**1504**	**665**	**839**	**2968**	**1548**	**1420**
3									
4									
5–9岁									
5									
6									
7									
8									
9									
10–14岁	**1**		**1**	**1**		**1**			
10									
11									
12	1		1	1		1			
13									
14									
15–19岁	**20**	**12**	**8**	**17**	**9**	**8**	**3**	**3**	
15									
16									
17	6	5	1	5	4	1	1	1	
18	6	2	4	5	1	4	1	1	
19	8	5	3	7	4	3	1	1	
20–24岁	**1222**	**481**	**741**	**1076**	**439**	**637**	**134**	**40**	**94**
20	26	9	17	25	8	17	1	1	
21	125	53	72	121	52	69	4	1	3
22	359	157	202	331	148	183	24	8	16
23	378	139	239	334	126	208	39	13	26
24	334	123	211	265	105	160	66	17	49
25–29岁	**1102**	**486**	**616**	**351**	**185**	**166**	**721**	**291**	**430**
25	288	128	160	151	78	73	131	50	81
26	228	110	118	93	50	43	133	59	74
27	182	74	108	44	21	23	130	50	80
28	177	81	96	30	19	11	140	59	81
29	227	93	134	33	17	16	187	73	114
30–34岁	**981**	**443**	**538**	**43**	**22**	**21**	**913**	**408**	**505**
30	239	97	142	17	9	8	216	85	131
31	225	92	133	7	3	4	210	85	125
32	184	94	90	8	3	5	175	91	84
33	150	69	81	9	6	3	137	61	76
34	183	91	92	2	1	1	175	86	89
35–39岁	**585**	**372**	**213**	**10**	**6**	**4**	**560**	**358**	**202**
35	135	81	54	1		1	132	80	52
36	115	70	45	2	1	1	109	66	43
37	110	73	37	2		2	106	72	34
38	122	79	43	4	4		116	74	42
39	103	69	34	1	1		97	66	31
40–44岁	**254**	**174**	**80**	**3**	**2**	**1**	**247**	**169**	**78**
40	68	43	25	1	1		66	42	24
41	74	50	24				73	49	24
42	39	28	11	1	1		36	25	11
43	30	20	10				30	20	10
44	43	33	10	1		1	42	33	9
45–49岁	**172**	**121**	**51**	**1**	**1**		**165**	**115**	**50**
45	54	37	17				53	36	17
46	29	21	8				29	21	8
47	38	23	15	1	1		34	20	14
48	25	20	5				24	19	5
49	26	20	6				25	19	6
50岁及以上	**232**	**168**	**64**	**2**	**1**	**1**	**225**	**164**	**61**

C-3-2b 续表 13 单位：人

年龄	硕士研究生								
	肄业			辍学			其他		
	小计	男	女	小计	男	女	小计	男	女
总计	**10**	**6**	**4**	**1**		**1**	**86**	**38**	**48**
3									
4									
5-9岁									
5									
6									
7									
8									
9									
10-14岁									
10									
11									
12									
13									
14									
15-19岁									
15									
16									
17									
18									
19									
20-24岁	**2**		**2**				**10**	**2**	**8**
20									
21									
22							4	1	3
23	1		1				4		4
24	1		1				2	1	1
25-29岁	**4**	**3**	**1**				**26**	**7**	**19**
25							6		6
26							2	1	1
27	1	1					7	2	5
28	2	1	1				5	2	3
29	1	1					6	2	4
30-34岁	**3**	**2**	**1**				**22**	**11**	**11**
30	1	1					5	2	3
31	2	1	1				6	3	3
32							1		1
33							4	2	2
34							6	4	2
35-39岁							**15**	**8**	**7**
35							2	1	1
36							4	3	1
37							2	1	1
38							2	1	1
39							5	2	3
40-44岁	**1**	**1**					**3**	**2**	**1**
40							1		1
41							1	1	
42	1	1					1	1	
43									
44									
45-49岁							**6**	**5**	**1**
45							1	1	
46									
47							3	2	1
48							1	1	
49							1	1	
50岁及以上				**1**		**1**	**4**	**3**	**1**

C-3-2b 续表 14 单位：人

年龄	博士研究生								
	合计			在校			毕业		
	合计	男	女	小计	男	女	小计	男	女
总计	**522**	**340**	**182**	**160**	**91**	**69**	**347**	**238**	**109**
3									
4									
5-9岁									
5									
6									
7									
8									
9									
10-14岁									
10									
11									
12									
13									
14									
15-19岁	**1**	**1**		**1**	**1**				
15									
16									
17									
18									
19	1	1		1	1				
20-24岁	**64**	**32**	**32**	**56**	**29**	**27**	**7**	**3**	**4**
20	2		2	2		2			
21	1		1	1		1			
22	11	5	6	9	5	4	1		1
23	19	7	12	19	7	12			
24	31	20	11	25	17	8	6	3	3
25-29岁	**124**	**73**	**51**	**76**	**41**	**35**	**45**	**30**	**15**
25	21	14	7	11	8	3	9	5	4
26	24	8	16	20	6	14	2	1	1
27	27	20	7	15	11	4	12	9	3
28	27	14	13	17	8	9	10	6	4
29	25	17	8	13	8	5	12	9	3
30-34岁	**109**	**64**	**45**	**20**	**14**	**6**	**85**	**46**	**39**
30	29	18	11	8	6	2	21	12	9
31	19	11	8	6	3	3	12	7	5
32	26	13	13	1	1		24	11	13
33	19	13	6	2	2		16	10	6
34	16	9	7	3	2	1	12	6	6
35-39岁	**62**	**46**	**16**	**4**	**4**		**57**	**41**	**16**
35	12	10	2				12	10	2
36	7	6	1	1	1		6	5	1
37	16	13	3				15	12	3
38	16	8	8	1	1		15	7	8
39	11	9	2	2	2		9	7	2
40-44岁	**53**	**34**	**19**	**1**		**1**	**51**	**33**	**18**
40	9	5	4				9	5	4
41	19	13	6				18	12	6
42	9	7	2	1		1	8	7	1
43	11	6	5				11	6	5
44	5	3	2				5	3	2
45-49岁	**53**	**41**	**12**	**2**	**2**		**48**	**37**	**11**
45	12	7	5	2	2		10	5	5
46	11	10	1				10	9	1
47	11	10	1				11	10	1
48	12	10	2				12	10	2
49	7	4	3				5	3	2
50岁及以上	**56**	**49**	**7**				**54**	**48**	**6**

C-3-2b 续表 15

单位：人

年 龄	博士研究生								
	肄 业			辍 学			其 他		
	小计	男	女	小计	男	女	小计	男	女
总 计	**1**	**1**					**14**	**10**	**4**
3									
4									
5-9 岁									
5									
6									
7									
8									
9									
10-14 岁									
10									
11									
12									
13									
14									
15-19 岁									
15									
16									
17									
18									
19									
20-24 岁							**1**		**1**
20									
21									
22							1		1
23									
24									
25-29 岁							**3**	**2**	**1**
25							1	1	
26							2	1	1
27									
28									
29									
30-34 岁	**1**	**1**					**3**	**3**	
30									
31							1	1	
32							1	1	
33	1	1							
34							1	1	
35-39 岁							**1**	**1**	
35									
36									
37							1	1	
38									
39									
40-44 岁							**1**	**1**	
40									
41							1	1	
42									
43									
44									
45-49 岁							**3**	**2**	**1**
45									
46							1	1	
47									
48									
49							2	1	1
50 岁及以上							**2**	**1**	**1**

C-3-2c　全省分年龄、性别、学业完成情况的3岁及以上各种受教育程度人口（乡村）

单位：人

年龄	合计								
	合计			在校			毕业		
	合计	男	女	小计	男	女	小计	男	女
总计	**2695911**	**1422256**	**1273655**	**525760**	**280250**	**245510**	**1897189**	**1005475**	**891714**
3									
4									
5-9岁	**168263**	**90254**	**78009**	**163219**	**87450**	**75769**	**3503**	**1962**	**1541**
5	6514	3458	3056	6275	3316	2959	155	99	56
6	31012	16490	14522	30143	16032	14111	587	306	281
7	40703	21943	18760	39503	21251	18252	837	490	347
8	45592	24377	21215	44192	23607	20585	973	541	432
9	44442	23986	20456	43106	23244	19862	951	526	425
10-14岁	**216740**	**116323**	**100417**	**207213**	**111021**	**96192**	**7150**	**3981**	**3169**
10	44337	23763	20574	42855	22956	19899	1033	572	461
11	46862	25025	21837	45153	24090	21063	1211	667	544
12	44146	23724	20422	42316	22716	19600	1393	761	632
13	40513	21815	18698	38497	20655	17842	1565	893	672
14	40882	21996	18886	38392	20604	17788	1948	1088	860
15-19岁	**163484**	**89841**	**73643**	**129474**	**69144**	**60330**	**30104**	**18302**	**11802**
15	36758	19945	16813	34870	18803	16067	1488	908	580
16	35331	19328	16003	31825	17249	14576	2876	1722	1154
17	31353	17298	14055	25542	13725	11817	5078	3116	1962
18	29955	16623	13332	20492	10804	9688	8530	5236	3294
19	30087	16647	13440	16745	8563	8182	12132	7320	4812
20-24岁	**117335**	**62376**	**54959**	**23715**	**11538**	**12177**	**86139**	**46691**	**39448**
20	26182	14172	12010	11113	5403	5710	13755	7982	5773
21	23318	12226	11092	6258	2998	3260	15678	8452	7226
22	23944	12726	11218	3559	1773	1786	18754	10055	8699
23	22256	11802	10454	1776	879	897	18936	10097	8839
24	21635	11450	10185	1009	485	524	19016	10105	8911
25-29岁	**130186**	**69317**	**60869**	**1269**	**640**	**629**	**118811**	**63256**	**55555**
25	22566	11892	10674	517	244	273	20377	10744	9633
26	20301	10707	9594	264	136	128	18460	9736	8724
27	23626	12412	11214	204	113	91	21574	11308	10266
28	27760	14847	12913	155	83	72	25462	13618	11844
29	35933	19459	16474	129	64	65	32938	17850	15088
30-34岁	**225370**	**119549**	**105821**	**348**	**193**	**155**	**206768**	**109477**	**97291**
30	50615	26850	23765	142	81	61	46486	24621	21865
31	47727	25367	22360	69	35	34	43769	23193	20576
32	43301	22785	20516	50	29	21	39646	20789	18857
33	45693	24321	21372	59	35	24	41965	22321	19644
34	38034	20226	17808	28	13	15	34902	18553	16349
35-39岁	**170333**	**91090**	**79243**	**99**	**48**	**51**	**155094**	**82913**	**72181**
35	33405	17696	15709	17	11	6	30522	16140	14382
36	33412	17857	15555	25	9	16	30494	16275	14219
37	33245	17879	15366	19	10	9	30258	16267	13991
38	38882	20912	17970	18	9	9	35363	19048	16315
39	31389	16746	14643	20	9	11	28457	15183	13274
40-44岁	**152608**	**81179**	**71429**	**67**	**33**	**34**	**137525**	**73188**	**64337**
40	28368	14899	13469	14	9	5	25683	13501	12182
41	31413	16736	14677	13	5	8	28470	15210	13260
42	28790	15296	13494	14	7	7	25946	13811	12135
43	28952	15532	13420	13	7	6	25942	13895	12047
44	35085	18716	16369	13	5	8	31484	16771	14713
45-49岁	**223771**	**118760**	**105011**	**74**	**40**	**34**	**199922**	**106323**	**93599**
45	38951	20769	18182	16	8	8	34851	18640	16211
46	45635	24165	21470	17	7	10	40948	21695	19253
47	45603	24440	21163	12	8	4	40856	21963	18893
48	46564	24595	21969	18	9	9	41479	21979	19500
49	47018	24791	22227	11	8	3	41788	22046	19742
50岁及以上	**1127821**	**583567**	**544254**	**282**	**143**	**139**	**952173**	**499382**	**452791**

C-3-2c 续表 1

单位：人

年龄	合计								
	肄业			辍学			其他		
	小计	男	女	小计	男	女	小计	男	女
总计	**49841**	**23898**	**25943**	**36577**	**17236**	**19341**	**186544**	**95397**	**91147**
3									
4									
5-9岁	**289**	**164**	**125**	**40**	**20**	**20**	**1212**	**658**	**554**
5	15	6	9	1		1	68	37	31
6	44	22	22	4	2	2	234	128	106
7	66	41	25	9	5	4	288	156	132
8	95	50	45	13	6	7	319	173	146
9	69	45	24	13	7	6	303	164	139
10-14岁	**382**	**217**	**165**	**146**	**83**	**63**	**1849**	**1021**	**828**
10	78	34	44	12	10	2	359	191	168
11	77	43	34	16	8	8	405	217	188
12	58	35	23	22	10	12	357	202	155
13	73	48	25	40	22	18	338	197	141
14	96	57	39	56	33	23	390	214	176
15-19岁	**586**	**360**	**226**	**589**	**394**	**195**	**2731**	**1641**	**1090**
15	58	30	28	80	58	22	262	146	116
16	91	50	41	137	83	54	402	224	178
17	122	78	44	129	96	33	482	283	199
18	137	87	50	121	73	48	675	423	252
19	178	115	63	122	84	38	910	565	345
20-24岁	**940**	**541**	**399**	**568**	**340**	**228**	**5973**	**3266**	**2707**
20	195	109	86	109	73	36	1010	605	405
21	171	91	80	135	87	48	1076	598	478
22	181	111	70	127	68	59	1323	719	604
23	188	116	72	99	52	47	1257	658	599
24	205	114	91	98	60	38	1307	686	621
25-29岁	**1120**	**669**	**451**	**628**	**374**	**254**	**8358**	**4378**	**3980**
25	225	139	86	104	61	43	1343	704	639
26	157	92	65	105	68	37	1315	675	640
27	203	126	77	95	57	38	1550	808	742
28	222	127	95	147	94	53	1774	925	849
29	313	185	128	177	94	83	2376	1266	1110
30-34岁	**2176**	**1290**	**886**	**1301**	**801**	**500**	**14777**	**7788**	**6989**
30	469	282	187	246	143	103	3272	1723	1549
31	447	268	179	262	166	96	3180	1705	1475
32	460	264	196	261	153	108	2884	1550	1334
33	431	265	166	275	180	95	2963	1520	1443
34	369	211	158	257	159	98	2478	1290	1188
35-39岁	**1924**	**1057**	**867**	**1203**	**665**	**538**	**12013**	**6407**	**5606**
35	358	213	145	213	116	97	2295	1216	1079
36	350	199	151	236	133	103	2307	1241	1066
37	349	193	156	228	144	84	2391	1265	1126
38	491	253	238	268	140	128	2742	1462	1280
39	376	199	177	258	132	126	2278	1223	1055
40-44岁	**2055**	**1115**	**940**	**1549**	**808**	**741**	**11412**	**6035**	**5377**
40	361	196	165	260	134	126	2050	1059	991
41	383	208	175	282	143	139	2265	1170	1095
42	420	210	210	295	166	129	2115	1102	1013
43	402	223	179	335	170	165	2260	1237	1023
44	489	278	211	377	195	182	2722	1467	1255
45-49岁	**3767**	**1981**	**1786**	**2795**	**1458**	**1337**	**17213**	**8958**	**8255**
45	599	321	278	463	242	221	3022	1558	1464
46	720	374	346	539	289	250	3411	1800	1611
47	766	395	371	583	307	276	3386	1767	1619
48	820	434	386	582	301	281	3665	1872	1793
49	862	457	405	628	319	309	3729	1961	1768
50岁及以上	**36602**	**16504**	**20098**	**27758**	**12293**	**15465**	**111006**	**55245**	**55761**

C-3-2c 续表 2

单位：人

年龄	小学								
	合计			在校			毕业		
	合计	男	女	小计	男	女	小计	男	女
总计	**937682**	**441840**	**495842**	**262026**	**140627**	**121399**	**544581**	**245088**	**299493**
3									
4									
5-9岁	**165734**	**88857**	**76877**	**161022**	**86243**	**74779**	**3243**	**1813**	**1430**
5	6514	3458	3056	6275	3316	2959	155	99	56
6	30631	16282	14349	29821	15858	13963	541	280	261
7	40206	21661	18545	39077	21011	18066	780	454	326
8	44884	23992	20892	43570	23271	20299	904	503	401
9	43499	23464	20035	42279	22787	19492	863	477	386
10-14岁	**104375**	**56228**	**48147**	**100530**	**54132**	**46398**	**2682**	**1445**	**1237**
10	42481	22747	19734	41172	22043	19129	895	487	408
11	39272	21121	18151	37966	20408	17558	896	490	406
12	16563	9120	7443	15848	8720	7128	541	295	246
13	4442	2417	2025	4116	2230	1886	232	125	107
14	1617	823	794	1428	731	697	118	48	70
15-19岁	**1364**	**797**	**567**	**245**	**147**	**98**	**796**	**456**	**340**
15	186	116	70	69	41	28	63	40	23
16	214	131	83	64	48	16	92	50	42
17	215	122	93	42	26	16	124	69	55
18	336	178	158	33	12	21	223	123	100
19	413	250	163	37	20	17	294	174	120
20-24岁	**1814**	**995**	**819**	**37**	**17**	**20**	**1429**	**782**	**647**
20	359	211	148	18	6	12	263	152	111
21	337	199	138	12	7	5	271	157	114
22	356	188	168	3	2	1	277	154	123
23	349	184	165	1	1		284	152	132
24	413	213	200	3	1	2	334	167	167
25-29岁	**3138**	**1575**	**1563**	**11**	**5**	**6**	**2581**	**1302**	**1279**
25	444	225	219	1		1	368	187	181
26	446	220	226	4	3	1	355	176	179
27	557	274	283	4		4	444	225	219
28	717	367	350				597	304	293
29	974	489	485	2	2		817	410	407
30-34岁	**7921**	**3877**	**4044**	**7**	**4**	**3**	**6562**	**3158**	**3404**
30	1474	730	744	2	2		1234	612	622
31	1530	775	755	2	1	1	1231	606	625
32	1521	718	803	3	1	2	1258	573	685
33	1800	875	925				1499	714	785
34	1596	779	817				1340	653	687
35-39岁	**9661**	**4316**	**5345**	**6**	**1**	**5**	**7984**	**3527**	**4457**
35	1514	650	864				1247	516	731
36	1711	794	917	4		4	1398	649	749
37	1927	847	1080				1608	698	910
38	2338	1044	1294	1	1		1937	858	1079
39	2171	981	1190	1		1	1794	806	988
40-44岁	**16813**	**7342**	**9471**	**6**	**1**	**5**	**14071**	**6106**	**7965**
40	2299	958	1341				1927	799	1128
41	3106	1331	1775				2632	1135	1497
42	3062	1349	1713	2		2	2554	1116	1438
43	3555	1602	1953	3	1	2	2948	1321	1627
44	4791	2102	2689	1		1	4010	1735	2275
45-49岁	**40957**	**17863**	**23094**	**17**	**10**	**7**	**34474**	**14978**	**19496**
45	5909	2606	3303	6	3	3	4963	2175	2788
46	7629	3398	4231	2	1	1	6486	2878	3608
47	8219	3610	4609	3	2	1	6928	3045	3883
48	9010	3859	5151	4	2	2	7516	3201	4315
49	10190	4390	5800	2	2		8581	3679	4902
50岁及以上	**585905**	**259990**	**325915**	**145**	**67**	**78**	**470759**	**211521**	**259238**

C-3-2c 续表 3 单位：人

年 龄	小学								
	肄业			辍学			其他		
	小计	男	女	小计	男	女	小计	男	女
总 计	**28257**	**11369**	**16888**	**23601**	**9736**	**13865**	**79217**	**35020**	**44197**
3									
4									
5-9 岁	**286**	**161**	**125**	**39**	**19**	**20**	**1144**	**621**	**523**
5	15	6	9	1		1	68	37	31
6	44	22	22	4	2	2	221	120	101
7	65	40	25	8	4	4	276	152	124
8	95	50	45	13	6	7	302	162	140
9	67	43	24	13	7	6	277	150	127
10-14 岁	**184**	**98**	**86**	**73**	**46**	**27**	**906**	**507**	**399**
10	77	34	43	11	9	2	326	174	152
11	66	40	26	13	8	5	331	175	156
12	22	13	9	16	8	8	136	84	52
13	10	7	3	18	14	4	66	41	25
14	9	4	5	15	7	8	47	33	14
15-19 岁	**38**	**20**	**18**	**83**	**51**	**32**	**202**	**123**	**79**
15	4		4	17	13	4	33	22	11
16	4	1	3	22	13	9	32	19	13
17	5	3	2	14	9	5	30	15	15
18	13	8	5	16	8	8	51	27	24
19	12	8	4	14	8	6	56	40	16
20-24 岁	**58**	**35**	**23**	**66**	**35**	**31**	**224**	**126**	**98**
20	10	6	4	14	11	3	54	36	18
21	11	8	3	16	14	2	27	13	14
22	13	8	5	14	4	10	49	20	29
23	12	8	4	11	4	7	41	19	22
24	12	5	7	11	2	9	53	38	15
25-29 岁	**81**	**51**	**30**	**109**	**58**	**51**	**356**	**159**	**197**
25	18	13	5	13	7	6	44	18	26
26	19	13	6	21	11	10	47	17	30
27	14	9	5	15	10	5	80	30	50
28	16	7	9	30	17	13	74	39	35
29	14	9	5	30	13	17	111	55	56
30-34 岁	**245**	**140**	**105**	**245**	**146**	**99**	**862**	**429**	**433**
30	43	25	18	49	25	24	146	66	80
31	50	32	18	55	36	19	192	100	92
32	49	30	19	38	22	16	173	92	81
33	49	26	23	56	35	21	196	100	96
34	54	27	27	47	28	19	155	71	84
35-39 岁	**299**	**135**	**164**	**312**	**156**	**156**	**1060**	**497**	**563**
35	55	27	28	46	24	22	166	83	83
36	48	19	29	65	30	35	196	96	100
37	51	20	31	51	26	25	217	103	114
38	88	42	46	73	37	36	239	106	133
39	57	27	30	77	39	38	242	109	133
40-44 岁	**433**	**193**	**240**	**504**	**227**	**277**	**1799**	**815**	**984**
40	40	18	22	82	38	44	250	103	147
41	60	30	30	73	31	42	341	135	206
42	105	45	60	92	46	46	309	142	167
43	112	46	66	115	51	64	377	183	194
44	116	54	62	142	61	81	522	252	270
45-49 岁	**1109**	**495**	**614**	**1151**	**529**	**622**	**4206**	**1851**	**2355**
45	157	71	86	159	70	89	624	287	337
46	213	93	120	198	93	105	730	333	397
47	217	94	123	248	115	133	823	354	469
48	254	126	128	246	113	133	990	417	573
49	268	111	157	300	138	162	1039	460	579
50 岁及以上	**25524**	**10041**	**15483**	**21019**	**8469**	**12550**	**68458**	**29892**	**38566**

C-3-2c 续表 4

单位：人

年龄	初中								
	合计			在校			毕业		
	合计	男	女	小计	男	女	小计	男	女
总计	**1230404**	**675962**	**554442**	**134592**	**72607**	**61985**	**985274**	**542003**	**443271**
3									
4									
5-9 岁	**2525**	**1395**	**1130**	**2194**	**1206**	**988**	**259**	**148**	**111**
5									
6	381	208	173	322	174	148	46	26	20
7	497	282	215	426	240	186	57	36	21
8	706	384	322	621	336	285	68	37	31
9	941	521	420	825	456	369	88	49	39
10-14 岁	**107429**	**57636**	**49793**	**102018**	**54576**	**47442**	**4254**	**2419**	**1835**
10	1855	1015	840	1683	913	770	138	85	53
11	7587	3903	3684	7185	3681	3504	314	177	137
12	27576	14598	12978	26462	13991	12471	851	465	386
13	35431	19064	16367	33797	18119	15678	1285	743	542
14	34980	19056	15924	32891	17872	15019	1666	949	717
15-19 岁	**47232**	**27325**	**19907**	**29950**	**16591**	**13359**	**15530**	**9640**	**5890**
15	18770	10490	8280	17372	9633	7739	1145	707	438
16	9653	5510	4143	7328	4095	3233	2036	1244	792
17	5999	3572	2427	2744	1534	1210	2935	1831	1104
18	5887	3561	2326	1444	790	654	4055	2525	1530
19	6923	4192	2731	1062	539	523	5359	3333	2026
20-24 岁	**37906**	**21624**	**16282**	**144**	**74**	**70**	**34440**	**19647**	**14793**
20	6515	3940	2575	50	27	23	5892	3570	2322
21	6713	3841	2872	35	13	22	6062	3464	2598
22	7995	4555	3440	22	15	7	7252	4139	3113
23	8079	4531	3548	20	11	9	7376	4117	3259
24	8604	4757	3847	17	8	9	7858	4357	3501
25-29 岁	**62117**	**33338**	**28779**	**47**	**28**	**19**	**56816**	**30457**	**26359**
25	9504	5130	4374	18	6	12	8691	4686	4005
26	9216	4974	4242	10	9	1	8408	4521	3887
27	11121	5874	5247	7	5	2	10183	5364	4819
28	13667	7328	6339	6	4	2	12514	6714	5800
29	18609	10032	8577	6	4	2	17020	9172	7848
30-34 岁	**130118**	**67730**	**62388**	**46**	**29**	**17**	**119259**	**61965**	**57294**
30	27145	14376	12769	10	7	3	24864	13143	11721
31	26799	14021	12778	11	9	2	24560	12804	11756
32	25244	13015	12229	10	5	5	23095	11871	11224
33	27325	14099	13226	12	7	5	25106	12969	12137
34	23605	12219	11386	3	1	2	21634	11178	10456
35-39 岁	**113912**	**59091**	**54821**	**30**	**16**	**14**	**103944**	**53846**	**50098**
35	21307	10953	10354	3	1	2	19522	10014	9508
36	22013	11377	10636	7	5	2	20126	10354	9772
37	22475	11648	10827	5	3	2	20456	10586	9870
38	26546	13957	12589	7	2	5	24207	12751	11456
39	21571	11156	10415	8	5	3	19633	10141	9492
40-44 岁	**106835**	**55756**	**51079**	**27**	**14**	**13**	**96866**	**50448**	**46418**
40	19566	10098	9468	5	4	1	17760	9153	8607
41	21958	11444	10514	5	2	3	20004	10421	9583
42	20148	10445	9703	4	1	3	18269	9473	8796
43	20340	10725	9615	6	4	2	18368	9646	8722
44	24823	13044	11779	7	3	4	22465	11755	10710
45-49 岁	**155634**	**82962**	**72672**	**33**	**17**	**16**	**140597**	**74942**	**65655**
45	27500	14562	12938	7	3	4	24801	13156	11645
46	32111	16937	15174	8	3	5	29076	15299	13777
47	31782	17113	14669	7	4	3	28786	15513	13273
48	32352	17302	15050	5	3	2	29236	15647	13589
49	31889	17048	14841	6	4	2	28698	15327	13371
50 岁及以上	**466696**	**269105**	**197591**	**103**	**56**	**47**	**413309**	**238491**	**174818**

C-3-2c 续表 5 单位：人

年 龄	初中								
	肄业			辍学			其他		
	小计	男	女	小计	男	女	小计	男	女
总 计	**16930**	**9562**	**7368**	**10538**	**5941**	**4597**	**83070**	**45849**	**37221**
3									
4									
5-9 岁	**3**	**3**		**1**	**1**		**68**	**37**	**31**
5									
6							13	8	5
7	1	1		1	1		12	4	8
8							17	11	6
9	2	2					26	14	12
10-14 岁	**190**	**114**	**76**	**71**	**36**	**35**	**896**	**491**	**405**
10	1		1	1	1		32	16	16
11	11	3	8	3		3	74	42	32
12	36	22	14	6	2	4	221	118	103
13	63	41	22	21	8	13	265	153	112
14	79	48	31	40	25	15	304	162	142
15-19 岁	**208**	**136**	**72**	**233**	**158**	**75**	**1311**	**800**	**511**
15	38	24	14	47	32	15	168	94	74
16	33	21	12	55	38	17	201	112	89
17	40	27	13	40	29	11	240	151	89
18	39	26	13	47	25	22	302	195	107
19	58	38	20	44	34	10	400	248	152
20-24 岁	**345**	**202**	**143**	**238**	**144**	**94**	**2739**	**1557**	**1182**
20	68	37	31	44	30	14	461	276	185
21	68	38	30	53	34	19	495	292	203
22	66	39	27	54	27	27	601	335	266
23	71	47	24	41	24	17	571	332	239
24	72	41	31	46	29	17	611	322	289
25-29 岁	**522**	**310**	**212**	**311**	**179**	**132**	**4421**	**2364**	**2057**
25	92	56	36	47	23	24	656	359	297
26	73	47	26	39	26	13	686	371	315
27	92	57	35	53	30	23	786	418	368
28	101	61	40	75	46	29	971	503	468
29	164	89	75	97	54	43	1322	713	609
30-34 岁	**1179**	**686**	**493**	**690**	**429**	**261**	**8944**	**4621**	**4323**
30	250	151	99	117	68	49	1904	1007	897
31	237	141	96	126	77	49	1865	990	875
32	249	137	112	153	93	60	1737	909	828
33	222	129	93	147	98	49	1838	896	942
34	221	128	93	147	93	54	1600	819	781
35-39 岁	**1179**	**645**	**534**	**666**	**372**	**294**	**8093**	**4212**	**3881**
35	201	124	77	121	66	55	1460	748	712
36	212	125	87	123	73	50	1545	820	725
37	223	124	99	139	95	44	1652	840	812
38	296	146	150	153	77	76	1883	981	902
39	247	126	121	130	61	69	1553	823	730
40-44 岁	**1298**	**724**	**574**	**851**	**469**	**382**	**7793**	**4101**	**3692**
40	248	142	106	138	77	61	1415	722	693
41	264	141	123	164	87	77	1521	793	728
42	237	115	122	168	99	69	1470	757	713
43	237	141	96	181	93	88	1548	841	707
44	312	185	127	200	113	87	1839	988	851
45-49 岁	**2272**	**1225**	**1047**	**1438**	**800**	**638**	**11294**	**5978**	**5316**
45	355	193	162	263	146	117	2074	1064	1010
46	429	234	195	297	169	128	2301	1232	1069
47	477	254	223	293	165	128	2219	1177	1042
48	489	254	235	290	161	129	2332	1237	1095
49	522	290	232	295	159	136	2368	1268	1100
50 岁及以上	**9734**	**5517**	**4217**	**6039**	**3353**	**2686**	**37511**	**21688**	**15823**

C-3-2c 续表 6

单位：人

年 龄	高中								
	合 计			在 校			毕 业		
	合计	男	女	小计	男	女	小计	男	女
总 计	**385516**	**230310**	**155206**	**83771**	**45036**	**38735**	**275845**	**169198**	**106647**
3									
4									
5-9 岁	**4**	**2**	**2**	**3**	**1**	**2**	**1**	**1**	
5									
6									
7									
8	2	1	1	1		1	1	1	
9	2	1	1	2	1	1			
10-14 岁	**4927**	**2454**	**2473**	**4656**	**2308**	**2348**	**214**	**117**	**97**
10	1	1							
11	2	1	1	1	1		1		1
12	7	6	1	6	5	1	1	1	
13	637	332	305	581	304	277	48	25	23
14	4280	2114	2166	4068	1998	2070	164	91	73
15-19 岁	**87851**	**48511**	**39340**	**74678**	**40457**	**34221**	**11621**	**7094**	**4527**
15	17296	9092	8204	16937	8890	8047	267	154	113
16	24341	13137	11204	23379	12592	10787	698	399	299
17	21568	11900	9668	19387	10551	8836	1844	1136	708
18	14278	8296	5982	10256	5785	4471	3627	2255	1372
19	10368	6086	4282	4719	2639	2080	5185	3150	2035
20-24 岁	**36357**	**20759**	**15598**	**4307**	**2202**	**2105**	**29482**	**17077**	**12405**
20	8001	4656	3345	2177	1125	1052	5370	3245	2125
21	7138	4037	3101	1002	518	484	5643	3244	2399
22	7452	4260	3192	614	305	309	6277	3619	2658
23	7100	4034	3066	314	149	165	6261	3602	2659
24	6666	3772	2894	200	105	95	5931	3367	2564
25-29 岁	**39685**	**22273**	**17412**	**68**	**33**	**35**	**36543**	**20550**	**15993**
25	6932	3950	2982	23	9	14	6343	3620	2723
26	6131	3463	2668	10	6	4	5639	3196	2443
27	7272	4050	3222	18	8	10	6700	3741	2959
28	8500	4704	3796	11	7	4	7845	4359	3486
29	10850	6106	4744	6	3	3	10016	5634	4382
30-34 岁	**62585**	**34600**	**27985**	**21**	**15**	**6**	**57779**	**31895**	**25884**
30	15176	8297	6879	11	9	2	14032	7664	6368
31	13725	7594	6131	2	1	1	12667	7006	5661
32	11969	6580	5389	2	2		11020	6044	4976
33	12213	6881	5332	6	3	3	11268	6320	4948
34	9502	5248	4254				8792	4861	3931
35-39 岁	**36859**	**21480**	**15379**	**15**	**7**	**8**	**33863**	**19687**	**14176**
35	8078	4559	3519	4	3	1	7415	4167	3248
36	7538	4371	3167	2		2	6942	4023	2919
37	6961	4185	2776	3	2	1	6434	3861	2573
38	8044	4662	3382	4	1	3	7368	4254	3114
39	6238	3703	2535	2	1	1	5704	3382	2322
40-44 岁	**24000**	**14789**	**9211**	**4**	**3**	**1**	**21936**	**13528**	**8408**
40	5343	3112	2231				4907	2862	2045
41	5238	3215	2023	2	1	1	4773	2932	1841
42	4613	2853	1760	2	2		4223	2614	1609
43	4219	2643	1576				3844	2402	1442
44	4587	2966	1621				4189	2718	1471
45-49 岁	**23704**	**15436**	**8268**	**7**	**3**	**4**	**21588**	**14053**	**7535**
45	4741	3024	1717				4339	2771	1568
46	5097	3244	1853	2	1	1	4643	2972	1671
47	4913	3231	1682	1	1		4486	2943	1543
48	4572	2987	1585	2		2	4138	2709	1429
49	4381	2950	1431	2	1	1	3982	2658	1324
50 岁及以上	**69544**	**50006**	**19538**	**12**	**7**	**5**	**62818**	**45196**	**17622**

C-3-2c 续表 7

单位：人

年 龄	高中								
	肄业			辍学			其他		
	小计	男	女	小计	男	女	小计	男	女
总 计	**4023**	**2592**	**1431**	**2306**	**1481**	**825**	**19571**	**12003**	**7568**
3									
4									
5-9 岁									
5									
6									
7									
8									
9									
10-14 岁	**8**	**5**	**3**	**2**	**1**	**1**	**47**	**23**	**24**
10							1	1	
11									
12									
13				1		1	7	3	4
14	8	5	3	1	1		39	19	20
15-19 岁	**293**	**180**	**113**	**256**	**176**	**80**	**1003**	**604**	**399**
15	16	6	10	16	13	3	60	29	31
16	50	26	24	60	32	28	154	88	66
17	69	44	25	72	56	16	196	113	83
18	75	50	25	53	38	15	267	168	99
19	83	54	29	55	37	18	326	206	120
20-24 岁	**375**	**227**	**148**	**217**	**135**	**82**	**1976**	**1118**	**858**
20	79	48	31	37	24	13	338	214	124
21	66	36	30	57	35	22	370	204	166
22	75	49	26	46	30	16	440	257	183
23	67	40	27	42	22	20	416	221	195
24	88	54	34	35	24	11	412	222	190
25-29 岁	**398**	**232**	**166**	**188**	**124**	**64**	**2488**	**1334**	**1154**
25	84	48	36	38	26	12	444	247	197
26	54	28	26	42	29	13	386	204	182
27	69	41	28	20	13	7	465	247	218
28	80	45	35	42	31	11	522	262	260
29	111	70	41	46	25	21	671	374	297
30-34 岁	**618**	**379**	**239**	**342**	**214**	**128**	**3825**	**2097**	**1728**
30	147	90	57	70	44	26	916	490	426
31	122	71	51	77	49	28	857	467	390
32	132	82	50	66	37	29	749	415	334
33	137	92	45	68	46	22	734	420	314
34	80	44	36	61	38	23	569	305	264
35-39 岁	**384**	**243**	**141**	**213**	**129**	**84**	**2384**	**1414**	**970**
35	86	55	31	41	23	18	532	311	221
36	73	44	29	47	30	17	474	274	200
37	64	42	22	36	21	15	424	259	165
38	95	60	35	39	23	16	538	324	214
39	66	42	24	50	32	18	416	246	170
40-44 岁	**287**	**173**	**114**	**186**	**106**	**80**	**1587**	**979**	**608**
40	63	30	33	37	17	20	336	203	133
41	52	33	19	44	25	19	367	224	143
42	71	44	27	33	19	14	284	174	110
43	47	33	14	38	25	13	290	183	107
44	54	33	21	34	20	14	310	195	115
45-49 岁	**364**	**244**	**120**	**205**	**128**	**77**	**1540**	**1008**	**532**
45	79	50	29	40	25	15	283	178	105
46	72	41	31	44	27	17	336	203	133
47	70	47	23	42	27	15	314	213	101
48	75	52	23	46	27	19	311	199	112
49	68	54	14	33	22	11	296	215	81
50 岁及以上	**1296**	**909**	**387**	**697**	**468**	**229**	**4721**	**3426**	**1295**

C-3-2c 续表 8

单位：人

年 龄	大学专科								
	合 计			在 校			毕 业		
	合计	男	女	小计	男	女	小计	男	女
总 计	**101242**	**53296**	**47946**	**30323**	**14837**	**15486**	**66713**	**36165**	**30548**
3									
4									
5–9 岁									
5									
6									
7									
8									
9									
10–14 岁	**6**	**2**	**4**	**6**	**2**	**4**			
10									
11	1		1	1		1			
12									
13	2	1	1	2	1	1			
14	3	1	2	3	1	2			
15–19 岁	**19996**	**9928**	**10068**	**17856**	**8825**	**9031**	**1898**	**980**	**918**
15	463	229	234	450	222	228	12	6	6
16	1003	506	497	939	473	466	48	28	20
17	2700	1314	1386	2516	1230	1286	160	75	85
18	6810	3376	3434	6200	3052	3148	549	291	258
19	9020	4503	4517	7751	3848	3903	1129	580	549
20–24 岁	**27842**	**12883**	**14959**	**11691**	**5624**	**6067**	**15208**	**6826**	**8382**
20	8143	3868	4275	6049	2904	3145	1917	873	1044
21	6277	2870	3407	3090	1473	1617	3011	1315	1696
22	5236	2392	2844	1530	759	771	3509	1541	1968
23	4370	1982	2388	682	331	351	3495	1579	1916
24	3816	1771	2045	340	157	183	3276	1518	1758
25–29 岁	**16611**	**8053**	**8558**	**516**	**257**	**259**	**15189**	**7345**	**7844**
25	3658	1692	1966	207	98	109	3279	1514	1765
26	2860	1339	1521	95	49	46	2608	1215	1393
27	3073	1476	1597	85	48	37	2804	1334	1470
28	3253	1623	1630	60	30	30	3024	1501	1523
29	3767	1923	1844	69	32	37	3474	1781	1693
30–34 岁	**17727**	**9469**	**8258**	**167**	**84**	**83**	**16582**	**8840**	**7742**
30	4845	2429	2416	75	40	35	4501	2252	2249
31	4024	2096	1928	28	11	17	3780	1967	1813
32	3263	1745	1518	16	9	7	3062	1627	1435
33	3162	1769	1393	29	14	15	2964	1666	1298
34	2433	1430	1003	19	10	9	2275	1328	947
35–39 岁	**7524**	**4625**	**2899**	**35**	**16**	**19**	**7058**	**4357**	**2701**
35	1831	1103	728	6	4	2	1705	1038	667
36	1622	980	642	11	4	7	1528	926	602
37	1452	911	541	9	4	5	1357	854	503
38	1500	934	566	1	1		1416	883	533
39	1119	697	422	8	3	5	1052	656	396
40–44 岁	**3965**	**2585**	**1380**	**25**	**12**	**13**	**3721**	**2446**	**1275**
40	939	585	354	8	5	3	881	550	331
41	884	576	308	4	1	3	843	558	285
42	782	520	262	5	3	2	731	490	241
43	663	438	225	4	2	2	621	412	209
44	697	466	231	4	1	3	645	436	209
45–49 岁	**2820**	**2010**	**810**	**11**	**7**	**4**	**2637**	**1882**	**755**
45	657	474	183	2	2		611	440	171
46	644	465	179	4	2	2	596	428	168
47	544	381	163				519	364	155
48	512	357	155	4	2	2	476	336	140
49	463	333	130	1	1		435	314	121
50 岁及以上	**4751**	**3741**	**1010**	**16**	**10**	**6**	**4420**	**3489**	**931**

C-3-2c 续表 9

单位：人

年 龄	大学专科								
	肄 业			辍 学			其 他		
	小计	男	女	小计	男	女	小计	男	女
总 计	**512**	**304**	**208**	**114**	**70**	**44**	**3580**	**1920**	**1660**
3									
4									
5-9 岁									
5									
6									
7									
8									
9									
10-14 岁									
10									
11									
12									
13									
14									
15-19 岁	**44**	**23**	**21**	**14**	**7**	**7**	**184**	**93**	**91**
15							1	1	
16	4	2	2				12	3	9
17	8	4	4	2	2		14	3	11
18	9	3	6	4	1	3	48	29	19
19	23	14	9	8	4	4	109	57	52
20-24 岁	**119**	**55**	**64**	**42**	**25**	**17**	**782**	**353**	**429**
20	28	14	14	12	7	5	137	70	67
21	21	7	14	7	4	3	148	71	77
22	15	8	7	13	7	6	169	77	92
23	29	14	15	4	2	2	160	56	104
24	26	12	14	6	5	1	168	79	89
25-29 岁	**99**	**65**	**34**	**16**	**12**	**4**	**791**	**374**	**417**
25	29	20	9	5	4	1	138	56	82
26	9	4	5	2	2		146	69	77
27	23	16	7	6	4	2	155	74	81
28	20	11	9				149	81	68
29	18	14	4	3	2	1	203	94	109
30-34 岁	**104**	**65**	**39**	**22**	**11**	**11**	**852**	**469**	**383**
30	25	14	11	8	5	3	236	118	118
31	27	16	11	4	4		185	98	87
32	23	12	11	4	1	3	158	96	62
33	17	13	4	4	1	3	148	75	73
34	12	10	2	2		2	125	82	43
35-39 岁	**54**	**29**	**25**	**10**	**7**	**3**	**367**	**216**	**151**
35	13	6	7	5	3	2	102	52	50
36	14	8	6	1		1	68	42	26
37	10	7	3	2	2		74	44	30
38	12	5	7	2	2		69	43	26
39	5	3	2				54	35	19
40-44 岁	**31**	**20**	**11**	**6**	**4**	**2**	**182**	**103**	**79**
40	9	5	4	2	1	1	39	24	15
41	7	4	3	1		1	29	13	16
42	5	4	1	1	1		40	22	18
43	5	3	2	1	1		32	20	12
44	5	4	1	1	1		42	24	18
45-49 岁	**20**	**16**	**4**	**1**	**1**		**151**	**104**	**47**
45	7	6	1	1	1		36	25	11
46	6	6					38	29	9
47	1		1				24	17	7
48	2	2					30	17	13
49	4	2	2				23	16	7
50 岁及以上	**41**	**31**	**10**	**3**	**3**		**271**	**208**	**63**

C-3-2c 续表 10

单位：人

年 龄	大学本科								
	合 计			在 校			毕 业		
	合计	男	女	小计	男	女	小计	男	女
总 计	**39010**	**19760**	**19250**	**14027**	**6644**	**7383**	**23800**	**12465**	**11335**
3									
4									
5-9 岁									
5									
6									
7									
8									
9									
10-14 岁	**3**	**3**		**3**	**3**				
10									
11									
12									
13	1	1		1	1				
14	2	2		2	2				
15-19 岁	**7026**	**3274**	**3752**	**6732**	**3119**	**3613**	**258**	**131**	**127**
15	43	18	25	42	17	25	1	1	
16	120	44	76	115	41	74	2	1	1
17	867	388	479	850	382	468	15	5	10
18	2640	1212	1428	2555	1165	1390	76	42	34
19	3356	1612	1744	3170	1514	1656	164	82	82
20-24 岁	**12689**	**5770**	**6919**	**6877**	**3309**	**3568**	**5522**	**2333**	**3189**
20	3152	1491	1661	2807	1335	1472	313	142	171
21	2768	1244	1524	2036	953	1083	689	271	418
22	2709	1233	1476	1206	599	607	1429	598	831
23	2141	974	1167	560	296	264	1504	642	862
24	1919	828	1091	268	126	142	1587	680	907
25-29 岁	**7933**	**3733**	**4200**	**327**	**165**	**162**	**7299**	**3419**	**3880**
25	1822	804	1018	134	70	64	1628	707	921
26	1488	633	855	70	29	41	1370	592	778
27	1491	688	803	57	36	21	1367	612	755
28	1508	764	744	39	18	21	1408	705	703
29	1624	844	780	27	12	15	1526	803	723
30-34 岁	**6618**	**3629**	**2989**	**58**	**31**	**27**	**6251**	**3414**	**2837**
30	1867	949	918	25	12	13	1773	896	877
31	1540	823	717	12	5	7	1441	762	679
32	1238	690	548	13	8	5	1154	643	511
33	1123	648	475	5	5		1066	610	456
34	850	519	331	3	1	2	817	503	314
35-39 岁	**2269**	**1507**	**762**	**13**	**8**	**5**	**2139**	**1426**	**713**
35	635	408	227	4	3	1	594	382	212
36	507	321	186	1		1	479	309	170
37	411	271	140	2	1	1	385	252	133
38	436	304	132	5	4	1	417	291	126
39	280	203	77	1		1	264	192	72
40-44 岁	**957**	**680**	**277**	**5**	**3**	**2**	**894**	**633**	**261**
40	211	141	70	1		1	199	132	67
41	220	165	55	2	1	1	211	159	52
42	175	123	52	1	1		159	112	47
43	170	119	51				156	109	47
44	181	132	49	1	1		169	121	48
45-49 岁	**634**	**474**	**160**	**6**	**3**	**3**	**605**	**454**	**151**
45	142	101	41	1		1	136	97	39
46	145	114	31	1		1	138	111	27
47	139	102	37	1	1		131	95	36
48	114	88	26	3	2	1	109	84	25
49	94	69	25				91	67	24
50 岁及以上	**881**	**690**	**191**	**6**	**3**	**3**	**832**	**655**	**177**

C-3-2c 续表 11　　单位：人

年龄	大学本科								
	肄业			辍学			其他		
	小计	男	女	小计	男	女	小计	男	女
总计	**116**	**68**	**48**	**17**	**8**	**9**	**1050**	**575**	**475**
3									
4									
5-9岁									
5									
6									
7									
8									
9									
10-14岁									
10									
11									
12									
13									
14									
15-19岁	**3**	**1**	**2**	**2**	**2**		**31**	**21**	**10**
15									
16							3	2	1
17							2	1	1
18	1		1	1	1		7	4	3
19	2	1	1	1	1		19	14	5
20-24岁	**42**	**21**	**21**	**5**	**1**	**4**	**243**	**106**	**137**
20	10	4	6	2	1	1	20	9	11
21	5	2	3	2		2	36	18	18
22	12	7	5				62	29	33
23	9	7	2	1		1	67	29	38
24	6	1	5				58	21	37
25-29岁	**20**	**11**	**9**	**4**	**1**	**3**	**283**	**137**	**146**
25	2	2		1	1		57	24	33
26	2		2	1		1	45	12	33
27	5	3	2	1		1	61	37	24
28	5	3	2				56	38	18
29	6	3	3	1		1	64	26	38
30-34岁	**30**	**20**	**10**	**2**	**1**	**1**	**277**	**163**	**114**
30	4	2	2	2	1	1	63	38	25
31	11	8	3				76	48	28
32	7	3	4				64	36	28
33	6	5	1				46	28	18
34	2	2					28	13	15
35-39岁	**8**	**5**	**3**	**2**	**1**	**1**	**107**	**67**	**40**
35	3	1	2				34	22	12
36	3	3					24	9	15
37	1		1				23	18	5
38				1	1		13	8	5
39	1	1		1		1	13	10	3
40-44岁	**6**	**5**	**1**	**2**	**2**		**50**	**37**	**13**
40	1	1		1	1		9	7	2
41							7	5	2
42	2	2		1	1		12	7	5
43	1		1				13	10	3
44	2	2					9	8	1
45-49岁	**2**	**1**	**1**				**21**	**16**	**5**
45	1	1					4	3	1
46							6	3	3
47	1		1				6	6	
48							2	2	
49							3	2	1
50岁及以上	**5**	**4**	**1**				**38**	**28**	**10**

C-3-2c 续表 12　　　　单位：人

年龄	硕士研究生								
	合计			在校			毕业		
	合计	男	女	小计	男	女	小计	男	女
总计	**1803**	**935**	**868**	**886**	**418**	**468**	**862**	**487**	**375**
3									
4									
5–9 岁									
5									
6									
7									
8									
9									
10–14 岁									
10									
11									
12									
13									
14									
15–19 岁	**15**	**6**	**9**	**13**	**5**	**8**	**1**	**1**	
15									
16									
17	4	2	2	3	2	1			
18	4		4	4		4			
19	7	4	3	6	3	3	1	1	
20–24 岁	**683**	**318**	**365**	**618**	**287**	**331**	**56**	**24**	**32**
20	11	6	5	11	6	5			
21	80	33	47	78	32	46	2	1	1
22	187	91	96	175	86	89	10	4	6
23	205	91	114	189	86	103	15	4	11
24	200	97	103	165	77	88	29	15	14
25–29 岁	**608**	**294**	**314**	**234**	**114**	**120**	**356**	**171**	**185**
25	189	86	103	121	57	64	64	29	35
26	144	67	77	61	30	31	78	35	43
27	95	44	51	20	10	10	72	32	40
28	87	43	44	21	12	9	64	29	35
29	93	54	39	11	5	6	78	46	32
30–34 岁	**335**	**205**	**130**	**21**	**12**	**9**	**300**	**186**	**114**
30	89	57	32	10	6	4	73	47	26
31	89	50	39	5	3	2	80	46	34
32	57	31	26	2	1	1	53	29	24
33	59	40	19	2	2		56	37	19
34	41	27	14	2		2	38	27	11
35–39 岁	**76**	**47**	**29**				**74**	**46**	**28**
35	27	15	12				26	15	11
36	15	9	6				15	9	6
37	12	11	1				11	10	1
38	15	8	7				15	8	7
39	7	4	3				7	4	3
40–44 岁	**31**	**22**	**9**				**30**	**22**	**8**
40	8	3	5				7	3	4
41	6	5	1				6	5	1
42	7	4	3				7	4	3
43	4	4					4	4	
44	6	6					6	6	
45–49 岁	**18**	**13**	**5**				**17**	**12**	**5**
45	2	2					1	1	
46	7	6	1				7	6	1
47	6	3	3				6	3	3
48	2	1	1				2	1	1
49	1	1					1	1	
50 岁及以上	**37**	**30**	**7**				**28**	**25**	**3**

C-3-2c 续表 13

单位：人

年龄	硕士研究生								
	肄业			辍学			其他		
	小计	男	女	小计	男	女	小计	男	女
总计	**3**	**3**		**1**		**1**	**51**	**27**	**24**
3									
4									
5-9岁									
5									
6									
7									
8									
9									
10-14岁									
10									
11									
12									
13									
14									
15-19岁				**1**		**1**			
15									
16									
17				1		1			
18									
19									
20-24岁	**1**	**1**					**8**	**6**	**2**
20									
21									
22							2	1	1
23							1	1	
24	1	1					5	4	1
25-29岁							**18**	**9**	**9**
25							4		4
26							5	2	3
27							3	2	1
28							2	2	
29							4	3	1
30-34岁							**14**	**7**	**7**
30							6	4	2
31							4	1	3
32							2	1	1
33							1	1	
34							1		1
35-39岁							**2**	**1**	**1**
35							1		1
36									
37							1	1	
38									
39									
40-44岁							**1**		**1**
40							1		1
41									
42									
43									
44									
45-49岁							**1**	**1**	
45							1	1	
46									
47									
48									
49									
50岁及以上	**2**	**2**					**7**	**3**	**4**

C-3-2c 续表 14

单位：人

年 龄	博士研究生								
	合 计			在 校			毕 业		
	合计	男	女	小计	男	女	小计	男	女
总 计	**254**	**153**	**101**	**135**	**81**	**54**	**114**	**69**	**45**
3									
4									
5-9 岁									
5									
6									
7									
8									
9									
10-14 岁									
10									
11									
12									
13									
14									
15-19 岁									
15									
16									
17									
18									
19									
20-24 岁	**44**	**27**	**17**	**41**	**25**	**16**	**2**	**2**	
20	1		1	1		1			
21	5	2	3	5	2	3			
22	9	7	2	9	7	2			
23	12	6	6	10	5	5	1	1	
24	17	12	5	16	11	5	1	1	
25-29 岁	**94**	**51**	**43**	**66**	**38**	**28**	**27**	**12**	**15**
25	17	5	12	13	4	9	4	1	3
26	16	11	5	14	10	4	2	1	1
27	17	6	11	13	6	7	4		4
28	28	18	10	18	12	6	10	6	4
29	16	11	5	8	6	2	7	4	3
30-34 岁	**66**	**39**	**27**	**28**	**18**	**10**	**35**	**19**	**16**
30	19	12	7	9	5	4	9	7	2
31	20	8	12	9	5	4	10	2	8
32	9	6	3	4	3	1	4	2	2
33	11	9	2	5	4	1	6	5	1
34	7	4	3	1	1		6	3	3
35-39 岁	**32**	**24**	**8**				**32**	**24**	**8**
35	13	8	5				13	8	5
36	6	5	1				6	5	1
37	7	6	1				7	6	1
38	3	3					3	3	
39	3	2	1				3	2	1
40-44 岁	**7**	**5**	**2**				**7**	**5**	**2**
40	2	2					2	2	
41	1		1				1		1
42	3	2	1				3	2	1
43	1	1					1	1	
44									
45-49 岁	**4**	**2**	**2**				**4**	**2**	**2**
45									
46	2	1	1				2	1	1
47									
48	2	1	1				2	1	1
49									
50 岁及以上	**7**	**5**	**2**				**7**	**5**	**2**

C-3-2c 续表 15

单位：人

年龄	博士研究生								
	肄业			辍学			其他		
	小计	男	女	小计	男	女	小计	男	女
总计							**5**	**3**	**2**
3									
4									
5-9岁									
5									
6									
7									
8									
9									
10-14岁									
10									
11									
12									
13									
14									
15-19岁									
15									
16									
17									
18									
19									
20-24岁							**1**		**1**
20									
21									
22									
23							1		1
24									
25-29岁							**1**	**1**	
25									
26									
27									
28									
29							1	1	
30-34岁							**3**	**2**	**1**
30							1		1
31							1	1	
32							1	1	
33									
34									
35-39岁									
35									
36									
37									
38									
39									
40-44岁									
40									
41									
42									
43									
44									
45-49岁									
45									
46									
47									
48									
49									
50岁及以上									

第二部分 长表数据资料

第四卷 就业

C-4-1 各地区分年龄、性别的就业人口

单位：人

地区 性别	合计	16-19岁	20-24岁	25-29岁	30-34岁	35-39岁	40-44岁
全　省	**3041080**	**44485**	**170597**	**258107**	**462475**	**372365**	**331128**
长沙市	454794	6860	34053	47654	89671	67970	52329
株洲市	208272	1763	9886	15798	34915	27596	23884
湘潭市	124027	1202	6009	9757	19138	15578	13427
衡阳市	278345	5339	17632	24317	39760	33996	28331
邵阳市	309191	6436	18358	24460	44601	36512	32070
岳阳市	237527	2935	12819	22432	34714	27424	26577
常德市	294718	1882	12204	22925	38496	26843	30159
张家界市	79314	1002	4415	6682	10663	8194	8303
益阳市	151245	1624	6784	11270	22631	16285	16334
郴州市	228109	5081	12687	16981	33582	29780	25770
永州市	210254	3782	10744	17049	28474	28391	23130
怀化市	231370	3213	11980	17668	32518	26188	23910
娄底市	151443	2126	8507	12607	22096	18323	17921
湘西州	82471	1240	4519	8507	11216	9285	8983
男	**1831395**	**26988**	**94606**	**147504**	**265953**	**215347**	**191228**
长沙市	265644	4116	18007	25680	48856	38330	29918
株洲市	120364	1057	5336	8475	18836	15022	13061
湘潭市	72784	740	3344	5472	10758	8728	7454
衡阳市	170075	3224	10230	14320	23148	19817	16018
邵阳市	187910	3993	10793	14891	26876	21463	18646
岳阳市	153043	1815	7163	13392	21005	16775	16260
常德市	174234	1131	6314	12562	21498	14907	17216
张家界市	47163	605	2301	3714	6217	4695	4798
益阳市	96492	933	3737	6540	13781	9781	9948
郴州市	133847	3022	7085	9533	19100	17147	14749
永州市	125977	2311	6144	10083	16421	16496	13227
怀化市	140906	1954	6626	10352	19600	15820	14095
娄底市	94101	1348	4989	7667	13452	11003	10648
湘西州	48855	739	2537	4823	6405	5363	5190
女	**1209685**	**17497**	**75991**	**110603**	**196522**	**157018**	**139900**
长沙市	189150	2744	16046	21974	40815	29640	22411
株洲市	87908	706	4550	7323	16079	12574	10823
湘潭市	51243	462	2665	4285	8380	6850	5973
衡阳市	108270	2115	7402	9997	16612	14179	12313
邵阳市	121281	2443	7565	9569	17725	15049	13424
岳阳市	84484	1120	5656	9040	13709	10649	10317
常德市	120484	751	5890	10363	16998	11936	12943
张家界市	32151	397	2114	2968	4446	3499	3505
益阳市	54753	691	3047	4730	8850	6504	6386
郴州市	94262	2059	5602	7448	14482	12633	11021
永州市	84277	1471	4600	6966	12053	11895	9903
怀化市	90464	1259	5354	7316	12918	10368	9815
娄底市	57342	778	3518	4940	8644	7320	7273
湘西州	33616	501	1982	3684	4811	3922	3793

C-4-1 续表 单位：人

地区 性别	45-49 岁	50-54 岁	55-59 岁	60-64 岁	65-69 岁	70-74 岁	75 岁及以上
全 省	**421207**	**416188**	**284432**	**119797**	**96658**	**42572**	**21069**
长沙市	56120	50169	31522	8845	5941	2485	1175
株洲市	29012	29321	18826	7851	6012	2395	1013
湘潭市	16745	18161	12556	4311	4200	2044	899
衡阳市	38226	37853	25778	12078	9899	3653	1483
邵阳市	40910	41890	29775	14476	11806	5178	2719
岳阳市	35673	34354	21657	8655	6269	2775	1243
常德市	44245	45540	33702	14299	13391	7168	3864
张家界市	11230	11278	8087	3249	3401	1884	926
益阳市	22423	23635	15996	6258	4641	2130	1234
郴州市	31580	29927	21431	10492	7093	2426	1279
永州市	28241	28245	20377	10157	7391	2835	1438
怀化市	33470	33229	23005	10550	9106	4324	2209
娄底市	21618	21532	13806	5642	4615	1843	807
湘西州	11714	11054	7914	2934	2893	1432	780
男	**250055**	**262068**	**192517**	**80134**	**63102**	**28232**	**13661**
长沙市	32859	31938	22891	6412	4118	1702	817
株洲市	16407	18264	12954	5122	3751	1482	597
湘潭市	9401	11030	8321	2840	2737	1367	592
衡阳市	22769	24178	17767	8293	6682	2576	1053
邵阳市	24167	25657	19287	9444	7533	3364	1796
岳阳市	22841	23656	16122	6525	4597	2063	829
常德市	25819	28286	22139	9157	8332	4508	2365
张家界市	6696	7015	5281	2113	1993	1151	584
益阳市	14005	15876	11556	4529	3412	1550	844
郴州市	18267	18016	13641	6535	4437	1550	765
永州市	16509	17311	13091	6724	4766	1934	960
怀化市	20087	20574	15067	6718	5831	2794	1388
娄底市	13226	13655	9336	3808	3095	1288	586
湘西州	7002	6612	5064	1914	1818	903	485
女	**171152**	**154120**	**91915**	**39663**	**33556**	**14340**	**7408**
长沙市	23261	18231	8631	2433	1823	783	358
株洲市	12605	11057	5872	2729	2261	913	416
湘潭市	7344	7131	4235	1471	1463	677	307
衡阳市	15457	13675	8011	3785	3217	1077	430
邵阳市	16743	16233	10488	5032	4273	1814	923
岳阳市	12832	10698	5535	2130	1672	712	414
常德市	18426	17254	11563	5142	5059	2660	1499
张家界市	4534	4263	2806	1136	1408	733	342
益阳市	8418	7759	4440	1729	1229	580	390
郴州市	13313	11911	7790	3957	2656	876	514
永州市	11732	10934	7286	3433	2625	901	478
怀化市	13383	12655	7938	3832	3275	1530	821
娄底市	8392	7877	4470	1834	1520	555	221
湘西州	4712	4442	2850	1020	1075	529	295

C-4-1a 各地区分年龄、性别的就业人口（城市）

单位：人

地区 性别	合计	16-19岁	20-24岁	25-29岁	30-34岁	35-39岁	40-44岁
全 省	**798072**	**8078**	**48374**	**82606**	**148329**	**121101**	**103290**
长沙市	286242	3982	23087	34278	59992	45924	34527
株洲市	81779	567	4179	7677	15896	12599	10682
湘潭市	39643	222	1835	3494	6528	5774	5459
衡阳市	66559	692	3564	6548	11100	10074	8789
邵阳市	44291	532	2393	3988	7423	6363	5956
岳阳市	61971	404	2979	6380	9891	8370	8387
常德市	47232	200	2035	4773	8286	6105	6089
张家界市	14446	148	902	1548	2466	2025	1924
益阳市	24597	157	980	2070	4314	3301	3296
郴州市	38882	453	1895	3288	6664	6440	5417
永州市	21530	138	908	1845	3420	3517	3153
怀化市	26871	254	1359	2520	4684	3987	3357
娄底市	32263	232	1669	2863	5461	4904	4734
湘西州	11766	97	589	1334	2204	1718	1520
男	**460134**	**4558**	**24728**	**43832**	**79634**	**66510**	**57149**
长沙市	161606	2284	11410	17861	31798	25304	19355
株洲市	46384	309	2247	4068	8366	6655	5704
湘潭市	22376	115	945	1855	3402	2985	2895
衡阳市	39244	389	1985	3516	6084	5639	4845
邵阳市	25472	309	1287	2180	4006	3416	3208
岳阳市	38467	245	1634	3575	5694	4837	4857
常德市	27314	114	1001	2497	4495	3274	3297
张家界市	8177	77	415	799	1298	1076	1064
益阳市	14692	83	483	1125	2425	1868	1867
郴州市	22482	227	935	1727	3555	3563	3007
永州市	12580	76	500	1018	1863	1972	1747
怀化市	15739	150	701	1349	2533	2218	1869
娄底市	19067	126	888	1560	2980	2764	2631
湘西州	6534	54	297	702	1135	939	803
女	**337938**	**3520**	**23646**	**38774**	**68695**	**54591**	**46141**
长沙市	124636	1698	11677	16417	28194	20620	15172
株洲市	35395	258	1932	3609	7530	5944	4978
湘潭市	17267	107	890	1639	3126	2789	2564
衡阳市	27315	303	1579	3032	5016	4435	3944
邵阳市	18819	223	1106	1808	3417	2947	2748
岳阳市	23504	159	1345	2805	4197	3533	3530
常德市	19918	86	1034	2276	3791	2831	2792
张家界市	6269	71	487	749	1168	949	860
益阳市	9905	74	497	945	1889	1433	1429
郴州市	16400	226	960	1561	3109	2877	2410
永州市	8950	62	408	827	1557	1545	1406
怀化市	11132	104	658	1171	2151	1769	1488
娄底市	13196	106	781	1303	2481	2140	2103
湘西州	5232	43	292	632	1069	779	717

C-4-1a 续表

单位：人

地区 性别	45-49 岁	50-54 岁	55-59 岁	60-64 岁	65-69 岁	70-74 岁	75 岁及以上
全 省	**116686**	**94315**	**54002**	**11654**	**6511**	**2084**	**1042**
长沙市	34685	27857	16376	3192	1611	509	222
株洲市	11984	10435	5756	1118	598	201	87
湘潭市	6413	5630	3192	558	349	125	64
衡阳市	10334	8149	4953	1291	751	219	95
邵阳市	7173	5748	3174	791	485	165	100
岳阳市	10719	8467	4456	1056	588	180	94
常德市	7849	6350	3957	827	511	176	74
张家界市	2238	1807	1000	206	119	46	17
益阳市	4089	3373	1964	486	336	138	93
郴州市	6191	4727	2667	709	322	64	45
永州市	3648	2781	1448	371	214	52	35
怀化市	4216	3492	2044	504	301	96	57
娄底市	5348	4161	2163	398	215	80	35
湘西州	1799	1338	852	147	111	33	24
男	**66975**	**61178**	**40782**	**8290**	**4463**	**1387**	**648**
长沙市	19948	17529	12258	2295	1089	338	137
株洲市	6581	6751	4394	756	388	126	39
湘潭市	3429	3623	2400	389	220	78	40
衡阳市	6016	5412	3754	895	513	135	61
邵阳市	4033	3648	2325	563	320	108	69
岳阳市	6594	5958	3554	852	466	136	65
常德市	4415	4100	3017	590	350	120	44
张家界市	1294	1140	729	157	89	27	12
益阳市	2407	2238	1464	348	231	98	55
郴州市	3550	3099	2034	489	222	48	26
永州市	2142	1777	1035	247	152	31	20
怀化市	2402	2316	1553	336	207	65	40
娄底市	3169	2801	1648	278	146	53	23
湘西州	995	786	617	95	70	24	17
女	**49711**	**33137**	**13220**	**3364**	**2048**	**697**	**394**
长沙市	14737	10328	4118	897	522	171	85
株洲市	5403	3684	1362	362	210	75	48
湘潭市	2984	2007	792	169	129	47	24
衡阳市	4318	2737	1199	396	238	84	34
邵阳市	3140	2100	849	228	165	57	31
岳阳市	4125	2509	902	204	122	44	29
常德市	3434	2250	940	237	161	56	30
张家界市	944	667	271	49	30	19	5
益阳市	1682	1135	500	138	105	40	38
郴州市	2641	1628	633	220	100	16	19
永州市	1506	1004	413	124	62	21	15
怀化市	1814	1176	491	168	94	31	17
娄底市	2179	1360	515	120	69	27	12
湘西州	804	552	235	52	41	9	7

C-4-1b　各地区分年龄、性别的就业人口（镇）

单位：人

地　区 性　别	合计	16-19 岁	20-24 岁	25-29 岁	30-34 岁	35-39 岁	40-44 岁
全　省	**915188**	**12337**	**49881**	**77766**	**142048**	**118352**	**108324**
长沙市	92042	2024	7089	9053	18897	13818	10368
株洲市	57028	454	2558	3783	8971	7282	6523
湘潭市	38895	489	2172	3406	6942	5480	4329
衡阳市	80102	1284	5105	7179	12216	10713	8882
邵阳市	96514	1677	5469	7723	14444	12317	11026
岳阳市	77782	967	4137	7349	11460	9179	9165
常德市	104419	565	4417	8158	13683	10146	12153
张家界市	21922	183	1111	1950	3027	2296	2570
益阳市	47465	400	2133	3635	7444	5669	5618
郴州市	88930	1754	5005	6848	13662	12358	11250
永州市	80492	1185	4220	7148	11945	12310	10014
怀化市	64945	613	3071	5308	9573	8306	7980
娄底市	31233	369	1681	2661	4823	4160	4259
湘西州	33419	373	1713	3565	4961	4318	4187
男	**545886**	**7517**	**27602**	**43435**	**79782**	**67261**	**61834**
长沙市	55851	1276	4294	5351	10648	8101	6076
株洲市	32767	300	1335	1960	4691	3913	3569
湘潭市	22697	319	1251	1897	3865	3103	2425
衡阳市	48438	768	2935	4103	6913	6133	4949
邵阳市	58519	1043	3117	4570	8497	7114	6373
岳阳市	49332	602	2281	4215	6724	5555	5509
常德市	60843	338	2273	4290	7384	5472	6767
张家界市	12818	98	540	1010	1733	1261	1422
益阳市	29492	221	1096	2016	4318	3281	3330
郴州市	50822	1035	2724	3697	7389	6823	6338
永州市	47708	716	2372	4115	6729	6924	5685
怀化市	38371	357	1550	2835	5392	4760	4540
娄底市	18722	230	908	1456	2744	2349	2484
湘西州	19506	214	926	1920	2755	2472	2367
女	**369302**	**4820**	**22279**	**34331**	**62266**	**51091**	**46490**
长沙市	36191	748	2795	3702	8249	5717	4292
株洲市	24261	154	1223	1823	4280	3369	2954
湘潭市	16198	170	921	1509	3077	2377	1904
衡阳市	31664	516	2170	3076	5303	4580	3933
邵阳市	37995	634	2352	3153	5947	5203	4653
岳阳市	28450	365	1856	3134	4736	3624	3656
常德市	43576	227	2144	3868	6299	4674	5386
张家界市	9104	85	571	940	1294	1035	1148
益阳市	17973	179	1037	1619	3126	2388	2288
郴州市	38108	719	2281	3151	6273	5535	4912
永州市	32784	469	1848	3033	5216	5386	4329
怀化市	26574	256	1521	2473	4181	3546	3440
娄底市	12511	139	773	1205	2079	1811	1775
湘西州	13913	159	787	1645	2206	1846	1820

C-4-1b 续表

单位：人

地区 性别	45-49 岁	50-54 岁	55-59 岁	60-64 岁	65-69 岁	70-74 岁	75 岁及以上
全　省	**134050**	**123903**	**81283**	**30503**	**23084**	**9359**	**4298**
长沙市	10890	9631	6096	2010	1329	573	264
株洲市	8240	8394	5491	2498	1894	694	246
湘潭市	5074	5156	3397	1024	869	398	159
衡阳市	11664	10708	6767	2684	2013	661	226
邵阳市	13349	12984	8947	3907	2955	1183	533
岳阳市	11988	11255	6843	2531	1780	773	355
常德市	16817	16033	11457	4279	3823	1929	959
张家界市	3437	3171	2173	713	753	363	175
益阳市	7346	7307	4715	1530	1028	422	218
郴州市	12984	11367	7699	3133	1942	605	323
永州市	11601	10121	6653	2606	1808	590	291
怀化市	10663	9083	5775	1939	1634	675	325
娄底市	4893	4301	2490	809	540	179	68
湘西州	5104	4392	2780	840	716	314	156
男	**78951**	**78785**	**55976**	**20595**	**15199**	**6160**	**2789**
长沙市	6458	6301	4347	1487	934	387	191
株洲市	4632	5204	3742	1630	1206	434	151
湘潭市	2893	3101	2229	664	588	263	99
衡阳市	6928	6977	4813	1892	1384	471	172
邵阳市	8003	8169	6014	2572	1919	767	361
岳阳市	7577	7755	5115	1920	1294	569	216
常德市	9609	10050	7702	2778	2404	1198	578
张家界市	2024	2018	1485	475	424	215	113
益阳市	4448	4895	3528	1103	770	320	166
郴州市	7470	6743	4859	1944	1224	394	182
永州市	6697	6354	4542	1772	1199	401	202
怀化市	6223	5816	4018	1247	1018	408	207
娄底市	2944	2752	1746	558	372	126	53
湘西州	3045	2650	1836	553	463	207	98
女	**55099**	**45118**	**25307**	**9908**	**7885**	**3199**	**1509**
长沙市	4432	3330	1749	523	395	186	73
株洲市	3608	3190	1749	868	688	260	95
湘潭市	2181	2055	1168	360	281	135	60
衡阳市	4736	3731	1954	792	629	190	54
邵阳市	5346	4815	2933	1335	1036	416	172
岳阳市	4411	3500	1728	611	486	204	139
常德市	7208	5983	3755	1501	1419	731	381
张家界市	1413	1153	688	238	329	148	62
益阳市	2898	2412	1187	427	258	102	52
郴州市	5514	4624	2840	1189	718	211	141
永州市	4904	3767	2111	834	609	189	89
怀化市	4440	3267	1757	692	616	267	118
娄底市	1949	1549	744	251	168	53	15
湘西州	2059	1742	944	287	253	107	58

C-4-1c 各地区分年龄、性别的就业人口（乡村）

单位：人

地区 性别	合计	16-19岁	20-24岁	25-29岁	30-34岁	35-39岁	40-44岁
全省	**1327820**	**24070**	**72342**	**97735**	**172098**	**132912**	**119514**
长沙市	76510	854	3877	4323	10782	8228	7434
株洲市	69465	742	3149	4338	10048	7715	6679
湘潭市	45489	491	2002	2857	5668	4324	3639
衡阳市	131684	3363	8963	10590	16444	13209	10660
邵阳市	168386	4227	10496	12749	22734	17832	15088
岳阳市	97774	1564	5703	8703	13363	9875	9025
常德市	143067	1117	5752	9994	16527	10592	11917
张家界市	42946	671	2402	3184	5170	3873	3809
益阳市	79183	1067	3671	5565	10873	7315	7420
郴州市	100297	2874	5787	6845	13256	10982	9103
永州市	108232	2459	5616	8056	13109	12564	9963
怀化市	139554	2346	7550	9840	18261	13895	12573
娄底市	87947	1525	5157	7083	11812	9259	8928
湘西州	37286	770	2217	3608	4051	3249	3276
男	**825375**	**14913**	**42276**	**60237**	**106537**	**81576**	**72245**
长沙市	48187	556	2303	2468	6410	4925	4487
株洲市	41213	448	1754	2447	5779	4454	3788
湘潭市	27711	306	1148	1720	3491	2640	2134
衡阳市	82393	2067	5310	6701	10151	8045	6224
邵阳市	103919	2641	6389	8141	14373	10933	9065
岳阳市	65244	968	3248	5602	8587	6383	5894
常德市	86077	679	3040	5775	9619	6161	7152
张家界市	26168	430	1346	1905	3186	2358	2312
益阳市	52308	629	2158	3399	7038	4632	4751
郴州市	60543	1760	3426	4109	8156	6761	5404
永州市	65689	1519	3272	4950	7829	7600	5795
怀化市	86796	1447	4375	6168	11675	8842	7686
娄底市	56312	992	3193	4651	7728	5890	5533
湘西州	22815	471	1314	2201	2515	1952	2020
女	**502445**	**9157**	**30066**	**37498**	**65561**	**51336**	**47269**
长沙市	28323	298	1574	1855	4372	3303	2947
株洲市	28252	294	1395	1891	4269	3261	2891
湘潭市	17778	185	854	1137	2177	1684	1505
衡阳市	49291	1296	3653	3889	6293	5164	4436
邵阳市	64467	1586	4107	4608	8361	6899	6023
岳阳市	32530	596	2455	3101	4776	3492	3131
常德市	56990	438	2712	4219	6908	4431	4765
张家界市	16778	241	1056	1279	1984	1515	1497
益阳市	26875	438	1513	2166	3835	2683	2669
郴州市	39754	1114	2361	2736	5100	4221	3699
永州市	42543	940	2344	3106	5280	4964	4168
怀化市	52758	899	3175	3672	6586	5053	4887
娄底市	31635	533	1964	2432	4084	3369	3395
湘西州	14471	299	903	1407	1536	1297	1256

C-4-1c 续表

单位：人

地区 性别	45-49 岁	50-54 岁	55-59 岁	60-64 岁	65-69 岁	70-74 岁	75 岁及以上
全 省	**170471**	**197970**	**149147**	**77640**	**67063**	**31129**	**15729**
长沙市	10545	12681	9050	3643	3001	1403	689
株洲市	8788	10492	7579	4235	3520	1500	680
湘潭市	5258	7375	5967	2729	2982	1521	676
衡阳市	16228	18996	14058	8103	7135	2773	1162
邵阳市	20388	23158	17654	9778	8366	3830	2086
岳阳市	12966	14632	10358	5068	3901	1822	794
常德市	19579	23157	18288	9193	9057	5063	2831
张家界市	5555	6300	4914	2330	2529	1475	734
益阳市	10988	12955	9317	4242	3277	1570	923
郴州市	12405	13833	11065	6650	4829	1757	911
永州市	12992	15343	12276	7180	5369	2193	1112
怀化市	18591	20654	15186	8107	7171	3553	1827
娄底市	11377	13070	9153	4435	3860	1584	704
湘西州	4811	5324	4282	1947	2066	1085	600
男	**104129**	**122105**	**95759**	**51249**	**43440**	**20685**	**10224**
长沙市	6453	8108	6286	2630	2095	977	489
株洲市	5194	6309	4818	2736	2157	922	407
湘潭市	3079	4306	3692	1787	1929	1026	453
衡阳市	9825	11789	9200	5506	4785	1970	820
邵阳市	12131	13840	10948	6309	5294	2489	1366
岳阳市	8670	9943	7453	3753	2837	1358	548
常德市	11795	14136	11420	5789	5578	3190	1743
张家界市	3378	3857	3067	1481	1480	909	459
益阳市	7150	8743	6564	3078	2411	1132	623
郴州市	7247	8174	6748	4102	2991	1108	557
永州市	7670	9180	7514	4705	3415	1502	738
怀化市	11462	12442	9496	5135	4606	2321	1141
娄底市	7113	8102	5942	2972	2577	1109	510
湘西州	2962	3176	2611	1266	1285	672	370
女	**66342**	**75865**	**53388**	**26391**	**23623**	**10444**	**5505**
长沙市	4092	4573	2764	1013	906	426	200
株洲市	3594	4183	2761	1499	1363	578	273
湘潭市	2179	3069	2275	942	1053	495	223
衡阳市	6403	7207	4858	2597	2350	803	342
邵阳市	8257	9318	6706	3469	3072	1341	720
岳阳市	4296	4689	2905	1315	1064	464	246
常德市	7784	9021	6868	3404	3479	1873	1088
张家界市	2177	2443	1847	849	1049	566	275
益阳市	3838	4212	2753	1164	866	438	300
郴州市	5158	5659	4317	2548	1838	649	354
永州市	5322	6163	4762	2475	1954	691	374
怀化市	7129	8212	5690	2972	2565	1232	686
娄底市	4264	4968	3211	1463	1283	475	194
湘西州	1849	2148	1671	681	781	413	230

C-4-2 各地区分性别、受教育程度的就业人口

单位：人

地区 性别	合计	未上过学	学前教育	小学	初中	高中	大学专科	大学本科	硕士研究生	博士研究生
全省	**3041080**	**16040**	**2027**	**390679**	**1384807**	**683762**	**327005**	**215435**	**18549**	**2776**
长沙市	454794	533	140	30383	137618	107816	87003	78455	11015	1831
株洲市	208272	670	80	26247	90490	46431	25450	17240	1527	137
湘潭市	124027	165	34	11339	53906	31727	15936	9915	801	204
衡阳市	278345	1719	285	37791	143608	55398	24726	13899	800	119
邵阳市	309191	1632	200	37424	164905	68786	24396	11357	435	56
岳阳市	237527	678	91	19496	94005	85187	23385	13967	653	65
常德市	294718	1354	364	53140	124550	70380	27490	16628	748	64
张家界市	79314	777	58	15584	36799	13488	7852	4505	235	16
益阳市	151245	516	130	24257	72180	33205	12890	7639	381	47
郴州市	228109	1514	133	30203	120349	43479	20596	11242	537	56
永州市	210254	2072	193	28524	110892	43775	16552	7925	281	40
怀化市	231370	2298	133	39971	125181	34777	18366	10156	441	47
娄底市	151443	608	94	17759	72341	37657	14329	8172	437	46
湘西州	82471	1504	92	18561	37983	11656	8034	4335	258	48
男	**1831395**	**5678**	**942**	**218460**	**859094**	**436216**	**183113**	**116154**	**9877**	**1861**
长沙市	265644	247	78	18725	85544	65823	46977	41231	5784	1235
株洲市	120364	206	26	14078	53538	28142	14171	9204	902	97
湘潭市	72784	66	17	6544	32267	19240	8791	5330	395	134
衡阳市	170075	672	148	21603	89117	35882	14325	7800	450	78
邵阳市	187910	505	61	19026	100924	46370	14306	6455	225	38
岳阳市	153043	309	51	12565	62155	56112	13534	7901	367	49
常德市	174234	540	178	29987	75832	43624	14912	8754	366	41
张家界市	47163	259	31	8498	23163	8429	4311	2341	119	12
益阳市	96492	262	72	15721	47247	21576	7192	4186	203	33
郴州市	133847	489	52	14776	72581	27752	11821	6040	299	37
永州市	125977	651	87	14983	67771	28240	9499	4557	166	23
怀化市	140906	731	61	21656	79459	22844	10464	5434	227	30
娄底市	94101	215	41	10018	45633	24999	8371	4552	242	30
湘西州	48855	526	39	10280	23863	7183	4439	2369	132	24
女	**1209685**	**10362**	**1085**	**172219**	**525713**	**247546**	**143892**	**99281**	**8672**	**915**
长沙市	189150	286	62	11658	52074	41993	40026	37224	5231	596
株洲市	87908	464	54	12169	36952	18289	11279	8036	625	40
湘潭市	51243	99	17	4795	21639	12487	7145	4585	406	70
衡阳市	108270	1047	137	16188	54491	19516	10401	6099	350	41
邵阳市	121281	1127	139	18398	63981	22416	10090	4902	210	18
岳阳市	84484	369	40	6931	31850	29075	9851	6066	286	16
常德市	120484	814	186	23153	48718	26756	12578	7874	382	23
张家界市	32151	518	27	7086	13636	5059	3541	2164	116	4
益阳市	54753	254	58	8536	24933	11629	5698	3453	178	14
郴州市	94262	1025	81	15427	47768	15727	8775	5202	238	19
永州市	84277	1421	106	13541	43121	15535	7053	3368	115	17
怀化市	90464	1567	72	18315	45722	11933	7902	4722	214	17
娄底市	57342	393	53	7741	26708	12658	5958	3620	195	16
湘西州	33616	978	53	8281	14120	4473	3595	1966	126	24

C-4-2a 各地区分性别、受教育程度的就业人口（城市）

单位：人

地区 性别	合计	未上过学	学前教育	小学	初中	高中	大学专科	大学本科	硕士研究生	博士研究生
全省	**798072**	**1022**	**186**	**33748**	**224150**	**229498**	**160733**	**131522**	**14890**	**2323**
长沙市	286242	269	64	9838	59904	68297	68568	67507	10061	1734
株洲市	81779	54	10	3556	26111	22210	15926	12478	1314	120
湘潭市	39643	25	5	1076	11299	12263	8415	5939	500	121
衡阳市	66559	124	20	3879	25541	20158	10499	5815	441	82
邵阳市	44291	68	18	1954	16630	14784	6735	3909	175	18
岳阳市	61971	102	13	2172	16266	24954	10687	7319	413	45
常德市	47232	54	13	1909	12572	15676	9166	7332	476	34
张家界市	14446	38	5	1069	4960	3704	2691	1841	129	9
益阳市	24597	36	8	1728	9059	7394	3899	2345	119	9
郴州市	38882	66	6	1924	13220	10828	7190	5235	384	29
永州市	21530	51	7	889	6892	8238	3477	1833	122	21
怀化市	26871	74	7	1800	9235	6858	4939	3661	270	27
娄底市	32263	22	6	913	8650	11635	6216	4502	288	31
湘西州	11766	39	4	1041	3811	2499	2325	1806	198	43
男	**460134**	**493**	**95**	**19779**	**133563**	**138313**	**88147**	**70310**	**7885**	**1549**
长沙市	161606	116	31	5867	36581	40788	36499	35310	5254	1160
株洲市	46384	26	4	2052	14784	13000	8938	6720	777	83
湘潭市	22376	13	4	640	6551	7087	4555	3194	253	79
衡阳市	39244	70	10	2272	14882	12376	6056	3283	245	50
邵阳市	25472	26	6	1100	9425	8895	3770	2147	93	10
岳阳市	38467	60	6	1446	10690	15800	6106	4092	230	37
常德市	27314	25	7	1145	7518	9435	4991	3944	229	20
张家界市	8177	20	2	608	2940	2137	1427	967	69	7
益阳市	14692	21	6	1093	5515	4482	2185	1322	61	7
郴州市	22482	30	3	1018	7861	6525	4049	2770	204	22
永州市	12580	25	4	471	3981	4940	2021	1050	73	15
怀化市	15739	34	4	1052	5531	4183	2786	1995	136	18
娄底市	19067	9	4	482	5124	7228	3517	2524	159	20
湘西州	6534	18	4	533	2180	1437	1247	992	102	21
女	**337938**	**529**	**91**	**13969**	**90587**	**91185**	**72586**	**61212**	**7005**	**774**
长沙市	124636	153	33	3971	23323	27509	32069	32197	4807	574
株洲市	35395	28	6	1504	11327	9210	6988	5758	537	37
湘潭市	17267	12	1	436	4748	5176	3860	2745	247	42
衡阳市	27315	54	10	1607	10659	7782	4443	2532	196	32
邵阳市	18819	42	12	854	7205	5889	2965	1762	82	8
岳阳市	23504	42	7	726	5576	9154	4581	3227	183	8
常德市	19918	29	6	764	5054	6241	4175	3388	247	14
张家界市	6269	18	3	461	2020	1567	1264	874	60	2
益阳市	9905	15	2	635	3544	2912	1714	1023	58	2
郴州市	16400	36	3	906	5359	4303	3141	2465	180	7
永州市	8950	26	3	418	2911	3298	1456	783	49	6
怀化市	11132	40	3	748	3704	2675	2153	1666	134	9
娄底市	13196	13	2	431	3526	4407	2699	1978	129	11
湘西州	5232	21		508	1631	1062	1078	814	96	22

C-4-2b　各地区分性别、受教育程度的就业人口（镇）

单位：人

地　区 性　别	合　计	未上过学	学前教育	小　学	初　中	高　中	大学专科	大学本科	硕　士研究生	博　士研究生
全　省	**915188**	**3246**	**420**	**94660**	**414844**	**229799**	**107141**	**61955**	**2794**	**329**
长沙市	92042	92	15	7098	37283	24567	13616	8446	841	84
株洲市	57028	242	14	7899	26888	12384	5968	3460	161	12
湘潭市	38895	38	4	2799	16535	10612	5366	3195	268	78
衡阳市	80102	282	66	7798	37653	18051	9588	6349	287	28
邵阳市	96514	387	47	9322	48143	23474	9976	4997	149	19
岳阳市	77782	200	23	5748	30415	29115	7629	4483	159	10
常德市	104419	394	88	15182	43520	27478	10995	6577	167	18
张家界市	21922	82	8	3551	9279	4346	2848	1742	64	2
益阳市	47465	99	23	5527	20918	11254	5451	3941	221	31
郴州市	88930	342	33	8451	45843	19868	9376	4883	121	13
永州市	80492	370	49	6995	37781	20764	9460	4930	126	17
怀化市	64945	332	19	6897	31614	12713	8541	4705	114	10
娄底市	31233	50	9	2274	13968	9013	3758	2092	65	4
湘西州	33419	336	22	5119	15004	6160	4569	2155	51	3
男	**545886**	**1276**	**207**	**52786**	**250541**	**144609**	**60847**	**33887**	**1501**	**232**
长沙市	55851	46	8	4429	23009	15368	7802	4646	477	66
株洲市	32767	81	4	4188	15804	7512	3241	1828	99	10
湘潭市	22697	16	4	1573	9749	6430	3020	1731	121	53
衡阳市	48438	117	39	4570	23072	11503	5444	3511	160	22
邵阳市	58519	142	16	4850	29122	15632	5826	2851	67	13
岳阳市	49332	95	16	3677	19700	18769	4468	2519	82	6
常德市	60843	164	41	8537	25873	16625	6017	3489	84	13
张家界市	12818	31	5	1912	5696	2680	1556	911	25	2
益阳市	29492	46	14	3511	13495	7160	3030	2099	115	22
郴州市	50822	125	14	4017	26259	12324	5354	2648	75	6
永州市	47708	135	26	3755	22408	13080	5385	2837	74	8
怀化市	38371	117	10	3662	19022	8076	4902	2518	58	6
娄底市	18722	18	3	1325	8245	5717	2246	1129	36	3
湘西州	19506	143	7	2780	9087	3733	2556	1170	28	2
女	**369302**	**1970**	**213**	**41874**	**164303**	**85190**	**46294**	**28068**	**1293**	**97**
长沙市	36191	46	7	2669	14274	9199	5814	3800	364	18
株洲市	24261	161	10	3711	11084	4872	2727	1632	62	2
湘潭市	16198	22		1226	6786	4182	2346	1464	147	25
衡阳市	31664	165	27	3228	14581	6548	4144	2838	127	6
邵阳市	37995	245	31	4472	19021	7842	4150	2146	82	6
岳阳市	28450	105	7	2071	10715	10346	3161	1964	77	4
常德市	43576	230	47	6645	17647	10853	4978	3088	83	5
张家界市	9104	51	3	1639	3583	1666	1292	831	39	
益阳市	17973	53	9	2016	7423	4094	2421	1842	106	9
郴州市	38108	217	19	4434	19584	7544	4022	2235	46	7
永州市	32784	235	23	3240	15373	7684	4075	2093	52	9
怀化市	26574	215	9	3235	12592	4637	3639	2187	56	4
娄底市	12511	32	6	949	5723	3296	1512	963	29	1
湘西州	13913	193	15	2339	5917	2427	2013	985	23	1

C-4-2c 各地区分性别、受教育程度的就业人口（乡村）

单位：人

地区 性别	合计	未上过学	学前教育	小学	初中	高中	大学专科	大学本科	硕士研究生	博士研究生
全省	**1327820**	**11772**	**1421**	**262271**	**745813**	**224465**	**59131**	**21958**	**865**	**124**
长沙市	76510	172	61	13447	40431	14952	4819	2502	113	13
株洲市	69465	374	56	14792	37491	11837	3556	1302	52	5
湘潭市	45489	102	25	7464	26072	8852	2155	781	33	5
衡阳市	131684	1313	199	26114	80414	17189	4639	1735	72	9
邵阳市	168386	1177	135	26148	100132	30528	7685	2451	111	19
岳阳市	97774	376	55	11576	47324	31118	5069	2165	81	10
常德市	143067	906	263	36049	68458	27226	7329	2719	105	12
张家界市	42946	657	45	10964	22560	5438	2313	922	42	5
益阳市	79183	381	99	17002	42203	14557	3540	1353	41	7
郴州市	100297	1106	94	19828	61286	12783	4030	1124	32	14
永州市	108232	1651	137	20640	66219	14773	3615	1162	33	2
怀化市	139554	1892	107	31274	84332	15206	4886	1790	57	10
娄底市	87947	536	79	14572	49723	17009	4355	1578	84	11
湘西州	37286	1129	66	12401	19168	2997	1140	374	9	2
男	**825375**	**3909**	**640**	**145895**	**474990**	**153294**	**34119**	**11957**	**491**	**80**
长沙市	48187	85	39	8429	25954	9667	2676	1275	53	9
株洲市	41213	99	18	7838	22950	7630	1992	656	26	4
湘潭市	27711	37	9	4331	15967	5723	1216	405	21	2
衡阳市	82393	485	99	14761	51163	12003	2825	1006	45	6
邵阳市	103919	337	39	13076	62377	21843	4710	1457	65	15
岳阳市	65244	154	29	7442	31765	21543	2960	1290	55	6
常德市	86077	351	130	20305	42441	17564	3904	1321	53	8
张家界市	26168	208	24	5978	14527	3612	1328	463	25	3
益阳市	52308	195	52	11117	28237	9934	1977	765	27	4
郴州市	60543	334	35	9741	38461	8903	2418	622	20	9
永州市	65689	491	57	10757	41382	10220	2093	670	19	
怀化市	86796	580	47	16942	54906	10585	2776	921	33	6
娄底市	56312	188	34	8211	32264	12054	2608	899	47	7
湘西州	22815	365	28	6967	12596	2013	636	207	2	1
女	**502445**	**7863**	**781**	**116376**	**270823**	**71171**	**25012**	**10001**	**374**	**44**
长沙市	28323	87	22	5018	14477	5285	2143	1227	60	4
株洲市	28252	275	38	6954	14541	4207	1564	646	26	1
湘潭市	17778	65	16	3133	10105	3129	939	376	12	3
衡阳市	49291	828	100	11353	29251	5186	1814	729	27	3
邵阳市	64467	840	96	13072	37755	8685	2975	994	46	4
岳阳市	32530	222	26	4134	15559	9575	2109	875	26	4
常德市	56990	555	133	15744	26017	9662	3425	1398	52	4
张家界市	16778	449	21	4986	8033	1826	985	459	17	2
益阳市	26875	186	47	5885	13966	4623	1563	588	14	3
郴州市	39754	772	59	10087	22825	3880	1612	502	12	5
永州市	42543	1160	80	9883	24837	4553	1522	492	14	2
怀化市	52758	1312	60	14332	29426	4621	2110	869	24	4
娄底市	31635	348	45	6361	17459	4955	1747	679	37	4
湘西州	14471	764	38	5434	6572	984	504	167	7	1

C-4-3　全省分年龄、性别、受教育程度的就业人口

单位：人

年龄组 性　别	合　计	未上过学	学前教育	小　学	初　中	高　中	大学专科	大学本科	硕　士 研究生	博　士 研究生
总　计	**3041080**	**16040**	**2027**	**390679**	**1384807**	**683762**	**327005**	**215435**	**18549**	**2776**
16-19 岁	44485	45	34	762	17252	19633	5662	1092	5	
20-24 岁	170597	144	25	1835	45552	53918	44844	23691	563	25
25-29 岁	258107	200	58	3554	78895	75389	53452	42648	3702	209
30-34 岁	462475	427	55	9281	179197	138437	75725	53195	5530	628
35-39 岁	372365	422	59	10896	170838	102104	48925	34590	3905	626
40-44 岁	331128	568	56	19094	167997	83141	35699	22101	1988	484
45-49 岁	421207	1078	126	44666	237558	86505	31238	18264	1413	359
50-54 岁	416188	1583	240	79373	242095	60285	19065	12464	845	238
55-59 岁	284432	1697	235	69615	150996	43822	10603	6734	555	175
60-64 岁	119797	2458	293	51928	49933	13739	1032	364	26	24
65-69 岁	96658	3318	364	56108	31039	5144	495	178	6	6
70-74 岁	42572	2140	253	28997	9817	1125	177	57	5	1
75 岁及以上	21069	1960	229	14570	3638	520	88	57	6	1
男	**1831395**	**5678**	**942**	**218460**	**859094**	**436216**	**183113**	**116154**	**9877**	**1861**
16-19 岁	26988	31	20	475	11179	12019	2727	532	5	
20-24 岁	94606	85	14	1116	29006	32981	21193	9996	202	13
25-29 岁	147504	109	33	2117	48984	46661	27969	19942	1570	119
30-34 岁	265953	250	29	5356	106324	82753	40845	27363	2645	388
35-39 岁	215347	235	34	5705	98693	61272	27381	19457	2177	393
40-44 岁	191228	249	23	9808	96256	50257	20477	12631	1207	320
45-49 岁	250055	478	64	23090	140180	54778	18841	11417	952	255
50-54 岁	262068	616	114	42391	153066	43367	13187	8515	615	197
55-59 岁	192517	575	100	37333	103745	35293	9072	5782	469	148
60-64 岁	80134	737	119	29866	37045	11199	814	311	22	21
65-69 岁	63102	919	161	33394	23821	4284	386	126	5	6
70-74 岁	28232	698	121	18429	7854	936	148	42	3	1
75 岁及以上	13661	696	110	9380	2941	416	73	40	5	
女	**1209685**	**10362**	**1085**	**172219**	**525713**	**247546**	**143892**	**99281**	**8672**	**915**
16-19 岁	17497	14	14	287	6073	7614	2935	560		
20-24 岁	75991	59	11	719	16546	20937	23651	13695	361	12
25-29 岁	110603	91	25	1437	29911	28728	25483	22706	2132	90
30-34 岁	196522	177	26	3925	72873	55684	34880	25832	2885	240
35-39 岁	157018	187	25	5191	72145	40832	21544	15133	1728	233
40-44 岁	139900	319	33	9286	71741	32884	15222	9470	781	164
45-49 岁	171152	600	62	21576	97378	31727	12397	6847	461	104
50-54 岁	154120	967	126	36982	89029	16918	5878	3949	230	41
55-59 岁	91915	1122	135	32282	47251	8529	1531	952	86	27
60-64 岁	39663	1721	174	22062	12888	2540	218	53	4	3
65-69 岁	33556	2399	203	22714	7218	860	109	52	1	
70-74 岁	14340	1442	132	10568	1963	189	29	15	2	
75 岁及以上	7408	1264	119	5190	697	104	15	17	1	1

C-4-3a 全省分年龄、性别、受教育程度的就业人口（城市）

单位：人

年龄组 性 别	合 计	未上过学	学前教育	小 学	初 中	高 中	大学专科	大学本科	硕 士 研究生	博 士 研究生
总 计	**798072**	**1022**	**186**	**33748**	**224150**	**229498**	**160733**	**131522**	**14890**	**2323**
16-19 岁	8078	5	8	89	1782	3742	2077	374	1	
20-24 岁	48374	14	11	279	5429	12719	18143	11410	354	15
25-29 岁	82606	44	21	552	10697	21091	23811	23591	2665	134
30-34 岁	148329	94	20	1460	27505	43237	37693	33457	4363	500
35-39 岁	121101	75	21	1476	29132	36496	26580	23494	3286	541
40-44 岁	103290	93	10	2329	31283	33784	19316	14314	1732	429
45-49 岁	116686	135	15	5124	44270	36775	17032	11790	1238	307
50-54 岁	94315	174	27	8804	42214	23929	10076	8154	719	218
55-59 岁	54002	123	18	6179	23030	14230	5251	4520	499	152
60-64 岁	11654	116	8	3224	5140	2441	455	229	20	21
65-69 岁	6511	83	10	2604	2733	763	202	107	4	5
70-74 岁	2084	40	6	1094	656	179	67	38	3	1
75 岁及以上	1042	26	11	534	279	112	30	44	6	
男	**460134**	**493**	**95**	**19779**	**133563**	**138313**	**88147**	**70310**	**7885**	**1549**
16-19 岁	4558	3	6	63	1154	2208	949	174	1	
20-24 岁	24728	7	7	171	3383	7579	8582	4863	128	8
25-29 岁	43832	19	9	322	6397	12452	12464	10984	1112	73
30-34 岁	79634	58	9	853	15547	24296	19697	16812	2047	315
35-39 岁	66510	45	10	787	15999	20491	14184	12891	1774	329
40-44 岁	57149	42	2	1236	17017	18866	10668	8006	1028	284
45-49 岁	66975	62	9	2685	24612	21701	9820	7046	827	213
50-54 岁	61178	89	17	5098	26464	16641	6780	5394	517	178
55-59 岁	40782	56	9	3867	16563	11473	4445	3823	421	125
60-64 岁	8290	44	3	2062	3767	1851	335	191	19	18
65-69 岁	4463	37	7	1636	1995	562	145	72	4	5
70-74 岁	1387	17	3	692	472	119	56	25	2	1
75 岁及以上	648	14	4	307	193	74	22	29	5	
女	**337938**	**529**	**91**	**13969**	**90587**	**91185**	**72586**	**61212**	**7005**	**774**
16-19 岁	3520	2	2	26	628	1534	1128	200		
20-24 岁	23646	7	4	108	2046	5140	9561	6547	226	7
25-29 岁	38774	25	12	230	4300	8639	11347	12607	1553	61
30-34 岁	68695	36	11	607	11958	18941	17996	16645	2316	185
35-39 岁	54591	30	11	689	13133	16005	12396	10603	1512	212
40-44 岁	46141	51	8	1093	14266	14918	8648	6308	704	145
45-49 岁	49711	73	6	2439	19658	15074	7212	4744	411	94
50-54 岁	33137	85	10	3706	15750	7288	3296	2760	202	40
55-59 岁	13220	67	9	2312	6467	2757	806	697	78	27
60-64 岁	3364	72	5	1162	1373	590	120	38	1	3
65-69 岁	2048	46	3	968	738	201	57	35		
70-74 岁	697	23	3	402	184	60	11	13	1	
75 岁及以上	394	12	7	227	86	38	8	15	1	

C-4-3b 全省分年龄、性别、受教育程度的就业人口（镇）

单位：人

年龄组 性 别	合 计	未上过学	学前教育	小 学	初 中	高 中	大学专科	大学本科	硕 士 研究生	博 士 研究生
总 计	**915188**	**3246**	**420**	**94660**	**414844**	**229799**	**107141**	**61955**	**2794**	**329**
16-19 岁	12337	12	9	228	4511	5754	1489	331	3	
20-24 岁	49881	56	5	567	12504	16386	13045	7187	124	7
25-29 岁	77766	59	15	1123	22944	24093	16376	12429	690	37
30-34 岁	142048	119	13	2801	54291	46494	23389	13982	871	88
35-39 岁	118352	118	11	2964	53736	35950	15892	9078	548	55
40-44 岁	108324	132	13	5168	53318	29671	12851	6895	228	48
45-49 岁	134050	221	34	11460	73985	30576	11674	5891	159	50
50-54 岁	123903	328	54	19790	71639	20631	7384	3944	115	18
55-59 岁	81283	327	41	16964	43294	14231	4325	2030	50	21
60-64 岁	30503	459	51	11991	13493	3981	414	106	5	3
65-69 岁	23084	654	69	12577	7988	1540	197	58		1
70-74 岁	9359	402	58	6155	2320	337	73	13	1	
75 岁及以上	4298	359	47	2872	821	155	32	11		1
男	**545886**	**1276**	**207**	**52786**	**250541**	**144609**	**60847**	**33887**	**1501**	**232**
16-19 岁	7517	6	5	136	2924	3563	723	157	3	
20-24 岁	27602	30	2	325	7986	9949	6315	2953	39	3
25-29 岁	43435	31	9	650	13723	14587	8398	5723	287	27
30-34 岁	79782	72	10	1569	30882	27130	12473	7187	411	48
35-39 岁	67261	76	7	1568	29897	21249	8906	5160	357	41
40-44 岁	61834	55	5	2637	29582	17961	7418	3987	158	31
45-49 岁	78951	105	17	5872	42473	19255	7150	3926	113	40
50-54 岁	78785	141	30	10702	45085	14740	5152	2830	88	17
55-59 岁	55976	145	22	9233	29672	11314	3727	1799	43	21
60-64 岁	20595	155	25	6909	9877	3190	338	96	2	3
65-69 岁	15199	192	28	7507	5999	1265	159	48		1
70-74 岁	6160	133	27	3860	1786	281	62	11		
75 岁及以上	2789	135	20	1818	655	125	26	10		
女	**369302**	**1970**	**213**	**41874**	**164303**	**85190**	**46294**	**28068**	**1293**	**97**
16-19 岁	4820	6	4	92	1587	2191	766	174		
20-24 岁	22279	26	3	242	4518	6437	6730	4234	85	4
25-29 岁	34331	28	6	473	9221	9506	7978	6706	403	10
30-34 岁	62266	47	3	1232	23409	19364	10916	6795	460	40
35-39 岁	51091	42	4	1396	23839	14701	6986	3918	191	14
40-44 岁	46490	77	8	2531	23736	11710	5433	2908	70	17
45-49 岁	55099	116	17	5588	31512	11321	4524	1965	46	10
50-54 岁	45118	187	24	9088	26554	5891	2232	1114	27	1
55-59 岁	25307	182	19	7731	13622	2917	598	231	7	
60-64 岁	9908	304	26	5082	3616	791	76	10	3	
65-69 岁	7885	462	41	5070	1989	275	38	10		
70-74 岁	3199	269	31	2295	534	56	11	2	1	
75 岁及以上	1509	224	27	1054	166	30	6	1		1

C-4-3c 全省分年龄、性别、受教育程度的就业人口（乡村）

单位：人

年龄组 性别	合计	未上过学	学前教育	小学	初中	高中	大学专科	大学本科	硕士研究生	博士研究生
总计	**1327820**	**11772**	**1421**	**262271**	**745813**	**224465**	**59131**	**21958**	**865**	**124**
16-19 岁	24070	28	17	445	10959	10137	2096	387	1	
20-24 岁	72342	74	9	989	27619	24813	13656	5094	85	3
25-29 岁	97735	97	22	1879	45254	30205	13265	6628	347	38
30-34 岁	172098	214	22	5020	97401	48706	14643	5756	296	40
35-39 岁	132912	229	27	6456	87970	29658	6453	2018	71	30
40-44 岁	119514	343	33	11597	83396	19686	3532	892	28	7
45-49 岁	170471	722	77	28082	119303	19154	2532	583	16	2
50-54 岁	197970	1081	159	50779	128242	15725	1605	366	11	2
55-59 岁	149147	1247	176	46472	84672	15361	1027	184	6	2
60-64 岁	77640	1883	234	36713	31300	7317	163	29	1	
65-69 岁	67063	2581	285	40927	20318	2841	96	13	2	
70-74 岁	31129	1698	189	21748	6841	609	37	6	1	
75 岁及以上	15729	1575	171	11164	2538	253	26	2		
男	**825375**	**3909**	**640**	**145895**	**474990**	**153294**	**34119**	**11957**	**491**	**80**
16-19 岁	14913	22	9	276	7101	6248	1055	201	1	
20-24 岁	42276	48	5	620	17637	15453	6296	2180	35	2
25-29 岁	60237	59	15	1145	28864	19622	7107	3235	171	19
30-34 岁	106537	120	10	2934	59895	31327	8675	3364	187	25
35-39 岁	81576	114	17	3350	52797	19532	4291	1406	46	23
40-44 岁	72245	152	16	5935	49657	13430	2391	638	21	5
45-49 岁	104129	311	38	14533	73095	13822	1871	445	12	2
50-54 岁	122105	386	67	26591	81517	11986	1255	291	10	2
55-59 岁	95759	374	69	24233	57510	12506	900	160	5	2
60-64 岁	51249	538	91	20895	23401	6158	141	24	1	
65-69 岁	43440	690	126	24251	15827	2457	82	6	1	
70-74 岁	20685	548	91	13877	5596	536	30	6	1	
75 岁及以上	10224	547	86	7255	2093	217	25	1		
女	**502445**	**7863**	**781**	**116376**	**270823**	**71171**	**25012**	**10001**	**374**	**44**
16-19 岁	9157	6	8	169	3858	3889	1041	186		
20-24 岁	30066	26	4	369	9982	9360	7360	2914	50	1
25-29 岁	37498	38	7	734	16390	10583	6158	3393	176	19
30-34 岁	65561	94	12	2086	37506	17379	5968	2392	109	15
35-39 岁	51336	115	10	3106	35173	10126	2162	612	25	7
40-44 岁	47269	191	17	5662	33739	6256	1141	254	7	2
45-49 岁	66342	411	39	13549	46208	5332	661	138	4	
50-54 岁	75865	695	92	24188	46725	3739	350	75	1	
55-59 岁	53388	873	107	22239	27162	2855	127	24	1	
60-64 岁	26391	1345	143	15818	7899	1159	22	5		
65-69 岁	23623	1891	159	16676	4491	384	14	7	1	
70-74 岁	10444	1150	98	7871	1245	73	7			
75 岁及以上	5505	1028	85	3909	445	36	1	1		

C-4-4 各地区分性别、行业大类的就业人口

单位：人

地区 性别	合计	农、林、牧、渔业						采矿业	
		小计	农业	林业	畜牧业	渔业	农、林、牧、渔专业及辅助性活动	小计	煤炭开采和洗选业
全省	**3041080**	**680331**	**607956**	**11060**	**43944**	**10783**	**6588**	**11602**	**3417**
长沙市	454794	34291	26626	3272	3663	379	351	625	53
株洲市	208272	33833	29317	879	3005	419	213	714	293
湘潭市	124027	21773	19552	56	1908	174	83	176	27
衡阳市	278345	60557	55894	605	2495	748	815	1426	448
邵阳市	309191	82481	74290	1027	5945	412	807	560	137
岳阳市	237527	50680	45756	260	2602	1722	340	812	10
常德市	294718	103221	93555	830	4616	3242	978	432	41
张家界市	79314	18860	17242	178	1295	59	86	209	53
益阳市	151245	43957	39114	507	2089	1777	470	291	15
郴州市	228109	55137	50001	978	3125	503	530	3574	1529
永州市	210254	58133	52273	994	3361	669	836	343	13
怀化市	231370	66201	58900	1076	5065	442	718	902	38
娄底市	151443	30422	26620	141	3372	172	117	1363	755
湘西州	82471	20785	18816	257	1403	65	244	175	5
男	**1831395**	**379290**	**337188**	**7690**	**22600**	**7416**	**4396**	**9959**	**2925**
长沙市	265644	19704	15602	1930	1628	285	259	514	43
株洲市	120364	17970	15200	626	1667	311	166	648	276
湘潭市	72784	11526	10459	44	855	121	47	147	21
衡阳市	170075	34327	31337	414	1502	536	538	1201	408
邵阳市	187910	43429	39313	763	2539	286	528	493	123
岳阳市	153043	31696	28703	204	1360	1185	244	709	7
常德市	174234	56743	51058	679	2254	2111	641	376	39
张家界市	47163	9845	8884	150	710	44	57	183	45
益阳市	96492	27912	24545	421	1351	1219	376	252	14
郴州市	133847	29153	26004	665	1806	344	334	2992	1221
永州市	125977	32528	28977	695	1855	455	546	297	11
怀化市	140906	36936	32740	801	2625	344	426	790	35
娄底市	94101	15895	13984	113	1589	121	88	1207	680
湘西州	48855	11626	10382	185	859	54	146	150	2
女	**1209685**	**301041**	**270768**	**3370**	**21344**	**3367**	**2192**	**1643**	**492**
长沙市	189150	14587	11024	1342	2035	94	92	111	10
株洲市	87908	15863	14117	253	1338	108	47	66	17
湘潭市	51243	10247	9093	12	1053	53	36	29	6
衡阳市	108270	26230	24557	191	993	212	277	225	40
邵阳市	121281	39052	34977	264	3406	126	279	67	14
岳阳市	84484	18984	17053	56	1242	537	96	103	3
常德市	120484	46478	42497	151	2362	1131	337	56	2
张家界市	32151	9015	8358	28	585	15	29	26	8
益阳市	54753	16045	14569	86	738	558	94	39	1
郴州市	94262	25984	23997	313	1319	159	196	582	308
永州市	84277	25605	23296	299	1506	214	290	46	2
怀化市	90464	29265	26160	275	2440	98	292	112	3
娄底市	57342	14527	12636	28	1783	51	29	156	75
湘西州	33616	9159	8434	72	544	11	98	25	3

C-4-4 续表 1　　　　单位：人

地区 性别	采矿业						制造业		
	石油和天然气开采业	黑色金属矿采选业	有色金属矿采选业	非金属矿采选业	开采专业及辅助性活动	其他采矿业	小计	农副食品加工业	食品制造业
全　省	**63**	**442**	**3207**	**3113**	**475**	**885**	**429451**	**19438**	**15536**
长沙市	21	28	51	293	57	122	64740	2168	2547
株洲市	2	35	112	238	8	26	45480	1096	631
湘潭市	3	31	8	93	4	10	17590	718	2897
衡阳市	10	45	333	367	60	163	35739	1531	884
邵阳市	1	9	123	245	33	12	51109	2222	1286
岳阳市	8	27	432	209	27	99	29979	2498	1179
常德市	3	16	44	252	29	47	34730	2278	1922
张家界市	1	11	3	118	3	20	8378	238	197
益阳市	1	9	123	124	17	2	18523	2156	1470
郴州市	5	90	1215	307	135	293	30796	1027	517
永州市		46	56	193	21	14	32110	1017	579
怀化市	7	20	503	291	23	20	35196	1294	697
娄底市	1	37	193	288	51	38	16948	787	572
湘西州		38	11	95	7	19	8133	408	158
男	**45**	**381**	**2754**	**2696**	**380**	**778**	**259562**	**11258**	**6743**
长沙市	12	24	39	263	36	97	40791	1249	1118
株洲市	2	32	105	204	8	21	26653	691	297
湘潭市	2	28	6	78	3	9	10972	391	913
衡阳市	7	29	272	296	47	142	20859	914	437
邵阳市	1	8	106	218	27	10	29506	1306	590
岳阳市	7	23	384	185	19	84	19692	1454	570
常德市	3	16	41	207	25	45	21357	1296	897
张家界市	1	10	3	104	3	17	5163	139	88
益阳市	1	9	106	108	12	2	11635	1119	683
郴州市	3	78	1039	265	117	269	17793	601	249
永州市		40	47	168	17	14	17614	610	294
怀化市	5	18	432	265	17	18	21750	769	306
娄底市	1	30	166	253	43	34	10939	479	219
湘西州		36	8	82	6	16	4838	240	82
女	**18**	**61**	**453**	**417**	**95**	**107**	**169889**	**8180**	**8793**
长沙市	9	4	12	30	21	25	23949	919	1429
株洲市		3	7	34		5	18827	405	334
湘潭市	1	3	2	15	1	1	6618	327	1984
衡阳市	3	16	61	71	13	21	14880	617	447
邵阳市		1	17	27	6	2	21603	916	696
岳阳市	1	4	48	24	8	15	10287	1044	609
常德市			3	45	4	2	13373	982	1025
张家界市		1		14		3	3215	99	109
益阳市			17	16	5		6888	1037	787
郴州市	2	12	176	42	18	24	13003	426	268
永州市		6	9	25	4		14496	407	285
怀化市	2	2	71	26	6	2	13446	525	391
娄底市		7	27	35	8	4	6009	308	353
湘西州		2	3	13	1	3	3295	168	76

C-4-4 续表 2

单位：人

地区 性别	制造业								
	酒、饮料和精制茶制造业	烟草制品业	纺织业	纺织服装、服饰业	皮革、毛皮、羽毛及其制品和制鞋业	木材加工和木、竹、藤、棕、草制品业	家具制造业	造纸和纸制品业	印刷和记录媒介复制业
全省	**5477**	**1695**	**11438**	**32008**	**27527**	**12846**	**11663**	**6329**	**5492**
长沙市	743	424	859	848	385	1076	1059	876	1230
株洲市	215	13	1357	6396	1113	1114	807	514	334
湘潭市	266	4	228	208	418	175	174	106	295
衡阳市	340	60	981	4962	3754	810	1084	387	317
邵阳市	307	29	1233	4892	6419	1426	1698	904	753
岳阳市	1204	7	780	1343	865	1412	1339	725	331
常德市	441	621	1399	2448	3010	996	845	814	521
张家界市	113	12	323	762	539	301	438	111	101
益阳市	540	12	527	945	475	1685	413	237	222
郴州市	251	269	932	1943	1554	652	715	497	295
永州市	184	170	1058	3447	4441	1149	848	308	297
怀化市	354	15	1185	2394	2641	1335	1526	636	375
娄底市	125	15	340	666	1086	422	509	147	357
湘西州	394	44	236	754	827	293	208	67	64
男	**3434**	**1056**	**5356**	**12335**	**12642**	**9440**	**8553**	**3862**	**3421**
长沙市	429	265	390	238	135	807	782	522	762
株洲市	143	8	611	2449	559	804	575	284	202
湘潭市	158	2	93	40	175	116	134	46	178
衡阳市	212	44	468	1885	1667	579	777	245	197
邵阳市	187	19	610	1950	2702	1063	1225	586	506
岳阳市	814	4	371	581	485	1139	1067	477	208
常德市	278	371	643	1012	1431	811	651	481	317
张家界市	65	8	174	308	282	233	309	66	61
益阳市	365	8	243	378	255	1114	334	153	132
郴州市	148	181	418	665	744	475	516	287	172
永州市	110	107	459	1272	1838	802	585	184	185
怀化市	230	10	606	1032	1522	953	1089	414	242
娄底市	70	7	160	245	393	318	371	79	225
湘西州	225	22	110	280	454	226	138	38	34
女	**2043**	**639**	**6082**	**19673**	**14885**	**3406**	**3110**	**2467**	**2071**
长沙市	314	159	469	610	250	269	277	354	468
株洲市	72	5	746	3947	554	310	232	230	132
湘潭市	108	2	135	168	243	59	40	60	117
衡阳市	128	16	513	3077	2087	231	307	142	120
邵阳市	120	10	623	2942	3717	363	473	318	247
岳阳市	390	3	409	762	380	273	272	248	123
常德市	163	250	756	1436	1579	185	194	333	204
张家界市	48	4	149	454	257	68	129	45	40
益阳市	175	4	284	567	220	571	79	84	90
郴州市	103	88	514	1278	810	177	199	210	123
永州市	74	63	599	2175	2603	347	263	124	112
怀化市	124	5	579	1362	1119	382	437	222	133
娄底市	55	8	180	421	693	104	138	68	132
湘西州	169	22	126	474	373	67	70	29	30

C-4-4 续表 3　　　　单位：人

地区 性别	制造业								
	文教、工美、体育和娱乐用品制造业	石油、煤炭及其他燃料加工业	化学原料和化学制品制造业	医药制造业	化学纤维制造业	橡胶和塑料制品业	非金属矿物制品业	黑色金属冶炼和压延加工业	有色金属冶炼和压延加工业
全省	**11497**	**1673**	**21407**	**5216**	**319**	**11288**	**39019**	**4660**	**4362**
长沙市	611	113	9001	1757	37	1321	12970	179	359
株洲市	500	46	4180	455	20	794	6434	108	919
湘潭市	197	28	314	164	6	397	1233	1624	80
衡阳市	1093	56	903	248	15	910	2046	586	828
邵阳市	2210	65	690	391	16	1938	1944	123	135
岳阳市	860	898	1618	510	61	970	2508	96	161
常德市	721	52	1266	645	58	864	2299	154	233
张家界市	356	11	107	45	7	403	726	62	33
益阳市	234	36	355	168	24	467	1298	88	158
郴州市	1430	58	1067	132	11	636	1829	92	733
永州市	1342	25	663	154	10	760	1454	124	102
怀化市	1424	46	734	410	39	1236	2071	188	173
娄底市	354	235	440	99	5	340	1648	1176	273
湘西州	165	4	69	38	10	252	559	60	175
男	**5298**	**1200**	**12213**	**2669**	**191**	**7044**	**26348**	**3733**	**3331**
长沙市	305	84	4628	808	26	883	7946	136	286
株洲市	230	30	2107	209	10	514	3621	87	663
湘潭市	77	20	226	80	6	228	938	1294	64
衡阳市	487	39	571	142	5	537	1484	470	661
邵阳市	1075	50	449	229	12	1183	1493	101	99
岳阳市	405	627	1140	273	31	634	1882	85	130
常德市	366	41	832	365	32	542	1695	133	191
张家界市	166	8	68	31	4	242	551	57	28
益阳市	122	29	236	80	15	307	1051	72	118
郴州市	577	47	690	71	8	428	1424	76	547
永州市	475	15	414	88	6	452	1103	87	77
怀化市	745	34	481	215	25	746	1575	147	129
娄底市	181	172	325	56	4	207	1172	944	216
湘西州	87	4	46	22	7	141	413	44	122
女	**6199**	**473**	**9194**	**2547**	**128**	**4244**	**12671**	**927**	**1031**
长沙市	306	29	4373	949	11	438	5024	43	73
株洲市	270	16	2073	246	10	280	2813	21	256
湘潭市	120	8	88	84		169	295	330	16
衡阳市	606	17	332	106	10	373	562	116	167
邵阳市	1135	15	241	162	4	755	451	22	36
岳阳市	455	271	478	237	30	336	626	11	31
常德市	355	11	434	280	26	322	604	21	42
张家界市	190	3	39	14	3	161	175	5	5
益阳市	112	7	119	88	9	160	247	16	40
郴州市	853	11	377	61	3	208	405	16	186
永州市	867	10	249	66	4	308	351	37	25
怀化市	679	12	253	195	14	490	496	41	44
娄底市	173	63	115	43	1	133	476	232	57
湘西州	78		23	16	3	111	146	16	53

C-4-4 续表 4

单位：人

地区 性别	制造业								
	金属制品业	通用设备制造业	专用设备制造业	汽车制造业	铁路、船舶、航空航天和其他运输设备制造业	电气机械和器材制造业	计算机、通信和其他电子设备制造业	仪器仪表制造业	其他制造业
全省	**29202**	**21807**	**14911**	**10042**	**6164**	**16191**	**67595**	**2530**	**4557**
长沙市	3238	4848	4023	4218	498	2201	5210	494	435
株洲市	2556	2595	1067	1460	4275	1445	4108	170	274
湘潭市	1126	1888	892	820	189	1817	822	113	177
衡阳市	2117	1776	1015	594	152	1531	5503	260	393
邵阳市	4016	1544	1738	462	129	1746	10807	287	850
岳阳市	1506	1205	806	292	66	855	4853	140	165
常德市	1832	2427	1295	672	191	1255	4310	177	319
张家界市	789	335	136	125	64	278	1266	74	284
益阳市	1097	684	458	176	150	534	3225	63	190
郴州市	2707	958	930	192	66	1053	8943	202	315
永州市	2106	846	745	258	70	1346	7591	121	416
怀化市	3548	1411	899	482	210	1380	7103	320	534
娄底市	1812	1060	714	233	80	560	2166	61	155
湘西州	752	230	193	58	24	190	1688	48	50
男	**22334**	**16584**	**10625**	**7267**	**4602**	**10177**	**37487**	**1671**	**2644**
长沙市	2564	3881	3080	3027	374	1509	3138	326	284
株洲市	1885	2005	747	1093	3176	910	2078	104	153
湘潭市	906	1441	630	597	126	1230	480	88	111
衡阳市	1614	1264	679	414	113	988	3096	171	222
邵阳市	2960	1106	1236	352	93	1076	5990	193	408
岳阳市	1241	896	582	221	54	555	2925	91	119
常德市	1432	1988	922	484	157	749	2372	123	202
张家界市	575	246	90	90	51	160	726	51	177
益阳市	911	556	332	130	122	308	1930	46	114
郴州市	2065	677	586	142	58	582	4494	120	174
永州市	1608	537	489	180	52	749	4155	81	245
怀化市	2634	992	595	319	143	891	3970	195	313
娄底市	1389	820	538	176	66	366	1197	41	95
湘西州	550	175	119	42	17	104	936	41	27
女	**6868**	**5223**	**4286**	**2775**	**1562**	**6014**	**30108**	**859**	**1913**
长沙市	674	967	943	1191	124	692	2072	168	151
株洲市	671	590	320	367	1099	535	2030	66	121
湘潭市	220	447	262	223	63	587	342	25	66
衡阳市	503	512	336	180	39	543	2407	89	171
邵阳市	1056	438	502	110	36	670	4817	94	442
岳阳市	265	309	224	71	12	300	1928	49	46
常德市	400	439	373	188	34	506	1938	54	117
张家界市	214	89	46	35	13	118	540	23	107
益阳市	186	128	126	46	28	226	1295	17	76
郴州市	642	281	344	50	8	471	4449	82	141
永州市	498	309	256	78	18	597	3436	40	171
怀化市	914	419	304	163	67	489	3133	125	221
娄底市	423	240	176	57	14	194	969	20	60
湘西州	202	55	74	16	7	86	752	7	23

C-4-4 续表 5

单位：人

地区 性别	制造业		电力、热力、燃气及水生产和供应业				建筑业		
	废弃资源综合利用业	金属制品、机械和设备修理业	小计	电力、热力生产和供应业	燃气生产和供应业	水的生产和供应业	小计	房屋建筑业	土木工程建筑业
全省	**3662**	**3900**	**19203**	**12307**	**2981**	**3915**	**441940**	**255807**	**25846**
长沙市	429	583	3081	1746	677	658	51713	25111	5698
株洲市	144	340	1586	971	271	344	23942	12340	1446
湘潭市	76	138	782	534	99	149	18663	11131	1179
衡阳市	242	361	1605	1002	263	340	45295	24057	2021
邵阳市	508	341	1467	908	223	336	51560	34167	1807
岳阳市	449	277	1302	774	208	320	35570	17655	1976
常德市	215	450	1619	978	240	401	34040	20298	1996
张家界市	65	77	466	298	71	97	12817	7874	763
益阳市	231	205	934	618	151	165	20443	11807	1252
郴州市	484	306	1809	1317	236	256	30808	17765	1091
永州市	265	214	939	656	104	179	36619	21513	1159
怀化市	245	291	1791	1273	214	304	36054	22959	2511
娄底市	256	255	1173	794	158	221	29890	19302	1948
湘西州	53	62	649	438	66	145	14526	9828	999
男	**2748**	**3296**	**13883**	**9239**	**2045**	**2599**	**378774**	**215899**	**22589**
长沙市	329	480	2197	1278	468	451	44283	21658	4575
株洲市	111	297	1185	766	191	228	21381	10938	1276
湘潭市	57	127	553	391	72	90	16100	9277	1047
衡阳市	179	298	1156	780	167	209	38065	19898	1787
邵阳市	369	288	1056	677	145	234	44349	29081	1652
岳阳市	382	249	942	577	146	219	31823	15395	1756
常德市	157	386	1198	776	155	267	30200	17751	1791
张家界市	48	61	316	207	48	61	11250	6779	708
益阳市	192	180	698	468	116	114	18043	10303	1126
郴州市	339	232	1307	968	164	175	25568	14309	977
永州市	189	166	656	463	78	115	29346	17186	1022
怀化市	166	262	1288	952	136	200	31223	19494	2289
娄底市	191	217	886	630	112	144	25832	16447	1750
湘西州	39	53	445	306	47	92	11311	7383	833
女	**914**	**604**	**5320**	**3068**	**936**	**1316**	**63166**	**39908**	**3257**
长沙市	100	103	884	468	209	207	7430	3453	1123
株洲市	33	43	401	205	80	116	2561	1402	170
湘潭市	19	11	229	143	27	59	2563	1854	132
衡阳市	63	63	449	222	96	131	7230	4159	234
邵阳市	139	53	411	231	78	102	7211	5086	155
岳阳市	67	28	360	197	62	101	3747	2260	220
常德市	58	64	421	202	85	134	3840	2547	205
张家界市	17	16	150	91	23	36	1567	1095	55
益阳市	39	25	236	150	35	51	2400	1504	126
郴州市	145	74	502	349	72	81	5240	3456	114
永州市	76	48	283	193	26	64	7273	4327	137
怀化市	79	29	503	321	78	104	4831	3465	222
娄底市	65	38	287	164	46	77	4058	2855	198
湘西州	14	9	204	132	19	53	3215	2445	166

C-4-4 续表 6

单位：人

地区 性别	建筑业		批发和零售业			交通运输、仓储和邮政业			
	建筑安装业	建筑装饰、装修和其他建筑业	小计	批发业	零售业	小计	铁路运输业	道路运输业	水上运输业
全省	**23086**	**137201**	**462957**	**106093**	**356864**	**137154**	**5995**	**89153**	**1040**
长沙市	3442	17462	83556	24046	59510	22228	1169	14082	148
株洲市	1683	8473	34850	8648	26202	10467	980	6861	46
湘潭市	1239	5114	19462	4830	14632	5135	150	3697	27
衡阳市	2204	17013	44201	11146	33055	14117	827	8514	88
邵阳市	2626	12960	44306	9477	34829	11997	143	7677	48
岳阳市	1966	13973	41694	9431	32263	10655	282	6972	133
常德市	1809	9937	41445	7809	33636	11121	167	7538	127
张家界市	600	3580	9462	1966	7496	3641	102	2474	27
益阳市	1051	6333	22331	4929	17402	6658	125	4301	151
郴州市	1499	10453	33715	6821	26894	11304	313	7948	42
永州市	1328	12619	28013	5343	22670	7772	111	5123	41
怀化市	1581	9003	26966	5505	21461	11139	1196	6348	108
娄底市	1517	7123	23015	4244	18771	7507	376	5256	32
湘西州	541	3158	9941	1898	8043	3413	54	2362	22
男	**21140**	**119146**	**228731**	**62691**	**166040**	**116947**	**4737**	**79777**	**806**
长沙市	3068	14982	42131	14525	27606	17724	868	11909	95
株洲市	1576	7591	15932	4609	11323	9045	800	6229	39
湘潭市	1154	4622	9264	2599	6665	4328	126	3217	23
衡阳市	1955	14425	22460	6625	15835	11848	640	7556	70
邵阳市	2417	11199	23006	5777	17229	10337	120	6931	33
岳阳市	1839	12833	22384	5954	16430	9246	219	6283	113
常德市	1687	8971	19962	4601	15361	9647	115	6853	108
张家界市	561	3202	4425	1142	3283	3154	85	2226	23
益阳市	992	5622	11720	3096	8624	5889	105	3985	127
郴州市	1370	8912	16070	3983	12087	10007	259	7378	27
永州市	1196	9942	13769	3088	10681	6723	84	4641	25
怀化市	1465	7975	12026	3122	8904	9548	955	5680	82
娄底市	1382	6253	11189	2522	8667	6557	326	4797	24
湘西州	478	2617	4393	1048	3345	2894	35	2092	17
女	**1946**	**18055**	**234226**	**43402**	**190824**	**20207**	**1258**	**9376**	**234**
长沙市	374	2480	41425	9521	31904	4504	301	2173	53
株洲市	107	882	18918	4039	14879	1422	180	632	7
湘潭市	85	492	10198	2231	7967	807	24	480	4
衡阳市	249	2588	21741	4521	17220	2269	187	958	18
邵阳市	209	1761	21300	3700	17600	1660	23	746	15
岳阳市	127	1140	19310	3477	15833	1409	63	689	20
常德市	122	966	21483	3208	18275	1474	52	685	19
张家界市	39	378	5037	824	4213	487	17	248	4
益阳市	59	711	10611	1833	8778	769	20	316	24
郴州市	129	1541	17645	2838	14807	1297	54	570	15
永州市	132	2677	14244	2255	11989	1049	27	482	16
怀化市	116	1028	14940	2383	12557	1591	241	668	26
娄底市	135	870	11826	1722	10104	950	50	459	8
湘西州	63	541	5548	850	4698	519	19	270	5

C-4-4 续表 7　　　　单位：人

地区 性别	交通运输、仓储和邮政业					住宿和餐饮业		
	航空运输业	管道运输业	多式联运和运输代理业	装卸搬运和仓储业	邮政业	小计	住宿业	餐饮业
全　省	**1449**	**94**	**3271**	**14800**	**21352**	**160186**	**22386**	**137800**
长沙市	808	20	669	1487	3845	30257	5356	24901
株洲市	41	1	289	828	1421	10955	1508	9447
湘潭市	20	1	125	378	737	8143	866	7277
衡阳市	98	18	382	1784	2406	14737	1782	12955
邵阳市	55	1	230	1727	2116	10951	1368	9583
岳阳市	49	8	300	1301	1610	16464	1761	14703
常德市	63	1	322	1134	1769	15866	1921	13945
张家界市	66		105	377	490	5042	1236	3806
益阳市	42	4	132	783	1120	8625	1138	7487
郴州市	47	13	180	1185	1576	10937	1797	9140
永州市	32	14	122	1100	1229	8066	972	7094
怀化市	71	7	192	1611	1606	9743	1200	8543
娄底市	46	4	176	645	972	6169	763	5406
湘西州	11	2	47	460	455	4231	718	3513
男	**855**	**68**	**2566**	**12410**	**15728**	**77255**	**8580**	**68675**
长沙市	459	15	512	1160	2706	15414	2087	13327
株洲市	22	1	212	704	1038	5126	528	4598
湘潭市	12	1	98	311	540	3737	313	3424
衡阳市	64	12	298	1461	1747	7304	728	6576
邵阳市	41	1	169	1449	1593	5452	584	4868
岳阳市	31	6	237	1086	1271	8509	726	7783
常德市	33		260	985	1293	7462	700	6762
张家界市	39		86	332	363	2195	468	1727
益阳市	23	3	121	687	838	4362	449	3913
郴州市	31	8	139	1005	1160	4841	634	4207
永州市	21	11	103	907	931	3904	376	3528
怀化市	47	6	147	1413	1218	4349	441	3908
娄底市	23	3	144	547	693	2758	282	2476
湘西州	9	1	40	363	337	1842	264	1578
女	**594**	**26**	**705**	**2390**	**5624**	**82931**	**13806**	**69125**
长沙市	349	5	157	327	1139	14843	3269	11574
株洲市	19		77	124	383	5829	980	4849
湘潭市	8		27	67	197	4406	553	3853
衡阳市	34	6	84	323	659	7433	1054	6379
邵阳市	14		61	278	523	5499	784	4715
岳阳市	18	2	63	215	339	7955	1035	6920
常德市	30	1	62	149	476	8404	1221	7183
张家界市	27		19	45	127	2847	768	2079
益阳市	19	1	11	96	282	4263	689	3574
郴州市	16	5	41	180	416	6096	1163	4933
永州市	11	3	19	193	298	4162	596	3566
怀化市	24	1	45	198	388	5394	759	4635
娄底市	23	1	32	98	279	3411	481	2930
湘西州	2	1	7	97	118	2389	454	1935

C-4-4 续表 8

单位：人

地区 性别	信息传输、软件和信息技术服务业				金融业				
	小计	电信、广播电视和卫星传输服务	互联网和相关服务	软件和信息技术服务业	小计	货币金融服务	资本市场服务	保险业	其他金融业
全 省	**40331**	**10605**	**14145**	**15581**	**35866**	**14223**	**2468**	**15536**	**3639**
长沙市	14206	2624	4245	7337	10451	4038	1163	3646	1604
株洲市	2435	843	640	952	2682	1325	194	1014	149
湘潭市	1245	482	310	453	1897	795	61	961	80
衡阳市	3220	866	1235	1119	3009	1172	164	1383	290
邵阳市	2660	727	1113	820	2200	818	90	1075	217
岳阳市	2939	706	1144	1089	2925	804	158	1708	255
常德市	2887	872	1071	944	2765	1117	118	1314	216
张家界市	772	258	274	240	776	285	31	377	83
益阳市	1505	526	558	421	1521	653	72	721	75
郴州市	2678	729	1371	578	2420	971	156	1077	216
永州市	1451	461	540	450	1451	579	87	665	120
怀化市	2087	707	888	492	1658	746	68	711	133
娄底市	1715	548	598	569	1434	576	91	620	147
湘西州	531	256	158	117	677	344	15	264	54
男	**25289**	**5965**	**8357**	**10967**	**17143**	**7166**	**1423**	**6564**	**1990**
长沙市	8862	1432	2410	5020	4837	1883	640	1439	875
株洲市	1486	433	362	691	1204	632	97	394	81
湘潭市	789	263	201	325	840	374	38	389	39
衡阳市	2077	489	774	814	1525	625	101	638	161
邵阳市	1727	451	672	604	1151	449	57	512	133
岳阳市	1869	423	675	771	1500	432	96	836	136
常德市	1680	474	559	647	1310	581	80	550	99
张家界市	465	143	155	167	343	151	14	140	38
益阳市	911	299	320	292	728	327	40	326	35
郴州市	1636	399	794	443	1166	509	97	432	128
永州市	935	266	340	329	744	323	57	287	77
怀化市	1436	441	637	358	820	409	45	290	76
娄底市	1091	300	364	427	652	283	55	229	85
湘西州	325	152	94	79	323	188	6	102	27
女	**15042**	**4640**	**5788**	**4614**	**18723**	**7057**	**1045**	**8972**	**1649**
长沙市	5344	1192	1835	2317	5614	2155	523	2207	729
株洲市	949	410	278	261	1478	693	97	620	68
湘潭市	456	219	109	128	1057	421	23	572	41
衡阳市	1143	377	461	305	1484	547	63	745	129
邵阳市	933	276	441	216	1049	369	33	563	84
岳阳市	1070	283	469	318	1425	372	62	872	119
常德市	1207	398	512	297	1455	536	38	764	117
张家界市	307	115	119	73	433	134	17	237	45
益阳市	594	227	238	129	793	326	32	395	40
郴州市	1042	330	577	135	1254	462	59	645	88
永州市	516	195	200	121	707	256	30	378	43
怀化市	651	266	251	134	838	337	23	421	57
娄底市	624	248	234	142	782	293	36	391	62
湘西州	206	104	64	38	354	156	9	162	27

C-4-4 续表 9

单位：人

地区 性别	房地产业		租赁和商务服务业			科学研究和技术服务业			
	小计	房地产业	小计	租赁业	商务服务业	小计	研究和试验发展	专业技术服务业	科技推广和应用服务业
全省	**48191**	**48191**	**87371**	**6496**	**80875**	**30351**	**3698**	**19643**	**7010**
长沙市	14309	14309	22633	1937	20696	11731	1977	7415	2339
株洲市	3911	3911	4189	406	3783	1900	428	1210	262
湘潭市	3049	3049	4493	270	4223	1053	61	763	229
衡阳市	4614	4614	7941	544	7397	2637	148	1413	1076
邵阳市	2967	2967	7357	562	6795	1802	160	1228	414
岳阳市	3330	3330	6717	606	6111	1979	210	1201	568
常德市	3478	3478	6538	515	6023	1476	125	1098	253
张家界市	903	903	4004	140	3864	711	43	389	279
益阳市	1604	1604	3270	251	3019	1282	115	835	332
郴州市	3134	3134	4337	252	4085	1842	130	1446	266
永州市	1995	1995	4296	345	3951	1141	77	667	397
怀化市	2175	2175	4171	216	3955	1173	105	847	221
娄底市	1810	1810	4672	340	4332	1171	101	834	236
湘西州	912	912	2753	112	2641	453	18	297	138
男	**29703**	**29703**	**53857**	**5683**	**48174**	**20573**	**2384**	**13728**	**4461**
长沙市	8554	8554	12828	1605	11223	7754	1217	5036	1501
株洲市	2299	2299	2550	360	2190	1300	301	828	171
湘潭市	1826	1826	2585	237	2348	755	40	554	161
衡阳市	2897	2897	5008	492	4516	1781	103	1030	648
邵阳市	1972	1972	4915	504	4411	1233	107	873	253
岳阳市	2179	2179	4338	556	3782	1403	142	860	401
常德市	2212	2212	4014	468	3546	1014	83	766	165
张家界市	576	576	2385	124	2261	475	30	293	152
益阳市	1049	1049	2119	229	1890	913	77	614	222
郴州市	1938	1938	2866	218	2648	1226	90	969	167
永州市	1232	1232	2836	303	2533	747	43	466	238
怀化市	1306	1306	2697	181	2516	824	65	613	146
娄底市	1158	1158	3074	311	2763	851	75	619	157
湘西州	505	505	1642	95	1547	297	11	207	79
女	**18488**	**18488**	**33514**	**813**	**32701**	**9778**	**1314**	**5915**	**2549**
长沙市	5755	5755	9805	332	9473	3977	760	2379	838
株洲市	1612	1612	1639	46	1593	600	127	382	91
湘潭市	1223	1223	1908	33	1875	298	21	209	68
衡阳市	1717	1717	2933	52	2881	856	45	383	428
邵阳市	995	995	2442	58	2384	569	53	355	161
岳阳市	1151	1151	2379	50	2329	576	68	341	167
常德市	1266	1266	2524	47	2477	462	42	332	88
张家界市	327	327	1619	16	1603	236	13	96	127
益阳市	555	555	1151	22	1129	369	38	221	110
郴州市	1196	1196	1471	34	1437	616	40	477	99
永州市	763	763	1460	42	1418	394	34	201	159
怀化市	869	869	1474	35	1439	349	40	234	75
娄底市	652	652	1598	29	1569	320	26	215	79
湘西州	407	407	1111	17	1094	156	7	90	59

C-4-4 续表 10 单位：人

地区 性别	水利、环境和公共设施管理业					居民服务、修理和其他服务业			
	小计	水利管理业	生态保护和环境治理业	公共设施管理业	土地管理业	小计	居民服务业	机动车、电子产品和日用产品修理业	其他服务业
全省	**17863**	**1358**	**1555**	**14731**	**219**	**119753**	**74833**	**25477**	**19443**
长沙市	3676	321	352	2937	66	22279	14670	4131	3478
株洲市	1168	58	91	1005	14	8744	5651	1930	1163
湘潭市	580	28	48	495	9	4859	3096	1273	490
衡阳市	1363	130	94	1117	22	9842	5629	2269	1944
邵阳市	1815	97	224	1486	8	9927	5564	2284	2079
岳阳市	1268	81	118	1054	15	8789	5347	2353	1089
常德市	1287	194	90	986	17	9784	6057	2300	1427
张家界市	748	39	46	649	14	3144	1777	592	775
益阳市	788	118	57	608	5	5039	3174	1240	625
郴州市	1439	75	121	1235	8	11317	7958	1672	1687
永州市	1099	66	61	961	11	8206	4868	1464	1874
怀化市	1297	76	90	1109	22	7435	4465	1841	1129
娄底市	817	56	89	666	6	6493	3993	1613	887
湘西州	518	19	74	423	2	3895	2584	515	796
男	**11221**	**1021**	**1188**	**8840**	**172**	**55389**	**25136**	**21573**	**8680**
长沙市	2407	224	257	1876	50	9266	4117	3473	1676
株洲市	737	42	73	610	12	3506	1428	1600	478
湘潭市	346	23	43	274	6	2067	826	1060	181
衡阳市	805	100	63	626	16	4669	1938	1922	809
邵阳市	1158	86	163	902	7	4736	1867	1923	946
岳阳市	888	61	97	719	11	4561	1949	2058	554
常德市	852	139	70	629	14	4674	2075	1987	612
张家界市	426	30	35	349	12	1382	525	501	356
益阳市	547	86	45	413	3	2498	1117	1062	319
郴州市	837	61	89	679	8	5290	3195	1399	696
永州市	635	50	48	528	9	4174	2093	1231	850
怀化市	765	57	76	614	18	3358	1353	1569	436
娄底市	500	44	64	387	5	3121	1388	1356	377
湘西州	318	18	65	234	1	2087	1265	432	390
女	**6642**	**337**	**367**	**5891**	**47**	**64364**	**49697**	**3904**	**10763**
长沙市	1269	97	95	1061	16	13013	10553	658	1802
株洲市	431	16	18	395	2	5238	4223	330	685
湘潭市	234	5	5	221	3	2792	2270	213	309
衡阳市	558	30	31	491	6	5173	3691	347	1135
邵阳市	657	11	61	584	1	5191	3697	361	1133
岳阳市	380	20	21	335	4	4228	3398	295	535
常德市	435	55	20	357	3	5110	3982	313	815
张家界市	322	9	11	300	2	1762	1252	91	419
益阳市	241	32	12	195	2	2541	2057	178	306
郴州市	602	14	32	556		6027	4763	273	991
永州市	464	16	13	433	2	4032	2775	233	1024
怀化市	532	19	14	495	4	4077	3112	272	693
娄底市	317	12	25	279	1	3372	2605	257	510
湘西州	200	1	9	189	1	1808	1319	83	406

C-4-4 续表 11　　单位：人

地区 性别	教育		卫生和社会工作			文化、体育和娱乐业				
	小计	教育	小计	卫生	社会工作	小计	新闻和出版业	广播、电视、电影和录音制作业	文化艺术业	体育
全　省	**121966**	**121966**	**59979**	**58018**	**1961**	**22672**	**1349**	**2776**	**3966**	**2647**
长沙市	27001	27001	12458	12050	408	7772	683	1487	1402	784
株洲市	8187	8187	4424	4261	163	1793	84	159	261	170
湘潭市	5942	5942	2813	2704	109	1113	52	98	161	92
衡阳市	10949	10949	5022	4900	122	1515	71	151	263	235
邵阳市	10146	10146	5162	4899	263	1125	42	114	260	161
岳阳市	8398	8398	3915	3820	95	1397	68	87	252	161
常德市	8459	8459	4862	4678	184	1885	79	172	315	216
张家界市	3433	3433	1582	1518	64	641	24	46	185	78
益阳市	5290	5290	3037	2923	114	1114	40	82	153	115
郴州市	8921	8921	4184	4044	140	1022	53	103	176	163
永州市	7315	7315	3199	3132	67	765	21	56	145	113
怀化市	8204	8204	4470	4364	106	1154	50	107	155	194
娄底市	6236	6236	3345	3269	76	956	62	63	168	128
湘西州	3485	3485	1506	1456	50	420	20	51	70	37
男	**45780**	**45780**	**20600**	**19850**	**750**	**11479**	**696**	**1521**	**2084**	**1473**
长沙市	9628	9628	3807	3690	117	3823	328	808	690	421
株洲市	2638	2638	1450	1391	59	854	41	79	146	88
湘潭市	2265	2265	902	864	38	468	27	51	74	53
衡阳市	4244	4244	1864	1818	46	836	43	87	164	121
邵阳市	3962	3962	1987	1852	135	627	30	70	134	86
岳阳市	3242	3242	1482	1430	52	716	29	41	152	91
常德市	3164	3164	1701	1628	73	904	40	91	159	115
张家界市	1287	1287	502	482	20	320	14	21	92	45
益阳市	2073	2073	1125	1076	49	566	20	49	88	62
郴州市	3346	3346	1369	1322	47	558	34	56	88	95
永州市	3071	3071	1151	1123	28	445	12	31	95	71
怀化市	3099	3099	1538	1502	36	653	32	70	81	123
娄底市	2271	2271	1180	1152	28	475	35	39	74	83
湘西州	1490	1490	542	520	22	234	11	28	47	19
女	**76186**	**76186**	**39379**	**38168**	**1211**	**11193**	**653**	**1255**	**1882**	**1174**
长沙市	17373	17373	8651	8360	291	3949	355	679	712	363
株洲市	5549	5549	2974	2870	104	939	43	80	115	82
湘潭市	3677	3677	1911	1840	71	645	25	47	87	39
衡阳市	6705	6705	3158	3082	76	679	28	64	99	114
邵阳市	6184	6184	3175	3047	128	498	12	44	126	75
岳阳市	5156	5156	2433	2390	43	681	39	46	100	70
常德市	5295	5295	3161	3050	111	981	39	81	156	101
张家界市	2146	2146	1080	1036	44	321	10	25	93	33
益阳市	3217	3217	1912	1847	65	548	20	33	65	53
郴州市	5575	5575	2815	2722	93	464	19	47	88	68
永州市	4244	4244	2048	2009	39	320	9	25	50	42
怀化市	5105	5105	2932	2862	70	501	18	37	74	71
娄底市	3965	3965	2165	2117	48	481	27	24	94	45
湘西州	1995	1995	964	936	28	186	9	23	23	18

C-4-4 续表 12

单位：人

地 区 性 别	娱乐业	公共管理、社会保障和社会组织							国际组织	
		小计	中国共产党机关	国家机构	人民政协、民主党派	社会保障	群众团体、社会团体和其他成员组织	基层群众自治组织	小计	国际组织
全 省	**11934**	**113905**	**2534**	**88685**	**253**	**452**	**5691**	**16290**	**8**	**8**
长沙市	3416	17786	520	14136	37	59	1032	2002	1	1
株洲市	1119	7012	148	5735	17	15	128	969		
湘潭市	710	5259	101	4022	10	1	374	751		
衡阳市	795	10552	340	7820	20	42	614	1716	4	4
邵阳市	548	9598	227	7214	15	55	649	1438	1	1
岳阳市	829	8714	152	6601	17	47	620	1277		
常德市	1103	8823	192	6746	14	55	363	1453		
张家界市	308	3725	84	2772	8	21	300	540		
益阳市	724	5033	43	3923	9	12	232	814		
郴州市	527	8735	96	7314	13	25	213	1074		
永州市	430	7341	201	5817	32	41	270	980		
怀化市	648	9552	194	7735	36	35	361	1191	2	2
娄底市	535	6307	145	4836	13	17	238	1058		
湘西州	242	5468	91	4014	12	27	297	1027		
男	**5705**	**75957**	**1768**	**60829**	**168**	**242**	**3166**	**9784**	**3**	**3**
长沙市	1576	11119	325	9199	26	28	539	1002	1	1
株洲市	500	4400	102	3691	5	6	66	530		
湘潭市	263	3314	71	2693	6		175	369		
衡阳市	421	7149	244	5428	14	20	359	1084		
邵阳市	307	6813	161	5299	11	33	378	931	1	1
岳阳市	403	5864	103	4569	10	24	357	801		
常德市	499	5764	125	4574	9	31	202	823		
张家界市	148	2471	61	1877	4	11	172	346		
益阳市	347	3452	36	2764	6	7	138	501		
郴州市	285	5884	73	5003	10	15	121	662		
永州市	236	5170	149	4185	20	23	144	649		
怀化市	347	6499	141	5332	28	17	189	792	1	1
娄底市	244	4465	116	3511	9	11	166	652		
湘西州	129	3593	61	2704	10	16	160	642		
女	**6229**	**37948**	**766**	**27856**	**85**	**210**	**2525**	**6506**	**5**	**5**
长沙市	1840	6667	195	4937	11	31	493	1000		
株洲市	619	2612	46	2044	12	9	62	439		
湘潭市	447	1945	30	1329	4	1	199	382		
衡阳市	374	3403	96	2392	6	22	255	632	4	4
邵阳市	241	2785	66	1915	4	22	271	507		
岳阳市	426	2850	49	2032	7	23	263	476		
常德市	604	3059	67	2172	5	24	161	630		
张家界市	160	1254	23	895	4	10	128	194		
益阳市	377	1581	7	1159	3	5	94	313		
郴州市	242	2851	23	2311	3	10	92	412		
永州市	194	2171	52	1632	12	18	126	331		
怀化市	301	3053	53	2403	8	18	172	399	1	1
娄底市	291	1842	29	1325	4	6	72	406		
湘西州	113	1875	30	1310	2	11	137	385		

C-4-4a　各地区分性别、行业大类的就业人口（城市）

单位：人

地　区 性　别	合计	农、林、牧、渔业						采矿业	
		小计	农业	林业	畜牧业	渔业	农、林、牧、渔专业及辅助性活动	小计	煤炭开采和洗选业
全　省	**798072**	**23856**	**19542**	**839**	**2118**	**709**	**648**	**2113**	**733**
长沙市	286242	4910	3768	361	558	97	126	273	39
株洲市	81779	2167	1679	71	346	48	23	73	21
湘潭市	39643	1169	1005	6	127	25	6	43	4
衡阳市	66559	3816	3271	152	168	65	160	362	122
邵阳市	44291	1767	1489	34	138	18	88	57	35
岳阳市	61971	2426	1863	38	233	200	92	88	4
常德市	47232	1568	1311	62	62	110	23	72	6
张家界市	14446	369	298	22	25	9	15	6	1
益阳市	24597	2023	1869	24	52	65	13	41	1
郴州市	38882	1015	833	25	100	28	29	686	305
永州市	21530	694	613	7	59	12	3	23	
怀化市	26871	938	799	23	50	15	51	31	7
娄底市	32263	835	621	5	185	12	12	349	188
湘西州	11766	159	123	9	15	5	7	9	
男	**460134**	**13927**	**11241**	**555**	**1212**	**518**	**401**	**1754**	**662**
长沙市	161606	2759	2094	220	289	73	83	208	32
株洲市	46384	1239	929	56	196	36	22	63	19
湘潭市	22376	608	515	3	69	16	5	35	4
衡阳市	39244	2180	1823	97	120	48	92	307	113
邵阳市	25472	955	795	23	73	15	49	45	30
岳阳市	38467	1681	1308	29	126	153	65	74	4
常德市	27314	879	705	42	45	72	15	50	6
张家界市	8177	233	186	13	20	6	8	6	1
益阳市	14692	1305	1200	19	32	42	12	36	1
郴州市	22482	625	490	20	72	24	19	571	278
永州市	12580	400	348	5	35	10	2	19	
怀化市	15739	561	481	17	34	12	17	26	7
娄底市	19067	407	297	5	91	6	8	308	167
湘西州	6534	95	70	6	10	5	4	6	
女	**337938**	**9929**	**8301**	**284**	**906**	**191**	**247**	**359**	**71**
长沙市	124636	2151	1674	141	269	24	43	65	7
株洲市	35395	928	750	15	150	12	1	10	2
湘潭市	17267	561	490	3	58	9	1	8	
衡阳市	27315	1636	1448	55	48	17	68	55	9
邵阳市	18819	812	694	11	65	3	39	12	5
岳阳市	23504	745	555	9	107	47	27	14	
常德市	19918	689	606	20	17	38	8	22	
张家界市	6269	136	112	9	5	3	7		
益阳市	9905	718	669	5	20	23	1	5	
郴州市	16400	390	343	5	28	4	10	115	27
永州市	8950	294	265	2	24	2	1	4	
怀化市	11132	377	318	6	16	3	34	5	
娄底市	13196	428	324		94	6	4	41	21
湘西州	5232	64	53	3	5		3	3	

C-4-4a 续表 1

单位：人

地 区 性 别	采矿业						制造业		
	石油和天然气开采业	黑色金属矿采选业	有色金属矿采选业	非金属矿采选业	开采专业及辅助性活动	其他采矿业	小计	农副食品加工业	食品制造业
全 省	**26**	**78**	**513**	**432**	**136**	**195**	**93950**	**3674**	**4418**
长沙市	13	16	24	92	44	45	24212	823	1310
株洲市	2	1	5	40	2	2	20122	328	251
湘潭市	2	12	3	19	1	2	6169	236	370
衡阳市	3	6	111	51	28	41	7567	312	331
邵阳市	1	1		16	2	2	6357	321	453
岳阳市	1	7	2	36	10	28	6940	362	186
常德市	1	1	4	50	8	2	6325	292	538
张家界市	1			4			507	36	36
益阳市			25	12	3		3793	440	516
郴州市	2	13	250	36	14	66	3714	117	128
永州市		2		8	13		1840	87	102
怀化市		5	3	14	1	1	1831	168	72
娄底市		14	86	48	8	5	3997	122	101
湘西州				6	2	1	576	30	24
男	**17**	**65**	**410**	**350**	**92**	**158**	**59242**	**2132**	**2035**
长沙市	8	14	16	76	27	35	15933	497	631
株洲市	2	1	4	33	2	2	12348	215	117
湘潭市	1	10	3	14	1	2	4195	119	134
衡阳市	2	5	95	41	21	30	4582	182	179
邵阳市	1	1		11	1	1	3261	187	174
岳阳市		6	2	33	4	25	4577	221	90
常德市	1	1	2	32	6	2	4068	162	304
张家界市	1			4			332	26	20
益阳市			23	11	1		2256	238	200
郴州市	1	10	187	31	8	56	2262	56	48
永州市		2		7	10		1055	45	47
怀化市		5	1	11	1	1	1171	96	31
娄底市		10	77	42	8	4	2890	74	47
湘西州				4	2		312	14	13
女	**9**	**13**	**103**	**82**	**44**	**37**	**34708**	**1542**	**2383**
长沙市	5	2	8	16	17	10	8279	326	679
株洲市			1	7			7774	113	134
湘潭市	1	2		5			1974	117	236
衡阳市	1	1	16	10	7	11	2985	130	152
邵阳市				5	1	1	3096	134	279
岳阳市	1	1		3	6	3	2363	141	96
常德市			2	18	2		2257	130	234
张家界市							175	10	16
益阳市			2	1	2		1537	202	316
郴州市	1	3	63	5	6	10	1452	61	80
永州市				1	3		785	42	55
怀化市			2	3			660	72	41
娄底市		4	9	6		1	1107	48	54
湘西州				2		1	264	16	11

C-4-4a 续表 2

单位：人

地区 性别	制造业								
	酒、饮料和精制茶制造业	烟草制品业	纺织业	纺织服装、服饰业	皮革、毛皮、羽毛及其制品和制鞋业	木材加工和木、竹、藤、棕、草制品业	家具制造业	造纸和纸制品业	印刷和记录媒介复制业
全省	**1383**	**1127**	**2664**	**6399**	**3846**	**1172**	**1424**	**1615**	**1743**
长沙市	476	347	543	482	147	259	398	308	771
株洲市	57	3	501	3792	81	149	128	120	171
湘潭市	105	2	130	64	126	27	35	19	59
衡阳市	124	8	247	699	746	108	190	42	102
邵阳市	90	11	183	276	2127	78	120	138	122
岳阳市	155	2	201	198	291	165	162	436	107
常德市	107	469	411	138	77	35	71	345	135
张家界市	21		15	25	7	14	17	11	7
益阳市	57		98	271	22	85	57	89	60
郴州市	40	142	109	97	63	71	67	25	65
永州市	25	121	53	135	80	55	28	38	48
怀化市	28	1	97	85	48	67	66	20	33
娄底市	16		52	99	25	50	77	12	55
湘西州	82	21	24	38	6	9	8	12	8
男	**840**	**741**	**1223**	**2514**	**1539**	**845**	**1013**	**976**	**1026**
长沙市	280	227	237	154	62	183	291	178	472
株洲市	39	2	253	1563	42	101	91	61	93
湘潭市	60	2	51	11	49	17	27	11	27
衡阳市	74	7	128	282	308	80	131	27	64
邵阳市	57	6	90	106	745	57	74	94	78
岳阳市	104	1	114	94	161	119	131	285	61
常德市	65	290	156	60	37	29	42	197	78
张家界市	11		9	7	4	14	12	7	1
益阳市	37		45	85	8	59	46	57	33
郴州市	26	106	45	36	35	51	46	14	41
永州市	16	87	17	43	45	41	15	20	28
怀化市	18	1	47	33	31	52	48	14	21
娄底市	8		23	28	9	37	54	5	26
湘西州	45	12	8	12	3	5	5	6	3
女	**543**	**386**	**1441**	**3885**	**2307**	**327**	**411**	**639**	**717**
长沙市	196	120	306	328	85	76	107	130	299
株洲市	18	1	248	2229	39	48	37	59	78
湘潭市	45		79	53	77	10	8	8	32
衡阳市	50	1	119	417	438	28	59	15	38
邵阳市	33	5	93	170	1382	21	46	44	44
岳阳市	51	1	87	104	130	46	31	151	46
常德市	42	179	255	78	40	6	29	148	57
张家界市	10		6	18	3		5	4	6
益阳市	20		53	186	14	26	11	32	27
郴州市	14	36	64	61	28	20	21	11	24
永州市	9	34	36	92	35	14	13	18	20
怀化市	10		50	52	17	15	18	6	12
娄底市	8		29	71	16	13	23	7	29
湘西州	37	9	16	26	3	4	3	6	5

C-4-4a 续表 3

单位：人

地 区 性 别	制造业								
	文教、工美、体育和娱乐用品制造业	石油、煤炭及其他燃料加工业	化学原料和化学制品制造业	医 药制造业	化学纤维制造业	橡胶和塑 料制品业	非金属矿 物制品业	黑色金属冶炼和压延加工业	有色金属冶炼和压延加工业
全 省	**1655**	**955**	**3954**	**1967**	**61**	**1952**	**7794**	**2891**	**1643**
长沙市	306	44	1764	934	13	618	1382	92	264
株洲市	98	7	339	259	9	261	3434	52	742
湘潭市	47	21	110	54	3	76	394	1258	22
衡阳市	241	9	192	76	4	168	332	405	74
邵阳市	150	9	124	94	1	153	222	9	17
岳阳市	368	743	579	79	5	207	569	17	67
常德市	64	10	245	299	16	102	234	11	30
张家界市	21		8	6		20	71	1	1
益阳市	33	3	43	41	5	94	239	12	22
郴州市	127	15	124	31	3	134	366	18	216
永州市	85	2	192	14		39	65	7	3
怀化市	44	1	66	42	2	43	158	15	4
娄底市	62	91	147	27		31	277	990	164
湘西州	9		21	11		6	51	4	17
男	**731**	**674**	**2508**	**1031**	**39**	**1259**	**5111**	**2292**	**1228**
长沙市	161	30	1034	451	9	422	1008	59	215
株洲市	55	4	219	120	6	176	1817	42	531
湘潭市	23	17	77	29	3	38	286	1005	15
衡阳市	83	7	111	42	1	90	249	327	53
邵阳市	54	8	81	62	1	87	177	8	10
岳阳市	149	513	389	41	2	141	426	14	56
常德市	36	8	193	185	11	64	188	10	27
张家界市	8		6	4		11	59	1	1
益阳市	17	3	25	20	2	66	203	9	10
郴州市	63	13	81	17	3	95	294	14	161
永州市	31	1	128	9		23	48	4	3
怀化市	23		43	28	1	27	121	13	4
娄底市	26	70	110	17		17	203	783	132
湘西州	2		11	6		2	32	3	10
女	**924**	**281**	**1446**	**936**	**22**	**693**	**2683**	**599**	**415**
长沙市	145	14	730	483	4	196	374	33	49
株洲市	43	3	120	139	3	85	1617	10	211
湘潭市	24	4	33	25		38	108	253	7
衡阳市	158	2	81	34	3	78	83	78	21
邵阳市	96	1	43	32		66	45	1	7
岳阳市	219	230	190	38	3	66	143	3	11
常德市	28	2	52	114	5	38	46	1	3
张家界市	13		2	2		9	12		
益阳市	16		18	21	3	28	36	3	12
郴州市	64	2	43	14		39	72	4	55
永州市	54	1	64	5		16	17	3	
怀化市	21	1	23	14	1	16	37	2	
娄底市	36	21	37	10		14	74	207	32
湘西州	7		10	5		4	19	1	7

C-4-4a 续表 4 单位：人

地 区 性 别	制造业								
	金 属 制品业	通用设备 制造业	专用设备 制造业	汽 车 制造业	铁路、船舶、 航空航天和 其他运输 设备制造业	电气机械 和器材 制造业	计算机、 通信和其 他电子设 备制造业	仪器仪表 制造业	其 他 制造业
全 省	**5425**	**7612**	**4623**	**3393**	**4526**	**4620**	**7690**	**677**	**945**
长沙市	1594	2417	2283	1375	387	1528	2100	372	223
株洲市	970	1538	365	1020	3749	503	813	65	132
湘潭市	389	831	342	93	42	1041	111	22	31
衡阳市	390	603	238	238	70	481	782	66	109
邵阳市	337	215	234	82	12	139	352	28	142
岳阳市	292	279	221	125	27	119	716	32	53
常德市	284	774	430	292	48	281	413	36	51
张家界市	37	17	7	10	16	9	44	10	13
益阳市	109	177	80	26	106	91	901	5	41
郴州市	233	200	115	19	10	227	742	26	42
永州市	139	93	52	26		59	210	2	26
怀化市	146	85	67	11	25	44	237	6	61
娄底市	467	358	179	75	27	83	194	4	17
湘西州	38	25	10	1	7	15	75	3	4
男	**4221**	**5880**	**3317**	**2477**	**3383**	**3091**	**4366**	**430**	**622**
长沙市	1273	1884	1664	970	286	1056	1306	233	155
株洲市	704	1178	270	784	2778	344	451	40	91
湘潭市	311	609	218	67	33	745	69	15	26
衡阳市	297	453	142	164	49	336	455	42	71
邵阳市	270	149	161	73	10	78	183	19	69
岳阳市	250	205	153	92	24	81	440	24	40
常德市	212	667	327	210	44	134	201	21	40
张家界市	28	16	4	8	15	5	22	7	7
益阳市	91	150	64	19	85	65	532	5	22
郴州市	178	143	84	11	10	124	321	15	24
永州市	103	60	36	16		23	108	2	20
怀化市	111	61	40	9	20	31	130	3	45
娄底市	364	284	147	53	24	58	120	2	9
湘西州	29	21	7	1	5	11	28	2	3
女	**1204**	**1732**	**1306**	**916**	**1143**	**1529**	**3324**	**247**	**323**
长沙市	321	533	619	405	101	472	794	139	68
株洲市	266	360	95	236	971	159	362	25	41
湘潭市	78	222	124	26	9	296	42	7	5
衡阳市	93	150	96	74	21	145	327	24	38
邵阳市	67	66	73	9	2	61	169	9	73
岳阳市	42	74	68	33	3	38	276	8	13
常德市	72	107	103	82	4	147	212	15	11
张家界市	9	1	3	2	1	4	22	3	6
益阳市	18	27	16	7	21	26	369		19
郴州市	55	57	31	8		103	421	11	18
永州市	36	33	16	10		36	102		6
怀化市	35	24	27	2	5	13	107	3	16
娄底市	103	74	32	22	3	25	74	2	8
湘西州	9	4	3		2	4	47	1	1

C-4-4a 续表 5

单位：人

地区 性别	制造业		电力、热力、燃气及水生产和供应业				建筑业		
	废弃资源综合利用业	金属制品、机械和设备修理业	小计	电力、热力生产和供应业	燃气生产和供应业	水的生产和供应业	小计	房屋建筑业	土木工程建筑业
全省	**791**	**1311**	**8140**	**5157**	**1267**	**1716**	**86065**	**40802**	**8951**
长沙市	215	437	2321	1385	475	461	29910	13674	4299
株洲市	36	149	825	482	150	193	7485	3286	699
湘潭市	15	94	472	329	59	84	3346	1929	302
衡阳市	58	122	739	472	113	154	6893	2946	610
邵阳市	50	68	396	208	57	131	5117	2728	244
岳阳市	81	96	543	315	88	140	7545	3892	718
常德市	33	54	563	355	60	148	5554	2815	435
张家界市	10	17	174	89	37	48	1883	1144	125
益阳市	43	27	212	144	27	41	2662	1243	175
郴州市	86	56	637	486	72	79	4138	1846	303
永州市	12	42	145	106	18	21	3072	1074	116
怀化市	57	32	414	287	49	78	3506	1761	422
娄底市	85	110	535	378	52	105	3608	1746	390
湘西州	10	7	164	121	10	33	1346	718	113
男	**592**	**1106**	**5609**	**3687**	**853**	**1069**	**71107**	**33460**	**7211**
长沙市	155	350	1600	983	329	288	24368	11287	3306
株洲市	31	130	602	365	106	131	6469	2816	591
湘潭市	13	88	302	217	40	45	2763	1572	247
衡阳市	43	105	530	359	70	101	5662	2398	497
邵阳市	35	58	257	143	30	84	4241	2219	203
岳阳市	71	85	382	226	61	95	6478	3285	606
常德市	22	48	396	271	37	88	4596	2245	362
张家界市	6	13	106	55	24	27	1583	934	119
益阳市	36	24	143	95	19	29	2187	991	145
郴州市	61	46	441	336	53	52	3429	1483	251
永州市	6	30	98	72	12	14	2253	779	104
怀化市	42	27	272	198	34	40	2968	1450	360
娄底市	65	95	369	284	33	52	3060	1455	329
湘西州	6	7	111	83	5	23	1050	546	91
女	**199**	**205**	**2531**	**1470**	**414**	**647**	**14958**	**7342**	**1740**
长沙市	60	87	721	402	146	173	5542	2387	993
株洲市	5	19	223	117	44	62	1016	470	108
湘潭市	2	6	170	112	19	39	583	357	55
衡阳市	15	17	209	113	43	53	1231	548	113
邵阳市	15	10	139	65	27	47	876	509	41
岳阳市	10	11	161	89	27	45	1067	607	112
常德市	11	6	167	84	23	60	958	570	73
张家界市	4	4	68	34	13	21	300	210	6
益阳市	7	3	69	49	8	12	475	252	30
郴州市	25	10	196	150	19	27	709	363	52
永州市	6	12	47	34	6	7	819	295	12
怀化市	15	5	142	89	15	38	538	311	62
娄底市	20	15	166	94	19	53	548	291	61
湘西州	4		53	38	5	10	296	172	22

C-4-4a 续表 6　　单位：人

地区 性别	建筑业		批发和零售业			交通运输、仓储和邮政业			
	建筑安装业	建筑装饰、装修和其他建筑业	小计	批发业	零售业	小计	铁路运输业	道路运输业	水上运输业
全省	**5666**	**30646**	**173670**	**43263**	**130407**	**44753**	**4461**	**27229**	**414**
长沙市	1900	10037	59615	17057	42558	14365	1097	8885	122
株洲市	549	2951	17427	5070	12357	4367	856	2575	27
湘潭市	269	846	8272	1878	6394	2127	101	1456	14
衡阳市	510	2827	14582	3090	11492	4593	598	2647	35
邵阳市	354	1791	11208	2806	8402	2413	52	1448	5
岳阳市	446	2489	15313	3754	11559	3647	201	2258	82
常德市	350	1954	10905	1919	8986	2229	29	1430	44
张家界市	89	525	2374	356	2018	978	55	691	2
益阳市	169	1075	4985	1110	3875	1426	21	886	60
郴州市	251	1738	8568	2090	6478	2307	233	1434	6
永州市	147	1735	5271	611	4660	938	38	604	5
怀化市	177	1146	6306	1647	4659	2486	908	1040	7
娄底市	382	1090	6506	1358	5148	2247	252	1435	2
湘西州	73	442	2338	517	1821	630	20	440	3
男	**5005**	**25431**	**84911**	**25008**	**59903**	**36593**	**3521**	**23213**	**315**
长沙市	1623	8152	29657	10072	19585	11247	812	7320	75
株洲市	499	2563	7840	2566	5274	3642	698	2247	21
湘潭市	239	705	3840	1010	2830	1758	88	1232	12
衡阳市	444	2323	7133	1778	5355	3828	458	2310	29
邵阳市	311	1508	5646	1693	3953	1990	44	1244	3
岳阳市	403	2184	8325	2378	5947	3106	155	1982	67
常德市	324	1665	5252	1154	4098	1841	22	1246	38
张家界市	81	449	985	191	794	808	43	593	1
益阳市	164	887	2511	668	1843	1234	14	788	51
郴州市	228	1467	4225	1221	3004	1960	201	1260	4
永州市	124	1246	2602	355	2247	771	29	519	3
怀化市	168	990	2910	880	2030	2029	721	861	7
娄底市	338	938	2960	783	2177	1870	219	1243	1
湘西州	59	354	1025	259	766	509	17	368	3
女	**661**	**5215**	**88759**	**18255**	**70504**	**8160**	**940**	**4016**	**99**
长沙市	277	1885	29958	6985	22973	3118	285	1565	47
株洲市	50	388	9587	2504	7083	725	158	328	6
湘潭市	30	141	4432	868	3564	369	13	224	2
衡阳市	66	504	7449	1312	6137	765	140	337	6
邵阳市	43	283	5562	1113	4449	423	8	204	2
岳阳市	43	305	6988	1376	5612	541	46	276	15
常德市	26	289	5653	765	4888	388	7	184	6
张家界市	8	76	1389	165	1224	170	12	98	1
益阳市	5	188	2474	442	2032	192	7	98	9
郴州市	23	271	4343	869	3474	347	32	174	2
永州市	23	489	2669	256	2413	167	9	85	2
怀化市	9	156	3396	767	2629	457	187	179	
娄底市	44	152	3546	575	2971	377	33	192	1
湘西州	14	88	1313	258	1055	121	3	72	

C-4-4a　续表 7

单位：人

地　区 性　别	交通运输、仓储和邮政业					住宿和餐饮业		
	航　空 运输业	管　道 运输业	多式联运 和运输 代理业	装卸搬运 和仓储业	邮政业	小计	住宿业	餐饮业
全　省	**663**	**34**	**1167**	**3204**	**7581**	**57937**	**9428**	**48509**
长沙市	421	11	418	813	2598	21496	4277	17219
株洲市	26	1	84	210	588	4523	633	3890
湘潭市	10	1	50	154	341	3139	415	2724
衡阳市	49	9	170	294	791	4966	651	4315
邵阳市	14		76	251	567	2770	345	2425
岳阳市	21	2	117	317	649	5479	565	4914
常德市	27		56	172	471	3517	446	3071
张家界市	44		9	51	126	1614	582	1032
益阳市	5		24	145	285	1979	198	1781
郴州市	12		33	217	372	2677	525	2152
永州市	12	9	14	65	191	1791	207	1584
怀化市	8		42	240	241	1534	237	1297
娄底市	12		64	201	281	1658	206	1452
湘西州	2	1	10	74	80	794	141	653
男	**387**	**24**	**894**	**2603**	**5636**	**28908**	**3684**	**25224**
长沙市	237	6	312	616	1869	11084	1710	9374
株洲市	14	1	62	170	429	2133	190	1943
湘潭市	4	1	38	124	259	1448	154	1294
衡阳市	37	9	142	251	592	2492	274	2218
邵阳市	12		50	200	437	1450	162	1288
岳阳市	13	1	90	272	526	2892	239	2653
常德市	15		41	141	338	1730	182	1548
张家界市	24		7	46	94	735	229	506
益阳市	4		21	124	232	1034	77	957
郴州市	7		23	180	285	1198	182	1016
永州市	7	6	12	52	143	929	76	853
怀化市	7		32	213	188	692	84	608
娄底市	5		54	158	190	734	68	666
湘西州	1		10	56	54	357	57	300
女	**276**	**10**	**273**	**601**	**1945**	**29029**	**5744**	**23285**
长沙市	184	5	106	197	729	10412	2567	7845
株洲市	12		22	40	159	2390	443	1947
湘潭市	6		12	30	82	1691	261	1430
衡阳市	12		28	43	199	2474	377	2097
邵阳市	2		26	51	130	1320	183	1137
岳阳市	8	1	27	45	123	2587	326	2261
常德市	12		15	31	133	1787	264	1523
张家界市	20		2	5	32	879	353	526
益阳市	1		3	21	53	945	121	824
郴州市	5		10	37	87	1479	343	1136
永州市	5	3	2	13	48	862	131	731
怀化市	1		10	27	53	842	153	689
娄底市	7		10	43	91	924	138	786
湘西州	1	1		18	26	437	84	353

C-4-4a 续表 8

单位：人

地区 性别	信息传输、软件和信息技术服务业 小计	电信、广播电视和卫星传输服务	互联网和相关服务	软件和信息技术服务业	金融业 小计	货币金融服务	资本市场服务	保险业	其他金融业
全　省	**20885**	**5712**	**6200**	**8973**	**20505**	**8469**	**1741**	**7891**	**2404**
长沙市	12218	2222	3525	6471	9078	3670	1086	2874	1448
株洲市	1350	527	359	464	1703	831	150	636	86
湘潭市	639	293	153	193	1134	562	35	493	44
衡阳市	1169	367	443	359	1333	506	71	599	157
邵阳市	650	231	277	142	820	277	32	398	113
岳阳市	1117	349	372	396	1515	449	79	858	129
常德市	857	401	228	228	1160	563	71	453	73
张家界市	222	111	67	44	309	129	17	130	33
益阳市	414	218	99	97	471	188	30	227	26
郴州市	729	306	230	193	949	406	78	359	106
永州市	267	110	67	90	383	161	20	172	30
怀化市	478	213	155	110	629	307	17	260	45
娄底市	603	257	184	162	720	282	49	310	79
湘西州	172	107	41	24	301	138	6	122	35
男	**12928**	**3109**	**3611**	**6208**	**9785**	**4195**	**975**	**3305**	**1310**
长沙市	7597	1201	1997	4399	4291	1725	592	1171	803
株洲市	803	268	195	340	777	399	72	258	48
湘潭市	391	156	100	135	491	268	21	182	20
衡阳市	742	205	284	253	673	262	49	277	85
邵阳市	390	131	159	100	423	153	19	190	61
岳阳市	707	204	231	272	782	242	45	421	74
常德市	518	214	132	172	564	304	49	177	34
张家界市	129	57	39	33	144	76	8	47	13
益阳市	245	117	62	66	219	93	15	99	12
郴州市	467	172	144	151	436	200	49	128	59
永州市	169	64	39	66	222	97	15	91	19
怀化市	306	119	106	81	302	164	11	107	20
娄底市	360	134	102	124	324	136	27	117	44
湘西州	104	67	21	16	137	76	3	40	18
女	**7957**	**2603**	**2589**	**2765**	**10720**	**4274**	**766**	**4586**	**1094**
长沙市	4621	1021	1528	2072	4787	1945	494	1703	645
株洲市	547	259	164	124	926	432	78	378	38
湘潭市	248	137	53	58	643	294	14	311	24
衡阳市	427	162	159	106	660	244	22	322	72
邵阳市	260	100	118	42	397	124	13	208	52
岳阳市	410	145	141	124	733	207	34	437	55
常德市	339	187	96	56	596	259	22	276	39
张家界市	93	54	28	11	165	53	9	83	20
益阳市	169	101	37	31	252	95	15	128	14
郴州市	262	134	86	42	513	206	29	231	47
永州市	98	46	28	24	161	64	5	81	11
怀化市	172	94	49	29	327	143	6	153	25
娄底市	243	123	82	38	396	146	22	193	35
湘西州	68	40	20	8	164	62	3	82	17

C-4-4a 续表 9

单位：人

地区 性别	房地产业		租赁和商务服务业			科学研究和技术服务业			
	小计	房地产业	小计	租赁业	商务服务业	小计	研究和试验发展	专业技术服务业	科技推广和应用服务业
全省	**26621**	**26621**	**39221**	**2187**	**37034**	**16282**	**2512**	**10826**	**2944**
长沙市	11781	11781	17144	1010	16134	9621	1660	6079	1882
株洲市	2534	2534	2298	195	2103	1338	357	827	154
湘潭市	1323	1323	1720	73	1647	535	28	404	103
衡阳市	2165	2165	3329	151	3178	797	61	550	186
邵阳市	1039	1039	2007	90	1917	449	38	307	104
岳阳市	1655	1655	2876	172	2704	828	100	580	148
常德市	1233	1233	2128	132	1996	540	54	411	75
张家界市	376	376	1346	38	1308	116	16	84	16
益阳市	509	509	720	44	676	346	51	247	48
郴州市	1398	1398	1516	95	1421	612	58	468	86
永州市	588	588	859	54	805	150	13	107	30
怀化市	724	724	907	38	869	335	21	267	47
娄底市	790	790	1224	75	1149	465	42	379	44
湘西州	506	506	1147	20	1127	150	13	116	21
男	**16132**	**16132**	**22753**	**1809**	**20944**	**10883**	**1578**	**7408**	**1897**
长沙市	7041	7041	9394	805	8589	6261	1013	4071	1177
株洲市	1456	1456	1350	172	1178	915	259	552	104
湘潭市	779	779	970	54	916	377	17	287	73
衡阳市	1356	1356	2074	134	1940	554	38	402	114
邵阳市	671	671	1248	79	1169	301	18	215	68
岳阳市	1085	1085	1762	148	1614	561	58	395	108
常德市	768	768	1268	114	1154	370	35	288	47
张家界市	240	240	736	33	703	93	12	70	11
益阳市	331	331	447	39	408	230	33	164	33
郴州市	871	871	914	77	837	446	40	342	64
永州市	372	372	576	42	534	110	6	81	23
怀化市	397	397	547	32	515	231	14	186	31
娄底市	481	481	782	66	716	332	27	275	30
湘西州	284	284	685	14	671	102	8	80	14
女	**10489**	**10489**	**16468**	**378**	**16090**	**5399**	**934**	**3418**	**1047**
长沙市	4740	4740	7750	205	7545	3360	647	2008	705
株洲市	1078	1078	948	23	925	423	98	275	50
湘潭市	544	544	750	19	731	158	11	117	30
衡阳市	809	809	1255	17	1238	243	23	148	72
邵阳市	368	368	759	11	748	148	20	92	36
岳阳市	570	570	1114	24	1090	267	42	185	40
常德市	465	465	860	18	842	170	19	123	28
张家界市	136	136	610	5	605	23	4	14	5
益阳市	178	178	273	5	268	116	18	83	15
郴州市	527	527	602	18	584	166	18	126	22
永州市	216	216	283	12	271	40	7	26	7
怀化市	327	327	360	6	354	104	7	81	16
娄底市	309	309	442	9	433	133	15	104	14
湘西州	222	222	462	6	456	48	5	36	7

C-4-4a 续表 10

单位：人

地区 性别	水利、环境和公共设施管理业					居民服务、修理和其他服务业			
	小计	水利管理业	生态保护和环境治理业	公共设施管理业	土地管理业	小计	居民服务业	机动车、电子产品和日用产品修理业	其他服务业
全省	**5999**	**526**	**526**	**4857**	**90**	**39121**	**25419**	**7318**	**6384**
长沙市	2506	267	264	1926	49	15208	10346	2249	2613
株洲市	459	14	67	373	5	3365	2188	694	483
湘潭市	231	13	21	191	6	1703	1053	468	182
衡阳市	397	31	47	311	8	3018	1782	607	629
邵阳市	227	26	12	185	4	1920	1070	460	390
岳阳市	469	39	22	402	6	2417	1480	657	280
常德市	349	30	21	297	1	2161	1439	436	286
张家界市	294	11	5	275	3	793	433	131	229
益阳市	142	40	3	96	3	1020	629	265	126
郴州市	365	15	25	323	2	2066	1481	378	207
永州市	90	13	9	68		2205	1537	263	405
怀化市	188	13	6	169		1006	642	255	109
娄底市	228	13	21	192	2	1604	1069	344	191
湘西州	54	1	3	49	1	635	270	111	254
男	**3799**	**368**	**385**	**2981**	**65**	**17224**	**8225**	**6045**	**2954**
长沙市	1595	179	183	1198	35	6035	2926	1863	1246
株洲市	325	12	55	254	4	1409	621	567	221
湘潭市	142	10	18	110	4	772	325	376	71
衡阳市	239	20	30	183	6	1446	627	508	311
邵阳市	155	20	11	121	3	899	352	378	169
岳阳市	307	27	19	257	4	1249	561	559	129
常德市	225	25	19	181		987	505	374	108
张家界市	164	6	3	152	3	345	135	98	112
益阳市	95	26	1	66	2	469	197	213	59
郴州市	221	13	17	189	2	937	542	309	86
永州市	55	11	4	40		1205	790	214	201
怀化市	115	7	6	102		449	198	216	35
娄底市	131	11	16	102	2	715	356	278	81
湘西州	30	1	3	26		307	90	92	125
女	**2200**	**158**	**141**	**1876**	**25**	**21897**	**17194**	**1273**	**3430**
长沙市	911	88	81	728	14	9173	7420	386	1367
株洲市	134	2	12	119	1	1956	1567	127	262
湘潭市	89	3	3	81	2	931	728	92	111
衡阳市	158	11	17	128	2	1572	1155	99	318
邵阳市	72	6	1	64	1	1021	718	82	221
岳阳市	162	12	3	145	2	1168	919	98	151
常德市	124	5	2	116	1	1174	934	62	178
张家界市	130	5	2	123		448	298	33	117
益阳市	47	14	2	30	1	551	432	52	67
郴州市	144	2	8	134		1129	939	69	121
永州市	35	2	5	28		1000	747	49	204
怀化市	73	6		67		557	444	39	74
娄底市	97	2	5	90		889	713	66	110
湘西州	24			23	1	328	180	19	129

C-4-4a　续表 11　　　　单位：人

地区 性别	教育		卫生和社会工作			文化、体育和娱乐业				
	小计	教育	小计	卫生	社会工作	小计	新闻和出版业	广播、电视、电影和录音制作业	文化艺术业	体育
全　省	**50991**	**50991**	**27051**	**26370**	**681**	**12216**	**988**	**1945**	**2049**	**1303**
长沙市	20911	20911	10216	9949	267	6350	626	1321	1170	662
株洲市	4342	4342	2343	2258	85	956	69	115	119	91
湘潭市	2757	2757	1490	1460	30	576	36	71	91	32
衡阳市	4057	4057	1996	1953	43	729	33	77	102	104
邵阳市	2723	2723	1343	1317	26	394	17	48	53	40
岳阳市	3015	3015	1699	1677	22	625	40	47	107	68
常德市	2472	2472	1603	1533	70	662	39	82	96	65
张家界市	861	861	494	480	14	247	13	27	87	27
益阳市	1293	1293	782	763	19	328	10	16	38	33
郴州市	2476	2476	1656	1598	58	442	40	46	54	67
永州市	1072	1072	552	547	5	160	4	7	28	19
怀化市	1783	1783	1092	1075	17	289	16	37	23	43
娄底市	2385	2385	1358	1338	20	350	33	28	65	43
湘西州	844	844	427	422	5	108	12	23	16	9
男	**18593**	**18593**	**8679**	**8441**	**238**	**6095**	**507**	**1036**	**1029**	**684**
长沙市	7545	7545	3078	3001	77	3157	305	714	566	347
株洲市	1362	1362	735	703	32	464	35	58	67	43
湘潭市	1089	1089	443	429	14	242	23	34	39	16
衡阳市	1579	1579	724	711	13	397	21	44	64	51
邵阳市	1071	1071	489	479	10	212	11	30	27	19
岳阳市	1094	1094	625	610	15	309	16	20	57	41
常德市	862	862	525	490	35	314	18	42	47	31
张家界市	302	302	149	144	5	135	9	14	48	15
益阳市	548	548	256	246	10	160	6	6	24	15
郴州市	843	843	496	484	12	229	26	21	23	35
永州市	487	487	189	186	3	90	4	3	14	11
怀化市	652	652	392	388	4	159	11	23	11	31
娄底市	825	825	419	412	7	171	14	17	29	23
湘西州	334	334	159	158	1	56	8	10	13	6
女	**32398**	**32398**	**18372**	**17929**	**443**	**6121**	**481**	**909**	**1020**	**619**
长沙市	13366	13366	7138	6948	190	3193	321	607	604	315
株洲市	2980	2980	1608	1555	53	492	34	57	52	48
湘潭市	1668	1668	1047	1031	16	334	13	37	52	16
衡阳市	2478	2478	1272	1242	30	332	12	33	38	53
邵阳市	1652	1652	854	838	16	182	6	18	26	21
岳阳市	1921	1921	1074	1067	7	316	24	27	50	27
常德市	1610	1610	1078	1043	35	348	21	40	49	34
张家界市	559	559	345	336	9	112	4	13	39	12
益阳市	745	745	526	517	9	168	4	10	14	18
郴州市	1633	1633	1160	1114	46	213	14	25	31	32
永州市	585	585	363	361	2	70		4	14	8
怀化市	1131	1131	700	687	13	130	5	14	12	12
娄底市	1560	1560	939	926	13	179	19	11	36	20
湘西州	510	510	268	264	4	52	4	13	3	3

C-4-4a 续表 12

单位：人

地区 性别	娱乐业	公共管理、社会保障和社会组织							国际组织	
		小计	中国共产党机关	国家机构	人民政协、民主党派	社会保障	群众团体、社会团体和其他成员组织	基层群众自治组织	小计	国际组织
全　省	**5931**	**48693**	**1206**	**41175**	**114**	**222**	**2322**	**3654**	**3**	**3**
长沙市	2571	14106	423	11784	32	47	652	1168	1	1
株洲市	562	4102	86	3603	8	15	66	324		
湘潭市	346	2798	85	2343	8	1	97	264		
衡阳市	413	4049	113	3247	8	15	331	335	2	2
邵阳市	236	2634	120	2116	2	28	182	186		
岳阳市	363	3774	77	2973	10	32	323	359		
常德市	380	3334	72	2910	6	31	69	246		
张家界市	93	1483	41	1267	5	7	87	76		
益阳市	231	1451	16	1283	3		66	83		
郴州市	235	2931	21	2663	5	13	80	149		
永州市	102	1430	47	1144	8	4	101	126		
怀化市	170	2394	32	2190	4	5	66	97		
娄底市	181	2801	33	2476	12	12	93	175		
湘西州	48	1406	40	1176	3	12	109	66		
男	**2839**	**31211**	**810**	**27159**	**74**	**117**	**1244**	**1807**	**1**	**1**
长沙市	1225	8755	268	7597	23	24	328	515	1	1
株洲市	261	2452	55	2228	2	6	34	127		
湘潭市	130	1731	57	1513	5		59	97		
衡阳市	217	2746	78	2258	7	8	189	206		
邵阳市	125	1768	85	1476		18	78	111		
岳阳市	175	2471	51	1999	6	16	192	207		
常德市	176	2101	49	1880	3	18	31	120		
张家界市	49	952	28	822	2	2	45	53		
益阳市	109	986	14	893	3		34	42		
郴州市	124	1911	16	1770	4	8	47	66		
永州市	58	978	34	803	5	1	52	83		
怀化市	83	1560	22	1436	3	3	34	62		
娄底市	88	1929	28	1741	9	6	64	81		
湘西州	19	871	25	743	2	7	57	37		
女	**3092**	**17482**	**396**	**14016**	**40**	**105**	**1078**	**1847**	**2**	**2**
长沙市	1346	5351	155	4187	9	23	324	653		
株洲市	301	1650	31	1375	6	9	32	197		
湘潭市	216	1067	28	830	3	1	38	167		
衡阳市	196	1303	35	989	1	7	142	129	2	2
邵阳市	111	866	35	640	2	10	104	75		
岳阳市	188	1303	26	974	4	16	131	152		
常德市	204	1233	23	1030	3	13	38	126		
张家界市	44	531	13	445	3	5	42	23		
益阳市	122	465	2	390			32	41		
郴州市	111	1020	5	893	1	5	33	83		
永州市	44	452	13	341	3	3	49	43		
怀化市	87	834	10	754	1	2	32	35		
娄底市	93	872	5	735	3	6	29	94		
湘西州	29	535	15	433	1	5	52	29		

C-4-4b 各地区分性别、行业大类的就业人口（镇）

单位：人

地 区 性 别	合计	农、林、牧、渔业						采矿业	
		小计	农业	林业	畜牧业	渔业	农、林、牧、渔专业及辅助性活动	小计	煤炭开采和洗选业
全 省	**915188**	**149511**	**132346**	**2542**	**9885**	**2767**	**1971**	**4580**	**1439**
长沙市	92042	8130	6374	569	989	94	104	151	4
株洲市	57028	9978	8624	308	830	131	85	371	192
湘潭市	38895	4884	4504	2	325	39	14	44	13
衡阳市	80102	11273	10155	113	542	176	287	531	71
邵阳市	96514	19351	17086	256	1567	117	325	209	39
岳阳市	77782	13137	11829	87	639	497	85	271	5
常德市	104419	26107	23521	215	1269	877	225	140	13
张家界市	21922	3491	3201	29	242	13	6	82	18
益阳市	47465	8217	7167	133	516	276	125	100	6
郴州市	88930	14481	12911	246	953	221	150	1779	893
永州市	80492	12684	11285	234	719	174	272	152	7
怀化市	64945	10367	9113	256	746	105	147	425	10
娄底市	31233	3115	2772	14	277	32	20	267	165
湘西州	33419	4296	3804	80	271	15	126	58	3
男	**545886**	**82824**	**72590**	**1787**	**5201**	**1932**	**1314**	**3836**	**1142**
长沙市	55851	4750	3837	341	418	73	81	127	4
株洲市	32767	5321	4470	227	464	101	59	347	183
湘潭市	22697	2606	2413	1	156	26	10	37	10
衡阳市	48438	6424	5714	74	325	128	183	434	59
邵阳市	58519	10149	8977	207	686	82	197	187	36
岳阳市	49332	8029	7229	64	336	343	57	236	3
常德市	60843	14146	12574	161	643	609	159	125	13
张家界市	12818	1737	1564	27	137	7	2	72	14
益阳市	29492	5367	4623	118	342	189	95	81	5
郴州市	50822	7480	6563	149	527	147	94	1435	664
永州市	47708	7172	6276	171	424	116	185	133	6
怀化市	38371	5657	4882	185	410	78	102	354	8
娄底市	18722	1669	1453	13	166	21	16	219	136
湘西州	19506	2317	2015	49	167	12	74	49	1
女	**369302**	**66687**	**59756**	**755**	**4684**	**835**	**657**	**744**	**297**
长沙市	36191	3380	2537	228	571	21	23	24	
株洲市	24261	4657	4154	81	366	30	26	24	9
湘潭市	16198	2278	2091	1	169	13	4	7	3
衡阳市	31664	4849	4441	39	217	48	104	97	12
邵阳市	37995	9202	8109	49	881	35	128	22	3
岳阳市	28450	5108	4600	23	303	154	28	35	2
常德市	43576	11961	10947	54	626	268	66	15	
张家界市	9104	1754	1637	2	105	6	4	10	4
益阳市	17973	2850	2544	15	174	87	30	19	1
郴州市	38108	7001	6348	97	426	74	56	344	229
永州市	32784	5512	5009	63	295	58	87	19	1
怀化市	26574	4710	4231	71	336	27	45	71	2
娄底市	12511	1446	1319	1	111	11	4	48	29
湘西州	13913	1979	1789	31	104	3	52	9	2

C-4-4b 续表 1　　　　单位：人

地区 性别	采矿业						制造业		
	石油和天然气开采业	黑色金属矿采选业	有色金属矿采选业	非金属矿采选业	开采专业及辅助性活动	其他采矿业	小计	农副食品加工业	食品制造业
全省	**21**	**159**	**1508**	**1011**	**125**	**317**	**144433**	**7939**	**6505**
长沙市	5	10	4	80	5	43	28079	859	816
株洲市		8	65	90	2	14	11596	352	202
湘潭市	1	11	2	15		2	7308	186	1745
衡阳市	5	14	193	148	6	94	10410	401	256
邵阳市		1	61	85	16	7	15116	824	430
岳阳市	4	6	169	59	12	16	10085	1273	560
常德市	1	3	12	84	5	22	13508	1363	949
张家界市		2	2	53	1	6	2279	82	58
益阳市	1	4	42	37	9	1	5967	849	406
郴州市	2	49	593	118	42	82	11356	428	237
永州市		25	41	70	5	4	13618	486	251
怀化市	1	10	297	93	9	5	8362	414	265
娄底市	1	3	19	54	11	14	3861	221	235
湘西州		13	8	25	2	7	2888	201	95
男	**16**	**131**	**1286**	**876**	**104**	**281**	**85571**	**4560**	**2788**
长沙市	2	8	3	74	3	33	17188	464	341
株洲市		6	63	82	2	11	6422	222	99
湘潭市	1	10	1	13		2	4405	101	610
衡阳市	4	9	151	121	5	85	6211	247	123
邵阳市		1	52	77	14	7	8711	492	207
岳阳市	4	3	152	49	10	15	6540	728	279
常德市	1	3	12	71	5	20	8062	772	383
张家界市		2	2	47	1	6	1371	50	31
益阳市	1	4	32	31	7	1	3725	425	215
郴州市	2	41	516	100	37	75	6450	259	126
永州市		22	33	63	5	4	7343	302	137
怀化市		8	247	83	5	3	5084	249	109
娄底市	1	2	17	42	8	13	2324	132	77
湘西州		12	5	23	2	6	1735	117	51
女	**5**	**28**	**222**	**135**	**21**	**36**	**58862**	**3379**	**3717**
长沙市	3	2	1	6	2	10	10891	395	475
株洲市		2	2	8		3	5174	130	103
湘潭市		1	1	2			2903	85	1135
衡阳市	1	5	42	27	1	9	4199	154	133
邵阳市			9	8	2		6405	332	223
岳阳市		3	17	10	2	1	3545	545	281
常德市				13		2	5446	591	566
张家界市				6			908	32	27
益阳市			10	6	2		2242	424	191
郴州市		8	77	18	5	7	4906	169	111
永州市		3	8	7			6275	184	114
怀化市	1	2	50	10	4	2	3278	165	156
娄底市		1	2	12	3	1	1537	89	158
湘西州		1	3	2		1	1153	84	44

C-4-4b 续表 2 单位：人

地区 性别	制造业								
	酒、饮料和精制茶制造业	烟草制品业	纺织业	纺织服装、服饰业	皮革、毛皮、羽毛及其制品和制鞋业	木材加工和木、竹、藤、棕、草制品业	家具制造业	造纸和纸制品业	印刷和记录媒介复制业
全 省	**1766**	**279**	**3617**	**8696**	**9031**	**4043**	**3268**	**1965**	**1840**
长沙市	166	43	195	157	152	314	268	309	340
株洲市	91	5	497	1222	384	335	273	177	70
湘潭市	119	1	56	70	144	64	44	57	175
衡阳市	122	40	209	1022	989	206	239	103	82
邵阳市	91	6	319	1586	1401	469	508	311	215
岳阳市	316		318	442	201	575	386	149	129
常德市	127	59	567	931	1300	320	323	208	247
张家界市	30	4	89	207	118	74	74	28	43
益阳市	252	6	212	255	167	557	103	45	67
郴州市	108	88	252	635	584	185	270	224	116
永州市	105	13	462	1244	2468	415	350	96	134
怀化市	136	4	289	446	448	375	255	199	99
娄底市	31	5	64	132	496	45	108	37	89
湘西州	72	5	88	347	179	109	67	22	34
男	**1118**	**172**	**1619**	**3216**	**3823**	**2971**	**2357**	**1198**	**1127**
长沙市	90	21	104	39	47	242	205	192	220
株洲市	62	5	200	420	168	253	191	104	43
湘潭市	73		26	19	73	40	31	19	111
衡阳市	79	30	94	329	400	154	163	61	42
邵阳市	56	2	148	614	561	341	352	205	142
岳阳市	208		134	183	110	458	302	106	81
常德市	77	36	282	368	556	268	243	127	154
张家界市	19	2	44	84	63	51	57	15	24
益阳市	172	3	97	109	77	373	84	26	38
郴州市	67	60	101	210	259	134	191	125	56
永州市	62	7	178	458	989	298	233	58	78
怀化市	88	3	135	179	254	253	181	131	58
娄底市	19	2	33	61	170	32	77	17	59
湘西州	46	1	43	143	96	74	47	12	21
女	**648**	**107**	**1998**	**5480**	**5208**	**1072**	**911**	**767**	**713**
长沙市	76	22	91	118	105	72	63	117	120
株洲市	29		297	802	216	82	82	73	27
湘潭市	46	1	30	51	71	24	13	38	64
衡阳市	43	10	115	693	589	52	76	42	40
邵阳市	35	4	171	972	840	128	156	106	73
岳阳市	108		184	259	91	117	84	43	48
常德市	50	23	285	563	744	52	80	81	93
张家界市	11	2	45	123	55	23	17	13	19
益阳市	80	3	115	146	90	184	19	19	29
郴州市	41	28	151	425	325	51	79	99	60
永州市	43	6	284	786	1479	117	117	38	56
怀化市	48	1	154	267	194	122	74	68	41
娄底市	12	3	31	71	326	13	31	20	30
湘西州	26	4	45	204	83	35	20	10	13

C-4-4b 续表 3　　单位：人

地区 性别	制造业								
	文教、工美、体育和娱乐用品制造业	石油、煤炭及其他燃料加工业	化学原料和化学制品制造业	医药制造业	化学纤维制造业	橡胶和塑料制品业	非金属矿物制品业	黑色金属冶炼和压延加工业	有色金属冶炼和压延加工业
全　省	**3636**	**333**	**7966**	**1887**	**133**	**3334**	**19402**	**866**	**1687**
长沙市	159	46	3503	635	9	397	10669	34	51
株洲市	197	18	1605	136	5	257	1372	28	109
湘潭市	66	5	130	73	2	198	550	285	41
衡阳市	266	14	387	91	8	237	853	114	674
邵阳市	750	17	201	127	3	539	695	36	51
岳阳市	166	116	639	219	48	320	901	60	48
常德市	273	22	324	185	27	324	1137	34	94
张家界市	81	1	30	13	2	118	191	13	9
益阳市	69	6	125	61	10	147	480	29	93
郴州市	548	14	408	54	2	177	645	36	282
永州市	660	2	194	72	3	281	619	53	51
怀化市	281	12	258	183	13	213	560	62	55
娄底市	56	59	127	24	1	63	537	58	28
湘西州	64	1	35	14		63	193	24	101
男	**1554**	**249**	**4526**	**917**	**73**	**2082**	**12568**	**672**	**1335**
长沙市	69	38	1810	267	7	268	6267	28	38
株洲市	84	14	776	56	1	164	839	22	83
湘潭市	24	2	96	37	2	124	420	215	34
衡阳市	122	9	259	56	2	139	595	89	548
邵阳市	350	14	124	67	1	317	531	29	42
岳阳市	82	79	444	125	25	208	640	54	37
常德市	124	15	218	96	14	210	813	31	82
张家界市	30	1	18	9	2	68	131	13	7
益阳市	35	5	74	24	8	95	387	22	70
郴州市	214	13	285	25	1	121	511	28	220
永州市	217	2	127	43	2	162	479	32	37
怀化市	140	9	177	94	7	128	447	42	41
娄底市	29	47	94	9	1	42	363	51	24
湘西州	34	1	24	9		36	145	16	72
女	**2082**	**84**	**3440**	**970**	**60**	**1252**	**6834**	**194**	**352**
长沙市	90	8	1693	368	2	129	4402	6	13
株洲市	113	4	829	80	4	93	533	6	26
湘潭市	42	3	34	36		74	130	70	7
衡阳市	144	5	128	35	6	98	258	25	126
邵阳市	400	3	77	60	2	222	164	7	9
岳阳市	84	37	195	94	23	112	261	6	11
常德市	149	7	106	89	13	114	324	3	12
张家界市	51		12	4		50	60		2
益阳市	34	1	51	37	2	52	93	7	23
郴州市	334	1	123	29	1	56	134	8	62
永州市	443		67	29	1	119	140	21	14
怀化市	141	3	81	89	6	85	113	20	14
娄底市	27	12	33	15		21	174	7	4
湘西州	30		11	5		27	48	8	29

C-4-4b 续表 4

单位：人

地区 性别	制造业								
	金属制品业	通用设备制造业	专用设备制造业	汽车制造业	铁路、船舶、航空航天和其他运输设备制造业	电气机械和器材制造业	计算机、通信和其他电子设备制造业	仪器仪表制造业	其他制造业
全省	**9116**	**6312**	**4733**	**4120**	**859**	**4727**	**22119**	**666**	**1308**
长沙市	762	1222	1323	2310	82	346	2526	85	124
株洲市	735	508	269	219	345	395	1555	48	66
湘潭市	386	725	366	609	128	557	353	54	76
衡阳市	690	561	250	192	35	458	1615	53	98
邵阳市	1312	469	524	104	32	457	3038	73	230
岳阳市	561	403	239	54	18	379	1233	35	35
常德市	664	888	463	190	63	495	1450	53	133
张家界市	211	99	41	31	8	90	407	17	76
益阳市	393	229	147	73	15	236	699	26	49
郴州市	1093	276	392	74	20	313	3457	63	88
永州市	926	320	259	142	38	566	3047	46	155
怀化市	727	329	225	81	50	284	1694	80	147
娄底市	444	209	157	26	20	98	380	15	20
湘西州	212	74	78	15	5	53	665	18	11
男	**6989**	**4780**	**3419**	**2967**	**611**	**2849**	**11985**	**449**	**754**
长沙市	595	1001	1081	1649	62	225	1523	65	79
株洲市	543	391	177	150	254	230	724	26	22
湘潭市	297	566	274	447	76	359	204	45	44
衡阳市	527	388	171	140	25	281	938	30	51
邵阳市	979	338	378	77	20	285	1642	44	116
岳阳市	460	294	175	41	15	238	764	28	23
常德市	535	698	315	134	47	312	783	42	84
张家界市	152	75	29	23	7	48	226	14	50
益阳市	316	195	106	48	12	114	399	20	35
郴州市	831	195	229	59	18	170	1642	35	50
永州市	688	191	173	108	26	313	1696	29	95
怀化市	566	233	148	53	33	178	873	48	85
娄底市	331	159	114	24	12	69	198	8	13
湘西州	169	56	49	14	4	27	373	15	7
女	**2127**	**1532**	**1314**	**1153**	**248**	**1878**	**10134**	**217**	**554**
长沙市	167	221	242	661	20	121	1003	20	45
株洲市	192	117	92	69	91	165	831	22	44
湘潭市	89	159	92	162	52	198	149	9	32
衡阳市	163	173	79	52	10	177	677	23	47
邵阳市	333	131	146	27	12	172	1396	29	114
岳阳市	101	109	64	13	3	141	469	7	12
常德市	129	190	148	56	16	183	667	11	49
张家界市	59	24	12	8	1	42	181	3	26
益阳市	77	34	41	25	3	122	300	6	14
郴州市	262	81	163	15	2	143	1815	28	38
永州市	238	129	86	34	12	253	1351	17	60
怀化市	161	96	77	28	17	106	821	32	62
娄底市	113	50	43	2	8	29	182	7	7
湘西州	43	18	29	1	1	26	292	3	4

C-4-4b 续表 5

单位：人

地区 性别	制造业		电力、热力、燃气及水生产和供应业				建筑业		
	废弃资源综合利用业	金属制品、机械和设备修理业	小计	电力、热力生产和供应业	燃气生产和供应业	水的生产和供应业	小计	房屋建筑业	土木工程建筑业
全　省	**1089**	**1191**	**6938**	**4526**	**895**	**1517**	**127948**	**74678**	**6390**
长沙市	94	83	389	186	123	80	9075	4671	633
株洲市	40	81	465	288	70	107	6466	3524	368
湘潭市	21	22	228	154	22	52	6019	3678	345
衡阳市	63	82	571	371	64	136	12514	6999	494
邵阳市	185	113	633	425	73	135	15893	10279	561
岳阳市	144	118	439	264	60	115	11782	5758	542
常德市	77	218	744	431	118	195	12050	7256	546
张家界市	15	19	163	125	12	26	3518	1899	225
益阳市	66	95	451	308	57	86	6031	3436	425
郴州市	162	125	738	507	90	141	10986	6385	332
永州市	87	73	553	379	50	124	12515	7233	474
怀化市	73	105	888	658	79	151	9532	5901	692
娄底市	41	35	285	185	32	68	4862	2998	354
湘西州	21	22	391	245	45	101	6705	4661	399
男	**830**	**1013**	**4926**	**3349**	**597**	**980**	**109370**	**62599**	**5691**
长沙市	76	75	296	147	90	59	8149	4173	553
株洲市	29	70	330	231	39	60	5836	3182	336
湘潭市	16	20	178	126	18	34	5009	2922	303
衡阳市	49	70	394	279	39	76	10453	5727	436
邵阳市	140	97	451	309	48	94	13703	8755	518
岳阳市	116	103	302	186	44	72	10443	4918	486
常德市	59	184	539	335	75	129	10677	6337	485
张家界市	12	16	102	79	6	17	3061	1624	194
益阳市	60	81	334	241	40	53	5318	3016	385
郴州市	119	96	524	375	57	92	9042	5104	303
永州市	64	59	373	256	38	79	10191	5920	418
怀化市	47	95	625	478	47	100	8184	4952	631
娄底市	28	29	222	145	22	55	4175	2539	325
湘西州	15	18	256	162	34	60	5129	3430	318
女	**259**	**178**	**2012**	**1177**	**298**	**537**	**18578**	**12079**	**699**
长沙市	18	8	93	39	33	21	926	498	80
株洲市	11	11	135	57	31	47	630	342	32
湘潭市	5	2	50	28	4	18	1010	756	42
衡阳市	14	12	177	92	25	60	2061	1272	58
邵阳市	45	16	182	116	25	41	2190	1524	43
岳阳市	28	15	137	78	16	43	1339	840	56
常德市	18	34	205	96	43	66	1373	919	61
张家界市	3	3	61	46	6	9	457	275	31
益阳市	6	14	117	67	17	33	713	420	40
郴州市	43	29	214	132	33	49	1944	1281	29
永州市	23	14	180	123	12	45	2324	1313	56
怀化市	26	10	263	180	32	51	1348	949	61
娄底市	13	6	63	40	10	13	687	459	29
湘西州	6	4	135	83	11	41	1576	1231	81

C-4-4b 续表 6

单位：人

地 区 性 别	建筑业		批发和零售业			交通运输、仓储和邮政业			
	建 筑 安装业	建筑装 饰、装修 和其他 建筑业	小计	批发业	零售业	小计	铁 路 运输业	道 路 运输业	水 上 运输业
全 省	**7130**	**39750**	**155732**	**30776**	**124956**	**45103**	**951**	**29885**	**280**
长沙市	718	3053	14977	4318	10659	4691	43	2893	8
株洲市	481	2093	9009	1661	7348	3153	65	2249	5
湘潭市	380	1616	6250	1525	4725	1610	34	1197	8
衡阳市	660	4361	14000	3095	10905	4254	168	2593	25
邵阳市	869	4184	15581	3021	12560	4233	44	2776	14
岳阳市	692	4790	15160	3068	12092	3493	52	2357	35
常德市	767	3481	18016	3269	14747	4725	112	3167	42
张家界市	148	1246	3042	604	2438	997	11	660	6
益阳市	349	1821	8574	1577	6997	2457	81	1568	53
郴州市	522	3747	16144	2664	13480	5043	33	3620	19
永州市	534	4274	13581	2436	11145	3746	47	2497	17
怀化市	478	2461	10032	1662	8370	3459	171	2142	34
娄底市	273	1237	6241	1123	5118	1579	67	1032	6
湘西州	259	1386	5125	753	4372	1663	23	1134	8
男	**6521**	**34559**	**75001**	**18092**	**56909**	**38530**	**747**	**26959**	**215**
长沙市	649	2774	7865	2723	5142	3752	32	2500	6
株洲市	455	1863	4032	933	3099	2784	49	2084	5
湘潭市	350	1434	2976	814	2162	1334	27	1029	6
衡阳市	574	3716	7054	1881	5173	3516	133	2285	21
邵阳市	808	3622	7868	1821	6047	3613	38	2494	9
岳阳市	637	4402	7947	1860	6087	3030	41	2135	30
常德市	717	3138	8477	1857	6620	4097	70	2891	37
张家界市	132	1111	1432	324	1108	851	10	590	5
益阳市	324	1593	4304	993	3311	2142	74	1448	42
郴州市	468	3167	7214	1530	5684	4443	25	3372	12
永州市	486	3367	6564	1384	5180	3230	37	2255	8
怀化市	436	2165	4220	912	3308	2958	140	1916	22
娄底市	250	1061	2873	638	2235	1373	61	949	6
湘西州	235	1146	2175	422	1753	1407	10	1011	6
女	**609**	**5191**	**80731**	**12684**	**68047**	**6573**	**204**	**2926**	**65**
长沙市	69	279	7112	1595	5517	939	11	393	2
株洲市	26	230	4977	728	4249	369	16	165	
湘潭市	30	182	3274	711	2563	276	7	168	2
衡阳市	86	645	6946	1214	5732	738	35	308	4
邵阳市	61	562	7713	1200	6513	620	6	282	5
岳阳市	55	388	7213	1208	6005	463	11	222	5
常德市	50	343	9539	1412	8127	628	42	276	5
张家界市	16	135	1610	280	1330	146	1	70	1
益阳市	25	228	4270	584	3686	315	7	120	11
郴州市	54	580	8930	1134	7796	600	8	248	7
永州市	48	907	7017	1052	5965	516	10	242	9
怀化市	42	296	5812	750	5062	501	31	226	12
娄底市	23	176	3368	485	2883	206	6	83	
湘西州	24	240	2950	331	2619	256	13	123	2

C-4-4b 续表 7

单位：人

地区 性别	交通运输、仓储和邮政业					住宿和餐饮业		
	航空运输业	管道运输业	多式联运和运输代理业	装卸搬运和仓储业	邮政业	小计	住宿业	餐饮业
全　省	**530**	**33**	**1031**	**4985**	**7408**	**52424**	**6935**	**45489**
长沙市	331	5	156	404	851	4731	720	4011
株洲市	6		86	274	468	3177	527	2650
湘潭市	5		35	114	217	2485	255	2230
衡阳市	26	2	69	536	835	4680	591	4089
邵阳市	22		52	570	755	3963	481	3482
岳阳市	11	2	92	432	512	5926	620	5306
常德市	21	1	164	492	726	6993	870	6123
张家界市	2		48	106	164	1259	167	1092
益阳市	19	4	52	257	423	3111	417	2694
郴州市	20	11	73	513	754	5088	752	4336
永州市	13	1	64	495	612	3713	428	3285
怀化市	36	4	66	446	560	3475	418	3057
娄底市	12	3	50	150	259	1580	231	1349
湘西州	6		24	196	272	2243	458	1785
男	**309**	**22**	**803**	**4167**	**5308**	**24744**	**2594**	**22150**
长沙市	184	5	119	336	570	2367	253	2114
株洲市	4		65	234	343	1450	196	1254
湘潭市	4		27	88	153	1131	91	1040
衡阳市	16		53	424	584	2324	251	2073
邵阳市	14		34	481	543	1906	188	1718
岳阳市	9	1	73	347	394	3033	252	2781
常德市	9		135	432	523	3208	308	2900
张家界市	1		38	91	116	537	62	475
益阳市	8	3	48	222	297	1556	166	1390
郴州市	13	7	51	424	539	2197	236	1961
永州市	8	1	51	410	460	1811	178	1633
怀化市	26	3	50	395	406	1564	157	1407
娄底市	7	2	41	126	181	700	85	615
湘西州	6		18	157	199	960	171	789
女	**221**	**11**	**228**	**818**	**2100**	**27680**	**4341**	**23339**
长沙市	147		37	68	281	2364	467	1897
株洲市	2		21	40	125	1727	331	1396
湘潭市	1		8	26	64	1354	164	1190
衡阳市	10	2	16	112	251	2356	340	2016
邵阳市	8		18	89	212	2057	293	1764
岳阳市	2	1	19	85	118	2893	368	2525
常德市	12	1	29	60	203	3785	562	3223
张家界市	1		10	15	48	722	105	617
益阳市	11	1	4	35	126	1555	251	1304
郴州市	7	4	22	89	215	2891	516	2375
永州市	5		13	85	152	1902	250	1652
怀化市	10	1	16	51	154	1911	261	1650
娄底市	5	1	9	24	78	880	146	734
湘西州			6	39	73	1283	287	996

C-4-4b 续表 8　　单位：人

地区 性别	信息传输、软件和信息技术服务业				金融业				
	小计	电信、广播电视和卫星传输服务	互联网和相关服务	软件和信息技术服务业	小计	货币金融服务	资本市场服务	保险业	其他金融业
全　省	**10328**	**3227**	**3854**	**3247**	**10292**	**4490**	**462**	**4613**	**727**
长沙市	1344	276	485	583	896	237	56	496	107
株洲市	570	203	136	231	653	389	22	212	30
湘潭市	371	127	101	143	494	176	17	272	29
衡阳市	1135	347	408	380	1189	569	56	486	78
邵阳市	913	311	339	263	827	395	35	343	54
岳阳市	984	209	459	316	814	257	50	464	43
常德市	1122	313	430	379	1117	432	32	558	95
张家界市	251	88	87	76	299	116	10	141	32
益阳市	531	201	173	157	723	385	31	281	26
郴州市	1028	318	509	201	1106	481	56	496	73
永州市	737	266	264	207	845	366	47	365	67
怀化市	719	310	284	125	649	314	26	258	51
娄底市	361	130	112	119	367	188	22	126	31
湘西州	262	128	67	67	313	185	2	115	11
男	**6494**	**1845**	**2301**	**2348**	**4909**	**2346**	**275**	**1894**	**394**
长沙市	846	154	277	415	363	105	35	172	51
株洲市	357	108	79	170	290	191	12	72	15
湘潭市	237	70	65	102	231	83	10	121	17
衡阳市	718	194	251	273	608	308	30	226	44
邵阳市	603	195	211	197	439	220	24	164	31
岳阳市	631	127	266	238	400	134	30	216	20
常德市	646	176	222	248	517	231	19	227	40
张家界市	158	52	49	57	133	63	4	50	16
益阳市	306	113	92	101	336	189	17	118	12
郴州市	623	170	302	151	537	268	33	190	46
永州市	470	149	158	163	408	193	27	143	45
怀化市	508	199	215	94	328	176	19	100	33
娄底市	228	67	70	91	167	89	14	45	19
湘西州	163	71	44	48	152	96	1	50	5
女	**3834**	**1382**	**1553**	**899**	**5383**	**2144**	**187**	**2719**	**333**
长沙市	498	122	208	168	533	132	21	324	56
株洲市	213	95	57	61	363	198	10	140	15
湘潭市	134	57	36	41	263	93	7	151	12
衡阳市	417	153	157	107	581	261	26	260	34
邵阳市	310	116	128	66	388	175	11	179	23
岳阳市	353	82	193	78	414	123	20	248	23
常德市	476	137	208	131	600	201	13	331	55
张家界市	93	36	38	19	166	53	6	91	16
益阳市	225	88	81	56	387	196	14	163	14
郴州市	405	148	207	50	569	213	23	306	27
永州市	267	117	106	44	437	173	20	222	22
怀化市	211	111	69	31	321	138	7	158	18
娄底市	133	63	42	28	200	99	8	81	12
湘西州	99	57	23	19	161	89	1	65	6

C-4-4b 续表 9

单位：人

地区 性别	房地产业		租赁和商务服务业			科学研究和技术服务业			
	小计	房地产业	小计	租赁业	商务服务业	小计	研究和试验发展	专业技术服务业	科技推广和应用服务业
全省	**12384**	**12384**	**23060**	**1914**	**21146**	**7176**	**646**	**4885**	**1645**
长沙市	1754	1754	3368	533	2835	1497	244	935	318
株洲市	798	798	1013	96	917	278	49	182	47
湘潭市	1019	1019	1396	84	1312	312	21	233	58
衡阳市	1357	1357	2020	166	1854	705	55	399	251
邵阳市	917	917	2270	183	2087	590	48	403	139
岳阳市	875	875	1913	190	1723	516	36	313	167
常德市	1385	1385	2066	181	1885	503	37	379	87
张家界市	279	279	1040	37	1003	269	9	155	105
益阳市	579	579	1019	89	930	370	32	290	48
郴州市	1128	1128	1661	57	1604	854	32	742	80
永州市	907	907	1770	111	1659	513	40	329	144
怀化市	706	706	1408	62	1346	342	27	254	61
娄底市	389	389	1198	78	1120	292	14	168	110
湘西州	291	291	918	47	871	135	2	103	30
男	**7551**	**7551**	**14598**	**1700**	**12898**	**4939**	**417**	**3419**	**1103**
长沙市	1043	1043	2071	464	1607	1056	157	661	238
株洲市	481	481	643	83	560	192	29	132	31
湘潭市	600	600	791	73	718	232	15	174	43
衡阳市	829	829	1255	155	1100	492	38	280	174
邵阳市	603	603	1478	164	1314	406	37	282	87
岳阳市	547	547	1279	175	1104	373	26	228	119
常德市	887	887	1266	162	1104	337	24	260	53
张家界市	175	175	625	32	593	187	6	113	68
益阳市	360	360	661	79	582	270	20	218	32
郴州市	669	669	1138	51	1087	523	22	450	51
永州市	543	543	1159	101	1058	333	19	231	83
怀化市	397	397	908	51	857	240	12	190	38
娄底市	262	262	779	70	709	206	11	128	67
湘西州	155	155	545	40	505	92	1	72	19
女	**4833**	**4833**	**8462**	**214**	**8248**	**2237**	**229**	**1466**	**542**
长沙市	711	711	1297	69	1228	441	87	274	80
株洲市	317	317	370	13	357	86	20	50	16
湘潭市	419	419	605	11	594	80	6	59	15
衡阳市	528	528	765	11	754	213	17	119	77
邵阳市	314	314	792	19	773	184	11	121	52
岳阳市	328	328	634	15	619	143	10	85	48
常德市	498	498	800	19	781	166	13	119	34
张家界市	104	104	415	5	410	82	3	42	37
益阳市	219	219	358	10	348	100	12	72	16
郴州市	459	459	523	6	517	331	10	292	29
永州市	364	364	611	10	601	180	21	98	61
怀化市	309	309	500	11	489	102	15	64	23
娄底市	127	127	419	8	411	86	3	40	43
湘西州	136	136	373	7	366	43	1	31	11

C-4-4b 续表 10

单位：人

地区 性别	水利、环境和公共设施管理业					居民服务、修理和其他服务业			
	小计	水利管理业	生态保护和环境治理业	公共设施管理业	土地管理业	小计	居民服务业	机动车、电子产品和日用产品修理业	其他服务业
全省	**5373**	**571**	**495**	**4228**	**79**	**39418**	**24795**	**8880**	**5743**
长沙市	508	29	43	429	7	3850	2256	1146	448
株洲市	396	33	18	339	6	2478	1598	580	300
湘潭市	198	9	20	166	3	1537	1002	397	138
衡阳市	402	63	16	311	12	3356	1922	809	625
邵阳市	618	31	134	451	2	3331	1968	773	590
岳阳市	400	29	45	321	5	3095	1904	828	363
常德市	507	130	31	338	8	4191	2613	989	589
张家界市	176	23	19	129	5	1048	630	193	225
益阳市	352	60	27	265		1834	1161	479	194
郴州市	512	46	65	397	4	5740	4174	732	834
永州市	455	45	16	389	5	3195	1846	699	650
怀化市	445	43	30	352	20	2494	1545	606	343
娄底市	180	18	19	142	1	1457	900	389	168
湘西州	224	12	12	199	1	1812	1276	260	276
男	**3392**	**430**	**379**	**2518**	**65**	**18419**	**8466**	**7436**	**2517**
长沙市	352	22	35	288	7	1852	682	944	226
株洲市	229	22	13	189	5	1013	417	479	117
湘潭市	116	8	18	88	2	640	264	328	48
衡阳市	246	50	12	175	9	1589	678	674	237
邵阳市	395	29	95	269	2	1594	694	635	265
岳阳市	292	22	35	231	4	1572	673	715	184
常德市	341	88	25	221	7	1959	866	844	249
张家界市	109	20	17	68	4	448	176	169	103
益阳市	248	43	20	185		920	411	408	101
郴州市	304	36	49	215	4	2514	1568	608	338
永州市	255	32	13	207	3	1601	709	579	313
怀化市	253	32	23	181	17	1070	425	518	127
娄底市	115	15	13	87		697	300	319	78
湘西州	137	11	11	114	1	950	603	216	131
女	**1981**	**141**	**116**	**1710**	**14**	**20999**	**16329**	**1444**	**3226**
长沙市	156	7	8	141		1998	1574	202	222
株洲市	167	11	5	150	1	1465	1181	101	183
湘潭市	82	1	2	78	1	897	738	69	90
衡阳市	156	13	4	136	3	1767	1244	135	388
邵阳市	223	2	39	182		1737	1274	138	325
岳阳市	108	7	10	90	1	1523	1231	113	179
常德市	166	42	6	117	1	2232	1747	145	340
张家界市	67	3	2	61	1	600	454	24	122
益阳市	104	17	7	80		914	750	71	93
郴州市	208	10	16	182		3226	2606	124	496
永州市	200	13	3	182	2	1594	1137	120	337
怀化市	192	11	7	171	3	1424	1120	88	216
娄底市	65	3	6	55	1	760	600	70	90
湘西州	87	1	1	85		862	673	44	145

C-4-4b 续表 11

单位：人

地区 性别	教育		卫生和社会工作			文化、体育和娱乐业				
	小计	教育	小计	卫生	社会工作	小计	新闻和出版业	广播、电视、电影和录音制作业	文化艺术业	体育
全　省	**46111**	**46111**	**21724**	**21146**	**578**	**6036**	**247**	**578**	**980**	**686**
长沙市	4038	4038	1392	1338	54	892	42	136	148	72
株洲市	2550	2550	1472	1425	47	463	7	36	78	47
湘潭市	2040	2040	908	877	31	310	13	19	32	37
衡阳市	4552	4552	2070	2034	36	480	30	51	98	65
邵阳市	4334	4334	2393	2274	119	366	11	33	102	53
岳阳市	3457	3457	1481	1439	42	415	17	31	62	46
常德市	4194	4194	2289	2226	63	771	26	62	98	99
张家界市	1502	1502	700	679	21	164	7	12	40	17
益阳市	2621	2621	1445	1424	21	455	20	48	60	36
郴州市	4629	4629	1794	1755	39	355	11	39	67	49
永州市	4510	4510	1904	1871	33	407	14	37	67	48
怀化市	3825	3825	2130	2097	33	444	24	41	66	57
娄底市	1879	1879	935	918	17	288	17	12	30	40
湘西州	1980	1980	811	789	22	226	8	21	32	20
男	**18221**	**18221**	**7557**	**7330**	**227**	**3019**	**129**	**332**	**520**	**381**
长沙市	1396	1396	447	427	20	419	17	76	74	47
株洲市	904	904	481	465	16	216	3	17	41	24
湘潭市	763	763	301	296	5	124	3	9	13	23
衡阳市	1796	1796	740	728	12	272	16	28	64	35
邵阳市	1730	1730	900	839	61	186	8	20	45	24
岳阳市	1464	1464	554	538	16	214	8	15	38	25
常德市	1676	1676	799	782	17	360	17	35	46	53
张家界市	598	598	221	213	8	77	5	4	16	12
益阳市	1018	1018	518	512	6	228	10	30	36	14
郴州市	1854	1854	618	598	20	194	7	26	34	26
永州市	1917	1917	670	656	14	225	6	21	43	24
怀化市	1514	1514	713	699	14	245	14	29	36	36
娄底市	735	735	325	317	8	131	12	8	13	28
湘西州	856	856	270	260	10	128	3	14	21	10
女	**27890**	**27890**	**14167**	**13816**	**351**	**3017**	**118**	**246**	**460**	**305**
长沙市	2642	2642	945	911	34	473	25	60	74	25
株洲市	1646	1646	991	960	31	247	4	19	37	23
湘潭市	1277	1277	607	581	26	186	10	10	19	14
衡阳市	2756	2756	1330	1306	24	208	14	23	34	30
邵阳市	2604	2604	1493	1435	58	180	3	13	57	29
岳阳市	1993	1993	927	901	26	201	9	16	24	21
常德市	2518	2518	1490	1444	46	411	9	27	52	46
张家界市	904	904	479	466	13	87	2	8	24	5
益阳市	1603	1603	927	912	15	227	10	18	24	22
郴州市	2775	2775	1176	1157	19	161	4	13	33	23
永州市	2593	2593	1234	1215	19	182	8	16	24	24
怀化市	2311	2311	1417	1398	19	199	10	12	30	21
娄底市	1144	1144	610	601	9	157	5	4	17	12
湘西州	1124	1124	541	529	12	98	5	7	11	10

C-4-4b 续表 12　　　　单位：人

地　区 性　别	娱乐业	公共管理、社会保障和社会组织							国际组织	
		小计	中国共产党机关	国家机构	人民政协、民主党派	社会保障	群众团体、社会团体和其他成员组织	基层群众自治组织	小计	国际组织
全　省	**3545**	**46615**	**1034**	**38892**	**131**	**160**	**1740**	**4658**	**2**	**2**
长沙市	494	2280	70	1633	4	12	205	356		
株洲市	295	2142	58	1746	9		49	280		
湘潭市	209	1482	13	1251	2		79	137		
衡阳市	236	4603	188	3871	11	16	112	405		
邵阳市	167	4976	85	4047	13	15	316	500		
岳阳市	259	3539	56	2992	6	8	114	363		
常德市	486	3991	80	3162	7	17	161	564		
张家界市	88	1363	24	1074	2	9	128	126		
益阳市	291	2628	22	2263	6	12	80	245		
郴州市	189	4508	65	4024	8	9	78	324		
永州市	241	4687	125	4110	23	27	76	326		
怀化市	256	5241	122	4552	32	26	168	341	2	2
娄底市	189	2097	83	1713	1	2	57	241		
湘西州	145	3078	43	2454	7	7	117	450		
男	**1657**	**31984**	**735**	**27335**	**88**	**83**	**1007**	**2736**	**1**	**1**
长沙市	205	1512	45	1140	2	4	110	211		
株洲市	131	1439	43	1203	3		23	167		
湘潭市	76	986	11	872	1		34	68		
衡阳市	129	3083	132	2633	6	6	68	238		
邵阳市	89	3597	58	2992	11	6	207	323		
岳阳市	128	2446	37	2113	4	6	66	220		
常德市	209	2724	55	2249	5	10	101	304		
张家界市	40	924	18	748	1	7	79	71		
益阳市	138	1800	17	1582	3	7	50	141		
郴州市	101	3063	49	2775	6	5	42	186		
永州市	131	3310	90	2949	14	15	39	203		
怀化市	130	3548	87	3141	25	11	88	196	1	1
娄底市	70	1522	65	1271		2	39	145		
湘西州	80	2030	28	1667	7	4	61	263		
女	**1888**	**14631**	**299**	**11557**	**43**	**77**	**733**	**1922**	**1**	**1**
长沙市	289	768	25	493	2	8	95	145		
株洲市	164	703	15	543	6		26	113		
湘潭市	133	496	2	379	1		45	69		
衡阳市	107	1520	56	1238	5	10	44	167		
邵阳市	78	1379	27	1055	2	9	109	177		
岳阳市	131	1093	19	879	2	2	48	143		
常德市	277	1267	25	913	2	7	60	260		
张家界市	48	439	6	326	1	2	49	55		
益阳市	153	828	5	681	3	5	30	104		
郴州市	88	1445	16	1249	2	4	36	138		
永州市	110	1377	35	1161	9	12	37	123		
怀化市	126	1693	35	1411	7	15	80	145	1	1
娄底市	119	575	18	442	1		18	96		
湘西州	65	1048	15	787		3	56	187		

C-4-4c　各地区分性别、行业大类的就业人口（乡村）

单位：人

地　区 性　别	合计	农、林、牧、渔业						采矿业	
		小计	农业	林业	畜牧业	渔业	农、林、牧、渔专业及辅助性活动	小计	煤炭开采和洗选业
全　省	**1327820**	**506964**	**456068**	**7679**	**31941**	**7307**	**3969**	**4909**	**1245**
长沙市	76510	21251	16484	2342	2116	188	121	201	10
株洲市	69465	21688	19014	500	1829	240	105	270	80
湘潭市	45489	15720	14043	48	1456	110	63	89	10
衡阳市	131684	45468	42468	340	1785	507	368	533	255
邵阳市	168386	61363	55715	737	4240	277	394	294	63
岳阳市	97774	35117	32064	135	1730	1025	163	453	1
常德市	143067	75546	68723	553	3285	2255	730	220	22
张家界市	42946	15000	13743	127	1028	37	65	121	34
益阳市	79183	33717	30078	350	1521	1436	332	150	8
郴州市	100297	39641	36257	707	2072	254	351	1109	331
永州市	108232	44755	40375	753	2583	483	561	168	6
怀化市	139554	54896	48988	797	4269	322	520	446	21
娄底市	87947	26472	23227	122	2910	128	85	747	402
湘西州	37286	16330	14889	168	1117	45	111	108	2
男	**825375**	**282539**	**253357**	**5348**	**16187**	**4966**	**2681**	**4369**	**1121**
长沙市	48187	12195	9671	1369	921	139	95	179	7
株洲市	41213	11410	9801	343	1007	174	85	238	74
湘潭市	27711	8312	7531	40	630	79	32	75	7
衡阳市	82393	25723	23800	243	1057	360	263	460	236
邵阳市	103919	32325	29541	533	1780	189	282	261	57
岳阳市	65244	21986	20166	111	898	689	122	399	
常德市	86077	41718	37779	476	1566	1430	467	201	20
张家界市	26168	7875	7134	110	553	31	47	105	30
益阳市	52308	21240	18722	284	977	988	269	135	8
郴州市	60543	21048	18951	496	1207	173	221	986	279
永州市	65689	24956	22353	519	1396	329	359	145	5
怀化市	86796	30718	27377	599	2181	254	307	410	20
娄底市	56312	13819	12234	95	1332	94	64	680	377
湘西州	22815	9214	8297	130	682	37	68	95	1
女	**502445**	**224425**	**202711**	**2331**	**15754**	**2341**	**1288**	**540**	**124**
长沙市	28323	9056	6813	973	1195	49	26	22	3
株洲市	28252	10278	9213	157	822	66	20	32	6
湘潭市	17778	7408	6512	8	826	31	31	14	3
衡阳市	49291	19745	18668	97	728	147	105	73	19
邵阳市	64467	29038	26174	204	2460	88	112	33	6
岳阳市	32530	13131	11898	24	832	336	41	54	1
常德市	56990	33828	30944	77	1719	825	263	19	2
张家界市	16778	7125	6609	17	475	6	18	16	4
益阳市	26875	12477	11356	66	544	448	63	15	
郴州市	39754	18593	17306	211	865	81	130	123	52
永州市	42543	19799	18022	234	1187	154	202	23	1
怀化市	52758	24178	21611	198	2088	68	213	36	1
娄底市	31635	12653	10993	27	1578	34	21	67	25
湘西州	14471	7116	6592	38	435	8	43	13	1

C-4-4c 续表 1

单位：人

地区 性别	采矿业						制造业		
	石油和天然气开采业	黑色金属矿采选业	有色金属矿采选业	非金属矿采选业	开采专业及辅助性活动	其他采矿业	小计	农副食品加工业	食品制造业
全省	**16**	**205**	**1186**	**1670**	**214**	**373**	**191068**	**7825**	**4613**
长沙市	3	2	23	121	8	34	12449	486	421
株洲市		26	42	108	4	10	13762	416	178
湘潭市		8	3	59	3	6	4113	296	782
衡阳市	2	25	29	168	26	28	17762	818	297
邵阳市		7	62	144	15	3	29636	1077	403
岳阳市	3	14	261	114	5	55	12954	863	433
常德市	1	12	28	118	16	23	14897	623	435
张家界市		9	1	61	2	14	5592	120	103
益阳市		5	56	75	5	1	8763	867	548
郴州市	1	28	372	153	79	145	15726	482	152
永州市		19	15	115	3	10	16652	444	226
怀化市	6	5	203	184	13	14	25003	712	360
娄底市		20	88	186	32	19	9090	444	236
湘西州		25	3	64	3	11	4669	177	39
男	**12**	**185**	**1058**	**1470**	**184**	**339**	**114749**	**4566**	**1920**
长沙市	2	2	20	113	6	29	7670	288	146
株洲市		25	38	89	4	8	7883	254	81
湘潭市		8	2	51	2	5	2372	171	169
衡阳市	1	15	26	134	21	27	10066	485	135
邵阳市		6	54	130	12	2	17534	627	209
岳阳市	3	14	230	103	5	44	8575	505	201
常德市	1	12	27	104	14	23	9227	362	210
张家界市		8	1	53	2	11	3460	63	37
益阳市		5	51	66	4	1	5654	456	268
郴州市		27	336	134	72	138	9081	286	75
永州市		16	14	98	2	10	9216	263	110
怀化市	5	5	184	171	11	14	15495	424	166
娄底市		18	72	169	27	17	5725	273	95
湘西州		24	3	55	2	10	2791	109	18
女	**4**	**20**	**128**	**200**	**30**	**34**	**76319**	**3259**	**2693**
长沙市	1		3	8	2	5	4779	198	275
株洲市		1	4	19		2	5879	162	97
湘潭市			1	8	1	1	1741	125	613
衡阳市	1	10	3	34	5	1	7696	333	162
邵阳市		1	8	14	3	1	12102	450	194
岳阳市			31	11		11	4379	358	232
常德市			1	14	2		5670	261	225
张家界市		1		8		3	2132	57	66
益阳市			5	9	1		3109	411	280
郴州市	1	1	36	19	7	7	6645	196	77
永州市		3	1	17	1		7436	181	116
怀化市	1		19	13	2		9508	288	194
娄底市		2	16	17	5	2	3365	171	141
湘西州		1		9	1	1	1878	68	21

C-4-4c 续表 2

单位：人

地区 性别	制造业								
	酒、饮料和精制茶制造业	烟草制品业	纺织业	纺织服装、服饰业	皮革、毛皮、羽毛及其制品和制鞋业	木材加工和木、竹、藤、棕、草制品业	家具制造业	造纸和纸制品业	印刷和记录媒介复制业
全 省	**2328**	**289**	**5157**	**16913**	**14650**	**7631**	**6971**	**2749**	**1909**
长沙市	101	34	121	209	86	503	393	259	119
株洲市	67	5	359	1382	648	630	406	217	93
湘潭市	42	1	42	74	148	84	95	30	61
衡阳市	94	12	525	3241	2019	496	655	242	133
邵阳市	126	12	731	3030	2891	879	1070	455	416
岳阳市	733	5	261	703	373	672	791	140	95
常德市	207	93	421	1379	1633	641	451	261	139
张家界市	62	8	219	530	414	213	347	72	51
益阳市	231	6	217	419	286	1043	253	103	95
郴州市	103	39	571	1211	907	396	378	248	114
永州市	54	36	543	2068	1893	679	470	174	115
怀化市	190	10	799	1863	2145	893	1205	417	243
娄底市	78	10	224	435	565	327	324	98	213
湘西州	240	18	124	369	642	175	133	33	22
男	**1476**	**143**	**2514**	**6605**	**7280**	**5624**	**5183**	**1688**	**1268**
长沙市	59	17	49	45	26	382	286	152	70
株洲市	42	1	158	466	349	450	293	119	66
湘潭市	25		16	10	53	59	76	16	40
衡阳市	59	7	246	1274	959	345	483	157	91
邵阳市	74	11	372	1230	1396	665	799	287	286
岳阳市	502	3	123	304	214	562	634	86	66
常德市	136	45	205	584	838	514	366	157	85
张家界市	35	6	121	217	215	168	240	44	36
益阳市	156	5	101	184	170	682	204	70	61
郴州市	55	15	272	419	450	290	279	148	75
永州市	32	13	264	771	804	463	337	106	79
怀化市	124	6	424	820	1237	648	860	269	163
娄底市	43	5	104	156	214	249	240	57	140
湘西州	134	9	59	125	355	147	86	20	10
女	**852**	**146**	**2643**	**10308**	**7370**	**2007**	**1788**	**1061**	**641**
长沙市	42	17	72	164	60	121	107	107	49
株洲市	25	4	201	916	299	180	113	98	27
湘潭市	17	1	26	64	95	25	19	14	21
衡阳市	35	5	279	1967	1060	151	172	85	42
邵阳市	52	1	359	1800	1495	214	271	168	130
岳阳市	231	2	138	399	159	110	157	54	29
常德市	71	48	216	795	795	127	85	104	54
张家界市	27	2	98	313	199	45	107	28	15
益阳市	75	1	116	235	116	361	49	33	34
郴州市	48	24	299	792	457	106	99	100	39
永州市	22	23	279	1297	1089	216	133	68	36
怀化市	66	4	375	1043	908	245	345	148	80
娄底市	35	5	120	279	351	78	84	41	73
湘西州	106	9	65	244	287	28	47	13	12

C-4-4c 续表 3

单位：人

地 区 性 别	制造业 文教、工美、体育和娱乐用品制造业	石油、煤炭及其他燃料加工业	化学原料和化学制品制造业	医 药制造业	化学纤维制造业	橡胶和塑 料制品业	非金属矿 物制品业	黑色金属冶炼和压延加工业	有色金属冶炼和压延加工业
全 省	**6206**	**385**	**9487**	**1362**	**125**	**6002**	**11823**	**903**	**1032**
长沙市	146	23	3734	188	15	306	919	53	44
株洲市	205	21	2236	60	6	276	1628	28	68
湘潭市	84	2	74	37	1	123	289	81	17
衡阳市	586	33	324	81	3	505	861	67	80
邵阳市	1310	39	365	170	12	1246	1027	78	67
岳阳市	326	39	400	212	8	443	1038	19	46
常德市	384	20	697	161	15	438	928	109	109
张家界市	254	10	69	26	5	265	464	48	23
益阳市	132	27	187	66	9	226	579	47	43
郴州市	755	29	535	47	6	325	818	38	235
永州市	597	21	277	68	7	440	770	64	48
怀化市	1099	33	410	185	24	980	1353	111	114
娄底市	236	85	166	48	4	246	834	128	81
湘西州	92	3	13	13	10	183	315	32	57
男	**3013**	**277**	**5179**	**721**	**79**	**3703**	**8669**	**769**	**768**
长沙市	75	16	1784	90	10	193	671	49	33
株洲市	91	12	1112	33	3	174	965	23	49
湘潭市	30	1	53	14	1	66	232	74	15
衡阳市	282	23	201	44	2	308	640	54	60
邵阳市	671	28	244	100	10	779	785	64	47
岳阳市	174	35	307	107	4	285	816	17	37
常德市	206	18	421	84	7	268	694	92	82
张家界市	128	7	44	18	2	163	361	43	20
益阳市	70	21	137	36	5	146	461	41	38
郴州市	300	21	324	29	4	212	619	34	166
永州市	227	12	159	36	4	267	576	51	37
怀化市	582	25	261	93	17	591	1007	92	84
娄底市	126	55	121	30	3	148	606	110	60
湘西州	51	3	11	7	7	103	236	25	40
女	**3193**	**108**	**4308**	**641**	**46**	**2299**	**3154**	**134**	**264**
长沙市	71	7	1950	98	5	113	248	4	11
株洲市	114	9	1124	27	3	102	663	5	19
湘潭市	54	1	21	23		57	57	7	2
衡阳市	304	10	123	37	1	197	221	13	20
邵阳市	639	11	121	70	2	467	242	14	20
岳阳市	152	4	93	105	4	158	222	2	9
常德市	178	2	276	77	8	170	234	17	27
张家界市	126	3	25	8	3	102	103	5	3
益阳市	62	6	50	30	4	80	118	6	5
郴州市	455	8	211	18	2	113	199	4	69
永州市	370	9	118	32	3	173	194	13	11
怀化市	517	8	149	92	7	389	346	19	30
娄底市	110	30	45	18	1	98	228	18	21
湘西州	41		2	6	3	80	79	7	17

C-4-4c 续表 4 单位：人

地区 性别	制造业								
	金属制品业	通用设备制造业	专用设备制造业	汽车制造业	铁路、船舶、航空航天和其他运输设备制造业	电气机械和器材制造业	计算机、通信和其他电子设备制造业	仪器仪表制造业	其他制造业
全省	**14661**	**7883**	**5555**	**2529**	**779**	**6844**	**37786**	**1187**	**2304**
长沙市	882	1209	417	533	29	327	584	37	88
株洲市	851	549	433	221	181	547	1740	57	76
湘潭市	351	332	184	118	19	219	358	37	70
衡阳市	1037	612	527	164	47	592	3106	141	186
邵阳市	2367	860	980	276	85	1150	7417	186	478
岳阳市	653	523	346	113	21	357	2904	73	77
常德市	884	765	402	190	80	479	2447	88	135
张家界市	541	219	88	84	40	179	815	47	195
益阳市	595	278	231	77	29	207	1625	32	100
郴州市	1381	482	423	99	36	513	4744	113	185
永州市	1041	433	434	90	32	721	4334	73	235
怀化市	2675	997	607	390	135	1052	5172	234	326
娄底市	901	493	378	132	33	379	1592	42	118
湘西州	502	131	105	42	12	122	948	27	35
男	**11124**	**5924**	**3889**	**1823**	**608**	**4237**	**21136**	**792**	**1268**
长沙市	696	996	335	408	26	228	309	28	50
株洲市	638	436	300	159	144	336	903	38	40
湘潭市	298	266	138	83	17	126	207	28	41
衡阳市	790	423	366	110	39	371	1703	99	100
邵阳市	1711	619	697	202	63	713	4165	130	223
岳阳市	531	397	254	88	15	236	1721	39	56
常德市	685	623	280	140	66	303	1388	60	78
张家界市	395	155	57	59	29	107	478	30	120
益阳市	504	211	162	63	25	129	999	21	57
郴州市	1056	339	273	72	30	288	2531	70	100
永州市	817	286	280	56	26	413	2351	50	130
怀化市	1957	698	407	257	90	682	2967	144	183
娄底市	694	377	277	99	30	239	879	31	73
湘西州	352	98	63	27	8	66	535	24	17
女	**3537**	**1959**	**1666**	**706**	**171**	**2607**	**16650**	**395**	**1036**
长沙市	186	213	82	125	3	99	275	9	38
株洲市	213	113	133	62	37	211	837	19	36
湘潭市	53	66	46	35	2	93	151	9	29
衡阳市	247	189	161	54	8	221	1403	42	86
邵阳市	656	241	283	74	22	437	3252	56	255
岳阳市	122	126	92	25	6	121	1183	34	21
常德市	199	142	122	50	14	176	1059	28	57
张家界市	146	64	31	25	11	72	337	17	75
益阳市	91	67	69	14	4	78	626	11	43
郴州市	325	143	150	27	6	225	2213	43	85
永州市	224	147	154	34	6	308	1983	23	105
怀化市	718	299	200	133	45	370	2205	90	143
娄底市	207	116	101	33	3	140	713	11	45
湘西州	150	33	42	15	4	56	413	3	18

C-4-4c 续表 5

单位：人

地区 性别	制造业		电力、热力、燃气及水生产和供应业				建筑业		
	废弃资源综合利用业	金属制品、机械和设备修理业	小计	电力、热力生产和供应业	燃气生产和供应业	水的生产和供应业	小计	房屋建筑业	土木工程建筑业
全省	**1782**	**1398**	**4125**	**2624**	**819**	**682**	**227927**	**140327**	**10505**
长沙市	120	63	371	175	79	117	12728	6766	766
株洲市	68	110	296	201	51	44	9991	5530	379
湘潭市	40	22	82	51	18	13	9298	5524	532
衡阳市	121	157	295	159	86	50	25888	14112	917
邵阳市	273	160	438	275	93	70	30550	21160	1002
岳阳市	224	63	320	195	60	65	16243	8005	716
常德市	105	178	312	192	62	58	16436	10227	1015
张家界市	40	41	129	84	22	23	7416	4831	413
益阳市	122	83	271	166	67	38	11750	7128	652
郴州市	236	125	434	324	74	36	15684	9534	456
永州市	166	99	241	171	36	34	21032	13206	569
怀化市	115	154	489	328	86	75	23016	15297	1397
娄底市	130	110	353	231	74	48	21420	14558	1204
湘西州	22	33	94	72	11	11	6475	4449	487
男	**1326**	**1177**	**3348**	**2203**	**595**	**550**	**198297**	**119840**	**9687**
长沙市	98	55	301	148	49	104	11766	6198	716
株洲市	51	97	253	170	46	37	9076	4940	349
湘潭市	28	19	73	48	14	11	8328	4783	497
衡阳市	87	123	232	142	58	32	21950	11773	854
邵阳市	194	133	348	225	67	56	26405	18107	931
岳阳市	195	61	258	165	41	52	14902	7192	664
常德市	76	154	263	170	43	50	14927	9169	944
张家界市	30	32	108	73	18	17	6606	4221	395
益阳市	96	75	221	132	57	32	10538	6296	596
郴州市	159	90	342	257	54	31	13097	7722	423
永州市	119	77	185	135	28	22	16902	10487	500
怀化市	77	140	391	276	55	60	20071	13092	1298
娄底市	98	93	295	201	57	37	18597	12453	1096
湘西州	18	28	78	61	8	9	5132	3407	424
女	**456**	**221**	**777**	**421**	**224**	**132**	**29630**	**20487**	**818**
长沙市	22	8	70	27	30	13	962	568	50
株洲市	17	13	43	31	5	7	915	590	30
湘潭市	12	3	9	3	4	2	970	741	35
衡阳市	34	34	63	17	28	18	3938	2339	63
邵阳市	79	27	90	50	26	14	4145	3053	71
岳阳市	29	2	62	30	19	13	1341	813	52
常德市	29	24	49	22	19	8	1509	1058	71
张家界市	10	9	21	11	4	6	810	610	18
益阳市	26	8	50	34	10	6	1212	832	56
郴州市	77	35	92	67	20	5	2587	1812	33
永州市	47	22	56	36	8	12	4130	2719	69
怀化市	38	14	98	52	31	15	2945	2205	99
娄底市	32	17	58	30	17	11	2823	2105	108
湘西州	4	5	16	11	3	2	1343	1042	63

C-4-4c 续表 6

单位：人

地区 性别	建筑业		批发和零售业			交通运输、仓储和邮政业			
	建筑安装业	建筑装饰、装修和其他建筑业	小计	批发业	零售业	小计	铁路运输业	道路运输业	水上运输业
全省	**10290**	**66805**	**133555**	**32054**	**101501**	**47298**	**583**	**32039**	**346**
长沙市	824	4372	8964	2671	6293	3172	29	2304	18
株洲市	653	3429	8414	1917	6497	2947	59	2037	14
湘潭市	590	2652	4940	1427	3513	1398	15	1044	5
衡阳市	1034	9825	15619	4961	10658	5270	61	3274	28
邵阳市	1403	6985	17517	3650	13867	5351	47	3453	29
岳阳市	828	6694	11221	2609	8612	3515	29	2357	16
常德市	692	4502	12524	2621	9903	4167	26	2941	41
张家界市	363	1809	4046	1006	3040	1666	36	1123	19
益阳市	533	3437	8772	2242	6530	2775	23	1847	38
郴州市	726	4968	9003	2067	6936	3954	47	2894	17
永州市	647	6610	9161	2296	6865	3088	26	2022	19
怀化市	926	5396	10628	2196	8432	5194	117	3166	67
娄底市	862	4796	10268	1763	8505	3681	57	2789	24
湘西州	209	1330	2478	628	1850	1120	11	788	11
男	**9614**	**59156**	**68819**	**19591**	**49228**	**41824**	**469**	**29605**	**276**
长沙市	796	4056	4609	1730	2879	2725	24	2089	14
株洲市	622	3165	4060	1110	2950	2619	53	1898	13
湘潭市	565	2483	2448	775	1673	1236	11	956	5
衡阳市	937	8386	8273	2966	5307	4504	49	2961	20
邵阳市	1298	6069	9492	2263	7229	4734	38	3193	21
岳阳市	799	6247	6112	1716	4396	3110	23	2166	16
常德市	646	4168	6233	1590	4643	3709	23	2716	33
张家界市	348	1642	2008	627	1381	1495	32	1043	17
益阳市	504	3142	4905	1435	3470	2513	17	1749	34
郴州市	674	4278	4631	1232	3399	3604	33	2746	11
永州市	586	5329	4603	1349	3254	2722	18	1867	14
怀化市	861	4820	4896	1330	3566	4561	94	2903	53
娄底市	794	4254	5356	1101	4255	3314	46	2605	17
湘西州	184	1117	1193	367	826	978	8	713	8
女	**676**	**7649**	**64736**	**12463**	**52273**	**5474**	**114**	**2434**	**70**
长沙市	28	316	4355	941	3414	447	5	215	4
株洲市	31	264	4354	807	3547	328	6	139	1
湘潭市	25	169	2492	652	1840	162	4	88	
衡阳市	97	1439	7346	1995	5351	766	12	313	8
邵阳市	105	916	8025	1387	6638	617	9	260	8
岳阳市	29	447	5109	893	4216	405	6	191	
常德市	46	334	6291	1031	5260	458	3	225	8
张家界市	15	167	2038	379	1659	171	4	80	2
益阳市	29	295	3867	807	3060	262	6	98	4
郴州市	52	690	4372	835	3537	350	14	148	6
永州市	61	1281	4558	947	3611	366	8	155	5
怀化市	65	576	5732	866	4866	633	23	263	14
娄底市	68	542	4912	662	4250	367	11	184	7
湘西州	25	213	1285	261	1024	142	3	75	3

C-4-4c 续表 7

单位：人

地 区 性 别	交通运输、仓储和邮政业					住宿和餐饮业		
	航 空 运输业	管 道 运输业	多式联运 和运输 代理业	装卸搬运 和仓储业	邮政业	小计	住宿业	餐饮业
全 省	**256**	**27**	**1073**	**6611**	**6363**	**49825**	**6023**	**43802**
长沙市	56	4	95	270	396	4030	359	3671
株洲市	9		119	344	365	3255	348	2907
湘潭市	5		40	110	179	2519	196	2323
衡阳市	23	7	143	954	780	5091	540	4551
邵阳市	19	1	102	906	794	4218	542	3676
岳阳市	17	4	91	552	449	5059	576	4483
常德市	15		102	470	572	5356	605	4751
张家界市	20		48	220	200	2169	487	1682
益阳市	18		56	381	412	3535	523	3012
郴州市	15	2	74	455	450	3172	520	2652
永州市	7	4	44	540	426	2562	337	2225
怀化市	27	3	84	925	805	4734	545	4189
娄底市	22	1	62	294	432	2931	326	2605
湘西州	3	1	13	190	103	1194	119	1075
男	**159**	**22**	**869**	**5640**	**4784**	**23603**	**2302**	**21301**
长沙市	38	4	81	208	267	1963	124	1839
株洲市	4		85	300	266	1543	142	1401
湘潭市	4		33	99	128	1158	68	1090
衡阳市	11	3	103	786	571	2488	203	2285
邵阳市	15	1	85	768	613	2096	234	1862
岳阳市	9	4	74	467	351	2584	235	2349
常德市	9		84	412	432	2524	210	2314
张家界市	14		41	195	153	923	177	746
益阳市	11		52	341	309	1772	206	1566
郴州市	11	1	65	401	336	1446	216	1230
永州市	6	4	40	445	328	1164	122	1042
怀化市	14	3	65	805	624	2093	200	1893
娄底市	11	1	49	263	322	1324	129	1195
湘西州	2	1	12	150	84	525	36	489
女	**97**	**5**	**204**	**971**	**1579**	**26222**	**3721**	**22501**
长沙市	18		14	62	129	2067	235	1832
株洲市	5		34	44	99	1712	206	1506
湘潭市	1		7	11	51	1361	128	1233
衡阳市	12	4	40	168	209	2603	337	2266
邵阳市	4		17	138	181	2122	308	1814
岳阳市	8		17	85	98	2475	341	2134
常德市	6		18	58	140	2832	395	2437
张家界市	6		7	25	47	1246	310	936
益阳市	7		4	40	103	1763	317	1446
郴州市	4	1	9	54	114	1726	304	1422
永州市	1		4	95	98	1398	215	1183
怀化市	13		19	120	181	2641	345	2296
娄底市	11		13	31	110	1607	197	1410
湘西州	1		1	40	19	669	83	586

C-4-4c 续表 8

单位：人

地区 性别	信息传输、软件和信息技术服务业				金融业				
	小计	电信、广播电视和卫星传输服务	互联网和相关服务	软件和信息技术服务业	小计	货币金融服务	资本市场服务	保险业	其他金融业
全省	**9118**	**1666**	**4091**	**3361**	**5069**	**1264**	**265**	**3032**	**508**
长沙市	644	126	235	283	477	131	21	276	49
株洲市	515	113	145	257	326	105	22	166	33
湘潭市	235	62	56	117	269	57	9	196	7
衡阳市	916	152	384	380	487	97	37	298	55
邵阳市	1097	185	497	415	553	146	23	334	50
岳阳市	838	148	313	377	596	98	29	386	83
常德市	908	158	413	337	488	122	15	303	48
张家界市	299	59	120	120	168	40	4	106	18
益阳市	560	107	286	167	327	80	11	213	23
郴州市	921	105	632	184	365	84	22	222	37
永州市	447	85	209	153	223	52	20	128	23
怀化市	890	184	449	257	380	125	25	193	37
娄底市	751	161	302	288	347	106	20	184	37
湘西州	97	21	50	26	63	21	7	27	8
男	**5867**	**1011**	**2445**	**2411**	**2449**	**625**	**173**	**1365**	**286**
长沙市	419	77	136	206	183	53	13	96	21
株洲市	326	57	88	181	137	42	13	64	18
湘潭市	161	37	36	88	118	23	7	86	2
衡阳市	617	90	239	288	244	55	22	135	32
邵阳市	734	125	302	307	289	76	14	158	41
岳阳市	531	92	178	261	318	56	21	199	42
常德市	516	84	205	227	229	46	12	146	25
张家界市	178	34	67	77	66	12	2	43	9
益阳市	360	69	166	125	173	45	8	109	11
郴州市	546	57	348	141	193	41	15	114	23
永州市	296	53	143	100	114	33	15	53	13
怀化市	622	123	316	183	190	69	15	83	23
娄底市	503	99	192	212	161	58	14	67	22
湘西州	58	14	29	15	34	16	2	12	4
女	**3251**	**655**	**1646**	**950**	**2620**	**639**	**92**	**1667**	**222**
长沙市	225	49	99	77	294	78	8	180	28
株洲市	189	56	57	76	189	63	9	102	15
湘潭市	74	25	20	29	151	34	2	110	5
衡阳市	299	62	145	92	243	42	15	163	23
邵阳市	363	60	195	108	264	70	9	176	9
岳阳市	307	56	135	116	278	42	8	187	41
常德市	392	74	208	110	259	76	3	157	23
张家界市	121	25	53	43	102	28	2	63	9
益阳市	200	38	120	42	154	35	3	104	12
郴州市	375	48	284	43	172	43	7	108	14
永州市	151	32	66	53	109	19	5	75	10
怀化市	268	61	133	74	190	56	10	110	14
娄底市	248	62	110	76	186	48	6	117	15
湘西州	39	7	21	11	29	5	5	15	4

C-4-4c 续表 9

单位：人

地区 性别	房地产业		租赁和商务服务业			科学研究和技术服务业			
	小计	房地产业	小计	租赁业	商务服务业	小计	研究和试验发展	专业技术服务业	科技推广和应用服务业
全省	**9186**	**9186**	**25090**	**2395**	**22695**	**6893**	**540**	**3932**	**2421**
长沙市	774	774	2121	394	1727	613	73	401	139
株洲市	579	579	878	115	763	284	22	201	61
湘潭市	707	707	1377	113	1264	206	12	126	68
衡阳市	1092	1092	2592	227	2365	1135	32	464	639
邵阳市	1011	1011	3080	289	2791	763	74	518	171
岳阳市	800	800	1928	244	1684	635	74	308	253
常德市	860	860	2344	202	2142	433	34	308	91
张家界市	248	248	1618	65	1553	326	18	150	158
益阳市	516	516	1531	118	1413	566	32	298	236
郴州市	608	608	1160	100	1060	376	40	236	100
永州市	500	500	1667	180	1487	478	24	231	223
怀化市	745	745	1856	116	1740	496	57	326	113
娄底市	631	631	2250	187	2063	414	45	287	82
湘西州	115	115	688	45	643	168	3	78	87
男	**6020**	**6020**	**16506**	**2174**	**14332**	**4751**	**389**	**2901**	**1461**
长沙市	470	470	1363	336	1027	437	47	304	86
株洲市	362	362	557	105	452	193	13	144	36
湘潭市	447	447	824	110	714	146	8	93	45
衡阳市	712	712	1679	203	1476	735	27	348	360
邵阳市	698	698	2189	261	1928	526	52	376	98
岳阳市	547	547	1297	233	1064	469	58	237	174
常德市	557	557	1480	192	1288	307	24	218	65
张家界市	161	161	1024	59	965	195	12	110	73
益阳市	358	358	1011	111	900	413	24	232	157
郴州市	398	398	814	90	724	257	28	177	52
永州市	317	317	1101	160	941	304	18	154	132
怀化市	512	512	1242	98	1144	353	39	237	77
娄底市	415	415	1513	175	1338	313	37	216	60
湘西州	66	66	412	41	371	103	2	55	46
女	**3166**	**3166**	**8584**	**221**	**8363**	**2142**	**151**	**1031**	**960**
长沙市	304	304	758	58	700	176	26	97	53
株洲市	217	217	321	10	311	91	9	57	25
湘潭市	260	260	553	3	550	60	4	33	23
衡阳市	380	380	913	24	889	400	5	116	279
邵阳市	313	313	891	28	863	237	22	142	73
岳阳市	253	253	631	11	620	166	16	71	79
常德市	303	303	864	10	854	126	10	90	26
张家界市	87	87	594	6	588	131	6	40	85
益阳市	158	158	520	7	513	153	8	66	79
郴州市	210	210	346	10	336	119	12	59	48
永州市	183	183	566	20	546	174	6	77	91
怀化市	233	233	614	18	596	143	18	89	36
娄底市	216	216	737	12	725	101	8	71	22
湘西州	49	49	276	4	272	65	1	23	41

C-4-4c 续表 10

单位：人

地 区 性 别	水利、环境和公共设施管理业					居民服务、修理和其他服务业			
	小计	水 利 管理业	生态保护 和环境 治理业	公共设施 管理业	土 地 管理业	小计	居 民 服务业	机动车、 电子产品 和日用产 品修理业	其 他 服务业
全 省	**6491**	**261**	**534**	**5646**	**50**	**41214**	**24619**	**9279**	**7316**
长沙市	662	25	45	582	10	3221	2068	736	417
株洲市	313	11	6	293	3	2901	1865	656	380
湘潭市	151	6	7	138		1619	1041	408	170
衡阳市	564	36	31	495	2	3468	1925	853	690
邵阳市	970	40	78	850	2	4676	2526	1051	1099
岳阳市	399	13	51	331	4	3277	1963	868	446
常德市	431	34	38	351	8	3432	2005	875	552
张家界市	278	5	22	245	6	1303	714	268	321
益阳市	294	18	27	247	2	2185	1384	496	305
郴州市	562	14	31	515	2	3511	2303	562	646
永州市	554	8	36	504	6	2806	1485	502	819
怀化市	664	20	54	588	2	3935	2278	980	677
娄底市	409	25	49	332	3	3432	2024	880	528
湘西州	240	6	59	175		1448	1038	144	266
男	**4030**	**223**	**424**	**3341**	**42**	**19746**	**8445**	**8092**	**3209**
长沙市	460	23	39	390	8	1379	509	666	204
株洲市	183	8	5	167	3	1084	390	554	140
湘潭市	88	5	7	76		655	237	356	62
衡阳市	320	30	21	268	1	1634	633	740	261
邵阳市	608	37	57	512	2	2243	821	910	512
岳阳市	289	12	43	231	3	1740	715	784	241
常德市	286	26	26	227	7	1728	704	769	255
张家界市	153	4	15	129	5	589	214	234	141
益阳市	204	17	24	162	1	1109	509	441	159
郴州市	312	12	23	275	2	1839	1085	482	272
永州市	325	7	31	281	6	1368	594	438	336
怀化市	397	18	47	331	1	1839	730	835	274
娄底市	254	18	35	198	3	1709	732	759	218
湘西州	151	6	51	94		830	572	124	134
女	**2461**	**38**	**110**	**2305**	**8**	**21468**	**16174**	**1187**	**4107**
长沙市	202	2	6	192	2	1842	1559	70	213
株洲市	130	3	1	126		1817	1475	102	240
湘潭市	63	1		62		964	804	52	108
衡阳市	244	6	10	227	1	1834	1292	113	429
邵阳市	362	3	21	338		2433	1705	141	587
岳阳市	110	1	8	100	1	1537	1248	84	205
常德市	145	8	12	124	1	1704	1301	106	297
张家界市	125	1	7	116	1	714	500	34	180
益阳市	90	1	3	85	1	1076	875	55	146
郴州市	250	2	8	240		1672	1218	80	374
永州市	229	1	5	223		1438	891	64	483
怀化市	267	2	7	257	1	2096	1548	145	403
娄底市	155	7	14	134		1723	1292	121	310
湘西州	89		8	81		618	466	20	132

C-4-4c 续表 11　　　　单位：人

地区 性别	教育		卫生和社会工作			文化、体育和娱乐业				
	小计	教育	小计	卫生	社会工作	小计	新闻和出版业	广播、电视、电影和录音制作业	文化艺术业	体育
全　省	**24864**	**24864**	**11204**	**10502**	**702**	**4420**	**114**	**253**	**937**	**658**
长沙市	2052	2052	850	763	87	530	15	30	84	50
株洲市	1295	1295	609	578	31	374	8	8	64	32
湘潭市	1145	1145	415	367	48	227	3	8	38	23
衡阳市	2340	2340	956	913	43	306	8	23	63	66
邵阳市	3089	3089	1426	1308	118	365	14	33	105	68
岳阳市	1926	1926	735	704	31	357	11	9	83	47
常德市	1793	1793	970	919	51	452	14	28	121	52
张家界市	1070	1070	388	359	29	230	4	7	58	34
益阳市	1376	1376	810	736	74	331	10	18	55	46
郴州市	1816	1816	734	691	43	225	2	18	55	47
永州市	1733	1733	743	714	29	198	3	12	50	46
怀化市	2596	2596	1248	1192	56	421	10	29	66	94
娄底市	1972	1972	1052	1013	39	318	12	23	73	45
湘西州	661	661	268	245	23	86		7	22	8
男	**8966**	**8966**	**4364**	**4079**	**285**	**2365**	**60**	**153**	**535**	**408**
长沙市	687	687	282	262	20	247	6	18	50	27
株洲市	372	372	234	223	11	174	3	4	38	21
湘潭市	413	413	158	139	19	102	1	8	22	14
衡阳市	869	869	400	379	21	167	6	15	36	35
邵阳市	1161	1161	598	534	64	229	11	20	62	43
岳阳市	684	684	303	282	21	193	5	6	57	25
常德市	626	626	377	356	21	230	5	14	66	31
张家界市	387	387	132	125	7	108		3	28	18
益阳市	507	507	351	318	33	178	4	13	28	33
郴州市	649	649	255	240	15	135	1	9	31	34
永州市	667	667	292	281	11	130	2	7	38	36
怀化市	933	933	433	415	18	249	7	18	34	56
娄底市	711	711	436	423	13	173	9	14	32	32
湘西州	300	300	113	102	11	50		4	13	3
女	**15898**	**15898**	**6840**	**6423**	**417**	**2055**	**54**	**100**	**402**	**250**
长沙市	1365	1365	568	501	67	283	9	12	34	23
株洲市	923	923	375	355	20	200	5	4	26	11
湘潭市	732	732	257	228	29	125	2		16	9
衡阳市	1471	1471	556	534	22	139	2	8	27	31
邵阳市	1928	1928	828	774	54	136	3	13	43	25
岳阳市	1242	1242	432	422	10	164	6	3	26	22
常德市	1167	1167	593	563	30	222	9	14	55	21
张家界市	683	683	256	234	22	122	4	4	30	16
益阳市	869	869	459	418	41	153	6	5	27	13
郴州市	1167	1167	479	451	28	90	1	9	24	13
永州市	1066	1066	451	433	18	68	1	5	12	10
怀化市	1663	1663	815	777	38	172	3	11	32	38
娄底市	1261	1261	616	590	26	145	3	9	41	13
湘西州	361	361	155	143	12	36		3	9	5

C-4-4c 续表 12 单位：人

地区 性别	娱乐业	公共管理、社会保障和社会组织							国际组织	
		小计	中国共产党机关	国家机构	人民政协、民主党派	社会保障	群众团体、社会团体和其他成员组织	基层群众自治组织	小计	国际组织
全 省	**2458**	**18597**	**294**	**8618**	**8**	**70**	**1629**	**7978**	**3**	**3**
长沙市	351	1400	27	719	1		175	478		
株洲市	262	768	4	386			13	365		
湘潭市	155	979	3	428			198	350		
衡阳市	146	1900	39	702	1	11	171	976	2	2
邵阳市	145	1988	22	1051		12	151	752	1	1
岳阳市	207	1401	19	636	1	7	183	555		
常德市	237	1498	40	674	1	7	133	643		
张家界市	127	879	19	431	1	5	85	338		
益阳市	202	954	5	377			86	486		
郴州市	103	1296	10	627		3	55	601		
永州市	87	1224	29	563	1	10	93	528		
怀化市	222	1917	40	993		4	127	753		
娄底市	165	1409	29	647		3	88	642		
湘西州	49	984	8	384	2	8	71	511		
男	**1209**	**12762**	**223**	**6335**	**6**	**42**	**915**	**5241**	**1**	**1**
长沙市	146	852	12	462	1		101	276		
株洲市	108	509	4	260			9	236		
湘潭市	57	597	3	308			82	204		
衡阳市	75	1320	34	537	1	6	102	640		
邵阳市	93	1448	18	831		9	93	497	1	1
岳阳市	100	947	15	457		2	99	374		
常德市	114	939	21	445	1	3	70	399		
张家界市	59	595	15	307	1	2	48	222		
益阳市	100	666	5	289			54	318		
郴州市	60	910	8	458		2	32	410		
永州市	47	882	25	433	1	7	53	363		
怀化市	134	1391	32	755		3	67	534		
娄底市	86	1014	23	499		3	63	426		
湘西州	30	692	8	294	1	5	42	342		
女	**1249**	**5835**	**71**	**2283**	**2**	**28**	**714**	**2737**	**2**	**2**
长沙市	205	548	15	257			74	202		
株洲市	154	259		126			4	129		
湘潭市	98	382		120			116	146		
衡阳市	71	580	5	165		5	69	336	2	2
邵阳市	52	540	4	220		3	58	255		
岳阳市	107	454	4	179	1	5	84	181		
常德市	123	559	19	229		4	63	244		
张家界市	68	284	4	124		3	37	116		
益阳市	102	288		88			32	168		
郴州市	43	386	2	169		1	23	191		
永州市	40	342	4	130		3	40	165		
怀化市	88	526	8	238		1	60	219		
娄底市	79	395	6	148			25	216		
湘西州	19	292		90	1	3	29	169		

C-4-5 全省分年龄、性别、行业大类的就业人口

单位：人

年龄组 性别	合计	农、林、牧、渔业						采矿业	
		小计	农业	林业	畜牧业	渔业	农、林、牧、渔专业及辅助性活动	小计	煤炭开采和洗选业
总　计	**3041080**	**680331**	**607956**	**11060**	**43944**	**10783**	**6588**	**11602**	**3417**
16-19 岁	44485	5190	4651	78	303	72	86	34	11
20-24 岁	170597	14353	12632	261	919	246	295	256	43
25-29 岁	258107	23109	20101	416	1573	568	451	527	90
30-34 岁	462475	47566	41104	1053	3345	1181	883	1084	167
35-39 岁	372365	41973	36081	941	3317	935	699	1186	234
40-44 岁	331128	45617	39356	982	3600	1022	657	1469	386
45-49 岁	421207	80608	70432	1711	5835	1679	951	2487	788
50-54 岁	416188	119075	105884	2251	7785	2058	1097	2687	1004
55-59 岁	284432	108690	98196	1748	6481	1468	797	1374	486
60-64 岁	119797	70960	65437	712	3760	719	332	271	100
65-69 岁	96658	70173	65111	619	3703	519	221	132	46
70-74 岁	42572	35008	32480	224	2000	225	79	58	39
75 岁及以上	21069	18009	16491	64	1323	91	40	37	23
男	**1831395**	**379290**	**337188**	**7690**	**22600**	**7416**	**4396**	**9959**	**2925**
16-19 岁	26988	3237	2886	55	182	55	59	25	5
20-24 岁	94606	8459	7388	173	539	178	181	207	32
25-29 岁	147504	13105	11228	272	906	404	295	431	71
30-34 岁	265953	26441	22480	687	1869	820	585	891	135
35-39 岁	215347	22437	18949	635	1788	630	435	988	187
40-44 岁	191228	24103	20451	648	1908	681	415	1179	304
45-49 岁	250055	42171	36303	1129	3005	1107	627	2114	666
50-54 岁	262068	61384	53947	1588	3734	1369	746	2403	907
55-59 岁	192517	58473	52338	1281	3275	1009	570	1287	449
60-64 岁	80134	42217	38998	533	1906	528	252	239	83
65-69 岁	63102	43016	40176	463	1842	386	149	118	37
70-74 岁	28232	22642	21220	176	1014	179	53	47	32
75 岁及以上	13661	11605	10824	50	632	70	29	30	17
女	**1209685**	**301041**	**270768**	**3370**	**21344**	**3367**	**2192**	**1643**	**492**
16-19 岁	17497	1953	1765	23	121	17	27	9	6
20-24 岁	75991	5894	5244	88	380	68	114	49	11
25-29 岁	110603	10004	8873	144	667	164	156	96	19
30-34 岁	196522	21125	18624	366	1476	361	298	193	32
35-39 岁	157018	19536	17132	306	1529	305	264	198	47
40-44 岁	139900	21514	18905	334	1692	341	242	290	82
45-49 岁	171152	38437	34129	582	2830	572	324	373	122
50-54 岁	154120	57691	51937	663	4051	689	351	284	97
55-59 岁	91915	50217	45858	467	3206	459	227	87	37
60-64 岁	39663	28743	26439	179	1854	191	80	32	17
65-69 岁	33556	27157	24935	156	1861	133	72	14	9
70-74 岁	14340	12366	11260	48	986	46	26	11	7
75 岁及以上	7408	6404	5667	14	691	21	11	7	6

C-4-5 续表 1　　单位：人

年龄组 性别	采矿业						制造业		
	石油和天然气开采业	黑色金属矿采选业	有色金属矿采选业	非金属矿采选业	开采专业及辅助性活动	其他采矿业	小计	农副食品加工业	食品制造业
总　计	**63**	**442**	**3207**	**3113**	**475**	**885**	**429451**	**19438**	**15536**
16-19 岁			4	16	1	2	9773	154	269
20-24 岁	6	14	70	98	10	15	29497	651	841
25-29 岁	6	19	175	192	16	29	40751	1225	1310
30-34 岁	12	45	293	424	55	88	79563	2428	2728
35-39 岁	14	44	339	398	67	90	64379	2239	2260
40-44 岁	8	62	438	393	59	123	53622	2150	1922
45-49 岁	5	82	735	556	96	225	64517	3360	2607
50-54 岁	5	95	724	579	97	183	51294	3511	2180
55-59 岁	4	62	359	308	50	105	24951	2078	975
60-64 岁	2	6	43	91	14	15	6305	805	261
65-69 岁		11	19	44	5	7	3363	579	139
70-74 岁	1		5	12	1		999	182	32
75 岁及以上		2	3	2	4	3	437	76	12
男	**45**	**381**	**2754**	**2696**	**380**	**778**	**259562**	**11258**	**6743**
16-19 岁			2	15	1	2	6368	98	137
20-24 岁	3	11	55	84	9	13	19254	393	407
25-29 岁	3	15	145	161	13	23	25805	696	650
30-34 岁	8	38	234	362	37	77	47530	1383	1188
35-39 岁	11	42	290	336	45	77	37166	1212	974
40-44 岁	6	44	349	327	42	107	29233	1086	787
45-49 岁	4	67	630	474	78	195	35647	1760	969
50-54 岁	4	87	645	509	89	162	32117	2080	899
55-59 岁	4	58	342	287	47	100	18176	1397	484
60-64 岁	2	6	36	89	10	13	4718	569	145
65-69 岁		11	19	40	5	6	2510	402	77
70-74 岁			4	10	1		738	128	19
75 岁及以上		2	3	2	3	3	300	54	7
女	**18**	**61**	**453**	**417**	**95**	**107**	**169889**	**8180**	**8793**
16-19 岁			2	1			3405	56	132
20-24 岁	3	3	15	14	1	2	10243	258	434
25-29 岁	3	4	30	31	3	6	14946	529	660
30-34 岁	4	7	59	62	18	11	32033	1045	1540
35-39 岁	3	2	49	62	22	13	27213	1027	1286
40-44 岁	2	18	89	66	17	16	24389	1064	1135
45-49 岁	1	15	105	82	18	30	28870	1600	1638
50-54 岁	1	8	79	70	8	21	19177	1431	1281
55-59 岁		4	17	21	3	5	6775	681	491
60-64 岁			7	2	4	2	1587	236	116
65-69 岁				4		1	853	177	62
70-74 岁	1		1	2			261	54	13
75 岁及以上					1		137	22	5

C-4-5 续表 2

单位：人

年龄组 性别	制造业								
	酒、饮料和精制茶制造业	烟草制品业	纺织业	纺织服装、服饰业	皮革、毛皮、羽毛及其制品和制鞋业	木材加工和木、竹、藤、棕、草制品业	家具制造业	造纸和纸制品业	印刷和记录媒介复制业
总 计	**5477**	**1695**	**11438**	**32008**	**27527**	**12846**	**11663**	**6329**	**5492**
16-19 岁	45	5	172	730	617	98	164	83	126
20-24 岁	238	48	551	2088	1636	320	522	287	325
25-29 岁	425	116	769	2882	2274	631	878	472	528
30-34 岁	848	228	1634	6040	4710	1392	1913	1071	1077
35-39 岁	738	186	1670	5371	4696	1328	1699	978	898
40-44 岁	659	220	1653	4432	4127	1256	1491	874	787
45-49 岁	849	389	2158	5168	4913	2225	1886	1036	797
50-54 岁	761	306	1759	3518	3086	2550	1788	897	597
55-59 岁	528	157	784	1340	1075	1896	963	439	252
60-64 岁	181	24	162	261	232	590	204	109	67
65-69 岁	136	13	73	133	102	382	112	60	24
70-74 岁	45	2	36	35	38	123	37	13	9
75 岁及以上	24	1	17	10	21	55	6	10	5
男	**3434**	**1056**	**5356**	**12335**	**12642**	**9440**	**8553**	**3862**	**3421**
16-19 岁	27	4	89	308	354	72	137	60	87
20-24 岁	153	39	291	876	913	250	379	176	226
25-29 岁	267	84	388	1235	1210	484	635	293	339
30-34 岁	505	131	787	2391	2262	985	1322	648	665
35-39 岁	438	99	753	2086	2116	913	1185	577	562
40-44 岁	370	106	661	1523	1725	810	1038	485	448
45-49 岁	500	222	879	1743	1910	1502	1337	591	471
50-54 岁	508	206	837	1293	1326	1903	1378	568	365
55-59 岁	375	141	495	638	589	1557	825	333	183
60-64 岁	136	14	99	140	144	496	175	81	50
65-69 岁	102	7	49	75	65	319	100	37	18
70-74 岁	32	2	22	25	19	101	36	8	4
75 岁及以上	21	1	6	2	9	48	6	5	3
女	**2043**	**639**	**6082**	**19673**	**14885**	**3406**	**3110**	**2467**	**2071**
16-19 岁	18	1	83	422	263	26	27	23	39
20-24 岁	85	9	260	1212	723	70	143	111	99
25-29 岁	158	32	381	1647	1064	147	243	179	189
30-34 岁	343	97	847	3649	2448	407	591	423	412
35-39 岁	300	87	917	3285	2580	415	514	401	336
40-44 岁	289	114	992	2909	2402	446	453	389	339
45-49 岁	349	167	1279	3425	3003	723	549	445	326
50-54 岁	253	100	922	2225	1760	647	410	329	232
55-59 岁	153	16	289	702	486	339	138	106	69
60-64 岁	45	10	63	121	88	94	29	28	17
65-69 岁	34	6	24	58	37	63	12	23	6
70-74 岁	13		14	10	19	22	1	5	5
75 岁及以上	3		11	8	12	7		5	2

C-4-5 续表 3

单位：人

年龄组 性别	制造业								
	文教、工美、体育和娱乐用品制造业	石油、煤炭及其他燃料加工业	化学原料和化学制品制造业	医药制造业	化学纤维制造业	橡胶和塑料制品业	非金属矿物制品业	黑色金属冶炼和压延加工业	有色金属冶炼和压延加工业
总计	**11497**	**1673**	**21407**	**5216**	**319**	**11288**	**39019**	**4660**	**4362**
16-19岁	308	4	151	74	4	233	981	16	24
20-24岁	776	37	700	511	16	667	2717	139	143
25-29岁	1043	76	1184	605	19	912	3462	249	274
30-34岁	2105	195	3197	1055	50	2051	6648	672	616
35-39岁	1804	193	2804	778	52	1707	5426	629	562
40-44岁	1546	234	2771	640	55	1501	4788	650	669
45-49岁	1828	381	4088	742	49	1847	6102	997	867
50-54岁	1320	316	3741	479	51	1415	5026	905	782
55-59岁	533	169	1969	251	16	689	2651	334	339
60-64岁	130	38	494	51	6	181	756	42	59
65-69岁	68	18	218	21	1	66	350	18	19
70-74岁	22	7	69	7		11	82	8	5
75岁及以上	14	5	21	2		8	30	1	3
男	**5298**	**1200**	**12213**	**2669**	**191**	**7044**	**26348**	**3733**	**3331**
16-19岁	181	4	94	42	2	163	619	12	21
20-24岁	417	25	421	220	7	457	1982	124	109
25-29岁	536	60	679	314	11	593	2357	196	202
30-34岁	942	147	1809	525	30	1271	4161	552	442
35-39岁	784	134	1537	361	34	1052	3391	498	416
40-44岁	663	142	1466	334	25	841	2937	462	470
45-49岁	724	245	2184	366	27	1073	3952	730	659
50-54岁	611	248	2180	282	37	902	3690	793	635
55-59岁	295	142	1305	167	12	491	2183	306	302
60-64岁	79	30	333	39	5	142	666	40	56
65-69岁	44	15	143	12	1	48	318	12	13
70-74岁	14	5	48	5		7	71	8	4
75岁及以上	8	3	14	2		4	21		2
女	**6199**	**473**	**9194**	**2547**	**128**	**4244**	**12671**	**927**	**1031**
16-19岁	127		57	32	2	70	362	4	3
20-24岁	359	12	279	291	9	210	735	15	34
25-29岁	507	16	505	291	8	319	1105	53	72
30-34岁	1163	48	1388	530	20	780	2487	120	174
35-39岁	1020	59	1267	417	18	655	2035	131	146
40-44岁	883	92	1305	306	30	660	1851	188	199
45-49岁	1104	136	1904	376	22	774	2150	267	208
50-54岁	709	68	1561	197	14	513	1336	112	147
55-59岁	238	27	664	84	4	198	468	28	37
60-64岁	51	8	161	12	1	39	90	2	3
65-69岁	24	3	75	9		18	32	6	6
70-74岁	8	2	21	2		4	11		1
75岁及以上	6	2	7			4	9	1	1

C-4-5 续表 4

单位：人

年龄组 性别	制造业								
	金属制品业	通用设备制造业	专用设备制造业	汽车制造业	铁路、船舶、航空航天和其他运输设备制造业	电气机械和器材制造业	计算机、通信和其他电子设备制造业	仪器仪表制造业	其他制造业
总计	**29202**	**21807**	**14911**	**10042**	**6164**	**16191**	**67595**	**2530**	**4557**
16-19岁	488	347	322	381	32	401	3276	64	110
20-24岁	1543	1507	1311	1074	440	1293	8267	219	265
25-29岁	2528	2163	1814	1287	690	1828	9836	298	431
30-34岁	5461	4446	3373	2337	1532	3398	15930	555	820
35-39岁	4538	3326	2542	1642	889	2699	10731	409	669
40-44岁	3838	2751	1733	1158	712	2017	7248	302	582
45-49岁	4647	3174	1705	1117	836	2172	6437	314	674
50-54岁	3786	2512	1257	697	627	1518	3820	233	574
55-59岁	1764	1237	611	273	360	639	1470	99	283
60-64岁	373	215	127	50	30	147	342	18	76
65-69岁	175	95	83	18	9	60	179	14	43
70-74岁	42	23	24	2	7	17	36	3	18
75岁及以上	19	11	9	6		2	23	2	12
男	**22334**	**16584**	**10625**	**7267**	**4602**	**10177**	**37487**	**1671**	**2644**
16-19岁	393	276	242	339	21	284	2109	46	66
20-24岁	1255	1192	957	924	361	922	5166	145	161
25-29岁	2005	1693	1313	992	537	1247	5868	201	276
30-34岁	4213	3444	2398	1652	1147	2070	8772	369	474
35-39岁	3451	2449	1810	1079	636	1603	5655	257	378
40-44岁	2822	1939	1152	744	487	1107	3442	182	320
45-49岁	3327	2243	1154	726	518	1276	3088	204	365
50-54岁	2897	1978	909	521	516	997	2064	161	324
55-59岁	1459	1088	502	228	338	500	923	78	190
60-64岁	313	174	99	43	27	114	231	11	48
65-69岁	149	83	62	12	8	46	129	13	24
70-74岁	35	16	20	2	6	9	28	2	11
75岁及以上	15	9	7	5		2	12	2	7
女	**6868**	**5223**	**4286**	**2775**	**1562**	**6014**	**30108**	**859**	**1913**
16-19岁	95	71	80	42	11	117	1167	18	44
20-24岁	288	315	354	150	79	371	3101	74	104
25-29岁	523	470	501	295	153	581	3968	97	155
30-34岁	1248	1002	975	685	385	1328	7158	186	346
35-39岁	1087	877	732	563	253	1096	5076	152	291
40-44岁	1016	812	581	414	225	910	3806	120	262
45-49岁	1320	931	551	391	318	896	3349	110	309
50-54岁	889	534	348	176	111	521	1756	72	250
55-59岁	305	149	109	45	22	139	547	21	93
60-64岁	60	41	28	7	3	33	111	7	28
65-69岁	26	12	21	6	1	14	50	1	19
70-74岁	7	7	4		1	8	8	1	7
75岁及以上	4	2	2	1			11		5

C-4-5 续表 5 单位：人

年龄组 性 别	制造业		电力、热力、燃气及水生产和供应业				建筑业		
	废弃资源综合利用业	金属制品、机械和设备修理业	小计	电力、热力生产和供应业	燃气生产和供应业	水的生产和供应业	小计	房屋建筑业	土木工程建筑业
总 计	**3662**	**3900**	**19203**	**12307**	**2981**	**3915**	**441940**	**255807**	**25846**
16-19 岁	27	67	62	41	13	8	4456	2644	194
20-24 岁	82	283	739	489	122	128	18229	9719	1373
25-29 岁	164	378	1355	843	236	276	31287	16029	2310
30-34 岁	354	699	2631	1566	545	520	60928	30693	4079
35-39 岁	351	565	2458	1480	443	535	51308	26543	3128
40-44 岁	363	493	2934	1909	382	643	49258	26838	2858
45-49 岁	581	571	3693	2415	515	763	71703	42057	4037
50-54 岁	807	475	2948	1935	443	570	77638	49022	4030
55-59 岁	513	264	1878	1342	199	337	51120	33424	2752
60-64 岁	222	52	298	170	50	78	16334	11693	688
65-69 岁	116	39	158	84	28	46	7766	5724	324
70-74 岁	53	11	30	19	3	8	1492	1110	57
75 岁及以上	29	3	19	14	2	3	421	311	16
男	**2748**	**3296**	**13883**	**9239**	**2045**	**2599**	**378774**	**215899**	**22589**
16-19 岁	23	58	45	30	9	6	3652	2097	168
20-24 岁	64	242	512	345	87	80	14722	7612	1139
25-29 岁	124	320	932	615	152	165	25952	12871	1934
30-34 岁	276	569	1800	1127	351	322	50967	24829	3479
35-39 岁	247	479	1635	1033	287	315	42699	21463	2681
40-44 岁	259	400	1891	1289	236	366	40948	21763	2438
45-49 岁	427	475	2489	1673	340	476	60437	34843	3475
50-54 岁	585	424	2414	1620	342	452	68058	42370	3626
55-59 岁	407	243	1719	1253	171	295	47001	30482	2615
60-64 岁	177	42	270	155	45	70	15379	10969	655
65-69 岁	94	33	137	73	22	42	7270	5336	312
70-74 岁	43	8	25	15	3	7	1360	1014	54
75 岁及以上	22	3	14	11		3	329	250	13
女	**914**	**604**	**5320**	**3068**	**936**	**1316**	**63166**	**39908**	**3257**
16-19 岁	4	9	17	11	4	2	804	547	26
20-24 岁	18	41	227	144	35	48	3507	2107	234
25-29 岁	40	58	423	228	84	111	5335	3158	376
30-34 岁	78	130	831	439	194	198	9961	5864	600
35-39 岁	104	86	823	447	156	220	8609	5080	447
40-44 岁	104	93	1043	620	146	277	8310	5075	420
45-49 岁	154	96	1204	742	175	287	11266	7214	562
50-54 岁	222	51	534	315	101	118	9580	6652	404
55-59 岁	106	21	159	89	28	42	4119	2942	137
60-64 岁	45	10	28	15	5	8	955	724	33
65-69 岁	22	6	21	11	6	4	496	388	12
70-74 岁	10	3	5	4		1	132	96	3
75 岁及以上	7		5	3	2		92	61	3

C-4-5 续表 6 单位：人

年龄组 性别	建筑业		批发和零售业			交通运输、仓储和邮政业			
	建筑安装业	建筑装饰、装修和其他建筑业	小计	批发业	零售业	小计	铁路运输业	道路运输业	水上运输业
总计	**23086**	**137201**	**462957**	**106093**	**356864**	**137154**	**5995**	**89153**	**1040**
16-19岁	224	1394	6406	1195	5211	1156	38	479	14
20-24岁	1052	6085	28706	5687	23019	6482	469	3029	50
25-29岁	1995	10953	46812	9842	36970	11769	824	6516	75
30-34岁	4390	21766	91162	19595	71567	22997	729	14416	155
35-39岁	3571	18066	73635	16082	57553	20456	586	14106	107
40-44岁	3118	16444	59848	13085	46763	19285	759	13699	121
45-49岁	3500	22109	65208	15290	49918	23272	968	16501	146
50-54岁	3006	21580	49861	13158	36703	18676	847	12556	178
55-59岁	1616	13328	26264	7319	18945	9765	682	6096	128
60-64岁	393	3560	7852	2336	5516	2125	54	1169	35
65-69岁	172	1546	4761	1639	3122	905	25	472	21
70-74岁	30	295	1696	590	1106	183	6	84	5
75岁及以上	19	75	746	275	471	83	8	30	5
男	**21140**	**119146**	**228731**	**62691**	**166040**	**116947**	**4737**	**79777**	**806**
16-19岁	206	1181	3243	764	2479	887	23	377	8
20-24岁	962	5009	13608	3170	10438	5006	345	2463	40
25-29岁	1820	9327	22633	5674	16959	9619	631	5681	57
30-34岁	4036	18623	42342	11049	31293	19081	579	12763	122
35-39岁	3253	15302	34109	9194	24915	17345	438	12564	78
40-44岁	2813	13934	27662	7395	20267	16326	574	12207	92
45-49岁	3151	18968	31547	8840	22707	19909	696	14750	106
50-54岁	2779	19283	27310	8207	19103	16717	722	11582	146
55-59岁	1540	12364	16319	5007	11312	9048	657	5746	103
60-64岁	377	3378	5237	1659	3578	1960	40	1102	28
65-69岁	161	1461	3127	1142	1985	824	22	440	19
70-74岁	27	265	1122	402	720	156	4	74	4
75岁及以上	15	51	472	188	284	69	6	28	3
女	**1946**	**18055**	**234226**	**43402**	**190824**	**20207**	**1258**	**9376**	**234**
16-19岁	18	213	3163	431	2732	269	15	102	6
20-24岁	90	1076	15098	2517	12581	1476	124	566	10
25-29岁	175	1626	24179	4168	20011	2150	193	835	18
30-34岁	354	3143	48820	8546	40274	3916	150	1653	33
35-39岁	318	2764	39526	6888	32638	3111	148	1542	29
40-44岁	305	2510	32186	5690	26496	2959	185	1492	29
45-49岁	349	3141	33661	6450	27211	3363	272	1751	40
50-54岁	227	2297	22551	4951	17600	1959	125	974	32
55-59岁	76	964	9945	2312	7633	717	25	350	25
60-64岁	16	182	2615	677	1938	165	14	67	7
65-69岁	11	85	1634	497	1137	81	3	32	2
70-74岁	3	30	574	188	386	27	2	10	1
75岁及以上	4	24	274	87	187	14	2	2	2

C-4-5 续表 7

单位：人

年龄组 性别	交通运输、仓储和邮政业					住宿和餐饮业		
	航空运输业	管道运输业	多式联运和运输代理业	装卸搬运和仓储业	邮政业	小计	住宿业	餐饮业
总　计	**1449**	**94**	**3271**	**14800**	**21352**	**160186**	**22386**	**137800**
16-19 岁	23	1	27	154	420	4073	616	3457
20-24 岁	249	6	182	515	1982	11209	1821	9388
25-29 岁	266	5	276	798	3009	15419	2189	13230
30-34 岁	324	23	556	1600	5194	28572	3750	24822
35-39 岁	185	20	498	1447	3507	22802	2952	19850
40-44 岁	140	8	485	1586	2487	19593	2841	16752
45-49 岁	117	8	556	2673	2303	23818	3484	20334
50-54 岁	94	15	437	3024	1525	19874	2780	17094
55-59 岁	42	6	187	1926	698	10225	1394	8831
60-64 岁	6		47	674	140	2763	346	2417
65-69 岁	1	2	17	309	58	1399	169	1230
70-74 岁	1		1	68	18	317	35	282
75 岁及以上	1		2	26	11	122	9	113
男	**855**	**68**	**2566**	**12410**	**15728**	**77255**	**8580**	**68675**
16-19 岁	18	1	20	116	324	2489	299	2190
20-24 岁	117	5	127	403	1506	6560	752	5808
25-29 岁	132	3	210	628	2277	8829	896	7933
30-34 岁	179	15	420	1250	3753	15154	1443	13711
35-39 岁	123	14	386	1200	2542	11381	1090	10291
40-44 岁	100	5	366	1234	1748	8434	931	7503
45-49 岁	78	4	449	2175	1651	9267	1109	8158
50-54 岁	68	14	368	2652	1165	7815	1025	6790
55-59 岁	33	5	164	1758	582	4699	698	4001
60-64 岁	4		41	633	112	1538	208	1330
65-69 岁	1	2	13	281	46	827	103	724
70-74 岁	1		1	59	13	191	22	169
75 岁及以上	1		1	21	9	71	4	67
女	**594**	**26**	**705**	**2390**	**5624**	**82931**	**13806**	**69125**
16-19 岁	5		7	38	96	1584	317	1267
20-24 岁	132	1	55	112	476	4649	1069	3580
25-29 岁	134	2	66	170	732	6590	1293	5297
30-34 岁	145	8	136	350	1441	13418	2307	11111
35-39 岁	62	6	112	247	965	11421	1862	9559
40-44 岁	40	3	119	352	739	11159	1910	9249
45-49 岁	39	4	107	498	652	14551	2375	12176
50-54 岁	26	1	69	372	360	12059	1755	10304
55-59 岁	9	1	23	168	116	5526	696	4830
60-64 岁	2		6	41	28	1225	138	1087
65-69 岁			4	28	12	572	66	506
70-74 岁				9	5	126	13	113
75 岁及以上			1	5	2	51	5	46

C-4-5 续表 8

单位：人

年龄组 性 别	信息传输、软件和信息技术服务业				金融业				
	小计	电信、广播电视和卫星传输服务	互联网和相关服务	软件和信息技术服务业	小计	货币金融服务	资本市场服务	保险业	其他金融业
总 计	**40331**	**10605**	**14145**	**15581**	**35866**	**14223**	**2468**	**15536**	**3639**
16-19 岁	834	107	462	265	256	50	17	137	52
20-24 岁	6323	761	2688	2874	2828	1008	254	1026	540
25-29 岁	8117	1368	3175	3574	5558	2129	466	2235	728
30-34 岁	10434	2605	3642	4187	8275	3098	599	3719	859
35-39 岁	6287	2016	1927	2344	5672	1820	457	2888	507
40-44 岁	3369	1336	916	1117	3674	1205	253	1911	305
45-49 岁	2611	1235	723	653	4374	1976	207	1887	304
50-54 岁	1513	750	396	367	3218	1788	143	1090	197
55-59 岁	685	355	163	167	1742	1037	68	509	128
60-64 岁	95	47	32	16	172	78	3	77	14
65-69 岁	44	15	17	12	73	26		45	2
70-74 岁	12	4	4	4	13	5	1	6	1
75 岁及以上	7	6		1	11	3		6	2
男	**25289**	**5965**	**8357**	**10967**	**17143**	**7166**	**1423**	**6564**	**1990**
16-19 岁	510	53	277	180	130	20	12	69	29
20-24 岁	3801	417	1464	1920	1301	391	122	518	270
25-29 岁	5034	704	1840	2490	2705	918	238	1153	396
30-34 岁	6377	1242	2165	2970	3709	1359	325	1586	439
35-39 岁	3915	1042	1181	1692	2487	833	276	1098	280
40-44 岁	2170	762	563	845	1550	564	150	662	174
45-49 岁	1702	813	438	451	1906	972	133	644	157
50-54 岁	1084	560	264	260	1803	1124	107	456	116
55-59 岁	569	312	124	133	1384	902	57	308	117
60-64 岁	75	40	22	13	102	58	2	33	9
65-69 岁	36	12	15	9	50	19		30	1
70-74 岁	10	3	4	3	10	4	1	4	1
75 岁及以上	6	5		1	6	2		3	1
女	**15042**	**4640**	**5788**	**4614**	**18723**	**7057**	**1045**	**8972**	**1649**
16-19 岁	324	54	185	85	126	30	5	68	23
20-24 岁	2522	344	1224	954	1527	617	132	508	270
25-29 岁	3083	664	1335	1084	2853	1211	228	1082	332
30-34 岁	4057	1363	1477	1217	4566	1739	274	2133	420
35-39 岁	2372	974	746	652	3185	987	181	1790	227
40-44 岁	1199	574	353	272	2124	641	103	1249	131
45-49 岁	909	422	285	202	2468	1004	74	1243	147
50-54 岁	429	190	132	107	1415	664	36	634	81
55-59 岁	116	43	39	34	358	135	11	201	11
60-64 岁	20	7	10	3	70	20	1	44	5
65-69 岁	8	3	2	3	23	7		15	1
70-74 岁	2	1		1	3	1		2	
75 岁及以上	1	1			5	1		3	1

C-4-5 续表 9

单位：人

年龄组 性别	房地产业		租赁和商务服务业			科学研究和技术服务业			
	小计	房地产业	小计	租赁业	商务服务业	小计	研究和试验发展	专业技术服务业	科技推广和应用服务业
总计	**48191**	**48191**	**87371**	**6496**	**80875**	**30351**	**3698**	**19643**	**7010**
16-19岁	557	557	1475	100	1375	338	35	233	70
20-24岁	3748	3748	7909	390	7519	2848	317	1991	540
25-29岁	5823	5823	11087	742	10345	4449	596	3082	771
30-34岁	9453	9453	17715	1402	16313	6723	911	4453	1359
35-39岁	6463	6463	12440	981	11459	4651	615	3001	1035
40-44岁	4767	4767	9270	776	8494	2950	377	1907	666
45-49岁	5493	5493	10077	851	9226	3203	352	2086	765
50-54岁	5605	5605	8882	738	8144	2658	282	1624	752
55-59岁	4146	4146	5698	362	5336	1662	180	1002	480
60-64岁	1346	1346	1588	86	1502	392	20	146	226
65-69岁	630	630	869	49	820	292	9	79	204
70-74岁	122	122	266	15	251	133	1	23	109
75岁及以上	38	38	95	4	91	52	3	16	33
男	**29703**	**29703**	**53857**	**5683**	**48174**	**20573**	**2384**	**13728**	**4461**
16-19岁	340	340	926	94	832	213	23	155	35
20-24岁	2126	2126	3925	344	3581	1754	197	1224	333
25-29岁	3375	3375	6052	666	5386	2922	353	2087	482
30-34岁	5232	5232	9928	1228	8700	4443	598	3017	828
35-39岁	3598	3598	7319	854	6465	3122	391	2086	645
40-44岁	2800	2800	5731	656	5075	2003	238	1322	443
45-49岁	3414	3414	6509	741	5768	2191	221	1462	508
50-54岁	3919	3919	6495	634	5861	1956	191	1272	493
55-59岁	3221	3221	4661	331	4330	1339	146	883	310
60-64岁	1059	1059	1318	79	1239	289	15	126	148
65-69岁	491	491	719	40	679	204	7	62	135
70-74岁	102	102	211	14	197	95	1	18	76
75岁及以上	26	26	63	2	61	42	3	14	25
女	**18488**	**18488**	**33514**	**813**	**32701**	**9778**	**1314**	**5915**	**2549**
16-19岁	217	217	549	6	543	125	12	78	35
20-24岁	1622	1622	3984	46	3938	1094	120	767	207
25-29岁	2448	2448	5035	76	4959	1527	243	995	289
30-34岁	4221	4221	7787	174	7613	2280	313	1436	531
35-39岁	2865	2865	5121	127	4994	1529	224	915	390
40-44岁	1967	1967	3539	120	3419	947	139	585	223
45-49岁	2079	2079	3568	110	3458	1012	131	624	257
50-54岁	1686	1686	2387	104	2283	702	91	352	259
55-59岁	925	925	1037	31	1006	323	34	119	170
60-64岁	287	287	270	7	263	103	5	20	78
65-69岁	139	139	150	9	141	88	2	17	69
70-74岁	20	20	55	1	54	38		5	33
75岁及以上	12	12	32	2	30	10		2	8

C-4-5 续表 10

单位：人

年龄组 性别	水利、环境和公共设施管理业					居民服务、修理和其他服务业			
	小计	水利管理业	生态保护和环境治理业	公共设施管理业	土地管理业	小计	居民服务业	机动车、电子产品和日用产品修理业	其他服务业
总计	**17863**	**1358**	**1555**	**14731**	**219**	**119753**	**74833**	**25477**	**19443**
16-19 岁	87	4	4	77	2	3668	2303	1083	282
20-24 岁	456	29	47	375	5	9118	5828	2588	702
25-29 岁	839	67	108	638	26	11789	7689	3094	1006
30-34 岁	1575	148	184	1202	41	20809	13693	5331	1785
35-39 岁	1590	137	197	1212	44	16020	10333	3980	1707
40-44 岁	1831	217	177	1414	23	12757	7847	3026	1884
45-49 岁	2747	271	262	2187	27	14699	8938	2865	2896
50-54 岁	3207	269	262	2648	28	14101	8489	1991	3621
55-59 岁	2675	155	194	2308	18	9074	5384	1003	2687
60-64 岁	1436	29	61	1344	2	3698	1975	307	1416
65-69 岁	999	17	41	939	2	2677	1550	147	980
70-74 岁	331	10	14	307		951	527	43	381
75 岁及以上	90	5	4	80	1	392	277	19	96
男	**11221**	**1021**	**1188**	**8840**	**172**	**55389**	**25136**	**21573**	**8680**
16-19 岁	53	2	3	47	1	2244	1040	1043	161
20-24 岁	269	20	32	213	4	4989	2259	2351	379
25-29 岁	525	45	75	382	23	6077	2824	2710	543
30-34 岁	1030	101	130	769	30	9961	4611	4438	912
35-39 岁	1059	101	147	777	34	7444	3415	3256	773
40-44 岁	1133	146	131	842	14	5606	2396	2479	731
45-49 岁	1578	195	179	1180	24	6012	2623	2347	1042
50-54 岁	1882	217	216	1428	21	5414	2484	1641	1289
55-59 岁	1720	140	172	1391	17	3774	1774	863	1137
60-64 岁	966	24	52	888	2	1775	750	264	761
65-69 岁	683	17	35	629	2	1352	622	130	600
70-74 岁	260	8	13	239		549	229	35	285
75 岁及以上	63	5	3	55		192	109	16	67
女	**6642**	**337**	**367**	**5891**	**47**	**64364**	**49697**	**3904**	**10763**
16-19 岁	34	2	1	30	1	1424	1263	40	121
20-24 岁	187	9	15	162	1	4129	3569	237	323
25-29 岁	314	22	33	256	3	5712	4865	384	463
30-34 岁	545	47	54	433	11	10848	9082	893	873
35-39 岁	531	36	50	435	10	8576	6918	724	934
40-44 岁	698	71	46	572	9	7151	5451	547	1153
45-49 岁	1169	76	83	1007	3	8687	6315	518	1854
50-54 岁	1325	52	46	1220	7	8687	6005	350	2332
55-59 岁	955	15	22	917	1	5300	3610	140	1550
60-64 岁	470	5	9	456		1923	1225	43	655
65-69 岁	316		6	310		1325	928	17	380
70-74 岁	71	2	1	68		402	298	8	96
75 岁及以上	27		1	25	1	200	168	3	29

C-4-5 续表 11

单位：人

年龄组 / 性别	教育		卫生和社会工作			文化、体育和娱乐业				
	小计	教育	小计	卫生	社会工作	小计	新闻和出版业	广播、电视、电影和录音制作业	文 化艺术业	体育
总 计	**121966**	**121966**	**59979**	**58018**	**1961**	**22672**	**1349**	**2776**	**3966**	**2647**
16-19 岁	4531	4531	552	536	16	599	9	36	76	108
20-24 岁	14365	14365	6425	6332	93	2635	82	416	367	493
25-29 岁	16855	16855	9321	9204	117	3196	172	514	495	566
30-34 岁	19999	19999	11192	10997	195	4267	273	564	713	569
35-39 岁	15354	15354	7988	7816	172	2998	235	425	487	320
40-44 岁	14597	14597	7421	7251	170	2214	164	263	404	179
45-49 岁	14729	14729	7033	6736	297	2587	180	238	488	187
50-54 岁	11758	11758	5104	4740	364	2235	137	182	449	126
55-59 岁	7939	7939	2907	2599	308	1278	84	110	311	62
60-64 岁	1030	1030	903	801	102	346	11	14	79	27
65-69 岁	500	500	692	617	75	221	2	10	59	10
70-74 岁	172	172	312	285	27	71		3	22	
75 岁及以上	137	137	129	104	25	25		1	16	
男	**45780**	**45780**	**20600**	**19850**	**750**	**11479**	**696**	**1521**	**2084**	**1473**
16-19 岁	1889	1889	76	67	9	348	1	18	33	70
20-24 岁	3068	3068	1057	1022	35	1399	27	182	154	323
25-29 岁	4066	4066	1996	1954	42	1692	63	263	236	347
30-34 岁	5551	5551	2940	2869	71	2089	124	297	338	297
35-39 岁	5133	5133	2843	2778	65	1406	105	220	244	152
40-44 岁	5889	5889	2924	2868	56	1042	91	161	212	76
45-49 岁	6877	6877	2940	2858	82	1202	114	142	259	84
50-54 岁	6117	6117	2605	2462	143	1077	87	118	249	68
55-59 岁	5847	5847	1814	1680	134	812	71	98	214	38
60-64 岁	742	742	578	527	51	210	11	11	62	11
65-69 岁	369	369	497	457	40	130	2	8	50	7
70-74 岁	131	131	239	224	15	53		2	20	
75 岁及以上	101	101	91	84	7	19		1	13	
女	**76186**	**76186**	**39379**	**38168**	**1211**	**11193**	**653**	**1255**	**1882**	**1174**
16-19 岁	2642	2642	476	469	7	251	8	18	43	38
20-24 岁	11297	11297	5368	5310	58	1236	55	234	213	170
25-29 岁	12789	12789	7325	7250	75	1504	109	251	259	219
30-34 岁	14448	14448	8252	8128	124	2178	149	267	375	272
35-39 岁	10221	10221	5145	5038	107	1592	130	205	243	168
40-44 岁	8708	8708	4497	4383	114	1172	73	102	192	103
45-49 岁	7852	7852	4093	3878	215	1385	66	96	229	103
50-54 岁	5641	5641	2499	2278	221	1158	50	64	200	58
55-59 岁	2092	2092	1093	919	174	466	13	12	97	24
60-64 岁	288	288	325	274	51	136		3	17	16
65-69 岁	131	131	195	160	35	91		2	9	3
70-74 岁	41	41	73	61	12	18		1	2	
75 岁及以上	36	36	38	20	18	6			3	

C-4-5 续表 12

单位：人

年龄组 性 别	娱乐业	公共管理、社会保障和社会组织							国际组织	
		小计	中国共产党机关	国家机构	人民政协、民主党派	社会保障	群众团体、社会团体和其他成员组织	基层群众自治组织	小计	国际组织
总 计	**11934**	**113905**	**2534**	**88685**	**253**	**452**	**5691**	**16290**	**8**	**8**
16-19 岁	370	438	20	261		1	112	44		
20-24 岁	1277	4470	78	3631	2	28	366	365	1	1
25-29 岁	1449	10042	218	8282	5	50	537	950	2	2
30-34 岁	2148	17530	399	14208	25	76	864	1958		
35-39 岁	1531	14702	354	11943	28	60	737	1580	3	3
40-44 岁	1204	16651	413	13721	47	77	638	1755	1	1
45-49 岁	1494	18348	408	14570	47	71	804	2448		
50-54 岁	1341	15853	332	11845	40	49	693	2894	1	1
55-59 岁	711	12359	259	8736	56	27	512	2769		
60-64 岁	215	1883	25	830	2	8	152	866		
65-69 岁	140	1004	13	417	1	3	142	428		
70-74 岁	46	406	8	135		2	84	177		
75 岁及以上	8	219	7	106			50	56		
男	**5705**	**75957**	**1768**	**60829**	**168**	**242**	**3166**	**9784**	**3**	**3**
16-19 岁	226	313	9	205		1	70	28		
20-24 岁	713	2589	43	2224	1	17	162	142		
25-29 岁	783	5754	126	4918	1	26	254	429		
30-34 岁	1033	10487	234	8952	17	31	405	848		
35-39 岁	685	9260	254	7830	11	35	374	756	1	1
40-44 岁	502	10603	300	8969	21	34	360	919	1	1
45-49 岁	603	12143	292	9879	32	39	459	1442		
50-54 岁	555	11497	245	8830	30	27	443	1922	1	1
55-59 岁	391	10654	219	7859	52	22	373	2129		
60-64 岁	115	1462	21	658	2	6	92	683		
65-69 岁	63	742	11	319	1	2	89	320		
70-74 岁	31	291	8	101		2	53	127		
75 岁及以上	5	162	6	85			32	39		
女	**6229**	**37948**	**766**	**27856**	**85**	**210**	**2525**	**6506**	**5**	**5**
16-19 岁	144	125	11	56			42	16		
20-24 岁	564	1881	35	1407	1	11	204	223	1	1
25-29 岁	666	4288	92	3364	4	24	283	521	2	2
30-34 岁	1115	7043	165	5256	8	45	459	1110		
35-39 岁	846	5442	100	4113	17	25	363	824	2	2
40-44 岁	702	6048	113	4752	26	43	278	836		
45-49 岁	891	6205	116	4691	15	32	345	1006		
50-54 岁	786	4356	87	3015	10	22	250	972		
55-59 岁	320	1705	40	877	4	5	139	640		
60-64 岁	100	421	4	172		2	60	183		
65-69 岁	77	262	2	98		1	53	108		
70-74 岁	15	115		34			31	50		
75 岁及以上	3	57	1	21			18	17		

C-4-5a 全省分年龄、性别、行业大类的就业人口（城市）

单位：人

年龄组 性别	合计	农、林、牧、渔业						采矿业	
		小计	农业	林业	畜牧业	渔业	农、林、牧、渔专业及辅助性活动	小计	煤炭开采和洗选业
总　计	**798072**	**23856**	**19542**	**839**	**2118**	**709**	**648**	**2113**	**733**
16-19 岁	8078	129	118	1	3	3	4	1	
20-24 岁	48374	475	385	15	33	12	30	37	4
25-29 岁	82606	903	716	35	75	36	41	79	8
30-34 岁	148329	2094	1651	86	183	77	97	191	24
35-39 岁	121101	1874	1433	76	193	73	99	199	36
40-44 岁	103290	1955	1499	98	196	72	90	285	87
45-49 岁	116686	3116	2422	138	332	128	96	438	189
50-54 岁	94315	4430	3591	164	433	150	92	560	246
55-59 岁	54002	3730	3168	110	305	90	57	248	102
60-64 岁	11654	2006	1760	47	151	32	16	43	22
65-69 岁	6511	1893	1676	42	127	27	21	19	8
70-74 岁	2084	835	750	17	60	4	4	7	3
75 岁及以上	1042	416	373	10	27	5	1	6	4
男	**460134**	**13927**	**11241**	**555**	**1212**	**518**	**401**	**1754**	**662**
16-19 岁	4558	80	76		2	1	1	1	
20-24 岁	24728	296	241	8	21	9	17	28	3
25-29 岁	43832	533	409	23	47	25	29	67	7
30-34 岁	79634	1204	918	59	108	57	62	146	21
35-39 岁	66510	1066	786	56	118	53	53	156	33
40-44 岁	57149	1088	827	55	117	47	42	222	74
45-49 岁	66975	1754	1313	85	203	91	62	350	168
50-54 岁	61178	2497	1984	108	228	113	64	491	227
55-59 岁	40782	2131	1760	79	179	71	42	234	99
60-64 岁	8290	1247	1097	32	84	23	11	33	17
65-69 岁	4463	1200	1065	31	67	21	16	17	8
70-74 岁	1387	559	518	11	25	3	2	5	3
75 岁及以上	648	272	247	8	13	4		4	2
女	**337938**	**9929**	**8301**	**284**	**906**	**191**	**247**	**359**	**71**
16-19 岁	3520	49	42	1	1	2	3		
20-24 岁	23646	179	144	7	12	3	13	9	1
25-29 岁	38774	370	307	12	28	11	12	12	1
30-34 岁	68695	890	733	27	75	20	35	45	3
35-39 岁	54591	808	647	20	75	20	46	43	3
40-44 岁	46141	867	672	43	79	25	48	63	13
45-49 岁	49711	1362	1109	53	129	37	34	88	21
50-54 岁	33137	1933	1607	56	205	37	28	69	19
55-59 岁	13220	1599	1408	31	126	19	15	14	3
60-64 岁	3364	759	663	15	67	9	5	10	5
65-69 岁	2048	693	611	11	60	6	5	2	
70-74 岁	697	276	232	6	35	1	2	2	
75 岁及以上	394	144	126	2	14	1	1	2	2

C-4-5a 续表 1

单位：人

年龄组 / 性别	采矿业						制造业		
	石油和天然气开采业	黑色金属矿采选业	有色金属矿采选业	非金属矿采选业	开采专业及辅助性活动	其他采矿业	小计	农副食品加工业	食品制造业
总 计	**26**	**78**	**513**	**432**	**136**	**195**	**93950**	**3674**	**4418**
16-19 岁				1			932	15	76
20-24 岁	1	4	12	12	3	1	4854	108	249
25-29 岁	2	4	21	31	6	7	8275	260	421
30-34 岁	4	9	45	66	21	22	17512	471	824
35-39 岁	10	11	48	48	20	26	14373	483	642
40-44 岁	2	9	70	65	25	27	12750	489	575
45-49 岁	1	15	94	67	26	46	15529	691	773
50-54 岁	4	19	149	85	21	36	12270	676	601
55-59 岁	1	4	60	42	13	26	5814	329	192
60-64 岁		1	11	7		2	1002	97	40
65-69 岁		2	1	7		1	440	45	20
70-74 岁	1		2	1			131	9	3
75 岁及以上					1	1	68	1	2
男	**17**	**65**	**410**	**350**	**92**	**158**	**59242**	**2132**	**2035**
16-19 岁				1			662	9	35
20-24 岁		4	8	9	3	1	3345	71	119
25-29 岁		3	19	28	4	6	5402	157	199
30-34 岁	2	8	33	53	9	20	10883	263	358
35-39 岁	8	11	35	37	12	20	8645	265	298
40-44 岁	2	6	51	51	15	23	7209	258	241
45-49 岁	1	9	68	54	18	32	8826	351	304
50-54 岁	3	17	131	66	19	28	8380	422	300
55-59 岁	1	4	56	37	11	26	4668	226	135
60-64 岁		1	7	7		1	766	72	28
65-69 岁		2	1	6			331	31	15
70-74 岁			1	1			91	6	2
75 岁及以上					1	1	34	1	1
女	**9**	**13**	**103**	**82**	**44**	**37**	**34708**	**1542**	**2383**
16-19 岁							270	6	41
20-24 岁	1		4	3			1509	37	130
25-29 岁	2	1	2	3	2	1	2873	103	222
30-34 岁	2	1	12	13	12	2	6629	208	466
35-39 岁	2		13	11	8	6	5728	218	344
40-44 岁		3	19	14	10	4	5541	231	334
45-49 岁		6	26	13	8	14	6703	340	469
50-54 岁	1	2	18	19	2	8	3890	254	301
55-59 岁			4	5	2		1146	103	57
60-64 岁			4			1	236	25	12
65-69 岁				1		1	109	14	5
70-74 岁	1		1				40	3	1
75 岁及以上							34		1

C-4-5a 续表 2

单位：人

年龄组 性别	制造业								
	酒、饮料和精制茶制造业	烟草制品业	纺织业	纺织服装、服饰业	皮革、毛皮、羽毛及其制品和制鞋业	木材加工和木、竹、藤、棕、草制品业	家具制造业	造纸和纸制品业	印刷和记录媒介复制业
总　计	**1383**	**1127**	**2664**	**6399**	**3846**	**1172**	**1424**	**1615**	**1743**
16-19 岁	6		26	46	34	10	4	3	13
20-24 岁	70	28	87	217	124	27	63	61	63
25-29 岁	131	78	147	521	253	69	112	118	141
30-34 岁	271	147	327	1188	571	155	257	261	337
35-39 岁	217	116	371	1140	650	153	229	281	278
40-44 岁	183	141	372	968	669	141	183	251	279
45-49 岁	212	291	536	1093	826	188	239	276	285
50-54 岁	156	203	490	801	505	204	205	214	216
55-59 岁	99	109	236	317	160	150	94	121	94
60-64 岁	24	9	37	67	32	44	22	17	21
65-69 岁	13	3	17	30	12	23	13	9	8
70-74 岁	1	1	10	6	7	8	2	2	5
75 岁及以上		1	8	5	3		1	1	3
男	**840**	**741**	**1223**	**2514**	**1539**	**845**	**1013**	**976**	**1026**
16-19 岁	4		14	25	19	7	4	2	7
20-24 岁	44	24	42	109	56	22	43	32	37
25-29 岁	85	60	77	234	129	52	81	70	85
30-34 岁	149	84	151	487	224	104	173	158	193
35-39 岁	125	66	158	454	261	99	150	165	164
40-44 岁	98	68	144	341	236	90	114	132	157
45-49 岁	113	170	199	348	287	124	166	148	157
50-54 岁	113	154	242	297	205	160	166	142	133
55-59 岁	77	104	155	161	85	125	81	106	72
60-64 岁	21	7	25	35	21	37	20	14	13
65-69 岁	10	2	12	18	10	19	12	5	5
70-74 岁	1	1	3	5	5	6	2	1	1
75 岁及以上		1	1		1		1	1	2
女	**543**	**386**	**1441**	**3885**	**2307**	**327**	**411**	**639**	**717**
16-19 岁	2		12	21	15	3		1	6
20-24 岁	26	4	45	108	68	5	20	29	26
25-29 岁	46	18	70	287	124	17	31	48	56
30-34 岁	122	63	176	701	347	51	84	103	144
35-39 岁	92	50	213	686	389	54	79	116	114
40-44 岁	85	73	228	627	433	51	69	119	122
45-49 岁	99	121	337	745	539	64	73	128	128
50-54 岁	43	49	248	504	300	44	39	72	83
55-59 岁	22	5	81	156	75	25	13	15	22
60-64 岁	3	2	12	32	11	7	2	3	8
65-69 岁	3	1	5	12	2	4	1	4	3
70-74 岁			7	1	2	2		1	4
75 岁及以上			7	5	2				1

C-4-5a 续表 3

单位：人

年龄组 性 别	制造业								
	文教、工美、体育和娱乐用品制造业	石油、煤炭及其他燃料加工业	化学原料和化学制品制造业	医 药制造业	化学纤维制造业	橡胶和塑 料制品业	非金属矿 物制品业	黑色金属冶炼和压延加工业	有色金属冶炼和压延加工业
总 计	**1655**	**955**	**3954**	**1967**	**61**	**1952**	**7794**	**2891**	**1643**
16-19 岁	15		17	23		12	25	4	4
20-24 岁	64	22	142	180	4	76	249	83	50
25-29 岁	138	35	224	245	6	117	526	150	95
30-34 岁	308	120	579	384	7	325	1297	420	249
35-39 岁	272	108	514	305	6	305	1089	369	216
40-44 岁	257	137	512	265	9	294	1028	429	240
45-49 岁	286	243	849	297	8	342	1359	653	327
50-54 岁	212	200	660	168	13	283	1373	571	306
55-59 岁	81	76	342	86	5	144	636	188	139
60-64 岁	13	5	52	9	3	40	136	14	11
65-69 岁	4	3	36	5		13	53	6	4
70-74 岁	2	4	17				16	3	2
75 岁及以上	3	2	10			1	7	1	
男	**731**	**674**	**2508**	**1031**	**39**	**1259**	**5111**	**2292**	**1228**
16-19 岁	10		11	9		8	22	3	4
20-24 岁	32	16	94	66	2	56	177	75	35
25-29 岁	62	28	143	122	4	67	354	111	72
30-34 岁	138	91	341	196	6	198	816	345	176
35-39 岁	107	77	310	143	4	196	673	292	151
40-44 岁	103	80	304	143	2	162	617	289	161
45-49 岁	110	146	505	162	6	211	840	472	238
50-54 岁	101	161	441	112	9	203	940	507	252
55-59 岁	56	65	275	68	4	116	495	177	126
60-64 岁	7	4	39	6	2	33	115	14	11
65-69 岁	3	2	27	4		8	45	4	1
70-74 岁	2	2	12				13	3	1
75 岁及以上		2	6			1	4		
女	**924**	**281**	**1446**	**936**	**22**	**693**	**2683**	**599**	**415**
16-19 岁	5		6	14		4	3	1	
20-24 岁	32	6	48	114	2	20	72	8	15
25-29 岁	76	7	81	123	2	50	172	39	23
30-34 岁	170	29	238	188	1	127	481	75	73
35-39 岁	165	31	204	162	2	109	416	77	65
40-44 岁	154	57	208	122	7	132	411	140	79
45-49 岁	176	97	344	135	2	131	519	181	89
50-54 岁	111	39	219	56	4	80	433	64	54
55-59 岁	25	11	67	18	1	28	141	11	13
60-64 岁	6	1	13	3	1	7	21		
65-69 岁	1	1	9	1		5	8	2	3
70-74 岁		2	5				3		1
75 岁及以上	3		4				3	1	

C-4-5a 续表 4

单位：人

年龄组 性别	制造业								
	金属制品业	通用设备制造业	专用设备制造业	汽车制造业	铁路、船舶、航空航天和其他运输设备制造业	电气机械和器材制造业	计算机、通信和其他电子设备制造业	仪器仪表制造业	其他制造业
总计	**5425**	**7612**	**4623**	**3393**	**4526**	**4620**	**7690**	**677**	**945**
16-19 岁	47	62	62	106	13	59	216	9	10
20-24 岁	243	416	371	307	309	287	774	53	47
25-29 岁	444	673	567	415	536	478	1079	70	81
30-34 岁	1070	1414	1044	785	1120	994	1954	159	175
35-39 岁	841	1171	765	564	643	786	1343	116	144
40-44 岁	737	994	543	438	523	606	1012	79	136
45-49 岁	926	1248	568	394	634	655	751	87	133
50-54 岁	705	985	440	248	434	481	371	68	127
55-59 岁	334	550	222	107	294	234	152	26	67
60-64 岁	57	67	22	19	13	26	23	5	11
65-69 岁	14	22	15	6	3	11	13	3	9
70-74 岁	6	6	3	1	4	2	1	1	2
75 岁及以上	1	4	1	3		1	1	1	3
男	**4221**	**5880**	**3317**	**2477**	**3383**	**3091**	**4366**	**430**	**622**
16-19 岁	39	54	51	87	10	45	158	3	8
20-24 岁	202	336	275	264	255	218	512	35	27
25-29 岁	346	532	401	317	416	331	650	42	57
30-34 岁	828	1129	726	569	839	641	1064	89	111
35-39 岁	659	879	534	378	463	480	722	78	89
40-44 岁	534	715	375	299	352	359	493	52	91
45-49 岁	681	845	394	259	386	411	376	50	84
50-54 岁	573	813	336	192	361	371	241	53	88
55-59 岁	291	499	195	90	284	203	123	20	54
60-64 岁	51	52	16	16	11	22	15	4	4
65-69 岁	13	19	11	3	3	8	10	3	5
70-74 岁	3	4	3	1	3	1	1		2
75 岁及以上	1	3		2		1	1	1	2
女	**1204**	**1732**	**1306**	**916**	**1143**	**1529**	**3324**	**247**	**323**
16-19 岁	8	8	11	19	3	14	58	6	2
20-24 岁	41	80	96	43	54	69	262	18	20
25-29 岁	98	141	166	98	120	147	429	28	24
30-34 岁	242	285	318	216	281	353	890	70	64
35-39 岁	182	292	231	186	180	306	621	38	55
40-44 岁	203	279	168	139	171	247	519	27	45
45-49 岁	245	403	174	135	248	244	375	37	49
50-54 岁	132	172	104	56	73	110	130	15	39
55-59 岁	43	51	27	17	10	31	29	6	13
60-64 岁	6	15	6	3	2	4	8	1	7
65-69 岁	1	3	4	3		3	3		4
70-74 岁	3	2			1	1		1	
75 岁及以上		1	1	1					1

C-4-5a 续表 5

单位：人

年龄组 性 别	制造业		电力、热力、燃气及水生产和供应业				建筑业		
	废弃资源综合利用业	金属制品、机械和设备修理业	小计	电力、热力生产和供应业	燃气生产和供应业	水的生产和供应业	小计	房屋建筑业	土木工程建筑业
总　计	**791**	**1311**	**8140**	**5157**	**1267**	**1716**	**86065**	**40802**	**8951**
16-19 岁	2	13	11	4	3	4	491	254	43
20-24 岁	16	64	300	197	56	47	3444	1542	437
25-29 岁	37	108	622	396	109	117	6799	2984	865
30-34 岁	83	216	1219	722	260	237	13721	5793	1614
35-39 岁	75	181	1165	683	207	275	11502	4843	1303
40-44 岁	74	186	1306	830	167	309	10648	4772	1168
45-49 岁	142	217	1581	1026	214	341	14169	6862	1422
50-54 岁	168	186	1181	787	163	231	13996	7300	1214
55-59 岁	111	119	652	460	65	127	8490	4743	722
60-64 岁	52	14	53	24	12	17	1842	1121	104
65-69 岁	22	5	32	16	9	7	738	455	39
70-74 岁	5	2	13	8	1	4	151	92	10
75 岁及以上	4		5	4	1		74	41	10
男	**592**	**1106**	**5609**	**3687**	**853**	**1069**	**71107**	**33460**	**7211**
16-19 岁	2	12	9	4	2	3	395	205	34
20-24 岁	12	57	181	120	38	23	2507	1138	325
25-29 岁	28	90	391	263	65	63	5220	2249	658
30-34 岁	66	170	814	497	170	147	10856	4502	1243
35-39 岁	50	155	729	450	130	149	9164	3792	1025
40-44 岁	52	147	807	537	106	164	8558	3771	924
45-49 岁	106	177	1045	705	131	209	11775	5599	1129
50-54 岁	123	169	954	641	137	176	12238	6299	1043
55-59 岁	88	112	602	431	58	113	7840	4355	682
60-64 岁	40	11	42	21	8	13	1706	1038	94
65-69 岁	19	4	23	11	7	5	681	417	38
70-74 岁	5	2	11	6	1	4	114	67	9
75 岁及以上	1		1	1			53	28	7
女	**199**	**205**	**2531**	**1470**	**414**	**647**	**14958**	**7342**	**1740**
16-19 岁		1	2		1	1	96	49	9
20-24 岁	4	7	119	77	18	24	937	404	112
25-29 岁	9	18	231	133	44	54	1579	735	207
30-34 岁	17	46	405	225	90	90	2865	1291	371
35-39 岁	25	26	436	233	77	126	2338	1051	278
40-44 岁	22	39	499	293	61	145	2090	1001	244
45-49 岁	36	40	536	321	83	132	2394	1263	293
50-54 岁	45	17	227	146	26	55	1758	1001	171
55-59 岁	23	7	50	29	7	14	650	388	40
60-64 岁	12	3	11	3	4	4	136	83	10
65-69 岁	3	1	9	5	2	2	57	38	1
70-74 岁			2	2			37	25	1
75 岁及以上	3		4	3	1		21	13	3

C-4-5a 续表 6 单位：人

年龄组 性 别	建筑业		批发和零售业			交通运输、仓储和邮政业			
	建 筑 安装业	建筑装 饰、装修 和其他 建筑业	小计	批发业	零售业	小计	铁 路 运输业	道 路 运输业	水 上 运输业
总 计	**5666**	**30646**	**173670**	**43263**	**130407**	**44753**	**4461**	**27229**	**414**
16-19 岁	34	160	1317	246	1071	196	17	75	3
20-24 岁	205	1260	9588	2137	7451	1980	264	853	22
25-29 岁	415	2535	17615	4084	13531	3935	569	1912	35
30-34 岁	1036	5278	35376	8584	26792	7280	520	4210	62
35-39 岁	900	4456	29972	7310	22662	6586	461	4237	46
40-44 岁	812	3896	24714	6016	18698	6801	629	4466	55
45-49 岁	959	4926	25844	6555	19289	8042	774	5381	60
50-54 岁	805	4677	17685	4934	12751	6027	651	3831	68
55-59 岁	381	2644	8464	2509	5955	3251	528	1918	52
60-64 岁	75	542	1780	505	1275	412	27	225	8
65-69 岁	30	214	912	273	639	187	16	92	2
70-74 岁	8	41	276	74	202	35	2	19	1
75 岁及以上	6	17	127	36	91	21	3	10	
男	**5005**	**25431**	**84911**	**25008**	**59903**	**36593**	**3521**	**23213**	**315**
16-19 岁	30	126	680	156	524	151	12	55	2
20-24 岁	173	871	4475	1114	3361	1443	196	628	17
25-29 岁	349	1964	8401	2261	6140	3014	437	1517	28
30-34 岁	909	4202	16227	4643	11584	5775	403	3517	49
35-39 岁	782	3565	13761	4054	9707	5321	343	3565	27
40-44 岁	690	3173	11370	3348	8022	5469	472	3776	39
45-49 岁	858	4189	12396	3768	8628	6517	546	4593	46
50-54 岁	739	4157	9893	3160	6733	5297	562	3450	54
55-59 岁	363	2440	5655	1863	3792	3036	513	1803	45
60-64 岁	72	502	1224	375	849	361	19	203	5
65-69 岁	28	198	591	191	400	167	14	84	2
70-74 岁	6	32	162	48	114	26	2	13	1
75 岁及以上	6	12	76	27	49	16	2	9	
女	**661**	**5215**	**88759**	**18255**	**70504**	**8160**	**940**	**4016**	**99**
16-19 岁	4	34	637	90	547	45	5	20	1
20-24 岁	32	389	5113	1023	4090	537	68	225	5
25-29 岁	66	571	9214	1823	7391	921	132	395	7
30-34 岁	127	1076	19149	3941	15208	1505	117	693	13
35-39 岁	118	891	16211	3256	12955	1265	118	672	19
40-44 岁	122	723	13344	2668	10676	1332	157	690	16
45-49 岁	101	737	13448	2787	10661	1525	228	788	14
50-54 岁	66	520	7792	1774	6018	730	89	381	14
55-59 岁	18	204	2809	646	2163	215	15	115	7
60-64 岁	3	40	556	130	426	51	8	22	3
65-69 岁	2	16	321	82	239	20	2	8	
70-74 岁	2	9	114	26	88	9		6	
75 岁及以上		5	51	9	42	5	1	1	

C-4-5a　续表 7　　　　单位：人

年龄组 性　别	交通运输、仓储和邮政业					住宿和餐饮业		
	航　空 运输业	管　道 运输业	多式联运 和运输 代理业	装卸搬运 和仓储业	邮政业	小计	住宿业	餐饮业
总　计	**663**	**34**	**1167**	**3204**	**7581**	**57937**	**9428**	**48509**
16-19 岁	3	1	8	15	74	1345	223	1122
20-24 岁	78	2	65	84	612	4055	734	3321
25-29 岁	111	3	103	155	1047	5576	840	4736
30-34 岁	154	11	189	339	1795	10464	1567	8897
35-39 岁	98	6	178	310	1250	8682	1302	7380
40-44 岁	78	2	184	379	1008	7513	1257	6256
45-49 岁	66	3	216	647	895	9009	1595	7414
50-54 岁	48	3	144	694	588	6781	1160	5621
55-59 岁	24	2	55	426	246	3280	578	2702
60-64 岁	2		14	98	38	763	105	658
65-69 岁		1	10	49	17	351	59	292
70-74 岁	1			5	7	75	7	68
75 岁及以上			1	3	4	43	1	42
男	**387**	**24**	**894**	**2603**	**5636**	**28908**	**3684**	**25224**
16-19 岁	2	1	6	14	59	763	92	671
20-24 岁	33	1	41	58	469	2332	278	2054
25-29 岁	53	2	75	114	788	3258	341	2917
30-34 岁	84	6	137	249	1330	5606	609	4997
35-39 岁	62	4	134	249	937	4544	513	4031
40-44 岁	52	2	131	277	720	3469	448	3021
45-49 岁	40	3	172	492	625	3739	554	3185
50-54 岁	39	3	130	607	452	2850	429	2421
55-59 岁	20	1	49	398	207	1666	317	1349
60-64 岁	1		11	92	30	409	62	347
65-69 岁		1	8	46	12	211	34	177
70-74 岁	1			5	4	40	7	33
75 岁及以上				2	3	21		21
女	**276**	**10**	**273**	**601**	**1945**	**29029**	**5744**	**23285**
16-19 岁	1		2	1	15	582	131	451
20-24 岁	45	1	24	26	143	1723	456	1267
25-29 岁	58	1	28	41	259	2318	499	1819
30-34 岁	70	5	52	90	465	4858	958	3900
35-39 岁	36	2	44	61	313	4138	789	3349
40-44 岁	26		53	102	288	4044	809	3235
45-49 岁	26		44	155	270	5270	1041	4229
50-54 岁	9		14	87	136	3931	731	3200
55-59 岁	4	1	6	28	39	1614	261	1353
60-64 岁	1		3	6	8	354	43	311
65-69 岁			2	3	5	140	25	115
70-74 岁					3	35		35
75 岁及以上			1	1	1	22	1	21

C-4-5a 续表 8 单位：人

年龄组 性别	信息传输、软件和信息技术服务业				金融业				
	小计	电信、广播电视和卫星传输服务	互联网和相关服务	软件和信息技术服务业	小计	货币金融服务	资本市场服务	保险业	其他金融业
总计	**20885**	**5712**	**6200**	**8973**	**20505**	**8469**	**1741**	**7891**	**2404**
16-19 岁	215	31	107	77	95	24	8	29	34
20-24 岁	2825	330	1101	1394	1369	425	150	437	357
25-29 岁	4065	700	1396	1969	2972	1132	315	1079	446
30-34 岁	5331	1329	1560	2442	4815	1870	419	1983	543
35-39 岁	3651	1171	941	1539	3392	1174	341	1528	349
40-44 岁	2047	802	467	778	2217	795	189	1014	219
45-49 岁	1500	714	358	428	2574	1220	151	985	218
50-54 岁	790	399	167	224	1930	1140	110	538	142
55-59 岁	398	208	81	109	1028	642	57	245	84
60-64 岁	39	19	12	8	76	32	1	34	9
65-69 岁	17	4	8	5	28	11		15	2
70-74 岁	3	1	2		6	3		2	1
75 岁及以上	4	4			3	1		2	
男	**12928**	**3109**	**3611**	**6208**	**9785**	**4195**	**975**	**3305**	**1310**
16-19 岁	130	13	67	50	51	9	6	16	20
20-24 岁	1646	189	548	909	659	173	70	224	192
25-29 岁	2454	334	789	1331	1411	489	146	533	243
30-34 岁	3222	630	912	1680	2147	805	224	851	267
35-39 岁	2252	574	579	1099	1474	518	196	572	188
40-44 岁	1317	429	302	586	943	362	108	350	123
45-49 岁	963	446	217	300	1143	585	96	351	111
50-54 岁	567	292	117	158	1059	662	79	238	80
55-59 岁	325	177	62	86	829	556	49	146	78
60-64 岁	31	17	8	6	44	25	1	12	6
65-69 岁	14	3	8	3	18	7		10	1
70-74 岁	3	1	2		5	3		1	1
75 岁及以上	4	4			2	1		1	
女	**7957**	**2603**	**2589**	**2765**	**10720**	**4274**	**766**	**4586**	**1094**
16-19 岁	85	18	40	27	44	15	2	13	14
20-24 岁	1179	141	553	485	710	252	80	213	165
25-29 岁	1611	366	607	638	1561	643	169	546	203
30-34 岁	2109	699	648	762	2668	1065	195	1132	276
35-39 岁	1399	597	362	440	1918	656	145	956	161
40-44 岁	730	373	165	192	1274	433	81	664	96
45-49 岁	537	268	141	128	1431	635	55	634	107
50-54 岁	223	107	50	66	871	478	31	300	62
55-59 岁	73	31	19	23	199	86	8	99	6
60-64 岁	8	2	4	2	32	7		22	3
65-69 岁	3	1		2	10	4		5	1
70-74 岁					1			1	
75 岁及以上					1			1	

C-4-5a 续表 9

单位：人

年龄组 性别	房地产业		租赁和商务服务业			科学研究和技术服务业			
	小计	房地产业	小计	租赁业	商务服务业	小计	研究和试验发展	专业技术服务业	科技推广和应用服务业
总　计	**26621**	**26621**	**39221**	**2187**	**37034**	**16282**	**2512**	**10826**	**2944**
16-19岁	214	214	366	18	348	98	14	59	25
20-24岁	1679	1679	3253	86	3167	1314	167	881	266
25-29岁	2964	2964	5186	229	4957	2374	367	1602	405
30-34岁	5142	5142	8264	482	7782	3777	611	2470	696
35-39岁	3689	3689	6161	329	5832	2828	440	1833	555
40-44岁	2846	2846	4547	298	4249	1704	285	1122	297
45-49岁	3331	3331	4780	314	4466	1783	258	1218	307
50-54岁	3252	3252	3804	258	3546	1364	219	917	228
55-59岁	2394	2394	2159	124	2035	873	136	622	115
60-64岁	711	711	419	26	393	91	8	61	22
65-69岁	320	320	209	18	191	51	5	30	16
70-74岁	61	61	48	4	44	15	1	5	9
75岁及以上	18	18	25	1	24	10	1	6	3
男	**16132**	**16132**	**22753**	**1809**	**20944**	**10883**	**1578**	**7408**	**1897**
16-19岁	126	126	228	17	211	67	9	47	11
20-24岁	940	940	1491	68	1423	745	101	485	159
25-29岁	1682	1682	2639	187	2452	1526	218	1062	246
30-34岁	2777	2777	4265	396	3869	2412	380	1610	422
35-39岁	2030	2030	3409	272	3137	1886	269	1261	356
40-44岁	1614	1614	2673	239	2434	1146	174	774	198
45-49岁	2005	2005	2943	266	2677	1186	155	819	212
50-54岁	2238	2238	2750	210	2540	1022	148	711	163
55-59岁	1875	1875	1797	111	1686	767	111	556	100
60-64岁	538	538	337	25	312	77	7	53	17
65-69岁	243	243	168	15	153	35	4	23	8
70-74岁	52	52	37	3	34	7	1	2	4
75岁及以上	12	12	16		16	7	1	5	1
女	**10489**	**10489**	**16468**	**378**	**16090**	**5399**	**934**	**3418**	**1047**
16-19岁	88	88	138	1	137	31	5	12	14
20-24岁	739	739	1762	18	1744	569	66	396	107
25-29岁	1282	1282	2547	42	2505	848	149	540	159
30-34岁	2365	2365	3999	86	3913	1365	231	860	274
35-39岁	1659	1659	2752	57	2695	942	171	572	199
40-44岁	1232	1232	1874	59	1815	558	111	348	99
45-49岁	1326	1326	1837	48	1789	597	103	399	95
50-54岁	1014	1014	1054	48	1006	342	71	206	65
55-59岁	519	519	362	13	349	106	25	66	15
60-64岁	173	173	82	1	81	14	1	8	5
65-69岁	77	77	41	3	38	16	1	7	8
70-74岁	9	9	11	1	10	8		3	5
75岁及以上	6	6	9	1	8	3		1	2

C-4-5a 续表 10　　单位：人

年龄组 性别	水利、环境和公共设施管理业					居民服务、修理和其他服务业			
	小计	水利管理业	生态保护和环境治理业	公共设施管理业	土地管理业	小计	居民服务业	机动车、电子产品和日用产品修理业	其他服务业
总　计	**5999**	**526**	**526**	**4857**	**90**	**39121**	**25419**	**7318**	**6384**
16-19 岁	14			14		904	616	240	48
20-24 岁	153	16	25	111	1	2830	1917	643	270
25-29 岁	365	34	59	259	13	4082	2824	846	412
30-34 岁	660	67	90	486	17	7335	4998	1559	778
35-39 岁	693	74	83	515	21	5732	3839	1204	689
40-44 岁	753	77	71	597	8	4605	2945	930	730
45-49 岁	1042	89	75	864	14	4979	3107	864	1008
50-54 岁	1022	105	68	841	8	4431	2683	624	1124
55-59 岁	793	52	39	694	8	2554	1510	308	736
60-64 岁	315	7	10	298		870	459	64	347
65-69 岁	154	4	3	147		551	352	26	173
70-74 岁	24		2	22		186	123	8	55
75 岁及以上	11	1	1	9		62	46	2	14
男	**3799**	**368**	**385**	**2981**	**65**	**17224**	**8225**	**6045**	**2954**
16-19 岁	10			10		531	269	233	29
20-24 岁	95	11	16	68		1421	694	577	150
25-29 岁	217	22	38	146	11	1913	977	718	218
30-34 岁	427	43	59	314	11	3196	1548	1242	406
35-39 岁	469	55	63	334	17	2556	1262	960	334
40-44 岁	438	47	57	331	3	1971	925	742	304
45-49 岁	592	62	47	472	11	2028	922	696	410
50-54 岁	625	74	57	490	4	1692	761	520	411
55-59 岁	564	43	33	480	8	1121	506	271	344
60-64 岁	227	6	9	212		406	160	54	192
65-69 岁	108	4	3	101		257	130	23	104
70-74 岁	19		2	17		106	53	8	45
75 岁及以上	8	1	1	6		26	18	1	7
女	**2200**	**158**	**141**	**1876**	**25**	**21897**	**17194**	**1273**	**3430**
16-19 岁	4			4		373	347	7	19
20-24 岁	58	5	9	43	1	1409	1223	66	120
25-29 岁	148	12	21	113	2	2169	1847	128	194
30-34 岁	233	24	31	172	6	4139	3450	317	372
35-39 岁	224	19	20	181	4	3176	2577	244	355
40-44 岁	315	30	14	266	5	2634	2020	188	426
45-49 岁	450	27	28	392	3	2951	2185	168	598
50-54 岁	397	31	11	351	4	2739	1922	104	713
55-59 岁	229	9	6	214		1433	1004	37	392
60-64 岁	88	1	1	86		464	299	10	155
65-69 岁	46			46		294	222	3	69
70-74 岁	5			5		80	70		10
75 岁及以上	3			3		36	28	1	7

C-4-5a 续表 11

单位：人

年龄组 性 别	教育		卫生和社会工作			文化、体育和娱乐业				
	小计	教育	小计	卫生	社会工作	小计	新闻和出版业	广播、电视、电影和录音制作业	文 化艺术业	体育
总 计	**50991**	**50991**	**27051**	**26370**	**681**	**12216**	**988**	**1945**	**2049**	**1303**
16-19 岁	1168	1168	224	222	2	260	2	17	33	35
20-24 岁	4835	4835	2413	2377	36	1451	41	281	226	234
25-29 岁	6793	6793	4102	4055	47	1858	117	368	324	275
30-34 岁	9190	9190	5759	5679	80	2356	193	382	425	273
35-39 岁	7460	7460	4270	4185	85	1763	181	325	296	176
40-44 岁	6511	6511	3372	3301	71	1226	123	197	206	91
45-49 岁	6475	6475	3050	2927	123	1358	136	164	218	115
50-54 岁	4920	4920	2089	1973	116	1108	117	125	172	63
55-59 岁	3056	3056	1231	1148	83	619	68	72	117	30
60-64 岁	329	329	281	257	24	123	8	9	13	7
65-69 岁	148	148	164	154	10	75	2	3	14	4
70-74 岁	51	51	66	64	2	12		1	2	
75 岁及以上	55	55	30	28	2	7		1	3	
男	**18593**	**18593**	**8679**	**8441**	**238**	**6095**	**507**	**1036**	**1029**	**684**
16-19 岁	447	447	20	19	1	148		8	15	24
20-24 岁	1107	1107	440	431	9	736	16	123	89	151
25-29 岁	1783	1783	844	827	17	930	37	181	149	155
30-34 岁	2626	2626	1460	1432	28	1133	89	202	184	126
35-39 岁	2453	2453	1416	1383	33	844	78	161	153	84
40-44 岁	2474	2474	1251	1227	24	582	70	114	113	35
45-49 岁	2759	2759	1160	1128	32	626	77	94	114	47
50-54 岁	2396	2396	993	946	47	548	72	79	100	37
55-59 岁	2154	2154	770	734	36	417	58	64	87	20
60-64 岁	232	232	168	162	6	76	8	7	11	3
65-69 岁	93	93	100	95	5	39	2	2	9	2
70-74 岁	35	35	40	40		10			2	
75 岁及以上	34	34	17	17		6		1	3	
女	**32398**	**32398**	**18372**	**17929**	**443**	**6121**	**481**	**909**	**1020**	**619**
16-19 岁	721	721	204	203	1	112	2	9	18	11
20-24 岁	3728	3728	1973	1946	27	715	25	158	137	83
25-29 岁	5010	5010	3258	3228	30	928	80	187	175	120
30-34 岁	6564	6564	4299	4247	52	1223	104	180	241	147
35-39 岁	5007	5007	2854	2802	52	919	103	164	143	92
40-44 岁	4037	4037	2121	2074	47	644	53	83	93	56
45-49 岁	3716	3716	1890	1799	91	732	59	70	104	68
50-54 岁	2524	2524	1096	1027	69	560	45	46	72	26
55-59 岁	902	902	461	414	47	202	10	8	30	10
60-64 岁	97	97	113	95	18	47		2	2	4
65-69 岁	55	55	64	59	5	36		1	5	2
70-74 岁	16	16	26	24	2	2		1		
75 岁及以上	21	21	13	11	2	1				

C-4-5a 续表 12

单位：人

年龄组 性 别	娱乐业	公共管理、社会保障和社会组织						国际组织	
		小计	中国共产党机关	国家机构	人民政协、民主党派	社会保障	群众团体、社会团体和其他成员组织	基层群众自治组织	小计	国际组织
总 计	**5931**	**48693**	**1206**	**41175**	**114**	**222**	**2322**	**3654**	**3**	**3**
16-19 岁	173	98	11	58			25	4		
20-24 岁	669	1518	30	1250	1	9	123	105	1	1
25-29 岁	774	4040	78	3429	2	23	224	284	1	1
30-34 岁	1083	7843	196	6577	16	39	419	596		
35-39 岁	785	7109	178	6027	13	34	332	525		
40-44 岁	609	7489	191	6451	18	40	285	504	1	1
45-49 岁	725	8086	194	6877	22	38	358	597		
50-54 岁	631	6675	168	5703	18	24	277	485		
55-59 岁	332	4968	132	4257	24	11	169	375		
60-64 岁	86	499	13	323		1	52	110		
65-69 岁	52	222	8	137		2	28	47		
70-74 岁	9	89	4	47		1	20	17		
75 岁及以上	3	57	3	39			10	5		
男	**2839**	**31211**	**810**	**27159**	**74**	**117**	**1244**	**1807**	**1**	**1**
16-19 岁	101	59		41			16	2		
20-24 岁	357	841	13	731		6	53	38		
25-29 岁	408	2147	46	1884	1	10	100	106		
30-34 岁	532	4458	120	3864	12	15	188	259		
35-39 岁	368	4335	118	3810	5	19	155	228		
40-44 岁	250	4547	132	4039	6	18	143	209	1	1
45-49 岁	294	5168	136	4525	16	23	198	270		
50-54 岁	260	4688	118	4076	13	14	180	287		
55-59 岁	188	4331	105	3778	21	9	137	281		
60-64 岁	47	366	10	245			34	77		
65-69 岁	24	167	6	106		2	19	34		
70-74 岁	8	65	4	31		1	15	14		
75 岁及以上	2	39	2	29			6	2		
女	**3092**	**17482**	**396**	**14016**	**40**	**105**	**1078**	**1847**	**2**	**2**
16-19 岁	72	39	11	17			9	2		
20-24 岁	312	677	17	519	1	3	70	67	1	1
25-29 岁	366	1893	32	1545	1	13	124	178	1	1
30-34 岁	551	3385	76	2713	4	24	231	337		
35-39 岁	417	2774	60	2217	8	15	177	297		
40-44 岁	359	2942	59	2412	12	22	142	295		
45-49 岁	431	2918	58	2352	6	15	160	327		
50-54 岁	371	1987	50	1627	5	10	97	198		
55-59 岁	144	637	27	479	3	2	32	94		
60-64 岁	39	133	3	78		1	18	33		
65-69 岁	28	55	2	31			9	13		
70-74 岁	1	24		16			5	3		
75 岁及以上	1	18	1	10			4	3		

C-4-5b 全省分年龄、性别、行业大类的就业人口（镇）

单位：人

年龄组 性别	合计	农、林、牧、渔业						采矿业	
		小计	农业	林业	畜牧业	渔业	农、林、牧、渔专业及辅助性活动	小计	煤炭开采和洗选业
总　计	**915188**	**149511**	**132346**	**2542**	**9885**	**2767**	**1971**	**4580**	**1439**
16-19 岁	12337	1052	938	17	56	12	29	16	8
20-24 岁	49881	3136	2713	66	208	58	91	98	27
25-29 岁	77766	5247	4475	107	397	150	118	236	51
30-34 岁	142048	11132	9437	279	842	314	260	425	95
35-39 岁	118352	9966	8399	259	858	240	210	494	123
40-44 岁	108324	10729	9070	245	906	293	215	619	178
45-49 岁	134050	18371	15783	451	1362	468	307	1007	317
50-54 岁	123903	26435	23332	521	1752	503	327	1000	369
55-59 岁	81283	23854	21513	349	1383	364	245	507	180
60-64 岁	30503	14865	13729	124	747	173	92	76	34
65-69 岁	23084	14469	13438	93	754	131	53	48	18
70-74 岁	9359	6950	6493	23	368	46	20	34	25
75 岁及以上	4298	3305	3026	8	252	15	4	20	14
男	**545886**	**82824**	**72590**	**1787**	**5201**	**1932**	**1314**	**3836**	**1142**
16-19 岁	7517	677	600	14	32	9	22	10	3
20-24 岁	27602	1862	1596	39	121	50	56	74	18
25-29 岁	43435	2905	2414	73	234	108	76	177	37
30-34 岁	79782	6063	5050	174	468	207	164	346	71
35-39 岁	67261	5363	4416	162	484	165	136	408	90
40-44 岁	61834	5671	4680	167	493	198	133	475	127
45-49 岁	78951	9681	8150	290	725	313	203	832	244
50-54 岁	78785	13695	11851	406	882	335	221	891	325
55-59 岁	55976	12845	11426	271	704	265	179	477	162
60-64 岁	20595	8726	8063	97	370	124	72	63	25
65-69 岁	15199	8825	8216	69	399	106	35	39	11
70-74 岁	6160	4397	4140	19	185	39	14	28	19
75 岁及以上	2789	2114	1988	6	104	13	3	16	10
女	**369302**	**66687**	**59756**	**755**	**4684**	**835**	**657**	**744**	**297**
16-19 岁	4820	375	338	3	24	3	7	6	5
20-24 岁	22279	1274	1117	27	87	8	35	24	9
25-29 岁	34331	2342	2061	34	163	42	42	59	14
30-34 岁	62266	5069	4387	105	374	107	96	79	24
35-39 岁	51091	4603	3983	97	374	75	74	86	33
40-44 岁	46490	5058	4390	78	413	95	82	144	51
45-49 岁	55099	8690	7633	161	637	155	104	175	73
50-54 岁	45118	12740	11481	115	870	168	106	109	44
55-59 岁	25307	11009	10087	78	679	99	66	30	18
60-64 岁	9908	6139	5666	27	377	49	20	13	9
65-69 岁	7885	5644	5222	24	355	25	18	9	7
70-74 岁	3199	2553	2353	4	183	7	6	6	6
75 岁及以上	1509	1191	1038	2	148	2	1	4	4

C-4-5b 续表 1

单位：人

年龄组 性别	采矿业						制造业		
	石油和天然气开采业	黑色金属矿采选业	有色金属矿采选业	非金属矿采选业	开采专业及辅助性活动	其他采矿业	小计	农副食品加工业	食品制造业
总计	**21**	**159**	**1508**	**1011**	**125**	**317**	**144433**	**7939**	**6505**
16-19 岁				7		1	3325	65	82
20-24 岁	3	2	25	26	4	11	10051	261	299
25-29 岁	4	6	86	70	7	12	13610	524	491
30-34 岁	3	22	136	134	10	25	26915	1036	1106
35-39 岁	2	18	167	130	22	32	22214	921	977
40-44 岁	4	27	212	143	12	43	18397	864	840
45-49 岁	2	30	351	206	23	78	21733	1354	1121
50-54 岁		31	332	176	22	70	16364	1416	936
55-59 岁	2	19	173	81	14	38	8003	842	468
60-64 岁	1		10	19	7	5	2160	308	117
65-69 岁		3	11	12	2	2	1135	225	49
70-74 岁			3	6			366	74	14
75 岁及以上		1	2	1	2		160	49	5
男	**16**	**131**	**1286**	**876**	**104**	**281**	**85571**	**4560**	**2788**
16-19 岁				6		1	2190	46	48
20-24 岁	1		19	23	4	9	6713	150	146
25-29 岁	3	4	65	52	7	9	8520	283	245
30-34 岁	3	19	106	117	8	22	15694	557	491
35-39 岁	1	17	141	114	16	29	12478	511	409
40-44 岁	3	17	163	119	9	37	9786	433	353
45-49 岁	2	25	298	174	18	71	11725	739	417
50-54 岁		29	301	156	20	60	10051	833	361
55-59 岁	2	16	168	79	14	36	5646	562	212
60-64 岁	1		9	19	4	5	1584	219	69
65-69 岁		3	11	10	2	2	814	150	26
70-74 岁			3	6			266	46	9
75 岁及以上		1	2	1	2		104	31	2
女	**5**	**28**	**222**	**135**	**21**	**36**	**58862**	**3379**	**3717**
16-19 岁				1			1135	19	34
20-24 岁	2	2	6	3		2	3338	111	153
25-29 岁	1	2	21	18		3	5090	241	246
30-34 岁		3	30	17	2	3	11221	479	615
35-39 岁	1	1	26	16	6	3	9736	410	568
40-44 岁	1	10	49	24	3	6	8611	431	487
45-49 岁		5	53	32	5	7	10008	615	704
50-54 岁		2	31	20	2	10	6313	583	575
55-59 岁		3	5	2		2	2357	280	256
60-64 岁			1		3		576	89	48
65-69 岁				2			321	75	23
70-74 岁							100	28	5
75 岁及以上							56	18	3

C-4-5b 续表 2

单位：人

年龄组 性别	制造业								
	酒、饮料和精制茶制造业	烟草制品业	纺织业	纺织服装、服饰业	皮革、毛皮、羽毛及其制品和制鞋业	木材加工和木、竹、藤、棕、草制品业	家具制造业	造纸和纸制品业	印刷和记录媒介复制业
总　计	**1766**	**279**	**3617**	**8696**	**9031**	**4043**	**3268**	**1965**	**1840**
16-19 岁	8	1	44	178	130	30	43	21	40
20-24 岁	60	6	140	533	448	113	115	85	108
25-29 岁	124	13	214	697	684	195	222	142	173
30-34 岁	279	41	475	1605	1448	443	544	344	363
35-39 岁	236	32	528	1452	1591	463	491	286	306
40-44 岁	234	41	541	1250	1396	383	439	258	249
45-49 岁	282	53	777	1505	1816	672	562	323	269
50-54 岁	254	53	555	955	1015	788	489	295	213
55-59 岁	152	25	250	394	356	601	261	146	82
60-64 岁	57	7	46	77	85	185	65	34	24
65-69 岁	49	6	29	37	39	122	24	21	8
70-74 岁	22	1	17	12	14	36	10	3	3
75 岁及以上	9		1	1	9	12	3	7	2
男	**1118**	**172**	**1619**	**3216**	**3823**	**2971**	**2357**	**1198**	**1127**
16-19 岁	5	1	14	84	73	16	34	17	32
20-24 岁	44	4	70	227	256	90	77	48	77
25-29 岁	71	9	99	281	358	148	155	91	111
30-34 岁	171	26	223	594	672	329	352	201	219
35-39 岁	143	17	219	530	622	337	336	167	196
40-44 岁	129	26	197	401	532	238	303	146	131
45-49 岁	171	33	311	486	629	451	411	192	154
50-54 岁	174	30	266	347	419	589	379	186	125
55-59 岁	109	18	168	189	180	489	219	109	55
60-64 岁	37	4	24	46	51	151	56	24	17
65-69 岁	38	3	15	19	23	94	22	12	7
70-74 岁	18	1	12	11	5	30	10	3	2
75 岁及以上	8		1	1	3	9	3	2	1
女	**648**	**107**	**1998**	**5480**	**5208**	**1072**	**911**	**767**	**713**
16-19 岁	3		30	94	57	14	9	4	8
20-24 岁	16	2	70	306	192	23	38	37	31
25-29 岁	53	4	115	416	326	47	67	51	62
30-34 岁	108	15	252	1011	776	114	192	143	144
35-39 岁	93	15	309	922	969	126	155	119	110
40-44 岁	105	15	344	849	864	145	136	112	118
45-49 岁	111	20	466	1019	1187	221	151	131	115
50-54 岁	80	23	289	608	596	199	110	109	88
55-59 岁	43	7	82	205	176	112	42	37	27
60-64 岁	20	3	22	31	34	34	9	10	7
65-69 岁	11	3	14	18	16	28	2	9	1
70-74 岁	4		5	1	9	6			1
75 岁及以上	1				6	3		5	1

C-4-5b 续表 3 单位：人

年龄组 性别	制造业								
	文教、工美、体育和娱乐用品制造业	石油、煤炭及其他燃料加工业	化学原料和化学制品制造业	医 药 制造业	化学纤维制造业	橡胶和塑 料 制品业	非金属矿 物 制品业	黑色金属冶炼和压延加工业	有色金属冶炼和压延加工业
总 计	**3636**	**333**	**7966**	**1887**	**133**	**3334**	**19402**	**866**	**1687**
16-19 岁	86	1	46	22	1	56	832	7	10
20-24 岁	209	10	228	189	7	189	1988	22	42
25-29 岁	322	23	435	183	5	278	2154	48	102
30-34 岁	678	33	1281	391	25	608	3706	121	223
35-39 岁	601	31	1092	292	17	549	2774	135	212
40-44 岁	513	53	1066	230	30	435	2340	110	271
45-49 岁	586	69	1486	279	23	582	2594	162	353
50-54 岁	414	47	1362	168	21	397	1681	167	308
55-59 岁	145	41	694	99	4	180	908	74	126
60-64 岁	47	11	184	21		42	263	14	32
65-69 岁	19	11	68	8		14	122	4	2
70-74 岁	10	2	20	4		2	28	2	3
75 岁及以上	6	1	4	1		2	12		3
男	**1554**	**249**	**4526**	**917**	**73**	**2082**	**12568**	**672**	**1335**
16-19 岁	46	1	27	16		44	505	6	9
20-24 岁	107	6	141	84	2	132	1430	18	38
25-29 岁	166	17	244	91	2	179	1431	39	75
30-34 岁	288	26	706	186	11	379	2215	93	166
35-39 岁	248	22	613	128	11	339	1637	104	166
40-44 岁	201	33	573	111	13	254	1358	82	191
45-49 岁	208	54	789	122	15	325	1604	110	290
50-54 岁	179	35	802	94	16	246	1271	139	252
55-59 岁	63	35	441	62	3	136	758	63	112
60-64 岁	27	8	129	16		33	222	14	30
65-69 岁	11	10	44	3		12	105	2	1
70-74 岁	6	2	15	3		2	24	2	3
75 岁及以上	4		2	1		1	8		2
女	**2082**	**84**	**3440**	**970**	**60**	**1252**	**6834**	**194**	**352**
16-19 岁	40		19	6	1	12	327	1	1
20-24 岁	102	4	87	105	5	57	558	4	4
25-29 岁	156	6	191	92	3	99	723	9	27
30-34 岁	390	7	575	205	14	229	1491	28	57
35-39 岁	353	9	479	164	6	210	1137	31	46
40-44 岁	312	20	493	119	17	181	982	28	80
45-49 岁	378	15	697	157	8	257	990	52	63
50-54 岁	235	12	560	74	5	151	410	28	56
55-59 岁	82	6	253	37	1	44	150	11	14
60-64 岁	20	3	55	5		9	41		2
65-69 岁	8	1	24	5		2	17	2	1
70-74 岁	4		5	1			4		
75 岁及以上	2	1	2			1	4		1

C-4-5b 续表 4

单位：人

年龄组 性别	制造业								
	金属制品业	通用设备制造业	专用设备制造业	汽车制造业	铁路、船舶、航空航天和其他运输设备制造业	电气机械和器材制造业	计算机、通信和其他电子设备制造业	仪器仪表制造业	其他制造业
总计	**9116**	**6312**	**4733**	**4120**	**859**	**4727**	**22119**	**666**	**1308**
16-19 岁	140	85	77	194	4	105	955	12	30
20-24 岁	461	431	387	490	60	361	2549	57	69
25-29 岁	763	612	557	562	77	509	3149	78	129
30-34 岁	1730	1295	1109	952	246	974	5191	129	234
35-39 岁	1497	1017	858	670	154	822	3631	120	191
40-44 岁	1236	814	565	446	83	635	2554	78	173
45-49 岁	1406	912	528	432	100	617	2244	94	196
50-54 岁	1142	703	379	247	93	437	1200	59	173
55-59 岁	531	335	199	101	30	177	452	30	78
60-64 岁	120	64	45	17	8	55	119	7	21
65-69 岁	68	32	21	8	4	26	57	2	9
70-74 岁	16	11	8			9	12		4
75 岁及以上	6	1		1			6		1
男	**6989**	**4780**	**3419**	**2967**	**611**	**2849**	**11985**	**449**	**754**
16-19 岁	118	65	60	183	2	80	613	9	17
20-24 岁	387	342	295	437	48	255	1614	34	40
25-29 岁	592	485	407	449	58	342	1824	62	85
30-34 岁	1344	989	805	647	176	546	2816	91	129
35-39 岁	1121	749	628	416	106	485	1830	70	99
40-44 岁	921	569	378	272	60	334	1189	44	108
45-49 岁	997	641	361	279	56	358	1083	68	100
50-54 岁	897	562	270	181	71	257	613	45	97
55-59 岁	438	290	156	82	24	133	274	22	57
60-64 岁	98	50	36	14	7	38	76	2	16
65-69 岁	58	29	17	6	3	18	39	2	3
70-74 岁	13	8	6			3	10		3
75 岁及以上	5	1		1			4		
女	**2127**	**1532**	**1314**	**1153**	**248**	**1878**	**10134**	**217**	**554**
16-19 岁	22	20	17	11	2	25	342	3	13
20-24 岁	74	89	92	53	12	106	935	23	29
25-29 岁	171	127	150	113	19	167	1325	16	44
30-34 岁	386	306	304	305	70	428	2375	38	105
35-39 岁	376	268	230	254	48	337	1801	50	92
40-44 岁	315	245	187	174	23	301	1365	34	65
45-49 岁	409	271	167	153	44	259	1161	26	96
50-54 岁	245	141	109	66	22	180	587	14	76
55-59 岁	93	45	43	19	6	44	178	8	21
60-64 岁	22	14	9	3	1	17	43	5	5
65-69 岁	10	3	4	2	1	8	18		6
70-74 岁	3	3	2			6	2		1
75 岁及以上	1						2		1

C-4-5b 续表 5

单位：人

年龄组 性别	制造业		电力、热力、燃气及水生产和供应业				建筑业		
	废弃资源综合利用业	金属制品、机械和设备修理业	小计	电力、热力生产和供应业	燃气生产和供应业	水的生产和供应业	小计	房屋建筑业	土木工程建筑业
总计	**1089**	**1191**	**6938**	**4526**	**895**	**1517**	**127948**	**74678**	**6390**
16-19岁	9	11	20	15	2	3	1159	706	47
20-24岁	26	108	247	166	29	52	4964	2654	365
25-29岁	42	103	406	250	52	104	8839	4609	591
30-34岁	101	204	878	535	151	192	17618	8979	984
35-39岁	94	174	878	552	136	190	15246	7961	743
40-44岁	112	158	1163	781	118	264	14888	8211	700
45-49岁	170	166	1439	966	163	310	21240	12582	1018
50-54岁	246	151	1033	672	139	222	22173	14094	988
55-59岁	148	74	695	501	74	120	14512	9557	690
60-64岁	65	20	105	54	19	32	4582	3279	172
65-69岁	36	15	53	22	9	22	2191	1649	75
70-74岁	24	5	12	6	2	4	409	300	15
75岁及以上	16	2	9	6	1	2	127	97	2
男	**830**	**1013**	**4926**	**3349**	**597**	**980**	**109370**	**62599**	**5691**
16-19岁	8	11	14	10	2	2	930	556	41
20-24岁	22	92	172	119	20	33	3982	2050	301
25-29岁	33	88	285	191	34	60	7246	3604	509
30-34岁	82	164	572	377	89	106	14664	7177	875
35-39岁	70	149	589	385	86	118	12764	6461	660
40-44岁	78	128	743	525	65	153	12409	6621	624
45-49岁	128	143	930	643	106	181	17830	10353	883
50-54岁	179	136	834	558	104	172	19466	12172	898
55-59岁	120	67	623	463	61	99	13295	8671	650
60-64岁	53	17	96	48	19	29	4270	3050	161
65-69岁	28	14	50	19	9	22	2026	1519	73
70-74岁	17	2	10	5	2	3	382	280	14
75岁及以上	12	2	8	6		2	106	85	2
女	**259**	**178**	**2012**	**1177**	**298**	**537**	**18578**	**12079**	**699**
16-19岁	1		6	5		1	229	150	6
20-24岁	4	16	75	47	9	19	982	604	64
25-29岁	9	15	121	59	18	44	1593	1005	82
30-34岁	19	40	306	158	62	86	2954	1802	109
35-39岁	24	25	289	167	50	72	2482	1500	83
40-44岁	34	30	420	256	53	111	2479	1590	76
45-49岁	42	23	509	323	57	129	3410	2229	135
50-54岁	67	15	199	114	35	50	2707	1922	90
55-59岁	28	7	72	38	13	21	1217	886	40
60-64岁	12	3	9	6		3	312	229	11
65-69岁	8	1	3	3			165	130	2
70-74岁	7	3	2	1		1	27	20	1
75岁及以上	4		1		1		21	12	

C-4-5b 续表 6

单位：人

年龄组 性别	建筑业		批发和零售业			交通运输、仓储和邮政业			
	建筑安装业	建筑装饰、装修和其他建筑业	小计	批发业	零售业	小计	铁路运输业	道路运输业	水上运输业
总计	**7130**	**39750**	**155732**	**30776**	**124956**	**45103**	**951**	**29885**	**280**
16-19 岁	63	343	1869	335	1534	338	9	140	
20-24 岁	296	1649	8349	1452	6897	2002	101	920	6
25-29 岁	585	3054	14567	2739	11828	3549	140	1990	16
30-34 岁	1296	6359	29385	5440	23945	7386	126	4602	40
35-39 岁	1102	5440	24818	4668	20150	6857	90	4793	29
40-44 岁	1043	4934	20744	3841	16903	6432	101	4613	35
45-49 岁	1116	6524	23178	4573	18605	7855	134	5686	51
50-54 岁	931	6160	17726	3978	13748	6392	124	4438	57
55-59 岁	502	3763	9640	2335	7305	3161	105	2085	31
60-64 岁	133	998	2913	696	2217	745	12	426	7
65-69 岁	53	414	1728	491	1237	302	4	164	4
70-74 岁	8	86	573	157	416	56	3	20	2
75 岁及以上	2	26	242	71	171	28	2	8	2
男	**6521**	**34559**	**75001**	**18092**	**56909**	**38530**	**747**	**26959**	**215**
16-19 岁	58	275	941	227	714	252	6	111	
20-24 岁	271	1360	4018	830	3188	1526	73	760	3
25-29 岁	534	2599	6906	1587	5319	2892	104	1757	10
30-34 岁	1193	5419	13112	3039	10073	6071	107	4090	31
35-39 岁	996	4647	11092	2659	8433	5801	67	4295	24
40-44 岁	945	4219	9341	2183	7158	5495	80	4159	28
45-49 岁	991	5603	10797	2569	8228	6786	97	5124	35
50-54 岁	866	5530	9472	2465	7007	5740	100	4110	48
55-59 岁	483	3491	5774	1557	4217	2933	96	1968	25
60-64 岁	126	933	1896	483	1413	687	10	402	5
65-69 岁	48	386	1121	340	781	277	4	156	3
70-74 岁	8	80	380	109	271	47	1	20	2
75 岁及以上	2	17	151	44	107	23	2	7	1
女	**609**	**5191**	**80731**	**12684**	**68047**	**6573**	**204**	**2926**	**65**
16-19 岁	5	68	928	108	820	86	3	29	
20-24 岁	25	289	4331	622	3709	476	28	160	3
25-29 岁	51	455	7661	1152	6509	657	36	233	6
30-34 岁	103	940	16273	2401	13872	1315	19	512	9
35-39 岁	106	793	13726	2009	11717	1056	23	498	5
40-44 岁	98	715	11403	1658	9745	937	21	454	7
45-49 岁	125	921	12381	2004	10377	1069	37	562	16
50-54 岁	65	630	8254	1513	6741	652	24	328	9
55-59 岁	19	272	3866	778	3088	228	9	117	6
60-64 岁	7	65	1017	213	804	58	2	24	2
65-69 岁	5	28	607	151	456	25		8	1
70-74 岁		6	193	48	145	9	2		
75 岁及以上		9	91	27	64	5		1	1

C-4-5b 续表 7

单位：人

年龄组 性别	交通运输、仓储和邮政业					住宿和餐饮业		
	航空运输业	管道运输业	多式联运和运输代理业	装卸搬运和仓储业	邮政业	小计	住宿业	餐饮业
总　计	**530**	**33**	**1031**	**4985**	**7408**	**52424**	**6935**	**45489**
16-19 岁	4		5	44	136	965	126	839
20-24 岁	110	2	59	167	637	2904	432	2472
25-29 岁	117	1	75	243	967	4659	664	3995
30-34 岁	129	4	177	532	1776	9112	1139	7973
35-39 岁	54	7	156	474	1254	7573	913	6660
40-44 岁	36	5	166	569	907	6756	936	5820
45-49 岁	35	4	174	903	868	8207	1092	7115
50-54 岁	31	7	142	1047	546	6952	918	6034
55-59 岁	11	3	54	635	237	3646	493	3153
60-64 岁	3		15	229	53	969	140	829
65-69 岁			7	105	18	511	63	448
70-74 岁			1	24	6	128	15	113
75 岁及以上				13	3	42	4	38
男	**309**	**22**	**803**	**4167**	**5308**	**24744**	**2594**	**22150**
16-19 岁	4		4	28	99	615	57	558
20-24 岁	51	2	45	133	459	1708	184	1524
25-29 岁	65		59	189	708	2613	272	2341
30-34 岁	65	2	132	409	1235	4640	419	4221
35-39 岁	40	5	120	381	869	3665	309	3356
40-44 岁	31	3	126	446	622	2893	287	2606
45-49 岁	25	1	141	740	623	3189	326	2863
50-54 岁	18	6	112	919	427	2815	362	2453
55-59 岁	8	3	45	586	202	1664	240	1424
60-64 岁	2		13	213	42	556	89	467
65-69 岁			5	94	15	283	40	243
70-74 岁			1	19	4	79	7	72
75 岁及以上				10	3	24	2	22
女	**221**	**11**	**228**	**818**	**2100**	**27680**	**4341**	**23339**
16-19 岁			1	16	37	350	69	281
20-24 岁	59		14	34	178	1196	248	948
25-29 岁	52	1	16	54	259	2046	392	1654
30-34 岁	64	2	45	123	541	4472	720	3752
35-39 岁	14	2	36	93	385	3908	604	3304
40-44 岁	5	2	40	123	285	3863	649	3214
45-49 岁	10	3	33	163	245	5018	766	4252
50-54 岁	13	1	30	128	119	4137	556	3581
55-59 岁	3		9	49	35	1982	253	1729
60-64 岁	1		2	16	11	413	51	362
65-69 岁			2	11	3	228	23	205
70-74 岁				5	2	49	8	41
75 岁及以上				3		18	2	16

C-4-5b　续表 8　　　　单位：人

年龄组 性　别	信息传输、软件和信息技术服务业				金融业				
	小计	电信、广播电视和卫星传输服务	互联网和相关服务	软件和信息技术服务业	小计	货币金融服　　务	资本市场服　　务	保险业	其　他金融业
总　计	**10328**	**3227**	**3854**	**3247**	**10292**	**4490**	**462**	**4613**	**727**
16-19 岁	220	31	136	53	58	12	4	37	5
20-24 岁	1597	234	707	656	810	393	54	282	81
25-29 岁	1991	403	848	740	1538	679	77	641	141
30-34 岁	2703	828	990	885	2206	899	122	994	191
35-39 岁	1572	587	533	452	1544	518	68	857	101
40-44 岁	841	394	244	203	1046	347	53	590	56
45-49 岁	720	380	212	128	1420	675	50	629	66
50-54 岁	445	246	118	81	1011	564	23	378	46
55-59 岁	183	98	47	38	551	347	8	161	35
60-64 岁	36	18	13	5	71	42	2	23	4
65-69 岁	16	7	5	4	26	11		15	
70-74 岁	4	1	1	2	4	1	1	2	
75 岁及以上					7	2		4	1
男	**6494**	**1845**	**2301**	**2348**	**4909**	**2346**	**275**	**1894**	**394**
16-19 岁	126	14	80	32	28	5	3	18	2
20-24 岁	967	122	389	456	348	148	26	140	34
25-29 岁	1267	222	511	534	754	280	43	356	75
30-34 岁	1624	379	604	641	959	400	67	398	94
35-39 岁	981	311	329	341	665	250	42	316	57
40-44 岁	533	242	133	158	441	168	36	204	33
45-49 岁	481	265	130	86	607	344	32	196	35
50-54 岁	318	183	76	59	589	397	18	144	30
55-59 岁	154	88	36	30	449	312	6	99	32
60-64 岁	28	14	9	5	46	32	1	11	2
65-69 岁	12	5	3	4	18	9		9	
70-74 岁	3		1	2	2		1	1	
75 岁及以上					3	1		2	
女	**3834**	**1382**	**1553**	**899**	**5383**	**2144**	**187**	**2719**	**333**
16-19 岁	94	17	56	21	30	7	1	19	3
20-24 岁	630	112	318	200	462	245	28	142	47
25-29 岁	724	181	337	206	784	399	34	285	66
30-34 岁	1079	449	386	244	1247	499	55	596	97
35-39 岁	591	276	204	111	879	268	26	541	44
40-44 岁	308	152	111	45	605	179	17	386	23
45-49 岁	239	115	82	42	813	331	18	433	31
50-54 岁	127	63	42	22	422	167	5	234	16
55-59 岁	29	10	11	8	102	35	2	62	3
60-64 岁	8	4	4		25	10	1	12	2
65-69 岁	4	2	2		8	2		6	
70-74 岁	1	1			2	1		1	
75 岁及以上					4	1		2	1

C-4-5b 续表 9 单位：人

年龄组 性 别	房地产业		租赁和商务服务业			科学研究和技术服务业			
	小计	房地产业	小计	租赁业	商 务 服务业	小计	研究和 试验发展	专业技术 服务业	科技推广 和应用 服务业
总 计	**12384**	**12384**	**23060**	**1914**	**21146**	**7176**	**646**	**4885**	**1645**
16-19 岁	130	130	348	30	318	90	5	71	14
20-24 岁	967	967	1937	105	1832	709	81	529	99
25-29 岁	1490	1490	2698	209	2489	1036	107	747	182
30-34 岁	2403	2403	4518	385	4133	1557	161	1097	299
35-39 岁	1677	1677	3236	326	2910	1038	105	706	227
40-44 岁	1245	1245	2504	225	2279	717	60	490	167
45-49 岁	1351	1351	2781	267	2514	783	49	532	202
50-54 岁	1460	1460	2507	213	2294	654	40	412	202
55-59 岁	1069	1069	1693	106	1587	356	29	206	121
60-64 岁	365	365	473	28	445	102	6	49	47
65-69 岁	185	185	270	15	255	80	2	28	50
70-74 岁	35	35	75	4	71	39		10	29
75 岁及以上	7	7	20	1	19	15	1	8	6
男	**7551**	**7551**	**14598**	**1700**	**12898**	**4939**	**417**	**3419**	**1103**
16-19 岁	79	79	218	27	191	51	4	39	8
20-24 岁	533	533	992	94	898	462	51	346	65
25-29 岁	826	826	1517	193	1324	671	60	494	117
30-34 岁	1273	1273	2598	339	2259	1046	106	747	193
35-39 岁	883	883	1920	284	1636	701	69	497	135
40-44 岁	740	740	1571	192	1379	495	39	331	125
45-49 岁	863	863	1840	238	1602	565	35	386	144
50-54 岁	1063	1063	1868	193	1675	496	26	330	140
55-59 岁	829	829	1379	99	1280	279	21	174	84
60-64 岁	287	287	393	24	369	78	4	40	34
65-69 岁	143	143	226	12	214	56	1	20	35
70-74 岁	28	28	60	4	56	26		8	18
75 岁及以上	4	4	16	1	15	13	1	7	5
女	**4833**	**4833**	**8462**	**214**	**8248**	**2237**	**229**	**1466**	**542**
16-19 岁	51	51	130	3	127	39	1	32	6
20-24 岁	434	434	945	11	934	247	30	183	34
25-29 岁	664	664	1181	16	1165	365	47	253	65
30-34 岁	1130	1130	1920	46	1874	511	55	350	106
35-39 岁	794	794	1316	42	1274	337	36	209	92
40-44 岁	505	505	933	33	900	222	21	159	42
45-49 岁	488	488	941	29	912	218	14	146	58
50-54 岁	397	397	639	20	619	158	14	82	62
55-59 岁	240	240	314	7	307	77	8	32	37
60-64 岁	78	78	80	4	76	24	2	9	13
65-69 岁	42	42	44	3	41	24	1	8	15
70-74 岁	7	7	15		15	13		2	11
75 岁及以上	3	3	4		4	2		1	1

C-4-5b 续表 10

单位：人

年龄组 性别	水利、环境和公共设施管理业					居民服务、修理和其他服务业			
	小计	水利管理业	生态保护和环境治理业	公共设施管理业	土地管理业	小计	居民服务业	机动车、电子产品和日用产品修理业	其他服务业
总计	**5373**	**571**	**495**	**4228**	**79**	**39418**	**24795**	**8880**	**5743**
16-19 岁	21	2		19		1038	621	318	99
20-24 岁	113	10	9	93	1	2668	1734	750	184
25-29 岁	207	19	29	152	7	3635	2402	949	284
30-34 岁	455	59	60	319	17	6797	4533	1780	484
35-39 岁	459	48	66	329	16	5697	3730	1457	510
40-44 岁	538	103	40	383	12	4498	2777	1157	564
45-49 岁	851	144	118	582	7	5101	3138	1103	860
50-54 岁	924	96	86	730	12	4601	2795	749	1057
55-59 岁	804	65	51	683	5	2983	1764	412	807
60-64 岁	479	12	14	453		1178	608	117	453
65-69 岁	383	3	12	367	1	842	474	65	303
70-74 岁	111	7	7	97		262	136	15	111
75 岁及以上	28	3	3	21	1	118	83	8	27
男	**3392**	**430**	**379**	**2518**	**65**	**18419**	**8466**	**7436**	**2517**
16-19 岁	12	1		11		646	275	311	60
20-24 岁	72	7	7	57	1	1503	735	668	100
25-29 岁	140	12	26	95	7	1853	870	830	153
30-34 岁	298	38	41	204	15	3245	1538	1469	238
35-39 岁	314	32	53	218	11	2648	1239	1171	238
40-44 岁	359	71	30	249	9	1984	826	941	217
45-49 岁	506	105	78	316	7	2138	935	908	295
50-54 岁	537	82	70	376	9	1879	887	610	382
55-59 岁	508	60	45	398	5	1294	630	349	315
60-64 岁	295	11	11	273		574	242	102	230
65-69 岁	245	3	10	231	1	448	201	60	187
70-74 岁	85	5	6	74		149	53	9	87
75 岁及以上	21	3	2	16		58	35	8	15
女	**1981**	**141**	**116**	**1710**	**14**	**20999**	**16329**	**1444**	**3226**
16-19 岁	9	1		8		392	346	7	39
20-24 岁	41	3	2	36		1165	999	82	84
25-29 岁	67	7	3	57		1782	1532	119	131
30-34 岁	157	21	19	115	2	3552	2995	311	246
35-39 岁	145	16	13	111	5	3049	2491	286	272
40-44 岁	179	32	10	134	3	2514	1951	216	347
45-49 岁	345	39	40	266		2963	2203	195	565
50-54 岁	387	14	16	354	3	2722	1908	139	675
55-59 岁	296	5	6	285		1689	1134	63	492
60-64 岁	184	1	3	180		604	366	15	223
65-69 岁	138		2	136		394	273	5	116
70-74 岁	26	2	1	23		113	83	6	24
75 岁及以上	7		1	5	1	60	48		12

C-4-5b 续表 11　　　　单位：人

年龄组 性　别	教育		卫生和社会工作			文化、体育和娱乐业				
	小计	教育	小计	卫生	社会工作	小计	新闻和出版业	广播、电视、电影和录音制作业	文化艺术业	体育
总　计	**46111**	**46111**	**21724**	**21146**	**578**	**6036**	**247**	**578**	**980**	**686**
16-19 岁	1258	1258	163	156	7	144	4	6	17	30
20-24 岁	4807	4807	2191	2166	25	606	22	79	65	115
25-29 岁	5941	5941	3316	3279	37	754	36	95	92	147
30-34 岁	6739	6739	3787	3731	56	1133	56	133	157	170
35-39 岁	5669	5669	2794	2752	42	791	39	71	109	84
40-44 岁	6204	6204	2964	2908	56	625	34	56	109	46
45-49 岁	6383	6383	2872	2795	77	760	30	62	142	37
50-54 岁	5020	5020	1993	1882	111	664	11	41	141	29
55-59 岁	3400	3400	1020	915	105	359	13	26	95	17
60-64 岁	387	387	256	232	24	101	2	3	20	8
65-69 岁	201	201	236	210	26	68		4	20	3
70-74 岁	57	57	96	90	6	24		2	9	
75 岁及以上	45	45	36	30	6	7			4	
男	**18221**	**18221**	**7557**	**7330**	**227**	**3019**	**129**	**332**	**520**	**381**
16-19 岁	530	530	24	19	5	86	1	3	9	18
20-24 岁	979	979	358	348	10	330	6	33	28	73
25-29 岁	1302	1302	729	718	11	431	17	55	45	96
30-34 岁	1734	1734	1012	987	25	552	23	67	84	93
35-39 岁	1885	1885	1021	1009	12	335	18	38	46	35
40-44 岁	2614	2614	1116	1098	18	293	17	38	51	23
45-49 岁	3233	3233	1175	1156	19	350	27	39	78	16
50-54 岁	2797	2797	1045	998	47	302	8	28	71	11
55-59 岁	2630	2630	648	600	48	225	10	24	63	11
60-64 岁	289	289	165	152	13	53	2	2	16	3
65-69 岁	154	154	166	152	14	41		3	19	2
70-74 岁	42	42	73	70	3	16		2	7	
75 岁及以上	32	32	25	23	2	5			3	
女	**27890**	**27890**	**14167**	**13816**	**351**	**3017**	**118**	**246**	**460**	**305**
16-19 岁	728	728	139	137	2	58	3	3	8	12
20-24 岁	3828	3828	1833	1818	15	276	16	46	37	42
25-29 岁	4639	4639	2587	2561	26	323	19	40	47	51
30-34 岁	5005	5005	2775	2744	31	581	33	66	73	77
35-39 岁	3784	3784	1773	1743	30	456	21	33	63	49
40-44 岁	3590	3590	1848	1810	38	332	17	18	58	23
45-49 岁	3150	3150	1697	1639	58	410	3	23	64	21
50-54 岁	2223	2223	948	884	64	362	3	13	70	18
55-59 岁	770	770	372	315	57	134	3	2	32	6
60-64 岁	98	98	91	80	11	48		1	4	5
65-69 岁	47	47	70	58	12	27		1	1	1
70-74 岁	15	15	23	20	3	8			2	
75 岁及以上	13	13	11	7	4	2			1	

C-4-5b 续表 12　　　　单位：人

年龄组 性别	娱乐业	公共管理、社会保障和社会组织						国际组织	
		小计	中国共产党机关	国家机构	人民政协、民主党派	社会保障	群众团体、社会团体和其他成员组织	基层群众自治组织	小计	国际组织
总　计	**3545**	**46615**	**1034**	**38892**	**131**	**160**	**1740**	**4658**	**2**	**2**
16-19 岁	87	123	6	84		1	22	10		
20-24 岁	325	1725	32	1454	1	9	108	121		
25-29 岁	384	4046	91	3480	3	16	164	292	1	1
30-34 岁	617	6899	143	5850	8	23	278	597		
35-39 岁	488	5828	147	4962	15	20	230	454	1	1
40-44 岁	380	7414	189	6427	25	34	205	534		
45-49 岁	489	7998	178	6827	23	27	250	693		
50-54 岁	442	6549	134	5349	22	17	211	816		
55-59 岁	208	4847	100	3801	31	12	170	733		
60-64 岁	68	640	8	358	2	1	37	234		
65-69 岁	41	340	1	200	1		40	98		
70-74 岁	13	124	2	53			14	55		
75 岁及以上	3	82	3	47			11	21		
男	**1657**	**31984**	**735**	**27335**	**88**	**83**	**1007**	**2736**	**1**	**1**
16-19 岁	55	88	6	65		1	11	5		
20-24 岁	190	1003	19	877	1	6	49	51		
25-29 岁	218	2401	50	2122		8	80	141		
30-34 岁	285	4279	77	3832	4	11	122	233		
35-39 岁	198	3747	109	3295	6	12	122	203	1	1
40-44 岁	164	4875	141	4296	12	15	125	286		
45-49 岁	190	5423	130	4698	14	13	160	408		
50-54 岁	184	4927	101	4123	17	7	139	540		
55-59 岁	117	4324	89	3504	31	9	126	565		
60-64 岁	30	509	7	291	2	1	24	184		
65-69 岁	17	255	1	150	1		27	76		
70-74 岁	7	87	2	42			11	32		
75 岁及以上	2	66	3	40			11	12		
女	**1888**	**14631**	**299**	**11557**	**43**	**77**	**733**	**1922**	**1**	**1**
16-19 岁	32	35		19			11	5		
20-24 岁	135	722	13	577		3	59	70		
25-29 岁	166	1645	41	1358	3	8	84	151	1	1
30-34 岁	332	2620	66	2018	4	12	156	364		
35-39 岁	290	2081	38	1667	9	8	108	251		
40-44 岁	216	2539	48	2131	13	19	80	248		
45-49 岁	299	2575	48	2129	9	14	90	285		
50-54 岁	258	1622	33	1226	5	10	72	276		
55-59 岁	91	523	11	297		3	44	168		
60-64 岁	38	131	1	67			13	50		
65-69 岁	24	85		50			13	22		
70-74 岁	6	37		11			3	23		
75 岁及以上	1	16		7				9		

C-4-5c　全省分年龄、性别、行业大类的就业人口（乡村）

单位：人

年龄组 性别	合计	农、林、牧、渔业						采矿业	
		小计	农业	林业	畜牧业	渔业	农、林、牧、渔专业及辅助性活动	小计	煤炭开采和洗选业
总　计	**1327820**	**506964**	**456068**	**7679**	**31941**	**7307**	**3969**	**4909**	**1245**
16-19 岁	24070	4009	3595	60	244	57	53	17	3
20-24 岁	72342	10742	9534	180	678	176	174	121	12
25-29 岁	97735	16959	14910	274	1101	382	292	212	31
30-34 岁	172098	34340	30016	688	2320	790	526	468	48
35-39 岁	132912	30133	26249	606	2266	622	390	493	75
40-44 岁	119514	32933	28787	639	2498	657	352	565	121
45-49 岁	170471	59121	52227	1122	4141	1083	548	1042	282
50-54 岁	197970	88210	78961	1566	5600	1405	678	1127	389
55-59 岁	149147	81106	73515	1289	4793	1014	495	619	204
60-64 岁	77640	54089	49948	541	2862	514	224	152	44
65-69 岁	67063	53811	49997	484	2822	361	147	65	20
70-74 岁	31129	27223	25237	184	1572	175	55	17	11
75 岁及以上	15729	14288	13092	46	1044	71	35	11	5
男	**825375**	**282539**	**253357**	**5348**	**16187**	**4966**	**2681**	**4369**	**1121**
16-19 岁	14913	2480	2210	41	148	45	36	14	2
20-24 岁	42276	6301	5551	126	397	119	108	105	11
25-29 岁	60237	9667	8405	176	625	271	190	187	27
30-34 岁	106537	19174	16512	454	1293	556	359	399	43
35-39 岁	81576	16008	13747	417	1186	412	246	424	64
40-44 岁	72245	17344	14944	426	1298	436	240	482	103
45-49 岁	104129	30736	26840	754	2077	703	362	932	254
50-54 岁	122105	45192	40112	1074	2624	921	461	1021	355
55-59 岁	95759	43497	39152	931	2392	673	349	576	188
60-64 岁	51249	32244	29838	404	1452	381	169	143	41
65-69 岁	43440	32991	30895	363	1376	259	98	62	18
70-74 岁	20685	17686	16562	146	804	137	37	14	10
75 岁及以上	10224	9219	8589	36	515	53	26	10	5
女	**502445**	**224425**	**202711**	**2331**	**15754**	**2341**	**1288**	**540**	**124**
16-19 岁	9157	1529	1385	19	96	12	17	3	1
20-24 岁	30066	4441	3983	54	281	57	66	16	1
25-29 岁	37498	7292	6505	98	476	111	102	25	4
30-34 岁	65561	15166	13504	234	1027	234	167	69	5
35-39 岁	51336	14125	12502	189	1080	210	144	69	11
40-44 岁	47269	15589	13843	213	1200	221	112	83	18
45-49 岁	66342	28385	25387	368	2064	380	186	110	28
50-54 岁	75865	43018	38849	492	2976	484	217	106	34
55-59 岁	53388	37609	34363	358	2401	341	146	43	16
60-64 岁	26391	21845	20110	137	1410	133	55	9	3
65-69 岁	23623	20820	19102	121	1446	102	49	3	2
70-74 岁	10444	9537	8675	38	768	38	18	3	1
75 岁及以上	5505	5069	4503	10	529	18	9	1	

C-4-5c 续表 1

单位：人

年龄组 性别	采矿业						制造业		
	石油和天然气开采业	黑色金属矿采选业	有色金属矿采选业	非金属矿采选业	开采专业及辅助性活动	其他采矿业	小计	农副食品加工业	食品制造业
总　计	**16**	**205**	**1186**	**1670**	**214**	**373**	**191068**	**7825**	**4613**
16-19 岁			4	8	1	1	5516	74	111
20-24 岁	2	8	33	60	3	3	14592	282	293
25-29 岁		9	68	91	3	10	18866	441	398
30-34 岁	5	14	112	224	24	41	35136	921	798
35-39 岁	2	15	124	220	25	32	27792	835	641
40-44 岁	2	26	156	185	22	53	22475	797	507
45-49 岁	2	37	290	283	47	101	27255	1315	713
50-54 岁	1	45	243	318	54	77	22660	1419	643
55-59 岁	1	39	126	185	23	41	11134	907	315
60-64 岁	1	5	22	65	7	8	3143	400	104
65-69 岁		6	7	25	3	4	1788	309	70
70-74 岁				5	1		502	99	15
75 岁及以上		1	1	1	1	2	209	26	5
男	**12**	**185**	**1058**	**1470**	**184**	**339**	**114749**	**4566**	**1920**
16-19 岁			2	8	1	1	3516	43	54
20-24 岁	2	7	28	52	2	3	9196	172	142
25-29 岁		8	61	81	2	8	11883	256	206
30-34 岁	3	11	95	192	20	35	20953	563	339
35-39 岁	2	14	114	185	17	28	16043	436	267
40-44 岁	1	21	135	157	18	47	12238	395	193
45-49 岁	1	33	264	246	42	92	15096	670	248
50-54 岁	1	41	213	287	50	74	13686	825	238
55-59 岁	1	38	118	171	22	38	7862	609	137
60-64 岁	1	5	20	63	6	7	2368	278	48
65-69 岁		6	7	24	3	4	1365	221	36
70-74 岁				3	1		381	76	8
75 岁及以上		1	1	1		2	162	22	4
女	**4**	**20**	**128**	**200**	**30**	**34**	**76319**	**3259**	**2693**
16-19 岁			2				2000	31	57
20-24 岁		1	5	8	1		5396	110	151
25-29 岁		1	7	10	1	2	6983	185	192
30-34 岁	2	3	17	32	4	6	14183	358	459
35-39 岁		1	10	35	8	4	11749	399	374
40-44 岁	1	5	21	28	4	6	10237	402	314
45-49 岁	1	4	26	37	5	9	12159	645	465
50-54 岁		4	30	31	4	3	8974	594	405
55-59 岁		1	8	14	1	3	3272	298	178
60-64 岁			2	2	1	1	775	122	56
65-69 岁				1			423	88	34
70-74 岁				2			121	23	7
75 岁及以上					1		47	4	1

C-4-5c 续表 2 单位：人

年龄组 性别	制造业								
	酒、饮料和精制茶制造业	烟草制品业	纺织业	纺织服装、服饰业	皮革、毛皮、羽毛及其制品和制鞋业	木材加工和木、竹、藤、棕、草制品业	家具制造业	造纸和纸制品业	印刷和记录媒介复制业
总 计	**2328**	**289**	**5157**	**16913**	**14650**	**7631**	**6971**	**2749**	**1909**
16-19 岁	31	4	102	506	453	58	117	59	73
20-24 岁	108	14	324	1338	1064	180	344	141	154
25-29 岁	170	25	408	1664	1337	367	544	212	214
30-34 岁	298	40	832	3247	2691	794	1112	466	377
35-39 岁	285	38	771	2779	2455	712	979	411	314
40-44 岁	242	38	740	2214	2062	732	869	365	259
45-49 岁	355	45	845	2570	2271	1365	1085	437	243
50-54 岁	351	50	714	1762	1566	1558	1094	388	168
55-59 岁	277	23	298	629	559	1145	608	172	76
60-64 岁	100	8	79	117	115	361	117	58	22
65-69 岁	74	4	27	66	51	237	75	30	8
70-74 岁	22		9	17	17	79	25	8	1
75 岁及以上	15		8	4	9	43	2	2	
男	**1476**	**143**	**2514**	**6605**	**7280**	**5624**	**5183**	**1688**	**1268**
16-19 岁	18	3	61	199	262	49	99	41	48
20-24 岁	65	11	179	540	601	138	259	96	112
25-29 岁	111	15	212	720	723	284	399	132	143
30-34 岁	185	21	413	1310	1366	552	797	289	253
35-39 岁	170	16	376	1102	1233	477	699	245	202
40-44 岁	143	12	320	781	957	482	621	207	160
45-49 岁	216	19	369	909	994	927	760	251	160
50-54 岁	221	22	329	649	702	1154	833	240	107
55-59 岁	189	19	172	288	324	943	525	118	56
60-64 岁	78	3	50	59	72	308	99	43	20
65-69 岁	54	2	22	38	32	206	66	20	6
70-74 岁	13		7	9	9	65	24	4	1
75 岁及以上	13		4	1	5	39	2	2	
女	**852**	**146**	**2643**	**10308**	**7370**	**2007**	**1788**	**1061**	**641**
16-19 岁	13	1	41	307	191	9	18	18	25
20-24 岁	43	3	145	798	463	42	85	45	42
25-29 岁	59	10	196	944	614	83	145	80	71
30-34 岁	113	19	419	1937	1325	242	315	177	124
35-39 岁	115	22	395	1677	1222	235	280	166	112
40-44 岁	99	26	420	1433	1105	250	248	158	99
45-49 岁	139	26	476	1661	1277	438	325	186	83
50-54 岁	130	28	385	1113	864	404	261	148	61
55-59 岁	88	4	126	341	235	202	83	54	20
60-64 岁	22	5	29	58	43	53	18	15	2
65-69 岁	20	2	5	28	19	31	9	10	2
70-74 岁	9		2	8	8	14	1	4	
75 岁及以上	2		4	3	4	4			

C-4-5c 续表 3

单位：人

年龄组 性别	制造业								
	文教、工美、体育和娱乐用品制造业	石油、煤炭及其他燃料加工业	化学原料和化学制品制造业	医药制造业	化学纤维制造业	橡胶和塑料制品业	非金属矿物制品业	黑色金属冶炼和压延加工业	有色金属冶炼和压延加工业
总计	**6206**	**385**	**9487**	**1362**	**125**	**6002**	**11823**	**903**	**1032**
16-19 岁	207	3	88	29	3	165	124	5	10
20-24 岁	503	5	330	142	5	402	480	34	51
25-29 岁	583	18	525	177	8	517	782	51	77
30-34 岁	1119	42	1337	280	18	1118	1645	131	144
35-39 岁	931	54	1198	181	29	853	1563	125	134
40-44 岁	776	44	1193	145	16	772	1420	111	158
45-49 岁	956	69	1753	166	18	923	2149	182	187
50-54 岁	694	69	1719	143	17	735	1972	167	168
55-59 岁	307	52	933	66	7	365	1107	72	74
60-64 岁	70	22	258	21	3	99	357	14	16
65-69 岁	45	4	114	8	1	39	175	8	13
70-74 岁	10	1	32	3		9	38	3	
75 岁及以上	5	2	7	1		5	11		
男	**3013**	**277**	**5179**	**721**	**79**	**3703**	**8669**	**769**	**768**
16-19 岁	125	3	56	17	2	111	92	3	8
20-24 岁	278	3	186	70	3	269	375	31	36
25-29 岁	308	15	292	101	5	347	572	46	55
30-34 岁	516	30	762	143	13	694	1130	114	100
35-39 岁	429	35	614	90	19	517	1081	102	99
40-44 岁	359	29	589	80	10	425	962	91	118
45-49 岁	406	45	890	82	6	537	1508	148	131
50-54 岁	331	52	937	76	12	453	1479	147	131
55-59 岁	176	42	589	37	5	239	930	66	64
60-64 岁	45	18	165	17	3	76	329	12	15
65-69 岁	30	3	72	5	1	28	168	6	11
70-74 岁	6	1	21	2		5	34	3	
75 岁及以上	4	1	6	1		2	9		
女	**3193**	**108**	**4308**	**641**	**46**	**2299**	**3154**	**134**	**264**
16-19 岁	82		32	12	1	54	32	2	2
20-24 岁	225	2	144	72	2	133	105	3	15
25-29 岁	275	3	233	76	3	170	210	5	22
30-34 岁	603	12	575	137	5	424	515	17	44
35-39 岁	502	19	584	91	10	336	482	23	35
40-44 岁	417	15	604	65	6	347	458	20	40
45-49 岁	550	24	863	84	12	386	641	34	56
50-54 岁	363	17	782	67	5	282	493	20	37
55-59 岁	131	10	344	29	2	126	177	6	10
60-64 岁	25	4	93	4		23	28	2	1
65-69 岁	15	1	42	3		11	7	2	2
70-74 岁	4		11	1		4	4		
75 岁及以上	1	1	1			3	2		

C-4-5c 续表 4

单位：人

年龄组 性别	制造业								
	金属制品业	通用设备制造业	专用设备制造业	汽车制造业	铁路、船舶、航空航天和其他运输设备制造业	电气机械和器材制造业	计算机、通信和其他电子设备制造业	仪器仪表制造业	其他制造业
总计	**14661**	**7883**	**5555**	**2529**	**779**	**6844**	**37786**	**1187**	**2304**
16-19 岁	301	200	183	81	15	237	2105	43	70
20-24 岁	839	660	553	277	71	645	4944	109	149
25-29 岁	1321	878	690	310	77	841	5608	150	221
30-34 岁	2661	1737	1220	600	166	1430	8785	267	411
35-39 岁	2200	1138	919	408	92	1091	5757	173	334
40-44 岁	1865	943	625	274	106	776	3682	145	273
45-49 岁	2315	1014	609	291	102	900	3442	133	345
50-54 岁	1939	824	438	202	100	600	2249	106	274
55-59 岁	899	352	190	65	36	228	866	43	138
60-64 岁	196	84	60	14	9	66	200	6	44
65-69 岁	93	41	47	4	2	23	109	9	25
70-74 岁	20	6	13	1	3	6	23	2	12
75 岁及以上	12	6	8	2		1	16	1	8
男	**11124**	**5924**	**3889**	**1823**	**608**	**4237**	**21136**	**792**	**1268**
16-19 岁	236	157	131	69	9	159	1338	34	41
20-24 岁	666	514	387	223	58	449	3040	76	94
25-29 岁	1067	676	505	226	63	574	3394	97	134
30-34 岁	2041	1326	867	436	132	883	4892	189	234
35-39 岁	1671	821	648	285	67	638	3103	109	190
40-44 岁	1367	655	399	173	75	414	1760	86	121
45-49 岁	1649	757	399	188	76	507	1629	86	181
50-54 岁	1427	603	303	148	84	369	1210	63	139
55-59 岁	730	299	151	56	30	164	526	36	79
60-64 岁	164	72	47	13	9	54	140	5	28
65-69 岁	78	35	34	3	2	20	80	8	16
70-74 岁	19	4	11	1	3	5	17	2	6
75 岁及以上	9	5	7	2		1	7	1	5
女	**3537**	**1959**	**1666**	**706**	**171**	**2607**	**16650**	**395**	**1036**
16-19 岁	65	43	52	12	6	78	767	9	29
20-24 岁	173	146	166	54	13	196	1904	33	55
25-29 岁	254	202	185	84	14	267	2214	53	87
30-34 岁	620	411	353	164	34	547	3893	78	177
35-39 岁	529	317	271	123	25	453	2654	64	144
40-44 岁	498	288	226	101	31	362	1922	59	152
45-49 岁	666	257	210	103	26	393	1813	47	164
50-54 岁	512	221	135	54	16	231	1039	43	135
55-59 岁	169	53	39	9	6	64	340	7	59
60-64 岁	32	12	13	1		12	60	1	16
65-69 岁	15	6	13	1		3	29	1	9
70-74 岁	1	2	2			1	6		6
75 岁及以上	3	1	1				9		3

C-4-5c 续表 5　　　　单位：人

年龄组 性别	制造业		电力、热力、燃气及水生产和供应业				建筑业		
	废弃资源综合利用业	金属制品、机械和设备修理业	小计	电力、热力生产和供应业	燃气生产和供应业	水的生产和供应业	小计	房屋建筑业	土木工程建筑业
总　计	**1782**	**1398**	**4125**	**2624**	**819**	**682**	**227927**	**140327**	**10505**
16-19 岁	16	43	31	22	8	1	2806	1684	104
20-24 岁	40	111	192	126	37	29	9821	5523	571
25-29 岁	85	167	327	197	75	55	15649	8436	854
30-34 岁	170	279	534	309	134	91	29589	15921	1481
35-39 岁	182	210	415	245	100	70	24560	13739	1082
40-44 岁	177	149	465	298	97	70	23722	13855	990
45-49 岁	269	188	673	423	138	112	36294	22613	1597
50-54 岁	393	138	734	476	141	117	41469	27628	1828
55-59 岁	254	71	531	381	60	90	28118	19124	1340
60-64 岁	105	18	140	92	19	29	9910	7293	412
65-69 岁	58	19	73	46	10	17	4837	3620	210
70-74 岁	24	4	5	5			932	718	32
75 岁及以上	9	1	5	4		1	220	173	4
男	**1326**	**1177**	**3348**	**2203**	**595**	**550**	**198297**	**119840**	**9687**
16-19 岁	13	35	22	16	5	1	2327	1336	93
20-24 岁	30	93	159	106	29	24	8233	4424	513
25-29 岁	63	142	256	161	53	42	13486	7018	767
30-34 岁	128	235	414	253	92	69	25447	13150	1361
35-39 岁	127	175	317	198	71	48	20771	11210	996
40-44 岁	129	125	341	227	65	49	19981	11371	890
45-49 岁	193	155	514	325	103	86	30832	18891	1463
50-54 岁	283	119	626	421	101	104	36354	23899	1685
55-59 岁	199	64	494	359	52	83	25866	17456	1283
60-64 岁	84	14	132	86	18	28	9403	6881	400
65-69 岁	47	15	64	43	6	15	4563	3400	201
70-74 岁	21	4	4	4			864	667	31
75 岁及以上	9	1	5	4		1	170	137	4
女	**456**	**221**	**777**	**421**	**224**	**132**	**29630**	**20487**	**818**
16-19 岁	3	8	9	6	3		479	348	11
20-24 岁	10	18	33	20	8	5	1588	1099	58
25-29 岁	22	25	71	36	22	13	2163	1418	87
30-34 岁	42	44	120	56	42	22	4142	2771	120
35-39 岁	55	35	98	47	29	22	3789	2529	86
40-44 岁	48	24	124	71	32	21	3741	2484	100
45-49 岁	76	33	159	98	35	26	5462	3722	134
50-54 岁	110	19	108	55	40	13	5115	3729	143
55-59 岁	55	7	37	22	8	7	2252	1668	57
60-64 岁	21	4	8	6	1	1	507	412	12
65-69 岁	11	4	9	3	4	2	274	220	9
70-74 岁	3		1	1			68	51	1
75 岁及以上							50	36	

C-4-5c 续表 6

单位：人

年龄组 性别	建筑业		批发和零售业			交通运输、仓储和邮政业			
	建筑安装业	建筑装饰、装修和其他建筑业	小计	批发业	零售业	小计	铁路运输业	道路运输业	水上运输业
总　计	**10290**	**66805**	**133555**	**32054**	**101501**	**47298**	**583**	**32039**	**346**
16-19 岁	127	891	3220	614	2606	622	12	264	11
20-24 岁	551	3176	10769	2098	8671	2500	104	1256	22
25-29 岁	995	5364	14630	3019	11611	4285	115	2614	24
30-34 岁	2058	10129	26401	5571	20830	8331	83	5604	53
35-39 岁	1569	8170	18845	4104	14741	7013	35	5076	32
40-44 岁	1263	7614	14390	3228	11162	6052	29	4620	31
45-49 岁	1425	10659	16186	4162	12024	7375	60	5434	35
50-54 岁	1270	10743	14450	4246	10204	6257	72	4287	53
55-59 岁	733	6921	8160	2475	5685	3353	49	2093	45
60-64 岁	185	2020	3159	1135	2024	968	15	518	20
65-69 岁	89	918	2121	875	1246	416	5	216	15
70-74 岁	14	168	847	359	488	92	1	45	2
75 岁及以上	11	32	377	168	209	34	3	12	3
男	**9614**	**59156**	**68819**	**19591**	**49228**	**41824**	**469**	**29605**	**276**
16-19 岁	118	780	1622	381	1241	484	5	211	6
20-24 岁	518	2778	5115	1226	3889	2037	76	1075	20
25-29 岁	937	4764	7326	1826	5500	3713	90	2407	19
30-34 岁	1934	9002	13003	3367	9636	7235	69	5156	42
35-39 岁	1475	7090	9256	2481	6775	6223	28	4704	27
40-44 岁	1178	6542	6951	1864	5087	5362	22	4272	25
45-49 岁	1302	9176	8354	2503	5851	6606	53	5033	25
50-54 岁	1174	9596	7945	2582	5363	5680	60	4022	44
55-59 岁	694	6433	4890	1587	3303	3079	48	1975	33
60-64 岁	179	1943	2117	801	1316	912	11	497	18
65-69 岁	85	877	1415	611	804	380	4	200	14
70-74 岁	13	153	580	245	335	83	1	41	1
75 岁及以上	7	22	245	117	128	30	2	12	2
女	**676**	**7649**	**64736**	**12463**	**52273**	**5474**	**114**	**2434**	**70**
16-19 岁	9	111	1598	233	1365	138	7	53	5
20-24 岁	33	398	5654	872	4782	463	28	181	2
25-29 岁	58	600	7304	1193	6111	572	25	207	5
30-34 岁	124	1127	13398	2204	11194	1096	14	448	11
35-39 岁	94	1080	9589	1623	7966	790	7	372	5
40-44 岁	85	1072	7439	1364	6075	690	7	348	6
45-49 岁	123	1483	7832	1659	6173	769	7	401	10
50-54 岁	96	1147	6505	1664	4841	577	12	265	9
55-59 岁	39	488	3270	888	2382	274	1	118	12
60-64 岁	6	77	1042	334	708	56	4	21	2
65-69 岁	4	41	706	264	442	36	1	16	1
70-74 岁	1	15	267	114	153	9		4	1
75 岁及以上	4	10	132	51	81	4	1		1

C-4-5c 续表 7 单位：人

年龄组 性别	交通运输、仓储和邮政业					住宿和餐饮业		
	航空运输业	管道运输业	多式联运和运输代理业	装卸搬运和仓储业	邮政业	小计	住宿业	餐饮业
总计	**256**	**27**	**1073**	**6611**	**6363**	**49825**	**6023**	**43802**
16-19岁	16		14	95	210	1763	267	1496
20-24岁	61	2	58	264	733	4250	655	3595
25-29岁	38	1	98	400	995	5184	685	4499
30-34岁	41	8	190	729	1623	8996	1044	7952
35-39岁	33	7	164	663	1003	6547	737	5810
40-44岁	26	1	135	638	572	5324	648	4676
45-49岁	16	1	166	1123	540	6602	797	5805
50-54岁	15	5	151	1283	391	6141	702	5439
55-59岁	7	1	78	865	215	3299	323	2976
60-64岁	1		18	347	49	1031	101	930
65-69岁	1	1		155	23	537	47	490
70-74岁				39	5	114	13	101
75岁及以上	1		1	10	4	37	4	33
男	**159**	**22**	**869**	**5640**	**4784**	**23603**	**2302**	**21301**
16-19岁	12		10	74	166	1111	150	961
20-24岁	33	2	41	212	578	2520	290	2230
25-29岁	14	1	76	325	781	2958	283	2675
30-34岁	30	7	151	592	1188	4908	415	4493
35-39岁	21	5	132	570	736	3172	268	2904
40-44岁	17		109	511	406	2072	196	1876
45-49岁	13		136	943	403	2339	229	2110
50-54岁	11	5	126	1126	286	2150	234	1916
55-59岁	5	1	70	774	173	1369	141	1228
60-64岁	1		17	328	40	573	57	516
65-69岁	1	1		141	19	333	29	304
70-74岁				35	5	72	8	64
75岁及以上	1		1	9	3	26	2	24
女	**97**	**5**	**204**	**971**	**1579**	**26222**	**3721**	**22501**
16-19岁	4		4	21	44	652	117	535
20-24岁	28		17	52	155	1730	365	1365
25-29岁	24		22	75	214	2226	402	1824
30-34岁	11	1	39	137	435	4088	629	3459
35-39岁	12	2	32	93	267	3375	469	2906
40-44岁	9	1	26	127	166	3252	452	2800
45-49岁	3	1	30	180	137	4263	568	3695
50-54岁	4		25	157	105	3991	468	3523
55-59岁	2		8	91	42	1930	182	1748
60-64岁			1	19	9	458	44	414
65-69岁				14	4	204	18	186
70-74岁				4		42	5	37
75岁及以上				1	1	11	2	9

C-4-5c 续表 8　　　　单位：人

年龄组 性 别	信息传输、软件和信息技术服务业				金融业				
	小计	电信、广播电视和卫星传输服务	互联网和相关服务	软件和信息技术服务业	小计	货币金融服务	资本市场服务	保险业	其他金融业
总 计	**9118**	**1666**	**4091**	**3361**	**5069**	**1264**	**265**	**3032**	**508**
16-19 岁	399	45	219	135	103	14	5	71	13
20-24 岁	1901	197	880	824	649	190	50	307	102
25-29 岁	2061	265	931	865	1048	318	74	515	141
30-34 岁	2400	448	1092	860	1254	329	58	742	125
35-39 岁	1064	258	453	353	736	128	48	503	57
40-44 岁	481	140	205	136	411	63	11	307	30
45-49 岁	391	141	153	97	380	81	6	273	20
50-54 岁	278	105	111	62	277	84	10	174	9
55-59 岁	104	49	35	20	163	48	3	103	9
60-64 岁	20	10	7	3	25	4		20	1
65-69 岁	11	4	4	3	19	4		15	
70-74 岁	5	2	1	2	3	1		2	
75 岁及以上	3	2		1	1				1
男	**5867**	**1011**	**2445**	**2411**	**2449**	**625**	**173**	**1365**	**286**
16-19 岁	254	26	130	98	51	6	3	35	7
20-24 岁	1188	106	527	555	294	70	26	154	44
25-29 岁	1313	148	540	625	540	149	49	264	78
30-34 岁	1531	233	649	649	603	154	34	337	78
35-39 岁	682	157	273	252	348	65	38	210	35
40-44 岁	320	91	128	101	166	34	6	108	18
45-49 岁	258	102	91	65	156	43	5	97	11
50-54 岁	199	85	71	43	155	65	10	74	6
55-59 岁	90	47	26	17	106	34	2	63	7
60-64 岁	16	9	5	2	12	1		10	1
65-69 岁	10	4	4	2	14	3		11	
70-74 岁	4	2	1	1	3	1		2	
75 岁及以上	2	1		1	1				1
女	**3251**	**655**	**1646**	**950**	**2620**	**639**	**92**	**1667**	**222**
16-19 岁	145	19	89	37	52	8	2	36	6
20-24 岁	713	91	353	269	355	120	24	153	58
25-29 岁	748	117	391	240	508	169	25	251	63
30-34 岁	869	215	443	211	651	175	24	405	47
35-39 岁	382	101	180	101	388	63	10	293	22
40-44 岁	161	49	77	35	245	29	5	199	12
45-49 岁	133	39	62	32	224	38	1	176	9
50-54 岁	79	20	40	19	122	19		100	3
55-59 岁	14	2	9	3	57	14	1	40	2
60-64 岁	4	1	2	1	13	3		10	
65-69 岁	1			1	5	1		4	
70-74 岁	1			1					
75 岁及以上	1	1							

C-4-5c 续表 9

单位：人

年龄组 性 别	房地产业		租赁和商务服务业			科学研究和技术服务业			
	小计	房地产业	小计	租赁业	商 务 服务业	小计	研究和 试验发展	专业技术 服务业	科技推广 和应用 服务业
总 计	**9186**	**9186**	**25090**	**2395**	**22695**	**6893**	**540**	**3932**	**2421**
16-19 岁	213	213	761	52	709	150	16	103	31
20-24 岁	1102	1102	2719	199	2520	825	69	581	175
25-29 岁	1369	1369	3203	304	2899	1039	122	733	184
30-34 岁	1908	1908	4933	535	4398	1389	139	886	364
35-39 岁	1097	1097	3043	326	2717	785	70	462	253
40-44 岁	676	676	2219	253	1966	529	32	295	202
45-49 岁	811	811	2516	270	2246	637	45	336	256
50-54 岁	893	893	2571	267	2304	640	23	295	322
55-59 岁	683	683	1846	132	1714	433	15	174	244
60-64 岁	270	270	696	32	664	199	6	36	157
65-69 岁	125	125	390	16	374	161	2	21	138
70-74 岁	26	26	143	7	136	79		8	71
75 岁及以上	13	13	50	2	48	27	1	2	24
男	**6020**	**6020**	**16506**	**2174**	**14332**	**4751**	**389**	**2901**	**1461**
16-19 岁	135	135	480	50	430	95	10	69	16
20-24 岁	653	653	1442	182	1260	547	45	393	109
25-29 岁	867	867	1896	286	1610	725	75	531	119
30-34 岁	1182	1182	3065	493	2572	985	112	660	213
35-39 岁	685	685	1990	298	1692	535	53	328	154
40-44 岁	446	446	1487	225	1262	362	25	217	120
45-49 岁	546	546	1726	237	1489	440	31	257	152
50-54 岁	618	618	1877	231	1646	438	17	231	190
55-59 岁	517	517	1485	121	1364	293	14	153	126
60-64 岁	234	234	588	30	558	134	4	33	97
65-69 岁	105	105	325	13	312	113	2	19	92
70-74 岁	22	22	114	7	107	62		8	54
75 岁及以上	10	10	31	1	30	22	1	2	19
女	**3166**	**3166**	**8584**	**221**	**8363**	**2142**	**151**	**1031**	**960**
16-19 岁	78	78	281	2	279	55	6	34	15
20-24 岁	449	449	1277	17	1260	278	24	188	66
25-29 岁	502	502	1307	18	1289	314	47	202	65
30-34 岁	726	726	1868	42	1826	404	27	226	151
35-39 岁	412	412	1053	28	1025	250	17	134	99
40-44 岁	230	230	732	28	704	167	7	78	82
45-49 岁	265	265	790	33	757	197	14	79	104
50-54 岁	275	275	694	36	658	202	6	64	132
55-59 岁	166	166	361	11	350	140	1	21	118
60-64 岁	36	36	108	2	106	65	2	3	60
65-69 岁	20	20	65	3	62	48		2	46
70-74 岁	4	4	29		29	17			17
75 岁及以上	3	3	19	1	18	5			5

C-4-5c 续表 10　　　　单位：人

年龄组 性别	水利、环境和公共设施管理业					居民服务、修理和其他服务业			
	小计	水利管理业	生态保护和环境治理业	公共设施管理业	土地管理业	小计	居民服务业	机动车、电子产品和日用产品修理业	其他服务业
总计	**6491**	**261**	**534**	**5646**	**50**	**41214**	**24619**	**9279**	**7316**
16-19 岁	52	2	4	44	2	1726	1066	525	135
20-24 岁	190	3	13	171	3	3620	2177	1195	248
25-29 岁	267	14	20	227	6	4072	2463	1299	310
30-34 岁	460	22	34	397	7	6677	4162	1992	523
35-39 岁	438	15	48	368	7	4591	2764	1319	508
40-44 岁	540	37	66	434	3	3654	2125	939	590
45-49 岁	854	38	69	741	6	4619	2693	898	1028
50-54 岁	1261	68	108	1077	8	5069	3011	618	1440
55-59 岁	1078	38	104	931	5	3537	2110	283	1144
60-64 岁	642	10	37	593	2	1650	908	126	616
65-69 岁	462	10	26	425	1	1284	724	56	504
70-74 岁	196	3	5	188		503	268	20	215
75 岁及以上	51	1		50		212	148	9	55
男	**4030**	**223**	**424**	**3341**	**42**	**19746**	**8445**	**8092**	**3209**
16-19 岁	31	1	3	26	1	1067	496	499	72
20-24 岁	102	2	9	88	3	2065	830	1106	129
25-29 岁	168	11	11	141	5	2311	977	1162	172
30-34 岁	305	20	30	251	4	3520	1525	1727	268
35-39 岁	276	14	31	225	6	2240	914	1125	201
40-44 岁	336	28	44	262	2	1651	645	796	210
45-49 岁	480	28	54	392	6	1846	766	743	337
50-54 岁	720	61	89	562	8	1843	836	511	496
55-59 岁	648	37	94	513	4	1359	638	243	478
60-64 岁	444	7	32	403	2	795	348	108	339
65-69 岁	330	10	22	297	1	647	291	47	309
70-74 岁	156	3	5	148		294	123	18	153
75 岁及以上	34	1		33		108	56	7	45
女	**2461**	**38**	**110**	**2305**	**8**	**21468**	**16174**	**1187**	**4107**
16-19 岁	21	1	1	18	1	659	570	26	63
20-24 岁	88	1	4	83		1555	1347	89	119
25-29 岁	99	3	9	86	1	1761	1486	137	138
30-34 岁	155	2	4	146	3	3157	2637	265	255
35-39 岁	162	1	17	143	1	2351	1850	194	307
40-44 岁	204	9	22	172	1	2003	1480	143	380
45-49 岁	374	10	15	349		2773	1927	155	691
50-54 岁	541	7	19	515		3226	2175	107	944
55-59 岁	430	1	10	418	1	2178	1472	40	666
60-64 岁	198	3	5	190		855	560	18	277
65-69 岁	132		4	128		637	433	9	195
70-74 岁	40			40		209	145	2	62
75 岁及以上	17			17		104	92	2	10

C-4-5c 续表 11

单位：人

年龄组 性别	教育		卫生和社会工作			文化、体育和娱乐业				
	小计	教育	小计	卫生	社会工作	小计	新闻和出版业	广播、电视、电影和录音制作业	文化艺术业	体育
总计	**24864**	**24864**	**11204**	**10502**	**702**	**4420**	**114**	**253**	**937**	**658**
16-19岁	2105	2105	165	158	7	195	3	13	26	43
20-24岁	4723	4723	1821	1789	32	578	19	56	76	144
25-29岁	4121	4121	1903	1870	33	584	19	51	79	144
30-34岁	4070	4070	1646	1587	59	778	24	49	131	126
35-39岁	2225	2225	924	879	45	444	15	29	82	60
40-44岁	1882	1882	1085	1042	43	363	7	10	89	42
45-49岁	1871	1871	1111	1014	97	469	14	12	128	35
50-54岁	1818	1818	1022	885	137	463	9	16	136	34
55-59岁	1483	1483	656	536	120	300	3	12	99	15
60-64岁	314	314	366	312	54	122	1	2	46	12
65-69岁	151	151	292	253	39	78		3	25	3
70-74岁	64	64	150	131	19	35			11	
75岁及以上	37	37	63	46	17	11			9	
男	**8966**	**8966**	**4364**	**4079**	**285**	**2365**	**60**	**153**	**535**	**408**
16-19岁	912	912	32	29	3	114		7	9	28
20-24岁	982	982	259	243	16	333	5	26	37	99
25-29岁	981	981	423	409	14	331	9	27	42	96
30-34岁	1191	1191	468	450	18	404	12	28	70	78
35-39岁	795	795	406	386	20	227	9	21	45	33
40-44岁	801	801	557	543	14	167	4	9	48	18
45-49岁	885	885	605	574	31	226	10	9	67	21
50-54岁	924	924	567	518	49	227	7	11	78	20
55-59岁	1063	1063	396	346	50	170	3	10	64	7
60-64岁	221	221	245	213	32	81	1	2	35	5
65-69岁	122	122	231	210	21	50		3	22	3
70-74岁	54	54	126	114	12	27			11	
75岁及以上	35	35	49	44	5	8			7	
女	**15898**	**15898**	**6840**	**6423**	**417**	**2055**	**54**	**100**	**402**	**250**
16-19岁	1193	1193	133	129	4	81	3	6	17	15
20-24岁	3741	3741	1562	1546	16	245	14	30	39	45
25-29岁	3140	3140	1480	1461	19	253	10	24	37	48
30-34岁	2879	2879	1178	1137	41	374	12	21	61	48
35-39岁	1430	1430	518	493	25	217	6	8	37	27
40-44岁	1081	1081	528	499	29	196	3	1	41	24
45-49岁	986	986	506	440	66	243	4	3	61	14
50-54岁	894	894	455	367	88	236	2	5	58	14
55-59岁	420	420	260	190	70	130		2	35	8
60-64岁	93	93	121	99	22	41			11	7
65-69岁	29	29	61	43	18	28			3	
70-74岁	10	10	24	17	7	8				
75岁及以上	2	2	14	2	12	3			2	

C-4-5c 续表 12

单位：人

年龄组 性 别	娱乐业	公共管理、社会保障和社会组织							国际组织	
		小计	中国共产党机关	国家机构	人民政协、民主党派	社会保障	群众团体、社会团体和其他成员组织	基层群众自治组织	小计	国际组织
总　计	**2458**	**18597**	**294**	**8618**	**8**	**70**	**1629**	**7978**	**3**	**3**
16-19 岁	110	217	3	119			65	30		
20-24 岁	283	1227	16	927		10	135	139		
25-29 岁	291	1956	49	1373		11	149	374		
30-34 岁	448	2788	60	1781	1	14	167	765		
35-39 岁	258	1765	29	954		6	175	601	2	2
40-44 岁	215	1748	33	843	4	3	148	717		
45-49 岁	280	2264	36	866	2	6	196	1158		
50-54 岁	268	2629	30	793		8	205	1593	1	1
55-59 岁	171	2544	27	678	1	4	173	1661		
60-64 岁	61	744	4	149		6	63	522		
65-69 岁	47	442	4	80		1	74	283		
70-74 岁	24	193	2	35		1	50	105		
75 岁及以上	2	80	1	20			29	30		
男	**1209**	**12762**	**223**	**6335**	**6**	**42**	**915**	**5241**	**1**	**1**
16-19 岁	70	166	3	99			43	21		
20-24 岁	166	745	11	616		5	60	53		
25-29 岁	157	1206	30	912		8	74	182		
30-34 岁	216	1750	37	1256	1	5	95	356		
35-39 岁	119	1178	27	725		4	97	325		
40-44 岁	88	1181	27	634	3	1	92	424		
45-49 岁	119	1552	26	656	2	3	101	764		
50-54 岁	111	1882	26	631		6	124	1095	1	1
55-59 岁	86	1999	25	577		4	110	1283		
60-64 岁	38	587	4	122		5	34	422		
65-69 岁	22	320	4	63			43	210		
70-74 岁	16	139	2	28		1	27	81		
75 岁及以上	1	57	1	16			15	25		
女	**1249**	**5835**	**71**	**2283**	**2**	**28**	**714**	**2737**	**2**	**2**
16-19 岁	40	51		20			22	9		
20-24 岁	117	482	5	311		5	75	86		
25-29 岁	134	750	19	461		3	75	192		
30-34 岁	232	1038	23	525		9	72	409		
35-39 岁	139	587	2	229		2	78	276	2	2
40-44 岁	127	567	6	209	1	2	56	293		
45-49 岁	161	712	10	210		3	95	394		
50-54 岁	157	747	4	162		2	81	498		
55-59 岁	85	545	2	101	1		63	378		
60-64 岁	23	157		27		1	29	100		
65-69 岁	25	122		17		1	31	73		
70-74 岁	8	54		7			23	24		
75 岁及以上	1	23		4			14	5		

C-4-6　各地区分性别、职业中类的就业人口

单位：人

地区 性别	合计	党的机关、国家机关、群众团体和社会组织、企事业单位负责人						
		小计	中国共产党机关负责人	国家机关负责人	民主党派和工商联负责人	人民团体和群众团体、社会组织及其他成员组织负责人	基层群众自治组织负责人	企事业单位负责人
全　省	**3041080**	**64305**	**172**	**3189**	**8**	**3671**	**1746**	**55519**
长沙市	454794	12162	13	361		618	109	11061
株洲市	208272	5890	10	251		283	105	5241
湘潭市	124027	3326	1	121		59	35	3110
衡阳市	278345	5015	27	290	3	307	157	4231
邵阳市	309191	5525	15	292		342	220	4656
岳阳市	237527	5110	11	196	1	413	108	4381
常德市	294718	4861	12	250	2	387	132	4078
张家界市	79314	1879	4	143		163	48	1521
益阳市	151245	4082	5	181	1	315	92	3488
郴州市	228109	3851	8	248		202	214	3179
永州市	210254	3536	19	220	1	153	136	3007
怀化市	231370	4197	13	336		171	204	3473
娄底市	151443	3809	27	192		194	98	3298
湘西州	82471	1062	7	108		64	88	795
男	**1831395**	**45405**	**130**	**2658**	**4**	**2344**	**1340**	**38929**
长沙市	265644	8702	8	282		394	71	7947
株洲市	120364	4091	7	199		168	86	3631
湘潭市	72784	2232	1	102		35	24	2070
衡阳市	170075	3598	20	240	1	191	117	3029
邵阳市	187910	4039	11	250		221	182	3375
岳阳市	153043	3711	6	167		278	90	3170
常德市	174234	3359	9	201	2	243	89	2815
张家界市	47163	1242	2	115		107	40	978
益阳市	96492	2894	4	154	1	210	71	2454
郴州市	133847	2721	7	217		123	158	2216
永州市	125977	2433	15	183		101	101	2033
怀化市	140906	2936	11	288		105	169	2363
娄底市	94101	2723	24	164		127	74	2334
湘西州	48855	724	5	96		41	68	514
女	**1209685**	**18900**	**42**	**531**	**4**	**1327**	**406**	**16590**
长沙市	189150	3460	5	79		224	38	3114
株洲市	87908	1799	3	52		115	19	1610
湘潭市	51243	1094		19		24	11	1040
衡阳市	108270	1417	7	50	2	116	40	1202
邵阳市	121281	1486	4	42		121	38	1281
岳阳市	84484	1399	5	29	1	135	18	1211
常德市	120484	1502	3	49		144	43	1263
张家界市	32151	637	2	28		56	8	543
益阳市	54753	1188	1	27		105	21	1034
郴州市	94262	1130	1	31		79	56	963
永州市	84277	1103	4	37	1	52	35	974
怀化市	90464	1261	2	48		66	35	1110
娄底市	57342	1086	3	28		67	24	964
湘西州	33616	338	2	12		23	20	281

C-4-6 续表 1 单位：人

地区 性别	专业技术人员									
	小计	科学研究人员	工程技术人员	农业技术人员	飞机和船舶技术人员	卫生专业技术人员	经济和金融专业人员	法律、社会和宗教专业人员	教学人员	文学艺术、体育专业人员
全　省	**267499**	**1167**	**53288**	**1838**	**167**	**50861**	**43973**	**5197**	**101157**	**4394**
长沙市	71469	582	17471	304	58	10232	16402	1604	21313	1576
株洲市	20492	80	4954	118	31	3626	3671	348	6971	291
湘潭市	11982	56	2241	57	2	2400	2187	290	4488	111
衡阳市	22052	88	4069	188	10	4353	3081	359	9153	334
邵阳市	19482	56	3174	164	8	4303	2316	333	8525	337
岳阳市	18027	63	3683	130	11	3548	2672	353	6926	287
常德市	19912	64	3795	150	9	4047	3245	451	7279	399
张家界市	6279	13	915	59	2	1329	818	140	2748	112
益阳市	11199	27	2012	72	12	2535	1679	165	4335	163
郴州市	18000	36	3421	165	5	3554	2275	290	7739	183
永州市	13003	20	1750	111	6	2878	1313	204	6340	163
怀化市	16329	32	2539	143	9	3841	1954	269	7025	204
娄底市	13434	41	2666	71	4	2863	1836	274	5322	172
湘西州	5839	9	598	106		1352	524	117	2993	62
男	**120061**	**731**	**45025**	**1393**	**138**	**16402**	**12871**	**2900**	**35191**	**2487**
长沙市	31722	357	14489	230	49	2893	4246	826	6872	860
株洲市	9045	52	4194	84	23	1087	912	180	2126	160
湘潭市	5080	30	1913	47	2	746	605	141	1461	58
衡阳市	10135	54	3444	136	8	1529	1024	208	3283	195
邵阳市	8852	33	2711	123	6	1519	809	206	3080	197
岳阳市	8430	43	3106	104	10	1306	853	205	2429	182
常德市	8977	35	3248	109	7	1324	1001	239	2544	210
张家界市	2684	9	796	47	1	387	248	93	962	69
益阳市	5133	19	1803	57	11	867	515	102	1561	92
郴州市	8014	28	2747	136	5	1119	718	172	2793	107
永州市	5993	15	1492	88	6	962	505	125	2547	106
怀化市	7224	21	2231	99	7	1241	664	153	2503	113
娄底市	6184	29	2361	59	3	968	603	173	1786	107
湘西州	2588	6	490	74		454	168	77	1244	31
女	**147438**	**436**	**8263**	**445**	**29**	**34459**	**31102**	**2297**	**65966**	**1907**
长沙市	39747	225	2982	74	9	7339	12156	778	14441	716
株洲市	11447	28	760	34	8	2539	2759	168	4845	131
湘潭市	6902	26	328	10		1654	1582	149	3027	53
衡阳市	11917	34	625	52	2	2824	2057	151	5870	139
邵阳市	10630	23	463	41	2	2784	1507	127	5445	140
岳阳市	9597	20	577	26	1	2242	1819	148	4497	105
常德市	10935	29	547	41	2	2723	2244	212	4735	189
张家界市	3595	4	119	12	1	942	570	47	1786	43
益阳市	6066	8	209	15	1	1668	1164	63	2774	71
郴州市	9986	8	674	29		2435	1557	118	4946	76
永州市	7010	5	258	23		1916	808	79	3793	57
怀化市	9105	11	308	44	2	2600	1290	116	4522	91
娄底市	7250	12	305	12	1	1895	1233	101	3536	65
湘西州	3251	3	108	32		898	356	40	1749	31

C-4-6 续表 2

单位：人

地区 性别	专业技术人员		办事人员和有关人员				社会生产服务和生活服务人员		
	新闻出版、文化专业人员	其他专业技术人员	小计	办事人员	安全和消防人员	其他办事人员和有关人员	小计	批发与零售服务人员	交通运输、仓储和邮政业服务人员
全省	**3319**	**2138**	**181175**	**146761**	**29059**	**5355**	**1029054**	**476698**	**157586**
长沙市	1376	551	42344	35344	3137	3863	196025	85852	25733
株洲市	208	194	13778	11080	2350	348	78194	37903	11714
湘潭市	125	25	9374	7592	1765	17	44144	19226	5869
衡阳市	236	181	15900	12790	2960	150	93152	43638	15375
邵阳市	141	125	12969	10015	2837	117	90697	46228	14124
岳阳市	198	156	13294	11353	1874	67	89442	44339	11904
常德市	236	237	13331	10837	2357	137	90489	42756	12795
张家界市	87	56	4573	3602	916	55	25238	9262	4066
益阳市	97	102	7603	5948	1577	78	49223	22665	8344
郴州市	175	157	12321	9614	2553	154	75660	35264	12975
永州市	90	128	9970	7921	1944	105	55901	27454	9175
怀化市	174	139	11921	9397	2390	134	65476	28256	12918
娄底市	122	63	8151	6528	1530	93	50370	23325	8835
湘西州	54	24	5646	4740	869	37	25043	10530	3759
男	**1328**	**1595**	**113837**	**84929**	**25969**	**2939**	**564805**	**229725**	**136681**
长沙市	494	406	22981	18264	2661	2056	108069	42742	21626
株洲市	77	150	8323	6048	2085	190	40879	17155	10233
湘潭市	59	18	5836	4252	1576	8	22869	8888	4999
衡阳市	118	136	10534	7769	2674	91	51953	21244	13167
邵阳市	73	95	8965	6333	2560	72	51645	23579	12300
岳阳市	74	118	8575	6875	1653	47	51982	23494	10435
常德市	86	174	8345	6139	2128	78	48422	19825	11170
张家界市	26	46	3005	2111	858	36	13030	3931	3611
益阳市	38	68	4982	3512	1424	46	28435	11588	7454
郴州市	79	110	8227	5827	2308	92	40769	16462	11523
永州市	47	100	6771	4942	1767	62	30799	13117	8005
怀化市	82	110	7994	5782	2125	87	35163	12278	11186
娄底市	49	46	5578	4143	1382	53	27737	10953	7740
湘西州	26	18	3721	2932	768	21	13053	4469	3232
女	**1991**	**543**	**67338**	**61832**	**3090**	**2416**	**464249**	**246973**	**20905**
长沙市	882	145	19363	17080	476	1807	87956	43110	4107
株洲市	131	44	5455	5032	265	158	37315	20748	1481
湘潭市	66	7	3538	3340	189	9	21275	10338	870
衡阳市	118	45	5366	5021	286	59	41199	22394	2208
邵阳市	68	30	4004	3682	277	45	39052	22649	1824
岳阳市	124	38	4719	4478	221	20	37460	20845	1469
常德市	150	63	4986	4698	229	59	42067	22931	1625
张家界市	61	10	1568	1491	58	19	12208	5331	455
益阳市	59	34	2621	2436	153	32	20788	11077	890
郴州市	96	47	4094	3787	245	62	34891	18802	1452
永州市	43	28	3199	2979	177	43	25102	14337	1170
怀化市	92	29	3927	3615	265	47	30313	15978	1732
娄底市	73	17	2573	2385	148	40	22633	12372	1095
湘西州	28	6	1925	1808	101	16	11990	6061	527

C-4-6 续表 3

单位：人

地区 性别	社会生产服务和生活服务人员								
	住宿和餐饮服务人员	信息传输、软件和信息技术服务人员	金融服务人员	房地产服务人员	租赁和商务服务人员	技术辅助服务人员	水利、环境和公共设施管理服务人员	居民服务人员	电力、燃气及水供应服务人员
全省	**146318**	**18686**	**17738**	**11873**	**21064**	**19008**	**37730**	**72184**	**8609**
长沙市	25851	6157	4669	3694	8542	5816	6631	14076	1050
株洲市	10055	1354	1297	884	1199	1590	2879	5605	640
湘潭市	8061	664	941	882	495	750	1627	3289	495
衡阳市	13675	1544	1486	1092	1285	1416	3219	5943	727
邵阳市	10215	1407	1221	692	1176	1492	3620	6304	779
岳阳市	15259	1351	1380	878	1199	1332	2234	5566	628
常德市	14556	1351	1345	888	1262	1546	2902	6626	770
张家界市	4681	366	373	177	1551	345	1038	2079	224
益阳市	7824	656	805	375	559	736	1579	3403	349
郴州市	9917	1029	1274	702	1071	1068	3655	5339	739
永州市	7247	731	858	508	807	768	2340	3342	494
怀化市	8980	887	951	530	884	1070	2988	4492	751
娄底市	5954	929	798	435	706	800	1839	3614	657
湘西州	4043	260	340	136	328	279	1179	2506	306
男	**65903**	**13263**	**8090**	**6948**	**14628**	**12314**	**15039**	**23351**	**7041**
长沙市	12237	4484	2071	2039	5866	3660	2875	3781	895
株洲市	4427	953	532	502	841	997	1034	1354	538
湘潭市	3474	468	402	523	248	523	605	948	416
衡阳市	6476	1092	725	643	915	956	1127	2098	600
邵阳市	4700	1006	586	460	921	978	1497	2288	625
岳阳市	7530	973	682	571	913	906	1117	2106	527
常德市	6460	936	608	520	881	952	1200	2408	622
张家界市	1830	255	158	111	886	219	342	678	179
益阳市	3641	445	365	235	390	505	780	1242	286
郴州市	4049	714	576	424	799	710	1285	1622	584
永州市	3227	513	421	286	594	532	877	1122	371
怀化市	3740	621	449	294	651	696	1124	1343	612
娄底市	2444	632	350	263	525	506	689	1150	552
湘西州	1668	171	165	77	198	174	487	1211	234
女	**80415**	**5423**	**9648**	**4925**	**6436**	**6694**	**22691**	**48833**	**1568**
长沙市	13614	1673	2598	1655	2676	2156	3756	10295	155
株洲市	5628	401	765	382	358	593	1845	4251	102
湘潭市	4587	196	539	359	247	227	1022	2341	79
衡阳市	7199	452	761	449	370	460	2092	3845	127
邵阳市	5515	401	635	232	255	514	2123	4016	154
岳阳市	7729	378	698	307	286	426	1117	3460	101
常德市	8096	415	737	368	381	594	1702	4218	148
张家界市	2851	111	215	66	665	126	696	1401	45
益阳市	4183	211	440	140	169	231	799	2161	63
郴州市	5868	315	698	278	272	358	2370	3717	155
永州市	4020	218	437	222	213	236	1463	2220	123
怀化市	5240	266	502	236	233	374	1864	3149	139
娄底市	3510	297	448	172	181	294	1150	2464	105
湘西州	2375	89	175	59	130	105	692	1295	72

C-4-6 续表 4

单位：人

地区 性别	社会生产服务和生活服务人员				农、林、牧、渔业生产及辅助人员				
	修理及制作服务人员	文化、体育和娱乐服务人员	健康服务人员	其他社会生产和生活服务人员	小计	农业生产人员	林业生产人员	畜牧业生产人员	渔业生产人员
全省	**30515**	**7770**	**1691**	**1584**	**676445**	**609601**	**10067**	**42607**	**10519**
长沙市	5113	2287	408	146	34418	26844	3277	3646	356
株洲市	2219	634	134	87	32204	28126	791	2688	376
湘潭市	1438	347	41	19	22679	20065	91	2095	194
衡阳市	2801	567	157	227	61927	58060	342	2398	752
邵阳市	2778	427	162	72	81461	73871	1012	5859	382
岳阳市	2773	490	65	44	50881	45943	306	2638	1760
常德市	2732	663	207	90	101678	93023	531	4308	3248
张家界市	758	201	39	78	18967	17241	151	1355	58
益阳市	1424	400	61	43	43793	39482	262	2016	1735
郴州市	2010	425	116	76	53234	48959	829	2829	398
永州市	1785	293	54	45	58436	53035	1027	3390	631
怀化市	2137	460	101	71	65259	59049	940	4707	404
娄底市	1917	398	107	56	30319	26608	167	3318	160
湘西州	630	178	39	530	21189	19295	341	1360	65
男	**26624**	**3725**	**548**	**925**	**376564**	**338164**	**7070**	**21698**	**7293**
长沙市	4526	1082	116	69	19903	15790	1962	1647	272
株洲市	1944	285	41	43	17123	14628	569	1493	292
湘潭市	1237	120	6	12	11969	10705	74	897	139
衡阳市	2417	310	55	128	34921	32470	249	1439	538
邵阳市	2379	228	54	44	42709	39003	759	2485	267
岳阳市	2457	216	25	30	31881	28849	259	1374	1216
常德市	2420	297	71	52	55860	50842	436	2078	2135
张家界市	666	108	13	43	9845	8865	122	727	44
益阳市	1255	196	20	33	27612	24712	226	1295	1194
郴州市	1725	211	35	50	28017	25416	571	1618	273
永州市	1523	162	20	29	32625	29389	730	1853	441
怀化市	1856	245	40	28	36406	32848	722	2425	315
娄底市	1686	177	37	33	15823	14003	133	1534	116
湘西州	533	88	15	331	11870	10644	258	833	51
女	**3891**	**4045**	**1143**	**659**	**299881**	**271437**	**2997**	**20909**	**3226**
长沙市	587	1205	292	77	14515	11054	1315	1999	84
株洲市	275	349	93	44	15081	13498	222	1195	84
湘潭市	201	227	35	7	10710	9360	17	1198	55
衡阳市	384	257	102	99	27006	25590	93	959	214
邵阳市	399	199	108	28	38752	34868	253	3374	115
岳阳市	316	274	40	14	19000	17094	47	1264	544
常德市	312	366	136	38	45818	42181	95	2230	1113
张家界市	92	93	26	35	9122	8376	29	628	14
益阳市	169	204	41	10	16181	14770	36	721	541
郴州市	285	214	81	26	25217	23543	258	1211	125
永州市	262	131	34	16	25811	23646	297	1537	190
怀化市	281	215	61	43	28853	26201	218	2282	89
娄底市	231	221	70	23	14496	12605	34	1784	44
湘西州	97	90	24	199	9319	8651	83	527	14

C-4-6 续表 5

单位：人

地区 性别	农林牧渔生产辅助人员	其他农、林、牧、渔业生产加工人员	生产制造及有关人员：小计	农副产品加工人员	食品、饮料生产加工人员	烟草及其制品加工人员	纺织、针织、印染人员	纺织品、服装和皮革、毛皮制品加工制作人员	木材加工、家具与木制品制作人员
全省	**3333**	**318**	**804184**	**11323**	**12807**	**1296**	**4934**	**58115**	**26053**
长沙市	270	25	95219	993	2103	213	142	1736	2781
株洲市	206	17	57684	594	509	5	499	6440	1773
湘潭市	230	4	32414	401	1528	5	89	864	353
衡阳市	368	7	78460	745	889	41	495	8575	1951
邵阳市	303	34	97634	1601	948	10	400	10798	3079
岳阳市	213	21	60097	1428	1857	9	328	2099	3024
常德市	543	25	63232	1365	1492	383	651	5287	2390
张家界市	142	20	21787	191	229	20	179	1474	940
益阳市	261	37	34924	1221	891	4	241	1416	1660
郴州市	174	45	61276	635	542	398	547	3673	1152
永州市	321	32	66127	585	537	117	523	7594	1704
怀化市	135	24	67564	785	687	6	613	4847	3624
娄底市	47	19	44642	543	393	4	98	1684	1048
湘西州	120	8	23124	236	202	81	129	1628	574
男	**2150**	**189**	**599457**	**6695**	**6497**	**761**	**2124**	**23356**	**21753**
长沙市	212	20	72453	609	1041	123	64	572	2486
株洲市	131	10	40878	375	275	4	178	2337	1485
湘潭市	152	2	24732	235	430	4	33	338	294
衡阳市	222	3	57766	467	492	30	218	3326	1594
邵阳市	175	20	70781	957	480	7	191	4267	2505
岳阳市	173	10	48031	870	1143	4	139	929	2604
常德市	358	11	48475	781	773	205	236	2296	2153
张家界市	74	13	17024	121	118	14	94	662	788
益阳市	157	28	27145	570	477	2	80	594	1300
郴州市	110	29	43843	384	311	246	235	1452	918
永州市	194	18	45401	381	287	71	216	2848	1264
怀化市	88	8	50792	494	358	4	326	2390	3009
娄底市	26	11	35570	300	197	2	49	603	901
湘西州	78	6	16566	151	115	45	65	742	452
女	**1183**	**129**	**204727**	**4628**	**6310**	**535**	**2810**	**34759**	**4300**
长沙市	58	5	22766	384	1062	90	78	1164	295
株洲市	75	7	16806	219	234	1	321	4103	288
湘潭市	78	2	7682	166	1098	1	56	526	59
衡阳市	146	4	20694	278	397	11	277	5249	357
邵阳市	128	14	26853	644	468	3	209	6531	574
岳阳市	40	11	12066	558	714	5	189	1170	420
常德市	185	14	14757	584	719	178	415	2991	237
张家界市	68	7	4763	70	111	6	85	812	152
益阳市	104	9	7779	651	414	2	161	822	360
郴州市	64	16	17433	251	231	152	312	2221	234
永州市	127	14	20726	204	250	46	307	4746	440
怀化市	47	16	16772	291	329	2	287	2457	615
娄底市	21	8	9072	243	196	2	49	1081	147
湘西州	42	2	6558	85	87	36	64	886	122

C-4-6 续表 6

单位：人

地 区 性 别	生产制造及有关人员								
	纸及纸制品生产加工人员	印刷和记录媒介复制人员	文教、工美、体育和娱乐用品制造人 员	石油加工和炼焦、煤化工生产人员	化学原料和化学制品制造人 员	医药制造人 员	化学纤维制造人员	橡胶和塑料制品制造人员	非金属矿物制品制造人员
全 省	**3522**	**5055**	**8366**	**664**	**12937**	**2430**	**186**	**5936**	**21773**
长沙市	513	829	359	39	6023	705	13	508	8425
株洲市	248	227	386	27	2789	171	12	428	3522
湘潭市	54	192	205	18	94	83	5	178	640
衡阳市	237	221	820	38	357	102	11	391	931
邵阳市	485	577	1635	33	314	206	16	1123	1077
岳阳市	466	320	532	288	999	270	35	582	1247
常德市	402	305	449	22	665	290	29	410	1081
张家界市	62	88	241	4	59	40	2	199	330
益阳市	97	155	128	13	142	64	8	197	506
郴州市	328	230	1131	36	506	78	6	361	862
永州市	167	229	1067	13	370	88	10	411	630
怀化市	359	315	1003	33	369	253	35	803	1238
娄底市	63	1301	240	97	219	67	2	142	906
湘西州	41	66	170	3	31	13	2	203	378
男	**2173**	**3073**	**3881**	**488**	**7015**	**1181**	**99**	**3653**	**14488**
长沙市	309	508	177	30	2854	319	8	358	5115
株洲市	131	134	163	22	1328	74	7	264	1898
湘潭市	18	113	80	14	68	40	3	97	500
衡阳市	149	136	389	30	239	56	4	230	696
邵阳市	320	382	807	25	211	119	9	664	849
岳阳市	296	192	251	189	712	147	17	373	934
常德市	264	173	237	20	437	152	13	265	799
张家界市	40	50	134	4	48	22	1	119	257
益阳市	64	97	78	12	91	24	5	128	415
郴州市	192	134	436	33	345	32	5	231	679
永州市	98	122	379	9	226	42	5	238	482
怀化市	237	185	528	25	263	118	22	479	939
娄底市	30	813	130	72	171	29		87	639
湘西州	25	34	92	3	22	7		120	286
女	**1349**	**1982**	**4485**	**176**	**5922**	**1249**	**87**	**2283**	**7285**
长沙市	204	321	182	9	3169	386	5	150	3310
株洲市	117	93	223	5	1461	97	5	164	1624
湘潭市	36	79	125	4	26	43	2	81	140
衡阳市	88	85	431	8	118	46	7	161	235
邵阳市	165	195	828	8	103	87	7	459	228
岳阳市	170	128	281	99	287	123	18	209	313
常德市	138	132	212	2	228	138	16	145	282
张家界市	22	38	107		11	18	1	80	73
益阳市	33	58	50	1	51	40	3	69	91
郴州市	136	96	695	3	161	46	1	130	183
永州市	69	107	688	4	144	46	5	173	148
怀化市	122	130	475	8	106	135	13	324	299
娄底市	33	488	110	25	48	38	2	55	267
湘西州	16	32	78		9	6	2	83	92

C-4-6 续表 7

单位：人

地区 性别	生产制造及有关人员								
	采矿人员	金属冶炼和压延加工人员	机械制造基础加工人员	金属制品制造人员	通用设备制造人员	专用设备制造人员	汽车制造人员	铁路、船舶、航空设备制造人员	电气机械和器材制造人员
全省	**6457**	**4824**	**22960**	**21179**	**3494**	**1763**	**5273**	**1030**	**5886**
长沙市	232	244	4307	1941	621	404	2142	84	618
株洲市	381	488	2821	1657	319	109	514	556	392
湘潭市	69	876	1620	405	290	74	481	34	694
衡阳市	732	595	1500	1993	312	136	329	61	573
邵阳市	293	279	2230	3111	284	159	332	47	718
岳阳市	571	107	1079	1106	278	109	176	9	224
常德市	194	299	2199	1561	315	165	370	51	364
张家界市	113	89	419	830	64	20	88	19	119
益阳市	176	105	907	967	133	38	92	20	177
郴州市	2203	472	1584	1682	204	123	124	25	456
永州市	136	182	1013	1676	123	89	147	25	645
怀化市	485	255	1787	2581	295	154	333	69	621
娄底市	770	673	1226	985	201	143	97	18	203
湘西州	102	160	268	684	55	40	48	12	82
男	**5849**	**3973**	**19830**	**15874**	**2900**	**1176**	**3791**	**802**	**3657**
长沙市	206	204	3834	1583	551	306	1494	65	466
株洲市	360	404	2354	1212	268	81	401	431	232
湘潭市	60	708	1411	328	240	53	371	22	502
衡阳市	645	525	1270	1481	233	71	229	55	347
邵阳市	259	227	1850	2265	221	98	245	33	424
岳阳市	522	92	981	877	228	64	136	9	158
常德市	178	255	1956	1203	280	110	261	43	219
张家界市	103	73	358	598	55	13	60	17	71
益阳市	156	86	816	798	119	24	77	18	88
郴州市	2009	396	1324	1215	166	70	92	21	242
永州市	114	139	838	1232	102	53	98	15	339
怀化市	438	196	1523	1855	229	94	220	49	396
娄底市	708	554	1088	750	170	113	73	14	125
湘西州	91	114	227	477	38	26	34	10	48
女	**608**	**851**	**3130**	**5305**	**594**	**587**	**1482**	**228**	**2229**
长沙市	26	40	473	358	70	98	648	19	152
株洲市	21	84	467	445	51	28	113	125	160
湘潭市	9	168	209	77	50	21	110	12	192
衡阳市	87	70	230	512	79	65	100	6	226
邵阳市	34	52	380	846	63	61	87	14	294
岳阳市	49	15	98	229	50	45	40		66
常德市	16	44	243	358	35	55	109	8	145
张家界市	10	16	61	232	9	7	28	2	48
益阳市	20	19	91	169	14	14	15	2	89
郴州市	194	76	260	467	38	53	32	4	214
永州市	22	43	175	444	21	36	49	10	306
怀化市	47	59	264	726	66	60	113	20	225
娄底市	62	119	138	235	31	30	24	4	78
湘西州	11	46	41	207	17	14	14	2	34

C-4-6 续表 8 单位：人

地区 性别	生产制造及有关人员								不便分类的其他从业人员
	计算机、通信和其他电子设备制造人员	仪器仪表制造人员	废弃资源综合利用人员	电力、热力、气体、水生产和输配人员	建筑施工人员	运输设备和通用工程机械操作人员及有关人员	生产辅助人员	其他生产制造及有关人员	
全省	**78220**	**567**	**918**	**2391**	**395932**	**18027**	**55867**	**3999**	**18418**
长沙市	6208	93	129	248	38161	2728	10844	833	3157
株洲市	5176	41	64	211	19931	1686	5207	501	30
湘潭市	1873	5	22	112	17300	819	2994	37	108
衡阳市	7512	75	83	187	42423	1561	4316	268	1839
邵阳市	11159	95	165	201	49128	1475	5201	455	1423
岳阳市	5422	42	87	180	32011	1402	3673	137	676
常德市	5286	35	48	179	30283	1571	4740	351	1215
张家界市	2018	14	20	35	11952	584	1173	172	591
益阳市	3256	5	35	84	18115	962	2931	178	421
郴州市	9602	27	80	321	28229	1357	3948	354	3767
永州市	8709	25	73	132	35071	982	2822	232	3281
怀化市	7492	79	55	237	32015	1303	4543	290	624
娄底市	2351	17	44	162	26946	1185	2702	112	718
湘西州	2156	14	13	102	14367	412	773	79	568
男	**44289**	**364**	**689**	**1849**	**342920**	**16844**	**34948**	**2465**	**11266**
长沙市	3902	68	98	207	34804	2577	6981	534	1814
株洲市	2942	18	46	164	18172	1559	3284	275	25
湘潭市	1128	4	20	96	15046	713	1737	26	66
衡阳市	4355	42	61	152	35882	1434	2758	170	1168
邵阳市	6197	61	115	145	42186	1397	3045	220	919
岳阳市	3242	35	80	129	28920	1348	2320	90	433
常德市	3044	27	37	145	27220	1474	2983	236	796
张家界市	1179	10	15	26	10593	541	721	119	333
益阳市	1907	5	29	68	16181	913	1807	116	291
郴州市	4800	17	55	242	23533	1262	2539	227	2256
永州市	4741	17	52	98	28105	932	1722	136	1955
怀化市	4255	39	36	184	27804	1220	2696	181	391
娄底市	1341	10	35	135	23385	1085	1882	79	486
湘西州	1256	11	10	58	11089	389	473	56	333
女	**33931**	**203**	**229**	**542**	**53012**	**1183**	**20919**	**1534**	**7152**
长沙市	2306	25	31	41	3357	151	3863	299	1343
株洲市	2234	23	18	47	1759	127	1923	226	5
湘潭市	745	1	2	16	2254	106	1257	11	42
衡阳市	3157	33	22	35	6541	127	1558	98	671
邵阳市	4962	34	50	56	6942	78	2156	235	504
岳阳市	2180	7	7	51	3091	54	1353	47	243
常德市	2242	8	11	34	3063	97	1757	115	419
张家界市	839	4	5	9	1359	43	452	53	258
益阳市	1349		6	16	1934	49	1124	62	130
郴州市	4802	10	25	79	4696	95	1409	127	1511
永州市	3968	8	21	34	6966	50	1100	96	1326
怀化市	3237	40	19	53	4211	83	1847	109	233
娄底市	1010	7	9	27	3561	100	820	33	232
湘西州	900	3	3	44	3278	23	300	23	235

C-4-6a 各地区分性别、职业中类的就业人口（城市）

单位：人

地区 性别	合计	党的机关、国家机关、群众团体和社会组织、企事业单位负责人						
		小计	中国共产党机关负责人	国家机关负责人	民主党派和工商联负责人	人民团体和群众团体、社会组织及其他成员组织负责人	基层群众自治组织负责人	企事业单位负责人
全省	**798072**	**30260**	**42**	**1369**	**4**	**1409**	**180**	**27256**
长沙市	286242	9482	10	288		405	58	8721
株洲市	81779	3353	3	161		183	28	2978
湘潭市	39643	1787		73		38	8	1668
衡阳市	66559	2229	6	89	2	82	15	2035
邵阳市	44291	1649	2	80		76	9	1482
岳阳市	61971	2391	8	89		127	13	2154
常德市	47232	1589	2	100		125	11	1351
张家界市	14446	719		68		91	7	553
益阳市	24597	1127		58	1	62	4	1002
郴州市	38882	1795		97		72	10	1616
永州市	21530	673	3	38	1	40	4	587
怀化市	26871	1506		74		45	6	1381
娄底市	32263	1623	6	127		40	7	1443
湘西州	11766	337	2	27		23		285
男	**460134**	**20835**	**30**	**1092**	**2**	**864**	**119**	**18728**
长沙市	161606	6767	6	228		254	33	6246
株洲市	46384	2269	2	122		101	21	2023
湘潭市	22376	1181		58		22	4	1097
衡阳市	39244	1549	4	72	1	47	11	1414
邵阳市	25472	1124	1	62		52	6	1003
岳阳市	38467	1710	5	73		87	10	1535
常德市	27314	1108	2	80		74	7	945
张家界市	8177	444		51		58	6	329
益阳市	14692	735		47	1	34	1	652
郴州市	22482	1230		81		41	6	1102
永州市	12580	445	3	31		26	3	382
怀化市	15739	934		61		24	6	843
娄底市	19067	1127	5	105		27	5	985
湘西州	6534	212	2	21		17		172
女	**337938**	**9425**	**12**	**277**	**2**	**545**	**61**	**8528**
长沙市	124636	2715	4	60		151	25	2475
株洲市	35395	1084	1	39		82	7	955
湘潭市	17267	606		15		16	4	571
衡阳市	27315	680	2	17	1	35	4	621
邵阳市	18819	525	1	18		24	3	479
岳阳市	23504	681	3	16		40	3	619
常德市	19918	481		20		51	4	406
张家界市	6269	275		17		33	1	224
益阳市	9905	392		11		28	3	350
郴州市	16400	565		16		31	4	514
永州市	8950	228		7	1	14	1	205
怀化市	11132	572		13		21		538
娄底市	13196	496	1	22		13	2	458
湘西州	5232	125		6		6		113

C-4-6a 续表 1

单位：人

地区 性别	专业技术人员 小计	科学研究人员	工程技术人员	农业技术人员	飞机和船舶技术人员	卫生专业技术人员	经济和金融专业人员	法律、社会和宗教专业人员	教学人员	文学艺术、体育专业人员
全　省	**126319**	**725**	**26663**	**462**	**100**	**22424**	**25921**	**2934**	**41870**	**2174**
长沙市	57250	475	13689	192	49	8309	13714	1358	16554	1289
株洲市	12005	66	3207	44	28	1866	2389	245	3762	150
湘潭市	5890	27	976	13		1227	1223	202	2066	57
衡阳市	8518	26	1550	46	4	1725	1291	173	3407	111
邵阳市	5194	10	632	17	4	1158	777	113	2343	50
岳阳市	7323	29	1520	28	3	1539	1304	172	2458	103
常德市	6506	27	1274	25	5	1282	1336	157	2151	113
张家界市	1861	5	181	8		414	338	56	754	47
益阳市	2906	10	492	8	2	671	508	51	1084	36
郴州市	5913	16	1069	22	2	1330	1016	123	2116	66
永州市	2168	5	267	16	2	517	275	62	925	30
怀化市	3859	7	606	20		896	661	81	1474	45
娄底市	5363	19	1022	16	1	1102	891	106	2067	64
湘西州	1563	3	178	7		388	198	35	709	13
男	**55204**	**449**	**22170**	**335**	**80**	**6593**	**7149**	**1565**	**14120**	**1202**
长沙市	25159	295	11250	137	43	2278	3606	685	5431	695
株洲市	5345	43	2691	28	20	513	582	129	1121	84
湘潭市	2411	13	816	11		333	346	93	714	27
衡阳市	3864	18	1307	28	2	572	419	102	1227	64
邵阳市	2202	5	519	14	3	377	266	73	861	27
岳阳市	3316	20	1252	24	3	541	423	92	811	61
常德市	2810	13	1089	18	3	374	397	81	706	65
张家界市	729	3	154	7		114	96	35	251	39
益阳市	1285	6	427	5	1	195	147	27	432	20
郴州市	2465	14	889	17	2	389	265	74	703	33
永州市	1041	4	219	14	2	178	109	40	404	19
怀化市	1655	4	522	13		298	191	52	511	25
娄底市	2273	10	888	13	1	298	256	60	678	35
湘西州	649	1	147	6		133	46	22	270	8
女	**71115**	**276**	**4493**	**127**	**20**	**15831**	**18772**	**1369**	**27750**	**972**
长沙市	32091	180	2439	55	6	6031	10108	673	11123	594
株洲市	6660	23	516	16	8	1353	1807	116	2641	66
湘潭市	3479	14	160	2		894	877	109	1352	30
衡阳市	4654	8	243	18	2	1153	872	71	2180	47
邵阳市	2992	5	113	3	1	781	511	40	1482	23
岳阳市	4007	9	268	4		998	881	80	1647	42
常德市	3696	14	185	7	2	908	939	76	1445	48
张家界市	1132	2	27	1		300	242	21	503	8
益阳市	1621	4	65	3	1	476	361	24	652	16
郴州市	3448	2	180	5		941	751	49	1413	33
永州市	1127	1	48	2		339	166	22	521	11
怀化市	2204	3	84	7		598	470	29	963	20
娄底市	3090	9	134	3		804	635	46	1389	29
湘西州	914	2	31	1		255	152	13	439	5

C-4-6a 续表 2　　　　单位：人

地　区 性　别	专业技术人员		办事人员和有关人员				社会生产服务和生活服务人员		
	新闻出版、文化专业人员	其他专业技术人员	小计	办事人员	安全和消防人员	其他办事人员和有关人员	小计	批发与零售服务人　员	交通运输、仓储和邮政业服务人员
全　省	**2066**	**980**	**91071**	**74536**	**12052**	**4483**	**375408**	**179976**	**49345**
长沙市	1173	448	35166	29068	2287	3811	139090	61791	16208
株洲市	142	106	8734	7075	1413	246	35284	18073	4790
湘潭市	78	21	5365	4400	955	10	17763	8072	2337
衡阳市	104	81	6726	5389	1247	90	31520	15500	4781
邵阳市	50	40	3766	2906	830	30	21293	11922	2752
岳阳市	90	77	6297	5390	876	31	31189	16596	3906
常德市	103	33	5281	4417	804	60	22187	11086	2715
张家界市	36	22	1892	1521	356	15	7103	2591	956
益阳市	31	13	2340	1851	472	17	10769	5102	1836
郴州市	101	52	4286	3329	902	55	17898	8588	2653
永州市	16	53	2147	1665	433	49	9925	5375	1141
怀化市	53	16	3490	2856	609	25	12045	5885	2178
娄底市	61	14	3667	2984	648	35	13819	6365	2459
湘西州	28	4	1914	1685	220	9	5523	3030	633
男	**805**	**736**	**54496**	**41659**	**10438**	**2399**	**202325**	**86145**	**41686**
长沙市	414	325	18992	15068	1899	2025	75992	30687	13582
株洲市	53	81	5203	3857	1217	129	18137	8023	4035
湘潭市	42	16	3318	2468	845	5	9065	3632	1932
衡阳市	58	67	4495	3324	1119	52	17116	7197	4047
邵阳市	26	31	2569	1824	725	20	11567	5837	2282
岳阳市	33	56	4000	3222	755	23	18094	8909	3402
常德市	38	26	3192	2471	687	34	11683	5141	2286
张家界市	12	18	1206	871	326	9	3505	1023	825
益阳市	16	9	1556	1127	421	8	6006	2475	1616
郴州市	39	40	2698	1868	797	33	9499	4037	2300
永州市	10	42	1443	1045	372	26	5308	2571	948
怀化市	26	13	2216	1683	519	14	6359	2565	1821
娄底市	25	9	2430	1838	575	17	7197	2694	2080
湘西州	13	3	1178	993	181	4	2797	1354	530
女	**1261**	**244**	**36575**	**32877**	**1614**	**2084**	**173083**	**93831**	**7659**
长沙市	759	123	16174	14000	388	1786	63098	31104	2626
株洲市	89	25	3531	3218	196	117	17147	10050	755
湘潭市	36	5	2047	1932	110	5	8698	4440	405
衡阳市	46	14	2231	2065	128	38	14404	8303	734
邵阳市	24	9	1197	1082	105	10	9726	6085	470
岳阳市	57	21	2297	2168	121	8	13095	7687	504
常德市	65	7	2089	1946	117	26	10504	5945	429
张家界市	24	4	686	650	30	6	3598	1568	131
益阳市	15	4	784	724	51	9	4763	2627	220
郴州市	62	12	1588	1461	105	22	8399	4551	353
永州市	6	11	704	620	61	23	4617	2804	193
怀化市	27	3	1274	1173	90	11	5686	3320	357
娄底市	36	5	1237	1146	73	18	6622	3671	379
湘西州	15	1	736	692	39	5	2726	1676	103

C-4-6a 续表 3

单位：人

地区 性别	社会生产服务和生活服务人员								
	住宿和餐饮服务人员	信息传输、软件和信息技术服务人员	金融服务人员	房地产服务人员	租赁和商务服务人员	技术辅助服务人员	水利、环境和公共设施管理服务人员	居民服务人员	电力、燃气及水供应服务人员
全省	**48984**	**9336**	**9401**	**6536**	**11465**	**9451**	**11608**	**22969**	**2711**
长沙市	17525	5166	3917	3112	7038	4684	4409	9639	621
株洲市	3973	698	753	529	656	929	1224	2025	334
湘潭市	2770	339	621	477	295	398	581	1042	164
衡阳市	4225	584	659	456	479	579	913	1842	262
邵阳市	2479	323	432	173	260	400	549	1076	192
岳阳市	4870	470	614	442	423	495	687	1525	192
常德市	3022	409	573	306	410	533	683	1469	188
张家界市	1260	90	136	55	793	102	275	530	58
益阳市	1622	197	227	118	123	202	260	568	83
郴州市	2330	342	444	308	339	399	693	991	161
永州市	1379	121	206	146	155	154	319	497	60
怀化市	1313	227	324	140	184	261	379	576	149
娄底市	1487	309	373	218	231	242	451	838	221
湘西州	729	61	122	56	79	73	185	351	26
男	**22662**	**6608**	**4281**	**3710**	**7606**	**6113**	**4271**	**7081**	**2132**
长沙市	8367	3765	1773	1722	4769	2942	1775	2599	517
株洲市	1773	493	304	284	428	584	418	546	280
湘潭市	1176	226	260	266	138	288	206	349	122
衡阳市	2035	402	317	263	321	397	317	674	204
邵阳市	1205	219	193	110	193	260	193	365	136
岳阳市	2405	334	305	279	294	337	304	605	157
常德市	1390	280	276	161	292	335	242	560	133
张家界市	494	59	61	38	431	66	64	199	42
益阳市	748	122	104	72	84	136	108	162	60
郴州市	949	234	192	194	201	282	232	270	129
永州市	659	85	115	81	110	110	104	187	43
怀化市	547	144	157	74	132	173	116	173	120
娄底市	596	202	165	132	153	155	138	244	170
湘西州	318	43	59	34	60	48	54	148	19
女	**26322**	**2728**	**5120**	**2826**	**3859**	**3338**	**7337**	**15888**	**579**
长沙市	9158	1401	2144	1390	2269	1742	2634	7040	104
株洲市	2200	205	449	245	228	345	806	1479	54
湘潭市	1594	113	361	211	157	110	375	693	42
衡阳市	2190	182	342	193	158	182	596	1168	58
邵阳市	1274	104	239	63	67	140	356	711	56
岳阳市	2465	136	309	163	129	158	383	920	35
常德市	1632	129	297	145	118	198	441	909	55
张家界市	766	31	75	17	362	36	211	331	16
益阳市	874	75	123	46	39	66	152	406	23
郴州市	1381	108	252	114	138	117	461	721	32
永州市	720	36	91	65	45	44	215	310	17
怀化市	766	83	167	66	52	88	263	403	29
娄底市	891	107	208	86	78	87	313	594	51
湘西州	411	18	63	22	19	25	131	203	7

C-4-6a 续表 4　　　　　单位：人

地区 性别	社会生产服务和生活服务人员				农、林、牧、渔业生产及辅助人员				
	修理及制作服务人员	文化、体育和娱乐服务人员	健康服务人员	其他社会生产和生活服务人员	小计	农业生产人员	林业生产人员	畜牧业生产人员	渔业生产人员
全省	**9061**	**3479**	**778**	**308**	**22707**	**19193**	**693**	**1910**	**603**
长沙市	2856	1703	339	82	4416	3428	331	513	72
株洲市	874	294	78	54	2054	1656	39	290	35
湘潭市	498	143	17	9	1316	1145	11	120	28
衡阳市	834	267	71	68	3381	3086	52	118	64
邵阳市	580	121	24	10	1749	1541	28	145	13
岳阳市	767	169	26	7	2177	1704	49	225	176
常德市	531	188	67	7	1568	1362	45	58	80
张家界市	170	54	5	28	305	256	23	15	4
益阳市	300	109	13	9	2053	1894	20	60	66
郴州市	441	148	46	15	1008	844	34	92	28
永州市	299	58	10	5	742	653	16	51	16
怀化市	335	70	20	4	917	826	26	42	11
娄底市	439	123	56	7	824	637	11	165	6
湘西州	137	32	6	3	197	161	8	16	4
男	**7945**	**1669**	**236**	**180**	**13276**	**11062**	**458**	**1092**	**455**
长沙市	2542	816	97	39	2488	1914	195	268	59
株洲市	769	145	24	31	1174	921	34	164	29
湘潭市	422	42	2	4	679	577	7	64	22
衡阳市	736	140	25	41	1916	1720	33	87	46
邵阳市	501	59	8	6	949	824	22	76	11
岳阳市	665	82	10	6	1530	1214	41	122	136
常德市	473	90	20	4	891	743	30	44	55
张家界市	148	34	1	20	197	164	15	12	3
益阳市	255	50	6	8	1318	1211	16	38	44
郴州市	386	69	12	12	617	494	27	67	21
永州市	254	33	5	3	432	375	10	32	12
怀化市	291	38	7	1	562	504	17	26	9
娄底市	389	56	19	4	407	311	6	81	4
湘西州	114	15		1	116	90	5	11	4
女	**1116**	**1810**	**542**	**128**	**9431**	**8131**	**235**	**818**	**148**
长沙市	314	887	242	43	1928	1514	136	245	13
株洲市	105	149	54	23	880	735	5	126	6
湘潭市	76	101	15	5	637	568	4	56	6
衡阳市	98	127	46	27	1465	1366	19	31	18
邵阳市	79	62	16	4	800	717	6	69	2
岳阳市	102	87	16	1	647	490	8	103	40
常德市	58	98	47	3	677	619	15	14	25
张家界市	22	20	4	8	108	92	8	3	1
益阳市	45	59	7	1	735	683	4	22	22
郴州市	55	79	34	3	391	350	7	25	7
永州市	45	25	5	2	310	278	6	19	4
怀化市	44	32	13	3	355	322	9	16	2
娄底市	50	67	37	3	417	326	5	84	2
湘西州	23	17	6	2	81	71	3	5	

C-4-6a 续表 5 单位：人

地 区 性 别			生产制造及有关人员						
	农林牧渔生产辅助人员	其他农、林、牧、渔业生产加工人员	小计	农副产品加工人员	食品、饮料生产加工人员	烟草及其制品加工人员	纺织、针织、印染人员	纺织品、服装和皮革、毛皮制品加工制作人员	木材加工、家具与木制品制作人员
全 省	**272**	**36**	**145513**	**1709**	**3358**	**601**	**785**	**9282**	**3232**
长沙市	60	12	38396	320	1022	158	71	768	1077
株洲市	27	7	20336	109	144	2	102	3049	294
湘潭市	11	1	7502	71	295	3	50	263	59
衡阳市	61		13406	118	335	7	96	1366	286
邵阳市	19	3	10363	284	241	4	52	2052	229
岳阳市	19	4	12416	156	256	2	49	346	438
常德市	23		9792	107	370	284	190	300	186
张家界市	6	1	2365	24	67	1	2	41	66
益阳市	13		5313	297	243		41	258	114
郴州市	7	3	7376	39	108	74	55	263	114
永州市	2	4	4513	58	95	51	12	253	63
怀化市	12		4977	70	65	2	43	130	149
娄底市	5		6743	46	82		8	125	122
湘西州	7	1	2015	10	35	13	14	68	35
男	**184**	**25**	**109931**	**949**	**1789**	**369**	**288**	**3386**	**2846**
长沙市	43	9	30821	192	559	99	36	252	990
株洲市	20	6	14247	71	77	2	37	1115	263
湘潭市	8	1	5707	42	106	2	17	91	47
衡阳市	30		9796	75	199	4	42	527	232
邵阳市	13	3	6886	145	109	3	20	652	187
岳阳市	16	1	9713	95	161	1	21	159	380
常德市	19		7426	67	217	161	37	123	166
张家界市	3		1983	14	44		1	20	60
益阳市	9		3740	118	104		13	86	103
郴州市	5	3	5600	24	62	51	31	146	100
永州市	2	1	3107	28	47	40	6	91	50
怀化市	6		3965	42	41	1	17	58	132
娄底市	5		5489	28	44		5	39	105
湘西州	5	1	1451	8	19	5	5	27	31
女	**88**	**11**	**35582**	**760**	**1569**	**232**	**497**	**5896**	**386**
长沙市	17	3	7575	128	463	59	35	516	87
株洲市	7	1	6089	38	67		65	1934	31
湘潭市	3		1795	29	189	1	33	172	12
衡阳市	31		3610	43	136	3	54	839	54
邵阳市	6		3477	139	132	1	32	1400	42
岳阳市	3	3	2703	61	95	1	28	187	58
常德市	4		2366	40	153	123	153	177	20
张家界市	3	1	382	10	23	1	1	21	6
益阳市	4		1573	179	139		28	172	11
郴州市	2		1776	15	46	23	24	117	14
永州市		3	1406	30	48	11	6	162	13
怀化市	6		1012	28	24	1	26	72	17
娄底市			1254	18	38		3	86	17
湘西州	2		564	2	16	8	9	41	4

C-4-6a 续表 6　　　　单位：人

地区 性别	生产制造及有关人员								
	纸及纸制品生产加工人员	印刷和记录媒介复制人员	文教、工美、体育和娱乐用品制造人员	石油加工和炼焦、煤化工生产人员	化学原料和化学制品制造人员	医药制造人员	化学纤维制造人员	橡胶和塑料制品制造人员	非金属矿物制品制造人员
全省	**739**	**1279**	**975**	**309**	**1792**	**830**	**38**	**929**	**3232**
长沙市	115	527	162	18	836	325	5	234	412
株洲市	35	104	85	8	87	105	4	115	1727
湘潭市	6	46	29	11	15	19	3	26	139
衡阳市	23	69	160	6	46	36	3	66	110
邵阳市	72	95	69	4	41	57	2	97	94
岳阳市	289	108	203	204	417	54	5	229	292
常德市	107	88	34	2	117	124	14	41	74
张家界市	2	6	13	1	2	6		10	15
益阳市	40	34	20	2	16	11		29	61
郴州市	12	39	83	9	27	24	1	25	115
永州市	11	61	38	4	93	11		24	20
怀化市	16	30	30		27	30	1	23	58
娄底市	6	62	45	39	65	26		7	90
湘西州	5	10	4	1	3	2		3	25
男	**466**	**725**	**427**	**214**	**1091**	**403**	**20**	**596**	**2065**
长沙市	67	324	78	14	429	141	3	174	333
株洲市	16	60	40	8	62	41	3	76	887
湘潭市	4	22	13	10	11	6	2	14	112
衡阳市	15	40	70	6	27	15		35	77
邵阳市	53	55	37	2	29	38	2	54	71
岳阳市	177	62	74	124	282	28	2	142	208
常德市	74	46	19	2	89	80	7	27	63
张家界市	2	1	9	1	1	4		7	13
益阳市	28	21	10	2	7	3		14	53
郴州市	9	22	30	9	23	11	1	16	94
永州市	8	25	11	2	59	5		14	18
怀化市	10	11	15		21	19		16	46
娄底市	3	30	20	33	49	12		6	74
湘西州		6	1	1	2			1	16
女	**273**	**554**	**548**	**95**	**701**	**427**	**18**	**333**	**1167**
长沙市	48	203	84	4	407	184	2	60	79
株洲市	19	44	45		25	64	1	39	840
湘潭市	2	24	16	1	4	13	1	12	27
衡阳市	8	29	90		19	21	3	31	33
邵阳市	19	40	32	2	12	19		43	23
岳阳市	112	46	129	80	135	26	3	87	84
常德市	33	42	15		28	44	7	14	11
张家界市		5	4		1	2		3	2
益阳市	12	13	10		9	8		15	8
郴州市	3	17	53		4	13		9	21
永州市	3	36	27	2	34	6		10	2
怀化市	6	19	15		6	11	1	7	12
娄底市	3	32	25	6	16	14		1	16
湘西州	5	4	3		1	2		2	9

C-4-6a 续表 7

单位：人

地区 性别	生产制造及有关人员								
	采矿人员	金属冶炼和压延加工人员	机械制造基础加工人员	金属制品制造人员	通用设备制造人员	专用设备制造人员	汽车制造人员	铁路、船舶、航空设备制造人员	电气机械和器材制造人员
全省	**986**	**1999**	**6300**	**3287**	**978**	**454**	**1466**	**563**	**1301**
长沙市	82	115	1612	868	234	153	684	44	417
株洲市	27	382	1675	608	157	44	308	451	103
湘潭市	21	626	579	100	146	30	45	7	362
衡阳市	146	107	382	336	68	27	116	26	100
邵阳市	29	11	257	283	47	10	33	2	87
岳阳市	66	51	251	222	73	29	67	2	25
常德市	24	26	657	166	78	53	135	5	63
张家界市	2		23	46	7			3	
益阳市	24	7	214	69	30	8	9	8	27
郴州市	344	92	152	164	37	23	15	1	53
永州市	6	29	53	111	12	2	15		16
怀化市	21	13	80	96	11	9	6	7	12
娄底市	188	534	352	182	77	65	27	6	34
湘西州	6	6	13	36	1	1	6	1	2
男	**843**	**1654**	**5483**	**2565**	**819**	**317**	**1062**	**444**	**913**
长沙市	70	101	1465	717	198	100	477	33	313
株洲市	21	312	1344	423	130	36	250	349	60
湘潭市	17	524	515	79	117	21	34	3	283
衡阳市	119	93	325	254	58	15	78	25	72
邵阳市	23	7	208	216	41	7	28	2	44
岳阳市	56	46	236	184	56	16	52	2	20
常德市	18	22	595	134	67	42	88	5	29
张家界市	2		23	39	7			3	
益阳市	20	5	186	58	28	5	8	7	23
郴州市	300	74	126	122	35	14	12	1	30
永州市	5	23	45	89	7	2	8		6
怀化市	18	8	72	75	10	5	4	7	10
娄底市	169	434	332	148	64	53	18	6	21
湘西州	5	5	11	27	1	1	5	1	2
女	**143**	**345**	**817**	**722**	**159**	**137**	**404**	**119**	**388**
长沙市	12	14	147	151	36	53	207	11	104
株洲市	6	70	331	185	27	8	58	102	43
湘潭市	4	102	64	21	29	9	11	4	79
衡阳市	27	14	57	82	10	12	38	1	28
邵阳市	6	4	49	67	6	3	5		43
岳阳市	10	5	15	38	17	13	15		5
常德市	6	4	62	32	11	11	47		34
张家界市				7					
益阳市	4	2	28	11	2	3	1	1	4
郴州市	44	18	26	42	2	9	3		23
永州市	1	6	8	22	5		7		10
怀化市	3	5	8	21	1	4	2		2
娄底市	19	100	20	34	13	12	9		13
湘西州	1	1	2	9			1		

C-4-6a 续表 8 单位：人

地区 性别	生产制造及有关人员								不便分类的其他从业人员
	计算机、通信和其他电子设备制造人员	仪器仪表制造人员	废弃资源综合利用人员	电力、热力、气体、水生产和输配人员	建筑施工人员	运输设备和通用工程机械操作人员及有关人员	生产辅助人员	其他生产制造及有关人员	
全省	**10442**	**86**	**210**	**756**	**65168**	**5133**	**16556**	**738**	**6794**
长沙市	2220	30	51	123	18812	1340	5379	182	2442
株洲市	1820	5	19	84	5572	614	2349	148	13
湘潭市	432	3	11	71	2629	330	1059	16	20
衡阳市	1461	9	32	99	5971	458	1256	85	779
邵阳市	521	2	28	24	4442	257	885	52	277
岳阳市	911	14	23	58	6072	456	1011	37	178
常德市	576	9	3	51	4502	280	1071	55	309
张家界市	88		5	10	1621	140	155	9	201
益阳市	602		3	17	2248	133	720	28	89
郴州市	839	1	18	92	3378	281	826	72	606
永州市	260	2	3	8	2898	94	184	26	1362
怀化市	286	4	6	32	2894	288	528	10	77
娄底市	295	7	7	81	2813	382	955	15	224
湘西州	131		1	6	1316	80	178	3	217
男	**6344**	**58**	**150**	**597**	**56436**	**4650**	**11493**	**469**	**4067**
长沙市	1437	20	36	97	16861	1250	3838	117	1387
株洲市	1215	4	15	67	5064	560	1556	83	9
湘潭市	253	3	9	57	2244	267	770	12	15
衡阳市	925	5	19	78	5010	400	901	55	508
邵阳市	288	2	18	18	3724	235	542	26	175
岳阳市	559	12	20	45	5335	433	707	18	104
常德市	322	6	2	42	3873	262	701	40	204
张家界市	52		3	8	1426	121	116	6	113
益阳市	350		3	15	1874	120	455	21	52
郴州市	374		13	68	2909	265	582	46	373
永州市	132	1	2	7	2146	88	120	22	804
怀化市	166	1	4	25	2515	251	357	8	48
娄底市	202	4	6	67	2440	328	735	14	144
湘西州	69			3	1015	70	113	1	131
女	**4098**	**28**	**60**	**159**	**8732**	**483**	**5063**	**269**	**2727**
长沙市	783	10	15	26	1951	90	1541	65	1055
株洲市	605	1	4	17	508	54	793	65	4
湘潭市	179		2	14	385	63	289	4	5
衡阳市	536	4	13	21	961	58	355	30	271
邵阳市	233		10	6	718	22	343	26	102
岳阳市	352	2	3	13	737	23	304	19	74
常德市	254	3	1	9	629	18	370	15	105
张家界市	36		2	2	195	19	39	3	88
益阳市	252			2	374	13	265	7	37
郴州市	465	1	5	24	469	16	244	26	233
永州市	128	1	1	1	752	6	64	4	558
怀化市	120	3	2	7	379	37	171	2	29
娄底市	93	3	1	14	373	54	220	1	80
湘西州	62		1	3	301	10	65	2	86

C-4-6b 各地区分性别、职业中类的就业人口（镇）

单位：人

地区 性别	合计	党的机关、国家机关、群众团体和社会组织、企事业单位负责人						
		小计	中国共产党机关负责人	国家机关负责人	民主党派和工商联负责人	人民团体和群众团体、社会组织及其他成员组织负责人	基层群众自治组织负责人	企事业单位负责人
全 省	**915188**	**20871**	**84**	**1491**	**1**	**1364**	**484**	**17447**
长沙市	92042	1900	2	58		162	21	1657
株洲市	57028	1562	5	84		39	30	1404
湘潭市	38895	1096		32		12	12	1040
衡阳市	80102	1645	20	166	1	154	39	1265
邵阳市	96514	2114	7	167		128	82	1730
岳阳市	77782	1660	2	81		159	19	1399
常德市	104419	2053	4	120		149	40	1740
张家界市	21922	645	3	50		25	8	559
益阳市	47465	1761	2	116		198	27	1418
郴州市	88930	1394	7	139		93	63	1092
永州市	80492	2038	11	153		60	60	1754
怀化市	64945	1476	5	215		77	43	1136
娄底市	31233	1018	11	50		84	15	858
湘西州	33419	509	5	60		24	25	395
男	**545886**	**14800**	**62**	**1282**		**870**	**377**	**12209**
长沙市	55851	1367	1	45		100	18	1203
株洲市	32767	1127	4	73		25	24	1001
湘潭市	22697	734		30		8	8	688
衡阳市	48438	1173	15	136		95	28	899
邵阳市	58519	1555	5	147		80	67	1256
岳阳市	49332	1193		71		108	17	997
常德市	60843	1402	4	97		97	30	1174
张家界市	12818	430	1	42		13	6	368
益阳市	29492	1275	2	101		138	20	1014
郴州市	50822	1002	6	125		58	48	765
永州市	47708	1405	8	125		40	45	1187
怀化市	38371	1080	4	190		46	37	803
娄底市	18722	704	9	46		46	11	592
湘西州	19506	353	3	54		16	18	262
女	**369302**	**6071**	**22**	**209**	**1**	**494**	**107**	**5238**
长沙市	36191	533	1	13		62	3	454
株洲市	24261	435	1	11		14	6	403
湘潭市	16198	362		2		4	4	352
衡阳市	31664	472	5	30	1	59	11	366
邵阳市	37995	559	2	20		48	15	474
岳阳市	28450	467	2	10		51	2	402
常德市	43576	651		23		52	10	566
张家界市	9104	215	2	8		12	2	191
益阳市	17973	486		15		60	7	404
郴州市	38108	392	1	14		35	15	327
永州市	32784	633	3	28		20	15	567
怀化市	26574	396	1	25		31	6	333
娄底市	12511	314	2	4		38	4	266
湘西州	13913	156	2	6		8	7	133

C-4-6b 续表 1

单位：人

地区 性别	专业技术人员 小计	科学研究人员	工程技术人员	农业技术人员	飞机和船舶技术人员	卫生专业技术人员	经济和金融专业人员	法律、社会和宗教专业人员	教学人员	文学艺术、体育专业人员
全省	**89839**	**284**	**14286**	**692**	**36**	**18629**	**11769**	**1530**	**40017**	**1137**
长沙市	9725	85	2697	56	6	1218	1927	173	3174	185
株洲市	5326	10	808	37	1	1235	798	75	2210	77
湘潭市	4183	19	838	24	2	810	693	58	1673	31
衡阳市	8688	52	1275	85	2	1762	1193	140	3932	122
邵阳市	8187	17	1115	74	2	1945	881	148	3791	117
岳阳市	6533	13	1096	49	3	1306	796	107	2966	96
常德市	8897	19	1357	55	2	1946	1254	184	3707	150
张家界市	2490	4	329	14	1	572	264	48	1203	23
益阳市	5282	9	776	28	8	1214	781	73	2226	62
郴州市	8655	12	1534	96	1	1574	918	128	4193	79
永州市	7706	10	864	57	1	1687	739	120	4041	72
怀化市	7350	23	800	57	5	1845	820	136	3458	64
娄底市	3652	6	567	20	2	794	449	78	1647	37
湘西州	3165	5	230	40		721	256	62	1796	22
男	**39999**	**180**	**12068**	**532**	**29**	**6071**	**3765**	**888**	**15020**	**631**
长沙市	4493	49	2276	44	3	377	468	98	977	104
株洲市	2215	7	705	28	1	369	223	35	759	44
湘潭市	1840	10	717	17	2	272	193	28	571	19
衡阳市	3868	30	1081	69	2	605	402	75	1470	70
邵阳市	3646	14	960	50	1	675	317	86	1425	62
岳阳市	3050	9	913	37	3	475	256	69	1174	62
常德市	3953	11	1150	43	2	629	395	103	1407	69
张家界市	1045	3	281	12		155	91	31	450	10
益阳市	2314	7	707	22	8	413	226	48	799	31
郴州市	3901	7	1147	79	1	497	335	76	1637	48
永州市	3457	7	736	47	1	536	288	72	1659	41
怀化市	3135	16	704	36	4	574	285	68	1320	38
娄底市	1700	5	500	19	1	268	194	56	602	24
湘西州	1382	5	191	29		226	92	43	770	9
女	**49840**	**104**	**2218**	**160**	**7**	**12558**	**8004**	**642**	**24997**	**506**
长沙市	5232	36	421	12	3	841	1459	75	2197	81
株洲市	3111	3	103	9		866	575	40	1451	33
湘潭市	2343	9	121	7		538	500	30	1102	12
衡阳市	4820	22	194	16		1157	791	65	2462	52
邵阳市	4541	3	155	24	1	1270	564	62	2366	55
岳阳市	3483	4	183	12		831	540	38	1792	34
常德市	4944	8	207	12		1317	859	81	2300	81
张家界市	1445	1	48	2	1	417	173	17	753	13
益阳市	2968	2	69	6		801	555	25	1427	31
郴州市	4754	5	387	17		1077	583	52	2556	31
永州市	4249	3	128	10		1151	451	48	2382	31
怀化市	4215	7	96	21	1	1271	535	68	2138	26
娄底市	1952	1	67	1	1	526	255	22	1045	13
湘西州	1783		39	11		495	164	19	1026	13

C-4-6b 续表 2

单位：人

地区 性别	专业技术人员		办事人员和有关人员				社会生产服务和生活服务人员		
	新闻出版、文化专业人员	其他专业技术人员	小计	办事人员	安全和消防人员	其他办事人员和有关人员	小计	批发与零售服务人员	交通运输、仓储和邮政业服务人员
全省	**853**	**606**	**61417**	**51048**	**9855**	**514**	**336840**	**160743**	**52350**
长沙市	153	51	4912	4339	543	30	33866	15268	5732
株洲市	40	35	3298	2663	586	49	21430	9907	3612
湘潭市	34	1	2762	2225	536	1	14154	6172	1916
衡阳市	101	24	6444	5343	1074	27	29648	14044	4651
邵阳市	60	37	5726	4660	1026	40	31603	16247	4897
岳阳市	69	32	4777	4211	548	18	31408	15852	4039
常德市	83	140	5376	4354	969	53	38736	18762	5343
张家界市	28	4	1582	1295	270	17	7539	3124	1180
益阳市	41	64	3537	2848	650	39	18271	8715	2910
郴州市	58	62	6023	4919	1026	78	34900	16889	5736
永州市	65	50	5831	4842	951	38	26672	13330	4368
怀化市	70	72	5651	4717	863	71	23426	10844	4177
娄底市	29	23	2504	2106	365	33	12526	6267	1883
湘西州	22	11	2994	2526	448	20	12661	5322	1906
男	**364**	**451**	**40465**	**31278**	**8875**	**312**	**181435**	**75177**	**45234**
长沙市	56	41	2733	2234	484	15	19245	7742	4770
株洲市	15	29	2088	1522	540	26	11226	4390	3207
湘潭市	11		1730	1252	478		7338	2857	1626
衡阳市	46	18	4214	3242	954	18	16371	6848	3937
邵阳市	30	26	3998	3051	925	22	17632	8050	4240
岳阳市	27	25	3162	2663	489	10	17882	8154	3515
常德市	36	108	3553	2628	891	34	20236	8506	4620
张家界市	9	3	1033	771	252	10	3833	1343	1024
益阳市	12	41	2307	1707	577	23	10248	4251	2585
郴州市	34	40	4104	3129	927	48	17877	7440	5016
永州市	33	37	3966	3062	879	25	14516	6190	3812
怀化市	33	57	3803	3000	755	48	12073	4493	3613
娄底市	11	20	1764	1416	327	21	6540	2756	1633
湘西州	11	6	2010	1601	397	12	6418	2157	1636
女	**489**	**155**	**20952**	**19770**	**980**	**202**	**155405**	**85566**	**7116**
长沙市	97	10	2179	2105	59	15	14621	7526	962
株洲市	25	6	1210	1141	46	23	10204	5517	405
湘潭市	23	1	1032	973	58	1	6816	3315	290
衡阳市	55	6	2230	2101	120	9	13277	7196	714
邵阳市	30	11	1728	1609	101	18	13971	8197	657
岳阳市	42	7	1615	1548	59	8	13526	7698	524
常德市	47	32	1823	1726	78	19	18500	10256	723
张家界市	19	1	549	524	18	7	3706	1781	156
益阳市	29	23	1230	1141	73	16	8023	4464	325
郴州市	24	22	1919	1790	99	30	17023	9449	720
永州市	32	13	1865	1780	72	13	12156	7140	556
怀化市	37	15	1848	1717	108	23	11353	6351	564
娄底市	18	3	740	690	38	12	5986	3511	250
湘西州	11	5	984	925	51	8	6243	3165	270

C-4-6b 续表 3

单位：人

地区 性别	社会生产服务和生活服务人员 住宿和餐饮服务人员	信息传输、软件和信息技术服务人员	金融服务人员	房地产服务人员	租赁和商务服务人员	技术辅助服务人员	水利、环境和公共设施管理服务人员	居民服务人员	电力、燃气及水供应服务人员
全省	**48326**	**4993**	**5623**	**3010**	**4955**	**5149**	**11188**	**23424**	**3072**
长沙市	4242	631	502	337	961	815	1088	2245	205
株洲市	2962	345	349	193	301	326	818	1614	176
湘潭市	2636	166	221	331	108	229	559	1058	148
衡阳市	4336	499	585	352	418	440	931	1875	233
邵阳市	3609	515	480	195	411	457	1126	2179	314
岳阳市	5515	431	497	218	415	423	737	1919	211
常德市	6355	548	566	367	487	584	1200	2625	292
张家界市	1238	126	138	62	157	115	250	750	65
益阳市	2821	236	360	125	231	291	581	1095	154
郴州市	4478	411	625	247	469	426	1334	2812	336
永州市	3389	391	515	241	278	409	816	1591	263
怀化市	3152	296	384	209	331	342	875	1521	335
娄底市	1481	255	212	75	210	170	422	800	139
湘西州	2112	143	189	58	178	122	451	1340	201
男	**21327**	**3516**	**2563**	**1755**	**3630**	**3339**	**4246**	**7546**	**2420**
长沙市	1985	455	206	172	676	505	498	666	177
株洲市	1245	241	143	117	237	207	284	405	136
湘潭市	1135	121	106	209	58	146	199	290	130
衡阳市	2037	360	287	214	297	294	297	630	190
邵阳市	1592	382	236	131	313	294	452	806	250
岳阳市	2713	311	258	134	332	284	377	684	177
常德市	2762	375	243	234	345	355	494	853	232
张家界市	476	91	60	35	107	80	84	224	49
益阳市	1314	164	153	69	156	189	281	375	127
郴州市	1785	276	287	133	382	274	366	790	251
永州市	1527	266	235	132	223	288	288	521	191
怀化市	1309	217	179	102	237	238	290	408	248
娄底市	601	166	84	45	166	107	172	254	117
湘西州	846	91	86	28	101	78	164	640	145
女	**26999**	**1477**	**3060**	**1255**	**1325**	**1810**	**6942**	**15878**	**652**
长沙市	2257	176	296	165	285	310	590	1579	28
株洲市	1717	104	206	76	64	119	534	1209	40
湘潭市	1501	45	115	122	50	83	360	768	18
衡阳市	2299	139	298	138	121	146	634	1245	43
邵阳市	2017	133	244	64	98	163	674	1373	64
岳阳市	2802	120	239	84	83	139	360	1235	34
常德市	3593	173	323	133	142	229	706	1772	60
张家界市	762	35	78	27	50	35	166	526	16
益阳市	1507	72	207	56	75	102	300	720	27
郴州市	2693	135	338	114	87	152	968	2022	85
永州市	1862	125	280	109	55	121	528	1070	72
怀化市	1843	79	205	107	94	104	585	1113	87
娄底市	880	89	128	30	44	63	250	546	22
湘西州	1266	52	103	30	77	44	287	700	56

C-4-6b 续表 4

单位：人

地区 性别	社会生产服务和生活服务人员				农、林、牧、渔业生产及辅助人员				
	修理及制作服务人员	文化、体育和娱乐服务人员	健康服务人员	其他社会生产和生活服务人员	小计	农业生产人员	林业生产人员	畜牧业生产人员	渔业生产人员
全省	**10479**	**2398**	**544**	**586**	**147322**	**132222**	**2232**	**9274**	**2594**
长沙市	1398	356	46	40	8325	6600	581	985	88
株洲市	610	166	33	18	9513	8266	284	742	134
湘潭市	473	119	13	5	4974	4545	9	365	35
衡阳市	949	176	54	105	11304	10418	94	501	163
邵阳市	927	143	74	29	19074	17038	287	1520	106
岳阳市	976	150	16	9	13258	11940	101	633	520
常德市	1164	301	94	48	25420	23227	95	1128	834
张家界市	246	59	16	13	3536	3234	28	247	13
益阳市	554	154	29	15	8100	7211	57	482	255
郴州市	887	165	43	42	13783	12551	196	794	159
永州市	858	166	35	22	12634	11492	227	661	155
怀化市	706	189	39	26	9995	9001	177	682	92
娄底市	426	138	35	13	3139	2806	25	267	28
湘西州	305	116	17	201	4267	3893	71	267	12
男	**9059**	**1115**	**179**	**329**	**81546**	**72658**	**1609**	**4783**	**1839**
长沙市	1199	164	13	17	4899	3997	352	419	70
株洲市	527	70	10	7	5075	4287	209	415	108
湘潭市	409	47	2	3	2643	2431	8	166	24
衡阳市	810	103	18	49	6438	5868	69	299	118
邵阳市	778	68	25	15	9970	8949	222	660	74
岳阳市	867	63	7	6	8131	7295	86	336	361
常德市	1020	131	36	30	13770	12461	78	554	588
张家界市	221	29	5	5	1773	1596	25	137	9
益阳市	493	70	9	12	5220	4628	50	308	177
郴州市	758	80	14	25	7090	6378	125	428	105
永州市	726	88	15	14	7114	6384	176	377	108
怀化市	623	93	10	13	5429	4824	138	374	68
娄底市	368	53	9	9	1682	1483	22	149	20
湘西州	260	56	6	124	2312	2077	49	161	9
女	**1420**	**1283**	**365**	**257**	**65776**	**59564**	**623**	**4491**	**755**
长沙市	199	192	33	23	3426	2603	229	566	18
株洲市	83	96	23	11	4438	3979	75	327	26
湘潭市	64	72	11	2	2331	2114	1	199	11
衡阳市	139	73	36	56	4866	4550	25	202	45
邵阳市	149	75	49	14	9104	8089	65	860	32
岳阳市	109	87	9	3	5127	4645	15	297	159
常德市	144	170	58	18	11650	10766	17	574	246
张家界市	25	30	11	8	1763	1638	3	110	4
益阳市	61	84	20	3	2880	2583	7	174	78
郴州市	129	85	29	17	6693	6173	71	366	54
永州市	132	78	20	8	5520	5108	51	284	47
怀化市	83	96	29	13	4566	4177	39	308	24
娄底市	58	85	26	4	1457	1323	3	118	8
湘西州	45	60	11	77	1955	1816	22	106	3

C-4-6b 续表 5

单位：人

地区 性别	农林牧渔生产辅助人员	其他农、林、牧、渔业生产加工人员	生产制造及有关人员 小计	农副产品加工人员	食品、饮料生产加工人员	烟草及其制品加工人员	纺织、针织、印染人员	纺织品、服装和皮革、毛皮制品加工制作人员	木材加工、家具与木制品制作人员
全　省	**886**	**114**	**253287**	**4760**	**4692**	**225**	**1535**	**17609**	**7656**
长沙市	64	7	32927	370	666	31	35	536	747
株洲市	81	6	15892	212	194		243	1568	514
湘潭市	20		11689	124	648		18	272	108
衡阳市	124	4	21790	223	266	30	102	1966	453
邵阳市	112	11	29412	583	366	1	75	2925	940
岳阳市	55	9	19903	703	593	1	168	657	972
常德市	125	11	23521	853	721	37	239	2155	827
张家界市	11	3	5980	68	61	4	54	379	207
益阳市	78	17	10402	397	258	2	99	412	500
郴州市	58	25	22285	306	251	91	97	1258	412
永州市	87	12	24701	300	235	13	216	3491	739
怀化市	37	6	16849	286	248	2	120	899	879
娄底市	12	1	8242	202	103		21	592	164
湘西州	22	2	9694	133	82	13	48	499	194
男	**584**	**73**	**184210**	**2764**	**2328**	**146**	**622**	**6643**	**6348**
长沙市	55	6	22891	219	288	14	14	196	672
株洲市	53	3	11030	131	113		77	523	426
湘潭市	14		8393	69	220		7	122	82
衡阳市	82	2	16001	145	151	23	45	672	370
邵阳市	59	6	21446	351	192	1	36	1116	759
岳阳市	47	6	15750	418	342		68	274	825
常德市	84	5	17663	470	332	21	105	878	746
张家界市	4	2	4617	43	35	3	35	161	179
益阳市	42	15	8051	188	156	1	29	168	396
郴州市	38	16	15765	179	142	65	34	436	334
永州市	60	9	16690	208	130	7	77	1250	541
怀化市	23	2	12728	184	123	2	58	414	729
娄底市	8		6228	78	54		12	213	138
湘西州	15	1	6957	81	50	9	25	220	151
女	**302**	**41**	**69077**	**1996**	**2364**	**79**	**913**	**10966**	**1308**
长沙市	9	1	10036	151	378	17	21	340	75
株洲市	28	3	4862	81	81		166	1045	88
湘潭市	6		3296	55	428		11	150	26
衡阳市	42	2	5789	78	115	7	57	1294	83
邵阳市	53	5	7966	232	174		39	1809	181
岳阳市	8	3	4153	285	251	1	100	383	147
常德市	41	6	5858	383	389	16	134	1277	81
张家界市	7	1	1363	25	26	1	19	218	28
益阳市	36	2	2351	209	102	1	70	244	104
郴州市	20	9	6520	127	109	26	63	822	78
永州市	27	3	8011	92	105	6	139	2241	198
怀化市	14	4	4121	102	125		62	485	150
娄底市	4	1	2014	124	49		9	379	26
湘西州	7	1	2737	52	32	4	23	279	43

C-4-6b 续表 6

单位：人

地 区 性 别	生产制造及有关人员								
	纸及纸制品生产加工人员	印刷和记录媒介复制人员	文教、工美、体育和娱乐用品制造人员	石油加工和炼焦、煤化工生产人员	化学原料和化学制品制造人员	医药制造人员	化学纤维制造人员	橡胶和塑料制品制造人员	非金属矿物制品制造人员
全 省	**1172**	**1624**	**2669**	**144**	**4944**	**973**	**68**	**1674**	**11773**
长沙市	213	216	111	13	2426	291	4	133	7590
株洲市	95	54	126	6	1192	44	2	149	781
湘潭市	32	105	76	4	44	48	2	107	299
衡阳市	57	60	207	8	170	51	2	104	358
邵阳市	174	166	578	7	91	69	5	299	356
岳阳市	79	127	109	59	391	107	23	159	329
常德市	158	121	159	6	148	100	10	164	497
张家界市	14	47	53	1	20	15		50	71
益阳市	20	60	33		49	31	1	57	160
郴州市	150	95	445	10	153	31	2	106	309
永州市	53	99	493	2	63	41		150	274
怀化市	100	100	180	8	130	125	15	128	311
娄底市	12	335	42	19	52	14	2	31	327
湘西州	15	39	57	1	15	6		37	111
男	**730**	**937**	**1166**	**112**	**2664**	**471**	**34**	**1005**	**7464**
长沙市	137	134	57	11	1170	129	2	97	4467
株洲市	55	30	45	5	534	20	1	83	444
湘潭市	9	67	29	3	31	29	1	61	227
衡阳市	33	30	106	7	119	30		59	258
邵阳市	117	105	272	7	66	38	3	170	280
岳阳市	56	77	58	42	281	60	10	96	246
常德市	109	64	79	5	110	45	5	103	354
张家界市	7	21	24	1	15	8		27	55
益阳市	11	33	20		30	9	1	41	133
郴州市	80	48	169	10	116	13	1	71	253
永州市	31	55	161	2	39	21		88	209
怀化市	65	54	94	7	101	62	10	70	252
娄底市	8	200	24	11	43	3		19	201
湘西州	12	19	28	1	9	4		20	85
女	**442**	**687**	**1503**	**32**	**2280**	**502**	**34**	**669**	**4309**
长沙市	76	82	54	2	1256	162	2	36	3123
株洲市	40	24	81	1	658	24	1	66	337
湘潭市	23	38	47	1	13	19	1	46	72
衡阳市	24	30	101	1	51	21	2	45	100
邵阳市	57	61	306		25	31	2	129	76
岳阳市	23	50	51	17	110	47	13	63	83
常德市	49	57	80	1	38	55	5	61	143
张家界市	7	26	29		5	7		23	16
益阳市	9	27	13		19	22		16	27
郴州市	70	47	276		37	18	1	35	56
永州市	22	44	332		24	20		62	65
怀化市	35	46	86	1	29	63	5	58	59
娄底市	4	135	18	8	9	11	2	12	126
湘西州	3	20	29		6	2		17	26

C-4-6b 续表 7　　　　单位：人

地区 性别	生产制造及有关人员								
	采矿人员	金属冶炼和压延加工人员	机械制造基础加工人员	金属制品制造人员	通用设备制造人员	专用设备制造人员	汽车制造人员	铁路、船舶、航空设备制造人员	电气机械和器材制造人员
全省	**2557**	**1517**	**7057**	**6265**	**1059**	**595**	**2232**	**210**	**1810**
长沙市	65	55	1537	527	177	192	1197	30	103
株洲市	213	66	503	405	91	20	78	53	116
湘潭市	21	186	626	141	92	38	364	19	255
衡阳市	278	415	414	607	146	22	112	21	228
邵阳市	120	101	680	985	75	42	80	11	171
岳阳市	227	23	366	432	77	26	34	4	58
常德市	54	123	755	542	111	63	122	23	143
张家界市	33	18	127	199	14	7	21	8	42
益阳市	60	49	315	328	49	13	28	9	79
郴州市	1060	214	599	557	73	51	47	8	176
永州市	56	86	395	652	47	41	74	6	253
怀化市	202	73	437	497	65	25	51	9	120
娄底市	142	24	210	240	31	32	17	4	35
湘西州	26	84	93	153	11	23	7	5	31
男	**2282**	**1243**	**5998**	**4787**	**886**	**422**	**1597**	**165**	**1058**
长沙市	54	43	1309	428	169	170	820	24	78
株洲市	208	58	441	305	79	12	55	41	71
湘潭市	17	127	510	112	78	28	287	14	166
衡阳市	238	373	342	467	99	14	83	17	122
邵阳市	105	82	553	741	62	27	63	8	109
岳阳市	211	19	325	332	61	17	27	4	44
常德市	50	108	654	424	101	36	85	20	94
张家界市	29	13	110	148	11	5	14	8	24
益阳市	53	37	282	261	42	10	21	8	24
郴州市	958	183	507	412	57	20	37	6	82
永州市	46	59	323	480	39	27	54	3	131
怀化市	169	61	380	378	54	16	32	6	76
娄底市	124	20	178	182	26	24	14	2	21
湘西州	20	60	84	117	8	16	5	4	16
女	**275**	**274**	**1059**	**1478**	**173**	**173**	**635**	**45**	**752**
长沙市	11	12	228	99	8	22	377	6	25
株洲市	5	8	62	100	12	8	23	12	45
湘潭市	4	59	116	29	14	10	77	5	89
衡阳市	40	42	72	140	47	8	29	4	106
邵阳市	15	19	127	244	13	15	17	3	62
岳阳市	16	4	41	100	16	9	7		14
常德市	4	15	101	118	10	27	37	3	49
张家界市	4	5	17	51	3	2	7		18
益阳市	7	12	33	67	7	3	7	1	55
郴州市	102	31	92	145	16	31	10	2	94
永州市	10	27	72	172	8	14	20	3	122
怀化市	33	12	57	119	11	9	19	3	44
娄底市	18	4	32	58	5	8	3	2	14
湘西州	6	24	9	36	3	7	2	1	15

C-4-6b 续表 8

单位：人

地区 性别	生产制造及有关人员								不便分类的其他从业人员
	计算机、通信和其他电子设备制造人员	仪器仪表制造人员	废弃资源综合利用人员	电力、热力、气体、水生产和输配人员	建筑施工人员	运输设备和通用工程机械操作人员及有关人员	生产辅助人员	其他生产制造及有关人员	
全 省	**24543**	**204**	**269**	**899**	**116362**	**5685**	**19004**	**1501**	**5612**
长沙市	2862	59	42	71	7787	648	3667	526	387
株洲市	1530	24	18	61	5542	515	1324	153	7
湘潭市	635		6	29	5650	234	1494	12	37
衡阳市	2065	13	14	53	11499	505	1273	68	583
邵阳市	3186	28	52	81	15097	458	1483	127	398
岳阳市	1443	11	18	73	10793	410	1390	41	243
常德市	1705	9	19	88	10759	680	1943	187	416
张家界市	640	4	5	12	3223	178	369	36	150
益阳市	769	3	17	43	5045	364	1101	51	112
郴州市	3473	11	16	108	9932	542	1575	127	1890
永州市	3273	8	23	66	11723	422	1361	46	910
怀化市	1774	21	20	106	8261	385	1199	73	198
娄底市	378	9	13	38	4383	215	531	24	152
湘西州	810	4	6	70	6668	129	294	30	129
男	**13511**	**130**	**210**	**677**	**99897**	**5340**	**11600**	**973**	**3431**
长沙市	1781	46	34	61	7191	622	2100	354	223
株洲市	748	7	13	49	5053	481	834	88	6
湘潭市	398		6	27	4744	203	711	8	19
衡阳市	1188	5	13	43	9642	464	801	42	373
邵阳市	1723	15	38	53	12979	442	871	62	272
岳阳市	891	10	17	48	9642	391	825	33	164
常德市	950	9	15	66	9604	639	1250	132	266
张家界市	362	3	5	7	2832	166	240	26	87
益阳市	429	3	16	34	4538	346	696	35	77
郴州市	1633	7	11	89	8180	491	1054	87	1083
永州市	1798	5	15	50	9548	401	867	25	560
怀化市	935	12	11	82	7097	368	784	42	123
娄底市	197	5	10	30	3796	203	372	20	104
湘西州	478	3	6	38	5051	123	195	19	74
女	**11032**	**74**	**59**	**222**	**16465**	**345**	**7404**	**528**	**2181**
长沙市	1081	13	8	10	596	26	1567	172	164
株洲市	782	17	5	12	489	34	490	65	1
湘潭市	237			2	906	31	783	4	18
衡阳市	877	8	1	10	1857	41	472	26	210
邵阳市	1463	13	14	28	2118	16	612	65	126
岳阳市	552	1	1	25	1151	19	565	8	79
常德市	755		4	22	1155	41	693	55	150
张家界市	278	1		5	391	12	129	10	63
益阳市	340		1	9	507	18	405	16	35
郴州市	1840	4	5	19	1752	51	521	40	807
永州市	1475	3	8	16	2175	21	494	21	350
怀化市	839	9	9	24	1164	17	415	31	75
娄底市	181	4	3	8	587	12	159	4	48
湘西州	332	1		32	1617	6	99	11	55

C-4-6c 各地区分性别、职业中类的就业人口（乡村）

单位：人

地区 性别	合计	党的机关、国家机关、群众团体和社会组织、企事业单位负责人						
		小计	中国共产党机关负责人	国家机关负责人	民主党派和工商联负责人	人民团体和群众团体、社会组织及其他成员组织负责人	基层群众自治组织负责人	企事业单位负责人
全省	**1327820**	**13174**	**46**	**329**	**3**	**898**	**1082**	**10816**
长沙市	76510	780	1	15		51	30	683
株洲市	69465	975	2	6		61	47	859
湘潭市	45489	443	1	16		9	15	402
衡阳市	131684	1141	1	35		71	103	931
邵阳市	168386	1762	6	45		138	129	1444
岳阳市	97774	1059	1	26	1	127	76	828
常德市	143067	1219	6	30	2	113	81	987
张家界市	42946	515	1	25		47	33	409
益阳市	79183	1194	3	7		55	61	1068
郴州市	100297	662	1	12		37	141	471
永州市	108232	825	5	29		53	72	666
怀化市	139554	1215	8	47		49	155	956
娄底市	87947	1168	10	15		70	76	997
湘西州	37286	216		21		17	63	115
男	**825375**	**9770**	**38**	**284**	**2**	**610**	**844**	**7992**
长沙市	48187	568	1	9		40	20	498
株洲市	41213	695	1	4		42	41	607
湘潭市	27711	317	1	14		5	12	285
衡阳市	82393	876	1	32		49	78	716
邵阳市	103919	1360	5	41		89	109	1116
岳阳市	65244	808	1	23		83	63	638
常德市	86077	849	3	24	2	72	52	696
张家界市	26168	368	1	22		36	28	281
益阳市	52308	884	2	6		38	50	788
郴州市	60543	489	1	11		24	104	349
永州市	65689	583	4	27		35	53	464
怀化市	86796	922	7	37		35	126	717
娄底市	56312	892	10	13		54	58	757
湘西州	22815	159		21		8	50	80
女	**502445**	**3404**	**8**	**45**	**1**	**288**	**238**	**2824**
长沙市	28323	212		6		11	10	185
株洲市	28252	280	1	2		19	6	252
湘潭市	17778	126		2		4	3	117
衡阳市	49291	265		3		22	25	215
邵阳市	64467	402	1	4		49	20	328
岳阳市	32530	251		3	1	44	13	190
常德市	56990	370	3	6		41	29	291
张家界市	16778	147		3		11	5	128
益阳市	26875	310	1	1		17	11	280
郴州市	39754	173		1		13	37	122
永州市	42543	242	1	2		18	19	202
怀化市	52758	293	1	10		14	29	239
娄底市	31635	276		2		16	18	240
湘西州	14471	57				9	13	35

C-4-6c 续表 1

单位：人

地区 性别	专业技术人员									
	小计	科学研究人员	工程技术人员	农业技术人员	飞机和船舶技术人员	卫生专业技术人员	经济和金融专业人员	法律、社会和宗教专业人员	教学人员	文学艺术、体育专业人员
全　省	**51341**	**158**	**12339**	**684**	**31**	**9808**	**6283**	**733**	**19270**	**1083**
长沙市	4494	22	1085	56	3	705	761	73	1585	102
株洲市	3161	4	939	37	2	525	484	28	999	64
湘潭市	1909	10	427	20		363	271	30	749	23
衡阳市	4846	10	1244	57	4	866	597	46	1814	101
邵阳市	6101	29	1427	73	2	1200	658	72	2391	170
岳阳市	4171	21	1067	53	5	703	572	74	1502	88
常德市	4509	18	1164	70	2	819	655	110	1421	136
张家界市	1928	4	405	37	1	343	216	36	791	42
益阳市	3011	8	744	36	2	650	390	41	1025	65
郴州市	3432	8	818	47	2	650	341	39	1430	38
永州市	3129	5	619	38	3	674	299	22	1374	61
怀化市	5120	2	1133	66	4	1100	473	52	2093	95
娄底市	4419	16	1077	35	1	967	496	90	1608	71
湘西州	1111	1	190	59		243	70	20	488	27
男	**24858**	**102**	**10787**	**526**	**29**	**3738**	**1957**	**447**	**6051**	**654**
长沙市	2070	13	963	49	3	238	172	43	464	61
株洲市	1485	2	798	28	2	205	107	16	246	32
湘潭市	829	7	380	19		141	66	20	176	12
衡阳市	2403	6	1056	39	4	352	203	31	586	61
邵阳市	3004	14	1232	59	2	467	226	47	794	108
岳阳市	2064	14	941	43	4	290	174	44	444	59
常德市	2214	11	1009	48	2	321	209	55	431	76
张家界市	910	3	361	28	1	118	61	27	261	20
益阳市	1534	6	669	30	2	259	142	27	330	41
郴州市	1648	7	711	40	2	233	118	22	453	26
永州市	1495	4	537	27	3	248	108	13	484	46
怀化市	2434	1	1005	50	3	369	188	33	672	50
娄底市	2211	14	973	27	1	402	153	57	506	48
湘西州	557		152	39		95	30	12	204	14
女	**26483**	**56**	**1552**	**158**	**2**	**6070**	**4326**	**286**	**13219**	**429**
长沙市	2424	9	122	7		467	589	30	1121	41
株洲市	1676	2	141	9		320	377	12	753	32
湘潭市	1080	3	47	1		222	205	10	573	11
衡阳市	2443	4	188	18		514	394	15	1228	40
邵阳市	3097	15	195	14		733	432	25	1597	62
岳阳市	2107	7	126	10	1	413	398	30	1058	29
常德市	2295	7	155	22		498	446	55	990	60
张家界市	1018	1	44	9		225	155	9	530	22
益阳市	1477	2	75	6		391	248	14	695	24
郴州市	1784	1	107	7		417	223	17	977	12
永州市	1634	1	82	11		426	191	9	890	15
怀化市	2686	1	128	16	1	731	285	19	1421	45
娄底市	2208	2	104	8		565	343	33	1102	23
湘西州	554	1	38	20		148	40	8	284	13

C-4-6c 续表 2

单位：人

地区 性别	专业技术人员		办事人员和有关人员				社会生产服务和生活服务人员		
	新闻出版、文化专业人员	其他专业技术人员	小计	办事人员	安全和消防人员	其他办事人员和有关人员	小计	批发与零售服务人员	交通运输、仓储和邮政业服务人员
全　省	**400**	**552**	**28687**	**21177**	**7152**	**358**	**316806**	**135979**	**55891**
长沙市	50	52	2266	1937	307	22	23069	8793	3793
株洲市	26	53	1746	1342	351	53	21480	9923	3312
湘潭市	13	3	1247	967	274	6	12227	4982	1616
衡阳市	31	76	2730	2058	639	33	31984	14094	5943
邵阳市	31	48	3477	2449	981	47	37801	18059	6475
岳阳市	39	47	2220	1752	450	18	26845	11891	3959
常德市	50	64	2674	2066	584	24	29566	12908	4737
张家界市	23	30	1099	786	290	23	10596	3547	1930
益阳市	25	25	1726	1249	455	22	20183	8848	3598
郴州市	16	43	2012	1366	625	21	22862	9787	4586
永州市	9	25	1992	1414	560	18	19304	8749	3666
怀化市	51	51	2780	1824	918	38	30005	11527	6563
娄底市	32	26	1980	1438	517	25	24025	10693	4493
湘西州	4	9	738	529	201	8	6859	2178	1220
男	**159**	**408**	**18876**	**11992**	**6656**	**228**	**181045**	**68403**	**49761**
长沙市	24	40	1256	962	278	16	12832	4313	3274
株洲市	9	40	1032	669	328	35	11516	4742	2991
湘潭市	6	2	788	532	253	3	6466	2399	1441
衡阳市	14	51	1825	1203	601	21	18466	7199	5183
邵阳市	17	38	2398	1458	910	30	22446	9692	5778
岳阳市	14	37	1413	990	409	14	16006	6431	3518
常德市	12	40	1600	1040	550	10	16503	6178	4264
张家界市	5	25	766	469	280	17	5692	1565	1762
益阳市	10	18	1119	678	426	15	12181	4862	3253
郴州市	6	30	1425	830	584	11	13393	4985	4207
永州市	4	21	1362	835	516	11	10975	4356	3245
怀化市	23	40	1975	1099	851	25	16731	5220	5752
娄底市	13	17	1384	889	480	15	14000	5503	4027
湘西州	2	9	533	338	190	5	3838	958	1066
女	**241**	**144**	**9811**	**9185**	**496**	**130**	**135761**	**67576**	**6130**
长沙市	26	12	1010	975	29	6	10237	4480	519
株洲市	17	13	714	673	23	18	9964	5181	321
湘潭市	7	1	459	435	21	3	5761	2583	175
衡阳市	17	25	905	855	38	12	13518	6895	760
邵阳市	14	10	1079	991	71	17	15355	8367	697
岳阳市	25	10	807	762	41	4	10839	5460	441
常德市	38	24	1074	1026	34	14	13063	6730	473
张家界市	18	5	333	317	10	6	4904	1982	168
益阳市	15	7	607	571	29	7	8002	3986	345
郴州市	10	13	587	536	41	10	9469	4802	379
永州市	5	4	630	579	44	7	8329	4393	421
怀化市	28	11	805	725	67	13	13274	6307	811
娄底市	19	9	596	549	37	10	10025	5190	466
湘西州	2		205	191	11	3	3021	1220	154

C-4-6c　续表 3　　　　单位：人

地　区 性　别	社会生产服务和生活服务人员								
	住宿和餐饮服务人　员	信息传输、软件和信息技术服务人　员	金融服务人　　员	房地产服务人员	租赁和商务服务人　员	技术辅助服务人员	水利、环境和公共设施管理服务人员	居民服务人　　员	电力、燃气及水供应服务人　员
全　省	**49008**	**4357**	**2714**	**2327**	**4644**	**4408**	**14934**	**25791**	**2826**
长沙市	4084	360	250	245	543	317	1134	2192	224
株洲市	3120	311	195	162	242	335	837	1966	130
湘潭市	2655	159	99	74	92	123	487	1189	183
衡阳市	5114	461	242	284	388	397	1375	2226	232
邵阳市	4127	569	309	324	505	635	1945	3049	273
岳阳市	4874	450	269	218	361	414	810	2122	225
常德市	5179	394	206	215	365	429	1019	2532	290
张家界市	2183	150	99	60	601	128	513	799	101
益阳市	3381	223	218	132	205	243	738	1740	112
郴州市	3109	276	205	147	263	243	1628	1536	242
永州市	2479	219	137	121	374	205	1205	1254	171
怀化市	4515	364	243	181	369	467	1734	2395	267
娄底市	2986	365	213	142	265	388	966	1976	297
湘西州	1202	56	29	22	71	84	543	815	79
男	**21914**	**3139**	**1246**	**1483**	**3392**	**2862**	**6522**	**8724**	**2489**
长沙市	1885	264	92	145	421	213	602	516	201
株洲市	1409	219	85	101	176	206	332	403	122
湘潭市	1163	121	36	48	52	89	200	309	164
衡阳市	2404	330	121	166	297	265	513	794	206
邵阳市	1903	405	157	219	415	424	852	1117	239
岳阳市	2412	328	119	158	287	285	436	817	193
常德市	2308	281	89	125	244	262	464	995	257
张家界市	860	105	37	38	348	73	194	255	88
益阳市	1579	159	108	94	150	180	391	705	99
郴州市	1315	204	97	97	216	154	687	562	204
永州市	1041	162	71	73	261	134	485	414	137
怀化市	1884	260	113	118	282	285	718	762	244
娄底市	1247	264	101	86	206	244	379	652	265
湘西州	504	37	20	15	37	48	269	423	70
女	**27094**	**1218**	**1468**	**844**	**1252**	**1546**	**8412**	**17067**	**337**
长沙市	2199	96	158	100	122	104	532	1676	23
株洲市	1711	92	110	61	66	129	505	1563	8
湘潭市	1492	38	63	26	40	34	287	880	19
衡阳市	2710	131	121	118	91	132	862	1432	26
邵阳市	2224	164	152	105	90	211	1093	1932	34
岳阳市	2462	122	150	60	74	129	374	1305	32
常德市	2871	113	117	90	121	167	555	1537	33
张家界市	1323	45	62	22	253	55	319	544	13
益阳市	1802	64	110	38	55	63	347	1035	13
郴州市	1794	72	108	50	47	89	941	974	38
永州市	1438	57	66	48	113	71	720	840	34
怀化市	2631	104	130	63	87	182	1016	1633	23
娄底市	1739	101	112	56	59	144	587	1324	32
湘西州	698	19	9	7	34	36	274	392	9

C-4-6c 续表 4

单位：人

地区 性别	社会生产服务和生活服务人员				农、林、牧、渔业生产及辅助人员				
	修理及制作服务人员	文化、体育和娱乐服务人员	健康服务人员	其他社会生产和生活服务人员	小计	农业生产人员	林业生产人员	畜牧业生产人员	渔业生产人员
全　省	**10975**	**1893**	**369**	**690**	**506416**	**458186**	**7142**	**31423**	**7322**
长沙市	859	228	23	24	21677	16816	2365	2148	196
株洲市	735	174	23	15	20637	18204	468	1656	207
湘潭市	467	85	11	5	16389	14375	71	1610	131
衡阳市	1018	124	32	54	47242	44556	196	1779	525
邵阳市	1271	163	64	33	60638	55292	697	4194	263
岳阳市	1030	171	23	28	35446	32299	156	1780	1064
常德市	1037	174	46	35	74690	68434	391	3122	2334
张家界市	342	88	18	37	15126	13751	100	1093	41
益阳市	570	137	19	19	33640	30377	185	1474	1414
郴州市	682	112	27	19	38443	35564	599	1943	211
永州市	628	69	9	18	45060	40890	784	2678	460
怀化市	1096	201	42	41	54347	49222	737	3983	301
娄底市	1052	137	16	36	26356	23165	131	2886	126
湘西州	188	30	16	326	16725	15241	262	1077	49
男	**9620**	**941**	**133**	**416**	**281742**	**254444**	**5003**	**15823**	**4999**
长沙市	785	102	6	13	12516	9879	1415	960	143
株洲市	648	70	7	5	10874	9420	326	914	155
湘潭市	406	31	2	5	8647	7697	59	667	93
衡阳市	871	67	12	38	26567	24882	147	1053	374
邵阳市	1100	101	21	23	31790	29230	515	1749	182
岳阳市	925	71	8	18	22220	20340	132	916	719
常德市	927	76	15	18	41199	37638	328	1480	1492
张家界市	297	45	7	18	7875	7105	82	578	32
益阳市	507	76	5	13	21074	18873	160	949	973
郴州市	581	62	9	13	20310	18544	419	1123	147
永州市	543	41		12	25079	22630	544	1444	321
怀化市	942	114	23	14	30415	27520	567	2025	238
娄底市	929	68	9	20	13734	12209	105	1304	92
湘西州	159	17	9	206	9442	8477	204	661	38
女	**1355**	**952**	**236**	**274**	**224674**	**203742**	**2139**	**15600**	**2323**
长沙市	74	126	17	11	9161	6937	950	1188	53
株洲市	87	104	16	10	9763	8784	142	742	52
湘潭市	61	54	9		7742	6678	12	943	38
衡阳市	147	57	20	16	20675	19674	49	726	151
邵阳市	171	62	43	10	28848	26062	182	2445	81
岳阳市	105	100	15	10	13226	11959	24	864	345
常德市	110	98	31	17	33491	30796	63	1642	842
张家界市	45	43	11	19	7251	6646	18	515	9
益阳市	63	61	14	6	12566	11504	25	525	441
郴州市	101	50	18	6	18133	17020	180	820	64
永州市	85	28	9	6	19981	18260	240	1234	139
怀化市	154	87	19	27	23932	21702	170	1958	63
娄底市	123	69	7	16	12622	10956	26	1582	34
湘西州	29	13	7	120	7283	6764	58	416	11

C-4-6c 续表 5

单位：人

地区 性别	农林牧渔生产辅助人员	其他农、林、牧、渔业生产加工人员	生产制造及有关人员						
			小计	农副产品加工人员	食品、饮料生产加工人员	烟草及其制品加工人员	纺织、针织、印染人员	纺织品、服装和皮革、毛皮制品加工制作人员	木材加工、家具与木制品制作人员
全 省	**2175**	**168**	**405384**	**4854**	**4757**	**470**	**2614**	**31224**	**15165**
长沙市	146	6	23896	303	415	24	36	432	957
株洲市	98	4	21456	273	171	3	154	1823	965
湘潭市	199	3	13223	206	585	2	21	329	186
衡阳市	183	3	43264	404	288	4	297	5243	1212
邵阳市	172	20	57859	734	341	5	273	5821	1910
岳阳市	139	8	27778	569	1008	6	111	1096	1614
常德市	395	14	29919	405	401	62	222	2832	1377
张家界市	125	16	13442	99	101	15	123	1054	667
益阳市	170	20	19209	527	390	2	101	746	1046
郴州市	109	17	31615	290	183	233	395	2152	626
永州市	232	16	36913	227	207	53	295	3850	902
怀化市	86	18	45738	429	374	2	450	3818	2596
娄底市	30	18	29657	295	208	4	69	967	762
湘西州	91	5	11415	93	85	55	67	1061	345
男	**1382**	**91**	**305316**	**2982**	**2380**	**246**	**1214**	**13327**	**12559**
长沙市	114	5	18741	198	194	10	14	124	824
株洲市	58	1	15601	173	85	2	64	699	796
湘潭市	130	1	10632	124	104	2	9	125	165
衡阳市	110	1	31969	247	142	3	131	2127	992
邵阳市	103	11	42449	461	179	3	135	2499	1559
岳阳市	110	3	22568	357	640	3	50	496	1399
常德市	255	6	23386	244	224	23	94	1295	1241
张家界市	67	11	10424	64	39	11	58	481	549
益阳市	106	13	15354	264	217	1	38	340	801
郴州市	67	10	22478	181	107	130	170	870	484
永州市	132	8	25604	145	110	24	133	1507	673
怀化市	59	6	34099	268	194	1	251	1918	2148
娄底市	13	11	23853	194	99	2	32	351	658
湘西州	58	4	8158	62	46	31	35	495	270
女	**793**	**77**	**100068**	**1872**	**2377**	**224**	**1400**	**17897**	**2606**
长沙市	32	1	5155	105	221	14	22	308	133
株洲市	40	3	5855	100	86	1	90	1124	169
湘潭市	69	2	2591	82	481		12	204	21
衡阳市	73	2	11295	157	146	1	166	3116	220
邵阳市	69	9	15410	273	162	2	138	3322	351
岳阳市	29	5	5210	212	368	3	61	600	215
常德市	140	8	6533	161	177	39	128	1537	136
张家界市	58	5	3018	35	62	4	65	573	118
益阳市	64	7	3855	263	173	1	63	406	245
郴州市	42	7	9137	109	76	103	225	1282	142
永州市	100	8	11309	82	97	29	162	2343	229
怀化市	27	12	11639	161	180	1	199	1900	448
娄底市	17	7	5804	101	109	2	37	616	104
湘西州	33	1	3257	31	39	24	32	566	75

C-4-6c 续表 6

单位：人

地区 性别	生产制造及有关人员								
	纸及纸制品生产加工人员	印刷和记录媒介复制人员	文教、工美、体育和娱乐用品制造人员	石油加工和炼焦、煤化工生产人员	化学原料和化学制品制造人员	医药制造人员	化学纤维制造人员	橡胶和塑料制品制造人员	非金属矿物制品制造人员
全省	**1611**	**2152**	**4722**	**211**	**6201**	**627**	**80**	**3333**	**6768**
长沙市	185	86	86	8	2761	89	4	141	423
株洲市	118	69	175	13	1510	22	6	164	1014
湘潭市	16	41	100	3	35	16		45	202
衡阳市	157	92	453	24	141	15	6	221	463
邵阳市	239	316	988	22	182	80	9	727	627
岳阳市	98	85	220	25	191	109	7	194	626
常德市	137	96	256	14	400	66	5	205	510
张家界市	46	35	175	2	37	19	2	139	244
益阳市	37	61	75	11	77	22	7	111	285
郴州市	166	96	603	17	326	23	3	230	438
永州市	103	69	536	7	214	36	10	237	336
怀化市	243	185	793	25	212	98	19	652	869
娄底市	45	904	153	39	102	27		104	489
湘西州	21	17	109	1	13	5	2	163	242
男	**977**	**1411**	**2288**	**162**	**3260**	**307**	**45**	**2052**	**4959**
长沙市	105	50	42	5	1255	49	3	87	315
株洲市	60	44	78	9	732	13	3	105	567
湘潭市	5	24	38	1	26	5		22	161
衡阳市	101	66	213	17	93	11	4	136	361
邵阳市	150	222	498	16	116	43	4	440	498
岳阳市	63	53	119	23	149	59	5	135	480
常德市	81	63	139	13	238	27	1	135	382
张家界市	31	28	101	2	32	10	1	85	189
益阳市	25	43	48	10	54	12	4	73	229
郴州市	103	64	237	14	206	8	3	144	332
永州市	59	42	207	5	128	16	5	136	255
怀化市	162	120	419	18	141	37	12	393	641
娄底市	19	583	86	28	79	14		62	364
湘西州	13	9	63	1	11	3		99	185
女	**634**	**741**	**2434**	**49**	**2941**	**320**	**35**	**1281**	**1809**
长沙市	80	36	44	3	1506	40	1	54	108
株洲市	58	25	97	4	778	9	3	59	447
湘潭市	11	17	62	2	9	11		23	41
衡阳市	56	26	240	7	48	4	2	85	102
邵阳市	89	94	490	6	66	37	5	287	129
岳阳市	35	32	101	2	42	50	2	59	146
常德市	56	33	117	1	162	39	4	70	128
张家界市	15	7	74		5	9	1	54	55
益阳市	12	18	27	1	23	10	3	38	56
郴州市	63	32	366	3	120	15		86	106
永州市	44	27	329	2	86	20	5	101	81
怀化市	81	65	374	7	71	61	7	259	228
娄底市	26	321	67	11	23	13		42	125
湘西州	8	8	46		2	2	2	64	57

C-4-6c　续表 7　　　　单位：人

地区 性别	生产制造及有关人员								
	采矿人员	金属冶炼和压延加工人员	机械制造基础加工人员	金属制品制造人员	通用设备制造人员	专用设备制造人员	汽车制造人员	铁路、船舶、航空设备制造人员	电气机械和器材制造人员
全　省	**2914**	**1308**	**9603**	**11627**	**1457**	**714**	**1575**	**257**	**2775**
长沙市	85	74	1158	546	210	59	261	10	98
株洲市	141	40	643	644	71	45	128	52	173
湘潭市	27	64	415	164	52	6	72	8	77
衡阳市	308	73	704	1050	98	87	101	14	245
邵阳市	144	167	1293	1843	162	107	219	34	460
岳阳市	278	33	462	452	128	54	75	3	141
常德市	116	150	787	853	126	49	113	23	158
张家界市	78	71	269	585	43	13	67	8	77
益阳市	92	49	378	570	54	17	55	3	71
郴州市	799	166	833	961	94	49	62	16	227
永州市	74	67	565	913	64	46	58	19	376
怀化市	262	169	1270	1988	219	120	276	53	489
娄底市	440	115	664	563	93	46	53	8	134
湘西州	70	70	162	495	43	16	35	6	49
男	**2724**	**1076**	**8349**	**8522**	**1195**	**437**	**1132**	**193**	**1686**
长沙市	82	60	1060	438	184	36	197	8	75
株洲市	131	34	569	484	59	33	96	41	101
湘潭市	26	57	386	137	45	4	50	5	53
衡阳市	288	59	603	760	76	42	68	13	153
邵阳市	131	138	1089	1308	118	64	154	23	271
岳阳市	255	27	420	361	111	31	57	3	94
常德市	110	125	707	645	112	32	88	18	96
张家界市	72	60	225	411	37	8	46	6	47
益阳市	83	44	348	479	49	9	48	3	41
郴州市	751	139	691	681	74	36	43	14	130
永州市	63	57	470	663	56	24	36	12	202
怀化市	251	127	1071	1402	165	73	184	36	310
娄底市	415	100	578	420	80	36	41	6	83
湘西州	66	49	132	333	29	9	24	5	30
女	**190**	**232**	**1254**	**3105**	**262**	**277**	**443**	**64**	**1089**
长沙市	3	14	98	108	26	23	64	2	23
株洲市	10	6	74	160	12	12	32	11	72
湘潭市	1	7	29	27	7	2	22	3	24
衡阳市	20	14	101	290	22	45	33	1	92
邵阳市	13	29	204	535	44	43	65	11	189
岳阳市	23	6	42	91	17	23	18		47
常德市	6	25	80	208	14	17	25	5	62
张家界市	6	11	44	174	6	5	21	2	30
益阳市	9	5	30	91	5	8	7		30
郴州市	48	27	142	280	20	13	19	2	97
永州市	11	10	95	250	8	22	22	7	174
怀化市	11	42	199	586	54	47	92	17	179
娄底市	25	15	86	143	13	10	12	2	51
湘西州	4	21	30	162	14	7	11	1	19

C-4-6c 续表 8 单位：人

地区 性别	生产制造及有关人员								不便分类的其他从业人员
	计算机、通信和其他电子设备制造人员	仪器仪表制造人员	废弃资源综合利用人员	电力、热力、气体、水生产和输配人员	建筑施工人员	运输设备和通用工程机械操作人员及有关人员	生产辅助人员	其他生产制造及有关人员	
全省	**43235**	**277**	**439**	**736**	**214402**	**7209**	**20307**	**1760**	**6012**
长沙市	1126	4	36	54	11562	740	1798	125	328
株洲市	1826	12	27	66	8817	557	1534	200	10
湘潭市	806	2	5	12	9021	255	441	9	51
衡阳市	3986	53	37	35	24953	598	1787	115	477
邵阳市	7452	65	85	96	29589	760	2833	276	748
岳阳市	3068	17	46	49	15146	536	1272	59	255
常德市	3005	17	26	40	15022	611	1726	109	490
张家界市	1290	10	10	13	7108	266	649	127	240
益阳市	1885	2	15	24	10822	465	1110	99	220
郴州市	5290	15	46	121	14919	534	1547	155	1271
永州市	5176	15	47	58	20450	466	1277	160	1009
怀化市	5432	54	29	99	20860	630	2816	207	349
娄底市	1678	1	24	43	19750	588	1216	73	342
湘西州	1215	10	6	26	6383	203	301	46	222
男	**24434**	**176**	**329**	**575**	**186587**	**6854**	**11855**	**1023**	**3768**
长沙市	684	2	28	49	10752	705	1043	63	204
株洲市	979	7	18	48	8055	518	894	104	10
湘潭市	477	1	5	12	8058	243	256	6	32
衡阳市	2242	32	29	31	21230	570	1056	73	287
邵阳市	4186	44	59	74	25483	720	1632	132	472
岳阳市	1792	13	43	36	13943	524	788	39	165
常德市	1772	12	20	37	13743	573	1032	64	326
张家界市	765	7	7	11	6335	254	365	87	133
益阳市	1128	2	10	19	9769	447	656	60	162
郴州市	2793	10	31	85	12444	506	903	94	800
永州市	2811	11	35	41	16411	443	735	89	591
怀化市	3154	26	21	77	18192	601	1555	131	220
娄底市	942	1	19	38	17149	554	775	45	238
湘西州	709	8	4	17	5023	196	165	36	128
女	**18801**	**101**	**110**	**161**	**27815**	**355**	**8452**	**737**	**2244**
长沙市	442	2	8	5	810	35	755	62	124
株洲市	847	5	9	18	762	39	640	96	
湘潭市	329	1			963	12	185	3	19
衡阳市	1744	21	8	4	3723	28	731	42	190
邵阳市	3266	21	26	22	4106	40	1201	144	276
岳阳市	1276	4	3	13	1203	12	484	20	90
常德市	1233	5	6	3	1279	38	694	45	164
张家界市	525	3	3	2	773	12	284	40	107
益阳市	757		5	5	1053	18	454	39	58
郴州市	2497	5	15	36	2475	28	644	61	471
永州市	2365	4	12	17	4039	23	542	71	418
怀化市	2278	28	8	22	2668	29	1261	76	129
娄底市	736		5	5	2601	34	441	28	104
湘西州	506	2	2	9	1360	7	136	10	94

C-4-7 全省分年龄、性别、职业中类的就业人口

单位：人

年龄组 性别	合计	党的机关、国家机关、群众团体和社会组织、企事业单位负责人						
		小计	中国共产党机关负责人	国家机关负责人	民主党派和工商联负责人	人民团体和群众团体、社会组织及其他成员组织负责人	基层群众自治组织负责人	企事业单位负责人
总计	**3041080**	**64305**	**172**	**3189**	**8**	**3671**	**1746**	**55519**
16-19岁	44485	131	1	1		5	1	123
20-24岁	170597	1591	6	22		69	13	1481
25-29岁	258107	4567	9	108		211	47	4192
30-34岁	462475	11594	28	262	3	587	116	10598
35-39岁	372365	11320	18	344		595	135	10228
40-44岁	331128	9941	30	581	3	553	168	8606
45-49岁	421207	10415	27	658		637	269	8824
50-54岁	416188	8385	24	609	1	540	419	6792
55-59岁	284432	4879	23	518		339	427	3572
60-64岁	119797	915	5	52	1	77	101	679
65-69岁	96658	395	1	12		40	38	304
70-74岁	42572	112		9		15	8	80
75岁及以上	21069	60		13		3	4	40
男	**1831395**	**45405**	**130**	**2658**	**4**	**2344**	**1340**	**38929**
16-19岁	26988	86	1			2	1	82
20-24岁	94606	1008	4	13		41	10	940
25-29岁	147504	2905	6	65		130	29	2675
30-34岁	265953	7600	20	176	2	333	64	7005
35-39岁	215347	7665	13	268		353	90	6941
40-44岁	191228	6915	26	474	1	324	113	5977
45-49岁	250055	7415	18	554		413	201	6229
50-54岁	262068	6497	16	541	1	384	329	5226
55-59岁	192517	4087	20	482		256	362	2967
60-64岁	80134	758	5	51		63	94	545
65-69岁	63102	325	1	12		30	37	245
70-74岁	28232	93		9		12	7	65
75岁及以上	13661	51		13		3	3	32
女	**1209685**	**18900**	**42**	**531**	**4**	**1327**	**406**	**16590**
16-19岁	17497	45		1		3		41
20-24岁	75991	583	2	9		28	3	541
25-29岁	110603	1662	3	43		81	18	1517
30-34岁	196522	3994	8	86	1	254	52	3593
35-39岁	157018	3655	5	76		242	45	3287
40-44岁	139900	3026	4	107	2	229	55	2629
45-49岁	171152	3000	9	104		224	68	2595
50-54岁	154120	1888	8	68		156	90	1566
55-59岁	91915	792	3	36		83	65	605
60-64岁	39663	157		1	1	14	7	134
65-69岁	33556	70				10	1	59
70-74岁	14340	19				3	1	15
75岁及以上	7408	9					1	8

C-4-7　续表 1　　　　　　　　　　　　　　　　　　　　　　　　单位：人

年龄组 性　别	专业技术人员									
	小计	科学研究人　员	工程技术人　员	农业技术人　员	飞机和船舶技术人　员	卫生专业技术人员	经济和金融专业人　员	法律、社会和宗教专业人员	教学人员	文学艺术、体育专业人员
总　计	**267499**	**1167**	**53288**	**1838**	**167**	**50861**	**43973**	**5197**	**101157**	**4394**
16-19 岁	3887	13	514	8	1	556	302	13	2284	115
20-24 岁	29932	136	4374	78	25	6192	4281	370	13005	820
25-29 岁	40993	224	7389	115	28	8612	6810	704	15405	839
30-34 岁	53512	280	11883	184	38	9921	10701	981	17461	912
35-39 岁	37628	150	8314	176	27	6874	7047	768	12945	532
40-44 岁	31563	88	5909	235	10	6182	5306	592	12372	316
45-49 岁	30148	92	6181	296	13	5504	4703	660	11725	321
50-54 岁	22195	82	4959	314	14	3661	3030	549	8880	280
55-59 岁	13387	84	3002	266	11	1838	1468	383	5946	171
60-64 岁	2109	9	473	80		629	187	72	585	39
65-69 岁	1308	6	216	57		536	86	44	309	35
70-74 岁	524	1	50	19		246	32	40	123	8
75 岁及以上	313	2	24	10		110	20	21	117	6
男	**120061**	**731**	**45025**	**1393**	**138**	**16402**	**12871**	**2900**	**35191**	**2487**
16-19 岁	1323	8	433	5	1	78	116	9	577	59
20-24 岁	8824	69	3503	47	19	923	1060	147	2406	392
25-29 岁	14258	123	6059	69	20	1698	1792	295	3365	446
30-34 岁	21163	193	10027	126	34	2393	2513	408	4374	525
35-39 岁	16563	91	6984	132	20	2328	1838	393	4035	315
40-44 岁	14787	58	4969	169	9	2424	1461	345	4836	191
45-49 岁	15885	61	5163	227	11	2387	1467	433	5553	190
50-54 岁	13442	51	4377	249	14	1871	1330	410	4679	172
55-59 岁	10493	64	2823	230	10	1162	1057	324	4513	125
60-64 岁	1647	6	441	66		441	136	60	441	30
65-69 岁	1018	4	187	51		411	63	35	223	29
70-74 岁	420	1	41	14		198	26	28	99	8
75 岁及以上	238	2	18	8		88	12	13	90	5
女	**147438**	**436**	**8263**	**445**	**29**	**34459**	**31102**	**2297**	**65966**	**1907**
16-19 岁	2564	5	81	3		478	186	4	1707	56
20-24 岁	21108	67	871	31	6	5269	3221	223	10599	428
25-29 岁	26735	101	1330	46	8	6914	5018	409	12040	393
30-34 岁	32349	87	1856	58	4	7528	8188	573	13087	387
35-39 岁	21065	59	1330	44	7	4546	5209	375	8910	217
40-44 岁	16776	30	940	66	1	3758	3845	247	7536	125
45-49 岁	14263	31	1018	69	2	3117	3236	227	6172	131
50-54 岁	8753	31	582	65		1790	1700	139	4201	108
55-59 岁	2894	20	179	36	1	676	411	59	1433	46
60-64 岁	462	3	32	14		188	51	12	144	9
65-69 岁	290	2	29	6		125	23	9	86	6
70-74 岁	104		9	5		48	6	12	24	
75 岁及以上	75		6	2		22	8	8	27	1

C-4-7 续表 2　　　　单位：人

年龄组 性　别	专业技术人员		办事人员和有关人员				社会生产服务和生活服务人员		
	新闻出版、文化专业人员	其他专业技术人员	小计	办事人员	安全和消防人员	其他办事人员和有关人员	小计	批发与零售服务人员	交通运输、仓储和邮政业服务人员
总　计	**3319**	**2138**	**181175**	**146761**	**29059**	**5355**	**1029054**	**476698**	**157586**
16-19 岁	50	31	1042	798	226	18	17681	7031	1472
20-24 岁	497	154	9967	7995	1596	376	70577	32955	7146
25-29 岁	645	222	18311	15179	2475	657	106604	52357	13068
30-34 岁	735	416	31796	26921	3763	1112	191996	97863	26220
35-39 岁	490	305	25705	21997	2780	928	151178	76555	23461
40-44 岁	278	275	24335	20845	2816	674	123698	59795	21887
45-49 岁	299	354	26453	21838	3922	693	142920	63520	27006
50-54 岁	197	229	22498	17033	4956	509	119052	47833	21876
55-59 岁	102	116	16426	11752	4345	329	66900	24742	11364
60-64 岁	17	18	2760	1409	1317	34	20736	7282	2658
65-69 岁	7	12	1287	610	659	18	12277	4425	1112
70-74 岁	2	3	402	237	159	6	3906	1656	227
75 岁及以上		3	193	147	45	1	1529	684	89
男	**1328**	**1595**	**113837**	**84929**	**25969**	**2939**	**564805**	**229725**	**136681**
16-19 岁	17	20	556	335	212	9	10269	3330	1185
20-24 岁	150	108	4762	3141	1460	161	39169	15563	5840
25-29 岁	218	173	9445	6923	2217	305	60097	25328	11090
30-34 岁	263	307	16985	13180	3267	538	103346	44516	22343
35-39 岁	200	227	14790	11990	2324	476	80853	34521	20221
40-44 岁	133	192	14815	12092	2351	372	64688	26918	18705
45-49 岁	136	257	17045	13233	3426	386	74534	29701	23289
50-54 岁	106	183	16853	12012	4489	352	66071	25566	19668
55-59 岁	86	99	14617	10163	4161	293	41181	15131	10552
60-64 岁	12	14	2400	1120	1252	28	13317	4791	2493
65-69 岁	5	10	1093	456	624	13	7820	2863	1022
70-74 岁	2	3	335	183	147	5	2556	1070	201
75 岁及以上		2	141	101	39	1	904	427	72
女	**1991**	**543**	**67338**	**61832**	**3090**	**2416**	**464249**	**246973**	**20905**
16-19 岁	33	11	486	463	14	9	7412	3701	287
20-24 岁	347	46	5205	4854	136	215	31408	17392	1306
25-29 岁	427	49	8866	8256	258	352	46507	27029	1978
30-34 岁	472	109	14811	13741	496	574	88650	53347	3877
35-39 岁	290	78	10915	10007	456	452	70325	42034	3240
40-44 岁	145	83	9520	8753	465	302	59010	32877	3182
45-49 岁	163	97	9408	8605	496	307	68386	33819	3717
50-54 岁	91	46	5645	5021	467	157	52981	22267	2208
55-59 岁	16	17	1809	1589	184	36	25719	9611	812
60-64 岁	5	4	360	289	65	6	7419	2491	165
65-69 岁	2	2	194	154	35	5	4457	1562	90
70-74 岁			67	54	12	1	1350	586	26
75 岁及以上		1	52	46	6		625	257	17

C-4-7 续表 3 单位：人

年龄组 性 别	社会生产服务和生活服务人员								
	住宿和餐饮服务人员	信息传输、软件和信息技术服务人员	金融服务人员	房地产服务人员	租赁和商务服务人员	技术辅助服务人员	水利、环境和公共设施管理服务人员	居民服务人员	电力、燃气及水供应服务人员
总 计	**146318**	**18686**	**17738**	**11873**	**21064**	**19008**	**37730**	**72184**	**8609**
16-19 岁	3784	397	127	161	305	366	110	2251	51
20-24 岁	9670	3213	1439	1129	1778	2740	396	5325	350
25-29 岁	13033	4035	2894	1541	2232	3861	646	7086	622
30-34 岁	24456	4875	4175	2457	3362	4974	1612	12523	1259
35-39 岁	19855	2728	2748	1704	2379	3006	2017	9528	1095
40-44 岁	17701	1399	1781	1215	1992	1561	3071	7427	1252
45-49 岁	22686	1086	2141	1311	2536	1261	6256	8846	1520
50-54 岁	19916	605	1585	1218	2913	754	8699	8697	1325
55-59 岁	10387	274	753	781	2445	372	7248	5712	879
60-64 岁	2878	48	59	212	718	49	3885	2214	153
65-69 岁	1505	19	29	122	325	43	2663	1658	88
70-74 岁	324	5	3	19	62	14	896	591	10
75 岁及以上	123	2	4	3	17	7	231	326	5
男	**65903**	**13263**	**8090**	**6948**	**14628**	**12314**	**15039**	**23351**	**7041**
16-19 岁	2327	272	59	106	196	229	55	1042	43
20-24 岁	5634	2215	637	681	876	1571	225	2094	287
25-29 岁	7327	2865	1412	902	1158	2447	337	2589	527
30-34 岁	12595	3410	1844	1288	1862	3257	744	4163	1007
35-39 岁	9433	1942	1144	867	1431	1998	800	3010	862
40-44 岁	6968	1003	697	638	1349	1021	972	2078	941
45-49 岁	7810	764	841	750	1895	832	1736	2353	1159
50-54 岁	6864	478	830	829	2511	542	2619	2342	1154
55-59 岁	4324	250	568	606	2296	324	2928	1826	822
60-64 岁	1499	40	32	169	685	41	2135	837	143
65-69 岁	863	18	20	95	298	34	1667	646	83
70-74 岁	189	4	3	15	60	12	658	252	10
75 岁及以上	70	2	3	2	11	6	163	119	3
女	**80415**	**5423**	**9648**	**4925**	**6436**	**6694**	**22691**	**48833**	**1568**
16-19 岁	1457	125	68	55	109	137	55	1209	8
20-24 岁	4036	998	802	448	902	1169	171	3231	63
25-29 岁	5706	1170	1482	639	1074	1414	309	4497	95
30-34 岁	11861	1465	2331	1169	1500	1717	868	8360	252
35-39 岁	10422	786	1604	837	948	1008	1217	6518	233
40-44 岁	10733	396	1084	577	643	540	2099	5349	311
45-49 岁	14876	322	1300	561	641	429	4520	6493	361
50-54 岁	13052	127	755	389	402	212	6080	6355	171
55-59 岁	6063	24	185	175	149	48	4320	3886	57
60-64 岁	1379	8	27	43	33	8	1750	1377	10
65-69 岁	642	1	9	27	27	9	996	1012	5
70-74 岁	135	1		4	2	2	238	339	
75 岁及以上	53		1	1	6	1	68	207	2

C-4-7 续表 4 单位：人

年龄组 性 别	社会生产服务和生活服务人员				农、林、牧、渔业生产及辅助人员				
	修理及制作服务人员	文化、体育和娱乐服务人员	健康服务人员	其他社会生产和生活服务人员	小计	农业生产人员	林业生产人员	畜牧业生产人员	渔业生产人员
总 计	**30515**	**7770**	**1691**	**1584**	**676445**	**609601**	**10067**	**42607**	**10519**
16-19 岁	1270	298	20	38	5041	4604	49	290	65
20-24 岁	3107	1042	180	107	13797	12418	177	873	246
25-29 岁	3733	1088	239	169	22373	19910	297	1453	535
30-34 岁	6213	1424	322	261	46292	40812	825	3177	1138
35-39 岁	4757	916	241	188	40965	35934	777	3082	900
40-44 岁	3504	704	203	206	44968	39437	843	3406	972
45-49 岁	3448	882	204	217	80083	70689	1630	5633	1623
50-54 岁	2539	770	136	186	118835	106421	2151	7595	2012
55-59 岁	1321	398	93	131	108734	98647	1702	6366	1452
60-64 岁	387	123	27	43	71305	65873	710	3729	720
65-69 岁	164	85	13	26	70671	65586	634	3677	531
70-74 岁	51	31	8	9	35231	32664	208	1990	235
75 岁及以上	21	9	5	3	18150	16606	64	1336	90
男	**26624**	**3725**	**548**	**925**	**376564**	**338164**	**7070**	**21698**	**7293**
16-19 岁	1220	176	5	24	3148	2866	36	176	51
20-24 岁	2843	596	51	56	8136	7273	121	508	180
25-29 岁	3332	636	49	98	12673	11150	204	824	381
30-34 岁	5396	693	102	126	25674	22385	527	1745	795
35-39 岁	4065	364	81	114	21788	18836	528	1635	616
40-44 岁	2976	253	59	110	23662	20437	560	1794	668
45-49 岁	2885	324	70	125	41835	36454	1103	2857	1087
50-54 岁	2179	319	51	119	61066	54195	1520	3622	1330
55-59 岁	1185	224	46	99	58316	52538	1239	3172	999
60-64 岁	337	65	19	31	42398	39258	544	1897	529
65-69 岁	144	47	6	14	43345	40501	472	1829	394
70-74 岁	45	23	6	8	22805	21356	165	1000	192
75 岁及以上	17	5	3	1	11718	10915	51	639	71
女	**3891**	**4045**	**1143**	**659**	**299881**	**271437**	**2997**	**20909**	**3226**
16-19 岁	50	122	15	14	1893	1738	13	114	14
20-24 岁	264	446	129	51	5661	5145	56	365	66
25-29 岁	401	452	190	71	9700	8760	93	629	154
30-34 岁	817	731	220	135	20618	18427	298	1432	343
35-39 岁	692	552	160	74	19177	17098	249	1447	284
40-44 岁	528	451	144	96	21306	19000	283	1612	304
45-49 岁	563	558	134	92	38248	34235	527	2776	536
50-54 岁	360	451	85	67	57769	52226	631	3973	682
55-59 岁	136	174	47	32	50418	46109	463	3194	453
60-64 岁	50	58	8	12	28907	26615	166	1832	191
65-69 岁	20	38	7	12	27326	25085	162	1848	137
70-74 岁	6	8	2	1	12426	11308	43	990	43
75 岁及以上	4	4	2	2	6432	5691	13	697	19

C-4-7 续表 5 单位：人

年龄组 性　别	农林牧渔生产辅助人员	其他农、林、牧、渔业生产加工人员	生产制造及有关人员 小计	农副产品加工人员	食品、饮料生产加工人员	烟草及其制品加工人员	纺织、针织、印染人员	纺织品、服装和皮革、毛皮制品加工制作人员	木材加工、家具与木制品制作人员
总　计	**3333**	**318**	**804184**	**11323**	**12807**	**1296**	**4934**	**58115**	**26053**
16-19 岁	30	3	14115	82	243	7	78	1337	242
20-24 岁	75	8	43023	340	755	39	251	3453	745
25-29 岁	165	13	63688	562	1028	84	323	4784	1434
30-34 岁	308	32	124642	1234	2110	138	698	10210	3041
35-39 岁	246	26	103447	1211	1767	135	679	9669	2859
40-44 岁	278	32	94906	1239	1530	161	754	8439	2841
45-49 岁	460	48	129089	2087	2080	269	991	10106	4401
50-54 岁	592	64	123291	2135	1785	246	739	6742	5251
55-59 岁	515	52	72920	1346	950	151	312	2495	3619
60-64 岁	252	21	21549	535	288	44	60	505	922
65-69 岁	231	12	10439	369	196	16	29	251	498
70-74 岁	129	5	2304	121	54	4	13	83	157
75 岁及以上	52	2	771	62	21	2	7	41	43
男	**2150**	**189**	**599457**	**6695**	**6497**	**761**	**2124**	**23356**	**21753**
16-19 岁	18	1	10056	60	138	5	46	660	204
20-24 岁	47	7	31628	208	440	29	131	1680	630
25-29 岁	108	6	47199	325	602	66	162	2221	1204
30-34 岁	202	20	89619	714	1084	78	334	4337	2475
35-39 岁	157	16	72441	656	875	72	267	3771	2298
40-44 岁	185	18	65374	636	714	70	279	2961	2231
45-49 岁	309	25	92109	1103	897	137	364	3447	3495
50-54 岁	364	35	96892	1263	871	153	313	2539	4470
55-59 岁	332	36	63010	942	508	106	165	1244	3275
60-64 岁	156	14	19311	386	184	27	39	278	841
65-69 岁	144	5	9289	267	131	12	14	155	448
70-74 岁	88	4	1955	90	35	4	8	48	145
75 岁及以上	40	2	574	45	18	2	2	15	37
女	**1183**	**129**	**204727**	**4628**	**6310**	**535**	**2810**	**34759**	**4300**
16-19 岁	12	2	4059	22	105	2	32	677	38
20-24 岁	28	1	11395	132	315	10	120	1773	115
25-29 岁	57	7	16489	237	426	18	161	2563	230
30-34 岁	106	12	35023	520	1026	60	364	5873	566
35-39 岁	89	10	31006	555	892	63	412	5898	561
40-44 岁	93	14	29532	603	816	91	475	5478	610
45-49 岁	151	23	36980	984	1183	132	627	6659	906
50-54 岁	228	29	26399	872	914	93	426	4203	781
55-59 岁	183	16	9910	404	442	45	147	1251	344
60-64 岁	96	7	2238	149	104	17	21	227	81
65-69 岁	87	7	1150	102	65	4	15	96	50
70-74 岁	41	1	349	31	19		5	35	12
75 岁及以上	12		197	17	3		5	26	6

C-4-7 续表 6 单位：人

年龄组 性别	生产制造及有关人员								
	纸及纸制品生产加工人员	印刷和记录媒介复制人员	文教、工美、体育和娱乐用品制造人员	石油加工和炼焦、煤化工生产人员	化学原料和化学制品制造人员	医药制造人员	化学纤维制造人员	橡胶和塑料制品制造人员	非金属矿物制品制造人员
总计	**3522**	**5055**	**8366**	**664**	**12937**	**2430**	**186**	**5936**	**21773**
16-19 岁	47	211	255	6	88	38	5	127	795
20-24 岁	163	473	570	18	332	223	9	359	1690
25-29 岁	262	614	723	38	587	219	12	466	1959
30-34 岁	556	1106	1469	72	1800	455	31	982	3579
35-39 岁	544	822	1249	74	1673	370	25	830	2872
40-44 岁	448	613	1136	99	1702	296	25	798	2673
45-49 岁	595	614	1356	135	2609	403	28	1035	3314
50-54 岁	531	391	986	116	2412	247	38	826	2730
55-59 岁	252	155	392	71	1240	139	11	379	1455
60-64 岁	64	33	111	18	318	27	2	100	444
65-69 岁	42	16	67	11	123	8		26	206
70-74 岁	12	5	33	3	36	3		7	41
75 岁及以上	6	2	19	3	17	2		1	15
男	**2173**	**3073**	**3881**	**488**	**7015**	**1181**	**99**	**3653**	**14488**
16-19 岁	37	135	155	5	59	19	2	84	490
20-24 岁	109	302	315	13	226	95	5	258	1236
25-29 岁	179	383	382	30	347	110	5	318	1363
30-34 岁	346	664	696	56	1002	214	17	604	2211
35-39 岁	335	506	537	57	873	167	11	496	1763
40-44 岁	245	337	461	59	813	142	9	436	1607
45-49 岁	328	360	527	92	1284	174	13	578	2070
50-54 岁	323	225	436	88	1312	138	26	514	1952
55-59 岁	192	118	225	62	779	96	9	258	1174
60-64 岁	42	24	66	14	212	19	2	84	392
65-69 岁	25	14	50	9	72	4		17	184
70-74 岁	8	4	17	1	22	2		5	36
75 岁及以上	4	1	14	2	14	1		1	10
女	**1349**	**1982**	**4485**	**176**	**5922**	**1249**	**87**	**2283**	**7285**
16-19 岁	10	76	100	1	29	19	3	43	305
20-24 岁	54	171	255	5	106	128	4	101	454
25-29 岁	83	231	341	8	240	109	7	148	596
30-34 岁	210	442	773	16	798	241	14	378	1368
35-39 岁	209	316	712	17	800	203	14	334	1109
40-44 岁	203	276	675	40	889	154	16	362	1066
45-49 岁	267	254	829	43	1325	229	15	457	1244
50-54 岁	208	166	550	28	1100	109	12	312	778
55-59 岁	60	37	167	9	461	43	2	121	281
60-64 岁	22	9	45	4	106	8		16	52
65-69 岁	17	2	17	2	51	4		9	22
70-74 岁	4	1	16	2	14	1		2	5
75 岁及以上	2	1	5	1	3	1			5

C-4-7 续表 7 单位：人

年龄组 性 别	生产制造及有关人员								
	采矿人员	金属冶炼和压延加工人员	机械制造基础加工人员	金属制品制造人员	通用设备制造人员	专用设备制造人员	汽车制造人员	铁路、船舶、航空设备制造人员	电气机械和器材制造人员
总 计	**6457**	**4824**	**22960**	**21179**	**3494**	**1763**	**5273**	**1030**	**5886**
16-19 岁	17	20	430	416	55	39	325	8	190
20-24 岁	109	155	1379	1292	188	162	719	69	498
25-29 岁	200	265	2104	1906	269	247	647	126	628
30-34 岁	460	655	4695	4013	710	378	1121	236	1184
35-39 岁	571	624	3532	3236	502	295	767	114	920
40-44 岁	807	656	2827	2777	435	190	601	117	714
45-49 岁	1544	1002	3620	3323	613	233	579	154	824
50-54 岁	1649	975	2766	2621	415	130	347	129	607
55-59 岁	826	369	1257	1170	236	63	137	65	236
60-64 岁	163	71	230	270	49	19	21	9	51
65-69 岁	75	29	81	117	14	5	7	3	23
70-74 岁	18	2	25	27	6		1		11
75 岁及以上	18	1	14	11	2	2	1		
男	**5849**	**3973**	**19830**	**15874**	**2900**	**1176**	**3791**	**802**	**3657**
16-19 岁	15	19	381	339	47	30	286	6	131
20-24 岁	96	138	1260	1064	166	125	635	57	363
25-29 岁	180	220	1878	1534	229	175	513	105	422
30-34 岁	388	552	4131	3122	584	261	794	186	749
35-39 岁	513	490	3017	2403	423	198	472	87	531
40-44 岁	689	489	2342	1939	347	102	337	81	362
45-49 岁	1396	778	2972	2265	482	123	370	97	491
50-54 岁	1532	857	2389	1918	343	88	248	110	371
55-59 岁	789	336	1153	941	213	54	111	61	180
60-64 岁	148	66	203	226	46	14	17	9	36
65-69 岁	70	25	74	95	13	4	6	3	17
70-74 岁	17	2	20	20	5		1		4
75 岁及以上	16	1	10	8	2	2	1		
女	**608**	**851**	**3130**	**5305**	**594**	**587**	**1482**	**228**	**2229**
16-19 岁	2	1	49	77	8	9	39	2	59
20-24 岁	13	17	119	228	22	37	84	12	135
25-29 岁	20	45	226	372	40	72	134	21	206
30-34 岁	72	103	564	891	126	117	327	50	435
35-39 岁	58	134	515	833	79	97	295	27	389
40-44 岁	118	167	485	838	88	88	264	36	352
45-49 岁	148	224	648	1058	131	110	209	57	333
50-54 岁	117	118	377	703	72	42	99	19	236
55-59 岁	37	33	104	229	23	9	26	4	56
60-64 岁	15	5	27	44	3	5	4		15
65-69 岁	5	4	7	22	1	1	1		6
70-74 岁	1		5	7	1				7
75 岁及以上	2		4	3					

C-4-7　续表 8　　单位：人

年龄组 性　别	生产制造及有关人员								不便分类的其他从业人员
	计算机、通信和其他电子设备制造人　员	仪器仪表制造人员	废弃资源综合利用人　　员	电力、热力、气体、水生产和输配人员	建筑施工人　　员	运输设备和通用工程机械操作人员及有关人员	生产辅助人　　员	其他生产制造及有关人员	
总　计	**78220**	**567**	**918**	**2391**	**395932**	**18027**	**55867**	**3999**	**18418**
16-19 岁	3684	21	5	5	4007	326	926	80	2588
20-24 岁	8765	46	25	71	14785	1227	3847	266	1710
25-29 岁	10441	71	43	142	25562	2226	5369	347	1571
30-34 岁	17366	133	81	263	51094	4028	10072	672	2643
35-39 岁	11925	85	86	263	44546	2556	8095	551	2122
40-44 岁	8733	62	93	336	44084	2173	7049	498	1717
45-49 岁	8758	74	154	504	65847	2521	8700	616	2099
50-54 岁	5545	58	193	452	72668	1880	7093	588	1932
55-59 岁	2189	6	134	258	48254	914	3567	272	1186
60-64 岁	503	5	55	58	15676	118	721	59	423
65-69 岁	221	6	32	29	7544	43	321	31	281
70-74 岁	54		11	5	1475	9	74	14	93
75 岁及以上	36		6	5	390	6	33	5	53
男	**44289**	**364**	**689**	**1849**	**342920**	**16844**	**34948**	**2465**	**11266**
16-19 岁	2413	17	3	3	3294	320	601	52	1550
20-24 岁	5761	28	20	60	12295	1180	2531	172	1079
25-29 岁	6508	46	33	112	21669	2148	3494	236	927
30-34 岁	9709	92	63	217	43473	3839	6206	421	1566
35-39 岁	6199	57	60	198	37565	2388	4839	317	1247
40-44 岁	4163	31	63	205	36944	1955	4054	271	987
45-49 岁	4321	39	113	353	55860	2231	5000	349	1232
50-54 岁	3189	39	136	383	63867	1749	4686	364	1247
55-59 岁	1451	5	108	230	44437	871	2717	200	813
60-64 岁	355	5	47	54	14787	111	529	48	303
65-69 岁	158	5	28	27	7078	39	221	24	212
70-74 岁	39		10	3	1344	8	49	8	68
75 岁及以上	23		5	4	307	5	21	3	35
女	**33931**	**203**	**229**	**542**	**53012**	**1183**	**20919**	**1534**	**7152**
16-19 岁	1271	4	2	2	713	6	325	28	1038
20-24 岁	3004	18	5	11	2490	47	1316	94	631
25-29 岁	3933	25	10	30	3893	78	1875	111	644
30-34 岁	7657	41	18	46	7621	189	3866	251	1077
35-39 岁	5726	28	26	65	6981	168	3256	234	875
40-44 岁	4570	31	30	131	7140	218	2995	227	730
45-49 岁	4437	35	41	151	9987	290	3700	267	867
50-54 岁	2356	19	57	69	8801	131	2407	224	685
55-59 岁	738	1	26	28	3817	43	850	72	373
60-64 岁	148		8	4	889	7	192	11	120
65-69 岁	63	1	4	2	466	4	100	7	69
70-74 岁	15		1	2	131	1	25	6	25
75 岁及以上	13		1	1	83	1	12	2	18

C-4-7a 全省分年龄、性别、职业中类的就业人口（城市）

单位：人

年龄组 性　别	合计	党的机关、国家机关、群众团体和社会组织、企事业单位负责人						
		小计	中国共产党机关负责人	国家机关负责人	民主党派和工商联负责人	人民团体和群众团体、社会组织及其他成员组织负责人	基层群众自治组织负责人	企事业单位负责人
总　计	**798072**	**30260**	**42**	**1369**	**4**	**1409**	**180**	**27256**
16-19 岁	8078	32				1		31
20-24 岁	48374	610	1	5		24	2	578
25-29 岁	82606	2130	4	36		83	7	2000
30-34 岁	148329	5677	3	98	1	283	26	5266
35-39 岁	121101	5814	6	174		260	35	5339
40-44 岁	103290	4912	5	220	3	207	29	4448
45-49 岁	116686	5015	10	280		249	28	4448
50-54 岁	94315	3651	5	270		177	28	3171
55-59 岁	54002	2005	6	262		98	17	1622
60-64 岁	11654	269	2	17		12	6	232
65-69 岁	6511	91		1		10	2	78
70-74 岁	2084	29		2		3		24
75 岁及以上	1042	25		4		2		19
男	**460134**	**20835**	**30**	**1092**	**2**	**864**	**119**	**18728**
16-19 岁	4558	19						19
20-24 岁	24728	395	1	3		15	2	374
25-29 岁	43832	1342	3	19		50	6	1264
30-34 岁	79634	3625	3	59	1	151	13	3398
35-39 岁	66510	3791	5	128		154	21	3483
40-44 岁	57149	3309	4	166	1	117	17	3004
45-49 岁	66975	3497	5	223		152	18	3099
50-54 岁	61178	2829	3	233		123	22	2448
55-59 岁	40782	1689	4	237		80	13	1355
60-64 岁	8290	220	2	17		9	5	187
65-69 岁	4463	74		1		8	2	63
70-74 岁	1387	25		2		3		20
75 岁及以上	648	20		4		2		14
女	**337938**	**9425**	**12**	**277**	**2**	**545**	**61**	**8528**
16-19 岁	3520	13				1		12
20-24 岁	23646	215		2		9		204
25-29 岁	38774	788	1	17		33	1	736
30-34 岁	68695	2052		39		132	13	1868
35-39 岁	54591	2023	1	46		106	14	1856
40-44 岁	46141	1603	1	54	2	90	12	1444
45-49 岁	49711	1518	5	57		97	10	1349
50-54 岁	33137	822	2	37		54	6	723
55-59 岁	13220	316	2	25		18	4	267
60-64 岁	3364	49				3	1	45
65-69 岁	2048	17				2		15
70-74 岁	697	4						4
75 岁及以上	394	5						5

C-4-7a 续表 1 单位：人

年龄组 性 别	专业技术人员									
	小计	科学研究人员	工程技术人员	农业技术人员	飞机和船舶技术人员	卫生专业技术人员	经济和金融专业人员	法律、社会和宗教专业人员	教学人员	文学艺术、体育专业人员
总 计	**126319**	**725**	**26663**	**462**	**100**	**22424**	**25921**	**2934**	**41870**	**2174**
16-19 岁	1198	2	129	2		222	88	2	666	50
20-24 岁	11710	58	1848	19	10	2229	2203	211	4330	446
25-29 岁	18743	107	3681	39	22	3682	3832	404	6026	464
30-34 岁	27325	193	6083	66	23	5048	6339	574	7913	469
35-39 岁	20243	111	4512	51	17	3644	4423	490	6226	296
40-44 岁	15640	60	3129	60	7	2691	3426	377	5423	131
45-49 岁	14415	58	3134	60	7	2308	2947	359	5033	142
50-54 岁	10086	65	2419	76	6	1429	1798	280	3682	101
55-59 岁	5695	60	1491	58	8	775	742	176	2214	54
60-64 岁	678	7	148	15		195	66	38	184	11
65-69 岁	362	4	66	12		121	38	8	94	9
70-74 岁	125		16	2		51	10	9	34	1
75 岁及以上	99		7	2		29	9	6	45	
男	**55204**	**449**	**22170**	**335**	**80**	**6593**	**7149**	**1565**	**14120**	**1202**
16-19 岁	334	2	111	2		24	33	1	117	26
20-24 岁	3688	29	1436	8	7	369	533	83	884	207
25-29 岁	6788	54	2951	21	14	701	1004	159	1433	239
30-34 岁	10735	127	5055	44	22	1165	1455	244	2078	260
35-39 岁	8708	65	3742	38	11	1152	1129	243	1909	174
40-44 岁	7008	41	2605	46	7	961	887	214	1983	79
45-49 岁	7030	41	2554	41	6	875	849	225	2146	91
50-54 岁	5718	37	2109	60	6	641	683	198	1774	66
55-59 岁	4334	46	1402	49	7	466	508	153	1562	44
60-64 岁	477	4	133	11		118	37	28	127	9
65-69 岁	238	3	55	12		73	21	6	53	6
70-74 岁	87		12	2		32	7	7	24	1
75 岁及以上	59		5	1		16	3	4	30	
女	**71115**	**276**	**4493**	**127**	**20**	**15831**	**18772**	**1369**	**27750**	**972**
16-19 岁	864		18			198	55	1	549	24
20-24 岁	8022	29	412	11	3	1860	1670	128	3446	239
25-29 岁	11955	53	730	18	8	2981	2828	245	4593	225
30-34 岁	16590	66	1028	22	1	3883	4884	330	5835	209
35-39 岁	11535	46	770	13	6	2492	3294	247	4317	122
40-44 岁	8632	19	524	14		1730	2539	163	3440	52
45-49 岁	7385	17	580	19	1	1433	2098	134	2887	51
50-54 岁	4368	28	310	16		788	1115	82	1908	35
55-59 岁	1361	14	89	9	1	309	234	23	652	10
60-64 岁	201	3	15	4		77	29	10	57	2
65-69 岁	124	1	11			48	17	2	41	3
70-74 岁	38		4			19	3	2	10	
75 岁及以上	40		2	1		13	6	2	15	

C-4-7a 续表 2　　单位：人

年龄组 性　别	专业技术人员		办事人员和有关人员				社会生产服务和生活服务人员		
	新闻出版、文化专业人员	其他专业技术人员	小计	办事人员	安全和消防人员	其他办事人员和有关人员	小计	批发与零售服务人　员	交通运输、仓储和邮政业服务人员
总　计	**2066**	**980**	**91071**	**74536**	**12052**	**4483**	**375408**	**179976**	**49345**
16-19 岁	21	16	302	245	52	5	4585	1594	287
20-24 岁	290	66	4240	3413	524	303	24777	11331	2122
25-29 岁	381	105	8813	7277	970	566	40622	20220	4165
30-34 岁	437	180	16454	13952	1555	947	72829	38417	8043
35-39 岁	330	143	14244	12244	1196	804	58661	31199	7291
40-44 岁	194	142	12892	11004	1329	559	48287	24661	7335
45-49 岁	200	167	13663	11301	1773	589	54053	25191	8904
50-54 岁	129	101	11224	8608	2206	410	41132	16780	6843
55-59 岁	69	48	7739	5624	1856	259	21734	7731	3549
60-64 岁	11	3	861	483	356	22	5135	1630	522
65-69 岁	3	7	426	232	182	12	2624	832	219
70-74 岁	1	1	136	88	42	6	691	277	45
75 岁及以上		1	77	65	11	1	278	113	20
男	**805**	**736**	**54496**	**41659**	**10438**	**2399**	**202325**	**86145**	**41686**
16-19 岁	8	10	155	106	48	1	2602	746	233
20-24 岁	85	47	1912	1326	467	119	13419	5343	1680
25-29 岁	129	83	4261	3175	837	249	22323	9721	3391
30-34 岁	152	133	8315	6589	1285	441	38197	17549	6667
35-39 岁	134	111	7820	6450	968	402	30622	14036	6122
40-44 岁	88	97	7429	6042	1082	305	24761	11064	6041
45-49 岁	80	122	8384	6561	1491	332	27602	11697	7421
50-54 岁	62	82	8131	5898	1947	286	23062	9127	6082
55-59 岁	57	40	6879	4889	1758	232	14240	5003	3321
60-64 岁	7	3	709	355	335	19	3278	1099	478
65-69 岁	2	7	345	165	173	7	1647	538	198
70-74 岁	1	1	104	62	37	5	423	159	36
75 岁及以上			52	41	10	1	149	63	16
女	**1261**	**244**	**36575**	**32877**	**1614**	**2084**	**173083**	**93831**	**7659**
16-19 岁	13	6	147	139	4	4	1983	848	54
20-24 岁	205	19	2328	2087	57	184	11358	5988	442
25-29 岁	252	22	4552	4102	133	317	18299	10499	774
30-34 岁	285	47	8139	7363	270	506	34632	20868	1376
35-39 岁	196	32	6424	5794	228	402	28039	17163	1169
40-44 岁	106	45	5463	4962	247	254	23526	13597	1294
45-49 岁	120	45	5279	4740	282	257	26451	13494	1483
50-54 岁	67	19	3093	2710	259	124	18070	7653	761
55-59 岁	12	8	860	735	98	27	7494	2728	228
60-64 岁	4		152	128	21	3	1857	531	44
65-69 岁	1		81	67	9	5	977	294	21
70-74 岁			32	26	5	1	268	118	9
75 岁及以上		1	25	24	1		129	50	4

C-4-7a 续表 3 单位：人

年龄组 性 别	社会生产服务和生活服务人员								
	住宿和餐饮服务人员	信息传输、软件和信息技术服务人员	金融服务人员	房地产服务人员	租赁和商务服务人员	技术辅助服务人员	水利、环境和公共设施管理服务人员	居民服务人员	电力、燃气及水供应服务人员
总 计	**48984**	**9336**	**9401**	**6536**	**11465**	**9451**	**11608**	**22969**	**2711**
16-19 岁	1207	117	48	69	143	105	11	572	4
20-24 岁	3239	1414	633	514	955	1285	93	1635	113
25-29 岁	4298	2018	1441	786	1291	1917	166	2372	202
30-34 岁	8200	2441	2236	1321	1874	2485	470	4252	422
35-39 岁	6911	1566	1532	985	1363	1581	630	3285	343
40-44 岁	6309	785	977	711	1137	798	996	2607	445
45-49 岁	8081	556	1198	824	1383	650	2170	2962	482
50-54 岁	6423	274	889	714	1584	379	2943	2617	419
55-59 岁	3112	140	406	454	1303	204	2315	1602	235
60-64 岁	756	18	26	95	287	18	1103	500	25
65-69 岁	345	4	10	55	123	19	552	387	16
70-74 岁	63	1	2	7	16	5	132	126	4
75 岁及以上	40	2	3	1	6	5	27	52	1
男	**22662**	**6608**	**4281**	**3710**	**7606**	**6113**	**4271**	**7081**	**2132**
16-19 岁	686	82	23	39	91	72	3	267	3
20-24 岁	1855	971	289	317	447	703	50	607	84
25-29 岁	2473	1456	682	456	612	1187	92	799	166
30-34 岁	4224	1702	1009	667	994	1587	218	1309	320
35-39 岁	3454	1107	646	489	742	1076	237	1013	257
40-44 岁	2659	558	378	349	733	541	283	744	315
45-49 岁	2910	378	471	456	1008	440	541	769	361
50-54 岁	2352	206	448	471	1346	285	799	654	370
55-59 岁	1418	127	312	347	1233	187	975	529	216
60-64 岁	378	14	14	72	268	15	619	183	21
65-69 岁	202	4	5	41	112	12	337	138	15
70-74 岁	32	1	2	5	16	4	101	52	4
75 岁及以上	19	2	2	1	4	4	16	17	
女	**26322**	**2728**	**5120**	**2826**	**3859**	**3338**	**7337**	**15888**	**579**
16-19 岁	521	35	25	30	52	33	8	305	1
20-24 岁	1384	443	344	197	508	582	43	1028	29
25-29 岁	1825	562	759	330	679	730	74	1573	36
30-34 岁	3976	739	1227	654	880	898	252	2943	102
35-39 岁	3457	459	886	496	621	505	393	2272	86
40-44 岁	3650	227	599	362	404	257	713	1863	130
45-49 岁	5171	178	727	368	375	210	1629	2193	121
50-54 岁	4071	68	441	243	238	94	2144	1963	49
55-59 岁	1694	13	94	107	70	17	1340	1073	19
60-64 岁	378	4	12	23	19	3	484	317	4
65-69 岁	143		5	14	11	7	215	249	1
70-74 岁	31			2		1	31	74	
75 岁及以上	21		1		2	1	11	35	1

C-4-7a　续表 4　　　　单位：人

年龄组 性　别	社会生产服务和生活服务人员				农、林、牧、渔业生产及辅助人员				
	修理及制作服务人　员	文化、体育和娱乐服务人员	健康服务人　　员	其他社会生产和生活服务人　员	小计	农业生产人　　员	林业生产人　　员	畜牧业生产人员	渔业生产人　　员
总　计	**9061**	**3479**	**778**	**308**	**22707**	**19193**	**693**	**1910**	**603**
16-19 岁	290	126	9	3	109	96	3	3	5
20-24 岁	827	511	92	13	394	336	13	21	13
25-29 岁	1060	530	121	35	724	603	24	58	23
30-34 岁	1820	634	161	53	1791	1493	57	142	67
35-39 岁	1411	407	120	37	1604	1324	58	142	53
40-44 岁	1075	325	82	44	1772	1454	59	175	56
45-49 岁	1115	395	92	50	2992	2409	119	301	107
50-54 岁	837	339	53	38	4359	3621	140	409	125
55-59 岁	479	145	34	25	3752	3228	92	305	82
60-64 岁	95	44	10	6	2022	1784	52	141	33
65-69 岁	36	20	2	4	1911	1704	48	122	29
70-74 岁	9	2	2		846	754	17	63	6
75 岁及以上	7	1			431	387	11	28	4
男	**7945**	**1669**	**236**	**180**	**13276**	**11062**	**458**	**1092**	**455**
16-19 岁	279	74	2	2	64	57	1	3	2
20-24 岁	762	278	25	8	253	212	7	14	11
25-29 岁	945	303	21	19	424	344	17	35	18
30-34 岁	1569	305	50	27	1055	855	39	92	48
35-39 岁	1215	165	39	24	923	730	44	89	38
40-44 岁	926	127	21	22	995	795	38	102	44
45-49 岁	936	152	33	29	1662	1301	69	179	80
50-54 岁	741	139	17	25	2415	1979	87	217	90
55-59 岁	446	91	19	16	2156	1811	64	177	69
60-64 岁	80	24	8	5	1257	1111	36	79	23
65-69 岁	33	9		3	1216	1084	36	67	22
70-74 岁	8	2	1		566	521	11	24	6
75 岁及以上	5				290	262	9	14	4
女	**1116**	**1810**	**542**	**128**	**9431**	**8131**	**235**	**818**	**148**
16-19 岁	11	52	7	1	45	39	2		3
20-24 岁	65	233	67	5	141	124	6	7	2
25-29 岁	115	227	100	16	300	259	7	23	5
30-34 岁	251	329	111	26	736	638	18	50	19
35-39 岁	196	242	81	13	681	594	14	53	15
40-44 岁	149	198	61	22	777	659	21	73	12
45-49 岁	179	243	59	21	1330	1108	50	122	27
50-54 岁	96	200	36	13	1944	1642	53	192	35
55-59 岁	33	54	15	9	1596	1417	28	128	13
60-64 岁	15	20	2	1	765	673	16	62	10
65-69 岁	3	11	2	1	695	620	12	55	7
70-74 岁	1		1		280	233	6	39	
75 岁及以上	2	1			141	125	2	14	

C-4-7a 续表 5 单位：人

年龄组 性别	农林牧渔生产辅助人员	其他农、林、牧、渔业生产加工人员	生产制造及有关人员 小计	农副产品加工人员	食品、饮料生产加工人员	烟草及其制品加工人员	纺织、针织、印染人员	纺织品、服装和皮革、毛皮制品加工制作人员	木材加工、家具与木制品制作人员
总 计	**272**	**36**	**145513**	**1709**	**3358**	**601**	**785**	**9282**	**3232**
16-19 岁	2		1319	11	67		5	76	21
20-24 岁	9	2	6156	35	227	14	18	277	73
25-29 岁	12	4	10924	102	310	43	36	608	158
30-34 岁	28	4	23105	184	587	81	90	1527	364
35-39 岁	24	3	19558	184	454	76	85	1616	362
40-44 岁	23	5	19020	231	455	81	99	1514	343
45-49 岁	49	7	25674	409	576	153	197	1845	593
50-54 岁	59	5	23129	316	441	100	169	1231	736
55-59 岁	44	1	12672	164	175	47	61	445	443
60-64 岁	10	2	2570	49	39	2	11	82	88
65-69 岁	6	2	1031	18	22	2	6	42	39
70-74 岁	6		237	4	3	1	5	13	10
75 岁及以上		1	118	2	2	1	3	6	2
男	**184**	**25**	**109931**	**949**	**1789**	**369**	**288**	**3386**	**2846**
16-19 岁	1		1021	9	36		3	40	17
20-24 岁	7	2	4766	27	138	11	10	149	66
25-29 岁	8	2	8338	58	186	32	15	290	142
30-34 岁	18	3	17066	103	320	43	40	588	307
35-39 岁	19	3	14078	102	237	40	33	590	308
40-44 岁	12	4	13211	112	221	36	30	481	284
45-49 岁	31	2	18300	193	246	82	48	535	506
50-54 岁	39	3	18545	176	238	75	62	411	667
55-59 岁	34	1	11200	118	115	44	35	220	418
60-64 岁	6	2	2269	32	31	2	6	49	86
65-69 岁	5	2	896	15	17	2	4	27	35
70-74 岁	4		170	3	2	1	2	6	10
75 岁及以上		1	71	1	2	1			
女	**88**	**11**	**35582**	**760**	**1569**	**232**	**497**	**5896**	**386**
16-19 岁	1		298	2	31		2	36	4
20-24 岁	2		1390	8	89	3	8	128	7
25-29 岁	4	2	2586	44	124	11	21	318	16
30-34 岁	10	1	6039	81	267	38	50	939	57
35-39 岁	5		5480	82	217	36	52	1026	54
40-44 岁	11	1	5809	119	234	45	69	1033	59
45-49 岁	18	5	7374	216	330	71	149	1310	87
50-54 岁	20	2	4584	140	203	25	107	820	69
55-59 岁	10		1472	46	60	3	26	225	25
60-64 岁	4		301	17	8		5	33	2
65-69 岁	1		135	3	5		2	15	4
70-74 岁	2		67	1	1		3	7	
75 岁及以上			47	1			3	6	2

C-4-7a 续表 6 单位：人

年龄组 性 别	生产制造及有关人员								
	纸及纸制品生产加工人员	印刷和记录媒介复制人员	文教、工美、体育和娱乐用品制造人员	石油加工和炼焦、煤化工生产人员	化学原料和化学制品制造人员	医药制造人员	化学纤维制造人员	橡胶和塑料制品制造人员	非金属矿物制品制造人员
总 计	**739**	**1279**	**975**	**309**	**1792**	**830**	**38**	**929**	**3232**
16-19 岁	3	16	10	1	11	12		4	15
20-24 岁	27	68	36	10	60	88	2	42	80
25-29 岁	54	141	86	17	57	79	5	58	171
30-34 岁	103	273	177	44	213	150	8	121	456
35-39 岁	144	216	147	41	227	114	4	139	417
40-44 岁	111	180	160	50	204	115	5	136	449
45-49 岁	128	187	171	59	426	166	4	186	570
50-54 岁	95	125	118	54	373	60	8	153	678
55-59 岁	57	53	46	25	162	41	2	67	292
60-64 岁	11	15	12	3	26	2		18	70
65-69 岁	3	3	5	1	17	1		5	27
70-74 岁	2	1	6	2	9	2			5
75 岁及以上	1	1	1	2	7				2
男	**466**	**725**	**427**	**214**	**1091**	**403**	**20**	**596**	**2065**
16-19 岁	1	9	8		8	4		3	10
20-24 岁	20	36	19	6	45	33		30	60
25-29 岁	39	86	45	12	45	37	1	40	123
30-34 岁	64	137	88	34	132	74	5	72	281
35-39 岁	90	127	67	31	147	50	3	84	246
40-44 岁	65	96	59	28	101	60	1	69	269
45-49 岁	69	100	55	37	218	77	4	111	334
50-54 岁	58	77	44	40	234	37	5	113	437
55-59 岁	50	43	29	22	117	28	1	53	222
60-64 岁	7	11	5	2	21	1		17	57
65-69 岁	2	2	3		11	1		4	21
70-74 岁			4		6	1			4
75 岁及以上	1	1	1	2	6				1
女	**273**	**554**	**548**	**95**	**701**	**427**	**18**	**333**	**1167**
16-19 岁	2	7	2	1	3	8		1	5
20-24 岁	7	32	17	4	15	55	2	12	20
25-29 岁	15	55	41	5	12	42	4	18	48
30-34 岁	39	136	89	10	81	76	3	49	175
35-39 岁	54	89	80	10	80	64	1	55	171
40-44 岁	46	84	101	22	103	55	4	67	180
45-49 岁	59	87	116	22	208	89		75	236
50-54 岁	37	48	74	14	139	23	3	40	241
55-59 岁	7	10	17	3	45	13	1	14	70
60-64 岁	4	4	7	1	5	1		1	13
65-69 岁	1	1	2	1	6			1	6
70-74 岁	2	1	2	2	3	1			1
75 岁及以上					1				1

C-4-7a 续表 7　　单位：人

年龄组 性别	生产制造及有关人员								
	采矿人员	金属冶炼和压延加工人员	机械制造基础加工人员	金属制品制造人员	通用设备制造人员	专用设备制造人员	汽车制造人员	铁路、船舶、航空设备制造人员	电气机械和器材制造人员
总　计	**986**	**1999**	**6300**	**3287**	**978**	**454**	**1466**	**563**	**1301**
16-19 岁		6	80	40	8	6	91		36
20-24 岁	9	61	307	173	30	36	185	40	102
25-29 岁	23	92	542	287	62	76	167	72	116
30-34 岁	60	292	1257	647	184	89	307	134	293
35-39 岁	78	244	907	517	145	72	189	66	203
40-44 岁	138	281	828	442	137	48	186	61	152
45-49 岁	259	434	1081	496	197	59	174	87	167
50-54 岁	250	444	826	432	125	44	122	61	147
55-59 岁	121	129	389	208	78	21	37	41	78
60-64 岁	29	14	55	30	10	2	8	1	4
65-69 岁	10	2	19	8		1			2
70-74 岁	4		6	5	2				1
75 岁及以上	5		3	2					
男	**843**	**1654**	**5483**	**2565**	**819**	**317**	**1062**	**444**	**913**
16-19 岁		6	75	37	8	5	72		30
20-24 岁	9	57	286	143	26	31	162	32	88
25-29 岁	22	76	489	240	55	53	131	60	85
30-34 岁	46	254	1107	522	151	63	230	110	202
35-39 岁	63	193	790	390	124	49	119	51	128
40-44 岁	113	203	687	312	111	25	112	43	83
45-49 岁	214	328	876	351	155	44	109	54	108
50-54 岁	227	403	740	345	105	25	89	53	113
55-59 岁	109	118	365	188	72	19	32	40	70
60-64 岁	24	14	46	28	10	2	6	1	4
65-69 岁	9	2	17	7		1			2
70-74 岁	4		4	1	2				
75 岁及以上	3		1	1					
女	**143**	**345**	**817**	**722**	**159**	**137**	**404**	**119**	**388**
16-19 岁			5	3		1	19		6
20-24 岁		4	21	30	4	5	23	8	14
25-29 岁	1	16	53	47	7	23	36	12	31
30-34 岁	14	38	150	125	33	26	77	24	91
35-39 岁	15	51	117	127	21	23	70	15	75
40-44 岁	25	78	141	130	26	23	74	18	69
45-49 岁	45	106	205	145	42	15	65	33	59
50-54 岁	23	41	86	87	20	19	33	8	34
55-59 岁	12	11	24	20	6	2	5	1	8
60-64 岁	5		9	2			2		
65-69 岁	1		2	1					
70-74 岁			2	4					1
75 岁及以上	2		2	1					

C-4-7a 续表 8 单位：人

年龄组 性 别	生产制造及有关人员								不便分类的其他从业人员
	计算机、通信和其他电子设备制造人员	仪器仪表制造人员	废弃资源综合利用人员	电力、热力、气体、水生产和输配人员	建筑施工人员	运输设备和通用工程机械操作人员及有关人员	生产辅助人员	其他生产制造及有关人员	
总 计	**10442**	**86**	**210**	**756**	**65168**	**5133**	**16556**	**738**	**6794**
16-19 岁	256	1	1		372	46	115	9	533
20-24 岁	896	7	5	32	1958	256	969	33	487
25-29 岁	1221	11	9	40	4240	524	1464	53	650
30-34 岁	2208	18	22	72	8998	1038	2996	112	1148
35-39 岁	1594	12	26	78	8046	734	2311	110	977
40-44 岁	1367	9	26	128	8063	725	2204	92	767
45-49 岁	1478	15	41	174	11574	858	2777	133	874
50-54 岁	925	10	36	144	11937	585	2265	119	734
55-59 岁	403	1	29	76	7401	326	1196	58	405
60-64 岁	55	1	8	7	1714	26	171	7	119
65-69 岁	27	1	5	4	674	12	68	7	66
70-74 岁	6		1		134	1	11	3	20
75 岁及以上	6		1	1	57	2	9	2	14
男	**6344**	**58**	**150**	**597**	**56436**	**4650**	**11493**	**469**	**4067**
16-19 岁	187	1	1		315	43	88	5	363
20-24 岁	666	6	4	27	1624	244	693	18	295
25-29 岁	790	3	8	31	3578	495	1035	36	356
30-34 岁	1302	11	17	57	7657	969	2011	69	641
35-39 岁	865	9	16	57	6804	662	1532	71	568
40-44 岁	713	6	17	85	6740	627	1374	48	436
45-49 岁	796	9	25	131	9881	729	1800	75	500
50-54 岁	636	10	27	129	10588	544	1751	86	478
55-59 岁	326	1	21	70	6875	301	1031	47	284
60-64 岁	37	1	8	7	1600	23	124	7	80
65-69 岁	19	1	4	3	626	11	44	6	47
70-74 岁	3		1		109	1	5	1	12
75 岁及以上	4		1		39	1	5		7
女	**4098**	**28**	**60**	**159**	**8732**	**483**	**5063**	**269**	**2727**
16-19 岁	69				57	3	27	4	170
20-24 岁	230	1	1	5	334	12	276	15	192
25-29 岁	431	8	1	9	662	29	429	17	294
30-34 岁	906	7	5	15	1341	69	985	43	507
35-39 岁	729	3	10	21	1242	72	779	39	409
40-44 岁	654	3	9	43	1323	98	830	44	331
45-49 岁	682	6	16	43	1693	129	977	58	374
50-54 岁	289		9	15	1349	41	514	33	256
55-59 岁	77		8	6	526	25	165	11	121
60-64 岁	18				114	3	47		39
65-69 岁	8		1	1	48	1	24	1	19
70-74 岁	3				25		6	2	8
75 岁及以上	2			1	18	1	4	2	7

C-4-7b　全省分年龄、性别、职业中类的就业人口（镇）

单位：人

年龄组 性　别	合计	党的机关、国家机关、群众团体和社会组织、企事业单位负责人						
		小计	中国共产党机关负责人	国家机关负责人	民主党派和工商联负责人	人民团体和群众团体、社会组织及其他成员组织负责人	基层群众自治组织负责人	企事业单位负责人
总　计	**915188**	**20871**	**84**	**1491**	**1**	**1364**	**484**	**17447**
16-19 岁	12337	42				2		40
20-24 岁	49881	503	5	13		25	2	458
25-29 岁	77766	1411	3	50		81	14	1263
30-34 岁	142048	3519	15	126	1	207	32	3138
35-39 岁	118352	3465	7	148		215	35	3060
40-44 岁	108324	3273	17	310		215	49	2682
45-49 岁	134050	3495	13	308		233	77	2864
50-54 岁	123903	2930	15	296		204	107	2308
55-59 岁	81283	1705	9	206		128	125	1237
60-64 岁	30503	323		21		29	31	242
65-69 岁	23084	144		4		15	7	118
70-74 岁	9359	44		4		10	5	25
75 岁及以上	4298	17		5				12
男	**545886**	**14800**	**62**	**1282**		**870**	**377**	**12209**
16-19 岁	7517	28				1		27
20-24 岁	27602	296	3	8		12	2	271
25-29 岁	43435	868	1	32		49	7	779
30-34 岁	79782	2294	11	88		125	19	2051
35-39 岁	67261	2379	4	120		118	25	2112
40-44 岁	61834	2303	16	265		124	29	1869
45-49 岁	78951	2494	9	263		155	61	2006
50-54 岁	78785	2278	10	272		143	86	1767
55-59 岁	55976	1432	8	200		101	108	1015
60-64 岁	20595	262		21		23	29	189
65-69 岁	15199	113		4		11	7	91
70-74 岁	6160	38		4		8	4	22
75 岁及以上	2789	15		5				10
女	**369302**	**6071**	**22**	**209**	**1**	**494**	**107**	**5238**
16-19 岁	4820	14				1		13
20-24 岁	22279	207	2	5		13		187
25-29 岁	34331	543	2	18		32	7	484
30-34 岁	62266	1225	4	38	1	82	13	1087
35-39 岁	51091	1086	3	28		97	10	948
40-44 岁	46490	970	1	45		91	20	813
45-49 岁	55099	1001	4	45		78	16	858
50-54 岁	45118	652	5	24		61	21	541
55-59 岁	25307	273	1	6		27	17	222
60-64 岁	9908	61				6	2	53
65-69 岁	7885	31				4		27
70-74 岁	3199	6				2	1	3
75 岁及以上	1509	2						2

C-4-7b 续表 1

单位：人

年龄组 性 别	专业技术人员									
	小计	科学研究人员	工程技术人员	农业技术人员	飞机和船舶技术人员	卫生专业技术人员	经济和金融专业人员	法律、社会和宗教专业人员	教学人员	文学艺术、体育专业人员
总 计	**89839**	**284**	**14286**	**692**	**36**	**18629**	**11769**	**1530**	**40017**	**1137**
16-19 岁	1083	5	158	1		163	89	5	622	26
20-24 岁	9364	45	1239	30	10	2134	1014	105	4461	167
25-29 岁	13016	75	1858	32	1	3126	1702	195	5599	213
30-34 岁	16281	54	3156	56	9	3381	2714	292	6062	234
35-39 岁	12074	27	2167	71	3	2427	1818	204	4996	148
40-44 岁	11630	22	1625	106	1	2542	1418	140	5536	97
45-49 岁	11477	21	1695	147	5	2274	1405	216	5437	84
50-54 岁	8428	11	1372	125	5	1443	970	186	4112	88
55-59 岁	5097	18	798	82	2	674	533	131	2736	56
60-64 岁	670	2	126	21		184	60	20	241	9
65-69 岁	442	1	67	11		175	23	21	125	13
70-74 岁	177	1	18	5		75	15	12	48	1
75 岁及以上	100	2	7	5		31	8	3	42	1
男	**39999**	**180**	**12068**	**532**	**29**	**6071**	**3765**	**888**	**15020**	**631**
16-19 岁	382	3	132			22	36	3	163	17
20-24 岁	2635	24	1004	16	7	317	287	41	801	72
25-29 岁	4145	44	1536	22	1	632	469	90	1140	115
30-34 岁	6018	37	2673	38	6	815	632	107	1409	135
35-39 岁	5094	20	1811	56	3	840	476	105	1586	85
40-44 岁	5308	12	1349	75	1	946	417	80	2284	54
45-49 岁	6111	13	1426	117	4	957	477	150	2793	45
50-54 岁	5174	9	1208	101	5	754	492	147	2325	50
55-59 岁	4035	12	738	73	2	432	397	117	2169	38
60-64 岁	533	2	117	18		136	44	19	185	8
65-69 岁	349	1	54	9		138	18	18	98	10
70-74 岁	137	1	14	3		58	13	8	37	1
75 岁及以上	78	2	6	4		24	7	3	30	1
女	**49840**	**104**	**2218**	**160**	**7**	**12558**	**8004**	**642**	**24997**	**506**
16-19 岁	701	2	26	1		141	53	2	459	9
20-24 岁	6729	21	235	14	3	1817	727	64	3660	95
25-29 岁	8871	31	322	10		2494	1233	105	4459	98
30-34 岁	10263	17	483	18	3	2566	2082	185	4653	99
35-39 岁	6980	7	356	15		1587	1342	99	3410	63
40-44 岁	6322	10	276	31		1596	1001	60	3252	43
45-49 岁	5366	8	269	30	1	1317	928	66	2644	39
50-54 岁	3254	2	164	24		689	478	39	1787	38
55-59 岁	1062	6	60	9		242	136	14	567	18
60-64 岁	137		9	3		48	16	1	56	1
65-69 岁	93		13	2		37	5	3	27	3
70-74 岁	40		4	2		17	2	4	11	
75 岁及以上	22		1	1		7	1		12	

C-4-7b 续表 2

单位：人

年龄组 性 别	专业技术人员		办事人员和有关人员				社会生产服务和生活服务人员		
	新闻出版、文化专业人员	其他专业技术人员	小计	办事人员	安全和消防人员	其他办事人员和有关人员	小计	批发与零售服务人员	交通运输、仓储和邮政业服务人员
总 计	**853**	**606**	**61417**	**51048**	**9855**	**514**	**336840**	**160743**	**52350**
16-19 岁	12	2	302	225	74	3	4775	2005	435
20-24 岁	123	36	3053	2478	539	36	19882	9483	2211
25-29 岁	159	56	5890	5013	830	47	31823	15936	3974
30-34 岁	207	116	9976	8570	1316	90	60834	31543	8483
35-39 岁	120	93	8116	7079	951	86	50481	25863	7921
40-44 岁	69	74	8792	7805	908	79	42492	20940	7520
45-49 岁	79	114	9715	8344	1304	67	49659	22968	9272
50-54 岁	48	68	8046	6317	1674	55	40737	17305	7448
55-59 岁	30	37	5850	4323	1483	44	22819	9268	3735
60-64 岁	2	5	984	522	458	4	7200	2848	884
65-69 岁	3	3	472	225	244	3	4329	1712	362
70-74 岁	1	1	150	94	56		1302	616	75
75 岁及以上		1	71	53	18		507	256	30
男	**364**	**451**	**40465**	**31278**	**8875**	**312**	**181435**	**75177**	**45234**
16-19 岁	5	1	167	92	72	3	2774	930	341
20-24 岁	42	24	1517	1006	491	20	11096	4484	1784
25-29 岁	56	40	3229	2455	747	27	17625	7521	3358
30-34 岁	79	87	5662	4449	1166	47	31701	13668	7162
35-39 岁	41	71	4867	4030	787	50	26268	11144	6798
40-44 岁	36	54	5594	4799	749	46	21826	9140	6410
45-49 岁	45	84	6474	5271	1167	36	25471	10343	7994
50-54 岁	30	53	6200	4622	1540	38	22568	9045	6688
55-59 岁	26	31	5312	3843	1430	39	13707	5447	3457
60-64 岁	1	3	865	428	434	3	4545	1813	824
65-69 岁	2	1	399	169	227	3	2713	1094	330
70-74 岁	1	1	123	74	49		841	389	65
75 岁及以上		1	56	40	16		300	159	23
女	**489**	**155**	**20952**	**19770**	**980**	**202**	**155405**	**85566**	**7116**
16-19 岁	7	1	135	133	2		2001	1075	94
20-24 岁	81	12	1536	1472	48	16	8786	4999	427
25-29 岁	103	16	2661	2558	83	20	14198	8415	616
30-34 岁	128	29	4314	4121	150	43	29133	17875	1321
35-39 岁	79	22	3249	3049	164	36	24213	14719	1123
40-44 岁	33	20	3198	3006	159	33	20666	11800	1110
45-49 岁	34	30	3241	3073	137	31	24188	12625	1278
50-54 岁	18	15	1846	1695	134	17	18169	8260	760
55-59 岁	4	6	538	480	53	5	9112	3821	278
60-64 岁	1	2	119	94	24	1	2655	1035	60
65-69 岁	1	2	73	56	17		1616	618	32
70-74 岁			27	20	7		461	227	10
75 岁及以上			15	13	2		207	97	7

C-4-7b 续表 3　　单位：人

年龄组 性　别	社会生产服务和生活服务人员								
	住宿和餐饮服务人员	信息传输、软件和信息技术服务人员	金融服务人员	房地产服务人员	租赁和商务服务人员	技术辅助服务人员	水利、环境和公共设施管理服务人员	居民服务人员	电力、燃气及水供应服务人员
总　计	**48326**	**4993**	**5623**	**3010**	**4955**	**5149**	**11188**	**23424**	**3072**
16-19 岁	892	102	28	33	56	81	28	619	23
20-24 岁	2533	828	470	291	357	695	96	1557	101
25-29 岁	3960	1026	878	395	457	1048	172	2195	182
30-34 岁	7892	1305	1248	625	727	1311	429	4110	420
35-39 岁	6714	709	830	436	520	806	581	3433	423
40-44 岁	6168	387	573	321	463	439	938	2595	466
45-49 岁	7864	346	749	315	619	378	1862	2987	598
50-54 岁	6940	193	554	281	734	239	2524	2780	470
55-59 岁	3649	70	261	197	669	105	2157	1746	300
60-64 岁	996	16	21	68	218	23	1181	676	58
65-69 岁	537	9	11	41	107	16	903	490	28
70-74 岁	133	2		6	22	7	247	155	2
75 岁及以上	48			1	6	1	70	81	1
男	**21327**	**3516**	**2563**	**1755**	**3630**	**3339**	**4246**	**7546**	**2420**
16-19 岁	569	70	12	25	39	57	12	275	17
20-24 岁	1479	572	191	166	197	424	57	654	76
25-29 岁	2178	708	437	217	251	664	86	789	153
30-34 岁	3923	892	522	322	407	870	191	1329	317
35-39 岁	3110	501	331	205	339	515	247	1083	325
40-44 岁	2425	279	236	173	326	275	300	701	338
45-49 岁	2735	251	301	190	477	246	482	785	432
50-54 岁	2478	158	308	200	640	163	736	805	400
55-59 岁	1510	64	202	164	625	84	782	571	278
60-64 岁	532	12	15	55	209	19	590	261	53
65-69 岁	281	8	8	32	97	15	539	198	28
70-74 岁	80	1		5	21	6	178	64	2
75 岁及以上	27			1	2	1	46	31	1
女	**26999**	**1477**	**3060**	**1255**	**1325**	**1810**	**6942**	**15878**	**652**
16-19 岁	323	32	16	8	17	24	16	344	6
20-24 岁	1054	256	279	125	160	271	39	903	25
25-29 岁	1782	318	441	178	206	384	86	1406	29
30-34 岁	3969	413	726	303	320	441	238	2781	103
35-39 岁	3604	208	499	231	181	291	334	2350	98
40-44 岁	3743	108	337	148	137	164	638	1894	128
45-49 岁	5129	95	448	125	142	132	1380	2202	166
50-54 岁	4462	35	246	81	94	76	1788	1975	70
55-59 岁	2139	6	59	33	44	21	1375	1175	22
60-64 岁	464	4	6	13	9	4	591	415	5
65-69 岁	256	1	3	9	10	1	364	292	
70-74 岁	53	1		1	1	1	69	91	
75 岁及以上	21				4		24	50	

C-4-7b 续表 4 单位：人

年龄组 性别	社会生产服务和生活服务人员				农、林、牧、渔业生产及辅助人员				
	修理及制作服务人员	文化、体育和娱乐服务人员	健康服务人员	其他社会生产和生活服务人员	小计	农业生产人员	林业生产人员	畜牧业生产人员	渔业生产人员
总 计	**10479**	**2398**	**544**	**586**	**147322**	**132222**	**2232**	**9274**	**2594**
16-19 岁	381	73	5	14	1009	922	6	56	11
20-24 岁	902	278	38	42	2986	2667	46	208	44
25-29 岁	1178	305	62	55	5016	4424	66	347	129
30-34 岁	2085	452	104	100	10759	9391	204	770	281
35-39 岁	1750	336	77	82	9576	8319	195	748	232
40-44 岁	1302	226	77	77	10471	9099	199	808	259
45-49 岁	1251	280	82	88	18020	15749	420	1282	426
50-54 岁	921	241	46	61	26142	23331	499	1656	475
55-59 岁	473	127	32	30	23688	21527	333	1325	356
60-64 岁	146	35	10	20	14843	13745	134	720	175
65-69 岁	65	29	6	13	14520	13512	98	737	137
70-74 岁	20	12	1	4	6966	6499	23	361	55
75 岁及以上	5	4	4		3326	3037	9	256	14
男	**9059**	**1115**	**179**	**329**	**81546**	**72658**	**1609**	**4783**	**1839**
16-19 岁	373	44	2	8	649	597	5	31	9
20-24 岁	816	161	15	20	1766	1563	31	118	39
25-29 岁	1043	177	14	29	2785	2411	48	199	93
30-34 岁	1798	226	29	45	5834	5036	122	416	188
35-39 岁	1472	128	22	48	5123	4367	132	404	166
40-44 岁	1089	76	21	37	5519	4694	135	439	178
45-49 岁	1055	99	27	54	9498	8159	281	668	291
50-54 岁	791	93	22	41	13505	11862	388	825	319
55-59 岁	415	67	13	28	12732	11452	259	662	257
60-64 岁	127	17	7	11	8711	8084	106	349	128
65-69 岁	58	16	4	5	8876	8278	76	390	111
70-74 岁	17	9	1	3	4416	4157	19	177	47
75 岁及以上	5	2	2		2132	1998	7	105	13
女	**1420**	**1283**	**365**	**257**	**65776**	**59564**	**623**	**4491**	**755**
16-19 岁	8	29	3	6	360	325	1	25	2
20-24 岁	86	117	23	22	1220	1104	15	90	5
25-29 岁	135	128	48	26	2231	2013	18	148	36
30-34 岁	287	226	75	55	4925	4355	82	354	93
35-39 岁	278	208	55	34	4453	3952	63	344	66
40-44 岁	213	150	56	40	4952	4405	64	369	81
45-49 岁	196	181	55	34	8522	7590	139	614	135
50-54 岁	130	148	24	20	12637	11469	111	831	156
55-59 岁	58	60	19	2	10956	10075	74	663	99
60-64 岁	19	18	3	9	6132	5661	28	371	47
65-69 岁	7	13	2	8	5644	5234	22	347	26
70-74 岁	3	3		1	2550	2342	4	184	8
75 岁及以上		2	2		1194	1039	2	151	1

C-4-7b 续表 5

单位：人

年龄组 性别	农林牧渔生产辅助人员	其他农、林、牧、渔业生产加工人员	生产制造及有关人员 小计	农副产品加工人员	食品、饮料生产加工人员	烟草及其制品加工人员	纺织、针织、印染人员	纺织品、服装和皮革、毛皮制品加工制作人员	木材加工、家具与木制品制作人员
总计	**886**	**114**	**253287**	**4760**	**4692**	**225**	**1535**	**17609**	**7656**
16-19岁	13	1	4385	37	74		17	312	68
20-24岁	18	3	13571	147	224	6	71	890	213
25-29岁	47	3	20153	248	345	10	81	1287	411
30-34岁	94	19	39908	527	745	25	179	2943	907
35-39岁	74	8	33983	541	689	17	224	2939	869
40-44岁	92	14	31128	511	586	30	244	2661	865
45-49岁	131	12	41030	854	771	46	327	3403	1295
50-54岁	156	25	37004	890	677	50	244	2065	1530
55-59岁	129	18	21731	566	376	27	114	831	1038
60-64岁	61	8	6358	210	99	9	19	151	267
65-69岁	33	3	3083	135	70	4	11	84	146
70-74岁	28		686	50	24	1	3	32	37
75岁及以上	10		267	44	12		1	11	10
男	**584**	**73**	**184210**	**2764**	**2328**	**146**	**622**	**6643**	**6348**
16-19岁	7		3081	29	47		11	145	53
20-24岁	12	3	9934	85	135	6	33	440	175
25-29岁	33	1	14515	137	197	8	37	562	342
30-34岁	60	12	27812	294	361	19	74	1198	727
35-39岁	48	6	23145	296	333	8	72	1037	707
40-44岁	66	7	20977	257	269	18	94	843	672
45-49岁	91	8	28516	461	337	30	114	1074	1027
50-54岁	95	16	28682	517	323	31	100	767	1304
55-59岁	88	14	18502	380	189	19	64	423	941
60-64岁	38	6	5591	155	63	4	14	85	236
65-69岁	21		2674	92	49	2	5	46	123
70-74岁	16		582	31	16	1	3	20	34
75岁及以上	9		199	30	9		1	3	7
女	**302**	**41**	**69077**	**1996**	**2364**	**79**	**913**	**10966**	**1308**
16-19岁	6	1	1304	8	27		6	167	15
20-24岁	6		3637	62	89		38	450	38
25-29岁	14	2	5638	111	148	2	44	725	69
30-34岁	34	7	12096	233	384	6	105	1745	180
35-39岁	26	2	10838	245	356	9	152	1902	162
40-44岁	26	7	10151	254	317	12	150	1818	193
45-49岁	40	4	12514	393	434	16	213	2329	268
50-54岁	61	9	8322	373	354	19	144	1298	226
55-59岁	41	4	3229	186	187	8	50	408	97
60-64岁	23	2	767	55	36	5	5	66	31
65-69岁	12	3	409	43	21	2	6	38	23
70-74岁	12		104	19	8			12	3
75岁及以上	1		68	14	3			8	3

C-4-7b 续表 6

单位：人

年龄组 性 别	生产制造及有关人员								
	纸及纸制品生产加工人员	印刷和记录媒介复制人员	文教、工美、体育和娱乐用品制造人 员	石油加工和炼焦、煤化工生产人员	化学原料和化学制品制造人 员	医药制造人 员	化学纤维制造人员	橡胶和塑料制品制造人员	非金属矿物制品制造人员
总 计	**1172**	**1624**	**2669**	**144**	**4944**	**973**	**68**	**1674**	**11773**
16-19 岁	14	46	63	1	24	15	1	30	704
20-24 岁	54	133	140	3	120	74	2	111	1361
25-29 岁	94	182	206	12	236	70	4	128	1388
30-34 岁	197	332	470	11	763	184	16	282	2226
35-39 岁	164	279	420	15	667	161	9	250	1623
40-44 岁	138	213	377	18	672	119	8	217	1421
45-49 岁	190	227	474	35	968	170	9	318	1490
50-54 岁	192	146	322	22	869	102	15	210	848
55-59 岁	96	48	117	19	448	60	4	90	474
60-64 岁	16	11	44	3	120	13		26	138
65-69 岁	11	5	19	5	44	5		9	79
70-74 岁	2	1	11		10			2	14
75 岁及以上	4	1	6		3			1	7
男	**730**	**937**	**1166**	**112**	**2664**	**471**	**34**	**1005**	**7464**
16-19 岁	12	31	32	1	15	10	1	23	423
20-24 岁	32	78	80	2	83	33	1	83	975
25-29 岁	65	104	105	10	135	37	3	81	941
30-34 岁	126	197	216	9	403	87	7	171	1305
35-39 岁	102	171	171	10	362	66	3	148	943
40-44 岁	70	101	145	11	331	48	2	122	798
45-49 岁	108	132	179	28	484	74	4	167	877
50-54 岁	121	78	132	18	465	60	9	118	621
55-59 岁	73	32	58	17	269	45	4	61	383
60-64 岁	10	7	27	2	86	9		22	114
65-69 岁	7	5	12	4	22	2		6	68
70-74 岁	2	1	5		7			2	11
75 岁及以上	2		4		2			1	5
女	**442**	**687**	**1503**	**32**	**2280**	**502**	**34**	**669**	**4309**
16-19 岁	2	15	31		9	5		7	281
20-24 岁	22	55	60	1	37	41	1	28	386
25-29 岁	29	78	101	2	101	33	1	47	447
30-34 岁	71	135	254	2	360	97	9	111	921
35-39 岁	62	108	249	5	305	95	6	102	680
40-44 岁	68	112	232	7	341	71	6	95	623
45-49 岁	82	95	295	7	484	96	5	151	613
50-54 岁	71	68	190	4	404	42	6	92	227
55-59 岁	23	16	59	2	179	15		29	91
60-64 岁	6	4	17	1	34	4		4	24
65-69 岁	4		7	1	22	3		3	11
70-74 岁			6		3				3
75 岁及以上	2	1	2		1				2

C-4-7b 续表 7 单位：人

年龄组 性 别	生产制造及有关人员								
	采矿人员	金属冶炼和压延加工人员	机械制造基础加工人员	金属制品制造人员	通用设备制造人员	专用设备制造人员	汽车制造人员	铁路、船舶、航空设备制造人员	电气机械和器材制造人员
总 计	**2557**	**1517**	**7057**	**6265**	**1059**	**595**	**2232**	**210**	**1810**
16-19 岁	4	8	112	108	17	10	175	3	42
20-24 岁	44	39	418	366	57	63	345	15	135
25-29 岁	88	91	631	572	86	76	283	26	199
30-34 岁	201	206	1442	1177	214	143	455	59	339
35-39 岁	248	201	1142	1006	150	93	338	22	303
40-44 岁	344	207	930	826	134	74	234	13	243
45-49 岁	597	324	1105	992	168	66	219	24	256
50-54 岁	637	283	806	755	132	40	115	29	181
55-59 岁	305	118	357	310	71	24	56	12	67
60-64 岁	48	27	80	93	19	4	9	4	25
65-69 岁	25	11	23	46	7	1	3	3	12
70-74 岁	8	1	7	11	3				8
75 岁及以上	8	1	4	3	1	1			
男	**2282**	**1243**	**5998**	**4787**	**886**	**422**	**1597**	**165**	**1058**
16-19 岁	4	7	98	92	15	9	166	3	35
20-24 岁	36	32	381	320	50	53	313	13	98
25-29 岁	75	72	560	458	75	57	227	21	127
30-34 岁	167	164	1236	930	180	104	299	44	196
35-39 岁	228	159	971	745	126	68	190	18	165
40-44 岁	286	156	764	596	111	39	122	10	118
45-49 岁	522	260	895	694	123	35	145	13	149
50-54 岁	588	246	678	570	114	32	80	25	100
55-59 岁	295	110	319	252	65	22	45	11	42
60-64 岁	42	26	67	78	18	2	7	4	17
65-69 岁	24	9	21	40	6		3	3	8
70-74 岁	7	1	5	9	2				3
75 岁及以上	8	1	3	3	1	1			
女	**275**	**274**	**1059**	**1478**	**173**	**173**	**635**	**45**	**752**
16-19 岁		1	14	16	2	1	9		7
20-24 岁	8	7	37	46	7	10	32	2	37
25-29 岁	13	19	71	114	11	19	56	5	72
30-34 岁	34	42	206	247	34	39	156	15	143
35-39 岁	20	42	171	261	24	25	148	4	138
40-44 岁	58	51	166	230	23	35	112	3	125
45-49 岁	75	64	210	298	45	31	74	11	107
50-54 岁	49	37	128	185	18	8	35	4	81
55-59 岁	10	8	38	58	6	2	11	1	25
60-64 岁	6	1	13	15	1	2	2		8
65-69 岁	1	2	2	6	1	1			4
70-74 岁	1		2	2	1				5
75 岁及以上			1						

C-4-7b 续表 8　　　　单位：人

年龄组 性　别	生产制造及有关人员								不便分类的其他从业人员
	计算机、通信和其他电子设备制造人员	仪器仪表制造人员	废弃资源综合利用人员	电力、热力、气体、水生产和输配人员	建筑施工人员	运输设备和通用工程机械操作人员及有关人员	生产辅助人员	其他生产制造及有关人员	
总　计	**24543**	**204**	**269**	**899**	**116362**	**5685**	**19004**	**1501**	**5612**
16-19 岁	1015	6	1	1	1044	92	304	37	741
20-24 岁	2594	14	6	24	4138	330	1302	132	522
25-29 岁	3198	23	12	57	7364	700	1907	138	457
30-34 岁	5549	51	23	113	15169	1257	3407	296	771
35-39 岁	3899	30	27	112	13612	869	2847	217	657
40-44 岁	2942	26	24	135	13615	677	2443	181	538
45-49 岁	2821	31	43	192	19708	775	2937	195	654
50-54 岁	1604	17	63	149	20891	631	2295	194	616
55-59 岁	658	2	32	90	13781	287	1173	80	393
60-64 岁	169	3	18	12	4402	51	249	19	125
65-69 岁	69	1	12	8	2116	10	102	7	94
70-74 岁	14		5	4	403	4	27	4	34
75 岁及以上	11		3	2	119	2	11	1	10
男	**13511**	**130**	**210**	**677**	**99897**	**5340**	**11600**	**973**	**3431**
16-19 岁	662	4	1	1	839	91	194	27	436
20-24 岁	1743	9	4	21	3361	315	858	86	358
25-29 岁	1964	19	8	44	6054	679	1212	99	268
30-34 岁	3013	38	18	92	12702	1197	2047	191	461
35-39 岁	1919	18	21	87	11434	821	1617	129	385
40-44 岁	1347	9	18	81	11390	615	1422	112	307
45-49 岁	1369	18	35	123	16594	694	1628	123	387
50-54 岁	891	10	45	123	18329	587	1481	119	378
55-59 岁	423	1	29	80	12645	277	867	61	256
60-64 岁	115	3	15	12	4107	49	179	16	88
65-69 岁	48	1	9	8	1965	9	71	6	75
70-74 岁	10		5	3	377	4	20	3	23
75 岁及以上	7		2	2	100	2	4	1	9
女	**11032**	**74**	**59**	**222**	**16465**	**345**	**7404**	**528**	**2181**
16-19 岁	353	2			205	1	110	10	305
20-24 岁	851	5	2	3	777	15	444	46	164
25-29 岁	1234	4	4	13	1310	21	695	39	189
30-34 岁	2536	13	5	21	2467	60	1360	105	310
35-39 岁	1980	12	6	25	2178	48	1230	88	272
40-44 岁	1595	17	6	54	2225	62	1021	69	231
45-49 岁	1452	13	8	69	3114	81	1309	72	267
50-54 岁	713	7	18	26	2562	44	814	75	238
55-59 岁	235	1	3	10	1136	10	306	19	137
60-64 岁	54		3		295	2	70	3	37
65-69 岁	21		3		151	1	31	1	19
70-74 岁	4			1	26		7	1	11
75 岁及以上	4		1		19		7		1

C-4-7c　全省分年龄、性别、职业中类的就业人口（乡村）

单位：人

年龄组 性别	合计	党的机关、国家机关、群众团体和社会组织、企事业单位负责人						
		小计	中国共产党机关负责人	国家机关负责人	民主党派和工商联负责人	人民团体和群众团体、社会组织及其他成员组织负责人	基层群众自治组织负责人	企事业单位负责人
总　计	**1327820**	**13174**	**46**	**329**	**3**	**898**	**1082**	**10816**
16-19 岁	24070	57	1	1		2	1	52
20-24 岁	72342	478		4		20	9	445
25-29 岁	97735	1026	2	22		47	26	929
30-34 岁	172098	2398	10	38	1	97	58	2194
35-39 岁	132912	2041	5	22		120	65	1829
40-44 岁	119514	1756	8	51		131	90	1476
45-49 岁	170471	1905	4	70		155	164	1512
50-54 岁	197970	1804	4	43	1	159	284	1313
55-59 岁	149147	1169	8	50		113	285	713
60-64 岁	77640	323	3	14	1	36	64	205
65-69 岁	67063	160	1	7		15	29	108
70-74 岁	31129	39		3		2	3	31
75 岁及以上	15729	18		4		1	4	9
男	**825375**	**9770**	**38**	**284**	**2**	**610**	**844**	**7992**
16-19 岁	14913	39	1			1	1	36
20-24 岁	42276	317		2		14	6	295
25-29 岁	60237	695	2	14		31	16	632
30-34 岁	106537	1681	6	29	1	57	32	1556
35-39 岁	81576	1495	4	20		81	44	1346
40-44 岁	72245	1303	6	43		83	67	1104
45-49 岁	104129	1424	4	68		106	122	1124
50-54 岁	122105	1390	3	36	1	118	221	1011
55-59 岁	95759	966	8	45		75	241	597
60-64 岁	51249	276	3	13		31	60	169
65-69 岁	43440	138	1	7		11	28	91
70-74 岁	20685	30		3		1	3	23
75 岁及以上	10224	16		4		1	3	8
女	**502445**	**3404**	**8**	**45**	**1**	**288**	**238**	**2824**
16-19 岁	9157	18		1		1		16
20-24 岁	30066	161		2		6	3	150
25-29 岁	37498	331		8		16	10	297
30-34 岁	65561	717	4	9		40	26	638
35-39 岁	51336	546	1	2		39	21	483
40-44 岁	47269	453	2	8		48	23	372
45-49 岁	66342	481		2		49	42	388
50-54 岁	75865	414	1	7		41	63	302
55-59 岁	53388	203		5		38	44	116
60-64 岁	26391	47		1	1	5	4	36
65-69 岁	23623	22				4	1	17
70-74 岁	10444	9				1		8
75 岁及以上	5505	2					1	1

C-4-7c　续表 1　　　　　　　　　　　　　　　　　　　　　　　　　　　　单位：人

年龄组 性　别	专业技术人员									
	小计	科学研究人　　员	工程技术人　　员	农业技术人　　员	飞机和船舶技术人　员	卫生专业技术人员	经济和金融专业人　员	法律、社会和宗教专业人员	教学人员	文学艺术、体育专业人员
总　计	**51341**	**158**	**12339**	**684**	**31**	**9808**	**6283**	**733**	**19270**	**1083**
16-19 岁	1606	6	227	5	1	171	125	6	996	39
20-24 岁	8858	33	1287	29	5	1829	1064	54	4214	207
25-29 岁	9234	42	1850	44	5	1804	1276	105	3780	162
30-34 岁	9906	33	2644	62	6	1492	1648	115	3486	209
35-39 岁	5311	12	1635	54	7	803	806	74	1723	88
40-44 岁	4293	6	1155	69	2	949	462	75	1413	88
45-49 岁	4256	13	1352	89	1	922	351	85	1255	95
50-54 岁	3681	6	1168	113	3	789	262	83	1086	91
55-59 岁	2595	6	713	126	1	389	193	76	996	61
60-64 岁	761		199	44		250	61	14	160	19
65-69 岁	504	1	83	34		240	25	15	90	13
70-74 岁	222		16	12		120	7	19	41	6
75 岁及以上	114		10	3		50	3	12	30	5
男	**24858**	**102**	**10787**	**526**	**29**	**3738**	**1957**	**447**	**6051**	**654**
16-19 岁	607	3	190	3	1	32	47	5	297	16
20-24 岁	2501	16	1063	23	5	237	240	23	721	113
25-29 岁	3325	25	1572	26	5	365	319	46	792	92
30-34 岁	4410	29	2299	44	6	413	426	57	887	130
35-39 岁	2761	6	1431	38	6	336	233	45	540	56
40-44 岁	2471	5	1015	48	1	517	157	51	569	58
45-49 岁	2744	7	1183	69	1	555	141	58	614	54
50-54 岁	2550	5	1060	88	3	476	155	65	580	56
55-59 岁	2124	6	683	108	1	264	152	54	782	43
60-64 岁	637		191	37		187	55	13	129	13
65-69 岁	431		78	30		200	24	11	72	13
70-74 岁	196		15	9		108	6	13	38	6
75 岁及以上	101		7	3		48	2	6	30	4
女	**26483**	**56**	**1552**	**158**	**2**	**6070**	**4326**	**286**	**13219**	**429**
16-19 岁	999	3	37	2		139	78	1	699	23
20-24 岁	6357	17	224	6		1592	824	31	3493	94
25-29 岁	5909	17	278	18		1439	957	59	2988	70
30-34 岁	5496	4	345	18		1079	1222	58	2599	79
35-39 岁	2550	6	204	16	1	467	573	29	1183	32
40-44 岁	1822	1	140	21	1	432	305	24	844	30
45-49 岁	1512	6	169	20		367	210	27	641	41
50-54 岁	1131	1	108	25		313	107	18	506	35
55-59 岁	471		30	18		125	41	22	214	18
60-64 岁	124		8	7		63	6	1	31	6
65-69 岁	73	1	5	4		40	1	4	18	
70-74 岁	26		1	3		12	1	6	3	
75 岁及以上	13		3			2	1	6		1

C-4-7c 续表 2 单位：人

年龄组 性别	专业技术人员		办事人员和有关人员				社会生产服务和生活服务人员		
	新闻出版、文化专业人员	其他专业技术人员	小计	办事人员	安全和消防人员	其他办事人员和有关人员	小计	批发与零售服务人员	交通运输、仓储和邮政业服务人员
总 计	**400**	**552**	**28687**	**21177**	**7152**	**358**	**316806**	**135979**	**55891**
16-19 岁	17	13	438	328	100	10	8321	3432	750
20-24 岁	84	52	2674	2104	533	37	25918	12141	2813
25-29 岁	105	61	3608	2889	675	44	34159	16201	4929
30-34 岁	91	120	5366	4399	892	75	58333	27903	9694
35-39 岁	40	69	3345	2674	633	38	42036	19493	8249
40-44 岁	15	59	2651	2036	579	36	32919	14194	7032
45-49 岁	20	73	3075	2193	845	37	39208	15361	8830
50-54 岁	20	60	3228	2108	1076	44	37183	13748	7585
55-59 岁	3	31	2837	1805	1006	26	22347	7743	4080
60-64 岁	4	10	915	404	503	8	8401	2804	1252
65-69 岁	1	2	389	153	233	3	5324	1881	531
70-74 岁		1	116	55	61		1913	763	107
75 岁及以上		1	45	29	16		744	315	39
男	**159**	**408**	**18876**	**11992**	**6656**	**228**	**181045**	**68403**	**49761**
16-19 岁	4	9	234	137	92	5	4893	1654	611
20-24 岁	23	37	1333	809	502	22	14654	5736	2376
25-29 岁	33	50	1955	1293	633	29	20149	8086	4341
30-34 岁	32	87	3008	2142	816	50	33448	13299	8514
35-39 岁	25	45	2103	1510	569	24	23963	9341	7301
40-44 岁	9	41	1792	1251	520	21	18101	6714	6254
45-49 岁	11	51	2187	1401	768	18	21461	7661	7874
50-54 岁	14	48	2522	1492	1002	28	20441	7394	6898
55-59 岁	3	28	2426	1431	973	22	13234	4681	3774
60-64 岁	4	8	826	337	483	6	5494	1879	1191
65-69 岁	1	2	349	122	224	3	3460	1231	494
70-74 岁		1	108	47	61		1292	522	100
75 岁及以上		1	33	20	13		455	205	33
女	**241**	**144**	**9811**	**9185**	**496**	**130**	**135761**	**67576**	**6130**
16-19 岁	13	4	204	191	8	5	3428	1778	139
20-24 岁	61	15	1341	1295	31	15	11264	6405	437
25-29 岁	72	11	1653	1596	42	15	14010	8115	588
30-34 岁	59	33	2358	2257	76	25	24885	14604	1180
35-39 岁	15	24	1242	1164	64	14	18073	10152	948
40-44 岁	6	18	859	785	59	15	14818	7480	778
45-49 岁	9	22	888	792	77	19	17747	7700	956
50-54 岁	6	12	706	616	74	16	16742	6354	687
55-59 岁		3	411	374	33	4	9113	3062	306
60-64 岁		2	89	67	20	2	2907	925	61
65-69 岁			40	31	9		1864	650	37
70-74 岁			8	8			621	241	7
75 岁及以上			12	9	3		289	110	6

C-4-7c 续表 3 单位：人

年龄组 性　别	社会生产服务和生活服务人员								
	住宿和餐饮服务人　员	信息传输、软件和信息技术服务人　员	金融服务人　员	房地产服务人员	租赁和商务服务人　员	技术辅助服务人员	水利、环境和公共设施管理服务人员	居民服务人　员	电力、燃气及水供应服务人　员
总　计	**49008**	**4357**	**2714**	**2327**	**4644**	**4408**	**14934**	**25791**	**2826**
16-19 岁	1685	178	51	59	106	180	71	1060	24
20-24 岁	3898	971	336	324	466	760	207	2133	136
25-29 岁	4775	991	575	360	484	896	308	2519	238
30-34 岁	8364	1129	691	511	761	1178	713	4161	417
35-39 岁	6230	453	386	283	496	619	806	2810	329
40-44 岁	5224	227	231	183	392	324	1137	2225	341
45-49 岁	6741	184	194	172	534	233	2224	2897	440
50-54 岁	6553	138	142	223	595	136	3232	3300	436
55-59 岁	3626	64	86	130	473	63	2776	2364	344
60-64 岁	1126	14	12	49	213	8	1601	1038	70
65-69 岁	623	6	8	26	95	8	1208	781	44
70-74 岁	128	2	1	6	24	2	517	310	4
75 岁及以上	35		1	1	5	1	134	193	3
男	**21914**	**3139**	**1246**	**1483**	**3392**	**2862**	**6522**	**8724**	**2489**
16-19 岁	1072	120	24	42	66	100	40	500	23
20-24 岁	2300	672	157	198	232	444	118	833	127
25-29 岁	2676	701	293	229	295	596	159	1001	208
30-34 岁	4448	816	313	299	461	800	335	1525	370
35-39 岁	2869	334	167	173	350	407	316	914	280
40-44 岁	1884	166	83	116	290	205	389	633	288
45-49 岁	2165	135	69	104	410	146	713	799	366
50-54 岁	2034	114	74	158	525	94	1084	883	384
55-59 岁	1396	59	54	95	438	53	1171	726	328
60-64 岁	589	14	3	42	208	7	926	393	69
65-69 岁	380	6	7	22	89	7	791	310	40
70-74 岁	77	2	1	5	23	2	379	136	4
75 岁及以上	24		1		5	1	101	71	2
女	**27094**	**1218**	**1468**	**844**	**1252**	**1546**	**8412**	**17067**	**337**
16-19 岁	613	58	27	17	40	80	31	560	1
20-24 岁	1598	299	179	126	234	316	89	1300	9
25-29 岁	2099	290	282	131	189	300	149	1518	30
30-34 岁	3916	313	378	212	300	378	378	2636	47
35-39 岁	3361	119	219	110	146	212	490	1896	49
40-44 岁	3340	61	148	67	102	119	748	1592	53
45-49 岁	4576	49	125	68	124	87	1511	2098	74
50-54 岁	4519	24	68	65	70	42	2148	2417	52
55-59 岁	2230	5	32	35	35	10	1605	1638	16
60-64 岁	537		9	7	5	1	675	645	1
65-69 岁	243		1	4	6	1	417	471	4
70-74 岁	51			1	1		138	174	
75 岁及以上	11			1			33	122	1

C-4-7c 续表 4

单位：人

年龄组 性别	社会生产服务和生活服务人员				农、林、牧、渔业生产及辅助人员				
	修理及制作服务人员	文化、体育和娱乐服务人员	健康服务人员	其他社会生产和生活服务人员	小计	农业生产人员	林业生产人员	畜牧业生产人员	渔业生产人员
总　计	**10975**	**1893**	**369**	**690**	**506416**	**458186**	**7142**	**31423**	**7322**
16-19 岁	599	99	6	21	3923	3586	40	231	49
20-24 岁	1378	253	50	52	10417	9415	118	644	189
25-29 岁	1495	253	56	79	16633	14883	207	1048	383
30-34 岁	2308	338	57	108	33742	29928	564	2265	790
35-39 岁	1596	173	44	69	29785	26291	524	2192	615
40-44 岁	1127	153	44	85	32725	28884	585	2423	657
45-49 岁	1082	207	30	79	59071	52531	1091	4050	1090
50-54 岁	781	190	37	87	88334	79469	1512	5530	1412
55-59 岁	369	126	27	76	81294	73892	1277	4736	1014
60-64 岁	146	44	7	17	54440	50344	524	2868	512
65-69 岁	63	36	5	9	54240	50370	488	2818	365
70-74 岁	22	17	5	5	27419	25411	168	1566	174
75 岁及以上	9	4	1	3	14393	13182	44	1052	72
男	**9620**	**941**	**133**	**416**	**281742**	**254444**	**5003**	**15823**	**4999**
16-19 岁	568	58	1	14	2435	2212	30	142	40
20-24 岁	1265	157	11	28	6117	5498	83	376	130
25-29 岁	1344	156	14	50	9464	8395	139	590	270
30-34 岁	2029	162	23	54	18785	16494	366	1237	559
35-39 岁	1378	71	20	42	15742	13739	352	1142	412
40-44 岁	961	50	17	51	17148	14948	387	1253	446
45-49 岁	894	73	10	42	30675	26994	753	2010	716
50-54 岁	647	87	12	53	45146	40354	1045	2580	921
55-59 岁	324	66	14	55	43428	39275	916	2333	673
60-64 岁	130	24	4	15	32430	30063	402	1469	378
65-69 岁	53	22	2	6	33253	31139	360	1372	261
70-74 岁	20	12	4	5	17823	16678	135	799	139
75 岁及以上	7	3	1	1	9296	8655	35	520	54
女	**1355**	**952**	**236**	**274**	**224674**	**203742**	**2139**	**15600**	**2323**
16-19 岁	31	41	5	7	1488	1374	10	89	9
20-24 岁	113	96	39	24	4300	3917	35	268	59
25-29 岁	151	97	42	29	7169	6488	68	458	113
30-34 岁	279	176	34	54	14957	13434	198	1028	231
35-39 岁	218	102	24	27	14043	12552	172	1050	203
40-44 岁	166	103	27	34	15577	13936	198	1170	211
45-49 岁	188	134	20	37	28396	25537	338	2040	374
50-54 岁	134	103	25	34	43188	39115	467	2950	491
55-59 岁	45	60	13	21	37866	34617	361	2403	341
60-64 岁	16	20	3	2	22010	20281	122	1399	134
65-69 岁	10	14	3	3	20987	19231	128	1446	104
70-74 岁	2	5	1		9596	8733	33	767	35
75 岁及以上	2	1		2	5097	4527	9	532	18

C-4-7c 续表 5 单位：人

年龄组 性 别			生产制造及有关人员						
	农林牧渔生产辅助人员	其他农、林、牧、渔业生产加工人员	小计	农副产品加工人员	食品、饮料生产加工人员	烟草及其制品加工人员	纺织、针织、印染人员	纺织品、服装和皮革、毛皮制品加工制作人员	木材加工、家具与木制品制作人员
总 计	**2175**	**168**	**405384**	**4854**	**4757**	**470**	**2614**	**31224**	**15165**
16-19 岁	15	2	8411	34	102	7	56	949	153
20-24 岁	48	3	23296	158	304	19	162	2286	459
25-29 岁	106	6	32611	212	373	31	206	2889	865
30-34 岁	186	9	61629	523	778	32	429	5740	1770
35-39 岁	148	15	49906	486	624	42	370	5114	1628
40-44 岁	163	13	44758	497	489	50	411	4264	1633
45-49 岁	280	29	62385	824	733	70	467	4858	2513
50-54 岁	377	34	63158	929	667	96	326	3446	2985
55-59 岁	342	33	38517	616	399	77	137	1219	2138
60-64 岁	181	11	12621	276	150	33	30	272	567
65-69 岁	192	7	6325	216	104	10	12	125	313
70-74 岁	95	5	1381	67	27	2	5	38	110
75 岁及以上	42	1	386	16	7	1	3	24	31
男	**1382**	**91**	**305316**	**2982**	**2380**	**246**	**1214**	**13327**	**12559**
16-19 岁	10	1	5954	22	55	5	32	475	134
20-24 岁	28	2	16928	96	167	12	88	1091	389
25-29 岁	67	3	24346	130	219	26	110	1369	720
30-34 岁	124	5	44741	317	403	16	220	2551	1441
35-39 岁	90	7	35218	258	305	24	162	2144	1283
40-44 岁	107	7	31186	267	224	16	155	1637	1275
45-49 岁	187	15	45293	449	314	25	202	1838	1962
50-54 岁	230	16	49665	570	310	47	151	1361	2499
55-59 岁	210	21	33308	444	204	43	66	601	1916
60-64 岁	112	6	11451	199	90	21	19	144	519
65-69 岁	118	3	5719	160	65	8	5	82	290
70-74 岁	68	4	1203	56	17	2	3	22	101
75 岁及以上	31	1	304	14	7	1	1	12	30
女	**793**	**77**	**100068**	**1872**	**2377**	**224**	**1400**	**17897**	**2606**
16-19 岁	5	1	2457	12	47	2	24	474	19
20-24 岁	20	1	6368	62	137	7	74	1195	70
25-29 岁	39	3	8265	82	154	5	96	1520	145
30-34 岁	62	4	16888	206	375	16	209	3189	329
35-39 岁	58	8	14688	228	319	18	208	2970	345
40-44 岁	56	6	13572	230	265	34	256	2627	358
45-49 岁	93	14	17092	375	419	45	265	3020	551
50-54 岁	147	18	13493	359	357	49	175	2085	486
55-59 岁	132	12	5209	172	195	34	71	618	222
60-64 岁	69	5	1170	77	60	12	11	128	48
65-69 岁	74	4	606	56	39	2	7	43	23
70-74 岁	27	1	178	11	10		2	16	9
75 岁及以上	11		82	2			2	12	1

C-4-7c 续表 6 单位：人

年龄组 性 别	生产制造及有关人员								
	纸及纸制品生产加工人员	印刷和记录媒介复制人员	文教、工美、体育和娱乐用品制造人员	石油加工和炼焦、煤化工生产人员	化学原料和化学制品制造人员	医药制造人员	化学纤维制造人员	橡胶和塑料制品制造人员	非金属矿物制品制造人员
总 计	**1611**	**2152**	**4722**	**211**	**6201**	**627**	**80**	**3333**	**6768**
16-19 岁	30	149	182	4	53	11	4	93	76
20-24 岁	82	272	394	5	152	61	5	206	249
25-29 岁	114	291	431	9	294	70	3	280	400
30-34 岁	256	501	822	17	824	121	7	579	897
35-39 岁	236	327	682	18	779	95	12	441	832
40-44 岁	199	220	599	31	826	62	12	445	803
45-49 岁	277	200	711	41	1215	67	15	531	1254
50-54 岁	244	120	546	40	1170	85	15	463	1204
55-59 岁	99	54	229	27	630	38	5	222	689
60-64 岁	37	7	55	12	172	12	2	56	236
65-69 岁	28	8	43	5	62	2		12	100
70-74 岁	8	3	16	1	17	1		5	22
75 岁及以上	1		12	1	7	2			6
男	**977**	**1411**	**2288**	**162**	**3260**	**307**	**45**	**2052**	**4959**
16-19 岁	24	95	115	4	36	5	1	58	57
20-24 岁	57	188	216	5	98	29	4	145	201
25-29 岁	75	193	232	8	167	36	1	197	299
30-34 岁	156	330	392	13	467	53	5	361	625
35-39 岁	143	208	299	16	364	51	5	264	574
40-44 岁	110	140	257	20	381	34	6	245	540
45-49 岁	151	128	293	27	582	23	5	300	859
50-54 岁	144	70	260	30	613	41	12	283	894
55-59 岁	69	43	138	23	393	23	4	144	569
60-64 岁	25	6	34	10	105	9	2	45	221
65-69 岁	16	7	35	5	39	1		7	95
70-74 岁	6	3	8	1	9	1		3	21
75 岁及以上	1		9		6	1			4
女	**634**	**741**	**2434**	**49**	**2941**	**320**	**35**	**1281**	**1809**
16-19 岁	6	54	67		17	6	3	35	19
20-24 岁	25	84	178		54	32	1	61	48
25-29 岁	39	98	199	1	127	34	2	83	101
30-34 岁	100	171	430	4	357	68	2	218	272
35-39 岁	93	119	383	2	415	44	7	177	258
40-44 岁	89	80	342	11	445	28	6	200	263
45-49 岁	126	72	418	14	633	44	10	231	395
50-54 岁	100	50	286	10	557	44	3	180	310
55-59 岁	30	11	91	4	237	15	1	78	120
60-64 岁	12	1	21	2	67	3		11	15
65-69 岁	12	1	8		23	1		5	5
70-74 岁	2		8		8			2	1
75 岁及以上			3	1	1	1			2

C-4-7c 续表 7

单位：人

年龄组 性 别	生产制造及有关人员								
	采矿人员	金属冶炼和压延加工人员	机械制造基础加工人员	金属制品制造人员	通用设备制造人员	专用设备制造人员	汽车制造人员	铁路、船舶、航空设备制造人员	电气机械和器材制造人员
总 计	**2914**	**1308**	**9603**	**11627**	**1457**	**714**	**1575**	**257**	**2775**
16-19 岁	13	6	238	268	30	23	59	5	112
20-24 岁	56	55	654	753	101	63	189	14	261
25-29 岁	89	82	931	1047	121	95	197	28	313
30-34 岁	199	157	1996	2189	312	146	359	43	552
35-39 岁	245	179	1483	1713	207	130	240	26	414
40-44 岁	325	168	1069	1509	164	68	181	43	319
45-49 岁	688	244	1434	1835	248	108	186	43	401
50-54 岁	762	248	1134	1434	158	46	110	39	279
55-59 岁	400	122	511	652	87	18	44	12	91
60-64 岁	86	30	95	147	20	13	4	4	22
65-69 岁	40	16	39	63	7	3	4		9
70-74 岁	6	1	12	11	1		1		2
75 岁及以上	5		7	6	1	1	1		
男	**2724**	**1076**	**8349**	**8522**	**1195**	**437**	**1132**	**193**	**1686**
16-19 岁	11	6	208	210	24	16	48	3	66
20-24 岁	51	49	593	601	90	41	160	12	177
25-29 岁	83	72	829	836	99	65	155	24	210
30-34 岁	175	134	1788	1670	253	94	265	32	351
35-39 岁	222	138	1256	1268	173	81	163	18	238
40-44 岁	290	130	891	1031	125	38	103	28	161
45-49 岁	660	190	1201	1220	204	44	116	30	234
50-54 岁	717	208	971	1003	124	31	79	32	158
55-59 岁	385	108	469	501	76	13	34	10	68
60-64 岁	82	26	90	120	18	10	4	4	15
65-69 岁	37	14	36	48	7	3	3		7
70-74 岁	6	1	11	10	1		1		1
75 岁及以上	5		6	4	1	1	1		
女	**190**	**232**	**1254**	**3105**	**262**	**277**	**443**	**64**	**1089**
16-19 岁	2		30	58	6	7	11	2	46
20-24 岁	5	6	61	152	11	22	29	2	84
25-29 岁	6	10	102	211	22	30	42	4	103
30-34 岁	24	23	208	519	59	52	94	11	201
35-39 岁	23	41	227	445	34	49	77	8	176
40-44 岁	35	38	178	478	39	30	78	15	158
45-49 岁	28	54	233	615	44	64	70	13	167
50-54 岁	45	40	163	431	34	15	31	7	121
55-59 岁	15	14	42	151	11	5	10	2	23
60-64 岁	4	4	5	27	2	3			7
65-69 岁	3	2	3	15			1		2
70-74 岁			1	1					1
75 岁及以上			1	2					

C-4-7c　续表 8　　　　单位：人

年龄组 性　别	生产制造及有关人员								不便分类的其他从业人员
	计算机、通信和其他电子设备制造人员	仪器仪表制造人员	废弃资源综合利用人员	电力、热力、气体、水生产和输配人员	建筑施工人员	运输设备和通用工程机械操作人员及有关人员	生产辅助人员	其他生产制造及有关人员	
总　计	**43235**	**277**	**439**	**736**	**214402**	**7209**	**20307**	**1760**	**6012**
16-19 岁	2413	14	3	4	2591	188	507	34	1314
20-24 岁	5275	25	14	15	8689	641	1576	101	701
25-29 岁	6022	37	22	45	13958	1002	1998	156	464
30-34 岁	9609	64	36	78	26927	1733	3669	264	724
35-39 岁	6432	43	33	73	22888	953	2937	224	488
40-44 岁	4424	27	43	73	22406	771	2402	225	412
45-49 岁	4459	28	70	138	34565	888	2986	288	571
50-54 岁	3016	31	94	159	39840	664	2533	275	582
55-59 岁	1128	3	73	92	27072	301	1198	134	388
60-64 岁	279	1	29	39	9560	41	301	33	179
65-69 岁	125	4	15	17	4754	21	151	17	121
70-74 岁	34		5	1	938	4	36	7	39
75 岁及以上	19		2	2	214	2	13	2	29
男	**24434**	**176**	**329**	**575**	**186587**	**6854**	**11855**	**1023**	**3768**
16-19 岁	1564	12	1	2	2140	186	319	20	751
20-24 岁	3352	13	12	12	7310	621	980	68	426
25-29 岁	3754	24	17	37	12037	974	1247	101	303
30-34 岁	5394	43	28	68	23114	1673	2148	161	464
35-39 岁	3415	30	23	54	19327	905	1690	117	294
40-44 岁	2103	16	28	39	18814	713	1258	111	244
45-49 岁	2156	12	53	99	29385	808	1572	151	345
50-54 岁	1662	19	64	131	34950	618	1454	159	391
55-59 岁	702	3	58	80	24917	293	819	92	273
60-64 岁	203	1	24	35	9080	39	226	25	135
65-69 岁	91	3	15	16	4487	19	106	12	90
70-74 岁	26		4		858	3	24	4	33
75 岁及以上	12		2	2	168	2	12	2	19
女	**18801**	**101**	**110**	**161**	**27815**	**355**	**8452**	**737**	**2244**
16-19 岁	849	2	2	2	451	2	188	14	563
20-24 岁	1923	12	2	3	1379	20	596	33	275
25-29 岁	2268	13	5	8	1921	28	751	55	161
30-34 岁	4215	21	8	10	3813	60	1521	103	260
35-39 岁	3017	13	10	19	3561	48	1247	107	194
40-44 岁	2321	11	15	34	3592	58	1144	114	168
45-49 岁	2303	16	17	39	5180	80	1414	137	226
50-54 岁	1354	12	30	28	4890	46	1079	116	191
55-59 岁	426		15	12	2155	8	379	42	115
60-64 岁	76		5	4	480	2	75	8	44
65-69 岁	34	1		1	267	2	45	5	31
70-74 岁	8		1	1	80	1	12	3	6
75 岁及以上	7				46		1		10

第二部分 长表数据资料

第五卷 婚姻

C-5-1 各地区分性别、婚姻状况的15岁及以上人口

单位：人

地区	15岁及以上人口			未婚		
	合计	男	女	小计	男	女
全省	**5674153**	**2867782**	**2806371**	**1156295**	**696057**	**460238**
长沙市	834961	418174	416787	208916	115390	93526
株洲市	351240	176056	175184	65511	39945	25566
湘潭市	245709	123125	122584	50688	30466	20222
衡阳市	548635	279158	269477	121525	74342	47183
邵阳市	572852	293511	279341	120628	76000	44628
岳阳市	472415	239867	232548	86431	52212	34219
常德市	517668	257502	260166	83572	49066	34506
张家界市	142323	72042	70281	28824	17416	11408
益阳市	319820	160925	158895	50103	30805	19298
郴州市	388324	197511	190813	83560	51131	32429
永州市	402387	204724	197663	84762	52390	32372
怀化市	407415	208232	199183	78177	49108	29069
娄底市	301497	151627	149870	56890	35752	21138
湘西州	168907	85328	83579	36708	22034	14674

C-5-1 续表

单位：人

地区	有配偶			离婚			丧偶		
	小计	男	女	小计	男	女	小计	男	女
全省	**4016261**	**1996828**	**2019433**	**136288**	**76933**	**59355**	**365309**	**97964**	**267345**
长沙市	569122	284451	284671	19911	9542	10369	37012	8791	28221
株洲市	255126	126170	128956	8703	4517	4186	21900	5424	16476
湘潭市	171360	84880	86480	6492	3534	2958	17169	4245	12924
衡阳市	379891	189130	190761	9956	5784	4172	37263	9902	27361
邵阳市	402602	200371	202231	11008	6864	4144	38614	10276	28338
岳阳市	346959	173488	173471	10953	6026	4927	28072	8141	19931
常德市	381617	188656	192961	15896	9096	6800	36583	10684	25899
张家界市	99434	49094	50340	4439	2628	1811	9626	2904	6722
益阳市	238157	118340	119817	8156	4877	3279	23404	6903	16501
郴州市	271031	135042	135989	8793	5027	3766	24940	6311	18629
永州市	279860	138998	140862	8606	5212	3394	29159	8124	21035
怀化市	289548	144326	145222	12624	7439	5185	27066	7359	19707
娄底市	216338	106816	109522	6529	3832	2697	21740	5227	16513
湘西州	115216	57066	58150	4222	2555	1667	12761	3673	9088

C-5-1a　各地区分性别、婚姻状况的15岁及以上人口（城市）

单位：人

地　区	15岁及以上人口			未　婚		
	合计	男	女	小计	男	女
全　省	**1563803**	**770907**	**792896**	**369303**	**201708**	**167595**
长沙市	519926	256686	263240	143801	75560	68241
株洲市	144185	71734	72451	27972	16429	11543
湘潭市	88021	43202	44819	21661	12247	9414
衡阳市	143374	71608	71766	34313	19623	14690
邵阳市	98264	48413	49851	23094	13079	10015
岳阳市	125391	62884	62507	24328	14052	10276
常德市	93672	45063	48609	18860	9478	9382
张家界市	28988	14165	14823	7411	4016	3395
益阳市	53596	26084	27512	8634	4877	3757
郴州市	76113	37352	38761	15650	8778	6872
永州市	46157	22897	23260	10517	5647	4870
怀化市	55005	26661	28344	12481	6641	5840
娄底市	68317	33120	35197	14430	8067	6363
湘西州	22794	11038	11756	6151	3214	2937

C-5-1a　续表

单位：人

地　区	有　配　偶			离　婚			丧　偶		
	小计	男	女	小计	男	女	小计	男	女
全　省	**1085332**	**534302**	**551030**	**47071**	**20847**	**26224**	**62097**	**14050**	**48047**
长沙市	345243	171717	173526	14178	6065	8113	16704	3344	13360
株洲市	105073	51761	53312	4740	2114	2626	6400	1430	4970
湘潭市	58516	28538	29978	3159	1467	1692	4685	950	3735
衡阳市	98863	48634	50229	3745	1803	1942	6453	1548	4905
邵阳市	68739	33282	35457	2253	1047	1206	4178	1005	3173
岳阳市	92396	45806	46590	3808	1708	2100	4859	1318	3541
常德市	66930	32893	34037	3614	1603	2011	4268	1089	3179
张家界市	19801	9582	10219	830	345	485	946	222	724
益阳市	40159	19522	20637	1977	940	1037	2826	745	2081
郴州市	54301	26640	27661	2780	1217	1563	3382	717	2665
永州市	32440	16107	16333	1353	625	728	1847	518	1329
怀化市	38577	18748	19829	1957	806	1151	1990	466	1524
娄底市	49250	23777	25473	1928	779	1149	2709	497	2212
湘西州	15044	7295	7749	749	328	421	850	201	649

C-5-1b　各地区分性别、婚姻状况的15岁及以上人口（镇）

单位：人

地　区	15岁及以上人口			未　婚		
	合计	男	女	小计	男	女
全　省	**1715700**	**860538**	**855162**	**350718**	**207886**	**142832**
长沙市	167850	86810	81040	42025	25338	16687
株洲市	99610	49730	49880	21147	12700	8447
湘潭市	73229	37509	35720	17393	10417	6976
衡阳市	154695	78332	76363	33916	20447	13469
邵阳市	184861	92935	91926	37803	23123	14680
岳阳市	157701	79889	77812	29411	17416	11995
常德市	186526	91429	95097	29722	17107	12615
张家界市	39337	19267	20070	7459	4256	3203
益阳市	103126	50665	52461	16018	9381	6637
郴州市	145695	73807	71888	32620	19116	13504
永州市	153263	77376	75887	34006	20208	13798
怀化市	119995	58837	61158	21939	12619	9320
娄底市	63190	31121	32069	12909	7610	5299
湘西州	66622	32831	33791	14350	8148	6202

C-5-1b　续表

单位：人

地　区	有　配　偶			离　婚			丧　偶		
	小计	男	女	小计	男	女	小计	男	女
全　省	**1228715**	**606604**	**622111**	**38545**	**20589**	**17956**	**97722**	**25459**	**72263**
长沙市	115383	58056	57327	2741	1483	1258	7701	1933	5768
株洲市	70161	34447	35714	1909	1016	893	6393	1567	4826
湘潭市	50323	25229	25094	1713	896	817	3800	967	2833
衡阳市	110034	54499	55535	2465	1295	1170	8280	2091	6189
邵阳市	132284	64949	67335	3483	2024	1459	11291	2839	8452
岳阳市	115409	57796	57613	3543	1895	1648	9338	2782	6556
常德市	139084	67960	71124	5662	2991	2671	12058	3371	8687
张家界市	28251	13733	14518	1206	630	576	2421	648	1773
益阳市	77884	38041	39843	2625	1433	1192	6599	1810	4789
郴州市	102916	51327	51589	2807	1537	1270	7352	1827	5525
永州市	107417	53111	54306	3433	1842	1591	8407	2215	6192
怀化市	87298	42595	44703	4052	2037	2015	6706	1586	5120
娄底市	45616	22086	23530	1279	651	628	3386	774	2612
湘西州	46655	22775	23880	1627	859	768	3990	1049	2941

C-5-1c 各地区分性别、婚姻状况的15岁及以上人口（乡村）

单位：人

地 区	15岁及以上人口			未 婚		
	合计	男	女	小计	男	女
全 省	**2394650**	**1236337**	**1158313**	**436274**	**286463**	**149811**
长沙市	147185	74678	72507	23090	14492	8598
株洲市	107445	54592	52853	16392	10816	5576
湘潭市	84459	42414	42045	11634	7802	3832
衡阳市	250566	129218	121348	53296	34272	19024
邵阳市	289727	152163	137564	59731	39798	19933
岳阳市	189323	97094	92229	32692	20744	11948
常德市	237470	121010	116460	34990	22481	12509
张家界市	73998	38610	35388	13954	9144	4810
益阳市	163098	84176	78922	25451	16547	8904
郴州市	166516	86352	80164	35290	23237	12053
永州市	202967	104451	98516	40239	26535	13704
怀化市	232415	122734	109681	43757	29848	13909
娄底市	169990	87386	82604	29551	20075	9476
湘西州	79491	41459	38032	16207	10672	5535

C-5-1c 续表

单位：人

地 区	有 配 偶			离 婚			丧 偶		
	小计	男	女	小计	男	女	小计	男	女
全 省	**1702214**	**855922**	**846292**	**50672**	**35497**	**15175**	**205490**	**58455**	**147035**
长沙市	108496	54678	53818	2992	1994	998	12607	3514	9093
株洲市	79892	39962	39930	2054	1387	667	9107	2427	6680
湘潭市	62521	31113	31408	1620	1171	449	8684	2328	6356
衡阳市	170994	85997	84997	3746	2686	1060	22530	6263	16267
邵阳市	201579	102140	99439	5272	3793	1479	23145	6432	16713
岳阳市	139154	69886	69268	3602	2423	1179	13875	4041	9834
常德市	175603	87803	87800	6620	4502	2118	20257	6224	14033
张家界市	51382	25779	25603	2403	1653	750	6259	2034	4225
益阳市	120114	60777	59337	3554	2504	1050	13979	4348	9631
郴州市	113814	57075	56739	3206	2273	933	14206	3767	10439
永州市	140003	69780	70223	3820	2745	1075	18905	5391	13514
怀化市	163673	82983	80690	6615	4596	2019	18370	5307	13063
娄底市	121472	60953	60519	3322	2402	920	15645	3956	11689
湘西州	53517	26996	26521	1846	1368	478	7921	2423	5498

C-5-2 全省分性别、职业、婚姻状况的人口

单位：人

职业大类	15岁及以上人口			未婚		
	合计	男	女	小计	男	女
总计	**3043648**	**1832911**	**1210737**	**476247**	**317698**	**158549**
党的机关、国家机关、群众团体和社会组织、企事业单位负责人	64310	45409	18901	5235	3590	1645
专业技术人员	267771	120216	147555	64154	24907	39247
办事人员和有关人员	181199	113852	67347	27346	15457	11889
社会生产服务和生活服务人员	1029752	565215	464537	182989	116181	66808
农、林、牧、渔业生产及辅助人员	676881	376818	300063	55808	43267	12541
生产制造及有关人员	804640	599761	204879	133831	109966	23865
不便分类的其他从业人员	19095	11640	7455	6884	4330	2554

C-5-2 续表

单位：人

职业大类	有配偶			离婚			丧偶		
	小计	男	女	小计	男	女	小计	男	女
总计	**2419752**	**1436771**	**982981**	**88984**	**55861**	**33123**	**58665**	**22581**	**36084**
党的机关、国家机关、群众团体和社会组织、企事业单位负责人	56977	40716	16261	1817	987	830	281	116	165
专业技术人员	196386	92529	103857	6072	2384	3688	1159	396	763
办事人员和有关人员	147003	94519	52484	5900	3385	2515	950	491	459
社会生产服务和生活服务人员	799527	428581	370946	34949	17321	17628	12287	3132	9155
农、林、牧、渔业生产及辅助人员	571500	309363	262137	14676	11142	3534	34897	13046	21851
生产制造及有关人员	636885	464169	172716	25025	20297	4728	8899	5329	3570
不便分类的其他从业人员	11474	6894	4580	545	345	200	192	71	121

C-5-2a 全省分性别、职业、婚姻状况的人口（城市）

单位：人

职业大类	15岁及以上人口			未婚		
	合计	男	女	小计	男	女
总 计	**798343**	**460284**	**338059**	**131920**	**77668**	**54252**
党的机关、国家机关、群众团体和社会组织、企事业单位负责人	30261	20835	9426	2363	1563	800
专业技术人员	126346	55217	71129	27812	11116	16696
办事人员和有关人员	91080	54501	36579	12789	6796	5993
社会生产服务和生活服务人员	375537	202400	173137	66710	40377	26333
农、林、牧、渔业生产及辅助人员	22716	13279	9437	1402	1058	344
生产制造及有关人员	145534	109946	35588	19005	15618	3387
不便分类的其他从业人员	6869	4106	2763	1839	1140	699

C-5-2a 续表

单位：人

职业大类	有配偶			离婚			丧偶		
	小计	男	女	小计	男	女	小计	男	女
总 计	**635375**	**368196**	**267179**	**25967**	**12849**	**13118**	**5081**	**1571**	**3510**
党的机关、国家机关、群众团体和社会组织、企事业单位负责人	26885	18787	8098	929	456	473	84	29	55
专业技术人员	94993	42924	52069	3153	1085	2068	388	92	296
办事人员和有关人员	74742	45868	28874	3219	1694	1525	330	143	187
社会生产服务和生活服务人员	292534	155450	137084	13721	6014	7707	2572	559	2013
农、林、牧、渔业生产及辅助人员	19923	11563	8360	513	344	169	878	314	564
生产制造及有关人员	121521	90775	30746	4208	3124	1084	800	429	371
不便分类的其他从业人员	4777	2829	1948	224	132	92	29	5	24

C-5-2b 全省分性别、职业、婚姻状况的人口（镇）

单位：人

职业大类	15岁及以上人口			未婚		
	合计	男	女	小计	男	女
总 计	**915953**	**546354**	**369599**	**132405**	**86408**	**45997**
党的机关、国家机关、群众团体和社会组织、企事业单位负责人	20872	14801	6071	1536	1034	502
专业技术人员	89920	40045	49875	18989	7026	11963
办事人员和有关人员	61425	40469	20956	8162	4807	3355
社会生产服务和生活服务人员	337067	181574	155493	50845	32119	18726
农、林、牧、渔业生产及辅助人员	147408	81596	65812	11223	8348	2875
生产制造及有关人员	253423	184306	69117	39610	31755	7855
不便分类的其他从业人员	5838	3563	2275	2040	1319	721

C-5-2b 续表

单位：人

职业大类	有配偶			离婚			丧偶		
	小计	男	女	小计	男	女	小计	男	女
总 计	**744054**	**439928**	**304126**	**25395**	**15009**	**10386**	**14099**	**5009**	**9090**
党的机关、国家机关、群众团体和社会组织、企事业单位负责人	18728	13453	5275	523	273	250	85	41	44
专业技术人员	68646	32190	36456	1892	688	1204	393	141	252
办事人员和有关人员	51112	34449	16663	1848	1067	781	303	146	157
社会生产服务和生活服务人员	271628	143415	128213	10752	5158	5594	3842	882	2960
农、林、牧、渔业生产及辅助人员	126006	68569	57437	3160	2251	909	7019	2428	4591
生产制造及有关人员	204348	145714	58634	7071	5486	1585	2394	1351	1043
不便分类的其他从业人员	3586	2138	1448	149	86	63	63	20	43

C-5-2c　全省分性别、职业、婚姻状况的人口（乡村）

单位：人

职业大类	15 岁及以上人口			未　婚		
	合计	男	女	小计	男	女
总　计	**1329352**	**826273**	**503079**	**211922**	**153622**	**58300**
党的机关、国家机关、群众团体和社会组织、企事业单位负责人	13177	9773	3404	1336	993	343
专业技术人员	51505	24954	26551	17353	6765	10588
办事人员和有关人员	28694	18882	9812	6395	3854	2541
社会生产服务和生活服务人员	317148	181241	135907	65434	43685	21749
农、林、牧、渔业生产及辅助人员	506757	281943	224814	43183	33861	9322
生产制造及有关人员	405683	305509	100174	75216	62593	12623
不便分类的其他从业人员	6388	3971	2417	3005	1871	1134

C-5-2c　续表

单位：人

职业大类	有配偶			离　婚			丧　偶		
	小计	男	女	小计	男	女	小计	男	女
总　计	**1040323**	**628647**	**411676**	**37622**	**28003**	**9619**	**39485**	**16001**	**23484**
党的机关、国家机关、群众团体和社会组织、企事业单位负责人	11364	8476	2888	365	258	107	112	46	66
专业技术人员	32747	17415	15332	1027	611	416	378	163	215
办事人员和有关人员	21149	14202	6947	833	624	209	317	202	115
社会生产服务和生活服务人员	235365	129716	105649	10476	6149	4327	5873	1691	4182
农、林、牧、渔业生产及辅助人员	425571	229231	196340	11003	8547	2456	27000	10304	16696
生产制造及有关人员	311016	227680	83336	13746	11687	2059	5705	3549	2156
不便分类的其他从业人员	3111	1927	1184	172	127	45	100	46	54

C-5-3 全省分年龄、性别、受教育

受教育程度 年龄	15岁及以上人口			未婚		
	合计	男	女	小计	男	女
总计	**5674153**	**2867782**	**2806371**	**1156295**	**696057**	**460238**
15-19岁	**475822**	**256381**	**219441**	**474284**	**256041**	**218243**
15	99362	53489	45873	99337	53484	45853
16	104528	56552	47976	104468	56538	47930
17	90888	49172	41716	90696	49132	41564
18	87586	47432	40154	87178	47337	39841
19	93458	49736	43722	92605	49550	43055
20-24岁	**333945**	**172253**	**161692**	**299113**	**163630**	**135483**
20	82638	43073	39565	80835	42748	38087
21	68964	35609	33355	65540	35015	30525
22	65487	33670	31817	59075	32287	26788
23	59248	30536	28712	49788	28119	21669
24	57608	29365	28243	43875	25461	18414
25-29岁	**341283**	**172843**	**168440**	**156686**	**101381**	**55305**
25	59273	30022	29251	39631	23853	15778
26	55406	28022	27384	31651	19844	11807
27	62591	31541	31050	29356	19233	10123
28	71718	36300	35418	27458	18597	8861
29	92295	46958	45337	28590	19854	8736
30-34岁	**599012**	**298666**	**300346**	**102540**	**73602**	**28938**
30	129261	64346	64915	31849	22463	9386
31	125327	62419	62908	24445	17579	6866
32	116244	57712	58532	18526	13377	5149
33	123569	61790	61779	16119	11750	4369
34	104611	52399	52212	11601	8433	3168
35-39岁	**474574**	**240340**	**234234**	**35375**	**25883**	**9492**
35	92533	46691	45842	8686	6361	2325
36	92729	46812	45917	7579	5534	2045
37	92881	47248	45633	6809	4885	1924
38	108406	55067	53339	7090	5244	1846
39	88025	44522	43503	5211	3859	1352
40-44岁	**421595**	**215371**	**206224**	**18940**	**14729**	**4211**
40	79347	39988	39359	4221	3119	1102
41	88257	45241	43016	4144	3200	944
42	80649	41112	39537	3570	2798	772
43	79919	41018	38901	3354	2634	720
44	93423	48012	45411	3651	2978	673
45-49岁	**555834**	**286782**	**269052**	**19875**	**16770**	**3105**
45	101354	52286	49068	3947	3241	706
46	114042	58469	55573	4318	3613	705
47	113131	58721	54410	4101	3500	601
48	113982	58749	55233	3828	3271	557
49	113325	58557	54768	3681	3145	536
50-54岁	**636531**	**319393**	**317138**	**15531**	**13620**	**1911**
50	130676	65541	65135	3803	3245	558
51	126263	63891	62372	3368	2966	402
52	146465	73521	72944	3450	3038	412
53	108643	54222	54421	2393	2137	256
54	124484	62218	62266	2517	2234	283
55-59岁	**529640**	**265222**	**264418**	**9282**	**8191**	**1091**
55	124563	62468	62095	2294	2059	235
56	122473	61040	61433	2236	1959	277
57	143992	72465	71527	2432	2123	309
58	100987	50798	50189	1649	1455	194
59	37625	18451	19174	671	595	76
60-64岁	**342962**	**174756**	**168206**	**7112**	**6538**	**574**
60	54659	27525	27134	1062	947	115
61	52301	26825	25476	1073	980	93
62	72257	37108	35149	1630	1508	122
63	87121	44750	42371	1769	1630	139
64	76624	38548	38076	1578	1473	105
65岁及以上	**962955**	**465775**	**497180**	**17557**	**15672**	**1885**

程度、婚姻状况的人口

单位：人

有配偶			离婚			丧偶		
小计	男	女	小计	男	女	小计	男	女
4016261	**1996828**	**2019433**	**136288**	**76933**	**59355**	**365309**	**97964**	**267345**
1517	**334**	**1183**	**21**	**6**	**15**			
25	5	20						
59	14	45	1		1			
186	39	147	6	1	5			
402	94	308	6	1	5			
845	182	663	8	4	4			
34349	**8473**	**25876**	**455**	**142**	**313**	**28**	**8**	**20**
1778	317	1461	23	7	16	2	1	1
3386	584	2802	36	9	27	2	1	1
6338	1364	4974	69	18	51	5	1	4
9338	2378	6960	112	36	76	10	3	7
13509	3830	9679	215	72	143	9	2	7
180154	**69497**	**110657**	**4301**	**1938**	**2363**	**142**	**27**	**115**
19311	6037	13274	321	130	191	10	2	8
23303	8016	15287	438	161	277	14	1	13
32497	11991	20506	713	310	403	25	7	18
43170	17213	25957	1055	484	571	35	6	29
61873	26240	35633	1774	853	921	58	11	47
478909	**216232**	**262677**	**16797**	**8651**	**8146**	**766**	**181**	**585**
94573	40527	54046	2741	1332	1409	98	24	74
97537	43138	54399	3221	1664	1557	124	38	86
94156	42578	51578	3403	1724	1679	159	33	126
103495	48018	55477	3782	1972	1810	173	50	123
89148	41971	47177	3650	1959	1691	212	36	176
418198	**202888**	**215310**	**19667**	**11273**	**8394**	**1334**	**296**	**1038**
80159	38292	41867	3502	1989	1513	186	49	137
81237	39116	42121	3678	2111	1567	235	51	184
81857	40074	41783	3939	2229	1710	276	60	216
96245	46983	49262	4745	2773	1972	326	67	259
78700	38423	40277	3803	2171	1632	311	69	242
380492	**188765**	**191727**	**19626**	**11302**	**8324**	**2537**	**575**	**1962**
71129	34678	36451	3644	2106	1538	353	85	268
79551	39574	39977	4121	2371	1750	441	96	345
72862	36092	36770	3720	2123	1597	497	99	398
72155	36063	36092	3863	2190	1673	547	131	416
84795	42358	42437	4278	2512	1766	699	164	535
505982	**254901**	**251081**	**23322**	**13454**	**9868**	**6655**	**1657**	**4998**
91986	46229	45757	4525	2604	1921	896	212	684
103595	51697	51898	4955	2877	2078	1174	282	892
102997	52162	50835	4779	2756	2023	1254	303	951
103979	52441	51538	4629	2630	1999	1546	407	1139
103425	52372	51053	4434	2587	1847	1785	453	1332
582303	**289037**	**293266**	**21475**	**12291**	**9184**	**17222**	**4445**	**12777**
119474	58916	60558	4964	2801	2163	2435	579	1856
115408	57579	57829	4486	2534	1952	3001	812	2189
134251	66646	67605	4897	2802	2095	3867	1035	2832
99412	49229	50183	3389	1978	1411	3449	878	2571
113758	56667	57091	3739	2176	1563	4470	1141	3329
479522	**242428**	**237094**	**14643**	**8152**	**6491**	**26193**	**6451**	**19742**
113582	57057	56525	3639	2067	1572	5048	1285	3763
111132	55835	55297	3518	1893	1625	5587	1353	4234
130351	66329	64022	3833	2144	1689	7376	1869	5507
90970	46488	44482	2565	1473	1092	5803	1382	4421
33487	16719	16768	1088	575	513	2379	562	1817
297385	**155333**	**142052**	**7150**	**4372**	**2778**	**31315**	**8513**	**22802**
48217	24705	23512	1443	834	609	3937	1039	2898
45711	23901	21810	1228	761	467	4289	1183	3106
62507	32834	29673	1580	993	587	6540	1773	4767
75296	39756	35540	1573	984	589	8483	2380	6103
65654	34137	31517	1326	800	526	8066	2138	5928
657450	**368940**	**288510**	**8831**	**5352**	**3479**	**279117**	**75811**	**203306**

C-5-3 续表 1

受教育程度 年龄	15岁及以上人口			未婚		
	合计	男	女	小计	男	女
未上过学	**111457**	**27018**	**84439**	**9636**	**7868**	**1768**
15-19岁	**558**	**310**	**248**	**552**	**310**	**242**
15	91	54	37	91	54	37
16	98	63	35	98	63	35
17	98	50	48	98	50	48
18	110	57	53	108	57	51
19	161	86	75	157	86	71
20-24岁	**704**	**402**	**302**	**625**	**390**	**235**
20	136	84	52	128	82	46
21	146	88	58	139	87	52
22	137	76	61	125	74	51
23	158	89	69	133	87	46
24	127	65	62	100	60	40
25-29岁	**809**	**451**	**358**	**586**	**397**	**189**
25	157	96	61	130	90	40
26	144	78	66	104	70	34
27	146	80	66	107	72	35
28	163	82	81	111	72	39
29	199	115	84	134	93	41
30-34岁	**1409**	**721**	**688**	**727**	**508**	**219**
30	316	166	150	173	120	53
31	296	140	156	143	97	46
32	255	150	105	136	104	32
33	296	141	155	148	96	52
34	246	124	122	127	91	36
35-39岁	**1299**	**646**	**653**	**599**	**465**	**134**
35	243	131	112	119	94	25
36	237	120	117	115	89	26
37	232	107	125	107	80	27
38	295	146	149	131	105	26
39	292	142	150	127	97	30
40-44岁	**1526**	**684**	**842**	**559**	**445**	**114**
40	244	109	135	87	71	16
41	291	130	161	104	81	23
42	281	124	157	109	83	26
43	328	151	177	125	99	26
44	382	170	212	134	111	23
45-49岁	**2668**	**1134**	**1534**	**842**	**736**	**106**
45	404	192	212	144	130	14
46	473	194	279	155	129	26
47	577	242	335	182	157	25
48	608	254	354	192	168	24
49	606	252	354	169	152	17
50-54岁	**4013**	**1368**	**2645**	**825**	**733**	**92**
50	680	269	411	181	159	22
51	777	264	513	186	165	21
52	877	309	568	189	168	21
53	775	240	535	117	106	11
54	904	286	618	152	135	17
55-59岁	**4701**	**1289**	**3412**	**666**	**610**	**56**
55	960	277	683	150	139	11
56	1047	290	757	148	134	14
57	1208	341	867	176	161	15
58	1046	278	768	136	124	12
59	440	103	337	56	52	4
60-64岁	**8562**	**2106**	**6456**	**882**	**839**	**43**
60	810	196	614	84	79	5
61	1150	278	872	121	109	12
62	1932	481	1451	218	207	11
63	2364	606	1758	254	244	10
64	2306	545	1761	205	200	5
65岁及以上	**85208**	**17907**	**67301**	**2773**	**2435**	**338**

单位：人

有配偶			离婚			丧偶		
小计	男	女	小计	男	女	小计	男	女
51944	**13166**	**38778**	**773**	**391**	**382**	**49104**	**5593**	**43511**
5		**5**	**1**		**1**			
2		2						
3		3	1		1			
75	**11**	**64**	**3**		**3**	**1**	**1**	
6	1	5	1		1	1	1	
7	1	6						
12	2	10						
25	2	23						
25	5	20	2		2			
218	**53**	**165**	**5**	**1**	**4**			
26	6	20	1		1			
39	8	31	1		1			
38	8	30	1		1			
51	10	41	1		1			
64	21	43	1	1				
652	**203**	**449**	**25**	**10**	**15**	**5**		**5**
138	43	95	4	3	1	1		1
150	43	107	3		3			
111	42	69	7	4	3	1		1
141	43	98	6	2	4	1		1
112	32	80	5	1	4	2		2
661	**166**	**495**	**23**	**14**	**9**	**16**	**1**	**15**
117	33	84	5	4	1	2		2
115	26	89	5	5		2		2
120	26	94	2	1	1	3		3
153	40	113	4	1	3	7		7
156	41	115	7	3	4	2	1	1
891	**209**	**682**	**43**	**25**	**18**	**33**	**5**	**28**
146	33	113	8	5	3	3		3
172	42	130	9	5	4	6	2	4
158	36	122	8	5	3	6		6
185	46	139	8	4	4	10	2	8
230	52	178	10	6	4	8	1	7
1672	**348**	**1324**	**72**	**42**	**30**	**82**	**8**	**74**
240	53	187	8	7	1	12	2	10
299	57	242	11	8	3	8		8
356	73	283	24	9	15	15	3	12
376	77	299	14	7	7	26	2	24
401	88	313	15	11	4	21	1	20
2833	**565**	**2268**	**77**	**40**	**37**	**278**	**30**	**248**
458	99	359	13	7	6	28	4	24
532	86	446	20	8	12	39	5	34
621	128	493	18	9	9	49	4	45
579	123	456	11	7	4	68	4	64
643	129	514	15	9	6	94	13	81
3448	**582**	**2866**	**68**	**48**	**20**	**519**	**49**	**470**
703	118	585	17	10	7	90	10	80
776	134	642	16	10	6	107	12	95
886	158	728	17	15	2	129	7	122
769	132	637	11	9	2	130	13	117
314	40	274	7	4	3	63	7	56
6141	**1095**	**5046**	**77**	**43**	**34**	**1462**	**129**	**1333**
597	91	506	14	10	4	115	16	99
859	144	715	8	4	4	162	21	141
1400	243	1157	19	10	9	295	21	274
1646	314	1332	19	12	7	445	36	409
1639	303	1336	17	7	10	445	35	410
35348	**9934**	**25414**	**379**	**168**	**211**	**46708**	**5370**	**41338**

C-5-3 续表 2

受教育程度 年 龄	15岁及以上人口			未 婚		
	合计	男	女	小计	男	女
学前教育	**9921**	**3415**	**6506**	**936**	**674**	**262**
15-19岁	**323**	**178**	**145**	**320**	**177**	**143**
15	129	68	61	129	68	61
16	61	39	22	61	39	22
17	46	23	23	44	23	21
18	59	32	27	58	31	27
19	28	16	12	28	16	12
20-24岁	**90**	**48**	**42**	**82**	**48**	**34**
20	29	16	13	28	16	12
21	17	12	5	17	12	5
22	19	8	11	16	8	8
23	11	5	6	10	5	5
24	14	7	7	11	7	4
25-29岁	**112**	**55**	**57**	**64**	**42**	**22**
25	19	8	11	12	5	7
26	23	11	12	17	11	6
27	16	7	9	11	6	5
28	30	15	15	13	11	2
29	24	14	10	11	9	2
30-34岁	**132**	**57**	**75**	**45**	**32**	**13**
30	33	18	15	12	10	2
31	24	12	12	7	6	1
32	28	8	20	7	5	2
33	25	5	20	11	5	6
34	22	14	8	8	6	2
35-39岁	**123**	**61**	**62**	**37**	**24**	**13**
35	20	10	10	6	3	3
36	20	7	13	8	3	5
37	32	15	17	11	8	3
38	34	17	17	7	5	2
39	17	12	5	5	5	
40-44岁	**123**	**51**	**72**	**28**	**20**	**8**
40	15	7	8	5	4	1
41	30	14	16	7	7	
42	27	10	17	9	6	3
43	22	11	11	5	3	2
44	29	9	20	2		2
45-49岁	**228**	**108**	**120**	**40**	**39**	**1**
45	39	20	19	7	7	
46	46	23	23	11	11	
47	43	22	21	9	8	1
48	46	19	27	5	5	
49	54	24	30	8	8	
50-54岁	**472**	**177**	**295**	**47**	**42**	**5**
50	77	21	56	8	6	2
51	87	39	48	12	11	1
52	106	38	68	8	6	2
53	97	43	54	11	11	
54	105	36	69	8	8	
55-59岁	**556**	**172**	**384**	**42**	**39**	**3**
55	107	35	72	5	5	
56	124	38	86	10	7	3
57	144	43	101	14	14	
58	137	43	94	11	11	
59	44	13	31	2	2	
60-64岁	**859**	**271**	**588**	**45**	**43**	**2**
60	106	31	75	4	3	1
61	113	39	74	6	6	
62	171	53	118	12	12	
63	237	77	160	14	13	1
64	232	71	161	9	9	
65岁及以上	**6903**	**2237**	**4666**	**186**	**168**	**18**

单位：人

有配偶			离婚			丧偶		
小计	男	女	小计	男	女	小计	男	女
5529	**2056**	**3473**	**80**	**43**	**37**	**3376**	**642**	**2734**
3	**1**	**2**						
2		2						
1	1							
8		**8**						
1		1						
3		3						
1		1						
3		3						
48	**13**	**35**						
7	3	4						
6		6						
5	1	4						
17	4	13						
13	5	8						
84	**25**	**59**	**3**		**3**			
21	8	13						
17	6	11						
21	3	18						
12		12	2		2			
13	8	5	1		1			
83	**34**	**49**	**3**	**3**				
13	6	7	1	1				
12	4	8						
21	7	14						
26	11	15	1	1				
11	6	5	1	1				
89	**29**	**60**	**5**	**1**	**4**	**1**	**1**	
9	2	7	1	1				
21	6	15	1		1	1	1	
17	4	13	1		1			
17	8	9						
25	9	16	2		2			
172	**65**	**107**	**11**	**4**	**7**	**5**		**5**
30	13	17	2		2			
34	12	22				1		1
31	13	18	3	1	2			
35	12	23	4	2	2	2		2
42	15	27	2	1	1	2		2
386	**123**	**263**	**9**	**6**	**3**	**30**	**6**	**24**
59	10	49	4	4		6	1	5
69	27	42	1		1	5	1	4
93	32	61				5		5
79	30	49	2	1	1	5	1	4
86	24	62	2	1	1	9	3	6
464	**126**	**338**	**7**	**3**	**4**	**43**	**4**	**39**
95	29	66	1	1		6		6
104	31	73				10		10
116	27	89	3	1	2	11	1	10
111	28	83	3	1	2	12	3	9
38	11	27				4		4
668	**200**	**468**	**5**	**4**	**1**	**141**	**24**	**117**
85	26	59	1		1	16	2	14
86	24	62	1	1		20	8	12
125	38	87				34	3	31
181	54	127	1	1		41	9	32
191	58	133	2	2		30	2	28
3524	**1440**	**2084**	**37**	**22**	**15**	**3156**	**607**	**2549**

C-5-3 续表 3

受教育程度 年龄	15岁及以上人口 合计	15岁及以上人口 男	15岁及以上人口 女	未婚 小计	未婚 男	未婚 女
小 学	**1097430**	**476600**	**620830**	**47756**	**41651**	**6105**
15-19岁	**2467**	**1451**	**1016**	**2419**	**1443**	**976**
15	337	206	131	336	206	130
16	402	240	162	396	239	157
17	404	244	160	396	243	153
18	594	328	266	581	324	257
19	730	433	297	710	431	279
20-24岁	**3358**	**1825**	**1533**	**2615**	**1664**	**951**
20	629	355	274	588	353	235
21	621	362	259	538	350	188
22	651	356	295	522	325	197
23	662	343	319	468	297	171
24	795	409	386	499	339	160
25-29岁	**5858**	**2946**	**2912**	**2540**	**1887**	**653**
25	835	440	395	476	342	134
26	828	421	407	425	313	112
27	1013	508	505	444	339	105
28	1349	681	668	575	422	153
29	1833	896	937	620	471	149
30-34岁	**14537**	**7022**	**7515**	**3481**	**2799**	**682**
30	2711	1332	1379	830	655	175
31	2866	1428	1438	766	606	160
32	2762	1308	1454	620	490	130
33	3331	1582	1749	689	559	130
34	2867	1372	1495	576	489	87
35-39岁	**16376**	**7336**	**9040**	**2640**	**2243**	**397**
35	2714	1191	1523	466	388	78
36	2938	1376	1562	539	461	78
37	3197	1433	1764	520	430	90
38	3961	1766	2195	589	512	77
39	3566	1570	1996	526	452	74
40-44岁	**27638**	**12076**	**15562**	**2987**	**2623**	**364**
40	3741	1578	2163	502	422	80
41	5172	2248	2924	592	504	88
42	5159	2238	2921	538	484	54
43	5771	2590	3181	618	556	62
44	7795	3422	4373	737	657	80
45-49岁	**65714**	**28341**	**37373**	**5175**	**4826**	**349**
45	9526	4200	5326	876	805	71
46	12232	5334	6898	1039	963	76
47	13161	5752	7409	1077	1006	71
48	14494	6124	8370	1059	985	74
49	16301	6931	9370	1124	1067	57
50-54岁	**132389**	**54279**	**78110**	**6028**	**5687**	**341**
50	21247	8528	12719	1234	1158	76
51	24988	10473	14515	1269	1197	72
52	31219	12837	18382	1429	1339	90
53	24841	10205	14636	1012	954	58
54	30094	12236	17858	1084	1039	45
55-59岁	**135509**	**52250**	**83259**	**4213**	**3936**	**277**
55	30703	12266	18437	1053	986	67
56	30466	11779	18687	989	928	61
57	36552	14098	22454	1108	1029	79
58	27464	10315	17149	741	693	48
59	10324	3792	6532	322	300	22
60-64岁	**135994**	**57276**	**78718**	**4154**	**3953**	**201**
60	17297	6843	10454	561	536	25
61	18976	7968	11008	586	559	27
62	28877	12292	16585	969	918	51
63	36711	15768	20943	1046	995	51
64	34133	14405	19728	992	945	47
65岁及以上	**557590**	**251798**	**305792**	**11504**	**10590**	**914**

单位：人

有配偶			离婚			丧偶		
小计	男	女	小计	男	女	小计	男	女
820826	**367662**	**453164**	**17828**	**11613**	**6215**	**211020**	**55674**	**155346**
47	**7**	**40**	**1**	**1**				
1		1						
6	1	5						
7		7	1	1				
13	4	9						
20	2	18						
729	**154**	**575**	**13**	**7**	**6**	**1**		**1**
41	2	39						
82	12	70	1		1			
127	30	97	1	1		1		1
187	43	144	7	3	4			
292	67	225	4	3	1			
3172	**1000**	**2172**	**139**	**58**	**81**	**7**	**1**	**6**
354	96	258	5	2	3			
393	106	287	10	2	8			
537	159	378	30	10	20	2		2
738	241	497	35	18	17	1		1
1150	398	752	59	26	33	4	1	3
10484	**3912**	**6572**	**520**	**297**	**223**	**52**	**14**	**38**
1802	634	1168	75	42	33	4	1	3
1988	763	1225	100	55	45	12	4	8
2007	738	1269	124	80	44	11		11
2510	953	1557	121	63	58	11	7	4
2177	824	1353	100	57	43	14	2	12
12877	**4610**	**8267**	**769**	**456**	**313**	**90**	**27**	**63**
2125	738	1387	113	62	51	10	3	7
2248	829	1419	138	83	55	13	3	10
2503	906	1597	156	91	65	18	6	12
3170	1141	2029	175	105	70	27	8	19
2831	996	1835	187	115	72	22	7	15
23010	**8560**	**14450**	**1291**	**826**	**465**	**350**	**67**	**283**
3040	1050	1990	162	99	63	37	7	30
4267	1582	2685	255	153	102	58	9	49
4326	1603	2723	239	145	94	56	6	50
4780	1810	2970	299	206	93	74	18	56
6597	2515	4082	336	223	113	125	27	98
56548	**21472**	**35076**	**2564**	**1734**	**830**	**1427**	**309**	**1118**
8038	3062	4976	433	300	133	179	33	146
10440	3964	6476	536	356	180	217	51	166
11347	4349	6998	489	347	142	248	50	198
12529	4702	7827	553	358	195	353	79	274
14194	5395	8799	553	373	180	430	96	334
117003	**44888**	**72115**	**3727**	**2489**	**1238**	**5631**	**1215**	**4416**
18680	6779	11901	685	469	216	648	122	526
22040	8564	13476	761	492	269	918	220	698
27581	10623	16958	904	580	324	1305	295	1010
21993	8568	13425	649	437	212	1187	246	941
26709	10354	16355	728	511	217	1573	332	1241
118382	**44607**	**73775**	**2768**	**1810**	**958**	**10146**	**1897**	**8249**
27106	10429	16677	714	488	226	1830	363	1467
26689	10031	16658	640	410	230	2148	410	1738
31843	12066	19777	692	457	235	2909	546	2363
23914	8879	15035	525	338	187	2284	405	1879
8830	3202	5628	197	117	80	975	173	802
113309	**48114**	**65195**	**2012**	**1413**	**599**	**16519**	**3796**	**12723**
14666	5720	8946	310	212	98	1760	375	1385
15977	6704	9273	333	226	107	2080	479	1601
23985	10247	13738	446	323	123	3477	804	2673
30575	13308	17267	475	338	137	4615	1127	3488
28106	12135	15971	448	314	134	4587	1011	3576
365265	**190338**	**174927**	**4024**	**2522**	**1502**	**176797**	**48348**	**128449**

C-5-3 续表 4

受教育程度 年龄	15岁及以上人口 合计	男	女	未婚 小计	男	女
初　中	**2256021**	**1182408**	**1073613**	**263550**	**185673**	**77877**
15-19岁	**84173**	**48791**	**35382**	**83200**	**48594**	**34606**
15	34802	19496	15306	34785	19493	15292
16	17377	10023	7354	17341	10016	7325
17	10516	6227	4289	10380	6201	4179
18	9993	6088	3905	9730	6035	3695
19	11485	6957	4528	10964	6849	4115
20-24岁	**63221**	**35957**	**27264**	**48098**	**32319**	**15779**
20	10496	6351	4145	9501	6181	3320
21	11040	6432	4608	9368	6133	3235
22	13372	7600	5772	10445	6995	3450
23	13694	7655	6039	9635	6662	2973
24	14619	7919	6700	9149	6348	2801
25-29岁	**109000**	**56901**	**52099**	**40919**	**30689**	**10230**
25	16308	8638	7670	8830	6277	2553
26	16154	8493	7661	7373	5424	1949
27	19566	10104	9462	7588	5711	1877
28	23955	12458	11497	7863	6048	1815
29	33017	17208	15809	9265	7229	2036
30-34岁	**241539**	**120527**	**121012**	**40361**	**31886**	**8475**
30	48736	24782	23954	11496	8952	2544
31	48902	24456	24446	9381	7414	1967
32	46845	23205	23640	7435	5894	1541
33	51698	25586	26112	6857	5490	1367
34	45358	22498	22860	5192	4136	1056
35-39岁	**224428**	**110904**	**113524**	**16990**	**13423**	**3567**
35	41426	20424	21002	3976	3159	817
36	43304	21297	22007	3582	2815	767
37	44218	21870	22348	3291	2564	727
38	52482	26185	26297	3545	2815	730
39	42998	21128	21870	2596	2070	526
40-44岁	**218872**	**108862**	**110010**	**9771**	**8005**	**1766**
40	39146	19195	19951	2081	1653	428
41	45069	22538	22531	2141	1770	371
42	41714	20634	21080	1906	1567	339
43	42220	21196	21024	1736	1399	337
44	50723	25299	25424	1907	1616	291
45-49岁	**316904**	**160624**	**156280**	**10114**	**8680**	**1434**
45	56357	28282	28075	2049	1734	315
46	65029	32655	32374	2270	1949	321
47	64950	33099	31851	2124	1837	287
48	65693	33428	32265	1922	1666	256
49	64875	33160	31715	1749	1494	255
50-54岁	**365639**	**184880**	**180759**	**6641**	**5766**	**875**
50	75456	37587	37869	1751	1493	258
51	72410	36649	35761	1493	1297	196
52	84469	42818	41651	1382	1213	169
53	62570	31677	30893	1004	891	113
54	70734	36149	34585	1011	872	139
55-59岁	**270858**	**140387**	**130471**	**3278**	**2815**	**463**
55	68645	35325	33320	870	765	105
56	64648	33205	31443	824	694	130
57	72756	37909	34847	840	707	133
58	48308	25443	22865	549	482	67
59	16501	8505	7996	195	167	28
60-64岁	**131618**	**74865**	**56753**	**1579**	**1369**	**210**
60	23106	12534	10572	299	248	51
61	20555	11669	8886	281	251	30
62	27426	15796	11630	346	304	42
63	32702	18833	13869	363	308	55
64	27829	16033	11796	290	258	32
65岁及以上	**229769**	**139710**	**90059**	**2599**	**2127**	**472**

单位：人

有配偶			离婚			丧偶		
小计	男	女	小计	男	女	小计	男	女
1844358	**927252**	**917106**	**68529**	**41392**	**27137**	**79584**	**28091**	**51493**
960	**192**	**768**	**13**	**5**	**8**			
17	3	14						
36	7	29						
132	26	106	4		4			
259	52	207	4	1	3			
516	104	412	5	4	1			
14834	**3538**	**11296**	**276**	**94**	**182**	**13**	**6**	**7**
982	165	817	12	5	7	1		1
1646	291	1355	25	7	18	1	1	
2882	591	2291	43	13	30	2	1	1
3984	972	3012	71	19	52	4	2	2
5340	1519	3821	125	50	75	5	2	3
65825	**25101**	**40724**	**2177**	**1095**	**1082**	**79**	**16**	**63**
7294	2284	5010	177	76	101	7	1	6
8563	2978	5585	212	91	121	6		6
11615	4215	7400	351	174	177	12	4	8
15541	6137	9404	529	269	260	22	4	18
22812	9487	13325	908	485	423	32	7	25
192283	**83729**	**108554**	**8449**	**4804**	**3645**	**446**	**108**	**338**
35796	15066	20730	1396	751	645	48	13	35
37858	16129	21729	1597	890	707	66	23	43
37623	16356	21267	1691	929	762	96	26	70
42821	18960	23861	1911	1110	801	109	26	83
38185	17218	20967	1854	1124	730	127	20	107
196378	**90794**	**105584**	**10224**	**6495**	**3729**	**836**	**192**	**644**
35516	16116	19400	1811	1116	695	123	33	90
37682	17252	20430	1898	1195	703	142	35	107
38646	17937	20709	2092	1328	764	189	41	148
46287	21741	24546	2455	1585	870	195	44	151
38247	17748	20499	1968	1271	697	187	39	148
197054	**93910**	**103144**	**10449**	**6579**	**3870**	**1598**	**368**	**1230**
34892	16259	18633	1938	1225	713	235	58	177
40462	19338	21124	2192	1370	822	274	60	214
37538	17772	19766	1944	1225	719	326	70	256
38111	18483	19628	2026	1234	792	347	80	267
46051	22058	23993	2349	1525	824	416	100	316
290195	**143082**	**147113**	**12501**	**7775**	**4726**	**4094**	**1087**	**3007**
51332	24898	26434	2417	1509	908	559	141	418
59307	28844	30463	2713	1686	1027	739	176	563
59486	29462	30024	2557	1589	968	783	211	572
60339	29963	30376	2497	1525	972	935	274	661
59731	29915	29816	2317	1466	851	1078	285	793
338101	**169616**	**168485**	**11438**	**6836**	**4602**	**9459**	**2662**	**6797**
69607	34157	35450	2650	1577	1073	1448	360	1088
66875	33426	33449	2359	1429	930	1683	497	1186
78377	39416	38961	2620	1569	1051	2090	620	1470
57895	29167	28728	1802	1080	722	1869	539	1330
65347	33450	31897	2007	1181	826	2369	646	1723
248238	**129992**	**118246**	**7062**	**4042**	**3020**	**12280**	**3538**	**8742**
63249	32733	30516	1932	1082	850	2594	745	1849
59385	30802	28583	1726	959	767	2713	750	1963
66707	35110	31597	1819	1071	748	3390	1021	2369
44029	23540	20489	1138	690	448	2592	731	1861
14868	7807	7061	447	240	207	991	291	700
117283	**68269**	**49014**	**2948**	**1825**	**1123**	**9808**	**3402**	**6406**
20755	11474	9281	599	355	244	1453	457	996
18331	10615	7716	504	320	184	1439	483	956
24404	14370	10034	646	422	224	2030	700	1330
29120	17215	11905	651	410	241	2568	900	1668
24673	14595	10078	548	318	230	2318	862	1456
183207	**119029**	**64178**	**2992**	**1842**	**1150**	**40971**	**16712**	**24259**

C-5-3 续表 5

受教育程度 年龄	15岁及以上人口 合计	男	女	未婚 小计	男	女
高 中	**1270740**	**700570**	**570170**	**425415**	**252499**	**172916**
15-19岁	**265919**	**145446**	**120473**	**265514**	**145339**	**120175**
15	61906	32588	29318	61900	32586	29314
16	82153	43967	38186	82135	43961	38174
17	65522	35980	29542	65484	35970	29514
18	34236	19832	14404	34136	19807	14329
19	22102	13079	9023	21859	13015	8844
20-24岁	**81238**	**46153**	**35085**	**69814**	**43121**	**26693**
20	17135	9934	7201	16563	9825	6738
21	15493	8863	6630	14391	8679	5712
22	16608	9390	7218	14425	8875	5550
23	16100	9076	7024	12934	8170	4764
24	15902	8890	7012	11501	7572	3929
25-29岁	**100243**	**53901**	**46342**	**43352**	**30563**	**12789**
25	16705	9307	7398	10511	7198	3313
26	15591	8541	7050	8468	5909	2559
27	18138	9741	8397	8070	5734	2336
28	21581	11411	10170	7947	5674	2273
29	28228	14901	13327	8356	6048	2308
30-34岁	**180337**	**92461**	**87876**	**29124**	**21158**	**7966**
30	40152	20547	19605	9429	6809	2620
31	38513	19830	18683	7105	5229	1876
32	34930	17818	17112	5217	3799	1418
33	36758	19022	17736	4408	3224	1184
34	29984	15244	14740	2965	2097	868
35-39岁	**129802**	**67983**	**61819**	**8315**	**5726**	**2589**
35	26358	13653	12705	2205	1570	635
36	25517	13275	12242	1797	1246	551
37	25067	13278	11789	1610	1066	544
38	29413	15395	14018	1592	1084	508
39	23447	12382	11065	1111	760	351
40-44岁	**105019**	**56438**	**48581**	**3556**	**2446**	**1110**
40	21145	11119	10026	893	604	289
41	22736	12222	10514	823	567	256
42	20306	10884	9422	646	441	205
43	19361	10428	8933	562	392	170
44	21471	11785	9686	632	442	190
45-49岁	**112120**	**62616**	**49504**	**2616**	**1821**	**795**
45	22229	12207	10022	613	399	214
46	23790	13012	10778	583	399	184
47	22749	12823	9926	509	377	132
48	22203	12530	9673	461	331	130
49	21149	12044	9105	450	315	135
50-54岁	**93053**	**53356**	**39697**	**1503**	**1097**	**406**
50	22696	12845	9851	478	334	144
51	19206	11055	8151	315	242	73
52	20738	11879	8859	328	245	83
53	14402	8284	6118	184	135	49
54	16011	9293	6718	198	141	57
55-59岁	**88781**	**51667**	**37114**	**854**	**649**	**205**
55	17121	9975	7146	169	136	33
56	19017	10959	8058	205	156	49
57	25293	14719	10574	233	174	59
58	19147	11367	7780	167	117	50
59	8203	4647	3556	80	66	14
60-64岁	**53791**	**32157**	**21634**	**378**	**291**	**87**
60	11064	6426	4638	97	73	24
61	9537	5560	3977	70	51	19
62	11318	6828	4490	68	53	15
63	12181	7470	4711	78	62	16
64	9691	5873	3818	65	52	13
65岁及以上	**60437**	**38392**	**22045**	**389**	**288**	**101**

单位：人

有配偶			离婚			丧偶		
小计	男	女	小计	男	女	小计	男	女
794842	**425280**	**369562**	**32634**	**16511**	**16123**	**17849**	**6280**	**11569**
401	**107**	**294**	**4**		**4**			
6	2	4						
17	6	11	1		1			
37	10	27	1		1			
99	25	74	1		1			
242	64	178	1		1			
11296	**3005**	**8291**	**118**	**26**	**92**	**10**	**1**	**9**
564	108	456	8	1	7			
1094	183	911	7	1	6	1		1
2164	514	1650	17	1	16	2		2
3138	895	2243	24	10	14	4	1	3
4336	1305	3031	62	13	49	3		3
55601	**22786**	**32815**	**1252**	**546**	**706**	**38**	**6**	**32**
6109	2072	4037	84	37	47	1		1
6983	2587	4396	132	44	88	8	1	7
9849	3924	5925	213	82	131	6	1	5
13315	5596	7719	309	139	170	10	2	8
19345	8607	10738	514	244	270	13	2	11
146122	**68824**	**77298**	**4917**	**2437**	**2480**	**174**	**42**	**132**
29856	13352	16504	834	378	456	33	8	25
30416	14079	16337	961	513	448	31	9	22
28660	13511	15149	1024	504	520	29	4	25
31253	15262	15991	1059	523	536	38	13	25
25937	12620	13317	1039	519	520	43	8	35
115979	**59383**	**56596**	**5227**	**2818**	**2409**	**281**	**56**	**225**
23155	11529	11626	957	542	415	41	12	29
22675	11465	11210	999	557	442	46	7	39
22412	11692	10720	1000	509	491	45	11	34
26475	13600	12875	1276	699	577	70	12	58
21262	11097	10165	995	511	484	79	14	65
96083	**51300**	**44783**	**4977**	**2595**	**2382**	**403**	**97**	**306**
19263	10007	9256	932	492	440	57	16	41
20780	11076	9704	1066	561	505	67	18	49
18631	9932	8699	951	497	454	78	14	64
17723	9494	8229	993	519	474	83	23	60
19686	10791	8895	1035	526	509	118	26	92
103235	**57826**	**45409**	**5449**	**2766**	**2683**	**820**	**203**	**617**
20407	11222	9185	1093	556	537	116	30	86
21917	11982	9935	1128	592	536	162	39	123
20950	11830	9120	1141	585	556	149	31	118
20512	11634	8878	1048	525	523	182	40	142
19449	11158	8291	1039	508	531	211	63	148
85666	**49677**	**35989**	**4388**	**2133**	**2255**	**1496**	**449**	**1047**
20845	11878	8967	1112	549	563	261	84	177
17665	10293	7372	947	445	502	279	75	204
19153	11098	8055	919	441	478	338	95	243
13275	7738	5537	680	340	340	263	71	192
14728	8670	6058	730	358	372	355	124	231
81582	**48483**	**33099**	**3564**	**1710**	**1854**	**2781**	**825**	**1956**
15813	9334	6479	703	361	342	436	144	292
17448	10273	7175	834	376	458	530	154	376
23248	13829	9419	994	469	525	818	247	571
17602	10716	6886	694	336	358	684	198	486
7471	4331	3140	339	168	171	313	82	231
48685	**29964**	**18721**	**1717**	**887**	**830**	**3011**	**1015**	**1996**
9998	5966	4032	433	214	219	536	173	363
8606	5162	3444	319	178	141	542	169	373
10253	6366	3887	375	191	184	622	218	404
11047	6967	4080	339	178	161	717	263	454
8781	5503	3278	251	126	125	594	192	402
50192	**33925**	**16267**	**1021**	**593**	**428**	**8835**	**3586**	**5249**

C-5-3 续表 6

受教育程度 年龄	15岁及以上人口			未婚		
	合计	男	女	小计	男	女
大学专科	**539436**	**280228**	**259208**	**224751**	**119492**	**105259**
15-19 岁	**76907**	**39389**	**37518**	**76831**	**39371**	**37460**
15	1880	991	889	1879	991	888
16	3879	2012	1867	3879	2012	1867
17	9979	4879	5100	9971	4876	5095
18	26473	13601	12872	26454	13594	12860
19	34696	17906	16790	34648	17898	16750
20-24 岁	**95827**	**46891**	**48936**	**90305**	**45606**	**44699**
20	29328	14971	14357	29166	14935	14231
21	20271	9884	10387	19817	9811	10006
22	17465	8293	9172	16553	8119	8434
23	14900	7175	7725	13371	6822	6549
24	13863	6568	7295	11398	5919	5479
25-29 岁	**67527**	**32458**	**35069**	**34829**	**20308**	**14521**
25	13367	6320	7047	9756	5278	4478
26	11851	5689	6162	7410	4255	3155
27	12700	6094	6606	6599	3947	2652
28	13432	6510	6922	5614	3461	2153
29	16177	7845	8332	5450	3367	2083
30-34 岁	**93041**	**45048**	**47993**	**16222**	**10196**	**6026**
30	21584	10233	11351	5527	3444	2083
31	20098	9671	10427	3933	2491	1442
32	18010	8735	9275	2897	1845	1052
33	18248	8943	9305	2284	1444	840
34	15101	7466	7635	1581	972	609
35-39 岁	**58862**	**29976**	**28886**	**3935**	**2392**	**1543**
35	12467	6351	6116	1097	688	409
36	11720	5880	5840	895	558	337
37	11414	5844	5570	720	419	301
38	12889	6586	6303	724	441	283
39	10372	5315	5057	499	286	213
40-44 岁	**41634**	**22285**	**19349**	**1283**	**785**	**498**
40	8966	4662	4304	412	250	162
41	9014	4833	4181	288	173	115
42	8146	4372	3774	230	142	88
43	7486	4009	3477	199	124	75
44	8022	4409	3613	154	96	58
45-49 岁	**36487**	**20618**	**15869**	**738**	**452**	**286**
45	7958	4448	3510	173	115	58
46	7719	4398	3321	177	105	72
47	7259	4088	3171	132	78	54
48	7021	3931	3090	135	83	52
49	6530	3753	2777	121	71	50
50-54 岁	**25358**	**15146**	**10212**	**322**	**211**	**111**
50	6620	3828	2792	94	65	29
51	5452	3267	2185	64	39	25
52	5526	3305	2221	74	48	26
53	3647	2224	1423	42	28	14
54	4113	2522	1591	48	31	17
55-59 岁	**18716**	**11847**	**6869**	**162**	**97**	**65**
55	4346	2711	1635	30	17	13
56	4501	2827	1674	43	28	15
57	5151	3257	1894	44	27	17
58	3245	2123	1122	30	18	12
59	1473	929	544	15	7	8
60-64 岁	**8903**	**5748**	**3155**	**48**	**27**	**21**
60	1654	1048	606	10	4	6
61	1440	919	521	6	2	4
62	1827	1171	656	12	11	1
63	2116	1398	718	8	4	4
64	1866	1212	654	12	6	6
65 岁及以上	**16174**	**10822**	**5352**	**76**	**47**	**29**

单位：人

有配偶			离婚			丧偶		
小计	男	女	小计	男	女	小计	男	女
300468	**154829**	**145639**	**11060**	**4735**	**6325**	**3157**	**1172**	**1985**
75	**18**	**57**	**1**		**1**			
1		1						
8	3	5						
19	7	12						
47	8	39	1		1			
5482	**1274**	**4208**	**38**	**11**	**27**	**2**		**2**
160	35	125	2	1	1			
451	72	379	3	1	2			
905	172	733	7	2	5			
1521	350	1171	7	3	4	1		1
2445	645	1800	19	4	15	1		1
32195	**11991**	**20204**	**490**	**156**	**334**	**13**	**3**	**10**
3571	1031	2540	39	11	28	1		1
4385	1421	2964	56	13	43			
6016	2121	3895	81	24	57	4	2	2
7703	3013	4690	114	36	78	1		1
10520	4405	6115	200	72	128	7	1	6
74803	**34063**	**40740**	**1954**	**777**	**1177**	**62**	**12**	**50**
15730	6664	9066	316	123	193	11	2	9
15757	7020	8737	400	160	240	8		8
14741	6760	7981	359	129	230	13	1	12
15501	7310	8191	452	185	267	11	4	7
13074	6309	6765	427	180	247	19	5	14
52703	**26606**	**26097**	**2149**	**966**	**1183**	**75**	**12**	**63**
10958	5489	5469	405	173	232	7	1	6
10397	5143	5254	407	175	232	21	4	17
10261	5240	5021	421	185	236	12		12
11631	5889	5742	516	255	261	18	1	17
9456	4845	4611	400	178	222	17	6	11
38319	**20610**	**17709**	**1924**	**866**	**1058**	**108**	**24**	**84**
8170	4238	3932	371	172	199	13	2	11
8273	4453	3820	426	203	223	27	4	23
7505	4053	3452	388	170	218	23	7	16
6898	3722	3176	365	159	206	24	4	20
7473	4144	3329	374	162	212	21	7	14
33716	**19349**	**14367**	**1879**	**786**	**1093**	**154**	**31**	**123**
7366	4170	3196	397	159	238	22	4	18
7138	4129	3009	372	155	217	32	9	23
6703	3848	2855	386	159	227	38	3	35
6487	3686	2801	367	153	214	32	9	23
6022	3516	2506	357	160	197	30	6	24
23549	**14346**	**9203**	**1259**	**527**	**732**	**228**	**62**	**166**
6155	3635	2520	339	121	218	32	7	25
5057	3100	1957	281	118	163	50	10	40
5100	3111	1989	296	130	166	56	16	40
3398	2101	1297	170	85	85	37	10	27
3839	2399	1440	173	73	100	53	19	34
17413	**11287**	**6126**	**827**	**371**	**456**	**314**	**92**	**222**
4072	2602	1470	183	79	104	61	13	48
4197	2690	1507	201	92	109	60	17	43
4796	3106	1690	225	94	131	86	30	56
2993	2010	983	142	69	73	80	26	54
1355	879	476	76	37	39	27	6	21
8271	**5456**	**2815**	**284**	**147**	**137**	**300**	**118**	**182**
1536	1005	531	60	27	33	48	12	36
1349	871	478	47	27	20	38	19	19
1691	1107	584	64	31	33	60	22	38
1967	1325	642	67	35	32	74	34	40
1728	1148	580	46	27	19	80	31	49
13942	**9829**	**4113**	**255**	**128**	**127**	**1901**	**818**	**1083**

C-5-3 续表 7

受教育程度 年 龄	15 岁及以上人口			未 婚		
	合计	男	女	小计	男	女
大学本科	**356976**	**180748**	**176228**	**170506**	**81798**	**88708**
15-19 岁	**45368**	**20746**	**24622**	**45341**	**20737**	**24604**
15	217	86	131	217	86	131
16	558	208	350	558	208	350
17	4304	1755	2549	4304	1755	2549
18	16088	7471	8617	16078	7466	8612
19	24201	11226	12975	24184	11222	12962
20-24 岁	**83208**	**38267**	**44941**	**81329**	**37789**	**43540**
20	24774	11311	13463	24750	11305	13445
21	20899	9788	11111	20794	9764	11030
22	15728	7288	8440	15486	7235	8251
23	11639	5322	6317	11166	5205	5961
24	10168	4558	5610	9133	4280	4853
25-29 岁	**50781**	**22976**	**27805**	**29071**	**14933**	**14138**
25	10030	4401	5629	8149	3877	4272
26	9431	4157	5274	6613	3276	3337
27	9784	4448	5336	5605	2962	2643
28	10010	4583	5427	4555	2506	2049
29	11526	5387	6139	4149	2312	1837
30-34 岁	**61031**	**29433**	**31598**	**10987**	**6189**	**4798**
30	14170	6556	7614	3797	2164	1633
31	13065	6155	6910	2710	1529	1181
32	12061	5828	6233	1948	1093	855
33	11878	5827	6051	1508	819	689
34	9857	5067	4790	1024	584	440
35-39 岁	**38866**	**20750**	**18116**	**2520**	**1441**	**1079**
35	8285	4361	3924	724	409	315
36	8032	4302	3730	575	325	250
37	7784	4177	3607	484	284	200
38	8255	4407	3848	432	252	180
39	6510	3503	3007	305	171	134
40-44 岁	**24156**	**13382**	**10774**	**683**	**370**	**313**
40	5411	2946	2465	216	105	111
41	5313	2863	2450	175	92	83
42	4538	2562	1976	114	67	47
43	4305	2365	1940	102	58	44
44	4589	2646	1943	76	48	28
45-49 岁	**19849**	**12087**	**7762**	**313**	**197**	**116**
45	4430	2673	1757	73	44	29
46	4326	2564	1762	72	51	21
47	3985	2419	1566	62	36	26
48	3587	2236	1351	49	30	19
49	3521	2195	1326	57	36	21
50-54 岁	**14421**	**9316**	**5105**	**146**	**71**	**75**
50	3625	2270	1355	53	27	26
51	3064	1937	1127	26	12	14
52	3254	2132	1122	33	15	18
53	2138	1417	721	19	10	9
54	2340	1560	780	15	7	8
55-59 岁	**9643**	**6907**	**2736**	**61**	**39**	**22**
55	2457	1717	740	15	9	6
56	2461	1776	685	14	9	5
57	2632	1878	754	17	11	6
58	1503	1116	387	14	9	5
59	590	420	170	1	1	
60-64 岁	**3022**	**2163**	**859**	**25**	**15**	**10**
60	587	422	165	7	4	3
61	492	360	132	3	2	1
62	659	447	212	5	3	2
63	756	554	202	5	3	2
64	528	380	148	5	3	2
65 岁及以上	**6631**	**4721**	**1910**	**30**	**17**	**13**

单位：人

有配偶			离婚			丧偶		
小计	男	女	小计	男	女	小计	男	女
180315	**96400**	**83915**	**4984**	**2060**	**2924**	**1171**	**490**	**681**
26	**9**	**17**	**1**		**1**			
9	5	4	1		1			
17	4	13						
1871	**474**	**1397**	**7**	**4**	**3**	**1**		**1**
24	6	18						
105	24	81						
241	52	189	1	1				
469	116	353	3	1	2	1		1
1032	276	756	3	2	1			
21482	**7964**	**13518**	**223**	**78**	**145**	**5**	**1**	**4**
1866	519	1347	14	4	10	1	1	
2791	870	1921	27	11	16			
4145	1467	2678	33	19	14	1		1
5391	2056	3335	63	21	42	1		1
7289	3052	4237	86	23	63	2		2
49145	**22934**	**26211**	**872**	**305**	**567**	**27**	**5**	**22**
10257	4357	5900	115	35	80	1		1
10196	4579	5617	152	45	107	7	2	5
9923	4664	5259	181	69	112	9	2	7
10148	4922	5226	219	86	133	3		3
8621	4412	4209	205	70	135	7	1	6
35148	**18833**	**16315**	**1167**	**468**	**699**	**31**	**8**	**23**
7362	3867	3495	196	85	111	3		3
7238	3891	3347	209	84	125	10	2	8
7041	3783	3258	252	108	144	7	2	5
7526	4040	3486	290	113	177	7	2	5
5981	3252	2729	220	78	142	4	2	2
22578	**12623**	**9955**	**853**	**378**	**475**	**42**	**11**	**31**
4976	2736	2240	211	103	108	8	2	6
4975	2698	2277	155	71	84	8	2	6
4249	2421	1828	168	73	95	7	1	6
4036	2238	1798	159	66	93	8	3	5
4342	2530	1812	160	65	95	11	3	8
18672	**11551**	**7121**	**795**	**322**	**473**	**69**	**17**	**52**
4186	2559	1627	163	68	95	8	2	6
4054	2429	1625	185	77	108	15	7	8
3733	2316	1417	170	63	107	20	4	16
3390	2149	1241	135	55	80	13	2	11
3309	2098	1211	142	59	83	13	2	11
13649	**8992**	**4657**	**531**	**233**	**298**	**95**	**20**	**75**
3408	2172	1236	152	70	82	12	1	11
2904	1881	1023	109	40	69	25	4	21
3076	2054	1022	124	59	65	21	4	17
2030	1375	655	69	25	44	20	7	13
2231	1510	721	77	39	38	17	4	13
9159	**6673**	**2486**	**320**	**151**	**169**	**103**	**44**	**59**
2332	1655	677	80	43	37	30	10	20
2334	1716	618	94	41	53	19	10	9
2509	1820	689	78	32	46	28	15	13
1420	1073	347	48	28	20	21	6	15
564	409	155	20	7	13	5	3	2
2823	**2069**	**754**	**101**	**50**	**51**	**73**	**29**	**44**
547	399	148	24	15	9	9	4	5
466	349	117	15	5	10	8	4	4
605	425	180	28	14	14	21	5	16
707	530	177	21	10	11	23	11	12
498	366	132	13	6	7	12	5	7
5762	**4278**	**1484**	**114**	**71**	**43**	**725**	**355**	**370**

C-5-3　续表 8

受教育程度 年龄	15岁及以上人口			未婚		
	合计	男	女	小计	男	女
硕士研究生	**28073**	**14166**	**13907**	**12490**	**5676**	**6814**
15-19岁	**102**	**68**	**34**	**102**	**68**	**34**
15						
16						
17	19	14	5	19	14	5
18	33	23	10	33	23	10
19	50	31	19	50	31	19
20-24岁	**6032**	**2565**	**3467**	**5983**	**2550**	**3433**
20	100	46	54	100	46	54
21	466	175	291	465	174	291
22	1465	635	830	1461	632	829
23	2004	834	1170	1992	834	1158
24	1997	875	1122	1965	864	1101
25-29岁	**6138**	**2688**	**3450**	**4674**	**2192**	**2482**
25	1701	733	968	1622	710	912
26	1226	553	673	1094	514	580
27	1053	455	598	787	377	410
28	1006	446	560	644	317	327
29	1152	501	651	527	274	253
30-34岁	**6100**	**2849**	**3251**	**1340**	**677**	**663**
30	1347	575	772	479	241	238
31	1371	623	748	340	172	168
32	1187	562	625	224	119	105
33	1166	572	594	187	95	92
34	1029	517	512	110	50	60
35-39岁	**4136**	**2263**	**1873**	**285**	**134**	**151**
35	888	489	399	75	41	34
36	840	469	371	61	30	31
37	810	450	360	57	27	30
38	927	478	449	59	23	36
39	671	377	294	33	13	20
40-44岁	**2113**	**1258**	**855**	**57**	**26**	**31**
40	551	292	259	21	7	14
41	515	310	205	11	5	6
42	375	226	149	15	6	9
43	341	215	126	4	3	1
44	331	215	116	6	5	1
45-49岁	**1483**	**989**	**494**	**29**	**14**	**15**
45	336	214	122	11	6	5
46	341	225	116	9	5	4
47	318	214	104	4		4
48	254	173	81	3	2	1
49	234	163	71	2	1	1
50-54岁	**934**	**667**	**267**	**15**	**10**	**5**
50	218	147	71	1	1	
51	218	160	58	2	2	
52	212	148	64	7	4	3
53	141	107	34	4	2	2
54	145	105	40	1	1	
55-59岁	**678**	**541**	**137**	**5**	**5**	
55	167	119	48	2	2	
56	159	127	32	3	3	
57	200	172	28			
58	109	87	22			
59	43	36	7			
60-64岁	**159**	**127**	**32**			
60	26	17	9			
61	35	29	6			
62	35	30	5			
63	34	29	5			
64	29	22	7			
65岁及以上	**198**	**151**	**47**			

单位：人

有配偶			离婚			丧偶		
小计	男	女	小计	男	女	小计	男	女
15202	**8309**	**6893**	**341**	**162**	**179**	**40**	**19**	**21**
49	**15**	**34**						
1	1							
4	3	1						
12		12						
32	11	21						
1449	**492**	**957**	**15**	**4**	**11**			
78	23	55	1		1			
132	39	93						
262	77	185	4	1	3			
358	128	230	4	1	3			
619	225	394	6	2	4			
4708	**2154**	**2554**	**52**	**18**	**34**			
867	334	533	1		1			
1023	450	573	8	1	7			
947	435	512	16	8	8			
968	475	493	11	2	9			
903	460	443	16	7	9			
3754	**2080**	**1674**	**94**	**49**	**45**	**3**		**3**
801	443	358	12	5	7			
759	428	331	19	11	8	1		1
739	417	322	14	6	8			
842	442	400	24	13	11	2		2
613	350	263	25	14	11			
1987	**1203**	**784**	**68**	**28**	**40**	**1**	**1**	
515	277	238	15	8	7			
488	297	191	16	8	8			
342	212	130	17	7	10	1	1	
327	211	116	10	1	9			
315	206	109	10	4	6			
1408	**951**	**457**	**42**	**22**	**20**	**4**	**2**	**2**
316	204	112	9	4	5			
324	217	107	8	3	5			
306	210	96	7	3	4	1	1	
238	166	72	10	4	6	3	1	2
224	154	70	8	8				
877	**634**	**243**	**37**	**22**	**15**	**5**	**1**	**4**
209	142	67	8	4	4			
208	156	52	6	2	4	2		2
190	133	57	12	10	2	3	1	2
131	102	29	6	3	3			
139	101	38	5	3	2			
646	**521**	**125**	**22**	**13**	**9**	**5**	**2**	**3**
156	114	42	9	3	6			
152	121	31	4	3	1			
192	167	25	3	3		5	2	3
105	85	20	4	2	2			
41	34	7	2	2				
155	**126**	**29**	**3**	**1**	**2**	**1**		**1**
26	17	9						
34	29	5	1		1			
33	29	4	1	1		1		1
34	29	5						
28	22	6	1		1			
169	**133**	**36**	**8**	**5**	**3**	**21**	**13**	**8**

C-5-3 续表 9

受教育程度 年　　龄	15岁及以上人口			未　婚		
	合计	男	女	小计	男	女
博士研究生	**4099**	**2629**	**1470**	**1255**	**726**	**529**
15-19岁	**5**	**2**	**3**	**5**	**2**	**3**
15						
16						
17						
18						
19	5	2	3	5	2	3
20-24岁	**267**	**145**	**122**	**262**	**143**	**119**
20	11	5	6	11	5	6
21	11	5	6	11	5	6
22	42	24	18	42	24	18
23	80	37	43	79	37	42
24	123	74	49	119	72	47
25-29岁	**815**	**467**	**348**	**651**	**370**	**281**
25	151	79	72	145	76	69
26	158	79	79	147	72	75
27	175	104	71	145	85	60
28	192	114	78	136	86	50
29	139	91	48	78	51	27
30-34岁	**886**	**548**	**338**	**253**	**157**	**96**
30	212	137	75	106	68	38
31	192	104	88	60	35	25
32	166	98	68	42	28	14
33	169	112	57	27	18	9
34	147	97	50	18	8	10
35-39岁	**682**	**421**	**261**	**54**	**35**	**19**
35	132	81	51	18	9	9
36	121	86	35	7	7	
37	127	74	53	9	7	2
38	150	87	63	11	7	4
39	152	93	59	9	5	4
40-44岁	**514**	**335**	**179**	**16**	**9**	**7**
40	128	80	48	4	3	1
41	117	83	34	3	1	2
42	103	62	41	3	2	1
43	85	53	32	3		3
44	81	57	24	3	3	
45-49岁	**381**	**265**	**116**	**8**	**5**	**3**
45	75	50	25	1	1	
46	86	64	22	2	1	1
47	89	62	27	2	1	1
48	76	54	22	2	1	1
49	55	35	20	1	1	
50-54岁	**252**	**204**	**48**	**4**	**3**	**1**
50	57	46	11	3	2	1
51	61	47	14	1	1	
52	64	55	9			
53	32	25	7			
54	38	31	7			
55-59岁	**198**	**162**	**36**	**1**	**1**	
55	57	43	14			
56	50	39	11			
57	56	48	8			
58	28	26	2	1	1	
59	7	6	1			
60-64岁	**54**	**43**	**11**	**1**	**1**	
60	9	8	1			
61	3	3				
62	12	10	2			
63	20	15	5	1	1	
64	10	7	3			
65岁及以上	**45**	**37**	**8**			

单位：人

有配偶			离婚			丧偶		
小计	男	女	小计	男	女	小计	男	女
2777	1874	903	59	26	33	8	3	5
5	2	3						
1		1						
4	2	2						
164	97	67						
6	3	3						
11	7	4						
30	19	11						
56	28	28						
61	40	21						
628	388	240	5	3	2			
106	69	37						
132	69	63						
123	69	54	1	1				
141	93	48	1	1				
126	88	38	3	1	2			
615	382	233	11	4	7	2		2
112	71	41	2	1	1			
111	78	33	3	1	2			
114	66	48	2	1	1	2		2
135	79	56	4	1	3			
143	88	55						
481	321	160	16	4	12	1	1	
118	76	42	6	1	5			
113	82	31	1		1			
96	59	37	4	1	3			
78	51	27	3	1	2	1	1	
76	53	23	2	1	1			
364	257	107	9	3	6			
71	48	23	3	1	2			
82	63	19	2		2			
85	61	24	2		2			
73	52	21	1	1				
53	33	20	1	1				
239	196	43	9	5	4			
53	44	9	1		1			
58	46	12	2		2			
60	51	9	4	4				
32	25	7						
36	30	6	2	1	1			
190	157	33	5	4	1	2		2
56	43	13				1		1
47	37	10	3	2	1			
54	46	8	2	2				
27	25	2						
6	6					1		1
50	40	10	3	2	1			
7	7		2	1	1			
3	3							
11	9	2	1	1				
19	14	5						
10	7	3						
41	34	7	1	1		3	2	1

C-5-3a 全省分年龄、性别、受教育

受教育程度 年龄	15岁及以上人口			未婚		
	合计	男	女	小计	男	女
总计	**1563803**	**770907**	**792896**	**369303**	**201708**	**167595**
15-19岁	**146578**	**76351**	**70227**	**146337**	**76292**	**70045**
15	25949	14064	11885	25940	14062	11878
16	28138	15028	13110	28128	15025	13103
17	25729	13531	12198	25694	13522	12172
18	29779	15358	14421	29721	15337	14384
19	36983	18370	18613	36854	18346	18508
20-24岁	**123282**	**60973**	**62309**	**115136**	**58882**	**56254**
20	34857	17171	17686	34525	17116	17409
21	27245	13541	13704	26558	13409	13149
22	22874	11257	11617	21430	10922	10508
23	19466	9781	9685	17304	9208	8096
24	18840	9223	9617	15319	8227	7092
25-29岁	**107310**	**52232**	**55078**	**52773**	**31406**	**21367**
25	18982	9341	9641	13753	7677	6076
26	18189	8914	9275	11319	6528	4791
27	20093	9830	10263	10208	6222	3986
28	21995	10617	11378	8831	5487	3344
29	28051	13530	14521	8662	5492	3170
30-34岁	**187398**	**89138**	**98260**	**30009**	**18948**	**11061**
30	38750	18374	20376	9259	5875	3384
31	38946	18348	20598	7193	4548	2645
32	36728	17436	19292	5510	3488	2022
33	39379	18793	20586	4670	2912	1758
34	33595	16187	17408	3377	2125	1252
35-39岁	**151691**	**74057**	**77634**	**9798**	**6059**	**3739**
35	29648	14541	15107	2447	1546	901
36	29722	14445	15277	2146	1348	798
37	29938	14615	15323	1883	1124	759
38	34422	16766	17656	1974	1215	759
39	27961	13690	14271	1348	826	522
40-44岁	**130045**	**64405**	**65640**	**4567**	**2838**	**1729**
40	24949	12178	12771	1124	680	444
41	27420	13647	13773	1014	618	396
42	25249	12552	12697	877	552	325
43	24848	12343	12505	787	483	304
44	27579	13685	13894	765	505	260
45-49岁	**153284**	**77257**	**76027**	**3961**	**2597**	**1364**
45	29383	14774	14609	832	528	304
46	31491	15652	15839	843	554	289
47	31141	15718	15423	805	512	293
48	30976	15792	15184	755	517	238
49	30293	15321	14972	726	486	240
50-54岁	**157190**	**77948**	**79242**	**2723**	**1874**	**849**
50	34340	16972	17368	747	502	245
51	32089	16164	15925	599	427	172
52	35655	17585	18070	566	395	171
53	25906	12842	13064	395	266	129
54	29200	14385	14815	416	284	132
55-59岁	**131803**	**65542**	**66261**	**1563**	**1084**	**479**
55	30024	15132	14892	384	281	103
56	30779	15175	15604	363	245	118
57	36280	18068	18212	410	277	133
58	23864	11906	11958	273	184	89
59	10856	5261	5595	133	97	36
60-64岁	**82031**	**40822**	**41209**	**795**	**568**	**227**
60	14537	7136	7401	153	102	51
61	13245	6663	6582	131	97	34
62	17229	8760	8469	158	112	46
63	19701	9864	9837	186	129	57
64	17319	8399	8920	167	128	39
65岁及以上	**193191**	**92182**	**101009**	**1641**	**1160**	**481**

程度、婚姻状况的人口（城市）

单位：人

有配偶			离婚			丧偶		
小计	男	女	小计	男	女	小计	男	女
1085332	**534302**	**551030**	**47071**	**20847**	**26224**	**62097**	**14050**	**48047**
240	**59**	**181**	**1**		**1**			
9	2	7						
10	3	7						
35	9	26						
58	21	37						
128	24	104	1		1			
8076	**2075**	**6001**	**68**	**16**	**52**	**2**		**2**
329	55	274	3		3			
681	130	551	6	2	4			
1437	335	1102	7		7			
2143	567	1576	18	6	12	1		1
3486	988	2498	34	8	26	1		1
53552	**20431**	**33121**	**959**	**392**	**567**	**26**	**3**	**23**
5162	1636	3526	65	27	38	2	1	1
6758	2347	4411	110	39	71	2		2
9715	3540	6175	166	68	98	4		4
12939	5041	7898	220	89	131	5		5
18978	7867	11111	398	169	229	13	2	11
152883	**68351**	**84532**	**4361**	**1814**	**2547**	**145**	**25**	**120**
28842	12247	16595	622	248	374	27	4	23
30938	13447	17491	796	347	449	19	6	13
30320	13590	16730	872	356	516	26	2	24
33635	15446	18189	1043	426	617	31	9	22
29148	13621	15527	1028	437	591	42	4	38
135866	**65412**	**70454**	**5782**	**2541**	**3241**	**245**	**45**	**200**
26165	12527	13638	1002	460	542	34	8	26
26444	12626	13818	1087	467	620	45	4	41
26827	12975	13852	1182	506	676	46	10	36
30996	14907	16089	1391	634	757	61	10	51
25434	12377	13057	1120	474	646	59	13	46
118747	**58619**	**60128**	**6286**	**2857**	**3429**	**445**	**91**	**354**
22659	10963	11696	1095	519	576	71	16	55
25045	12421	12624	1280	590	690	81	18	63
23077	11427	11650	1227	564	663	68	9	59
22666	11260	11406	1291	575	716	104	25	79
25300	12548	12752	1393	609	784	121	23	98
140311	**71096**	**69215**	**7878**	**3379**	**4499**	**1134**	**185**	**949**
26876	13551	13325	1535	668	867	140	27	113
28854	14396	14458	1595	676	919	199	26	173
28507	14502	14005	1602	671	931	227	33	194
28410	14570	13840	1542	657	885	269	48	221
27664	14077	13587	1604	707	897	299	51	248
143420	**72082**	**71338**	**8166**	**3455**	**4711**	**2881**	**537**	**2344**
31341	15613	15728	1849	790	1059	403	67	336
29275	14940	14335	1705	696	1009	510	101	409
32540	16287	16253	1870	777	1093	679	126	553
23675	11888	11787	1298	583	715	538	105	433
26589	13354	13235	1444	609	835	751	138	613
118886	**60676**	**58210**	**6654**	**2914**	**3740**	**4700**	**868**	**3832**
27278	14032	13246	1494	669	825	868	150	718
27842	14087	13755	1596	666	930	978	177	801
32687	16721	15966	1826	809	1017	1357	261	1096
21419	11026	10393	1157	512	645	1015	184	831
9660	4810	4850	581	258	323	482	96	386
72180	**37327**	**34853**	**3405**	**1678**	**1727**	**5651**	**1249**	**4402**
12853	6513	6340	760	357	403	771	164	607
11682	6075	5607	596	305	291	836	186	650
15138	7979	7159	746	396	350	1187	273	914
17371	9061	8310	699	341	358	1445	333	1112
15136	7699	7437	604	279	325	1412	293	1119
141171	**78174**	**62997**	**3511**	**1801**	**1710**	**46868**	**11047**	**35821**

C-5-3a 续表 1

受教育程度 年　　龄	15岁及以上人口			未　　婚		
	合计	男	女	小计	男	女
未上过学	**9150**	**2455**	**6695**	**911**	**620**	**291**
15-19岁	**90**	**53**	**37**	**88**	**53**	**35**
15	15	10	5	15	10	5
16	17	10	7	17	10	7
17	15	7	8	15	7	8
18	22	13	9	22	13	9
19	21	13	8	19	13	6
20-24岁	**109**	**63**	**46**	**100**	**62**	**38**
20	22	11	11	20	11	9
21	24	16	8	24	16	8
22	20	13	7	20	13	7
23	20	12	8	17	12	5
24	23	11	12	19	10	9
25-29岁	**133**	**65**	**68**	**94**	**54**	**40**
25	28	16	12	26	15	11
26	20	8	12	13	7	6
27	27	13	14	20	13	7
28	26	15	11	15	10	5
29	32	13	19	20	9	11
30-34岁	**210**	**116**	**94**	**102**	**66**	**36**
30	35	16	19	17	11	6
31	59	36	23	27	18	9
32	39	25	14	21	14	7
33	42	23	19	19	14	5
34	35	16	19	18	9	9
35-39岁	**185**	**97**	**88**	**85**	**55**	**30**
35	33	17	16	14	9	5
36	28	14	14	9	6	3
37	34	18	16	20	13	7
38	39	24	15	19	13	6
39	51	24	27	23	14	9
40-44岁	**214**	**103**	**111**	**68**	**42**	**26**
40	36	17	19	11	7	4
41	41	19	22	14	8	6
42	37	17	20	10	6	4
43	51	22	29	15	8	7
44	49	28	21	18	13	5
45-49岁	**318**	**142**	**176**	**93**	**65**	**28**
45	50	26	24	14	11	3
46	58	20	38	16	8	8
47	70	28	42	21	12	9
48	74	40	34	29	25	4
49	66	28	38	13	9	4
50-54岁	**449**	**161**	**288**	**62**	**44**	**18**
50	72	22	50	15	8	7
51	78	29	49	13	12	1
52	105	34	71	15	10	5
53	85	33	52	10	6	4
54	109	43	66	9	8	1
55-59岁	**473**	**142**	**331**	**42**	**36**	**6**
55	99	31	68	8	8	
56	116	31	85	9	6	3
57	118	37	81	12	9	3
58	104	33	71	8	8	
59	36	10	26	5	5	
60-64岁	**743**	**188**	**555**	**44**	**36**	**8**
60	72	16	56	2	2	
61	91	28	63	7	5	2
62	176	33	143	13	11	2
63	211	61	150	10	6	4
64	193	50	143	12	12	
65岁及以上	**6226**	**1325**	**4901**	**133**	**107**	**26**

单位：人

有配偶			离婚			丧偶		
小计	男	女	小计	男	女	小计	男	女
4381	**1401**	**2980**	**123**	**53**	**70**	**3735**	**381**	**3354**
2		**2**						
2		2						
9	**1**	**8**						
2		2						
3		3						
4	1	3						
39	**11**	**28**						
2	1	1						
7	1	6						
7		7						
11	5	6						
12	4	8						
106	**50**	**56**	**2**		**2**			
18	5	13						
32	18	14						
17	11	6	1		1			
22	9	13	1		1			
17	7	10						
95	**40**	**55**	**3**	**1**	**2**	**2**	**1**	**1**
18	7	11	1	1				
19	8	11						
14	5	9						
18	11	7	1		1	1		1
26	9	17	1		1	1	1	
137	**53**	**84**	**9**	**8**	**1**			
24	9	15	1	1				
25	9	16	2	2				
26	10	16	1	1				
33	12	21	3	2	1			
29	13	16	2	2				
205	**67**	**138**	**18**	**10**	**8**	**2**		**2**
35	14	21	1	1				
40	11	29	2	1	1			
41	14	27	6	2	4	2		2
41	13	28	4	2	2			
48	15	33	5	4	1			
353	**109**	**244**	**15**	**7**	**8**	**19**	**1**	**18**
53	13	40	3	1	2	1		1
62	16	46	2	1	1	1		1
82	24	58	2		2	6		6
70	25	45	4	2	2	1		1
86	31	55	4	3	1	10	1	9
381	**94**	**287**	**13**	**7**	**6**	**37**	**5**	**32**
82	21	61	3	1	2	6	1	5
95	19	76	6	4	2	6	2	4
94	25	69	2	1	1	10	2	8
85	25	60				11		11
25	4	21	2	1	1	4		4
573	**136**	**437**	**17**	**6**	**11**	**109**	**10**	**99**
62	12	50	2	1	1	6	1	5
74	23	51	1		1	9		9
136	18	118	4	2	2	23	2	21
168	49	119	5	3	2	28	3	25
133	34	99	5		5	43	4	39
2481	**840**	**1641**	**46**	**14**	**32**	**3566**	**364**	**3202**

C-5-3a 续表 2

受教育程度 年　　龄	15岁及以上人口			未　　婚		
	合计	男	女	小计	男	女
学前教育	**1052**	**424**	**628**	**173**	**102**	**71**
15-19岁	**77**	**49**	**28**	**76**	**48**	**28**
15	33	20	13	33	20	13
16	12	11	1	12	11	1
17	11	7	4	11	7	4
18	14	10	4	13	9	4
19	7	1	6	7	1	6
20-24岁	**28**	**13**	**15**	**26**	**13**	**13**
20	5	2	3	5	2	3
21	6	3	3	6	3	3
22	8	5	3	7	5	2
23	4	2	2	4	2	2
24	5	1	4	4	1	3
25-29岁	**32**	**12**	**20**	**18**	**9**	**9**
25	7	2	5	5	2	3
26	3	1	2	3	1	2
27	5	2	3	5	2	3
28	9	3	6	2	2	
29	8	4	4	3	2	1
30-34岁	**46**	**14**	**32**	**13**	**7**	**6**
30	11	3	8	2	1	1
31	6	3	3	2	2	
32	9	2	7	3	2	1
33	11	1	10	5	1	4
34	9	5	4	1	1	
35-39岁	**39**	**18**	**21**	**8**	**6**	**2**
35	7	4	3	1	1	
36	7	3	4	1	1	
37	10	3	7	2	2	
38	12	6	6	4	2	2
39	3	2	1			
40-44岁	**30**	**11**	**19**	**9**	**5**	**4**
40	3	2	1	2	2	
41	8	2	6	1	1	
42	10	4	6	4	2	2
43	4	1	3	1		1
44	5	2	3	1		1
45-49岁	**30**	**18**	**12**	**3**	**3**	
45	6	4	2			
46	7	5	2	2	2	
47	5	2	3			
48	6	3	3			
49	6	4	2	1	1	
50-54岁	**61**	**23**	**38**	**5**	**3**	**2**
50	12	5	7	2	1	1
51	7	3	4	2	1	1
52	17	9	8			
53	15	3	12	1	1	
54	10	3	7			
55-59岁	**69**	**24**	**45**	**1**	**1**	
55	13	5	8	1	1	
56	12	4	8			
57	19	4	15			
58	17	7	10			
59	8	4	4			
60-64岁	**80**	**32**	**48**	**6**	**4**	**2**
60	11	5	6	2	1	1
61	10	5	5			
62	19	7	12	1	1	
63	16	5	11	2	1	1
64	24	10	14	1	1	
65岁及以上	**560**	**210**	**350**	**8**	**3**	**5**

单位：人

有配偶			离婚			丧偶		
小计	男	女	小计	男	女	小计	男	女
608	**254**	**354**	**20**	**7**	**13**	**251**	**61**	**190**
1	**1**							
1	1							
2		**2**						
1		1						
1		1						
14	**3**	**11**						
2		2						
7	1	6						
5	2	3						
31	**7**	**24**	**2**		**2**			
9	2	7						
4	1	3						
6		6						
5		5	1		1			
7	4	3	1		1			
30	**11**	**19**	**1**	**1**				
6	3	3						
6	2	4						
8	1	7						
7	3	4	1	1				
3	2	1						
20	**6**	**14**	**1**		**1**			
1		1						
6	1	5	1		1			
6	2	4						
3	1	2						
4	2	2						
25	**14**	**11**	**2**	**1**	**1**			
6	4	2						
5	3	2						
4	2	2	1		1			
5	2	3	1	1				
5	3	2						
53	**19**	**34**	**2**	**1**	**1**	**1**		**1**
9	3	6	1	1				
5	2	3						
16	9	7				1		1
13	2	11	1		1			
10	3	7						
62	**23**	**39**	**3**		**3**	**3**		**3**
12	4	8						
11	4	7				1		1
16	4	12	2		2	1		1
15	7	8	1		1	1		1
8	4	4						
63	**23**	**40**				**11**	**5**	**6**
9	4	5						
6	2	4				4	3	1
17	6	11				1		1
11	3	8				3	1	2
20	8	12				3	1	2
307	**147**	**160**	**9**	**4**	**5**	**236**	**56**	**180**

C-5-3a 续表 3

受教育程度 年龄	15岁及以上人口			未婚		
	合计	男	女	小计	男	女
小学	**140959**	**58470**	**82489**	**4286**	**3204**	**1082**
15-19岁	**363**	**219**	**144**	**356**	**217**	**139**
15	48	27	21	48	27	21
16	60	34	26	58	34	24
17	72	48	24	70	48	22
18	78	44	34	76	42	34
19	105	66	39	104	66	38
20-24岁	**523**	**289**	**234**	**432**	**264**	**168**
20	94	50	44	89	49	40
21	89	52	37	80	51	29
22	109	59	50	86	53	33
23	88	53	35	74	46	28
24	143	75	68	103	65	38
25-29岁	**864**	**452**	**412**	**356**	**259**	**97**
25	119	66	53	62	46	16
26	114	58	56	56	37	19
27	160	87	73	72	56	16
28	203	112	91	87	63	24
29	268	129	139	79	57	22
30-34岁	**2230**	**1105**	**1125**	**406**	**320**	**86**
30	430	212	218	104	83	21
31	429	218	211	80	60	20
32	437	210	227	70	54	16
33	503	251	252	88	72	16
34	431	214	217	64	51	13
35-39岁	**2196**	**1036**	**1160**	**269**	**208**	**61**
35	408	194	214	54	42	12
36	429	204	225	61	48	13
37	418	208	210	48	36	12
38	524	236	288	61	46	15
39	417	194	223	45	36	9
40-44岁	**3427**	**1547**	**1880**	**246**	**176**	**70**
40	437	182	255	43	29	14
41	646	293	353	49	27	22
42	652	296	356	50	41	9
43	713	344	369	46	34	12
44	979	432	547	58	45	13
45-49岁	**7783**	**3346**	**4437**	**400**	**305**	**95**
45	1106	509	597	78	57	21
46	1474	652	822	78	62	16
47	1552	668	884	77	52	25
48	1729	726	1003	86	71	15
49	1922	791	1131	81	63	18
50-54岁	**16948**	**7079**	**9869**	**452**	**356**	**96**
50	2697	1104	1593	93	73	20
51	3288	1441	1847	103	82	21
52	3961	1573	2388	107	79	28
53	3183	1362	1821	75	57	18
54	3819	1599	2220	74	65	9
55-59岁	**16465**	**6683**	**9782**	**344**	**263**	**81**
55	3827	1631	2196	85	65	20
56	3845	1512	2333	74	57	17
57	4347	1792	2555	91	67	24
58	3088	1246	1842	60	47	13
59	1358	502	856	34	27	7
60-64岁	**16414**	**6883**	**9531**	**271**	**232**	**39**
60	2180	897	1283	38	33	5
61	2342	1035	1307	48	44	4
62	3436	1493	1943	49	40	9
63	4285	1793	2492	76	66	10
64	4171	1665	2506	60	49	11
65岁及以上	**73746**	**29831**	**43915**	**754**	**604**	**150**

单位：人

有配偶			离婚			丧偶		
小计	男	女	小计	男	女	小计	男	女
105568	**47866**	**57702**	**3280**	**1616**	**1664**	**27825**	**5784**	**22041**
7	**2**	**5**						
2		2						
2		2						
2	2							
1		1						
89	**24**	**65**	**2**	**1**	**1**			
5	1	4						
9	1	8						
23	6	17						
13	7	6	1		1			
39	9	30	1	1				
486	**186**	**300**	**22**	**7**	**15**			
57	20	37						
57	21	36	1		1			
81	30	51	7	1	6			
109	44	65	7	5	2			
182	71	111	7	1	6			
1758	**757**	**1001**	**63**	**28**	**35**	**3**		**3**
313	123	190	13	6	7			
337	152	185	12	6	6			
354	151	203	12	5	7	1		1
405	175	230	10	4	6			
349	156	193	16	7	9	2		2
1835	**787**	**1048**	**85**	**40**	**45**	**7**	**1**	**6**
338	144	194	13	7	6	3	1	2
357	153	204	10	3	7	1		1
347	162	185	22	10	12	1		1
446	180	266	16	10	6	1		1
347	148	199	24	10	14	1		1
2985	**1268**	**1717**	**173**	**96**	**77**	**23**	**7**	**16**
376	144	232	15	9	6	3		3
560	247	313	37	19	18			
572	241	331	26	14	12	4		4
615	276	339	46	29	17	6	5	1
862	360	502	49	25	24	10	2	8
6939	**2859**	**4080**	**327**	**161**	**166**	**117**	**21**	**96**
966	422	544	50	29	21	12	1	11
1318	557	761	63	31	32	15	2	13
1393	580	813	64	34	30	18	2	16
1549	622	927	63	26	37	31	7	24
1713	678	1035	87	41	46	41	9	32
15295	**6329**	**8966**	**644**	**298**	**346**	**557**	**96**	**461**
2457	976	1481	99	51	48	48	4	44
2972	1283	1689	130	61	69	83	15	68
3537	1404	2133	170	63	107	147	27	120
2889	1226	1663	112	60	52	107	19	88
3440	1440	2000	133	63	70	172	31	141
14626	**5988**	**8638**	**541**	**270**	**271**	**954**	**162**	**792**
3436	1475	1961	131	69	62	175	22	153
3435	1357	2078	135	66	69	201	32	169
3857	1603	2254	133	69	64	266	53	213
2712	1116	1596	99	47	52	217	36	181
1186	437	749	43	19	24	95	19	76
13955	**6073**	**7882**	**465**	**241**	**224**	**1723**	**337**	**1386**
1884	793	1091	81	37	44	177	34	143
2008	913	1095	82	37	45	204	41	163
2913	1304	1609	105	63	42	369	86	283
3627	1575	2052	94	47	47	488	105	383
3523	1488	2035	103	57	46	485	71	414
47593	**23593**	**24000**	**958**	**474**	**484**	**24441**	**5160**	**19281**

C-5-3a 续表 4

受教育程度 年龄	15岁及以上人口			未婚		
	合计	男	女	小计	男	女
初 中	**446438**	**216875**	**229563**	**36488**	**23951**	**12537**
15-19岁	**12541**	**7196**	**5345**	**12438**	**7174**	**5264**
15	5797	3271	2526	5792	3270	2522
16	2651	1517	1134	2649	1517	1132
17	1538	884	654	1519	878	641
18	1228	734	494	1209	728	481
19	1327	790	537	1269	781	488
20-24岁	**7769**	**4384**	**3385**	**5949**	**3937**	**2012**
20	1205	715	490	1093	699	394
21	1313	777	536	1134	742	392
22	1651	950	701	1304	868	436
23	1694	955	739	1229	839	390
24	1906	987	919	1189	789	400
25-29岁	**14952**	**7598**	**7354**	**5321**	**3843**	**1478**
25	2119	1128	991	1182	830	352
26	2215	1161	1054	1004	704	300
27	2689	1349	1340	1001	710	291
28	3255	1621	1634	981	741	240
29	4674	2339	2335	1153	858	295
30-34岁	**37532**	**17904**	**19628**	**5048**	**3702**	**1346**
30	6977	3390	3587	1399	1022	377
31	7234	3434	3800	1170	846	324
32	7293	3459	3834	935	681	254
33	8429	4007	4422	868	641	227
34	7599	3614	3985	676	512	164
35-39岁	**39093**	**18305**	**20788**	**2260**	**1574**	**686**
35	6996	3315	3681	498	359	139
36	7490	3498	3992	482	345	137
37	7748	3630	4118	424	285	139
38	9114	4258	4856	503	338	165
39	7745	3604	4141	353	247	106
40-44岁	**41821**	**19665**	**22156**	**1391**	**931**	**460**
40	7147	3275	3872	279	183	96
41	8518	4043	4475	298	202	96
42	8164	3864	4300	300	205	95
43	8323	3946	4377	256	163	93
44	9669	4537	5132	258	178	80
45-49岁	**61380**	**29003**	**32377**	**1490**	**1031**	**459**
45	10917	5175	5742	275	190	85
46	12329	5756	6573	309	217	92
47	12567	5912	6655	314	211	103
48	12908	6159	6749	301	210	91
49	12659	6001	6658	291	203	88
50-54岁	**73512**	**34478**	**39034**	**1132**	**792**	**340**
50	15055	7012	8043	303	210	93
51	14606	6905	7701	263	190	73
52	16832	7856	8976	205	147	58
53	12659	5981	6678	170	118	52
54	14360	6724	7636	191	127	64
55-59岁	**57795**	**27474**	**30321**	**636**	**446**	**190**
55	14228	6810	7418	180	134	46
56	13751	6473	7278	151	99	52
57	15678	7468	8210	158	106	52
58	9884	4699	5185	102	75	27
59	4254	2024	2230	45	32	13
60-64岁	**32623**	**16304**	**16319**	**280**	**186**	**94**
60	5722	2756	2966	53	35	18
61	5160	2605	2555	43	30	13
62	6892	3566	3326	61	40	21
63	7827	3930	3897	61	34	27
64	7022	3447	3575	62	47	15
65岁及以上	**67420**	**34564**	**32856**	**543**	**335**	**208**

单位：人

有配偶			离婚			丧偶		
小计	男	女	小计	男	女	小计	男	女
373470	**180095**	**193375**	**17157**	**7981**	**9176**	**19323**	**4848**	**14475**
102	**22**	**80**	**1**		**1**			
5	1	4						
2		2						
19	6	13						
19	6	13						
57	9	48	1		1			
1792	**437**	**1355**	**28**	**10**	**18**			
112	16	96						
177	34	143	2	1	1			
344	82	262	3		3			
456	112	344	9	4	5			
703	193	510	14	5	9			
9375	**3637**	**5738**	**248**	**117**	**131**	**8**	**1**	**7**
921	291	630	16	7	9			
1185	446	739	26	11	15			
1645	619	1026	42	20	22	1		1
2218	851	1367	53	29	24	3		3
3406	1430	1976	111	50	61	4	1	3
31302	**13654**	**17648**	**1122**	**538**	**584**	**60**	**10**	**50**
5415	2302	3113	149	64	85	14	2	12
5859	2483	3376	197	101	96	8	4	4
6131	2678	3453	215	99	116	12	1	11
7257	3234	4023	291	131	160	13	1	12
6640	2957	3683	270	143	127	13	2	11
35156	**15932**	**19224**	**1596**	**783**	**813**	**81**	**16**	**65**
6221	2819	3402	266	135	131	11	2	9
6681	3002	3679	315	148	167	12	3	9
6982	3188	3794	325	153	172	17	4	13
8203	3722	4481	388	193	195	20	5	15
7069	3201	3868	302	154	148	21	2	19
38267	**17764**	**20503**	**1968**	**935**	**1033**	**195**	**35**	**160**
6509	2922	3587	325	162	163	34	8	26
7803	3651	4152	385	184	201	32	6	26
7470	3485	3985	370	172	198	24	2	22
7595	3583	4012	421	191	230	51	9	42
8890	4123	4767	467	226	241	54	10	44
56467	**26629**	**29838**	**2866**	**1259**	**1607**	**557**	**84**	**473**
10038	4730	5308	533	239	294	71	16	55
11336	5284	6052	583	244	339	101	11	90
11576	5435	6141	571	250	321	106	16	90
11883	5670	6213	594	257	337	130	22	108
11634	5510	6124	585	269	316	149	19	130
67297	**31881**	**35416**	**3549**	**1534**	**2015**	**1534**	**271**	**1263**
13783	6433	7350	743	332	411	226	37	189
13348	6354	6994	718	305	413	277	56	221
15487	7305	8182	800	343	457	340	61	279
11588	5530	6058	606	272	334	295	61	234
13091	6259	6832	682	282	400	396	56	340
52035	**25342**	**26693**	**2832**	**1279**	**1553**	**2292**	**407**	**1885**
12847	6274	6573	737	326	411	464	76	388
12441	6000	6441	668	289	379	491	85	406
14090	6870	7220	774	373	401	656	119	537
8894	4354	4540	425	186	239	463	84	379
3763	1844	1919	228	105	123	218	43	175
28656	**14852**	**13804**	**1429**	**734**	**695**	**2258**	**532**	**1726**
5040	2501	2539	298	145	153	331	75	256
4526	2361	2165	247	134	113	344	80	264
6064	3242	2822	305	174	131	462	110	352
6909	3610	3299	296	153	143	561	133	428
6117	3138	2979	283	128	155	560	134	426
53021	**29945**	**23076**	**1518**	**792**	**726**	**12338**	**3492**	**8846**

C-5-3a 续表 5

受教育程度 年 龄	15岁及以上人口 合计	男	女	未婚 小计	男	女
高 中	**451786**	**233180**	**218606**	**118628**	**69693**	**48935**
15–19 岁	**74118**	**40783**	**33335**	**74028**	**40761**	**33267**
15	19200	10291	8909	19197	10290	8907
16	23623	12613	11010	23617	12610	11007
17	18024	9998	8026	18014	9997	8017
18	8302	4883	3419	8279	4878	3401
19	4969	2998	1971	4921	2986	1935
20–24 岁	**20025**	**11335**	**8690**	**17120**	**10572**	**6548**
20	4064	2387	1677	3918	2364	1554
21	3689	2132	1557	3428	2081	1347
22	4053	2235	1818	3484	2093	1391
23	3991	2266	1725	3193	2046	1147
24	4228	2315	1913	3097	1988	1109
25–29 岁	**28161**	**14613**	**13548**	**11887**	**8150**	**3737**
25	4463	2475	1988	2836	1902	934
26	4392	2362	2030	2370	1616	754
27	5158	2696	2462	2269	1594	675
28	6012	3026	2986	2180	1497	683
29	8136	4054	4082	2232	1541	691
30–34 岁	**56836**	**27443**	**29393**	**8467**	**5747**	**2720**
30	11647	5715	5932	2569	1786	783
31	11878	5762	6116	2010	1374	636
32	11106	5333	5773	1526	1044	482
33	12057	5759	6298	1361	906	455
34	10148	4874	5274	1001	637	364
35–39 岁	**47191**	**22960**	**24231**	**2943**	**1839**	**1104**
35	9172	4498	4674	732	483	249
36	8961	4298	4663	625	390	235
37	9241	4482	4759	580	345	235
38	10961	5356	5605	593	367	226
39	8856	4326	4530	413	254	159
40–44 岁	**43451**	**21475**	**21976**	**1538**	**959**	**579**
40	8256	4030	4226	361	232	129
41	9270	4589	4681	343	215	128
42	8432	4160	4272	287	175	112
43	8348	4140	4208	264	159	105
44	9145	4556	4589	283	178	105
45–49 岁	**48767**	**25234**	**23533**	**1236**	**771**	**465**
45	9584	4845	4739	303	176	127
46	10258	5165	5093	267	166	101
47	9900	5168	4732	243	160	83
48	9734	5175	4559	212	132	80
49	9291	4881	4410	211	137	74
50–54 岁	**41289**	**21494**	**19795**	**746**	**491**	**255**
50	10060	5168	4892	227	142	85
51	8710	4613	4097	157	106	51
52	9245	4838	4407	165	118	47
53	6391	3302	3089	97	62	35
54	6883	3573	3310	100	63	37
55–59 岁	**38625**	**19649**	**18976**	**381**	**246**	**135**
55	7540	3980	3560	77	55	22
56	8587	4335	4252	91	59	32
57	11006	5559	5447	105	68	37
58	7729	3963	3766	74	39	35
59	3763	1812	1951	34	25	9
60–64 岁	**24120**	**12366**	**11754**	**143**	**81**	**62**
60	5030	2517	2513	46	26	20
61	4354	2171	2183	29	16	13
62	4976	2605	2371	23	12	11
63	5428	2827	2601	25	15	10
64	4332	2246	2086	20	12	8
65 岁及以上	**29203**	**15828**	**13375**	**139**	**76**	**63**

单位：人

有配偶			离婚			丧偶		
小计	男	女	小计	男	女	小计	男	女
309283	**154573**	**154710**	**15805**	**6926**	**8879**	**8070**	**1988**	**6082**
90	**22**	**68**						
3	1	2						
6	3	3						
10	1	9						
23	5	18						
48	12	36						
2888	**762**	**2126**	**16**	**1**	**15**	**1**		**1**
144	23	121	2		2			
260	51	209	1		1			
567	142	425	2		2			
796	219	577	2	1	1			
1121	327	794	9		9	1		1
15927	**6325**	**9602**	**337**	**137**	**200**	**10**	**1**	**9**
1604	562	1042	23	11	12			
1978	732	1246	42	14	28	2		2
2825	1082	1743	61	20	41	3		3
3757	1503	2254	74	26	48	1		1
5763	2446	3317	137	66	71	4	1	3
46786	**21011**	**25775**	**1535**	**677**	**858**	**48**	**8**	**40**
8836	3833	5003	233	95	138	9	1	8
9576	4247	5329	288	141	147	4		4
9252	4145	5107	321	144	177	7		7
10335	4698	5637	347	149	198	14	6	8
8787	4088	4699	346	148	198	14	1	13
42228	**20236**	**21992**	**1925**	**864**	**1061**	**95**	**21**	**74**
8082	3846	4236	343	164	179	15	5	10
7967	3741	4226	354	167	187	15		15
8260	3971	4289	385	162	223	16	4	12
9887	4766	5121	458	218	240	23	5	18
8032	3912	4120	385	153	232	26	7	19
39496	**19451**	**20045**	**2280**	**1038**	**1242**	**137**	**27**	**110**
7501	3614	3887	375	179	196	19	5	14
8413	4141	4272	487	226	261	27	7	20
7665	3768	3897	456	214	242	24	3	21
7598	3770	3828	457	204	253	29	7	22
8319	4158	4161	505	215	290	38	5	33
44347	**23173**	**21174**	**2855**	**1235**	**1620**	**329**	**55**	**274**
8687	4422	4265	552	240	312	42	7	35
9345	4735	4610	589	257	332	57	7	50
8995	4746	4249	590	251	339	72	11	61
8890	4787	4103	556	243	313	76	13	63
8430	4483	3947	568	244	324	82	17	65
37318	**19788**	**17530**	**2645**	**1085**	**1560**	**580**	**130**	**450**
9091	4733	4358	639	271	368	103	22	81
7877	4260	3617	573	226	347	103	21	82
8351	4457	3894	592	234	358	137	29	108
5779	3045	2734	411	176	235	104	19	85
6220	3293	2927	430	178	252	133	39	94
34726	**18195**	**16531**	**2371**	**986**	**1385**	**1147**	**222**	**925**
6865	3691	3174	433	196	237	165	38	127
7701	4015	3686	562	217	345	233	44	189
9887	5156	4731	671	273	398	343	62	281
6914	3670	3244	478	204	274	263	50	213
3359	1663	1696	227	96	131	143	28	115
21502	**11452**	**10050**	**1177**	**549**	**628**	**1298**	**284**	**1014**
4457	2299	2158	312	146	166	215	46	169
3866	1998	1868	213	109	104	246	48	198
4424	2415	2009	256	119	137	273	59	214
4865	2639	2226	232	105	127	306	68	238
3890	2101	1789	164	70	94	258	63	195
23975	**14158**	**9817**	**664**	**354**	**310**	**4425**	**1240**	**3185**

C-5-3a 续表 6

受教育程度 年龄	15岁及以上人口			未婚		
	合计	男	女	小计	男	女
大学专科	**263339**	**133429**	**129910**	**94592**	**50208**	**44384**
15-19岁	**30929**	**15333**	**15596**	**30903**	**15327**	**15576**
15	779	412	367	778	412	366
16	1535	748	787	1535	748	787
17	3730	1690	2040	3726	1688	2038
18	10468	5241	5227	10461	5238	5223
19	14417	7242	7175	14403	7241	7162
20-24岁	**38682**	**19204**	**19478**	**36321**	**18601**	**17720**
20	12216	6310	5906	12164	6299	5865
21	7865	3910	3955	7678	3875	3803
22	6868	3250	3618	6476	3176	3300
23	5991	2978	3013	5347	2809	2538
24	5742	2756	2986	4656	2442	2214
25-29岁	**29984**	**14567**	**15417**	**15440**	**9167**	**6273**
25	5639	2761	2878	4068	2296	1772
26	5261	2556	2705	3316	1918	1398
27	5723	2810	2913	3056	1862	1194
28	5966	2902	3064	2517	1554	963
29	7395	3538	3857	2483	1537	946
30-34岁	**46645**	**21837**	**24808**	**8056**	**4883**	**3173**
30	10049	4714	5335	2521	1546	975
31	9954	4593	5361	1957	1205	752
32	9120	4271	4849	1521	916	605
33	9515	4487	5028	1201	708	493
34	8007	3772	4235	856	508	348
35-39岁	**32439**	**15690**	**16749**	**2220**	**1280**	**940**
35	6652	3216	3436	591	345	246
36	6454	3096	3358	506	306	200
37	6356	3056	3300	418	225	193
38	7195	3492	3703	426	252	174
39	5782	2830	2952	279	152	127
40-44岁	**23020**	**11728**	**11292**	**777**	**449**	**328**
40	4846	2418	2428	249	144	105
41	4943	2545	2398	181	100	81
42	4559	2325	2234	134	77	57
43	4255	2183	2072	124	72	52
44	4417	2257	2160	89	56	33
45-49岁	**20444**	**10919**	**9525**	**488**	**276**	**212**
45	4499	2348	2151	106	63	43
46	4214	2256	1958	115	63	52
47	4093	2183	1910	94	48	46
48	3904	2124	1780	87	56	31
49	3734	2008	1726	86	46	40
50-54岁	**14299**	**8008**	**6291**	**205**	**124**	**81**
50	3793	2077	1716	62	42	20
51	3088	1736	1352	38	23	15
52	3126	1745	1381	47	28	19
53	2025	1156	869	30	17	13
54	2267	1294	973	28	14	14
55-59岁	**10832**	**6292**	**4540**	**110**	**61**	**49**
55	2427	1397	1030	21	10	11
56	2547	1466	1081	26	16	10
57	3012	1727	1285	30	18	12
58	1879	1123	756	19	10	9
59	967	579	388	14	7	7
60-64岁	**5589**	**3326**	**2263**	**30**	**17**	**13**
60	1037	609	428	6	2	4
61	894	536	358	1		1
62	1179	684	495	8	7	1
63	1327	811	516	7	4	3
64	1152	686	466	8	4	4
65岁及以上	**10476**	**6525**	**3951**	**42**	**23**	**19**

单位：人

有配偶			离婚			丧偶		
小计	男	女	小计	男	女	小计	男	女
159999	**79917**	**80082**	**6799**	**2712**	**4087**	**1949**	**592**	**1357**
26	**6**	**20**						
1		1						
4	2	2						
7	3	4						
14	1	13						
2343	**600**	**1743**	**18**	**3**	**15**			
51	11	40	1		1			
184	34	150	3	1	2			
390	74	316	2		2			
640	168	472	4	1	3			
1078	313	765	8	1	7			
14320	**5317**	**9003**	**220**	**83**	**137**	**4**		**4**
1554	459	1095	16	6	10	1		1
1917	629	1288	28	9	19			
2632	935	1697	35	13	22			
3403	1331	2072	46	17	29			
4814	1963	2851	95	38	57	3		3
37555	**16584**	**20971**	**1011**	**366**	**645**	**23**	**4**	**19**
7374	3105	4269	151	62	89	3	1	2
7801	3318	4483	193	70	123	3		3
7411	3298	4113	185	57	128	3		3
8074	3691	4383	237	86	151	3	2	1
6895	3172	3723	245	91	154	11	1	10
28918	**13896**	**15022**	**1264**	**510**	**754**	**37**	**4**	**33**
5829	2780	3049	229	91	138	3		3
5699	2698	3001	239	91	148	10	1	9
5674	2728	2946	260	103	157	4		4
6459	3110	3349	298	130	168	12		12
5257	2580	2677	238	95	143	8	3	5
21001	**10779**	**10222**	**1179**	**489**	**690**	**63**	**11**	**52**
4374	2184	2190	212	88	124	11	2	9
4502	2338	2164	243	104	139	17	3	14
4178	2144	2034	234	101	133	13	3	10
3877	2008	1869	243	103	140	11		11
4070	2105	1965	247	93	154	11	3	8
18689	**10163**	**8526**	**1191**	**470**	**721**	**76**	**10**	**66**
4116	2179	1937	268	105	163	9	1	8
3863	2100	1763	221	92	129	15	1	14
3745	2049	1696	237	86	151	17		17
3571	1972	1599	227	92	135	19	4	15
3394	1863	1531	238	95	143	16	4	12
13105	**7516**	**5589**	**867**	**339**	**528**	**122**	**29**	**93**
3476	1950	1526	237	81	156	18	4	14
2835	1637	1198	192	71	121	23	5	18
2848	1627	1221	197	83	114	34	7	27
1868	1083	785	109	52	57	18	4	14
2078	1219	859	132	52	80	29	9	20
9921	**5940**	**3981**	**619**	**252**	**367**	**182**	**39**	**143**
2246	1334	912	126	48	78	34	5	29
2346	1386	960	141	56	85	34	8	26
2752	1631	1121	176	66	110	54	12	42
1702	1050	652	115	53	62	43	10	33
875	539	336	61	29	32	17	4	13
5140	**3142**	**1998**	**224**	**105**	**119**	**195**	**62**	**133**
950	586	364	45	15	30	36	6	30
834	505	329	38	21	17	21	10	11
1078	640	438	50	24	26	43	13	30
1224	765	459	54	26	28	42	16	26
1054	646	408	37	19	18	53	17	36
8981	**5974**	**3007**	**206**	**95**	**111**	**1247**	**433**	**814**

C-5-3a 续表 7

受教育程度 年龄	15岁及以上人口			未婚		
	合计	男	女	小计	男	女
大学本科	**226054**	**112964**	**113090**	**104539**	**49444**	**55095**
15-19岁	**28389**	**12667**	**15722**	**28377**	**12661**	**15716**
15	77	33	44	77	33	44
16	240	95	145	240	95	145
17	2330	890	1440	2330	890	1440
18	9644	4412	5232	9638	4408	5230
19	16098	7237	8861	16092	7235	8857
20-24岁	**51860**	**23833**	**28027**	**50941**	**23592**	**27349**
20	17180	7660	9520	17165	7656	9509
21	13993	6559	7434	13942	6549	7393
22	9224	4346	4878	9116	4318	4798
23	6208	2887	3321	5978	2826	3152
24	5255	2381	2874	4740	2243	2497
25-29岁	**28159**	**12674**	**15485**	**15865**	**8123**	**7742**
25	5270	2314	2956	4293	2025	2268
26	5212	2332	2880	3686	1840	1846
27	5124	2158	2966	3098	1643	1455
28	5645	2534	3111	2501	1344	1157
29	6608	3036	3572	2287	1271	1016
30-34岁	**38404**	**18073**	**20331**	**6727**	**3615**	**3112**
30	8418	3796	4622	2224	1212	1012
31	8176	3736	4440	1649	889	760
32	7647	3620	4027	1232	670	562
33	7726	3712	4014	963	484	479
34	6437	3209	3228	659	360	299
35-39岁	**26485**	**13756**	**12729**	**1738**	**970**	**768**
35	5547	2841	2706	486	271	215
36	5535	2867	2668	408	226	182
37	5339	2797	2542	332	189	143
38	5656	2927	2729	311	174	137
39	4408	2324	2084	201	110	91
40-44岁	**15800**	**8518**	**7282**	**480**	**249**	**231**
40	3632	1935	1697	160	77	83
41	3462	1831	1631	117	60	57
42	2975	1639	1336	76	38	38
43	2774	1470	1304	75	44	31
44	2957	1643	1314	52	30	22
45-49岁	**12945**	**7518**	**5427**	**220**	**132**	**88**
45	2878	1649	1229	48	28	20
46	2773	1547	1226	45	30	15
47	2602	1517	1085	51	28	23
48	2332	1370	962	36	21	15
49	2360	1435	925	40	25	15
50-54岁	**9612**	**5960**	**3652**	**105**	**53**	**52**
50	2410	1420	990	41	23	18
51	2073	1260	813	20	10	10
52	2136	1359	777	21	9	12
53	1400	894	506	10	5	5
54	1593	1027	566	13	6	7
55-59岁	**6763**	**4653**	**2110**	**44**	**26**	**18**
55	1692	1136	556	11	7	4
56	1735	1206	529	9	5	4
57	1870	1284	586	14	9	5
58	1044	737	307	9	4	5
59	422	290	132	1	1	
60-64岁	**2273**	**1570**	**703**	**20**	**11**	**9**
60	456	314	142	6	3	3
61	361	254	107	3	2	1
62	510	337	173	3	1	2
63	558	397	161	4	2	2
64	388	268	120	4	3	1
65岁及以上	**5364**	**3742**	**1622**	**22**	**12**	**10**

单位：人

有配偶			离婚			丧偶		
小计	男	女	小计	男	女	小计	男	女
117065	**61739**	**55326**	**3547**	**1403**	**2144**	**903**	**378**	**525**
12	**6**	**6**						
6	4	2						
6	2	4						
914	**240**	**674**	**4**	**1**	**3**	**1**		**1**
15	4	11						
51	10	41						
108	28	80						
227	61	166	2		2	1		1
513	137	376	2	1	1			
12171	**4506**	**7665**	**119**	**44**	**75**	**4**	**1**	**3**
967	285	682	9	3	6	1	1	
1513	487	1026	13	5	8			
2308	802	1506	18	13	5			
3107	1179	1928	36	11	25	1		1
4276	1753	2523	43	12	31	2		2
31088	**14266**	**16822**	**578**	**189**	**389**	**11**	**3**	**8**
6118	2563	3555	75	21	54	1		1
6423	2817	3606	100	28	72	4	2	2
6289	2905	3384	123	44	79	3	1	2
6614	3173	3441	148	55	93	1		1
5644	2808	2836	132	41	91	2		2
23909	**12481**	**11428**	**820**	**303**	**517**	**18**	**2**	**16**
4922	2514	2408	137	56	81	2		2
4971	2592	2379	150	49	101	6		6
4823	2532	2291	178	74	104	6	2	4
5137	2681	2456	206	72	134	2		2
4056	2162	1894	149	52	97	2		2
14693	**7997**	**6696**	**602**	**263**	**339**	**25**	**9**	**16**
3318	1785	1533	150	72	78	4	1	3
3230	1720	1510	110	49	61	5	2	3
2777	1547	1230	120	54	66	2		2
2583	1379	1204	110	44	66	6	3	3
2785	1566	1219	112	44	68	8	3	5
12102	**7151**	**4951**	**574**	**222**	**352**	**49**	**13**	**36**
2703	1569	1134	121	50	71	6	2	4
2589	1464	1125	128	48	80	11	5	6
2416	1441	975	124	45	79	11	3	8
2198	1315	883	88	33	55	10	1	9
2196	1362	834	113	46	67	11	2	9
9038	**5729**	**3309**	**406**	**169**	**237**	**63**	**9**	**54**
2243	1347	896	119	50	69	7		7
1949	1216	733	83	30	53	21	4	17
2008	1307	701	96	42	54	11	1	10
1325	867	458	52	20	32	13	2	11
1513	992	521	56	27	29	11	2	9
6388	**4489**	**1899**	**253**	**107**	**146**	**78**	**31**	**47**
1601	1094	507	57	27	30	23	8	15
1636	1165	471	78	30	48	12	6	6
1770	1241	529	64	23	41	22	11	11
982	708	274	36	21	15	17	4	13
399	281	118	18	6	12	4	2	2
2109	**1499**	**610**	**88**	**41**	**47**	**56**	**19**	**37**
423	296	127	21	13	8	6	2	4
336	244	92	14	4	10	8	4	4
468	321	147	24	12	12	15	3	12
519	381	138	18	7	11	17	7	10
363	257	106	11	5	6	10	3	7
4641	**3375**	**1266**	**103**	**64**	**39**	**598**	**291**	**307**

C-5-3a 续表 8

受教育程度 年 龄	15 岁及以上人口			未 婚		
	合计	男	女	小计	男	女
硕士研究生	**21702**	**10974**	**10728**	**8795**	**3976**	**4819**
15-19 岁	**67**	**50**	**17**	**67**	**50**	**17**
15						
16						
17	9	7	2	9	7	2
18	23	21	2	23	21	2
19	35	22	13	35	22	13
20-24 岁	**4127**	**1766**	**2361**	**4091**	**1756**	**2335**
20	63	31	32	63	31	32
21	261	89	172	261	89	172
22	919	387	532	915	384	531
23	1421	604	817	1413	604	809
24	1463	655	808	1439	648	791
25-29 岁	**4428**	**1908**	**2520**	**3323**	**1535**	**1788**
25	1224	519	705	1172	503	669
26	854	376	478	761	350	411
27	776	337	439	579	279	300
28	742	322	420	458	220	238
29	832	354	478	353	183	170
30-34 岁	**4784**	**2201**	**2583**	**993**	**489**	**504**
30	1019	421	598	340	161	179
31	1057	481	576	253	128	125
32	946	437	509	170	86	84
33	957	463	494	145	74	71
34	805	399	406	85	40	45
35-39 岁	**3475**	**1844**	**1631**	**237**	**105**	**132**
35	726	393	333	59	32	27
36	710	390	320	52	24	28
37	688	366	322	51	23	28
38	790	391	399	47	16	31
39	561	304	257	28	10	18
40-44 岁	**1828**	**1062**	**766**	**44**	**19**	**25**
40	475	246	229	16	4	12
41	435	255	180	8	4	4
42	329	194	135	13	6	7
43	307	191	116	4	3	1
44	282	176	106	3	2	1
45-49 岁	**1293**	**855**	**438**	**24**	**10**	**14**
45	280	175	105	7	2	5
46	305	198	107	9	5	4
47	274	188	86	3		3
48	227	152	75	3	2	1
49	207	142	65	2	1	1
50-54 岁	**789**	**560**	**229**	**12**	**8**	**4**
50	187	121	66	1	1	
51	180	132	48	2	2	
52	178	124	54	6	4	2
53	120	90	30	2		2
54	124	93	31	1	1	
55-59 岁	**609**	**486**	**123**	**4**	**4**	
55	147	104	43	1	1	
56	142	114	28	3	3	
57	183	157	26			
58	95	76	19			
59	42	35	7			
60-64 岁	**141**	**115**	**26**			
60	21	15	6			
61	30	26	4			
62	30	26	4			
63	33	28	5			
64	27	20	7			
65 岁及以上	**161**	**127**	**34**			

单位：人

有配偶			离婚			丧偶		
小计	男	女	小计	男	女	小计	男	女
12585	**6853**	**5732**	**288**	**129**	**159**	**34**	**16**	**18**
36	**10**	**26**						
4	3	1						
8		8						
24	7	17						
1092	**369**	**723**	**13**	**4**	**9**			
51	16	35	1		1			
93	26	67						
194	57	137	3	1	2			
280	101	179	4	1	3			
474	169	305	5	2	3			
3746	**1697**	**2049**	**45**	**15**	**30**			
678	260	418	1		1			
798	352	446	6	1	5			
761	344	417	15	7	8			
804	388	416	8	1	7			
705	353	352	15	6	9			
3157	**1703**	**1454**	**78**	**36**	**42**	**3**		**3**
656	356	300	11	5	6			
640	357	283	17	9	8	1		1
627	340	287	10	3	7			
722	366	356	19	9	10	2		2
512	284	228	21	10	11			
1724	**1018**	**706**	**59**	**24**	**35**	**1**	**1**	
447	235	212	12	7	5			
413	245	168	14	6	8			
299	180	119	16	7	9	1	1	
295	187	108	8	1	7			
270	171	99	9	3	6			
1228	**824**	**404**	**37**	**19**	**18**	**4**	**2**	**2**
266	170	96	7	3	4			
289	190	99	7	3	4			
263	184	79	7	3	4	1	1	
212	146	66	9	3	6	3	1	2
198	134	64	7	7				
743	**534**	**209**	**29**	**17**	**12**	**5**	**1**	**4**
179	117	62	7	3	4			
171	128	43	5	2	3	2		2
160	111	49	9	8	1	3	1	2
115	89	26	3	1	2			
118	89	29	5	3	2			
582	**470**	**112**	**18**	**10**	**8**	**5**	**2**	**3**
139	101	38	7	2	5			
136	109	27	3	2	1			
175	152	23	3	3		5	2	3
92	75	17	3	1	2			
40	33	7	2	2				
137	**114**	**23**	**3**	**1**	**2**	**1**		**1**
21	15	6						
29	26	3	1		1			
28	25	3	1	1		1		1
33	28	5						
26	20	6	1		1			
140	**114**	**26**	**6**	**3**	**3**	**15**	**10**	**5**

C-5-3a 续表 9

受教育程度 年 龄	15 岁及以上人口			未 婚		
	合计	男	女	小计	男	女
博士研究生	**3323**	**2136**	**1187**	**891**	**510**	**381**
15-19 岁	**4**	**1**	**3**	**4**	**1**	**3**
15						
16						
17						
18						
19	4	1	3	4	1	3
20-24 岁	**159**	**86**	**73**	**156**	**85**	**71**
20	8	5	3	8	5	3
21	5	3	2	5	3	2
22	22	12	10	22	12	10
23	49	24	25	49	24	25
24	75	42	33	72	41	31
25-29 岁	**597**	**343**	**254**	**469**	**266**	**203**
25	113	60	53	109	58	51
26	118	60	58	110	55	55
27	131	78	53	108	63	45
28	137	82	55	90	56	34
29	98	63	35	52	34	18
30-34 岁	**711**	**445**	**266**	**197**	**119**	**78**
30	164	107	57	83	53	30
31	153	85	68	45	26	19
32	131	79	52	32	21	11
33	139	90	49	20	12	8
34	124	84	40	17	7	10
35-39 岁	**588**	**351**	**237**	**38**	**22**	**16**
35	107	63	44	12	4	8
36	108	75	33	2	2	
37	104	55	49	8	6	2
38	131	76	55	10	7	3
39	138	82	56	6	3	3
40-44 岁	**454**	**296**	**158**	**14**	**8**	**6**
40	117	73	44	3	2	1
41	97	70	27	3	1	2
42	91	53	38	3	2	1
43	73	46	27	2		2
44	76	54	22	3	3	
45-49 岁	**324**	**222**	**102**	**7**	**4**	**3**
45	63	43	20	1	1	
46	73	53	20	2	1	1
47	78	52	26	2	1	1
48	62	43	19	1		1
49	48	31	17	1	1	
50-54 岁	**231**	**185**	**46**	**4**	**3**	**1**
50	54	43	11	3	2	1
51	59	45	14	1	1	
52	55	47	8			
53	28	21	7			
54	35	29	6			
55-59 岁	**172**	**139**	**33**	**1**	**1**	
55	51	38	13			
56	44	34	10			
57	47	40	7			
58	24	22	2	1	1	
59	6	5	1			
60-64 岁	**48**	**38**	**10**	**1**	**1**	
60	8	7	1			
61	3	3				
62	11	9	2			
63	16	12	4	1	1	
64	10	7	3			
65 岁及以上	**35**	**30**	**5**			

单位：人

有配偶			离婚			丧偶		
小计	男	女	小计	男	女	小计	男	女
2373	**1604**	**769**	**52**	**20**	**32**	**7**	**2**	**5**
3	**1**	**2**						
3	1	2						
128	**77**	**51**						
4	2	2						
8	5	3						
23	15	8						
47	26	21						
46	29	17						
511	**325**	**186**	**3**	**1**	**2**			
81	54	27						
108	59	49						
99	58	41						
119	78	41						
104	76	28	3	1	2			
538	**326**	**212**	**10**	**3**	**7**	**2**		**2**
93	58	35	2	1	1			
104	73	31	2		2			
92	48	44	2	1	1	2		2
117	68	49	4	1	3			
132	79	53						
424	**283**	**141**	**15**	**4**	**11**	**1**	**1**	
109	70	39	5	1	4			
93	69	24	1		1			
84	50	34	4	1	3			
67	44	23	3	1	2	1	1	
71	50	21	2	1	1			
309	**216**	**93**	**8**	**2**	**6**			
59	41	18	3	1	2			
69	52	17	2		2			
74	51	23	2		2			
61	43	18						
46	29	17	1	1				
218	**177**	**41**	**9**	**5**	**4**			
50	41	9	1		1			
56	44	12	2		2			
51	43	8	4	4				
28	21	7						
33	28	5	2	1	1			
165	**135**	**30**	**4**	**3**	**1**	**2**		**2**
50	38	12				1		1
41	32	9	3	2	1			
46	39	7	1	1				
23	21	2						
5	5					1		1
45	**36**	**9**	**2**	**1**	**1**			
7	7		1		1			
3	3							
10	8	2	1	1				
15	11	4						
10	7	3						
32	**28**	**4**	**1**	**1**		**2**	**1**	**1**

C-5-3b 全省分年龄、性别、受教育

受教育程度 年　　龄	15岁及以上人口			未　　婚		
	合计	男	女	小计	男	女
总　计	**1715700**	**860538**	**855162**	**350718**	**207886**	**142832**
15-19岁	**165285**	**89933**	**75352**	**164863**	**89834**	**75029**
15	36543	19421	17122	36539	19421	17118
16	40976	22146	18830	40956	22139	18817
17	33725	18303	15422	33682	18294	15388
18	27765	15406	12359	27652	15382	12270
19	26276	14657	11619	26034	14598	11436
20-24岁	**92885**	**48653**	**44232**	**82343**	**46028**	**36315**
20	21506	11674	9832	20993	11577	9416
21	18316	9791	8525	17340	9614	7726
22	18583	9643	8940	16707	9234	7473
23	17430	8898	8532	14498	8153	6345
24	17050	8647	8403	12805	7450	5355
25-29岁	**103267**	**50992**	**52275**	**45232**	**28941**	**16291**
25	17636	8732	8904	11507	6872	4635
26	16825	8352	8473	9272	5808	3464
27	18779	9244	9535	8336	5397	2939
28	21851	10775	11076	7926	5285	2641
29	28176	13889	14287	8191	5579	2612
30-34岁	**185342**	**89525**	**95817**	**28185**	**19905**	**8280**
30	39700	19012	20688	8936	6166	2770
31	38471	18625	19846	6696	4755	1941
32	36051	17398	18653	5076	3596	1480
33	38301	18587	19714	4326	3117	1209
34	32819	15903	16916	3151	2271	880
35-39岁	**151682**	**74782**	**76900**	**9441**	**6590**	**2851**
35	29329	14372	14957	2404	1671	733
36	29430	14435	14995	1947	1356	591
37	29532	14680	14852	1841	1288	553
38	34902	17297	17605	1845	1320	525
39	28489	13998	14491	1404	955	449
40-44岁	**137888**	**69321**	**68567**	**4780**	**3528**	**1252**
40	25864	12840	13024	1114	790	324
41	29223	14767	14456	1062	785	277
42	26415	13183	13232	921	678	243
43	25890	13034	12856	802	603	199
44	30496	15497	14999	881	672	209
45-49岁	**176852**	**89933**	**86919**	**4692**	**3722**	**970**
45	32745	16607	16138	968	744	224
46	36566	18499	18067	1046	811	235
47	35985	18386	17599	949	787	162
48	36000	18186	17814	895	722	173
49	35556	18255	17301	834	658	176
50-54岁	**191709**	**96184**	**95525**	**3556**	**2942**	**614**
50	40201	20248	19953	897	723	174
51	38021	19090	18931	766	628	138
52	44197	22239	21958	740	596	144
53	32071	16032	16039	557	491	66
54	37219	18575	18644	596	504	92
55-59岁	**155582**	**77883**	**77699**	**2142**	**1764**	**378**
55	36972	18338	18634	527	443	84
56	36185	18152	18033	509	406	103
57	42117	21130	20987	568	461	107
58	29681	15060	14621	393	331	62
59	10627	5203	5424	145	123	22
60-64岁	**96735**	**48839**	**47896**	**1525**	**1313**	**212**
60	15558	7764	7794	231	181	50
61	14880	7531	7349	235	203	32
62	20556	10514	10042	377	336	41
63	24542	12462	12080	354	308	46
64	21199	10568	10631	328	285	43
65岁及以上	**258473**	**124493**	**133980**	**3959**	**3319**	**640**

程度、婚姻状况的人口（镇）

单位：人

有配偶			离婚			丧偶		
小计	男	女	小计	男	女	小计	男	女
1228715	**606604**	**622111**	**38545**	**20589**	**17956**	**97722**	**25459**	**72263**
415	**97**	**318**	**7**	**2**	**5**			
4		4						
20	7	13						
40	9	31	3		3			
112	24	88	1		1			
239	57	182	3	2	1			
10411	**2578**	**7833**	**125**	**45**	**80**	**6**	**2**	**4**
504	93	411	8	3	5	1	1	
966	173	793	8	3	5	2	1	1
1851	403	1448	24	6	18	1		1
2905	733	2172	26	12	14	1		1
4185	1176	3009	59	21	38	1		1
56743	**21517**	**35226**	**1240**	**527**	**713**	**52**	**7**	**45**
6045	1824	4221	80	36	44	4		4
7421	2507	4914	126	37	89	6		6
10243	3766	6477	189	77	112	11	4	7
13605	5360	8245	310	128	182	10	2	8
19429	8060	11369	535	249	286	21	1	20
152097	**67150**	**84947**	**4841**	**2431**	**2410**	**219**	**39**	**180**
29941	12465	17476	797	378	419	26	3	23
30781	13369	17412	957	488	469	37	13	24
29924	13296	16628	1006	500	506	45	6	39
32864	14917	17947	1064	545	519	47	8	39
28587	13103	15484	1017	520	497	64	9	55
136108	**64920**	**71188**	**5743**	**3185**	**2558**	**390**	**87**	**303**
25824	12114	13710	1044	575	469	57	12	45
26368	12459	13909	1052	601	451	63	19	44
26517	12771	13746	1093	605	488	81	16	65
31521	15152	16369	1443	808	635	93	17	76
25878	12424	13454	1111	596	515	96	23	73
126585	**62598**	**63987**	**5780**	**3053**	**2727**	**743**	**142**	**601**
23589	11450	12139	1075	579	496	86	21	65
26775	13279	13496	1252	676	576	134	27	107
24249	11938	12311	1101	548	553	144	19	125
23800	11820	11980	1116	579	537	172	32	140
28172	14111	14061	1236	671	565	207	43	164
163431	**82155**	**81276**	**6878**	**3645**	**3233**	**1851**	**411**	**1440**
30221	15128	15093	1305	683	622	251	52	199
33768	16830	16938	1442	790	652	310	68	242
33258	16776	16482	1425	753	672	353	70	283
33268	16658	16610	1408	708	700	429	98	331
32916	16763	16153	1298	711	587	508	123	385
177433	**88911**	**88522**	**6024**	**3253**	**2771**	**4696**	**1078**	**3618**
37189	18615	18574	1446	767	679	669	143	526
35114	17587	17527	1272	664	608	869	211	658
41056	20645	20411	1354	753	601	1047	245	802
29696	14851	14845	906	490	416	912	200	712
34378	17213	17165	1046	579	467	1199	279	920
142479	**72361**	**70118**	**3912**	**2128**	**1784**	**7049**	**1630**	**5419**
34004	17024	16980	1046	557	489	1395	314	1081
33208	16870	16338	962	524	438	1506	352	1154
38655	19700	18955	962	515	447	1932	454	1478
27046	13978	13068	668	388	280	1574	363	1211
9566	4789	4777	274	144	130	642	147	495
84805	**44256**	**40549**	**1749**	**1032**	**717**	**8656**	**2238**	**6418**
13903	7142	6761	325	187	138	1099	254	845
13154	6844	6310	305	175	130	1186	309	877
17945	9479	8466	405	239	166	1829	460	1369
21491	11293	10198	375	225	150	2322	636	1686
18312	9498	8814	339	206	133	2220	579	1641
178208	**100061**	**78147**	**2246**	**1288**	**958**	**74060**	**19825**	**54235**

C-5-3b 续表 1

受教育程度 年龄	15岁及以上人口 合计	男	女	未婚 小计	男	女
未上过学	**25163**	**6112**	**19051**	**2069**	**1577**	**492**
15-19岁	**134**	**71**	**63**	**132**	**71**	**61**
15	23	13	10	23	13	10
16	30	19	11	30	19	11
17	21	11	10	21	11	10
18	20	9	11	19	9	10
19	40	19	21	39	19	20
20-24岁	**194**	**110**	**84**	**174**	**106**	**68**
20	35	25	10	33	24	9
21	45	27	18	43	26	17
22	40	21	19	36	20	16
23	45	23	22	37	23	14
24	29	14	15	25	13	12
25-29岁	**201**	**112**	**89**	**138**	**95**	**43**
25	44	26	18	35	24	11
26	42	23	19	28	18	10
27	32	16	16	21	14	7
28	39	17	22	25	15	10
29	44	30	14	29	24	5
30-34岁	**358**	**178**	**180**	**174**	**111**	**63**
30	98	48	50	49	30	19
31	67	30	37	33	19	14
32	65	36	29	26	18	8
33	70	32	38	38	22	16
34	58	32	26	28	22	6
35-39岁	**307**	**169**	**138**	**138**	**102**	**36**
35	68	38	30	31	24	7
36	54	34	20	27	20	7
37	48	24	24	22	17	5
38	73	37	36	31	22	9
39	64	36	28	27	19	8
40-44岁	**325**	**145**	**180**	**109**	**85**	**24**
40	53	25	28	18	13	5
41	63	26	37	15	13	2
42	60	31	29	25	21	4
43	64	29	35	23	17	6
44	85	34	51	28	21	7
45-49岁	**566**	**226**	**340**	**156**	**128**	**28**
45	100	42	58	34	29	5
46	93	33	60	24	19	5
47	132	52	80	40	32	8
48	122	50	72	33	27	6
49	119	49	70	25	21	4
50-54岁	**870**	**309**	**561**	**176**	**149**	**27**
50	146	68	78	43	38	5
51	165	61	104	38	34	4
52	208	72	136	35	29	6
53	168	51	117	25	21	4
54	183	57	126	35	27	8
55-59岁	**1030**	**304**	**726**	**122**	**105**	**17**
55	206	61	145	29	24	5
56	243	74	169	29	23	6
57	253	82	171	33	32	1
58	246	71	175	26	22	4
59	82	16	66	5	4	1
60-64岁	**1820**	**436**	**1384**	**147**	**139**	**8**
60	175	36	139	16	15	1
61	245	55	190	20	18	2
62	381	100	281	36	34	2
63	520	121	399	44	42	2
64	499	124	375	31	30	1
65岁及以上	**19358**	**4052**	**15306**	**603**	**486**	**117**

单位：人

有配偶			离婚			丧偶		
小计	男	女	小计	男	女	小计	男	女
11557	**3160**	**8397**	**193**	**101**	**92**	**11344**	**1274**	**10070**
1		**1**	**1**		**1**			
1		1						
			1		1			
19	**3**	**16**				**1**	**1**	
1		1				1	1	
2	1	1						
4	1	3						
8		8						
4	1	3						
60	**16**	**44**	**3**	**1**	**2**			
8	2	6	1		1			
13	5	8	1		1			
11	2	9						
14	2	12						
14	5	9	1	1				
173	**62**	**111**	**9**	**5**	**4**	**2**		**2**
48	17	31	1	1				
34	11	23						
34	16	18	4	2	2	1		1
31	9	22	1	1				
26	9	17	3	1	2	1		1
160	**62**	**98**	**6**	**5**	**1**	**3**		**3**
37	14	23						
24	11	13	3	3				
24	6	18	2	1	1			
38	14	24	1	1		3		3
37	17	20						
196	**53**	**143**	**14**	**6**	**8**	**6**	**1**	**5**
34	11	23	1	1				
43	10	33	4	2	2	1	1	
32	10	22	1		1	2		2
36	11	25	3	1	2	2		2
51	11	40	5	2	3	1		1
382	**92**	**290**	**9**	**4**	**5**	**19**	**2**	**17**
65	13	52				1		1
68	14	54				1		1
86	18	68	4	1	3	2	1	1
74	20	54	4	2	2	11	1	10
89	27	62	1	1		4		4
597	**138**	**459**	**24**	**13**	**11**	**73**	**9**	**64**
93	26	67	3	3		7	1	6
109	23	86	8	3	5	10	1	9
156	39	117	5	3	2	12	1	11
118	27	91	1	1		24	2	22
121	23	98	7	3	4	20	4	16
783	**174**	**609**	**19**	**13**	**6**	**106**	**12**	**94**
150	32	118	5	2	3	22	3	19
193	48	145	5	3	2	16		16
187	42	145	5	5		28	3	25
193	42	151	3	3		24	4	20
60	10	50	1		1	16	2	14
1356	**253**	**1103**	**27**	**13**	**14**	**290**	**31**	**259**
131	15	116	4	3	1	24	3	21
193	28	165	3	1	2	29	8	21
273	60	213	9	4	5	63	2	61
381	68	313	7	3	4	88	8	80
378	82	296	4	2	2	86	10	76
7830	**2307**	**5523**	**81**	**41**	**40**	**10844**	**1218**	**9626**

C-5-3b 续表 2

受教育程度 年 龄	15 岁及以上人口			未 婚		
	合计	男	女	小计	男	女
学前教育	**2271**	**784**	**1487**	**247**	**168**	**79**
15–19 岁	**105**	**59**	**46**	**105**	**59**	**46**
15	37	20	17	37	20	17
16	17	12	5	17	12	5
17	16	8	8	16	8	8
18	26	12	14	26	12	14
19	9	7	2	9	7	2
20–24 岁	**20**	**13**	**7**	**19**	**13**	**6**
20	10	6	4	9	6	3
21	3	3		3	3	
22	2	1	1	2	1	1
23	4	2	2	4	2	2
24	1	1		1	1	
25–29 岁	**35**	**15**	**20**	**19**	**12**	**7**
25	8	3	5	4	1	3
26	11	8	3	10	8	2
27	5	1	4	2	1	1
28	7	1	6	2	1	1
29	4	2	2	1	1	
30–34 岁	**25**	**16**	**9**	**9**	**8**	**1**
30	9	7	2	4	3	1
31	5	4	1	1	1	
32	6	2	4	1	1	
33	2	1	1	1	1	
34	3	2	1	2	2	
35–39 岁	**23**	**12**	**11**	**9**	**5**	**4**
35	4		4	1		1
36	3	1	2	3	1	2
37	6	3	3	3	2	1
38	5	4	1	1	1	
39	5	4	1	1	1	
40–44 岁	**26**	**10**	**16**	**4**	**3**	**1**
40	1	1				
41	8	6	2	2	2	
42	6	1	5	2	1	1
43	2	1	1			
44	9	1	8			
45–49 岁	**55**	**24**	**31**	**6**	**6**	
45	12	4	8	2	2	
46	11	6	5	3	3	
47	11	5	6			
48	10	4	6			
49	11	5	6	1	1	
50–54 岁	**101**	**45**	**56**	**10**	**7**	**3**
50	17	4	13	3	2	1
51	18	10	8	2	2	
52	20	10	10	2		2
53	22	13	9	3	3	
54	24	8	16			
55–59 岁	**111**	**42**	**69**	**11**	**8**	**3**
55	23	7	16	1	1	
56	31	13	18	4	1	3
57	24	10	14	3	3	
58	25	10	15	3	3	
59	8	2	6			
60–64 岁	**172**	**57**	**115**	**10**	**10**	
60	23	3	20			
61	20	11	9	2	2	
62	33	13	20	4	4	
63	53	15	38	2	2	
64	43	15	28	2	2	
65 岁及以上	**1598**	**491**	**1107**	**45**	**37**	**8**

单位：人

有配偶			离婚			丧偶		
小计	男	女	小计	男	女	小计	男	女
1194	**460**	**734**	**19**	**11**	**8**	**811**	**145**	**666**
1		**1**						
1		1						
16	**3**	**13**						
4	2	2						
1		1						
3		3						
5		5						
3	1	2						
16	**8**	**8**						
5	4	1						
4	3	1						
5	1	4						
1		1						
1		1						
14	**7**	**7**						
3		3						
3	1	2						
4	3	1						
4	3	1						
20	**7**	**13**	**2**		**2**			
1	1							
6	4	2						
4		4						
2	1	1						
7	1	6	2		2			
43	**16**	**27**	**4**	**2**	**2**	**2**		**2**
9	2	7	1		1			
8	3	5						
9	4	5	2	1	1			
9	4	5				1		1
8	3	5	1	1		1		1
80	**33**	**47**	**3**	**2**	**1**	**8**	**3**	**5**
11	1	10	1	1		2		2
14	7	7	1		1	1	1	
17	10	7				1		1
18	9	9				1	1	
20	6	14	1	1		3	1	2
92	**34**	**58**	**1**		**1**	**7**		**7**
21	6	15				1		1
24	12	12				3		3
18	7	11				3		3
21	7	14	1		1			
8	2	6						
132	**41**	**91**	**1**	**1**		**29**	**5**	**24**
17	3	14				6		6
15	7	8				3	2	1
21	8	13				8	1	7
44	12	32				7	1	6
35	11	24	1	1		5	1	4
780	**311**	**469**	**8**	**6**	**2**	**765**	**137**	**628**

C-5-3b 续表 3

受教育程度 年龄	15 岁及以上人口			未婚		
	合计	男	女	小计	男	女
小学	**288898**	**121375**	**167523**	**10963**	**8983**	**1980**
15-19 岁	**740**	**435**	**305**	**731**	**434**	**297**
15	103	63	40	103	63	40
16	128	75	53	128	75	53
17	117	74	43	116	74	42
18	180	106	74	175	105	70
19	212	117	95	209	117	92
20-24 岁	**1021**	**541**	**480**	**810**	**499**	**311**
20	176	94	82	169	94	75
21	195	111	84	175	110	65
22	186	109	77	158	104	54
23	225	106	119	158	92	66
24	239	121	118	150	99	51
25-29 岁	**1856**	**919**	**937**	**763**	**540**	**223**
25	272	149	123	164	119	45
26	268	143	125	129	97	32
27	296	147	149	122	87	35
28	429	202	227	159	106	53
29	591	278	313	189	131	58
30-34 岁	**4386**	**2040**	**2346**	**927**	**702**	**225**
30	807	390	417	220	165	55
31	907	435	472	217	166	51
32	804	380	424	161	119	42
33	1028	456	572	186	137	49
34	840	379	461	143	115	28
35-39 岁	**4519**	**1984**	**2535**	**596**	**488**	**108**
35	792	347	445	118	96	22
36	798	378	420	127	115	12
37	852	378	474	116	92	24
38	1099	486	613	124	98	26
39	978	395	583	111	87	24
40-44 岁	**7398**	**3187**	**4211**	**602**	**513**	**89**
40	1005	438	567	113	93	20
41	1420	624	796	132	110	22
42	1445	593	852	99	85	14
43	1503	644	859	114	101	13
44	2025	888	1137	144	124	20
45-49 岁	**16974**	**7132**	**9842**	**1042**	**939**	**103**
45	2511	1085	1426	173	153	20
46	3129	1284	1845	202	178	24
47	3390	1474	1916	224	210	14
48	3755	1539	2216	227	197	30
49	4189	1750	2439	216	201	15
50-54 岁	**34414**	**13903**	**20511**	**1209**	**1102**	**107**
50	5398	2132	3266	232	217	15
51	6499	2677	3822	259	231	28
52	8314	3378	4936	269	241	28
53	6405	2607	3798	219	199	20
54	7798	3109	4689	230	214	16
55-59 岁	**35395**	**13245**	**22150**	**869**	**772**	**97**
55	7971	3068	4903	215	193	22
56	7961	3027	4934	184	164	20
57	9623	3545	6078	241	209	32
58	7225	2675	4550	155	140	15
59	2615	930	1685	74	66	8
60-64 岁	**36059**	**14564**	**21495**	**879**	**789**	**90**
60	4479	1660	2819	107	92	15
61	5030	2064	2966	131	121	10
62	7765	3217	4548	231	207	24
63	9746	4005	5741	205	184	21
64	9039	3618	5421	205	185	20
65 岁及以上	**146136**	**63425**	**82711**	**2535**	**2205**	**330**

单位：人

有配偶			离婚			丧偶		
小计	男	女	小计	男	女	小计	男	女
217605	**95855**	**121750**	**4684**	**2729**	**1955**	**55646**	**13808**	**41838**
9	**1**	**8**						
1		1						
5	1	4						
3		3						
209	**42**	**167**	**2**		**2**			
7		7						
20	1	19						
28	5	23						
66	14	52	1		1			
88	22	66	1		1			
1059	**369**	**690**	**32**	**10**	**22**	**2**		**2**
107	30	77	1		1			
136	46	90	3		3			
171	60	111	3		3			
260	94	166	10	2	8			
385	139	246	15	8	7	2		2
3310	**1255**	**2055**	**134**	**80**	**54**	**15**	**3**	**12**
563	210	353	24	15	9			
656	252	404	29	15	14	5	2	3
610	240	370	28	21	7	5		5
810	304	506	30	14	16	2	1	1
671	249	422	23	15	8	3		3
3705	**1382**	**2323**	**194**	**105**	**89**	**24**	**9**	**15**
650	241	409	23	10	13	1		1
634	241	393	33	20	13	4	2	2
697	266	431	34	17	17	5	3	2
915	357	558	52	29	23	8	2	6
809	277	532	52	29	23	6	2	4
6372	**2467**	**3905**	**336**	**194**	**142**	**88**	**13**	**75**
852	325	527	36	19	17	4	1	3
1200	468	732	75	43	32	13	3	10
1258	468	790	70	39	31	18	1	17
1293	497	796	72	43	29	24	3	21
1769	709	1060	83	50	33	29	5	24
15012	**5774**	**9238**	**613**	**374**	**239**	**307**	**45**	**262**
2206	867	1339	102	63	39	30	2	28
2767	1033	1734	123	67	56	37	6	31
2985	1180	1805	118	77	41	63	7	56
3311	1248	2063	138	83	55	79	11	68
3743	1446	2297	132	84	48	98	19	79
30871	**11948**	**18923**	**987**	**587**	**400**	**1347**	**266**	**1081**
4834	1778	3056	181	112	69	151	25	126
5780	2270	3510	219	120	99	241	56	185
7483	2921	4562	249	149	100	313	67	246
5753	2269	3484	149	88	61	284	51	233
7021	2710	4311	189	118	71	358	67	291
31243	**11610**	**19633**	**763**	**452**	**311**	**2520**	**411**	**2109**
7112	2689	4423	181	113	68	463	73	390
7072	2656	4416	187	116	71	518	91	427
8482	3120	5362	190	102	88	710	114	596
6331	2348	3983	152	93	59	587	94	493
2246	797	1449	53	28	25	242	39	203
30195	**12515**	**17680**	**534**	**328**	**206**	**4451**	**932**	**3519**
3837	1443	2394	68	44	24	467	81	386
4248	1768	2480	93	50	43	558	125	433
6452	2739	3713	130	82	48	952	189	763
8211	3472	4739	120	77	43	1210	272	938
7447	3093	4354	123	75	48	1264	265	999
95620	**48492**	**47128**	**1089**	**599**	**490**	**46892**	**12129**	**34763**

C-5-3b 续表 4

受教育程度 年龄	15岁及以上人口			未婚		
	合计	男	女	小计	男	女
初 中	**689133**	**348602**	**340531**	**72252**	**49477**	**22775**
15-19岁	**24400**	**14270**	**10130**	**24148**	**14215**	**9933**
15	10235	5735	4500	10232	5735	4497
16	5073	2996	2077	5058	2991	2067
17	2979	1771	1208	2949	1767	1182
18	2878	1793	1085	2807	1778	1029
19	3235	1975	1260	3102	1944	1158
20-24岁	**17546**	**9949**	**7597**	**13257**	**8926**	**4331**
20	2776	1696	1080	2516	1645	871
21	3014	1814	1200	2571	1743	828
22	3726	2095	1631	2935	1937	998
23	3921	2169	1752	2713	1872	841
24	4109	2175	1934	2522	1729	793
25-29岁	**31931**	**15965**	**15966**	**11283**	**8223**	**3060**
25	4685	2380	2305	2446	1698	748
26	4723	2358	2365	2103	1492	611
27	5756	2881	2875	2093	1548	545
28	7033	3509	3524	2166	1609	557
29	9734	4837	4897	2475	1876	599
30-34岁	**73889**	**34893**	**38996**	**10688**	**8176**	**2512**
30	14614	7016	7598	3061	2314	747
31	14869	7001	7868	2453	1880	573
32	14308	6731	7577	1977	1497	480
33	15944	7480	8464	1787	1396	391
34	14154	6665	7489	1410	1089	321
35-39岁	**71423**	**33508**	**37915**	**4343**	**3221**	**1122**
35	13123	6156	6967	1053	786	267
36	13801	6422	7379	877	638	239
37	13995	6592	7403	853	639	214
38	16822	7970	8852	890	678	212
39	13682	6368	7314	670	480	190
40-44岁	**70216**	**33441**	**36775**	**2492**	**1918**	**574**
40	12433	5822	6611	534	403	131
41	14593	7051	7542	548	439	109
42	13402	6325	7077	517	389	128
43	13557	6525	7032	421	315	106
44	16231	7718	8513	472	372	100
45-49岁	**99890**	**48659**	**51231**	**2512**	**1998**	**514**
45	17940	8545	9395	538	418	120
46	20589	9962	10627	589	462	127
47	20601	10074	10527	515	422	93
48	20433	9967	10466	457	373	84
49	20327	10111	10216	413	323	90
50-54岁	**111238**	**54952**	**56286**	**1658**	**1350**	**308**
50	23255	11334	11921	454	359	95
51	22045	10856	11189	371	297	74
52	25670	12788	12882	320	257	63
53	18733	9235	9498	251	221	30
54	21535	10739	10796	262	216	46
55-59岁	**81729**	**41183**	**40546**	**866**	**677**	**189**
55	20796	10325	10471	223	177	46
56	19548	9817	9731	225	170	55
57	21825	11023	10802	215	162	53
58	14646	7579	7067	152	124	28
59	4914	2439	2475	51	44	7
60-64岁	**39373**	**21634**	**17739**	**365**	**281**	**84**
60	6935	3643	3292	82	54	28
61	6250	3393	2857	60	47	13
62	8226	4543	3683	77	65	12
63	9884	5491	4393	82	65	17
64	8078	4564	3514	64	50	14
65岁及以上	**67498**	**40148**	**27350**	**640**	**492**	**148**

单位：人

有配偶			离婚			丧偶		
小计	男	女	小计	男	女	小计	男	女
573871	**280423**	**293448**	**19700**	**11008**	**8692**	**23310**	**7694**	**15616**
247	**53**	**194**	**5**	**2**	**3**			
3		3						
15	5	10						
27	4	23	3		3			
71	15	56						
131	29	102	2	2				
4220	**997**	**3223**	**66**	**25**	**41**	**3**	**1**	**2**
258	50	208	2	1	1			
435	68	367	7	2	5	1	1	
776	153	623	14	5	9	1		1
1195	292	903	13	5	8			
1556	434	1122	30	12	18	1		1
20040	**7455**	**12585**	**578**	**281**	**297**	**30**	**6**	**24**
2196	664	1532	40	18	22	3		3
2563	844	1719	56	22	34	1		1
3573	1293	2280	83	37	46	7	3	4
4718	1833	2885	142	65	77	7	2	5
6990	2821	4169	257	139	118	12	1	11
60725	**25421**	**35304**	**2354**	**1279**	**1075**	**122**	**17**	**105**
11138	4484	6654	404	218	186	11		11
11955	4878	7077	443	237	206	18	6	12
11823	4979	6844	486	250	236	22	5	17
13601	5780	7821	526	300	226	30	4	26
12208	5300	6908	495	274	221	41	2	39
63956	**28498**	**35458**	**2888**	**1736**	**1152**	**236**	**53**	**183**
11485	5046	6439	547	317	230	38	7	31
12365	5453	6912	522	320	202	37	11	26
12528	5604	6924	558	339	219	56	10	46
15163	6845	8318	713	435	278	56	12	44
12415	5550	6865	548	325	223	49	13	36
64221	**29724**	**34497**	**3048**	**1712**	**1336**	**455**	**87**	**368**
11282	5078	6204	563	329	234	54	12	42
13310	6222	7088	653	373	280	82	17	65
12230	5625	6605	567	301	266	88	10	78
12437	5874	6563	588	312	276	111	24	87
14962	6925	8037	677	397	280	120	24	96
92411	**44278**	**48133**	**3803**	**2115**	**1688**	**1164**	**268**	**896**
16513	7696	8817	719	395	324	170	36	134
18986	8982	10004	812	478	334	202	40	162
19074	9169	9905	791	433	358	221	50	171
18944	9131	9813	764	392	372	268	71	197
18894	9300	9594	717	417	300	303	71	232
103554	**51124**	**52430**	**3364**	**1838**	**1526**	**2662**	**640**	**2022**
21576	10453	11123	820	438	382	405	84	321
20484	10057	10427	694	374	320	496	128	368
24016	11966	12050	754	418	336	580	147	433
17470	8611	8859	506	282	224	506	121	385
20008	10037	9971	590	326	264	675	160	515
75379	**38500**	**36879**	**2068**	**1104**	**964**	**3416**	**902**	**2514**
19247	9669	9578	599	303	296	727	176	551
18058	9183	8875	499	264	235	766	200	566
20203	10340	9863	501	272	229	906	249	657
13437	7063	6374	340	200	140	717	192	525
4434	2245	2189	129	65	64	300	85	215
35341	**19979**	**15362**	**753**	**454**	**299**	**2914**	**920**	**1994**
6275	3386	2889	151	88	63	427	115	312
5633	3145	2488	126	77	49	431	124	307
7380	4181	3199	167	105	62	602	192	410
8854	5081	3773	167	97	70	781	248	533
7199	4186	3013	142	87	55	673	241	432
53777	**34394**	**19383**	**773**	**462**	**311**	**12308**	**4800**	**7508**

C-5-3b 续表 5

受教育程度 年 龄	15岁及以上人口			未 婚		
	合计	男	女	小计	男	女
高 中	**438369**	**239536**	**198833**	**152917**	**88586**	**64331**
15-19 岁	**103950**	**56152**	**47798**	**103825**	**56117**	**47708**
15	25410	13205	12205	25409	13205	12204
16	34189	18217	15972	34184	18215	15969
17	25930	14082	11848	25920	14078	11842
18	11656	6653	5003	11629	6646	4983
19	6765	3995	2770	6683	3973	2710
20-24 岁	**24856**	**14059**	**10797**	**21198**	**13032**	**8166**
20	5070	2891	2179	4901	2862	2039
21	4666	2694	1972	4325	2624	1701
22	5103	2895	2208	4404	2725	1679
23	5009	2776	2233	4016	2485	1531
24	5008	2803	2205	3552	2336	1216
25-29 岁	**32397**	**17015**	**15382**	**13543**	**9435**	**4108**
25	5310	2882	2428	3272	2207	1065
26	5068	2716	2352	2677	1843	834
27	5708	2995	2713	2471	1721	750
28	7069	3681	3388	2475	1762	713
29	9242	4741	4501	2648	1902	746
30-34 岁	**60916**	**30418**	**30498**	**9025**	**6407**	**2618**
30	13329	6535	6794	2921	2027	894
31	12910	6474	6436	2186	1578	608
32	11855	5905	5950	1634	1161	473
33	12488	6382	6106	1379	984	395
34	10334	5122	5212	905	657	248
35-39 岁	**45752**	**23543**	**22209**	**2696**	**1795**	**901**
35	9108	4596	4512	696	465	231
36	9018	4606	4412	574	389	185
37	8865	4611	4254	554	356	198
38	10408	5377	5031	505	341	164
39	8353	4353	4000	367	244	123
40-44 岁	**37568**	**20174**	**17394**	**1081**	**722**	**359**
40	7546	3977	3569	302	197	105
41	8228	4418	3810	244	154	90
42	7261	3871	3390	181	121	60
43	6794	3645	3149	178	131	47
44	7739	4263	3476	176	119	57
45-49 岁	**39649**	**21946**	**17703**	**735**	**490**	**245**
45	7904	4338	3566	159	97	62
46	8435	4603	3832	171	113	58
47	7936	4424	3512	135	97	38
48	7897	4368	3529	132	100	32
49	7477	4213	3264	138	83	55
50-54 岁	**31280**	**18036**	**13244**	**379**	**256**	**123**
50	7866	4493	3373	129	84	45
51	6399	3619	2780	70	50	20
52	6902	3988	2914	84	53	31
53	4689	2757	1932	43	34	9
54	5424	3179	2245	53	35	18
55-59 岁	**27953**	**16400**	**11553**	**220**	**166**	**54**
55	5597	3225	2372	48	40	8
56	6065	3569	2496	48	35	13
57	7893	4659	3234	64	48	16
58	5971	3540	2431	46	34	12
59	2427	1407	1020	14	9	5
60-64 岁	**15857**	**9620**	**6237**	**107**	**86**	**21**
60	3303	1962	1341	22	18	4
61	2746	1579	1167	18	14	4
62	3461	2126	1335	26	23	3
63	3502	2209	1293	20	15	5
64	2845	1744	1101	21	16	5
65 岁及以上	**18191**	**12173**	**6018**	**108**	**80**	**28**

单位：人

有配偶			离婚			丧偶		
小计	男	女	小计	男	女	小计	男	女
270417	**144118**	**126299**	**9574**	**4800**	**4774**	**5461**	**2032**	**3429**
125	**35**	**90**						
1		1						
5	2	3						
10	4	6						
27	7	20						
82	22	60						
3613	**1014**	**2599**	**43**	**13**	**30**	**2**		**2**
164	28	136	5	1	4			
339	69	270	1	1		1		1
692	170	522	7		7			
982	286	696	10	5	5	1		1
1436	461	975	20	6	14			
18440	**7414**	**11026**	**400**	**166**	**234**	**14**		**14**
2013	662	1351	24	13	11	1		1
2345	864	1481	41	9	32	5		5
3172	1246	1926	64	28	36	1		1
4488	1875	2613	103	44	59	3		3
6422	2767	3655	168	72	96	4		4
50281	**23240**	**27041**	**1560**	**755**	**805**	**50**	**16**	**34**
10152	4399	5753	245	106	139	11	3	8
10386	4717	5669	327	174	153	11	5	6
9875	4577	5298	339	166	173	7	1	6
10778	5247	5531	321	149	172	10	2	8
9090	4300	4790	328	160	168	11	5	6
41222	**20814**	**20408**	**1737**	**918**	**819**	**97**	**16**	**81**
8092	3948	4144	306	179	127	14	4	10
8097	4032	4065	331	181	150	16	4	12
7969	4083	3886	327	169	158	15	3	12
9436	4809	4627	448	225	223	19	2	17
7628	3942	3686	325	164	161	33	3	30
34768	**18635**	**16133**	**1574**	**783**	**791**	**145**	**34**	**111**
6919	3626	3293	302	147	155	23	7	16
7623	4090	3533	335	168	167	26	6	20
6749	3593	3156	304	150	154	27	7	20
6284	3351	2933	310	161	149	22	2	20
7193	3975	3218	323	157	166	47	12	35
36979	**20571**	**16408**	**1657**	**808**	**849**	**278**	**77**	**201**
7373	4063	3310	335	167	168	37	11	26
7886	4309	3577	323	166	157	55	15	40
7414	4145	3269	346	172	174	41	10	31
7379	4102	3277	330	156	174	56	10	46
6927	3952	2975	323	147	176	89	31	58
29229	**17051**	**12178**	**1181**	**602**	**579**	**491**	**127**	**364**
7330	4216	3114	320	163	157	87	30	57
5983	3428	2555	250	121	129	96	20	76
6471	3783	2688	233	130	103	114	22	92
4391	2619	1772	178	87	91	77	17	60
5054	3005	2049	200	101	99	117	38	79
26052	**15569**	**10483**	**806**	**413**	**393**	**875**	**252**	**623**
5206	3034	2172	187	98	89	156	53	103
5642	3385	2257	201	99	102	174	50	124
7366	4436	2930	209	103	106	254	72	182
5576	3378	2198	134	70	64	215	58	157
2262	1336	926	75	43	32	76	19	57
14496	**9034**	**5462**	**372**	**195**	**177**	**882**	**305**	**577**
3029	1852	1177	88	42	46	164	50	114
2501	1480	1021	75	42	33	152	43	109
3166	1996	1170	82	40	42	187	67	120
3207	2064	1143	67	37	30	208	93	115
2593	1642	951	60	34	26	171	52	119
15212	**10741**	**4471**	**244**	**147**	**97**	**2627**	**1205**	**1422**

C-5-3b 续表 6

受教育程度 年　龄	15岁及以上人口			未　婚		
	合计	男	女	小计	男	女
大学专科	**174861**	**93505**	**81356**	**69982**	**38376**	**31606**
15-19岁	**25982**	**14128**	**11854**	**25957**	**14122**	**11835**
15	638	350	288	638	350	288
16	1341	758	583	1341	758	583
17	3549	1875	1674	3547	1874	1673
18	9195	4984	4211	9188	4983	4205
19	11259	6161	5098	11243	6157	5086
20-24岁	**29303**	**14804**	**14499**	**27568**	**14430**	**13138**
20	8969	4793	4176	8902	4779	4123
21	6129	3104	3025	5992	3080	2912
22	5361	2651	2710	5088	2589	2499
23	4539	2215	2324	4057	2114	1943
24	4305	2041	2264	3529	1868	1661
25-29岁	**20932**	**9838**	**11094**	**10269**	**5949**	**4320**
25	4070	1867	2203	2929	1552	1377
26	3730	1794	1936	2257	1310	947
27	3904	1808	2096	1878	1109	769
28	4213	1985	2228	1656	1013	643
29	5015	2384	2631	1549	965	584
30-34岁	**28669**	**13742**	**14927**	**4471**	**2828**	**1643**
30	6690	3090	3600	1617	1001	616
31	6120	2982	3138	1083	686	397
32	5627	2719	2908	772	517	255
33	5571	2687	2884	578	375	203
34	4661	2264	2397	421	249	172
35-39岁	**18899**	**9661**	**9238**	**1045**	**622**	**423**
35	3984	2032	1952	315	194	121
36	3644	1804	1840	209	119	90
37	3606	1877	1729	175	111	64
38	4194	2160	2034	199	118	81
39	3471	1788	1683	147	80	67
40-44岁	**14649**	**7972**	**6677**	**335**	**204**	**131**
40	3181	1659	1522	104	65	39
41	3187	1712	1475	74	45	29
42	2805	1527	1278	69	41	28
43	2568	1388	1180	46	31	15
44	2908	1686	1222	42	22	20
45-49岁	**13223**	**7689**	**5534**	**172**	**113**	**59**
45	2802	1626	1176	41	29	12
46	2861	1677	1184	39	24	15
47	2622	1524	1098	26	20	6
48	2605	1450	1155	37	19	18
49	2333	1412	921	29	21	8
50-54岁	**9250**	**5780**	**3470**	**89**	**62**	**27**
50	2385	1426	959	27	19	8
51	1971	1243	728	21	12	9
52	1998	1252	746	17	10	7
53	1356	878	478	9	9	
54	1540	981	559	15	12	3
55-59岁	**6629**	**4563**	**2066**	**41**	**26**	**15**
55	1644	1097	547	7	5	2
56	1642	1110	532	16	11	5
57	1777	1241	536	9	5	4
58	1139	826	313	8	5	3
59	427	289	138	1		1
60-64岁	**2764**	**1985**	**779**	**14**	**6**	**8**
60	519	362	157	3	1	2
61	468	330	138	4	1	3
62	550	411	139	2	2	
63	655	476	179	1		1
64	572	406	166	4	2	2
65岁及以上	**4561**	**3343**	**1218**	**21**	**14**	**7**

单位：人

有配偶			离婚			丧偶		
小计	男	女	小计	男	女	小计	男	女
100792	**53309**	**47483**	**3164**	**1403**	**1761**	**923**	**417**	**506**
25	**6**	**19**						
2	1	1						
7	1	6						
16	4	12						
1722	**368**	**1354**	**13**	**6**	**7**			
66	13	53	1	1				
137	24	113						
270	61	209	3	1	2			
480	99	381	2	2				
769	171	598	7	2	5			
10501	**3843**	**6658**	**157**	**45**	**112**	**5**	**1**	**4**
1128	311	817	13	4	9			
1459	482	977	14	2	12			
1995	690	1305	29	8	21	2	1	1
2517	962	1555	40	10	30			
3402	1398	2004	61	21	40	3		3
23604	**10676**	**12928**	**576**	**235**	**341**	**18**	**3**	**15**
4975	2061	2914	94	28	66	4		4
4910	2240	2670	126	56	70	1		1
4739	2157	2582	111	45	66	5		5
4857	2254	2603	133	57	76	3	1	2
4123	1964	2159	112	49	63	5	2	3
17201	**8742**	**8459**	**631**	**291**	**340**	**22**	**6**	**16**
3540	1787	1753	126	50	76	3	1	2
3314	1632	1682	117	51	66	4	2	2
3320	1717	1603	106	49	57	5		5
3830	1956	1874	161	86	75	4		4
3197	1650	1547	121	55	66	6	3	3
13702	**7501**	**6201**	**579**	**262**	**317**	**33**	**5**	**28**
2964	1541	1423	112	53	59	1		1
2959	1595	1364	145	72	73	9		9
2614	1443	1171	117	43	74	5		5
2411	1310	1101	100	44	56	11	3	8
2754	1612	1142	105	50	55	7	2	5
12402	**7309**	**5093**	**586**	**252**	**334**	**63**	**15**	**48**
2641	1553	1088	108	41	67	12	3	9
2680	1594	1086	131	54	77	11	5	6
2453	1448	1005	125	55	70	18	1	17
2431	1373	1058	126	54	72	11	4	7
2197	1341	856	96	48	48	11	2	9
8728	**5539**	**3189**	**344**	**152**	**192**	**89**	**27**	**62**
2255	1372	883	91	33	58	12	2	10
1853	1189	664	75	37	38	22	5	17
1877	1198	679	85	37	48	19	7	12
1277	837	440	55	27	28	15	5	10
1466	943	523	38	18	20	21	8	13
6300	**4396**	**1904**	**187**	**101**	**86**	**101**	**40**	**61**
1568	1060	508	50	25	25	19	7	12
1550	1062	488	53	30	23	23	7	16
1698	1199	499	45	25	20	25	12	13
1079	794	285	25	14	11	27	13	14
405	281	124	14	7	7	7	1	6
2625	**1909**	**716**	**49**	**32**	**17**	**76**	**38**	**38**
497	350	147	11	8	3	8	3	5
444	318	126	7	4	3	13	7	6
523	395	128	13	6	7	12	8	4
620	457	163	11	8	3	23	11	12
541	389	152	7	6	1	20	9	11
3982	**3020**	**962**	**42**	**27**	**15**	**516**	**282**	**234**

C-5-3b 续表 7

受教育程度 年龄	15岁及以上人口			未婚		
	合计	男	女	小计	男	女
大学本科	**91915**	**48027**	**43888**	**39736**	**19558**	**20178**
15-19岁	**9953**	**4805**	**5148**	**9944**	**4803**	**5141**
15	97	35	62	97	35	62
16	198	69	129	198	69	129
17	1107	477	630	1107	477	630
18	3804	1847	1957	3802	1847	1955
19	4747	2377	2370	4740	2375	2365
20-24岁	**18659**	**8664**	**9995**	**18041**	**8511**	**9530**
20	4442	2160	2282	4435	2158	2277
21	4138	1985	2153	4105	1975	2130
22	3795	1709	2086	3714	1696	2018
23	3290	1461	1829	3120	1419	1701
24	2994	1349	1645	2667	1263	1404
25-29岁	**14689**	**6569**	**8120**	**8276**	**4222**	**4054**
25	2938	1283	1655	2369	1132	1237
26	2731	1192	1539	1846	931	915
27	2869	1302	1567	1592	838	754
28	2857	1285	1572	1302	706	596
29	3294	1507	1787	1167	615	552
30-34岁	**16009**	**7731**	**8278**	**2634**	**1537**	**1097**
30	3885	1811	2074	959	568	391
31	3349	1596	1753	659	394	265
32	3176	1518	1658	463	256	207
33	3029	1467	1562	326	189	137
34	2570	1339	1231	227	130	97
35-39岁	**10112**	**5487**	**4625**	**574**	**331**	**243**
35	2103	1112	991	178	99	79
36	1990	1114	876	119	66	53
37	2034	1109	925	114	69	45
38	2163	1176	987	87	57	30
39	1822	976	846	76	40	36
40-44岁	**7399**	**4184**	**3215**	**148**	**79**	**69**
40	1568	870	698	40	17	23
41	1631	867	764	46	22	24
42	1388	800	588	26	20	6
43	1361	776	585	19	8	11
44	1451	871	580	17	12	5
45-49岁	**6270**	**4095**	**2175**	**64**	**44**	**20**
45	1410	923	487	17	12	5
46	1408	903	505	18	12	6
47	1244	800	444	8	6	2
48	1141	778	363	9	6	3
49	1067	691	376	12	8	4
50-54岁	**4406**	**3046**	**1360**	**33**	**15**	**18**
50	1102	763	339	9	4	5
51	890	600	290	5	2	3
52	1044	721	323	12	6	6
53	678	474	204	6	3	3
54	692	488	204	1		1
55-59岁	**2654**	**2079**	**575**	**12**	**9**	**3**
55	713	537	176	3	2	1
56	673	525	148	3	2	1
57	700	550	150	3	2	1
58	415	348	67	3	3	
59	153	119	34			
60-64岁	**669**	**529**	**140**	**3**	**2**	**1**
60	119	96	23	1	1	
61	116	96	20			
62	135	100	35	1	1	
63	178	142	36			
64	121	95	26	1		1
65岁及以上	**1095**	**838**	**257**	**7**	**5**	**2**

单位：人

有配偶			离婚			丧偶		
小计	男	女	小计	男	女	小计	男	女
50797	**27877**	**22920**	**1159**	**504**	**655**	**223**	**88**	**135**
8	**2**	**6**	**1**		**1**			
1		1	1		1			
7	2	5						
617	**152**	**465**	**1**	**1**				
7	2	5						
33	10	23						
81	13	68						
170	42	128						
326	85	241	1	1				
6344	**2323**	**4021**	**68**	**24**	**44**	**1**		**1**
568	150	418	1	1				
874	257	617	11	4	7			
1267	460	807	9	4	5	1		1
1540	572	968	15	7	8			
2095	884	1211	32	8	24			
13160	**6120**	**7040**	**203**	**74**	**129**	**12**		**12**
2897	1233	1664	29	10	19			
2658	1196	1462	30	6	24	2		2
2672	1248	1424	36	14	22	5		5
2649	1255	1394	52	23	29	2		2
2284	1188	1096	56	21	35	3		3
9259	**5036**	**4223**	**271**	**117**	**154**	**8**	**3**	**5**
1883	994	889	41	19	22	1		1
1826	1025	801	43	23	20	2		2
1858	1013	845	62	27	35			
2009	1089	920	64	29	35	3	1	2
1683	915	768	61	19	42	2	2	
7018	**4011**	**3007**	**217**	**92**	**125**	**16**	**2**	**14**
1467	823	644	57	29	28	4	1	3
1544	829	715	38	16	22	3		3
1317	764	553	41	15	26	4	1	3
1299	750	549	41	18	23	2		2
1391	845	546	40	14	26	3		3
5987	**3960**	**2027**	**201**	**87**	**114**	**18**	**4**	**14**
1354	895	459	38	16	22	1		1
1334	864	470	52	25	27	4	2	2
1189	779	410	39	14	25	8	1	7
1085	752	333	44	19	25	3	1	2
1025	670	355	28	13	15	2		2
4234	**2971**	**1263**	**113**	**54**	**59**	**26**	**6**	**20**
1059	742	317	29	16	13	5	1	4
858	589	269	24	9	15	3		3
999	700	299	25	14	11	8	1	7
653	465	188	14	3	11	5	3	2
665	475	190	21	12	9	5	1	4
2554	**2015**	**539**	**64**	**42**	**22**	**24**	**13**	**11**
680	517	163	23	16	7	7	2	5
648	508	140	16	11	5	6	4	2
680	537	143	11	7	4	6	4	2
396	336	60	12	7	5	4	2	2
150	117	33	2	1	1	1	1	
640	**512**	**128**	**12**	**8**	**4**	**14**	**7**	**7**
113	92	21	2	1	1	3	2	1
115	95	20	1	1				
125	96	29	4	2	2	5	1	4
170	136	34	3	3		5	3	2
117	93	24	2	1	1	1	1	
976	**775**	**201**	**8**	**5**	**3**	**104**	**53**	**51**

C-5-3b 续表 8

受教育程度 年 龄	15岁及以上人口			未 婚		
	合计	男	女	小计	男	女
硕士研究生	**4568**	**2257**	**2311**	**2356**	**1046**	**1310**
15-19岁	**20**	**12**	**8**	**20**	**12**	**8**
15						
16						
17	6	5	1	6	5	1
18	6	2	4	6	2	4
19	8	5	3	8	5	3
20-24岁	**1222**	**481**	**741**	**1213**	**480**	**733**
20	26	9	17	26	9	17
21	125	53	72	125	53	72
22	359	157	202	359	157	202
23	378	139	239	374	139	235
24	334	123	211	329	122	207
25-29岁	**1102**	**486**	**616**	**839**	**404**	**435**
25	288	128	160	267	125	142
26	228	110	118	200	102	98
27	182	74	108	134	62	72
28	177	81	96	120	60	60
29	227	93	134	118	55	63
30-34岁	**981**	**443**	**538**	**234**	**119**	**115**
30	239	97	142	94	50	44
31	225	92	133	60	28	32
32	184	94	90	37	23	14
33	150	69	81	28	11	17
34	183	91	92	15	7	8
35-39岁	**585**	**372**	**213**	**34**	**21**	**13**
35	135	81	54	11	6	5
36	115	70	45	9	6	3
37	110	73	37	4	2	2
38	122	79	43	7	5	2
39	103	69	34	3	2	1
40-44岁	**254**	**174**	**80**	**8**	**4**	**4**
40	68	43	25	3	2	1
41	74	50	24	1		1
42	39	28	11	2		2
43	30	20	10			
44	43	33	10	2	2	
45-49岁	**172**	**121**	**51**	**5**	**4**	**1**
45	54	37	17	4	4	
46	29	21	8			
47	38	23	15	1		1
48	25	20	5			
49	26	20	6			
50-54岁	**131**	**96**	**35**	**2**	**1**	**1**
50	29	25	4			
51	32	22	10			
52	33	23	10	1		1
53	17	14	3	1	1	
54	20	12	8			
55-59岁	**58**	**46**	**12**	**1**	**1**	
55	16	13	3	1	1	
56	16	12	4			
57	15	13	2			
58	11	8	3			
59						
60-64岁	**15**	**9**	**6**			
60	4	1	3			
61	5	3	2			
62	4	3	1			
63						
64	2	2				
65岁及以上	**28**	**17**	**11**			

单位：人

有配偶			离婚			丧偶		
小计	男	女	小计	男	女	小计	男	女
2163	**1183**	**980**	**45**	**27**	**18**	**4**	**1**	**3**
9	**1**	**8**						
4		4						
5	1	4						
261	**82**	**179**	**2**		**2**			
21	3	18						
28	8	20						
47	12	35	1		1			
57	21	36						
108	38	70	1		1			
744	**323**	**421**	**3**	**1**	**2**			
145	47	98						
163	64	99	2		2			
146	70	76	1	1				
122	58	64						
168	84	84						
536	**339**	**197**	**15**	**12**	**3**			
123	75	48	1		1			
104	62	42	2	2				
102	68	34	4	3	1			
111	71	40	4	3	1			
96	63	33	4	4				
237	**166**	**71**	**9**	**4**	**5**			
62	40	22	3	1	2			
71	48	23	2	2				
36	28	8	1		1			
28	20	8	2		2			
40	30	10	1	1				
163	**115**	**48**	**4**	**2**	**2**			
48	32	16	2	1	1			
28	21	7	1		1			
37	23	14						
24	19	5	1	1				
26	20	6						
121	**90**	**31**	**8**	**5**	**3**			
28	24	4	1	1				
31	22	9	1		1			
29	21	8	3	2	1			
13	11	2	3	2	1			
20	12	8						
54	**43**	**11**	**3**	**2**	**1**			
14	12	2	1		1			
15	11	4	1	1				
15	13	2						
10	7	3	1	1				
15	**9**	**6**						
4	1	3						
5	3	2						
4	3	1						
2	2							
23	**15**	**8**	**1**	**1**		**4**	**1**	**3**

C-5-3b　续表 9

受教育程度 年　　龄	15 岁及以上人口			未　　婚		
	合计	男	女	小计	男	女
博士研究生	**522**	**340**	**182**	**196**	**115**	**81**
15-19 岁	**1**	**1**		**1**	**1**	
15						
16						
17						
18						
19	1	1		1	1	
20-24 岁	**64**	**32**	**32**	**63**	**31**	**32**
20	2		2	2		2
21	1		1	1		1
22	11	5	6	11	5	6
23	19	7	12	19	7	12
24	31	20	11	30	19	11
25-29 岁	**124**	**73**	**51**	**102**	**61**	**41**
25	21	14	7	21	14	7
26	24	8	16	22	7	15
27	27	20	7	23	17	6
28	27	14	13	21	13	8
29	25	17	8	15	10	5
30-34 岁	**109**	**64**	**45**	**23**	**17**	**6**
30	29	18	11	11	8	3
31	19	11	8	4	3	1
32	26	13	13	5	4	1
33	19	13	6	3	2	1
34	16	9	7			
35-39 岁	**62**	**46**	**16**	**6**	**5**	**1**
35	12	10	2	1	1	
36	7	6	1	2	2	
37	16	13	3			
38	16	8	8	1		1
39	11	9	2	2	2	
40-44 岁	**53**	**34**	**19**	**1**		**1**
40	9	5	4			
41	19	13	6			
42	9	7	2			
43	11	6	5	1		1
44	5	3	2			
45-49 岁	**53**	**41**	**12**			
45	12	7	5			
46	11	10	1			
47	11	10	1			
48	12	10	2			
49	7	4	3			
50-54 岁	**19**	**17**	**2**			
50	3	3				
51	2	2				
52	8	7	1			
53	3	3				
54	3	2	1			
55-59 岁	**23**	**21**	**2**			
55	6	5	1			
56	6	5	1			
57	7	7				
58	3	3				
59	1	1				
60-64 岁	**6**	**5**	**1**			
60	1	1				
61						
62	1	1				
63	4	3	1			
64						
65 岁及以上	**8**	**6**	**2**			

单位：人

有配偶			离婚			丧偶		
小计	男	女	小计	男	女	小计	男	女
319	**219**	**100**	**7**	**6**	**1**			
1	**1**							
1	1							
22	**12**	**10**						
2	1	1						
4	3	1						
6	1	5						
10	7	3						
84	**45**	**39**	**2**	**2**				
18	10	8						
15	8	7						
20	8	12	1	1				
15	10	5	1	1				
16	9	7						
55	**40**	**15**	**1**	**1**				
11	9	2						
4	3	1	1	1				
16	13	3						
15	8	7						
9	7	2						
51	**34**	**17**	**1**		**1**			
8	5	3	1		1			
19	13	6						
9	7	2						
10	6	4						
5	3	2						
52	**40**	**12**	**1**	**1**				
12	7	5						
11	10	1						
11	10	1						
11	9	2	1	1				
7	4	3						
19	**17**	**2**						
3	3							
2	2							
8	7	1						
3	3							
3	2	1						
22	**20**	**2**	**1**	**1**				
6	5	1						
6	5	1						
6	6		1	1				
3	3							
1	1							
5	**4**	**1**	**1**	**1**				
			1	1				
1	1							
4	3	1						
8	**6**	**2**						

C-5-3c　全省分年龄、性别、受教育

受教育程度 年　　龄	15岁及以上人口			未　婚		
	合计	男	女	小计	男	女
总　计	**2394650**	**1236337**	**1158313**	**436274**	**286463**	**149811**
15-19岁	**163959**	**90097**	**73862**	**163084**	**89915**	**73169**
15	36870	20004	16866	36858	20001	16857
16	35414	19378	16036	35384	19374	16010
17	31434	17338	14096	31320	17316	14004
18	30042	16668	13374	29805	16618	13187
19	30199	16709	13490	29717	16606	13111
20-24岁	**117778**	**62627**	**55151**	**101634**	**58720**	**42914**
20	26275	14228	12047	25317	14055	11262
21	23403	12277	11126	21642	11992	9650
22	24030	12770	11260	20938	12131	8807
23	22352	11857	10495	17986	10758	7228
24	21718	11495	10223	15751	9784	5967
25-29岁	**130706**	**69619**	**61087**	**58681**	**41034**	**17647**
25	22655	11949	10706	14371	9304	5067
26	20392	10756	9636	11060	7508	3552
27	23719	12467	11252	10812	7614	3198
28	27872	14908	12964	10701	7825	2876
29	36068	19539	16529	11737	8783	2954
30-34岁	**226272**	**120003**	**106269**	**44346**	**34749**	**9597**
30	50811	26960	23851	13654	10422	3232
31	47910	25446	22464	10556	8276	2280
32	43465	22878	20587	7940	6293	1647
33	45889	24410	21479	7123	5721	1402
34	38197	20309	17888	5073	4037	1036
35-39岁	**171201**	**91501**	**79700**	**16136**	**13234**	**2902**
35	33556	17778	15778	3835	3144	691
36	33577	17932	15645	3486	2830	656
37	33411	17953	15458	3085	2473	612
38	39082	21004	18078	3271	2709	562
39	31575	16834	14741	2459	2078	381
40-44岁	**153662**	**81645**	**72017**	**9593**	**8363**	**1230**
40	28534	14970	13564	1983	1649	334
41	31614	16827	14787	2068	1797	271
42	28985	15377	13608	1772	1568	204
43	29181	15641	13540	1765	1548	217
44	35348	18830	16518	2005	1801	204
45-49岁	**225698**	**119592**	**106106**	**11222**	**10451**	**771**
45	39226	20905	18321	2147	1969	178
46	45985	24318	21667	2429	2248	181
47	46005	24617	21388	2347	2201	146
48	47006	24771	22235	2178	2032	146
49	47476	24981	22495	2121	2001	120
50-54岁	**287632**	**145261**	**142371**	**9252**	**8804**	**448**
50	56135	28321	27814	2159	2020	139
51	56153	28637	27516	2003	1911	92
52	66613	33697	32916	2144	2047	97
53	50666	25348	25318	1441	1380	61
54	58065	29258	28807	1505	1446	59
55-59岁	**242255**	**121797**	**120458**	**5577**	**5343**	**234**
55	57567	28998	28569	1383	1335	48
56	55509	27713	27796	1364	1308	56
57	65595	33267	32328	1454	1385	69
58	47442	23832	23610	983	940	43
59	16142	7987	8155	393	375	18
60-64岁	**164196**	**85095**	**79101**	**4792**	**4657**	**135**
60	24564	12625	11939	678	664	14
61	24176	12631	11545	707	680	27
62	34472	17834	16638	1095	1060	35
63	42878	22424	20454	1229	1193	36
64	38106	19581	18525	1083	1060	23
65岁及以上	**511291**	**249100**	**262191**	**11957**	**11193**	**764**

程度、婚姻状况的人口（乡村）

单位：人

有配偶			离婚			丧偶		
小计	男	女	小计	男	女	小计	男	女
1702214	**855922**	**846292**	**50672**	**35497**	**15175**	**205490**	**58455**	**147035**
862	**178**	**684**	**13**	**4**	**9**			
12	3	9						
29	4	25	1		1			
111	21	90	3	1	2			
232	49	183	5	1	4			
478	101	377	4	2	2			
15862	**3820**	**12042**	**262**	**81**	**181**	**20**	**6**	**14**
945	169	776	12	4	8	1		1
1739	281	1458	22	4	18			
3050	626	2424	38	12	26	4	1	3
4290	1078	3212	68	18	50	8	3	5
5838	1666	4172	122	43	79	7	2	5
69859	**27549**	**42310**	**2102**	**1019**	**1083**	**64**	**17**	**47**
8104	2577	5527	176	67	109	4	1	3
9124	3162	5962	202	85	117	6	1	5
12539	4685	7854	358	165	193	10	3	7
16626	6812	9814	525	267	258	20	4	16
23466	10313	13153	841	435	406	24	8	16
173929	**80731**	**93198**	**7595**	**4406**	**3189**	**402**	**117**	**285**
35790	15815	19975	1322	706	616	45	17	28
35818	16322	19496	1468	829	639	68	19	49
33912	15692	18220	1525	868	657	88	25	63
36996	17655	19341	1675	1001	674	95	33	62
31413	15247	16166	1605	1002	603	106	23	83
146224	**72556**	**73668**	**8142**	**5547**	**2595**	**699**	**164**	**535**
28170	13651	14519	1456	954	502	95	29	66
28425	14031	14394	1539	1043	496	127	28	99
28513	14328	14185	1664	1118	546	149	34	115
33728	16924	16804	1911	1331	580	172	40	132
27388	13622	13766	1572	1101	471	156	33	123
135160	**67548**	**67612**	**7560**	**5392**	**2168**	**1349**	**342**	**1007**
24881	12265	12616	1474	1008	466	196	48	148
27731	13874	13857	1589	1105	484	226	51	175
25536	12727	12809	1392	1011	381	285	71	214
25689	12983	12706	1456	1036	420	271	74	197
31323	15699	15624	1649	1232	417	371	98	273
202240	**101650**	**100590**	**8566**	**6430**	**2136**	**3670**	**1061**	**2609**
34889	17550	17339	1685	1253	432	505	133	372
40973	20471	20502	1918	1411	507	665	188	477
41232	20884	20348	1752	1332	420	674	200	474
42301	21213	21088	1679	1265	414	848	261	587
42845	21532	21313	1532	1169	363	978	279	699
261450	**128044**	**133406**	**7285**	**5583**	**1702**	**9645**	**2830**	**6815**
50944	24688	26256	1669	1244	425	1363	369	994
51019	25052	25967	1509	1174	335	1622	500	1122
60655	29714	30941	1673	1272	401	2141	664	1477
46041	22490	23551	1185	905	280	1999	573	1426
52791	26100	26691	1249	988	261	2520	724	1796
218157	**109391**	**108766**	**4077**	**3110**	**967**	**14444**	**3953**	**10491**
52300	26001	26299	1099	841	258	2785	821	1964
50082	24878	25204	960	703	257	3103	824	2279
59009	29908	29101	1045	820	225	4087	1154	2933
42505	21484	21021	740	573	167	3214	835	2379
14261	7120	7141	233	173	60	1255	319	936
140400	**73750**	**66650**	**1996**	**1662**	**334**	**17008**	**5026**	**11982**
21461	11050	10411	358	290	68	2067	621	1446
20875	10982	9893	327	281	46	2267	688	1579
29424	15376	14048	429	358	71	3524	1040	2484
36434	19402	17032	499	418	81	4716	1411	3305
32206	16940	15266	383	315	68	4434	1266	3168
338071	**190705**	**147366**	**3074**	**2263**	**811**	**158189**	**44939**	**113250**

C-5-3c　续表 1

受教育程度 年　龄	15 岁及以上人口			未　婚		
	合计	男	女	小计	男	女
未上过学	**77144**	**18451**	**58693**	**6656**	**5671**	**985**
15-19 岁	**334**	**186**	**148**	**332**	**186**	**146**
15	53	31	22	53	31	22
16	51	34	17	51	34	17
17	62	32	30	62	32	30
18	68	35	33	67	35	32
19	100	54	46	99	54	45
20-24 岁	**401**	**229**	**172**	**351**	**222**	**129**
20	79	48	31	75	47	28
21	77	45	32	72	45	27
22	77	42	35	69	41	28
23	93	54	39	79	52	27
24	75	40	35	56	37	19
25-29 岁	**475**	**274**	**201**	**354**	**248**	**106**
25	85	54	31	69	51	18
26	82	47	35	63	45	18
27	87	51	36	66	45	21
28	98	50	48	71	47	24
29	123	72	51	85	60	25
30-34 岁	**841**	**427**	**414**	**451**	**331**	**120**
30	183	102	81	107	79	28
31	170	74	96	83	60	23
32	151	89	62	89	72	17
33	184	86	98	91	60	31
34	153	76	77	81	60	21
35-39 岁	**807**	**380**	**427**	**376**	**308**	**68**
35	142	76	66	74	61	13
36	155	72	83	79	63	16
37	150	65	85	65	50	15
38	183	85	98	81	70	11
39	177	82	95	77	64	13
40-44 岁	**987**	**436**	**551**	**382**	**318**	**64**
40	155	67	88	58	51	7
41	187	85	102	75	60	15
42	184	76	108	74	56	18
43	213	100	113	87	74	13
44	248	108	140	88	77	11
45-49 岁	**1784**	**766**	**1018**	**593**	**543**	**50**
45	254	124	130	96	90	6
46	322	141	181	115	102	13
47	375	162	213	121	113	8
48	412	164	248	130	116	14
49	421	175	246	131	122	9
50-54 岁	**2694**	**898**	**1796**	**587**	**540**	**47**
50	462	179	283	123	113	10
51	534	174	360	135	119	16
52	564	203	361	139	129	10
53	522	156	366	82	79	3
54	612	186	426	108	100	8
55-59 岁	**3198**	**843**	**2355**	**502**	**469**	**33**
55	655	185	470	113	107	6
56	688	185	503	110	105	5
57	837	222	615	131	120	11
58	696	174	522	102	94	8
59	322	77	245	46	43	3
60-64 岁	**5999**	**1482**	**4517**	**691**	**664**	**27**
60	563	144	419	66	62	4
61	814	195	619	94	86	8
62	1375	348	1027	169	162	7
63	1633	424	1209	200	196	4
64	1614	371	1243	162	158	4
65 岁及以上	**59624**	**12530**	**47094**	**2037**	**1842**	**195**

单位：人

有配偶			离婚			丧偶		
小计	男	女	小计	男	女	小计	男	女
36006	**8605**	**27401**	**457**	**237**	**220**	**34025**	**3938**	**30087**
2		**2**						
1		1						
1		1						
47	**7**	**40**	**3**		**3**			
3	1	2	1		1			
5		5						
8	1	7						
14	2	12						
17	3	14	2		2			
119	**26**	**93**	**2**		**2**			
16	3	13						
19	2	17						
20	6	14	1		1			
26	3	23	1		1			
38	12	26						
373	**91**	**282**	**14**	**5**	**9**	**3**		**3**
72	21	51	3	2	1	1		1
84	14	70	3		3			
60	15	45	2	2				
88	25	63	4	1	3	1		1
69	16	53	2		2	1		1
406	**64**	**342**	**14**	**8**	**6**	**11**		**11**
62	12	50	4	3	1	2		2
72	7	65	2	2		2		2
82	15	67				3		3
97	15	82	2		2	3		3
93	15	78	6	3	3	1		1
558	**103**	**455**	**20**	**11**	**9**	**27**	**4**	**23**
88	13	75	6	3	3	3		3
104	23	81	3	1	2	5	1	4
100	16	84	6	4	2	4		4
116	23	93	2	1	1	8	2	6
150	28	122	3	2	1	7	1	6
1085	**189**	**896**	**45**	**28**	**17**	**61**	**6**	**55**
140	26	114	7	6	1	11	2	9
191	32	159	9	7	2	7		7
229	41	188	14	6	8	11	2	9
261	44	217	6	3	3	15	1	14
264	46	218	9	6	3	17	1	16
1883	**318**	**1565**	**38**	**20**	**18**	**186**	**20**	**166**
312	60	252	7	3	4	20	3	17
361	47	314	10	4	6	28	4	24
383	65	318	11	6	5	31	3	28
391	71	320	6	4	2	43	2	41
436	75	361	4	3	1	64	8	56
2284	**314**	**1970**	**36**	**28**	**8**	**376**	**32**	**344**
471	65	406	9	7	2	62	6	56
488	67	421	5	3	2	85	10	75
605	91	514	10	9	1	91	2	89
491	65	426	8	6	2	95	9	86
229	26	203	4	3	1	43	5	38
4212	**706**	**3506**	**33**	**24**	**9**	**1063**	**88**	**975**
404	64	340	8	6	2	85	12	73
592	93	499	4	3	1	124	13	111
991	165	826	6	4	2	209	17	192
1097	197	900	7	6	1	329	25	304
1128	187	941	8	5	3	316	21	295
25037	**6787**	**18250**	**252**	**113**	**139**	**32298**	**3788**	**28510**

C-5-3c 续表 2

受教育程度 年龄	15岁及以上人口			未婚		
	合计	男	女	小计	男	女
学前教育	**6598**	**2207**	**4391**	**516**	**404**	**112**
15-19岁	**141**	**70**	**71**	**139**	**70**	**69**
15	59	28	31	59	28	31
16	32	16	16	32	16	16
17	19	8	11	17	8	9
18	19	10	9	19	10	9
19	12	8	4	12	8	4
20-24岁	**42**	**22**	**20**	**37**	**22**	**15**
20	14	8	6	14	8	6
21	8	6	2	8	6	2
22	9	2	7	7	2	5
23	3	1	2	2	1	1
24	8	5	3	6	5	1
25-29岁	**45**	**28**	**17**	**27**	**21**	**6**
25	4	3	1	3	2	1
26	9	2	7	4	2	2
27	6	4	2	4	3	1
28	14	11	3	9	8	1
29	12	8	4	7	6	1
30-34岁	**61**	**27**	**34**	**23**	**17**	**6**
30	13	8	5	6	6	
31	13	5	8	4	3	1
32	13	4	9	3	2	1
33	12	3	9	5	3	2
34	10	7	3	5	3	2
35-39岁	**61**	**31**	**30**	**20**	**13**	**7**
35	9	6	3	4	2	2
36	10	3	7	4	1	3
37	16	9	7	6	4	2
38	17	7	10	2	2	
39	9	6	3	4	4	
40-44岁	**67**	**30**	**37**	**15**	**12**	**3**
40	11	4	7	3	2	1
41	14	6	8	4	4	
42	11	5	6	3	3	
43	16	9	7	4	3	1
44	15	6	9	1		1
45-49岁	**143**	**66**	**77**	**31**	**30**	**1**
45	21	12	9	5	5	
46	28	12	16	6	6	
47	27	15	12	9	8	1
48	30	12	18	5	5	
49	37	15	22	6	6	
50-54岁	**310**	**109**	**201**	**32**	**32**	
50	48	12	36	3	3	
51	62	26	36	8	8	
52	69	19	50	6	6	
53	60	27	33	7	7	
54	71	25	46	8	8	
55-59岁	**376**	**106**	**270**	**30**	**30**	
55	71	23	48	3	3	
56	81	21	60	6	6	
57	101	29	72	11	11	
58	95	26	69	8	8	
59	28	7	21	2	2	
60-64岁	**607**	**182**	**425**	**29**	**29**	
60	72	23	49	2	2	
61	83	23	60	4	4	
62	119	33	86	7	7	
63	168	57	111	10	10	
64	165	46	119	6	6	
65岁及以上	**4745**	**1536**	**3209**	**133**	**128**	**5**

单位：人

有配偶			离婚			丧偶		
小计	男	女	小计	男	女	小计	男	女
3727	**1342**	**2385**	**41**	**25**	**16**	**2314**	**436**	**1878**
2		**2**						
2		2						
5		**5**						
2		2						
1		1						
2		2						
18	**7**	**11**						
1	1							
5		5						
2	1	1						
5	3	2						
5	2	3						
37	**10**	**27**	**1**		**1**			
7	2	5						
9	2	7						
10	2	8						
6		6	1		1			
5	4	1						
39	**16**	**23**	**2**	**2**				
4	3	1	1	1				
6	2	4						
10	5	5						
15	5	10						
4	1	3	1	1				
49	**16**	**33**	**2**	**1**	**1**	**1**	**1**	
7	1	6	1	1				
9	1	8				1	1	
7	2	5	1		1			
12	6	6						
14	6	8						
104	**35**	**69**	**5**	**1**	**4**	**3**		**3**
15	7	8	1		1			
21	6	15				1		1
18	7	11						
21	6	15	3	1	2	1		1
29	9	20	1		1	1		1
253	**71**	**182**	**4**	**3**	**1**	**21**	**3**	**18**
39	6	33	2	2		4	1	3
50	18	32				4		4
60	13	47				3		3
48	19	29	1	1		4		4
56	15	41	1		1	6	2	4
310	**69**	**241**	**3**	**3**		**33**	**4**	**29**
62	19	43	1	1		5		5
69	15	54				6		6
82	16	66	1	1		7	1	6
75	14	61	1	1		11	3	8
22	5	17				4		4
473	**136**	**337**	**4**	**3**	**1**	**101**	**14**	**87**
59	19	40	1		1	10	2	8
65	15	50	1	1		13	3	10
87	24	63				25	2	23
126	39	87	1	1		31	7	24
136	39	97	1	1		22		22
2437	**982**	**1455**	**20**	**12**	**8**	**2155**	**414**	**1741**

C-5-3c　续表 3

受教育程度 年　　龄	15 岁及以上人口			未　　婚		
	合计	男	女	小计	男	女
小　学	**667573**	**296755**	**370818**	**32507**	**29464**	**3043**
15–19 岁	**1364**	**797**	**567**	**1332**	**792**	**540**
15	186	116	70	185	116	69
16	214	131	83	210	130	80
17	215	122	93	210	121	89
18	336	178	158	330	177	153
19	413	250	163	397	248	149
20–24 岁	**1814**	**995**	**819**	**1373**	**901**	**472**
20	359	211	148	330	210	120
21	337	199	138	283	189	94
22	356	188	168	278	168	110
23	349	184	165	236	159	77
24	413	213	200	246	175	71
25–29 岁	**3138**	**1575**	**1563**	**1421**	**1088**	**333**
25	444	225	219	250	177	73
26	446	220	226	240	179	61
27	557	274	283	250	196	54
28	717	367	350	329	253	76
29	974	489	485	352	283	69
30–34 岁	**7921**	**3877**	**4044**	**2148**	**1777**	**371**
30	1474	730	744	506	407	99
31	1530	775	755	469	380	89
32	1521	718	803	389	317	72
33	1800	875	925	415	350	65
34	1596	779	817	369	323	46
35–39 岁	**9661**	**4316**	**5345**	**1775**	**1547**	**228**
35	1514	650	864	294	250	44
36	1711	794	917	351	298	53
37	1927	847	1080	356	302	54
38	2338	1044	1294	404	368	36
39	2171	981	1190	370	329	41
40–44 岁	**16813**	**7342**	**9471**	**2139**	**1934**	**205**
40	2299	958	1341	346	300	46
41	3106	1331	1775	411	367	44
42	3062	1349	1713	389	358	31
43	3555	1602	1953	458	421	37
44	4791	2102	2689	535	488	47
45–49 岁	**40957**	**17863**	**23094**	**3733**	**3582**	**151**
45	5909	2606	3303	625	595	30
46	7629	3398	4231	759	723	36
47	8219	3610	4609	776	744	32
48	9010	3859	5151	746	717	29
49	10190	4390	5800	827	803	24
50–54 岁	**81027**	**33297**	**47730**	**4367**	**4229**	**138**
50	13152	5292	7860	909	868	41
51	15201	6355	8846	907	884	23
52	18944	7886	11058	1053	1019	34
53	15253	6236	9017	718	698	20
54	18477	7528	10949	780	760	20
55–59 岁	**83649**	**32322**	**51327**	**3000**	**2901**	**99**
55	18905	7567	11338	753	728	25
56	18660	7240	11420	731	707	24
57	22582	8761	13821	776	753	23
58	17151	6394	10757	526	506	20
59	6351	2360	3991	214	207	7
60–64 岁	**83521**	**35829**	**47692**	**3004**	**2932**	**72**
60	10638	4286	6352	416	411	5
61	11604	4869	6735	407	394	13
62	17676	7582	10094	689	671	18
63	22680	9970	12710	765	745	20
64	20923	9122	11801	727	711	16
65 岁及以上	**337708**	**158542**	**179166**	**8215**	**7781**	**434**

单位：人

有配偶			离婚			丧偶		
小计	男	女	小计	男	女	小计	男	女
497653	**223941**	**273712**	**9864**	**7268**	**2596**	**127549**	**36082**	**91467**
31	**4**	**27**	**1**	**1**				
1		1						
4	1	3						
4		4	1	1				
6	1	5						
16	2	14						
431	**88**	**343**	**9**	**6**	**3**	**1**		**1**
29	1	28						
53	10	43	1		1			
76	19	57	1	1		1		1
108	22	86	5	3	2			
165	36	129	2	2				
1627	**445**	**1182**	**85**	**41**	**44**	**5**	**1**	**4**
190	46	144	4	2	2			
200	39	161	6	2	4			
285	69	216	20	9	11	2		2
369	103	266	18	11	7	1		1
583	188	395	37	17	20	2	1	1
5416	**1900**	**3516**	**323**	**189**	**134**	**34**	**11**	**23**
926	301	625	38	21	17	4	1	3
995	359	636	59	34	25	7	2	5
1043	347	696	84	54	30	5		5
1295	474	821	81	45	36	9	6	3
1157	419	738	61	35	26	9	2	7
7337	**2441**	**4896**	**490**	**311**	**179**	**59**	**17**	**42**
1137	353	784	77	45	32	6	2	4
1257	435	822	95	60	35	8	1	7
1459	478	981	100	64	36	12	3	9
1809	604	1205	107	66	41	18	6	12
1675	571	1104	111	76	35	15	5	10
13653	**4825**	**8828**	**782**	**536**	**246**	**239**	**47**	**192**
1812	581	1231	111	71	40	30	6	24
2507	867	1640	143	91	52	45	6	39
2496	894	1602	143	92	51	34	5	29
2872	1037	1835	181	134	47	44	10	34
3966	1446	2520	204	148	56	86	20	66
34597	**12839**	**21758**	**1624**	**1199**	**425**	**1003**	**243**	**760**
4866	1773	3093	281	208	73	137	30	107
6355	2374	3981	350	258	92	165	43	122
6969	2589	4380	307	236	71	167	41	126
7669	2832	4837	352	249	103	243	61	182
8738	3271	5467	334	248	86	291	68	223
70837	**26611**	**44226**	**2096**	**1604**	**492**	**3727**	**853**	**2874**
11389	4025	7364	405	306	99	449	93	356
13288	5011	8277	412	311	101	594	149	445
16561	6298	10263	485	368	117	845	201	644
13351	5073	8278	388	289	99	796	176	620
16248	6204	10044	406	330	76	1043	234	809
72513	**27009**	**45504**	**1464**	**1088**	**376**	**6672**	**1324**	**5348**
16558	6265	10293	402	306	96	1192	268	924
16182	6018	10164	318	228	90	1429	287	1142
19504	7343	12161	369	286	83	1933	379	1554
14871	5415	9456	274	198	76	1480	275	1205
5398	1968	3430	101	70	31	638	115	523
69159	**29526**	**39633**	**1013**	**844**	**169**	**10345**	**2527**	**7818**
8945	3484	5461	161	131	30	1116	260	856
9721	4023	5698	158	139	19	1318	313	1005
14620	6204	8416	211	178	33	2156	529	1627
18737	8261	10476	261	214	47	2917	750	2167
17136	7554	9582	222	182	40	2838	675	2163
222052	**118253**	**103799**	**1977**	**1449**	**528**	**105464**	**31059**	**74405**

C-5-3c 续表 4

受教育程度 年龄	15岁及以上人口			未婚		
	合计	男	女	小计	男	女
初　中	**1120450**	**616931**	**503519**	**154810**	**112245**	**42565**
15–19岁	**47232**	**27325**	**19907**	**46614**	**27205**	**19409**
15	18770	10490	8280	18761	10488	8273
16	9653	5510	4143	9634	5508	4126
17	5999	3572	2427	5912	3556	2356
18	5887	3561	2326	5714	3529	2185
19	6923	4192	2731	6593	4124	2469
20–24岁	**37906**	**21624**	**16282**	**28892**	**19456**	**9436**
20	6515	3940	2575	5892	3837	2055
21	6713	3841	2872	5663	3648	2015
22	7995	4555	3440	6206	4190	2016
23	8079	4531	3548	5693	3951	1742
24	8604	4757	3847	5438	3830	1608
25–29岁	**62117**	**33338**	**28779**	**24315**	**18623**	**5692**
25	9504	5130	4374	5202	3749	1453
26	9216	4974	4242	4266	3228	1038
27	11121	5874	5247	4494	3453	1041
28	13667	7328	6339	4716	3698	1018
29	18609	10032	8577	5637	4495	1142
30–34岁	**130118**	**67730**	**62388**	**24625**	**20008**	**4617**
30	27145	14376	12769	7036	5616	1420
31	26799	14021	12778	5758	4688	1070
32	25244	13015	12229	4523	3716	807
33	27325	14099	13226	4202	3453	749
34	23605	12219	11386	3106	2535	571
35–39岁	**113912**	**59091**	**54821**	**10387**	**8628**	**1759**
35	21307	10953	10354	2425	2014	411
36	22013	11377	10636	2223	1832	391
37	22475	11648	10827	2014	1640	374
38	26546	13957	12589	2152	1799	353
39	21571	11156	10415	1573	1343	230
40–44岁	**106835**	**55756**	**51079**	**5888**	**5156**	**732**
40	19566	10098	9468	1268	1067	201
41	21958	11444	10514	1295	1129	166
42	20148	10445	9703	1089	973	116
43	20340	10725	9615	1059	921	138
44	24823	13044	11779	1177	1066	111
45–49岁	**155634**	**82962**	**72672**	**6112**	**5651**	**461**
45	27500	14562	12938	1236	1126	110
46	32111	16937	15174	1372	1270	102
47	31782	17113	14669	1295	1204	91
48	32352	17302	15050	1164	1083	81
49	31889	17048	14841	1045	968	77
50–54岁	**180889**	**95450**	**85439**	**3851**	**3624**	**227**
50	37146	19241	17905	994	924	70
51	35759	18888	16871	859	810	49
52	41967	22174	19793	857	809	48
53	31178	16461	14717	583	552	31
54	34839	18686	16153	558	529	29
55–59岁	**131334**	**71730**	**59604**	**1776**	**1692**	**84**
55	33621	18190	15431	467	454	13
56	31349	16915	14434	448	425	23
57	35253	19418	15835	467	439	28
58	23778	13165	10613	295	283	12
59	7333	4042	3291	99	91	8
60–64岁	**59622**	**36927**	**22695**	**934**	**902**	**32**
60	10449	6135	4314	164	159	5
61	9145	5671	3474	178	174	4
62	12308	7687	4621	208	199	9
63	14991	9412	5579	220	209	11
64	12729	8022	4707	164	161	3
65岁及以上	**94851**	**64998**	**29853**	**1416**	**1300**	**116**

单位：人

有配偶			离婚			丧偶		
小计	男	女	小计	男	女	小计	男	女
897017	**466734**	**430283**	**31672**	**22403**	**9269**	**36951**	**15549**	**21402**
611	**117**	**494**	**7**	**3**	**4**			
9	2	7						
19	2	17						
86	16	70	1		1			
169	31	138	4	1	3			
328	66	262	2	2				
8822	**2104**	**6718**	**182**	**59**	**123**	**10**	**5**	**5**
612	99	513	10	4	6	1		1
1034	189	845	16	4	12			
1762	356	1406	26	8	18	1	1	
2333	568	1765	49	10	39	4	2	2
3081	892	2189	81	33	48	4	2	2
36410	**14009**	**22401**	**1351**	**697**	**654**	**41**	**9**	**32**
4177	1329	2848	121	51	70	4	1	3
4815	1688	3127	130	58	72	5		5
6397	2303	4094	226	117	109	4	1	3
8605	3453	5152	334	175	159	12	2	10
12416	5236	7180	540	296	244	16	5	11
100256	**44654**	**55602**	**4973**	**2987**	**1986**	**264**	**81**	**183**
19243	8280	10963	843	469	374	23	11	12
20044	8768	11276	957	552	405	40	13	27
19669	8699	10970	990	580	410	62	20	42
21963	9946	12017	1094	679	415	66	21	45
19337	8961	10376	1089	707	382	73	16	57
97266	**46364**	**50902**	**5740**	**3976**	**1764**	**519**	**123**	**396**
17810	8251	9559	998	664	334	74	24	50
18636	8797	9839	1061	727	334	93	21	72
19136	9145	9991	1209	836	373	116	27	89
22921	11174	11747	1354	957	397	119	27	92
18763	8997	9766	1118	792	326	117	24	93
94566	**46422**	**48144**	**5433**	**3932**	**1501**	**948**	**246**	**702**
17101	8259	8842	1050	734	316	147	38	109
19349	9465	9884	1154	813	341	160	37	123
17838	8662	9176	1007	752	255	214	58	156
18079	9026	9053	1017	731	286	185	47	138
22199	11010	11189	1205	902	303	242	66	176
141317	**72175**	**69142**	**5832**	**4401**	**1431**	**2373**	**735**	**1638**
24781	12472	12309	1165	875	290	318	89	229
28985	14578	14407	1318	964	354	436	125	311
28836	14858	13978	1195	906	289	456	145	311
29512	15162	14350	1139	876	263	537	181	356
29203	15105	14098	1015	780	235	626	195	431
167250	**86611**	**80639**	**4525**	**3464**	**1061**	**5263**	**1751**	**3512**
34248	17271	16977	1087	807	280	817	239	578
33043	17015	16028	947	750	197	910	313	597
38874	20145	18729	1066	808	258	1170	412	758
28837	15026	13811	690	526	164	1068	357	711
32248	17154	15094	735	573	162	1298	430	868
120824	**66150**	**54674**	**2162**	**1659**	**503**	**6572**	**2229**	**4343**
31155	16790	14365	596	453	143	1403	493	910
28886	15619	13267	559	406	153	1456	465	991
32414	17900	14514	544	426	118	1828	653	1175
21698	12123	9575	373	304	69	1412	455	957
6671	3718	2953	90	70	20	473	163	310
53286	**33438**	**19848**	**766**	**637**	**129**	**4636**	**1950**	**2686**
9440	5587	3853	150	122	28	695	267	428
8172	5109	3063	131	109	22	664	279	385
10960	6947	4013	174	143	31	966	398	568
13357	8524	4833	188	160	28	1226	519	707
11357	7271	4086	123	103	20	1085	487	598
76409	**54690**	**21719**	**701**	**588**	**113**	**16325**	**8420**	**7905**

C-5-3c 续表 5

受教育程度 年 龄	15岁及以上人口			未 婚		
	合计	男	女	小计	男	女
高 中	**380585**	**227854**	**152731**	**153870**	**94220**	**59650**
15–19 岁	**87851**	**48511**	**39340**	**87661**	**48461**	**39200**
15	17296	9092	8204	17294	9091	8203
16	24341	13137	11204	24334	13136	11198
17	21568	11900	9668	21550	11895	9655
18	14278	8296	5982	14228	8283	5945
19	10368	6086	4282	10255	6056	4199
20–24 岁	**36357**	**20759**	**15598**	**31496**	**19517**	**11979**
20	8001	4656	3345	7744	4599	3145
21	7138	4037	3101	6638	3974	2664
22	7452	4260	3192	6537	4057	2480
23	7100	4034	3066	5725	3639	2086
24	6666	3772	2894	4852	3248	1604
25–29 岁	**39685**	**22273**	**17412**	**17922**	**12978**	**4944**
25	6932	3950	2982	4403	3089	1314
26	6131	3463	2668	3421	2450	971
27	7272	4050	3222	3330	2419	911
28	8500	4704	3796	3292	2415	877
29	10850	6106	4744	3476	2605	871
30–34 岁	**62585**	**34600**	**27985**	**11632**	**9004**	**2628**
30	15176	8297	6879	3939	2996	943
31	13725	7594	6131	2909	2277	632
32	11969	6580	5389	2057	1594	463
33	12213	6881	5332	1668	1334	334
34	9502	5248	4254	1059	803	256
35–39 岁	**36859**	**21480**	**15379**	**2676**	**2092**	**584**
35	8078	4559	3519	777	622	155
36	7538	4371	3167	598	467	131
37	6961	4185	2776	476	365	111
38	8044	4662	3382	494	376	118
39	6238	3703	2535	331	262	69
40–44 岁	**24000**	**14789**	**9211**	**937**	**765**	**172**
40	5343	3112	2231	230	175	55
41	5238	3215	2023	236	198	38
42	4613	2853	1760	178	145	33
43	4219	2643	1576	120	102	18
44	4587	2966	1621	173	145	28
45–49 岁	**23704**	**15436**	**8268**	**645**	**560**	**85**
45	4741	3024	1717	151	126	25
46	5097	3244	1853	145	120	25
47	4913	3231	1682	131	120	11
48	4572	2987	1585	117	99	18
49	4381	2950	1431	101	95	6
50–54 岁	**20484**	**13826**	**6658**	**378**	**350**	**28**
50	4770	3184	1586	122	108	14
51	4097	2823	1274	88	86	2
52	4591	3053	1538	79	74	5
53	3322	2225	1097	44	39	5
54	3704	2541	1163	45	43	2
55–59 岁	**22203**	**15618**	**6585**	**253**	**237**	**16**
55	3984	2770	1214	44	41	3
56	4365	3055	1310	66	62	4
57	6394	4501	1893	64	58	6
58	5447	3864	1583	47	44	3
59	2013	1428	585	32	32	
60–64 岁	**13814**	**10171**	**3643**	**128**	**124**	**4**
60	2731	1947	784	29	29	
61	2437	1810	627	23	21	2
62	2881	2097	784	19	18	1
63	3251	2434	817	33	32	1
64	2514	1883	631	24	24	
65 岁及以上	**13043**	**10391**	**2652**	**142**	**132**	**10**

单位：人

有配偶			离婚			丧偶		
小计	男	女	小计	男	女	小计	男	女
215142	**126589**	**88553**	**7255**	**4785**	**2470**	**4318**	**2260**	**2058**
186	**50**	**136**	**4**		**4**			
2	1	1						
6	1	5	1		1			
17	5	12	1		1			
49	13	36	1		1			
112	30	82	1		1			
4795	**1229**	**3566**	**59**	**12**	**47**	**7**	**1**	**6**
256	57	199	1		1			
495	63	432	5		5			
905	202	703	8	1	7	2		2
1360	390	970	12	4	8	3	1	2
1779	517	1262	33	7	26	2		2
21234	**9047**	**12187**	**515**	**243**	**272**	**14**	**5**	**9**
2492	848	1644	37	13	24			
2660	991	1669	49	21	28	1	1	
3852	1596	2256	88	34	54	2	1	1
5070	2218	2852	132	69	63	6	2	4
7160	3394	3766	209	106	103	5	1	4
49055	**24573**	**24482**	**1822**	**1005**	**817**	**76**	**18**	**58**
10868	5120	5748	356	177	179	13	4	9
10454	5115	5339	346	198	148	16	4	12
9533	4789	4744	364	194	170	15	3	12
10140	5317	4823	391	225	166	14	5	9
8060	4232	3828	365	211	154	18	2	16
32529	**18333**	**14196**	**1565**	**1036**	**529**	**89**	**19**	**70**
6981	3735	3246	308	199	109	12	3	9
6611	3692	2919	314	209	105	15	3	12
6183	3638	2545	288	178	110	14	4	10
7152	4025	3127	370	256	114	28	5	23
5602	3243	2359	285	194	91	20	4	16
21819	**13214**	**8605**	**1123**	**774**	**349**	**121**	**36**	**85**
4843	2767	2076	255	166	89	15	4	11
4744	2845	1899	244	167	77	14	5	9
4217	2571	1646	191	133	58	27	4	23
3841	2373	1468	226	154	72	32	14	18
4174	2658	1516	207	154	53	33	9	24
21909	**14082**	**7827**	**937**	**723**	**214**	**213**	**71**	**142**
4347	2737	1610	206	149	57	37	12	25
4686	2938	1748	216	169	47	50	17	33
4541	2939	1602	205	162	43	36	10	26
4243	2745	1498	162	126	36	50	17	33
4092	2723	1369	148	117	31	40	15	25
19119	**12838**	**6281**	**562**	**446**	**116**	**425**	**192**	**233**
4424	2929	1495	153	115	38	71	32	39
3805	2605	1200	124	98	26	80	34	46
4331	2858	1473	94	77	17	87	44	43
3105	2074	1031	91	77	14	82	35	47
3454	2372	1082	100	79	21	105	47	58
20804	**14719**	**6085**	**387**	**311**	**76**	**759**	**351**	**408**
3742	2609	1133	83	67	16	115	53	62
4105	2873	1232	71	60	11	123	60	63
5995	4237	1758	114	93	21	221	113	108
5112	3668	1444	82	62	20	206	90	116
1850	1332	518	37	29	8	94	35	59
12687	**9478**	**3209**	**168**	**143**	**25**	**831**	**426**	**405**
2512	1815	697	33	26	7	157	77	80
2239	1684	555	31	27	4	144	78	66
2663	1955	708	37	32	5	162	92	70
2975	2264	711	40	36	4	203	102	101
2298	1760	538	27	22	5	165	77	88
11005	**9026**	**1979**	**113**	**92**	**21**	**1783**	**1141**	**642**

C-5-3c 续表 6

受教育程度 年龄	15 岁及以上人口			未婚		
	合计	男	女	小计	男	女
大学专科	**101236**	**53294**	**47942**	**60177**	**30908**	**29269**
15-19 岁	**19996**	**9928**	**10068**	**19971**	**9922**	**10049**
15	463	229	234	463	229	234
16	1003	506	497	1003	506	497
17	2700	1314	1386	2698	1314	1384
18	6810	3376	3434	6805	3373	3432
19	9020	4503	4517	9002	4500	4502
20-24 岁	**27842**	**12883**	**14959**	**26416**	**12575**	**13841**
20	8143	3868	4275	8100	3857	4243
21	6277	2870	3407	6147	2856	3291
22	5236	2392	2844	4989	2354	2635
23	4370	1982	2388	3967	1899	2068
24	3816	1771	2045	3213	1609	1604
25-29 岁	**16611**	**8053**	**8558**	**9120**	**5192**	**3928**
25	3658	1692	1966	2759	1430	1329
26	2860	1339	1521	1837	1027	810
27	3073	1476	1597	1665	976	689
28	3253	1623	1630	1441	894	547
29	3767	1923	1844	1418	865	553
30-34 岁	**17727**	**9469**	**8258**	**3695**	**2485**	**1210**
30	4845	2429	2416	1389	897	492
31	4024	2096	1928	893	600	293
32	3263	1745	1518	604	412	192
33	3162	1769	1393	505	361	144
34	2433	1430	1003	304	215	89
35-39 岁	**7524**	**4625**	**2899**	**670**	**490**	**180**
35	1831	1103	728	191	149	42
36	1622	980	642	180	133	47
37	1452	911	541	127	83	44
38	1500	934	566	99	71	28
39	1119	697	422	73	54	19
40-44 岁	**3965**	**2585**	**1380**	**171**	**132**	**39**
40	939	585	354	59	41	18
41	884	576	308	33	28	5
42	782	520	262	27	24	3
43	663	438	225	29	21	8
44	697	466	231	23	18	5
45-49 岁	**2820**	**2010**	**810**	**78**	**63**	**15**
45	657	474	183	26	23	3
46	644	465	179	23	18	5
47	544	381	163	12	10	2
48	512	357	155	11	8	3
49	463	333	130	6	4	2
50-54 岁	**1809**	**1358**	**451**	**28**	**25**	**3**
50	442	325	117	5	4	1
51	393	288	105	5	4	1
52	402	308	94	10	10	
53	266	190	76	3	2	1
54	306	247	59	5	5	
55-59 岁	**1255**	**992**	**263**	**11**	**10**	**1**
55	275	217	58	2	2	
56	312	251	61	1	1	
57	362	289	73	5	4	1
58	227	174	53	3	3	
59	79	61	18			
60-64 岁	**550**	**437**	**113**	**4**	**4**	
60	98	77	21	1	1	
61	78	53	25	1	1	
62	98	76	22	2	2	
63	134	111	23			
64	142	120	22			
65 岁及以上	**1137**	**954**	**183**	**13**	**10**	**3**

单位：人

有配偶			离婚			丧偶		
小计	男	女	小计	男	女	小计	男	女
39677	**21603**	**18074**	**1097**	**620**	**477**	**285**	**163**	**122**
24	**6**	**18**	**1**		**1**			
2		2						
5	3	2						
17	3	14	1		1			
1417	**306**	**1111**	**7**	**2**	**5**	**2**		**2**
43	11	32						
130	14	116						
245	37	208	2	1	1			
401	83	318	1		1	1		1
598	161	437	4	1	3	1		1
7374	**2831**	**4543**	**113**	**28**	**85**	**4**	**2**	**2**
889	261	628	10	1	9			
1009	310	699	14	2	12			
1389	496	893	17	3	14	2	1	1
1783	720	1063	28	9	19	1		1
2304	1044	1260	44	13	31	1	1	
13644	**6803**	**6841**	**367**	**176**	**191**	**21**	**5**	**16**
3381	1498	1883	71	33	38	4	1	3
3046	1462	1584	81	34	47	4		4
2591	1305	1286	63	27	36	5	1	4
2570	1365	1205	82	42	40	5	1	4
2056	1173	883	70	40	30	3	2	1
6584	**3968**	**2616**	**254**	**165**	**89**	**16**	**2**	**14**
1589	922	667	50	32	18	1		1
1384	813	571	51	33	18	7	1	6
1267	795	472	55	33	22	3		3
1342	823	519	57	39	18	2	1	1
1002	615	387	41	28	13	3		3
3616	**2330**	**1286**	**166**	**115**	**51**	**12**	**8**	**4**
832	513	319	47	31	16	1		1
812	520	292	38	27	11	1	1	
713	466	247	37	26	11	5	4	1
610	404	206	22	12	10	2	1	1
649	427	222	22	19	3	3	2	1
2625	**1877**	**748**	**102**	**64**	**38**	**15**	**6**	**9**
609	438	171	21	13	8	1		1
595	435	160	20	9	11	6	3	3
505	351	154	24	18	6	3	2	1
485	341	144	14	7	7	2	1	1
431	312	119	23	17	6	3		3
1716	**1291**	**425**	**48**	**36**	**12**	**17**	**6**	**11**
424	313	111	11	7	4	2	1	1
369	274	95	14	10	4	5		5
375	286	89	14	10	4	3	2	1
253	181	72	6	6		4	1	3
295	237	58	3	3		3	2	1
1192	**951**	**241**	**21**	**18**	**3**	**31**	**13**	**18**
258	208	50	7	6	1	8	1	7
301	242	59	7	6	1	3	2	1
346	276	70	4	3	1	7	6	1
212	166	46	2	2		10	3	7
75	59	16	1	1		3	1	2
506	**405**	**101**	**11**	**10**	**1**	**29**	**18**	**11**
89	69	20	4	4		4	3	1
71	48	23	2	2		4	2	2
90	72	18	1	1		5	1	4
123	103	20	2	1	1	9	7	2
133	113	20	2	2		7	5	2
979	**835**	**144**	**7**	**6**	**1**	**138**	**103**	**35**

C-5-3c 续表 7

受教育程度 年 龄	15岁及以上人口			未 婚		
	合计	男	女	小计	男	女
大学本科	**39007**	**19757**	**19250**	**26231**	**12796**	**13435**
15-19岁	**7026**	**3274**	**3752**	**7020**	**3273**	**3747**
15	43	18	25	43	18	25
16	120	44	76	120	44	76
17	867	388	479	867	388	479
18	2640	1212	1428	2638	1211	1427
19	3356	1612	1744	3352	1612	1740
20-24岁	**12689**	**5770**	**6919**	**12347**	**5686**	**6661**
20	3152	1491	1661	3150	1491	1659
21	2768	1244	1524	2747	1240	1507
22	2709	1233	1476	2656	1221	1435
23	2141	974	1167	2068	960	1108
24	1919	828	1091	1726	774	952
25-29岁	**7933**	**3733**	**4200**	**4930**	**2588**	**2342**
25	1822	804	1018	1487	720	767
26	1488	633	855	1081	505	576
27	1491	688	803	915	481	434
28	1508	764	744	752	456	296
29	1624	844	780	695	426	269
30-34岁	**6618**	**3629**	**2989**	**1626**	**1037**	**589**
30	1867	949	918	614	384	230
31	1540	823	717	402	246	156
32	1238	690	548	253	167	86
33	1123	648	475	219	146	73
34	850	519	331	138	94	44
35-39岁	**2269**	**1507**	**762**	**208**	**140**	**68**
35	635	408	227	60	39	21
36	507	321	186	48	33	15
37	411	271	140	38	26	12
38	436	304	132	34	21	13
39	280	203	77	28	21	7
40-44岁	**957**	**680**	**277**	**55**	**42**	**13**
40	211	141	70	16	11	5
41	220	165	55	12	10	2
42	175	123	52	12	9	3
43	170	119	51	8	6	2
44	181	132	49	7	6	1
45-49岁	**634**	**474**	**160**	**29**	**21**	**8**
45	142	101	41	8	4	4
46	145	114	31	9	9	
47	139	102	37	3	2	1
48	114	88	26	4	3	1
49	94	69	25	5	3	2
50-54岁	**403**	**310**	**93**	**8**	**3**	**5**
50	113	87	26	3		3
51	101	77	24	1		1
52	74	52	22			
53	60	49	11	3	2	1
54	55	45	10	1	1	
55-59岁	**226**	**175**	**51**	**5**	**4**	**1**
55	52	44	8	1		1
56	53	45	8	2	2	
57	62	44	18			
58	44	31	13	2	2	
59	15	11	4			
60-64岁	**80**	**64**	**16**	**2**	**2**	
60	12	12				
61	15	10	5			
62	14	10	4	1	1	
63	20	15	5	1	1	
64	19	17	2			
65岁及以上	**172**	**141**	**31**	**1**		**1**

单位：人

有配偶			离婚			丧偶		
小计	男	女	小计	男	女	小计	男	女
12453	**6784**	**5669**	**278**	**153**	**125**	**45**	**24**	**21**
6	**1**	**5**						
2	1	1						
4		4						
340	**82**	**258**	**2**	**2**				
2		2						
21	4	17						
52	11	41	1	1				
72	13	59	1	1				
193	54	139						
2967	**1135**	**1832**	**36**	**10**	**26**			
331	84	247	4		4			
404	126	278	3	2	1			
570	205	365	6	2	4			
744	305	439	12	3	9			
918	415	503	11	3	8			
4897	**2548**	**2349**	**91**	**42**	**49**	**4**	**2**	**2**
1242	561	681	11	4	7			
1115	566	549	22	11	11	1		1
962	511	451	22	11	11	1	1	
885	494	391	19	8	11			
693	416	277	17	8	9	2	1	1
1980	**1316**	**664**	**76**	**48**	**28**	**5**	**3**	**2**
557	359	198	18	10	8			
441	274	167	16	12	4	2	2	
360	238	122	12	7	5	1		1
380	270	110	20	12	8	2	1	1
242	175	67	10	7	3			
867	**615**	**252**	**34**	**23**	**11**	**1**		**1**
191	128	63	4	2	2			
201	149	52	7	6	1			
155	110	45	7	4	3	1		1
154	109	45	8	4	4			
166	119	47	8	7	1			
583	**440**	**143**	**20**	**13**	**7**	**2**		**2**
129	95	34	4	2	2	1		1
131	101	30	5	4	1			
128	96	32	7	4	3	1		1
107	82	25	3	3				
88	66	22	1		1			
377	**292**	**85**	**12**	**10**	**2**	**6**	**5**	**1**
106	83	23	4	4				
97	76	21	2	1	1	1		1
69	47	22	3	3		2	2	
52	43	9	3	2	1	2	2	
53	43	10				1	1	
217	**169**	**48**	**3**	**2**	**1**	**1**		**1**
51	44	7						
50	43	7				1		1
59	42	17	3	2	1			
42	29	13						
15	11	4						
74	**58**	**16**	**1**	**1**		**3**	**3**	
11	11		1	1				
15	10	5						
12	8	4				1	1	
18	13	5				1	1	
18	16	2				1	1	
145	**128**	**17**	**3**	**2**	**1**	**23**	**11**	**12**

C-5-3c　续表 8

受教育程度 年　　龄	15岁及以上人口			未　　婚		
	合计	男	女	小计	男	女
硕士研究生	**1803**	**935**	**868**	**1339**	**654**	**685**
15-19 岁	**15**	**6**	**9**	**15**	**6**	**9**
15						
16						
17	4	2	2	4	2	2
18	4		4	4		4
19	7	4	3	7	4	3
20-24 岁	**683**	**318**	**365**	**679**	**314**	**365**
20	11	6	5	11	6	5
21	80	33	47	79	32	47
22	187	91	96	187	91	96
23	205	91	114	205	91	114
24	200	97	103	197	94	103
25-29 岁	**608**	**294**	**314**	**512**	**253**	**259**
25	189	86	103	183	82	101
26	144	67	77	133	62	71
27	95	44	51	74	36	38
28	87	43	44	66	37	29
29	93	54	39	56	36	20
30-34 岁	**335**	**205**	**130**	**113**	**69**	**44**
30	89	57	32	45	30	15
31	89	50	39	27	16	11
32	57	31	26	17	10	7
33	59	40	19	14	10	4
34	41	27	14	10	3	7
35-39 岁	**76**	**47**	**29**	**14**	**8**	**6**
35	27	15	12	5	3	2
36	15	9	6			
37	12	11	1	2	2	
38	15	8	7	5	2	3
39	7	4	3	2	1	1
40-44 岁	**31**	**22**	**9**	**5**	**3**	**2**
40	8	3	5	2	1	1
41	6	5	1	2	1	1
42	7	4	3			
43	4	4				
44	6	6		1	1	
45-49 岁	**18**	**13**	**5**			
45	2	2				
46	7	6	1			
47	6	3	3			
48	2	1	1			
49	1	1				
50-54 岁	**14**	**11**	**3**	**1**	**1**	
50	2	1	1			
51	6	6				
52	1	1				
53	4	3	1	1	1	
54	1		1			
55-59 岁	**11**	**9**	**2**			
55	4	2	2			
56	1	1				
57	2	2				
58	3	3				
59	1	1				
60-64 岁	**3**	**3**				
60	1	1				
61						
62	1	1				
63	1	1				
64						
65 岁及以上	**9**	**7**	**2**			

单位：人

有配偶			离婚			丧偶		
小计	男	女	小计	男	女	小计	男	女
454	**273**	**181**	**8**	**6**	**2**	**2**	**2**	
4	**4**							
1	1							
3	3							
96	**41**	**55**						
6	4	2						
11	5	6						
21	8	13						
21	6	15						
37	18	19						
218	**134**	**84**	**4**	**2**	**2**			
44	27	17						
62	34	28						
40	21	19						
42	29	13	3	1	2			
30	23	7	1	1				
61	**38**	**23**	**1**	**1**				
22	12	10						
15	9	6						
10	9	1						
9	5	4	1	1				
5	3	2						
26	**19**	**7**						
6	2	4						
4	4							
7	4	3						
4	4							
5	5							
17	**12**	**5**	**1**	**1**				
2	2							
7	6	1						
6	3	3						
2	1	1						
			1	1				
13	**10**	**3**						
2	1	1						
6	6							
1	1							
3	2	1						
1		1						
10	**8**	**2**	**1**	**1**				
3	1	2	1	1				
1	1							
2	2							
3	3							
1	1							
3	**3**							
1	1							
1	1							
1	1							
6	**4**	**2**	**1**	**1**		**2**	**2**	

C-5-3c 续表 9

受教育程度 年龄	15岁及以上人口			未婚		
	合计	男	女	小计	男	女
博士研究生	**254**	**153**	**101**	**168**	**101**	**67**
15-19岁						
15						
16						
17						
18						
19						
20-24岁	**44**	**27**	**17**	**43**	**27**	**16**
20	1		1	1		1
21	5	2	3	5	2	3
22	9	7	2	9	7	2
23	12	6	6	11	6	5
24	17	12	5	17	12	5
25-29岁	**94**	**51**	**43**	**80**	**43**	**37**
25	17	5	12	15	4	11
26	16	11	5	15	10	5
27	17	6	11	14	5	9
28	28	18	10	25	17	8
29	16	11	5	11	7	4
30-34岁	**66**	**39**	**27**	**33**	**21**	**12**
30	19	12	7	12	7	5
31	20	8	12	11	6	5
32	9	6	3	5	3	2
33	11	9	2	4	4	
34	7	4	3	1	1	
35-39岁	**32**	**24**	**8**	**10**	**8**	**2**
35	13	8	5	5	4	1
36	6	5	1	3	3	
37	7	6	1	1	1	
38	3	3				
39	3	2	1	1		1
40-44岁	**7**	**5**	**2**	**1**	**1**	
40	2	2		1	1	
41	1		1			
42	3	2	1			
43	1	1				
44						
45-49岁	**4**	**2**	**2**	**1**	**1**	
45						
46	2	1	1			
47						
48	2	1	1	1	1	
49						
50-54岁	**2**	**2**				
50						
51						
52	1	1				
53	1	1				
54						
55-59岁	**3**	**2**	**1**			
55						
56						
57	2	1	1			
58	1	1				
59						
60-64岁						
60						
61						
62						
63						
64						
65岁及以上	**2**	**1**	**1**			

单位：人

有配偶			离婚			丧偶		
小计	男	女	小计	男	女	小计	男	女
85	**51**	**34**				**1**	**1**	
1		**1**						
1		1						
14	**8**	**6**						
2	1	1						
1	1							
3	1	2						
3	1	2						
5	4	1						
33	**18**	**15**						
7	5	2						
9	2	7						
4	3	1						
7	5	2						
6	3	3						
22	**16**	**6**						
8	4	4						
3	2	1						
6	5	1						
3	3							
2	2							
6	**4**	**2**						
1	1							
1		1						
3	2	1						
1	1							
3	**1**	**2**						
2	1	1						
1		1						
2	**2**							
1	1							
1	1							
3	**2**	**1**						
2	1	1						
1	1							
1		**1**				**1**	**1**	

C-5-4　全省分初婚年龄、性别、初婚年份的人口

单位：人

初婚年龄	初婚年份								
	合　计			1980 年			1981 年		
	合计	男	女	小计	男	女	小计	男	女
总　计	**3567154**	**1767713**	**1799441**	**102109**	**49263**	**52846**	**65188**	**31198**	**33990**
15 岁以下	**3341**	**623**	**2718**	**266**	**49**	**217**	**126**	**21**	**105**
15-19 岁	**384800**	**80871**	**303929**	**15437**	**2290**	**13147**	**13335**	**2194**	**11141**
15	15102	3396	11706	1175	219	956	511	93	418
16	27180	5255	21925	2245	286	1959	1044	149	895
17	52346	9681	42665	4334	584	3750	2300	333	1967
18	97151	19402	77749	4042	556	3486	4798	782	4016
19	193021	43137	149884	3641	645	2996	4682	837	3845
20-24 岁	**1934090**	**871280**	**1062810**	**56993**	**25855**	**31138**	**33274**	**15491**	**17783**
20	314184	84046	230138	7453	1886	5567	3977	979	2998
21	388250	151140	237110	9532	3369	6163	6116	2198	3918
22	449087	217329	231758	14202	6427	7775	6720	3038	3682
23	418219	215067	203152	14643	7604	7039	8451	4470	3981
24	364350	203698	160652	11163	6569	4594	8010	4806	3204
25-29 岁	**938564**	**604455**	**334109**	**25215**	**17833**	**7382**	**15899**	**11464**	**4435**
25	300911	180733	120178	9237	6047	3190	5568	3707	1861
26	234534	149221	85313	6743	4785	1958	4286	3102	1184
27	177544	118282	59262	4481	3330	1151	2900	2201	699
28	130335	89727	40608	3032	2311	721	1890	1484	406
29	95240	66492	28748	1722	1360	362	1255	970	285
30-34 岁	**210804**	**146648**	**64156**	**3361**	**2624**	**737**	**2075**	**1671**	**404**
30	70502	49255	21247	1334	1034	300	758	609	149
31	50672	35194	15478	815	634	181	561	452	109
32	38308	26591	11717	551	449	102	348	284	64
33	28821	19954	8867	380	292	88	234	193	41
34	22501	15654	6847	281	215	66	174	133	41
35-39 岁	**56264**	**39044**	**17220**	**599**	**459**	**140**	**355**	**273**	**82**
35	17397	12056	5341	186	146	40	119	94	25
36	13141	9102	4039	154	118	36	84	70	14
37	10298	7265	3033	104	87	17	64	45	19
38	8436	5877	2559	92	67	25	48	40	8
39	6992	4744	2248	63	41	22	40	24	16
40-44 岁	**21184**	**14095**	**7089**	**178**	**122**	**56**	**96**	**68**	**28**
40	5804	3916	1888	45	28	17	29	19	10
41	4720	3150	1570	49	37	12	23	19	4
42	4201	2764	1437	42	28	14	17	12	5
43	3490	2323	1167	27	17	10	17	13	4
44	2969	1942	1027	15	12	3	10	5	5
45-49 岁	**9472**	**5934**	**3538**	**47**	**25**	**22**	**20**	**13**	**7**
45	2597	1688	909	12	7	5	9	7	2
46	2109	1353	756	12	5	7	1		1
47	1810	1109	701	15	9	6	4	1	3
48	1561	954	607	5	2	3	4	3	1
49	1395	830	565	3	2	1	2	2	
50 岁及以上	**8635**	**4763**	**3872**	**13**	**6**	**7**	**8**	**3**	**5**
平均初婚年龄	**24.32**	**25.46**	**23.20**	**23.40**	**24.82**	**22.08**	**23.27**	**24.82**	**21.85**

C-5-4 续表 1 单位：人

初婚年龄	初婚年份								
	1982 年			1983 年			1984 年		
	小计	男	女	小计	男	女	小计	男	女
总 计	**83845**	**40269**	**43576**	**79378**	**38004**	**41374**	**92611**	**44614**	**47997**
15 岁以下	**132**	**28**	**104**	**147**	**28**	**119**	**135**	**31**	**104**
15-19 岁	**21132**	**4182**	**16950**	**17887**	**3787**	**14100**	**18177**	**3885**	**14292**
15	703	114	589	664	151	513	793	171	622
16	1323	215	1108	1106	197	909	1218	215	1003
17	2744	401	2343	2378	428	1950	2251	372	1879
18	5483	989	4494	4432	804	3628	4768	926	3842
19	10879	2463	8416	9307	2207	7100	9147	2201	6946
20-24 岁	**39559**	**18891**	**20668**	**40592**	**18703**	**21889**	**54597**	**25685**	**28912**
20	9118	2569	6549	14472	4686	9786	14666	4741	9925
21	5612	2228	3384	9027	3850	5177	18346	8314	10032
22	8380	4161	4219	5131	2749	2382	11031	6085	4946
23	7521	4275	3246	6552	3856	2696	4995	2898	2097
24	8928	5658	3270	5410	3562	1848	5559	3647	1912
25-29 岁	**19747**	**14648**	**5099**	**17278**	**12845**	**4433**	**15949**	**12128**	**3821**
25	7468	5184	2284	5956	4219	1737	4306	3097	1209
26	4873	3616	1257	4650	3455	1195	4464	3409	1055
27	3486	2723	763	2944	2265	679	3456	2696	760
28	2330	1862	468	2150	1681	469	2111	1633	478
29	1590	1263	327	1578	1225	353	1612	1293	319
30-34 岁	**2661**	**2086**	**575**	**2803**	**2157**	**646**	**2998**	**2350**	**648**
30	1077	856	221	1076	853	223	1074	852	222
31	603	456	147	685	525	160	758	577	181
32	470	368	102	476	356	120	563	438	125
33	323	259	64	320	239	81	366	288	78
34	188	147	41	246	184	62	237	195	42
35-39 岁	**436**	**324**	**112**	**452**	**348**	**104**	**512**	**378**	**134**
35	137	104	33	144	114	30	182	136	46
36	102	77	25	113	88	25	112	86	26
37	73	47	26	80	59	21	95	67	28
38	74	56	18	68	51	17	60	49	11
39	50	40	10	47	36	11	63	40	23
40-44 岁	**125**	**86**	**39**	**148**	**105**	**43**	**156**	**111**	**45**
40	40	32	8	36	25	11	45	32	13
41	30	21	9	38	28	10	30	21	9
42	28	17	11	35	25	10	37	29	8
43	13	9	4	23	17	6	24	15	9
44	14	7	7	16	10	6	20	14	6
45-49 岁	**38**	**20**	**18**	**47**	**20**	**27**	**60**	**34**	**26**
45	12	8	4	13	7	6	19	10	9
46	11	5	6	10	4	6	6	4	2
47	8	5	3	12	5	7	14	7	7
48	2		2	5	3	2	10	7	3
49	5	2	3	7	1	6	11	6	5
50 岁及以上	**15**	**4**	**11**	**24**	**11**	**13**	**27**	**12**	**15**
平均初婚年龄	**22.96**	**24.55**	**21.49**	**22.77**	**24.28**	**21.39**	**22.60**	**23.92**	**21.37**

C-5-4 续表 2

单位：人

初婚年龄	初婚年份								
	1985 年			1986 年			1987 年		
	小计	男	女	小计	男	女	小计	男	女
总　计	**120236**	**58421**	**61815**	**116807**	**56850**	**59957**	**110004**	**53720**	**56284**
15 岁以下	**117**	**11**	**106**	**106**	**8**	**98**	**101**	**12**	**89**
15-19 岁	**21779**	**4690**	**17089**	**20470**	**4542**	**15928**	**19377**	**4357**	**15020**
15	782	172	610	546	105	441	419	73	346
16	1793	336	1457	1205	228	977	895	132	763
17	3035	551	2484	3080	549	2531	2320	417	1903
18	5366	1015	4351	5661	1104	4557	5519	1157	4362
19	10803	2616	8187	9978	2556	7422	10224	2578	7646
20-24 岁	**76386**	**37274**	**39112**	**79140**	**39547**	**39593**	**74469**	**37750**	**36719**
20	16395	5329	11066	16019	5261	10758	13681	4588	9093
21	20946	9401	11545	18813	8567	10246	17397	7880	9517
22	23194	12788	10406	19689	10754	8935	17611	9681	7930
23	11073	6721	4352	17238	10222	7016	14410	8404	6006
24	4778	3035	1743	7381	4743	2638	11370	7197	4173
25-29 岁	**16868**	**12629**	**4239**	**12303**	**9175**	**3128**	**11448**	**8221**	**3227**
25	4895	3435	1460	2941	2009	932	4652	3191	1461
26	3553	2657	896	3017	2208	809	1908	1347	561
27	3717	2867	850	2209	1720	489	1867	1382	485
28	2839	2191	648	2305	1820	485	1485	1130	355
29	1864	1479	385	1831	1418	413	1536	1171	365
30-34 岁	**4005**	**3045**	**960**	**3612**	**2793**	**819**	**3474**	**2583**	**891**
30	1393	1071	322	1200	923	277	1198	874	324
31	1002	782	220	880	699	181	789	600	189
32	756	561	195	669	517	152	623	462	161
33	503	367	136	516	384	132	498	365	133
34	351	264	87	347	270	77	366	282	84
35-39 岁	**746**	**573**	**173**	**832**	**586**	**246**	**809**	**593**	**216**
35	266	205	61	255	188	67	270	196	74
36	170	132	38	209	147	62	199	146	53
37	132	101	31	152	108	44	159	113	46
38	97	71	26	109	72	37	112	93	19
39	81	64	17	107	71	36	69	45	24
40-44 岁	**214**	**142**	**72**	**228**	**135**	**93**	**210**	**137**	**73**
40	57	37	20	77	46	31	75	53	22
41	54	38	16	49	26	23	43	24	19
42	43	30	13	52	35	17	37	22	15
43	30	19	11	26	16	10	31	24	7
44	30	18	12	24	12	12	24	14	10
45-49 岁	**92**	**46**	**46**	**70**	**42**	**28**	**82**	**49**	**33**
45	23	14	9	26	14	12	19	17	2
46	17	11	6	13	6	7	26	14	12
47	17	5	12	13	10	3	13	7	6
48	17	8	9	12	8	4	16	8	8
49	18	8	10	6	4	2	8	3	5
50 岁及以上	**29**	**11**	**18**	**46**	**22**	**24**	**34**	**18**	**16**
平均初婚年龄	**22.61**	**23.77**	**21.52**	**22.61**	**23.68**	**21.60**	**22.69**	**23.69**	**21.73**

C-5-4 续表 3

单位：人

初婚年龄	初婚年份								
	1988 年			1989 年			1990 年		
	小计	男	女	小计	男	女	小计	男	女
总　计	**123650**	**60810**	**62840**	**110296**	**54669**	**55627**	**128681**	**64344**	**64337**
15 岁以下	**123**	**17**	**106**	**132**	**25**	**107**	**171**	**35**	**136**
15–19 岁	**20888**	**4887**	**16001**	**16971**	**3991**	**12980**	**18174**	**4130**	**14044**
15	516	89	427	530	114	416	694	167	527
16	969	171	798	934	167	767	1193	256	937
17	2341	389	1952	1865	387	1478	2329	486	1843
18	5344	1081	4263	4205	887	3318	4303	919	3384
19	11718	3157	8561	9437	2436	7001	9655	2302	7353
20–24 岁	**81362**	**40893**	**40469**	**73118**	**36485**	**36633**	**86200**	**42993**	**43207**
20	16981	5545	11436	15973	5394	10579	16409	5194	11215
21	16917	7786	9131	17717	8174	9543	21640	10040	11600
22	19660	10769	8891	15448	8480	6968	21346	11697	9649
23	15838	9192	6646	13912	8090	5822	14882	8589	6293
24	11966	7601	4365	10068	6347	3721	11923	7473	4450
25–29 岁	**16284**	**11324**	**4960**	**15960**	**11206**	**4754**	**19988**	**14056**	**5932**
25	8899	5956	2943	7175	4871	2304	8259	5583	2676
26	3447	2441	1006	5137	3657	1480	5498	3872	1626
27	1404	1008	396	1993	1486	507	4032	2963	1069
28	1387	1028	359	821	590	231	1545	1168	377
29	1147	891	256	834	602	232	654	470	184
30–34 岁	**3676**	**2751**	**925**	**2831**	**2085**	**746**	**2659**	**2062**	**597**
30	1129	857	272	694	504	190	703	547	156
31	1001	742	259	723	563	160	518	393	125
32	619	454	165	634	444	190	581	466	115
33	490	376	114	421	308	113	495	381	114
34	437	322	115	359	266	93	362	275	87
35–39 岁	**890**	**669**	**221**	**896**	**635**	**261**	**965**	**740**	**225**
35	315	236	79	293	211	82	292	224	68
36	223	169	54	202	146	56	235	183	52
37	138	107	31	186	131	55	184	144	40
38	114	85	29	109	81	28	142	112	30
39	100	72	28	106	66	40	112	77	35
40–44 岁	**272**	**183**	**89**	**245**	**163**	**82**	**288**	**198**	**90**
40	78	57	21	60	41	19	85	60	25
41	53	39	14	58	37	21	66	47	19
42	65	34	31	54	37	17	57	33	24
43	39	29	10	45	28	17	43	29	14
44	37	24	13	28	20	8	37	29	8
45–49 岁	**91**	**58**	**33**	**82**	**49**	**33**	**156**	**85**	**71**
45	25	17	8	16	10	6	45	27	18
46	17	9	8	21	17	4	29	12	17
47	20	14	6	17	8	9	26	11	15
48	12	6	6	16	7	9	26	13	13
49	17	12	5	12	7	5	30	22	8
50 岁及以上	**64**	**28**	**36**	**61**	**30**	**31**	**80**	**45**	**35**
平均初婚年龄	**22.75**	**23.73**	**21.81**	**22.78**	**23.71**	**21.87**	**22.85**	**23.78**	**21.92**

C-5-4 续表 4 单位：人

初婚年龄	初婚年份								
	1991 年			1992 年			1993 年		
	小计	男	女	小计	男	女	小计	男	女
总　计	**76100**	**37692**	**38408**	**90027**	**44692**	**45335**	**87390**	**43211**	**44179**
15 岁以下	**91**	**18**	**73**	**76**	**12**	**64**	**78**	**11**	**67**
15–19 岁	**9139**	**2001**	**7138**	**9685**	**1940**	**7745**	**8130**	**1602**	**6528**
15	358	86	272	361	84	277	277	86	191
16	525	110	415	567	121	446	466	94	372
17	999	190	809	1065	190	875	876	184	692
18	2274	466	1808	2178	415	1763	1836	372	1464
19	4983	1149	3834	5514	1130	4384	4675	866	3809
20–24 岁	**51963**	**25046**	**26917**	**61061**	**29259**	**31802**	**58044**	**26926**	**31118**
20	9075	2447	6628	9322	2390	6932	8818	1955	6863
21	11985	5086	6899	12884	5412	7472	11336	4465	6871
22	13648	7453	6195	15307	7943	7364	14136	7292	6844
23	10837	6049	4788	13669	7519	6150	13528	7075	6453
24	6418	4011	2407	9879	5995	3884	10226	6139	4087
25–29 岁	**12714**	**9005**	**3709**	**16200**	**11377**	**4823**	**17566**	**12146**	**5420**
25	4810	3249	1561	5635	3710	1925	7085	4631	2454
26	3345	2352	993	4189	2940	1249	4024	2779	1245
27	2286	1674	612	2926	2138	788	2943	2152	791
28	1604	1232	372	1971	1469	502	2023	1473	550
29	669	498	171	1479	1120	359	1491	1111	380
30–34 岁	**1274**	**993**	**281**	**1666**	**1235**	**431**	**2260**	**1652**	**608**
30	291	213	78	638	463	175	1115	821	294
31	305	245	60	243	177	66	471	348	123
32	240	197	43	270	191	79	210	148	62
33	235	182	53	257	199	58	267	194	73
34	203	156	47	258	205	53	197	141	56
35–39 岁	**575**	**417**	**158**	**767**	**545**	**222**	**766**	**550**	**216**
35	163	121	42	192	150	42	245	173	72
36	138	98	40	155	111	44	165	130	35
37	98	80	18	153	104	49	117	85	32
38	92	60	32	139	98	41	122	81	41
39	84	58	26	128	82	46	117	81	36
40–44 岁	**197**	**129**	**68**	**344**	**209**	**135**	**342**	**222**	**120**
40	61	42	19	114	74	40	111	69	42
41	37	27	10	72	45	27	77	52	25
42	42	23	19	73	41	32	73	50	23
43	29	19	10	46	32	14	46	26	20
44	28	18	10	39	17	22	35	25	10
45–49 岁	**86**	**56**	**30**	**128**	**79**	**49**	**121**	**68**	**53**
45	21	14	7	39	22	17	24	17	7
46	14	8	6	31	21	10	23	14	9
47	23	19	4	24	15	9	24	12	12
48	17	11	6	23	14	9	28	14	14
49	11	4	7	11	7	4	22	11	11
50 岁及以上	**61**	**27**	**34**	**100**	**36**	**64**	**83**	**34**	**49**
平均初婚年龄	**23.03**	**23.97**	**22.11**	**23.33**	**24.27**	**22.41**	**23.56**	**24.52**	**22.62**

C-5-4 续表 5

单位：人

初婚年龄	初婚年份								
	1994 年			1995 年			1996 年		
	小计	男	女	小计	男	女	小计	男	女
总　计	**86001**	**42822**	**43179**	**105481**	**52713**	**52768**	**92856**	**46339**	**46517**
15 岁以下	**52**	**12**	**40**	**75**	**11**	**64**	**65**	**17**	**48**
15–19 岁	**7177**	**1386**	**5791**	**7721**	**1492**	**6229**	**6139**	**1069**	**5070**
15	298	94	204	319	72	247	234	36	198
16	445	88	357	612	138	474	421	72	349
17	730	138	592	882	161	721	822	148	674
18	1529	309	1220	1578	317	1261	1333	236	1097
19	4175	757	3418	4330	804	3526	3329	577	2752
20–24 岁	**55404**	**25323**	**30081**	**65785**	**29789**	**35996**	**56440**	**25024**	**31416**
20	8298	1671	6627	8635	1747	6888	7162	1393	5769
21	11268	4392	6876	13078	4690	8388	10433	3573	6860
22	13070	6565	6505	16408	8152	8256	14419	6965	7454
23	12419	6661	5758	14815	7733	7082	13521	6943	6578
24	10349	6034	4315	12849	7467	5382	10905	6150	4755
25–29 岁	**19180**	**13199**	**5981**	**26085**	**17466**	**8619**	**24369**	**16244**	**8125**
25	7692	5073	2619	10143	6471	3672	8687	5471	3216
26	5090	3525	1565	6931	4652	2279	6555	4388	2167
27	2812	1966	846	4562	3167	1395	4476	3101	1375
28	2049	1511	538	2520	1788	732	2966	2094	872
29	1537	1124	413	1929	1388	541	1685	1190	495
30–34 岁	**2718**	**1941**	**777**	**3856**	**2723**	**1133**	**4043**	**2856**	**1187**
30	1112	810	302	1426	1016	410	1392	976	416
31	852	588	264	1032	729	303	968	701	267
32	383	273	110	859	607	252	772	537	235
33	184	136	48	362	241	121	627	447	180
34	187	134	53	177	130	47	284	195	89
35–39 岁	**742**	**547**	**195**	**925**	**659**	**266**	**691**	**493**	**198**
35	165	127	38	220	160	60	134	99	35
36	176	136	40	173	134	39	160	120	40
37	155	119	36	193	137	56	123	92	31
38	133	90	43	174	121	53	140	93	47
39	113	75	38	165	107	58	134	89	45
40–44 岁	**412**	**238**	**174**	**514**	**299**	**215**	**509**	**323**	**186**
40	115	68	47	124	76	48	117	81	36
41	92	50	42	123	71	52	104	61	43
42	90	53	37	107	52	55	109	66	43
43	65	38	27	80	46	34	87	53	34
44	50	29	21	80	54	26	92	62	30
45–49 岁	**168**	**101**	**67**	**239**	**144**	**95**	**302**	**152**	**150**
45	39	23	16	86	53	33	57	25	32
46	43	27	16	59	36	23	66	42	24
47	32	17	15	34	19	15	68	32	36
48	31	18	13	43	29	14	40	24	16
49	23	16	7	17	7	10	71	29	42
50 岁及以上	**148**	**75**	**73**	**281**	**130**	**151**	**298**	**161**	**137**
平均初婚年龄	**23.78**	**24.75**	**22.82**	**24.04**	**24.98**	**23.10**	**24.28**	**25.26**	**23.30**

C-5-4 续表 6　　单位：人

初婚年龄	初婚年份								
	1997 年			1998 年			1999 年		
	小计	男	女	小计	男	女	小计	男	女
总　计	**84489**	**42408**	**42081**	**99714**	**50016**	**49698**	**77795**	**39095**	**38700**
15 岁以下	**59**	**4**	**55**	**75**	**8**	**67**	**81**	**16**	**65**
15–19 岁	**5299**	**900**	**4399**	**6807**	**1125**	**5682**	**5657**	**966**	**4691**
15	259	44	215	344	60	284	254	58	196
16	311	54	257	557	83	474	474	70	404
17	671	107	564	759	109	650	874	147	727
18	1297	237	1060	1552	276	1276	1157	173	984
19	2761	458	2303	3595	597	2998	2898	518	2380
20–24 岁	**48695**	**21304**	**27391**	**53364**	**23076**	**30288**	**40393**	**17086**	**23307**
20	5818	1071	4747	6259	1156	5103	5623	1118	4505
21	8378	2789	5589	8496	2803	5693	6443	2095	4348
22	11731	5491	6240	12527	5589	6938	8645	3826	4819
23	12359	6131	6228	13311	6521	6790	9999	4801	5198
24	10409	5822	4587	12771	7007	5764	9683	5246	4437
25–29 岁	**24314**	**16047**	**8267**	**30388**	**19780**	**10608**	**25123**	**16427**	**8696**
25	7995	4881	3114	10096	6124	3972	8531	5210	3321
26	6193	4106	2087	7395	4843	2552	6238	4021	2217
27	4693	3162	1531	5554	3773	1781	4537	3122	1415
28	3257	2300	957	4245	2904	1341	3291	2242	1049
29	2176	1598	578	3098	2136	962	2526	1832	694
30–34 岁	**4169**	**2976**	**1193**	**6815**	**4494**	**2321**	**5086**	**3607**	**1479**
30	1306	934	372	2337	1508	829	1847	1306	541
31	1025	722	303	1476	960	516	1372	953	419
32	778	571	207	1321	875	446	815	573	242
33	546	384	162	919	617	302	598	441	157
34	514	365	149	762	534	228	454	334	120
35–39 岁	**693**	**441**	**252**	**1233**	**885**	**348**	**860**	**616**	**244**
35	208	140	68	614	443	171	335	237	98
36	98	65	33	248	173	75	268	191	77
37	114	77	37	125	94	31	110	80	30
38	113	70	43	119	83	36	73	53	20
39	160	89	71	127	92	35	74	55	19
40–44 岁	**765**	**426**	**339**	**595**	**391**	**204**	**312**	**211**	**101**
40	162	91	71	170	119	51	77	54	23
41	159	88	71	149	93	56	73	50	23
42	152	95	57	101	65	36	65	40	25
43	160	79	81	97	58	39	54	37	17
44	132	73	59	78	56	22	43	30	13
45–49 岁	**343**	**220**	**123**	**264**	**167**	**97**	**163**	**97**	**66**
45	107	69	38	79	54	25	47	32	15
46	80	53	27	67	40	27	52	31	21
47	63	38	25	44	26	18	19	12	7
48	53	35	18	38	26	12	19	10	9
49	40	25	15	36	21	15	26	12	14
50 岁及以上	**152**	**90**	**62**	**173**	**90**	**83**	**120**	**69**	**51**
平均初婚年龄	**24.59**	**25.62**	**23.56**	**24.81**	**25.89**	**23.72**	**24.71**	**25.86**	**23.56**

C-5-4 续表 7

单位：人

初婚年龄	初婚年份								
	2000 年			2001 年			2002 年		
	小计	男	女	小计	男	女	小计	男	女
总 计	**99000**	**50202**	**48798**	**65657**	**33005**	**32652**	**75729**	**37979**	**37750**
15 岁以下	**223**	**56**	**167**	**119**	**31**	**88**	**123**	**25**	**98**
15–19 岁	**9485**	**1979**	**7506**	**6122**	**1250**	**4872**	**7213**	**1449**	**5764**
15	672	197	475	381	107	274	505	124	381
16	921	226	695	494	131	363	672	150	522
17	1413	323	1090	697	158	539	990	207	783
18	2466	525	1941	1402	263	1139	1598	339	1259
19	4013	708	3305	3148	591	2557	3448	629	2819
20–24 岁	**49822**	**21471**	**28351**	**32723**	**13344**	**19379**	**38094**	**15683**	**22411**
20	6815	1467	5348	4739	897	3842	6498	1355	5143
21	9096	3090	6006	5898	1784	4114	6735	2114	4621
22	10832	4756	6076	7653	3305	4348	8416	3665	4751
23	11369	5638	5731	7406	3531	3875	8895	4366	4529
24	11710	6520	5190	7027	3827	3200	7550	4183	3367
25–29 岁	**31442**	**20815**	**10627**	**21272**	**14360**	**6912**	**23729**	**15999**	**7730**
25	10280	6265	4015	6604	3955	2649	6711	4165	2546
26	8080	5289	2791	5251	3486	1765	5856	3844	2012
27	5999	4168	1831	4297	3063	1234	4857	3367	1490
28	4067	2907	1160	2960	2214	746	3681	2707	974
29	3016	2186	830	2160	1642	518	2624	1916	708
30–34 岁	**6157**	**4526**	**1631**	**4280**	**3198**	**1082**	**5109**	**3794**	**1315**
30	2226	1649	577	1541	1142	399	1762	1327	435
31	1603	1145	458	1122	837	285	1228	900	328
32	1186	872	314	754	571	183	927	664	263
33	655	484	171	551	411	140	705	537	168
34	487	376	111	312	237	75	487	366	121
35–39 岁	**1158**	**861**	**297**	**760**	**571**	**189**	**993**	**725**	**268**
35	414	294	120	224	172	52	306	231	75
36	280	214	66	183	135	48	236	167	69
37	267	204	63	148	113	35	187	134	53
38	131	97	34	156	118	38	157	118	39
39	66	52	14	49	33	16	107	75	32
40–44 岁	**341**	**262**	**79**	**160**	**116**	**44**	**189**	**146**	**43**
40	65	52	13	30	20	10	58	44	14
41	73	56	17	37	26	11	37	32	5
42	75	61	14	32	25	7	31	21	10
43	75	54	21	35	26	9	32	22	10
44	53	39	14	26	19	7	31	27	4
45–49 岁	**190**	**125**	**65**	**112**	**73**	**39**	**137**	**78**	**59**
45	33	24	9	26	19	7	29	15	14
46	53	37	16	30	19	11	38	19	19
47	35	25	10	20	13	7	28	15	13
48	37	21	16	17	12	5	22	13	9
49	32	18	14	19	10	9	20	16	4
50 岁及以上	**182**	**107**	**75**	**109**	**62**	**47**	**142**	**80**	**62**
平均初婚年龄	**24.52**	**25.74**	**23.26**	**24.57**	**25.89**	**23.23**	**24.56**	**25.90**	**23.20**

C-5-4 续表 8 单位：人

初婚年龄	初婚年份								
	2003 年			2004 年			2005 年		
	小计	男	女	小计	男	女	小计	男	女
总　计	**78550**	**39218**	**39332**	**81713**	**41126**	**40587**	**89013**	**44802**	**44211**
15 岁以下	**105**	**27**	**78**	**86**	**20**	**66**	**99**	**22**	**77**
15–19 岁	**7151**	**1472**	**5679**	**7524**	**1637**	**5887**	**9493**	**2206**	**7287**
15	473	123	350	493	152	341	605	191	414
16	782	177	605	712	159	553	919	263	656
17	1014	212	802	1182	249	933	1457	326	1131
18	1636	311	1325	1697	346	1351	2438	553	1885
19	3246	649	2597	3440	731	2709	4074	873	3201
20–24 岁	**39548**	**16026**	**23522**	**41471**	**17134**	**24337**	**44844**	**19366**	**25478**
20	6011	1337	4674	5639	1225	4414	6477	1583	4894
21	8316	2691	5625	8132	2705	5427	8019	2813	5206
22	8292	3496	4796	10727	4655	6072	10511	4667	5844
23	8519	4022	4497	8671	4058	4613	11201	5585	5616
24	8410	4480	3930	8302	4491	3811	8636	4718	3918
25–29 岁	**23844**	**15937**	**7907**	**24178**	**16102**	**8076**	**24624**	**16074**	**8550**
25	6864	4071	2793	7501	4487	3014	7772	4569	3203
26	5594	3656	1938	5698	3666	2032	6149	3945	2204
27	4776	3330	1446	4388	3067	1321	4335	2924	1411
28	3695	2732	963	3750	2746	1004	3483	2532	951
29	2915	2148	767	2841	2136	705	2885	2104	781
30–34 岁	**6101**	**4507**	**1594**	**6418**	**4756**	**1662**	**7233**	**5230**	**2003**
30	2149	1627	522	2189	1641	548	2323	1661	662
31	1412	1018	394	1583	1173	410	1792	1330	462
32	1065	783	282	1119	827	292	1324	966	358
33	855	624	231	875	634	241	950	677	273
34	620	455	165	652	481	171	844	596	248
35–39 岁	**1193**	**862**	**331**	**1417**	**1053**	**364**	**1851**	**1335**	**516**
35	432	318	114	522	394	128	638	443	195
36	250	174	76	353	262	91	448	333	115
37	212	148	64	200	147	53	349	264	85
38	158	122	36	184	133	51	235	169	66
39	141	100	41	158	117	41	181	126	55
40–44 岁	**301**	**207**	**94**	**318**	**232**	**86**	**482**	**342**	**140**
40	138	100	38	118	86	32	147	110	37
41	63	47	16	86	63	23	112	77	35
42	28	17	11	47	35	12	129	92	37
43	37	20	17	33	23	10	58	37	21
44	35	23	12	34	25	9	36	26	10
45–49 岁	**157**	**100**	**57**	**134**	**89**	**45**	**181**	**117**	**64**
45	43	26	17	21	16	5	45	26	19
46	27	16	11	31	23	8	31	21	10
47	29	19	10	25	16	9	41	29	12
48	36	22	14	31	15	16	33	21	12
49	22	17	5	26	19	7	31	20	11
50 岁及以上	**150**	**80**	**70**	**167**	**103**	**64**	**206**	**110**	**96**
平均初婚年龄	**24.70**	**26.06**	**23.34**	**24.69**	**26.03**	**23.33**	**24.67**	**25.96**	**23.37**

C-5-4 续表 9 单位：人

初婚年龄	初婚年份								
	2006年			2007年			2008年		
	小计	男	女	小计	男	女	小计	男	女
总 计	**91463**	**45772**	**45691**	**81424**	**41046**	**40378**	**103772**	**52089**	**51683**
15岁以下	**64**	**10**	**54**	**47**	**10**	**37**	**42**	**7**	**35**
15–19岁	**8940**	**2068**	**6872**	**7994**	**1908**	**6086**	**9574**	**2335**	**7239**
15	327	85	242	201	49	152	235	48	187
16	766	184	582	522	112	410	521	125	396
17	1275	301	974	1245	289	956	1221	288	933
18	2196	551	1645	2053	494	1559	2686	666	2020
19	4376	947	3429	3973	964	3009	4911	1208	3703
20–24岁	**46155**	**19402**	**26753**	**39732**	**16888**	**22844**	**50593**	**21336**	**29257**
20	6642	1523	5119	6673	1622	5051	8072	2001	6071
21	8213	2749	5464	7532	2623	4909	10584	3702	6882
22	9622	4212	5410	8568	3825	4743	11340	5022	6318
23	10717	5177	5540	8280	4084	4196	10706	5289	5417
24	10961	5741	5220	8679	4734	3945	9891	5322	4569
25–29岁	**26109**	**16834**	**9275**	**24133**	**15400**	**8733**	**31598**	**19929**	**11669**
25	7863	4482	3381	8374	4879	3495	9881	5736	4145
26	6647	4204	2443	5627	3524	2103	8829	5414	3415
27	5184	3517	1667	4438	2964	1474	5543	3657	1886
28	3700	2637	1063	3368	2382	986	4202	2887	1315
29	2715	1994	721	2326	1651	675	3143	2235	908
30–34岁	**7428**	**5466**	**1962**	**6617**	**4833**	**1784**	**7893**	**5660**	**2233**
30	2358	1770	588	1793	1308	485	2256	1618	638
31	1767	1277	490	1576	1165	411	1708	1224	484
32	1435	1063	372	1277	905	372	1491	1061	430
33	1078	791	287	1115	819	296	1296	920	376
34	790	565	225	856	636	220	1142	837	305
35–39岁	**1899**	**1402**	**497**	**2048**	**1445**	**603**	**2709**	**1913**	**796**
35	657	493	164	635	432	203	870	618	252
36	471	346	125	485	346	139	643	442	201
37	342	252	90	375	267	108	470	344	126
38	268	196	72	324	239	85	392	280	112
39	161	115	46	229	161	68	334	229	105
40–44岁	**522**	**379**	**143**	**532**	**368**	**164**	**796**	**547**	**249**
40	142	97	45	134	95	39	253	182	71
41	126	95	31	125	87	38	162	119	43
42	117	86	31	107	77	30	132	75	57
43	99	74	25	88	58	30	131	94	37
44	38	27	11	78	51	27	118	77	41
45–49岁	**144**	**92**	**52**	**111**	**75**	**36**	**276**	**183**	**93**
45	22	15	7	38	25	13	118	75	43
46	30	20	10	11	8	3	50	34	16
47	22	15	7	18	11	7	33	22	11
48	33	24	9	23	17	6	41	30	11
49	37	18	19	21	14	7	34	22	12
50岁及以上	**202**	**119**	**83**	**210**	**119**	**91**	**291**	**179**	**112**
平均初婚年龄	**24.80**	**26.11**	**23.48**	**24.86**	**26.15**	**23.56**	**24.94**	**26.19**	**23.68**

C-5-4 续表 10 单位：人

初婚年龄	初婚年份								
	2009 年			2010 年			2011 年		
	小计	男	女	小计	男	女	小计	男	女
总 计	**94594**	**47370**	**47224**	**109778**	**54905**	**54873**	**83760**	**41910**	**41850**
15 岁以下	**21**	**4**	**17**	**41**	**5**	**36**	**25**	**3**	**22**
15–19 岁	**7667**	**1874**	**5793**	**7971**	**1927**	**6044**	**4687**	**1104**	**3583**
15	146	34	112	216	41	175	148	19	129
16	366	88	278	449	102	347	291	67	224
17	806	193	613	885	180	705	565	123	442
18	1840	477	1363	1853	457	1396	1112	268	844
19	4509	1082	3427	4568	1147	3421	2571	627	1944
20–24 岁	**47472**	**19933**	**27539**	**58691**	**25346**	**33345**	**44132**	**18711**	**25421**
20	7464	1847	5617	9095	2355	6740	5295	1393	3902
21	9436	3281	6155	11297	4140	7157	8687	3033	5654
22	11600	5145	6455	13529	6064	7465	10103	4470	5633
23	9817	4741	5076	13815	6891	6924	10198	4847	5351
24	9155	4919	4236	10955	5896	5059	9849	4968	4881
25–29 岁	**28249**	**17749**	**10500**	**30498**	**18898**	**11600**	**25736**	**15696**	**10040**
25	7877	4440	3437	9121	5233	3888	7634	4197	3437
26	7400	4557	2843	7126	4399	2727	6112	3641	2471
27	6295	4143	2152	6179	3927	2252	4811	2995	1816
28	3837	2599	1238	4994	3303	1691	4002	2715	1287
29	2840	2010	830	3078	2036	1042	3177	2148	1029
30–34 岁	**6922**	**4861**	**2061**	**7774**	**5357**	**2417**	**5932**	**4092**	**1840**
30	2129	1474	655	2415	1661	754	1930	1351	579
31	1558	1087	471	1781	1247	534	1437	992	445
32	1251	901	350	1370	932	438	1107	752	355
33	1047	744	303	1123	763	360	786	522	264
34	937	655	282	1085	754	331	672	475	197
35–39 岁	**2768**	**1934**	**834**	**3137**	**2234**	**903**	**2064**	**1482**	**582**
35	810	572	238	926	671	255	558	401	157
36	650	458	192	766	525	241	476	328	148
37	520	365	155	577	433	144	425	304	121
38	420	292	128	483	344	139	350	259	91
39	368	247	121	385	261	124	255	190	65
40–44 岁	**889**	**633**	**256**	**1011**	**727**	**284**	**730**	**534**	**196**
40	315	228	87	310	223	87	217	159	58
41	187	139	48	223	166	57	169	128	41
42	137	93	44	220	150	70	137	97	40
43	128	94	34	140	101	39	116	83	33
44	122	79	43	118	87	31	91	67	24
45–49 岁	**302**	**204**	**98**	**324**	**218**	**106**	**258**	**169**	**89**
45	103	71	32	100	71	29	62	44	18
46	87	65	22	82	53	29	57	35	22
47	53	32	21	92	64	28	63	40	23
48	19	11	8	35	23	12	56	36	20
49	40	25	15	15	7	8	20	14	6
50 岁及以上	**304**	**178**	**126**	**331**	**193**	**138**	**196**	**119**	**77**
平均初婚年龄	**25.07**	**26.29**	**23.84**	**24.97**	**26.11**	**23.83**	**25.16**	**26.24**	**24.08**

C-5-4 续表 11

单位：人

初婚年龄	初婚年份								
	2012 年			2013 年			2014 年		
	小计	男	女	小计	男	女	小计	男	女
总 计	**97267**	**48351**	**48916**	**82482**	**41028**	**41454**	**80936**	**40320**	**40616**
15 岁以下	**24**	**6**	**18**	**32**	**5**	**27**	**16**	**3**	**13**
15–19 岁	**4425**	**919**	**3506**	**3487**	**714**	**2773**	**3040**	**607**	**2433**
15	150	32	118	123	24	99	95	18	77
16	313	49	264	257	50	207	225	45	180
17	618	125	493	495	93	402	412	72	340
18	1150	239	911	913	197	716	816	164	652
19	2194	474	1720	1699	350	1349	1492	308	1184
20–24 岁	**49400**	**20821**	**28579**	**38227**	**15938**	**22289**	**32803**	**13280**	**19523**
20	4684	1245	3439	3305	793	2512	2603	534	2069
21	7922	2754	5168	4971	1670	3301	3791	1186	2605
22	12858	5465	7393	8171	3477	4694	6234	2552	3682
23	12255	5502	6753	11054	4869	6185	8599	3665	4934
24	11681	5855	5826	10726	5129	5597	11576	5343	6233
25–29 岁	**31914**	**18867**	**13047**	**29339**	**16824**	**12515**	**33274**	**18775**	**14499**
25	10658	5716	4942	9405	4897	4508	10335	5225	5110
26	7834	4489	3345	7895	4395	3500	8594	4762	3832
27	5853	3650	2203	5414	3296	2118	6744	4025	2719
28	4170	2715	1455	3846	2483	1363	4451	2769	1682
29	3399	2297	1102	2779	1753	1026	3150	1994	1156
30–34 岁	**7447**	**4941**	**2506**	**7400**	**4796**	**2604**	**7699**	**4921**	**2778**
30	2774	1792	982	2398	1551	847	2297	1494	803
31	1656	1105	551	1930	1244	686	1865	1180	685
32	1242	820	422	1276	818	458	1593	1010	583
33	1013	697	316	993	650	343	1095	707	388
34	762	527	235	803	533	270	849	530	319
35–39 岁	**2419**	**1712**	**707**	**2352**	**1676**	**676**	**2293**	**1546**	**747**
35	606	421	185	700	477	223	679	430	249
36	559	394	165	479	345	134	487	325	162
37	496	354	142	438	329	109	414	300	114
38	409	294	115	397	285	112	380	260	120
39	349	249	100	338	240	98	333	231	102
40–44 岁	**1026**	**707**	**319**	**978**	**688**	**290**	**1075**	**725**	**350**
40	284	197	87	294	206	88	304	201	103
41	235	161	74	212	144	68	262	181	81
42	190	129	61	187	134	53	208	144	64
43	167	121	46	167	118	49	166	118	48
44	150	99	51	118	86	32	135	81	54
45–49 岁	**367**	**242**	**125**	**369**	**222**	**147**	**460**	**292**	**168**
45	78	55	23	122	76	46	133	89	44
46	77	51	26	66	37	29	109	67	42
47	79	57	22	69	39	30	84	54	30
48	69	41	28	52	31	21	72	38	34
49	64	38	26	60	39	21	62	44	18
50 岁及以上	**245**	**136**	**109**	**298**	**165**	**133**	**276**	**171**	**105**
平均初婚年龄	**25.42**	**26.42**	**24.43**	**25.86**	**26.85**	**24.88**	**26.28**	**27.23**	**25.33**

C-5-4 续表 12　　单位：人

初婚年龄	初婚年份								
	2015 年			2016 年			2017 年		
	小计	男	女	小计	男	女	小计	男	女
总　计	**77389**	**38271**	**39118**	**61861**	**30599**	**31262**	**54176**	**26998**	**27178**
15 岁以下	**17**	**6**	**11**	**13**	**1**	**12**	**6**	**2**	**4**
15–19 岁	**2914**	**570**	**2344**	**2184**	**415**	**1769**	**1702**	**295**	**1407**
15	74	14	60	55	14	41	53	14	39
16	197	45	152	112	19	93	85	17	68
17	376	67	309	316	67	249	220	42	178
18	719	137	582	572	111	461	422	77	345
19	1548	307	1241	1129	204	925	922	145	777
20–24 岁	**26307**	**10380**	**15927**	**18377**	**6908**	**11469**	**15206**	**5486**	**9720**
20	2464	488	1976	2000	363	1637	1751	308	1443
21	3231	933	2298	2678	794	1884	2331	667	1664
22	4867	1858	3009	3402	1269	2133	3067	1100	1967
23	6492	2779	3713	4450	1800	2650	3517	1374	2143
24	9253	4322	4931	5847	2682	3165	4540	2037	2503
25–29 岁	**36087**	**19714**	**16373**	**30209**	**16429**	**13780**	**26410**	**14505**	**11905**
25	11258	5499	5759	7396	3613	3783	5338	2576	2762
26	9161	4879	4282	8337	4335	4002	6217	3344	2873
27	6870	3912	2958	6360	3603	2757	6688	3710	2978
28	5314	3207	2107	4702	2808	1894	4768	2795	1973
29	3484	2217	1267	3414	2070	1344	3399	2080	1319
30–34 岁	**7810**	**4849**	**2961**	**7266**	**4430**	**2836**	**7066**	**4349**	**2717**
30	2381	1500	881	2367	1447	920	2583	1586	997
31	1749	1092	657	1584	979	605	1601	998	603
32	1500	932	568	1240	775	465	1212	761	451
33	1314	795	519	1087	639	448	860	531	329
34	866	530	336	988	590	398	810	473	337
35–39 岁	**2297**	**1472**	**825**	**2054**	**1296**	**758**	**2011**	**1246**	**765**
35	724	439	285	567	344	223	694	411	283
36	509	318	191	539	326	213	445	270	175
37	403	258	145	404	268	136	357	225	132
38	334	227	107	288	191	97	298	198	100
39	327	230	97	256	167	89	217	142	75
40–44 岁	**1106**	**752**	**354**	**918**	**610**	**308**	**803**	**547**	**256**
40	271	179	92	244	156	88	182	127	55
41	252	182	70	193	125	68	170	108	62
42	225	158	67	185	127	58	169	124	45
43	178	119	59	162	112	50	139	87	52
44	180	114	66	134	90	44	143	101	42
45–49 岁	**488**	**315**	**173**	**462**	**306**	**156**	**490**	**312**	**178**
45	151	91	60	128	89	39	121	83	38
46	102	69	33	109	77	32	112	72	40
47	98	67	31	93	65	28	92	54	38
48	76	48	28	75	41	34	86	49	37
49	61	40	21	57	34	23	79	54	25
50 岁及以上	**363**	**213**	**150**	**378**	**204**	**174**	**482**	**256**	**226**
平均初婚年龄	**26.62**	**27.57**	**25.69**	**27.02**	**27.99**	**26.08**	**27.37**	**28.37**	**26.38**

C-5-4 续表 13

单位：人

初婚年龄	初婚年份								
	2018 年			2019 年			2020 年		
	小计	男	女	小计	男	女	小计	男	女
总　计	**57186**	**27584**	**29602**	**40557**	**19907**	**20650**	**28189**	**14081**	**14108**
15 岁以下	**17**	**4**	**13**	**10**	**1**	**9**	**3**	**1**	**2**
15–19 岁	**1828**	**319**	**1509**	**1368**	**272**	**1096**	**650**	**135**	**515**
15	51	12	39	45	6	39	17	4	13
16	125	30	95	113	24	89	35	10	25
17	238	46	192	180	32	148	86	17	69
18	442	79	363	319	82	237	166	45	121
19	972	152	820	711	128	583	346	59	287
20–24 岁	**15696**	**5243**	**10453**	**11104**	**3808**	**7296**	**6854**	**2376**	**4478**
20	1794	275	1519	1277	205	1072	732	110	622
21	2409	614	1795	1705	454	1251	903	231	672
22	3243	1102	2141	2261	795	1466	1488	524	964
23	3879	1418	2461	2737	1038	1699	1669	639	1030
24	4371	1834	2537	3124	1316	1808	2062	872	1190
25–29 岁	**26246**	**13976**	**12270**	**16830**	**9042**	**7788**	**9965**	**5310**	**4655**
25	4859	2244	2615	3025	1398	1627	2125	967	1158
26	5289	2624	2665	3327	1628	1699	1975	985	990
27	5916	3165	2751	3415	1888	1527	1904	1015	889
28	5992	3470	2522	3590	2098	1492	1942	1110	832
29	4190	2473	1717	3473	2030	1443	2019	1233	786
30–34 岁	**8923**	**5304**	**3619**	**7291**	**4434**	**2857**	**5996**	**3660**	**2336**
30	3051	1853	1198	2488	1548	940	1992	1228	764
31	2401	1416	985	1784	1061	723	1456	878	578
32	1508	887	621	1407	855	552	1086	665	421
33	1126	662	464	920	543	377	836	511	325
34	837	486	351	692	427	265	626	378	248
35–39 岁	**2370**	**1436**	**934**	**1943**	**1123**	**820**	**1784**	**989**	**795**
35	707	412	295	532	303	229	461	276	185
36	640	394	246	481	278	203	377	202	175
37	396	225	171	418	235	183	345	219	126
38	333	208	125	277	160	117	332	161	171
39	294	197	97	235	147	88	269	131	138
40–44 岁	**940**	**605**	**335**	**844**	**493**	**351**	**1073**	**577**	**496**
40	193	122	71	183	98	85	244	130	114
41	200	117	83	161	94	67	256	129	127
42	206	136	70	164	99	65	196	97	99
43	190	133	57	167	107	60	200	118	82
44	151	97	54	169	95	74	177	103	74
45–49 岁	**564**	**367**	**197**	**635**	**418**	**217**	**712**	**412**	**300**
45	160	112	48	157	110	47	189	109	80
46	108	73	35	146	103	43	155	95	60
47	98	57	41	127	74	53	121	69	52
48	106	74	32	107	76	31	118	65	53
49	92	51	41	98	55	43	129	74	55
50 岁及以上	**602**	**330**	**272**	**532**	**316**	**216**	**1152**	**621**	**531**
平均初婚年龄	**27.70**	**28.83**	**26.65**	**28.14**	**29.32**	**27.01**	**29.76**	**30.79**	**28.73**

C-5-4a 全省分初婚年龄、性别、初婚年份的人口（城市）

单位：人

初婚年龄	初婚年份								
	合计			1980 年			1981 年		
	合计	男	女	小计	男	女	小计	男	女
总 计	**1015430**	**494219**	**521211**	**23416**	**11065**	**12351**	**16839**	**7863**	**8976**
15 岁以下	**660**	**163**	**497**	**37**	**12**	**25**	**28**	**4**	**24**
15-19 岁	**67849**	**14940**	**52909**	**2386**	**422**	**1964**	**2105**	**363**	**1742**
15	2982	858	2124	163	36	127	88	20	68
16	4846	1172	3674	350	69	281	158	35	123
17	8770	1935	6835	602	113	489	338	53	285
18	16587	3464	13123	606	90	516	752	125	627
19	34664	7511	27153	665	114	551	769	130	639
20-24 岁	**493162**	**197547**	**295615**	**12448**	**4909**	**7539**	**8701**	**3411**	**5290**
20	60996	14440	46556	1286	294	992	830	174	656
21	83943	28053	55890	1804	541	1263	1397	395	1002
22	110667	45655	65012	3028	1210	1818	1679	586	1093
23	120381	52116	68265	3330	1418	1912	2374	1037	1337
24	117175	57283	59892	3000	1446	1554	2421	1219	1202
25-29 岁	**346258**	**208900**	**137358**	**7493**	**4893**	**2600**	**5288**	**3500**	**1788**
25	106220	57725	48495	2739	1567	1172	1855	1067	788
26	87147	51262	35885	2038	1334	704	1422	949	473
27	67340	42492	24848	1361	972	389	974	697	277
28	49709	32991	16718	882	655	227	640	488	152
29	35842	24430	11412	473	365	108	397	299	98
30-34 岁	**75275**	**51266**	**24009**	**876**	**688**	**188**	**600**	**496**	**104**
30	25745	17766	7979	389	311	78	234	190	44
31	18023	12303	5720	210	157	53	162	133	29
32	13367	9003	4364	133	108	25	98	87	11
33	10146	6795	3351	88	67	21	58	51	7
34	7994	5399	2595	56	45	11	48	35	13
35-39 岁	**19574**	**13255**	**6319**	**120**	**102**	**18**	**88**	**67**	**21**
35	6223	4162	2061	34	29	5	33	25	8
36	4569	3103	1466	35	32	3	25	21	4
37	3593	2483	1110	24	23	1	14	9	5
38	2830	1937	893	17	10	7	8	6	2
39	2359	1570	789	10	8	2	8	6	2
40-44 岁	**6754**	**4556**	**2198**	**38**	**29**	**9**	**21**	**15**	**6**
40	1813	1223	590	7	6	1	9	7	2
41	1519	1026	493	12	9	3	6	6	
42	1339	919	420	9	5	4	2		2
43	1098	720	378	7	6	1	3	1	2
44	985	668	317	3	3		1	1	
45-49 岁	**3140**	**2006**	**1134**	**17**	**9**	**8**	**7**	**6**	**1**
45	853	531	322	3	1	2	3	3	
46	670	441	229	7	4	3			
47	611	405	206	3	2	1	1		1
48	530	335	195	2	1	1	2	2	
49	476	294	182	2	1	1	1	1	
50 岁及以上	**2758**	**1586**	**1172**	**1**	**1**		**1**	**1**	
平均初婚年龄	**25.17**	**26.28**	**24.12**	**24.06**	**25.31**	**22.95**	**24.01**	**25.38**	**22.81**

C-5-4a 续表 1

单位：人

初婚年龄	初婚年份								
	1982 年			1983 年			1984 年		
	小计	男	女	小计	男	女	小计	男	女
总　计	**20276**	**9473**	**10803**	**18149**	**8435**	**9714**	**20680**	**9664**	**11016**
15 岁以下	**27**	**7**	**20**	**23**	**7**	**16**	**19**	**6**	**13**
15–19 岁	**3473**	**716**	**2757**	**2949**	**627**	**2322**	**2977**	**679**	**2298**
15	117	24	93	131	35	96	154	46	108
16	211	50	161	177	48	129	212	49	163
17	411	77	334	362	64	298	365	88	277
18	882	169	713	716	128	588	727	145	582
19	1852	396	1456	1563	352	1211	1519	351	1168
20–24 岁	**9814**	**3979**	**5835**	**9162**	**3676**	**5486**	**12037**	**4967**	**7070**
20	1619	385	1234	2626	760	1866	2754	832	1922
21	1348	415	933	1732	650	1082	3615	1426	2189
22	2083	809	1274	1294	514	780	2419	1075	1344
23	2082	958	1124	1892	869	1023	1561	691	870
24	2682	1412	1270	1618	883	735	1688	943	745
25–29 岁	**6071**	**4085**	**1986**	**5147**	**3475**	**1672**	**4772**	**3356**	**1416**
25	2250	1332	918	1847	1145	702	1394	898	496
26	1562	1032	530	1396	926	470	1318	923	395
27	1082	792	290	864	629	235	994	752	242
28	691	543	148	621	464	157	598	439	159
29	486	386	100	419	311	108	468	344	124
30–34 岁	**742**	**574**	**168**	**710**	**531**	**179**	**705**	**536**	**169**
30	314	237	77	262	199	63	269	207	62
31	176	138	38	161	119	42	177	127	50
32	122	94	28	131	101	30	131	100	31
33	84	68	16	87	61	26	74	58	16
34	46	37	9	69	51	18	54	44	10
35–39 岁	**114**	**89**	**25**	**115**	**88**	**27**	**114**	**84**	**30**
35	36	29	7	46	38	8	46	30	16
36	31	24	7	27	22	5	26	24	2
37	23	17	6	19	14	5	20	15	5
38	18	14	4	16	10	6	8	7	1
39	6	5	1	7	4	3	14	8	6
40–44 岁	**22**	**15**	**7**	**29**	**24**	**5**	**39**	**27**	**12**
40	9	7	2	9	7	2	13	7	6
41	3	1	2	7	6	1	8	8	
42	5	3	2	6	5	1	9	7	2
43	2	1	1	2	2		6	3	3
44	3	3		5	4	1	3	2	1
45–49 岁	**9**	**7**	**2**	**12**	**6**	**6**	**11**	**6**	**5**
45	4	4		3	2	1			
46	3	2	1	4	1	3	2		2
47	2	1	1	2	2		3	3	
48				1		1	3	2	1
49				2	1	1	3	1	2
50 岁及以上	**4**	**1**	**3**	**2**	**1**	**1**	**6**	**3**	**3**
平均初婚年龄	**23.71**	**25.13**	**22.47**	**23.49**	**24.88**	**22.28**	**23.21**	**24.45**	**22.12**

C-5-4a 续表 2 单位：人

初婚年龄	初婚年份								
	1985 年			1986 年			1987 年		
	小计	男	女	小计	男	女	小计	男	女
总　计	**27175**	**12881**	**14294**	**27343**	**13028**	**14315**	**26930**	**12760**	**14170**
15 岁以下	**22**	**3**	**19**	**20**	**3**	**17**	**22**	**2**	**20**
15-19 岁	**3650**	**822**	**2828**	**3368**	**808**	**2560**	**3320**	**739**	**2581**
15	167	44	123	108	30	78	79	17	62
16	326	77	249	207	60	147	124	23	101
17	482	100	382	492	110	382	406	76	330
18	873	172	701	925	198	727	934	198	736
19	1802	429	1373	1636	410	1226	1777	425	1352
20-24 岁	**16980**	**7389**	**9591**	**18439**	**8240**	**10199**	**18156**	**8226**	**9930**
20	2931	891	2040	2839	859	1980	2568	785	1783
21	4356	1720	2636	3862	1532	2330	3537	1440	2097
22	5215	2440	2775	4734	2181	2553	4140	1916	2224
23	2832	1425	1407	4894	2444	2450	4323	2086	2237
24	1646	913	733	2110	1224	886	3588	1999	1589
25-29 岁	**5269**	**3738**	**1531**	**4333**	**3109**	**1224**	**4173**	**2902**	**1271**
25	1643	1076	567	1176	760	416	1623	1055	568
26	1109	774	335	1130	797	333	828	576	252
27	1167	888	279	760	583	177	739	533	206
28	840	610	230	732	571	161	484	351	133
29	510	390	120	535	398	137	499	387	112
30-34 岁	**1003**	**750**	**253**	**918**	**705**	**213**	**937**	**662**	**275**
30	362	272	90	324	247	77	307	215	92
31	242	184	58	224	172	52	201	146	55
32	195	145	50	144	109	35	179	131	48
33	120	87	33	146	110	36	142	87	55
34	84	62	22	80	67	13	108	83	25
35-39 岁	**175**	**138**	**37**	**187**	**125**	**62**	**233**	**174**	**59**
35	64	49	15	60	43	17	68	48	20
36	37	30	7	50	35	15	55	41	14
37	28	22	6	35	18	17	56	42	14
38	29	21	8	26	19	7	32	27	5
39	17	16	1	16	10	6	22	16	6
40-44 岁	**41**	**23**	**18**	**49**	**22**	**27**	**51**	**33**	**18**
40	11	5	6	10	2	8	18	12	6
41	7	5	2	10	4	6	11	6	5
42	9	5	4	15	8	7	9	7	2
43	5	3	2	8	4	4	8	7	1
44	9	5	4	6	4	2	5	1	4
45-49 岁	**24**	**13**	**11**	**17**	**11**	**6**	**25**	**14**	**11**
45	6	4	2	5	3	2	6	6	
46	5	4	1	2	2		7	4	3
47	6	3	3	5	3	2	3	3	
48	3	1	2	2	2		5		5
49	4	1	3	3	1	2	4	1	3
50 岁及以上	**11**	**5**	**6**	**12**	**5**	**7**	**13**	**8**	**5**
平均初婚年龄	**23.19**	**24.33**	**22.16**	**23.21**	**24.21**	**22.29**	**23.35**	**24.33**	**22.46**

C-5-4a 续表 3

单位：人

初婚年龄	初婚年份								
	1988 年			1989 年			1990 年		
	小计	男	女	小计	男	女	小计	男	女
总 计	**29381**	**14110**	**15271**	**26920**	**13118**	**13802**	**31292**	**15295**	**15997**
15 岁以下	**19**	**4**	**15**	**20**	**4**	**16**	**38**	**10**	**28**
15–19 岁	**3622**	**865**	**2757**	**2900**	**671**	**2229**	**3201**	**779**	**2422**
15	78	14	64	110	36	74	148	47	101
16	144	25	119	152	27	125	215	51	164
17	353	65	288	287	60	227	391	90	301
18	888	190	698	683	133	550	735	171	564
19	2159	571	1588	1668	415	1253	1712	420	1292
20–24 岁	**18877**	**8613**	**10264**	**17119**	**7706**	**9413**	**19794**	**8801**	**10993**
20	3100	947	2153	3047	977	2070	3099	879	2220
21	3338	1377	1961	3577	1471	2106	4391	1806	2585
22	4373	2057	2316	3532	1660	1872	4889	2274	2615
23	4241	2072	2169	3755	1823	1932	3913	1896	2017
24	3825	2160	1665	3208	1775	1433	3502	1946	1556
25–29 岁	**5563**	**3700**	**1863**	**5790**	**3954**	**1836**	**7042**	**4788**	**2254**
25	2971	1838	1133	2543	1648	895	2712	1772	940
26	1179	815	364	1882	1291	591	2043	1375	668
27	544	381	163	740	550	190	1441	1039	402
28	496	374	122	344	258	86	551	398	153
29	373	292	81	281	207	74	295	204	91
30–34 岁	**986**	**715**	**271**	**772**	**566**	**206**	**880**	**671**	**209**
30	327	237	90	206	149	57	275	213	62
31	239	179	60	207	166	41	158	129	29
32	175	121	54	165	113	52	172	133	39
33	136	103	33	116	81	35	142	100	42
34	109	75	34	78	57	21	133	96	37
35–39 岁	**214**	**149**	**65**	**231**	**161**	**70**	**233**	**180**	**53**
35	90	58	32	79	55	24	75	52	23
36	45	30	15	51	37	14	60	47	13
37	35	29	6	49	35	14	45	36	9
38	22	14	8	27	22	5	28	24	4
39	22	18	4	25	12	13	25	21	4
40–44 岁	**60**	**45**	**15**	**51**	**37**	**14**	**59**	**43**	**16**
40	17	13	4	12	10	2	21	15	6
41	13	9	4	15	12	3	15	9	6
42	15	10	5	12	9	3	12	8	4
43	8	7	1	9	4	5	4	4	
44	7	6	1	3	2	1	7	7	
45–49 岁	**18**	**10**	**8**	**22**	**10**	**12**	**28**	**14**	**14**
45	6	4	2	5	2	3	7	4	3
46	3		3	2	2		3	1	2
47	4	3	1	4	1	3	8	3	5
48	2	2		5	2	3	5	3	2
49	3	1	2	6	3	3	5	3	2
50 岁及以上	**22**	**9**	**13**	**15**	**9**	**6**	**17**	**9**	**8**
平均初婚年龄	**23.37**	**24.29**	**22.52**	**23.43**	**24.35**	**22.56**	**23.48**	**24.42**	**22.58**

C-5-4a 续表 4 单位：人

初婚年龄	初婚年份								
	1991 年			1992 年			1993 年		
	小计	男	女	小计	男	女	小计	男	女
总　计	**19545**	**9526**	**10019**	**23287**	**11245**	**12042**	**23618**	**11448**	**12170**
15 岁以下	**22**	**3**	**19**	**12**	**2**	**10**	**22**	**4**	**18**
15-19 岁	**1675**	**415**	**1260**	**1737**	**379**	**1358**	**1501**	**366**	**1135**
15	90	32	58	85	19	66	59	27	32
16	93	26	67	111	25	86	107	26	81
17	203	46	157	195	46	149	169	36	133
18	402	86	316	370	75	295	322	84	238
19	887	225	662	976	214	762	844	193	651
20-24 岁	**12485**	**5331**	**7154**	**14943**	**6312**	**8631**	**14733**	**6048**	**8685**
20	1713	418	1295	1696	437	1259	1634	371	1263
21	2371	864	1507	2611	937	1674	2384	836	1548
22	3322	1536	1786	3757	1650	2107	3459	1485	1974
23	3087	1411	1676	3886	1730	2156	4012	1662	2350
24	1992	1102	890	2993	1558	1435	3244	1694	1550
25-29 岁	**4681**	**3266**	**1415**	**5687**	**3922**	**1765**	**6159**	**4171**	**1988**
25	1599	1038	561	1897	1171	726	2347	1426	921
26	1269	873	396	1389	956	433	1407	957	450
27	939	697	242	1081	803	278	1070	781	289
28	629	481	148	753	560	193	784	583	201
29	245	177	68	567	432	135	551	424	127
30-34 岁	**462**	**360**	**102**	**550**	**396**	**154**	**812**	**602**	**210**
30	132	107	25	213	152	61	381	291	90
31	112	84	28	99	71	28	180	135	45
32	94	75	19	84	54	30	81	59	22
33	63	46	17	72	55	17	98	69	29
34	61	48	13	82	64	18	72	48	24
35-39 岁	**146**	**105**	**41**	**227**	**156**	**71**	**238**	**161**	**77**
35	57	41	16	57	40	17	86	55	31
36	34	25	9	42	31	11	41	30	11
37	25	21	4	52	33	19	43	31	12
38	16	11	5	42	31	11	33	23	10
39	14	7	7	34	21	13	35	22	13
40-44 岁	**40**	**27**	**13**	**72**	**45**	**27**	**80**	**59**	**21**
40	10	7	3	21	13	8	21	18	3
41	8	7	1	16	12	4	23	17	6
42	9	5	4	19	13	6	13	11	2
43	9	6	3	7	5	2	15	7	8
44	4	2	2	9	2	7	8	6	2
45-49 岁	**21**	**13**	**8**	**36**	**22**	**14**	**42**	**23**	**19**
45	6	4	2	11	6	5	6	1	5
46	5	2	3	11	6	5	7	4	3
47	6	4	2	5	4	1	9	4	5
48	3	2	1	7	5	2	10	8	2
49	1	1		2	1	1	10	6	4
50 岁及以上	**13**	**6**	**7**	**23**	**11**	**12**	**31**	**14**	**17**
平均初婚年龄	**23.67**	**24.64**	**22.74**	**23.95**	**24.91**	**23.05**	**24.19**	**25.16**	**23.28**

C-5-4a 续表 5 单位：人

初婚年龄	初婚年份								
	1994年			1995年			1996年		
	小计	男	女	小计	男	女	小计	男	女
总　计	**22101**	**10818**	**11283**	**28104**	**13835**	**14269**	**25001**	**12167**	**12834**
15岁以下	**10**	**4**	**6**	**15**	**3**	**12**	**14**	**6**	**8**
15–19岁	**1301**	**291**	**1010**	**1439**	**312**	**1127**	**1158**	**251**	**907**
15	68	24	44	60	13	47	43	7	36
16	82	19	63	139	37	102	78	19	59
17	146	37	109	180	37	143	178	43	135
18	292	82	210	289	74	215	259	62	197
19	713	129	584	771	151	620	600	120	480
20–24岁	**13176**	**5360**	**7816**	**16137**	**6592**	**9545**	**13828**	**5434**	**8394**
20	1490	302	1188	1567	296	1271	1314	245	1069
21	2213	750	1463	2635	822	1813	2131	640	1491
22	2936	1263	1673	3824	1670	2154	3314	1342	1972
23	3377	1441	1936	4092	1739	2353	3744	1566	2178
24	3160	1604	1556	4019	2065	1954	3325	1641	1684
25–29岁	**6324**	**4246**	**2078**	**8694**	**5653**	**3041**	**8202**	**5234**	**2968**
25	2556	1573	983	3373	1993	1380	2934	1684	1250
26	1613	1078	535	2355	1527	828	2257	1394	863
27	886	637	249	1508	1052	456	1541	1097	444
28	713	535	178	826	608	218	937	671	266
29	556	423	133	632	473	159	533	388	145
30–34岁	**869**	**630**	**239**	**1283**	**929**	**354**	**1270**	**911**	**359**
30	387	288	99	488	372	116	423	310	113
31	259	180	79	357	257	100	287	223	64
32	110	77	33	243	170	73	256	168	88
33	56	42	14	120	75	45	216	151	65
34	57	43	14	75	55	20	88	59	29
35–39岁	**217**	**164**	**53**	**278**	**197**	**81**	**218**	**155**	**63**
35	49	40	9	82	56	26	53	41	12
36	55	43	12	56	42	14	57	40	17
37	46	37	9	51	35	16	35	24	11
38	43	27	16	41	32	9	39	28	11
39	24	17	7	48	32	16	34	22	12
40–44岁	**97**	**58**	**39**	**135**	**82**	**53**	**130**	**82**	**48**
40	22	11	11	33	24	9	29	17	12
41	24	13	11	29	18	11	25	18	7
42	26	18	8	27	15	12	31	19	12
43	9	7	2	17	9	8	26	14	12
44	16	9	7	29	16	13	19	14	5
45–49岁	**60**	**39**	**21**	**53**	**35**	**18**	**88**	**46**	**42**
45	14	7	7	24	12	12	22	8	14
46	16	11	5	9	7	2	16	8	8
47	9	6	3	6	4	2	18	11	7
48	11	7	4	12	10	2	15	11	4
49	10	8	2	2	2		17	8	9
50岁及以上	**47**	**26**	**21**	**70**	**32**	**38**	**93**	**48**	**45**
平均初婚年龄	**24.39**	**25.40**	**23.43**	**24.59**	**25.55**	**23.66**	**24.84**	**25.83**	**23.90**

C-5-4a 续表 6 单位：人

初婚年龄	初婚年份								
	1997 年			1998 年			1999 年		
	小计	男	女	小计	男	女	小计	男	女
总　计	**23869**	**11745**	**12124**	**29044**	**14208**	**14836**	**23334**	**11510**	**11824**
15 岁以下	**10**	**1**	**9**	**16**	**1**	**15**	**14**	**2**	**12**
15–19 岁	**978**	**203**	**775**	**1251**	**236**	**1015**	**1087**	**211**	**876**
15	56	10	46	68	19	49	55	21	34
16	57	17	40	99	18	81	91	17	74
17	135	28	107	131	19	112	153	28	125
18	240	50	190	298	53	245	205	37	168
19	490	98	392	655	127	528	583	108	475
20–24 岁	**12540**	**4802**	**7738**	**14307**	**5406**	**8901**	**11062**	**4143**	**6919**
20	1128	192	936	1324	229	1095	1110	192	918
21	1744	482	1262	1902	548	1354	1512	416	1096
22	2835	1127	1708	3145	1170	1975	2256	811	1445
23	3491	1391	2100	3945	1583	2362	3052	1245	1807
24	3342	1610	1732	3991	1876	2115	3132	1479	1653
25–29 岁	**8453**	**5413**	**3040**	**10610**	**6662**	**3948**	**9005**	**5589**	**3416**
25	2749	1542	1207	3444	1865	1579	2898	1577	1321
26	2213	1394	819	2622	1643	979	2277	1368	909
27	1649	1126	523	2021	1385	636	1678	1128	550
28	1124	797	327	1480	1023	457	1237	850	387
29	718	554	164	1043	746	297	915	666	249
30–34 岁	**1320**	**981**	**339**	**2111**	**1396**	**715**	**1693**	**1227**	**466**
30	409	317	92	715	475	240	624	467	157
31	329	243	86	419	267	152	448	317	131
32	236	172	64	393	252	141	270	188	82
33	187	140	47	303	201	102	195	138	57
34	159	109	50	281	201	80	156	117	39
35–39 岁	**203**	**137**	**66**	**419**	**296**	**123**	**311**	**234**	**77**
35	65	47	18	213	147	66	122	94	28
36	35	23	12	82	57	25	103	79	24
37	39	28	11	49	40	9	39	28	11
38	29	18	11	39	28	11	23	14	9
39	35	21	14	36	24	12	24	19	5
40–44 岁	**209**	**107**	**102**	**200**	**128**	**72**	**80**	**57**	**23**
40	43	23	20	57	39	18	17	14	3
41	44	23	21	47	25	22	16	10	6
42	38	25	13	35	23	12	19	13	6
43	49	18	31	34	21	13	15	12	3
44	35	18	17	27	20	7	13	8	5
45–49 岁	**106**	**72**	**34**	**78**	**50**	**28**	**42**	**23**	**19**
45	32	21	11	25	17	8	9	5	4
46	30	22	8	19	11	8	14	9	5
47	22	14	8	12	9	3	4	2	2
48	15	9	6	12	7	5	7	4	3
49	7	6	1	10	6	4	8	3	5
50 岁及以上	**50**	**29**	**21**	**52**	**33**	**19**	**40**	**24**	**16**
平均初婚年龄	**25.14**	**26.20**	**24.12**	**25.35**	**26.44**	**24.30**	**25.29**	**26.43**	**24.18**

C-5-4a 续表 7 单位：人

初婚年龄	初婚年份								
	2000 年			2001 年			2002 年		
	小计	男	女	小计	男	女	小计	男	女
总 计	**29822**	**14753**	**15069**	**19431**	**9541**	**9890**	**21780**	**10669**	**11111**
15 岁以下	**56**	**12**	**44**	**27**	**8**	**19**	**32**	**11**	**21**
15–19 岁	**1959**	**424**	**1535**	**1164**	**262**	**902**	**1385**	**308**	**1077**
15	157	44	113	81	30	51	121	40	81
16	199	47	152	103	35	68	154	42	112
17	297	81	216	156	40	116	178	44	134
18	512	110	402	261	57	204	291	71	220
19	794	142	652	563	100	463	641	111	530
20–24 岁	**14049**	**5368**	**8681**	**8865**	**3111**	**5754**	**9846**	**3600**	**6246**
20	1558	282	1276	914	126	788	1306	225	1081
21	2165	638	1527	1394	355	1039	1551	400	1151
22	2986	1119	1867	1956	680	1276	2068	780	1288
23	3493	1484	2009	2261	893	1368	2571	1081	1490
24	3847	1845	2002	2340	1057	1283	2350	1114	1236
25–29 岁	**11159**	**6999**	**4160**	**7542**	**4775**	**2767**	**8301**	**5127**	**3174**
25	3571	1963	1608	2316	1246	1070	2375	1311	1064
26	2873	1766	1107	1877	1168	709	2028	1199	829
27	2114	1415	699	1506	990	516	1720	1076	644
28	1506	1071	435	1071	779	292	1278	893	385
29	1095	784	311	772	592	180	900	648	252
30–34 岁	**1981**	**1487**	**494**	**1443**	**1102**	**341**	**1721**	**1276**	**445**
30	761	580	181	543	410	133	622	454	168
31	499	371	128	384	292	92	384	285	99
32	374	280	94	233	180	53	315	232	83
33	212	153	59	180	141	39	231	179	52
34	135	103	32	103	79	24	169	126	43
35–39 岁	**399**	**307**	**92**	**262**	**194**	**68**	**327**	**235**	**92**
35	138	101	37	71	52	19	85	59	26
36	98	76	22	69	51	18	74	56	18
37	100	81	19	53	42	11	65	49	16
38	40	31	9	58	42	16	58	41	17
39	23	18	5	11	7	4	45	30	15
40–44 岁	**107**	**79**	**28**	**55**	**44**	**11**	**76**	**56**	**20**
40	22	16	6	11	8	3	29	20	9
41	22	18	4	19	15	4	18	17	1
42	22	18	4	8	8		11	6	5
43	25	15	10	11	9	2	6	3	3
44	16	12	4	6	4	2	12	10	2
45–49 岁	**64**	**44**	**20**	**32**	**21**	**11**	**48**	**32**	**16**
45	8	6	2	7	7		13	6	7
46	22	15	7	13	9	4	11	7	4
47	10	7	3	4	2	2	7	5	2
48	13	7	6	3	2	1	10	7	3
49	11	9	2	5	1	4	7	7	
50 岁及以上	**48**	**33**	**15**	**41**	**24**	**17**	**44**	**24**	**20**
平均初婚年龄	**25.04**	**26.27**	**23.83**	**25.21**	**26.53**	**23.95**	**25.24**	**26.53**	**24.01**

C-5-4a 续表 8 单位：人

初婚年龄	初婚年份								
	2003 年			2004 年			2005 年		
	小计	男	女	小计	男	女	小计	男	女
总 计	**23911**	**11640**	**12271**	**25445**	**12447**	**12998**	**25951**	**12860**	**13091**
15 岁以下	**23**	**7**	**16**	**16**	**7**	**9**	**21**	**6**	**15**
15-19 岁	**1378**	**333**	**1045**	**1457**	**339**	**1118**	**1872**	**480**	**1392**
15	120	40	80	112	44	68	134	50	84
16	161	51	110	153	43	110	208	67	141
17	176	52	124	220	57	163	292	91	201
18	312	73	239	311	59	252	423	104	319
19	609	117	492	661	136	525	815	168	647
20-24 岁	**10584**	**3670**	**6914**	**11401**	**4035**	**7366**	**11556**	**4495**	**7061**
20	1275	244	1031	1246	193	1053	1327	262	1065
21	1956	495	1461	1928	495	1433	1794	534	1260
22	2155	713	1442	2784	991	1793	2616	1008	1608
23	2517	992	1525	2637	1033	1604	3133	1378	1755
24	2681	1226	1455	2806	1323	1483	2686	1313	1373
25-29 岁	**9063**	**5547**	**3516**	**9473**	**5809**	**3664**	**8990**	**5392**	**3598**
25	2523	1320	1203	2777	1494	1283	2669	1390	1279
26	2197	1267	930	2268	1323	945	2251	1305	946
27	1788	1165	623	1781	1130	651	1688	1054	634
28	1415	985	430	1536	1061	475	1335	918	417
29	1140	810	330	1111	801	310	1047	725	322
30-34 岁	**2242**	**1643**	**599**	**2363**	**1712**	**651**	**2606**	**1857**	**749**
30	792	583	209	826	597	229	847	596	251
31	544	383	161	591	444	147	659	473	186
32	384	289	95	418	296	122	461	327	134
33	306	224	82	302	207	95	327	236	91
34	216	164	52	226	168	58	312	225	87
35-39 岁	**423**	**308**	**115**	**525**	**407**	**118**	**605**	**423**	**182**
35	141	105	36	183	144	39	223	150	73
36	77	55	22	138	111	27	123	85	38
37	79	56	23	79	60	19	124	90	34
38	59	44	15	68	50	18	76	55	21
39	67	48	19	57	42	15	59	43	16
40-44 岁	**105**	**75**	**30**	**124**	**87**	**37**	**181**	**132**	**49**
40	43	35	8	37	23	14	52	38	14
41	28	20	8	36	24	12	44	32	12
42	11	8	3	21	18	3	48	37	11
43	11	5	6	16	11	5	16	9	7
44	12	7	5	14	11	3	21	16	5
45-49 岁	**53**	**37**	**16**	**44**	**23**	**21**	**59**	**37**	**22**
45	14	8	6	6	3	3	16	8	8
46	10	7	3	8	7	1	12	8	4
47	11	10	1	7	4	3	9	8	1
48	12	6	6	12	4	8	7	4	3
49	6	6		11	5	6	15	9	6
50 岁及以上	**40**	**20**	**20**	**42**	**28**	**14**	**61**	**38**	**23**
平均初婚年龄	**25.46**	**26.81**	**24.18**	**25.46**	**26.80**	**24.18**	**25.47**	**26.72**	**24.23**

C-5-4a 续表 9 单位：人

初婚年龄	初婚年份								
	2006 年			2007 年			2008 年		
	小计	男	女	小计	男	女	小计	男	女
总 计	**28868**	**14137**	**14731**	**24610**	**12132**	**12478**	**32401**	**16016**	**16385**
15 岁以下	**12**	**1**	**11**	**11**	**4**	**7**	**10**	**4**	**6**
15–19 岁	**1693**	**395**	**1298**	**1494**	**339**	**1155**	**1796**	**426**	**1370**
15	55	17	38	33	10	23	53	9	44
16	155	37	118	102	18	84	97	28	69
17	231	65	166	204	50	154	230	56	174
18	399	99	300	390	95	295	486	120	366
19	853	177	676	765	166	599	930	213	717
20–24 岁	**12811**	**4716**	**8095**	**10435**	**3957**	**6478**	**13653**	**5210**	**8443**
20	1427	243	1184	1365	264	1101	1784	328	1456
21	1905	514	1391	1766	528	1238	2535	767	1768
22	2518	962	1556	2147	842	1305	2987	1214	1773
23	3237	1314	1923	2357	1013	1344	3093	1368	1725
24	3724	1683	2041	2800	1310	1490	3254	1533	1721
25–29 岁	**10517**	**6289**	**4228**	**9143**	**5346**	**3797**	**12362**	**7172**	**5190**
25	2937	1504	1433	2976	1505	1471	3698	1913	1785
26	2707	1545	1162	2121	1220	901	3433	1881	1552
27	2163	1361	802	1761	1095	666	2220	1355	865
28	1555	1074	481	1337	882	455	1729	1139	590
29	1155	805	350	948	644	304	1282	884	398
30–34 岁	**2847**	**2016**	**831**	**2493**	**1777**	**716**	**3086**	**2172**	**914**
30	947	679	268	725	518	207	917	658	259
31	698	478	220	602	427	175	672	479	193
32	544	393	151	452	317	135	568	373	195
33	376	270	106	405	285	120	505	357	148
34	282	196	86	309	230	79	424	305	119
35–39 岁	**679**	**501**	**178**	**711**	**493**	**218**	**996**	**685**	**311**
35	249	182	67	222	146	76	322	230	92
36	161	118	43	166	123	43	251	165	86
37	124	93	31	124	83	41	164	112	52
38	90	65	25	116	88	28	132	91	41
39	55	43	12	83	53	30	127	87	40
40–44 岁	**191**	**145**	**46**	**195**	**136**	**59**	**296**	**212**	**84**
40	49	36	13	47	31	16	94	70	24
41	43	34	9	42	30	12	54	45	9
42	46	35	11	36	25	11	51	28	23
43	39	28	11	34	23	11	51	39	12
44	14	12	2	36	27	9	46	30	16
45–49 岁	**54**	**36**	**18**	**42**	**29**	**13**	**108**	**73**	**35**
45	11	9	2	14	10	4	42	27	15
46	8	4	4	6	5	1	18	12	6
47	8	5	3	5	3	2	15	12	3
48	12	10	2	14	9	5	19	12	7
49	15	8	7	3	2	1	14	10	4
50 岁及以上	**64**	**38**	**26**	**86**	**51**	**35**	**94**	**62**	**32**
平均初婚年龄	**25.64**	**26.93**	**24.39**	**25.75**	**27.03**	**24.51**	**25.80**	**27.05**	**24.59**

C-5-4a 续表 10 单位：人

初婚年龄	初婚年份								
	2009 年			2010 年			2011 年		
	小计	男	女	小计	男	女	小计	男	女
总　计	**31083**	**15264**	**15819**	**33915**	**16797**	**17118**	**28374**	**13914**	**14460**
15 岁以下	**3**	**2**	**1**	**14**	**4**	**10**	**3**	**2**	**1**
15-19 岁	**1416**	**300**	**1116**	**1553**	**331**	**1222**	**791**	**163**	**628**
15	24	6	18	29	7	22	26	6	20
16	47	10	37	79	20	59	49	12	37
17	131	34	97	164	42	122	87	17	70
18	346	71	275	349	66	283	178	41	137
19	868	179	689	932	196	736	451	87	364
20-24 岁	**13468**	**5112**	**8356**	**15942**	**6462**	**9480**	**12841**	**4955**	**7886**
20	1677	350	1327	1956	416	1540	1151	248	903
21	2361	678	1683	2715	906	1809	2110	623	1487
22	3215	1291	1924	3616	1543	2073	2844	1103	1741
23	3046	1314	1732	4070	1827	2243	3253	1377	1876
24	3169	1479	1690	3585	1770	1815	3483	1604	1879
25-29 岁	**11854**	**6864**	**4990**	**11734**	**6839**	**4895**	**11078**	**6283**	**4795**
25	3065	1539	1526	3292	1761	1531	3031	1447	1584
26	3160	1745	1415	2714	1535	1179	2624	1455	1169
27	2720	1642	1078	2487	1463	1024	2181	1265	916
28	1673	1077	596	2051	1306	745	1841	1191	650
29	1236	861	375	1190	774	416	1401	925	476
30-34 岁	**2799**	**1921**	**878**	**2998**	**1997**	**1001**	**2428**	**1648**	**780**
30	884	618	266	992	670	322	801	559	242
31	671	455	216	689	485	204	571	388	183
32	507	357	150	507	333	174	449	292	157
33	377	258	119	413	251	162	325	210	115
34	360	233	127	397	258	139	282	199	83
35-39 岁	**1014**	**705**	**309**	**1100**	**747**	**353**	**782**	**548**	**234**
35	302	211	91	327	225	102	206	150	56
36	244	170	74	247	159	88	189	125	64
37	194	134	60	206	152	54	145	100	45
38	152	112	40	167	116	51	142	100	42
39	122	78	44	153	95	58	100	73	27
40-44 岁	**314**	**229**	**85**	**361**	**272**	**89**	**285**	**207**	**78**
40	105	79	26	113	81	32	74	52	22
41	57	40	17	70	55	15	72	54	18
42	52	40	12	79	60	19	51	35	16
43	50	32	18	50	37	13	47	33	14
44	50	38	12	49	39	10	41	33	8
45-49 岁	**124**	**80**	**44**	**119**	**90**	**29**	**100**	**66**	**34**
45	42	28	14	35	26	9	23	15	8
46	30	22	8	24	17	7	23	11	12
47	26	15	11	38	30	8	22	15	7
48	10	6	4	17	14	3	23	17	6
49	16	9	7	5	3	2	9	8	1
50 岁及以上	**91**	**51**	**40**	**94**	**55**	**39**	**66**	**42**	**24**
平均初婚年龄	**25.90**	**27.11**	**24.74**	**25.74**	**26.86**	**24.64**	**25.97**	**27.06**	**24.93**

C-5-4a 续表 11

单位：人

初婚年龄	初婚年份								
	2012 年			2013 年			2014 年		
	小计	男	女	小计	男	女	小计	男	女
总 计	**32799**	**16073**	**16726**	**28760**	**14115**	**14645**	**29064**	**14301**	**14763**
15 岁以下	**3**	**2**	**1**	**5**	**2**	**3**	**2**		**2**
15–19 岁	**823**	**143**	**680**	**602**	**96**	**506**	**535**	**97**	**438**
15	24	8	16	13	4	9	19	8	11
16	44	8	36	32	4	28	37	8	29
17	97	17	80	63	13	50	54	12	42
18	195	36	159	168	28	140	140	25	115
19	463	74	389	326	47	279	285	44	241
20–24 岁	**14060**	**5543**	**8517**	**11306**	**4416**	**6890**	**9833**	**3740**	**6093**
20	965	224	741	713	142	571	577	102	475
21	1946	599	1347	1228	374	854	940	267	673
22	3419	1363	2056	2247	889	1358	1695	632	1063
23	3655	1506	2149	3387	1377	2010	2658	1028	1630
24	4075	1851	2224	3731	1634	2097	3963	1711	2252
25–29 岁	**13437**	**7444**	**5993**	**12241**	**6568**	**5673**	**13900**	**7401**	**6499**
25	4189	2051	2138	3707	1780	1927	4000	1849	2151
26	3346	1788	1558	3260	1661	1599	3669	1914	1755
27	2574	1502	1072	2340	1332	1008	2859	1597	1262
28	1858	1132	726	1701	1050	651	1961	1167	794
29	1470	971	499	1233	745	488	1411	874	537
30–34 岁	**2989**	**1933**	**1056**	**3090**	**2005**	**1085**	**3241**	**2043**	**1198**
30	1164	744	420	1021	657	364	1017	651	366
31	658	435	223	800	524	276	783	498	285
32	462	290	172	526	335	191	652	408	244
33	404	265	139	421	269	152	461	296	165
34	301	199	102	322	220	102	328	190	138
35–39 岁	**903**	**615**	**288**	**921**	**634**	**287**	**929**	**607**	**322**
35	230	153	77	289	188	101	291	177	114
36	222	141	81	191	129	62	207	140	67
37	187	137	50	162	119	43	151	105	46
38	138	94	44	152	104	48	150	103	47
39	126	90	36	127	94	33	130	82	48
40–44 岁	**353**	**243**	**110**	**360**	**255**	**105**	**374**	**240**	**134**
40	90	64	26	96	60	36	107	67	40
41	84	55	29	91	63	28	98	61	37
42	68	45	23	74	56	18	66	43	23
43	59	42	17	60	45	15	60	42	18
44	52	37	15	39	31	8	43	27	16
45–49 岁	**132**	**95**	**37**	**134**	**83**	**51**	**147**	**103**	**44**
45	17	14	3	41	23	18	48	34	14
46	27	18	9	17	12	5	31	19	12
47	32	25	7	25	15	10	23	18	5
48	27	18	9	19	11	8	21	14	7
49	29	20	9	32	22	10	24	18	6
50 岁及以上	**99**	**55**	**44**	**101**	**56**	**45**	**103**	**70**	**33**
平均初婚年龄	**26.14**	**27.09**	**25.22**	**26.55**	**27.50**	**25.62**	**26.87**	**27.76**	**26.01**

C-5-4a 续表 12 单位：人

初婚年龄	初婚年份								
	2015年			2016年			2017年		
	小计	男	女	小计	男	女	小计	男	女
总 计	**26940**	**13243**	**13697**	**22017**	**10775**	**11242**	**19734**	**9769**	**9965**
15岁以下	**1**		**1**	**4**	**1**	**3**			
15-19岁	**505**	**96**	**409**	**382**	**76**	**306**	**308**	**48**	**260**
15	17	5	12	13	2	11	6	2	4
16	26	7	19	12	3	9	13	3	10
17	59	14	45	54	14	40	34	5	29
18	114	21	93	98	21	77	74	14	60
19	289	49	240	205	36	169	181	24	157
20-24岁	**7623**	**2875**	**4748**	**5351**	**1870**	**3481**	**4566**	**1578**	**2988**
20	494	83	411	419	58	361	377	57	320
21	759	203	556	626	190	436	534	127	407
22	1300	478	822	942	309	633	876	290	586
23	1997	770	1227	1359	500	859	1138	412	726
24	3073	1341	1732	2005	813	1192	1641	692	949
25-29岁	**14053**	**7340**	**6713**	**11764**	**6088**	**5676**	**10560**	**5548**	**5012**
25	4050	1815	2235	2705	1249	1456	2046	938	1108
26	3587	1777	1810	3207	1565	1642	2476	1274	1202
27	2809	1542	1267	2579	1367	1212	2605	1357	1248
28	2169	1293	876	1880	1087	793	1995	1109	886
29	1438	913	525	1393	820	573	1438	870	568
30-34岁	**3186**	**1939**	**1247**	**2983**	**1778**	**1205**	**2812**	**1681**	**1131**
30	968	602	366	994	589	405	1031	626	405
31	750	463	287	636	391	245	629	364	265
32	616	376	240	498	301	197	485	305	180
33	518	298	220	420	247	173	356	215	141
34	334	200	134	435	250	185	311	171	140
35-39岁	**894**	**544**	**350**	**876**	**530**	**346**	**864**	**521**	**343**
35	288	163	125	256	144	112	297	165	132
36	196	120	76	228	138	90	184	121	63
37	166	99	67	166	108	58	152	88	64
38	121	80	41	118	70	48	134	87	47
39	123	82	41	108	70	38	97	60	37
40-44岁	**370**	**252**	**118**	**325**	**212**	**113**	**291**	**199**	**92**
40	100	65	35	94	56	38	73	54	19
41	83	61	22	68	39	29	62	40	22
42	75	55	20	64	48	16	63	46	17
43	52	33	19	52	39	13	43	24	19
44	60	38	22	47	30	17	50	35	15
45-49岁	**166**	**109**	**57**	**190**	**132**	**58**	**178**	**111**	**67**
45	56	34	22	46	32	14	44	24	20
46	32	23	9	54	38	16	37	26	11
47	28	19	9	42	33	9	39	26	13
48	28	15	13	26	16	10	28	15	13
49	22	18	4	22	13	9	30	20	10
50岁及以上	**142**	**88**	**54**	**142**	**88**	**54**	**155**	**83**	**72**
平均初婚年龄	**27.21**	**28.06**	**26.39**	**27.66**	**28.55**	**26.80**	**27.90**	**28.76**	**27.06**

C-5-4a 续表 13

单位：人

初婚年龄	初婚年份								
	2018 年			2019 年			2020 年		
	小计	男	女	小计	男	女	小计	男	女
总　计	**19601**	**9515**	**10086**	**14554**	**7093**	**7461**	**10066**	**4971**	**5095**
15 岁以下	**3**	**1**	**2**	**1**		**1**	**3**	**1**	**2**
15-19 岁	**304**	**63**	**241**	**229**	**34**	**195**	**125**	**32**	**93**
15	8	3	5	4	1	3	6	1	5
16	17	5	12	19	3	16	6	3	3
17	30	7	23	19	3	16	15	5	10
18	63	12	51	51	8	43	28	11	17
19	186	36	150	136	19	117	70	12	58
20-24 岁	**4548**	**1525**	**3023**	**3451**	**1183**	**2268**	**2235**	**781**	**1454**
20	337	53	284	271	44	227	182	31	151
21	562	133	429	453	91	362	255	68	187
22	886	274	612	689	235	454	487	163	324
23	1202	423	779	912	352	560	522	187	335
24	1561	642	919	1126	461	665	789	332	457
25-29 岁	**9765**	**5024**	**4741**	**6582**	**3364**	**3218**	**3984**	**2025**	**1959**
25	1720	753	967	1180	503	677	843	367	476
26	1966	933	1033	1300	585	715	774	374	400
27	2250	1137	1113	1362	738	624	794	387	407
28	2236	1251	985	1403	807	596	817	460	357
29	1593	950	643	1337	731	606	756	437	319
30-34 岁	**3403**	**1981**	**1422**	**2871**	**1675**	**1196**	**2194**	**1297**	**897**
30	1147	696	451	962	575	387	743	448	295
31	902	524	378	713	404	309	541	313	228
32	575	326	249	540	311	229	389	225	164
33	439	254	185	367	217	150	298	173	125
34	340	181	159	289	168	121	223	138	85
35-39 岁	**914**	**525**	**389**	**764**	**435**	**329**	**605**	**329**	**276**
35	297	175	122	227	131	96	164	94	70
36	231	128	103	193	103	90	133	76	57
37	142	75	67	171	95	76	112	68	44
38	125	75	50	95	55	40	103	48	55
39	119	72	47	78	51	27	93	43	50
40-44 岁	**300**	**183**	**117**	**263**	**162**	**101**	**325**	**178**	**147**
40	58	38	20	53	32	21	77	41	36
41	65	35	30	48	29	19	76	41	35
42	63	37	26	53	35	18	57	27	30
43	59	43	16	54	35	19	60	32	28
44	55	30	25	55	31	24	55	37	18
45-49 岁	**170**	**106**	**64**	**207**	**130**	**77**	**253**	**140**	**113**
45	47	30	17	56	33	23	70	40	30
46	27	20	7	43	29	14	52	32	20
47	31	18	13	48	28	20	49	25	24
48	38	24	14	33	25	8	36	21	15
49	27	14	13	27	15	12	46	22	24
50 岁及以上	**194**	**107**	**87**	**186**	**110**	**76**	**342**	**188**	**154**
平均初婚年龄	**28.20**	**29.06**	**27.38**	**28.57**	**29.56**	**27.63**	**29.71**	**30.59**	**28.86**

C-5-4b　全省分初婚年龄、性别、初婚年份的人口（镇）

单位：人

初婚年龄	初婚年份								
	合　计			1980 年			1981 年		
	合计	男	女	小计	男	女	小计	男	女
总　计	**1106844**	**542537**	**564307**	**29007**	**13957**	**15050**	**18534**	**8786**	**9748**
15 岁以下	**1037**	**202**	**835**	**76**	**13**	**63**	**42**	**9**	**33**
15-19 岁	**115493**	**25214**	**90279**	**4241**	**670**	**3571**	**3838**	**656**	**3182**
15	4473	1088	3385	291	59	232	157	31	126
16	7757	1636	6121	588	69	519	277	46	231
17	15335	2979	12356	1164	165	999	668	93	575
18	28969	6093	22876	1120	177	943	1379	224	1155
19	58959	13418	45541	1078	200	878	1357	262	1095
20-24 岁	**619044**	**276649**	**342395**	**16810**	**7655**	**9155**	**9802**	**4543**	**5259**
20	97678	26026	71652	2231	578	1653	1196	287	909
21	124531	47297	77234	2811	963	1848	1853	678	1175
22	144934	68999	75935	4206	1895	2311	2020	892	1128
23	135030	69137	65893	4385	2306	2079	2514	1349	1165
24	116871	65190	51681	3177	1913	1264	2219	1337	882
25-29 岁	**284000**	**182009**	**101991**	**6793**	**4800**	**1993**	**4231**	**3091**	**1140**
25	94270	56620	37650	2540	1685	855	1476	1010	466
26	71258	45222	26036	1840	1304	536	1189	889	300
27	53112	35320	17792	1169	854	315	757	566	191
28	37990	25949	12041	804	607	197	461	358	103
29	27370	18898	8472	440	350	90	348	268	80
30-34 岁	**60241**	**40918**	**19323**	**884**	**683**	**201**	**500**	**402**	**98**
30	20132	13763	6369	343	258	85	186	160	26
31	14562	9855	4707	204	164	40	134	105	29
32	10982	7448	3534	151	119	32	92	70	22
33	8190	5563	2627	108	83	25	56	44	12
34	6375	4289	2086	78	59	19	32	23	9
35-39 岁	**15817**	**10637**	**5180**	**139**	**103**	**36**	**88**	**62**	**26**
35	4913	3316	1597	41	32	9	23	18	5
36	3789	2512	1277	31	20	11	18	15	3
37	2831	1937	894	25	20	5	24	17	7
38	2381	1615	766	26	24	2	12	8	4
39	1903	1257	646	16	7	9	11	4	7
40-44 岁	**6016**	**3887**	**2129**	**46**	**26**	**20**	**23**	**18**	**5**
40	1611	1085	526	13	6	7	10	7	3
41	1300	846	454	15	11	4	2	2	
42	1238	786	452	12	7	5	5	4	1
43	1053	671	382	5	2	3	4	4	
44	814	499	315	1		1	2	1	1
45-49 岁	**2684**	**1609**	**1075**	**14**	**5**	**9**	**7**	**5**	**2**
45	752	479	273	2	1	1	3	3	
46	604	361	243	4	1	3			
47	516	298	218	4	1	3	3	1	2
48	428	256	172	3	1	2			
49	384	215	169	1	1		1	1	
50 岁及以上	**2512**	**1412**	**1100**	**4**	**2**	**2**	**3**		**3**
平均初婚年龄	**24.22**	**25.29**	**23.18**	**23.33**	**24.66**	**22.10**	**23.12**	**24.61**	**21.77**

C-5-4b 续表 1 单位：人

初婚年龄	初婚年份								
	1982 年			1983 年			1984 年		
	小计	男	女	小计	男	女	小计	男	女
总 计	**23823**	**11420**	**12403**	**22958**	**11025**	**11933**	**27016**	**12983**	**14033**
15 岁以下	**38**	**8**	**30**	**42**	**13**	**29**	**48**	**14**	**34**
15–19 岁	**6071**	**1282**	**4789**	**5280**	**1221**	**4059**	**5358**	**1238**	**4120**
15	194	35	159	171	43	128	222	54	168
16	346	48	298	306	63	243	313	60	253
17	792	143	649	687	151	536	659	123	536
18	1548	310	1238	1288	263	1025	1387	315	1072
19	3191	746	2445	2828	701	2127	2777	686	2091
20–24 岁	**11648**	**5579**	**6069**	**12107**	**5677**	**6430**	**16359**	**7777**	**8582**
20	2677	772	1905	4310	1425	2885	4302	1405	2897
21	1681	640	1041	2818	1206	1612	5709	2566	3143
22	2537	1251	1286	1523	834	689	3330	1873	1457
23	2201	1274	927	1916	1159	757	1423	871	552
24	2552	1642	910	1540	1053	487	1595	1062	533
25–29 岁	**5262**	**3940**	**1322**	**4642**	**3454**	**1188**	**4265**	**3224**	**1041**
25	2069	1477	592	1696	1213	483	1190	852	338
26	1291	966	325	1229	942	287	1232	939	293
27	896	714	182	750	563	187	946	732	214
28	591	459	132	544	406	138	520	400	120
29	415	324	91	423	330	93	377	301	76
30–34 岁	**660**	**516**	**144**	**721**	**544**	**177**	**798**	**603**	**195**
30	275	232	43	268	214	54	262	194	68
31	151	105	46	186	137	49	202	155	47
32	113	84	29	121	89	32	149	110	39
33	74	59	15	87	60	27	114	87	27
34	47	36	11	59	44	15	71	57	14
35–39 岁	**96**	**68**	**28**	**100**	**76**	**24**	**138**	**97**	**41**
35	29	22	7	23	18	5	44	31	13
36	23	15	8	30	19	11	32	24	8
37	14	8	6	21	14	7	31	20	11
38	15	11	4	14	13	1	19	15	4
39	15	12	3	12	12		12	7	5
40–44 岁	**36**	**21**	**15**	**49**	**34**	**15**	**26**	**19**	**7**
40	12	8	4	14	11	3	6	5	1
41	7	3	4	9	5	4	7	6	1
42	10	5	5	13	8	5	7	6	1
43	4	3	1	10	8	2	4	1	3
44	3	2	1	3	2	1	2	1	1
45–49 岁	**10**	**5**	**5**	**11**	**4**	**7**	**16**	**7**	**9**
45	2	1	1	3	1	2	8	4	4
46	1	1		2	1	1	1	1	
47	4	3	1	3	1	2	3	2	1
48	1		1	1	1		1		1
49	2		2	2		2	3		3
50 岁及以上	**2**	**1**	**1**	**6**	**2**	**4**	**8**	**4**	**4**
平均初婚年龄	**22.82**	**24.32**	**21.44**	**22.61**	**23.99**	**21.34**	**22.46**	**23.66**	**21.35**

C-5-4b 续表 2 单位：人

初婚年龄	初婚年份								
	1985 年			1986 年			1987 年		
	小计	男	女	小计	男	女	小计	男	女
总　计	**35401**	**17260**	**18141**	**33666**	**16284**	**17382**	**32004**	**15652**	**16352**
15 岁以下	**45**	**5**	**40**	**35**	**2**	**33**	**18**	**1**	**17**
15–19 岁	**6413**	**1521**	**4892**	**5857**	**1356**	**4501**	**5527**	**1294**	**4233**
15	237	60	177	152	30	122	114	21	93
16	512	108	404	329	70	259	235	39	196
17	902	204	698	829	150	679	652	126	526
18	1552	335	1217	1633	316	1317	1561	340	1221
19	3210	814	2396	2914	790	2124	2965	768	2197
20–24 岁	**23198**	**11455**	**11743**	**23451**	**11729**	**11722**	**22165**	**11301**	**10864**
20	4962	1592	3370	4763	1582	3181	3957	1359	2598
21	6456	2925	3531	5595	2562	3033	5313	2350	2963
22	7088	3950	3138	5935	3248	2687	5316	2906	2410
23	3357	2088	1269	5010	2989	2021	4266	2563	1703
24	1335	900	435	2148	1348	800	3313	2123	1190
25–29 岁	**4434**	**3297**	**1137**	**3087**	**2306**	**781**	**3075**	**2207**	**868**
25	1378	958	420	760	532	228	1295	901	394
26	943	693	250	746	540	206	498	354	144
27	938	725	213	563	435	128	481	363	118
28	722	576	146	567	441	126	397	305	92
29	453	345	108	451	358	93	404	284	120
30–34 岁	**1037**	**789**	**248**	**925**	**684**	**241**	**924**	**655**	**269**
30	368	276	92	303	232	71	320	220	100
31	253	194	59	225	174	51	220	154	66
32	187	142	45	181	125	56	149	107	42
33	132	101	31	123	83	40	133	100	33
34	97	76	21	93	70	23	102	74	28
35–39 岁	**191**	**145**	**46**	**226**	**160**	**66**	**200**	**134**	**66**
35	69	51	18	68	50	18	62	42	20
36	42	34	8	49	37	12	53	35	18
37	38	27	11	44	30	14	38	21	17
38	23	19	4	34	20	14	30	24	6
39	19	14	5	31	23	8	17	12	5
40–44 岁	**56**	**35**	**21**	**59**	**33**	**26**	**67**	**44**	**23**
40	10	8	2	17	10	7	23	17	6
41	16	8	8	14	7	7	10	4	6
42	12	10	2	15	12	3	14	7	7
43	9	4	5	7	3	4	9	8	1
44	9	5	4	6	1	5	11	8	3
45–49 岁	**22**	**12**	**10**	**14**	**8**	**6**	**24**	**14**	**10**
45	7	4	3	7	3	4	2	2	
46	3	2	1	1		1	11	5	6
47	2		2	1	1		4	2	2
48	4	2	2	3	2	1	7	5	2
49	6	4	2	2	2				
50 岁及以上	**5**	**1**	**4**	**12**	**6**	**6**	**4**	**2**	**2**
平均初婚年龄	**22.46**	**23.51**	**21.45**	**22.50**	**23.47**	**21.59**	**22.63**	**23.54**	**21.75**

C-5-4b 续表 3

单位：人

初婚年龄	初婚年份								
	1988 年			1989 年			1990 年		
	小计	男	女	小计	男	女	小计	男	女
总　计	**36662**	**18044**	**18618**	**32892**	**16255**	**16637**	**39294**	**19610**	**19684**
15 岁以下	**43**	**6**	**37**	**42**	**5**	**37**	**41**	**10**	**31**
15-19 岁	**6163**	**1542**	**4621**	**4987**	**1222**	**3765**	**5350**	**1252**	**4098**
15	139	33	106	141	29	112	195	42	153
16	297	58	239	257	53	204	338	80	258
17	653	117	536	535	111	424	649	144	505
18	1579	347	1232	1272	298	974	1297	285	1012
19	3495	987	2508	2782	731	2051	2871	701	2170
20-24 岁	**24551**	**12379**	**12172**	**22215**	**11048**	**11167**	**26875**	**13417**	**13458**
20	5117	1710	3407	4823	1644	3179	5041	1628	3413
21	5162	2375	2787	5424	2451	2973	6829	3143	3686
22	5992	3272	2720	4682	2543	2139	6662	3655	3007
23	4778	2775	2003	4299	2495	1804	4636	2669	1967
24	3502	2247	1255	2987	1915	1072	3707	2322	1385
25-29 岁	**4567**	**3153**	**1414**	**4513**	**3184**	**1329**	**5904**	**4130**	**1774**
25	2576	1730	846	2091	1431	660	2560	1728	832
26	925	645	280	1435	1029	406	1588	1122	466
27	388	279	109	552	409	143	1164	840	324
28	375	271	104	211	154	57	437	330	107
29	303	228	75	224	161	63	155	110	45
30-34 岁	**1004**	**730**	**274**	**766**	**548**	**218**	**705**	**510**	**195**
30	292	218	74	186	139	47	179	131	48
31	287	203	84	201	148	53	149	99	50
32	178	123	55	181	119	62	163	126	37
33	117	86	31	104	76	28	140	103	37
34	130	100	30	94	66	28	74	51	23
35-39 岁	**224**	**170**	**54**	**242**	**164**	**78**	**274**	**198**	**76**
35	74	59	15	76	53	23	86	68	18
36	57	44	13	59	42	17	57	41	16
37	39	28	11	48	34	14	52	36	16
38	27	21	6	32	19	13	49	34	15
39	27	18	9	27	16	11	30	19	11
40-44 岁	**63**	**39**	**24**	**76**	**53**	**23**	**79**	**56**	**23**
40	14	10	4	25	18	7	23	19	4
41	13	9	4	17	12	5	12	7	5
42	16	6	10	11	8	3	14	8	6
43	9	7	2	17	11	6	17	11	6
44	11	7	4	6	4	2	13	11	2
45-49 岁	**23**	**15**	**8**	**30**	**20**	**10**	**41**	**22**	**19**
45	5	3	2	4	3	1	14	8	6
46	5	3	2	8	6	2	10	5	5
47	5	4	1	9	5	4	4	2	2
48	3	2	1	6	3	3	5		5
49	5	3	2	3	3		8	7	1
50 岁及以上	**24**	**10**	**14**	**21**	**11**	**10**	**25**	**15**	**10**
平均初婚年龄	**22.67**	**23.56**	**21.81**	**22.73**	**23.61**	**21.87**	**22.81**	**23.65**	**21.96**

C-5-4b 续表 4 单位：人

初婚年龄	初婚年份								
	1991 年			1992 年			1993 年		
	小计	男	女	小计	男	女	小计	男	女
总　计	**22986**	**11313**	**11673**	**27888**	**13840**	**14048**	**27275**	**13415**	**13860**
15 岁以下	**30**	**6**	**24**	**24**	**2**	**22**	**23**	**4**	**19**
15-19 岁	**2677**	**608**	**2069**	**2924**	**600**	**2324**	**2539**	**537**	**2002**
15	100	20	80	99	23	76	81	24	57
16	162	32	130	166	42	124	140	37	103
17	303	47	256	320	56	264	276	64	212
18	655	149	506	668	142	526	594	114	480
19	1457	360	1097	1671	337	1334	1448	298	1150
20-24 岁	**15983**	**7688**	**8295**	**19348**	**9357**	**9991**	**18696**	**8669**	**10027**
20	2747	744	2003	2919	745	2174	2832	602	2230
21	3768	1592	2176	4163	1747	2416	3740	1420	2320
22	4180	2271	1909	4845	2534	2311	4576	2379	2197
23	3304	1843	1461	4310	2419	1891	4352	2342	2010
24	1984	1238	746	3111	1912	1199	3196	1926	1270
25-29 岁	**3715**	**2585**	**1130**	**4781**	**3310**	**1471**	**5113**	**3574**	**1539**
25	1450	948	502	1741	1151	590	2153	1426	727
26	954	665	289	1249	843	406	1199	831	368
27	662	476	186	850	610	240	816	622	194
28	450	346	104	516	384	132	563	405	158
29	199	150	49	425	322	103	382	290	92
30-34 岁	**303**	**240**	**63**	**449**	**333**	**116**	**565**	**401**	**164**
30	74	49	25	174	128	46	303	210	93
31	70	59	11	63	50	13	119	87	32
32	58	47	11	65	44	21	51	39	12
33	60	54	6	75	58	17	55	36	19
34	41	31	10	72	53	19	37	29	8
35-39 岁	**162**	**113**	**49**	**191**	**138**	**53**	**199**	**150**	**49**
35	34	26	8	50	41	9	72	56	16
36	42	25	17	47	36	11	45	37	8
37	30	23	7	35	24	11	24	16	8
38	32	21	11	31	19	12	30	24	6
39	24	18	6	28	18	10	28	17	11
40-44 岁	**67**	**45**	**22**	**102**	**66**	**36**	**95**	**58**	**37**
40	18	12	6	32	23	9	32	21	11
41	12	8	4	21	13	8	24	15	9
42	15	10	5	21	10	11	24	14	10
43	9	6	3	17	14	3	8	5	3
44	13	9	4	11	6	5	7	3	4
45-49 岁	**28**	**18**	**10**	**33**	**21**	**12**	**28**	**14**	**14**
45	8	5	3	11	8	3	4	4	
46	4	3	1	7	5	2	6	3	3
47	5	4	1	7	3	4	6	3	3
48	7	5	2	6	4	2	6	1	5
49	4	1	3	2	1	1	6	3	3
50 岁及以上	**21**	**10**	**11**	**36**	**13**	**23**	**17**	**8**	**9**
平均初婚年龄	**22.98**	**23.88**	**22.12**	**23.25**	**24.13**	**22.38**	**23.38**	**24.30**	**22.49**

C-5-4b 续表 5

单位：人

初婚年龄	初婚年份								
	1994 年			1995 年			1996 年		
	小计	男	女	小计	男	女	小计	男	女
总　计	**26711**	**13099**	**13612**	**33873**	**16734**	**17139**	**29643**	**14652**	**14991**
15 岁以下	**14**	**2**	**12**	**23**	**4**	**19**	**19**	**5**	**14**
15-19 岁	**2131**	**434**	**1697**	**2367**	**481**	**1886**	**1906**	**345**	**1561**
15	81	25	56	109	28	81	78	12	66
16	134	28	106	162	46	116	126	30	96
17	196	35	161	265	52	213	241	48	193
18	456	101	355	496	105	391	382	73	309
19	1264	245	1019	1335	250	1085	1079	182	897
20-24 岁	**17623**	**7963**	**9660**	**21857**	**9846**	**12011**	**18604**	**8232**	**10372**
20	2578	529	2049	2786	577	2209	2296	439	1857
21	3608	1329	2279	4321	1536	2785	3452	1166	2286
22	4215	2053	2162	5509	2654	2855	4759	2251	2508
23	3967	2147	1820	4983	2591	2392	4538	2356	2182
24	3255	1905	1350	4258	2488	1770	3559	2020	1539
25-29 岁	**5751**	**3912**	**1839**	**8063**	**5354**	**2709**	**7456**	**4983**	**2473**
25	2363	1544	819	3292	2093	1199	2792	1778	1014
26	1558	1087	471	2093	1403	690	2023	1373	650
27	852	581	271	1375	940	435	1315	906	409
28	585	424	161	723	508	215	855	605	250
29	393	276	117	580	410	170	471	321	150
30-34 岁	**811**	**559**	**252**	**1055**	**734**	**321**	**1164**	**785**	**379**
30	311	215	96	401	278	123	416	274	142
31	259	175	84	265	183	82	275	189	86
32	123	83	40	245	170	75	228	154	74
33	64	46	18	111	77	34	163	111	52
34	54	40	14	33	26	7	82	57	25
35-39 岁	**184**	**129**	**55**	**233**	**165**	**68**	**190**	**136**	**54**
35	42	30	12	56	40	16	30	24	6
36	44	34	10	44	36	8	44	33	11
37	41	28	13	46	31	15	34	27	7
38	30	19	11	52	35	17	44	31	13
39	27	18	9	35	23	12	38	21	17
40-44 岁	**114**	**59**	**55**	**142**	**79**	**63**	**143**	**87**	**56**
40	28	15	13	30	15	15	31	23	8
41	23	13	10	33	22	11	32	14	18
42	32	14	18	35	17	18	28	17	11
43	19	11	8	31	17	14	23	14	9
44	12	6	6	13	8	5	29	19	10
45-49 岁	**42**	**24**	**18**	**57**	**34**	**23**	**81**	**37**	**44**
45	8	3	5	19	15	4	17	8	9
46	9	7	2	14	6	8	21	13	8
47	8	6	2	10	6	4	16	4	12
48	10	5	5	8	4	4	11	7	4
49	7	3	4	6	3	3	16	5	11
50 岁及以上	**41**	**17**	**24**	**76**	**37**	**39**	**80**	**42**	**38**
平均初婚年龄	**23.70**	**24.60**	**22.83**	**23.90**	**24.77**	**23.04**	**24.14**	**25.05**	**23.24**

C-5-4b 续表 6 单位：人

初婚年龄	初婚年份								
	1997 年			1998 年			1999 年		
	小计	男	女	小计	男	女	小计	男	女
总 计	**27321**	**13549**	**13772**	**32262**	**15886**	**16376**	**25170**	**12444**	**12726**
15 岁以下	**26**	**3**	**23**	**23**	**3**	**20**	**28**	**9**	**19**
15–19 岁	**1581**	**267**	**1314**	**2131**	**382**	**1749**	**1702**	**291**	**1411**
15	68	13	55	111	25	86	75	15	60
16	79	13	66	156	25	131	152	25	127
17	197	29	168	224	46	178	235	35	200
18	397	70	327	479	91	388	344	47	297
19	840	142	698	1161	195	966	896	169	727
20–24 岁	**16257**	**7074**	**9183**	**18020**	**7721**	**10299**	**13623**	**5727**	**7896**
20	1863	342	1521	1987	342	1645	1816	373	1443
21	2889	944	1945	2853	894	1959	2150	663	1487
22	3987	1818	2169	4317	1900	2417	2980	1274	1706
23	4069	2052	2017	4505	2178	2327	3354	1622	1732
24	3449	1918	1531	4358	2407	1951	3323	1795	1528
25–29 岁	**7715**	**5066**	**2649**	**9577**	**6152**	**3425**	**7960**	**5170**	**2790**
25	2640	1587	1053	3394	2075	1319	2879	1763	1116
26	1967	1307	660	2370	1535	835	1961	1241	720
27	1454	983	471	1670	1098	572	1366	927	439
28	975	708	267	1257	854	403	1015	694	321
29	679	481	198	886	590	296	739	545	194
30–34 岁	**1167**	**804**	**363**	**1933**	**1253**	**680**	**1432**	**974**	**458**
30	366	251	115	667	431	236	539	355	184
31	281	185	96	439	286	153	389	277	112
32	220	163	57	367	231	136	224	148	76
33	162	107	55	256	167	89	167	122	45
34	138	98	40	204	138	66	113	72	41
35–39 岁	**205**	**127**	**78**	**329**	**229**	**100**	**244**	**173**	**71**
35	66	44	22	168	116	52	92	61	31
36	31	19	12	62	40	22	82	60	22
37	31	20	11	29	22	7	29	19	10
38	31	19	12	31	25	6	20	16	4
39	46	25	21	39	26	13	21	17	4
40–44 岁	**223**	**127**	**96**	**141**	**88**	**53**	**87**	**53**	**34**
40	44	26	18	40	27	13	21	13	8
41	47	28	19	40	26	14	20	14	6
42	49	29	20	21	10	11	18	8	10
43	49	27	22	22	9	13	16	10	6
44	34	17	17	18	16	2	12	8	4
45–49 岁	**105**	**58**	**47**	**72**	**42**	**30**	**54**	**28**	**26**
45	36	21	15	16	11	5	15	7	8
46	21	9	12	23	13	10	19	10	9
47	18	8	10	14	6	8	6	3	3
48	20	13	7	8	5	3	7	3	4
49	10	7	3	11	7	4	7	5	2
50 岁及以上	**42**	**23**	**19**	**36**	**16**	**20**	**40**	**19**	**21**
平均初婚年龄	**24.48**	**25.44**	**23.53**	**24.61**	**25.60**	**23.65**	**24.59**	**25.65**	**23.56**

C-5-4b 续表 7

单位：人

初婚年龄	初婚年份								
	2000 年			2001 年			2002 年		
	小计	男	女	小计	男	女	小计	男	女
总　计	**32927**	**16487**	**16440**	**21926**	**10865**	**11061**	**25200**	**12399**	**12801**
15 岁以下	**74**	**19**	**55**	**38**	**13**	**25**	**32**	**6**	**26**
15–19 岁	**2995**	**640**	**2355**	**1983**	**410**	**1573**	**2256**	**464**	**1792**
15	212	67	145	124	36	88	178	41	137
16	269	63	206	149	41	108	193	48	145
17	452	106	346	223	56	167	287	56	231
18	747	169	578	444	82	362	505	108	397
19	1315	235	1080	1043	195	848	1093	211	882
20–24 岁	**17270**	**7420**	**9850**	**11371**	**4664**	**6707**	**13193**	**5314**	**7879**
20	2206	515	1691	1583	310	1273	2170	420	1750
21	3238	1042	2196	1999	616	1383	2267	683	1584
22	3815	1616	2199	2699	1165	1534	2938	1258	1680
23	3918	1955	1963	2656	1233	1423	3175	1500	1675
24	4093	2292	1801	2434	1340	1094	2643	1453	1190
25–29 岁	**10295**	**6795**	**3500**	**6962**	**4653**	**2309**	**7830**	**5254**	**2576**
25	3448	2146	1302	2221	1311	910	2252	1404	848
26	2684	1727	957	1748	1171	577	1956	1262	694
27	1948	1341	607	1409	1004	405	1619	1135	484
28	1270	893	377	922	678	244	1188	865	323
29	945	688	257	662	489	173	815	588	227
30–34 岁	**1768**	**1252**	**516**	**1284**	**928**	**356**	**1483**	**1078**	**405**
30	642	459	183	490	349	141	519	380	139
31	463	315	148	340	247	93	386	281	105
32	318	227	91	218	157	61	261	178	83
33	192	142	50	149	105	44	192	145	47
34	153	109	44	87	70	17	125	94	31
35–39 岁	**335**	**237**	**98**	**198**	**142**	**56**	**272**	**199**	**73**
35	112	81	31	60	47	13	95	73	22
36	87	63	24	46	28	18	62	41	21
37	72	50	22	41	34	7	45	31	14
38	41	26	15	37	25	12	44	34	10
39	23	17	6	14	8	6	26	20	6
40–44 岁	**73**	**52**	**21**	**42**	**27**	**15**	**54**	**42**	**12**
40	13	10	3	9	5	4	15	11	4
41	14	10	4	7	4	3	10	9	1
42	18	13	5	11	9	2	12	9	3
43	17	12	5	8	4	4	11	8	3
44	11	7	4	7	5	2	6	5	1
45–49 岁	**55**	**33**	**22**	**28**	**17**	**11**	**37**	**20**	**17**
45	13	10	3	7	5	2	6	4	2
46	12	6	6	9	6	3	10	4	6
47	15	11	4	6	3	3	9	4	5
48	8	5	3	4	3	1	4	2	2
49	7	1	6	2		2	8	6	2
50 岁及以上	**62**	**39**	**23**	**20**	**11**	**9**	**43**	**22**	**21**
平均初婚年龄	**24.39**	**25.52**	**23.26**	**24.41**	**25.62**	**23.22**	**24.44**	**25.73**	**23.19**

C-5-4b 续表 8 单位：人

初婚年龄	初婚年份								
	2003 年			2004 年			2005 年		
	小计	男	女	小计	男	女	小计	男	女
总　计	**26082**	**12823**	**13259**	**26896**	**13343**	**13553**	**29851**	**14685**	**15166**
15 岁以下	**29**	**8**	**21**	**30**	**6**	**24**	**37**	**9**	**28**
15–19 岁	**2351**	**494**	**1857**	**2495**	**549**	**1946**	**3049**	**727**	**2322**
15	152	42	110	188	67	121	211	75	136
16	250	58	192	216	53	163	293	84	209
17	343	74	269	381	70	311	434	91	343
18	532	99	433	558	121	437	779	185	594
19	1074	221	853	1152	238	914	1332	292	1040
20–24 岁	**13655**	**5508**	**8147**	**14169**	**5856**	**8313**	**15506**	**6501**	**9005**
20	1948	429	1519	1830	402	1428	2179	500	1679
21	2876	882	1994	2809	900	1909	2746	932	1814
22	2842	1186	1656	3660	1595	2065	3635	1549	2086
23	2961	1395	1566	3007	1375	1632	3883	1905	1978
24	3028	1616	1412	2863	1584	1279	3063	1615	1448
25–29 岁	**7712**	**5172**	**2540**	**7768**	**5177**	**2591**	**8262**	**5329**	**2933**
25	2310	1377	933	2544	1526	1018	2733	1565	1168
26	1838	1231	607	1816	1164	652	2097	1364	733
27	1565	1108	457	1455	1029	426	1410	946	464
28	1141	840	301	1113	826	287	1093	780	313
29	858	616	242	840	632	208	929	674	255
30–34 岁	**1811**	**1291**	**520**	**1875**	**1353**	**522**	**2208**	**1575**	**633**
30	635	469	166	641	474	167	716	499	217
31	419	295	124	459	315	144	546	409	137
32	329	230	99	339	248	91	417	309	108
33	256	181	75	253	186	67	284	195	89
34	172	116	56	183	130	53	245	163	82
35–39 岁	**343**	**234**	**109**	**384**	**273**	**111**	**564**	**395**	**169**
35	135	93	42	134	99	35	206	142	64
36	70	46	24	103	72	31	143	101	42
37	72	44	28	54	38	16	90	72	18
38	43	34	9	48	32	16	65	43	22
39	23	17	6	45	32	13	60	37	23
40–44 岁	**87**	**61**	**26**	**91**	**70**	**21**	**119**	**87**	**32**
40	38	25	13	36	30	6	39	30	9
41	18	16	2	20	18	2	25	20	5
42	7	4	3	18	11	7	31	23	8
43	13	7	6	11	7	4	16	8	8
44	11	9	2	6	4	2	8	6	2
45–49 岁	**41**	**26**	**15**	**33**	**25**	**8**	**49**	**32**	**17**
45	13	8	5	6	5	1	11	7	4
46	6	3	3	10	7	3	5	5	
47	4	3	1	2	1	1	15	11	4
48	9	6	3	8	5	3	13	7	6
49	9	6	3	7	7		5	2	3
50 岁及以上	**53**	**29**	**24**	**51**	**34**	**17**	**57**	**30**	**27**
平均初婚年龄	**24.55**	**25.84**	**23.30**	**24.50**	**25.78**	**23.23**	**24.54**	**25.78**	**23.34**

C-5-4b 续表 9

单位：人

初婚年龄	初婚年份								
	2006 年			2007 年			2008 年		
	小计	男	女	小计	男	女	小计	男	女
总　计	**29957**	**14706**	**15251**	**26819**	**13283**	**13536**	**33522**	**16453**	**17069**
15 岁以下	**22**	**3**	**19**	**13**	**3**	**10**	**7**		**7**
15–19 岁	**2898**	**676**	**2222**	**2559**	**624**	**1935**	**3046**	**697**	**2349**
15	106	26	80	64	17	47	76	18	58
16	245	76	169	158	38	120	156	33	123
17	399	102	297	417	94	323	372	76	296
18	691	178	513	660	164	496	859	201	658
19	1457	294	1163	1260	311	949	1583	369	1214
20–24 岁	**15661**	**6444**	**9217**	**13533**	**5640**	**7893**	**16962**	**7020**	**9942**
20	2200	492	1708	2173	516	1657	2601	659	1942
21	2803	896	1907	2498	833	1665	3526	1211	2315
22	3297	1369	1928	2974	1292	1682	3842	1632	2210
23	3592	1699	1893	2919	1395	1524	3649	1751	1898
24	3769	1988	1781	2969	1604	1365	3344	1767	1577
25–29 岁	**8328**	**5390**	**2938**	**7911**	**5033**	**2878**	**10044**	**6360**	**3684**
25	2582	1456	1126	2840	1645	1195	3191	1855	1336
26	2098	1326	772	1827	1150	677	2810	1741	1069
27	1690	1179	511	1432	950	482	1760	1171	589
28	1148	815	333	1092	777	315	1320	903	417
29	810	614	196	720	511	209	963	690	273
30–34 岁	**2226**	**1609**	**617**	**1980**	**1420**	**560**	**2308**	**1605**	**703**
30	719	535	184	551	403	148	664	456	208
31	516	367	149	475	351	124	515	355	160
32	432	317	115	389	267	122	439	317	122
33	324	231	93	321	224	97	360	253	107
34	235	159	76	244	175	69	330	224	106
35–39 岁	**557**	**398**	**159**	**590**	**413**	**177**	**766**	**520**	**246**
35	181	138	43	194	131	63	258	169	89
36	163	112	51	155	103	52	173	119	54
37	92	66	26	96	73	23	135	97	38
38	69	49	20	82	60	22	114	78	36
39	52	33	19	63	46	17	86	57	29
40–44 岁	**154**	**114**	**40**	**156**	**101**	**55**	**221**	**145**	**76**
40	45	37	8	42	30	12	68	43	25
41	37	28	9	34	22	12	49	30	19
42	38	26	12	29	19	10	33	24	9
43	23	16	7	36	22	14	41	26	15
44	11	7	4	15	8	7	30	22	8
45–49 岁	**44**	**25**	**19**	**28**	**19**	**9**	**74**	**51**	**23**
45	6	3	3	11	7	4	35	23	12
46	8	6	2	4	2	2	11	9	2
47	7	5	2	4	2	2	8	5	3
48	10	6	4	2	2		9	8	1
49	13	5	8	7	6	1	11	6	5
50 岁及以上	**67**	**47**	**20**	**49**	**30**	**19**	**94**	**55**	**39**
平均初婚年龄	**24.66**	**25.96**	**23.40**	**24.71**	**25.94**	**23.50**	**24.78**	**25.99**	**23.61**

C-5-4b 续表 10

单位：人

初婚年龄	初婚年份								
	2009 年			2010 年			2011 年		
	小计	男	女	小计	男	女	小计	男	女
总 计	**30248**	**14838**	**15410**	**35278**	**17296**	**17982**	**26523**	**13013**	**13510**
15 岁以下	**12**	**1**	**11**	**8**		**8**	**7**		**7**
15–19 岁	**2384**	**575**	**1809**	**2475**	**567**	**1908**	**1517**	**350**	**1167**
15	42	15	27	65	14	51	48	6	42
16	124	26	98	119	29	90	86	21	65
17	240	56	184	277	50	227	166	38	128
18	551	147	404	566	139	427	367	80	287
19	1427	331	1096	1448	335	1113	850	205	645
20–24 岁	**15759**	**6409**	**9350**	**19474**	**8281**	**11193**	**14423**	**5986**	**8437**
20	2378	572	1806	3003	785	2218	1706	421	1285
21	3094	996	2098	3658	1305	2353	2795	932	1863
22	3876	1645	2231	4565	1973	2592	3307	1450	1857
23	3331	1543	1788	4635	2287	2348	3332	1601	1731
24	3080	1653	1427	3613	1931	1682	3283	1582	1701
25–29 岁	**8818**	**5601**	**3217**	**9652**	**5954**	**3698**	**7858**	**4831**	**3027**
25	2565	1473	1092	2986	1703	1283	2409	1357	1052
26	2275	1411	864	2293	1414	879	1891	1143	748
27	1948	1319	629	1918	1241	677	1407	888	519
28	1177	802	375	1521	992	529	1182	802	380
29	853	596	257	934	604	330	969	641	328
30–34 岁	**2112**	**1469**	**643**	**2311**	**1568**	**743**	**1770**	**1186**	**584**
30	654	451	203	688	478	210	593	410	183
31	483	332	151	552	358	194	412	274	138
32	358	260	98	423	282	141	325	216	109
33	331	226	105	345	249	96	240	146	94
34	286	200	86	303	201	102	200	140	60
35–39 岁	**765**	**519**	**246**	**899**	**622**	**277**	**602**	**422**	**180**
35	233	158	75	271	190	81	176	126	50
36	187	128	59	240	162	78	128	76	52
37	133	96	37	144	102	42	120	86	34
38	119	77	42	137	96	41	107	83	24
39	93	60	33	107	72	35	71	51	20
40–44 岁	**243**	**170**	**73**	**263**	**187**	**76**	**206**	**146**	**60**
40	81	57	24	78	53	25	66	46	20
41	57	42	15	52	40	12	48	37	11
42	43	28	15	62	42	20	39	26	13
43	34	26	8	42	32	10	32	23	9
44	28	17	11	29	20	9	21	14	7
45–49 岁	**74**	**50**	**24**	**102**	**64**	**38**	**87**	**58**	**29**
45	26	21	5	29	21	8	21	14	7
46	22	16	6	33	21	12	21	15	6
47	12	5	7	24	13	11	21	15	6
48	4	3	1	10	6	4	16	9	7
49	10	5	5	6	3	3	8	5	3
50 岁及以上	**81**	**44**	**37**	**94**	**53**	**41**	**53**	**34**	**19**
平均初婚年龄	**24.90**	**26.11**	**23.73**	**24.82**	**25.92**	**23.76**	**25.02**	**26.09**	**23.99**

C-5-4b 续表 11

单位：人

初婚年龄	初婚年份								
	2012 年			2013 年			2014 年		
	小计	男	女	小计	男	女	小计	男	女
总　计	**30687**	**15031**	**15656**	**25551**	**12415**	**13136**	**24803**	**12145**	**12658**
15 岁以下	**5**	**2**	**3**	**10**	**2**	**8**	**6**		**6**
15–19 岁	**1374**	**279**	**1095**	**1065**	**201**	**864**	**940**	**201**	**739**
15	49	8	41	41	7	34	28	7	21
16	96	17	79	82	17	65	69	16	53
17	180	35	145	147	18	129	136	28	108
18	367	76	291	269	56	213	242	52	190
19	682	143	539	526	103	423	465	98	367
20–24 岁	**16254**	**6754**	**9500**	**12408**	**5041**	**7367**	**10593**	**4199**	**6394**
20	1509	374	1135	1060	263	797	855	166	689
21	2587	887	1700	1616	514	1102	1210	374	836
22	4221	1773	2448	2644	1064	1580	2086	851	1235
23	4129	1807	2322	3628	1577	2051	2737	1127	1610
24	3808	1913	1895	3460	1623	1837	3705	1681	2024
25–29 岁	**9705**	**5768**	**3937**	**8695**	**5004**	**3691**	**9824**	**5569**	**4255**
25	3370	1819	1551	2890	1501	1389	3148	1617	1531
26	2435	1395	1040	2306	1289	1017	2548	1394	1154
27	1726	1091	635	1595	987	608	1963	1184	779
28	1184	787	397	1151	735	416	1293	822	471
29	990	676	314	753	492	261	872	552	320
30–34 岁	**2178**	**1433**	**745**	**2211**	**1400**	**811**	**2225**	**1393**	**832**
30	784	502	282	716	461	255	666	430	236
31	496	330	166	574	366	208	520	315	205
32	379	243	136	395	249	146	477	293	184
33	301	209	92	285	174	111	294	189	105
34	218	149	69	241	150	91	268	166	102
35–39 岁	**729**	**513**	**216**	**656**	**453**	**203**	**672**	**432**	**240**
35	199	138	61	209	134	75	191	119	72
36	173	125	48	140	100	40	141	88	53
37	141	92	49	111	82	29	127	93	34
38	123	92	31	99	71	28	115	68	47
39	93	66	27	97	66	31	98	64	34
40–44 岁	**293**	**193**	**100**	**287**	**189**	**98**	**312**	**214**	**98**
40	88	56	32	89	66	23	87	61	26
41	64	42	22	54	35	19	73	52	21
42	55	39	16	60	38	22	64	47	17
43	44	34	10	49	31	18	44	33	11
44	42	22	20	35	19	16	44	21	23
45–49 岁	**86**	**55**	**31**	**126**	**69**	**57**	**143**	**84**	**59**
45	18	13	5	47	30	17	38	23	15
46	24	15	9	23	10	13	35	19	16
47	19	14	5	20	10	10	30	21	9
48	15	8	7	19	10	9	23	11	12
49	10	5	5	17	9	8	17	10	7
50 岁及以上	**63**	**34**	**29**	**93**	**56**	**37**	**88**	**53**	**35**
平均初婚年龄	**25.24**	**26.22**	**24.29**	**25.72**	**26.70**	**24.80**	**26.13**	**27.07**	**25.23**

C-5-4b 续表 12　　　　单位：人

初婚年龄	初婚年份								
	2015 年			2016 年			2017 年		
	小计	男	女	小计	男	女	小计	男	女
总　计	**23954**	**11609**	**12345**	**18653**	**9084**	**9569**	**16132**	**7892**	**8240**
15 岁以下	**7**	**3**	**4**	**7**		**7**	**1**		**1**
15-19 岁	**896**	**162**	**734**	**639**	**120**	**519**	**474**	**74**	**400**
15	20	5	15	14	6	8	11	3	8
16	58	14	44	31	5	26	24	7	17
17	129	25	104	102	25	77	62	16	46
18	215	33	182	153	28	125	116	18	98
19	474	85	389	339	56	283	261	30	231
20-24 岁	**8542**	**3314**	**5228**	**5864**	**2190**	**3674**	**4818**	**1762**	**3056**
20	801	146	655	601	107	494	531	93	438
21	1093	294	799	833	231	602	739	208	531
22	1599	595	1004	1115	421	694	1007	354	653
23	2059	900	1159	1485	591	894	1150	449	701
24	2990	1379	1611	1830	840	990	1391	658	733
25-29 岁	**10953**	**5925**	**5028**	**9023**	**4865**	**4158**	**7776**	**4220**	**3556**
25	3469	1686	1783	2284	1135	1149	1596	747	849
26	2747	1473	1274	2529	1275	1254	1816	965	851
27	2148	1215	933	1875	1083	792	2070	1136	934
28	1586	930	656	1400	802	598	1327	789	538
29	1003	621	382	935	570	365	967	583	384
30-34 岁	**2286**	**1397**	**889**	**2056**	**1245**	**811**	**2010**	**1212**	**798**
30	675	408	267	649	398	251	744	439	305
31	494	305	189	443	272	171	470	300	170
32	421	261	160	359	230	129	333	201	132
33	406	247	159	332	187	145	233	135	98
34	290	176	114	273	158	115	230	137	93
35-39 岁	**686**	**438**	**248**	**582**	**358**	**224**	**570**	**321**	**249**
35	224	136	88	161	97	64	190	103	87
36	149	92	57	154	86	68	142	73	69
37	120	77	43	127	83	44	100	60	40
38	101	68	33	82	55	27	79	48	31
39	92	65	27	58	37	21	59	37	22
40-44 岁	**343**	**224**	**119**	**243**	**160**	**83**	**218**	**150**	**68**
40	83	54	29	57	42	15	46	36	10
41	70	48	22	55	38	17	41	26	15
42	68	43	25	45	23	22	45	32	13
43	60	38	22	52	33	19	42	23	19
44	62	41	21	34	24	10	44	33	11
45-49 岁	**142**	**89**	**53**	**130**	**83**	**47**	**127**	**78**	**49**
45	39	18	21	46	31	15	41	30	11
46	24	16	8	21	13	8	32	17	15
47	37	26	11	28	18	10	18	8	10
48	23	18	5	20	11	9	17	12	5
49	19	11	8	15	10	5	19	11	8
50 岁及以上	**99**	**57**	**42**	**109**	**63**	**46**	**138**	**75**	**63**
平均初婚年龄	**26.49**	**27.45**	**25.59**	**26.85**	**27.80**	**25.95**	**27.20**	**28.16**	**26.29**

C-5-4b 续表 13 单位：人

初婚年龄	初婚年份								
	2018 年			2019 年			2020 年		
	小计	男	女	小计	男	女	小计	男	女
总 计	**17186**	**8131**	**9055**	**11962**	**5759**	**6203**	**8301**	**4072**	**4229**
15 岁以下	**7**	**2**	**5**	**5**	**1**	**4**			
15–19 岁	**480**	**82**	**398**	**399**	**84**	**315**	**175**	**39**	**136**
15	14	3	11	14	3	11	1		1
16	33	8	25	23	6	17	8	4	4
17	58	8	50	61	12	49	22	4	18
18	127	24	103	89	21	68	45	10	35
19	248	39	209	212	42	170	99	21	78
20–24 岁	**4980**	**1679**	**3301**	**3378**	**1134**	**2244**	**2039**	**696**	**1343**
20	551	90	461	382	63	319	208	28	180
21	783	209	574	509	142	367	257	60	197
22	1031	364	667	694	238	456	428	156	272
23	1233	448	785	857	312	545	527	199	328
24	1382	568	814	936	379	557	619	253	366
25–29 岁	**7925**	**4130**	**3795**	**4884**	**2587**	**2297**	**2871**	**1500**	**1371**
25	1568	710	858	900	431	469	629	274	355
26	1618	807	811	1001	502	499	635	310	325
27	1749	914	835	953	501	452	508	275	233
28	1741	982	759	1043	590	453	530	304	226
29	1249	717	532	987	563	424	569	337	232
30–34 岁	**2529**	**1480**	**1049**	**2083**	**1246**	**837**	**1724**	**1031**	**693**
30	862	517	345	720	443	277	571	337	234
31	692	389	303	518	300	218	417	250	167
32	411	235	176	409	248	161	304	187	117
33	309	187	122	254	147	107	228	145	83
34	255	152	103	182	108	74	204	112	92
35–39 岁	**662**	**388**	**274**	**592**	**339**	**253**	**538**	**284**	**254**
35	194	106	88	148	83	65	137	71	66
36	180	113	67	144	85	59	117	53	64
37	108	59	49	132	76	56	98	61	37
38	102	61	41	95	48	47	97	50	47
39	78	49	29	73	47	26	89	49	40
40–44 岁	**276**	**177**	**99**	**280**	**152**	**128**	**361**	**186**	**175**
40	56	33	23	55	25	30	77	41	36
41	61	38	23	47	22	25	90	42	48
42	60	43	17	60	37	23	68	40	28
43	58	39	19	58	36	22	73	38	35
44	41	24	17	60	32	28	53	25	28
45–49 岁	**164**	**98**	**66**	**179**	**110**	**69**	**223**	**130**	**93**
45	47	29	18	39	25	14	62	37	25
46	36	24	12	41	27	14	47	26	21
47	31	16	15	39	21	18	35	21	14
48	23	16	7	33	22	11	41	23	18
49	27	13	14	27	15	12	38	23	15
50 岁及以上	**163**	**95**	**68**	**162**	**106**	**56**	**370**	**206**	**164**
平均初婚年龄	**27.55**	**28.63**	**26.58**	**28.13**	**29.29**	**27.04**	**29.96**	**31.02**	**28.93**

C-5-4c 全省分初婚年龄、性别、初婚年份的人口（乡村）

单位：人

初婚年龄	初婚年份								
	合　计			1980 年			1981 年		
	合计	男	女	小计	男	女	小计	男	女
总　计	**1444880**	**730957**	**713923**	**49686**	**24241**	**25445**	**29815**	**14549**	**15266**
15 岁以下	**1644**	**258**	**1386**	**153**	**24**	**129**	**56**	**8**	**48**
15-19 岁	**201458**	**40717**	**160741**	**8810**	**1198**	**7612**	**7392**	**1175**	**6217**
15	7647	1450	6197	721	124	597	266	42	224
16	14577	2447	12130	1307	148	1159	609	68	541
17	28241	4767	23474	2568	306	2262	1294	187	1107
18	51595	9845	41750	2316	289	2027	2667	433	2234
19	99398	22208	77190	1898	331	1567	2556	445	2111
20-24 岁	**821884**	**397084**	**424800**	**27735**	**13291**	**14444**	**14771**	**7537**	**7234**
20	155510	43580	111930	3936	1014	2922	1951	518	1433
21	179776	75790	103986	4917	1865	3052	2866	1125	1741
22	193486	102675	90811	6968	3322	3646	3021	1560	1461
23	162808	93814	68994	6928	3880	3048	3563	2084	1479
24	130304	81225	49079	4986	3210	1776	3370	2250	1120
25-29 岁	**308306**	**213546**	**94760**	**10929**	**8140**	**2789**	**6380**	**4873**	**1507**
25	100421	66388	34033	3958	2795	1163	2237	1630	607
26	76129	52737	23392	2865	2147	718	1675	1264	411
27	57092	40470	16622	1951	1504	447	1169	938	231
28	42636	30787	11849	1346	1049	297	789	638	151
29	32028	23164	8864	809	645	164	510	403	107
30-34 岁	**75288**	**54464**	**20824**	**1601**	**1253**	**348**	**975**	**773**	**202**
30	24625	17726	6899	602	465	137	338	259	79
31	18087	13036	5051	401	313	88	265	214	51
32	13959	10140	3819	267	222	45	158	127	31
33	10485	7596	2889	184	142	42	120	98	22
34	8132	5966	2166	147	111	36	94	75	19
35-39 岁	**20873**	**15152**	**5721**	**340**	**254**	**86**	**179**	**144**	**35**
35	6261	4578	1683	111	85	26	63	51	12
36	4783	3487	1296	88	66	22	41	34	7
37	3874	2845	1029	55	44	11	26	19	7
38	3225	2325	900	49	33	16	28	26	2
39	2730	1917	813	37	26	11	21	14	7
40-44 岁	**8414**	**5652**	**2762**	**94**	**67**	**27**	**52**	**35**	**17**
40	2380	1608	772	25	16	9	10	5	5
41	1901	1278	623	22	17	5	15	11	4
42	1624	1059	565	21	16	5	10	8	2
43	1339	932	407	15	9	6	10	8	2
44	1170	775	395	11	9	2	7	3	4
45-49 岁	**3648**	**2319**	**1329**	**16**	**11**	**5**	**6**	**2**	**4**
45	992	678	314	7	5	2	3	1	2
46	835	551	284	1		1	1		1
47	683	406	277	8	6	2			
48	603	363	240				2	1	1
49	535	321	214						
50 岁及以上	**3365**	**1765**	**1600**	**8**	**3**	**5**	**4**	**2**	**2**
平均初婚年龄	**23.79**	**25.03**	**22.53**	**23.13**	**24.69**	**21.64**	**22.94**	**24.63**	**21.33**

C-5-4c 续表 1

单位：人

初婚年龄	初婚年份								
	1982 年			1983 年			1984 年		
	小计	男	女	小计	男	女	小计	男	女
总　计	**39746**	**19376**	**20370**	**38271**	**18544**	**19727**	**44915**	**21967**	**22948**
15 岁以下	**67**	**13**	**54**	**82**	**8**	**74**	**68**	**11**	**57**
15–19 岁	**11588**	**2184**	**9404**	**9658**	**1939**	**7719**	**9842**	**1968**	**7874**
15	392	55	337	362	73	289	417	71	346
16	766	117	649	623	86	537	693	106	587
17	1541	181	1360	1329	213	1116	1227	161	1066
18	3053	510	2543	2428	413	2015	2654	466	2188
19	5836	1321	4515	4916	1154	3762	4851	1164	3687
20–24 岁	**18097**	**9333**	**8764**	**19323**	**9350**	**9973**	**26201**	**12941**	**13260**
20	4822	1412	3410	7536	2501	5035	7610	2504	5106
21	2583	1173	1410	4477	1994	2483	9022	4322	4700
22	3760	2101	1659	2314	1401	913	5282	3137	2145
23	3238	2043	1195	2744	1828	916	2011	1336	675
24	3694	2604	1090	2252	1626	626	2276	1642	634
25–29 岁	**8414**	**6623**	**1791**	**7489**	**5916**	**1573**	**6912**	**5548**	**1364**
25	3149	2375	774	2413	1861	552	1722	1347	375
26	2020	1618	402	2025	1587	438	1914	1547	367
27	1508	1217	291	1330	1073	257	1516	1212	304
28	1048	860	188	985	811	174	993	794	199
29	689	553	136	736	584	152	767	648	119
30–34 岁	**1259**	**996**	**263**	**1372**	**1082**	**290**	**1495**	**1211**	**284**
30	488	387	101	546	440	106	543	451	92
31	276	213	63	338	269	69	379	295	84
32	235	190	45	224	166	58	283	228	55
33	165	132	33	146	118	28	178	143	35
34	95	74	21	118	89	29	112	94	18
35–39 岁	**226**	**167**	**59**	**237**	**184**	**53**	**260**	**197**	**63**
35	72	53	19	75	58	17	92	75	17
36	48	38	10	56	47	9	54	38	16
37	36	22	14	40	31	9	44	32	12
38	41	31	10	38	28	10	33	27	6
39	29	23	6	28	20	8	37	25	12
40–44 岁	**67**	**50**	**17**	**70**	**47**	**23**	**91**	**65**	**26**
40	19	17	2	13	7	6	26	20	6
41	20	17	3	22	17	5	15	7	8
42	13	9	4	16	12	4	21	16	5
43	7	5	2	11	7	4	14	11	3
44	8	2	6	8	4	4	15	11	4
45–49 岁	**19**	**8**	**11**	**24**	**10**	**14**	**33**	**21**	**12**
45	6	3	3	7	4	3	11	6	5
46	7	2	5	4	2	2	3	3	
47	2	1	1	7	2	5	8	2	6
48	1		1	3	2	1	6	5	1
49	3	2	1	3		3	5	5	
50 岁及以上	**9**	**2**	**7**	**16**	**8**	**8**	**13**	**5**	**8**
平均初婚年龄	**22.66**	**24.40**	**21.00**	**22.53**	**24.18**	**20.99**	**22.40**	**23.84**	**21.03**

C-5-4c 续表 2

单位：人

初婚年龄	初婚年份								
	1985 年			1986 年			1987 年		
	小计	男	女	小计	男	女	小计	男	女
总　计	**57660**	**28280**	**29380**	**55798**	**27538**	**28260**	**51070**	**25308**	**25762**
15 岁以下	**50**	**3**	**47**	**51**	**3**	**48**	**61**	**9**	**52**
15–19 岁	**11716**	**2347**	**9369**	**11245**	**2378**	**8867**	**10530**	**2324**	**8206**
15	378	68	310	286	45	241	226	35	191
16	955	151	804	669	98	571	536	70	466
17	1651	247	1404	1759	289	1470	1262	215	1047
18	2941	508	2433	3103	590	2513	3024	619	2405
19	5791	1373	4418	5428	1356	4072	5482	1385	4097
20–24 岁	**36208**	**18430**	**17778**	**37250**	**19578**	**17672**	**34148**	**18223**	**15925**
20	8502	2846	5656	8417	2820	5597	7156	2444	4712
21	10134	4756	5378	9356	4473	4883	8547	4090	4457
22	10891	6398	4493	9020	5325	3695	8155	4859	3296
23	4884	3208	1676	7334	4789	2545	5821	3755	2066
24	1797	1222	575	3123	2171	952	4469	3075	1394
25–29 岁	**7165**	**5594**	**1571**	**4883**	**3760**	**1123**	**4200**	**3112**	**1088**
25	1874	1401	473	1005	717	288	1734	1235	499
26	1501	1190	311	1141	871	270	582	417	165
27	1612	1254	358	886	702	184	647	486	161
28	1277	1005	272	1006	808	198	604	474	130
29	901	744	157	845	662	183	633	500	133
30–34 岁	**1965**	**1506**	**459**	**1769**	**1404**	**365**	**1613**	**1266**	**347**
30	663	523	140	573	444	129	571	439	132
31	507	404	103	431	353	78	368	300	68
32	374	274	100	344	283	61	295	224	71
33	251	179	72	247	191	56	223	178	45
34	170	126	44	174	133	41	156	125	31
35–39 岁	**380**	**290**	**90**	**419**	**301**	**118**	**376**	**285**	**91**
35	133	105	28	127	95	32	140	106	34
36	91	68	23	110	75	35	91	70	21
37	66	52	14	73	60	13	65	50	15
38	45	31	14	49	33	16	50	42	8
39	45	34	11	60	38	22	30	17	13
40–44 岁	**117**	**84**	**33**	**120**	**80**	**40**	**92**	**60**	**32**
40	36	24	12	50	34	16	34	24	10
41	31	25	6	25	15	10	22	14	8
42	22	15	7	22	15	7	14	8	6
43	16	12	4	11	9	2	14	9	5
44	12	8	4	12	7	5	8	5	3
45–49 岁	**46**	**21**	**25**	**39**	**23**	**16**	**33**	**21**	**12**
45	10	6	4	14	8	6	11	9	2
46	9	5	4	10	4	6	8	5	3
47	9	2	7	7	6	1	6	2	4
48	10	5	5	7	4	3	4	3	1
49	8	3	5	1	1		4	2	2
50 岁及以上	**13**	**5**	**8**	**22**	**11**	**11**	**17**	**8**	**9**
平均初婚年龄	**22.44**	**23.68**	**21.24**	**22.39**	**23.55**	**21.27**	**22.38**	**23.47**	**21.32**

C-5-4c　续表 3　　　　　　　　　　　　　　　　　　　　　　　　　　　　　　　单位：人

初婚年龄	初婚年份								
	1988 年			1989 年			1990 年		
	小计	男	女	小计	男	女	小计	男	女
总　计	**57607**	**28656**	**28951**	**50484**	**25296**	**25188**	**58095**	**29439**	**28656**
15 岁以下	**61**	**7**	**54**	**70**	**16**	**54**	**92**	**15**	**77**
15–19 岁	**11103**	**2480**	**8623**	**9084**	**2098**	**6986**	**9623**	**2099**	**7524**
15	299	42	257	279	49	230	351	78	273
16	528	88	440	525	87	438	640	125	515
17	1335	207	1128	1043	216	827	1289	252	1037
18	2877	544	2333	2250	456	1794	2271	463	1808
19	6064	1599	4465	4987	1290	3697	5072	1181	3891
20–24 岁	**37934**	**19901**	**18033**	**33784**	**17731**	**16053**	**39531**	**20775**	**18756**
20	8764	2888	5876	8103	2773	5330	8269	2687	5582
21	8417	4034	4383	8716	4252	4464	10420	5091	5329
22	9295	5440	3855	7234	4277	2957	9795	5768	4027
23	6819	4345	2474	5858	3772	2086	6333	4024	2309
24	4639	3194	1445	3873	2657	1216	4714	3205	1509
25–29 岁	**6154**	**4471**	**1683**	**5657**	**4068**	**1589**	**7042**	**5138**	**1904**
25	3352	2388	964	2541	1792	749	2987	2083	904
26	1343	981	362	1820	1337	483	1867	1375	492
27	472	348	124	701	527	174	1427	1084	343
28	516	383	133	266	178	88	557	440	117
29	471	371	100	329	234	95	204	156	48
30–34 岁	**1686**	**1306**	**380**	**1293**	**971**	**322**	**1074**	**881**	**193**
30	510	402	108	302	216	86	249	203	46
31	475	360	115	315	249	66	211	165	46
32	266	210	56	288	212	76	246	207	39
33	237	187	50	201	151	50	213	178	35
34	198	147	51	187	143	44	155	128	27
35–39 岁	**452**	**350**	**102**	**423**	**310**	**113**	**458**	**362**	**96**
35	151	119	32	138	103	35	131	104	27
36	121	95	26	92	67	25	118	95	23
37	64	50	14	89	62	27	87	72	15
38	65	50	15	50	40	10	65	54	11
39	51	36	15	54	38	16	57	37	20
40–44 岁	**149**	**99**	**50**	**118**	**73**	**45**	**150**	**99**	**51**
40	47	34	13	23	13	10	41	26	15
41	27	21	6	26	13	13	39	31	8
42	34	18	16	31	20	11	31	17	14
43	22	15	7	19	13	6	22	14	8
44	19	11	8	19	14	5	17	11	6
45–49 岁	**50**	**33**	**17**	**30**	**19**	**11**	**87**	**49**	**38**
45	14	10	4	7	5	2	24	15	9
46	9	6	3	11	9	2	16	6	10
47	11	7	4	4	2	2	14	6	8
48	7	2	5	5	2	3	16	10	6
49	9	8	1	3	1	2	17	12	5
50 岁及以上	**18**	**9**	**9**	**25**	**10**	**15**	**38**	**21**	**17**
平均初婚年龄	**22.49**	**23.55**	**21.43**	**22.47**	**23.44**	**21.50**	**22.55**	**23.53**	**21.53**

C-5-4c 续表 4

单位：人

初婚年龄	初婚年份								
	1991 年			1992 年			1993 年		
	小计	男	女	小计	男	女	小计	男	女
总 计	**33569**	**16853**	**16716**	**38852**	**19607**	**19245**	**36497**	**18348**	**18149**
15 岁以下	**39**	**9**	**30**	**40**	**8**	**32**	**33**	**3**	**30**
15-19 岁	**4787**	**978**	**3809**	**5024**	**961**	**4063**	**4090**	**699**	**3391**
15	168	34	134	177	42	135	137	35	102
16	270	52	218	290	54	236	219	31	188
17	493	97	396	550	88	462	431	84	347
18	1217	231	986	1140	198	942	920	174	746
19	2639	564	2075	2867	579	2288	2383	375	2008
20-24 岁	**23495**	**12027**	**11468**	**26770**	**13590**	**13180**	**24615**	**12209**	**12406**
20	4615	1285	3330	4707	1208	3499	4352	982	3370
21	5846	2630	3216	6110	2728	3382	5212	2209	3003
22	6146	3646	2500	6705	3759	2946	6101	3428	2673
23	4446	2795	1651	5473	3370	2103	5164	3071	2093
24	2442	1671	771	3775	2525	1250	3786	2519	1267
25-29 岁	**4318**	**3154**	**1164**	**5732**	**4145**	**1587**	**6294**	**4401**	**1893**
25	1761	1263	498	1997	1388	609	2585	1779	806
26	1122	814	308	1551	1141	410	1418	991	427
27	685	501	184	995	725	270	1057	749	308
28	525	405	120	702	525	177	676	485	191
29	225	171	54	487	366	121	558	397	161
30-34 岁	**509**	**393**	**116**	**667**	**506**	**161**	**883**	**649**	**234**
30	85	57	28	251	183	68	431	320	111
31	123	102	21	81	56	25	172	126	46
32	88	75	13	121	93	28	78	50	28
33	112	82	30	110	86	24	114	89	25
34	101	77	24	104	88	16	88	64	24
35-39 岁	**267**	**199**	**68**	**349**	**251**	**98**	**329**	**239**	**90**
35	72	54	18	85	69	16	87	62	25
36	62	48	14	66	44	22	79	63	16
37	43	36	7	66	47	19	50	38	12
38	44	28	16	66	48	18	59	34	25
39	46	33	13	66	43	23	54	42	12
40-44 岁	**90**	**57**	**33**	**170**	**98**	**72**	**167**	**105**	**62**
40	33	23	10	61	38	23	58	30	28
41	17	12	5	35	20	15	30	20	10
42	18	8	10	33	18	15	36	25	11
43	11	7	4	22	13	9	23	14	9
44	11	7	4	19	9	10	20	16	4
45-49 岁	**37**	**25**	**12**	**59**	**36**	**23**	**51**	**31**	**20**
45	7	5	2	17	8	9	14	12	2
46	5	3	2	13	10	3	10	7	3
47	12	11	1	12	8	4	9	5	4
48	7	4	3	10	5	5	12	5	7
49	6	2	4	7	5	2	6	2	4
50 岁及以上	**27**	**11**	**16**	**41**	**12**	**29**	**35**	**12**	**23**
平均初婚年龄	**22.69**	**23.64**	**21.72**	**23.03**	**24.00**	**22.04**	**23.28**	**24.28**	**22.27**

C-5-4c 续表 5

单位：人

初婚年龄	初婚年份								
	1994 年			1995 年			1996 年		
	小计	男	女	小计	男	女	小计	男	女
总　计	**37189**	**18905**	**18284**	**43504**	**22144**	**21360**	**38212**	**19520**	**18692**
15 岁以下	**28**	**6**	**22**	**37**	**4**	**33**	**32**	**6**	**26**
15-19 岁	**3745**	**661**	**3084**	**3915**	**699**	**3216**	**3075**	**473**	**2602**
15	149	45	104	150	31	119	113	17	96
16	229	41	188	311	55	256	217	23	194
17	388	66	322	437	72	365	403	57	346
18	781	126	655	793	138	655	692	101	591
19	2198	383	1815	2224	403	1821	1650	275	1375
20-24 岁	**24605**	**12000**	**12605**	**27791**	**13351**	**14440**	**24008**	**11358**	**12650**
20	4230	840	3390	4282	874	3408	3552	709	2843
21	5447	2313	3134	6122	2332	3790	4850	1767	3083
22	5919	3249	2670	7075	3828	3247	6346	3372	2974
23	5075	3073	2002	5740	3403	2337	5239	3021	2218
24	3934	2525	1409	4572	2914	1658	4021	2489	1532
25-29 岁	**7105**	**5041**	**2064**	**9328**	**6459**	**2869**	**8711**	**6027**	**2684**
25	2773	1956	817	3478	2385	1093	2961	2009	952
26	1919	1360	559	2483	1722	761	2275	1621	654
27	1074	748	326	1679	1175	504	1620	1098	522
28	751	552	199	971	672	299	1174	818	356
29	588	425	163	717	505	212	681	481	200
30-34 岁	**1038**	**752**	**286**	**1518**	**1060**	**458**	**1609**	**1160**	**449**
30	414	307	107	537	366	171	553	392	161
31	334	233	101	410	289	121	406	289	117
32	150	113	37	371	267	104	288	215	73
33	64	48	16	131	89	42	248	185	63
34	76	51	25	69	49	20	114	79	35
35-39 岁	**341**	**254**	**87**	**414**	**297**	**117**	**283**	**202**	**81**
35	74	57	17	82	64	18	51	34	17
36	77	59	18	73	56	17	59	47	12
37	68	54	14	96	71	25	54	41	13
38	60	44	16	81	54	27	57	34	23
39	62	40	22	82	52	30	62	46	16
40-44 岁	**201**	**121**	**80**	**237**	**138**	**99**	**236**	**154**	**82**
40	65	42	23	61	37	24	57	41	16
41	45	24	21	61	31	30	47	29	18
42	32	21	11	45	20	25	50	30	20
43	37	20	17	32	20	12	38	25	13
44	22	14	8	38	30	8	44	29	15
45-49 岁	**66**	**38**	**28**	**129**	**75**	**54**	**133**	**69**	**64**
45	17	13	4	43	26	17	18	9	9
46	18	9	9	36	23	13	29	21	8
47	15	5	10	18	9	9	34	17	17
48	10	6	4	23	15	8	14	6	8
49	6	5	1	9	2	7	38	16	22
50 岁及以上	**60**	**32**	**28**	**135**	**61**	**74**	**125**	**71**	**54**
平均初婚年龄	**23.48**	**24.49**	**22.43**	**23.79**	**24.78**	**22.78**	**24.02**	**25.06**	**22.93**

C-5-4c 续表 6

单位：人

初婚年龄	初婚年份								
	1997 年			1998 年			1999 年		
	小计	男	女	小计	男	女	小计	男	女
总　计	**33299**	**17114**	**16185**	**38408**	**19922**	**18486**	**29291**	**15141**	**14150**
15 岁以下	**23**		**23**	**36**	**4**	**32**	**39**	**5**	**34**
15–19 岁	**2740**	**430**	**2310**	**3425**	**507**	**2918**	**2868**	**464**	**2404**
15	135	21	114	165	16	149	124	22	102
16	175	24	151	302	40	262	231	28	203
17	339	50	289	404	44	360	486	84	402
18	660	117	543	775	132	643	608	89	519
19	1431	218	1213	1779	275	1504	1419	241	1178
20–24 岁	**19898**	**9428**	**10470**	**21037**	**9949**	**11088**	**15708**	**7216**	**8492**
20	2827	537	2290	2948	585	2363	2697	553	2144
21	3745	1363	2382	3741	1361	2380	2781	1016	1765
22	4909	2546	2363	5065	2519	2546	3409	1741	1668
23	4799	2688	2111	4861	2760	2101	3593	1934	1659
24	3618	2294	1324	4422	2724	1698	3228	1972	1256
25–29 岁	**8146**	**5568**	**2578**	**10201**	**6966**	**3235**	**8158**	**5668**	**2490**
25	2606	1752	854	3258	2184	1074	2754	1870	884
26	2013	1405	608	2403	1665	738	2000	1412	588
27	1590	1053	537	1863	1290	573	1493	1067	426
28	1158	795	363	1508	1027	481	1039	698	341
29	779	563	216	1169	800	369	872	621	251
30–34 岁	**1682**	**1191**	**491**	**2771**	**1845**	**926**	**1961**	**1406**	**555**
30	531	366	165	955	602	353	684	484	200
31	415	294	121	618	407	211	535	359	176
32	322	236	86	561	392	169	321	237	84
33	197	137	60	360	249	111	236	181	55
34	217	158	59	277	195	82	185	145	40
35–39 岁	**285**	**177**	**108**	**485**	**360**	**125**	**305**	**209**	**96**
35	77	49	28	233	180	53	121	82	39
36	32	23	9	104	76	28	83	52	31
37	44	29	15	47	32	15	42	33	9
38	53	33	20	49	30	19	30	23	7
39	79	43	36	52	42	10	29	19	10
40–44 岁	**333**	**192**	**141**	**254**	**175**	**79**	**145**	**101**	**44**
40	75	42	33	73	53	20	39	27	12
41	68	37	31	62	42	20	37	26	11
42	65	41	24	45	32	13	28	19	9
43	62	34	28	41	28	13	23	15	8
44	63	38	25	33	20	13	18	14	4
45–49 岁	**132**	**90**	**42**	**114**	**75**	**39**	**67**	**46**	**21**
45	39	27	12	38	26	12	23	20	3
46	29	22	7	25	16	9	19	12	7
47	23	16	7	18	11	7	9	7	2
48	18	13	5	18	14	4	5	3	2
49	23	12	11	15	8	7	11	4	7
50 岁及以上	**60**	**38**	**22**	**85**	**41**	**44**	**40**	**26**	**14**
平均初婚年龄	**24.30**	**25.37**	**23.16**	**24.57**	**25.72**	**23.32**	**24.36**	**25.61**	**23.03**

C-5-4c 续表 7

单位：人

初婚年龄	初婚年份								
	2000 年			2001 年			2002 年		
	小计	男	女	小计	男	女	小计	男	女
总 计	**36251**	**18962**	**17289**	**24300**	**12599**	**11701**	**28749**	**14911**	**13838**
15 岁以下	**93**	**25**	**68**	**54**	**10**	**44**	**59**	**8**	**51**
15–19 岁	**4531**	**915**	**3616**	**2975**	**578**	**2397**	**3572**	**677**	**2895**
15	303	86	217	176	41	135	206	43	163
16	453	116	337	242	55	187	325	60	265
17	664	136	528	318	62	256	525	107	418
18	1207	246	961	697	124	573	802	160	642
19	1904	331	1573	1542	296	1246	1714	307	1407
20–24 岁	**18503**	**8683**	**9820**	**12487**	**5569**	**6918**	**15055**	**6769**	**8286**
20	3051	670	2381	2242	461	1781	3022	710	2312
21	3693	1410	2283	2505	813	1692	2917	1031	1886
22	4031	2021	2010	2998	1460	1538	3410	1627	1783
23	3958	2199	1759	2489	1405	1084	3149	1785	1364
24	3770	2383	1387	2253	1430	823	2557	1616	941
25–29 岁	**9988**	**7021**	**2967**	**6768**	**4932**	**1836**	**7598**	**5618**	**1980**
25	3261	2156	1105	2067	1398	669	2084	1450	634
26	2523	1796	727	1626	1147	479	1872	1383	489
27	1937	1412	525	1382	1069	313	1518	1156	362
28	1291	943	348	967	757	210	1215	949	266
29	976	714	262	726	561	165	909	680	229
30–34 岁	**2408**	**1787**	**621**	**1553**	**1168**	**385**	**1905**	**1440**	**465**
30	823	610	213	508	383	125	621	493	128
31	641	459	182	398	298	100	458	334	124
32	494	365	129	303	234	69	351	254	97
33	251	189	62	222	165	57	282	213	69
34	199	164	35	122	88	34	193	146	47
35–39 岁	**424**	**317**	**107**	**300**	**235**	**65**	**394**	**291**	**103**
35	164	112	52	93	73	20	126	99	27
36	95	75	20	68	56	12	100	70	30
37	95	73	22	54	37	17	77	54	23
38	50	40	10	61	51	10	55	43	12
39	20	17	3	24	18	6	36	25	11
40–44 岁	**161**	**131**	**30**	**63**	**45**	**18**	**59**	**48**	**11**
40	30	26	4	10	7	3	14	13	1
41	37	28	9	11	7	4	9	6	3
42	35	30	5	13	8	5	8	6	2
43	33	27	6	16	13	3	15	11	4
44	26	20	6	13	10	3	13	12	1
45–49 岁	**71**	**48**	**23**	**52**	**35**	**17**	**52**	**26**	**26**
45	12	8	4	12	7	5	10	5	5
46	19	16	3	8	4	4	17	8	9
47	10	7	3	10	8	2	12	6	6
48	16	9	7	10	7	3	8	4	4
49	14	8	6	12	9	3	5	3	2
50 岁及以上	**72**	**35**	**37**	**48**	**27**	**21**	**55**	**34**	**21**
平均初婚年龄	**24.20**	**25.53**	**22.75**	**24.19**	**25.65**	**22.63**	**24.14**	**25.60**	**22.57**

C-5-4c 续表 8 单位：人

初婚年龄	初婚年份								
	2003 年			2004 年			2005 年		
	小计	男	女	小计	男	女	小计	男	女
总　计	**28557**	**14755**	**13802**	**29372**	**15336**	**14036**	**33211**	**17257**	**15954**
15 岁以下	**53**	**12**	**41**	**40**	**7**	**33**	**41**	**7**	**34**
15-19 岁	**3422**	**645**	**2777**	**3572**	**749**	**2823**	**4572**	**999**	**3573**
15	201	41	160	193	41	152	260	66	194
16	371	68	303	343	63	280	418	112	306
17	495	86	409	581	122	459	731	144	587
18	792	139	653	828	166	662	1236	264	972
19	1563	311	1252	1627	357	1270	1927	413	1514
20-24 岁	**15309**	**6848**	**8461**	**15901**	**7243**	**8658**	**17782**	**8370**	**9412**
20	2788	664	2124	2563	630	1933	2971	821	2150
21	3484	1314	2170	3395	1310	2085	3479	1347	2132
22	3295	1597	1698	4283	2069	2214	4260	2110	2150
23	3041	1635	1406	3027	1650	1377	4185	2302	1883
24	2701	1638	1063	2633	1584	1049	2887	1790	1097
25-29 岁	**7069**	**5218**	**1851**	**6937**	**5116**	**1821**	**7372**	**5353**	**2019**
25	2031	1374	657	2180	1467	713	2370	1614	756
26	1559	1158	401	1614	1179	435	1801	1276	525
27	1423	1057	366	1152	908	244	1237	924	313
28	1139	907	232	1101	859	242	1055	834	221
29	917	722	195	890	703	187	909	705	204
30-34 岁	**2048**	**1573**	**475**	**2180**	**1691**	**489**	**2419**	**1798**	**621**
30	722	575	147	722	570	152	760	566	194
31	449	340	109	533	414	119	587	448	139
32	352	264	88	362	283	79	446	330	116
33	293	219	74	320	241	79	339	246	93
34	232	175	57	243	183	60	287	208	79
35-39 岁	**427**	**320**	**107**	**508**	**373**	**135**	**682**	**517**	**165**
35	156	120	36	205	151	54	209	151	58
36	103	73	30	112	79	33	182	147	35
37	61	48	13	67	49	18	135	102	33
38	56	44	12	68	51	17	94	71	23
39	51	35	16	56	43	13	62	46	16
40-44 岁	**109**	**71**	**38**	**103**	**75**	**28**	**182**	**123**	**59**
40	57	40	17	45	33	12	56	42	14
41	17	11	6	30	21	9	43	25	18
42	10	5	5	8	6	2	50	32	18
43	13	8	5	6	5	1	26	20	6
44	12	7	5	14	10	4	7	4	3
45-49 岁	**63**	**37**	**26**	**57**	**41**	**16**	**73**	**48**	**25**
45	16	10	6	9	8	1	18	11	7
46	11	6	5	13	9	4	14	8	6
47	14	6	8	16	11	5	17	10	7
48	15	10	5	11	6	5	13	10	3
49	7	5	2	8	7	1	11	9	2
50 岁及以上	**57**	**31**	**26**	**74**	**41**	**33**	**88**	**42**	**46**
平均初婚年龄	**24.19**	**25.66**	**22.63**	**24.20**	**25.62**	**22.65**	**24.17**	**25.54**	**22.68**

C-5-4c 续表 9

单位：人

初婚年龄	初婚年份								
	2006年			2007年			2008年		
	小计	男	女	小计	男	女	小计	男	女
总 计	**32638**	**16929**	**15709**	**29995**	**15631**	**14364**	**37849**	**19620**	**18229**
15岁以下	**30**	**6**	**24**	**23**	**3**	**20**	**25**	**3**	**22**
15–19岁	**4349**	**997**	**3352**	**3941**	**945**	**2996**	**4732**	**1212**	**3520**
15	166	42	124	104	22	82	106	21	85
16	366	71	295	262	56	206	268	64	204
17	645	134	511	624	145	479	619	156	463
18	1106	274	832	1003	235	768	1341	345	996
19	2066	476	1590	1948	487	1461	2398	626	1772
20–24岁	**17683**	**8242**	**9441**	**15764**	**7291**	**8473**	**19978**	**9106**	**10872**
20	3015	788	2227	3135	842	2293	3687	1014	2673
21	3505	1339	2166	3268	1262	2006	4523	1724	2799
22	3807	1881	1926	3447	1691	1756	4511	2176	2335
23	3888	2164	1724	3004	1676	1328	3964	2170	1794
24	3468	2070	1398	2910	1820	1090	3293	2022	1271
25–29岁	**7264**	**5155**	**2109**	**7079**	**5021**	**2058**	**9192**	**6397**	**2795**
25	2344	1522	822	2558	1729	829	2992	1968	1024
26	1842	1333	509	1679	1154	525	2586	1792	794
27	1331	977	354	1245	919	326	1563	1131	432
28	997	748	249	939	723	216	1153	845	308
29	750	575	175	658	496	162	898	661	237
30–34岁	**2355**	**1841**	**514**	**2144**	**1636**	**508**	**2499**	**1883**	**616**
30	692	556	136	517	387	130	675	504	171
31	553	432	121	499	387	112	521	390	131
32	459	353	106	436	321	115	484	371	113
33	378	290	88	389	310	79	431	310	121
34	273	210	63	303	231	72	388	308	80
35–39岁	**663**	**503**	**160**	**747**	**539**	**208**	**947**	**708**	**239**
35	227	173	54	219	155	64	290	219	71
36	147	116	31	164	120	44	219	158	61
37	126	93	33	155	111	44	171	135	36
38	109	82	27	126	91	35	146	111	35
39	54	39	15	83	62	21	121	85	36
40–44岁	**177**	**120**	**57**	**181**	**131**	**50**	**279**	**190**	**89**
40	48	24	24	45	34	11	91	69	22
41	46	33	13	49	35	14	59	44	15
42	33	25	8	42	33	9	48	23	25
43	37	30	7	18	13	5	39	29	10
44	13	8	5	27	16	11	42	25	17
45–49岁	**46**	**31**	**15**	**41**	**27**	**14**	**94**	**59**	**35**
45	5	3	2	13	8	5	41	25	16
46	14	10	4	1	1		21	13	8
47	7	5	2	9	6	3	10	5	5
48	11	8	3	7	6	1	13	10	3
49	9	5	4	11	6	5	9	6	3
50岁及以上	**71**	**34**	**37**	**75**	**38**	**37**	**103**	**62**	**41**
平均初婚年龄	**24.18**	**25.55**	**22.70**	**24.27**	**25.64**	**22.78**	**24.34**	**25.65**	**22.92**

C-5-4c 续表 10

单位：人

初婚年龄	初婚年份								
	2009 年			2010 年			2011 年		
	小计	男	女	小计	男	女	小计	男	女
总 计	**33263**	**17268**	**15995**	**40585**	**20812**	**19773**	**28863**	**14983**	**13880**
15 岁以下	**6**	**1**	**5**	**19**	**1**	**18**	**15**	**1**	**14**
15-19 岁	**3867**	**999**	**2868**	**3943**	**1029**	**2914**	**2379**	**591**	**1788**
15	80	13	67	122	20	102	74	7	67
16	195	52	143	251	53	198	156	34	122
17	435	103	332	444	88	356	312	68	244
18	943	259	684	938	252	686	567	147	420
19	2214	572	1642	2188	616	1572	1270	335	935
20-24 岁	**18245**	**8412**	**9833**	**23275**	**10603**	**12672**	**16868**	**7770**	**9098**
20	3409	925	2484	4136	1154	2982	2438	724	1714
21	3981	1607	2374	4924	1929	2995	3782	1478	2304
22	4509	2209	2300	5348	2548	2800	3952	1917	2035
23	3440	1884	1556	5110	2777	2333	3613	1869	1744
24	2906	1787	1119	3757	2195	1562	3083	1782	1301
25-29 岁	**7577**	**5284**	**2293**	**9112**	**6105**	**3007**	**6800**	**4582**	**2218**
25	2247	1428	819	2843	1769	1074	2194	1393	801
26	1965	1401	564	2119	1450	669	1597	1043	554
27	1627	1182	445	1774	1223	551	1223	842	381
28	987	720	267	1422	1005	417	979	722	257
29	751	553	198	954	658	296	807	582	225
30-34 岁	**2011**	**1471**	**540**	**2465**	**1792**	**673**	**1734**	**1258**	**476**
30	591	405	186	735	513	222	536	382	154
31	404	300	104	540	404	136	454	330	124
32	386	284	102	440	317	123	333	244	89
33	339	260	79	365	263	102	221	166	55
34	291	222	69	385	295	90	190	136	54
35-39 岁	**989**	**710**	**279**	**1138**	**865**	**273**	**680**	**512**	**168**
35	275	203	72	328	256	72	176	125	51
36	219	160	59	279	204	75	159	127	32
37	193	135	58	227	179	48	160	118	42
38	149	103	46	179	132	47	101	76	25
39	153	109	44	125	94	31	84	66	18
40-44 岁	**332**	**234**	**98**	**387**	**268**	**119**	**239**	**181**	**58**
40	129	92	37	119	89	30	77	61	16
41	73	57	16	101	71	30	49	37	12
42	42	25	17	79	48	31	47	36	11
43	44	36	8	48	32	16	37	27	10
44	44	24	20	40	28	12	29	20	9
45-49 岁	**104**	**74**	**30**	**103**	**64**	**39**	**71**	**45**	**26**
45	35	22	13	36	24	12	18	15	3
46	35	27	8	25	15	10	13	9	4
47	15	12	3	30	21	9	20	10	10
48	5	2	3	8	3	5	17	10	7
49	14	11	3	4	1	3	3	1	2
50 岁及以上	**132**	**83**	**49**	**143**	**85**	**58**	**77**	**43**	**34**
平均初婚年龄	**24.44**	**25.72**	**23.06**	**24.47**	**25.67**	**23.20**	**24.49**	**25.61**	**23.29**

C-5-4c 续表 11

单位：人

初婚年龄	初婚年份								
	2012 年			2013 年			2014 年		
	小计	男	女	小计	男	女	小计	男	女
总　计	**33781**	**17247**	**16534**	**28171**	**14498**	**13673**	**27069**	**13874**	**13195**
15 岁以下	**16**	**2**	**14**	**17**	**1**	**16**	**8**	**3**	**5**
15–19 岁	**2228**	**497**	**1731**	**1820**	**417**	**1403**	**1565**	**309**	**1256**
15	77	16	61	69	13	56	48	3	45
16	173	24	149	143	29	114	119	21	98
17	341	73	268	285	62	223	222	32	190
18	588	127	461	476	113	363	434	87	347
19	1049	257	792	847	200	647	742	166	576
20–24 岁	**19086**	**8524**	**10562**	**14513**	**6481**	**8032**	**12377**	**5341**	**7036**
20	2210	647	1563	1532	388	1144	1171	266	905
21	3389	1268	2121	2127	782	1345	1641	545	1096
22	5218	2329	2889	3280	1524	1756	2453	1069	1384
23	4471	2189	2282	4039	1915	2124	3204	1510	1694
24	3798	2091	1707	3535	1872	1663	3908	1951	1957
25–29 岁	**8772**	**5655**	**3117**	**8403**	**5252**	**3151**	**9550**	**5805**	**3745**
25	3099	1846	1253	2808	1616	1192	3187	1759	1428
26	2053	1306	747	2329	1445	884	2377	1454	923
27	1553	1057	496	1479	977	502	1922	1244	678
28	1128	796	332	994	698	296	1197	780	417
29	939	650	289	793	516	277	867	568	299
30–34 岁	**2280**	**1575**	**705**	**2099**	**1391**	**708**	**2233**	**1485**	**748**
30	826	546	280	661	433	228	614	413	201
31	502	340	162	556	354	202	562	367	195
32	401	287	114	355	234	121	464	309	155
33	308	223	85	287	207	80	340	222	118
34	243	179	64	240	163	77	253	174	79
35–39 岁	**787**	**584**	**203**	**775**	**589**	**186**	**692**	**507**	**185**
35	177	130	47	202	155	47	197	134	63
36	164	128	36	148	116	32	139	97	42
37	168	125	43	165	128	37	136	102	34
38	148	108	40	146	110	36	115	89	26
39	130	93	37	114	80	34	105	85	20
40–44 岁	**380**	**271**	**109**	**331**	**244**	**87**	**389**	**271**	**118**
40	106	77	29	109	80	29	110	73	37
41	87	64	23	67	46	21	91	68	23
42	67	45	22	53	40	13	78	54	24
43	64	45	19	58	42	16	62	43	19
44	56	40	16	44	36	8	48	33	15
45–49 岁	**149**	**92**	**57**	**109**	**70**	**39**	**170**	**105**	**65**
45	43	28	15	34	23	11	47	32	15
46	26	18	8	26	15	11	43	29	14
47	28	18	10	24	14	10	31	15	16
48	27	15	12	14	10	4	28	13	15
49	25	13	12	11	8	3	21	16	5
50 岁及以上	**83**	**47**	**36**	**104**	**53**	**51**	**85**	**48**	**37**
平均初婚年龄	**24.89**	**25.96**	**23.76**	**25.29**	**26.34**	**24.18**	**25.77**	**26.83**	**24.66**

C-5-4c 续表 12　　　　单位：人

初婚年龄	初婚年份								
	2015 年			2016 年			2017 年		
	小计	男	女	小计	男	女	小计	男	女
总 计	**26495**	**13419**	**13076**	**21191**	**10740**	**10451**	**18310**	**9337**	**8973**
15 岁以下	**9**	**3**	**6**	**2**		**2**	**5**	**2**	**3**
15–19 岁	**1513**	**312**	**1201**	**1163**	**219**	**944**	**920**	**173**	**747**
15	37	4	33	28	6	22	36	9	27
16	113	24	89	69	11	58	48	7	41
17	188	28	160	160	28	132	124	21	103
18	390	83	307	321	62	259	232	45	187
19	785	173	612	585	112	473	480	91	389
20–24 岁	**10142**	**4191**	**5951**	**7162**	**2848**	**4314**	**5822**	**2146**	**3676**
20	1169	259	910	980	198	782	843	158	685
21	1379	436	943	1219	373	846	1058	332	726
22	1968	785	1183	1345	539	806	1184	456	728
23	2436	1109	1327	1606	709	897	1229	513	716
24	3190	1602	1588	2012	1029	983	1508	687	821
25–29 岁	**11081**	**6449**	**4632**	**9422**	**5476**	**3946**	**8074**	**4737**	**3337**
25	3739	1998	1741	2407	1229	1178	1696	891	805
26	2827	1629	1198	2601	1495	1106	1925	1105	820
27	1913	1155	758	1906	1153	753	2013	1217	796
28	1559	984	575	1422	919	503	1446	897	549
29	1043	683	360	1086	680	406	994	627	367
30–34 岁	**2338**	**1513**	**825**	**2227**	**1407**	**820**	**2244**	**1456**	**788**
30	738	490	248	724	460	264	808	521	287
31	505	324	181	505	316	189	502	334	168
32	463	295	168	383	244	139	394	255	139
33	390	250	140	335	205	130	271	181	90
34	242	154	88	280	182	98	269	165	104
35–39 岁	**717**	**490**	**227**	**596**	**408**	**188**	**577**	**404**	**173**
35	212	140	72	150	103	47	207	143	64
36	164	106	58	157	102	55	119	76	43
37	117	82	35	111	77	34	105	77	28
38	112	79	33	88	66	22	85	63	22
39	112	83	29	90	60	30	61	45	16
40–44 岁	**393**	**276**	**117**	**350**	**238**	**112**	**294**	**198**	**96**
40	88	60	28	93	58	35	63	37	26
41	99	73	26	70	48	22	67	42	25
42	82	60	22	76	56	20	61	46	15
43	66	48	18	58	40	18	54	40	14
44	58	35	23	53	36	17	49	33	16
45–49 岁	**180**	**117**	**63**	**142**	**91**	**51**	**185**	**123**	**62**
45	56	39	17	36	26	10	36	29	7
46	46	30	16	34	26	8	43	29	14
47	33	22	11	23	14	9	35	20	15
48	25	15	10	29	14	15	41	22	19
49	20	11	9	20	11	9	30	23	7
50 岁及以上	**122**	**68**	**54**	**127**	**53**	**74**	**189**	**98**	**91**
平均初婚年龄	**26.14**	**27.19**	**25.05**	**26.52**	**27.59**	**25.42**	**26.96**	**28.16**	**25.71**

C-5-4c 续表 13 单位：人

初婚年龄	初婚年份								
	2018 年			2019 年			2020 年		
	小计	男	女	小计	男	女	小计	男	女
总　计	**20399**	**9938**	**10461**	**14041**	**7055**	**6986**	**9822**	**5038**	**4784**
15 岁以下	**7**	**1**	**6**	**4**		**4**			
15-19 岁	**1044**	**174**	**870**	**740**	**154**	**586**	**350**	**64**	**286**
15	29	6	23	27	2	25	10	3	7
16	75	17	58	71	15	56	21	3	18
17	150	31	119	100	17	83	49	8	41
18	252	43	209	179	53	126	93	24	69
19	538	77	461	363	67	296	177	26	151
20-24 岁	**6168**	**2039**	**4129**	**4275**	**1491**	**2784**	**2580**	**899**	**1681**
20	906	132	774	624	98	526	342	51	291
21	1064	272	792	743	221	522	391	103	288
22	1326	464	862	878	322	556	573	205	368
23	1444	547	897	968	374	594	620	253	367
24	1428	624	804	1062	476	586	654	287	367
25-29 岁	**8556**	**4822**	**3734**	**5364**	**3091**	**2273**	**3110**	**1785**	**1325**
25	1571	781	790	945	464	481	653	326	327
26	1705	884	821	1026	541	485	566	301	265
27	1917	1114	803	1100	649	451	602	353	249
28	2015	1237	778	1144	701	443	595	346	249
29	1348	806	542	1149	736	413	694	459	235
30-34 岁	**2991**	**1843**	**1148**	**2337**	**1513**	**824**	**2078**	**1332**	**746**
30	1042	640	402	806	530	276	678	443	235
31	807	503	304	553	357	196	498	315	183
32	522	326	196	458	296	162	393	253	140
33	378	221	157	299	179	120	310	193	117
34	242	153	89	221	151	70	199	128	71
35-39 岁	**794**	**523**	**271**	**587**	**349**	**238**	**641**	**376**	**265**
35	216	131	85	157	89	68	160	111	49
36	229	153	76	144	90	54	127	73	54
37	146	91	55	115	64	51	135	90	45
38	106	72	34	87	57	30	132	63	69
39	97	76	21	84	49	35	87	39	48
40-44 岁	**364**	**245**	**119**	**301**	**179**	**122**	**387**	**213**	**174**
40	79	51	28	75	41	34	90	48	42
41	74	44	30	66	43	23	90	46	44
42	83	56	27	51	27	24	71	30	41
43	73	51	22	55	36	19	67	48	19
44	55	43	12	54	32	22	69	41	28
45-49 岁	**230**	**163**	**67**	**249**	**178**	**71**	**236**	**142**	**94**
45	66	53	13	62	52	10	57	32	25
46	45	29	16	62	47	15	56	37	19
47	36	23	13	40	25	15	37	23	14
48	45	34	11	41	29	12	41	21	20
49	38	24	14	44	25	19	45	29	16
50 岁及以上	**245**	**128**	**117**	**184**	**100**	**84**	**440**	**227**	**213**
平均初婚年龄	**27.36**	**28.78**	**26.02**	**27.72**	**29.09**	**26.34**	**29.64**	**30.80**	**28.42**

C-5-5 全省分年龄、性别、初婚年龄的人口

单位：人

年 龄	初婚年龄					
	合 计			15 岁以下		
	合计	男	女	小计	男	女
总 计	**4517858**	**2171725**	**2346133**	**7391**	**1079**	**6312**
20 岁以下	**1538**	**340**	**1198**	**63**	**14**	**49**
20-24	**34832**	**8623**	**26209**	**149**	**24**	**125**
20	1803	325	1478	18	4	14
21	3424	594	2830	28	3	25
22	6412	1383	5029	38	9	29
23	9460	2417	7043	33	5	28
24	13733	3904	9829	32	3	29
25-29	**184597**	**71462**	**113135**	**291**	**54**	**237**
25	19642	6169	13473	40	8	32
26	23755	8178	15577	39	6	33
27	33235	12308	20927	52	7	45
28	44260	17703	26557	73	15	58
29	63705	27104	36601	87	18	69
30-34	**496472**	**225064**	**271408**	**637**	**152**	**485**
30	97412	41883	55529	129	27	102
31	100882	44840	56042	117	34	83
32	97718	44335	53383	137	31	106
33	107450	50040	57410	151	32	119
34	93010	43966	49044	103	28	75
35-39	**439199**	**214457**	**224742**	**363**	**65**	**298**
35	83847	40330	43517	101	21	80
36	85150	41278	43872	73	10	63
37	86072	42363	43709	72	13	59
38	101316	49823	51493	60	7	53
39	82814	40663	42151	57	14	43
40-44	**402655**	**200642**	**202013**	**492**	**85**	**407**
40	75126	36869	38257	59	9	50
41	84113	42041	42072	98	15	83
42	77079	38314	38765	98	12	86
43	76565	38384	38181	103	23	80
44	89772	45034	44738	134	26	108
45-49	**535959**	**270012**	**265947**	**575**	**83**	**492**
45	97407	49045	48362	143	26	117
46	109724	54856	54868	137	17	120
47	109030	55221	53809	107	15	92
48	110154	55478	54676	88	13	75
49	109644	55412	54232	100	12	88
50-54	**621000**	**305773**	**315227**	**749**	**135**	**614**
50	126873	62296	64577	124	22	102
51	122895	60925	61970	164	38	126
52	143015	70483	72532	178	32	146
53	106250	52085	54165	129	23	106
54	121967	59984	61983	154	20	134
55-59	**520358**	**257031**	**263327**	**598**	**76**	**522**
55	122269	60409	61860	195	36	159
56	120237	59081	61156	107	18	89
57	141560	70342	71218	142	11	131
58	99338	49343	49995	105	6	99
59	36954	17856	19098	49	5	44
60-64	**335850**	**168218**	**167632**	**563**	**69**	**494**
60	53597	26578	27019	67	3	64
61	51228	25845	25383	82	10	72
62	70627	35600	35027	128	22	106
63	85352	43120	42232	162	27	135
64	75046	37075	37971	124	7	117
65 岁及以上	**945398**	**450103**	**495295**	**2911**	**322**	**2589**

C-5-5 续表 1

单位：人

年龄	初婚年龄								
	15岁			16岁			17岁		
	小计	男	女	小计	男	女	小计	男	女
总计	**29894**	**5121**	**24773**	**51431**	**7995**	**43436**	**92846**	**14896**	**77950**
20岁以下	**199**	**45**	**154**	**323**	**74**	**249**	**424**	**82**	**342**
20–24	**551**	**106**	**445**	**1004**	**193**	**811**	**1684**	**309**	**1375**
20	68	16	52	101	19	82	203	37	166
21	88	16	72	160	37	123	289	67	222
22	109	16	93	223	45	178	349	57	292
23	148	34	114	243	38	205	406	77	329
24	138	24	114	277	54	223	437	71	366
25–29	**1058**	**234**	**824**	**2060**	**471**	**1589**	**3780**	**836**	**2944**
25	201	34	167	313	65	248	595	110	485
26	163	34	129	390	85	305	558	119	439
27	208	42	166	409	97	312	788	173	615
28	201	44	157	433	96	337	825	192	633
29	285	80	205	515	128	387	1014	242	772
30–34	**2468**	**698**	**1770**	**3836**	**920**	**2916**	**6335**	**1437**	**4898**
30	532	156	376	730	169	561	1319	292	1027
31	535	173	362	909	256	653	1296	313	983
32	469	125	344	733	173	560	1351	310	1041
33	522	136	386	801	186	615	1344	288	1056
34	410	108	302	663	136	527	1025	234	791
35–39	**1806**	**409**	**1397**	**2891**	**609**	**2282**	**4853**	**964**	**3889**
35	547	156	391	567	149	418	964	186	778
36	417	114	303	782	200	582	829	170	659
37	307	59	248	613	111	502	1093	272	821
38	292	46	246	567	84	483	1155	214	941
39	243	34	209	362	65	297	812	122	690
40–44	**1578**	**418**	**1160**	**2411**	**476**	**1935**	**3892**	**702**	**3190**
40	272	52	220	340	53	287	625	83	542
41	320	96	224	594	125	469	855	163	692
42	288	96	192	498	100	398	857	163	694
43	319	79	240	429	92	337	733	136	597
44	379	95	284	550	106	444	822	157	665
45–49	**2581**	**525**	**2056**	**4320**	**826**	**3494**	**7919**	**1541**	**6378**
45	545	136	409	505	123	382	979	200	779
46	601	128	473	988	206	782	1036	185	851
47	515	87	428	1005	191	814	1778	368	1410
48	438	82	356	981	175	806	2050	410	1640
49	482	92	390	841	131	710	2076	378	1698
50–54	**3480**	**712**	**2768**	**6527**	**1170**	**5357**	**13188**	**2349**	**10839**
50	691	139	552	1126	192	934	2350	398	1952
51	768	182	586	1541	303	1238	2758	517	2241
52	801	168	633	1577	285	1292	3353	599	2754
53	611	109	502	988	173	815	2297	408	1889
54	609	114	495	1295	217	1078	2430	427	2003
55–59	**3192**	**444**	**2748**	**5858**	**700**	**5158**	**11740**	**1591**	**10149**
55	941	185	756	1153	174	979	2510	374	2136
56	788	115	673	1752	226	1526	2381	330	2051
57	827	84	743	1681	191	1490	3908	562	3346
58	483	45	438	998	91	907	2308	268	2040
59	153	15	138	274	18	256	633	57	576
60–64	**2076**	**275**	**1801**	**3306**	**374**	**2932**	**5477**	**633**	**4844**
60	295	27	268	427	41	386	671	66	605
61	321	48	273	550	70	480	738	81	657
62	418	65	353	691	76	615	1291	145	1146
63	587	73	514	801	92	709	1489	192	1297
64	455	62	393	837	95	742	1288	149	1139
65岁及以上	**10905**	**1255**	**9650**	**18895**	**2182**	**16713**	**33554**	**4452**	**29102**

C-5-5 续表 2 单位：人

年龄	初婚年龄								
	18岁			19岁			20岁		
	小计	男	女	小计	男	女	小计	男	女
总　计	**158076**	**29147**	**128929**	**294673**	**67235**	**227438**	**445303**	**123422**	**321881**
20岁以下	**360**	**98**	**262**	**169**	**27**	**142**			
20–24	**2774**	**523**	**2251**	**4792**	**832**	**3960**	**6878**	**1120**	**5758**
20	396	80	316	586	109	477	431	60	371
21	419	75	344	870	134	736	1113	172	941
22	531	104	427	958	147	811	1701	249	1452
23	655	121	534	1006	182	824	1743	307	1436
24	773	143	630	1372	260	1112	1890	332	1558
25–29	**6404**	**1515**	**4889**	**11081**	**2502**	**8579**	**16961**	**4017**	**12944**
25	912	198	714	1550	315	1235	2362	470	1892
26	1013	215	798	1507	314	1193	2450	488	1962
27	1112	239	873	2070	430	1640	3072	674	2398
28	1539	377	1162	2367	568	1799	4101	1069	3032
29	1828	486	1342	3587	875	2712	4976	1316	3660
30–34	**11264**	**2683**	**8581**	**22423**	**5296**	**17127**	**37965**	**9406**	**28559**
30	2532	611	1921	4926	1240	3686	8233	2120	6113
31	2246	557	1689	4698	1151	3547	8064	2032	6032
32	2103	548	1555	4169	983	3186	7562	1853	5709
33	2426	555	1871	4455	1017	3438	7487	1851	5636
34	1957	412	1545	4175	905	3270	6619	1550	5069
35–39	**8409**	**1674**	**6735**	**17211**	**3350**	**13861**	**29889**	**6600**	**23289**
35	1580	298	1282	3458	731	2727	6248	1480	4768
36	1639	340	1299	3354	683	2671	5995	1369	4626
37	1448	298	1150	3251	631	2620	5686	1301	4385
38	2160	431	1729	3499	648	2851	6725	1408	5317
39	1582	307	1275	3649	657	2992	5235	1042	4193
40–44	**7117**	**1317**	**5800**	**16607**	**2898**	**13709**	**30873**	**6026**	**24847**
40	1373	221	1152	3190	538	2652	5710	1141	4569
41	1440	279	1161	3474	600	2874	6484	1363	5121
42	1334	227	1107	3011	531	2480	6113	1129	4984
43	1403	266	1137	2991	503	2488	5738	1083	4655
44	1567	324	1243	3941	726	3215	6828	1310	5518
45–49	**13547**	**2773**	**10774**	**26546**	**5468**	**21078**	**43145**	**9661**	**33484**
45	1676	329	1347	4163	759	3404	7921	1543	6378
46	2064	381	1683	4604	845	3759	8617	1703	6914
47	2175	454	1721	5031	970	4061	8465	1804	6661
48	3477	730	2747	5339	1136	4203	9202	2227	6975
49	4155	879	3276	7409	1758	5651	8940	2384	6556
50–54	**26715**	**5301**	**21414**	**52303**	**13259**	**39044**	**77284**	**25151**	**52133**
50	5196	1028	4168	10052	2407	7645	14198	4171	10027
51	5078	1064	4014	10355	2768	7587	15527	5187	10340
52	6275	1283	4992	11761	3099	8662	18491	6168	12323
53	5063	995	4068	9302	2331	6971	13460	4466	8994
54	5103	931	4172	10833	2654	8179	15608	5159	10449
55–59	**21164**	**3574**	**17590**	**40281**	**9193**	**31088**	**62281**	**19772**	**42509**
55	4524	875	3649	9820	2448	7372	16338	5300	11038
56	4818	848	3970	8761	2055	6706	14444	4648	9796
57	5503	952	4551	10974	2512	8462	15673	5146	10527
58	4931	723	4208	7658	1647	6011	11811	3615	8196
59	1388	176	1212	3068	531	2537	4015	1063	2952
60–64	**9174**	**1098**	**8076**	**17848**	**3324**	**14524**	**30254**	**7441**	**22813**
60	1477	144	1333	3271	543	2728	6541	1579	4962
61	1232	140	1092	2741	512	2229	5180	1370	3810
62	1729	210	1519	3240	615	2625	6094	1397	4697
63	2534	329	2205	4170	783	3387	6491	1630	4861
64	2202	275	1927	4426	871	3555	5948	1465	4483
65岁及以上	**51148**	**8591**	**42557**	**85412**	**21086**	**64326**	**109773**	**34228**	**75545**

C-5-5 续表 3

单位：人

年 龄	初婚年龄								
	21 岁			22 岁			23 岁		
	小计	男	女	小计	男	女	小计	男	女
总 计	**512928**	**202061**	**310867**	**564590**	**274622**	**289968**	**507603**	**264433**	**243170**
20 岁以下									
20–24	**6456**	**1691**	**4765**	**5945**	**2074**	**3871**	**3448**	**1266**	**2182**
20									
21	457	90	367						
22	1578	419	1159	925	337	588			
23	2166	551	1615	2057	733	1324	1003	369	634
24	2255	631	1624	2963	1004	1959	2445	897	1548
25–29	**20311**	**6398**	**13913**	**23761**	**9331**	**14430**	**24687**	**10035**	**14652**
25	2628	743	1885	3159	1099	2060	3637	1358	2279
26	2966	849	2117	3260	1201	2059	3444	1318	2126
27	3595	1055	2540	4498	1696	2802	4232	1746	2486
28	4397	1484	2913	5464	2173	3291	5699	2328	3371
29	6725	2267	4458	7380	3162	4218	7675	3285	4390
30–34	**48223**	**17009**	**31214**	**59162**	**25922**	**33240**	**57591**	**26894**	**30697**
30	8824	2990	5834	11957	5012	6945	10895	4777	6118
31	10539	3832	6707	11012	4826	6186	12000	5329	6671
32	9768	3497	6271	12114	5352	6762	10312	4776	5536
33	10691	3777	6914	12916	5771	7145	13648	6755	6893
34	8401	2913	5488	11163	4961	6202	10736	5257	5479
35–39	**39674**	**13257**	**26417**	**48464**	**21208**	**27256**	**49736**	**24316**	**25420**
35	7567	2537	5030	9149	4130	5019	9945	4882	5063
36	8280	2885	5395	9339	4116	5223	9257	4556	4701
37	7801	2634	5167	9894	4340	5554	9597	4657	4940
38	8789	2898	5891	11354	4941	6413	11723	5787	5936
39	7237	2303	4934	8728	3681	5047	9214	4434	4780
40–44	**37461**	**12123**	**25338**	**46712**	**20485**	**26227**	**45787**	**22116**	**23671**
40	5922	1820	4102	8004	3468	4536	8148	3802	4346
41	8247	2660	5587	8275	3653	4622	9149	4444	4705
42	7334	2445	4889	9593	4174	5419	7783	3768	4015
43	7572	2474	5098	9363	4155	5208	9771	4771	5000
44	8386	2724	5662	11477	5035	6442	10936	5331	5605
45–49	**57063**	**21381**	**35682**	**69114**	**33967**	**35147**	**65585**	**33405**	**32180**
45	9584	3204	6380	11822	5503	6319	12137	5942	6195
46	12376	4276	8100	14343	6837	7506	12850	6343	6507
47	11668	4492	7176	15342	7556	7786	13254	6734	6520
48	11577	4559	7018	14181	7133	7048	14422	7476	6946
49	11858	4850	7008	13426	6938	6488	12922	6910	6012
50–54	**85011**	**38457**	**46554**	**84658**	**45718**	**38940**	**67049**	**37256**	**29793**
50	13180	5569	7611	15455	7914	7541	13798	7184	6614
51	17239	7794	9445	13474	7240	6234	12748	6959	5789
52	21230	9852	11378	20832	11390	9442	12907	7117	5790
53	15727	7294	8433	15915	8759	7156	12719	7292	5427
54	17635	7948	9687	18982	10415	8567	14877	8704	6173
55–59	**76127**	**34290**	**41837**	**80134**	**43976**	**36158**	**65381**	**38499**	**26882**
55	18377	8395	9982	18064	9949	8115	15179	8807	6372
56	19238	8572	10666	18442	10032	8410	14268	8230	6038
57	20696	9441	11255	23638	13012	10626	17510	10385	7125
58	12934	5890	7044	15191	8453	6738	13694	8363	5331
59	4882	1992	2890	4799	2530	2269	4730	2714	2016
60–64	**38698**	**13638**	**25060**	**47697**	**21538**	**26159**	**44702**	**23999**	**20703**
60	6559	2447	4112	7762	3965	3797	6531	3826	2705
61	7690	2671	5019	6754	3126	3628	6623	3824	2799
62	8442	2869	5573	11715	5254	6461	8262	4430	3832
63	9202	3198	6004	11802	5219	6583	13429	7001	6428
64	6805	2453	4352	9664	3974	5690	9857	4918	4939
65 岁及以上	**103904**	**43817**	**60087**	**98943**	**50403**	**48540**	**83637**	**46647**	**36990**

C-5-5 续表 4

单位：人

年 龄	初婚年龄								
	24 岁			25 岁			26 岁		
	小计	男	女	小计	男	女	小计	男	女
总 计	**435496**	**247055**	**188441**	**353059**	**215258**	**137801**	**270486**	**174366**	**96120**
20 岁以下									
20–24	**1151**	**485**	**666**						
20									
21									
22									
23									
24	1151	485	666						
25–29	**24582**	**10938**	**13644**	**20106**	**9500**	**10606**	**14662**	**7376**	**7286**
25	2950	1211	1739	1295	558	737			
26	3957	1652	2305	2859	1338	1521	1149	559	590
27	4481	1968	2513	4366	1990	2376	3112	1542	1570
28	5263	2397	2866	5046	2414	2632	4709	2293	2416
29	7931	3710	4221	6540	3200	3340	5692	2982	2710
30–34	**55181**	**27167**	**28014**	**49760**	**25621**	**24139**	**41869**	**22769**	**19100**
30	11386	5304	6082	10736	5190	5546	8101	4248	3853
31	10969	5177	5792	10450	5233	5217	9062	4808	4254
32	11266	5509	5757	9330	4851	4479	8400	4574	3826
33	10850	5476	5374	10893	5762	5131	8367	4666	3701
34	10710	5701	5009	8351	4585	3766	7939	4473	3466
35–39	**47905**	**25708**	**22197**	**43204**	**24760**	**18444**	**35650**	**21854**	**13796**
35	9294	4949	4345	8500	4768	3732	6270	3770	2500
36	9798	5264	4534	8427	4827	3600	6918	4189	2729
37	8682	4722	3960	8942	5143	3799	7227	4483	2744
38	10920	5792	5128	9379	5441	3938	8854	5443	3411
39	9211	4981	4230	7956	4581	3375	6381	3969	2412
40–44	**41784**	**22712**	**19072**	**35531**	**21213**	**14318**	**29703**	**19099**	**10604**
40	8116	4384	3732	7375	4290	3085	6069	3762	2307
41	8682	4677	4005	7922	4729	3193	6588	4261	2327
42	7642	4141	3501	6963	4165	2798	5749	3720	2029
43	7015	3871	3144	6502	3961	2541	5356	3459	1897
44	10329	5639	4690	6769	4068	2701	5941	3897	2044
45–49	**56380**	**31524**	**24856**	**45119**	**27596**	**17523**	**33148**	**21739**	**11409**
45	10471	5782	4689	9164	5558	3606	5473	3627	1846
46	12269	6721	5548	9377	5758	3619	7336	4783	2553
47	10712	5930	4782	9671	5849	3822	6817	4452	2365
48	11080	6218	4862	8491	5199	3292	7187	4676	2511
49	11848	6873	4975	8416	5232	3184	6335	4201	2134
50–54	**49533**	**29977**	**19556**	**36541**	**23859**	**12682**	**27436**	**18656**	**8780**
50	11540	6719	4821	10151	6407	3744	6813	4547	2266
51	9791	5812	3979	7829	5177	2652	6428	4316	2112
52	10879	6641	4238	7922	5172	2750	6005	4103	1902
53	6684	4118	2566	5459	3606	1853	3927	2720	1207
54	10639	6687	3952	5180	3497	1683	4263	2970	1293
55–59	**47170**	**29875**	**17295**	**32282**	**21828**	**10454**	**19815**	**13999**	**5816**
55	10660	6673	3987	7382	4984	2398	3580	2522	1058
56	11026	6951	4075	7303	4914	2389	4784	3368	1416
57	12227	7740	4487	8957	6005	2952	5576	3968	1608
58	9067	5881	3186	6000	4135	1865	4157	2954	1203
59	4190	2630	1560	2640	1790	850	1718	1187	531
60–64	**37513**	**23380**	**14133**	**27605**	**19272**	**8333**	**19856**	**14810**	**5046**
60	5675	3701	1974	4618	3223	1395	2895	2113	782
61	5041	3348	1693	4053	2915	1138	3144	2332	812
62	7692	4893	2799	5467	3853	1614	4207	3230	977
63	8770	5410	3360	7360	5194	2166	4835	3618	1217
64	10335	6028	4307	6107	4087	2020	4775	3517	1258
65 岁及以上	**74297**	**45289**	**29008**	**62911**	**41609**	**21302**	**48347**	**34064**	**14283**

C-5-5 续表 5

单位：人

年龄	初婚年龄								
	27 岁			28 岁			29 岁		
	小计	男	女	小计	男	女	小计	男	女
总 计	**202448**	**136176**	**66272**	**147698**	**102565**	**45133**	**107463**	**75377**	**32086**
20 岁以下									
20–24									
20									
21									
22									
23									
24									
25–29	**9290**	**4991**	**4299**	**4309**	**2510**	**1799**	**1254**	**754**	**500**
25									
26									
27	1240	649	591						
28	2909	1557	1352	1234	696	538			
29	5141	2785	2356	3075	1814	1261	1254	754	500
30–34	**32491**	**18659**	**13832**	**25235**	**14969**	**10266**	**17779**	**10726**	**7053**
30	6857	3760	3097	5643	3234	2409	3262	1932	1330
31	6387	3597	2790	5087	2983	2104	4123	2440	1683
32	6588	3728	2860	4617	2729	1888	3425	2055	1370
33	6919	4089	2830	5326	3222	2104	3540	2123	1417
34	5740	3485	2255	4562	2801	1761	3429	2176	1253
35–39	**28757**	**18343**	**10414**	**21100**	**13932**	**7168**	**15739**	**10330**	**5409**
35	5589	3453	2136	3877	2487	1390	3103	1964	1139
36	5203	3234	1969	4136	2679	1457	2877	1823	1054
37	5632	3568	2064	4004	2693	1311	3210	2112	1098
38	6670	4374	2296	4990	3312	1678	3459	2377	1082
39	5663	3714	1949	4093	2761	1332	3090	2054	1036
40–44	**23092**	**15745**	**7347**	**18392**	**13058**	**5334**	**13825**	**9869**	**3956**
40	4443	2976	1467	3893	2658	1235	2751	1902	849
41	5245	3519	1726	3718	2594	1124	3211	2295	916
42	4521	3070	1451	3596	2565	1031	2465	1732	733
43	4142	2840	1302	3434	2467	967	2546	1850	696
44	4741	3340	1401	3751	2774	977	2852	2090	762
45–49	**25103**	**17416**	**7687**	**17796**	**12907**	**4889**	**13505**	**10007**	**3498**
45	4841	3372	1469	3672	2688	984	2911	2179	732
46	4618	3228	1390	3783	2804	979	2843	2089	754
47	5429	3782	1647	3066	2276	790	2729	2003	726
48	5040	3509	1531	3855	2755	1100	2304	1735	569
49	5175	3525	1650	3420	2384	1036	2718	2001	717
50–54	**20335**	**14109**	**6226**	**15451**	**10863**	**4588**	**11825**	**8441**	**3384**
50	5142	3517	1625	4228	2908	1320	2807	2024	783
51	4318	2939	1379	3305	2303	1002	2754	1916	838
52	4908	3412	1496	3243	2295	948	2657	1917	740
53	2974	2068	906	2416	1688	728	1680	1187	493
54	2993	2173	820	2259	1669	590	1927	1397	530
55–59	**12960**	**9497**	**3463**	**8268**	**6172**	**2096**	**6120**	**4536**	**1584**
55	2870	2098	772	2021	1466	555	1608	1164	444
56	2411	1760	651	1924	1440	484	1480	1098	382
57	3744	2764	980	1833	1394	439	1531	1151	380
58	2692	1983	709	1700	1290	410	953	726	227
59	1243	892	351	790	582	208	548	397	151
60–64	**13824**	**10618**	**3206**	**9804**	**7532**	**2272**	**6957**	**5332**	**1625**
60	1847	1364	483	1304	933	371	818	570	248
61	1877	1444	433	1340	1041	299	983	776	207
62	3378	2600	778	2024	1575	449	1448	1105	343
63	3725	2903	822	2855	2215	640	1836	1426	410
64	2997	2307	690	2281	1768	513	1872	1455	417
65 岁及以上	**36596**	**26798**	**9798**	**27343**	**20622**	**6721**	**20459**	**15382**	**5077**

C-5-5 续表 6

单位：人

年龄	初婚年龄								
	30岁			31岁			32岁		
	小计	男	女	小计	男	女	小计	男	女
总计	**79384**	**55592**	**23792**	**56542**	**39314**	**17228**	**42563**	**29546**	**13017**
20岁以下									
20-24									
20									
21									
22									
23									
24									
25-29									
25									
26									
27									
28									
29									
30-34	**11862**	**7288**	**4574**	**6817**	**4102**	**2715**	**3633**	**2184**	**1449**
30	1350	821	529						
31	2397	1494	903	991	605	386			
32	2935	1786	1149	1713	1011	702	726	444	282
33	2770	1704	1066	2343	1398	945	1415	866	549
34	2410	1483	927	1770	1088	682	1492	874	618
35-39	**11909**	**7728**	**4181**	**8761**	**5550**	**3211**	**6849**	**4293**	**2556**
35	2271	1417	854	1565	965	600	1223	763	460
36	2348	1514	834	1731	1086	645	1232	754	478
37	2288	1481	807	1712	1070	642	1427	898	529
38	2886	1858	1028	2012	1263	749	1586	1007	579
39	2116	1458	658	1741	1166	575	1381	871	510
40-44	**10742**	**7644**	**3098**	**8038**	**5666**	**2372**	**6352**	**4371**	**1981**
40	2194	1492	702	1413	956	457	1220	795	425
41	2289	1600	689	1767	1231	536	1188	819	369
42	2154	1513	641	1630	1154	476	1292	875	417
43	1908	1402	506	1594	1128	466	1217	852	365
44	2197	1637	560	1634	1197	437	1435	1030	405
45-49	**10243**	**7608**	**2635**	**7896**	**5786**	**2110**	**6326**	**4608**	**1718**
45	2358	1712	646	1737	1265	472	1352	970	382
46	2303	1699	604	1785	1307	478	1435	1038	397
47	2098	1592	506	1615	1210	405	1319	984	335
48	1871	1396	475	1483	1073	410	1181	851	330
49	1613	1209	404	1276	931	345	1039	765	274
50-54	**9174**	**6445**	**2729**	**6673**	**4682**	**1991**	**5000**	**3581**	**1419**
50	2089	1538	551	1189	888	301	1026	740	286
51	1886	1375	511	1399	1010	389	747	563	184
52	2366	1529	837	1592	1101	491	1174	866	308
53	1444	1020	424	1297	864	433	869	621	248
54	1389	983	406	1196	819	377	1184	791	393
55-59	**4836**	**3490**	**1346**	**3753**	**2671**	**1082**	**3275**	**2314**	**961**
55	1408	985	423	989	699	290	928	655	273
56	1151	848	303	961	696	265	749	530	219
57	1174	859	315	982	681	301	895	630	265
58	820	603	217	603	440	163	493	352	141
59	283	195	88	218	155	63	210	147	63
60-64	**4733**	**3554**	**1179**	**3213**	**2447**	**766**	**2251**	**1678**	**573**
60	588	440	148	312	243	69	262	186	76
61	688	519	169	413	326	87	222	176	46
62	1051	804	247	693	525	168	504	404	100
63	1223	899	324	937	708	229	648	470	178
64	1183	892	291	858	645	213	615	442	173
65岁及以上	**15885**	**11835**	**4050**	**11391**	**8410**	**2981**	**8877**	**6517**	**2360**

C-5-5 续表 7 单位：人

年龄	初婚年龄								
	33岁			34岁			35岁		
	小计	男	女	小计	男	女	小计	男	女
总 计	**31866**	**21996**	**9870**	**24740**	**17103**	**7637**	**19040**	**13102**	**5938**
20岁以下									
20-24									
20									
21									
22									
23									
24									
25-29									
25									
26									
27									
28									
29									
30-34	**1522**	**906**	**616**	**419**	**256**	**163**			
30									
31									
32									
33	586	366	220						
34	936	540	396	419	256	163			
35-39	**5445**	**3304**	**2141**	**4164**	**2480**	**1684**	**2829**	**1666**	**1163**
35	1042	623	419	679	419	260	308	182	126
36	916	546	370	827	486	341	513	298	215
37	1034	620	414	799	468	331	665	383	282
38	1269	775	494	989	570	419	711	420	291
39	1184	740	444	870	537	333	632	383	249
40-44	**4899**	**3315**	**1584**	**4098**	**2746**	**1352**	**3217**	**2116**	**1101**
40	995	647	348	799	488	311	658	394	264
41	1050	720	330	855	557	298	680	432	248
42	820	538	282	777	547	230	700	470	230
43	1000	688	312	693	478	215	618	416	202
44	1034	722	312	974	676	298	561	404	157
45-49	**5385**	**3893**	**1492**	**4627**	**3342**	**1285**	**3908**	**2791**	**1117**
45	1252	873	379	998	702	296	867	620	247
46	1212	901	311	1077	776	301	827	603	224
47	1054	765	289	920	689	231	846	594	252
48	972	710	262	822	593	229	716	486	230
49	895	644	251	810	582	228	652	488	164
50-54	**3456**	**2560**	**896**	**2677**	**1979**	**698**	**2221**	**1630**	**591**
50	892	639	253	740	524	216	656	457	199
51	704	535	169	581	441	140	517	391	126
52	669	502	167	584	424	160	502	370	132
53	582	428	154	315	239	76	316	236	80
54	609	456	153	457	351	106	230	176	54
55-59	**2746**	**1895**	**851**	**2266**	**1612**	**654**	**1723**	**1229**	**494**
55	849	568	281	485	366	119	371	262	109
56	624	451	173	635	454	181	348	249	99
57	638	440	198	612	425	187	575	408	167
58	466	321	145	373	257	116	325	238	87
59	169	115	54	161	110	51	104	72	32
60-64	**1640**	**1239**	**401**	**1150**	**886**	**264**	**997**	**734**	**263**
60	259	194	65	189	146	43	207	146	61
61	241	185	56	179	125	54	174	131	43
62	248	192	56	239	184	55	219	160	59
63	431	335	96	230	179	51	233	178	55
64	461	333	128	313	252	61	164	119	45
65岁及以上	**6773**	**4884**	**1889**	**5339**	**3802**	**1537**	**4145**	**2936**	**1209**

C-5-5 续表 8　　　　单位：人

年　龄	初婚年龄								
	36 岁			37 岁			38 岁		
	小计	男	女	小计	男	女	小计	男	女
总　计	**14289**	**9826**	**4463**	**11163**	**7788**	**3375**	**9029**	**6217**	**2812**
20 岁以下									
20–24									
20									
21									
22									
23									
24									
25–29									
25									
26									
27									
28									
29									
30–34									
30									
31									
32									
33									
34									
35–39	**1836**	**1074**	**762**	**1060**	**623**	**437**	**526**	**276**	**250**
35									
36	259	135	124						
37	454	262	192	234	144	90			
38	620	370	250	403	239	164	244	118	126
39	503	307	196	423	240	183	282	158	124
40–44	**2519**	**1660**	**859**	**1976**	**1330**	**646**	**1600**	**1052**	**548**
40	487	302	185	346	220	126	318	191	127
41	546	336	210	405	259	146	323	206	117
42	459	303	156	393	254	139	288	198	90
43	474	322	152	395	278	117	293	198	95
44	553	397	156	437	319	118	378	259	119
45–49	**3019**	**2107**	**912**	**2485**	**1795**	**690**	**2056**	**1468**	**588**
45	486	343	143	487	354	133	395	280	115
46	705	476	229	459	322	137	404	286	118
47	689	493	196	533	411	122	390	285	105
48	648	442	206	555	390	165	441	309	132
49	491	353	138	451	318	133	426	308	118
50–54	**1850**	**1334**	**516**	**1554**	**1143**	**411**	**1464**	**1058**	**406**
50	522	373	149	430	319	111	411	297	114
51	427	314	113	326	247	79	317	224	93
52	411	305	106	373	265	108	318	233	85
53	248	180	68	221	168	53	219	156	63
54	242	162	80	204	144	60	199	148	51
55–59	**1111**	**810**	**301**	**861**	**642**	**219**	**714**	**537**	**177**
55	214	167	47	206	142	64	170	129	41
56	224	158	66	146	113	33	152	113	39
57	311	239	72	251	194	57	165	127	38
58	272	190	82	163	119	44	156	115	41
59	90	56	34	95	74	21	71	53	18
60–64	**824**	**631**	**193**	**711**	**517**	**194**	**654**	**442**	**212**
60	163	121	42	126	84	42	106	75	31
61	148	113	35	107	80	27	105	66	39
62	176	139	37	187	139	48	143	95	48
63	184	142	42	166	122	44	163	111	52
64	153	116	37	125	92	33	137	95	42
65 岁及以上	**3130**	**2210**	**920**	**2516**	**1738**	**778**	**2015**	**1384**	**631**

C-5-5 续表 9 单位：人

年 龄	初婚年龄					
	39 岁			40 岁及以上		
	小计	男	女	小计	男	女
总 计	**7414**	**4994**	**2420**	**40443**	**25439**	**15004**
20 岁以下						
20–24						
20						
21						
22						
23						
24						
25–29						
25						
26						
27						
28						
29						
30–34						
30						
31						
32						
33						
34						
35–39	**169**	**84**	**85**			
35						
36						
37						
38						
39	169	84	85			
40–44	**1311**	**845**	**466**	**2646**	**1555**	**1091**
40	257	149	108	149	76	73
41	296	191	105	412	217	195
42	224	144	80	497	280	217
43	242	160	82	714	432	282
44	292	201	91	874	550	324
45–49	**1641**	**1167**	**474**	**6927**	**4628**	**2299**
45	346	236	110	1122	719	403
46	334	245	89	1341	899	442
47	346	241	105	1456	994	462
48	300	226	74	1453	969	484
49	315	219	96	1555	1047	508
50–54	**1352**	**924**	**428**	**7494**	**5024**	**2470**
50	398	258	140	1669	1117	552
51	361	253	108	1553	1057	496
52	260	181	79	1747	1174	573
53	160	113	47	1228	823	405
54	173	119	54	1297	853	444
55–59	**562**	**410**	**152**	**5140**	**3399**	**1741**
55	168	124	44	1259	862	397
56	140	100	40	1180	764	416
57	135	95	40	1402	926	476
58	62	43	19	923	595	328
59	57	48	9	376	252	124
60–64	**635**	**413**	**222**	**3688**	**2344**	**1344**
60	75	53	22	552	345	207
61	102	74	28	500	342	158
62	149	91	58	792	528	264
63	144	87	57	945	579	366
64	165	108	57	899	550	349
65 岁及以上	**1744**	**1151**	**593**	**14548**	**8489**	**6059**

C-5-5a 全省分年龄、性别、初婚年龄的人口（城市）

单位：人

年　龄	初婚年龄					
	合　计			15 岁以下		
	合计	男	女	小计	男	女
总　计	**1194500**	**569199**	**625301**	**1255**	**234**	**1021**
20 岁以下	**241**	**59**	**182**	**12**	**3**	**9**
20–24	**8146**	**2091**	**6055**	**26**	**10**	**16**
20	332	55	277	1		1
21	687	132	555	4	1	3
22	1444	335	1109	8	5	3
23	2162	573	1589	5	2	3
24	3521	996	2525	8	2	6
25–29	**54537**	**20826**	**33711**	**61**	**18**	**43**
25	5229	1664	3565	11	3	8
26	6870	2386	4484	5	4	1
27	9885	3608	6277	12	3	9
28	13164	5130	8034	14	5	9
29	19389	8038	11351	19	3	16
30–34	**157389**	**70190**	**87199**	**140**	**40**	**100**
30	29491	12499	16992	33	11	22
31	31753	13800	17953	20	7	13
32	31218	13948	17270	24	5	19
33	34709	15881	18828	37	9	28
34	30218	14062	16156	26	8	18
35–39	**141893**	**67998**	**73895**	**87**	**18**	**69**
35	27201	12995	14206	31	6	25
36	27576	13097	14479	10	1	9
37	28055	13491	14564	18	5	13
38	32448	15551	16897	13	2	11
39	26613	12864	13749	15	4	11
40–44	**125478**	**61567**	**63911**	**103**	**24**	**79**
40	23825	11498	12327	13	3	10
41	26406	13029	13377	17	5	12
42	24372	12000	12372	23	1	22
43	24061	11860	12201	20	6	14
44	26814	13180	13634	30	9	21
45–49	**149323**	**74660**	**74663**	**100**	**15**	**85**
45	28551	14246	14305	24	4	20
46	30648	15098	15550	22	5	17
47	30336	15206	15130	27	4	23
48	30221	15275	14946	10	2	8
49	29567	14835	14732	17		17
50–54	**154467**	**76074**	**78393**	**131**	**30**	**101**
50	33593	16470	17123	19	4	15
51	31490	15737	15753	30	10	20
52	35089	17190	17899	26	7	19
53	25511	12576	12935	30	5	25
54	28784	14101	14683	26	4	22
55–59	**130240**	**64458**	**65782**	**106**	**20**	**86**
55	29640	14851	14789	37	10	27
56	30416	14930	15486	22	4	18
57	35870	17791	18079	25	3	22
58	23591	11722	11869	14	3	11
59	10723	5164	5559	8		8
60–64	**81236**	**40254**	**40982**	**74**	**8**	**66**
60	14384	7034	7350	10		10
61	13114	6566	6548	15	2	13
62	17071	8648	8423	13	1	12
63	19515	9735	9780	22	3	19
64	17152	8271	8881	14	2	12
65 岁及以上	**191550**	**91022**	**100528**	**415**	**48**	**367**

C-5-5a 续表 1

单位：人

年 龄	初婚年龄								
	15岁			16岁			17岁		
	小计	男	女	小计	男	女	小计	男	女
总 计	**5222**	**1179**	**4043**	**8296**	**1582**	**6714**	**14807**	**2702**	**12105**
20岁以下	**29**	**7**	**22**	**49**	**13**	**36**	**53**	**14**	**39**
20-24	**96**	**33**	**63**	**141**	**29**	**112**	**245**	**51**	**194**
20	22	7	15	11	2	9	33	3	30
21	17	5	12	23	7	16	50	15	35
22	15	7	8	32	8	24	57	11	46
23	16	4	12	33	6	27	50	13	37
24	26	10	16	42	6	36	55	9	46
25-29	**185**	**43**	**142**	**347**	**84**	**263**	**646**	**156**	**490**
25	32	7	25	50	12	38	87	17	70
26	22	4	18	57	14	43	91	16	75
27	47	10	37	63	16	47	136	34	102
28	36	7	29	85	20	65	138	37	101
29	48	15	33	92	22	70	194	52	142
30-34	**564**	**201**	**363**	**822**	**231**	**591**	**1153**	**321**	**832**
30	103	34	69	140	29	111	228	51	177
31	130	54	76	210	68	142	222	59	163
32	109	38	71	157	41	116	250	79	171
33	131	46	85	166	53	113	281	74	207
34	91	29	62	149	40	109	172	58	114
35-39	**388**	**104**	**284**	**579**	**143**	**436**	**935**	**217**	**718**
35	133	42	91	123	43	80	170	44	126
36	89	28	61	171	45	126	163	36	127
37	62	20	42	122	20	102	246	69	177
38	55	11	44	104	18	86	214	50	164
39	49	3	46	59	17	42	142	18	124
40-44	**352**	**114**	**238**	**503**	**119**	**384**	**790**	**175**	**615**
40	45	11	34	72	19	53	123	20	103
41	75	22	53	114	31	83	184	52	132
42	64	29	35	111	26	85	161	36	125
43	69	23	46	92	22	70	162	35	127
44	99	29	70	114	21	93	160	32	128
45-49	**500**	**139**	**361**	**711**	**154**	**557**	**1330**	**287**	**1043**
45	114	38	76	91	29	62	182	43	139
46	134	40	94	180	43	137	188	43	145
47	80	16	64	167	35	132	326	81	245
48	83	20	63	153	30	123	324	61	263
49	89	25	64	120	17	103	310	59	251
50-54	**675**	**175**	**500**	**1097**	**275**	**822**	**2141**	**449**	**1692**
50	148	35	113	167	47	120	383	78	305
51	163	49	114	293	73	220	455	94	361
52	144	43	101	288	68	220	547	117	430
53	118	22	96	143	35	108	361	85	276
54	102	26	76	206	52	154	395	75	320
55-59	**480**	**98**	**382**	**857**	**159**	**698**	**1673**	**287**	**1386**
55	136	30	106	184	41	143	353	60	293
56	108	23	85	264	50	214	384	71	313
57	140	29	111	239	50	189	527	94	433
58	61	11	50	122	14	108	308	49	259
59	35	5	30	48	4	44	101	13	88
60-64	**308**	**66**	**242**	**455**	**73**	**382**	**789**	**124**	**665**
60	50	8	42	64	6	58	100	20	80
61	53	11	42	68	12	56	112	14	98
62	70	22	48	101	20	81	186	26	160
63	79	11	68	115	18	97	214	41	173
64	56	14	42	107	17	90	177	23	154
65岁及以上	**1645**	**199**	**1446**	**2735**	**302**	**2433**	**5052**	**621**	**4431**

C-5-5a 续表 2

单位：人

年 龄	初婚年龄								
	18 岁			19 岁			20 岁		
	小计	男	女	小计	男	女	小计	男	女
总 计	**25613**	**4736**	**20877**	**49530**	**10601**	**38929**	**80268**	**19448**	**60820**
20 岁以下	**61**	**15**	**46**	**37**	**7**	**30**			
20-24	**447**	**88**	**359**	**896**	**146**	**750**	**1429**	**216**	**1213**
20	56	11	45	95	16	79	114	16	98
21	66	12	54	183	30	153	225	39	186
22	96	21	75	172	25	147	350	56	294
23	94	19	75	199	34	165	329	54	275
24	135	25	110	247	41	206	411	51	360
25-29	**1142**	**216**	**926**	**2135**	**379**	**1756**	**3615**	**728**	**2887**
25	160	27	133	276	42	234	466	75	391
26	169	31	138	300	49	251	541	99	442
27	198	38	160	425	66	359	686	126	560
28	275	57	218	455	82	373	816	171	645
29	340	63	277	679	140	539	1106	257	849
30-34	**2055**	**494**	**1561**	**4383**	**932**	**3451**	**8160**	**1617**	**6543**
30	459	94	365	958	201	757	1708	357	1351
31	419	116	303	902	211	691	1804	374	1430
32	399	104	295	822	162	660	1668	324	1344
33	426	111	315	867	189	678	1578	297	1281
34	352	69	283	834	169	665	1402	265	1137
35-39	**1609**	**354**	**1255**	**3270**	**624**	**2646**	**6238**	**1081**	**5157**
35	281	53	228	652	142	510	1342	255	1087
36	319	78	241	666	129	537	1229	189	1040
37	264	70	194	576	94	482	1252	228	1024
38	434	88	346	648	124	524	1379	261	1118
39	311	65	246	728	135	593	1036	148	888
40-44	**1348**	**305**	**1043**	**3060**	**587**	**2473**	**6294**	**1108**	**5186**
40	258	42	216	607	93	514	1209	201	1008
41	270	55	215	663	138	525	1425	255	1170
42	252	54	198	537	112	425	1251	215	1036
43	251	68	183	548	108	440	1130	202	928
44	317	86	231	705	136	569	1279	235	1044
45-49	**2297**	**510**	**1787**	**4668**	**1041**	**3627**	**7917**	**1730**	**6187**
45	294	73	221	706	135	571	1446	260	1186
46	361	83	278	811	167	644	1570	292	1278
47	364	79	285	892	193	699	1512	331	1181
48	591	130	461	955	228	727	1669	408	1261
49	687	145	542	1304	318	986	1720	439	1281
50-54	**4395**	**907**	**3488**	**9104**	**2259**	**6845**	**14356**	**4307**	**10049**
50	866	173	693	1805	438	1367	2640	689	1951
51	866	187	679	1857	496	1361	2932	921	2011
52	1043	233	810	2075	518	1557	3430	1064	2366
53	804	164	640	1574	381	1193	2497	766	1731
54	816	150	666	1793	426	1367	2857	867	1990
55-59	**3311**	**587**	**2724**	**6794**	**1472**	**5322**	**11375**	**3283**	**8092**
55	690	136	554	1639	391	1248	2873	885	1988
56	775	131	644	1460	337	1123	2649	797	1852
57	894	165	729	1891	398	1493	2968	880	2088
58	738	133	605	1261	264	997	2058	537	1521
59	214	22	192	543	82	461	827	184	643
60-64	**1177**	**170**	**1007**	**2710**	**523**	**2187**	**4751**	**1112**	**3639**
60	188	32	156	587	109	478	1162	256	906
61	183	23	160	438	84	354	888	205	683
62	210	27	183	452	108	344	889	226	663
63	316	53	263	607	114	493	933	243	690
64	280	35	245	626	108	518	879	182	697
65 岁及以上	**7771**	**1090**	**6681**	**12473**	**2631**	**9842**	**16133**	**4266**	**11867**

C-5-5a 续表 3

单位：人

年龄	初婚年龄								
	21岁			22岁			23岁		
	小计	男	女	小计	男	女	小计	男	女
总计	**104461**	**34850**	**69611**	**131603**	**54120**	**77483**	**139526**	**60746**	**78780**
20岁以下									
20–24	**1579**	**371**	**1208**	**1743**	**571**	**1172**	**1097**	**387**	**710**
20									
21	119	23	96						
22	427	99	328	287	103	184			
23	504	110	394	635	225	410	297	106	191
24	529	139	390	821	243	578	800	281	519
25–29	**4901**	**1391**	**3510**	**6443**	**2332**	**4111**	**7644**	**2869**	**4775**
25	604	153	451	894	294	600	1130	420	710
26	698	199	499	901	292	609	1102	402	700
27	872	226	646	1194	430	764	1318	497	821
28	1049	319	730	1506	540	966	1736	629	1107
29	1678	494	1184	1948	776	1172	2358	921	1437
30–34	**11682**	**3577**	**8105**	**16053**	**6462**	**9591**	**17544**	**7408**	**10136**
30	2149	643	1506	3239	1281	1958	3268	1308	1960
31	2487	813	1674	3049	1202	1847	3647	1501	2146
32	2422	733	1689	3205	1303	1902	3200	1339	1861
33	2580	777	1803	3606	1487	2119	4127	1820	2307
34	2044	611	1433	2954	1189	1765	3302	1440	1862
35–39	**9240**	**2510**	**6730**	**12476**	**4679**	**7797**	**14526**	**6181**	**8345**
35	1801	496	1305	2370	979	1391	2921	1304	1617
36	1846	532	1314	2407	926	1481	2717	1146	1571
37	1824	501	1323	2497	929	1568	2803	1157	1646
38	2027	528	1499	2884	1075	1809	3340	1421	1919
39	1742	453	1289	2318	770	1548	2745	1153	1592
40–44	**8552**	**2349**	**6203**	**12004**	**4391**	**7613**	**13753**	**5596**	**8157**
40	1352	343	1009	2003	733	1270	2407	937	1470
41	1920	513	1407	2070	751	1319	2670	1090	1580
42	1818	520	1298	2550	950	1600	2314	934	1380
43	1664	488	1176	2582	927	1655	2984	1243	1741
44	1798	485	1313	2799	1030	1769	3378	1392	1986
45–49	**11563**	**3765**	**7798**	**16253**	**6803**	**9450**	**18503**	**7632**	**10871**
45	1955	559	1396	2922	1149	1773	3582	1443	2139
46	2470	756	1714	3347	1353	1994	3734	1523	2211
47	2325	780	1545	3550	1523	2027	3683	1503	2180
48	2392	844	1548	3265	1408	1857	3990	1690	2300
49	2421	826	1595	3169	1370	1799	3514	1473	2041
50–54	**17013**	**6832**	**10181**	**19727**	**9035**	**10692**	**18687**	**8498**	**10189**
50	2636	957	1679	3774	1631	2143	3971	1665	2306
51	3460	1399	2061	3266	1480	1786	3687	1624	2063
52	4300	1779	2521	4770	2193	2577	3703	1647	2056
53	3108	1272	1836	3761	1774	1987	3395	1637	1758
54	3509	1425	2084	4156	1957	2199	3931	1925	2006
55–59	**15639**	**6144**	**9495**	**18675**	**8572**	**10103**	**18358**	**8991**	**9367**
55	3782	1540	2242	4184	1974	2210	4016	1956	2060
56	3972	1562	2410	4395	1985	2410	4142	1960	2182
57	4220	1646	2574	5513	2593	2920	5082	2542	2540
58	2516	1015	1501	3320	1512	1808	3645	1862	1783
59	1149	381	768	1263	508	755	1473	671	802
60–64	**7137**	**2130**	**5007**	**10276**	**3818**	**6458**	**11518**	**5014**	**6504**
60	1481	433	1048	1889	734	1155	1888	849	1039
61	1501	433	1068	1700	639	1061	1856	868	988
62	1543	457	1086	2565	966	1599	2309	1014	1295
63	1469	457	1012	2330	878	1452	3181	1375	1806
64	1143	350	793	1792	601	1191	2284	908	1376
65岁及以上	**17155**	**5781**	**11374**	**17953**	**7457**	**10496**	**17896**	**8170**	**9726**

C-5-5a 续表 4

单位：人

年　龄	初婚年龄								
	24 岁			25 岁			26 岁		
	小计	男	女	小计	男	女	小计	男	女
总　计	**134180**	**66151**	**68029**	**119892**	**65864**	**54028**	**97268**	**57913**	**39355**
20 岁以下									
20–24	**447**	**189**	**258**						
20									
21									
22									
23									
24	447	189	258						
25–29	**8505**	**3546**	**4959**	**7489**	**3329**	**4160**	**5630**	**2674**	**2956**
25	1016	403	613	503	211	292			
26	1426	588	838	1117	480	637	441	208	233
27	1637	679	958	1582	680	902	1209	558	651
28	1776	736	1040	1839	834	1005	1749	799	950
29	2650	1140	1510	2448	1124	1324	2231	1109	1122
30–34	**18979**	**8568**	**10411**	**19041**	**8955**	**10086**	**16974**	**8632**	**8342**
30	3805	1666	2139	3832	1729	2103	3082	1547	1535
31	3805	1637	2168	4001	1821	2180	3564	1750	1814
32	3913	1738	2175	3569	1719	1850	3501	1797	1704
33	3883	1784	2099	4340	2088	2252	3455	1785	1670
34	3573	1743	1830	3299	1598	1701	3372	1753	1619
35–39	**15905**	**7450**	**8455**	**16103**	**8264**	**7839**	**14420**	**8046**	**6374**
35	3194	1513	1681	3123	1602	1521	2723	1534	1189
36	3271	1514	1757	3277	1710	1567	2708	1507	1201
37	2872	1371	1501	3354	1732	1622	3066	1707	1359
38	3609	1650	1959	3382	1682	1700	3463	1903	1560
39	2959	1402	1557	2967	1538	1429	2460	1395	1065
40–44	**13561**	**6321**	**7240**	**12736**	**6776**	**5960**	**11403**	**6579**	**4824**
40	2658	1271	1387	2582	1335	1247	2441	1357	1084
41	2793	1290	1503	2854	1542	1312	2460	1456	1004
42	2442	1135	1307	2554	1334	1220	2268	1326	942
43	2290	1038	1252	2372	1287	1085	2128	1226	902
44	3378	1587	1791	2374	1278	1096	2106	1214	892
45–49	**17765**	**8629**	**9136**	**15431**	**8494**	**6937**	**11832**	**7301**	**4531**
45	3430	1645	1785	3210	1755	1455	1938	1202	736
46	3803	1795	2008	3162	1742	1420	2589	1591	998
47	3457	1618	1839	3324	1775	1549	2517	1539	978
48	3455	1713	1742	2922	1647	1275	2538	1555	983
49	3620	1858	1762	2813	1575	1238	2250	1414	836
50–54	**15226**	**8033**	**7193**	**12180**	**7422**	**4758**	**9284**	**6042**	**3242**
50	3616	1826	1790	3386	1961	1425	2387	1489	898
51	3032	1561	1471	2666	1669	997	2148	1368	780
52	3337	1752	1585	2586	1558	1028	2003	1330	673
53	2099	1163	936	1829	1143	686	1343	905	438
54	3142	1731	1411	1713	1091	622	1403	950	453
55–59	**14814**	**8307**	**6507**	**11109**	**7128**	**3981**	**7320**	**5016**	**2304**
55	3258	1799	1459	2427	1589	838	1337	948	389
56	3498	1959	1539	2516	1611	905	1769	1181	588
57	3972	2202	1770	3086	1939	1147	2087	1433	654
58	2612	1519	1093	2041	1319	722	1414	977	437
59	1474	828	646	1039	670	369	713	477	236
60–64	**11073**	**5791**	**5282**	**8800**	**5443**	**3357**	**6335**	**4352**	**1983**
60	1759	972	787	1612	1052	560	1129	798	331
61	1480	827	653	1342	876	466	1038	736	302
62	2287	1214	1073	1691	1042	649	1238	876	362
63	2655	1369	1286	2194	1321	873	1454	973	481
64	2892	1409	1483	1961	1152	809	1476	969	507
65 岁及以上	**17905**	**9317**	**8588**	**17003**	**10053**	**6950**	**14070**	**9271**	**4799**

C-5-5a　续表 5　　　　单位：人

年　龄	初婚年龄								
	27 岁			28 岁			29 岁		
	小计	男	女	小计	男	女	小计	男	女
总　计	**74441**	**47634**	**26807**	**54554**	**36706**	**17848**	**39157**	**26968**	**12189**
20 岁以下									
20-24									
20									
21									
22									
23									
24									
25-29	**3636**	**1845**	**1791**	**1705**	**956**	**749**	**453**	**260**	**193**
25									
26									
27	506	245	261						
28	1170	600	570	520	294	226			
29	1960	1000	960	1185	662	523	453	260	193
30-34	**13266**	**7196**	**6070**	**10206**	**5880**	**4326**	**7095**	**4196**	**2899**
30	2623	1354	1269	2128	1207	921	1237	691	546
31	2566	1360	1206	2070	1155	915	1586	916	670
32	2695	1463	1232	1868	1062	806	1384	835	549
33	2893	1614	1279	2144	1262	882	1482	874	608
34	2489	1405	1084	1996	1194	802	1406	880	526
35-39	**12280**	**7258**	**5022**	**9250**	**5813**	**3437**	**6804**	**4363**	**2441**
35	2423	1399	1024	1705	1041	664	1355	833	522
36	2346	1365	981	1849	1131	718	1287	795	492
37	2359	1393	966	1803	1153	650	1400	895	505
38	2833	1693	1140	2134	1365	769	1504	1011	493
39	2319	1408	911	1759	1123	636	1258	829	429
40-44	**9205**	**5805**	**3400**	**7477**	**5050**	**2427**	**5638**	**3866**	**1772**
40	1752	1096	656	1584	1037	547	1172	787	385
41	2167	1346	821	1523	995	528	1296	905	391
42	1806	1128	678	1488	1019	469	1023	703	320
43	1672	1048	624	1364	935	429	1078	730	348
44	1808	1187	621	1518	1064	454	1069	741	328
45-49	**8996**	**5933**	**3063**	**6598**	**4635**	**1963**	**5001**	**3636**	**1365**
45	1753	1131	622	1466	1014	452	1121	807	314
46	1593	1001	592	1284	894	390	1098	767	331
47	1927	1284	643	1111	801	310	982	714	268
48	1842	1245	597	1435	1019	416	832	636	196
49	1881	1272	609	1302	907	395	968	712	256
50-54	**6962**	**4905**	**2057**	**5235**	**3739**	**1496**	**4020**	**2941**	**1079**
50	1829	1254	575	1472	1034	438	1037	733	304
51	1495	1056	439	1168	799	369	929	670	259
52	1666	1178	488	1019	734	285	902	678	224
53	949	685	264	795	577	218	518	383	135
54	1023	732	291	781	595	186	634	477	157
55-59	**4878**	**3568**	**1310**	**3150**	**2347**	**803**	**2307**	**1736**	**571**
55	1059	794	265	757	558	199	554	420	134
56	969	711	258	724	536	188	565	433	132
57	1387	1013	374	730	561	169	574	434	140
58	968	708	260	606	445	161	351	262	89
59	495	342	153	333	247	86	263	187	76
60-64	**4427**	**3316**	**1111**	**3071**	**2289**	**782**	**2138**	**1609**	**529**
60	716	532	184	460	332	128	270	184	86
61	697	511	186	461	355	106	345	275	70
62	1050	812	238	664	509	155	449	340	109
63	1111	839	272	832	610	222	563	431	132
64	853	622	231	654	483	171	511	379	132
65 岁及以上	**10791**	**7808**	**2983**	**7862**	**5997**	**1865**	**5701**	**4361**	**1340**

C-5-5a 续表 6 单位：人

年龄	初婚年龄								
	30岁			31岁			32岁		
	小计	男	女	小计	男	女	小计	男	女
总　计	**28000**	**19457**	**8543**	**19432**	**13359**	**6073**	**14340**	**9745**	**4595**
20岁以下									
20-24									
20									
21									
22									
23									
24									
25-29									
25									
26									
27									
28									
29									
30-34	**4585**	**2764**	**1821**	**2599**	**1502**	**1097**	**1357**	**778**	**579**
30	499	296	203						
31	905	541	364	366	215	151			
32	1106	670	436	663	379	284	263	157	106
33	1094	664	430	888	510	378	526	307	219
34	981	593	388	682	398	284	568	314	254
35-39	**5044**	**3234**	**1810**	**3638**	**2305**	**1333**	**2772**	**1710**	**1062**
35	963	582	381	641	387	254	487	294	193
36	995	639	356	736	457	279	484	293	191
37	981	629	352	705	437	268	585	363	222
38	1247	795	452	855	546	309	661	410	251
39	858	589	269	701	478	223	555	350	205
40-44	**4386**	**3082**	**1304**	**3197**	**2207**	**990**	**2475**	**1633**	**842**
40	914	605	309	556	363	193	482	305	177
41	962	681	281	674	471	203	473	309	164
42	859	602	257	714	492	222	476	314	162
43	785	575	210	631	436	195	494	335	159
44	866	619	247	622	445	177	550	370	180
45-49	**3780**	**2742**	**1038**	**2946**	**2115**	**831**	**2306**	**1640**	**666**
45	896	632	264	691	486	205	501	354	147
46	863	614	249	644	453	191	532	370	162
47	783	572	211	621	460	161	439	321	118
48	663	485	178	556	402	154	452	315	137
49	575	439	136	434	314	120	382	280	102
50-54	**2971**	**2184**	**787**	**2094**	**1497**	**597**	**1607**	**1163**	**444**
50	709	535	174	386	294	92	347	256	91
51	644	487	157	448	342	106	254	197	57
52	744	503	241	527	369	158	348	256	92
53	440	330	110	374	244	130	296	219	77
54	434	329	105	359	248	111	362	235	127
55-59	**1667**	**1248**	**419**	**1241**	**915**	**326**	**999**	**687**	**312**
55	481	363	118	304	232	72	274	190	84
56	384	283	101	307	233	74	238	160	78
57	400	306	94	330	230	100	277	192	85
58	292	211	81	204	150	54	126	85	41
59	110	85	25	96	70	26	84	60	24
60-64	**1395**	**1033**	**362**	**896**	**688**	**208**	**668**	**479**	**189**
60	231	173	58	115	81	34	79	54	25
61	226	173	53	126	108	18	83	62	21
62	304	227	77	212	168	44	166	124	42
63	318	219	99	231	178	53	171	125	46
64	316	241	75	212	153	59	169	114	55
65岁及以上	**4172**	**3170**	**1002**	**2821**	**2130**	**691**	**2156**	**1655**	**501**

C-5-5a 续表 7

单位：人

年 龄	初婚年龄								
	33 岁			34 岁			35 岁		
	小计	男	女	小计	男	女	小计	男	女
总 计	**10808**	**7280**	**3528**	**8468**	**5736**	**2732**	**6566**	**4403**	**2163**
20 岁以下									
20–24									
20									
21									
22									
23									
24									
25–29									
25									
26									
27									
28									
29									
30–34	**583**	**343**	**240**	**148**	**93**	**55**			
30									
31									
32									
33	205	130	75						
34	378	213	165	148	93	55			
35–39	**2157**	**1281**	**876**	**1694**	**967**	**727**	**1182**	**674**	**508**
35	397	229	168	267	162	105	99	55	44
36	372	217	155	338	183	155	211	127	84
37	400	241	159	310	164	146	284	162	122
38	503	293	210	411	223	188	304	172	132
39	485	301	184	368	235	133	284	158	126
40–44	**1939**	**1250**	**689**	**1603**	**1034**	**569**	**1294**	**814**	**480**
40	425	270	155	310	171	139	268	151	117
41	417	270	147	324	214	110	277	164	113
42	332	220	112	314	212	102	295	197	98
43	385	236	149	297	204	93	247	157	90
44	380	254	126	358	233	125	207	145	62
45–49	**1938**	**1372**	**566**	**1715**	**1209**	**506**	**1421**	**995**	**426**
45	481	324	157	383	254	129	305	208	97
46	434	313	121	384	270	114	303	221	82
47	377	267	110	361	268	93	316	222	94
48	339	253	86	289	207	82	259	171	88
49	307	215	92	298	210	88	238	173	65
50–54	**1167**	**859**	**308**	**897**	**669**	**228**	**748**	**543**	**205**
50	310	209	101	260	187	73	233	155	78
51	255	202	53	198	147	51	193	151	42
52	216	168	48	209	158	51	159	119	40
53	177	130	47	95	73	22	94	70	24
54	209	150	59	135	104	31	69	48	21
55–59	**913**	**627**	**286**	**775**	**552**	**223**	**589**	**427**	**162**
55	259	172	87	156	117	39	123	89	34
56	234	172	62	230	172	58	114	88	26
57	214	147	67	206	140	66	209	148	61
58	150	98	52	118	76	42	104	75	29
59	56	38	18	65	47	18	39	27	12
60–64	**479**	**345**	**134**	**378**	**285**	**93**	**347**	**245**	**102**
60	88	65	23	63	48	15	83	60	23
61	78	61	17	61	43	18	54	39	15
62	77	54	23	88	64	24	78	53	25
63	113	80	33	59	46	13	70	48	22
64	123	85	38	107	84	23	62	45	17
65 岁及以上	**1632**	**1203**	**429**	**1258**	**927**	**331**	**985**	**705**	**280**

C-5-5a 续表 8 单位：人

年龄	初婚年龄								
	36岁			37岁			38岁		
	小计	男	女	小计	男	女	小计	男	女
总计	**4797**	**3266**	**1531**	**3779**	**2607**	**1172**	**2935**	**2005**	**930**
20岁以下									
20-24									
20									
21									
22									
23									
24									
25-29									
25									
26									
27									
28									
29									
30-34									
30									
31									
32									
33									
34									
35-39	**693**	**394**	**299**	**382**	**216**	**166**	**167**	**88**	**79**
35									
36	85	49	36						
37	191	103	88	81	48	33			
38	217	111	106	153	87	66	74	32	42
39	200	131	69	148	81	67	93	56	37
40-44	**1027**	**655**	**372**	**795**	**505**	**290**	**628**	**397**	**231**
40	204	122	82	148	90	58	113	64	49
41	216	137	79	166	96	70	141	90	51
42	192	126	66	164	105	59	126	76	50
43	207	141	66	147	95	52	109	74	35
44	208	129	79	170	119	51	139	93	46
45-49	**1100**	**744**	**356**	**888**	**630**	**258**	**762**	**527**	**235**
45	189	124	65	187	140	47	158	105	53
46	242	161	81	150	103	47	143	97	46
47	243	166	77	190	141	49	147	103	44
48	252	167	85	208	144	64	162	111	51
49	174	126	48	153	102	51	152	111	41
50-54	**605**	**445**	**160**	**559**	**405**	**154**	**502**	**366**	**136**
50	182	131	51	146	100	46	131	96	35
51	133	95	38	121	98	23	115	83	32
52	137	107	30	128	86	42	111	81	30
53	87	65	22	90	69	21	68	49	19
54	66	47	19	74	52	22	77	57	20
55-59	**402**	**300**	**102**	**321**	**251**	**70**	**252**	**184**	**68**
55	86	67	19	71	51	20	57	43	14
56	72	50	22	54	45	9	59	40	19
57	121	99	22	93	74	19	61	48	13
58	87	63	24	58	45	13	49	34	15
59	36	21	15	45	36	9	26	19	7
60-64	**258**	**192**	**66**	**214**	**158**	**56**	**186**	**129**	**57**
60	59	41	18	37	26	11	35	24	11
61	53	37	16	31	25	6	32	20	12
62	52	44	8	56	35	21	37	27	10
63	51	37	14	44	35	9	43	32	11
64	43	33	10	46	37	9	39	26	13
65岁及以上	**712**	**536**	**176**	**620**	**442**	**178**	**438**	**314**	**124**

C-5-5a 续表 9

单位：人

年 龄	初婚年龄					
	39 岁			40 岁及以上		
	小计	男	女	小计	男	女
总 计	**2427**	**1610**	**817**	**12875**	**8297**	**4578**
20 岁以下						
20–24						
20						
21						
22						
23						
24						
25–29						
25						
26						
27						
28						
29						
30–34						
30						
31						
32						
33						
34						
35–39	**54**	**24**	**30**			
35						
36						
37						
38						
39	54	24	30			
40–44	**520**	**321**	**199**	**835**	**504**	**331**
40	84	48	36	43	24	19
41	120	75	45	135	76	59
42	98	59	39	140	75	65
43	111	70	41	242	151	91
44	107	69	38	275	178	97
45–49	**624**	**439**	**185**	**2378**	**1543**	**835**
45	131	84	47	395	248	147
46	129	95	34	478	306	172
47	133	94	39	482	316	166
48	110	81	29	475	303	172
49	121	85	36	548	370	178
50–54	**474**	**307**	**167**	**2610**	**1787**	**823**
50	139	79	60	614	414	200
51	141	100	41	541	379	162
52	91	56	35	580	388	192
53	53	40	13	413	290	123
54	50	32	18	462	316	146
55–59	**226**	**168**	**58**	**2009**	**1384**	**625**
55	70	56	14	473	340	133
56	55	41	14	457	295	162
57	64	42	22	560	383	177
58	16	10	6	352	245	107
59	21	19	2	167	121	46
60–64	**175**	**114**	**61**	**1201**	**748**	**453**
60	27	19	8	202	126	76
61	27	17	10	166	110	56
62	36	21	15	248	171	77
63	32	23	9	308	176	132
64	53	34	19	277	165	112
65 岁及以上	**354**	**237**	**117**	**3842**	**2331**	**1511**

C-5-5b 全省分年龄、性别、初婚年龄的人口（镇）

单位：人

年　龄	初婚年龄					
	合　计			15 岁以下		
	合计	男	女	小计	男	女
总　计	**1364982**	**652652**	**712330**	**2060**	**333**	**1727**
20 岁以下	**422**	**99**	**323**	**23**	**4**	**19**
20–24	**10542**	**2625**	**7917**	**48**	**8**	**40**
20	513	97	416	9	3	6
21	976	177	799	9		9
22	1876	409	1467	11	2	9
23	2932	745	2187	8	2	6
24	4245	1197	3048	11	1	10
25–29	**58035**	**22051**	**35984**	**93**	**14**	**79**
25	6129	1860	4269	10		10
26	7553	2544	5009	13		13
27	10443	3847	6596	10		10
28	13925	5490	8435	25	6	19
29	19985	8310	11675	35	8	27
30–34	**157157**	**69620**	**87537**	**210**	**56**	**154**
30	30764	12846	17918	37	9	28
31	31775	13870	17905	36	12	24
32	30975	13802	17173	47	8	39
33	33975	15470	18505	54	13	41
34	29668	13632	16036	36	14	22
35–39	**142241**	**68192**	**74049**	**104**	**19**	**85**
35	26925	12701	14224	27	5	22
36	27483	13079	14404	19	5	14
37	27691	13392	14299	23	3	20
38	33057	15977	17080	18	1	17
39	27085	13043	14042	17	5	12
40–44	**133108**	**65793**	**67315**	**139**	**22**	**117**
40	24750	12050	12700	15	4	11
41	28161	13982	14179	28	3	25
42	25494	12505	12989	28	6	22
43	25088	12431	12657	27	3	24
44	29615	14825	14790	41	6	35
45–49	**172160**	**86211**	**85949**	**182**	**28**	**154**
45	31777	15863	15914	46	10	36
46	35520	17688	17832	40	3	37
47	35036	17599	17437	33	4	29
48	35105	17464	17641	30	6	24
49	34722	17597	17125	33	5	28
50–54	**188153**	**93242**	**94911**	**225**	**47**	**178**
50	39304	19525	19779	43	7	36
51	37255	18462	18793	54	14	40
52	43457	21643	21814	54	14	40
53	31514	15541	15973	37	6	31
54	36623	18071	18552	37	6	31
55–59	**153440**	**76119**	**77321**	**172**	**26**	**146**
55	36445	17895	18550	60	13	47
56	35676	17746	17930	40	9	31
57	41549	20669	20880	36	2	34
58	29288	14729	14559	25	1	24
59	10482	5080	5402	11	1	10
60–64	**95210**	**47526**	**47684**	**145**	**24**	**121**
60	15327	7583	7744	19	1	18
61	14645	7328	7317	21	3	18
62	20179	10178	10001	30	10	20
63	24188	12154	12034	41	9	32
64	20871	10283	10588	34	1	33
65 岁及以上	**254514**	**121174**	**133340**	**719**	**85**	**634**

C-5-5b 续表 1

单位：人

年龄	初婚年龄								
	15岁			16岁			17岁		
	小计	男	女	小计	男	女	小计	男	女
总计	**8222**	**1564**	**6658**	**13969**	**2431**	**11538**	**25927**	**4329**	**21598**
20岁以下	**48**	**12**	**36**	**75**	**22**	**53**	**123**	**23**	**100**
20-24	**172**	**33**	**139**	**306**	**65**	**241**	**537**	**108**	**429**
20	20	6	14	34	7	27	51	11	40
21	23	8	15	44	12	32	91	25	66
22	34	4	30	66	13	53	113	20	93
23	54	12	42	79	15	64	143	31	112
24	41	3	38	83	18	65	139	21	118
25-29	**331**	**83**	**248**	**621**	**140**	**481**	**1132**	**229**	**903**
25	59	11	48	95	19	76	154	22	132
26	53	15	38	119	29	90	165	35	130
27	60	13	47	117	28	89	251	47	204
28	68	21	47	129	22	107	247	60	187
29	91	23	68	161	42	119	315	65	250
30-34	**860**	**262**	**598**	**1194**	**312**	**882**	**2019**	**447**	**1572**
30	184	63	121	233	70	163	408	82	326
31	206	69	137	280	82	198	419	108	311
32	161	50	111	236	60	176	433	99	334
33	170	43	127	241	63	178	409	80	329
34	139	37	102	204	37	167	350	78	272
35-39	**555**	**138**	**417**	**847**	**186**	**661**	**1467**	**299**	**1168**
35	160	48	112	166	49	117	281	47	234
36	132	39	93	219	52	167	261	56	205
37	104	21	83	198	41	157	334	87	247
38	81	18	63	164	24	140	359	73	286
39	78	12	66	100	20	80	232	36	196
40-44	**461**	**119**	**342**	**698**	**169**	**529**	**1137**	**219**	**918**
40	87	17	70	94	15	79	177	28	149
41	105	34	71	172	47	125	248	47	201
42	76	21	55	126	31	95	250	52	198
43	92	24	68	137	36	101	228	37	191
44	101	23	78	169	40	129	234	55	179
45-49	**713**	**149**	**564**	**1245**	**258**	**987**	**2279**	**445**	**1834**
45	162	34	128	134	37	97	304	61	243
46	153	32	121	308	70	238	316	51	265
47	146	25	121	273	53	220	495	105	390
48	113	31	82	279	61	218	566	117	449
49	139	27	112	251	37	214	598	111	487
50-54	**983**	**226**	**757**	**1764**	**349**	**1415**	**3743**	**757**	**2986**
50	202	49	153	301	59	242	647	116	531
51	217	52	165	431	98	333	764	153	611
52	211	50	161	419	82	337	971	200	771
53	168	34	134	290	60	230	666	139	527
54	185	41	144	323	50	273	695	149	546
55-59	**856**	**136**	**720**	**1515**	**187**	**1328**	**3297**	**484**	**2813**
55	251	48	203	306	52	254	743	146	597
56	206	38	168	466	59	407	680	91	589
57	213	26	187	429	42	387	1095	162	933
58	140	20	120	258	30	228	604	74	530
59	46	4	42	56	4	52	175	11	164
60-64	**577**	**87**	**490**	**884**	**105**	**779**	**1484**	**198**	**1286**
60	71	5	66	119	10	109	169	14	155
61	93	19	74	148	18	130	203	32	171
62	118	14	104	179	26	153	342	46	296
63	172	31	141	212	28	184	407	64	343
64	123	18	105	226	23	203	363	42	321
65岁及以上	**2666**	**319**	**2347**	**4820**	**638**	**4182**	**8709**	**1120**	**7589**

C-5-5b 续表 2

单位：人

年　龄	初婚年龄								
	18 岁			19 岁			20 岁		
	小计	男	女	小计	男	女	小计	男	女
总　计	**45260**	**8782**	**36478**	**86775**	**20088**	**66687**	**133877**	**36925**	**96952**
20 岁以下	**99**	**26**	**73**	**54**	**12**	**42**			
20–24	**789**	**131**	**658**	**1375**	**220**	**1155**	**2072**	**346**	**1726**
20	113	21	92	179	35	144	107	14	93
21	112	16	96	214	39	175	350	53	297
22	142	29	113	266	34	232	513	73	440
23	196	31	165	292	47	245	526	95	431
24	226	34	192	424	65	359	576	111	465
25–29	**2003**	**480**	**1523**	**3495**	**762**	**2733**	**5435**	**1220**	**4215**
25	266	62	204	484	97	387	766	136	630
26	328	74	254	454	97	357	779	147	632
27	351	66	285	665	125	540	986	217	769
28	473	113	360	723	175	548	1322	341	981
29	585	165	420	1169	268	901	1582	379	1203
30–34	**3578**	**854**	**2724**	**7239**	**1653**	**5586**	**12342**	**3028**	**9314**
30	790	184	606	1576	372	1204	2710	692	2018
31	740	172	568	1515	354	1161	2641	675	1966
32	627	179	448	1311	310	1001	2409	578	1831
33	757	170	587	1471	330	1141	2440	605	1835
34	664	149	515	1366	287	1079	2142	478	1664
35–39	**2630**	**530**	**2100**	**5617**	**1107**	**4510**	**9920**	**2133**	**7787**
35	513	106	407	1136	234	902	2128	482	1646
36	531	106	425	1114	233	881	1988	436	1552
37	444	88	356	1033	222	811	1776	429	1347
38	653	138	515	1157	209	948	2274	442	1832
39	489	92	397	1177	209	968	1754	344	1410
40–44	**2147**	**415**	**1732**	**5268**	**936**	**4332**	**9932**	**1964**	**7968**
40	411	67	344	1043	180	863	1855	404	1451
41	439	90	349	1106	206	900	2120	468	1652
42	395	73	322	948	165	783	1931	341	1590
43	432	76	356	937	151	786	1855	340	1515
44	470	109	361	1234	234	1000	2171	411	1760
45–49	**4128**	**895**	**3233**	**7975**	**1706**	**6269**	**13567**	**3029**	**10538**
45	529	108	421	1310	246	1064	2535	512	2023
46	633	116	517	1407	280	1127	2686	552	2134
47	660	161	499	1512	310	1202	2720	549	2171
48	1031	234	797	1572	342	1230	2915	695	2220
49	1275	276	999	2174	528	1646	2711	721	1990
50–54	**7733**	**1665**	**6068**	**15410**	**4052**	**11358**	**23168**	**7669**	**15499**
50	1495	323	1172	3014	737	2277	4370	1321	3049
51	1510	352	1158	3067	858	2209	4677	1574	3103
52	1782	368	1414	3503	952	2551	5627	1936	3691
53	1425	299	1126	2643	665	1978	3895	1323	2572
54	1521	323	1198	3183	840	2343	4599	1515	3084
55–59	**6028**	**1109**	**4919**	**12048**	**2868**	**9180**	**18575**	**5938**	**12637**
55	1307	280	1027	2996	771	2225	4926	1566	3360
56	1353	283	1070	2661	654	2007	4339	1446	2893
57	1611	281	1330	3246	791	2455	4583	1504	3079
58	1366	206	1160	2252	492	1760	3535	1129	2406
59	391	59	332	893	160	733	1192	293	899
60–64	**2481**	**305**	**2176**	**5003**	**988**	**4015**	**8868**	**2241**	**6627**
60	421	40	381	941	160	781	1919	468	1451
61	305	29	276	789	156	633	1571	450	1121
62	456	66	390	895	164	731	1774	413	1361
63	709	88	621	1153	259	894	1917	485	1432
64	590	82	508	1225	249	976	1687	425	1262
65 岁及以上	**13644**	**2372**	**11272**	**23291**	**5784**	**17507**	**29998**	**9357**	**20641**

C-5-5b 续表 3

单位：人

年 龄	初婚年龄								
	21岁			22岁			23岁		
	小计	男	女	小计	男	女	小计	男	女
总 计	**159122**	**61553**	**97569**	**177485**	**85110**	**92375**	**159778**	**82981**	**76797**
20岁以下									
20-24	**2008**	**532**	**1476**	**1806**	**649**	**1157**	**1093**	**393**	**700**
20									
21	133	24	109						
22	463	130	333	268	104	164			
23	670	175	495	632	222	410	332	115	217
24	742	203	539	906	323	583	761	278	483
25-29	**6555**	**2007**	**4548**	**7854**	**3031**	**4823**	**7932**	**3190**	**4742**
25	814	225	589	1021	346	675	1147	422	725
26	984	247	737	1084	395	689	1123	421	702
27	1144	343	801	1463	552	911	1374	565	809
28	1438	445	993	1788	696	1092	1866	769	1097
29	2175	747	1428	2498	1042	1456	2422	1013	1409
30-34	**15803**	**5340**	**10463**	**19624**	**8345**	**11279**	**19145**	**8798**	**10347**
30	2891	940	1951	3846	1549	2297	3520	1514	2006
31	3395	1183	2212	3635	1601	2034	4061	1765	2296
32	3196	1082	2114	4081	1749	2332	3429	1576	1853
33	3560	1223	2337	4303	1843	2460	4498	2247	2251
34	2761	912	1849	3759	1603	2156	3637	1696	1941
35-39	**13587**	**4351**	**9236**	**16625**	**7061**	**9564**	**17089**	**8165**	**8924**
35	2543	833	1710	3140	1359	1781	3401	1633	1768
36	2841	947	1894	3231	1372	1859	3195	1540	1655
37	2710	871	1839	3403	1433	1970	3276	1534	1742
38	3028	953	2075	3914	1676	2238	4028	1955	2073
39	2465	747	1718	2937	1221	1716	3189	1503	1686
40-44	**12824**	**4015**	**8809**	**16358**	**7036**	**9322**	**15957**	**7631**	**8326**
40	1969	597	1372	2800	1209	1591	2835	1303	1532
41	2933	925	2008	2960	1294	1666	3237	1533	1704
42	2500	800	1700	3354	1418	1936	2836	1339	1497
43	2550	779	1771	3186	1368	1818	3357	1631	1726
44	2872	914	1958	4058	1747	2311	3692	1825	1867
45-49	**18765**	**6863**	**11902**	**22889**	**11002**	**11887**	**21861**	**11175**	**10686**
45	3177	1036	2141	3976	1794	2182	4123	2017	2106
46	4117	1415	2702	4784	2257	2527	4209	2057	2152
47	3748	1393	2355	5143	2434	2709	4480	2299	2181
48	3838	1450	2388	4594	2259	2335	4798	2490	2308
49	3885	1569	2316	4392	2258	2134	4251	2312	1939
50-54	**26313**	**11786**	**14527**	**26192**	**14143**	**12049**	**21010**	**11773**	**9237**
50	4135	1718	2417	4936	2561	2375	4432	2339	2093
51	5405	2434	2971	4181	2217	1964	3979	2176	1803
52	6635	3020	3615	6473	3568	2905	4070	2310	1760
53	4770	2231	2539	4842	2630	2212	3888	2225	1663
54	5368	2383	2985	5760	3167	2593	4641	2723	1918
55-59	**23315**	**10476**	**12839**	**24247**	**13367**	**10880**	**19423**	**11604**	**7819**
55	5542	2523	3019	5452	2973	2479	4598	2656	1942
56	5849	2622	3227	5631	3064	2567	4220	2474	1746
57	6430	2913	3517	7141	3964	3177	5128	3092	2036
58	3998	1817	2181	4655	2614	2041	4099	2568	1531
59	1496	601	895	1368	752	616	1378	814	564
60-64	**11486**	**4049**	**7437**	**14179**	**6372**	**7807**	**13194**	**7199**	**5995**
60	1992	754	1238	2363	1223	1140	1909	1145	764
61	2297	781	1516	2068	922	1146	1919	1130	789
62	2525	858	1667	3478	1578	1900	2479	1376	1103
63	2732	952	1780	3471	1489	1982	4007	2074	1933
64	1940	704	1236	2799	1160	1639	2880	1474	1406
65岁及以上	**28466**	**12134**	**16332**	**27711**	**14104**	**13607**	**23074**	**13053**	**10021**

C-5-5b 续表 4　　　　单位：人

年　龄	初婚年龄								
	24 岁			25 岁			26 岁		
	小计	男	女	小计	男	女	小计	男	女
总　计	**136537**	**77314**	**59223**	**108205**	**65912**	**42293**	**80508**	**51735**	**28773**
20 岁以下									
20–24	**336**	**140**	**196**						
20									
21									
22									
23									
24	336	140	196						
25–29	**7739**	**3439**	**4300**	**6161**	**2897**	**3264**	**4450**	**2241**	**2209**
25	930	367	563	383	153	230			
26	1218	494	724	850	409	441	383	181	202
27	1361	620	741	1392	622	770	935	471	464
28	1683	770	913	1569	746	823	1449	722	727
29	2547	1188	1359	1967	967	1000	1683	867	816
30–34	**17952**	**8696**	**9256**	**15463**	**8011**	**7452**	**12595**	**6804**	**5791**
30	3655	1677	1978	3324	1593	1731	2509	1269	1240
31	3490	1612	1878	3175	1625	1550	2699	1445	1254
32	3693	1796	1897	2905	1511	1394	2473	1330	1143
33	3573	1763	1810	3385	1790	1595	2474	1373	1101
34	3541	1848	1693	2674	1492	1182	2440	1387	1053
35–39	**16356**	**8698**	**7658**	**14111**	**8099**	**6012**	**11185**	**6899**	**4286**
35	3103	1649	1454	2752	1550	1202	1898	1139	759
36	3273	1763	1510	2714	1557	1157	2230	1373	857
37	2954	1551	1403	2925	1699	1226	2212	1374	838
38	3755	1994	1761	3122	1803	1319	2820	1747	1073
39	3271	1741	1530	2598	1490	1108	2025	1266	759
40–44	**14623**	**7974**	**6649**	**12110**	**7185**	**4925**	**9731**	**6295**	**3436**
40	2798	1491	1307	2577	1461	1116	1927	1211	716
41	3135	1723	1412	2703	1602	1101	2233	1440	793
42	2676	1435	1241	2369	1429	940	1825	1193	632
43	2410	1357	1053	2141	1306	835	1756	1142	614
44	3604	1968	1636	2320	1387	933	1990	1309	681
45–49	**18980**	**10645**	**8335**	**15019**	**9241**	**5778**	**10759**	**6998**	**3761**
45	3608	1989	1619	3068	1878	1190	1832	1206	626
46	4207	2312	1895	3154	1962	1192	2421	1563	858
47	3575	2008	1567	3188	1953	1235	2174	1405	769
48	3666	2053	1613	2861	1722	1139	2309	1464	845
49	3924	2283	1641	2748	1726	1022	2023	1360	663
50–54	**15509**	**9403**	**6106**	**11404**	**7433**	**3971**	**8336**	**5671**	**2665**
50	3660	2146	1514	3324	2089	1235	2109	1413	696
51	3083	1827	1256	2408	1581	827	1965	1323	642
52	3460	2134	1326	2426	1603	823	1799	1241	558
53	2020	1247	773	1665	1094	571	1173	826	347
54	3286	2049	1237	1581	1066	515	1290	868	422
55–59	**13845**	**8877**	**4968**	**9418**	**6393**	**3025**	**5564**	**3913**	**1651**
55	3225	2053	1172	2228	1471	757	1027	706	321
56	3266	2092	1174	2205	1500	705	1385	987	398
57	3535	2252	1283	2587	1739	848	1579	1122	457
58	2667	1726	941	1708	1203	505	1126	794	332
59	1152	754	398	690	480	210	447	304	143
60–64	**10624**	**6745**	**3879**	**7663**	**5398**	**2265**	**5272**	**3956**	**1316**
60	1625	1085	540	1281	880	401	729	537	192
61	1459	1004	455	1120	804	316	815	585	230
62	2199	1412	787	1573	1110	463	1169	897	272
63	2413	1513	900	2080	1510	570	1300	997	303
64	2928	1731	1197	1609	1094	515	1259	940	319
65 岁及以上	**20573**	**12697**	**7876**	**16856**	**11255**	**5601**	**12616**	**8958**	**3658**

C-5-5b 续表 5

单位：人

年 龄	初婚年龄								
	27岁			28岁			29岁		
	小计	男	女	小计	男	女	小计	男	女
总 计	**59427**	**39839**	**19588**	**42442**	**29170**	**13272**	**30419**	**21067**	**9352**
20岁以下									
20-24									
20									
21									
22									
23									
24									
25-29	**2640**	**1393**	**1247**	**1243**	**724**	**519**	**351**	**201**	**150**
25									
26									
27	334	178	156						
28	808	413	395	337	191	146			
29	1498	802	696	906	533	373	351	201	150
30-34	**9781**	**5621**	**4160**	**7335**	**4268**	**3067**	**5085**	**3007**	**2078**
30	2102	1136	966	1639	912	727	946	548	398
31	1909	1075	834	1424	831	593	1189	681	508
32	2040	1157	883	1353	772	581	1014	612	402
33	2045	1200	845	1591	941	650	984	585	399
34	1685	1053	632	1328	812	516	952	581	371
35-39	**8736**	**5673**	**3063**	**6266**	**4146**	**2120**	**4540**	**2982**	**1558**
35	1675	1056	619	1149	739	410	877	562	315
36	1521	951	570	1184	787	397	771	497	274
37	1715	1119	596	1182	792	390	933	626	307
38	2047	1372	675	1500	982	518	1048	709	339
39	1778	1175	603	1251	846	405	911	588	323
40-44	**7527**	**5178**	**2349**	**5751**	**4068**	**1683**	**4247**	**3054**	**1193**
40	1455	969	486	1222	831	391	830	569	261
41	1664	1143	521	1198	848	350	997	708	289
42	1478	1015	463	1133	802	331	751	529	222
43	1380	945	435	1074	758	316	775	577	198
44	1550	1106	444	1124	829	295	894	671	223
45-49	**8031**	**5525**	**2506**	**5544**	**3979**	**1565**	**4109**	**2996**	**1113**
45	1620	1141	479	1093	804	289	887	656	231
46	1537	1072	465	1242	915	327	845	608	237
47	1760	1224	536	953	694	259	832	599	233
48	1559	1063	496	1217	853	364	691	502	189
49	1555	1025	530	1039	713	326	854	631	223
50-54	**6078**	**4214**	**1864**	**4532**	**3199**	**1333**	**3489**	**2446**	**1043**
50	1586	1101	485	1276	882	394	848	631	217
51	1288	874	414	978	700	278	792	532	260
52	1448	990	458	945	682	263	807	563	244
53	894	601	293	684	471	213	477	328	149
54	862	648	214	649	464	185	565	392	173
55-59	**3696**	**2677**	**1019**	**2276**	**1699**	**577**	**1651**	**1224**	**427**
55	813	588	225	560	407	153	452	320	132
56	697	506	191	534	400	134	367	271	96
57	1095	788	307	492	370	122	411	316	95
58	748	542	206	478	358	120	289	221	68
59	343	253	90	212	164	48	132	96	36
60-64	**3614**	**2754**	**860**	**2511**	**1932**	**579**	**1774**	**1325**	**449**
60	488	356	132	358	250	108	224	155	69
61	473	368	105	339	265	74	255	195	60
62	877	677	200	498	386	112	385	276	109
63	947	725	222	726	571	155	468	359	109
64	829	628	201	590	460	130	442	340	102
65岁及以上	**9324**	**6804**	**2520**	**6984**	**5155**	**1829**	**5173**	**3832**	**1341**

C-5-5b 续表 6 单位：人

年龄	初婚年龄								
	30 岁			31 岁			32 岁		
	小计	男	女	小计	男	女	小计	男	女
总计	**22361**	**15310**	**7051**	**16013**	**10832**	**5181**	**12053**	**8167**	**3886**
20 岁以下									
20-24									
20									
21									
22									
23									
24									
25-29									
25									
26									
27									
28									
29									
30-34	**3376**	**2024**	**1352**	**1980**	**1167**	**813**	**1026**	**607**	**419**
30	394	236	158						
31	685	411	274	276	169	107			
32	851	517	334	519	298	221	197	118	79
33	780	463	317	663	379	284	424	262	162
34	666	397	269	522	321	201	405	227	178
35-39	**3448**	**2218**	**1230**	**2505**	**1562**	**943**	**1989**	**1236**	**753**
35	637	396	241	429	266	163	337	208	129
36	688	429	259	496	317	179	353	220	133
37	678	447	231	492	287	205	397	249	148
38	804	503	301	582	357	225	454	282	172
39	641	443	198	506	335	171	448	277	171
40-44	**3224**	**2271**	**953**	**2438**	**1674**	**764**	**1889**	**1286**	**603**
40	648	439	209	415	278	137	368	232	136
41	680	477	203	535	347	188	346	236	110
42	657	448	209	495	341	154	408	268	140
43	591	429	162	505	350	155	350	249	101
44	648	478	170	488	358	130	417	301	116
45-49	**3080**	**2235**	**845**	**2355**	**1679**	**676**	**1939**	**1398**	**541**
45	723	517	206	505	356	149	400	283	117
46	687	498	189	556	409	147	435	307	128
47	611	456	155	450	317	133	426	325	101
48	574	415	159	446	310	136	351	248	103
49	485	349	136	398	287	111	327	235	92
50-54	**2657**	**1792**	**865**	**1946**	**1350**	**596**	**1382**	**939**	**443**
50	622	443	179	363	271	92	295	201	94
51	548	378	170	407	273	134	205	146	59
52	671	431	240	451	322	129	328	233	95
53	403	273	130	376	254	122	233	156	77
54	413	267	146	349	230	119	321	203	118
55-59	**1337**	**932**	**405**	**1033**	**708**	**325**	**952**	**663**	**289**
55	392	263	129	278	179	99	273	189	84
56	328	239	89	267	188	79	218	154	64
57	332	224	108	269	179	90	242	165	77
58	213	161	52	169	125	44	166	119	47
59	72	45	27	50	37	13	53	36	17
60-64	**1234**	**898**	**336**	**891**	**635**	**256**	**612**	**439**	**173**
60	153	107	46	73	60	13	61	44	17
61	176	134	42	126	90	36	55	41	14
62	271	202	69	184	130	54	148	118	30
63	336	241	95	260	185	75	174	114	60
64	298	214	84	248	170	78	174	122	52
65 岁及以上	**4005**	**2940**	**1065**	**2865**	**2057**	**808**	**2264**	**1599**	**665**

C-5-5b 续表 7

单位：人

年 龄	初婚年龄								
	33岁			34岁			35岁		
	小计	男	女	小计	男	女	小计	男	女
总 计	**8998**	**6085**	**2913**	**6965**	**4659**	**2306**	**5357**	**3594**	**1763**
20岁以下									
20-24									
20									
21									
22									
23									
24									
25-29									
25									
26									
27									
28									
29									
30-34	**416**	**248**	**168**	**134**	**72**	**62**			
30									
31									
32									
33	153	97	56						
34	263	151	112	134	72	62			
35-39	**1560**	**938**	**622**	**1211**	**706**	**505**	**793**	**438**	**355**
35	289	180	109	189	111	78	95	49	46
36	241	137	104	247	146	101	153	83	70
37	310	177	133	229	136	93	179	97	82
38	393	242	151	281	160	121	185	102	83
39	327	202	125	265	153	112	181	107	74
40-44	**1477**	**981**	**496**	**1240**	**819**	**421**	**980**	**636**	**344**
40	292	177	115	266	172	94	206	122	84
41	305	210	95	251	151	100	191	124	67
42	259	157	102	244	173	71	212	131	81
43	303	222	81	194	129	65	189	127	62
44	318	215	103	285	194	91	182	132	50
45-49	**1569**	**1105**	**464**	**1356**	**932**	**424**	**1141**	**785**	**356**
45	362	252	110	295	203	92	267	185	82
46	342	242	100	319	215	104	215	146	69
47	308	221	87	262	189	73	273	183	90
48	289	197	92	235	156	79	213	143	70
49	268	193	75	245	169	76	173	128	45
50-54	**987**	**715**	**272**	**744**	**530**	**214**	**660**	**477**	**183**
50	265	192	73	199	137	62	208	147	61
51	194	145	49	167	123	44	139	101	38
52	181	128	53	147	97	50	148	104	44
53	170	119	51	94	77	17	101	73	28
54	177	131	46	137	96	41	64	52	12
55-59	**781**	**527**	**254**	**602**	**414**	**188**	**482**	**337**	**145**
55	238	157	81	122	84	38	105	74	31
56	170	121	49	177	122	55	99	70	29
57	183	119	64	155	101	54	148	96	52
58	142	100	42	106	77	29	103	77	26
59	48	30	18	42	30	12	27	20	7
60-64	**435**	**329**	**106**	**264**	**200**	**64**	**253**	**189**	**64**
60	65	47	18	45	35	10	43	30	13
61	61	45	16	35	26	9	51	38	13
62	64	55	9	70	53	17	58	43	15
63	117	92	25	49	37	12	66	54	12
64	128	90	38	65	49	16	35	24	11
65岁及以上	**1773**	**1242**	**531**	**1414**	**986**	**428**	**1048**	**732**	**316**

C-5-5b 续表 8 单位：人

年龄	初婚年龄								
	36岁			37岁			38岁		
	小计	男	女	小计	男	女	小计	男	女
总计	**4091**	**2685**	**1406**	**3049**	**2073**	**976**	**2543**	**1708**	**835**
20岁以下									
20-24									
20									
21									
22									
23									
24									
25-29									
25									
26									
27									
28									
29									
30-34									
30									
31									
32									
33									
34									
35-39	**554**	**307**	**247**	**317**	**184**	**133**	**164**	**82**	**82**
35									
36	81	33	48						
37	124	73	51	60	36	24			
38	187	116	71	128	78	50	75	41	34
39	162	85	77	129	70	59	89	41	48
40-44	**733**	**472**	**261**	**571**	**381**	**190**	**479**	**302**	**177**
40	137	84	53	87	49	38	104	64	40
41	156	88	68	126	83	43	89	48	41
42	138	86	52	117	74	43	73	53	20
43	135	85	50	119	85	34	88	56	32
44	167	129	38	122	90	32	125	81	44
45-49	**890**	**594**	**296**	**671**	**473**	**198**	**582**	**414**	**168**
45	141	94	47	126	84	42	102	67	35
46	211	132	79	142	98	44	106	82	24
47	209	147	62	132	98	34	129	94	35
48	172	114	58	143	101	42	124	89	35
49	157	107	50	128	92	36	121	82	39
50-54	**569**	**389**	**180**	**422**	**307**	**115**	**395**	**271**	**124**
50	172	117	55	114	84	30	114	79	35
51	135	92	43	86	64	22	80	51	29
52	131	91	40	95	72	23	89	63	26
53	73	51	22	56	41	15	61	42	19
54	58	38	20	71	46	25	51	36	15
55-59	**317**	**216**	**101**	**224**	**159**	**65**	**196**	**142**	**54**
55	57	39	18	51	32	19	42	30	12
56	66	44	22	38	31	7	47	39	8
57	92	70	22	70	52	18	38	26	12
58	74	47	27	43	27	16	49	33	16
59	28	16	12	22	17	5	20	14	6
60-64	**224**	**176**	**48**	**180**	**127**	**53**	**178**	**124**	**54**
60	43	33	10	30	20	10	27	23	4
61	39	29	10	31	23	8	27	18	9
62	47	38	9	46	34	12	44	30	14
63	48	40	8	44	30	14	50	34	16
64	47	36	11	29	20	9	30	19	11
65岁及以上	**804**	**531**	**273**	**664**	**442**	**222**	**549**	**373**	**176**

C-5-5b　续表 9

单位：人

年　龄	初婚年龄					
	39 岁			40 岁及以上		
	小计	男	女	小计	男	女
总　计	**2018**	**1324**	**694**	**11521**	**7082**	**4439**
20 岁以下						
20–24						
20						
21						
22						
23						
24						
25–29						
25						
26						
27						
28						
29						
30–34						
30						
31						
32						
33						
34						
35–39	**65**	**35**	**30**			
35						
36						
37						
38						
39	65	35	30			
40–44	**350**	**224**	**126**	**817**	**467**	**350**
40	80	52	28	52	25	27
41	74	46	28	130	61	69
42	62	37	25	153	88	65
43	55	33	22	222	136	86
44	79	56	23	260	157	103
45–49	**462**	**317**	**145**	**2069**	**1345**	**724**
45	103	70	33	349	223	126
46	95	67	28	353	227	126
47	94	61	33	450	292	158
48	81	63	18	438	286	152
49	89	56	33	479	317	162
50–54	**378**	**254**	**124**	**2124**	**1385**	**739**
50	105	71	34	469	291	178
51	89	57	32	406	267	139
52	76	53	23	510	336	174
53	46	31	15	364	245	119
54	62	42	20	375	246	129
55–59	**139**	**97**	**42**	**1451**	**946**	**505**
55	46	30	16	355	245	110
56	31	21	10	336	221	115
57	26	20	6	383	253	130
58	17	11	6	258	157	101
59	19	15	4	119	70	49
60–64	**175**	**107**	**68**	**1005**	**624**	**381**
60	20	14	6	139	87	52
61	32	23	9	137	100	37
62	48	27	21	222	139	83
63	38	20	18	251	153	98
64	37	23	14	256	145	111
65 岁及以上	**449**	**290**	**159**	**4055**	**2315**	**1740**

C-5-5c 全省分年龄、性别、初婚年龄的人口（乡村）

单位：人

年龄	初婚年龄					
	合计			15岁以下		
	合计	男	女	小计	男	女
总计	**1958376**	**949874**	**1008502**	**4076**	**512**	**3564**
20岁以下	**875**	**182**	**693**	**28**	**7**	**21**
20-24	**16144**	**3907**	**12237**	**75**	**6**	**69**
20	958	173	785	8	1	7
21	1761	285	1476	15	2	13
22	3092	639	2453	19	2	17
23	4366	1099	3267	20	1	19
24	5967	1711	4256	13		13
25-29	**72025**	**28585**	**43440**	**137**	**22**	**115**
25	8284	2645	5639	19	5	14
26	9332	3248	6084	21	2	19
27	12907	4853	8054	30	4	26
28	17171	7083	10088	34	4	30
29	24331	10756	13575	33	7	26
30-34	**181926**	**85254**	**96672**	**287**	**56**	**231**
30	37157	16538	20619	59	7	52
31	37354	17170	20184	61	15	46
32	35525	16585	18940	66	18	48
33	38766	18689	20077	60	10	50
34	33124	16272	16852	41	6	35
35-39	**155065**	**78267**	**76798**	**172**	**28**	**144**
35	29721	14634	15087	43	10	33
36	30091	15102	14989	44	4	40
37	30326	15480	14846	31	5	26
38	35811	18295	17516	29	4	25
39	29116	14756	14360	25	5	20
40-44	**144069**	**73282**	**70787**	**250**	**39**	**211**
40	26551	13321	13230	31	2	29
41	29546	15030	14516	53	7	46
42	27213	13809	13404	47	5	42
43	27416	14093	13323	56	14	42
44	33343	17029	16314	63	11	52
45-49	**214476**	**109141**	**105335**	**293**	**40**	**253**
45	37079	18936	18143	73	12	61
46	43556	22070	21486	75	9	66
47	43658	22416	21242	47	7	40
48	44828	22739	22089	48	5	43
49	45355	22980	22375	50	7	43
50-54	**278380**	**136457**	**141923**	**393**	**58**	**335**
50	53976	26301	27675	62	11	51
51	54150	26726	27424	80	14	66
52	64469	31650	32819	98	11	87
53	49225	23968	25257	62	12	50
54	56560	27812	28748	91	10	81
55-59	**236678**	**116454**	**120224**	**320**	**30**	**290**
55	56184	27663	28521	98	13	85
56	54145	26405	27740	45	5	40
57	64141	31882	32259	81	6	75
58	46459	22892	23567	66	2	64
59	15749	7612	8137	30	4	26
60-64	**159404**	**80438**	**78966**	**344**	**37**	**307**
60	23886	11961	11925	38	2	36
61	23469	11951	11518	46	5	41
62	33377	16774	16603	85	11	74
63	41649	21231	20418	99	15	84
64	37023	18521	18502	76	4	72
65岁及以上	**499334**	**237907**	**261427**	**1777**	**189**	**1588**

C-5-5c 续表 1 单位：人

年 龄	初婚年龄								
	15 岁			16 岁			17 岁		
	小计	男	女	小计	男	女	小计	男	女
总 计	**16450**	**2378**	**14072**	**29166**	**3982**	**25184**	**52112**	**7865**	**44247**
20 岁以下	**122**	**26**	**96**	**199**	**39**	**160**	**248**	**45**	**203**
20–24	**283**	**40**	**243**	**557**	**99**	**458**	**902**	**150**	**752**
20	26	3	23	56	10	46	119	23	96
21	48	3	45	93	18	75	148	27	121
22	60	5	55	125	24	101	179	26	153
23	78	18	60	131	17	114	213	33	180
24	71	11	60	152	30	122	243	41	202
25–29	**542**	**108**	**434**	**1092**	**247**	**845**	**2002**	**451**	**1551**
25	110	16	94	168	34	134	354	71	283
26	88	15	73	214	42	172	302	68	234
27	101	19	82	229	53	176	401	92	309
28	97	16	81	219	54	165	440	95	345
29	146	42	104	262	64	198	505	125	380
30–34	**1044**	**235**	**809**	**1820**	**377**	**1443**	**3163**	**669**	**2494**
30	245	59	186	357	70	287	683	159	524
31	199	50	149	419	106	313	655	146	509
32	199	37	162	340	72	268	668	132	536
33	221	47	174	394	70	324	654	134	520
34	180	42	138	310	59	251	503	98	405
35–39	**863**	**167**	**696**	**1465**	**280**	**1185**	**2451**	**448**	**2003**
35	254	66	188	278	57	221	513	95	418
36	196	47	149	392	103	289	405	78	327
37	141	18	123	293	50	243	513	116	397
38	156	17	139	299	42	257	582	91	491
39	116	19	97	203	28	175	438	68	370
40–44	**765**	**185**	**580**	**1210**	**188**	**1022**	**1965**	**308**	**1657**
40	140	24	116	174	19	155	325	35	290
41	140	40	100	308	47	261	423	64	359
42	148	46	102	261	43	218	446	75	371
43	158	32	126	200	34	166	343	64	279
44	179	43	136	267	45	222	428	70	358
45–49	**1368**	**237**	**1131**	**2364**	**414**	**1950**	**4310**	**809**	**3501**
45	269	64	205	280	57	223	493	96	397
46	314	56	258	500	93	407	532	91	441
47	289	46	243	565	103	462	957	182	775
48	242	31	211	549	84	465	1160	232	928
49	254	40	214	470	77	393	1168	208	960
50–54	**1822**	**311**	**1511**	**3666**	**546**	**3120**	**7304**	**1143**	**6161**
50	341	55	286	658	86	572	1320	204	1116
51	388	81	307	817	132	685	1539	270	1269
52	446	75	371	870	135	735	1835	282	1553
53	325	53	272	555	78	477	1270	184	1086
54	322	47	275	766	115	651	1340	203	1137
55–59	**1856**	**210**	**1646**	**3486**	**354**	**3132**	**6770**	**820**	**5950**
55	554	107	447	663	81	582	1414	168	1246
56	474	54	420	1022	117	905	1317	168	1149
57	474	29	445	1013	99	914	2286	306	1980
58	282	14	268	618	47	571	1396	145	1251
59	72	6	66	170	10	160	357	33	324
60–64	**1191**	**122**	**1069**	**1967**	**196**	**1771**	**3204**	**311**	**2893**
60	174	14	160	244	25	219	402	32	370
61	175	18	157	334	40	294	423	35	388
62	230	29	201	411	30	381	763	73	690
63	336	31	305	474	46	428	868	87	781
64	276	30	246	504	55	449	748	84	664
65 岁及以上	**6594**	**737**	**5857**	**11340**	**1242**	**10098**	**19793**	**2711**	**17082**

C-5-5c 续表 2 单位：人

年龄	初婚年龄								
	18岁			19岁			20岁		
	小计	男	女	小计	男	女	小计	男	女
总 计	**87203**	**15629**	**71574**	**158368**	**36546**	**121822**	**231158**	**67049**	**164109**
20岁以下	**200**	**57**	**143**	**78**	**8**	**70**			
20-24	**1538**	**304**	**1234**	**2521**	**466**	**2055**	**3377**	**558**	**2819**
20	227	48	179	312	58	254	210	30	180
21	241	47	194	473	65	408	538	80	458
22	293	54	239	520	88	432	838	120	718
23	365	71	294	515	101	414	888	158	730
24	412	84	328	701	154	547	903	170	733
25-29	**3259**	**819**	**2440**	**5451**	**1361**	**4090**	**7911**	**2069**	**5842**
25	486	109	377	790	176	614	1130	259	871
26	516	110	406	753	168	585	1130	242	888
27	563	135	428	980	239	741	1400	331	1069
28	791	207	584	1189	311	878	1963	557	1406
29	903	258	645	1739	467	1272	2288	680	1608
30-34	**5631**	**1335**	**4296**	**10801**	**2711**	**8090**	**17463**	**4761**	**12702**
30	1283	333	950	2392	667	1725	3815	1071	2744
31	1087	269	818	2281	586	1695	3619	983	2636
32	1077	265	812	2036	511	1525	3485	951	2534
33	1243	274	969	2117	498	1619	3469	949	2520
34	941	194	747	1975	449	1526	3075	807	2268
35-39	**4170**	**790**	**3380**	**8324**	**1619**	**6705**	**13731**	**3386**	**10345**
35	786	139	647	1670	355	1315	2778	743	2035
36	789	156	633	1574	321	1253	2778	744	2034
37	740	140	600	1642	315	1327	2658	644	2014
38	1073	205	868	1694	315	1379	3072	705	2367
39	782	150	632	1744	313	1431	2445	550	1895
40-44	**3622**	**597**	**3025**	**8279**	**1375**	**6904**	**14647**	**2954**	**11693**
40	704	112	592	1540	265	1275	2646	536	2110
41	731	134	597	1705	256	1449	2939	640	2299
42	687	100	587	1526	254	1272	2931	573	2358
43	720	122	598	1506	244	1262	2753	541	2212
44	780	129	651	2002	356	1646	3378	664	2714
45-49	**7122**	**1368**	**5754**	**13903**	**2721**	**11182**	**21661**	**4902**	**16759**
45	853	148	705	2147	378	1769	3940	771	3169
46	1070	182	888	2386	398	1988	4361	859	3502
47	1151	214	937	2627	467	2160	4233	924	3309
48	1855	366	1489	2812	566	2246	4618	1124	3494
49	2193	458	1735	3931	912	3019	4509	1224	3285
50-54	**14587**	**2729**	**11858**	**27789**	**6948**	**20841**	**39760**	**13175**	**26585**
50	2835	532	2303	5233	1232	4001	7188	2161	5027
51	2702	525	2177	5431	1414	4017	7918	2692	5226
52	3450	682	2768	6183	1629	4554	9434	3168	6266
53	2834	532	2302	5085	1285	3800	7068	2377	4691
54	2766	458	2308	5857	1388	4469	8152	2777	5375
55-59	**11825**	**1878**	**9947**	**21439**	**4853**	**16586**	**32331**	**10551**	**21780**
55	2527	459	2068	5185	1286	3899	8539	2849	5690
56	2690	434	2256	4640	1064	3576	7456	2405	5051
57	2998	506	2492	5837	1323	4514	8122	2762	5360
58	2827	384	2443	4145	891	3254	6218	1949	4269
59	783	95	688	1632	289	1343	1996	586	1410
60-64	**5516**	**623**	**4893**	**10135**	**1813**	**8322**	**16635**	**4088**	**12547**
60	868	72	796	1743	274	1469	3460	855	2605
61	744	88	656	1514	272	1242	2721	715	2006
62	1063	117	946	1893	343	1550	3431	758	2673
63	1509	188	1321	2410	410	2000	3641	902	2739
64	1332	158	1174	2575	514	2061	3382	858	2524
65岁及以上	**29733**	**5129**	**24604**	**49648**	**12671**	**36977**	**63642**	**20605**	**43037**

C-5-5c 续表 3 单位：人

年龄	初婚年龄								
	21岁			22岁			23岁		
	小计	男	女	小计	男	女	小计	男	女
总 计	**249345**	**105658**	**143687**	**255502**	**135392**	**120110**	**208299**	**120706**	**87593**
20岁以下									
20-24	**2869**	**788**	**2081**	**2396**	**854**	**1542**	**1258**	**486**	**772**
20									
21	205	43	162						
22	688	190	498	370	130	240			
23	992	266	726	790	286	504	374	148	226
24	984	289	695	1236	438	798	884	338	546
25-29	**8855**	**3000**	**5855**	**9464**	**3968**	**5496**	**9111**	**3976**	**5135**
25	1210	365	845	1244	459	785	1360	516	844
26	1284	403	881	1275	514	761	1219	495	724
27	1579	486	1093	1841	714	1127	1540	684	856
28	1910	720	1190	2170	937	1233	2097	930	1167
29	2872	1026	1846	2934	1344	1590	2895	1351	1544
30-34	**20738**	**8092**	**12646**	**23485**	**11115**	**12370**	**20902**	**10688**	**10214**
30	3784	1407	2377	4872	2182	2690	4107	1955	2152
31	4657	1836	2821	4328	2023	2305	4292	2063	2229
32	4150	1682	2468	4828	2300	2528	3683	1861	1822
33	4551	1777	2774	5007	2441	2566	5023	2688	2335
34	3596	1390	2206	4450	2169	2281	3797	2121	1676
35-39	**16847**	**6396**	**10451**	**19363**	**9468**	**9895**	**18121**	**9970**	**8151**
35	3223	1208	2015	3639	1792	1847	3623	1945	1678
36	3593	1406	2187	3701	1818	1883	3345	1870	1475
37	3267	1262	2005	3994	1978	2016	3518	1966	1552
38	3734	1417	2317	4556	2190	2366	4355	2411	1944
39	3030	1103	1927	3473	1690	1783	3280	1778	1502
40-44	**16085**	**5759**	**10326**	**18350**	**9058**	**9292**	**16077**	**8889**	**7188**
40	2601	880	1721	3201	1526	1675	2906	1562	1344
41	3394	1222	2172	3245	1608	1637	3242	1821	1421
42	3016	1125	1891	3689	1806	1883	2633	1495	1138
43	3358	1207	2151	3595	1860	1735	3430	1897	1533
44	3716	1325	2391	4620	2258	2362	3866	2114	1752
45-49	**26735**	**10753**	**15982**	**29972**	**16162**	**13810**	**25221**	**14598**	**10623**
45	4452	1609	2843	4924	2560	2364	4432	2482	1950
46	5789	2105	3684	6212	3227	2985	4907	2763	2144
47	5595	2319	3276	6649	3599	3050	5091	2932	2159
48	5347	2265	3082	6322	3466	2856	5634	3296	2338
49	5552	2455	3097	5865	3310	2555	5157	3125	2032
50-54	**41685**	**19839**	**21846**	**38739**	**22540**	**16199**	**27352**	**16985**	**10367**
50	6409	2894	3515	6745	3722	3023	5395	3180	2215
51	8374	3961	4413	6027	3543	2484	5082	3159	1923
52	10295	5053	5242	9589	5629	3960	5134	3160	1974
53	7849	3791	4058	7312	4355	2957	5436	3430	2006
54	8758	4140	4618	9066	5291	3775	6305	4056	2249
55-59	**37173**	**17670**	**19503**	**37212**	**22037**	**15175**	**27600**	**17904**	**9696**
55	9053	4332	4721	8428	5002	3426	6565	4195	2370
56	9417	4388	5029	8416	4983	3433	5906	3796	2110
57	10046	4882	5164	10984	6455	4529	7300	4751	2549
58	6420	3058	3362	7216	4327	2889	5950	3933	2017
59	2237	1010	1227	2168	1270	898	1879	1229	650
60-64	**20075**	**7459**	**12616**	**23242**	**11348**	**11894**	**19990**	**11786**	**8204**
60	3086	1260	1826	3510	2008	1502	2734	1832	902
61	3892	1457	2435	2986	1565	1421	2848	1826	1022
62	4374	1554	2820	5672	2710	2962	3474	2040	1434
63	5001	1789	3212	6001	2852	3149	6241	3552	2689
64	3722	1399	2323	5073	2213	2860	4693	2536	2157
65岁及以上	**58283**	**25902**	**32381**	**53279**	**28842**	**24437**	**42667**	**25424**	**17243**

C-5-5c 续表 4 单位：人

年龄	初婚年龄								
	24 岁			25 岁			26 岁		
	小计	男	女	小计	男	女	小计	男	女
总 计	**164779**	**103590**	**61189**	**124962**	**83482**	**41480**	**92710**	**64718**	**27992**
20 岁以下									
20-24	**368**	**156**	**212**						
20									
21									
22									
23									
24	368	156	212						
25-29	**8338**	**3953**	**4385**	**6456**	**3274**	**3182**	**4582**	**2461**	**2121**
25	1004	441	563	409	194	215			
26	1313	570	743	892	449	443	325	170	155
27	1483	669	814	1392	688	704	968	513	455
28	1804	891	913	1638	834	804	1511	772	739
29	2734	1382	1352	2125	1109	1016	1778	1006	772
30-34	**18250**	**9903**	**8347**	**15256**	**8655**	**6601**	**12300**	**7333**	**4967**
30	3926	1961	1965	3580	1868	1712	2510	1432	1078
31	3674	1928	1746	3274	1787	1487	2799	1613	1186
32	3660	1975	1685	2856	1621	1235	2426	1447	979
33	3394	1929	1465	3168	1884	1284	2438	1508	930
34	3596	2110	1486	2378	1495	883	2127	1333	794
35-39	**15644**	**9560**	**6084**	**12990**	**8397**	**4593**	**10045**	**6909**	**3136**
35	2997	1787	1210	2625	1616	1009	1649	1097	552
36	3254	1987	1267	2436	1560	876	1980	1309	671
37	2856	1800	1056	2663	1712	951	1949	1402	547
38	3556	2148	1408	2875	1956	919	2571	1793	778
39	2981	1838	1143	2391	1553	838	1896	1308	588
40-44	**13600**	**8417**	**5183**	**10685**	**7252**	**3433**	**8569**	**6225**	**2344**
40	2660	1622	1038	2216	1494	722	1701	1194	507
41	2754	1664	1090	2365	1585	780	1895	1365	530
42	2524	1571	953	2040	1402	638	1656	1201	455
43	2315	1476	839	1989	1368	621	1472	1091	381
44	3347	2084	1263	2075	1403	672	1845	1374	471
45-49	**19635**	**12250**	**7385**	**14669**	**9861**	**4808**	**10557**	**7440**	**3117**
45	3433	2148	1285	2886	1925	961	1703	1219	484
46	4259	2614	1645	3061	2054	1007	2326	1629	697
47	3680	2304	1376	3159	2121	1038	2126	1508	618
48	3959	2452	1507	2708	1830	878	2340	1657	683
49	4304	2732	1572	2855	1931	924	2062	1427	635
50-54	**18798**	**12541**	**6257**	**12957**	**9004**	**3953**	**9816**	**6943**	**2873**
50	4264	2747	1517	3441	2357	1084	2317	1645	672
51	3676	2424	1252	2755	1927	828	2315	1625	690
52	4082	2755	1327	2910	2011	899	2203	1532	671
53	2565	1708	857	1965	1369	596	1411	989	422
54	4211	2907	1304	1886	1340	546	1570	1152	418
55-59	**18511**	**12691**	**5820**	**11755**	**8307**	**3448**	**6931**	**5070**	**1861**
55	4177	2821	1356	2727	1924	803	1216	868	348
56	4262	2900	1362	2582	1803	779	1630	1200	430
57	4720	3286	1434	3284	2327	957	1910	1413	497
58	3788	2636	1152	2251	1613	638	1617	1183	434
59	1564	1048	516	911	640	271	558	406	152
60-64	**15816**	**10844**	**4972**	**11142**	**8431**	**2711**	**8249**	**6502**	**1747**
60	2291	1644	647	1725	1291	434	1037	778	259
61	2102	1517	585	1591	1235	356	1291	1011	280
62	3206	2267	939	2203	1701	502	1800	1457	343
63	3702	2528	1174	3086	2363	723	2081	1648	433
64	4515	2888	1627	2537	1841	696	2040	1608	432
65 岁及以上	**35819**	**23275**	**12544**	**29052**	**20301**	**8751**	**21661**	**15835**	**5826**

C-5-5c 续表 5

单位：人

年龄	初婚年龄								
	27 岁			28 岁			29 岁		
	小计	男	女	小计	男	女	小计	男	女
总 计	**68580**	**48703**	**19877**	**50702**	**36689**	**14013**	**37887**	**27342**	**10545**
20 岁以下									
20–24									
20									
21									
22									
23									
24									
25–29	**3014**	**1753**	**1261**	**1361**	**830**	**531**	**450**	**293**	**157**
25									
26									
27	400	226	174						
28	931	544	387	377	211	166			
29	1683	983	700	984	619	365	450	293	157
30–34	**9444**	**5842**	**3602**	**7694**	**4821**	**2873**	**5599**	**3523**	**2076**
30	2132	1270	862	1876	1115	761	1079	693	386
31	1912	1162	750	1593	997	596	1348	843	505
32	1853	1108	745	1396	895	501	1027	608	419
33	1981	1275	706	1591	1019	572	1074	664	410
34	1566	1027	539	1238	795	443	1071	715	356
35–39	**7741**	**5412**	**2329**	**5584**	**3973**	**1611**	**4395**	**2985**	**1410**
35	1491	998	493	1023	707	316	871	569	302
36	1336	918	418	1103	761	342	819	531	288
37	1558	1056	502	1019	748	271	877	591	286
38	1790	1309	481	1356	965	391	907	657	250
39	1566	1131	435	1083	792	291	921	637	284
40–44	**6360**	**4762**	**1598**	**5164**	**3940**	**1224**	**3940**	**2949**	**991**
40	1236	911	325	1087	790	297	749	546	203
41	1414	1030	384	997	751	246	918	682	236
42	1237	927	310	975	744	231	691	500	191
43	1090	847	243	996	774	222	693	543	150
44	1383	1047	336	1109	881	228	889	678	211
45–49	**8076**	**5958**	**2118**	**5654**	**4293**	**1361**	**4395**	**3375**	**1020**
45	1468	1100	368	1113	870	243	903	716	187
46	1488	1155	333	1257	995	262	900	714	186
47	1742	1274	468	1002	781	221	915	690	225
48	1639	1201	438	1203	883	320	781	597	184
49	1739	1228	511	1079	764	315	896	658	238
50–54	**7295**	**4990**	**2305**	**5684**	**3925**	**1759**	**4316**	**3054**	**1262**
50	1727	1162	565	1480	992	488	922	660	262
51	1535	1009	526	1159	804	355	1033	714	319
52	1794	1244	550	1279	879	400	948	676	272
53	1131	782	349	937	640	297	685	476	209
54	1108	793	315	829	610	219	728	528	200
55–59	**4386**	**3252**	**1134**	**2842**	**2126**	**716**	**2162**	**1576**	**586**
55	998	716	282	704	501	203	602	424	178
56	745	543	202	666	504	162	548	394	154
57	1262	963	299	611	463	148	546	401	145
58	976	733	243	616	487	129	313	243	70
59	405	297	108	245	171	74	153	114	39
60–64	**5783**	**4548**	**1235**	**4222**	**3311**	**911**	**3045**	**2398**	**647**
60	643	476	167	486	351	135	324	231	93
61	707	565	142	540	421	119	383	306	77
62	1451	1111	340	862	680	182	614	489	125
63	1667	1339	328	1297	1034	263	805	636	169
64	1315	1057	258	1037	825	212	919	736	183
65 岁及以上	**16481**	**12186**	**4295**	**12497**	**9470**	**3027**	**9585**	**7189**	**2396**

C-5-5c 续表 6

单位：人

年龄	初婚年龄								
	30 岁			31 岁			32 岁		
	小计	男	女	小计	男	女	小计	男	女
总　计	**29023**	**20825**	**8198**	**21097**	**15123**	**5974**	**16170**	**11634**	**4536**
20 岁以下									
20–24									
20									
21									
22									
23									
24									
25–29									
25									
26									
27									
28									
29									
30–34	**3901**	**2500**	**1401**	**2238**	**1433**	**805**	**1250**	**799**	**451**
30	457	289	168						
31	807	542	265	349	221	128			
32	978	599	379	531	334	197	266	169	97
33	896	577	319	792	509	283	465	297	168
34	763	493	270	566	369	197	519	333	186
35–39	**3417**	**2276**	**1141**	**2618**	**1683**	**935**	**2088**	**1347**	**741**
35	671	439	232	495	312	183	399	261	138
36	665	446	219	499	312	187	395	241	154
37	629	405	224	515	346	169	445	286	159
38	835	560	275	575	360	215	471	315	156
39	617	426	191	534	353	181	378	244	134
40–44	**3132**	**2291**	**841**	**2403**	**1785**	**618**	**1988**	**1452**	**536**
40	632	448	184	442	315	127	370	258	112
41	647	442	205	558	413	145	369	274	95
42	638	463	175	421	321	100	408	293	115
43	532	398	134	458	342	116	373	268	105
44	683	540	143	524	394	130	468	359	109
45–49	**3383**	**2631**	**752**	**2595**	**1992**	**603**	**2081**	**1570**	**511**
45	739	563	176	541	423	118	451	333	118
46	753	587	166	585	445	140	468	361	107
47	704	564	140	544	433	111	454	338	116
48	634	496	138	481	361	120	378	288	90
49	553	421	132	444	330	114	330	250	80
50–54	**3546**	**2469**	**1077**	**2633**	**1835**	**798**	**2011**	**1479**	**532**
50	758	560	198	440	323	117	384	283	101
51	694	510	184	544	395	149	288	220	68
52	951	595	356	614	410	204	498	377	121
53	601	417	184	547	366	181	340	246	94
54	542	387	155	488	341	147	501	353	148
55–59	**1832**	**1310**	**522**	**1479**	**1048**	**431**	**1324**	**964**	**360**
55	535	359	176	407	288	119	381	276	105
56	439	326	113	387	275	112	293	216	77
57	442	329	113	383	272	111	376	273	103
58	315	231	84	230	165	65	201	148	53
59	101	65	36	72	48	24	73	51	22
60–64	**2104**	**1623**	**481**	**1426**	**1124**	**302**	**971**	**760**	**211**
60	204	160	44	124	102	22	122	88	34
61	286	212	74	161	128	33	84	73	11
62	476	375	101	297	227	70	190	162	28
63	569	439	130	446	345	101	303	231	72
64	569	437	132	398	322	76	272	206	66
65 岁及以上	**7708**	**5725**	**1983**	**5705**	**4223**	**1482**	**4457**	**3263**	**1194**

C-5-5c 续表 7

单位：人

年 龄	初婚年龄								
	33 岁			34 岁			35 岁		
	小计	男	女	小计	男	女	小计	男	女
总 计	**12060**	**8631**	**3429**	**9307**	**6708**	**2599**	**7117**	**5105**	**2012**
20 岁以下									
20-24									
20									
21									
22									
23									
24									
25-29									
25									
26									
27									
28									
29									
30-34	**523**	**315**	**208**	**137**	**91**	**46**			
30									
31									
32									
33	228	139	89						
34	295	176	119	137	91	46			
35-39	**1728**	**1085**	**643**	**1259**	**807**	**452**	**854**	**554**	**300**
35	356	214	142	223	146	77	114	78	36
36	303	192	111	242	157	85	149	88	61
37	324	202	122	260	168	92	202	124	78
38	373	240	133	297	187	110	222	146	76
39	372	237	135	237	149	88	167	118	49
40-44	**1483**	**1084**	**399**	**1255**	**893**	**362**	**943**	**666**	**277**
40	278	200	78	223	145	78	184	121	63
41	328	240	88	280	192	88	212	144	68
42	229	161	68	219	162	57	193	142	51
43	312	230	82	202	145	57	182	132	50
44	336	253	83	331	249	82	172	127	45
45-49	**1878**	**1416**	**462**	**1556**	**1201**	**355**	**1346**	**1011**	**335**
45	409	297	112	320	245	75	295	227	68
46	436	346	90	374	291	83	309	236	73
47	369	277	92	297	232	65	257	189	68
48	344	260	84	298	230	68	244	172	72
49	320	236	84	267	203	64	241	187	54
50-54	**1302**	**986**	**316**	**1036**	**780**	**256**	**813**	**610**	**203**
50	317	238	79	281	200	81	215	155	60
51	255	188	67	216	171	45	185	139	46
52	272	206	66	228	169	59	195	147	48
53	235	179	56	126	89	37	121	93	28
54	223	175	48	185	151	34	97	76	21
55-59	**1052**	**741**	**311**	**889**	**646**	**243**	**652**	**465**	**187**
55	352	239	113	207	165	42	143	99	44
56	220	158	62	228	160	68	135	91	44
57	241	174	67	251	184	67	218	164	54
58	174	123	51	149	104	45	118	86	32
59	65	47	18	54	33	21	38	25	13
60-64	**726**	**565**	**161**	**508**	**401**	**107**	**397**	**300**	**97**
60	106	82	24	81	63	18	81	56	25
61	102	79	23	83	56	27	69	54	15
62	107	83	24	81	67	14	83	64	19
63	201	163	38	122	96	26	97	76	21
64	210	158	52	141	119	22	67	50	17
65 岁及以上	**3368**	**2439**	**929**	**2667**	**1889**	**778**	**2112**	**1499**	**613**

C-5-5c 续表 8 单位：人

年龄	初婚年龄								
	36岁			37岁			38岁		
	小计	男	女	小计	男	女	小计	男	女
总计	**5401**	**3875**	**1526**	**4335**	**3108**	**1227**	**3551**	**2504**	**1047**
20岁以下									
20-24									
20									
21									
22									
23									
24									
25-29									
25									
26									
27									
28									
29									
30-34									
30									
31									
32									
33									
34									
35-39	**589**	**373**	**216**	**361**	**223**	**138**	**195**	**106**	**89**
35									
36	93	53	40						
37	139	86	53	93	60	33			
38	216	143	73	122	74	48	95	45	50
39	141	91	50	146	89	57	100	61	39
40-44	**759**	**533**	**226**	**610**	**444**	**166**	**493**	**353**	**140**
40	146	96	50	111	81	30	101	63	38
41	174	111	63	113	80	33	93	68	25
42	129	91	38	112	75	37	89	69	20
43	132	96	36	129	98	31	96	68	28
44	178	139	39	145	110	35	114	85	29
45-49	**1029**	**769**	**260**	**926**	**692**	**234**	**712**	**527**	**185**
45	156	125	31	174	130	44	135	108	27
46	252	183	69	167	121	46	155	107	48
47	237	180	57	211	172	39	114	88	26
48	224	161	63	204	145	59	155	109	46
49	160	120	40	170	124	46	153	115	38
50-54	**676**	**500**	**176**	**573**	**431**	**142**	**567**	**421**	**146**
50	168	125	43	170	135	35	166	122	44
51	159	127	32	119	85	34	122	90	32
52	143	107	36	150	107	43	118	89	29
53	88	64	24	75	58	17	90	65	25
54	118	77	41	59	46	13	71	55	16
55-59	**392**	**294**	**98**	**316**	**232**	**84**	**266**	**211**	**55**
55	71	61	10	84	59	25	71	56	15
56	86	64	22	54	37	17	46	34	12
57	98	70	28	88	68	20	66	53	13
58	111	80	31	62	47	15	58	48	10
59	26	19	7	28	21	7	25	20	5
60-64	**342**	**263**	**79**	**317**	**232**	**85**	**290**	**189**	**101**
60	61	47	14	59	38	21	44	28	16
61	56	47	9	45	32	13	46	28	18
62	77	57	20	85	70	15	62	38	24
63	85	65	20	78	57	21	70	45	25
64	63	47	16	50	35	15	68	50	18
65岁及以上	**1614**	**1143**	**471**	**1232**	**854**	**378**	**1028**	**697**	**331**

C-5-5c 续表 9

单位：人

年 龄	初婚年龄					
	39 岁			40 岁及以上		
	小计	男	女	小计	男	女
总 计	**2969**	**2060**	**909**	**16047**	**10060**	**5987**
20 岁以下						
20–24						
20						
21						
22						
23						
24						
25–29						
25						
26						
27						
28						
29						
30–34						
30						
31						
32						
33						
34						
35–39	**50**	**25**	**25**			
35						
36						
37						
38						
39	50	25	25			
40–44	**441**	**300**	**141**	**994**	**584**	**410**
40	93	49	44	54	27	27
41	102	70	32	147	80	67
42	64	48	16	204	117	87
43	76	57	19	250	145	105
44	106	76	30	339	215	124
45–49	**555**	**411**	**144**	**2480**	**1740**	**740**
45	112	82	30	378	248	130
46	110	83	27	510	366	144
47	119	86	33	524	386	138
48	109	82	27	540	380	160
49	105	78	27	528	360	168
50–54	**500**	**363**	**137**	**2760**	**1852**	**908**
50	154	108	46	586	412	174
51	131	96	35	606	411	195
52	93	72	21	657	450	207
53	61	42	19	451	288	163
54	61	45	16	460	291	169
55–59	**197**	**145**	**52**	**1680**	**1069**	**611**
55	52	38	14	431	277	154
56	54	38	16	387	248	139
57	45	33	12	459	290	169
58	29	22	7	313	193	120
59	17	14	3	90	61	29
60–64	**285**	**192**	**93**	**1482**	**972**	**510**
60	28	20	8	211	132	79
61	43	34	9	197	132	65
62	65	43	22	322	218	104
63	74	44	30	386	250	136
64	75	51	24	366	240	126
65 岁及以上	**941**	**624**	**317**	**6651**	**3843**	**2808**

C-5-6 全省分性别、受教育程度、初婚年龄的人口

单位：人

受教育程度	初婚年龄					
	合　计			15岁以下		
	合计	男	女	小计	男	女
总　计	**4517858**	**2171725**	**2346133**	**7391**	**1079**	**6312**
未上过学	101821	19150	82671	634	34	600
学前教育	8985	2741	6244	50	1	49
小学	1049674	434949	614725	3143	315	2828
初中	1992471	996735	995736	2564	464	2100
高中	845325	448071	397254	720	186	534
大学专科	314685	160736	153949	198	54	144
大学本科	186470	98950	87520	80	24	56
硕士研究生	15583	8490	7093	2	1	1
博士研究生	2844	1903	941			

C-5-6 续表 1

单位：人

受教育程度	初婚年龄								
	15岁			16岁			17岁		
	小计	男	女	小计	男	女	小计	男	女
总　计	**29894**	**5121**	**24773**	**51431**	**7995**	**43436**	**92846**	**14896**	**77950**
未上过学	2043	87	1956	3428	162	3266	5702	283	5419
学前教育	158	11	147	270	21	249	458	42	416
小学	12304	1289	11015	21528	2153	19375	38202	4330	33872
初中	11161	2333	8828	19801	3722	16079	37566	7251	30315
高中	3107	973	2134	4876	1396	3480	8728	2263	6465
大学专科	776	285	491	1089	378	711	1594	503	1091
大学本科	327	133	194	420	154	266	554	205	349
硕士研究生	16	9	7	17	7	10	36	18	18
博士研究生	2	1	1	2	2		6	1	5

C-5-6 续表 2 单位：人

受教育程度	初婚年龄								
	18 岁			19 岁			20 岁		
	小计	男	女	小计	男	女	小计	男	女
总 计	**158076**	**29147**	**128929**	**294673**	**67235**	**227438**	**445303**	**123422**	**321881**
未上过学	8134	455	7679	12586	1053	11533	14680	1622	13058
学前教育	653	67	586	1004	156	848	1237	240	997
小学	60497	8399	52098	102738	20214	82524	136222	34254	101968
初中	69098	14690	54408	135805	33669	102136	215650	63651	151999
高中	16029	4402	11627	34839	9943	24896	61971	19476	42495
大学专科	2812	828	1984	6011	1631	4380	12125	3171	8954
大学本科	798	280	518	1626	543	1083	3294	950	2344
硕士研究生	44	22	22	54	20	34	99	46	53
博士研究生	11	4	7	10	6	4	25	12	13

C-5-6 续表 3 单位：人

受教育程度	初婚年龄								
	21 岁			22 岁			23 岁		
	小计	男	女	小计	男	女	小计	男	女
总 计	**512928**	**202061**	**310867**	**564590**	**274622**	**289968**	**507603**	**264433**	**243170**
未上过学	11860	2003	9857	9847	2172	7675	7029	1861	5168
学前教育	1060	294	766	938	341	597	655	274	381
小学	131625	47536	84089	124041	56576	67465	97331	50323	47008
初中	254910	106974	147936	277159	144296	132863	235079	130918	104161
高中	87425	36672	50753	110809	54895	55914	111028	57965	53063
大学专科	19652	6434	13218	30002	11887	18115	37490	15639	21851
大学本科	6197	2068	4129	11304	4222	7082	18032	7047	10985
硕士研究生	174	72	102	411	192	219	812	322	490
博士研究生	25	8	17	79	41	38	147	84	63

C-5-6 续表 4 单位：人

受教育程度	初婚年龄								
	24 岁			25 岁			26 岁		
	小计	男	女	小计	男	女	小计	男	女
总　计	**435496**	**247055**	**188441**	**353059**	**215258**	**137801**	**270486**	**174366**	**96120**
未上过学	5472	1589	3883	4002	1417	2585	3023	1135	1888
学前教育	494	231	263	392	201	191	287	155	132
小学	76384	44191	32193	57286	36272	21014	42268	28450	13818
初中	187702	114137	73565	141241	91812	49429	102537	70111	32426
高中	99467	56527	42940	81495	49948	31547	61514	40136	21378
大学专科	41009	19443	21566	39811	21219	18592	33095	19259	13836
大学本科	23449	10210	13239	26663	13327	13336	25058	13767	11291
硕士研究生	1269	584	685	1853	871	982	2295	1101	1194
博士研究生	250	143	107	316	191	125	409	252	157

C-5-6 续表 5 单位：人

受教育程度	初婚年龄								
	27 岁			28 岁			29 岁		
	小计	男	女	小计	男	女	小计	男	女
总　计	**202448**	**136176**	**66272**	**147698**	**102565**	**45133**	**107463**	**75377**	**32086**
未上过学	2408	940	1468	1971	780	1191	1520	638	882
学前教育	240	131	109	198	104	94	153	86	67
小学	31313	21651	9662	23529	16655	6874	18532	13070	5462
初中	74496	52541	21955	54310	38969	15341	39643	28264	11379
高中	44620	30399	14221	31731	22301	9430	22285	15798	6487
大学专科	25959	16434	9525	18604	12498	6106	13054	9038	4016
大学本科	20615	12543	8072	15160	9968	5192	10650	7420	3230
硕士研究生	2414	1272	1142	1877	1075	802	1386	888	498
博士研究生	383	265	118	318	215	103	240	175	65

C-5-6 续表 6

单位：人

受教育程度	初婚年龄								
	30 岁			31 岁			32 岁		
	小计	男	女	小计	男	女	小计	男	女
总　计	**79384**	**55592**	**23792**	**56542**	**39314**	**17228**	**42563**	**29546**	**13017**
未上过学	1312	548	764	1044	425	619	862	346	516
学前教育	130	71	59	104	57	47	83	44	39
小学	14445	10038	4407	10896	7695	3201	8509	5983	2526
初中	30363	21502	8861	22229	15461	6768	17089	12011	5078
高中	16227	11452	4775	11283	7885	3398	8523	5856	2667
大学专科	8864	6254	2610	5860	4087	1773	4098	2844	1254
大学本科	6984	5010	1974	4399	3170	1229	2928	2126	802
硕士研究生	901	588	313	592	422	170	379	261	118
博士研究生	158	129	29	135	112	23	92	75	17

C-5-6 续表 7

单位：人

受教育程度	初婚年龄								
	33 岁			34 岁			35 岁		
	小计	男	女	小计	男	女	小计	男	女
总　计	**31866**	**21996**	**9870**	**24740**	**17103**	**7637**	**19040**	**13102**	**5938**
未上过学	649	253	396	556	220	336	468	187	281
学前教育	67	41	26	49	22	27	38	16	22
小学	6670	4690	1980	5201	3664	1537	4078	2850	1228
初中	12934	9063	3871	10127	7104	3023	7907	5544	2363
高中	6248	4244	2004	4848	3332	1516	3600	2467	1133
大学专科	3020	2053	967	2270	1560	710	1635	1144	491
大学本科	1955	1420	535	1485	1053	432	1128	752	376
硕士研究生	247	175	72	166	120	46	151	114	37
博士研究生	76	57	19	38	28	10	35	28	7

C-5-6 续表 8 单位：人

受教育程度	初婚年龄								
	36 岁			37 岁			38 岁		
	小计	男	女	小计	男	女	小计	男	女
总 计	**14289**	**9826**	**4463**	**11163**	**7788**	**3375**	**9029**	**6217**	**2812**
未上过学	376	152	224	298	120	178	255	93	162
学前教育	39	20	19	34	17	17	24	11	13
小学	3184	2259	925	2534	1727	807	2169	1481	688
初中	5761	4004	1757	4683	3345	1338	3793	2610	1183
高中	2809	1894	915	2103	1489	614	1606	1139	467
大学专科	1193	832	361	912	655	257	691	500	191
大学本科	818	582	236	522	374	148	422	326	96
硕士研究生	90	68	22	62	49	13	53	45	8
博士研究生	19	15	4	15	12	3	16	12	4

C-5-6 续表 9 单位：人

受教育程度	初婚年龄					
	39 岁			40 岁及以上		
	小计	男	女	小计	男	女
总 计	**7414**	**4994**	**2420**	**40443**	**25439**	**15004**
未上过学	222	96	126	1440	479	961
学前教育	20	11	9	150	76	74
小学	1952	1278	674	13093	7606	5487
初中	3034	2048	986	15829	10241	5588
高中	1264	861	403	6170	4172	1998
大学专科	552	406	146	2309	1700	609
大学本科	314	249	65	1288	1027	261
硕士研究生	50	40	10	133	108	25
博士研究生	6	5	1	31	30	1

C-5-6a　全省分性别、受教育程度、初婚年龄的人口（城市）

单位：人

受教育程度	初婚年龄					
	合计			15 岁以下		
	合计	男	女	小计	男	女
总　计	**1194500**	**569199**	**625301**	**1255**	**234**	**1021**
未上过学	8239	1835	6404	47		47
学前教育	879	322	557	2		2
小学	136673	55266	81407	335	37	298
初中	409950	192924	217026	479	94	385
高中	333158	163487	169671	265	67	198
大学专科	168747	83221	85526	86	24	62
大学本科	121515	63520	57995	39	11	28
硕士研究生	12907	6998	5909	2	1	1
博士研究生	2432	1626	806			

C-5-6a　续表 1

单位：人

受教育程度	初婚年龄								
	15 岁			16 岁			17 岁		
	小计	男	女	小计	男	女	小计	男	女
总　计	**5222**	**1179**	**4043**	**8296**	**1582**	**6714**	**14807**	**2702**	**12105**
未上过学	175	6	169	284	13	271	426	29	397
学前教育	16	3	13	28	5	23	37	4	33
小学	1415	162	1253	2314	261	2053	4320	484	3836
初中	1921	449	1472	3190	596	2594	6013	1144	4869
高中	1129	357	772	1697	436	1261	2897	684	2213
大学专科	366	121	245	512	166	346	751	222	529
大学本科	186	74	112	256	96	160	334	123	211
硕士研究生	12	6	6	13	7	6	24	11	13
博士研究生	2	1	1	2	2		5	1	4

C-5-6a 续表 2

单位：人

受教育程度	初婚年龄								
	18 岁			19 岁			20 岁		
	小计	男	女	小计	男	女	小计	男	女
总 计	**25613**	**4736**	**20877**	**49530**	**10601**	**38929**	**80268**	**19448**	**60820**
未上过学	617	27	590	878	72	806	1006	116	890
学前教育	50	8	42	74	18	56	85	17	68
小学	6853	869	5984	11550	2046	9504	15528	3509	12019
初中	11146	2070	9076	22397	4862	17535	36566	9215	27351
高中	5206	1251	3955	11031	2637	8394	19834	4905	14929
大学专科	1251	341	910	2667	671	1996	5370	1166	4204
大学本科	454	156	298	890	278	612	1804	485	1319
硕士研究生	26	11	15	39	15	24	60	27	33
博士研究生	10	3	7	4	2	2	15	8	7

C-5-6a 续表 3

单位：人

受教育程度	初婚年龄								
	21 岁			22 岁			23 岁		
	小计	男	女	小计	男	女	小计	男	女
总 计	**104461**	**34850**	**69611**	**131603**	**54120**	**77483**	**139526**	**60746**	**78780**
未上过学	880	155	725	864	192	672	625	203	422
学前教育	80	26	54	103	37	66	60	28	32
小学	16215	5177	11038	15945	6538	9407	13978	6474	7504
初中	45703	16077	29626	53885	23735	30150	50441	23885	26556
高中	29127	9828	19299	39467	16204	23263	43416	18867	24549
大学专科	8968	2542	6426	14491	5040	9451	19281	7059	12222
大学本科	3344	986	2358	6460	2189	4271	10936	3909	7027
硕士研究生	127	54	73	322	150	172	669	252	417
博士研究生	17	5	12	66	35	31	120	69	51

C-5-6a 续表 4

单位：人

受教育程度	初婚年龄								
	24 岁			25 岁			26 岁		
	小计	男	女	小计	男	女	小计	男	女
总 计	**134180**	**66151**	**68029**	**119892**	**65864**	**54028**	**97268**	**57913**	**39355**
未上过学	528	186	342	416	162	254	297	119	178
学前教育	67	35	32	59	28	31	41	19	22
小学	11459	6065	5394	8813	5249	3564	6474	4117	2357
初中	43254	23169	20085	34340	20354	13986	25509	16280	9229
高中	40737	20368	20369	35134	19664	15470	27277	16825	10452
大学专科	21890	9570	12320	21923	11085	10838	18584	10432	8152
大学本科	14967	6158	8809	17393	8430	8963	16796	8986	7810
硕士研究生	1065	485	580	1536	722	814	1932	918	1014
博士研究生	213	115	98	278	170	108	358	217	141

C-5-6a 续表 5

单位：人

受教育程度	初婚年龄								
	27 岁			28 岁			29 岁		
	小计	男	女	小计	男	女	小计	男	女
总 计	**74441**	**47634**	**26807**	**54554**	**36706**	**17848**	**39157**	**26968**	**12189**
未上过学	226	104	122	178	91	87	141	80	61
学前教育	29	16	13	32	17	15	20	10	10
小学	4714	3219	1495	3513	2387	1126	2693	1861	832
初中	18461	12510	5951	13368	9362	4006	9615	6652	2963
高中	19951	13092	6859	14438	9919	4519	10217	7126	3091
大学专科	14747	9081	5666	10832	7103	3729	7698	5221	2477
大学本科	14015	8354	5661	10366	6765	3601	7407	5128	2279
硕士研究生	1974	1034	940	1559	881	678	1156	734	422
博士研究生	324	224	100	268	181	87	210	156	54

C-5-6a 续表 6 单位：人

受教育程度	初婚年龄								
	30 岁			31 岁			32 岁		
	小计	男	女	小计	男	女	小计	男	女
总　计	**28000**	**19457**	**8543**	**19432**	**13359**	**6073**	**14340**	**9745**	**4595**
未上过学	125	56	69	89	40	49	47	22	25
学前教育	13	7	6	17	9	8	18	5	13
小学	2046	1366	680	1532	1050	482	1157	785	372
初中	7298	5038	2260	5253	3529	1724	4183	2841	1342
高中	7437	5162	2275	5249	3620	1629	3962	2617	1345
大学专科	5280	3719	1561	3567	2447	1120	2480	1692	788
大学本科	4915	3506	1409	3107	2212	895	2091	1499	592
硕士研究生	753	493	260	496	350	146	321	220	101
博士研究生	133	110	23	122	102	20	81	64	17

C-5-6a 续表 7 单位：人

受教育程度	初婚年龄								
	33 岁			34 岁			35 岁		
	小计	男	女	小计	男	女	小计	男	女
总　计	**10808**	**7280**	**3528**	**8468**	**5736**	**2732**	**6566**	**4403**	**2163**
未上过学	47	24	23	53	20	33	31	14	17
学前教育	9	7	2	8	5	3	5	3	2
小学	983	645	338	737	499	238	552	357	195
初中	3265	2162	1103	2585	1748	837	2025	1367	658
高中	2997	1987	1010	2415	1629	786	1873	1257	616
大学专科	1875	1266	609	1418	940	478	1083	739	344
大学本科	1367	994	373	1080	773	307	832	538	294
硕士研究生	204	150	54	138	97	41	133	103	30
博士研究生	61	45	16	34	25	9	32	25	7

C-5-6a 续表 8

单位：人

受教育程度	初婚年龄								
	36 岁			37 岁			38 岁		
	小计	男	女	小计	男	女	小计	男	女
总　计	**4797**	**3266**	**1531**	**3779**	**2607**	**1172**	**2935**	**2005**	**930**
未上过学	40	16	24	21	8	13	21	4	17
学前教育	5	4	1	3	1	2	1	1	
小学	422	296	126	394	257	137	308	186	122
初中	1469	983	486	1210	815	395	955	623	332
高中	1427	967	460	1100	779	321	834	583	251
大学专科	761	525	236	594	412	182	458	331	127
大学本科	575	401	174	390	281	109	295	225	70
硕士研究生	80	60	20	54	43	11	49	42	7
博士研究生	18	14	4	13	11	2	14	10	4

C-5-6a 续表 9

单位：人

受教育程度	初婚年龄					
	39 岁			40 岁及以上		
	小计	男	女	小计	男	女
总　计	**2427**	**1610**	**817**	**12875**	**8297**	**4578**
未上过学	27	9	18	150	67	83
学前教育	1		1	16	9	7
小学	250	157	93	2173	1213	960
初中	795	499	296	4624	2865	1759
高中	698	454	244	3343	2202	1141
大学专科	356	254	102	1458	1052	406
大学本科	250	197	53	966	766	200
硕士研究生	44	35	9	119	97	22
博士研究生	6	5	1	26	26	

C-5-6b 全省分性别、受教育程度、初婚年龄的人口（镇）

单位：人

受教育程度	初婚年龄					
	合　计			15 岁以下		
	合计	男	女	小计	男	女
总　计	**1364982**	**652652**	**712330**	**2060**	**333**	**1727**
未上过学	23094	4535	18559	141	11	130
学前教育	2024	616	1408	5	1	4
小学	277935	112392	165543	717	85	632
初中	616881	299125	317756	811	140	671
高中	285452	150950	134502	269	62	207
大学专科	104879	55129	49750	82	23	59
大学本科	52179	28469	23710	35	11	24
硕士研究生	2212	1211	1001			
博士研究生	326	225	101			

C-5-6b　续表 1　　　　单位：人

受教育程度	初婚年龄								
	15 岁			16 岁			17 岁		
	小计	男	女	小计	男	女	小计	男	女
总　计	**8222**	**1564**	**6658**	**13969**	**2431**	**11538**	**25927**	**4329**	**21598**
未上过学	388	13	375	725	39	686	1260	72	1188
学前教育	25	5	20	56	4	52	111	6	105
小学	2939	316	2623	5243	581	4662	9510	1078	8432
初中	3344	716	2628	5734	1101	4633	11157	2126	9031
高中	1125	355	770	1660	500	1160	3110	790	2320
大学专科	286	111	175	417	161	256	596	195	401
大学本科	113	46	67	130	45	85	174	58	116
硕士研究生	2	2		4		4	9	4	5
博士研究生									

C-5-6b 续表 2

单位：人

受教育程度	初婚年龄								
	18 岁			19 岁			20 岁		
	小计	男	女	小计	男	女	小计	男	女
总　计	**45260**	**8782**	**36478**	**86775**	**20088**	**66687**	**133877**	**36925**	**96952**
未上过学	1811	121	1690	2875	267	2608	3420	396	3024
学前教育	146	17	129	207	38	169	302	60	242
小学	15611	2250	13361	27040	5362	21678	36163	8885	27278
初中	20683	4425	16258	41483	10055	31428	66301	19104	47197
高中	5621	1539	4082	12295	3538	8757	21876	6796	15080
大学专科	1095	322	773	2284	612	1672	4633	1328	3305
大学本科	279	97	182	576	210	366	1151	344	807
硕士研究生	13	10	3	13	4	9	24	9	15
博士研究生	1	1		2	2		7	3	4

C-5-6b 续表 3

单位：人

受教育程度	初婚年龄								
	21 岁			22 岁			23 岁		
	小计	男	女	小计	男	女	小计	男	女
总　计	**159122**	**61553**	**97569**	**177485**	**85110**	**92375**	**159778**	**82981**	**76797**
未上过学	2647	468	2179	2257	487	1770	1603	430	1173
学前教育	251	70	181	205	78	127	150	54	96
小学	35538	12603	22935	34013	15023	18990	26598	13440	13158
初中	80105	32246	47859	87672	44056	43616	74553	40228	34325
高中	30782	12711	18071	38498	19209	19289	37940	20291	17649
大学专科	7484	2592	4892	10864	4609	6255	13074	5954	7120
大学本科	2270	846	1424	3894	1612	2282	5713	2514	3199
硕士研究生	39	14	25	72	31	41	128	61	67
博士研究生	6	3	3	10	5	5	19	9	10

C-5-6b 续表 4 单位：人

受教育程度	初婚年龄								
	24 岁			25 岁			26 岁		
	小计	男	女	小计	男	女	小计	男	女
总　计	**136537**	**77314**	**59223**	**108205**	**65912**	**42293**	**80508**	**51735**	**28773**
未上过学	1270	397	873	939	346	593	699	282	417
学前教育	117	54	63	84	42	42	77	43	34
小学	21035	11781	9254	15379	9379	6000	10989	7130	3859
初中	59290	34912	24378	44193	27968	16225	31425	20799	10626
高中	33848	19722	14126	26838	16766	10072	19816	13004	6812
大学专科	13889	7050	6839	12971	7304	5667	10554	6435	4119
大学本科	6881	3289	3592	7493	3959	3534	6598	3861	2737
硕士研究生	175	84	91	273	129	144	306	149	157
博士研究生	32	25	7	35	19	16	44	32	12

C-5-6b 续表 5 单位：人

受教育程度	初婚年龄								
	27 岁			28 岁			29 岁		
	小计	男	女	小计	男	女	小计	男	女
总　计	**59427**	**39839**	**19588**	**42442**	**29170**	**13272**	**30419**	**21067**	**9352**
未上过学	533	210	323	473	192	281	340	134	206
学前教育	52	25	27	40	23	17	28	12	16
小学	7992	5321	2671	6019	4107	1912	4723	3205	1518
初中	22680	15566	7114	16222	11224	4998	11850	8145	3705
高中	14404	9841	4563	10032	7017	3015	6934	4900	2034
大学专科	8099	5292	2807	5549	3850	1699	3784	2716	1068
大学本科	5269	3361	1908	3797	2563	1234	2563	1825	738
硕士研究生	351	191	160	270	163	107	174	114	60
博士研究生	47	32	15	40	31	9	23	16	7

C-5-6b 续表 6

单位：人

受教育程度	初婚年龄								
	30 岁			31 岁			32 岁		
	小计	男	女	小计	男	女	小计	男	女
总　计	**22361**	**15310**	**7051**	**16013**	**10832**	**5181**	**12053**	**8167**	**3886**
未上过学	275	119	156	249	108	141	188	76	112
学前教育	32	15	17	27	14	13	17	9	8
小学	3596	2394	1202	2726	1835	891	2146	1399	747
初中	8911	6102	2809	6576	4346	2230	5062	3423	1639
高中	5144	3557	1587	3628	2494	1134	2728	1886	842
大学专科	2634	1860	774	1669	1195	474	1188	836	352
大学本科	1630	1174	456	1055	775	280	669	498	171
硕士研究生	121	77	44	76	59	17	47	32	15
博士研究生	18	12	6	7	6	1	8	8	

C-5-6b 续表 7

单位：人

受教育程度	初婚年龄								
	33 岁			34 岁			35 岁		
	小计	男	女	小计	男	女	小计	男	女
总　计	**8998**	**6085**	**2913**	**6965**	**4659**	**2306**	**5357**	**3594**	**1763**
未上过学	143	56	87	137	54	83	107	43	64
学前教育	14	9	5	9	2	7	8	4	4
小学	1704	1154	550	1266	850	416	1018	700	318
初中	3739	2565	1174	2967	1966	1001	2386	1590	796
高中	1975	1326	649	1521	1031	490	1127	747	380
大学专科	881	593	288	687	495	192	433	314	119
大学本科	495	354	141	349	238	111	258	183	75
硕士研究生	36	20	16	25	20	5	17	10	7
博士研究生	11	8	3	4	3	1	3	3	

C-5-6b 续表 8

单位：人

受教育程度	初婚年龄								
	36 岁			37 岁			38 岁		
	小计	男	女	小计	男	女	小计	男	女
总 计	**4091**	**2685**	**1406**	**3049**	**2073**	**976**	**2543**	**1708**	**835**
未上过学	83	28	55	71	29	42	66	22	44
学前教育	9	4	5	7	5	2	5	2	3
小学	833	545	288	605	391	214	546	360	186
初中	1716	1136	580	1370	959	411	1098	724	374
高中	862	552	310	614	406	208	514	364	150
大学专科	363	254	109	262	199	63	194	142	52
大学本科	216	159	57	111	78	33	114	89	25
硕士研究生	8	6	2	8	6	2	4	3	1
博士研究生	1	1		1		1	2	2	

C-5-6b 续表 9

单位：人

受教育程度	初婚年龄					
	39 岁			40 岁及以上		
	小计	男	女	小计	男	女
总 计	**2018**	**1324**	**694**	**11521**	**7082**	**4439**
未上过学	48	22	26	346	113	233
学前教育	5	3	2	35	17	18
小学	488	292	196	3498	1926	1572
初中	878	566	312	4675	2937	1738
高中	375	265	110	1916	1281	635
大学专科	165	126	39	742	561	181
大学木科	53	45	8	293	235	58
硕士研究生	6	5	1	11	8	3
博士研究生				5	4	1

C-5-6c 全省分性别、受教育程度、初婚年龄的人口（乡村）

单位：人

受教育程度	初婚年龄					
	合计			15岁以下		
	合计	男	女	小计	男	女
总 计	**1958376**	**949874**	**1008502**	**4076**	**512**	**3564**
未上过学	70488	12780	57708	446	23	423
学前教育	6082	1803	4279	43		43
小学	635066	267291	367775	2091	193	1898
初中	965640	504686	460954	1274	230	1044
高中	226715	133634	93081	186	57	129
大学专科	41059	22386	18673	30	7	23
大学本科	12776	6961	5815	6	2	4
硕士研究生	464	281	183			
博士研究生	86	52	34			

C-5-6c 续表 1

单位：人

受教育程度	初婚年龄								
	15岁			16岁			17岁		
	小计	男	女	小计	男	女	小计	男	女
总 计	**16450**	**2378**	**14072**	**29166**	**3982**	**25184**	**52112**	**7865**	**44247**
未上过学	1480	68	1412	2419	110	2309	4016	182	3834
学前教育	117	3	114	186	12	174	310	32	278
小学	7950	811	7139	13971	1311	12660	24372	2768	21604
初中	5896	1168	4728	10877	2025	8852	20396	3981	16415
高中	853	261	592	1519	460	1059	2721	789	1932
大学专科	124	53	71	160	51	109	247	86	161
大学本科	28	13	15	34	13	21	46	24	22
硕士研究生	2	1	1				3	3	
博士研究生							1		1

C-5-6c 续表 2 单位：人

受教育程度	初婚年龄								
	18 岁			19 岁			20 岁		
	小计	男	女	小计	男	女	小计	男	女
总　计	**87203**	**15629**	**71574**	**158368**	**36546**	**121822**	**231158**	**67049**	**164109**
未上过学	5706	307	5399	8833	714	8119	10254	1110	9144
学前教育	457	42	415	723	100	623	850	163	687
小学	38033	5280	32753	64148	12806	51342	84531	21860	62671
初中	37269	8195	29074	71925	18752	53173	112783	35332	77451
高中	5202	1612	3590	11513	3768	7745	20261	7775	12486
大学专科	466	165	301	1060	348	712	2122	677	1445
大学本科	65	27	38	160	55	105	339	121	218
硕士研究生	5	1	4	2	1	1	15	10	5
博士研究生				4	2	2	3	1	2

C-5-6c 续表 3 单位：人

受教育程度	初婚年龄								
	21 岁			22 岁			23 岁		
	小计	男	女	小计	男	女	小计	男	女
总　计	**249345**	**105658**	**143687**	**255502**	**135392**	**120110**	**208299**	**120706**	**87593**
未上过学	8333	1380	6953	6726	1493	5233	4801	1228	3573
学前教育	729	198	531	630	226	404	445	192	253
小学	79872	29756	50116	74083	35015	39068	56755	30409	26346
初中	129102	58651	70451	135602	76505	59097	110085	66805	43280
高中	27516	14133	13383	32844	19482	13362	29672	18807	10865
大学专科	3200	1300	1900	4647	2238	2409	5135	2626	2509
大学本科	583	236	347	950	421	529	1383	624	759
硕士研究生	8	4	4	17	11	6	15	9	6
博士研究生	2		2	3	1	2	8	6	2

C-5-6c 续表 4 单位：人

受教育程度	初婚年龄								
	24 岁			25 岁			26 岁		
	小计	男	女	小计	男	女	小计	男	女
总　计	**164779**	**103590**	**61189**	**124962**	**83482**	**41480**	**92710**	**64718**	**27992**
未上过学	3674	1006	2668	2647	909	1738	2027	734	1293
学前教育	310	142	168	249	131	118	169	93	76
小学	43890	26345	17545	33094	21644	11450	24805	17203	7602
初中	85158	56056	29102	62708	43490	19218	45603	33032	12571
高中	24882	16437	8445	19523	13518	6005	14421	10307	4114
大学专科	5230	2823	2407	4917	2830	2087	3957	2392	1565
大学本科	1601	763	838	1777	938	839	1664	920	744
硕士研究生	29	15	14	44	20	24	57	34	23
博士研究生	5	3	2	3	2	1	7	3	4

C-5-6c 续表 5 单位：人

受教育程度	初婚年龄								
	27 岁			28 岁			29 岁		
	小计	男	女	小计	男	女	小计	男	女
总　计	**68580**	**48703**	**19877**	**50702**	**36689**	**14013**	**37887**	**27342**	**10545**
未上过学	1649	626	1023	1320	497	823	1039	424	615
学前教育	159	90	69	126	64	62	105	64	41
小学	18607	13111	5496	13997	10161	3836	11116	8004	3112
初中	33355	24465	8890	24720	18383	6337	18178	13467	4711
高中	10265	7466	2799	7261	5365	1896	5134	3772	1362
大学专科	3113	2061	1052	2223	1545	678	1572	1101	471
大学本科	1331	828	503	997	640	357	680	467	213
硕士研究生	89	47	42	48	31	17	56	40	16
博士研究生	12	9	3	10	3	7	7	3	4

C-5-6c 续表 6

单位：人

受教育程度	初婚年龄								
	30 岁			31 岁			32 岁		
	小计	男	女	小计	男	女	小计	男	女
总　计	**29023**	**20825**	**8198**	**21097**	**15123**	**5974**	**16170**	**11634**	**4536**
未上过学	912	373	539	706	277	429	627	248	379
学前教育	85	49	36	60	34	26	48	30	18
小学	8803	6278	2525	6638	4810	1828	5206	3799	1407
初中	14154	10362	3792	10400	7586	2814	7844	5747	2097
高中	3646	2733	913	2406	1771	635	1833	1353	480
大学专科	950	675	275	624	445	179	430	316	114
大学本科	439	330	109	237	183	54	168	129	39
硕士研究生	27	18	9	20	13	7	11	9	2
博士研究生	7	7		6	4	2	3	3	

C-5-6c 续表 7

单位：人

受教育程度	初婚年龄								
	33 岁			34 岁			35 岁		
	小计	男	女	小计	男	女	小计	男	女
总　计	**12060**	**8631**	**3429**	**9307**	**6708**	**2599**	**7117**	**5105**	**2012**
未上过学	459	173	286	366	146	220	330	130	200
学前教育	44	25	19	32	15	17	25	9	16
小学	3983	2891	1092	3198	2315	883	2508	1793	715
初中	5930	4336	1594	4575	3390	1185	3496	2587	909
高中	1276	931	345	912	672	240	600	463	137
大学专科	264	194	70	165	125	40	119	91	28
大学本科	93	72	21	56	42	14	38	31	7
硕士研究生	7	5	2	3	3		1	1	
博士研究生	4	4							

C-5-6c　续表 8　　　　单位：人

受教育程度	初婚年龄								
	36 岁			37 岁			38 岁		
	小计	男	女	小计	男	女	小计	男	女
总　计	**5401**	**3875**	**1526**	**4335**	**3108**	**1227**	**3551**	**2504**	**1047**
未上过学	253	108	145	206	83	123	168	67	101
学前教育	25	12	13	24	11	13	18	8	10
小学	1929	1418	511	1535	1079	456	1315	935	380
初中	2576	1885	691	2103	1571	532	1740	1263	477
高中	520	375	145	389	304	85	258	192	66
大学专科	69	53	16	56	44	12	39	27	12
大学本科	27	22	5	21	15	6	13	12	1
硕士研究生	2	2							
博士研究生				1	1				

C-5-6c　续表 9　　　　单位：人

受教育程度	初婚年龄					
	39 岁			40 岁及以上		
	小计	男	女	小计	男	女
总　计	**2969**	**2060**	**909**	**16047**	**10060**	**5987**
未上过学	147	65	82	944	299	645
学前教育	14	8	6	99	50	49
小学	1214	829	385	7422	4467	2955
初中	1361	983	378	6530	4439	2091
高中	191	142	49	911	689	222
大学专科	31	26	5	109	87	22
大学本科	11	7	4	29	26	3
硕士研究生				3	3	
博士研究生						